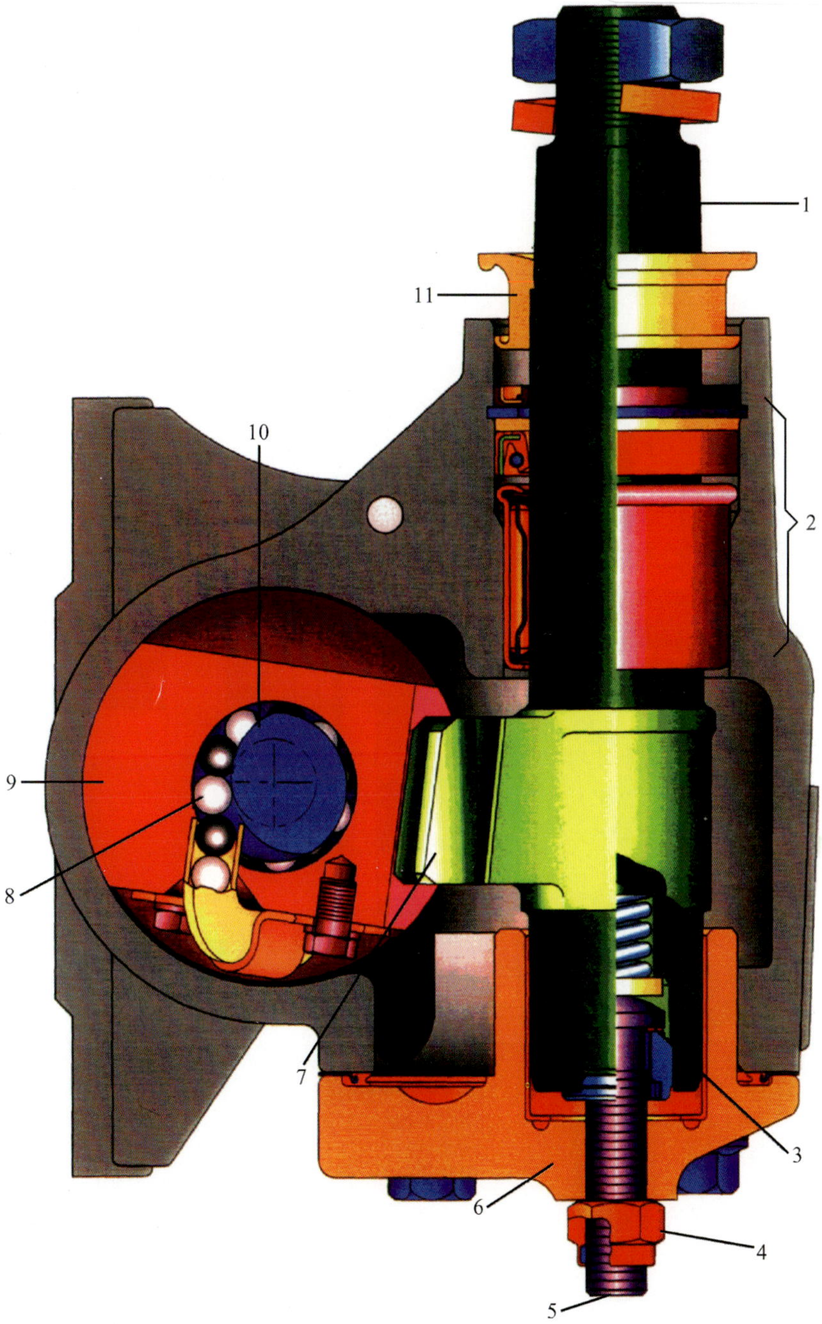

彩图 10-16　一种整体式动力转向器的剖视图(1)

1—转向摇臂轴(输出)；2—转向摇臂轴轴承和油封；3—磨损垫圈；4—锁紧螺母；5—预加载荷调整螺栓；6—侧盖；7—转向摇臂轴齿扇；8—循环球；9—齿条；10—螺杆；11—尘封

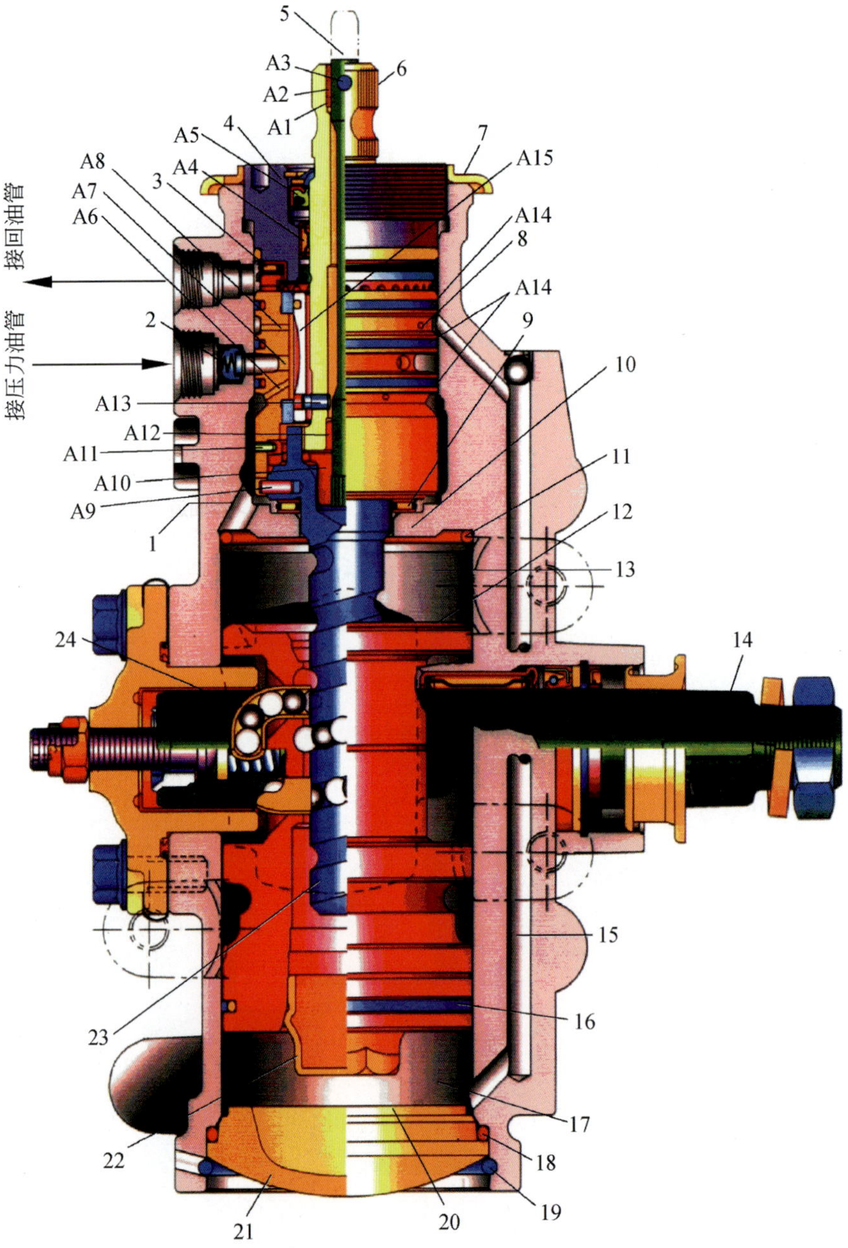

彩图 10-17　一种整体式动力转向器的剖视图(2)

1—2 号油缸油道；2—单向阀；3—上推力轴承系统；4—调整塞总成；5—扭杆；6—输入短轴；7—调整塞锁紧螺母；8—转阀总成；9—下推力轴承系统；10—挡壁；11—齿条行程限位器；12—齿条/活塞/螺母；13—2 号油缸腔；14—转向摇臂轴(输出)；15—1 号油缸油道；16—活塞密封环；17—1 号油缸腔；18—O 形密封圈；19—钢丝挡圈；20—齿条行程限位器；21—端盖；22—齿条塞；23—螺杆；24—循环球返回导管；A1—O 形油封；A2—扭杆铜衬套；A3—扭杆固定销；A4—输入短轴径向滚针轴承；A5—输入短轴油封；A6—阀体中制出的 2 号径向油孔；A7—在阀体中制出的中心油孔；A8—在阀体中制出的 1 号径向油孔；A9—螺杆销；A10—扭杆帽；A11—扭杆帽销；A12—扭杆铜衬套；A13—阀芯销；A14—转阀密封环；A15—阀芯

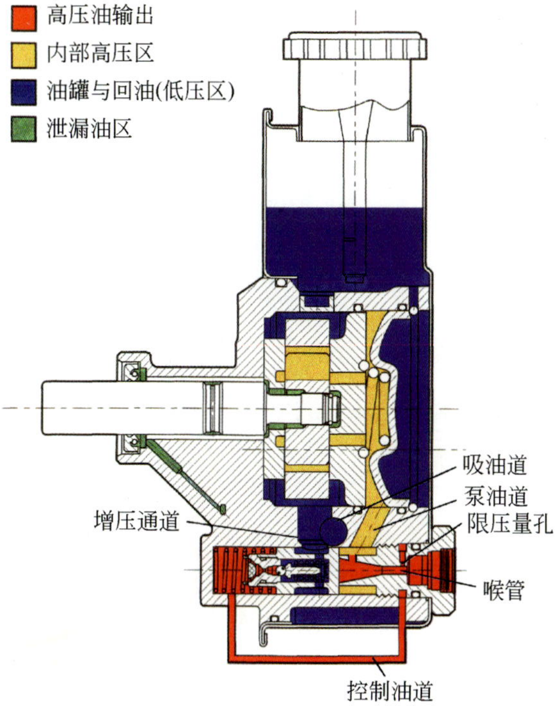

彩图 10-37　一种典型动力转向泵的流量与限压控制油道(低速工作模式)

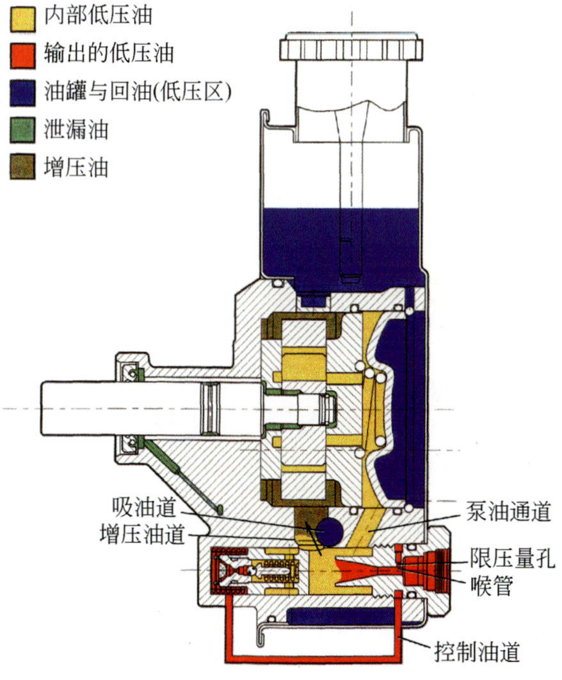

彩图 10-39　动力转向泵的流量控制状态

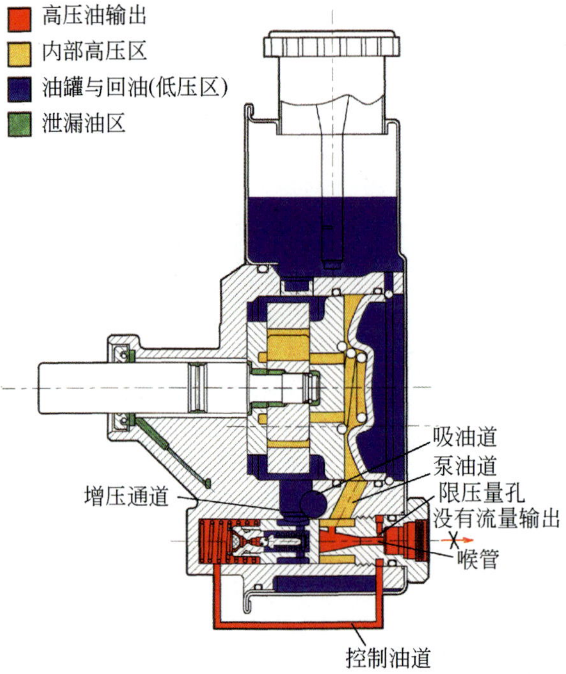

彩图 10-40　动力转向泵的限压状态之一(泵的输出通道被堵死,其中的压力急剧上升)

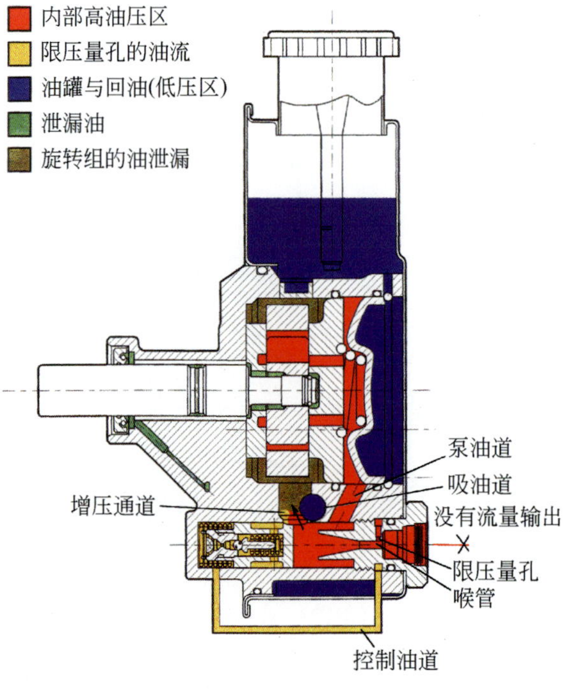

彩图 10-41　动力转向泵的限压状态之二(柱塞中的限压阀被打开,造成柱塞两侧的压力差;柱塞被此压力差推向左侧,使增压通道被打开,从而使泵内的压力迅速降低)

普通高等教育“十一五”国家级规划教材

清华大学汽车工程系列教材

汽车底盘设计

（第2版）

Automotive Chassis Design

(Second Edition)

王霄锋　编著

Wang Xiaofeng

清华大学出版社

北京

内容简介

本书旨在介绍汽车底盘设计的基本理论和方法。全书共分12章，内容包括：汽车的总体设计、汽车零部件的载荷及其强度计算方法、离合器设计、机械式变速器设计、万向节和传动轴设计、驱动桥设计、车架设计、车轮定位、悬架设计、转向系统设计、制动系设计、汽车稳态操纵稳定性设计。书中内容主要涉及设计要求、结构方案的分析与选择、主要性能和结构参数的确定、性能和强度计算方法、计算载荷的确定等。书中包含了一些例题，以帮助读者更好地学习、理解有关内容。

本书是工科高等院校车辆工程专业的教材，也可以作为汽车行业及相关行业工程技术人员的参考书。

图书在版编目(CIP)数据

汽车底盘设计/王霄锋编著. —2版. —北京：清华大学出版社，2018(2024.11重印)
(清华大学汽车工程系列教材)
ISBN 978-7-302-48980-1

Ⅰ. ①汽… Ⅱ. ①王… Ⅲ. ①汽车—底盘—设计—教材 Ⅳ. ①U463.1

中国版本图书馆CIP数据核字(2017)第293297号

责任编辑：许 龙
封面设计：常雪影
责任校对：刘玉霞
责任印制：沈 露

出版发行：清华大学出版社
网 址：https://www.tup.com.cn，https://www.wqxuetang.com
地 址：北京清华大学学研大厦A座 **邮 编**：100084
社 总 机：010-83470000 **邮 购**：010-62786544
投稿与读者服务：010-62776969，c-service@tup.tsinghua.edu.cn
质量反馈：010-62772015，zhiliang@tup.tsinghua.edu.cn
印 装 者：涿州市般润文化传播有限公司
经 销：全国新华书店
开 本：185mm×260mm **印 张**：34 **插 页**：2 **字 数**：822千字
版 次：2010年4月第1版 2018年1月第2版 **印 次**：2024年11月第6次印刷
定 价：98.00元

产品编号：070013-03

前言

本书是在普通高等教育"十一五"国家级规划教材《汽车底盘设计》的基础上修订而成。该书第1版自2010年4月出版以来，一共重印6次，发行近万册，被许多高校的汽车类专业学生选作教材使用。在此期间，作者收到了不少读者的反馈意见。随着我国汽车技术的发展，作者在学习、研究、教学和技术工作(汽车总体设计、悬架设计、转向系统设计、悬架和转向系统的匹配设计、可靠性设计、强度计算、有限元分析等)中也有了一些新的感想，认为对第1版进行修订很有必要。

作者认为，为了培养车辆工程专业本科生利用所学的基础理论知识解决实际工程问题的能力，需要适当增加有关的公式推导过程，这对于培养他们的实际工作能力是很重要的。

由于汽车设计涉及的内容非常广泛，不可能在一本这样的教材中全面涵盖，必须有所取舍。编写本书的指导思想是向工科高等院校的本科生介绍汽车设计的基本知识，所涉及的内容基本上都是汽车机械设计的知识。本书所介绍的结构、设计、方法都是目前实用的，并且预计在相当远的未来也是适用的。这些知识对于从事汽车技术工作的人都是很需要的，是他们进行工作和继续学习的基础。

本书是工科高等院校车辆工程专业的教材，也可以作为汽车行业及相关行业工程技术人员的参考书。希望本书有助于他们更好地学习、理解和掌握汽车底盘设计的基本理论和方法，特别是提高在实际工作中正确、有效应用它们的能力。

作　者

2017年10月于清华园

目录

1 汽车的总体设计

1.1 引　　言

世界上第一辆以内燃机为动力的汽车是在1886年诞生的。汽车工业经过一百多年的发展已经达到了相当高的技术水平。现代汽车已经成为世界各国国民经济、军事和社会生活中不可缺少的一种运输工具。汽车工业的规模和其产品的质量也成为衡量一个国家技术水平的重要标志之一。

汽车工业是由多种工业部门(机械、电气、电子、化工、石油、纺织工业等)聚集而成的综合工业。所以,汽车设计需要运用涉及这些工业的全部知识。车身设计作为汽车设计的一个重要方面,在工业设计中占有重要地位。对于汽车车身的形状,不仅要对它进行功能需求设计,还必须对它进行美学设计。

总之,进行现代汽车设计需要多方面的知识和经验,而汽车零部件又多达数千种,因此想一个人单独进行设计是不可能的,一般都是由许多人组织成集团性设计组织,把每个人有机地结合在一起来进行汽车设计。

由于汽车生产一般是按大批量生产方式组织的(年产几万辆至几十万辆),一旦设计确定之后,就要以此为基准装备庞大而贵重的生产设施。如果汽车设计存在缺陷,就可能造成巨大的损失(更改生产过程造成的损失、昂贵的保修成本、公司声誉下降、市场份额降低等)。因此,在设计汽车时,应该经常想到这一点,对设计采取慎重的态度,采用科学的设计、开发方法、程序,努力达到汽车设计的高质量,得到在性能、可靠性和成本方面具有竞争力的产品。

汽车底盘主要包括: ① 传动系——离合器(或液力耦合器、液力变矩器)、变速器、传动轴、驱动桥(主减速器、差速器、半轴、桥壳)、车轮; ②车架; ③悬架; ④转向系统; ⑤制动系统。

由于汽车底盘设计与汽车总体设计有极其密切的关系,在此首先介绍有关汽车总体设计的内容。

1.2 汽车总体设计的任务与地位

作为一种重要的运输工具,汽车应该满足多方面的要求,把众多的、彼此有时相互制约的要求集中于一件产品上,就是汽车总体设计所要完成的主要任务。在汽车总体设计中,需要明确各种要求的主次地位,使它们和谐地组合在一起,形成既先进又合理的方案。因此,汽车总体设计在整个汽车设计工作中是十分重要的,对汽车各个分系统、零部件的选型、设计和汽车的整体性能都具有决定性的影响。

1.3 汽车总体设计的工作顺序

1.3.1 明确汽车设计的前提条件

汽车设计的前提条件(设计依据)主要包括以下一些内容。

(1) 主要用途:按乘用车(轿车、客车)、货车、特种车分类。进而,再按更详细的用途加以区分,如将乘用车再区分为私人家用轿车、轻型客车、中型客车、大型客车等。

(2) 产品的使用环境:明确其使用区域,了解主要使用地区的气候、水土、道路状况、法规、使用人的习惯等。

(3) 价格:估计汽车的开发、制造成本和售价。例如对高级轿车、中级轿车及普及型轿车加以区别。

(4) 生产数量:预定生产的总台数及预计月产、日产的数量。

(5) 生产方式和设备:采用的生产方式和设备主要取决于预定的产量。产量越大,生产设备的专用化、自动化程度一般就越高,投资就越大,通过大量生产使得分摊在每件产品上的成本较低,获得较大的效益。而如果产量达不到预期值,就会造成相当大的损失。此外,还要考虑能利用的现有生产设施的种类、数量、精度、能力等。

(6) 现有零、部件和总成的利用率:即对已经生产的、采用的或完成设计的零件,以及现有发动机、变速器等大总成的利用情况。现有零、部件和总成的利用率高一般有利于降低开发风险和开发成本、缩短开发周期、提高可靠性,但是可能不利于提高产品性能。

(7) 有关的各项政府法规的要求。

为了明确上述开发的前提条件,汽车总体设计人员一般需要参与进行市场、产品、产品使用环境、竞争情况、企业战略、生产条件、配套条件等方面的调研、分析,写出调研、分析报告。

1.3.2 汽车设计、开发的一般程序

汽车设计、开发的前提条件确定之后,汽车设计一般按下列顺序进行。

1. 对市场上同类车型的资料进行收集、分析

收集市场上同类车型的资料,并对这些资料加以分析,明确:这些车辆的装载量、尺寸、重量、性能、驱动形式、主要总成(发动机、离合器、变速器、驱动桥、悬架、车架、车身、转向系统、制动系统、电子电气系统等)的配置情况、主要使用环境等;这些车辆各自的优缺点,主要的失效模式,用户接受的情况和用户的期望;有关的国家、行业标准、法规……

2. 确定产品设计原则

汽车产品设计的原则一般包括:拟优先采用的配套资源;需要考虑的变形车型;在各种使用性能中哪些应该优先保证(例如,对微型汽车,经济性和机动性的要求应优先考虑,其他性能则次之;而对高级轿车,则把动力性、舒适性和操纵稳定性放在首位,其他性能则适

当兼顾)；对产品的技术先进性、工艺性、继承性、生产成本和零部件通用化的要求；需要重点考虑的有关法规要求等。

制定出正确的设计原则，才能使整车设计有正确和明确的方向。

3. 确定主要的汽车设计指标

根据对上述收集的资料的分析、过去的经验和成功的做法，决定主要的汽车设计指标，例如汽车的布置形式、装载量、尺寸、质量、性能、发动机的功率及安装位置、驱动方式等。

4. 对配套体系进行调研

对市场上可能采用的零部件、总成及其供应商进行调研，收集这些产品的技术资料，包括二维工程图纸、三维数模、技术说明书等。这项工作对于保证汽车设计和制造质量、按时完成产品开发工作是非常重要的。

5. 确定初步的汽车总成配置表

在前述调研、分析的基础上决定汽车拟采用的主要总成(车身、发动机、发动机系统、离合器、变速器、传动轴、驱动桥、车轮、轮胎、悬架、车架、转向系统、制动系统、电子电气系统、车厢、自卸上装等)，形成初步的汽车总成配置表。

6. 编制汽车总体及其各个分系统的设计任务书

在这些设计任务书中一般包括：设计依据(前提条件)、设计原则；产品型号、整车布置形式及主要技术规格和参数(包括尺寸、质量、性能、可靠性、环境适应性等参数)；各主要总成、零部件的结构形式和特性参数；国内、外同类汽车技术性能的分析和对比；本车拟采用的新技术、新材料和新工艺；系列化、标准化和零件通用化的水平；产量、生产设备条件、预期的制造成本；维修保养的方便性，续驶里程；需要进行的计算或校核；各个系统之间的接口要求；交付物；主要工作检查节点等。

7. 同步进行汽车的总体设计和其各个分系统的设计

以前述工作的成果为基础，绘制汽车总体布置图及其分系统布置图，进行必要的计算、校核，努力达到确定的汽车设计指标。目前多采用二维设计与三维设计相结合的方法进行汽车的总体设计及其分系统设计。图 1-1 示出一辆重型货车的三维总体设计数模。图 1-2 示出上述车辆转向系统的三维设计数模。总体设计与分系统设计之间、各分系统设计之间一般是以互相支持、迭代进行的方式开展的。首先，各个分系统设计组要向总体设计组提供总成、零部件的二维工程图纸、三维数模、技术说明书等，总体设计组利用它们绘制总体布置图，进行必要的计算、校核。根据这个总体布置结果，总体设计组又对分系统及分系统之间

图 1-1　一辆重型货车的三维总体设计数模

的接口提出新的要求,各分系统据此进行设计,绘制分系统布置图,进行必要的计算、校核。各分系统设计组再把这轮分系统设计结果提交给总体设计组,体现在总体布置图上。在汽车设计、开发中,上述过程一般都需要反复进行几次,最终形成汽车总体及其分系统的设计方案,提交汽车总体布置图(二维工程图纸、三维数模)、分系统布置图(二维工程图纸、三维数模)、计算和校核说明书、设计说明书等设计结果。

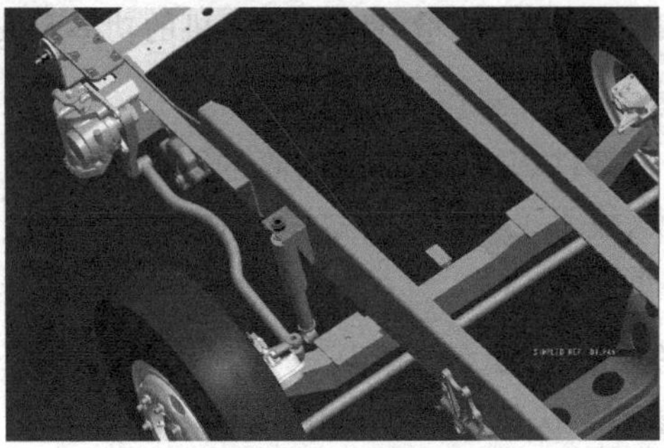

图1-2 一辆重型货车的转向系统的三维设计数模

在进行汽车的总体设计和其各个分系统的设计中,应该努力达到已经确定的汽车设计指标。但是,也不排除需要对汽车的设计指标及其总成配置进行适当调整的可能性。这可能是因为原来确定的设计指标不合理,如太高以至难以达到或过低而缺乏竞争力;有更合适的总成来替代原来确定的总成等。在进行汽车的总体设计和其各个分系统的设计中,往往需要不断与供应商进行联系、对接,解决其选用产品中存在的问题。

8. 进行详细设计

在详细设计阶段,应该对各个零部件进行设计、计算,对零件的制造过程、装配流程进行设计,编制具体的装配步骤书、检验步骤书、试验步骤书和设计计算说明书等一切需要的文件。

在这些文件的制定过程中往往会发现各种设计缺陷或不合适的地方,例如尺寸不一致、难以装配、强度不足、相互干涉等。这时就需要对零部件、子系统之间的接口等的设计进行调整。由于这种调整,需要对涉及的各种设计图纸、三维数模、说明书等进行修正,形成技术变更方案。最后提交试制图纸。

9. 试制(制造样车)

试制是指根据试制图纸等技术文件制造样车,其目的是及时暴露出设计中存在的问题,以便在正式投产前予以解决。试制是汽车开发过程中一个很重要的环节。按照试制图纸购买、制造、检验、装配零部件、总成、系统和整车。对在样车制造过程中发现的问题进行记录、分析,并且及时反馈给设计责任方,使其及时进行设计更改,解决问题。

10. 进行样车试验

试制样车制造出来以后,应该测定整车的整备质量、总质量和轴荷分配及主要尺寸;比较全面地进行各项试验,例如,整车基本性能试验(动力性、经济性、操纵稳定性、制动性、平顺性等)、可靠性行驶试验(例如在海南汽车试验场进行)、典型地区的使用试验和特殊地区(寒冷、湿热、高原等)的适应性试验。通过这些试验,全面检查新产品的各项性能指标,检验其与确定的设计指标的符合性。新车定型试验的详细内容和试验规程及要求可参见有关的国家标准。

11. 修改设计

汽车总体及其分系统设计人员应该参加试制工作和试验，对其中暴露的问题进行分析，修改设计，为下一轮试制做好准备。从新车试制开始到定型生产一般需要经过 2～3 轮的试制、试验及修改设计的过程。

12. 定型

在试制试验表明样车的各项性能指标都满足了要求的设计指标的条件下，就可以对其进行定型。新产品定型以后就转入试生产、生产阶段。

13. 试生产和生产

汽车的试生产和生产由生产人员负责。但是，由于在样车试制中所采用的制造方法与大量生产中的不一样，在开始进行试生产和正式生产时往往会出现许多问题，需要主管的产品设计人员去处理、解决在生产中碰到的有关产品设计的技术问题。应该注意，即使一个产品的设计很好，如果其制造质量很差，也不能可靠地工作。产品设计人员也应该为保证制造质量而努力，设计易于制造、装配的产品。

14. 产品使用

大量生产的汽车投入市场以后，其在用户实际使用环境中的表现才是对汽车设计、制造质量的最终检验。汽车总体及其分系统设计人员应该关心售后服务信息，及时研究、解决出现的技术问题，改进现有产品的设计，并且为开发新产品积累经验。

1.4 汽车设计的一般原则

1.4.1 设计人员的工作宗旨

竭尽全力设计、制造出优质、价廉的汽车是设计和制造部门技术人员的根本工作宗旨。产品设计人员首先要努力设计出性能优良、外表美观、使用方便、安全、经济性好的汽车。为此，设计人员应该熟悉汽车，最好经常亲自驾驶汽车，进行汽车的检查、维修、保养，从中积累经验，并且能够从使用者的角度出发考虑设计问题。此外，还应该从制造者的立场出发，考虑使设计出来的汽车便于制造、装配，降低制造成本，这要求设计人员对材料和工艺都要有丰富的知识。

1.4.2 产品的价位

什么样的汽车才算是一台好的汽车呢？可以归纳出如下几点。

(1) 要符合使用的需要——货车就要满足运货的要求，乘用车（轿车和各种客车）就要满足乘客的需要，以此为目标来设计、生产汽车。

(2) 工作要可靠——各总成工作要可靠，发生故障的可能性要小。

(3) 要有足够的耐久性，寿命要长。

(4) 行驶性能要高，包括加速性、爬坡能力、制动性能、转向性能、最大车速、燃料消耗等。

(5) 操纵方便、稳定性好。

(6) 乘坐舒适,内饰美观。

(7) 便于检查、保养和修理,使用费用要低。

(8) 外观和装饰要美。

(9) 对环境产生的污染(排放、噪声、电磁干扰等)要小。

虽然以上各项随着用户和汽车类别不同,其要求有高有低,并且对各个项目的评价也因人而异,但它们都是评价汽车价值不可缺少的指标。它们的不同组合造就了不同价位的汽车。

1.4.3 产品系列化、零部件通用化、零件标准化和统一加工标准

1. 产品系列化

产品系列化是指:汽车部件(离合器、变速器、传动轴、驱动桥、转向桥、转向器等)专业厂为了既能供应各种型号汽车所需的部件,又能便于进行大量生产、降低成本,把产品合理分挡,组成系列,并考虑各种变型,使这些系列化产品具有比较多的共用零部件。

2. 零部件通用化

零部件通用化是指:在汽车总质量相近或同一系列的一些车型上,尽可能采用同样结构和尺寸的零部件,以减少零部件的种类,达到便于采购、储存、管理、生产,降低成本的目的。

3. 零件的标准化

零件的标准化是指在设计中尽可能广泛采用标准件。汽车是由许多零件组成的产品,在进行多品种汽车生产时,最好是就零部件的形状、尺寸、材质等制定出规格标准。这样做有以下好处:减少零件种类,降低生产费用;扩大零件通用互换的范围,对生产和修理都有利;可以减少专用机床和工夹具的数量;可沿用成熟工艺,降低不良品率。

关于标准问题,应该尽量依据国家标准来统一各方面的标准。许多工厂和公司都以国家标准为基础制定出本企业的标准。统一标准的对象主要包括:螺栓、螺母、垫圈、轴瓦、镜子等的尺寸;型材、圆钢和钢板的材质和尺寸(直径、厚度)等。这样做可减少外购材料的种类,增大单品种的数量,以降低外购费用。

4. 统一加工标准

统一加工标准就是通过制订工艺标准使加工的方式尽可能少,从而减少工具、机床和夹具的种类。例如,在很多场合下,通过尽可能统一孔的加工规格,就能使加工孔用的钻头和铰刀的种类减少。限制螺纹的规格,也能相应减少丝锥、板牙的种类和数量。这样做有利于降低生产成本。

大多数汽车以大批量生产为主,在设计中必须尽可能采用专业化生产的部件和实行产品系列化、零部件通用化、零件标准化和统一加工标准,以达到简化生产、提高工效和改进产品质量、降低成本的目的。国内外实践都表明,这样做使汽车工业得到了很大的经济效益。

1.4.4 提高汽车行驶性能的主要措施

提高汽车行驶性能的主要措施有如下几点。

(1) 减轻质量，这是对汽车所有行驶性能都有影响的一个重点。它不仅影响性能，还涉及材料费用的节约，所以在设计时必须高度重视。为此，要尽可能准确地确定作用在各部件上的力，尽可能按材料的性能下限进行必要的强度和刚度分析和设计。减轻质量不应导致结构强度和刚度的降低。经验表明，强度和刚度设计的不足往往是汽车产生故障、寿命过短的原因，所以必须把减轻质量与满足强度、刚度、成本等要求综合起来考虑。

(2) 采用功率大的发动机，即发动机要使汽车具有充足的动力。若发动机的输出功率大，则汽车的加速性、爬坡能力和最大车速都会提高。同时，发动机在功率有富裕的情况下运行时工作平稳，寿命也长。但是，大功率发动机也会带来车辆价格增高、燃料消耗量增大等缺点。

(3) 努力减少各部位的摩擦损失。摩擦是不能完全避免的现象，但应该尽量减少因摩擦而造成的输出功率的损失。减少摩擦主要依靠提高加工质量，但在产品设计上也要给予足够的重视。

(4) 降低重心，降低汽车重心是提高汽车稳定性不可缺少的措施之一。特别是随着道路条件的改善，车速也在逐渐提高，汽车设计应该适应这种发展趋势，必须对汽车的稳定性特别重视。

1.5 材料、工艺与设计的关系

要使产品的生产成本低，最重要的方法之一是在许可的范围内选用成本较低的材料，并采用简单的加工方法。为此，从事设计工作也需要对材料和工艺具有比较丰富的知识。选用合适的材料和最适当的工艺方法，这是设计中至关重要的问题。

1. 材料的选用

选用什么材料，要根据零件的形状、承受的力及使用条件来决定，同时，还必须考虑材料的价格。减轻零件质量是减轻整车总质量的重点。使用高强度特种钢来制造零件，有利于降低其质量，但从价格上来看，特种钢价格昂贵。这是一个矛盾。处理这一矛盾就必须依据产品的制造方针，即是以性能为中心，还是以价格为中心来决定。制造方针确定了，才能处理好这一矛盾。

2. 设计与工艺的关系

工艺要满足设计的要求，设计也要随着工艺技术的进步而提高水平。设计工作者要随时掌握工艺技术发展的水平，必须使设计的产品能够加工、容易加工、工艺性好。

1.6 安 全 标 准

所谓安全标准，就是根据公路运输车辆法规，为保证安全，对汽车的各种装置的结构和功能所做的必需的，而且是最低限度的规定，它是进行汽车设计、制造、保养、检验等技术性工作的依据。已颁布的标准中,下列各项是设计、制造时必须遵循的项目,所以要注意熟悉这些法规,在设计时要引起重视。

1. 与汽车结构有关的安全标准

与汽车结构有关的安全标准主要包括：①长度、宽度、高度；②最小离地间隙；③汽车总质量；④车轮载荷；⑤车轮的载荷同汽车自重之比；⑥车轮载荷同汽车总质量之比；⑦保持稳定的最大倾斜角；⑧最小转弯半径；⑨轮胎触地面积和触地压力。

2. 与汽车装置有关的安全标准

与汽车装置有关的安全标准主要包括：①发动机和动力传递装置；②车轮和车桥以及其他的行走装置；③操纵装置；④制动装置；⑤弹簧及其他缓冲装置；⑥燃料供给和电气装置；⑦车架；⑧电气装置；⑨连接机构；⑩乘坐装置和载货装置；⑪前挡风玻璃和其他窗玻璃；⑫消声器及其他消除噪声的装置；⑬预防油烟、恶臭、有毒等气体扩散的装置；⑭前照灯、牌照灯、尾灯、制动灯、示宽灯及其他灯具和反射镜；⑮警笛及其他报警装置；⑯方向显示器及其他显示器；⑰照后镜、刮水器及其他扩大视野的装置；⑱车速表、里程表及其他仪表；⑲灭火器及其他消防装置；⑳内压容器及附属设备；㉑其他法定必须具备的特殊设备。

3. 与汽车性能有关的安全标准

与汽车性能有关的安全标准主要包括：①制动性能；②操纵稳定性；③碰撞安全性；④侧翻性能。

由于安全标准的修改可能比较频繁,应该注意跟踪其变化,在设计新车时,保证遵守新的法规,这一点非常重要。

1.7 汽车设计方法

1.7.1 经验设计方法

所谓经验设计方法,就是以在生产实践中积累的经验数据为基础进行产品设计、计算的方法。目前,在汽车设计中还在广泛采用这种设计方法。上述经验数据包括：各种汽车的性能、功率、尺寸、质量、载荷、许用应力、结构特征等统计数据。适当利用这些经验数据可以加快设计进程,降低设计成本,降低设计风险。它们对于汽车设计是不可缺少的,应该注意收集、分析它们。

1.7.2 计算机辅助工程方法

目前在汽车设计中一般都采用计算机辅助二维、三维设计方法来进行产品设计,采用的软件包括 CATIA、Pro/E、SOLIDWORKS、UG、AUTOCAD 等。它们的采用有助于提高设计质量、缩短设计周期。例如,在汽车总体设计中采用三维设计方法(见图 1-1 和图 1-2),可以直观地看到各个零部件之间的相互位置关系,有助于避免发生装配干涉问题。

利用计算机进行汽车设计分析的技术发展很快,其对于提高设计质量、缩短设计周期和降低设计成本意义重大。在计算机上可以应用动力学分析软件(例如 ADAMS)对汽车的性能(例如操纵稳定性、平顺性等)进行模拟分析；应用有限元分析软件(例如 ANSYS、

NASTRAN、I-DEAS、HYPERWORKS 等）对复杂的汽车零部件进行应力、变形分析（见图 1-3），振动模态分析，空气动力学分析，热力学分析等；应用电子线路分析软件（例如 SPICE，HILO，LASAR 等）模拟电子、电气线路的性能；应用通用软件（例如 MATLAB）、自编软件进行各种分析、优化设计等工作，例如钢板弹簧设计分析、可靠性分析、悬架和转向系统匹配设计、可靠性设计与分析、疲劳寿命预计、试验数据处理、模态分析等。

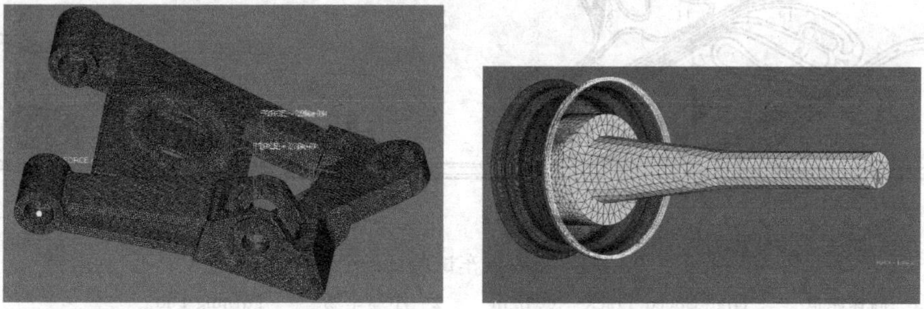

(a) (b)

图 1-3 一些汽车零部件的有限元分析模型

(a) 一种越野车悬架摆臂的有限元分析模型；(b) 模拟车轮动态弯曲疲劳试验的有限元分析模型

1.7.3 试验方法

汽车是一种速度高、负荷变化大、设计复杂、产量很大的产品。在设计阶段往往需要对样车、样件进行各种试验，以验证分析和模拟计算的结论，并确保新车具有期望的性能、可靠性和耐久性；产品制造出来以后还要通过试验对产品的质量进行检查和评价。所以，汽车试验是汽车设计的重要的、不可缺少的工具之一。

目前，电测量法在汽车试验中得到了广泛应用。应用电测量法可以测量产品结构中的各种力和应变、位移、加速度、温度、流量等瞬态物理量。被测参数经转化为电信号后，能直接作为数据显示或记录在磁带、计算机硬盘上，测量精度高，能为设计提供有价值的数据。

计算机的应用为自动快速处理和分析试验数据提供了有力工具，如果没有计算机，很多试验数据的处理是不可想象的。计算机还可以作为试验设备的控制装置使试验过程高度自动化。例如，在汽车整车试验室就有用计算机控制的转鼓试验台，进行试验和数据分析都很方便。还有用计算机控制的道路模拟试验台，它可以在室内模拟再现汽车整车和零部件在道路上实测的载荷历程，使试验结果更符合实际情况。

自从 20 世纪 20 年代以来，各国相继建造了各种规模的汽车试验场。图 1-4 示出我国海南汽车试验场的平面图。场内设有模拟各种道路的试验跑道以及各种试验设施，可以进行汽车各项性能试验，包括操纵稳定性试验、强化的可靠性和耐久性试验、碰撞试验等，成为最后检验产品设计质量的主要手段。在试验场试验跑道上进行的试验，和过去的道路试验相比，具有试验时间短、试验重复性好的优点。但是与试验室试验相比，其试验时间就显得较长，重复性较差，目前有尽量减少试验场试验量、更多利用试验室试验的趋势。图 1-5 示出一个四轴向输入前悬架系统耐久性试验台。但是，试验场试验仍然是检验试验室试验结果和产品最终质量的最后手段。这是因为试验室试验一般是对道路或试验场试验的模拟，它不可能对所有的因素进行模拟,要有取舍,这就存在取舍是否合理的问题,故其试验结果也需要经过试验场试验的检验。

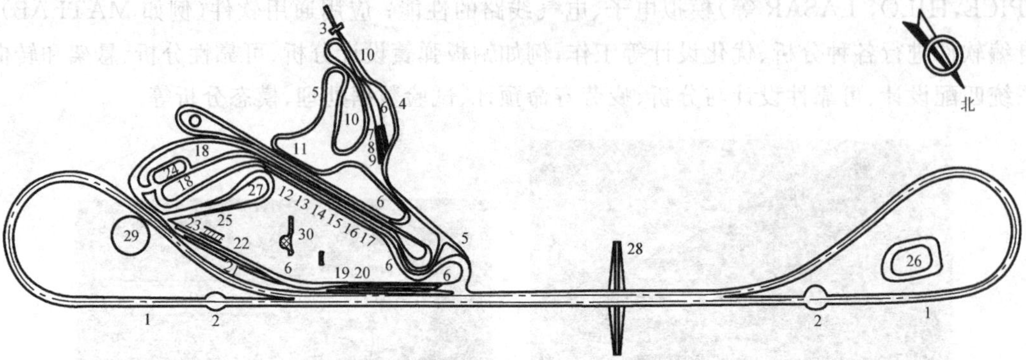

图 1-4 海南汽车试验场的平面图

1—高速跑道	High Speed Track	6042 m	2—小巡车场	Turning Pad	
3—门楼	Gate		4—沥青路	Asphalt Road	317 m
5—条石路	Block Twig Road	417 m	6—水泥路	Cement Road	2191 m
7—甲种扭曲路	Torsion Road-A	50 m	8—乙种扭曲路	Torsion Road-B	50 m
9—丙种扭曲路	Torsion Road-C	50 m	10—石板路	Stone Board Road	704 m
11—沙坑路	Sand pit	50 m	12—乙种石块路	Stone Block Road-B	303 m
13—丙种卵石路	Cobble Road-C	310 m	14—鱼鳞坑路	Fish Scale Hole Road	310 m
15—甲种搓板路	Wash Board Road-A	303 m	16—甲种卵石路	Cobble Road-A	300 m
17—乙种卵石路	Cobble Road-B	310 m	18—C级土路	Dirt Road	1670 m
19—甲种石块路	Stone Block Road-A	310 m	20—乙种搓板路	Wash Board Road-B	200 m
21—丙种石块路	Stone Block Road-C	200 m	22—涉水路	Shallow Water Road	50 m
23—盐水路	Salt Water Road	30 m	24—灰尘路	Dirt Tunnel	60 m
25—供水池	Reservoir		26—标准坡道	Slopes	
27—长坡路	Long Slope	300 m	28—立交桥	Tunnel	
29—稳定性圆场	Skid Pad	R50 m	30—指挥中心	Control Center	

图 1-5 一个四轴向输入前悬架系统耐久性试验台

1.8 汽车产品型号和形式的确定

汽车总体设计的首要任务之一就是确定汽车的型号、布置形式。汽车的形式主要是指其轴数、驱动形式、布置形式。下面介绍确定汽车产品型号和布置形式的基本方法。

1.8.1 汽车的产品型号

我国国家标准 GB 9417—1988《汽车产品型号编制规则》规定汽车的产品型号由企业名称代号、车辆类别代号、主参数代号、产品序号组成，必要时可附加企业自定代号（见图 1-6(a)）。对于专用汽车及专用半挂车，还应该增加专用汽车分类代号（见图 1-6(b)）。其中，企业代号一般为汽车制造厂的拼音缩写，如 BJ（北京）、NJ（南京）、SH（上海）、JN（济南）、SX（陕西）、CQ（川汽）、EQ（二汽）、CA（中国一汽）。车辆类别代号按照表 1-1 规定。

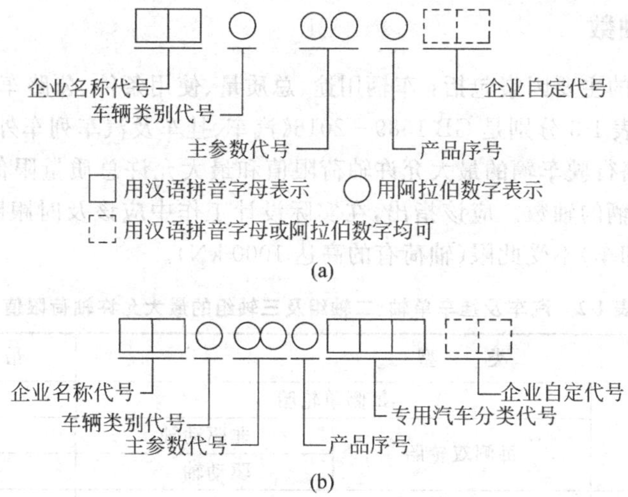

图 1-6 汽车、专用汽车及专用半挂车产品型号的构成

(a) 汽车产品型号的构成；(b) 专用汽车及专用半挂车产品型号的构成

表 1-1 车辆类别代号

车辆类别代号	车辆种类	车辆类别代号	车辆种类	车辆类别代号	车辆种类
1	载货汽车	4	牵引汽车	7	轿车
2	越野汽车	5	专用汽车	8	
3	自卸汽车	6	客车	9	半挂车及专用半挂车

主参数代号用两位阿拉伯数字表示。载货汽车、越野汽车、自卸汽车、牵引汽车、专用汽车与半挂车的主参数代号以车辆的总质量（单位为 t）表示。牵引汽车的总质量包括牵引座上的最大质量，当总质量为 100 t 及以上时，可用三位数表示；客车的主参数代号用车辆长度（单位为 m）表示，当长度小于 10 m 时，应精确到小数点后一位，并以其值的 10 倍数表示；轿车的主参数代号以其发动机排量（单位为 L）表示，其数值应精确到小数点后一位，并以其值的 10 倍表示。

产品序号指企业发展该产品的顺序号。

企业自定代号用汉语拼音字母或阿拉伯数字表示，位数由企业自定，表示同一种汽车但结构略有变化的情况。例如汽油机与柴油机，长、短轴距，单、双排座驾驶室，左、右转向盘等。

专用汽车分类代号用三个汉语拼音字母表示，第一个字母反映车辆结构特征，后两个字母表示用途特征。结构特征代号用X表示厢式汽车,G表示罐式汽车,Z表示专用汽车,T表示特种结构汽车,J表示起重举升汽车,C表示仓栅式汽车。用途特征代号用专用汽车具体用途的两个汉字的第一个汉语拼音字母表示。

例如,CA1091表示第一汽车集团公司生产的总质量约9 t(实为9310 kg)的第二代货车;EQ2080表示东风汽车集团公司(二汽)生产的总质量约8 t(实为7720 kg)的第一代越野汽车;TJ7100表示天津汽车工业(集团)有限公司生产的发动机排量为1.0 L的微型轿车。

1.8.2 汽车的轴数

决定汽车轴数的主要因素包括:车辆用途、总质量、使用条件、公路车辆法规、轮胎负荷能力等。表1-2和表1-3分别是GB 1589—2016《汽车、挂车及汽车列车外廓尺寸、轴荷及质量限值》给出的道路行驶车辆的最大允许轴荷限值和最大允许总质量限值。可以参考这些表来确定拟设计车辆的轴数。应该指出,在实际设计工作中应该及时跟踪标准的更新;非公路车辆(矿用自卸车)不受此限(轴荷有的高达1000 kN)。

表1-2 汽车及挂车单轴、二轴组及三轴组的最大允许轴荷限值 kg

类型			最大允许轴荷限值
单轴	每侧单轮胎		7000①
	每侧双轮胎	非驱动轴	10 000②
		驱动轴	11 500
二轴组	轴距<1000 mm		11 500③
	轴距≥1000 mm,且<1300 mm		16 000
	轴距≥1300 mm,且<1800 mm		18 000④
	轴距≥1800 mm(仅挂车)		18 000
三轴组	相邻两轴之间距离≤1300 mm		21 000
	相邻两轴之间距离>1300 mm,且≤1400 mm		24 000

① 安装名义断面宽度不小于425 mm轮胎的车轴,最大允许轴荷限值为10 000 kg;驱动轴安装名义断面宽度不小于445 mm轮胎,则最大允许轴荷限值为11 500 kg。

② 装备空气悬架时最大允许轴荷的最大限值为11 500 kg。

③ 二轴挂车最大允许轴荷限值为11 000 kg。

④ 汽车驱动轴为每轴每侧双轮胎且装备空气悬架时,最大允许轴荷的最大限值为19 000 kg。

表1-3 汽车、挂车及汽车列车最大允许总质量限值 kg

车辆类型		最大允许总质量限值
汽车	三轮汽车	2000①
	乘用车	4500
	二轴客车、货车及半挂牵引车	18 000②
	三轴客车、货车及半挂牵引车	25 000③
	单铰接客车	28 000
	双转向轴四轴货车	31 000③

续表

车辆类型			最大允许总质量限值
挂车	半挂车	一轴	18 000
		二轴	35 000
		三轴	40 000
	牵引杆挂车	二轴，每轴每侧为单轮胎	12 000④
		二轴，一轴每侧为单轮胎、另一轴每侧为双轮胎	16 000
		二轴，每轴每侧为双轮胎	18 000
	中置轴挂车	一轴	10 000
		二轴	18 000
		三轴	24 000
汽车列车		三轴	27 000
		四轴	36 000⑤
		五轴	43 000
		六轴	49 000

① 当采用方向盘转向、由传动轴传递动力、具有驾驶室且驾驶员座椅后设计有物品放置空间时，最大允许总质量限值为 3000 kg。

② 低速货车最大允许总质量限值为 4500 kg。

③ 当驱动轴为每轴每侧双轮胎且装备空气悬架时，最大允许总质量限值增加 1000 kg。

④ 安装名义断面宽度不小于 425 mm 轮胎，最大允许总质量限值为 18 000 kg。

⑤ 驱动轴为每轴每侧双轮胎并装备空气悬架，且半挂车的两轴之间的距离大于或等于 1800 mm 的铰接列车，最大允许总质量限值为 37 000 kg。

1.8.3 汽车的驱动形式

汽车的驱动形式常用如下代号表示，如 4×2、4×4、6×6 等，其中第一个数字代表车轮总数，第二个代表驱动轮数。下面介绍各类汽车的常用驱动形式。

(1) 公路车辆(轿车、运输车)：一般采用非全轮驱动形式(即在车轮总数中有非驱动轮)，常用的形式有：①4×2，其特点是结构简单、制造成本低，在轿车及总质量 $m_t<18$ t 的公路用车(见图 1-7)上得到广泛应用；②6×4 或 6×2，在总质量 m_t 超过 18 t、低于 26 t (18 t$<m_t<$26 t)的运输车上得到广泛应用；③8×4，在总质量 $m_t>26$ t 的运输车上得到了广泛应用。

(2) 重型矿用自卸车：这类车辆的使用特点是活动场地小，要求机动性高，即转弯半径小，多采用短轴距的 4×2 形式，少数采用 4×4 或 6×4。

(3) 越野车：为提高通过性，一般采用全轮驱动形式。主要有：轻型越野车一般采用 4×4 形式，如图 1-8 所示；中型越野车一般采用 4×4 或 6×6 形式；装载质量>5 t 的军用越野车普遍采用 6×6 或 8×8 形式。采用全轮驱动可以提高通过性，但结构复杂、质量大、传动系效率低、油耗大。

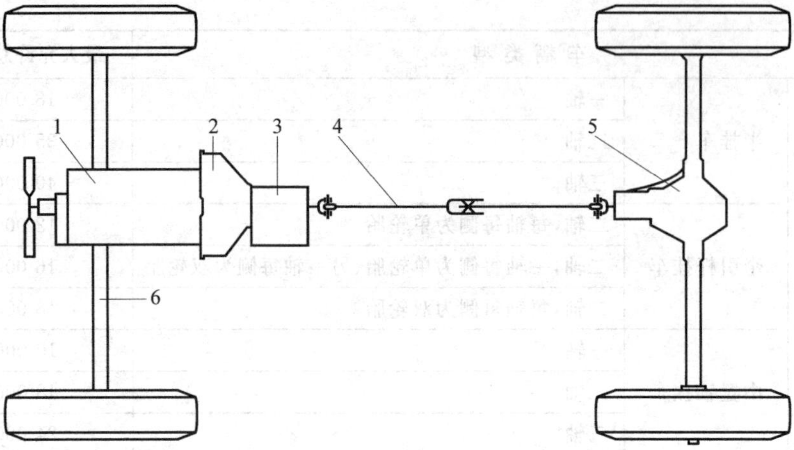

图 1-7 4×2 货车的传动系示意图

1—发动机；2—离合器；3—变速器；4—传动轴；5—驱动轴；6—从动轴

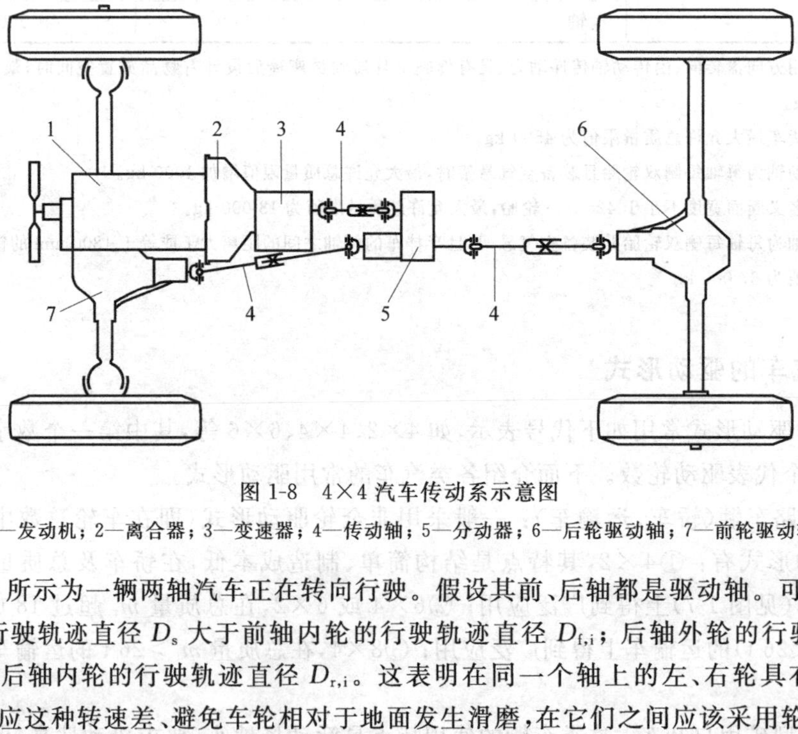

图 1-8 4×4 汽车传动系示意图

1—发动机；2—离合器；3—变速器；4—传动轴；5—分动器；6—后轮驱动轴；7—前轮驱动轴

图 1-9 所示为一辆两轴汽车正在转向行驶。假设其前、后轴都是驱动轴。可以看出，前轴外轮的行驶轨迹直径 D_s 大于前轴内轮的行驶轨迹直径 $D_{f,i}$；后轴外轮的行驶轨迹直径 $D_{r,o}$ 也大于后轴内轮的行驶轨迹直径 $D_{r,i}$。这表明在同一个轴上的左、右轮具有不同的转速，为了适应这种转速差、避免车轮相对于地面发生滑磨，在它们之间应该采用轮间差速器。轮间差速器还起到向左、右轮分配转矩的作用。另外，由于 $D_s > D_{r,o}$，$D_{f,i} > D_{r,i}$，所以前轴的转速高于后轴，为了适应这种转速差、避免车轮相对于地面发生滑磨，在前、后轴之间应该采用轴间差速器。轴间差速器还起到向前、后轴分配转矩的作用。

越野车一般采用可选全轮驱动，即在公路(高附着路面)上行驶时采用非全轮驱动，而在低附着、松软路面上行驶时采用全轮驱动。这种汽车不采用轴间差速器，一般不允许在高附着路面上行驶时接通全轮驱动，否则会引起轮胎的严重磨损、功率损失增大、传动系零件过载等问题。

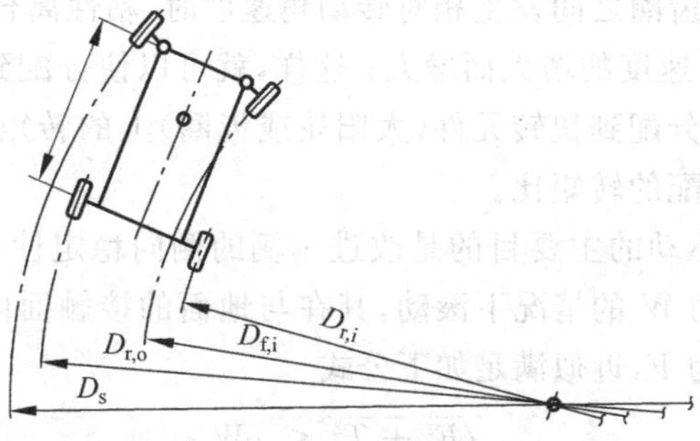

图 1-9 一辆两轴汽车正在转向行驶

应该指出，在非全轮驱动的多驱动轴汽车中（例如 6×4、8×4），在驱动轴之间也都需要采用轴间差速器。在具有可选全轮驱动的多驱动轴越野车中（例如 6×6、8×8），在全时驱动轴（其在未接通以及接通全轮驱动时都是驱动轴）之间也都需要采用轴间差速器。

(4) 全时全轮驱动汽车：全时全轮驱动汽车在任何道路上行驶时都是全轮驱动，在其各个驱动轴之间都采用轴间差速器。图 1-10 所示为一种全时全轮驱动轿车，其采用的轴间差速器是普通锥齿轮式，向前、后轴分配的转矩比基本上是 1∶1。为了防止因一个车轴失去附着力时（该车轴悬空或位于具有极低附着系数的路面上时）而使另外一个车轴也发不出驱动力，采用差速锁。

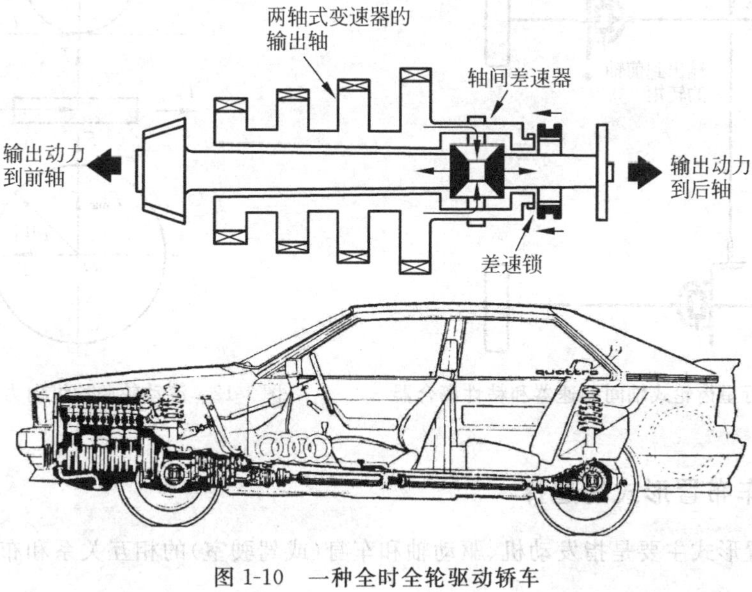

图 1-10 一种全时全轮驱动轿车

当不同车轴的轴荷明显不同时，全时全轮驱动汽车一般采用行星齿轮式轴间差速器，如图 1-11 所示。其中，行星齿轮机构的行星架是输入元件；太阳轮是对前轴的输出元件；齿圈是对后轴的输出元件。向前、后轴分配的转矩比基本上是 $r_S : r_R$，其中 r_S、r_R 分别是太阳轮、齿圈的半径，而且 $r_S < r_R$。因此，太阳轮应该是对轴荷较小的车轴输出转矩的元件，而齿圈应该是对轴荷较大的车轴输出转矩的元件。在图 1-11 所示方案中，为了在一定程度上改变在前、后轴上分配的转矩比，在太阳轮与齿圈之间采用了一种粘性离合器。在前、后轴的

转速不同时,即太阳轮与齿圈之间发生相对转动角速度时,粘性离合器会传递一个转矩 T_V,而且 T_V 随着上述相对角速度的增大而增大;这样,就可以使分配到慢转元件(太阳轮或齿圈)上的转矩增加 T_V,使分配到快转元件(太阳轮或齿圈)上的转矩减小 T_V,从而在一定程度上改变在前、后轴上分配的转矩比。

轿车采用全时全轮驱动的主要目的是改进车辆的侧向稳定性和安全性。图1-12所示为一个轮胎在承受垂直力 W 的情况下滚动,其在与地面的接触面内发出的纵向力为 T(驱动力或制动力)、侧向力为 F,近似满足如下公式

$$\sqrt{F^2+T^2} \leqslant \mu W \tag{1-1}$$

其中,μ 是轮胎与地面之间的附着系数。式(1-1)表明,F 与 T 的合力近似位于半径为 μW 的摩擦圆以内。轮胎所发出的纵向力 T(驱动力或制动力)越大,则其还可以发出的侧向力 F 就越小;而 F 越小,汽车的侧向稳定性就越差,车轴易发生侧滑。全时全轮驱动汽车在行驶时,其全部车轮都发出驱动力,使每个车轮上所发出的驱动力 T 减小,从而增大每个车轮上可以发出的最大侧向力 F_{max},使车轴不易发生侧滑,提高汽车的侧向稳定性。

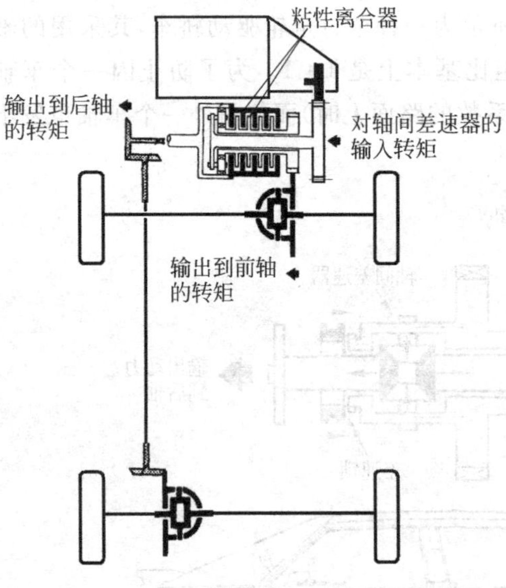

图1-11 行星齿轮式轴间差速器和粘性离合器

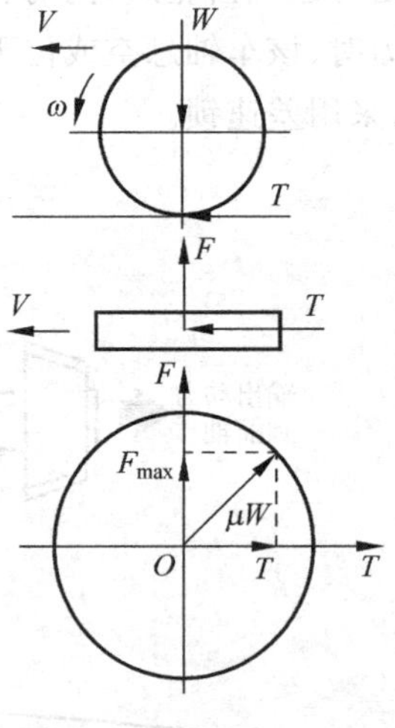

图1-12 滚动轮胎的纵向力 T 与侧向力 F

1.8.4 货车布置形式的选择

货车布置形式主要是指发动机、驱动轴和车身(或驾驶室)的相互关系和布置特点。

1. 发动机位置决定的布置形式

按照发动机的位置不同,货车的布置形式可分为前置、中置、后置三种。

(1) 发动机前置-后轴驱动:这种布置形式在货车上应用广泛,其优点是便于维修发动机、传动系,操纵系统较简单。如图1-13所示。

(2) 发动机中置:发动机卧置于货箱之下,少数货车采用。其优点是驾驶室布置不受发动机限制,座位和汽车总高可以降低,噪声小,轴距和总长较短,有利于轴荷分配。缺点是发动机需特殊设计,维修不便,离合器、变速器和油门需远距离操纵,导致机构复杂,故在货

车上采用不多。

(3) 发动机后置：在货车上应用更少。其缺点是，货厢底板过高，后轴过载，操作复杂。

2. 驾驶室与发动机相对位置决定的布置形式

按照驾驶室与发动机的相对位置关系，货车可以分为四种形式。

(1) 长头式(见图 1-13(a))：发动机布置在驾驶室之前；

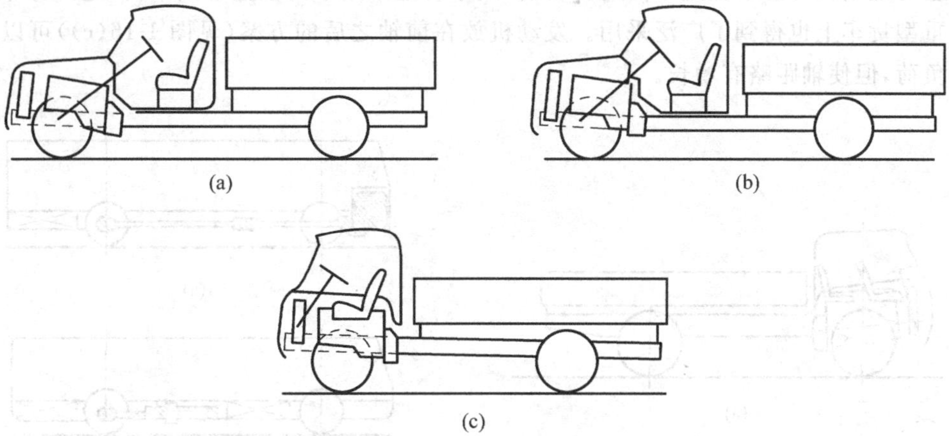

图 1-13 货车的布置形式

(2) 短头式(见图 1-13(b))：发动机一小部分伸入驾驶室之内；

(3) 平头式(见图 1-13(c))：发动机在驾驶员座位下；

图 1-14 偏置式驾驶室

(4) 偏置式(见图 1-14)：驾驶室偏置于发动机一旁。

在上述布置形式中，长头式的优点是便于维修发动机(打开发动机罩，接近性好)，驾驶室受热及受振较少，操作杆容易布置，驾驶员安全感较好，前轮负荷较轻；其缺点是汽车面积利用率低，总长较大，最小转弯半径较大，视野差。这种布置形式比较适合于使用条件较差的中、重型货车和越野车。平头式的优缺点正好与长头式的相反；而短头式的特点介于前两者之间。偏置式驾驶室主要用于矿用、工程车辆。

由于平头式在面积利用率、机动性和视野等方面的优点，在微型、轻型货车上得到了广泛应用。由于驾驶室采用可翻式结构(见图 1-15(b))，克服了发动机维修不便的缺点，所以其在重型货车上也已经得到了广泛应用。

同属于平头式的驾驶室，其布置形式也有不同：

(1) 发动机位于前轴之上，且处于两侧座位之间(见图 1-15(a))；

(2) 发动机位于前轴之上，且位于座位之下(见图 1-15(b))；

(3) 发动机位于前轴之后，且位于座位之下(见图 1-15(c))。

图 1-15(a)所示平头驾驶室布置形式(发动机位于前轴之上，且处于两侧座位之间)在重型货车上用得较多，与其他两种形式相比，发动机位置较高，接近性较好，容易维修，不必采

用可翻式结构；座位较低，故汽车总高较低，可降低风阻。其缺点是驾驶室内较拥挤，隔热和密封问题较难解决。

图 1-15(b)和图 1-15(c)所示平头驾驶室的第(2)和第(3)种布置形式曾经主要用于发动机外形较小的微型或轻型货车上，其优点是室内较宽敞且有平坦的通道。但是，如果通过在座位下面设置可打开的舱口来进行发动机维修，则可接近性较差，维修不够方便。而采用驾驶室可翻结构可以解决这个问题。目前，由于普遍采用了驾驶室可翻结构，这两种布置形式在重型货车上也得到了广泛采用。发动机放在前轴之后的方案(见图 1-15(c))可以减轻前轴负荷，但使轴距略有增长。

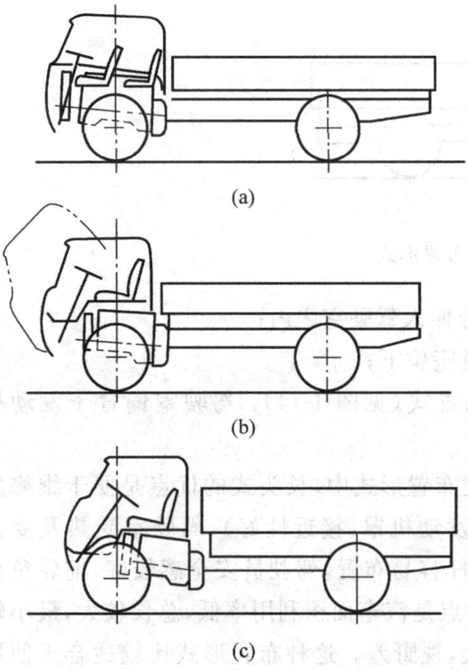

图 1-15 平头车的几种布置形式

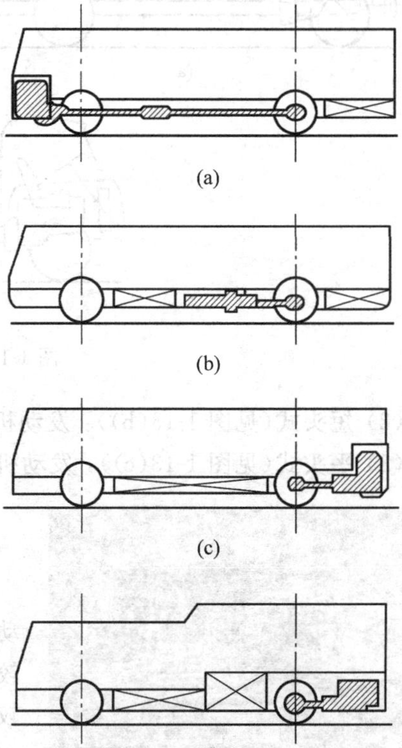

图 1-16 大客车的布置形式

1.8.5 大客车的布置形式

1. 发动机前置

发动机前置布置形式(见图 1-16(a))的优点包括：与货车通用的部件多，易于从货车改装(实际上大客车很多是利用货车底盘改装的)，操纵机构简单，发动机便于维修等。其缺点有：发动机罩突出于地板之上，车厢面积利用率较小，隔热、隔振、隔声比较困难，车厢内噪声较大，影响舒适性，前轴易过载，轴荷分配不够理想，由于前悬受限制，往往后悬过长，上坡时容易刮地。

2. 发动机中置

在国外一些旅游大客车上采用发动机中置布置形式(见图 1-16(b))。其优点包括：车厢面积利用率很高，车内噪声小，传动轴短。其缺点包括：需要专门设计的发动机，其冷却和防尘较困难，操纵机构复杂，维修不便，地板高度不易降低。

3. 发动机后置

目前在长途、旅游以及公交大客车上采用发动机后置的布置形式(图 1-16(c)为发动机横置；图 1-16(d)为发动机纵置)的日益增多。其优点包括：发动机与车厢易于隔开，车厢振动与噪声小，因此乘坐舒适性好；车厢面积利用率高，特别是发动机横置时更好；轴荷分配较合理；在地板下可形成容积很大的行李箱；可在车外修理发动机。其主要缺点包括：发动机和传动系距驾驶员远，操纵机构复杂，发动机故障不易识别(因驾驶员听不到发动机的声音)；发动机散热器布置困难，冷却风扇消耗的功率较高；发动机防尘较难。

1.8.6 轿车的布置形式

轿车的布置形式可以分为发动机前置-后轮驱动(见图 1-17(a))、发动机后置-后轮驱动(见图 1-17(b))、发动机前置-前轮驱动(见图 1-17(c)、(d)、(e))三种形式。

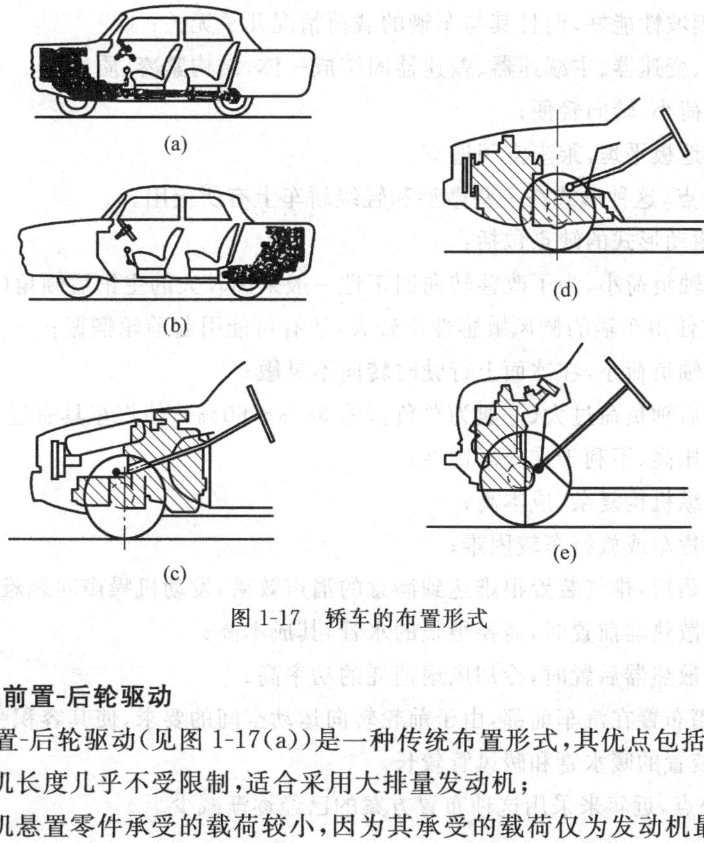

图 1-17 轿车的布置形式

1. 发动机前置-后轮驱动

发动机前置-后轮驱动(见图 1-17(a))是一种传统布置形式，其优点包括：

(1) 发动机长度几乎不受限制，适合采用大排量发动机；

(2) 发动机悬置零件承受的载荷较小，因为其承受的载荷仅为发动机最大转矩乘以变速器第一挡传动比(而在前置-前轮驱动的布置中，还要乘以主减速器传动比)；

(3) 采用的中间轴式变速器有直接挡，其传动效率最高；轴荷分配比较均匀，对操纵稳定性、行驶平顺性和延长轮胎寿命有利；

(4) 前轮轮胎寿命长；

(5) 换挡操纵机构简单；

(6) 有较大的空间安装转向系统;

(7) 冷却风扇的驱动机构简单、效率高。

前置-后轮驱动形式的缺点包括:

(1) 仅乘坐两人时后轴负荷较小,使牵引性能降低,在低附着路面情况下易于发生后轴滑转,以致发生后轴侧滑;

(2) 在变速器和驱动轴之间有万向传动轴,增大整备质量(自重);

(3) 地板上有凸起的传动轴通道,影响乘坐舒适性,地板高度的降低受限;

(4) 车内空间长度与汽车总长度之比较小。

目前,前置-后轮驱动布置形式主要是在一些中、高级轿车上得到应用。但是,其应用比例已经远低于前置-前轮驱动布置形式。

2. 发动机后置-后轮驱动

在发动机后置-后轮驱动布置形式中常将发动机布置在轴距以外(见图1-17(b)),其优点包括:

(1) 起步、爬坡性能好,而且其与车辆的载荷情况几乎无关;

(2) 发动机、变速器、主减速器、差速器固结成一体,结构紧凑、质量轻;

(3) 前轴负荷小,转向轻便;

(4) 车厢内地板平坦,乘坐空间适宜。

由于这些特点,这种形式在一些微型和轻级轿车上有所应用。

后置-后轮驱动形式的缺点包括:

(1) 由于前轴负荷小,为了改善转向回正性一般采用较大的主销后倾角(例如8°的主销后倾角),这往往使得车辆的侧风敏感性比较大,还有可能引起前轮摆振;

(2) 由于前轴负荷小,在冰面上行驶时转向不灵敏;

(3) 满载时后轴负荷过大(一般为总负荷的58%~60%),使汽车具有过多转向倾向;

(4) 后轮气压高,不利于乘坐舒适性;

(5) 换挡操纵机构复杂、成本高;

(6) 变型为货车或旅行车较困难;

(7) 排气管路短,排气装置很难达到满意的消声效果,发动机噪声问题难以解决;

(8) 发动机散热器前置时,需要很长的水管,其成本高;

(9) 发动机散热器后置时,冷却风扇消耗的功率高;

(10) 行李箱布置在汽车前部,由于前轮转向运动空间的要求,使其容积受到很大限制;

(11) 供暖装置的暖水管和暖风管较长。

由于这些缺点,近年来采用这种布置方案的已经逐渐减少。

3. 发动机前置-前轮驱动

在发动机前置-前轮驱动形式的车辆中,发动机、变速器、主减速器和差速器固结在一起,组成动力总成,其可以布置在前桥的前方、上方或后方。这种布置形式结构很紧凑,与发动机前置-后轮驱动形式相比,可使汽车的长度缩短100~300 mm,或者说可以使汽车中乘客及行李箱空间增大。这可能是世界上越来越多的汽车都采用这种布置形式的主要原因。

在前置-前轮驱动的几种布置方案中，最紧凑的是将发动机横置于前轴之前(见图 1-17(e))，它常用于装较短发动机(4 缸直列式、6 缸 V 形发动机)的轿车上，此时主减速器可采用圆柱齿轮(见图 1-18)，降低成本。车身前围板和座椅可前移较多，有利于缩短轴距，或增大车内面积。

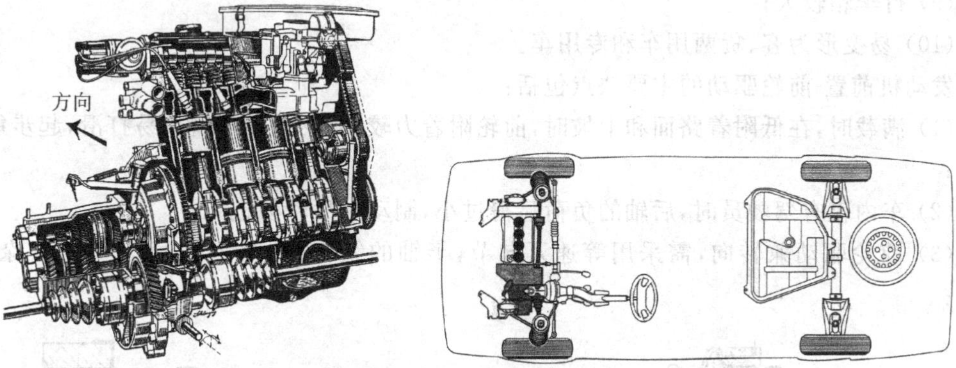

图 1-18 一种发动机前置(横置)-前轮驱动轿车的传动系

其他两种方案采用纵置式发动机。当发动机布置在前轴之后时(见图 1-17(c))，轴荷分配较均匀。但由于发动机后移，致使轴距及总长较大，发动机检修也不便。将直列式或 V 形发动机纵置在前轴之前时(见图 1-17(d)和图 1-19)，前围板及座椅前移，轴距可小些，但前悬稍大，使前轴负荷较大，汽车质心明显前移。前轴负荷大有利于不足转向、侧风行驶稳定性和增大牵引力，但是也要求有较大的转向力，这个问题可以通过采用动力转向器来解决。前轴负荷大带来的不利因素是制动力分配不合理，这种布置形式有利于采用大功率发动机，常用于中、高级轿车上。

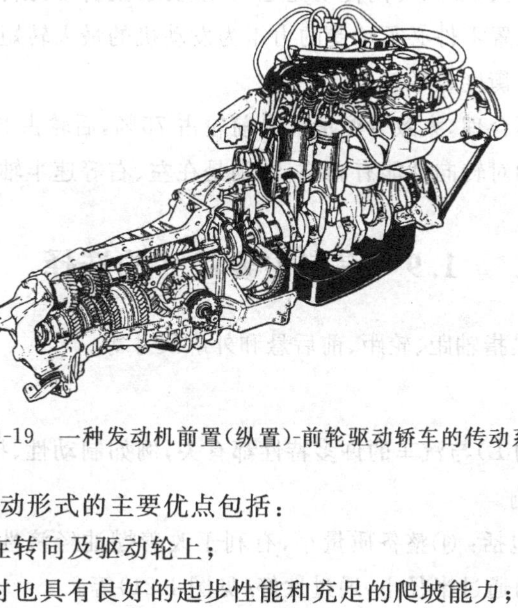

图 1-19 一种发动机前置(纵置)-前轮驱动轿车的传动系

发动机前置-前轮驱动形式的主要优点包括：

(1) 负荷主要分配在转向及驱动轮上；

(2) 在装载量较小时也具有良好的起步性能和充足的爬坡能力；

(3) 具有不足转向性能；

(4) 对侧风不敏感；

(5) 轴距较长,有利于行驶平顺性；

(6) 散热器前置,发动机冷却效果好,易于安装冷却风扇；

(7) 车身底板比较平整,但是地板上有凸起的排气管通道,影响乘坐舒适性；

(8) 排气管长,有利于安装催化反应器和消声器；

(9) 行李箱较大；

(10) 易变形为客、货两用车和专用车。

发动机前置-前轮驱动的主要缺点包括：

(1) 满载时,在低附着路面和上坡时,前轮附着力较小,驱动轮(前轮)易打滑,起步能力较差；

(2) 车内仅有驾驶员时,后轴的负荷显得过小,制动时后轮易抱死；

(3) 前轮驱动兼转向,需采用等速万向节,半轴的结构(见图1-20)及工艺较复杂,成本高；

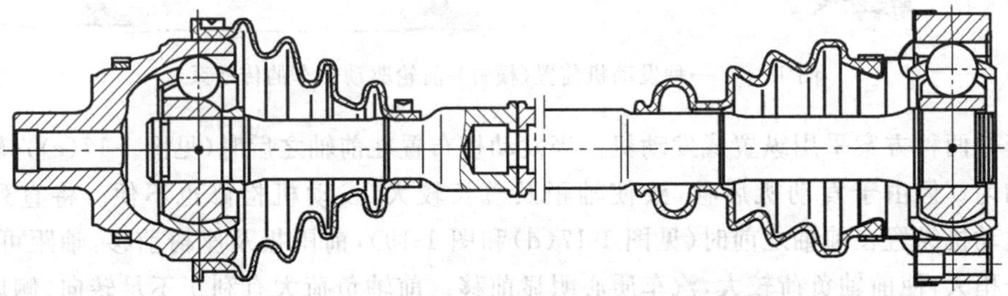

图1-20 一种用于前置-前轮驱动轿车的等速半轴

(4) 轮胎寿命短,据统计,其寿命为前置-后轮驱动汽车所用轮胎的1/3～1/2；

(5) 由于前轮负荷大,要求转向传动比也大,或要求配备动力转向器；

(6) 动力总成的悬置零件必须承受的力矩为发动机的最大转矩乘以总的传动比；

(7) 对前轮的不平衡度较敏感；

(8) 制动力分配不合理,大致分配情况是前轮占75%,后轮占25%；

(9) 发动机的驱动对转向性能有影响,特别是在左、右等速半轴结构不对称时。

1.9 汽车主要尺寸的选择

汽车的主要尺寸是指轴距、轮距、前后悬和外廓尺寸等。

1. 轴距

轴距(图1-21中的L)与汽车的许多特性都有关,例如制动性、操纵稳定性、平顺性。下面分析缩短轴距的影响。

缩短轴距的优点包括：①整备质量小,有利于改善燃油经济性和动力性；②机动性好(转弯半径小)；③纵向通过半径小,通过性好(见图1-21)等。

缩短轴距的缺点包括：①为了保证车内空间而使后悬增大,从而减小车辆的离去角,降

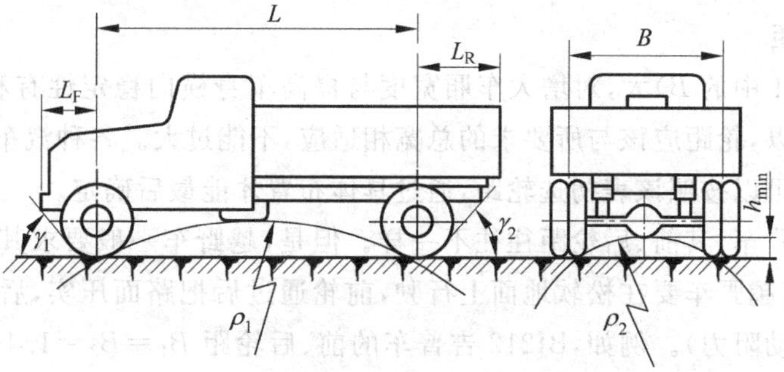

图 1-21 汽车通过性的主要几何参数

γ_1—接近角；γ_2—离去角；ρ_1—纵向通过半径；ρ_2—横向通过半径；

h_{min}—最小离地间隙；L_F—前悬；L_R—后悬

低通过性；②加速、制动、上坡时轴荷转移大，车身纵向角振动大，使制动性、操纵稳定性、乘坐舒适性变坏；③万向节传动的夹角过大等。

因此，确定轴距应综合考虑各方面的要求，在满足主要性能、车内（装载）面积和轴荷分配等方面要求的前提下，把轴距设计得短些为宜。

表 1-4 给出了各种汽车的轴距、轮距值的选用范围（经验数据）。设计时可参考表中的数据初步选择轴距。这属于经验设计。使用类似表 1-4 的表时应该注意的事项有：①载质量越大，轴距应该越长；②机动性要求高者（轻型货车，矿用自卸车等），轴距应该短些；③经常运送大型构件或轻抛货物的货车，轴距应该取长些；④三轴汽车中、后轴间距多为轮胎直径的 1.1～1.25 倍；⑤中、高级轿车，轴距应该较长，以获得较高的乘坐舒适性、操纵稳定性；⑥微型和轻型轿车，轴距应该较短，以降低成本，提高机动性；⑦轿车的轴距与总长之间应该有适当的比例，一般轴距为总长的 54%～60%。

表 1-4 各种汽车轴距、轮距值的选用范围（经验数据）

车 型	类 别		轴距 L/m	轮距 B/m
4×2 载货汽车	汽车总质量 m_a/t	<2.2	1.70～2.90	1.15～1.35
		2.2～3.4	2.30～3.20	1.30～1.50
		3.5～5.9	2.60～3.60	1.40～1.65
		6.0～9.9	3.60～4.20	1.70～1.85
		10.0～13.9	3.60～5.00	1.84～2.00
		14.0～25.0	4.10～5.60	1.84～2.00
矿用自卸车		<60	3.20～4.20	1.84～3.20
		>60	3.90～4.80	2.50～4.00
大客车	城市大客车（单车）		4.50～5.00	1.74～2.05
	长途大客车（单车）		5.00～6.50	1.74～2.05
轿车	微型		1.65～2.40	1.10～1.27
	普通级		2.12～2.54	1.15～1.50
	中级		2.50～2.86	1.30～1.50
	中高级		2.85～3.40	1.40～1.58
	高级		3.40～3.90	1.56～1.62

2. 前、后轮距

轮距(图 1-21 中的 B)大,对增大车厢宽度与提高车身横向稳定性有利,但会使总宽和总质量增大。所以,轮距应该与所要求的总宽相适应,不能过大。各种汽车的轮距选用范围如表 1-4 所示。可以按照该表初选轮距,通过具体布置才能最后确定。

一般的公路货车,其前、后轮距往往不一样。但是,越野车一般要求其前、后轮距相同,以减少滚动阻力(越野车要在松软地面上行驶,前轮通过后把路面压实,后轮通过前轮压过的车辙可减少滚动阻力)。例如,BJ212 吉普车的前、后轮距 $B_1=B_2=1.44$ m;NJ230 越野车的前、后轮距 $B_1=B_2=1.6$ m。

对机动性和通过性要求高的越野车和微型汽车,轮距应取小些,以减小横向通过半径(见图 1-21),但要保证使用中不产生侧向翻车。

3. 前悬和后悬

前悬 L_F 应有足够长度,以固定和安装发动机、水箱、转向器等部件;但不宜过长,否则接近角太小,不利于通过性(见图 1-21)。

后悬 L_R 主要取决于货厢长度、轴距和轴荷分配的要求,同时要保证有适当的离去角(见图 1-21)。后悬过大,上、下坡易刮地,转弯也不灵活。下面是一些车辆的后悬数据。

(1) 城市大客车:$L_R \leqslant 0.65L$(轴距 L 的 65%),$L_R \leqslant 3.5$ m;

(2) 货车(微型车除外):$L_R=1.2\sim2.2$ m;

(3) 特长货厢汽车:$L_R \approx 2.6$ m。

4. 外廓尺寸

各国对公路运输车辆的外廓尺寸均有法规限制,以保证行驶的安全性。表 1-5 和表 1-6 是国标 GB 1589—2016 给出的道路行驶车辆的外廓尺寸的最大限值。该标准还规定,车辆间接视野装置(外开窗、后视镜等)单侧外伸量不应超出车辆宽度 250 mm。可以参考这些表来确定拟设计的车辆的外廓尺寸。应该指出,在实际设计工作中应该及时跟踪标准的更新。

表 1-5 栏板式、仓栅式、平板式、自卸式货车及其半挂车外廓尺寸的最大限值 mm

<table>
<tr><th colspan="3">车辆类型</th><th>长度</th><th>宽度</th><th>高度</th></tr>
<tr><td rowspan="7">仓栅式货车
栏板式货车
平板式货车
自卸式货车</td><td rowspan="4">二轴</td><td>最大设计总质量≤3500 kg</td><td>6000</td><td rowspan="10">2550</td><td rowspan="10">4000</td></tr>
<tr><td>最大设计总质量>3500 kg,且≤8000 kg</td><td>7000</td></tr>
<tr><td>最大设计总质量>8000 kg,且≤12 000 kg</td><td>8000</td></tr>
<tr><td>最大设计总质量>12 000 kg</td><td>9000</td></tr>
<tr><td rowspan="2">三轴</td><td>最大设计总质量≤20 000 kg</td><td>11 000</td></tr>
<tr><td>最大设计总质量>20 000 kg</td><td>12 000</td></tr>
<tr><td colspan="2">双转向轴的四轴汽车</td><td>12 000</td></tr>
<tr><td rowspan="3">仓栅式半挂车
栏板式半挂车
平板式半挂车
自卸式半挂车</td><td colspan="2">一轴</td><td>8600</td></tr>
<tr><td colspan="2">二轴</td><td>10 000</td></tr>
<tr><td colspan="2">三轴</td><td>13 000</td></tr>
</table>

表 1-6 其他汽车、挂车及汽车列车外廓尺寸的最大限值 mm

车辆类型			长度	宽度	高度
汽车	三轮汽车①		4600	1600	2000
	低速货车		6000	2000	2500
	货车及半挂牵引车		12 000②	2550	4000
	乘用车及客车	乘用车及二轴客车	12 000	2550	4000④
		三轴客车	13 700		
		单铰接客车	18 000		
挂车	半挂车		13 750⑤	2550③	4000
	中置轴、牵引杆挂车		12 000⑥		
汽车列车	乘用车列车		14 500	2550③	4000
	铰接列车		17 100⑦		
	货车列车		20 000⑧		

① 当采用方向盘转向，由传动轴传递动力，具有驾驶室且驾驶员座椅后设计有物品放置空间时，长度、宽度、高度的限值分别为 5200 mm、1800 mm、2200 mm。

② 专用作业车车辆长度限值要求不适用，但应符合相关标准要求。

③ 冷藏车宽度最大限值为 2600 mm。

④ 定线行驶的双层城市客车高度最大限值为 4200 mm。

⑤ 运送 45 ft 集装箱的半挂车长度最大限值为 13 950 mm。

⑥ 车厢长度限值为 8000 mm(中置轴车辆运输挂车除外)。

⑦ 长头铰接列车长度限值为 18 100 mm。

⑧ 中置轴车辆运输列车长度最大限值为 22 000 mm。

由于重型矿用车不在公路上使用，外廓尺寸可以不受上述法规限制。

至于具体选用何种外廓尺寸，应根据汽车的用途、道路条件、外形设计和结构布置等因素确定。原则是：在保证汽车主要性能的条件下力求减小外廓尺寸，以便减轻车的质量、降低成本、改善使用经济性。

1.10 汽车质量参数的确定

1.10.1 汽车的装载质量(简称装载量)和载客量

汽车的装载质量 m_e 应该根据行业产品规划的系列、汽车的用途和使用条件以及工厂生产条件等因素来确定。

使用经验表明：货流量大、运输距离长的公路运输应该采用大吨位货车，这样可以获得比较高的运输生产率、降低成本，经济效益高；货源多变、运输距离短的市内运输应该采用中、小吨位的货车，这样经济性较好；矿用自卸车的装载量要与所配电铲的容量以及矿区生产率相适应，矿用自卸车的货厢容积与电铲容量之比一般为 4～5。

各种车型的装载量还应符合行业产品规划中对各类车装载量系列化要求的数值。

还应该指出，汽车的装载量是指在硬质良好路面上行驶时所允许的额定装载量，当汽车在碎石路面上行驶时，装载量应有所减少，为在良好路面上的 75%～85%。因路面坏减少载质量的原因包括：在坏路面上轮胎的滚动阻力增大，导致发动机功率不足；零部件在坏路面上受到的冲击载荷大，影响使用寿命，等等。越野车的装载量是指越野行驶或在土路上行驶时的装载量。

轿车的装载量是以座位数表示的。微型和普通轻型级轿车2～5座,中、高级轿车为4～7座。

长途大客车和旅游大客车一般无站立乘客,其载客量就等于座位数。城市大客车的载客量包括站立乘客数(一般1 m^2 站立面积8～10人)和座位数两部分。

1.10.2 整车整备质量 m_o 及其估算

整车整备质量 m_o 是指车上带有全部装备(包括随车工具、备胎等),加满燃料、水,但没有装货和载人时的整车质量。

整车整备质量 m_o 是一个重要的设计指标,确定这个指标时需要考虑的问题包括:①当前有减小此值的趋势(主要是从燃油经济性考虑),整备质量较小比较有利;②国内目前的设计、材质、工艺水平。如果选定的整备质量过小(即指标很先进),在企业现有材料和工艺条件下不可能实现,这样就脱离了实际。因此,在选定整备质量时既要考虑先进性(m_o 较小),又要考虑可行性(在现有条件下可以达到)。

在总体设计阶段,往往需要预先估算这一数值,一般采用如下两种方法进行估算。

(1) 对同级构造相似的样车及其部件的质量进行测量和分析,在此基础上初步估计车辆中各部件的自身质量,将它们累加起来,估算出新车的整备质量。

(2) 在没有样车参考时,可先为新车选择一个适当的质量系数 η_{m_o}。η_{m_o} 定义为汽车装载质量 m_e 与整车整备质量 m_o 之比,即

$$\eta_{m_o}=\frac{m_e}{m_o} \tag{1-2}$$

这个系数反映了汽车的材料利用率和设计与制造水平。水平高,利用率高,η_{m_o} 数值就较大。要达到较高的质量系数,就需要努力减轻零部件的自身质量,为达到这种目的,在材料、制造以及设计方面都要采取得力措施。

据统计,货车的质量系数是随着汽车的装载量的增大而增大的。表1-7示出货车的质量系数 η_{m_o}。

表1-7 货车的质量系数 η_{m_o}

汽车类型			η_{m_o}	备注
载货汽车	轻型		0.8～1.1	柴油车为0.8～1.0
	中型		1.2～1.35	
	重型		1.3～1.7	
矿用自卸车	装载量	$m_e<45$ t	1.1～1.5	
		$m_e>45$ t	1.3～1.7	

有时质量系数也用装载质量与汽车干质量之比来表示。汽车干质量是指整备质量减去燃料、水和附属设备的质量。这一质量系数更准确地反映该车的材料利用率和工艺水平。但在一般技术资料中很少列出汽车干质量值,故一般不用这种值。

新车质量系数 η_{m_o} 的选择一般需要参考大量国内外同级汽车的值。选定质量系数 η_{m_o} 以后,可以根据装载质量 m_e 估算出新车的整备质量

$$m_o = \frac{m_e}{\eta_{m_o}} \tag{1-3}$$

应该指出，轿车和大客车的整备质量是按每人所占汽车整备质量的统计平均值 η_{m_m} 估计的。表1-8示出了不同车辆的 η_{m_m} 值。设已知每人所占汽车整备质量的统计平均值 η_{m_m}，载客数 s，则整备质量 m_o（这也是估计值）可以利用式(1-4)估计：

$$m_o = \eta_{m_m} \cdot s \tag{1-4}$$

表 1-8 轿车和大客车人均整备质量 η_{m_m} t

微型级轿车	轻型级轿车	中级轿车	高级轿车	30座以下客车	大客车
0.15～0.16	0.18～0.24	0.21～0.29	0.29～0.34	0.096～0.16	0.065～0.13

1.10.3 汽车总质量 m_a 的确定

汽车总质量是指装备齐全，并按规定装满客、货时的整车质量。

1. 货车总质量 m_a 的确定

货车总质量 m_a 按照式(1-5)计算：

$$m_a = m_o + m_e + m_p \tag{1-5}$$

其中，m_o 是汽车整备质量；m_e 是汽车装载质量；m_p 是乘客和驾驶员质量，每人以65 kg 计。

2. 大客车总质量 m_a 的确定

大客车总质量 m_a 按照式(1-6)计算：

$$m_a = m_o + m_p + m_b + m_f \tag{1-6}$$

其中，m_o 是汽车整备质量；m_p 是乘客、驾驶员和乘务员的质量，乘客每人以 65 kg 计，驾驶员和乘务员每人以 75 kg 计；m_b 是行李质量，乘客每人按 13 kg 计，驾驶员和乘务员不计行李质量；m_f 是附加设备质量（灭火机等）。上述数据按照 GB 12428—2005《客车装载质量计算方法》确定。

3. 轿车总质量 m_a 的确定

轿车总质量 m_a 按照式(1-7)计算：

$$m_a = m_o + m_p + m_b \tag{1-7}$$

其中，m_o 是汽车整备质量；m_p 是乘客和驾驶员质量，每人以 68 kg 计；m_b 是行李质量，每人按 7 kg 计。上述数据根据 GB/T 5910—1998《轿车质量分布》确定。

1.10.4 汽车的轴荷分配

汽车轴荷分配对汽车的主要使用性能（动力性、操纵稳定性、制动性、平顺性等）和轮胎使用寿命都有显著影响。因此，在总体设计时应当对轴荷分配提出一定的要求。对轴荷分配的要求主要包括以下内容。

(1) 使每个轮胎负荷大致相等，以保证各轮胎磨损均匀。对完全采用单胎的两轴汽车，其前、后轴负荷的分配应各占50%；对前轴采用单胎、后轴采用双胎的两轴汽车，前、后轴载荷大致按 1/3 和 2/3 的比例分配。但实际上，这一要求只能近似得到满足。这是因为决定实际轴荷分配的因素是很复杂的。

(2) 应满足汽车使用性能上的要求。例如,对4×2式货车,为了保证在泥泞路面上的通行能力(减小阻力)、提高地面驱动力,常将满载时前轴负荷控制在总轴荷的26%～27%(不足1/3),以减小前轮的滚动阻力,增大后轮的附着力。而当后轮装单胎时,空车时的后轴负荷往往过小(货物的质量基本上施加在后轴上),在潮湿路面上使用时易发生侧滑,为了避免这种情况发生,设计时其空车后轴负荷应大于41%(空载时)。

(3) 矿用自卸车轴距短,质心高,制动或下坡时向前轴转移的质量大,故在设计中将其前轴负荷适当取小些,而使其后轴负荷多些(有的矿用车后轴荷竟高达77.8%)。

货车轴荷分配还与汽车形式有关。例如小货车:长头车的前轴负荷一般分配在28%以下;而平头车一般应在30%以上。

表1-9示出各种汽车的轴荷分配统计数据。表1-10示出各种轿车轴荷分配的统计平均值。

表1-9 各种汽车的轴荷分配统计数据 %

车型		空载		满载	
		前轴	后轴	前轴	后轴
轿车	前置发动机前轮驱动(FF)	56～66	34～44	47～60	40～53
	前置发动机后轮驱动(FR)	50～55	45～50	45～50	50～55
	后置发动机后轮驱动(RR)	42～50	50～58	40～45	55～60
货车	4×2后轮单胎	50～59	41～50	32～40	60～68
	4×2后轮双胎,长头、短头车	44～49	51～56	27～30	70～73
	4×2后轮双胎,平头车	49～54	46～51	32～35	65～68
	6×4后轮双胎	31～37	63～69	19～24	76～81
客车	前置发动机后轮驱动				
	中置发动机后轮驱动				
	后置发动机后轮驱动				

表1-10 各种轿车轴荷分配的统计平均值 %

	前置发动机前轮驱动		前置发动机后轮驱动		后置发动机后轮驱动	
	前轴	后轴	前轴	后轴	前轴	后轴
空载	61	39	50	50	40	60
2人在前座	60	40	50	50	42	58
4人	55	45	47	53	40	60
5人及行李	49	51	44	56	41	59

1.11 汽车主要性能参数的选择

1.11.1 动力性能参数

1. 直接挡最大动力因数

直接挡最大动力因数D_{0max}决定汽车的超车加速能力、爬坡能力和燃油经济性。一般可以参考对各类汽车动力因数的统计范围(如表 1-11 所示)来选择 D_{0max}。一般呈现如下趋势。

表 1-11 各类汽车动力性参数的统计范围

汽车类别				直接挡最大动力因数 D_{0max}	Ⅰ挡最大动力因数 $D_{Ⅰmax}$	最高车速 v_{max}/(km/h)	比功率 (P_e/m_a)/($kW \cdot t^{-1}$)	比转矩 (T/m_a)/($N \cdot m \cdot t^{-1}$)
轿车	微型	发动机排量/L	≤1.0	0.07～0.11	0.30～0.40	90～120	18～50	40～60
	普通级		>1.0～1.6	0.09～0.12	0.30～0.45	120～160	36～64	80～99
	中级		>1.6～2.5	0.11～0.13	0.30～0.50	160～200	43～68	90～110
	中高级		>2.5～4.0	0.13～0.15	0.30～0.50	180～220	50～72	95～125
	高级		>4.0	0.15～0.20	0.30～0.50	200～260	60～110	100～160
载货汽车	微型	总质量/t	≤1.8	0.06～0.11	0.30～0.40	85～120	14～33	30～44
	轻型		>1.8～6	0.06～0.10	0.30～0.40	90～120	15～21	38～44
	中型		>6～14	0.04～0.07	0.30～0.35	90～120	8.5～14	33～47
	重型		>14	0.04～0.07	0.30～0.35	85～110	7.5～13	29～50
矿用自卸汽车				0.04～0.06	0.30～0.50	45～80	5～7	25～50
客车	微型	汽车总长/m	≤3.5	0.07～0.11	0.30～0.40	85～120		
	轻型		>3.5～7	0.08～0.12	0.30～0.45	100～160	15～23	49～73
	中型		>7～10	0.06～0.10	0.30～0.40	95～140	9～15	25～41
	大型		>10	0.05～0.08	0.30～0.38	85～120	9～15	25～41
	铰接式			0.04～0.06	0.30～0.35	70～100	7.2～10	18～24

(1) 货车的 D_{0max} 随汽车总质量的增加而降低,但达到一定数值(0.04～0.06)就不再降低;微型货车的 D_{0max} 值高(0.06～0.11),这是因为这类车常和轿车在同一车道上行驶,要求较高的加速性;轻型货车一般不带挂车,平均车速和加速性要求也不低,D_{0max} 值在 0.06～0.10 之间;中、重型货车的 D_{0max} 值多在 0.04～0.06 之间,要求其带挂车后能在公路(阻力系数约为 0.03)上以直接挡行驶。

(2) 大客车的 D_{0max} 也随总质量的增加而下降,在 0.05～0.08 之间,豪华型客车应比普通型客车的 D_{0max} 值要大一些。

(3) 轿车的 D_{0max} 随发动机排量的增大而增大。中、高级轿车对加速性要求高,D_{0max} 较大,在 0.11～0.20 之间;而微型和普通级轿车 D_{0max} 较小(0.07～0.10),主要考虑节省燃料。

(4) 矿用自卸车经常在坏路上行驶,道路阻力大,其 D_{0max} 一般在 0.04 和 0.06 之间。

2. 第 1 挡最大动力因数

第 1 挡的最大动力因数 D_{1max} 决定汽车的最大爬坡能力和越过困难路段的能力以及起步时的最大加速能力。应该指出,D_{1max} 和汽车总质量的关系不明显,主要取决于所要求的最大爬坡度、附着条件。一般可以参考对各类汽车动力因数的统计范围(如表 1-11 所示)来选择 D_{1max}。一般呈现如下趋势。

(1) 公路用车的 D_{1max} 一般设计在 0.30～0.35 之间。但是,中、高级轿车的 D_{1max} 可高达 0.5,这主要是为了获得较强的加速能力和必要的最低车速。

(2) 带有液力机械式传动系的矿用自卸车的 D_{1max} 一般在 0.3～0.4 之间,主要是为了保证爬坡时还可以保持足够的车速。

3. 最高车速

最高车速 v_{max} 主要根据汽车用途、公路条件、发动机功率大小等来确定。一般可以参考对各类汽车动力性参数的统计范围(如表 1-11 所示)来选择 v_{max}。随着公路质量的提高,汽车的最高车速 v_{max} 普遍有所提高。轿车的最高车速已经超过 220 km。

4. 汽车比功率和比转矩

$$比功率=发动机最大功率/汽车总质量$$

$$比转矩=发动机最大转矩/汽车总质量$$

其中,比功率是评价汽车动力性的综合指标;比转矩主要反映汽车的牵引能力。可以参考各类汽车的比功率和比转矩的统计数据(如表 1-11 所示)选择。货车的比功率范围为 7.35(重型)～33.0 kW/t (微型),比转矩范围为 29～50 N·m/t。轿车的比功率范围为 18(微型)～108 kW/t(高级),比转矩范围为 40(微型)～160 N·m/t(高级)。

5. 加速时间

汽车加速性的一项重要指标是原地起步加速时间,即汽车从静止加速到一定车速所需要的时间。下面列举一些数据。

(1) 轿车的常用指标:原地起步加速到 100 km/h 所需时间。中、高级轿车为 10～17 s,普通级为 12～25 s。

(2) 货车的常用指标:原地起步加速到 60 km/h 所需时间。

还有一些其他指标,例如国外有用"原地起步加速行驶到一定距离(如 0～400 m、0～500 m 或0～1000 m)所需时间"来评价加速能力。

一些国家对汽车的超车加速能力也有一些规定。所谓超车加速能力是指汽车从某一行驶速度加速到一个更高行驶速度所需的时间。

1.11.2 燃料经济性指标

在设计任务书中所列的燃料经济性指标是"百公里油耗量",其单位是 L/100 km。这个指标是指"在水平的水泥或沥青路面上以经济车速满载行驶所能达到的油耗量"。这个指标的数值越低,表明燃油经济性越好。在设计时,可以参考总质量相近的同类汽车的百公里油耗值来选择,或者根据单位汽车质量的百公里油耗值[单位:L/(100 t·km)]来估算。表 1-12 示出货车的单位燃料消耗量的统计值。而轿车的单位燃料消耗量为 7.5～10.5 L/(100 t·km),高于货车。

表 1-12 货车的单位燃料消耗量的统计值 L/(100 t·km)

总质量 m_a/t	汽油机	柴油机	总质量 m_a/t	汽油机	柴油机
＜4	3.0～4.0	2.0～2.8	6～12	2.68～2.82	1.55～1.86
4～6	2.8～3.2	1.9～2.1	＞12	2.5～2.6	1.43～1.53

在我国常用“百公里油耗”评价燃料经济性。在美国常用“每一加仑燃油行驶的英里数”作为评价指标(简写为 mpg),这个值越大,燃料经济性越好。

1.11.3 汽车的最小转弯直径

汽车最小转弯直径 D_{min} 是汽车机动性的主要指标之一。最小转弯直径 D_{min} 是当转向盘转至极限位置时由转向中心和前外轮接地中心所决定的轨迹圆的直径。它反映了汽车通过小曲率半径弯曲道路和在狭窄路面、场地上调头的能力。它主要是根据汽车的用途、道路条件和结构特点选取的。表 1-13 示出各类汽车的最小转弯半径的统计范围。设计时可以参考这个表来选择 D_{min}。

表 1-13 各类汽车的最小转弯半径的统计范围

车型	级 别	R_{min}/m	车型	级 别		R_{min}/m
轿车	微型	3.5～5.0	货车	总质量 m_a/t	<3	4.0～6.0
	普通级	4.5～6.0			3～6	5.0～7.0
	中级	5.0～6.5			6～9	5.5～8.0
	中高级	5.0～7.0			9～12	6.0～9.0
	高级	5.5～7.5			>12	6.5～10.5
客车	微型	4.0～5.5	矿用自卸车	装载量 m_e/t	<45	15.0～19.0
	轻型	5.0～6.5				
	中型	7.0～10.0			>45	18.0～24.0*
	大型	8.5～11.0				

* 6×4 型自卸车的 R_{min} 接近上限。

1.11.4 汽车通过性参数

在总体设计中确定的通过性参数(见图 1-21)有以下几项:最小离地间隙 h_{min};接近角 γ_1;离去角 γ_2;纵向通过半径 ρ_1。表 1-14 示出各类汽车通过性几何参数的统计范围。可以参考表 1-14 选择上述通过性几何参数。矿用自卸车的最小离地间隙 h_{min} 一般在 0.32 m 以

表 1-14 各类汽车通过性几何参数的统计范围

汽车类型		最小离地间隙 h_{min}/m	接近角 γ_1/(°)	离去角 γ_2/(°)	纵向通过半径 ρ_1/m
轿车	微型、普通级	0.12～0.18	20～30	15～23	3～5
	中级、中高级、高级	0.13～0.20			5～8
客车	轻型	0.18～0.22	12～40	8～20	—
	中型、大型	0.24～0.29		9～20	5～9
货车	轻型	0.18～0.22	25～60	25～45	2～4
	中型、重型	0.22～0.30			4～7
矿用自卸汽车		>0.32			
越野汽车		0.26～0.37	36～60	35～48	1.9～3.6

上。对军用越野车通常还需要规定其涉水深度、垂直越障高度、越壕沟宽度、单位汽车质量的挂钩牵引力等通过性参数。

在GB/T 15089—2001《机动车辆及挂车分类》中采用纵向通过角来表征车辆可以通过的最陡坡道,如图1-22所示。在静载下,垂直于车辆纵向中心平面,并且分别与前、后车轮轮胎相切的两个平面相交于车辆底盘上位于前、后车轮之间的、最低的刚性部件(不包括车轮)表面,该两个平面所形成的最小锐角就是纵向通过角。纵向通过角决定了车辆可以通过的最陡坡道。

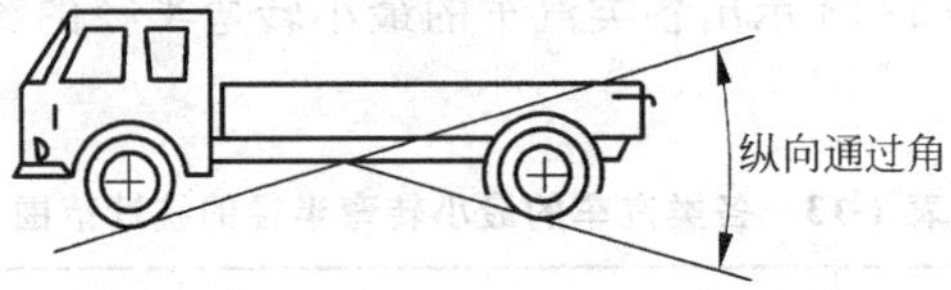

图1-22 汽车的纵向通过角

在GB 1589—2016《汽车、挂车及汽车列车外廓尺寸、轴荷及质量限值》中规定,汽车和汽车列车应在一个车辆通道圆内通过,该通道圆的外圆直径为25 000 mm、内圆直径为10 600 mm,车辆最外侧任何部位(具有作业功能的专用装置的突出部分、A.3.3和A.4.2规定的装置不计入)不应超出车辆通道圆的外圆垂直空间(外圆垂直面所包围的空间),车辆最内侧任何部位(具有作业功能的专用装置的突出部分、A.3.3和A.4.2规定的装置不计入)不应超出车辆通道圆的内圆垂直空间。如图1-23所示,在上述过程中,车辆由直线行驶过渡到圆周行驶,车辆外侧任何部位在地面上的投影形成外摆轨迹,该轨迹与车辆静止时车辆最外侧部位形成的投影线的最大距离即为车辆外摆值T。客车的外摆值T应该不大于600 mm,其他车辆的外摆值应该不大于800 mm。

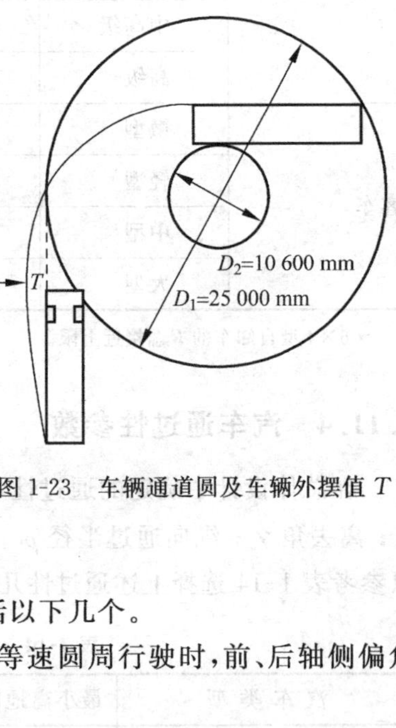

图1-23 车辆通道圆及车辆外摆值T

1.11.5 汽车操纵稳定性参数

与总体设计有关的基本汽车操纵稳定性设计指标包括以下几个。

(1) 转向特性参数:在汽车以$0.4g$的向心加速度作等速圆周行驶时,前、后轴侧偏角之差。对于轿车,这个差值应该为1°～3°。

(2) 车身侧倾角:在汽车以$0.4g$的向心加速度作等速圆周行驶时,车身侧倾角在3°以内较好,最大不允许超过7°。

(3) 制动点头角:汽车以$0.4g$的减速度制动时,车身点头角不应大于1.5°,否则影响乘坐舒适性。

1.11.6 汽车行驶平顺性参数

与总体设计有关的平顺性设计指标主要包括反映汽车垂直振动特性的参数,包括偏频、相对阻尼系数、悬架静挠度、悬架动挠度。可以参考表 1-15 所示各类汽车行驶平顺性参数的统计范围选择上述参数。相对阻尼系数一般在 0.25～0.35 之间。

表 1-15 各类汽车行驶平顺性参数的统计范围

车型		满载时偏频 n/Hz		满载静挠度 f_c/cm		满载动挠度 f_d/cm	
		前悬架 n_1	后悬架 n_2	前悬架 f_{c1}	后悬架 f_{c2}	前悬架 f_{d1}	后悬架 f_{d2}
轿车*	普通级、中级	1.02～1.44	1.18～1.58	12～24	10～18	8～11	10～14
	高级	0.91～1.12	0.98～1.29	20～30	15～26	8～11	10～14
客车		1.29～1.89		7～15		5～8	
载货汽车		1.51～2.04	1.67～2.23	6～11	5～9	6～9	6～8
越野汽车		1.39～2.04		6～13		7～13	

* 轿车的静挠度为车内有 3 人时。

1.11.7 制动性参数

汽车制动性能主要包括制动效能(制动加速度、制动距离)、制动效能的稳定性(例如持续下长坡时能够保持较低安全车速的能力)、在一定车道上长期驻车的能力。与总体设计有关的制动性参数包括制动距离、平均制动加速度、行车制动踏板力和应急制动操纵力。

在车辆正常行驶中,应用行车制动装置对其进行制动。表 1-16 中列出 GB 7258—2012《机动车运行安全条件》规定的一些车辆的制动距离和制动稳定性要求(行车制动性能要求)。其中,制动距离是指机动车在规定的初速度下急踩制动时,从脚接触制动踏板(或手触动制动手柄)时起至机动车停住时止机动车行驶过的距离。制动稳定性要求是指制动过程中,机动车的任何部位(不计入车宽的部位除外)不超出规定宽度的试验通道的边缘线。

表 1-16 一些车辆的制动距离和制动稳定性要求

机动车类型	制动初速度 /(km/h)	空载检验制动距离要求 /m	满载检验制动距离要求 /m	试验通道宽度/m
三轮汽车	20	≤5.0		2.5
乘用车	50	≤19.0	≤20.0	2.5
总质量不大于 3500 kg 的低速货车	30	≤8.0	≤9.0	2.5
其他总质量不大于 3500 kg 的汽车	50	≤21.0	≤22.0	2.5
铰接客车、铰接式无轨电车、汽车列车	30	≤9.5	≤10.5	3.0
其他汽车	30	≤9.0	≤10.0	3.0

表 1-17 中列出在 GB 7258—2012 中规定的一些车辆的制动减速度和制动稳定性要求(行车制动性能要求)。对制动协调时间也有要求,即对液压制动的汽车要求≤0.35 s,对气压制动的汽车要求≤0.60 s,对汽车列车、铰接客车和铰接式无轨电车要求≤0.80 s。而制动协调时间是指在急踩制动时,从脚接触制动踏板(或手触动制动手柄)时起至机动车减速

度达到表1-17规定的机动车充分发出的平均减速度的75%时所需要的时间。

充分发出的平均减速度MFDD为

$$\mathrm{MFDD}=\frac{v_b^2-v_e^2}{25.92\times(S_e-S_b)} \tag{1-8}$$

其中,MFDD是充分发出的平均减速度,m/s^2;v_0是制动初速度,km/h;$v_b=0.8v_0$;$v_e=0.1v_0$;S_b是车速从$v_0\sim v_b$之间的车辆行驶距离,m;S_e是车速从$v_0\sim v_e$之间的车辆行驶距离,m。

表1-17 制动减速度和制动稳定性要求

机动车类型	制动初速度/(km/h)	空载检验充分发出的平均减速度/(m/s^2)	满载检验充分发出的平均减速度/(m/s^2)	试验通道宽度/m
三轮汽车	20	≥3.8		2.5
乘用车	50	≥6.2	≥5.9	2.5
总质量不大于3500 kg的低速货车	30	≥5.6	≥5.2	2.5
其他总质量不大于3500 kg的汽车	50	≥5.8	≥5.4	2.5
铰接客车、铰接式无轨电车、汽车列车	30	≥5.0	≥4.5	3.0
其他汽车	30	≥5.4	≥5.0	3.0

在进行上述行车制动性能检验时,制动踏板力或制动气压应该符合以下要求:

(1) 满载检验时

气压制动系统:气压表的指示气压≤额定工作气压。

液压制动系统:乘用车踏板力≤500 N;其他机动车踏板力≤700 N。

(2) 空载检验时

气压制动系统:气压表的指示气压≤600 kPa。

液压制动系统:乘用车踏板力≤400 N;其他机动车踏板力≤450 N。

在行车制动装置失效时,应用应急制动装置(例如驻车制动装置,其兼起应急制动装置作用)对车辆进行制动。表1-18中列出GB 7258—2012《机动车运行安全条件》规定的一些车辆的应急制动性能要求。汽车(三轮汽车除外)在空载和满载状态下,按照表1-18所列初速度进行应急制动性能检验,应急制动性能应该符合该表中所列的要求。

表1-18 应急制动性能要求

机动车类型	制动初速度/(km/h)	制动距离/m	充分发出的平均减速度/(m/s^2)	允许操纵力应小于等于/N	
				手操纵	脚操纵
乘用车	50	≤38.0	≥2.9	400	500
客车	30	≤18.0	≥2.5	600	700
其他汽车(三轮汽车除外)	30	≤20.0	≥2.2	600	700

在GB 7258—2012中规定了车辆的驻车制动性能要求,即在空载状态下,驻车制动装置应该能保证机动车在坡度为20%(对总质量为整备质量的1.2倍以下的机动车为15%)、轮胎与路面间的附着系数≥0.7的坡道上正、反两个方向保持固定不动,时间应该≥5 min。

检验汽车列车时，应该使牵引车和挂车的驻车制动装置均起作用。驻车制动应该通过纯机械装置把工作部件锁止，驾驶员施加于操纵装置上的力应该满足如下要求：①手操纵时，乘用车的操纵力应该≤400 N，其他机动车的操纵力应该≤600 N；②脚操纵时，乘用车的操纵力应该≤500 N，其他机动车的操纵力应该≤700 N。

目前，许多汽车都装有空调设备。在夏季，对汽车空调参数有如下要求：轿车车内温度≤26℃；旅游客车车内温度≤27℃；小型客车和货车驾驶室≤29℃；各类车内的相对湿度在50%～60%；每人得到新鲜空气为11 m^3/h。

1.12 汽车发动机的选择

1.12.1 发动机形式的选择

目前世界上绝大多数汽车安装的都是往复式内燃机。而且据有关专家预测，在21世纪或更长的时间内，往复式内燃机仍将是汽车发动机的主要形式。在此讨论的发动机选型就是针对这种发动机的。

1. 发动机种类的选择

往复式内燃机可分为汽油机和柴油机两大类。目前，汽油机主要用于轻型汽车，例如轿车、微型和小型客车、微型和轻型货车等。这主要是因为汽油机质量和尺寸小、单位功率大、转矩适应性好、工作柔和、振动和噪声小、成本较低等。大型汽车已经柴油化，中型汽车也多采用柴油机。这主要是因为，与汽油机相比，柴油机的燃油经济性更好、使用成本低。柴油机的缺点主要是尺寸和质量大、转速低、单位功率较低、振动和噪声比较大、造价高、易生黑烟等。这限制了其在轿车等轻型汽车上的应用。近年来，随着柴油机技术的进步，上述缺点在一定程度上得到了克服，并且提高了转速，使其在一些轻型车和轿车上得到了应用，特别是在欧洲。但是，目前用在轻型车和轿车上的主流发动机还是汽油机。

2. 发动机汽缸排列形式的选择

按照汽缸排列方式的不同，内燃机可以分成直列、水平对置和V型发动机。直列式发动机结构简单、宽度小，布置方便，得到了最广泛的应用。但是，发动机汽缸数增多时会显得过长，影响在汽车上的布置。因此，直列式发动机的汽缸数不超过6个。V型发动机具有长度小、高度低、曲轴刚度大等优点，在大型轿车和发动机长度受限的重型货车上得到了应用。但是，由于其宽度比较大，在很多车辆上布置困难，造价也高，因此其应用有限。水平对置式发动机的主要优点是平衡好、高度低，在一些微型车上得到了应用。

3. 发动机冷却方式的选择

发动机的冷却有风冷和水冷两种方式。风冷的优点是冷却系统简单、维修方便、对沙漠和异常气候的适应性好。但是，其存在冷却不均匀、功率消耗大、噪声大等缺点，故在汽车上应用不多。大部分汽车都采用水冷发动机。水冷的优点包括冷却均匀、可靠，噪声小，功率消耗小，能解决车内供暖等。

1.12.2 发动机性能参数的选择

1. 发动机的最大功率 P_{emax} 及其相应转速 n_p

汽车的动力性主要取决于发动机的功率,功率越大,动力性越好。在总体设计时,可以参考同类汽车的比功率统计值(见表1-11)选择汽车的最大功率 P_{emax}。也可以根据要求的最高车速来估计汽车所需要的最大功率。

目前,发动机最大功率转速 n_p 的范围如下:汽油机的 n_p 在3000~7000 r/min之间,其中轿车发动机的 n_p 一般在4000 r/min以上,轻型货车的 n_p 一般在4000~5000 r/min之间,中型货车的 n_p 一般更低些。柴油机的 n_p 在1800~4000 r/min之间,其中轿车、轻型货车一般采用高速柴油机,其 n_p 一般在3200~4000 r/min之间,中、重型货车的 n_p 一般较低。

2. 发动机最大转矩 T_{emax} 及其相应转速 n_T 的选择

选定 P_{emax}、n_p 以后,可以利用下式确定发动机的最大转矩 T_{emax} 为

$$T_{emax} = \alpha \cdot T_p = \alpha \cdot \frac{P_{emax}}{2\pi \dfrac{n_p}{60}} = 9549 \times \frac{\alpha \cdot P_{emax}}{n_p} \tag{1-9}$$

其中,α 是转矩适应性系数,一般取1.1~1.3;T_p 是最大功率转矩,N·m;P_{emax} 是最大功率,kW;n_p 是最大功率转速,r/min。

选择 n_T 时,希望 n_p/n_T 在1.4~2.0之间。如果 $n_p/n_T<1.4$,则直接挡稳定车速将偏高,在通过市内交叉路口时换挡次数变多;冲坡性能也变坏。

3. 发动机适应性系数 ϕ

发动机适应性系数 ϕ 的定义式如下:

$$\phi = \frac{T_{emax} \cdot n_p}{T_p \cdot n_T} = \frac{T_{emax}}{T_p} \cdot \frac{n_p}{n_T} \tag{1-10}$$

ϕ 值越大,发动机适应性越好,其优点是可以减少换挡次数,减少传动系的磨损,降低油耗。现代汽油机的适应性系数 ϕ 在1.4~2.4之间,柴油机的 ϕ 在1.6~2.6之间。为了增大 ϕ,需要使转矩比 T_{emax}/T_p 和转速比 n_p/n_T 增大。

1.13 轮胎的选择

轮胎参数是绘制总布置图和进行汽车性能计算所不可缺少的重要原始数据之一。因此,在总体设计开始阶段就应该选定轮胎的型号和参数,选择的依据主要是车型、使用条件、轮胎的静负荷、轮胎的额定负荷以及汽车的行驶速度。还应该考虑其对动力-传动系参数匹配以及对整车尺寸参数(例如汽车的最小离地间隙、总高等)的影响。

轮胎所承受的最大静负荷与轮胎额定负荷之比,称为轮胎负荷系数。大多数汽车的轮胎负荷系数取为0.9~1.0。轿车、轻型客车及轻型货车的车速高、轮胎受动负荷大,故它们的轮胎负荷系数应接近下限;对于在各种路面上行驶的货车,其轮胎不应超载;对在良好路面上行驶,且车速不高的货车,其轮胎负荷系数可取上限,甚至可达1.1;对车速不高的重型货车、重型自卸汽车,此系数亦可偏大些。但过多超载会使轮胎早期磨损,甚至发生胎面

剥落及爆胎等事故。试验表明，轮胎超载20%时，其寿命将下降30%左右。

在进行轮胎选择时要注意其允许行驶的最高速度。汽车使用时，不允许超过轮胎的最高允许行驶速度，否则会引起爆胎事故。

为了提高汽车的动力因数，降低汽车及其质心的高度，减小非簧载质量，对公路用车在其轮胎负荷系数以及汽车离地间隙允许的范围内应该尽量选取尺寸较小的轮胎。采用高强度尼龙帘布轮胎可使轮胎的额定负荷明显提高，从而使轮胎直径尺寸也明显缩小。例如装载量4 t的载货汽车在20世纪50年代多用9.00-20轮胎，其已经被8.25-20、7.50-20、8.25-16等更小尺寸的轮胎所取代。

为了提高越野汽车在松软地面上的通过能力常采用胎面较宽、直径较大、具有越野花纹的超低压轮胎。在山区使用的汽车制动频繁，制动鼓与轮辋之间的间隙应该大一些，以便散热，故应该采用轮辋尺寸较大的轮胎。轿车都采用直径较小、断面形状扁平的宽轮辋低压轮胎，以便降低质心高度，改善行驶平顺性、横向稳定性、轮胎的附着性能并保证有足够的承载能力。

按照胎体中帘线的排列不同，轮胎可以分成三种形式，即斜交轮胎、子午线轮胎和带束斜交轮胎。斜交轮胎的胎体帘线层较多，胎体厚，不易划破，侧向刚度大，成本低；其缺点是缓冲性能较差，滚动阻力系数较高，不利于汽车的燃油经济性。与斜交轮胎相比，子午线轮胎的缓冲性能好、滚动阻力系数低、使用寿命长、附着性能好；其缺点是胎侧较薄，易发生裂口，成本较高。但是，由于综合性能优良，子午线轮胎得到了日益广泛的应用。

带束斜交轮胎的结构和性能介于斜交轮胎和子午线轮胎之间，没有得到广泛应用。

在表1-19中列出了部分国产汽车轮胎的规格、尺寸及使用条件。我国各种汽车的轮胎和轮辋的规格及其额定负荷可查相应的国家标准。轿车轮胎标准见GB 9743—2007；货车和客车的轮胎规格详见GB 9744—2007。货车的后轮装双胎时，比单胎使用时的负荷可增加10%～15%。

表1-19 部分国产汽车轮胎的规格、尺寸及使用条件

轮胎规格	层数	主要尺寸/mm				使用条件			
		断面宽	外直径			最大负荷/N	相应气压 $p/10^{-1}$MPa	标准轮辋	允许使用轮辋
			普通花纹	加深花纹	越野花纹				
轿车、中小型客车、轻型货车及其挂车轮胎									
6.50-14	6 8	180	705			5850 6900	3.2 4.2	$4\frac{1}{2}$J	5J
6.50-16 (6.50R16)	6 8	190	755	765		6350 7550	3.2(3.5) 4.2(4.6)	5.50F	5.00E 5.00F
7.00-15 (7.00R15)	6 8	200	750	760		6800 8000	3.2(3.5) 4.2(4.6)	5.50F	6.00G
7.00-16 (7.00R16)	8 10	200	780	790		8500 9650	4.2(4.6) 5.3(5.6)	5.50F	6.00G
7.50-15 (7.50R15)	8 10	220	785	790		9300 10 600	4.2(4.6) 5.3(5.6)	6.00G	5.50F 6.50H

续表

轮胎规格	层数	主要尺寸/mm				使用条件			
		断面宽	外直径			最大负荷/N	相应气压 $p/10^{-1}$ MPa	标准轮辋	允许使用轮辋
			普通花纹	加深花纹	越野花纹				
轿车、中小型客车、轻型货车及其挂车轮胎									
7.50-16 (7.50R16)	8 10 12	220	810	820		9700 11 050 12 400	4.2(4.6) 5.3(5.6) 6.3(6.7)	6.00G	5.50F 6.50H
8.25-16 (8.25R16)	12	240	860	870		13 500	5.3(5.6)	6.50H	6.00G
9.00-16 (9.00R16)	8 10	255	890	900		12 200 13 550	3.5(3.9) 4.2(4.6)	6.50H	6.00G
大客车、载货汽车及其挂车轮胎									
7.00-20 (7.00R20)	10	200	904		920 (915)	12 550	5.6(6.0)	5.5	5.50S 6.0 6.00S
7.50-20 (7.50R20)	10 12 14	215	935		952 (947)	14 050 15 550	5.6(6.0)	6.0	6.00T 6.5 6.50T
8.25-20 (8.25R20)	10 12 14	235	974	982 (980)	992 (986)	15 900 17 700 19 400	5.3(5.6) 6.3(6.7) 7.4(7.7)	6.5	6.50T 7.0 7.00T 7.0T5°
9.00-20 (9.00R20)	10 12 14	259	1018	1030 (1025)	1038 (1030)	18 350 20 500 22550	4.9(5.3) 6.0(6.3) 7.0(7.4)	7.0	7.00T 7.5 7.50V 7.0T5°
10.00-20 (10.00R20)	12 14 16	278	1055	1067 (1060)	1073 (1065)	21 600 24 050 26 300	5.3(5.6) 6.3(6.7) 7.4(7.7)	7.5	7.50V 8.0 8.0V5° 8.00V
11.00-20 (11.00R20)	14 16	293	1085	1100 (1090)	1105 (1095)	26 250 28 700	6.3(6.7) 7.4(7.7)	8.0	8.00V 8.5 8.50V 8.5V5°
12.00-20 (12.00R20)	16 18	315	1125		1145 (1135)	30 850 32 700	6.7(7.0) 7.4(7.7)	8.5	8.50V 8.50V5° 9.00V
12.00-24 (12.00R24)	16	315	1225		1247 (1238)	34 700	6.7(7.0)	8.5	8.50V 8.50V5° 9.00V
13.00-20 (13.00R20)	16	340	1177		1200 (1190)	33 550	6.0(6.3)	9.0	
14.00-20 (14.00R20)	20	375	1240		1265 (1155)	43 650	7.0(7.4)	10.0	

说明：1. 新胎外直径公差为±1.0%，断面宽公差为±3%；最大负荷指单胎时。

2. 轮辋规格的数字为宽度(单位为 in)，英文字母表示边缘高度(单位为 mm)；E—19.81；F—22.23；G—27.94；H—33.73；J—17.27；S—33.33；T—38.10；V—44.45。

3. 表中各列数据中如无带括号的数据通用于斜交胎与子午线胎，否则不带括号的为斜交胎，带括号的为子午线胎。

图 1-24 所示为最高速度不超过 210 km/h 的轿车轮胎的规格标志。轿车轮胎规格标志中包括以下内容。

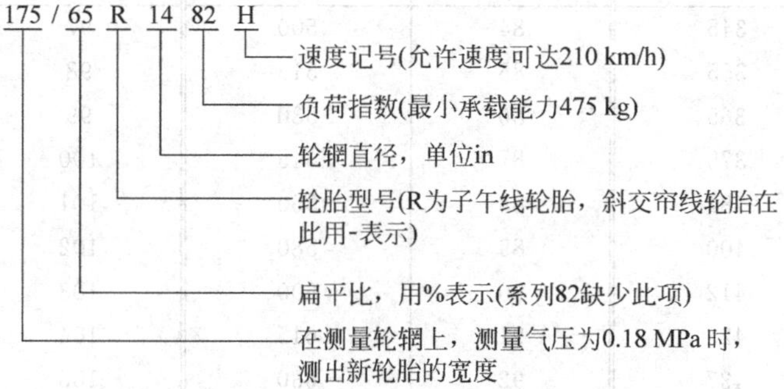

图 1-24 一些轿车轮胎的规格标志

(1) 轮胎宽度 B(mm)：把新轮胎安装在测量轮辋上，在测量气压为 0.18 MPa 时，所测出的轮胎宽度(见图 1-25)；

(2) 扁平比，用%表示：扁平比为轮胎断面高度 H 与宽度 B(见图 1-25)的比值；

(3) 轮胎结构形式：R 表示子午线轮胎，-表示斜交轮胎；

(4) 轮辋直径(in)：在图 1-25 中，d 是轮辋直径；

(5) 负荷指数：表示轮胎的垂直负荷能力，表 1-20 示出负荷指数与相应的允许负荷；

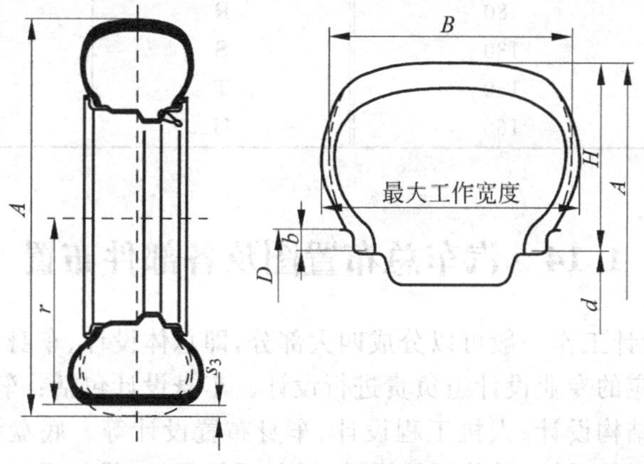

图 1-25 轿车轮胎的尺寸特征

A—轮胎自由直径；B—轮胎宽度；H—轮胎断面高；d—轮辋直径；s_3—轮胎变形；r—轮胎半径

表 1-20 轿车轮胎负荷指数及相应的允许负荷

负荷指数 LI	允许负荷/kg	负荷指数 LI	允许负荷/kg	负荷指数 LI	允许负荷/kg
50	190	57	230	64	280
51	195	58	236	65	290
52	200	59	243	66	300
53	206	60	250	67	307
54	212	61	257	68	315
55	218	62	265	69	325
56	224	63	272	70	335

续表

负荷指数 LI	允许负荷/kg	负荷指数 LI	允许负荷/kg	负荷指数 LI	允许负荷/kg
71	345	84	500	97	730
72	355	85	515	98	750
73	365	86	530	99	775
74	375	87	545	100	800
75	387	88	560	101	825
76	400	89	580	102	850
77	412	90	600	103	875
78	425	91	615	104	900
79	437	92	630	105	925
80	450	93	650	106	950
81	462	94	670	107	975
82	475	95	690	108	1000
83	487	96	710	109	1030

(6) 速度标记：表 1-21 示出速度标记与相应的最高允许速度。

表 1-21 轿车轮胎速度标记及相应的最高允许速度

速度标记	最高允许速度/(km/h)	速度标记	最高允许速度/(km/h)
F	80	R	170
M	130	S	180
P	150	T	190
Q	160	H	210

1.14 汽车总布置图及各部件布置

对一辆汽车的设计工作一般可以分成四大部分，即总体设计、车身设计、底盘设计、电子电器设计，分别由相应的专业设计组负责进行设计。车身设计包括：车身的外形造型设计、内饰造型设计、车身结构设计、人机工程设计、车身布置设计等。底盘设计包括：发动机系统设计(发动机悬置系统设计、散热系统设计、进气系统设计、排气系统设计、供油系统设计、发动机制动系统设计等)、传动系统设计(离合器、变速器、传动轴、驱动桥、车轮、轮胎设计等)、车架设计、悬架系统设计、转向系统设计、制动系统设计等。电子电器设计包括：照明系统设计、信号系统设计、仪表系统设计、线束设计、音响系统设计、发动机电控线路系统设计、底盘电控线路系统设计等。在汽车开发中，底盘和电子电器设计组的主要任务往往是适当选择和应用现有的产品(本企业的或供应商的)来满足当前汽车开发的要求(性能、可靠性和成本等方面的要求)，而不是开发新产品。但是也不能完全排除开发新产品的可能性。总体设计的主要任务是把其他专业组的设计成果(产品选型、二维图纸、三维数模、计算说明书等)适当集成起来，形成满足汽车开发要求的产品(汽车)。

目前多采用二维设计与三维设计相结合的方法进行汽车的总体设计及其分系统设计。图 1-26 示出一辆轿车的总体布置草图。在制作二维总体布置图、三维总体布置数模中，都要首先确定画图的基准线(面)，见图 1-27。

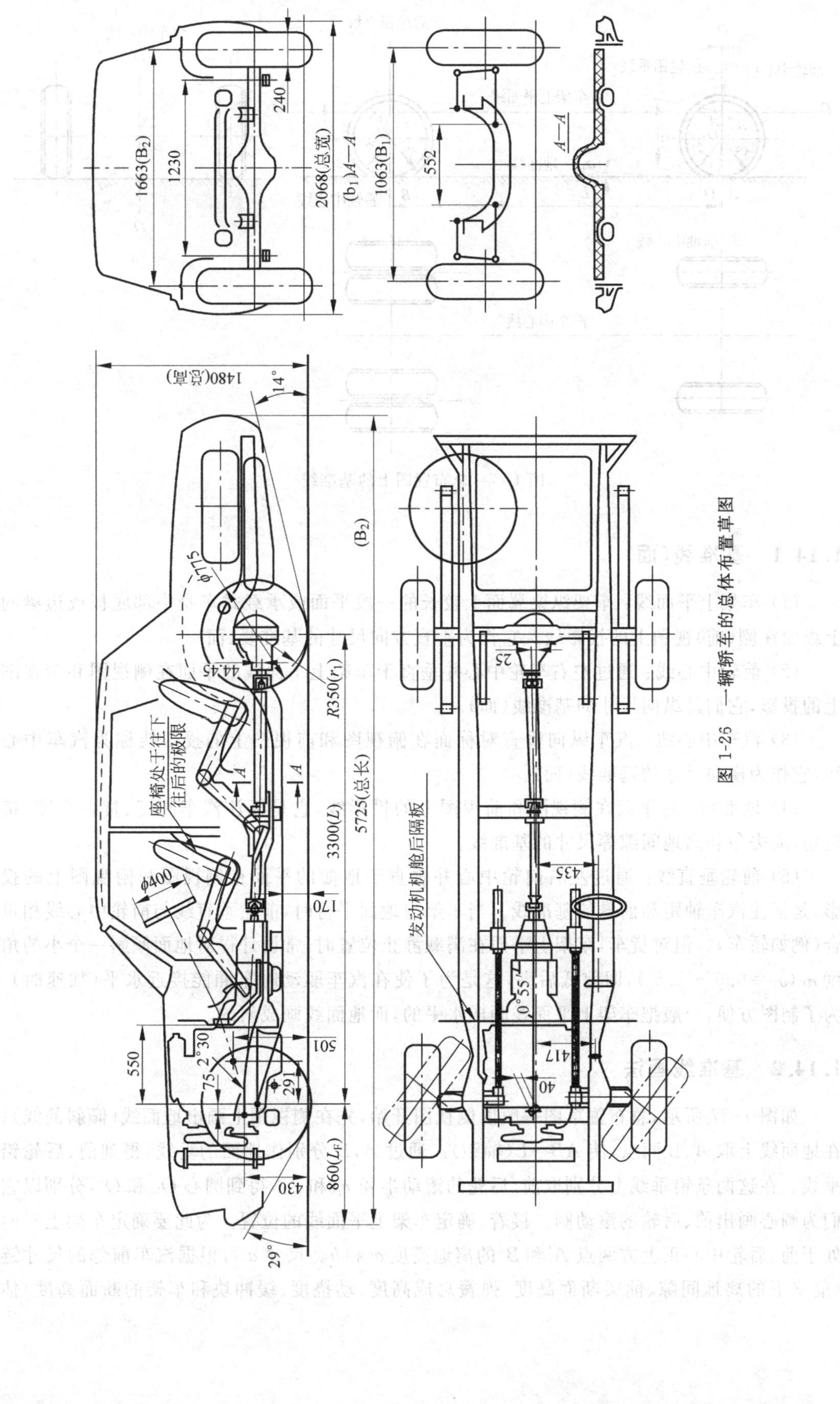

图 1-26 一辆轿车的总体布置草图

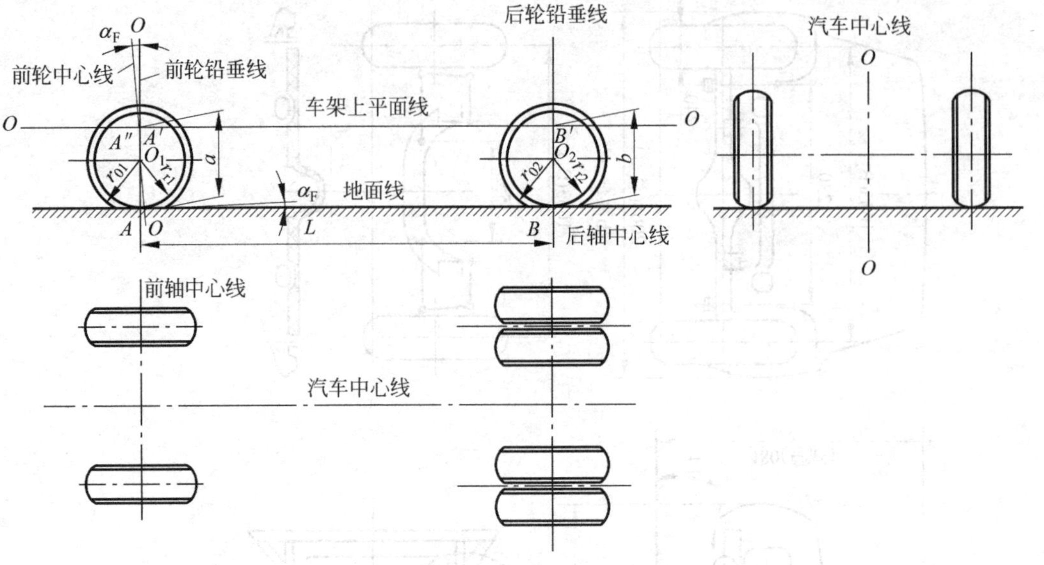

图 1-27 总布置图上的基准线

1.14.1 基准线(面)

(1) 车架上平面线：车架纵梁翼面上较长的一段平面或承载式车身中部底板或边梁的上缘面在侧(前)视图上的投影线。它作为垂直方向尺寸的基准线(面)。

(2) 前轮中心线：通过左右车轮中心并垂直于车架上平面线的平面在侧视图和俯视图上的投影，它们是纵向尺寸的基准线(面)。

(3) 汽车中心线：汽车纵向垂直对称面在俯视图和前视图上的投影线称为汽车中心线，它作为横向尺寸的基准线(面)。

(4) 地面线：地平面在侧视图和前视图上的投影线，它是标注汽车高度、货台高度、接近角、离去角和离地间隙等尺寸的基准线。

(5) 前轮垂直线：通过左右前轮中心并垂直于地面的平面在侧视图和俯视图上的投影，是标注汽车轴距和前悬的基准线。当车架与地面平行时，前轮垂直线与前轮中心线相重合(例如轿车)。但对货车，车架上平面在满载静止位置时，常设计得对地面倾斜一个小的角度 α_F($\alpha_F=0.5°\sim1.5°$)，即前低后高，这是为了使在汽车驱动时车厢能接近水平(加速时)。为了制图方便，一般把车架上平面线画成水平的，而地面线画成斜的。

1.14.2 基准线画法

如图 1-27 所示，总布置草图一般以侧视图开始，先在侧视图上画出地面线(倾斜的线)；在地面线上取 A、B 两点，使 $AB=L$(轴距)。通过 A，B 分别作地面的垂线，得到前、后轮铅垂线。在这两条铅垂线上分别取前、后轮的滚动半径 r_{r1} 和 r_{r2}，得到圆心 O_1 和 O_2，分别以它们为圆心画出前、后轮的滚动圆。接着，确定车架上平面线的位置。为此要确定车架上平面处于前、后轮中心正上方两点 A' 和 B' 的离地高度 a 和 b。尺寸 a 可根据汽车前部的尺寸链(前梁下的离地间隙、前梁断面高度、弹簧总成高度、动挠度、缓冲块和车架的断面高度)估计；尺寸 b 可以根据后部尺寸链估计。a 和 b 也可参考同类型车初步确定，另外，它们之间有如下关系 $a=b-L\tan\alpha_F$，只要确定一个(例如 a)，即可以算出另一个。有了 a 和 b 就可确定 A' 和 B' 点，连接它们便得到车架上平面线。过 O_1 点作车架上平面线的垂线即为前轮中心线，它与车架上平面线的交点为 A''。俯视图的前轮中心线及汽车中心线可按投影关系画出。

1.14.3 发动机系统和传动系的布置

在货车总布置图上，确定了上述基准线(面)以后，也就确定了车架的位置。在轿车总布置图上，确定了上述基准线(面)以后，也就确定了车身的位置。然后，开始汽车各个部件的布置。一般从发动机开始布置。发动机的位置通常以下列三个参数表示(见图 1-28)：汽缸体前端面(或后端面)与曲轴中心线的交点到前轮中心线的纵向距离 x；该点的离地高度 y；曲轴中心线相对于车架上平面的倾斜角 θ。倾斜角 θ 一般在 1°～4°之间，用于减小传动轴万向节的夹角。发动机的前后位置 x 主要根据驾驶室的形式(平头或长头)与布置、轴荷分配、前轴结构(整体式或断开式)、传动轴的夹角和同类型汽车的参数来选择。发动机的高度主要取决于其相对于前桥的位置及前桥的形式，应该尽可能布置得低一些。采用独立悬架有利于降低发动机高度。发动机高度的选择要考虑离地间隙、发动机与前桥、转向拉杆之间的间隙(避免运动干涉)。当发动机布置在坐垫以下时，其顶部与坐垫底罩之间要留有足够的通风间隙，以便通风、散热。

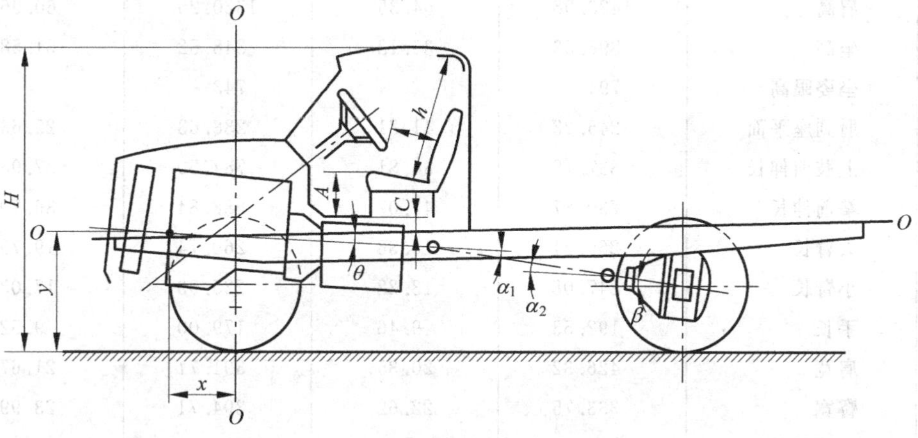

图 1-28 货车的总体布置(示意图)

发动机布置好以后，布置发动机悬置、发动机散热系统、进气系统、排气系统、供油系统、发动机制动系统、变速器、传动轴、驱动桥等，即布置传动线。应该使传动轴两端的夹角 α_1 和 α_2 尽量相等，其数值在满载静止时最好不大于 4°，最大值一般应不大于 7°。后桥主减速器输入轴线通常上翘一个角度 β，以减小传动轴夹角(见图 1-28)。

在前置-后轮驱动轿车布置中，常在纵向平面内把传动轴布置成两端高、中间低的形式(见图 1-29)，以降低传动轴的离地高，从而降低车厢底板传动轴通道的高度。传动轴与通道壁之间的间隙在 10～15 mm 之间。

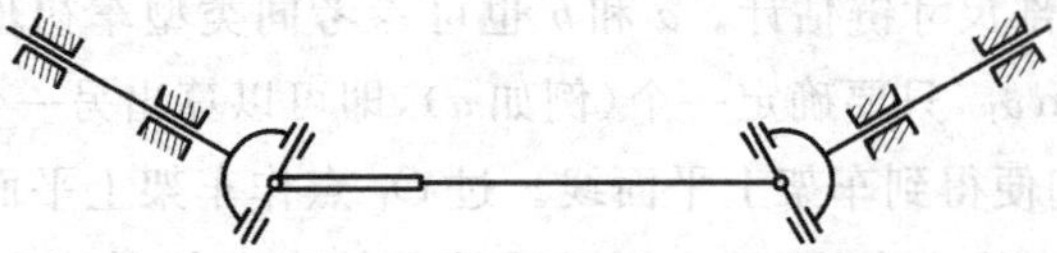

图1-29 在一些前置-后轮驱动轿车中传动轴布置成两端高、中间低的形式

1.14.4 车厢及驾驶室的布置

车厢或驾驶室布置主要是解决驾驶员(乘客)与座椅、驾驶操纵机构以及车厢或驾驶室与底盘零部件之间的空间位置布置问题。人的尺寸是布置的关键因素。

图1-30和表1-22示出我国人体基本尺寸及其统计数据。可以据此确定车身内部空间及驾驶员、乘客座椅的尺寸和进行布置。一般利用制成的人体样板来进行车身布置。图1-31示出利用统计平均值制作的我国人体样板,也称为50%样板。利用这种人体样板进行车身布置的方法与利用欧洲人体样板进行车身布置的方法基本相同。

表1-22 我国人体基本尺寸的统计数据

序号	测量项目	男		女	
		均值/mm	标准差/mm	均值/mm	标准差/mm
1	身长	1688.25	81.83	1586.17	51.29
2	眼高	1585.32	61.61	1480.25	76.02
3	肩高	1420.98	54.35	1320.26	60.96
4	坐高	896.53	36.12	848.52	31.58
5	坐姿眼高	794		743	
6	肘到座平面	245.23	41.81	238.63	25.63
7	上肢前伸长	837.78	36.81	784.50	37.98
8	拳前伸长	730.87	47.07	688.84	36.79
9	大臂长	269.21	16.36	260.74	19.79
10	小臂长	247.08	13.22	225.93	17.03
11	手长	192.53	9.46	179.00	9.52
12	肩宽	426.32	20.35	391.71	21.67
13	臀宽	333.75	22.62	394.71	23.99
14	下肢前伸长	1015.91	58.91	976.79	50.84
15	大腿长	422.48	28.44	409.21	35.39
16	小腿长	401.34	21.57	368.60	22.21
17	足高	70.69	5.46	65.78	6.94
18	膝臀间距	550.78	27.49	527.77	31.28
19	大腿平长	422.92	23.31	431.76	30.34
20	膝上到足底	515.08	24.67	479.89	23.61
21	膝弯到足底	405.79	19.49	382.77	20.83

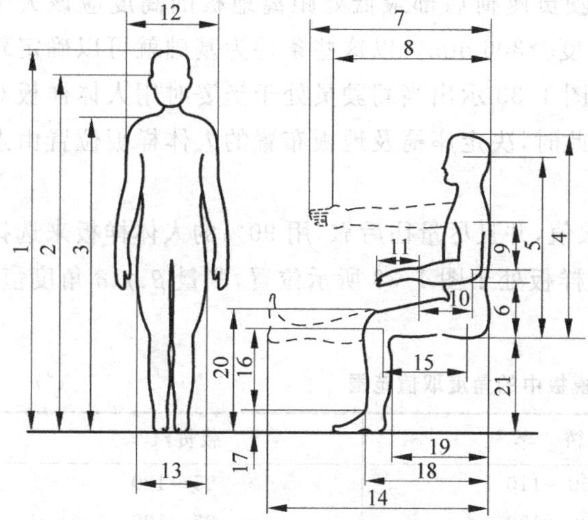

图 1-30 人体基本尺寸(数字对应表 1-22 中的序号)

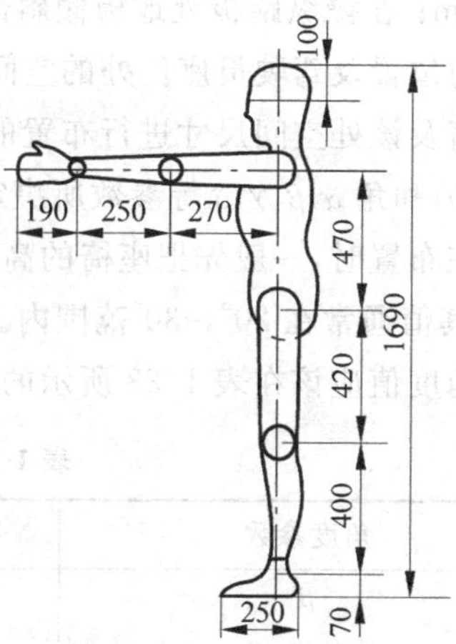

图 1-31 利用统计平均值制作的我国人体样板(50%样板)

图 1-32 示出按照欧洲男子肩以下的身材统计值制作的人体样板,可供在布置中参考。该样板按腿部尺寸 l_1、l_2 的统计值的代表性分为三种:①代表性为 90% 的人体样板($l_1=456$ mm,$l_2=444$ mm),其他尺寸如图 1-32 所示,这个样板用于基本布置;②代表性为 50%的样板(腿长:$l_1=432$ mm,$l_2=417$ mm);③代表性为 10%的样板($l_1=408$ mm,$l_2=390$ mm)。除了腿部尺寸 l_1、l_2 以外,代表性为 50%和 10%的人体样板的其他尺寸均与代表性为 90%的人体样板相同(见图 1-32),它们多用于确定驾驶员座椅沿前、后方向和垂直方向的调整范围。

人体样板不同部分之间的关节以铰链代表。在进行布置时,可以使人体样板各部分绕这些铰链转动一定角度来模拟人处于各种位置时的体形,如驾驶的姿势或仰靠坐姿等,以检查布置尺寸是否合适。在图 1-32 所示样板铰链处还带有刻度,可直接读出夹角的度数,其躯干部以铰链连接着一个垂向标尺,以便测量向后仰靠的倾角(见图 1-33 中的 α 角)。

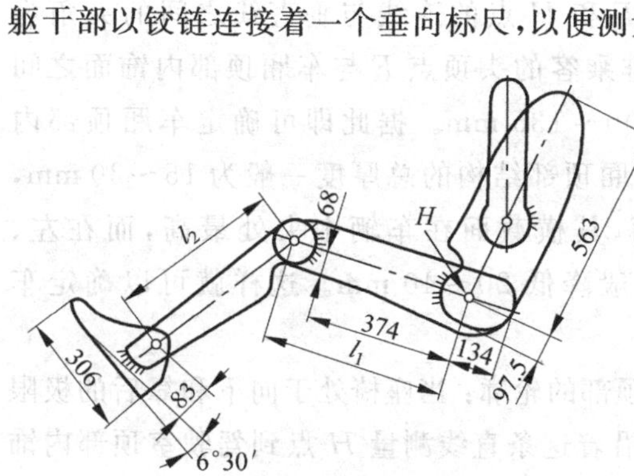

图 1-32 按照欧洲男子肩以下的身材统计值制作的人体样板

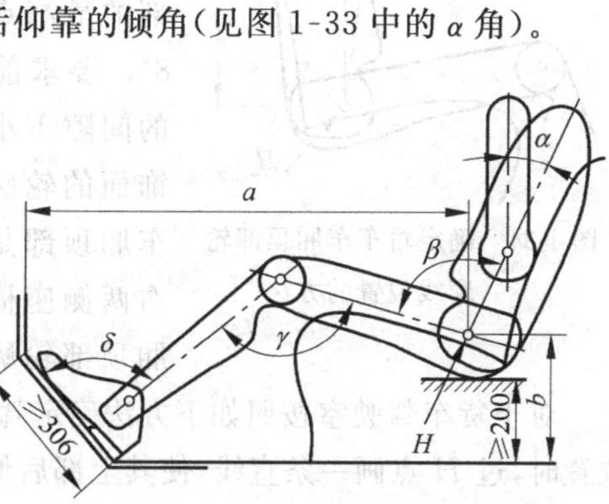

图 1-33 驾驶员座位处的布置尺寸

为了对驾驶员座位处进行布置,首先应该确定该处的地板高度、地板倾斜部分(脚处)的尺寸及发动机舱后隔板的前、后位置。还应该考虑地毯、内饰件及隔音、隔热材料对相关部分尺寸的影响。在驾驶员重力作用下，驾驶员座椅后部最低处距离地板的高度应该大于200 mm；在操纵踏板处地板倾斜部分的宽度≥306 mm。以这些条件为基础就可以确定驾驶员的位置及驾驶员座位处的空间尺寸。图1-33示出当驾驶员处于坐姿时用人体样板对其座椅及该处空间尺寸进行布置的情况。此时，决定座椅及地板布置的人体样板位置由点$H(a,b)$和角α、β、γ、δ等参数所决定。

在布置时，一般先把座椅的高度取下限值，并且尽量往后靠，用90%的人体样板来选择α角，其值通常在20°～30°范围内。然后使样板处于图1-33所示位置，测量β、γ、δ角度值。这些角度值应该在表1-23所示的范围内。

表1-23 人体模板中的角度取值范围 (°)

角度参数	轿 车	载货汽车
β	60～110	95～120
γ	80～170	95～135
δ	75～130	90～110

驾驶员座椅应该有位置调整机构，其应该允许方便、迅速地按驾驶员身材和座椅、操纵机构之间的最佳相对位置的要求进行前、后和上、下位置的调整。用90%的人体样板确定了驾驶员座椅的最低和最靠后的位置后，再用50%和10%的人体样板检查座椅的中间位置和最高、最前的极限位置。驾驶员座椅后背在其后移时的极限位置线决定了载货汽车驾驶室后壁的内侧位置，也是轿车后排座布置的起始线。后排座的布置只用90%的人体样板，此时应该保证前、后两排座之间有足够的乘客放腿空间，以获得尺寸既紧凑，乘坐又舒适的乘客座椅布置方案。

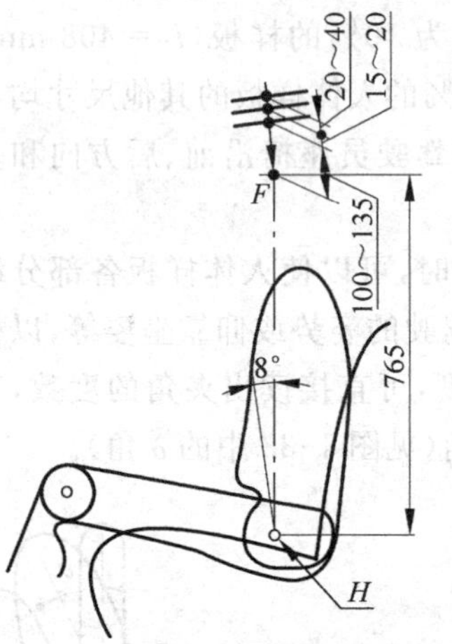

图1-34 确定轿车车厢顶部轮廓线位置的方法

图1-34示出确定轿车车厢顶部轮廓线位置的方法。把50%的人体样板分别放到前、后排座上，确定驾驶员头部的最高点F。F和H点的连线与垂直线之间的夹角为8°。要求前、后排乘客的头顶点F与车厢顶部内饰面之间的间隙不小于100～135 mm。据此即可确定车厢顶部内饰面的轮廓。车厢顶部结构的总厚度一般为15～20 mm，车厢顶部是曲面，其横截面在车辆中央处最高，而在左、右两侧座椅处一般降低20～40 mm。这样就可以确定车厢顶部轮廓线。

对于货车驾驶室按照如下方法确定驾驶员顶部的轮廓：当座椅处于向下和靠后的极限位置时，过H点画一条直线，使其上部后倾8°，沿着这条直线测量H点到驾驶室顶部内饰面之间的距离，其值应不小于1000 mm。

图1-35、图1-36示出轿车车厢和货车驾驶室内部的主要布置尺寸，其相应的取值范围分别如表1-24和表1-25所示，供设计时参考。

在布置载货汽车驾驶室的内部尺寸时，先要确定其地板高度。在保证地板下的操纵杆有足够的运动空间的前提下，应尽量降低地板高度，以降低驾驶室的总高。

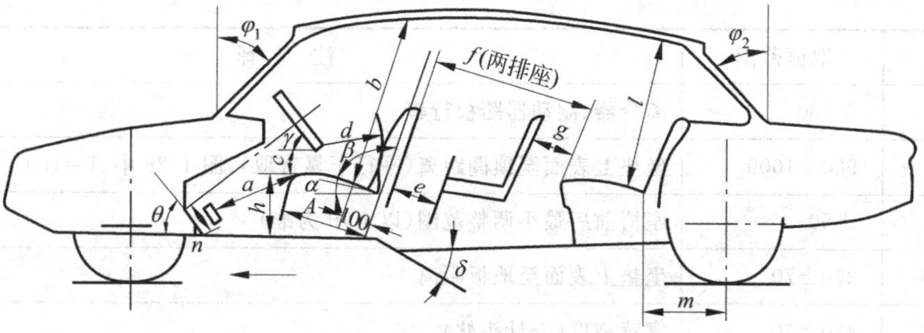

图 1-35 轿车车厢内部的主要布置尺寸

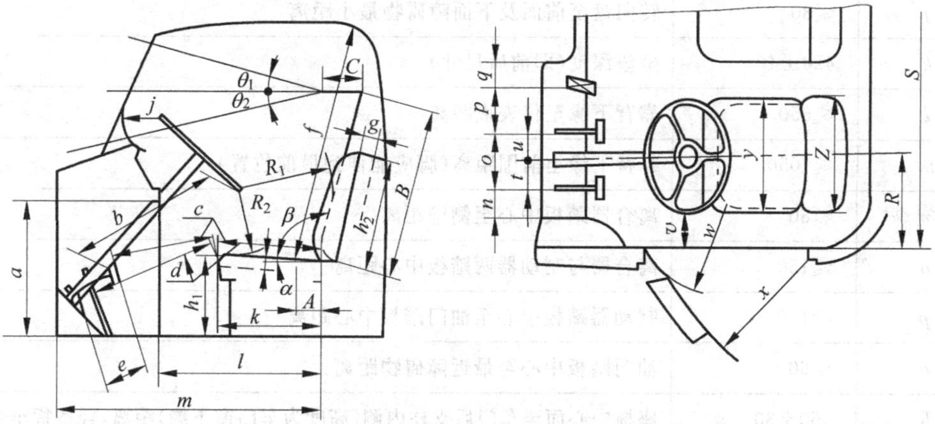

图 1-36 货车驾驶室内部的主要布置尺寸

表 1-24 轿车车厢内部主要布置尺寸的取值范围 mm

车型	a	b	c	d	e	f	g	h	l	m
高级	420～500	940～960	180～200	360～390	180～350	—	180～350	300～380	900～950	225～400
中级	420～500	920～960	180～200	350～380	—	180～350	—	300～360	900～930	200～335
普通级	420～500	880～950	180～200	330～370	—	160～330	—	300～340	870～910	100～300
车型	n	A	α	β	γ	δ	θ	φ_1	φ_2	
高级	≥300	450～500	15°	96°	55°～70°	10°～15°	40°～60°	40°～55°	40°～65°	
中级	≥300	450～500	15°	96°	55°～70°	10°～15°	40°～60°	40°～55°	40°～65°	
普通级	≥300	450～500	15°	96°	55°～70°	10°～15°	40°～60°	40°～55°	40°～65°	

表 1-25 货车驾驶室内部主要布置尺寸的取值范围 mm

尺寸	取值范围	注 释
a	≤550	仪表板下缘至地板距离
b	≤670	转向盘至离合器、制动器踏板距离
c	800～900	靠背下缘至离合器、制动器踏板距离(气制动或带有加力器的离合器或制动器,其增加值不得大于 100)
d	900～1000	靠背下缘至油门踏板距离

续表

尺寸	取值范围	注　　释
e	⩾200	离合器、制动器踏板行程
f	960～1000	坐垫上表面至顶棚距离(平行于靠背取),图1-36中A=100
g	±50	座椅前后最小调整范围(以±70为准)
h_1	370±70	坐垫上表面至地板距离
h_2	480±30	靠背高度(未计头枕)
i	±20	座椅上下最小调整范围(以±35为佳,轻型货车可不调)
j	⩽80	转向盘至前面及下面障碍物最小距离
k	420±40	坐垫深度(即前后尺寸)
l	⩽650	靠背下缘至仪表板距离
m	⩽1050	靠背下缘至前围距离(脚应能伸到最前位置)
n	⩽80	离合器踏板中心至侧壁距离
o	⩽150	离合器与制动器两踏板中心距离
p	⩽110	制动器踏板中心至油门踏板中心距离
q	⩽60	油门踏板中心至最近障碍物距离
R	360±30	座椅中心面至车门后支柱内侧(高度为车门窗下缘)距离,轻型货车≮310
S	单人座≮850 双人座≮1250 三人座≮1700	驾驶室内部宽度(在高度为车门窗下缘及车门后支柱内侧量取),轻型货车三人座≮1550
t	50～150	离合器踏板中心至座椅中心面距离
u	50～150	制动器踏板中心至座椅中心面距离
v	⩽100	转向盘至侧面障碍物最小距离,轻型货车≮80
w	⩽250	车门打开时,下部通道宽度
x	⩽650	车门打开时,上部通道宽度
y	⩽450	坐垫宽度
Z	⩽450	靠背宽度(在最宽处测量)
R_1	⩽360	转向盘至靠背距离
R_2	⩽180	转向盘至坐垫上表面距离
α	2°～10°	坐垫上表面与水平面夹角
β	90°～105°	靠背与坐垫夹角(在靠背平直部分测量)
θ_1	⩽12°	上视角θ_1与下视角θ_2,此两项为推荐值。图1-36中: B=750 C=180
θ_2	⩽12°	

图 1-37 标出了大客车车厢内部的主要布置尺寸,其相应的取值范围见表 1-26。

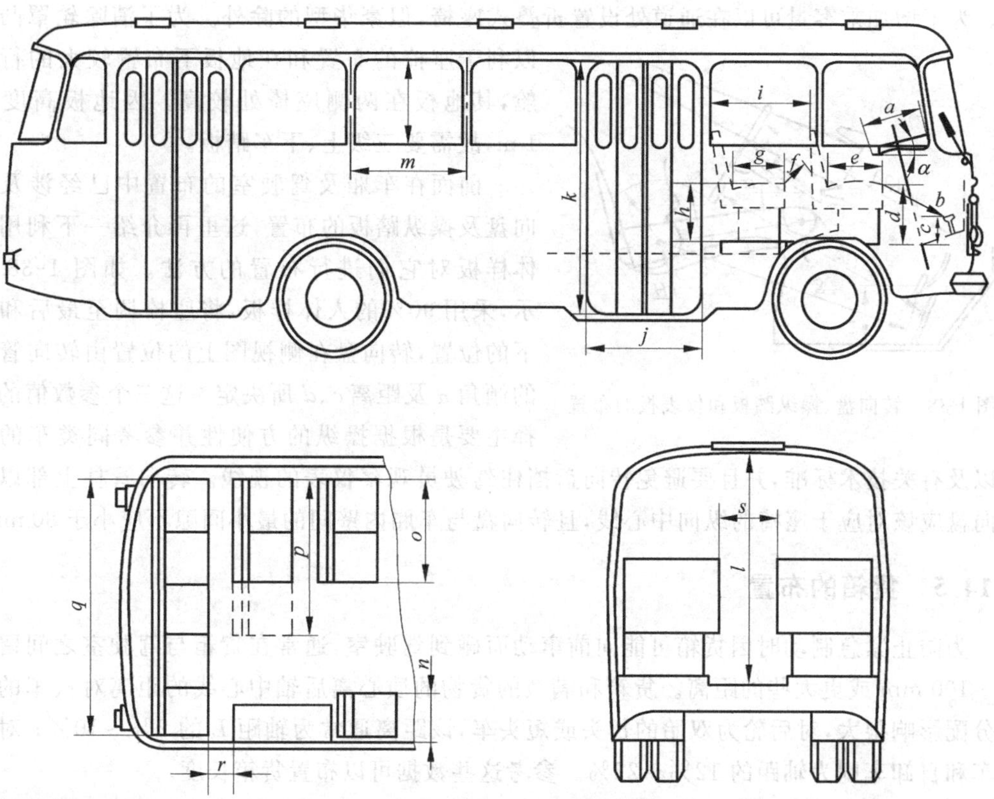

图 1-37 大客车车厢内部的主要布置尺寸

表 1-26 大客车车厢内部主要布置尺寸的取值范围 mm

车 型	*a*	*b*	*c*	*d*	*e*	*f*	*g*
城市用客车	500～550	450～550	130～160	450～500	460～500	200～220	400～450
城间用客车	500～550	450～550	130～160	450～500	460～500	200～250	420～480
长途(游览)客车	500～550	450～550	130～160	450～500	460～500	250～280	450～500
车 型	***h***	***i***	***j***	***k***	***l***	***m***	***n***
城市用客车	450～500	650～700	1000～1300	1900～2050	700～800	1000～1300	400～440
城间用客车	450～500	650～750	800～1000	1850～2000	700～800	1000～1300	420～470
长途(游览)客车	450～500	700～850	800～1000	1850～2000	650～800	1000～1300	450～500
车 型	***o***	***p***	***q***	***r***	***s***	***t***	***α***
城市用客车	800～860		2200～2300	200～250	450～600	1850～2200	10°～20°
城间用客车	840～960	1200～1300	2250～2400	200～250	450～500	1850～2200	10°～20°
长途(游览)客车	900～1000	1250～1350	2250～2450	250～300	400～450	1700～2000	10°～20°

城市公共交通用的大客车因乘客上下车频繁,在布置时主要应该保证上、下车和在车内走动方便,并且应该考虑站立乘客的空间。其地板高度应该尽量低些,一般不应该超过 0.78～0.95 m(用货车底盘改装时)和 0.6～0.7 m(采用轮边减速驱动桥时)。布置时可以参考 DB31/T 306—2004《城市公交客车通用技术要求》中的有关规定。

长途大客车和游览大客车的布置,主要应该考虑保证乘客舒适。座椅应该一律面朝前方。为了增加乘客量可以在通道处设置折叠式座椅,但豪华型的除外。为了消除轮罩凸包以利于座椅的布置和在地板下布置较大的行李舱,其地板在两侧座椅处较高。因地板高度近1 m,故需要三级上、下车踏板。

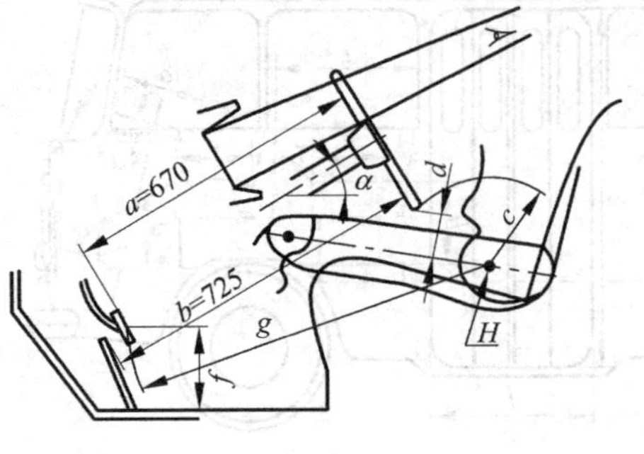

图 1-38　转向盘、操纵踏板和仪表板的布置

前面在车厢及驾驶室的布置中已经涉及转向盘及操纵踏板的布置,这里再介绍一下利用人体样板对它们进行布置的方法。如图 1-38 所示,采用 90%的人体样板,将座椅调至最后和最下的位置,转向盘在侧视图上的位置由转向管柱的倾角 α 及距离 c、d 所决定。这三个参数值的选择主要是根据操纵的方便性并参考同类车的数据以及有关技术标准,并且要避免转向盘挡住驾驶员观察仪表的视线。转向管柱上部以及转向盘应该对应于座椅的纵向中心线,且转向盘与车厢内壁间的最小间隙不应小于 80 mm。

1.14.5 货箱的布置

为防止紧急制动时因货箱可能向前窜动而碰到驾驶室,通常在货箱与驾驶室之间留有 50～100 mm 或更大些的距离。货箱和满载的货物的质心离后轴中心线的距离对汽车的轴荷分配影响很大,对后轮为双胎的长头或短头车,该距离通常为轴距 L 的 2%～10%；对平头车和自卸车则为轴距的 12%～22%。参考这些数据可以布置货箱长度。

货箱的宽度不应该大于容许的汽车最大宽度 2.5 m。货箱底板的高度一般应该尽量低一些,以利于装卸,它取决于车轮直径及其跳动量。一般此高度离地面 1.0～1.4 m,与铁路上的货台高度接近。栏板高度一般为 0.5～0.8 m。由此也可以根据要求的装载容积来决定货箱长度。设计容积应该根据货物的品种、其单位体积的质量及装载量来确定。长轴距货车的长货箱或货台用于运输长尺寸物资或集装箱。半挂车的货箱也较长。

矿用自卸汽车的货箱底板尾部具有 15°～20°的向上倾斜角,以防止矿石滑落。

1.14.6 悬架、转向系统、制动系统、电器系统的布置(略)

有关悬架、转向系统、制动系统的布置参见本书有关章节。

1.14.7 轴荷分配和质心位置的计算

把各部件布置好以后,就可以利用得到的二维总布置图或三维数模对汽车的轴荷分配和质心位置进行计算。为此需要知道各部件的质量和质心位置。

1.15 运动校核

在进行汽车总体设计时,为了防止运动干涉,需要对具有相对运动关系的零部件进行运动校核。需要进行的工作主要包括:转向轮跳动图；传动轴跳动图；转向传动装置与悬架的干涉转向校核图；转向系统间隙校核图；驾驶室翻转校核图；换挡操纵机构校核图等。

目前一般综合应用二维和三维分析的方法来进行运动校核。

图 1-39、图 1-40 和图 1-41 所示是利用三维设计软件进行运动校核的一些例子。

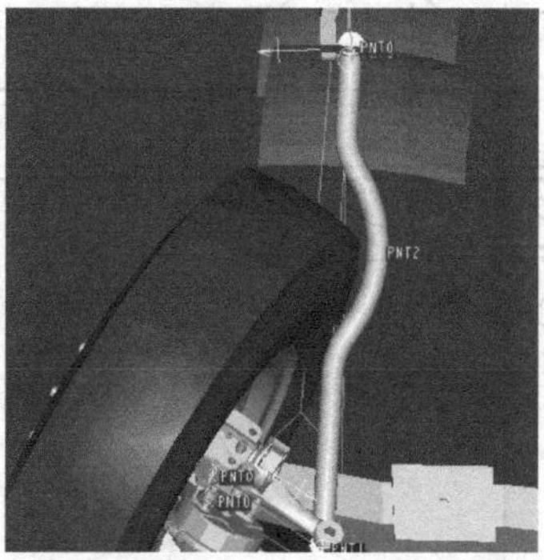

图 1-39 在满载、极限右转、车身向左侧倾 7°的极限工况下对纵拉杆与轮胎之间的间隙进行校核

图 1-40 在各种工况下对转向节臂、纵拉杆与减振器之间的间隙进行校核

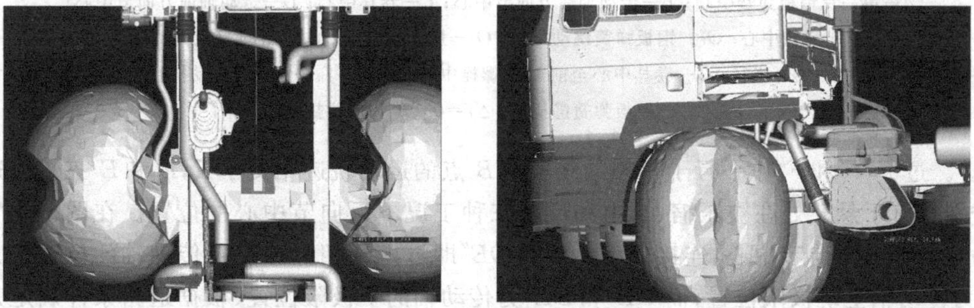

图 1-41 车轮上跳至铁碰铁、车轮转至最大转角时所形成的包络面与前轮罩、上翼子板之间的间隙检查

下面介绍利用二维作图法进行运动校核的一个例子，即传动轴跳动图。制作传动轴跳动图的目的是：①确定传动轴上下跳动的极限位置及最大摆角范围；②确定空载时万向节传动的夹角；③确定传动轴长度的变化量(伸缩量)，以适当设计花键，保证传动轴长度最大时花键套与轴不致脱开，而在长度最小时不致顶死。在此，以纵置钢板弹簧悬架为例说明传动轴跳动图的画法(见图 1-42)。

首先，在侧视图上以一定比例画出汽车满载时车架、钢板弹簧、后轴壳和传动轴的位置。对于对称或近似对称(不对称程度小于 10%)的钢板弹簧，弹簧主片中部与桥壳夹紧的一段与桥壳一起在车轮上、下跳动时作平移运动。弹簧主片中心点 A 的轨迹为一圆弧，其圆心 O_1 的位置在纵向与卷耳中心 C 相距 $l_e/4$(l_e 为卷耳中心到前 U 形螺栓中心的距离)；在高度上与卷耳中心相距 $e/2$(e 是卷耳半径)。由于后桥随着板簧中部被 U 形螺栓夹紧段作平移，故后万向节中心 B 与主片中心 A 的连线 AB 也作平移。连接 AO_1，且从 B 点开始作 O_1A 的平行线 BO_2，再从 O_1 开始作 AB 的平行线与 BO_2 交于 O_2 点，则得到一个平行四边形 ABO_2O_1，即 B 点的回转中心是 O_2(只有这样，才能保证后轴壳在跳动时，AB 点的连线总相互平行)。以 O_2 为圆心，O_2B 为半径画圆弧 EE'，此圆弧即为 B 点的运动轨迹。过 B 点作垂直于车架的直线，在此直线上分别取 $BF=f_d$(钢板弹簧的动挠度)，$BF'=f_c$(钢板弹簧的静挠度)，$F'F''=0.1f_c$(反跳挠度，相当于车轮遇坑下落时使弹簧反跳超过其自由状态的

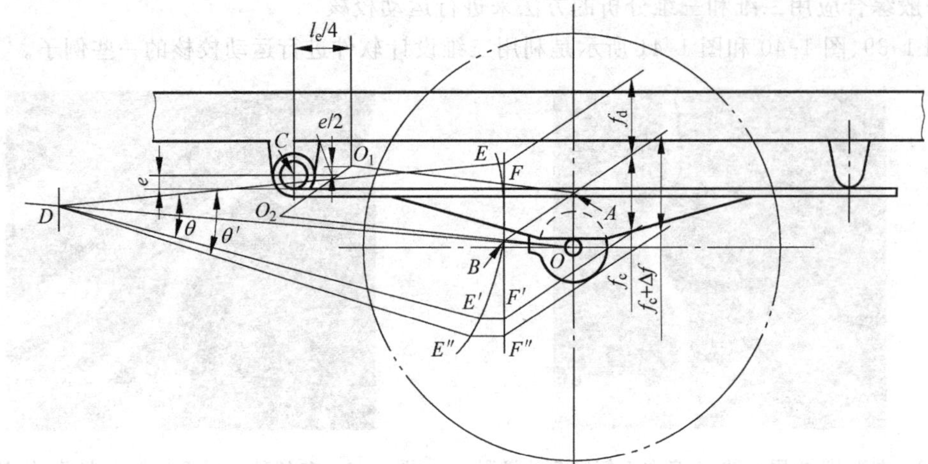

图 1-42 传动轴跳动图

A—第一片钢板弹簧中心；B—传动轴后万向节中心；C—卷耳中心；D—传动轴前万向节中心；
O—汽车后轮中心；O_1—钢板弹簧跳动中心；O_2—用平行四边形法求出的 B 点的回转中心；
e—卷耳半径；l_e—卷耳中心至前 U 形螺栓中心的距离；f_d—钢板弹簧动挠度；
f_c—钢板弹簧静挠度；$\Delta f=0.1f_c$ 为反跳挠度

情况)。过 F、F'和F''作平行于车架的线段与B 点的运动轨迹相交于E,E'和E''三点。这三点分别相应于悬架处在被压缩、自由和反跳三种工况下万向节中心的位置。在图 1-42 中，D 为传动轴前万向节中心,连接 DE、DE'和 DE''即可得到相应工况下传动轴的位置。其中 DE 为传动轴上跳极限位置,而 DE'和 DE''为传动轴的下极限位置(根据道路条件确定是采用 DE'还是 DE'')。$\angle EDE'$和$\angle EDE''$就是传动轴的最大摆角范围,以不超过 40°为宜(每边 20°左右)。传动轴的最大长度等于 DO_2 和 O_2B(在 B、O_2、D 三点共线时传动轴最长)；最短长度为 DE''和 DE 中较短的一个。汽车空载时的传动轴位置可以采用类似的方法确定。

总的来说,二维运动校核一般是利用几何作图法进行。

练 习 题

1. 拟开发一种五座中级轿车,试初选其:
(1) 布置形式,并且说明其优缺点；
(2) 轴距、轮距；
(3) 整车整备质量；
(4) 轴荷分配；
(5) 性能指标；
(6) 发动机；
(7) 轮胎。

2. 拟开发一种普通中型卡车,其装载质量是 5 t。

2.1 选择一种类似卡车作为对标车(以该车作为拟设计车型的赶超目标),尽可能介绍其情况，包括图、参数、说明等（尽可能查找其资料即可，不一定很全）。

2.2 试对该拟开发的中型卡车进行下列初选：

①型式（并且说明这样选择的原因）；②轴距、轮距；③整车整备质量；④轴荷分配；⑤直接挡最大动力因数 D_{0max}；⑥第1挡最大动力因数 D_{1max}；⑦最高车速 V_{max}；⑧汽车比功率和比转矩（并且在网上选择一种合适的发动机，计算比功率、比转矩）；⑨加速时间；⑩等速百公里油耗量；⑪汽车的最小转弯直径 D_{min}；⑫汽车通过性参数；⑬汽车操纵稳定性参数；⑭汽车行驶平顺性参数；⑮制动性参数。

3. 拟开发一辆4×4越野车，其前轴轮距为2.1 m，则其后轴轮距应该选多少？为什么？

4. 拟开发一种两轴全时四驱轿车，其应该具有几个差速器？它们分别位于何处？为什么？这种驱动形式的主要优点是什么？

5. 一种越野车采用可选4×4驱动形式，其应该在什么情况下选择全轮驱动形式行驶？为什么？

2 汽车零部件的载荷及其强度计算方法

2.1 概 述

在汽车行驶过程中，作用在汽车零部件上的载荷相当复杂，一般都是随机载荷。这些载荷的水平和变化特性受到很多因素的影响，例如发动机的输出转矩、地面的附着系数、路面不平度、汽车行驶速度、车辆的装载量、驾驶员的操纵等。

汽车零部件的损坏形式主要有两种，即静强度失效和疲劳失效。当零部件受到一次很大的载荷作用，使其危险截面的应力水平超过了材料的屈服极限或强度极限时，零部件发生过大的塑性变形或断裂，这种失效称为静强度失效。当零部件在经受一段时间的载荷历程作用后，其出现明显的裂纹或断裂，这种失效称为疲劳失效。据统计，汽车零部件的损坏有90%以上都是疲劳失效。

为了使汽车产品具有需要的工作寿命、耐久性和可靠性，在国际汽车行业已经广泛采用了一种设计、分析和试验的三步法。

第一步：进行汽车行驶试验，测取其载荷以及载荷历程数据。图 2-1(a)示出在汽车底盘零件上安装的道路载荷传感器，即应变片、加速度传感器。图 2-2 示出作用在车轮上的主要载荷，即垂直力 F_V、侧向力 F_L、纵向力 F_A 和制动力 F_B，它们是影响汽车零部件耐久性的

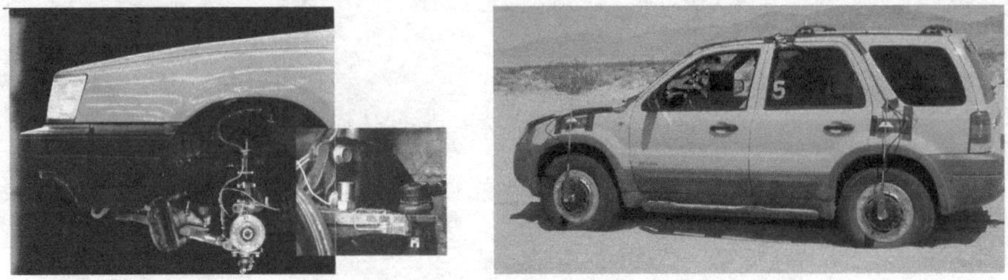

(a) (b)

图 2-1 在汽车底盘零件上安装的道路载荷传感器

(a) 在汽车底盘零件上粘贴的应变片和安装的加速度传感器；(b) 安装了车轮六分力传感器的试验车

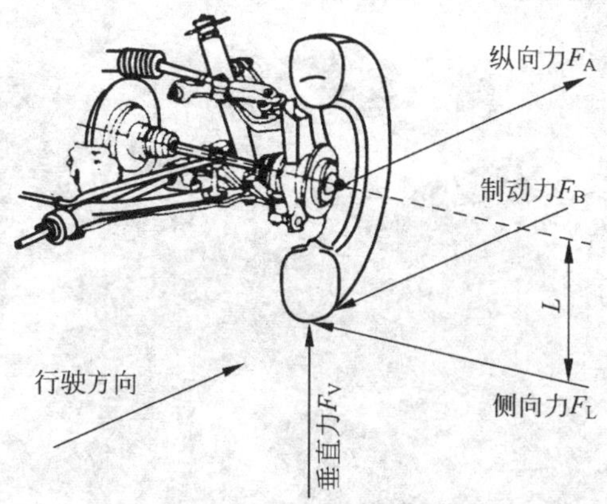

图 2-2 作用在汽车车轮上的主要载荷

关键因素。在零部件上布置应变片、加速度传感器的主要考虑是使它们对这些载荷比较敏感。汽车在选定的典型道路或汽车试验场中行驶，测量道路载荷信号，即应变、加速度信号。图 2-3 示出一个多轴向输入整车道路模拟试验台，可以在其上对道路实测应变、加速度信号进行比较准确的模拟，同时利用力传感器测量出试验台对车轮的载荷信号；也可以通过进行静态标定的方法近似求出这种载荷信号。最近，利用车轮六分力传感器直接测量车轮行驶载荷的日益增多。对这些测量的载荷信号进行分析，得到设计计算载荷，并且提供给设计人员；设计人员利用这些计算载荷确定零部件的形状和尺寸。

第二步：对汽车零部件进行静态应力分析，一般利用有限元分析方法，得到零部件中的应力分布；对零部件结构进行改进设计，排除或减轻结构中的应力集中，因为疲劳失效一般都首先发生在零件应力集中的部位；利用材料疲劳性能参数和载荷历程(在第一步工作中得到的)进行疲劳寿命预计，一般采用局部应力-应变法或名义应力法。图 2-4 示出对一个后桥-后悬架系统建立的有限元分析模型。

第三步：进行耐久性试验，以检验疲劳寿命预计的正确性，并且确保产品具有需要的工作寿命和可靠度。耐久性试验可以在试验室、试验场、公共道路上进行。图 2-3 示出一个多轴向输入大位移整车耐久性试验台，既可以用来试验车身，也可以试验车轴和悬架。图 2-5 示出一个轿车前悬架下摆臂疲劳试验系统。前者非常复杂、昂贵，后者要简单得多。采用何种试验方法取决于试验要达到的目的。应该指出，进行试验室耐久性试验的载荷信号也来自于第一步的工作。如果在耐久性试验中发现问题，应该及时反馈到产品、制造部门，进行必要的设计分析和改进，然后再进行试验，直至产品满足要求为止。

在长期的汽车设计、制造、试验过程中，汽车工程技术人员已经积累了丰富的经验，总结出了估计汽车零部件计算载荷和计算工况的方法。按照这些比较简单的计算载荷和计算工况对产品进行校核、评价，一般可以保证汽车绝大多数零部件的强度、寿命满足要求，而且可以节省大量的时间和成本。这些计算载荷和计算工况既可以用于基于材料力学、弹性力学的强度计算，也可以用于零部件的有限元分析。因此，了解这种计算载荷和计算工况的估计方法对于汽车工程师是必不可少的。

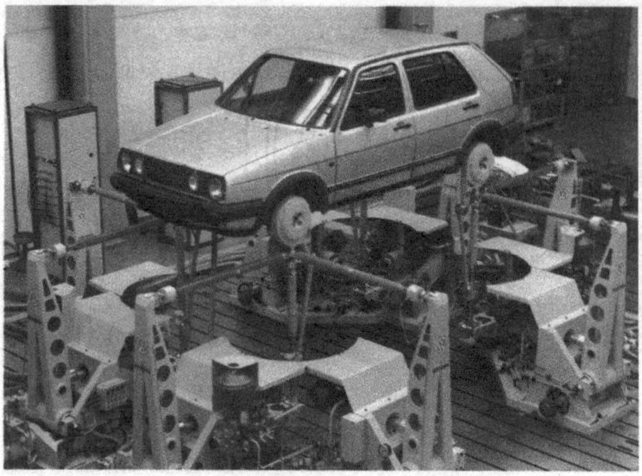

(a)

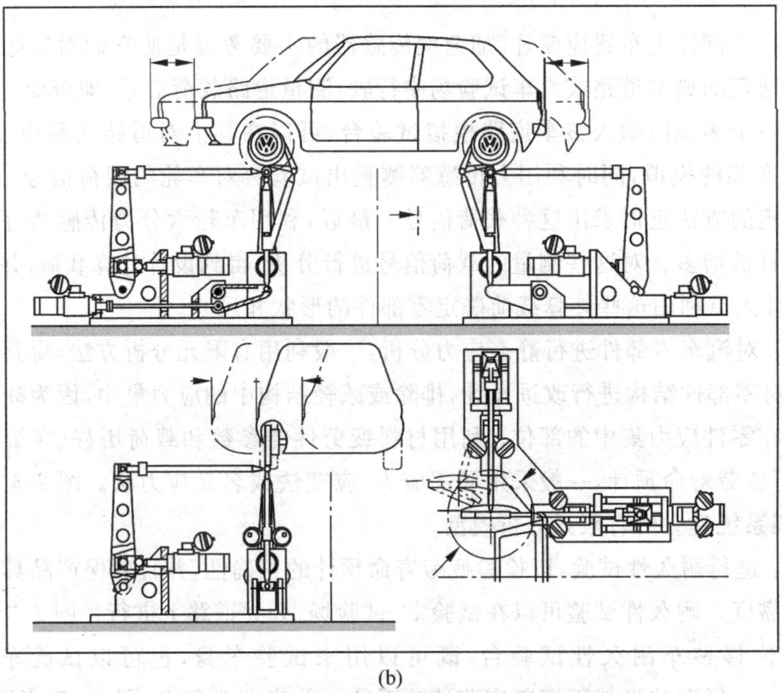

(b)

图 2-3 一个多轴向输入大位移整车耐久性试验台

(a) 现场图；(b) 示意图

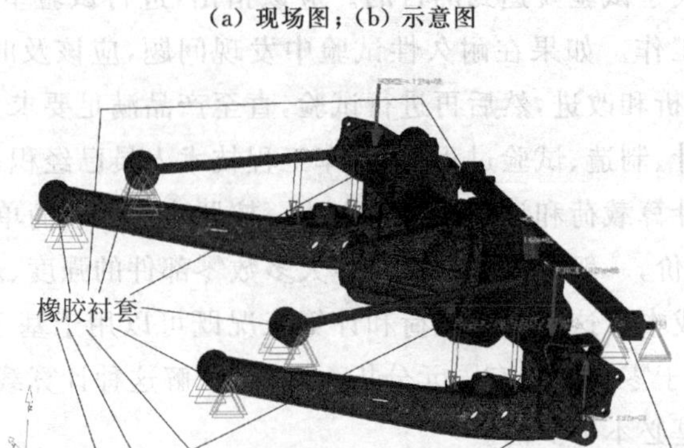

图 2-4 对一个后桥-后悬架系统建立的有限元分析模型

图 2-5　一个轿车前悬架下摆臂疲劳试验系统(只有一个纵向力输入)

2.2　车轮与路面接触点处的作用力

为了计算底盘零件的强度,一般利用汽车直线行驶时车轮与地面接触点处的作用力。在计算其耐久性(疲劳失效)时,选择在中等质量的道路路面上的行驶状态。而在计算静强度时,选择在坑洼不平路面上的行驶状态,通过障碍物或有最大加速度的制动状态。

2.2.1　最大垂直力工况

汽车在道路上直线行驶时,车轮与路面接触点处的最大垂直力 F_{Vm} 可以表示为

$$F_{\mathrm{Vm}} = F_{\mathrm{Vo}} + \Delta F_{\mathrm{V}} \tag{2-1}$$

其中,F_{Vo} 是车轮的满载静载荷;ΔF_{V} 是车轮的最大动载荷。大量测量表明,ΔF_{V} 与 F_{Vo} 和轮胎的垂直静刚度 c_1 有关。注意,c_1 与轮胎充气压力有关。定义两个动载系数:k_1 是耐久性动载系数,k_2 是静强度动载系数,则式(2-1)可以改写为

$$F_{\mathrm{Vm1}} = k_1 \cdot F_{\mathrm{Vo}} \tag{2-2}$$

$$F_{\mathrm{Vm2}} = k_2 \cdot F_{\mathrm{Vo}} \tag{2-3}$$

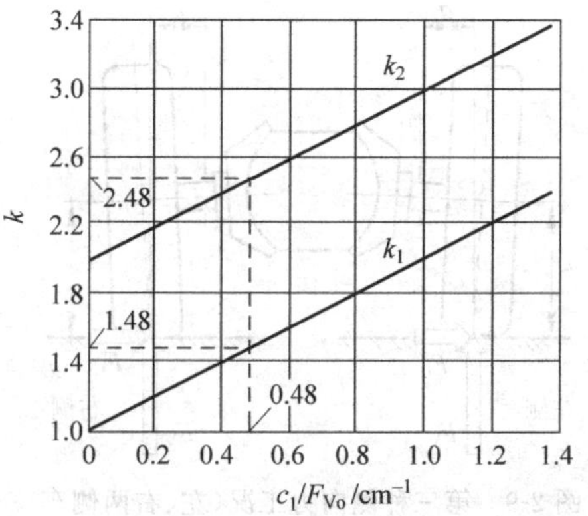

图 2-6　垂直动载系数特性曲线(k_1 是耐久性动载系数,k_2 是静强度动载系数)

图 2-6 所示为垂直动载系数特性曲线,最大垂直力工况只包括垂直力。

【例 2-1】　一个轮胎的气压为 0.19 MPa 时其垂直静刚度 $c_1 = 1.9\ \mathrm{kN/cm}$,车轮的满载静载荷 $F_{\mathrm{Vo}} = 4\ \mathrm{kN}$,试求其最大垂直载荷。

解:为了从图 2-6 查出 k_1 和 k_2,首先要确定比值 c_1/F_{Vo}

$$c_1/F_{\mathrm{Vo}} = 1.9/4 = 0.48\ \mathrm{cm}^{-1}$$

从图 2-6 可以查到 $k_1 = 1.48$、$k_2 = 2.48$。所以,用于耐久性计算的最大垂直载荷 F_{Vm1} 为

$$F_{\mathrm{Vm1}} = k_1 \cdot F_{\mathrm{Vo}} = 1.48 \times 4 = 5.92\ \mathrm{kN}$$

用于静强度计算的最大垂直载荷 F_{Vm2} 为

$$F_{\mathrm{Vm2}} = k_2 \cdot F_{\mathrm{Vo}} = 2.48 \times 4 = 9.92\ \mathrm{kN}$$

从图 2-6 可以看出,比值 c_1/F_{Vo}越大,动载系数 k_1 和 k_2 就越大。所以,在其他条件不变的情况下,降低轮胎气压可以减小最大垂直力。

2.2.2 最大侧向力工况

汽车在道路上直线行驶时,车轮与路面接触点处的最大侧向力 F_{Lm1} 和 F_{Lm2} 可以表示为

$$F_{Lm1} = \pm \mu_{F1} \cdot F_{Vo} \tag{2-4}$$

$$F_{Lm2} = \pm \mu_{F2} \cdot F_{Vo} \tag{2-5}$$

其中,F_{Vo}是车轮的满载静载荷;μ_{F1} 和 μ_{F2} 分别是用于耐久性和静强度计算的侧向力系数。大量测量表明,汽车直线行驶时,车轮上作用的侧向力的方向是随机变化的,侧向力系数仅取决于 F_{Vo},如图 2-7 所示。

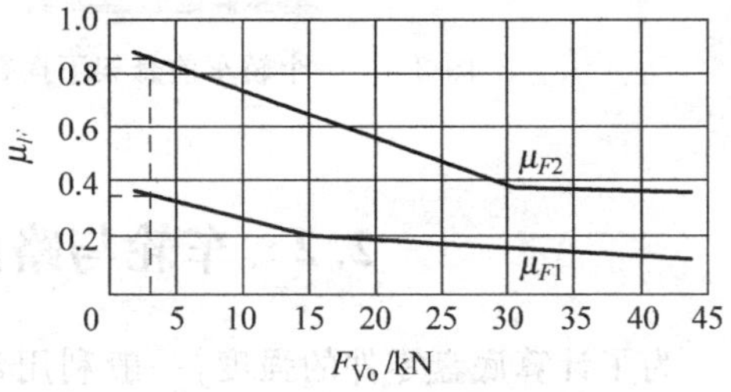

图 2-7 侧向力系数特性曲线(μ_{F1} 和 μ_{F2} 分别是用于耐久性和静强度计算的侧向力系数)

在最大侧向力工况中既包括侧向力,又包括垂直力。在为了进行静强度计算而确定作用在车桥零件上的最大弯矩时,所选择的侧向力方向应该使其引起的弯矩与垂直力引起的弯矩相加,即使弯矩增大的方向,如图 2-8 所示。由于侧向力的最大值不会与垂直力的最大值同时出现,侧向力工况有如下三种:

(1) $F_{Vm2} = k_2 \cdot F_{Vo}$, $F_{Lm1} = \mu_{F1} \cdot F_{Vo}$

(2) $F_{Vm1} = k_1 \cdot F_{Vo}$, $F_{Lm2} = \mu_{F2} \cdot F_{Vo}$

(3) $F_{Vm1} = k_1 \cdot F_{Vo}$, $F_{Lm2} = \mu_{F2} \cdot F_{Vo}$

在工况(3)中,左、右两侧车轮受到的侧向力 F_{Lm2} 方向相同。在这种工况中,在一侧车轮上受到的垂直力 F_{Vm1} 和侧向力 F_{Lm2} 组合在车桥上引起的弯矩方向是相同的,而在另一侧则相反(见图 2-9),但是在这两侧车轮上受到的侧向力会联合对悬架、车架或车身施加一个大的水平力。

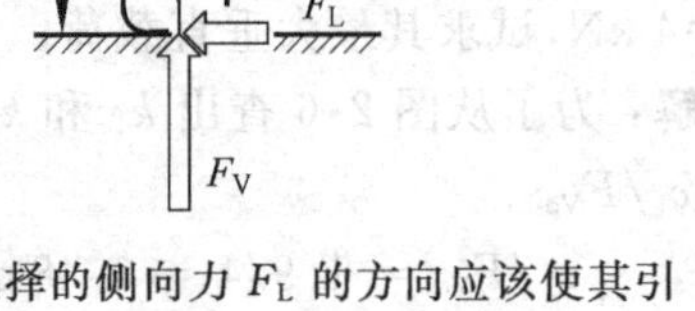

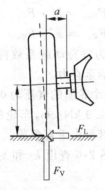

图 2-8 所选择的侧向力 F_L 的方向应该使其引起的弯矩与垂直力 F_V 引起的弯矩相加

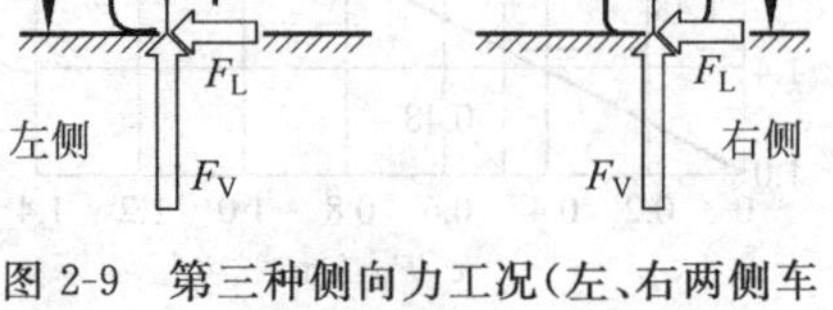

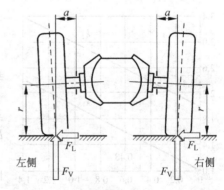

图 2-9 第三种侧向力工况(左、右两侧车轮受到的侧向力 F_L 方向相同)

前述侧向力工况都是直线行驶工况,而不是按照在车轮与路面极限附着系数下的转弯行驶工况确定的。在转弯行驶时,在外轮上作用的垂直力和侧向力都比较大,但是它们引起的弯矩却具有相反的方向,即相互抵消,造成合成弯矩的减小(在图 2-9 中右侧的情况)。道

路实测结果表明，普通轿车直线行驶时侧向力所引起的应力比转弯行驶时要高。转弯行驶时，车轮所受到的侧向力值受到路面和轮胎的限制。

2.2.3 最大制动力工况

图 2-10 示出汽车在制动过程中的受力情况。汽车前、后轴上的垂直力 F_{zf}、F_{zr} 表示为

$$F_{zf}=\frac{L_r}{L}\cdot G+\frac{h}{L}\cdot m\cdot a_B=F_{zfo}+\frac{h}{L}\cdot m\cdot a_B \tag{2-6}$$

$$F_{zr}=\frac{L_f}{L}\cdot G-\frac{h}{L}\cdot m\cdot a_B=F_{zro}-\frac{h}{L}\cdot m\cdot a_B \tag{2-7}$$

其中，L 是轴距；L_f 是汽车质心与前轴之间的距离；L_r 是质心与后轴之间的距离；h 是质心高度；G 是整车重量；m 是整车质量；a_B 是制动减速度；F_{zfo}、F_{zro} 分别是前、后轴的静负荷。

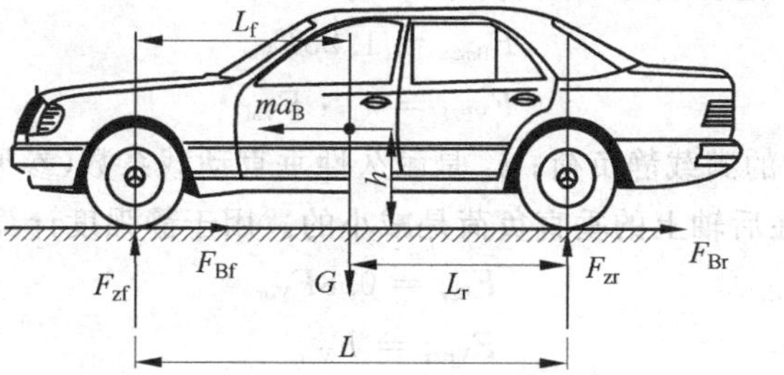

图 2-10 汽车制动过程中的受力分析图

前轴的最大地面制动力 F_{Bf} 可以表示为

$$F_{Bf}=\mu\cdot F_{zf}=\mu\cdot\left(\frac{L_r}{L}\cdot G+\frac{h}{L}\cdot m\cdot a_B\right)=\mu\cdot\left(F_{zfo}+\frac{h}{L}\cdot m\cdot a_B\right) \tag{2-8}$$

其中，μ 是轮胎-地面附着系数。

【例 2-2】 一辆汽车的总质量 $m=1780$ kg，前轴负荷 $F_{zfo}=710$ kg，后轴负荷 $F_{zro}=1070$ kg，轴距 $L=2720$ mm，质心高度 $h=700$ mm，试分别求在制动加速度 a_B 为 0、0.7g、0.8g、0.9g、1.0g、1.1g、1.2g 时的前轴负荷 F_{zf} 和前轴最大制动力 F_{Bf}。假定对应的车轮-地面附着系数 μ 分别为 0.7、0.8、0.9、1.0、1.1、1.2，也就是前、后轴同时抱死的制动工况。

解：汽车前轴负荷 F_{zf} 和前轴最大制动力 F_{Bf} 可以表示为

$$F_{zf}=\frac{L_r}{L}\cdot G+\frac{h}{L}\cdot m\cdot a_B=F_{zfo}+\frac{h}{L}\cdot m\cdot a_B=710\times 9.8+\frac{700}{2720}\times 1780\cdot a_B$$

$$F_{Bf}=\mu\cdot F_{zf}=\mu\cdot\left(F_{zfo}+\frac{h}{L}\cdot m\cdot a_B\right)=\mu\cdot\left(710\times 9.8+\frac{700}{2720}\times 1780\cdot a_B\right)$$

制动计算结果如表 2-1 所示。

表 2-1 制动计算结果

a_B/g	0	0.7	0.8	0.9	1.0	1.1	1.2
μ		0.7	0.8	0.9	1.0	1.1	1.2
F_{zf}/N	6958	10 100	10 549	10 998	11 447	11 896	12 345
F_{Bf}/N	0	7070.3	8439.5	9898.5	11 447	13 086	14 814
F_{zf}/F_{zfo}	1.00	1.45	1.52	1.58	1.65	1.71	1.77

轿车、轻型货车等轻型、高速车辆的同步附着系数一般都超过0.8,可以据此确定用于静强度计算的最大制动力工况,即最大制动力 F_{Bm2f} 和垂直力 F_{VB2f} 组合。

对于前轮,最大制动力 F_{Bm2f} 和垂直力 F_{VB2f} 组合为

$$F_{VB2f}=\frac{F_{zf}}{2}=\frac{1}{2}\left(F_{zfo}+\frac{h}{L}\cdot m\cdot a_B\right)$$

$$=\frac{1}{2}\left(F_{zfo}+\frac{h}{L}\cdot m\cdot 0.8g\right) \tag{2-9}$$

$$F_{Bm2f}=\mu\cdot F_{VB2f}=\frac{\mu}{2}\left(F_{zfo}+\frac{h}{L}\cdot m\cdot a_B\right)$$

$$=\frac{0.8}{2}\left(F_{zfo}+\frac{h}{L}\cdot m\cdot 0.8g\right) \tag{2-10}$$

对于前轮,也可以这样确定最大制动力工况,即

$$F_{Bm2f}=1.25F_{Vof} \tag{2-11}$$

$$F_{VB2f}=k_1\cdot F_{Vof} \tag{2-12}$$

其中,F_{Vof} 是一个前轮的满载静负荷;k_1 是耐久性垂直动载系数(参见图2-6)。

在制动时,作用在后轴上的垂直负荷是减小的。用于静强度计算的后轮制动工况如下:

$$F_{B2r}=0.8F_{Vor} \tag{2-13}$$

$$F_{VB2r}=F_{Vor} \tag{2-14}$$

其中,F_{B2r} 是一个后轮上的制动力;F_{Vor} 是一个后轮的满载静负荷;F_{VB2r} 是制动时一个后轮上的垂直力。

2.2.4 最大驱动力工况

在加速时,作用在前轮上的垂直负荷是减小的。用于静强度计算的前轮驱动工况如下:

$$F_{A2f}=0.8F_{Vof} \tag{2-15}$$

$$F_{VA2f}=F_{Vof} \tag{2-16}$$

其中,F_{A2f} 是一个前轮上的驱动力,它是一种纵向力 F_A(见图2-2);F_{Vof} 是一个前轮的满载静负荷;F_{VA2f} 是驱动时一个前轮上的垂直力。

汽车加速时,后轮的垂直力是增加的。用于静强度计算的后轮驱动工况如下:

$$F_{A2r}=1.1F_{Vor} \tag{2-17}$$

$$F_{VA2r}=k_1\cdot F_{Vor} \tag{2-18}$$

其中,F_{A2r} 是一个后轮上的纵向力;F_{Vor} 是一个后轮上的满载静负荷;k_1 是耐久性垂直动载系数(参见图2-6);F_{VA2r} 是加速时作用在一个后轮上的垂直负荷。

2.3 发动机转矩引起的载荷

在汽车中,如果汽车装备了手动四挡变速器,为了计算传动轴的疲劳强度,应该采用如下公式计算转矩:

$$T_{t1}=T_{emax}\cdot i_3\cdot \eta_g \tag{2-19}$$

其中,T_{t1} 是传动轴疲劳强度计算转矩;T_{emax} 是发动机最大有效转矩;i_3 是手动四挡变速器第三挡(次高挡)的传动比;η_g 是变速器的效率(约为0.92)。

在进行静强度计算时，应该考虑从变速器到车轮的传动系中是否有弹性联轴节。如果有弹性联轴器，则动载系数 $k_d=1.0$。如果没有弹性联轴节，应该乘以一个动载系数 k_d。对于轿车，$k_d=2.0$；对于货车，$k_d=2.0\sim2.7$；对于越野车，$k_d=2.5\sim3.2$。这时，通过传动轴传递的最大转矩为

$$T_{t2}=T_{emax}\cdot i_1\cdot\eta_g\cdot k_d \tag{2-20}$$

其中，T_{t2} 是传动轴静强度计算转矩；T_{emax} 是发动机最大有效转矩；i_1 是手动四挡变速器第一挡的传动比；η_g 是变速器的效率(约为 0.92)。

在计算采用三挡自动变速器的汽车传动系疲劳强度时，应该考虑液力变矩器的传动效率 $\eta_w=0.95$。假定接通第二挡，则为了计算传动轴的疲劳强度应该采用如下公式计算转矩：

$$T_{t1}=T_{emax}\cdot i_2\cdot\eta_g\cdot\eta_w \tag{2-21}$$

其中，T_{t1} 是传动轴疲劳强度计算转矩；T_{emax} 是发动机最大有效转矩；i_2 是三挡自动变速器第二挡(次高挡)的传动比；η_g 是变速器的效率(约为 0.92)；η_w 是液力变矩器的传动效率。

当原地起步时，应该考虑液力变矩器的扭矩系数 $i_w=2.0\sim2.3$，则这时通过传动轴传递的最大转矩为

$$T_{t2}=T_{emax}\cdot i_1\cdot i_w\cdot\eta_g\cdot\eta_w \tag{2-22}$$

其中，T_{t2} 是传动轴静强度计算转矩；T_{emax} 是发动机最大有效转矩；i_1 是手动四挡变速器第一挡的传动比；η_g 是变速器的效率(约为 0.92)。

在一般汽车中，普通对称锥齿轮式差速器得到了广泛应用。在这种差速器不锁止的情况下，两个半轴传递的转矩可以近似认为相等。

在采用手动四挡变速器的情况下，用于半轴疲劳强度和静强度计算的转矩分别是

$$T_{t1}=0.5T_{emax}\cdot i_3\cdot i_o\cdot\eta \tag{2-23}$$

$$T_{t2}=0.5T_{emax}\cdot i_1\cdot i_o\cdot\eta\cdot k_d \tag{2-24}$$

其中，i_o 是主减速器的传动比；η 是变速器、传动轴、主减速器的总效率。

在采用三挡自动变速器的情况下，用于半轴疲劳强度和静强度计算的转矩分别是

$$T_{t1}=0.5T_{emax}\cdot i_2\cdot i_o\cdot\eta\cdot\eta_w \tag{2-25}$$

$$T_{t2}=0.5T_{emax}\cdot i_1\cdot i_w\cdot i_o\cdot\eta\cdot\eta_w \tag{2-26}$$

其中，i_o 是主减速器的传动比；η 是变速器、传动轴、主减速器的总效率。

在差速器锁止时，全部转矩可以传给一个半轴。在这种情况下，式(2-23)～式(2-26)中的系数 0.5 都应该去掉。

2.4 汽车零部件的强度计算

在计算零部件强度时，首先需要根据前述方法确定其计算工况和计算载荷。然后，计算零部件在上述计算工况中的应力。最后，把零部件中的计算应力与其许用应力进行比较，即检验

$$\sigma\leqslant[\sigma] \tag{2-27}$$

或

$$\tau\leqslant[\tau] \tag{2-28}$$

是否得到满足。其中,σ是零部件的计算正应力;$[\sigma]$是零部件的许用正应力;τ是零部件的计算剪应力;$[\tau]$是零部件的许用剪应力。如果式(2-27)或式(2-28)得到满足,就可以保证零部件在使用中不发生失效,即不发生静强度失效、疲劳失效。

可以采用材料力学、弹性力学或有限元分析方法来确定零部件中的计算应力。而零部件的许用应力取决于制造零部件所用的材料、制造方法、制造质量、零件的结构特征(应力集中情况)、所承受的载荷种类(拉-压、弯曲、扭转、弯-扭联合作用、动态载荷)等。

2.5 汽车零部件的许用应力与安全系数

要使汽车零件在使用中正常地发挥作用,而不发生故障或破损,必须把它的工作应力限定在某一数值之下,这一限定的应力就是许用应力。零件许用应力取决于所采用材料的性质、承受载荷的种类及使用情况。要决定许用应力的大小,首先要分析该零件在实际使用状态下所承受的载荷种类、使用温度及其他因素。随着承受载荷的种类和使用温度等的不同可能使材料能够承受外力的强度有较大的差异。

材料的许用应力是由基准强度和安全系数所决定的。主要根据材料的性质(塑性材料还是脆性材料)、载荷类型(静载荷、动态载荷、使用温度等)来选择材料的基准强度:

(1) 在常温下承受静载荷时,轧制(塑性)材料的基准强度为其屈服极限;

(2) 在常温下承受静载荷时,脆性材料(铸铁等)的基准强度为其极限强度;

(3) 在高温下承受静载荷时,基准强度为蠕变极限;

(4) 在承受交变载荷时,基准强度为疲劳极限。

如果零件的受力和根据所受外力计算的应力准确,并且材料的质量(性能参数)完全一致,则可以取上述材料的基准强度作为它的许用应力。但是,汽车零件的实际受力和计算应力都不可能准确确定,而且材料的制造质量都存在固有的差异(材料性能参数都是随机变量)。为了确保零件在实际使用中不发生失效,许用应力应该低于上述材料的基准强度。基于上述基准强度,再把适当的安全系数考虑进去,就得到了许用应力:

$$\text{许用应力} = \text{基准强度} / \text{安全系数}$$

其中,安全系数>1。

对于一般的汽车,安全系数的取值标准如下:

对于疲劳破坏,安全系数 $n_1 \geqslant 1.2$;

对于屈服失效,安全系数 $n_2 \geqslant 1.5$;

对于断裂破坏(脆性材料),安全系数 $n_3 = 1.8$。

目前,汽车设计特别强调减轻自重,所以一般安全系数取得较小,多接近极限设计。因此,对于与安全有密切关系的制动、转向、车轴等零部件,必须细致地计算其承受的应力,尽力使其既减轻重量,又确保安全。另外,对容易腐蚀和磨损的零件,根据不同的情况,安全系数要加大15%～30%。

2.5.1 静强度许用应力

1. 常温下脆性材料的许用应力

脆性材料(铸铁等)的失效模式是由静拉伸应力引起的断裂,其基准强度是极限强度

σ_b，安全系数 $n_3=1.8$。所以，脆性材料的许用应力 $[\sigma_d]$ 按照下式确定：

$$[\sigma_d]=\frac{\sigma_b}{n_3}=\frac{\sigma_b}{1.8} \tag{2-29}$$

2. 常温下塑性材料的许用应力

塑性材料(钢材、有色金属等)的静强度失效模式是屈服，其基准强度是屈服极限 σ_s，安全系数 $n_2\geqslant 1.5$。静强度失效模式一般包括拉伸-压缩引起的屈服、扭转引起的屈服、弯曲引起的屈服和弯曲-扭转联合引起的屈服。

假定材料屈服极限 σ_s 是利用标准试样(直径 10 mm)进行单向拉伸试验获得的，则按照如下方法确定许用应力。

(1) 拉伸-压缩许用应力 $[\sigma_y]$ 为

$$[\sigma_y]=\frac{\sigma_s}{n_2} \tag{2-30}$$

(2) 扭转许用应力 $[\tau]$ 为

$$[\tau]=\frac{0.58\sigma_s}{n_2} \tag{2-31}$$

(3) 弯曲许用应力 $[\sigma_w]$ 为

$$[\sigma_w]=\frac{1.2\sigma_s}{n_2} \tag{2-32}$$

(4) 弯曲-扭转许用应力 $[\sigma_{w\tau}]$ 为

$$[\sigma_{w\tau}]=\frac{\sigma_s}{n_2} \tag{2-33}$$

2.5.2 疲劳强度许用应力的估计

随着汽车的行驶和发动机的运转，汽车的各零部件都要经常承受交变应力的作用。材料在承受交变应力时会产生疲劳现象，即使其最大应力低于静强度，经过一定的交变应力循环作用以后材料也可能出现裂纹或发生断裂，即发生疲劳失效。

就钢材而言，当其承受正、负(拉和压)相等的交变应力时，其疲劳强度(材料能够承受的最大应力值)随材料可以承受的交变次数的增加而减小，如图 2-11 所示。当可以承受的交变次数达到 10^7 次以上时，疲劳强度就变成了一个固定值，称其为持久极限。持久极限一般只有静强度的 40%～50%。应力低于持久极限时，材料具有无限寿命。

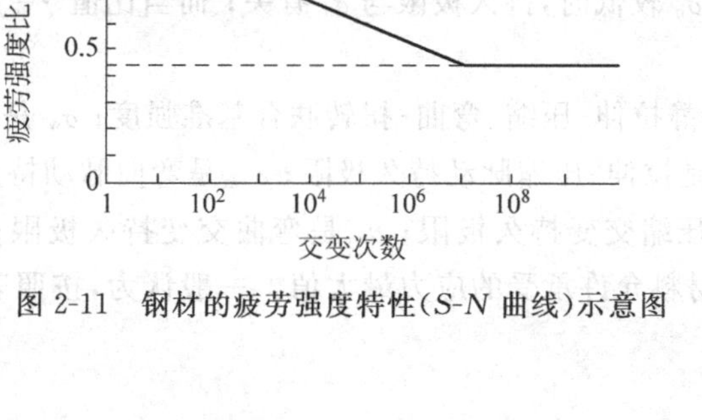

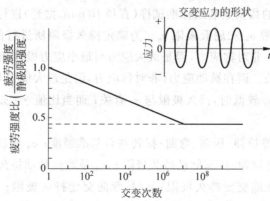

图 2-11 钢材的疲劳强度特性(S-N 曲线)示意图

当材料承受一个非对称循环应力时,图 2-12 中的直线 AB 是与一定循环次数相应的疲劳强度——在 AB 直线上的任何一点代表一个应力幅度和平均应力的组合,它们对应的疲劳寿命,即上述应力幅度-平均应力组合可以循环的次数都相同。图 2-12 所示称为材料疲劳极限图,是表示材料疲劳强度的一种形式。

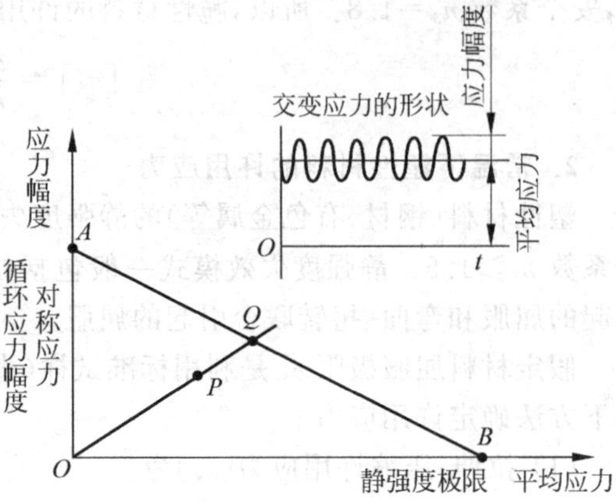

图 2-12 材料疲劳极限图

一般通过材料的疲劳试验来确定材料的 S-N 曲线(见图 2-11)和疲劳极限图(见图 2-12)。但是,在工程实际中经常碰到没有拟采用的材料的疲劳强度参数的情况。在这种情况下,可以根据经验,从材料的静强度参数估计其疲劳强度参数。表 2-2 示出从钢材静强度参数(强度极限 σ_b 和屈服强度 σ_s)估计持久极限的方法。

表 2-2 从钢材静强度参数(强度极限σ_b和屈服强度σ_s)估计持久极限

基准强度 / 载荷类型		载荷特性					
		恒定载荷	脉动载荷				交变载荷
		屈服极限	$\frac{\sigma_s}{\sigma_b}$	持久极限	$\frac{\sigma_s}{\sigma_b}$	持久极限	持久极限
正应力 σ	拉压	$\sigma_y=\sigma_s$	$\leqslant 0.78$	$\sigma_{ym}\approx\sigma_s$	>0.78	$\sigma_{ym}\approx 0.78\sigma_b$	$\sigma_{yj}\approx 0.45\sigma_b$
	弯曲	$\sigma_w\approx 1.2\sigma_s$	$\leqslant 0.72$	$\sigma_{wm}\approx 1.2\sigma_s$	>0.72	$\sigma_{wm}\approx 0.86\sigma_b$	$\sigma_{wj}\approx 0.5\sigma_b$
扭转应力 τ	扭转	$\tau_s\approx 0.58\sigma_s$	$\leqslant 0.86$	$\tau_{tm}\approx 0.58\sigma_s$	>0.86	$\tau_{tm}\approx 0.5\sigma_b$	$\tau_{tj}\approx 0.29\sigma_b$

在采用渗碳、高频淬火等表面硬化处理的条件下,表面层可以持续承受的应力(强度)大约可以提高 20%,也就是应该把表 2-2 中所列的耐久性极限乘以系数 1.2。淬透层越深,强度一般提高得越多。齿轮的淬透层深 Eht≈1 mm,这仅能够保证 1.2 的强度提高系数。为了提高轴的强度,人们使其表面淬火层深达 Eht≈3.0~4.5 mm,这样可以使轴短时间的承载能力提高约 50%,持续承载能力提高约 15%。

在表 2-2 中,基本的数据是利用标准试样(直径 10 mm,抛光)进行单向拉伸试验确定的静强度参数,即强度极限 σ_b 和屈服极限 σ_s。为确定持久极限所进行的大量试验表明,在交变应力(对称循环应力;非对称应力,但是最大应力与最小应力极性相反)的情况下,持久极限与静强度极限 σ_b 有关。而在脉动应力(非对称应力,但是最大应力与最小应力极性相同)情况下,当比值 $\gamma=\sigma_s/\sigma_b$ 较低时,持久极限与 σ_s 有关;而当比值 $\gamma=\sigma_s/\sigma_b$ 较高时,持久极限与 σ_b 有关。

在表 2-2 中,σ_y 是静拉伸-压缩、弯曲-扭转联合基准强度;σ_w 是静弯曲基准强度;τ_s 是静扭转基准强度。σ_{ym}是拉伸-压缩脉动持久极限;σ_{wm}是弯曲脉动持久极限;τ_{tm}是扭转脉动持久极限;σ_{yj}是拉伸-压缩交变持久极限;σ_{wj}是弯曲交变持久极限;τ_{tj}是扭转交变持久极限。这些持久极限是材料允许承受的应力最大值。一般认为,按照表 2-2 所确定的持久极限是对应于直径为 10 mm 的抛光标准试样的,是基准疲劳强度。

在汽车零部件疲劳强度计算中需要把上述基准疲劳强度转化成零部件的许用疲劳应力。在零部件承受拉伸-压缩载荷、弯曲载荷或它们联合作用时,零部件许用疲劳应力统一表示为

$$[\sigma_F]=\sigma_o\cdot\frac{b_1\cdot b_2}{\beta_{Nb}\cdot\beta_{kb}\cdot n_1}\tag{2-34}$$

其中,σ_o 用来代表基准疲劳强度 σ_{ym}、σ_{wm}、σ_{yj}、σ_{wj}。

在零部件承受扭转载荷时,零部件许用疲劳应力表示为

$$[\tau_F]=\tau_{to}\cdot\frac{b_1\cdot b_2}{\beta_{Nt}\cdot\beta_{kt}\cdot n_1}\tag{2-35}$$

其中,τ_{to}用来代表基准疲劳强度 τ_{tm}、τ_{tj}。

在式(2-34)和式(2-35)中,b_1 是尺寸系数,即因为零部件尺寸大于标准试样直径(10 mm)而造成疲劳强度减小的系数;b_2 是表面加工系数,即由于加工工艺造成的零件表面粗糙度与标准试样(抛光)的不同所引起的疲劳强度变化系数;β_N 是装配应力集中系数,即装配引起的疲劳强度变化系数;β_k 是考虑了除表面粗糙度以外所有影响应力集中的因素的应力集中系数,例如直径变化、圆角、环槽等;β_N 和 β_k 的角标是为了区分弯曲(b)和扭转(t),因为在弯曲、扭转时应力集中的影响是不同的。

图 2-13 示出尺寸系数 b_1 的特性曲线。可以看出,b_1 随着零件直径 d 或厚度 t 的增大而减小。

图 2-14 示出表面加工系数 b_2 的特性曲线。可以看出,b_2 随着静强度极限 σ_b(静强度极限的最小值 σ_{bmin})的增大而减小。

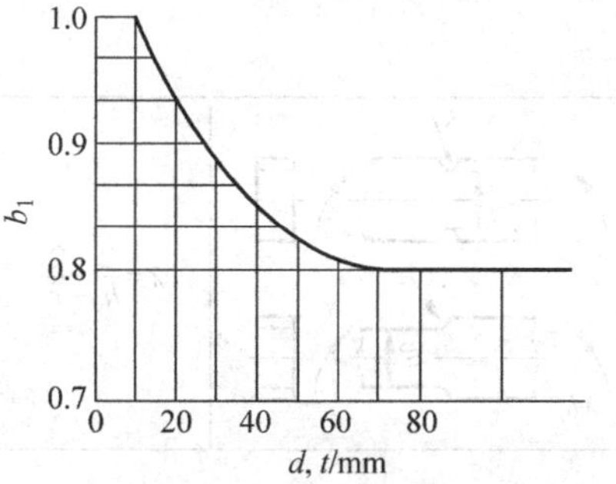

图 2-13 尺寸系数 b_1 的特性曲线(d、t 分别是零件的直径、厚度)

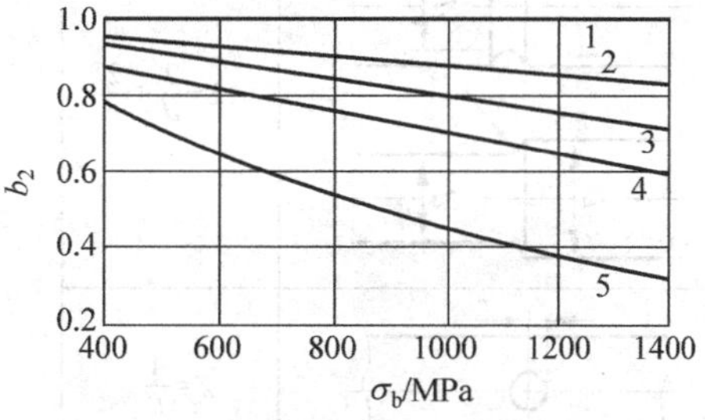

图 2-14 表面加工系数 b_2 的特性曲线

1—抛光;2—磨削;3—精车;4—粗车;5—存在氧化皮

在式(2-34)、式(2-35)中,应力集中系数 β_N 是反映轮毂与半轴压配合的系数,大体上可以取如下数值:扭转时,$\beta_{Nt}=1.4$;弯曲时,$\beta_{Nb}=1.8$。应力集中系数 β_k 反映了所有影响应力集中的因素(除了表面粗糙度),包括半轴(轴)直径变化、圆角、环槽、截面不圆等。对于半轴(轴)端部加工出传递转矩的直齿花键的情况下,可以采用如下数值:扭转时,$\beta_{kt}=2.3$;弯曲时,$\beta_{kb}=2.5$。对于半轴(轴)端部加工出传递转矩的渐开线花键的情况下,可以采用如下数值:扭转时,$\beta_{kt}=1.6$;弯曲时,$\beta_{kb}=1.7$。对于半轴(轴)端部加工出传递转矩的细齿花键的情况下,可以采用如下数值:扭转时,$\beta_{kt}=1.5$;弯曲时,$\beta_{kb}=1.8$。由于渐开线和细齿花键的齿根部有圆角,所以其系数较小。另外,不应该采用单键传递转矩的设计,因为其传

递的转矩有限。

在半轴或轴的直径发生变化以及有退刀槽时，β_{kt}、β_{kb}可以利用下式计算：

$$\beta_{kt} = f_w \cdot \alpha_{kt} \tag{2-36}$$

$$\beta_{kb} = f_w \cdot \alpha_{kb} \tag{2-37}$$

其中，α_{kt}、α_{kb}是由零件的几何形状和载荷形式(扭转 t、弯曲 b)所决定的理论应力集中系数；f_w 是材料的静强度极限 σ_b 的最小值 σ_{bmin} 和应力相对减小因数 χ 的函数，见图 2-15。而应力相对减小因数 χ 按照图 2-16～图 2-19 所示方法确定。

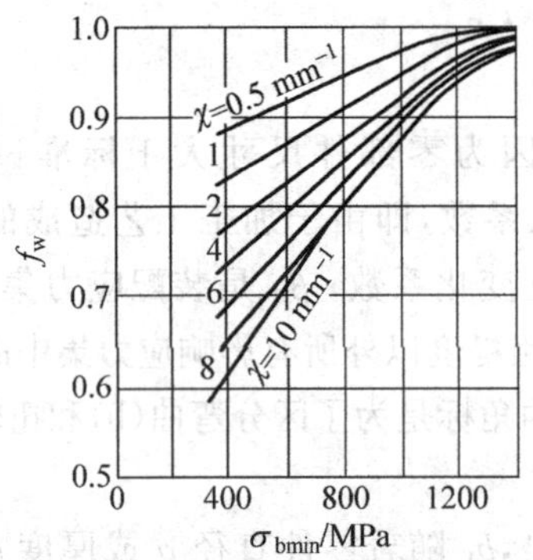

图 2-15 f_w 是材料的静强度极限 σ_b 的最小值 σ_{bmin} 和应力相对减小因数 χ 的函数

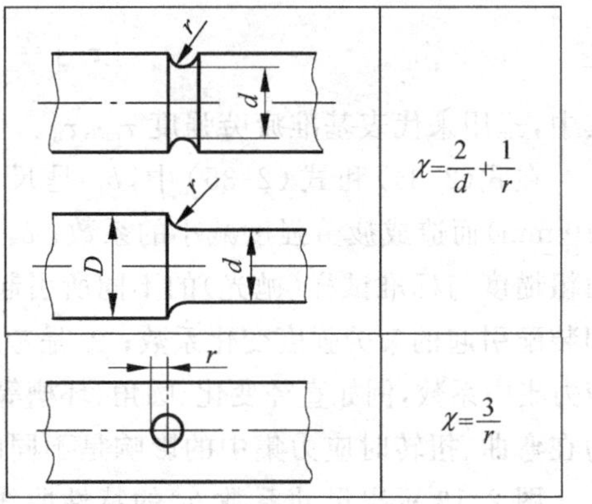

图 2-16 轴扭转时的应力相对减小因数 χ

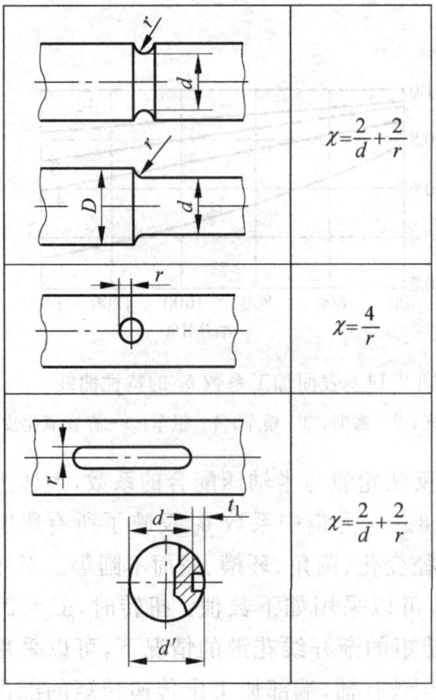

图 2-17 轴弯曲时的应力相对减小因数 χ

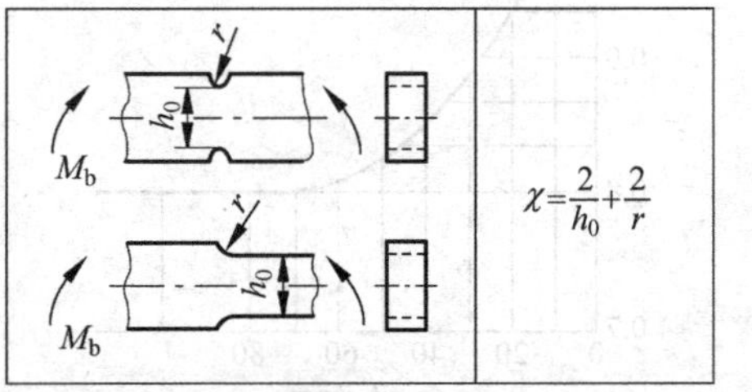

图 2-18 平面杆受弯曲时的应力相对减小因数 χ

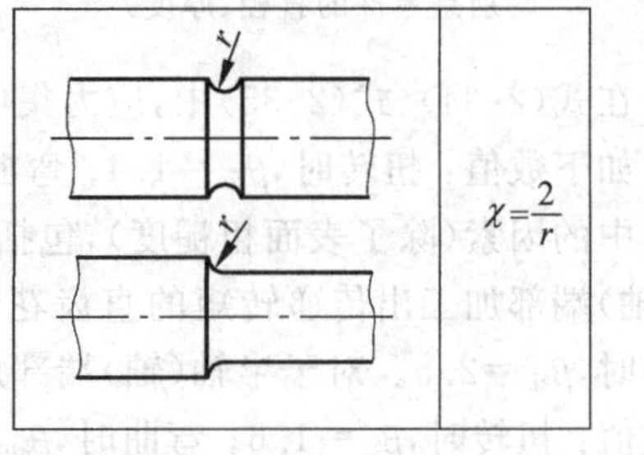

图 2-19 轴受拉压时的应力相对减小因数 χ

理论应力集中系数 α_{kt}、α_{kb} 可以通过查有关图表确定，见图 2-20～图 2-24。

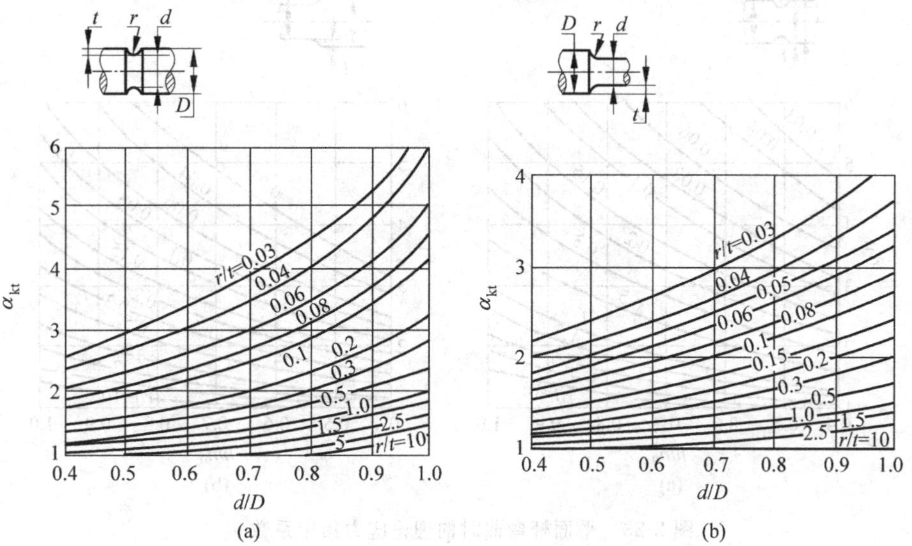

图 2-20　轴扭转时的理论应力集中系数 α_{kt}

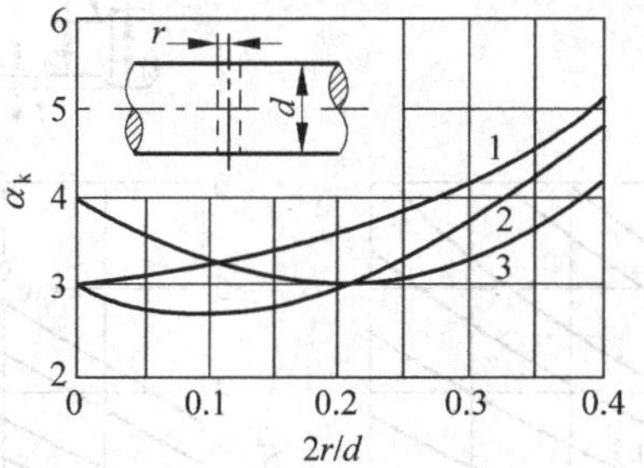

图 2-21　轴有横向孔时的理论应力集中系数 α_{kt}、α_{kb}、α_{kz}（拉伸）

1—拉伸；2—弯曲；3—扭转

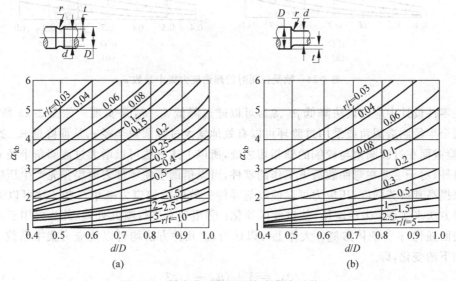

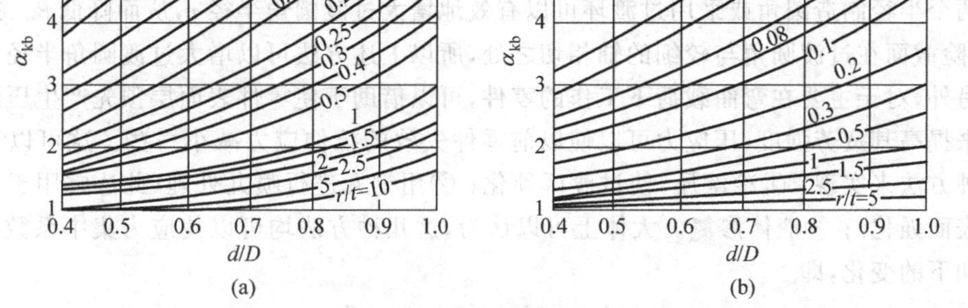

图 2-22　轴弯曲时的理论应力集中系数 α_{kb}

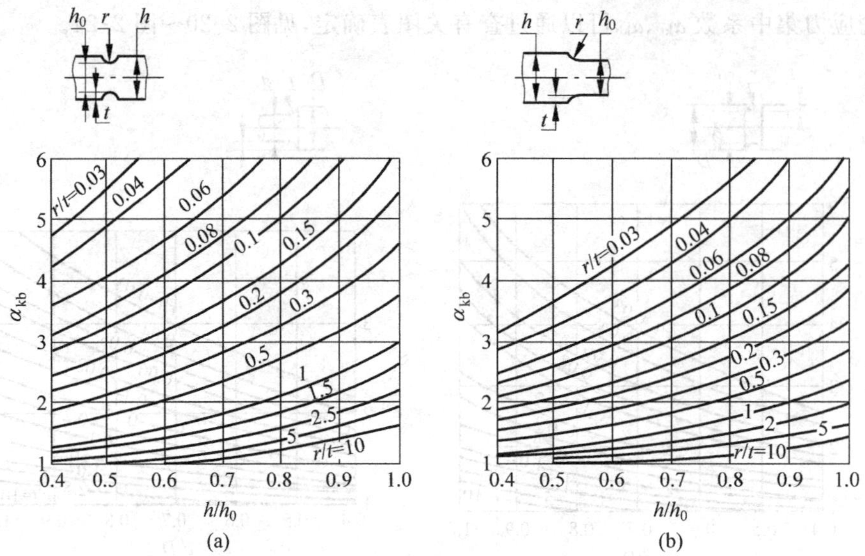

图 2-23 平面杆弯曲时的理论应力集中系数 α_{kb}

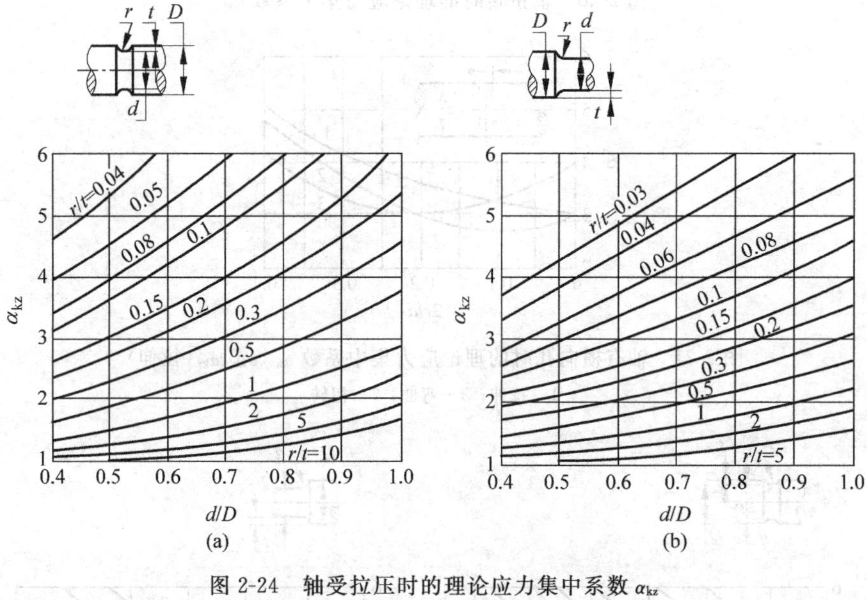

图 2-24 轴受拉压时的理论应力集中系数 α_{kz}

在零件设计中应该设法降低 β_{kt}、β_{kb}，可以通过降低 α_{kt}、α_{kb} 来实现。如图 2-25 所示，如果以两个半径制造圆角或采用过渡环可以有效地增大过渡圆角半径 r，从而降低 β_{kt}、β_{kb}。注意，危险截面在过渡圆角与较细的轴相切之处，所以上述方法可以增大过渡圆角半径 r。

另外，对于主要在弯曲载荷下工作的零件，可以借助于使零件表面层预先产生压应力的方法来提高其疲劳强度，压应力可以使以前零件失效的拉伸应力减小一些。这可以通过如下几种方法来实现：①冷滚压，使过渡区硬化；②用钢丸进行喷丸处理(此法常用于钢板弹簧的表面强化)；③液体渗氮。大体上可以认为，这几种方法均可以使应力集中系数 β_{kt}、β_{kb} 发生如下的变化，即

$$\beta_{kbn} = 1 + (\beta_{kb} - 1)/2 \tag{2-38}$$

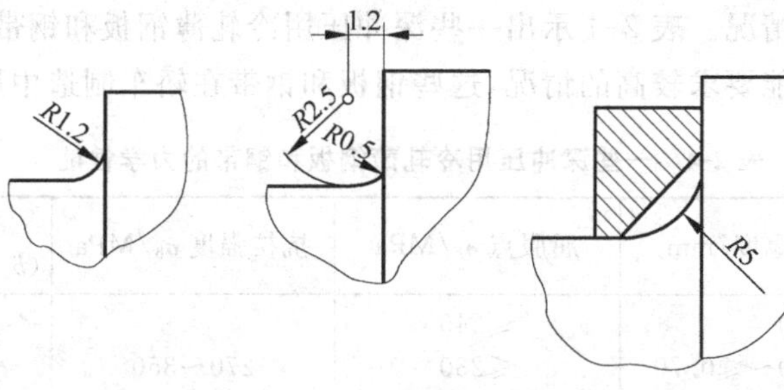

图 2-25 降低危险截面(过渡圆角与较细的轴相切之处)理论应力集中系数的一些方法

(a) 危险截面的过渡圆角半径为 1.2 mm；(b) 采用两段圆弧进行过渡，使危险截面的过渡圆角半径增大为 2.5 mm；(c) 在过渡圆角处采用过渡环，使危险截面的过渡圆角半径增大为 5 mm

$$\beta_{\mathrm{ktn}} = 1 + (\beta_{\mathrm{kt}} - 1)/2 \tag{2-39}$$

其中，β_{kt}、β_{kb}是没有进行上述处理以前的应力集中系数；β_{ktn}、β_{kbn}是在进行上述处理以后的应力集中系数。

2.5.3 材料的选择

当需要从相当多的钢牌号中选择一种合适的钢时，除了考虑其强度性能以外，通常还应该考虑材料的其他性能。为了使零件受载变形后不至于立即损坏，材料应该具有足够的延伸率 δ_5，这特别重要。在对发生损坏后会引起事故(特别是安全事故)的零件设计中，应该选择延伸率不低于 12%的钢材。

此外，在零件材料选择中还应该考虑其制造工艺性，例如焊接性、表面硬化的可能性、压力加工的可能性、切削性能等。同时还应该考虑成本问题。

表 2-3示出一些优质碳素结构钢冷轧钢板和钢带的力学性能，这些钢板适用于对冲压

表 2-3 一些优质碳素结构钢冷轧钢板和钢带的力学性能

牌 号	抗拉强度/MPa		伸长率 δ_{10}(%)不小于		
	拉 延 级 别				
	Z	S和P	Z	S	P
08F	275～365	275～380	34	32	30
08、08Al、10F	275～390	275～410	32	30	28
10	295～410	295～430	30	29	28
15F	315～430	315～450	29	28	27
15	335～450	335～470	27	26	25
20	335～490	355～500	26	25	24
25	—	390～540	—	24	23
30	—	440～590	—	22	21
35	—	490～635	—	20	19
40	—	510～650	—	—	18
45	—	530～685	—	—	16
50	—	540～715	—	—	14

性能要求不特别高的情况。表2-4示出一些深冲压用冷轧薄钢板和钢带的力学性能。这些钢板适用于对冲压性能要求较高的情况，这些钢板和钢带在轿车制造中用量较大。

表2-4 一些深冲压用冷轧薄钢板和钢带的力学性能

牌号	公称厚度/mm	屈服点 σ_s/MPa	抗拉强度 σ_b/MPa	断后伸长率 δ/% ($b_0=20$ mm, $l_0=80$ mm)
SC1	≤0.50 >0.50～≤0.70 >0.70	≤240 ≤230 ≤210	270～350	≥34 ≥36 ≥38
SC2	0.70～1.50	≤180	270～330	≥40
SC3	0.70～1.50	≤180	270～350	≥38

表2-5示出一些汽车梁用热轧钢板的力学性能。这些材料主要用于制造货车车架的纵梁和横梁、车厢的纵梁和横梁、制动盘等受力结构件和安全件。

表2-5 一些汽车梁用热轧钢板的力学性能

牌号	厚度/mm	屈服强度 $\sigma_{0.2}$/MPa≥	抗拉强度 σ_b/MPa	伸长率 δ/%≥	宽冷弯180° a=试样厚度，b=35 mm d=弯心直径
09MnRL	2.5～12.0	245	375～470	32	$d=0.5a$
06TiL	2.5～12.0	245	375～480	26	$d=0$
08TiL	2.5～12.0	295	390～510	24	$d=0.5a$
10TiL	2.5～12.0	355	510～630	22	$d=0.5a$
09SiVL	5.0～7.0	355	510～610	24	$d=a$
16MnL	2.5～7.0	355	510～610	24	$d=a$
	>7.0～12.0	345	510～610	24	$d=a$
16MnREL	2.5～7.0	355	510～610	24	$d=a$
	>7.0～12.0	345	510～610	24	$d=a$

注：b为冷弯试样的宽度。

中国的中、重型货车的轮辋一般是用热轧异形断面型钢制造的。表2-6示出轮辋用异形断面型钢的牌号、化学成分和力学性能。中、重型货车的轮辐是用普通碳钢冲压成形的。

表2-6 轮辋用异形断面型钢的牌号、化学成分和力学性能

牌号	化学成分(质量分数)/%					力学性能		
	C	Si	Mn	P	S	抗拉强度 σ_b/MPa	伸长率 δ_5/% 不小于	冷弯180° $d=2a$
12LW	0.08～0.14	0.12～0.22	0.25～0.55	≤0.040	≤0.040	355～470	30	良好
15LW	0.12～0.19	0.12～0.22	0.35～0.65	≤0.040	≤0.040	375～490	27	良好

轿车、轻型车的轮辋、轮辐是用钢板冲压成形和滚压成形的。表 2-7 示出所采用的钢板、钢带的力学性能。

表 2-7 制造轿车、轻型车轮辋、轮辐所采用的钢板、钢带的力学性能

牌 号	屈服强度/MPa	抗拉强度/MPa	伸长率/% $L_0=80$ mm $b=20$ mm	弯曲试验(180°)弯心直径	硬度值 HRB
B320LW	≥210	320～410	≥28	0a	—
B360LW	≥215	360～450	≥26	0a	—
B440QZ	≥280	440～540	≥15	1a	—
BMCP84	—	—	—	—	≥84
B350JL	250～350	350～500	≥20	1a	—
St12G	≤280	295～430	≥28	—	—
St14J	180～220	280～370	≥39	—	—
St12Q	215～285	320～390	≥32	—	—
St12Q1	245～300	370～430	≥28	0.5a	—

注：a 为试样厚度。

表 2-8 示出一些中国渗碳钢的力学性能，这些材料主要用于制造各类齿轮。

表 2-8 一些中国渗碳钢的力学性能

钢 号	试样毛坯尺寸/mm	热处理 淬火温度 第一次	热处理 淬火温度 第二次	热处理 冷却	热处理 回火温度/℃	热处理 冷却	力学性能 σ_b/MPa 不小于	力学性能 σ_s/MPa 不小于	力学性能 δ_5/% 不小于	力学性能 ψ/% 不小于	力学性能 a_k/(J·cm^{-2}) 不小于	供应状态硬度 HBW 不大于
15	25	920 正火					375	225	27	55		143
20	25	910 正火					410	245	25	55		156
20Mn2	15	850		水、油	200	水、空	785	590	10	40	47	187
20MnV	15	880		水、油	200	水、空	785	590	10	40	55	187
20Mn2B	15	880		油	200	水、空	980	785	10	45	55	187
20MnMoB	15	880		油	200	油、空	1080	885	10	50	55	207
15MnVB	15	860		油	200	水、空	885	635	10	45	55	207
20MnVB	15	860		油	200	水、空	1080	885	10	45	55	207
20MnTiB	15	860		油	200	水、空	1130	930	10	45	55	187
25MnTiBRE	试样	860		油	200	水、空	1380	—	10	40	47	229
15Cr	15	880	780～820	水、油	200	水、空	735	490	11	45	55	179
20Cr	15	880	780～820	水、油	200	水、空	835	540	10	40	47	179
20CrMo①	15	880		水、油	500	水、油	885	685	12	50	78	197
15CrMn	15	880		油	200	水、空	785	590	12	50	47	179

续表

钢　号	试样毛坯尺寸/mm	热处理					力学性能					供应状态硬度HBW
		淬火温度		冷却	回火温度/℃	冷却	σ_b/MPa	σ_s/MPa	δ_5/%	ψ/%	a_k/(J·cm^{-2})	
		第一次	第二次				不　小　于					不大于
20CrMn	15	850		油	200	水、空	930	735	10	45	47	187
20CrMnMo	15	850		油	200	水、空	1180	885	10	45	55	217
20CrMnTi	15	880	870	油	200	水、空	1080	850	10	45	55	217
30CrMnTi	试样	880	850	油	200	水、空	1470	—	9	40	47	229
20CrNi①	25	850		水、油	460	水、油	785	590	10	50	63	197
12CrNi2	15	860	780	水、油	200	水、空	785	590	12	50	63	207
12CrNi3	15	860	780	油	200	水、空	930	685	11	50	71	217
20CrNi3①	25	830		水、油	480	水、油	930	735	11	55	78	241
12Cr2Ni4	15	860	780	油	200	水、空	1080	835	10	50	71	269
20Cr2Ni4	15	880	780	油	200	水、空	1180	1080	10	45	63	269
20CrNiMo	15	850		油	200	空	980	785	9	40	47	197
18Cr2Ni4W	15	950	850	空	200	水、空	1180	835	10	45	78	269
25Cr2Ni4W	25	850		油	550	水、油	1080	930	11	45	71	269
18CrMnNiMoA	15	830		油	200	空	1180	885	10	45	71	269

注：标准中规定的是调质处理后的数据，但这三种钢可作渗碳钢用。

表2-9示出一些感应加热淬火表面硬化钢的力学性能。这种热处理工艺用来提高零件表面的硬度、耐磨性，也可以提高其疲劳强度。

表2-9　一些感应加热淬火表面硬化钢的力学性能

钢　号	正火温度/℃	钢材直径/mm	力学性能				淬透性试验 $\frac{HRC}{3}$ 值
			σ_b/MPa	σ_s/MPa	δ_5/%	ψ/%	
55Ti	830±10	≤100 >100～150 >150～200 >200～250	≥540	≥295	≥16 ≥14 ≥12 ≥10	≥35 ≥31 ≥27 ≥23	≤47
60Ti	825±10	≤100 >100～150 >150～200 >200～250	≥590	≥345	≥14 ≥12 ≥10 ≥8	≥30 ≥26 ≥22 ≥18	≤50
70Ti	815±10	≤100 >100～150 >150～200 >200～250	≥685	≥390	≥12 ≥10 ≥8 ≥6	≥25 ≥21 ≥17 ≥13	≤55

表 2-10 和表 2-11 示出一些调质钢的力学性能，这类钢主要用于制造轴类零件。

表 2-10 一些调质钢(碳钢)的力学性能

钢号	试样毛坯尺寸/mm	热处理温度/℃			力学性能					交货状态硬度HBW(不大于)	
		正火	淬火	回火	σ_b/MPa	σ_s/MPa	δ_5/%	ψ/%	A_{kV}/J	未热处理钢	退火钢
					不小于						
35	25	870	850	600	530	315	20	45	55	197	—
40	25	860	840	600	570	335	19	45	47	217	187
45	25	850	840	600	600	355	16	40	39	229	197
35Mn	25	870	850	600	560	335	18	45	55	229	197
40Mn	25	860	840	600	590	355	17	45	47	229	207
45Mn	25	850	840	600	620	375	15	40	39	241	217

表 2-11 一些调质钢(合金钢)的力学性能

钢组	序号	钢号	试样毛坯尺寸/mm	热处理					力学性能					交货状态硬度HBW(不大于)
				淬火			回火		抗拉强度σ_b/MPa	屈服点σ_s/MPa	伸长率δ_5/%	面缩率ψ/%	冲击吸收功A_{kV}/J	
				加热温度/℃		冷却剂	加热温度/℃	冷却剂						
				第1次淬火	第2次淬火				不小于					
Mn	3	35Mn2	25	840	—	水	500	水	835	685	12	45	55	207
	4	40Mn2	25	840	—	水、油	540	水	885	735	12	45	55	217
	5	45Mn2	25	840	—	油	550	水、油	885	735	10	45	47	217
	6	50Mn2	25	820	—	油	550	水、油	930	785	9	40	39	229
SiMn	9	35SiMn	25	900	—	水	570	水、油	885	735	15	45	47	229
	10	42SiMn	25	880	—	水	590	水	885	735	15	40	47	229
	13	37SiMn2MoV	25	870	—	水、油	650	水、空	980	835	12	50	63	269
B	14	40B	25	840	—	水	550	水	785	635	12	45	55	207
	15	45B	25	840	—	水	550	水	835	685	12	45	47	217
	16	50B	20	840	—	油	600	空	785	540	10	45	39	207
MnB	17	40MnB	25	850	—	油	500	水、油	980	785	10	45	47	207
	18	45MnB	25	840	—	油	500	水、油	1030	835	9	40	39	217
	22	40MnVB	25	850	—	油	520	水、油	980	785	10	45	47	207
Cr	29	35Cr	25	860	—	油	500	水、油	930	735	11	45	47	207
	30	40Cr	25	850	—	油	520	水、油	980	785	9	45	47	207
	31	45Cr	25	840	—	油	520	水、油	1030	835	9	40	39	217
	32	50Cr	25	830	—	油	520	水、油	1080	930	9	40	39	229
	39	35CrMo	25	850	—	油	550	水、油	980	835	12	45	63	229

续表

钢组	序号	钢号	试样毛坯尺寸/mm	热处理					力学性能					交货状态硬度HBW(不大于)
				淬火			回火		抗拉强度σ_b/MPa	屈服点σ_s/MPa	伸长率δ_5/%	面缩率ψ/%	冲击吸收功A_{kV}/J	
				加热温度/℃		冷却剂	加热温度/℃	冷却剂	不小于					
				第1次淬火	第2次淬火									
Cr	40	42CrMo	25	850	—	油	560	水、油	1080	930	12	45	63	217
CrV	42	35CrMoV	25	900	—	油	630	水、油	1080	930	10	50	71	241
	47	40CrV	25	880	—	油	650	水、油	885	735	10	50	71	241
	48	50CrVA	25	860	—	油	500	水、油	1280	1130	10	40	—	255
CrMn	51	40CrMn	25	840	—	油	550	水、油	980	835	9	45	47	229
	54	30CrMnSi	25	880	—	油	520	水、油	1080	885	10	45	39	229
	55	30CrMnSiA	25	880	—	油	540	水、油	1080	835	10	45	39	229
	58	40CrMnMo	25	850	—	油	600	水、油	980	785	10	45	63	217
CrNi	62	40CrNi	25	820	—	油	500	水、油	980	785	10	45	55	241
	63	45CrNi	25	820	—	油	530	水、油	980	785	10	45	55	255
	64	50CrNi	25	820	—	油	500	水、油	1080	835	8	40	39	255
	69	37CrNi3	25	820	—	油	500	水、油	1130	980	10	50	47	269
	73	40CrNiMoA	25	850	—	油	600	水、油	980	835	12	55	78	269
CrNiMoV	75	45CrNiMoVA	试样	860	—	油	460	油	1470	1330	7	35	31	269

1. 表中所列热处理温度允许调整范围：淬火±15℃，低温回火±20℃，高温回火±50℃。
2. 表中所列力学性能是纵向性能，仅适用于截面尺寸小于等于80 mm的钢材。
3. 硼钢在淬火前可先经正火。铬锰钛钢第一次淬火可用正火代替。
4. 拉力试验时钢上没有发现屈服，无法测定屈服点σ_s情况下，允许测定标称屈服强度$\sigma_{0.2}$。

表2-12示出一些非调质结构钢的力学性能，这类材料主要用于制造汽车上的曲轴、连杆、转向节、前梁等要求强度和一定韧度的零件。

表2-12　一些非调质结构钢的力学性能

序号	牌号	力学性能						硬度HBW(不大于)
		钢材尺寸/mm	σ_b/MPa	σ_s/MPa	δ_5/%	ψ/%	A_k/J	
			不小于					
1	YF35V	直径或边长不大于40	590	390	18	40	47	229
2	YF40V		640	420	16	35	37	255
3	YF45V		685	440	15	30	35	257
4	YF35MnV		735	460	17	35	37	257

续表

序号	牌号	钢材尺寸/mm	力学性能 σ_b/MPa	力学性能 σ_s/MPa	力学性能 δ_5/%	力学性能 ψ/%	力学性能 A_k/J	硬度 HBW（不大于）
			不小于					
5	YF40MnV	直径或边长不大于40	785	490	15	33	32	275
6	YF45MnV		835	510	13	28	28	275
7	YF35MnV	直径或边长大于40但不大于60	710	440	15	33	35	257
8	YF40MnV		760	470	13	30	28	265
9	YF45MnV		810	490	12	28	25	275
10	F45V*	直径或边长不大于80	685	440	15	40	32	257
11	F35MnVN*		785	490	15	40	39	269
12	F40MnV*		785	490	15	40	36	275

* 取 ϕ25 mm 试样毛坯，经(850±20)℃、保温 30 min 正火处理后的力学性能。

表 2-13 示出一些弹簧钢的力学性能。

表 2-13　一些弹簧钢的力学性能

钢号	热处理② 淬火温度/℃及冷却	热处理② 回火温度/℃	力学性能① σ_b/MPa	力学性能① σ_s/MPa	力学性能① δ_5(δ_{10})/%	力学性能① ψ/%	交货状态	硬度 HBSW（不大于）
			不小于					
65	840，油	500	980	785	(9)	35	热轧	285
70	830，油	480	1030	835	(8)	30	热轧	285
85	820，油	480	1130	980	(6)	30	热轧	302
65Mn	830，油	540	980	785	(8)	30	热轧	302
55Si2Mn	870，油	480	1275	1175	(6)	30	热轧	302
55Si2MnB	870，油	480	1275	1175	(6)	30	热轧	321
55SiMnVB	860，油	460	1370	1225	(5)	30	热轧	321
60Si2Mn	870，油	480	1275	1175	(5)	25	热轧	321
60Si2MnA	870，油	440	1570	1370	(5)	20	热轧	321
60Si2CrA	870，油	420	1765	1570	6	20	热轧＋热处理	321
60Si2CrVA	850，油	410	1860	1665	6	20	热轧＋热处理	321
55CrMnA	830～860，油	460～510	1225	(1080)	9	20	热轧	321
60CrMnA	830～860，油	460～520	1225	(1080)	9	20	热轧	321
60CrMnMoA	—	—	—	—	—	—	热轧＋热处理	321
50CrVA	850，油	500	1275	1125	10	40	热轧	321
60CrMnBA	830～860，油	460～520	1225	(1080)	9	20	热轧＋热处理	321
30W4Cr2VA	1050～1100，油	600	1470	1325	7	40	热轧＋热处理	321

① δ_5 栏内带括号的为 δ_{10} 数值。σ_s 栏内带括号的为 $\sigma_{0.2}$ 数值。

② 表中热处理温度允许调整范围：淬火±20℃，回火±50℃。如需方特殊要求，按回火±30℃调整。

3 离合器设计

3.1 概　　述

在以内燃机为动力的汽车机械传动系中离合器处于首端，它的作用是用来切断和接通传动系的动力传动，以保证汽车平稳起步、顺利换挡，防止传动系过载，可靠传递转矩。

在汽车机械传动系中一般采用摩擦式离合器。这种离合器的工作表面（也就是摩擦表面）一般为圆盘形，也称为盘形离合器。而盘形离合器又分为单盘、双盘和多盘离合器三类。多盘离合器多为湿式，即摩擦盘浸在液体中，以解决散热问题。但这种离合器在汽车上应用较少。而单盘和双盘离合器一般为干式（在空气中工作），应用最广泛。

随着汽车发动机转速、功率、转矩的提高，离合器的工作条件日益严酷。目前离合器技术的发展趋势是：

(1) 提高可靠性和延长使用寿命；

(2) 适应高转速；

(3) 增大传递转矩的能力；

(4) 简化操纵（例如，采用自动离合器，可以省去离合器踏板，实现汽车的“双踏板”操纵）。

对汽车离合器有如下基本要求：

(1) 在任何行驶情况下都可以可靠地传递发动机转矩；

(2) 分离彻底、迅速，接合平顺柔和，以保证汽车起步平稳，没有抖动和冲击；

(3) 离合器从动部分转动惯量小，以减轻换挡时齿轮间的冲击，缩短同步器同步时间和减小同步器的磨损；

(4) 使传动系避免危险的扭转共振，即有改变传动系固有频率和吸振的能力；

(5) 有足够的吸热能力，并且散热通风良好，以免工作温度过高；

(6) 操纵轻便；

(7) 工作可靠、寿命长。此外，还要求离合器尽量结构简单、紧凑、质量轻、维修方便等。

3.2 离合器的结构选择

3.2.1 从动盘数的选择

1. 单盘离合器

如图 3-1 所示，单盘离合器只有一个从动盘。目前，在轿车、轻型货车、中型货车以至许多重型货车上都采用了单盘离合器。单盘离合器的特点是：结构简单、分离彻底、散热良好、尺寸紧凑、调整方便、从动部分转动惯量小，但是需要在结构上采取适当措施保证接合平顺。

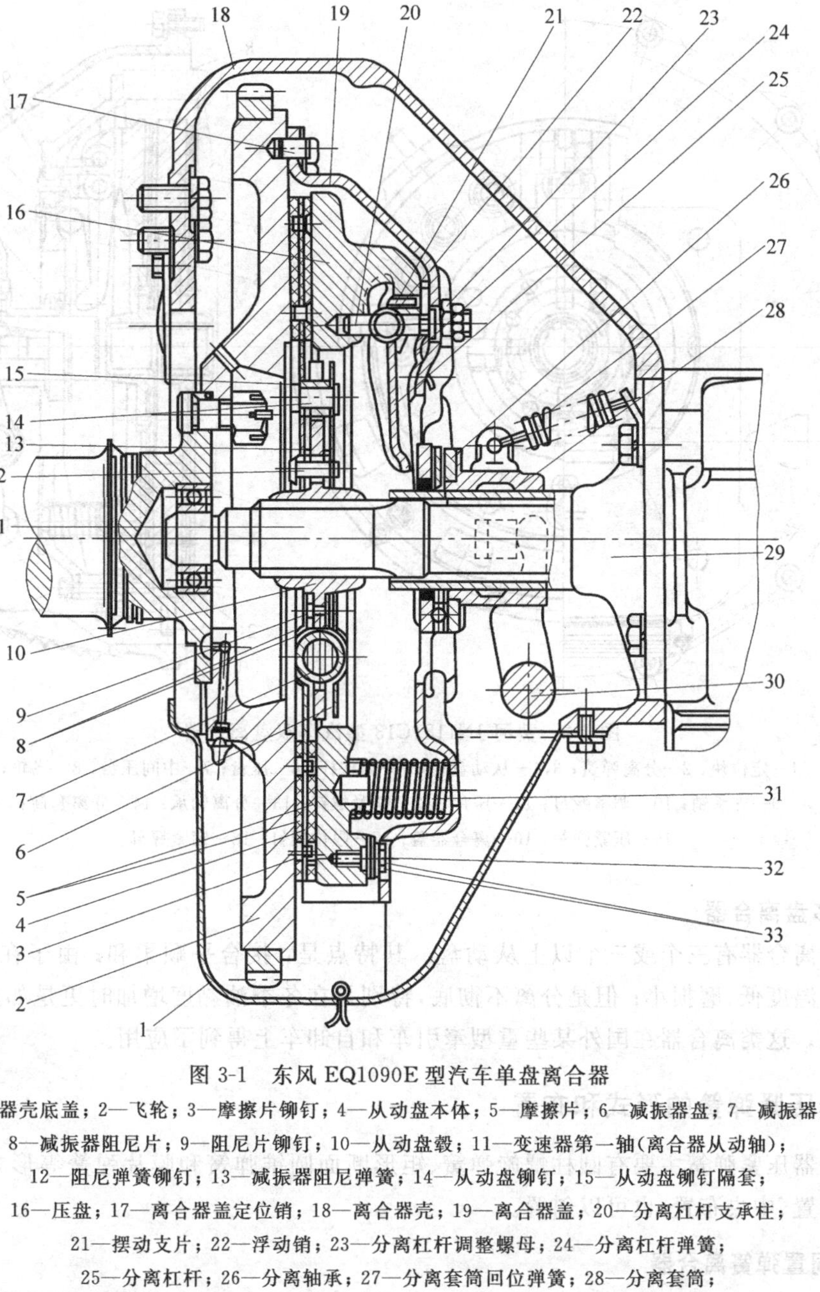

图 3-1 东风 EQ1090E 型汽车单盘离合器

1—离合器壳底盖；2—飞轮；3—摩擦片铆钉；4—从动盘本体；5—摩擦片；6—减振器盘；7—减振器弹簧；8—减振器阻尼片；9—阻尼片铆钉；10—从动盘毂；11—变速器第一轴(离合器从动轴)；12—阻尼弹簧铆钉；13—减振器阻尼弹簧；14—从动盘铆钉；15—从动盘铆钉隔套；16—压盘；17—离合器盖定位销；18—离合器壳；19—离合器盖；20—分离杠杆支承柱；21—摆动支片；22—浮动销；23—分离杠杆调整螺母；24—分离杠杆弹簧；25—分离杠杆；26—分离轴承；27—分离套筒回位弹簧；28—分离套筒；29—变速器第一轴轴承盖；30—分离叉；31—压紧弹簧；32—传动片铆钉；33—传动片

2. 双盘离合器

如图 3-2 所示，双盘离合器有两个从动盘，与单盘离合器相比，由于摩擦面数增多，因而传递转矩的能力较大，且在不用采取特别措施的情况下即可实现比较平顺的接合，在传递相同转矩的情况下,径向尺寸较小,踏板力也较小。但其也存在一些缺点,例如分离彻底性较差,中间压盘通风散热不良,因而热负荷较高等问题。不过,如从结构上采取措施,这些问题是可以解决的。双盘离合器应用的场合是:传递的转矩较大,而径向尺寸却受到较严格的限制。

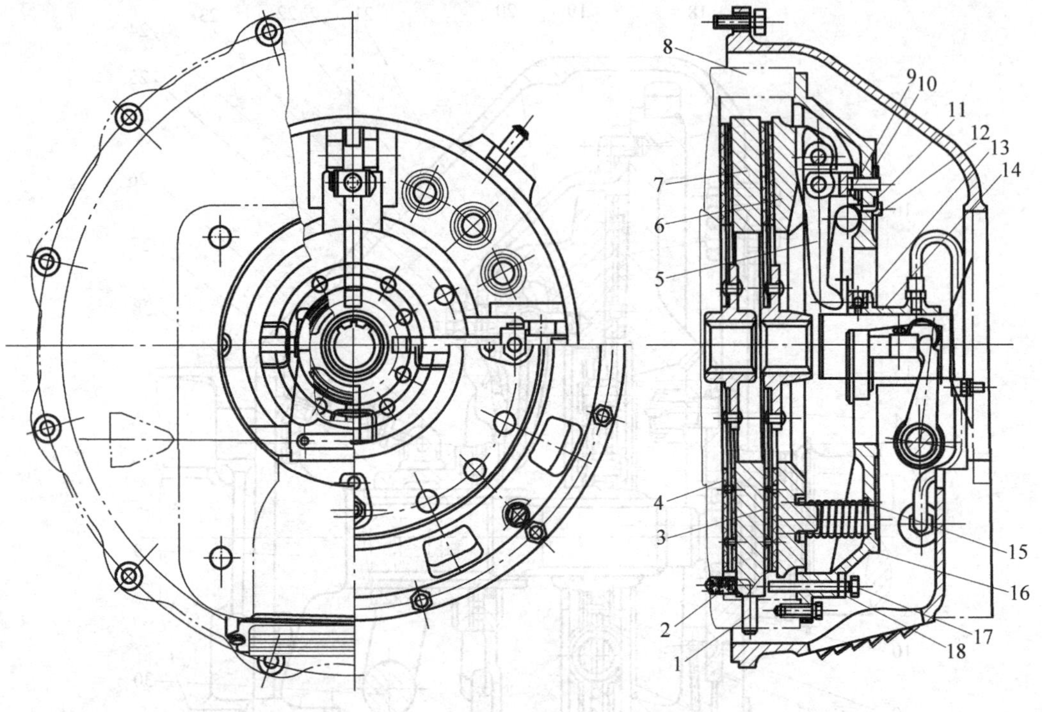

图 3-2 黄河 JN1181C13 型汽车双盘离合器

1—定位块;2—分离弹簧;3,4—从动盘;5—分离杠杆;6—压盘;7—中间压盘;8—飞轮;9—支承销;10—调整螺母;11—压片;12—锁紧螺钉;13—分离轴承;14—分离套筒;15—压紧弹簧;16—离合器盖;17—限位螺钉;18—锁紧螺母

3. 多盘离合器

多盘离合器有三个或三个以上从动盘。其特点是:接合平顺柔和;由于在油中工作,摩擦表面温度低、磨损小;但是分离不彻底,特别是在冬季油黏度增加时更是如此;尺寸和质量较大。这类离合器在国外某些重型牵引车和自卸车上得到了应用。

3.2.2 压紧弹簧的形式和布置

离合器压紧弹簧主要有圆柱螺旋弹簧、矩形断面圆锥弹簧和膜片弹簧等形式。压紧弹簧可以周置、中央布置,也可以斜置。

1. 周置弹簧离合器

周置弹簧离合器都采用圆柱螺旋弹簧,如图 3-2 所示。这种压紧弹簧形式结构简单、制造方便,在汽车上一直得到广泛采用。但是,这种布置形式应用到高速发动机(最高转速达 5000~7000 r/min 或更高)时,可能引起一些问题。例如高转速时,周置圆柱螺旋弹簧将受到较大的离心力,发生较大弯曲,从而使弹簧的压紧力显著降低,甚至会使弹簧断裂。总之,这种离合器不太适合高速发动机。

2. 中央弹簧离合器

中央弹簧离合器的压紧弹簧与从动盘的轴线相同，所以叫做中央弹簧，见图 3-3。中央弹簧有用圆柱弹簧的，也有用矩形断面圆锥弹簧的，而采用后者可以缩短轴向尺寸（见图 3-3）。中央弹簧的压紧力是通过杠杆放大而作用在压盘上，由于在结构上可选较大的杠杆比，所以采用刚度较小的弹簧就可以获得较大的压紧力，这也有利于减轻踏板力。此外，由于中央弹簧与压盘不直接接触，弹簧不受退火影响。中央弹簧离合器多用于发动机转矩大于 400～450 N·m 的重型汽车上。

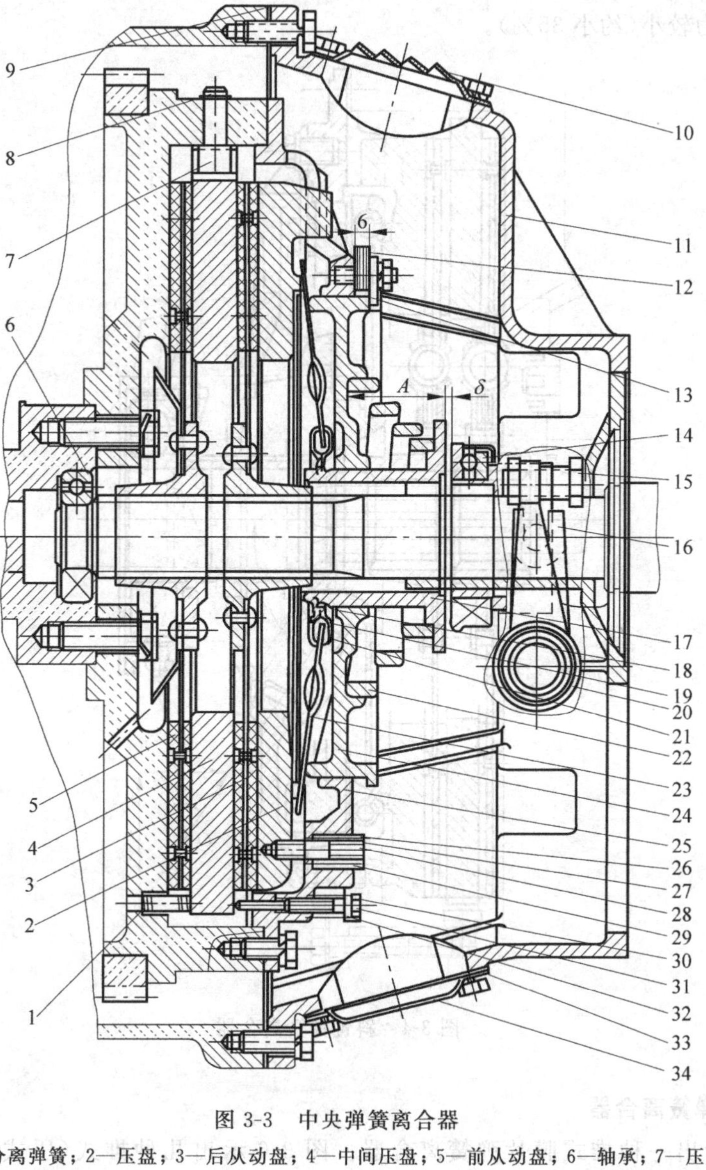

图 3-3 中央弹簧离合器

1—中间压盘分离弹簧；2—压盘；3—后从动盘；4—中间压盘；5—前从动盘；6—轴承；7—压盘传动销；8—挡圈；9—密封垫；10—通气孔盖；11—离合器壳；12—调整垫片；13—压板；14—分离轴承；15—调整螺钉；16—分离叉；17—锥形弹簧座；18—轴向卡环；19—座圈；20—左右回位弹簧；21—钢球；22—锥形压紧弹簧；23—弹性压杆；24—支承凸缘；25—离合器盖；26—弹簧座；27—销；28—分离弹簧导杆；29—压盘分离弹簧；30—弹簧；31—调整螺钉；32—调整螺钉；33—检视口盖密封垫；34—检视口盖

3. 斜置弹簧离合器

斜置弹簧离合器是用在重型汽车上的一种结构形式,弹簧的轴线与离合器的轴线成一个夹角 α,如图 3-4 所示。弹簧压力斜向作用在传力套上,并通过压杆作用在压盘上。作用在压杆内端的轴向压力 $F=Q\cdot\cos\alpha$,其中 Q 是弹簧压力。当摩擦片磨损时,压杆内端左移,弹簧伸长,弹簧压力 Q 降低;与此同时,夹角 α 减小,$\cos\alpha$ 增大。这样,在摩擦片磨损范围内乘积 $Q\cdot\cos\alpha$(即压盘压紧力 F)几乎保持不变。同样,当分离时右拉传力套,$Q\cdot\cos\alpha$ 也大致不变。因此这种离合器与周置弹簧和中央弹簧离合器相比,突出优点是工作性能十分稳定,踏板力较小(约小 35%)。

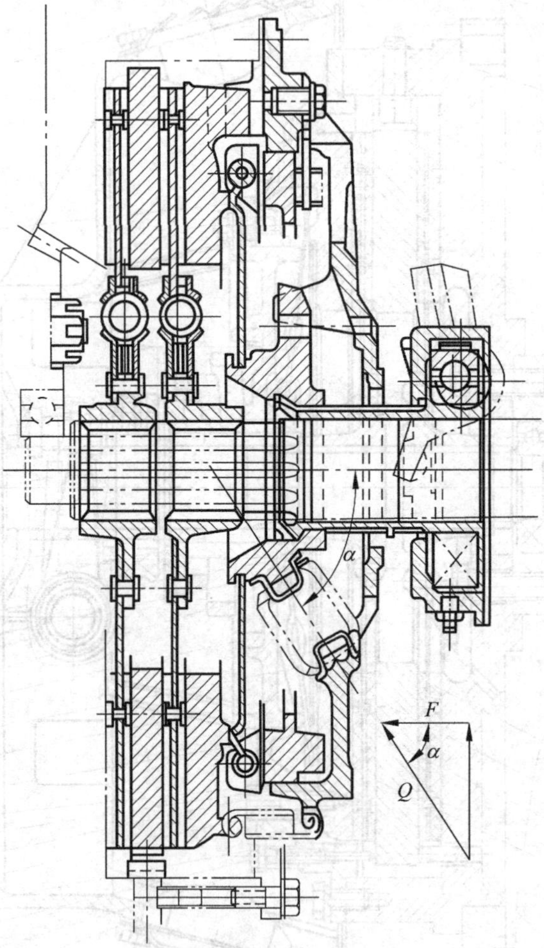

图 3-4 斜置弹簧离合器

4. 膜片弹簧离合器

图 3-5 示出一种推式膜片弹簧离合器。图 3-6 示出几种推式(压式)膜片弹簧离合器的结构形式。压式膜片弹簧离合器是常见的一种结构。图 3-6(a)示出一种膜片弹簧安装的设计,其中膜片弹簧支在铆在离合器盖上的铆钉上,铆钉上套着支承环,其表面硬度较高,目的是减小磨损;铆钉的硬度也较高,也是为了耐磨。图 3-6(a)所示是传

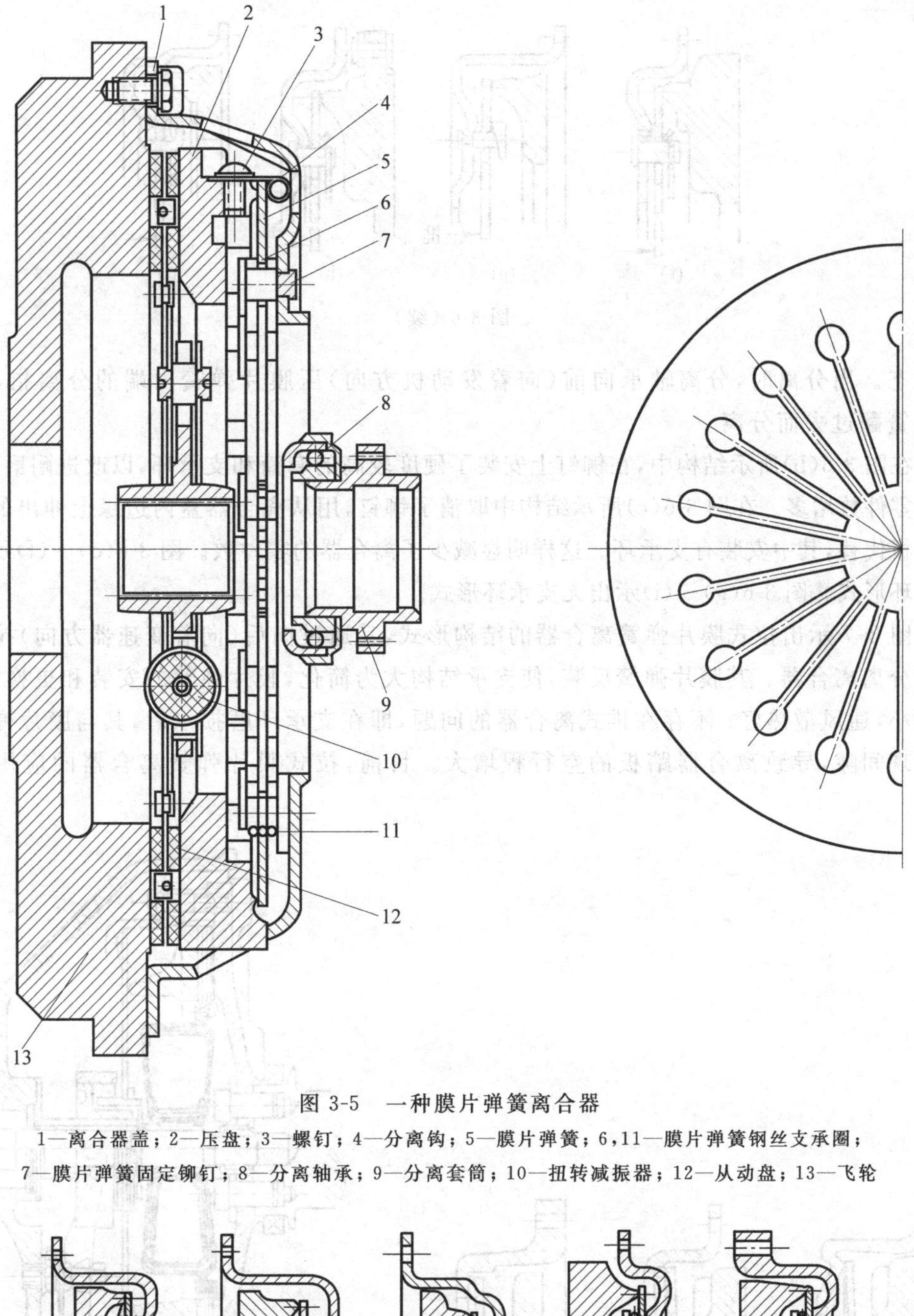

图 3-5 一种膜片弹簧离合器

1—离合器盖；2—压盘；3—螺钉；4—分离钩；5—膜片弹簧；6,11—膜片弹簧钢丝支承圈；7—膜片弹簧固定铆钉；8—分离轴承；9—分离套筒；10—扭转减振器；12—从动盘；13—飞轮

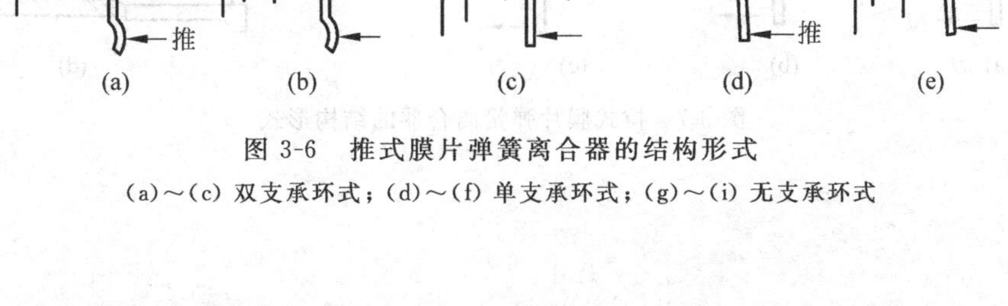

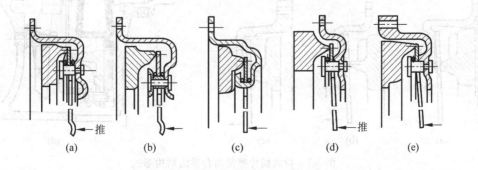

图 3-6 推式膜片弹簧离合器的结构形式

(a)～(c) 双支承环式；(d)～(f) 单支承环式；(g)～(i) 无支承环式

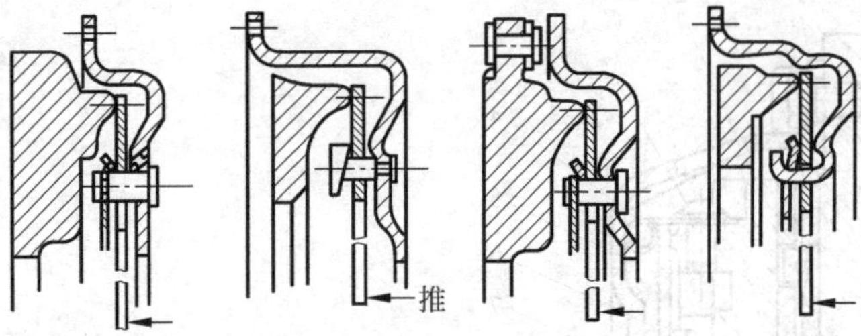

(f) (g) (h) (i)

图 3-6(续)

扭状态。当分离时,分离轴承向前(向着发动机方向)压膜片弹簧内端的分离指,使膜片弹簧翻过去而分离。

在图 3-6(b)所示结构中,在铆钉上安装了硬度较高的套筒和支承环,以改进耐磨性,但是使零件数增多。在图 3-6(c)所示结构中取消了铆钉,用从离合器盖内边缘上伸出的多个小弯板代替,其中安装有支承环。这样明显减少了离合器的零件数。图 3-6(d)～(f)示出单支承环形式。图 3-6(g)～(i)示出无支承环形式。

图 3-7 示出拉式膜片弹簧离合器的结构形式,其通过向后(向着变速器方向)拉分离指来分离离合器。其膜片弹簧反装,使支承结构大为简化,膜片弹簧的安装和更换方便,质量小,通风散热好;不存在推式离合器的问题,即在支承环磨损以后,其与膜片弹簧之间出现间隙,导致离合器踏板的空行程增大。目前,拉式膜片弹簧离合器的应用逐渐增多。

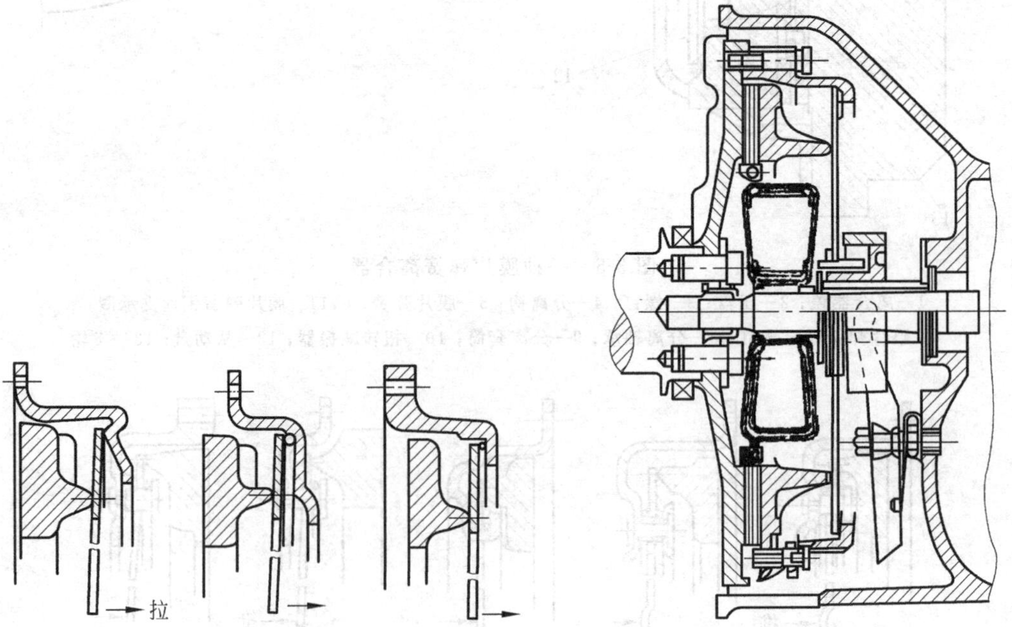

(a) (b) (c) (d)

图 3-7 拉式膜片弹簧离合器的结构形式

膜片弹簧离合器具有如下一系列优点。

(1) 膜片弹簧具有较理想的非线性特性，如图 3-8 所示。这是膜片弹簧的受力-变形图(F_1-λ_1 图)：离合器安装时膜片弹簧受到压缩，变形为 λ_{1B}、压紧力为 F_Σ，这就是离合器的工作点 B(离合器的传扭状态)；假设从动盘允许的磨损量为 $\Delta\lambda$，随着磨损的发生，膜片弹簧的变形 λ 逐渐减小，工作点从 B 沿着膜片弹簧特性曲线(经过 M 点)变到 A 点，可以看出，在摩擦片允许的磨损范围内压紧力能保持大致不变，保证离合器具有稳定的传递转矩的能力。当离合器分离时，膜片弹簧在分离轴承的作用下变形 λ 进一步增大，工作点沿着膜片弹簧的特性曲线从 B 变到 C，这时虽然变形增大了，但是压紧力却减小了，从而有利于降低踏板力。

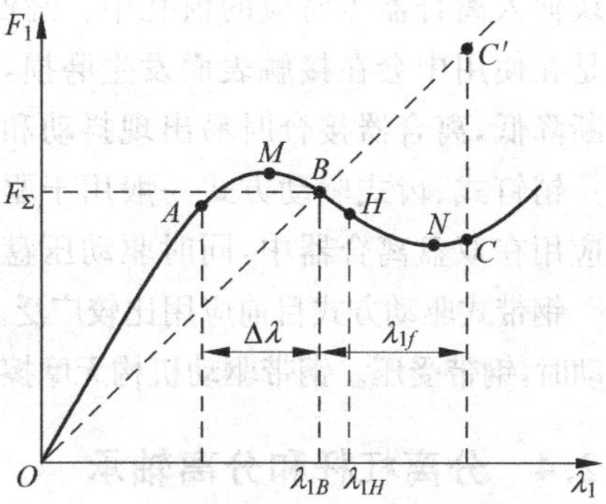

图 3-8　膜片弹簧的非线性特性

(2) 高速旋转时，压紧力降低的程度比周置圆柱螺旋弹簧式离合器明显减小，所以摩擦力矩降低很少，传递转矩的能力稳定。

(3) 膜片弹簧兼起分离杠杆的作用使零件数减少，结构大为简化，离合器轴向尺寸缩短。

(4) 易于实现散热通风。

(5) 压力分布均匀。

(6) 平衡性好。

目前，膜片弹簧离合器已经广泛用于轿车(几乎 100%)、轻型货车、中型货车、大客车上，在重型汽车上的应用也日益增多。

3.2.3　压盘的驱动方式

图 3-9 示出几种常用的压盘驱动方式，包括：(a)凸块-窗孔式；(b)销钉式；(c)齿式；(d)螺栓式；(e)钢带式。

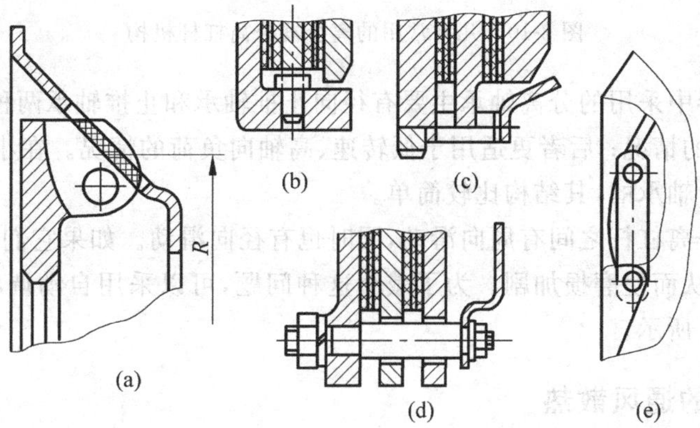

图 3-9　几种压盘驱动方式

凸块-窗孔式驱动方式是在单盘离合器中长期采用的设计,在压盘上制出三个或四个凸块伸入离合器盖对应的窗孔中。三凸块较四凸块的定心精度更高。这种设计结构简单,但是在使用中会在接触表面发生磨损,使它们之间的间隙不断增大,造成定心精度、平衡性不断降低,离合器接合时易出现抖动和噪声。

销钉式、齿式驱动方式一般用于驱动双盘离合器中的中间压盘。螺栓式驱动方式一般也应用在双盘离合器中,同时驱动压盘和中间压盘。

钢带式驱动方式目前应用比较广泛。钢带一般周向布置,发动机驱动时,钢带受拉;发动机制动时,钢带受压。钢带驱动机构无摩擦、无磨损、无传动间隙、无噪声,定心精度高,平衡性好。

3.2.4 分离杠杆和分离轴承

图 3-10 示出几种常用的离合器分离杠杆机构。在设计分离杠杆时,应该使其支承机构与压盘分离时的运动相互协调,避免运动干涉;还要保证分离杠杆机构具有足够的刚度,杠杆支承处的摩擦损失小,便于调整分离杠杆内端的位置,避免高速时因分离杠杆的离心力造成压紧力降低。分离杠杆的支承常采用滚针轴承、滚销和刀口支承等形式。锻造的分离杠杆宜用滚针轴承,而冲压的分离杠杆适用刀口支承。

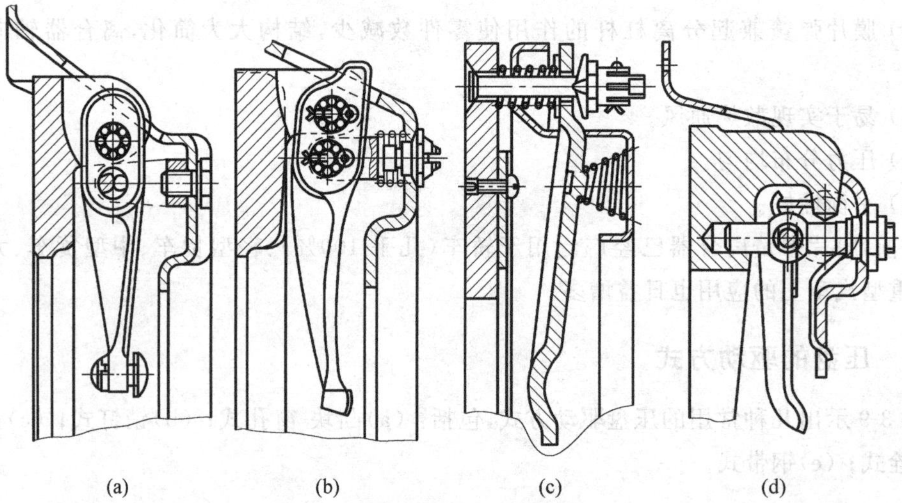

图 3-10 几种常用的离合器分离杠杆机构

在汽车离合器中采用的分离轴承主要有径向止推轴承和止推轴承两种。前者适用于高转速、低轴向负荷的情况;后者更适用于低转速、高轴向负荷的情况。在小尺寸的离合器中也有采用石墨润滑轴承的,其结构比较简单。

分离轴承与分离杠杆之间有周向滑动,同时也有径向滑动。如果它们在旋转时不同心,则径向滑动加剧,从而使磨损加剧。为了减小这种问题,可以采用自动调心式分离轴承,如图 3-11 和图 3-12 所示。

3.2.5 离合器的通风散热

在离合器分离和接合过程中,由于摩擦会产生大量的热。如果不解决好通风散热问题,会使压盘温度上升过高。试验表明,摩擦片的磨损速度是随着压盘温度的升高而增大的。

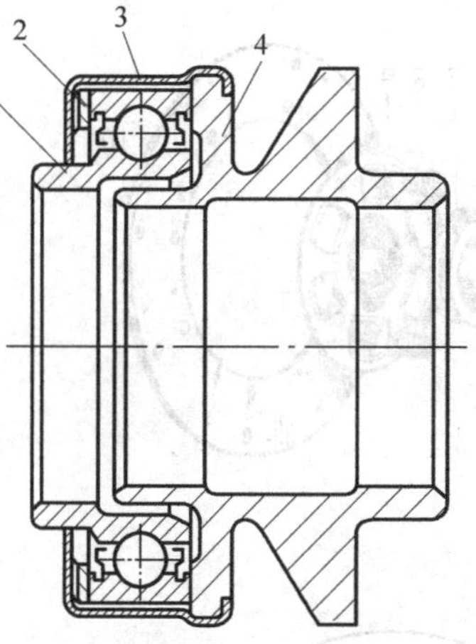

图 3-11　推式自动调心式分离轴承装置

1—内圈旋转式分离轴承；2—波形弹簧；
3—轴承罩；4—分离套筒

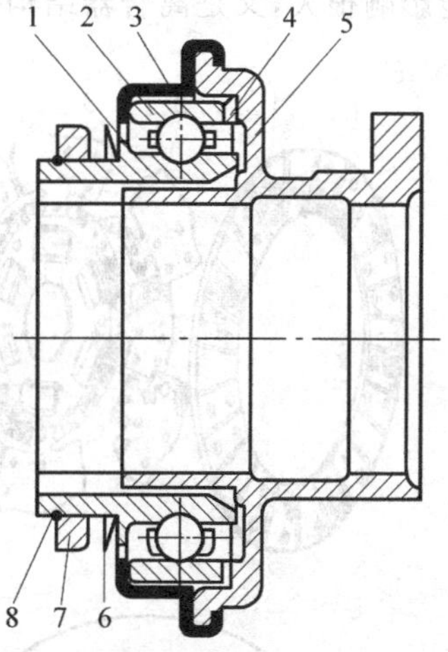

图 3-12　拉式自动调心式分离轴承装置

1—轴承内圈；2—轴承外圈；3—外罩壳；4—波形弹簧；
5—分离套筒；6—碟形弹簧；7—挡环；8—弹性锁环

当压盘工作表面温度超过 180～200℃时，摩擦片磨损急剧增大。在正常使用条件下，离合器压盘工作表面的温度一般在 180℃以下。在特别频繁的使用条件下，压盘表面的瞬时温度有可能达到 1000℃。过高的温度可以使压盘受热变形、产生裂纹，甚至碎裂。为了降低压盘温度，除了要求压盘具有足够大的质量、热容量以外，还要求在结构设计上解决好通风散热问题。对于重型汽车和经常在困难情况下起步（例如坡上起步）的汽车，尤其如此。改善离合器通风散热的结构措施主要包括：在压盘上设置散热筋或鼓风筋；在离合器盖上开较大的通风孔；在离合器外壳上设通风窗；在双盘离合器的中间压盘内铸出通风槽；将离合器盖和压杆制成特殊的叶轮形状，用以鼓风；在离合器外壳内装一导流罩（见图 3-13），加强通风。在图 3-13 所示设计中，离合器转动时带动周围的空气转动，在离心力作用下把其沿离心方向甩出，最后通过在离合器外壳上制出的排气窗 3 导入大气；同时，在离合器压盘、从动盘的内径附近产生低压，吸引空气从在离合器外壳上制出的吸气窗 1、导流罩 2 进来。以这种方式，不断把新鲜空气从大气吸入离合器的中央，并沿径向甩出，再从外壳上的排气窗 3 排出，带走热量。

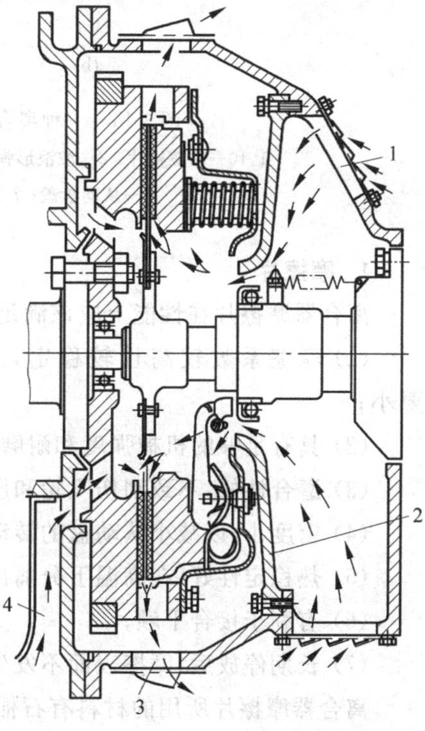

图 3-13　设导流罩加强离合器通风

1—吸气窗；2—导流罩；3—排气窗；4—空气流

3.2.6　从动盘

从动盘由摩擦片、从动钢片、扭转减振器和花键毂等组成，参见图 3-14。从动盘对离合器工作性能影响很大,又是离合器结构中的薄弱环节。

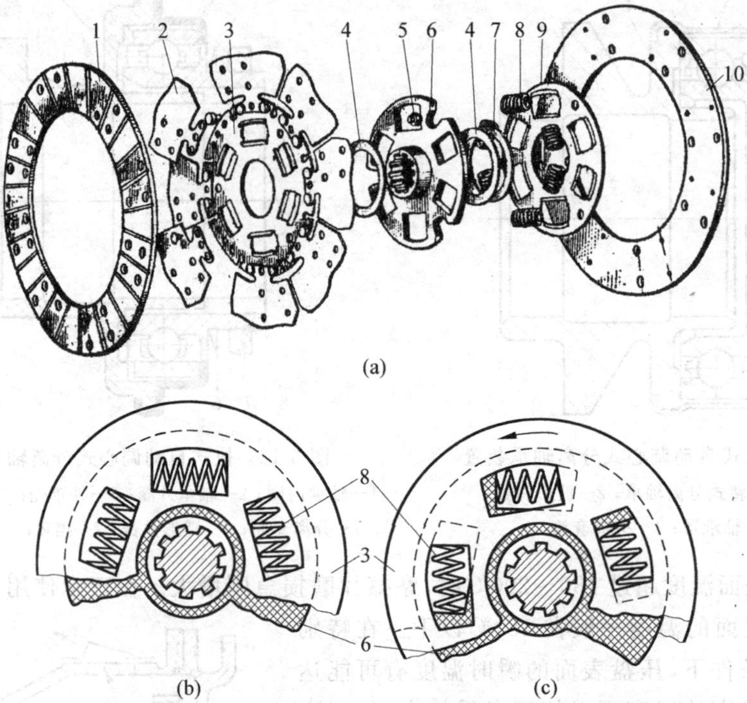

图3-14　一种离合器从动盘和扭转减振器的工作示意图

1,10—摩擦衬片;2—波浪形弹簧钢片;3—从动盘钢片;4—摩擦片;5—特种铆钉;6—从动盘毂;7—调整垫片;8—减振弹簧;9—减振器盘

1. 摩擦片

离合器摩擦片在性能上应该满足如下要求:

(1) 摩擦系数较高且较稳定,工作温度、滑磨速度、单位压力等的变化对其影响要小;

(2) 具有足够的机械强度和耐磨性;

(3) 磨合性好,不致刮伤飞轮和压盘表面;

(4) 密度小,以减小从动盘的转动惯量;

(5) 热稳定性好,在高温下分离出的黏合剂少、无味,不易烧焦;

(6) 有利于接合平顺;

(7) 长期停放后,摩擦表面不发生"黏合"现象。

离合器摩擦片所用的材料有石棉基摩擦材料、烧结金属和金属陶瓷等。其中,石棉基摩擦材料应用得最广泛,它是由石棉织物(常用金属丝增强)、黏结剂(通常用树脂或橡胶,或者同时使用)和特种添加剂热压制成。这种材料的摩擦系数为0.3～0.45。当温度超过250℃时摩擦系数可降低至0.25以下,磨损剧增,并且树脂和橡胶等有机成分容易变质和烧裂。这种材料价格低,密度小,在大多数汽车离合器中使用效果良好。但是,石棉在生产和使用过程中对环境有污染、对人体有害,目前已经用玻璃纤维、金属纤维等代替石棉纤维,而且摩擦性能接近。

在工作条件恶劣、工作温度很高的离合器中，烧结金属和金属陶瓷材料是有前途的，这是因为其热稳定性、高温耐磨性、传热性好，摩擦系数较高且稳定，允许有较大的单位压力，寿命较长。但是，这类材料价格较高，密度较大，接合平顺性较差。

摩擦片与从动钢片的连接常用铆接法。这种方法连接可靠，更换摩擦片方便，适宜在从动钢片上装波形弹簧片以获得轴向弹性。

2. 从动盘轴向弹性

从动盘具有轴向弹性，可以改善离合器接合柔和性(使离合器传递的转矩可以逐渐增大)，使摩擦面接触较为均匀，磨损小。可以用几种不同方式来获得轴向弹性。其中一种方法是在从动钢片的一侧(或两侧)铆接波状弹簧，如图 3-15 所示。波状弹簧的压缩行程一般为 0.4～1.5 mm。波状弹簧单独制造，其厚度可以比从动钢片小，轴向弹性较好，转动惯量较小，适宜高速。

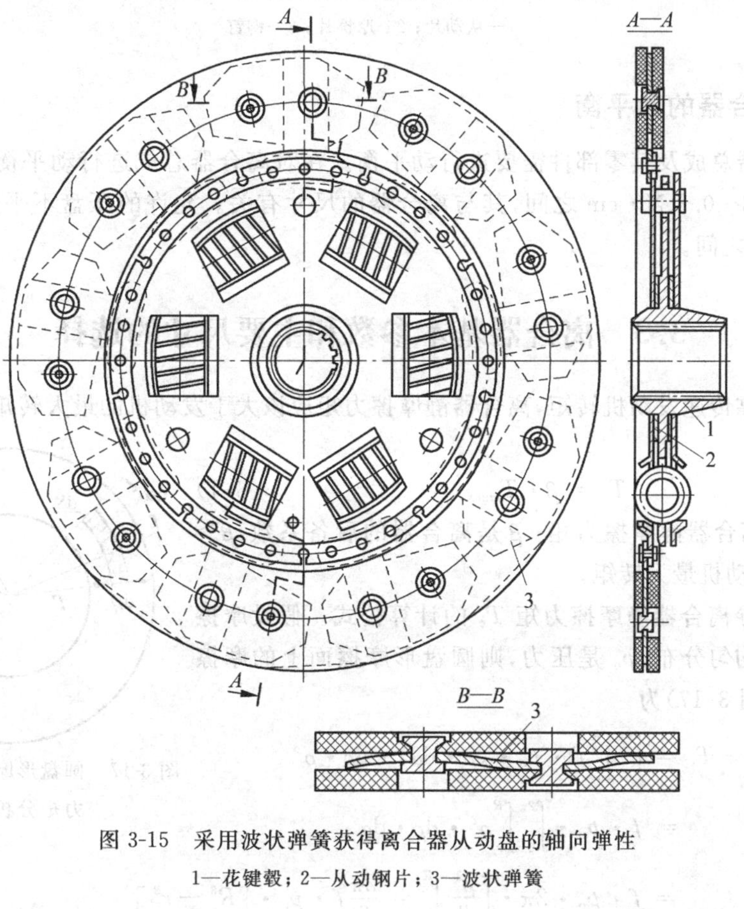

图 3-15 采用波状弹簧获得离合器从动盘的轴向弹性

1—花键毂；2—从动钢片；3—波状弹簧

另外一种获得从动盘轴向弹性的方法是在从动钢片上开 T 形槽，在其外缘形成多个扇形，把其依次向不同方向弯曲成波状，如图 3-16 所示。这种切槽还有利于减小从动钢片的翘曲。这种设计多用于货车离合器。

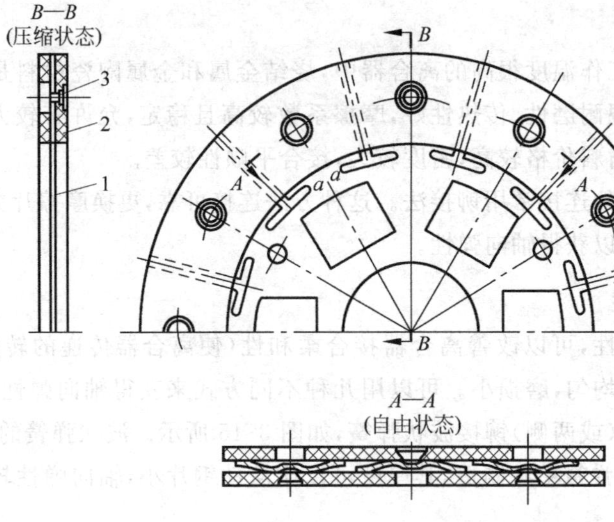

图 3-16 开有 T 形槽的整体式弹性从动钢片

1—从动片；2—摩擦片；3—铆钉

3.2.7 离合器的动平衡

对离合器总成及其零部件需要进行动平衡。在对离合器总成进行动平衡时，允许的不平衡量在 0.2～0.8 N·cm 之间，其与离合器的尺寸有关。允许的压盘不平衡量在 0.1～0.25 N·cm 之间。

3.3 离合器基本参数和主要尺寸的选择

为了可靠传递发动机转矩，离合器静摩擦力矩应该大于发动机的最大转矩，其数学表达式为

$$T_c = \beta \cdot T_{emax} \tag{3-1}$$

其中，T_c 是离合器静摩擦力矩；β 是离合器的后备系数，$\beta>1$；T_{emax} 是发动机最大转矩。

下面推导离合器静摩擦力矩 T_c 的计算公式。假设摩擦片上的压力均匀分布，p_o 是压力，则圆盘形摩擦面上的摩擦力矩 T_y（见图 3-17）为

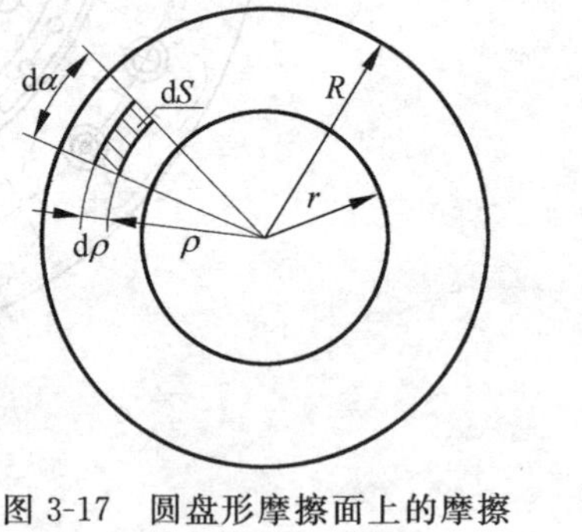

图 3-17 圆盘形摩擦面上的摩擦力矩分析模型

$$\begin{aligned} T_y &= \int_0^{2\pi}\int_r^R f \cdot p_o \cdot (\rho \cdot d\alpha) \cdot d\rho \cdot \rho \\ &= f \cdot p_o \cdot \int_0^{2\pi}\int_r^R \rho^2 \cdot d\rho \cdot d\alpha \\ &= f \cdot p_o \cdot 2\pi \cdot \left[\frac{\rho^3}{3}\right]_r^R = \frac{2\pi}{3} f \cdot p_o \cdot [R^3 - r^3] \\ &= \frac{2\pi}{3} f \cdot p_o \cdot \left[\left(\frac{D}{2}\right)^3 - \left(\frac{d}{2}\right)^3\right] \\ &= \frac{2\pi}{3} f \cdot p_o \cdot \left[\frac{D^3 - d^3}{8}\right] \end{aligned}$$

$$= \frac{2\pi}{3} f \cdot p_o \cdot \frac{\pi \cdot (D^2 - d^2)}{4} \cdot \frac{1}{\frac{\pi \cdot (D^2 - d^2)}{4}} \cdot \frac{D^3 - d^3}{8}$$

$$= \frac{2\pi}{3} f \cdot F_\Sigma \cdot \frac{1}{\frac{\pi \cdot (D^2 - d^2)}{4}} \cdot \frac{D^3 - d^3}{8}$$

$$= \frac{1}{3} f \cdot F_\Sigma \cdot \frac{D^3 - d^3}{D^2 - d^2}$$

$$= f \cdot F_\Sigma \cdot \left(\frac{1}{3}\frac{D^3 - d^3}{D^2 - d^2}\right) = f \cdot F_\Sigma \cdot R_c \tag{3-2}$$

其中,f 是摩擦系数;D 是摩擦片外径;d 是摩擦片内径;F_Σ 是压盘加于摩擦片上的工作压力

$$F_\Sigma = p_o \cdot \frac{\pi \cdot (D^2 - d^2)}{4} \tag{3-3}$$

在假设摩擦片上的压力均匀分布的情况下,摩擦面平均半径 R_c 为

$$R_c = \frac{D^3 - d^3}{3(D^2 - d^2)} \tag{3-4}$$

离合器的静摩擦力矩可以表示为

$$T_c = T_y \cdot Z = f \cdot F_\Sigma \cdot Z \cdot R_c \tag{3-5}$$

其中,Z 是离合器主动元件(飞轮、压盘)和从动元件(从动盘)之间的摩擦面数目。

计算离合器静摩擦力矩 T_c 时一般取摩擦系数 $f=0.25\sim0.3$。

从式(3-2)至式(3-5)可得

$$T_c = f \cdot F_\Sigma \cdot Z \cdot R_c = f \cdot p_o \cdot \frac{\pi \cdot (D^2 - d^2)}{4} \cdot Z \cdot \frac{D^3 - d^3}{3(D^2 - d^2)}$$

$$= \frac{\pi \cdot f \cdot Z}{12} \cdot p_o \cdot D^3 \cdot \left(1 - \frac{d^3}{D^3}\right)$$

$$= \frac{\pi \cdot f \cdot Z}{12} \cdot p_o \cdot D^3 \cdot (1 - C^3) \tag{3-6}$$

其中,$C=d/D$ 是摩擦片内、外径之比。

后备系数 β 是离合器的重要参数,它能反映离合器传递发动机最大转矩的可靠程度。在选择 β 时,应该考虑如下问题:摩擦片在使用中发生一定磨损以后,离合器仍然能够传递发动机的最大转矩;离合器本身的滑磨不应该过大;能够防止传动系过载。为了可靠传递发动机的最大转矩,防止离合器滑磨过大,β 不可过小。为了使离合器的尺寸不致过大,防止传动系严重过载,保证操纵轻便,β 又不可过大。当发动机后备功率比较大、使用条件较好(坡道起步、换挡次数较少)、离合器压紧弹簧的压力在使用中变化不大(斜置弹簧或膜片弹簧离合器)或可以调整时,β 值可以选小些。当使用条件恶劣(经常需要坡上起步、换挡)、需要拖带挂车时,β 值应该选得大一些,以减小离合器滑磨。对于轿车和轻型货车,一般 $\beta=1.2\sim1.75$;对中型和重型货车,$\beta=1.5\sim2.25$;对越野汽车、带拖挂的重型汽车和牵引汽车,$\beta=1.8\sim4$。

单位压力 p_o 决定了摩擦表面的耐磨性,对离合器的性能和使用寿命影响比较大。当采用石棉摩擦材料时,一般 $p_o=0.14\sim0.3$ MPa。对于轿车,$p_o=0.18\sim0.3$ MPa;对于货车,$p_o=0.14\sim0.24$ MPa。对于经常坡上起步、频繁换挡的使用条件,应该取下限值。

摩擦片的尺寸主要是摩擦片外径 D 和内径 d。它们的选择应符合尺寸系列标准 GB/T 5764—1998《汽车用离合器面片》。内、外径比 $C=0.53\sim0.7$。所选的外径 D 应使最大圆周速度不超过 65～70 m/s,这主要是因为受到用于制造压盘的铸铁强度和摩擦片强度的限制。

3.4 离合器压紧弹簧的设计

3.4.1 圆柱螺旋弹簧

在周置圆柱弹簧离合器中,需要的弹簧数量可以参考表 3-1 选取。

表 3-1 周置圆柱螺旋弹簧的个数

摩擦片外径 D/ mm	弹簧个数 i	摩擦片外径 D/ mm	弹簧个数 i
<200	6	280～380	12～18
200～280	9～12	380～450	18～30

设弹簧数为 i,每个弹簧的工作压力 F 为

$$F=\frac{F_{\Sigma}}{i} \tag{3-7}$$

弹簧的工作应力为

$$\tau=\frac{8F\cdot D_{p}\cdot K'}{\pi\cdot d^{3}}=\frac{8F\cdot C'\cdot K'}{\pi\cdot d^{2}} \tag{3-8}$$

其中,τ 是工作应力,N/mm²;D_p 是簧圈平均直径(见图 3-18),mm;d 是弹簧钢丝直径,mm;C'是旋绕比,$C'=D_p/d$,对离合器压簧,一般取 $C'=6\sim8$;K' 是考虑剪力与簧圈曲率影响的校正系数:

$$K'=(4C'+2)/(4C'-3) \tag{3-9}$$

离合器分离时,弹簧在工作压力的基础上,又受到分离轴承的压力,这时弹簧压力达到最大 F_{max}。令 $F=F_{max}$,代入式(3-8)可算出弹簧最大应力。

离合器圆柱螺旋弹簧常用的材料是 65Mn 或碳素弹簧钢丝,工作应力宜在 700 N/mm² 左右,最大应力不宜超过 800～900 N/mm²。

选好旋绕比 C',则可以从式(3-9)计算出 K';再选好工作压力 F,则由式(3-8)可得

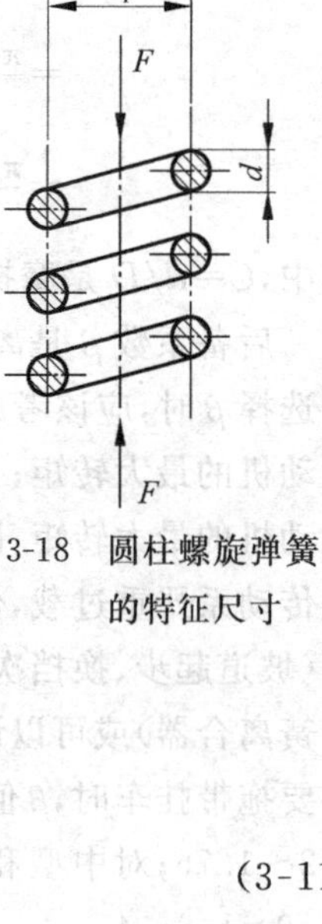

图 3-18 圆柱螺旋弹簧的特征尺寸

$$d=\sqrt{\frac{8F\cdot C'\cdot K'}{\pi\cdot[\tau]}} \tag{3-10}$$

其中,$[\tau]$是许用工作应力,$[\tau]=700$ N/mm²。

弹簧工作圈数 n_s 可根据刚度条件和 d、C'确定,即

$$n_{s}=\frac{G\cdot d^{4}}{8D_{p}^{3}\cdot K} \tag{3-11}$$

其中,G 是切变模量,对碳钢 $G=83\times10^{3}$ N/mm²;K 为弹簧刚度,一般为 20～45 N/mm。弹簧刚度可按下式确定

$$K=\frac{F_{max}-F}{\Delta f} \tag{3-12}$$

其中，Δf 是离合器分离过程中弹簧的变形量，它等于压盘行程。对单盘离合器，$\Delta f=1.7\sim2.6$ mm；对双盘离合器，$\Delta f=3\sim3.6$ mm。弹簧最大压力 F_{max} 一般不大于(1.15～1.20)F。

弹簧的总圈数一般比工作圈数 n_s 多 1.5～2 圈。弹簧受最大压力 F_{max} 时，相邻圈之间的间隙应保持 0.5～1.5 mm。

3.4.2 膜片弹簧

膜片弹簧是一种特殊的碟形弹簧，其基体是碟形弹簧，另加一些由径向槽隔开的分离指，如图 3-5 所示。膜片弹簧的弹性特性与尺寸如其碟簧部分的碟形弹簧完全相同（当加载位置相同时），如图 3-19 所示。

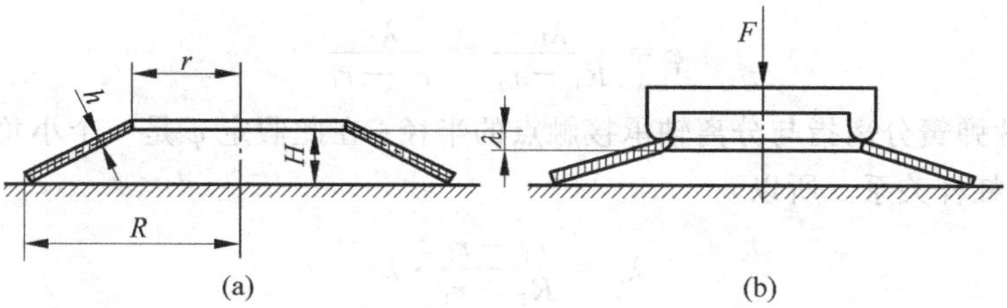

图 3-19 碟形弹簧端部加载时的变形

(a) 自由状态；(b) 加载状态

1. 膜片弹簧的载荷与变形之间的关系

假定膜片弹簧在承载过程中，其子午断面刚性地绕此断面上的某一中性点 O 转动，参见图 3-20。由此假定可以推导出膜片弹簧的载荷与变形之间的关系和应力计算公式。图 3-21 示出膜片弹簧在自由状态、压紧状态和分离状态时受载与变形的示意图。通过支承环和压盘施加在膜片弹簧上的沿圆周分布的载荷，假想地集中在加载点（支承环横截面）上，用 F_1 表示。加载点之间的相对轴向变形是 λ_1。压紧力 F_1 与变形 λ_1 之间的关系式为

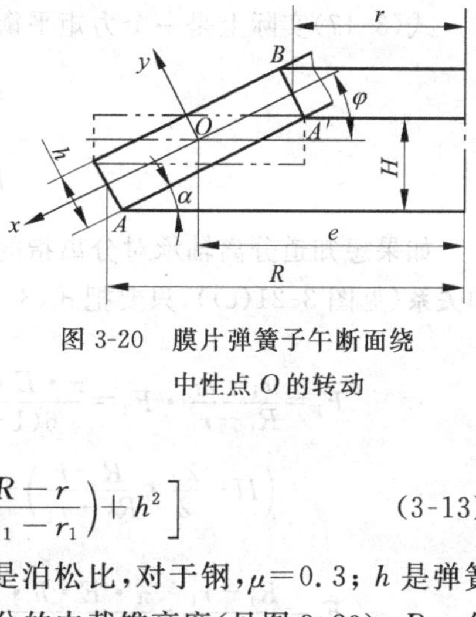

图 3-20 膜片弹簧子午断面绕中性点 O 的转动

$$F_1=\frac{\pi\cdot E\cdot h\cdot\lambda_1}{6(1-\mu^2)}\cdot\frac{\ln\dfrac{R}{r}}{(R_1-r_1)^2}\cdot\left[\left(H-\lambda_1\cdot\frac{R-r}{R_1-r_1}\right)\cdot\left(H-\frac{\lambda_1}{2}\cdot\frac{R-r}{R_1-r_1}\right)+h^2\right]\tag{3-13}$$

其中，E 是弹性模量，对于钢，$E=21\times10^4$ N/mm²；μ 是泊松比，对于钢，$\mu=0.3$；h 是弹簧钢板厚度；H 是膜片弹簧在自由状态时其碟形弹簧部分的内截锥高度（见图 3-20）；R，r 分别是膜片弹簧在自由状态时其碟形弹簧部分的大端和小端半径（见图 3-20）；R_1，r_1 分别是压盘加载点和支承环加载点半径（见图 3-21）。

当离合器分离时，膜片弹簧的加载点发生变化，见图 3-21(c)。设分离轴承对膜片弹簧分离指施加的载荷是 F_2，对应此载荷的变形是 λ_2。应当指明，在分离与加载两种状态下，设其碟簧部分的子午断面从自由状态的初始位置转过一个转角 φ（小角度），便有如下的对应关系：

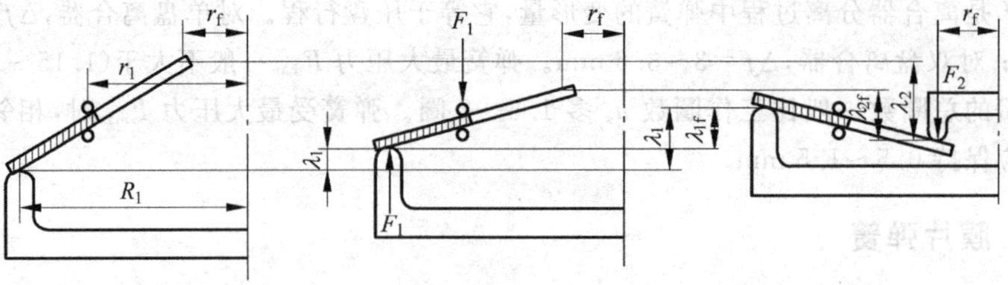

图 3-21 膜片弹簧在不同工作状态时的变形

(a) 自由状态；(b) 压紧状态；(c) 分离状态

$$\varphi = \frac{\lambda_1}{R_1 - r_1} = \frac{\lambda_2}{r_1 - r_f} \tag{3-14}$$

其中，r_f 是膜片弹簧分离指与分离轴承接触点的半径；在此假定 φ 是一个小角度，式(3-14)实际上是一个杠杆关系。所以

$$\lambda_2 = \frac{r_1 - r_f}{R_1 - r_1} \cdot \lambda_1 \tag{3-15}$$

$$\lambda_1 = \frac{R_1 - r_1}{r_1 - r_f} \cdot \lambda_2 \tag{3-16}$$

膜片弹簧的变形可以是由 F_1 引起，也可以是由 F_2 引起。分析发现，当满足如下关系时，由 F_1 或 F_2 引起的膜片弹簧变形是相同的：

$$F_1 \cdot (R_1 - r_1) = F_2 \cdot (r_1 - r_f) \tag{3-17}$$

式(3-17)实际上是一个力矩平衡方程。可以把式(3-17)改写成

$$F_2 = \frac{R_1 - r_1}{r_1 - r_f} \cdot F_1 \tag{3-18}$$

$$F_1 = \frac{r_1 - r_f}{R_1 - r_1} \cdot F_2 \tag{3-19}$$

如果想知道分离轴承对分离指的推力 F_2 与膜片弹簧在与压盘接触点处的变形 λ_1 之间的关系(见图 3-21(c))，只要把式(3-18)代入式(3-13)即可。

$$F_1 = \frac{r_1 - r_f}{R_1 - r_1} \cdot F_2 = \frac{\pi \cdot E \cdot h \cdot \lambda_1}{6(1-\mu^2)} \cdot \frac{\ln \frac{R}{r}}{(R_1 - r_1)^2} \cdot \left[\left(H - \lambda_1 \cdot \frac{R-r}{R_1 - r_1}\right) \cdot \left(H - \frac{\lambda_1}{2} \cdot \frac{R-r}{R_1 - r_1}\right) + h^2\right] \tag{3-20}$$

$$F_2 = \frac{R_1 - r_1}{r_1 - r_f} \cdot \frac{\pi \cdot E \cdot h \cdot \lambda_1}{6(1-\mu^2)} \cdot \frac{\ln \frac{R}{r}}{(R_1 - r_1)^2} \cdot \left[\left(H - \lambda_1 \cdot \frac{R-r}{R_1 - r_1}\right) \cdot \left(H - \frac{\lambda_1}{2} \cdot \frac{R-r}{R_1 - r_1}\right) + h^2\right] \tag{3-21}$$

再把式(3-16)代入式(3-21)，就可以得到 F_2-λ_2 曲线。

应该指出，λ_2 是从自由状态算起的膜片弹簧分离指加载点的变形量，与离合器分离时分离轴承的移动行程 λ_{2f} 不同，见图 3-21(c)。λ_{2f} 是从离合器接合状态算起的膜片弹簧分离指加载点的变形量，则根据杠杆关系有

$$\lambda_{2f} = \frac{r_1 - r_f}{R_1 - r_1} \cdot \lambda_{1f} \quad (3\text{-}22)$$

应该指出，λ_{2f}不包括分离指在载荷作用下所产生的弹性体变形λ'_{2f}，见图3-22。如果考虑这种弹性体变形，分离轴承的总移动行程λ_{2F}为

$$\lambda_{2F} = \lambda_{2f} + \lambda'_{2f} \quad (3\text{-}23)$$

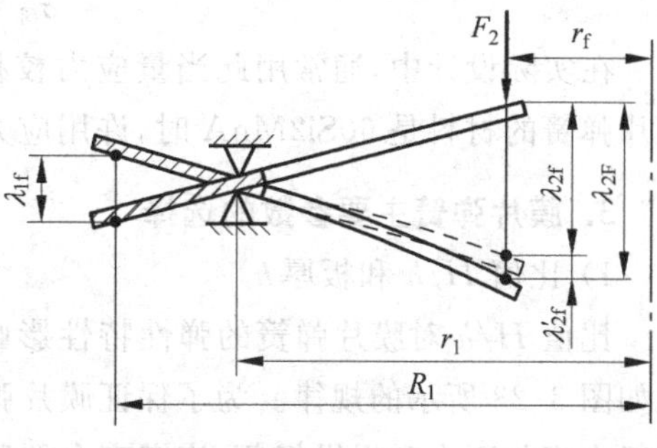

图 3-22 膜片弹簧分离指受载时的变形示意图

2. 膜片弹簧的应力计算

如前所述，假定膜片弹簧在承载过程中其子午断面刚性地绕此断面上的中性点 O 转动（见图3-20）。在这种情况下，O 点沿圆周方向的切向应变为零，因而 O 点的切向应力为零。在断面上 O 点以外的点一般均发生切向应变，故产生切向应力。若选择一个坐标固定于子午断面，使坐标原点位于中性点 O，令 x 轴平行于子午断面的上、下边，且其方向如图3-20所示，则断面上任意点的切向应力可以表示为

$$\sigma_t = \frac{E}{1-\mu^2} \cdot \frac{x \cdot \varphi \cdot \left(\alpha - \frac{\varphi}{2}\right) - y \cdot \varphi}{e + x} \quad (3\text{-}24)$$

其中，φ 是碟簧部分子午断面的转角；α 是碟簧部分自由状态时的圆锥底角；e 是碟簧部分子午断面内中性点的半径

$$e = \frac{R - r}{\ln \frac{R}{r}} \quad (3\text{-}25)$$

分析表明，在膜片弹簧碟簧部分的 B 点处（见图3-20）的切向压应力最大。把 B 点的坐标 $x = -(e-r)$ 和 $y = h/2$ 代入式(3-24)，则得到 B 点的切向压应力

$$\sigma_{tB} = \frac{E}{(1-\mu^2)} \cdot \frac{-(e-r) \cdot \varphi \cdot \left(\alpha - \frac{\varphi}{2}\right) - \frac{h}{2} \cdot \varphi}{e + [-(e-r)]}$$

$$= \frac{E}{(1-\mu^2) \cdot r} \cdot \left\{\frac{e-r}{2} \cdot \varphi^2 - \left[(e-r) \cdot \alpha + \frac{h}{2}\right] \cdot \varphi\right\} \quad (3\text{-}26)$$

令 $d\sigma_{tB}/d\varphi = 0$，可以求出切向压应力 σ_{tB} 达到极大值时的转角 φ_p 为

$$\varphi_p = \alpha + \frac{h}{2(e-r)} \quad (3\text{-}27)$$

从图3-20可以看出，碟簧压平时的子午断面转角 $\varphi = \alpha$。式(3-27)表明，B 点切向压应力 σ_{tB} 达到极大值时，子午断面将相对于碟簧压平时再多转一个角度 $h/[2(e-r)]$。

当离合器彻底分离时，如果膜片弹簧子午断面的转角 $\varphi_f \geqslant \varphi_p$，应该把式(3-26)中的 φ 取为 φ_p，计算 σ_{tB}；如果 $\varphi_f \leqslant \varphi_p$，$B$ 点的切向压应力 σ_{tB} 应该按彻底分离时的子午断面转角 φ_f 来计算。

B 点作为分离指根部的一点，在分离轴承推力作用下还受有弯曲应力 σ_{rB}，其表达式为

$$\sigma_{rB} = \frac{6(r - r_f) \cdot F_2}{n \cdot b_r \cdot h^2} \quad (3\text{-}28)$$

其中，n 为分离指的数目；b_r 是一个分离指的根部宽度。

根据最大剪应力理论，B 点的当量应力为

$$\sigma_{Bj} = \sigma_{rB} - \sigma_{tB} \tag{3-29}$$

在实际设计中，通常用此当量应力校核膜片弹簧的强度，即让σ_{Bj}不超过许用应力。当膜片弹簧的材料是60Si2MnA时，许用应力为1500～1700 MPa。

3. 膜片弹簧主要参数的选择

1) 比值H/h和板厚h

比值H/h对膜片弹簧的弹性特性影响极大，参见图3-23。可以通过分析式(3-13)发现如图3-23所示的规律。为了保证膜片弹簧具有有利的非线性弹性特性，使工作中离合器压紧力变化不大和操纵轻便，汽车离合器膜片弹簧的H/h比值通常在1.5～2.0的范围内选取。常用的膜片弹簧板厚h为2～4 mm。

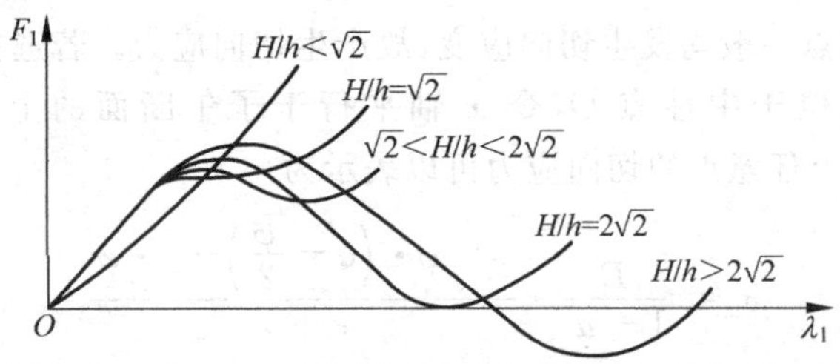

图3-23 比值H/h对膜片弹簧弹性特性的影响

2) 膜片弹簧工作点位置的选择

膜片弹簧的弹性特性曲线如图3-8所示。分析表明，该曲线的拐点H对应着膜片弹簧的压平位置，而其对应的变形λ_{1H}恰好为曲线极大点M与极小点N的横坐标的平均值。新离合器处于接合状态时，膜片弹簧的工作点为B，B点通常取在使其横坐标$\lambda_{1B}=(0.8\sim1.0)\lambda_{1H}$之处，以保证摩擦片在允许的磨损限度$\Delta\lambda$以内压紧力变化不大。当分离时，膜片弹簧工作点从$B$点变到$C$点，$C$点以靠近极小点$N$为好，以便最大限度地减小分离轴承的推力，从而降低踏板力。

3) 比值R/r

分析表明，比值R/r越小，应力越高，弹簧越硬，弹性特性曲线受直径误差的影响越大。汽车离合器膜片弹簧，根据结构布置和压紧力的要求，比值R/r通常在1.2～1.3的范围内选取。

4) 膜片弹簧处于自由状态时的圆锥底角α和分离指数目

膜片弹簧处于自由状态时的圆锥底角α一般在11°左右。分离指数目通常取为18，而大尺寸膜片弹簧有取24的，小尺寸膜片弹簧也有取12的。

5) 膜片弹簧的材料与制造

膜片弹簧应该用优质高精度钢板制造，其碟簧部分的尺寸精度要求高。国内通常应用的膜片弹簧材料为60Si2MnA。在图3-20中，B点当量应力σ_{Bj}的许用应力可以取为1500～1700 N/mm^2。膜片弹簧的设计许用应力一般都稍高于材料的屈服极限。为了提高膜片弹簧的承载能力，要对膜片弹簧进行强压处理(把弹簧压平并保持12～14 h)，使其高应力区产生塑性变形以产生反向残余应力。对膜片弹簧的凹表面进行喷丸处理，可以提高膜片弹簧的疲劳寿命。为提高分离指的耐磨性，可以对其进行局部高频淬火或镀铬。

6) 膜片弹簧的支承

在离合器盖上的膜片弹簧支承处，应该具有大的刚度和高的尺寸精度。压盘厚度(从承压点到压盘的摩擦表面的距离)公差要小。支承环和支承铆钉的安装精度要高，耐磨性要好。

3.5 扭转减振器

离合器中的扭转减振器主要由弹性元件和阻尼元件组成，参见图 3-14。弹性元件用来降低传动系扭转刚度，从而降低扭转振动的自然频率，以避开发动机转矩波动的主谐波频率，以免引起严重的共振。但是一般不能在所有转速范围内都避免共振，在这种情况下，为了减小振幅，采用了阻尼元件(摩擦片)。

具有线性特性的扭转减振器，其弹性元件一般为圆柱螺旋弹簧，广泛用于汽油机汽车。

在柴油机汽车中常采用二级或三级非线性扭转减振器(见图 3-24)，以提高避免共振的能力。这是因为柴油机怠速时转速的不均匀性较大，常引起变速器常啮合齿轮的齿间敲击，发出所谓的怠速噪声。为了避免这种噪声，在扭转减振器中设有一组刚度很小的弹簧，让其在发动机怠速工况下起作用，以缓和由于转速不均匀而引起的变速器常啮合齿轮齿间的敲击，降低怠速噪声。这一级减振器称为怠速级。其他一级或两级在车辆行驶时起作用。

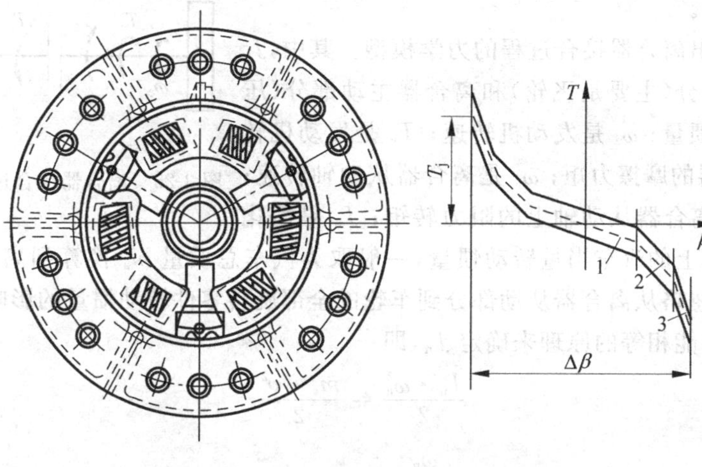

图 3-24 三级非线性扭转减振器及其特性

T—扭转减振器所受转矩；β—减振器相对转角；T_j—减振器极限力矩；$\Delta\beta$—相对转角变化范围
1—第一级特性；2—第二级特性；3—第三级特性

以下是一种四缸柴油机配用的离合器三级扭转减振器的参数。

(1) 阻尼力矩：2.5～10 N·m。

(2) Ⅰ级扭转刚度：4.59 N·m/(°)(最大传递转矩 $T_{max}=4.59\times3.3=15.1$ N·m；转角范围为 0°～3.3°)。

(3) Ⅱ级扭转刚度：27.86 N·m/(°)(最大传递转矩 $T_{max}=15.1+(5.4-3.3)\times27.86=73.6$ N·m；转角范围为 3.3°～5.4°)。

(4) Ⅲ级扭转刚度：98.65 N·m/(°)(最大传递转矩 $T_{max}=73.6+(7.5-5.4)\times 98.65=281$ N·m；转角范围为5.4°～7.5°)。

(5) 离合器的静摩擦力矩 $T_c>281$ N·m。

这种四缸柴油机的性能参数如下：额定功率 $P_{emax}=63$ kW/4200 r/min；最大转矩 $T_{emax}=190$ N·m/2250 r/min；转速范围 $n_e=700\sim4200$ r/min；怠速转速为750 r/min。

对线性减振器，极限转矩(减振器限止销起作用时的转矩) $T_j=(1.2\sim1.4)T_{emax}$；阻尼摩擦力矩 $T_\mu=(0.06\sim0.17)T_{emax}$；预紧力矩 $T_n=(0.05\sim0.15)T_{emax}$；极限转角 $\beta_j=2.5°\sim4.5°$。

3.6 离合器的接合过程

离合器的接合过程就是把变速器挂上挡以后，放松离合器踏板的过程。在离合器的接合过程中，离合器的主动摩擦元件(飞轮、离合器压盘)和从动摩擦元件(从动盘)的转速从不相等逐渐变到相等。当它们的转速不相等时，在它们之间会发生滑磨，这种滑磨会产生大量热量，使压盘、飞轮、摩擦片等零件温度升高，降低摩擦系数，加剧摩擦片的磨损，降低使用寿命。

在起步过程中，离合器从动盘的转速一开始为零，而飞轮、压盘等具有一定转速，所以离合器主动、从动摩擦元件之间的转速差最大，它们的滑磨比换挡时严重得多。而滑磨的严重程度常用滑磨功来表征。下面讨论起步时离合器的接合过程和滑磨功。

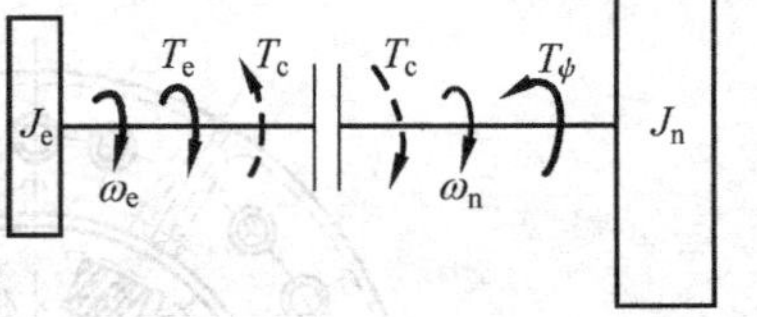

图 3-25 离合器接合过程的力学模型

图3-25示出离合器接合过程的力学模型。其中，J_e 是发动机旋转部分(主要是飞轮)和离合器主动部分(压盘等)的总转动惯量；ω_e 是发动机转速；T_e 是发动机转矩；T_c 是离合器的摩擦力矩；ω_n 是离合器从动轴转速；T_ψ 是汽车加于离合器从动轴上的阻力转矩；J_n 是简化到离合器从动轴上的汽车当量转动惯量，一般取为汽车总质量 m_a 换算到离合器从动轴上的转动惯量，而忽略从离合器从动部分到车轮的全部旋转零件转动惯量的影响。

可以根据动能相等的原理来确定 J_n，即

$$\frac{J_n\cdot\omega_n^2}{2}=\frac{m_a\cdot v^2}{2}\tag{3-30}$$

$$\frac{\omega_n}{i_g\cdot i_o}\cdot r_r=v\tag{3-31}$$

其中，v 是汽车车速；m_a 是汽车总质量；r_r 是车轮滚动半径；i_g，i_o 分别是变速器和主减速器传动比。

把式(3-31)代入式(3-30)，整理得

$$J_n=\frac{m_a\cdot v^2}{\omega_n^2}=\frac{m_a\cdot r_r^2}{i_g^2\cdot i_o^2}\tag{3-32}$$

在坡道上低速起步时加于离合器从动轴上的阻力转矩 T_ψ 由汽车滚动阻力和上坡阻力所引起，即

$$T_\psi=\frac{1}{i_g\cdot i_o}\cdot(F_f+F_i)\cdot r_r\cdot\frac{1}{\eta}$$

$$=\frac{1}{i_g \cdot i_o \cdot \eta} \cdot (m_a \cdot g \cdot \cos\alpha_{gr} \cdot f + m_a \cdot g \cdot \sin\alpha_{gr}) \cdot r_r$$

$$=\frac{m_a \cdot g}{i_g \cdot i_o \cdot \eta} \cdot (\cos\alpha_{gr} \cdot f + \sin\alpha_{gr}) \cdot r_r = \frac{m_a \cdot g}{i_g \cdot i_o \cdot \eta} \cdot \psi \cdot r_r \tag{3-33}$$

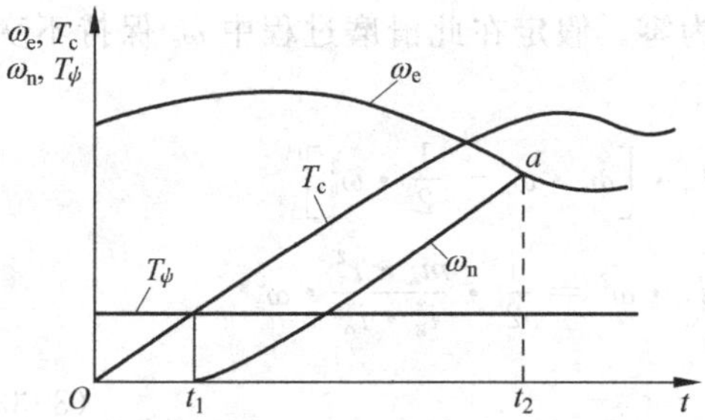

图 3-26 汽车起步时离合器的接合过程

其中，g 是重力加速度；f 是滚动阻力系数；α_{gr} 是坡度角；η 是整个传动系的效率；ψ 是道路阻力系数，表示为

$$\psi = \cos\alpha_{gr} \cdot f + \sin\alpha_{gr} \tag{3-34}$$

图 3-26 定性地示出汽车起步时离合器的接合过程。驾驶员在起步过程中同时操纵加速踏板和离合器踏板。一开始，离合器的摩擦力矩 T_c 小于发动机的转矩 T_e，发动机的转速 ω_e 随着时间有所上升。随着驾驶员逐步释放离合器踏板，离合器摩擦力矩 T_c 逐渐增大。当 $T_c > T_e$ 以后，发动机的转速 ω_e 开始降低。下式是发动机角加速度的表达式：

$$J_e \cdot \frac{d\omega_e}{dt} = T_e - T_c \tag{3-35}$$

如图 3-26 所示，在刚起步时，从动盘转速为零，主动盘转速为发动机转速，转速差较大。随着驾驶员逐渐释放离合器踏板，主动盘、从动盘之间的压力逐渐加大，从而离合器摩擦力矩 T_c 也逐渐增大。当 $T_c > T_\psi$ 以后，汽车车速逐渐增大，主动、从动盘之间的转速差逐渐减小，直至达到同步。在这过程中，由于有转速差，会发生滑磨。

离合器的接合过程可以分为两个阶段：

(1) 从离合器摩擦面开始接触(此时摩擦力矩 $T_c=0$)到 T_c 等于汽车行驶阻力转矩 T_ψ，时间从 0 到 t_1；

(2) 从 t_1 到 t_2，即离合器从动角速度 ω_n 从 0 到与发动机角速度 ω_e 相等。

在第一阶段，离合器从动角速度 $\omega_n=0$，主、从动部分的相对角速度即为发动机转速 ω_e，滑磨功 L_1 为

$$L_1 = \int_0^{t_1} T_c \cdot \Delta\omega \cdot dt = \int_0^{t_1} T_c \cdot \omega_e \cdot dt \tag{3-36}$$

第二阶段滑磨功 L_2 为

$$L_2 = \int_{t_1}^{t_2} T_c \cdot (\omega_e - \omega_n) \cdot dt = \int_{t_1}^{t_2} \left(T_\psi + J_n \cdot \frac{d\omega_n}{dt}\right) \cdot (\omega_e - \omega_n) \cdot dt$$

$$= \int_{t_1}^{t_2} T_\psi \cdot (\omega_e - \omega_n) \cdot dt + J_n \cdot \int_0^{\omega_{na}} (\omega_e - \omega_n) \cdot d\omega_n \tag{3-37}$$

可以看出，滑磨功的大小取决于 T_ψ 和 J_n 以及驾驶员的操纵状况(影响 T_c、ω_e、ω_n 等的变化规律)。当驾驶员操纵状况一定时，T_ψ 大，时间 t_1 就长(见图 3-26)，L_1 就大；J_n 大，$d\omega_n/dt$ 就较小，ω_n 增长变慢，从而滑磨时间(t_2-t_1)长，L_2 也较大。再联系式(3-32)和式(3-33)，即

$$J_n = \frac{m_a \cdot v^2}{\omega_n^2} = \frac{m_a \cdot r_r^2}{i_g^2 \cdot i_o^2}$$

$$T_\psi = \frac{m_a \cdot g}{i_g \cdot i_o \cdot \eta} \cdot (\cos\alpha_{gr} \cdot f + \sin\alpha_{gr}) \cdot r_r = \frac{m_a \cdot g}{i_g \cdot i_o \cdot \eta} \cdot \psi \cdot r_r$$

汽车总质量 m_a 越大、变速器挡位越高(即 i_g 越小),J_n 和 T_ψ 就越大,滑磨功越大。

当驾驶员放松离合器踏板较快时,接合较猛。T_c 增加较快,滑磨时间较短,滑磨功较小。当操纵油门使发动机转速 ω_e 较高时,滑磨功就较大。

当在平坦的沥青路或混凝土路上起步时,阻力矩 T_ψ 很小,往往可以忽略不计,于是 L_1(式(3-36))全部和 L_2(式(3-37))的第一项可视为零。假定在此滑磨过程中 ω_e 保持不变,则总滑磨功 L 为

$$L = J_n \cdot \int_0^{\omega_{na}} (\omega_e - \omega_n) \cdot d\omega_n = J_n \cdot \left[\omega_e \cdot \omega_n - \frac{1}{2} \cdot \omega_n^2\right]_0^{\omega_e}$$
$$= J_n \cdot \omega_e^2 - \frac{1}{2} \cdot J_n \cdot \omega_e^2 = \frac{1}{2} J_n \cdot \omega_e^2 = \frac{1}{2} \cdot \frac{m_a \cdot r_r^2}{i_g^2 \cdot i_o^2} \cdot \omega_e^2$$
$$= \frac{1}{2} m_a \cdot v^2 \tag{3-38}$$

其中,v 是在离合器接合过程结束时汽车获得的速度。

可以看出,在上述假定下,滑磨功 L 在数值上等于汽车在起步过程中获得的动能。所以在汽车起步过程中,发动机输出的机械能为

$$L + \frac{1}{2} J_n \cdot \omega_e^2 = L + \frac{1}{2} m_a \cdot v^2 = 2L \tag{3-39}$$

其中一半用来使汽车加速变成动能,另一半消耗于离合器的滑磨,变成热量损失掉了。

滑磨产生的热量使有关零件和摩擦表面的温度升高,影响摩擦系数和磨损速率。零件的温升和摩擦材料的磨损不仅取决于滑磨功,也取决于吸热的零件的质量。

为了对离合器的设计进行比较性评价,忽略驾驶员的影响,假定离合器的摩擦力矩 T_c、发动机的转矩 T_e、汽车当量阻力矩 T_ψ 在整个汽车起步过程中都保持不变。参见图 3-27。

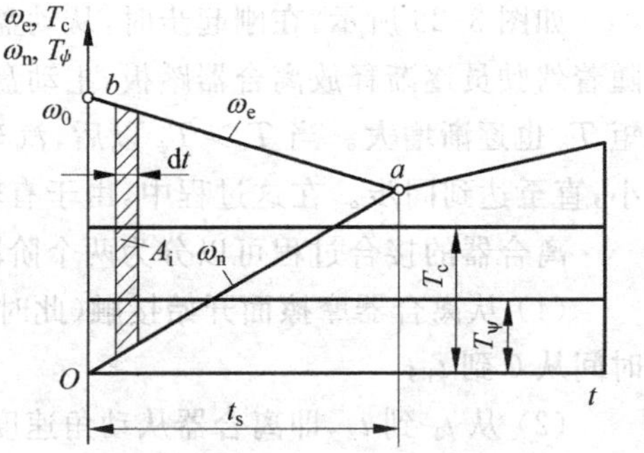

图 3-27 简化的离合器起步过程

在这种情况下有如下关系式。

(1) 对主动部分

$$\int_0^t (T_e - T_c) dt = \int_{\omega_0}^{\omega_e} J_e \cdot d\omega \tag{3-40}$$

$$(T_e - T_c) \cdot t = J_e \cdot (\omega_e - \omega_0) \tag{3-41}$$

$$\omega_e = \omega_0 + \frac{T_e - T_c}{J_e} \cdot t \tag{3-42}$$

其中,ω_0 是发动机的初始转速。

假定在起步过程中 $T_e < T_c$,则发动机的转速 ω_e 随着时间 t 线性减小,参见图 3-27。

(2) 对从动部分

$$\int_0^t (T_c - T_\psi) dt = \int_0^{\omega_n} J_n \cdot d\omega \tag{3-43}$$

$$(T_c - T_\psi) \cdot t = J_n \cdot \omega_n \tag{3-44}$$

$$\omega_n = \frac{T_c - T_\psi}{J_n} \cdot t \tag{3-45}$$

(3) 离合器主动、从动部分转速达到一致时的时间 t_s

从式(3-42)和式(3-45)可得

$$\omega_e = \omega_0 + \frac{T_e - T_c}{J_e} \cdot t = \omega_n = \frac{T_c - T_\psi}{J_n} \cdot t \tag{3-46}$$

$$\left(\frac{T_c - T_\psi}{J_n} - \frac{T_e - T_c}{J_e}\right) \cdot t = \omega_0 \tag{3-47}$$

$$t_s = \frac{J_n \cdot J_e \cdot \omega_0}{J_e \cdot (T_c - T_\psi) - J_n \cdot (T_e - T_c)} \tag{3-48}$$

当 $t = t_s$ 时，$\omega_e = \omega_n$，离合器的滑磨终止。

从图 3-27 可以看出，发动机转速 ω_e 随着时间线性减小，离合器从动盘转速 ω_n 随着时间线性增大。在起步过程中的滑磨功为

$$L = \int_0^{t_s} T_c \cdot (\omega_e - \omega_n) \cdot \mathrm{d}t = T_c \cdot \int_0^{t_s} (\omega_e - \omega_n) \cdot \mathrm{d}t \tag{3-49}$$

其中，$\int_0^{t_s} (\omega_e - \omega_n) \cdot \mathrm{d}t$ 是图 3-27 中$\triangle Oab$ 的面积，所以

$$\int_0^{t_s} (\omega_e - \omega_n) \cdot \mathrm{d}t = \frac{\omega_0 \cdot t_s}{2} \tag{3-50}$$

把式(3-50)代入式(3-49)，得

$$\begin{aligned} L &= T_c \cdot \int_0^{t_s} (\omega_e - \omega_n) \cdot \mathrm{d}t = T_c \cdot \frac{\omega_0 \cdot t_s}{2} \\ &= \frac{T_c}{2} \cdot \omega_0 \cdot \frac{\omega_0 \cdot J_n \cdot J_e}{(T_c - T_\psi) \cdot J_e - (T_e - T_c) \cdot J_n} \\ &= \frac{T_c}{2} \cdot \frac{\omega_0^2 \cdot J_n \cdot J_e}{(T_c - T_\psi) \cdot J_e - (T_e - T_c) \cdot J_n} \\ &= \frac{T_c}{2} \cdot \frac{\left(\frac{2\pi \cdot n_0}{60}\right)^2 \cdot J_n \cdot J_e}{(T_c - T_\psi) \cdot J_e - (T_e - T_c) \cdot J_n} \end{aligned} \tag{3-51}$$

其中，n_0 是发动机的初始转速，r/min。式(3-51)是计算汽车起步过程中离合器滑磨功 L 的近似公式。

从式(3-51)可得

$$\begin{aligned} L &= \frac{1}{2} \frac{\left(\frac{2\pi \cdot n_0}{60}\right)^2 \cdot J_n \cdot J_e}{\left(\frac{T_c - T_\psi}{T_c}\right) \cdot J_e - \left(\frac{T_e - T_c}{T_c}\right) \cdot J_n} \\ &= \frac{1}{2} \frac{\left(\frac{2\pi \cdot n_0}{60}\right)^2 \cdot J_n \cdot J_e}{\left(1 - \frac{T_\psi}{T_c}\right) \cdot J_e - \left(\frac{T_e}{T_c} - 1\right) \cdot J_n} \end{aligned} \tag{3-52}$$

如果假定 T_c/T_e 就是离合器的后备系数 β，即

$$\beta = \frac{T_c}{T_e} \tag{3-53}$$

把式(3-53)代入式(3-52)可得

$$L=\frac{2\cdot\left(\frac{\pi\cdot n_0}{60}\right)^2\cdot J_n\cdot J_e}{\left(1-\frac{T_\psi}{T_c}\right)\cdot J_e-\left(\frac{1}{\beta}-1\right)\cdot J_n}\tag{3-54}$$

实际上,式(3-51)、式(3-54)计算的是最小可能的滑磨功。可以看出,提高发动机的初始转速 n_0,增大当量转动惯量 J_n(减小传动系总传动比或增大汽车总质量 m_a)会使滑磨功 L 增大。

离合器的磨损性能可以利用从动盘单位摩擦面积的滑磨功 q 来估计

$$q=\frac{L}{A_\Sigma}\tag{3-55}$$

其中,A_Σ 是从动盘的总摩擦面积;L 是汽车起步过程中的滑磨功,利用式(3-54)计算。当挂1挡从静止起步时,取 $\psi=0.1$,$n_0=2000$ r/min(轿车)或 $n_0=1500$ r/min(货车),T_c 为离合器的最大静摩擦力矩来计算滑磨功 L。在这种情况下,对于单盘离合器,允许的 q 值为 196~245 J/cm²,对于双盘离合器允许的 q 值为 147~167 J/cm²。

离合器应能经受滑磨,同时由滑磨功转换的热量不应使离合器零件温升过大。由于压盘较飞轮质量小,受热引起的温升较大,所以一般主要关注离合器压盘的温升。根据滑磨功可以计算出压盘升高的温度

$$t_p=\frac{\gamma\cdot L}{m\cdot c}\tag{3-56}$$

其中,t_p 是压盘的温升,℃;c 是压盘的比热容,而压盘的材料一般是铸铁,铸铁的比热容 $c=481.4$ J/(kg·℃);γ 是传到压盘的热量所占的比例,对于单盘离合器,$\gamma=0.5$,对于双盘离合器的压盘,$\gamma=0.25$,对其中间压盘,$\gamma=0.5$;L 是滑磨功,N·m。

对于不带拖车的汽车,在一次离合器接合过程中产生的温升不应该超过10℃;对于带拖车的汽车,在一次离合器接合过程中产生的温升不应该超过20℃。增大压盘质量、改善离合器通风散热可以降低这种温升。应该指出,这种温升计算仅用于对不同的离合器设计进行相互比较。实际上,离合器压盘的加热过程是很复杂的。在城市行驶工况中,卡车每行驶100 km离合器分离-接合300次至600次,带拖车的汽车每行驶100 km离合器分离-接合400次至700次。这就是在车辆行驶中离合器零件的温度明显高于计算值的原因。对于模压的离合器摩擦面,允许的长期温度为200℃,允许的短期温度为350℃。

3.7 离合器操纵机构的设计

3.7.1 对离合器操纵机构的要求

离合器操纵机构应该满足如下要求:

(1) 踏板力要小,轿车在80~150 N,货车不大于150~200 N;

(2) 踏板行程应该在80~150 mm范围内,最大不超过180 mm;

(3) 应该具有踏板自由行程调整机构,以便在摩擦片磨损后恢复分离轴承的自由行程(分离轴承与分离杠杆之间的间隙一般为3~4 mm),保证充分的传递扭矩的能力;

(4) 应该具有踏板行程限位器,以防止操纵机构零件受到过大的载荷而损坏;

(5) 应该具有足够的刚度；

(6) 可以防止因发动机振动以及车架、驾驶室的变形而引起操纵机构的运动干涉；

(7) 保证分离彻底。

3.7.2 离合器操纵机构结构形式的选择

1. 机械式操纵机构

机械式操纵机构有杆系传动和绳索传动两种形式。杆系传动机构结构简单，工作可靠，广泛用于各型汽车上，但机械效率低，重量大，车架和驾驶室的变形可能影响其正常工作。在某些情况下(例如远距离操纵)，杆系布置比较困难，不能采用适宜驾驶员操纵的吊挂踏板。绳索传动(见图 3-28)可消除上述缺点，但寿命较短，机械效率仍不高。此种形式多用于轻型轿车中。

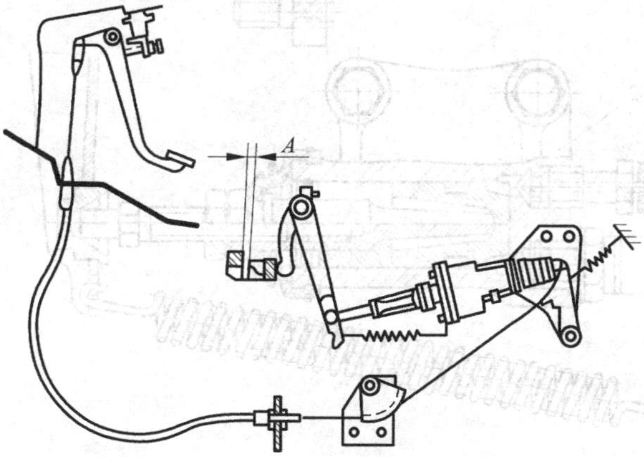

图 3-28 离合器操纵的绳索传动机构

2. 液压式操纵机构

液压式操纵机构由主缸、工作缸、管路系统等部分组成，如图 3-29 所示。这种操纵机构传动效率高，重量轻，布置方便，便于采用吊挂踏板，便于驾驶室密封，不会因驾驶室和车架的变形以及发动机的振动发生运动干涉，可使离合器接合较柔和，有可能降低猛接离合器时传动系的动载荷。这种机构不仅广泛用于中、小型车辆上，并且在重型汽车上的应用也日益增多。

3. 助力器的应用

在中型和重型货车上，离合器压紧弹簧的压紧力很大，为减轻踏板力，在机械式和液压式操纵机构中采用了各种助力器。弹簧式助力器(见图 3-30)结构简单，但助力效果不大，一般仅可降低踏板力 25%～30%；气动式助力器(见图 3-31)多在重型车辆上采用。设计助力器应保证在其失效时，仍能由人力操纵。

4. 气压式操纵机构

气压式操纵机构由操纵阀、工作缸和管路系统等部分组成，压缩空气压力作为操纵离合器的全部力源，具有操纵轻便的突出优点。操纵阀与制动阀相似，设计时必须保证随动作用，即输送给工作缸的气压与离合器踏板行程和踏板力成比例。

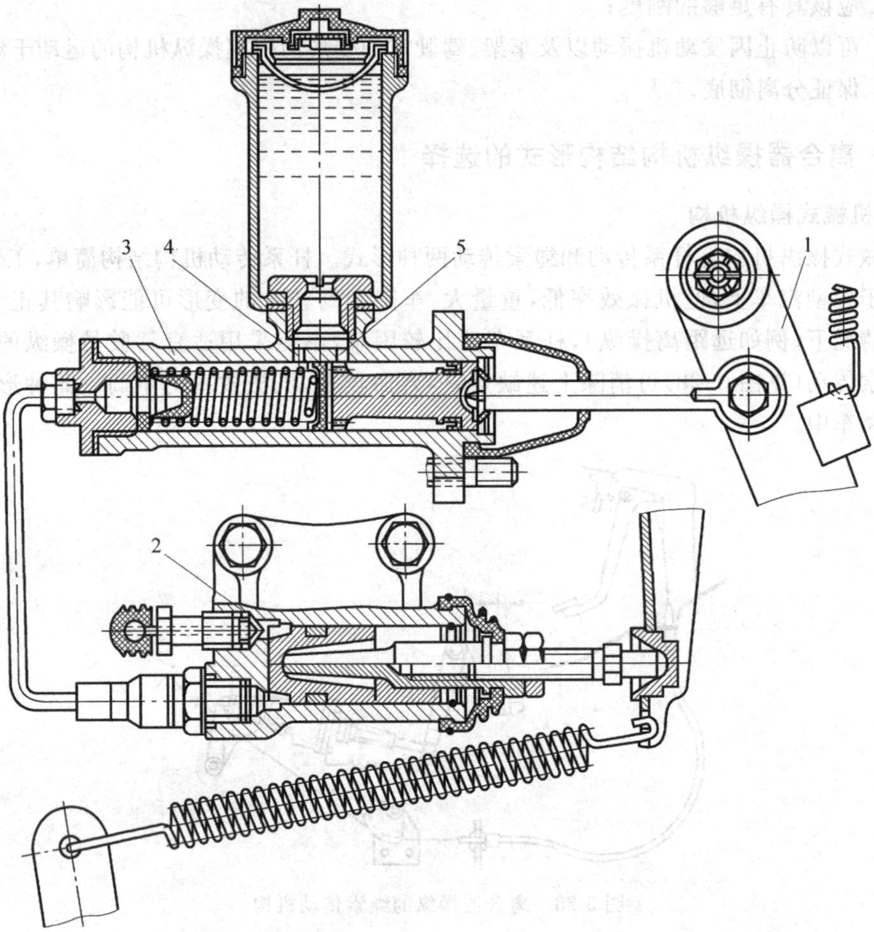

图 3-29 离合器液压式操纵机构

1—踏板；2—液压分泵；3—液压总泵；4—补偿孔；5—旁通孔

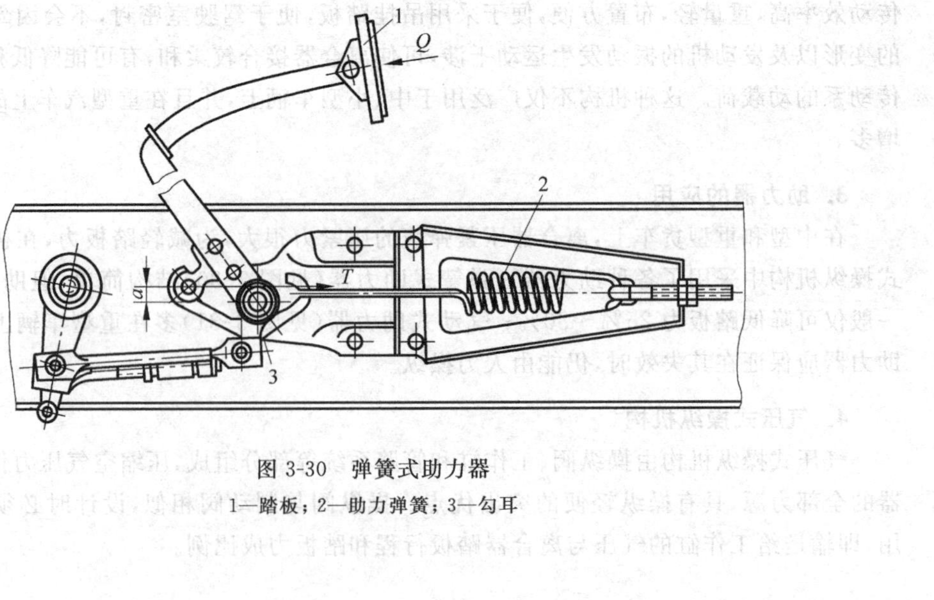

图 3-30 弹簧式助力器

1—踏板；2—助力弹簧；3—勾耳

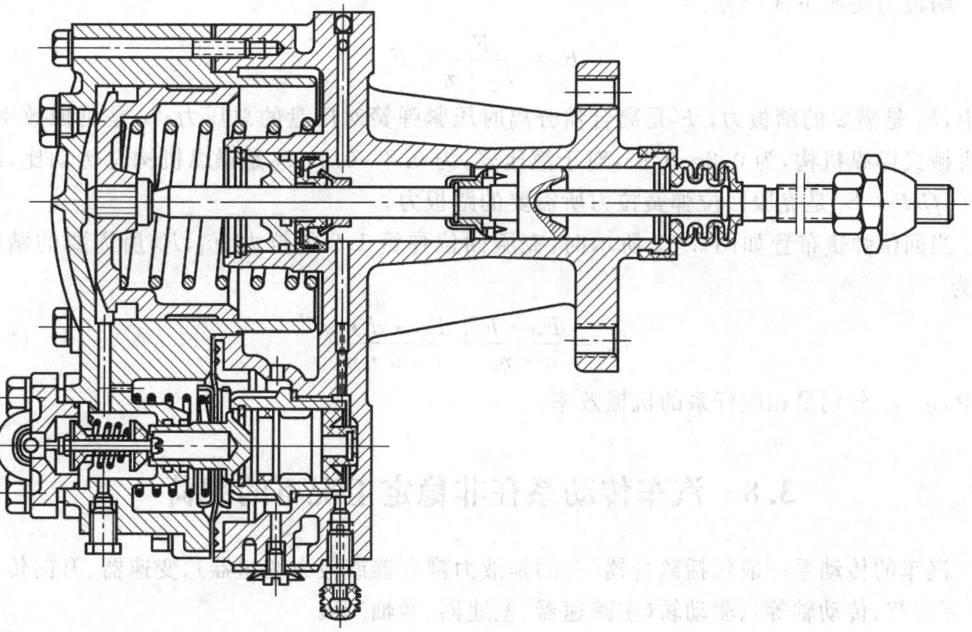

图 3-31 气动式助力器

3.7.3 离合器操纵机构的主要计算

在结构形式选定以后，应该合理地确定操纵机构的总传动比及其在各部分上的分配。

图 3-32 为机械式操纵机构示意图。踏板行程 s 由自由行程 s_0（一般为 20～30 mm）和工作行程 s_g 两部分组成

$$s = s_0 + s_g = \left(s_{0f} + Z \cdot \Delta s \cdot \frac{e}{f}\right) \cdot \frac{ac}{bd} \tag{3-57}$$

其中，s_{0f}是分离轴承自由行程，一般为 1.5～3 mm；Z 是离合器摩擦面数；Δs 是离合器分离时每对摩擦面间的间隙，对于单盘离合器 Δs＝0.85～1.3 mm，对于双盘离合器双片 Δs＝0.75～0.9 mm；a、b、c、d、e、f 是杠杆尺寸，如图 3-32 所示。表 3-2 示出常见的杠杆比范围。

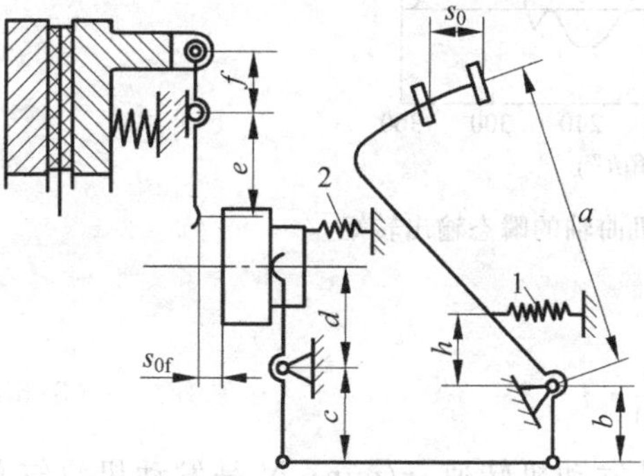

图 3-32 离合器操纵机构示意图

表 3-2 离合器操纵机构杠杆比

离合器形式	e/f	$ac/(bd)$
周置圆柱弹簧	3.6～6.1	7～12，15～18*
膜片弹簧	2.7～5.4	10～16
中央圆锥弹簧	7～8	13～15

* 适用于重型汽车。

踏板力按照下式计算:

$$F_f = \frac{F'}{i_\Sigma \cdot \eta} + F_s \tag{3-58}$$

其中,F_f 是需要的踏板力; F'是离合器分离时压紧弹簧对压盘的总压力; η 是机械效率,对于机械式操纵机构,为 0.8~0.85,对于液压式,为 0.8~0.9; i_Σ 是操纵机构总传动比,$i_\Sigma = eac/(fbd)$; F_s 是克服回位弹簧拉力所需要的踏板力。

当回位弹簧布置如图 3-32 所示时,克服回位弹簧 1、2 的拉力 F_{s1}、F_{s2} 所需要的踏板力 F_s 为

$$F_s = \frac{F_{s1} \cdot h}{a \cdot \eta_1} + \frac{F_{s2} \cdot d \cdot b}{c \cdot a \cdot \eta_2} \tag{3-59}$$

其中,η_1、η_2 分别是相应杆系的机械效率。

3.8 汽车传动系在非稳定工况下的载荷

汽车的传动系一般包括离合器(有的是液力耦合器或液力变扭器)、变速器、万向传动装置(万向节、传动轴等)、驱动桥(主减速器、差速器、半轴)等。

3.8.1 由发动机激振转矩引起的传动系载荷

当发动机工作时,其汽缸内气体压力的变化和曲柄连杆机构往复运动质量的不均匀惯性力,对曲轴-飞轮形成了周期性变化的激振转矩。

图 3-33 示出一个四行程四缸汽油机的曲轴瞬时输出转矩。从图 3-33 可以看出,曲轴上的动态输出转矩从正变到了负,最大转矩约为平均转矩(有效转矩 T_e)的 7 倍。如果有零件直接与飞轮相连,则在其强度计算中必须考虑这种动态转矩。而在离合器后面的零件所承受的转矩会大大降低,因为通过离合器传递的转矩受到其最大静摩擦力矩的限制。

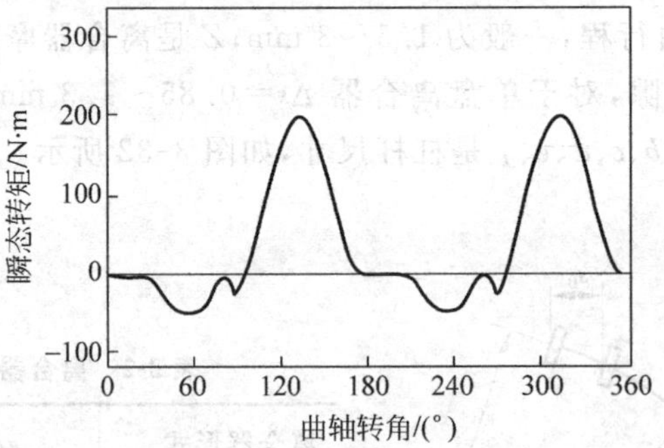

图 3-33 一台四行程四缸汽油机曲轴的瞬态输出转矩

发动机激励的第 j 阶激振频率为

$$f_j = \frac{N}{2} \cdot \frac{n}{60} \cdot j \tag{3-60}$$

其中,f_j 是第 j($j=1,2,\cdots$)阶激振频率,Hz; n 是发动机转速,r/min; N 是发动机汽缸总数。发动机激励的主谐波(幅度最大的谐波)一般是其第一阶谐波,其激振频率 f_1 为

$$f_1 = \frac{N}{2} \cdot \frac{n}{60} \tag{3-61}$$

发动机的激振使传动系产生受迫振动，使有关零件产生扭转振动。特别危险的情况是发生共振，即激振频率与传动系的固有频率重合。为了避免这种情况，一是要使传动系的固有频率避开发动机的激振频率范围，特别是幅度比较大的激振频率，离合器中扭转减振器中的弹性元件就起这种作用；二是在传动系中加阻尼，离合器扭转减振器中的阻尼元件就起这种作用，降低共振时的振幅。

3.8.2 换挡时引起的动载荷

当汽车由低挡换高挡急剧加速时，由于离合器接合速度较快，传动系将出现明显的冲击载荷。图 3-34 示出一辆装载量为 7.0 t 的货车在换挡加速时传动轴上的转矩随时间变化的曲线。图中的虚线是表示在各挡时与发动机最大转矩相对应的转矩。可以看出，传动轴上的转矩可以超过这种转矩。

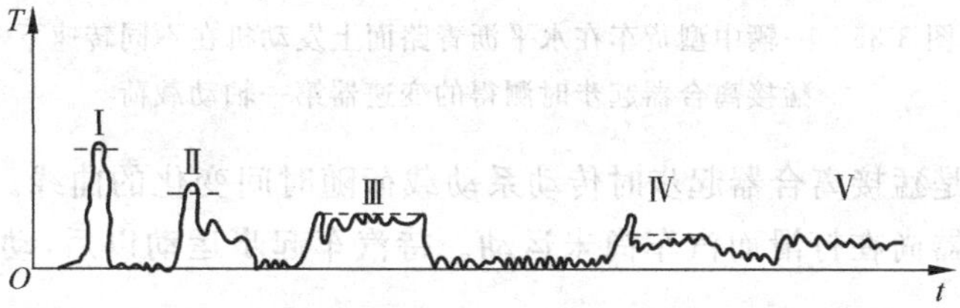

图 3-34 汽车在换挡加速时传动轴上的转矩随时间变化的曲线

当汽车在陡坡上行驶需要高挡换低挡时，由于发动机与第二轴的转速可能相差较大，换挡时在传动系中所产生的冲击载荷也可能达到相当高的数值。在一般使用条件下，换高挡时的冲击载荷，通常并不大，只是在一、二挡之间换挡时，传动系中可能产生较大的冲击载荷。

3.8.3 猛接离合器起步时的动载荷

当汽车遇到很大阻力（如车轮下陷或在陡坡上起步）时，用正常操作方式不能起步，驾驶员需要把离合器分离，踩油门将发动机加速到很高转速，然后突然接合离合器，使高速旋转的发动机突然与尚未启动的传动系相接，利用发动机飞轮的动能对汽车造成很大的前冲力，从而使汽车起步。

有人做过试验，在困难道路条件下猛接离合器起步时，变速器第一轴上的动载荷可能为发动机最大转矩的 3～3.5 倍或更高。而在驱动轮上，由于传动系的损失和弹性等因素，扭矩可能为发动机最大转矩时的 2 倍。

图 3-35 所示是一辆中型货车在水平沥青路面上发动机在不同转速下猛接离合器起步时测得的变速器第一轴动载荷。T_{I} 是挂一挡时的测量转矩；T_{II} 是挂二挡时的测量转矩；T_c 是离合器的静摩擦力矩；驱动轮附着力矩对应的第一轴力矩 $T_{\mathrm{I}\varphi}$（一挡）、$T_{\mathrm{II}\varphi}$（二挡）。可以看出，二挡时的动载荷较一挡时的大，在稍高一些的发动机转速下，其载荷数值不但高于离合器的静摩擦力矩 T_c，而且还高于驱动轮附着力矩的对应值 $T_{\mathrm{II}\varphi}$。这说明在猛接离合器起步时，离合器的静摩擦力矩和驱动轮的附着力矩对应的值并不是传动系最大动载荷的

极限。这时,传动系载荷大大超过离合器静摩擦力矩,这是由于在猛接离合器时,离合器摩擦片除受弹簧压紧力以外,还受到压盘突然向飞轮运动所产生的冲击力(即压盘惯性力),使实际压紧力增大。此外,在高速加载时,摩擦系数也有所增加。驱动轮打滑并不能限制传动系载荷的增加,则是由于在起步加速时,车轮具有很大的惯性力矩的缘故。

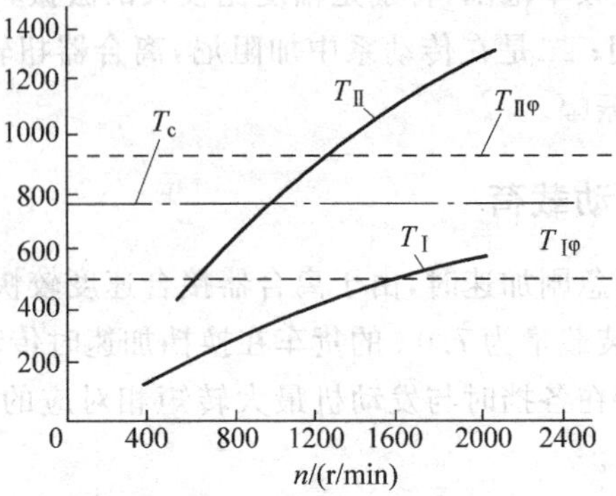

图 3-35 一辆中型货车在水平沥青路面上发动机在不同转速下猛接离合器起步时测得的变速器第一轴动载荷

图 3-36 所示是猛接离合器起步时传动系动载荷随时间变化的曲线。当动载荷达到最大值 T_{max}时,离合器尚在打滑而汽车尚未运动。待汽车起步运动以后,动载荷 T 则逐渐衰减为稳定值。

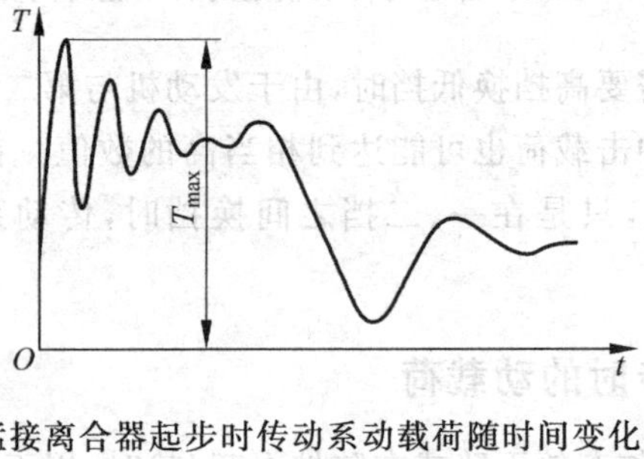

图 3-36 猛接离合器起步时传动系动载荷随时间变化的曲线

传动系动载荷的大小可用动载荷系数 k_d 来表示,

$$k_d = \frac{T_{max}}{T_{emax}} \tag{3-62}$$

其中,T_{max}是第Ⅰ轴最大转矩;T_{emax}是发动机最大转矩。

在进行传动系强度计算时,应根据同类车试验测得的数值选取 k_d。也可用下述经验公式确定变速器第一轴的最大转矩:

$$T_{max} = 2 \cdot \beta \cdot T_{emax}, \quad i_{\Sigma} \leqslant 20 \tag{3-63}$$

$$T_{max} = 1.35 \cdot T_{\varphi}, \quad i_{\Sigma} \geqslant 50 \tag{3-64}$$

其中,T_{max}是变速器第一轴的最大转矩;i_{Σ}是传动系的总传动比;β是离合器后备系数;T_{φ}是由驱动轮附着力矩确定的第一轴转矩。设驱动轮附着静负荷为 G_{φ},附着系数为 φ,车轮动力半径为 r_d,传动系效率为 η_T,则 $T_{\varphi}=G_{\varphi} \cdot \varphi \cdot r_d/(i_{\Sigma} \cdot \eta_T)$。

当 $20<i_{\Sigma}<50$ 时,可用插值方式计算 T_{max},即

$$T_{max}=2\cdot\beta\cdot T_{emax}-(2\cdot\beta\cdot T_{emax}-1.35\cdot T_{\varphi})\cdot\frac{i_{\Sigma}-20}{50-20} \tag{3-65}$$

3.8.4 紧急制动时的动载荷

当汽车行驶时，在不松开离合器的情况下紧急制动也会在传动系中产生很大的冲击载荷。但是，由于离合器的作用限制了传动系所承受的最大动载荷。

3.8.5 传动系静强度计算载荷与安全系数

在2.3节中已经介绍了考虑动载系数 k_d 的强度计算方法，即以 T_{max} 为计算载荷。安全系数最小取 $n_2=1.5$(参见2.5节)。

在传动系零件强度计算中也有采用不考虑动载系数 k_d 的计算载荷，但是要增大安全系数 n_2，以此方法来考虑动载荷影响。计算载荷基于发动机的最大转矩 T_{emax} 或驱动轮打滑所限定的转矩 T_{φ}、变速器传动比 i_g、主减速器传动比 i_o、传动效率 η 等。安全系数 n_2 一般取2～3。

练 习 题

1. 离合器中的扭转减振器由哪些元件组成，各起什么作用？

2. 画出膜片弹簧的受力-变形曲线，指出离合器装配时得到的工作点位置，并且说明原因。

3. 推导单盘离合器的静摩擦力矩计算公式，特别是要推导摩擦面平均半径 $R_c=\frac{D^3-d^3}{3\cdot(D^2-d^2)}$；这个静摩擦力矩与发动机转矩有什么关系？有一台发动机，其最大转矩为700 N·m，最大转速为2500 r/min，与其配套的离合器静摩擦力矩应该取多少？在结构设计中，如何考虑发动机的最大转速？

4. 什么是离合器的接合过程？画出离合器接合过程的力学模型，指明其中各个参数的含义；如何确定 J_n 和 T_{ψ}？

5. 在离合器的接合过程中哪些因素影响滑磨功，它们是如何影响滑磨功的？滑磨功如何定义？在离合器设计过程中如何考虑滑磨功？

6. 试从离合器压盘温升(即在一次离合器接合过程中产生的温升不允许超过20℃)的角度估计一辆矿用重型自卸车的最大起步坡度，并且与其最大爬坡度进行比较。如下是这辆汽车的参数：汽车总质量 $m_a=65$ t；发动机最大转矩 $T_{emax}=1400$ N·m(在1220～1500 r/min转速范围)；发动机飞轮及离合器主动部分转动惯量 $J_e=2.983$ kg·m²；单盘离合器压盘质量 $m=30$ kg；变速器一挡速比 $i_g=12.42$；主减速比 $i_o=5.73$；轮胎滚动半径 $r_r=0.536$ m；滚动阻力系数 $f=0.01$；传动效率 $\eta=0.8$；离合器最大静扭矩 $T_{cmax}=2100$ N·m；摩擦片外径 $D=400$ mm。

7. 图3-37示出一个膜片弹簧的工作图，试计算其压紧力-变形特性曲线和分离力-分离指变形特性曲线。要求写出计算公式，并且画出上述特性曲线。

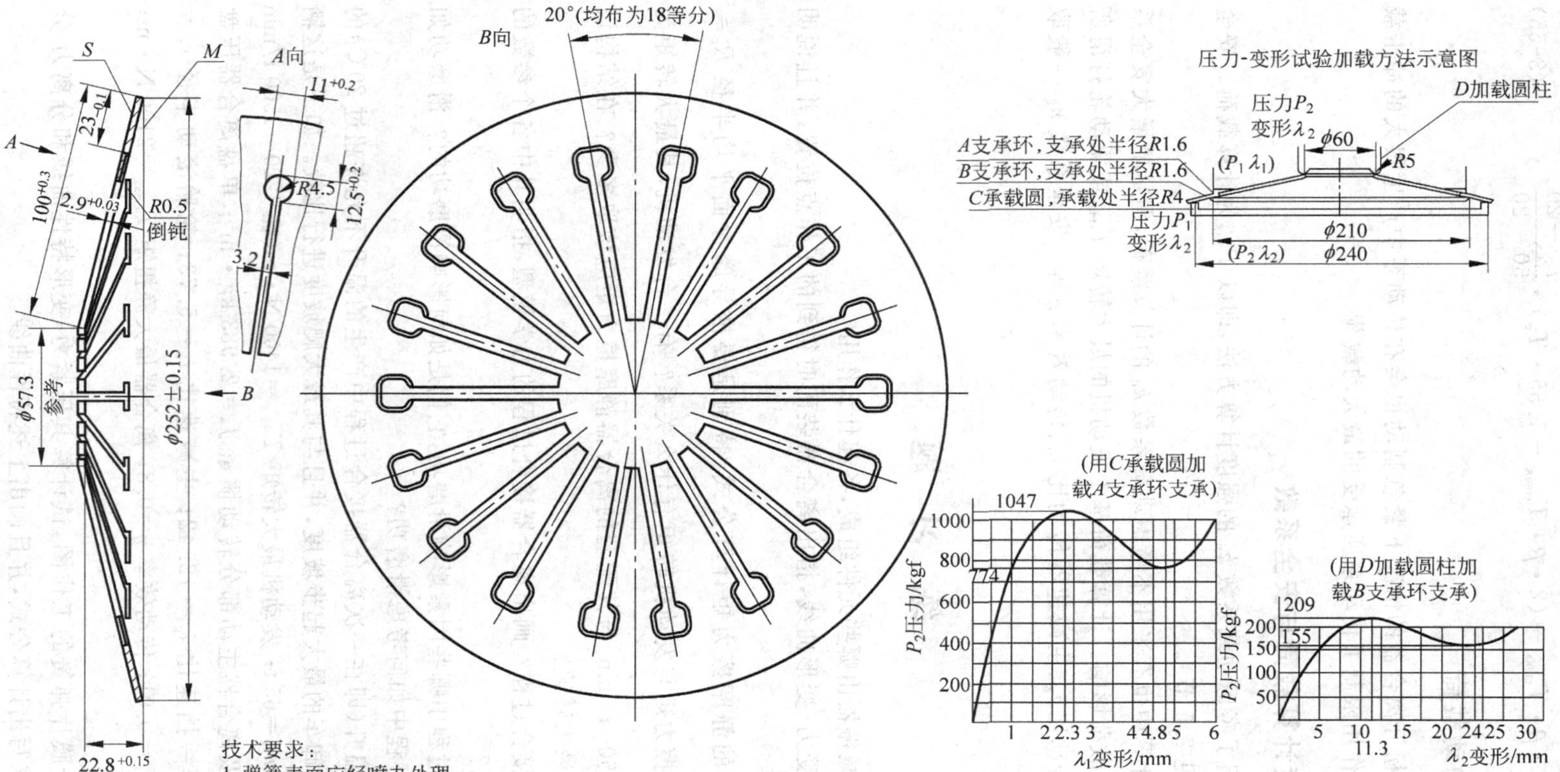

技术要求：

1. 弹簧表面应经喷丸处理。
2. 弹簧表面不得有压痕、划伤等缺陷。
3. 热处理后硬度HRC45～HRC50，同一片硬度差不大于HRC3。
4. 弹簧表面光洁度不得低于▽6，表面脱炭层不得大于0.05 mm。
5. 弹簧应经强压处理：
① 在静载荷下，将弹簧压平，时间不少于24 h；
② 在变形量λ_1达3 mm时，试验次数不少于150次，试验后尺寸应符合图纸要求。
6. 以外圆及平面M为基准，圆锥面S的摆差不大于0.1，内孔$\phi57.3$的摆差不大于0.2 mm。
7. 当变形量λ_1为2.3 mm时，压力P_1为(1047±50)kgf，当λ_1为4.8 mm时，压力P_1为(774±70)kgf，当变形量λ_1为11.3 mm时，压力P_2为(209±30)kgf，当λ_2为24 mm时，压力P_2为(155±35)kgf。
8. 去锋边锐角，表面发黑。
9. 材料：60Si2MnA。

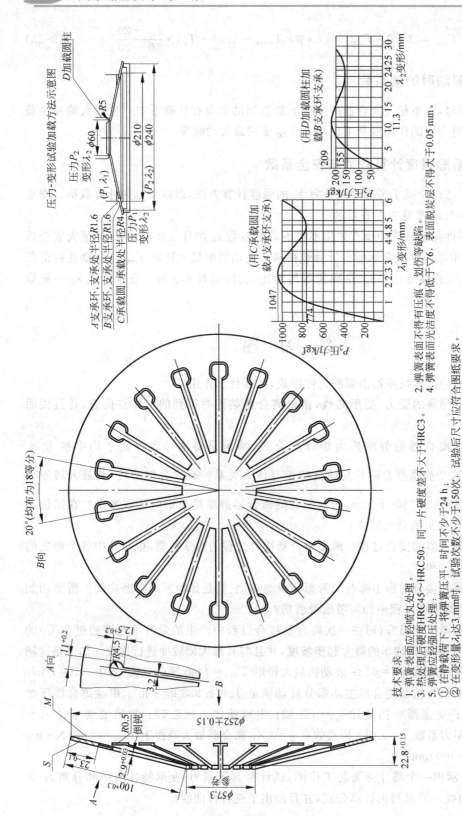

图 3-37 离合器膜片弹簧工作图

4 机械式变速器设计

4.1 概　　述

汽车变速器的功用首先是使汽车发动机能够在尽可能多的工况下发出其最大功率,并且把其传递到驱动轮,从而使汽车获得最好的动力性(最高车速、最大加速能力、最大爬坡度)。图 4-1 示出一辆汽车(装有三挡变速器)的驱动功率图(示意图),图中所示是传递到驱动轮上的功率和汽车在水平路面上行驶的阻力功率。$P_{N\max}$是发动机的最大功率乘以传动系的总效率,即最大等功率特性。可以看出,在区域 A、B 和 C 发动机不能够发出其最大功率,使汽车的动力性达不到可能的最高值(与 $P_{N\max}$对应)。变速器对汽车的燃油经济性、噪声特性等影响显著,其设计应该能够使发动机在比较有利的性能区域工作。此外,变速器应该保证汽车能够倒车行驶,在滑行或停车时能够使发动机和传动系保持分离。需要时变速器还应该具有动力输出功能。

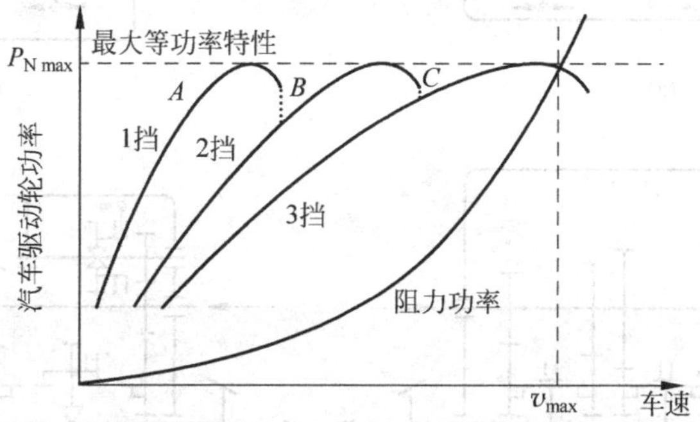

图 4-1　一辆汽车(装有三挡变速器)的驱动功率图(示意图)

变速器由变速传动机构和操纵机构组成。对变速器设计的基本要求如下:

(1) 具有正确的挡数和传动比,保证汽车有需要的动力性、经济性、噪声等指标;

(2) 具有空挡和倒挡,使发动机可以与驱动轮长期分离,使汽车能够倒车;

(3) 换挡迅速、省力,以便缩短加速时间、提高汽车动力性、减轻驾驶员劳动强度;

(4) 工作可靠,在汽车行驶中,变速器不得有跳挡、乱挡以及换挡冲击等现象发生;

(5) 根据需要可以设置动力输出装置。

此外,变速器设计还应该尽可能保证效率高、噪声低、体积小、重量轻、便于制造、成本低等要求。

目前,在汽车上得到广泛使用的变速器有机械式变速器(即手动换挡变速器)、自动变速器(即由液力变矩器和行星齿轮式变速器组成的液力机械式变速器)。自动换挡的机械式变速器(AMT)的应用日益增多。双离合器式变速器也已经研制成功,开始在轿车上得到实际应用。另外,机械式无级变速器也在一定范围内得到了应用。应该指出,变速技术是发展比较活跃的汽车技术领域之一。上述各种变速器都有自己的优缺点。

本章将集中介绍机械式变速器的设计。这种变速器是自动换挡机械式变速器和双离合器式变速器的基础,同时由于其具有相当好的综合性能(效率高、燃油经济性好、结构紧凑、质量小、成本低、良好的维护性能等)将继续得到广泛应用。

4.2 变速传动机构的方案分析

4.2.1 两轴式变速器

两轴式变速器主要用于前置-前轮驱动的轿车,变速器传动比较小。图4-2示出一些两轴式变速器的传动方案。

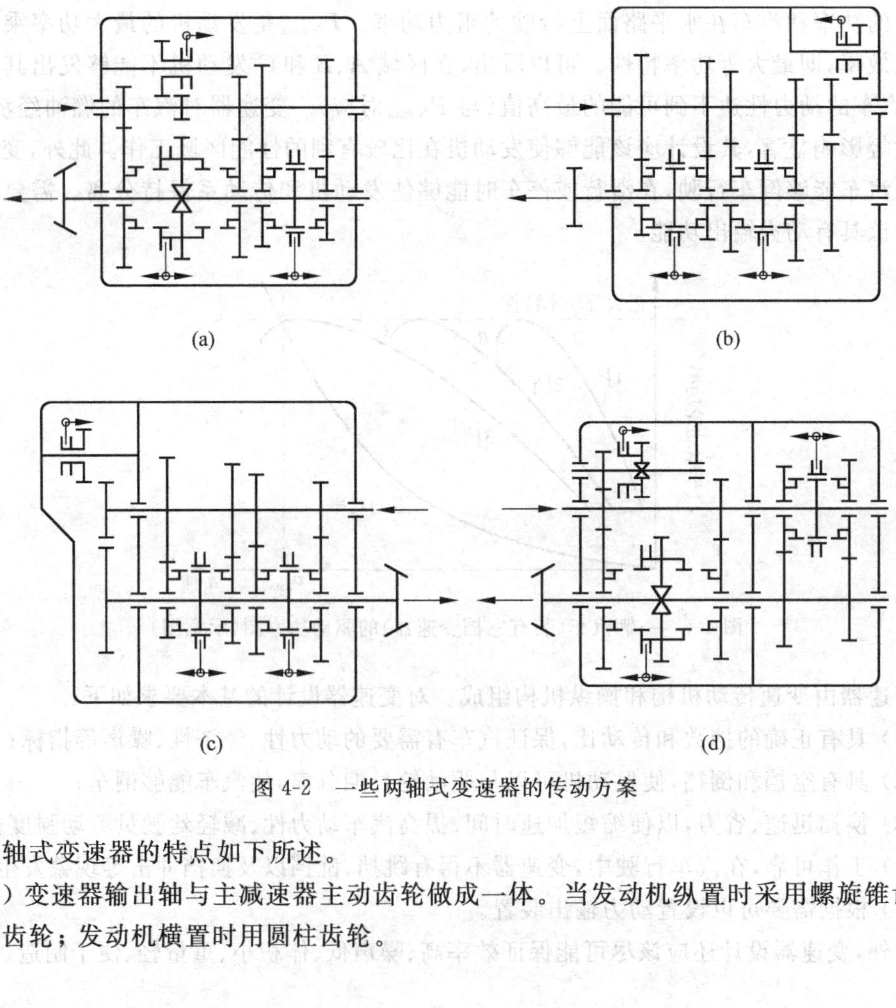

图4-2 一些两轴式变速器的传动方案

两轴式变速器的特点如下所述。

(1) 变速器输出轴与主减速器主动齿轮做成一体。当发动机纵置时采用螺旋锥齿轮或双曲面齿轮;发动机横置时用圆柱齿轮。

(2) 除倒挡传动常用滑动齿轮外，其他挡位都采用常啮合齿轮传动。

(3) 各挡的同步器多装在输出轴上，如图 4-2(a)、(b)、(c)所示。但是也有例外，参见图 4-2(d)，其第 3、第 4 挡的同步器安装在输入轴上，这是因为其主动齿轮尺寸较大，便于与同步器零件连接。

与中间轴式变速器(见图 4-3)相比，两轴式变速器结构简单、中间挡传动效率高、噪声小。但是，如果要求低挡传动比较大，会使结构尺寸增大。这是因为小齿轮的缩小是有限度的，为达到要求的传动比，必须增大从动齿轮尺寸。因而只在传动比要求较小的条件下选用这种变速器。另外，两轴式变速器没有直接挡，相对于直接挡，其工作时齿轮噪声较大、传动效率较低。

4.2.2 中间轴式变速器

在采用前置-后轮驱动布置形式的汽车中一般都采用中间轴式变速器。图 4-3 示出一些中间轴式变速器的传动方案。中间轴式变速器的特点如下：第一轴和第二轴的轴线在同一条直线上，把它们固结起来就得到直接挡，其传动效率高、磨损小、噪声较小；在中心距较小的情况下，一挡仍有较大的传动比($i_1=7\sim8$)，这是因为，除直接挡外，各挡都是通过两对齿轮传动动力，但是这也使这些挡位的传动效率较低。

下面分析几种变速器的设计。

1. 四挡变速器

图 4-3(a)、(b)、(c)示出三种四挡变速器传动方案。在图 4-3(a)、(b)所示方案中有四对常啮合齿轮，可采用同步器或啮合套换挡；倒挡用直齿滑动齿轮换挡。在图 4-3(c)所示方案中有三对常啮合齿轮，一挡和倒挡用直齿滑动齿轮换挡。

图 4-3(b)所示是一些轿车中间轴式变速器的布置形式，其中为了缩短传动轴长度而把变速器的后端加长，第二轴也加长了，并且其有三个支承，最后一个支承位于加长了的附加壳体上。在图 4-3(a)所示方案中，在附加壳体中布置了倒挡齿轮及其换挡机构，有利于减小变速器主体部分的尺寸。

2. 五挡变速器

图 4-3(d)、(e)、(f)示出三种不同的五挡变速器传动方案。在图 4-3(d)所示方案中，一挡和倒挡采用直齿滑动齿轮换挡，而其余挡位都用常啮合齿轮换挡。在图 4-3(e)、(f)所示方案中，全部齿轮都是常啮合齿轮。

图 4-3(f)所示是在一些货车变速器中采用的多支承结构方案，在箱体中对第二轴和中间轴又分别设置了两个支承，这样可以提高第二轴和中间轴的刚度。在图 4-3(f)所示方案中，取消了设置在第一轴常啮合齿轮中的第二轴支承，仍然能够保证第二轴的支承刚度。采用这种结构，需要考虑轴及齿轮等的装配问题。采用在轴平面上可分开的壳体结构，就可解决上述装配问题。

3. 六挡变速器

图 4-3(g)、(h)示出两种六挡变速器传动方案。在图 4-3(g)所示方案中，一挡和倒挡用直齿滑动齿轮换挡，而其余挡位都用常啮合齿轮；超速挡位于变速器后部的附加壳体内，有利于系列化。在图 4-3(h)所示方案中，所有的前进挡都采用常啮合齿轮，而倒挡采用滑动

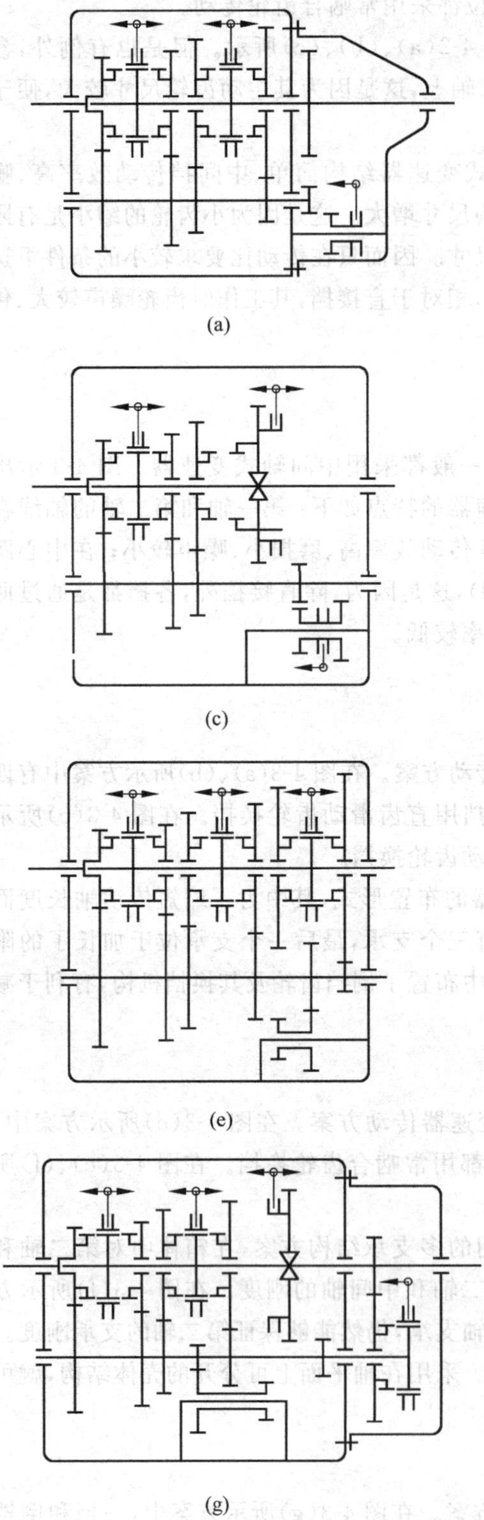

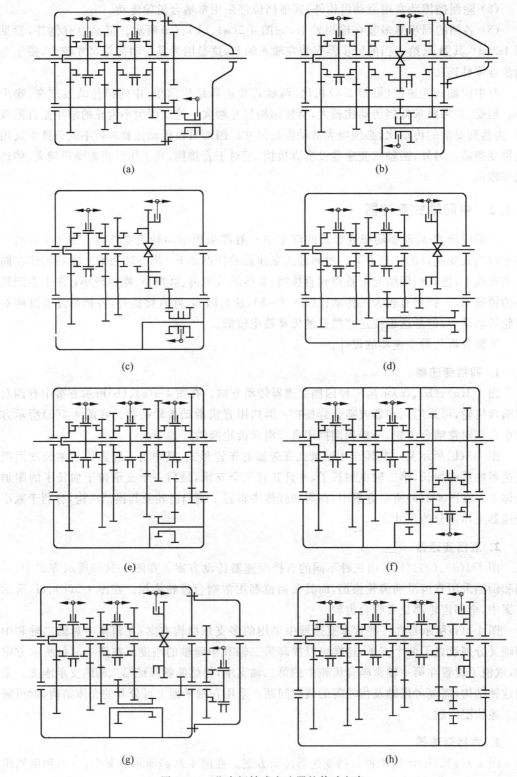

图 4-3　一些中间轴式变速器的传动方案

齿轮(无花键)和啮合套相接合的方法换挡。

在传统的中间轴式变速器中,各个换挡部件(同步器、啮合套、直齿滑动齿轮等)多数装在第二轴上。而第二轴前端常支承在第一轴常啮合齿轮内腔的小轴承上。这样致使第二轴前端支承刚度偏小,不利于低挡的同步换挡。为了克服这个缺点,在传动比较大的货车变速器中有采用如图 4-4 所示方案的。其特点是第二轴较短,第一轴较长,其后端支承在第二轴齿轮中的支承上。由于第二轴承受的载荷比较大,其设计得比较粗,第二轴上的齿轮尺寸也比较大,使得第二轴后支承的刚度有所提高。低挡同步器装在支承刚度较大的中间轴上,因而同步惯量减小,减小了换挡部件的磨损和自动脱挡的可能性,并可缩短同步时间或减轻换挡力。由于常啮合齿轮后置,各挡齿轮直接承受发动机的负荷,没有因经过常啮合齿轮而加大,使得中间轴上的齿轮、换挡部件的尺寸和质量也得以减小。而在传统中间轴式变速器中,由于常啮合齿轮的增扭作用,使得各挡齿轮受力较大,不得不设计得较粗大。

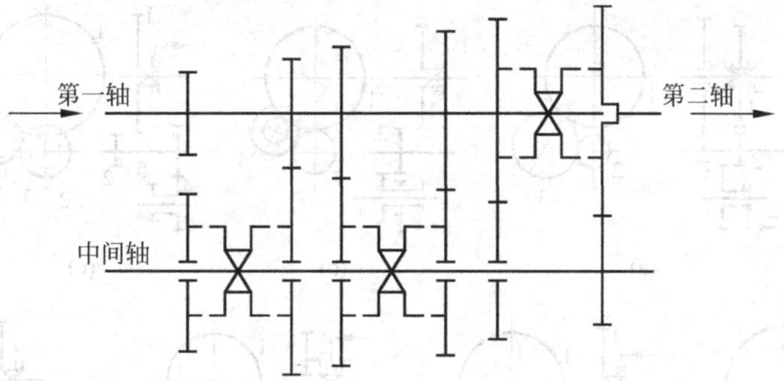

图 4-4 短二轴中间轴式变速器的传动方案

在重型货车变速器中,有采用双中间轴设计的,如图 4-5 所示。由发动机传给第一轴的动力分别传至各中间轴,然后再传给浮动支承的第二轴齿轮输出。由于动力分流的结果,即在同样的输入转矩下,有两个齿轮受力,从而降低了齿轮应力,可以减小齿轮宽度(约 40%),从而减小了变速器的长度,同时也减轻了轴承的负荷。但是达到这个效果是有代价的,即增加了中间轴、齿轮及轴承的个数,并使结构复杂化。目前,这种方案在重型货车的变

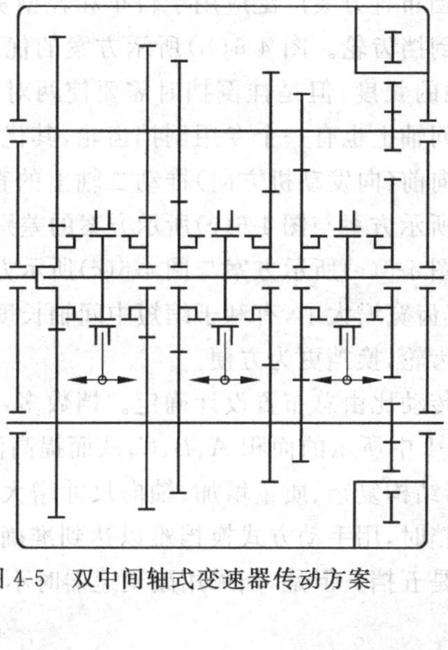

图 4-5 双中间轴式变速器传动方案

速器中已得到了应用。

4.2.3 倒挡传动布置方案

图 4-6 示出一些倒挡的传动布置方案。由于挂倒挡一般在停车的情况下进行，不存在同步问题，所以常采用直齿滑动齿轮方案。常用的倒挡传动布置方式包括：①在前进挡的传动路线中，加入一个中间传动齿轮，见图 4-6(a)、(f)；②利用联体齿轮方案，见图 4-6(b)、(c)、(d)、(e)、(g)。前者结构简单，但是倒挡中间传动齿轮 3 与中间轴上的齿轮 2 啮合时是从动齿轮，而与齿轮 1 啮合时又是主动齿轮，其每个轮齿是在最不利的正、负交替的对称循环弯曲应力状态下工作，影响寿命。而在联体齿轮方案中，每个有关的齿轮总保持是主动齿轮或从动齿轮不变，其轮齿是在比较有利的单向循环弯曲应力状态下工作，并且使倒挡传动比有所增加。

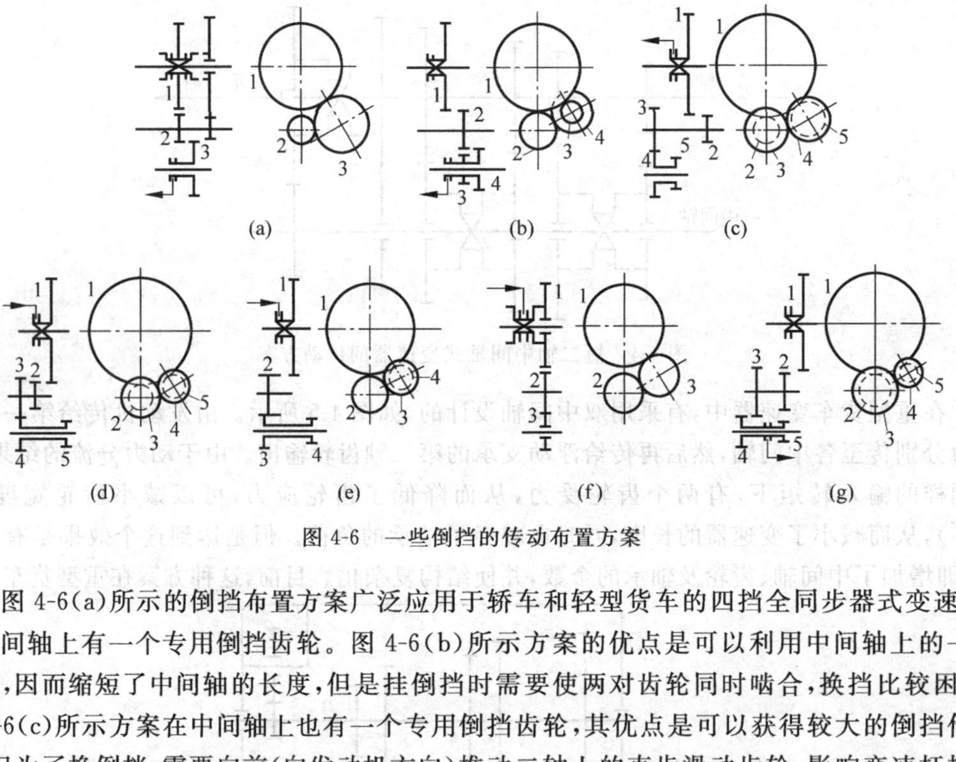

图 4-6 一些倒挡的传动布置方案

图 4-6(a)所示的倒挡布置方案广泛应用于轿车和轻型货车的四挡全同步器式变速器，在中间轴上有一个专用倒挡齿轮。图 4-6(b)所示方案的优点是可以利用中间轴上的一挡齿轮，因而缩短了中间轴的长度，但是挂倒挡时需要使两对齿轮同时啮合，换挡比较困难。图 4-6(c)所示方案在中间轴上也有一个专用倒挡齿轮，其优点是可以获得较大的倒挡传动比，但为了换倒挡，需要向前(向发动机方向)推动二轴上的直齿滑动齿轮，影响变速杆换挡位置的安排。图 4-6(d)所示方案与图 4-6(c)所示方案的差别是在挂倒挡时需要向后推动二轴上的直齿滑动齿轮。图 4-6(e)所示方案与图 4-6(c)所示方案的差别是将中间轴上的一挡和倒挡齿轮做成一体，其齿宽增大了，有利于缩短中间轴长度。图 4-6(f)所示方案适用于全部齿轮副均为常啮合的齿轮，换挡更为方便。

变速器的挡数及其传动比由总布置设计确定。挡数多，可以提高发动机最大功率的利用率，即可以减小在图 4-1 中所示的面积 A、B、C，从而提高汽车的动力性、燃油经济性。但是，增加挡数会使变速器结构复杂、质量增加、轴向尺寸增大(齿轮多引起)、操纵复杂、成本高。当前进挡数多于五挡时，用手动方式换挡难以达到准确、迅速。一般来说，采用手动换挡的变速器的挡数上限是五挡。但是，当采用副变速器时不在此例，因副变速器装有独立的换挡机构。

轿车变速器一般采用3～5个挡。轻、中型货车变速器一般有4～5个挡,其中装载质量为2～3.5 t的汽车采用4挡或5挡,装载质量为4～8 t的汽车采用5挡。五挡以上的变速器用于重型货车。

变速器的传动比范围取决于汽车行驶的道路条件和汽车的比功率,即发动机的最大功率与汽车质量之比。传动比范围是指变速器一挡传动比与其最高挡传动比之比。在变速器高挡传动比为1时,其传动比范围就是其一挡传动比。道路条件越复杂(如越野行驶)、比功率越小所要求的变速器传动比范围越宽。目前,各类汽车变速器的传动比范围为:轿车为3.0～4.5;普通货车和大客车为5.0～8.0;越野汽车和牵引车为10～20。

某些汽车变速器有超速挡,其传动比小于1,通常的范围为0.7～0.8。其目的是提高发动机的负荷率、降低发动机转速,从而降低油耗和磨损,特别是在好路上、空车或轻载行驶时。但是与直接挡相比,使用超速挡会降低传动效率。

机械式变速器的传动效率与所选用的传动方案有关,包括相啮合的齿轮对数、转速、传递的功率、润滑的有效性、齿轮及壳体零件的制造精度等。在没有试验数据时,可以参考如下变速器传动效率数据:4～6挡变速器的效率为0.95;副变速器或分动器的效率为0.95;8挡以上变速器的效率为0.9。

4.2.4 多挡变速器的组合方案分析

由于重型货车的单位功率小、使用条件复杂、变化大,为了满足其使用要求必须扩大传动比的范围。在传动比范围扩大的情况下,如果变速器的挡数还为5个或6个,则相邻挡位的传动比间隔就会增大,造成换挡困难。为了便于换挡,一般要求相邻挡位的传动比之比不大于发动机的最大转速与其最大转矩转速之比。为了解决这个问题,采用了组合式多挡变速器,通常有7～10个挡,少数是12个挡,个别有16和20个挡。这种变速器的采用有利于增加发动机发出高功率(接近其最大功率)的机会,从而提高汽车的动力性;也有利于增加利用发动机低油耗工作点的机会,从而改善汽车的燃油经济性。

重型货车的生产特点是品种多、批量小。为便于生产和降低成本,其多挡变速器普遍采用组合方案,即以1到2种四挡或五挡变速器为主体,再配以具有不同齿轮副和配置的副变速器,形成一组具有不同挡数、不同转矩容量和传动比范围的变速器系列。

1. 几种常用的组合方式

图4-7示出几种多挡变速器组合方案,下面分析几种常用的组合方案。

1) 前置副变速器(图4-7(a))

副变速器在主变速器之前。这种副变速器的传动比范围不宜太大,否则会增大主变速器的质量和尺寸。这是因为,如果副变速器的传动比过大,会使传动到主变速器的转矩较大,不得不采用强度较大的齿轮和轴,从而增大主变速器的质量和尺寸。传动比范围受到限制是这种方案的一个缺点。

见图4-7(a),当副变速器的输入轴与主变速器的输入轴直接相连时(副变速器的直接挡),就与主变速器单独使用时一样,也可以实现直接挡传动;当接合副变速器的非直接挡时,组合式变速器的每个挡位都有两对齿轮啮合,其效率仍能保持在只有主变速器单独工作时的水平上。这种方案的另一个缺点是,主变速器的低挡传动比较大,这是因为副变速器的

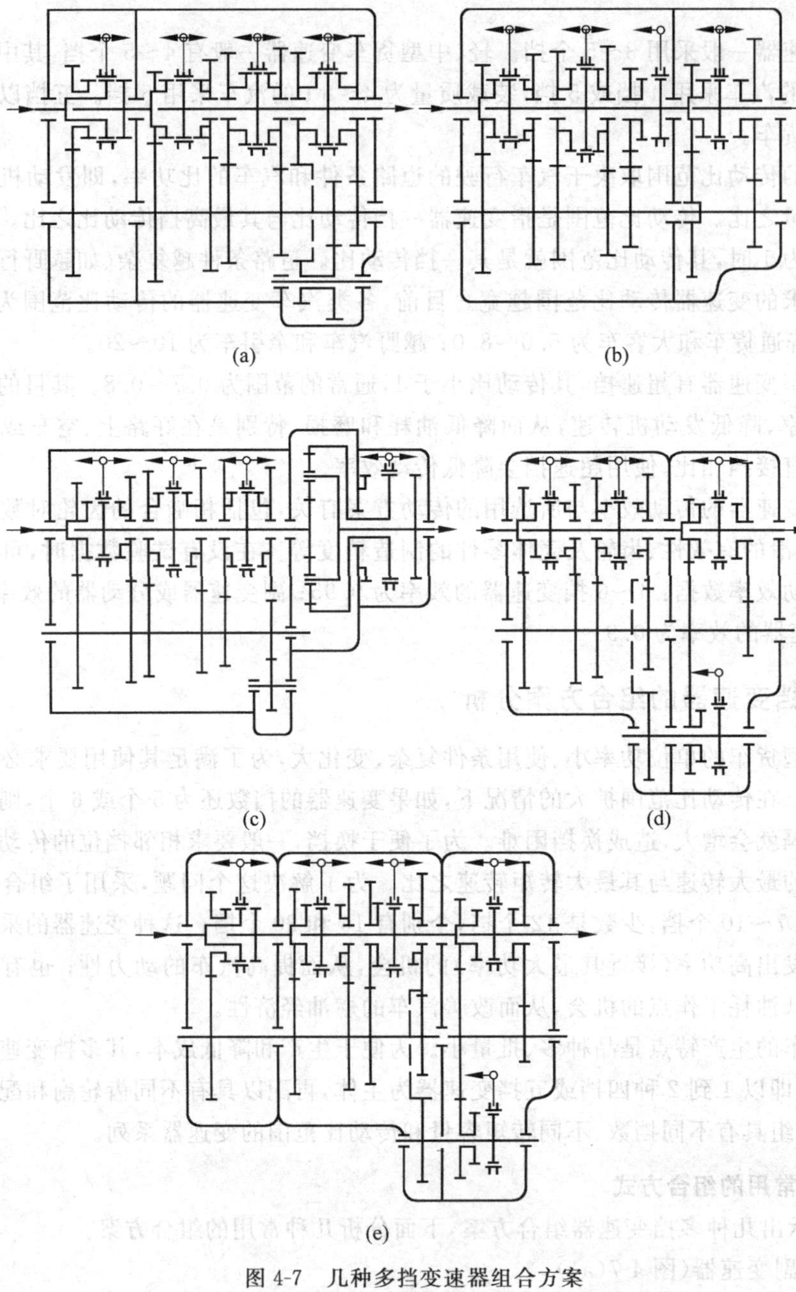

图 4-7 几种多挡变速器组合方案

最大传动比受到限制，为了获得足够的最大传动比，只得增大主变速器的最大传动比。所以它的中心距较大。

2) 后置副变速器(图 4-7(b)、(c)、(d))

在图 4-7(b)、(d)中所示的后置副变速器结构中有两对常啮合齿轮；在图 4-7(c)中所示结构中有一套行星齿轮。这些副变速器的共同特点是：有一个直接挡和一个低挡；传动比范围一般比主变速器的要大。

这种组合式变速器的传动比范围可达 12～13，甚至更大。相对而言，主变速器输出转矩较小，所以其中心距较小。在这种组合式变速器中，在接合主变速器直接挡的情况下接合副变速器的直接挡，可以得到直接挡；而接合副变速器低挡，动力需要经过副变速器中的两对齿轮传动。在接合主变速器低挡的情况下接合副变速器直接挡时，动力需要经过主变速器中的两对齿轮传动；而当接合副变速器低挡时，动力需要经过四对齿轮传动，总传动比较大，但是传动效率较低。

3）主变速器前、后各设置一个副变速器（图 4-7(e)）

前、后副变速器各有两个挡，主变速器有四个挡，所以这种组合式变速器的挡数为 $2\times4\times2=16$。为得到某一挡位，必须在主、副变速器各接合一个啮合套，共有 3 个啮合套。

2. 组合式多挡变速器传动比的搭配方式

1）插入式

主变速器挡位间公比较大，副变速器的传动比均匀地插入主变速器各挡传动比之间，两者交替换挡，共同组成一个传动比序列（单调变化的）（见图 4-8(a)）。

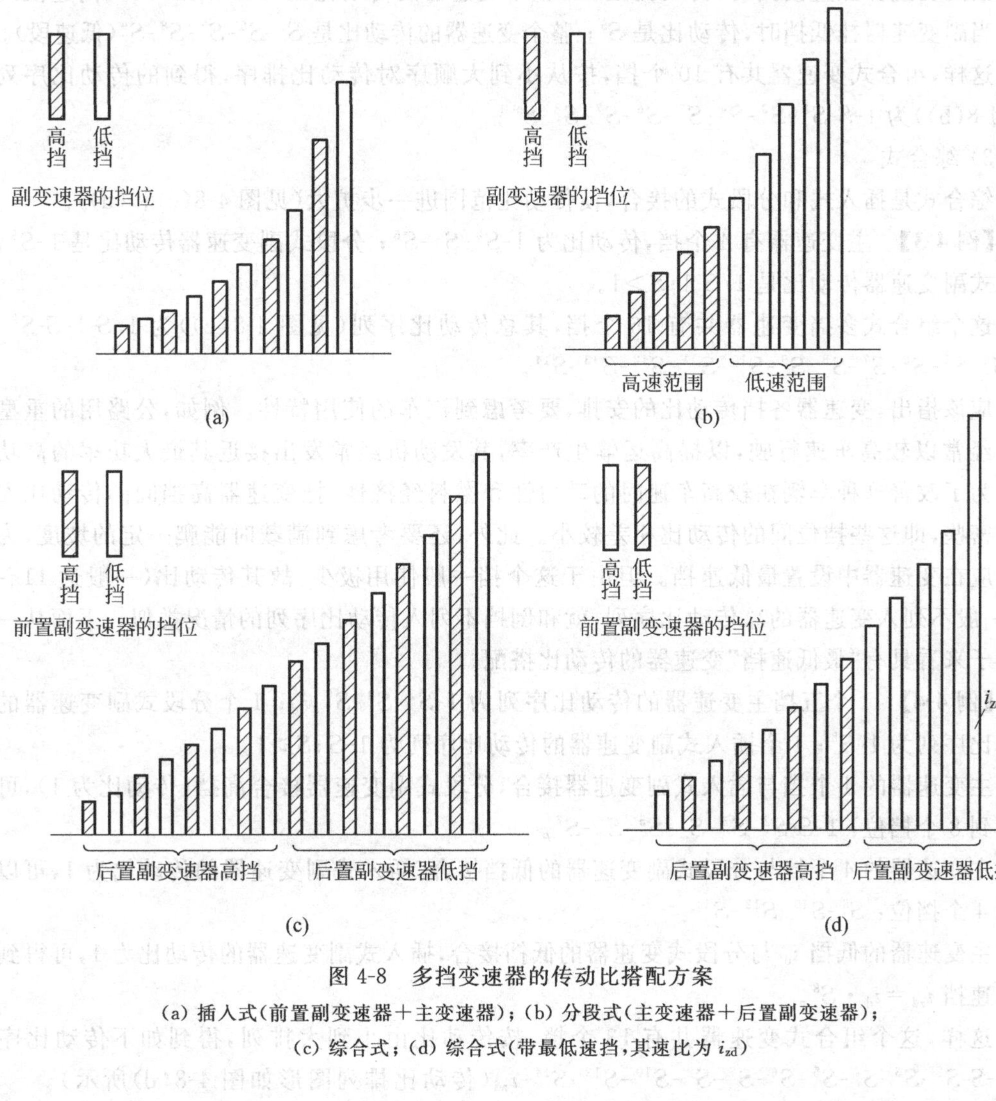

图 4-8 多挡变速器的传动比搭配方案

(a) 插入式（前置副变速器＋主变速器）；(b) 分段式（主变速器＋后置副变速器）；

(c) 综合式；(d) 综合式（带最低速挡，其速比为 i_{zd}）

【例 4-1】 前置副变速器有两个挡，传动比分别是 $1/S$ 和 1。主变速器有 5 个挡，传动比是 $1\text{-}S^2\text{-}S^4\text{-}S^6\text{-}S^8$；$S>1$。

当副变速器挂超速挡时，传动比是 $1/S$。整个变速器的传动比是 $1/S\text{-}S\text{-}S^3\text{-}S^5\text{-}S^7$；

当副变速器挂直接挡时，传动比是 1；整个变速器的传动比是 $1\text{-}S^2\text{-}S^4\text{-}S^6\text{-}S^8$。

这样，组合式变速器共有 10 个挡，按从小到大顺序对传动比排序，得到的传动比序列(图 4-8(a))为 $1/S\text{-}1\text{-}S\text{-}S^2\text{-}S^3\text{-}S^4\text{-}S^5\text{-}S^6\text{-}S^7\text{-}S^8$。

2) 分段式

主变速器挡位间公比较小，副变速器传动比范围较大时，副变速器高、低挡传动比分别与主变速器各挡搭配，组成高、低传动比两段范围(见图 4-8(b))。这种方式换挡较简便。

【例 4-2】 主变速器有 5 个挡，传动比为 $1\text{-}S\text{-}S^2\text{-}S^3\text{-}S^4$；两挡副变速器的传动比是 $1\text{-}S^5$；$S>1$。

当副变速器挂直接挡时，传动比是 1。整个变速器的传动比是 $1\text{-}S\text{-}S^2\text{-}S^3\text{-}S^4$(高速段)。

当副变速器挂低挡时，传动比是 S^5；整个变速器的传动比是 $S^5\text{-}S^6\text{-}S^7\text{-}S^8\text{-}S^9$(低速段)。

这样，组合式变速器共有 10 个挡，按从小到大顺序对传动比排序，得到的传动比序列(图 4-8(b))为 $1\text{-}S\text{-}S^2\text{-}S^3\text{-}S^4\text{-}S^5\text{-}S^6\text{-}S^7\text{-}S^8\text{-}S^9$。

3) 综合式

综合式是插入式和分段式的接合，使传动比范围进一步扩大(见图 4-8(c)和(d))。

【例 4-3】 主变速器有 4 个挡，传动比为 $1\text{-}S^2\text{-}S^4\text{-}S^6$；分段式副变速器传动比是 $1\text{-}S^8$；插入式副变速器传动比是 $1/S\text{-}1$；$S>1$。

这个组合式多挡变速器共有 16 个挡，其总传动比序列(见图 4-8(c))为 $1/S\text{-}1\text{-}S\text{-}S^2\text{-}S^3\text{-}S^4\text{-}S^5\text{-}S^6\text{-}S^7\text{-}S^8\text{-}S^9\text{-}S^{10}\text{-}S^{11}\text{-}S^{12}\text{-}S^{13}\text{-}S^{14}$。

应该指出，变速器各挡传动比的安排，要考虑到汽车的使用特性。例如，公路用的重型货车经常以较高车速行驶，以提高运输生产率，其发动机经常发出接近其最大功率的高功率。为了改善这种车辆在较高车速时的动力性和燃料经济性，把变速器高挡间的传动比安排得密些，即这些挡位间的传动比相差较小。此外，还要考虑到满载时能爬一定的坡度，为此还应在变速器中设置最低速挡。但由于这个挡一般使用极少，故其传动比(一般达 11～13)一般不列入变速器的总传动比序列，就和倒挡不列入传动比序列的情况类似。下面从一个例子来看具有"最低速挡"变速器的传动比搭配。

【例 4-4】 1 个五挡主变速器的传动比序列为 $1\text{-}S^2\text{-}S^4\text{-}S^6\text{-}i_d$；1 个分段式副变速器的传动比序列为 $1\text{-}S^8$；1 个插入式副变速器的传动比序列为 $1\text{-}S$；$S>1$。

主变速器的 4 个挡与插入式副变速器接合，分段式副变速器接合高挡(传动比为 1)，可以得到 8 个挡位：$1\text{-}S\text{-}S^2\text{-}S^3\text{-}S^4\text{-}S^5\text{-}S^6\text{-}S^7$。

主变速器的 4 个挡与分段式副变速器的低挡接合，插入式副变速器的传动比为 1，可以得到 4 个挡位：$S^8\text{-}S^{10}\text{-}S^{12}\text{-}S^{14}$。

主变速器的低挡 i_d 与分段式变速器的低挡接合，插入式副变速器的传动比为 1，可得到最低速挡 $i_{zd}=i_d\cdot S^8$。

这样，这个组合式变速器共有 13 个挡，按传动比由小到大排列，得到如下传动比序列 $1\text{-}S\text{-}S^2\text{-}S^3\text{-}S^4\text{-}S^5\text{-}S^6\text{-}S^7\text{-}S^8\text{-}S^{10}\text{-}S^{12}\text{-}S^{14}\text{-}i_{zd}$(传动比排列图形如图 4-8(d)所示)。

以上分析了多挡变速器的组合方案,它们的共同特点是:主变速器和副变速器配合工作。副变速器的结构与主变速器基本相同,只是挡数减少(一般仅有两个挡)。副变速器大都采用同步器,以便于换挡,也有采用啮合套换挡的,这主要是考虑到结构简单、便于维修等。

采用组合方案的多挡变速器一般用于重型汽车,这类变速器的质量和反转矩较大,为改善壳体受力情况,并便于维修,常将主、副变速器固结在一起,形成一个总成,分别用万向节与离合器和传动轴相连。主、副变速器总成直接固结在离合器壳上的设计也很常见。

轻、中型货车的动力输出一般利用变速器中间轴齿轮进行。由于壳体强度和结构布置的限制,组合式多挡变速器有的利用中间轴后端进行动力输出,有的在前端或副变速器的中间轴输出动力。

4.3 变速器零部件结构方案分析

4.3.1 齿轮形式

汽车变速器采用的齿轮是直齿和斜齿圆柱齿轮。其中,直齿圆柱齿轮一般用于低挡和倒挡。斜齿圆柱齿轮是应用最多的变速器齿轮,其具有传动平稳、噪声小、承载能力强、使用寿命长等优点。但是,斜齿轮工作时产生轴向力,在设计中应该予以考虑。

4.3.2 换挡结构形式

变速器换挡结构形式有三种:①直齿滑动齿轮;②啮合套;③同步器。

用直齿滑动齿轮换挡,会在轮齿端面产生冲击和噪声,使齿轮端部磨损加剧,并过早损坏,也使乘坐舒适性降低。为了减轻这种换挡冲击,要求驾驶员在换挡时采用“两脚离合器”操纵方式,对驾驶技术要求高。如果驾驶员技术不熟练,就容易出现失误,特别是在比较紧急的情况下换挡更是如此。这时换挡也会分散其注意力,影响行驶安全性。因此,尽管这种换挡方式结构简单,除一挡、倒挡以外已很少采用。

对常啮合齿轮(一般是斜齿轮),可以采用啮合套换挡方式,即通过移动啮合套,使齿轮与轴固结。在这种情况下同时承受换挡冲击的啮合齿数较多,它们不会过早损坏,而处于常啮合状态的齿轮齿并不参加换挡。但是,使用啮合套并不能消除冲击,仍然要求驾驶员有熟练的操纵技术。此外,因增设了啮合套使变速器旋转部分的总惯性力矩增大,这是不利于平稳换挡的。因此,啮合套换挡方式目前只在某些要求不高的挡位及重型货车的变速器上应用。特别应该指出,重型货车挡位间的公比较小,要求换挡手感强,而且在这种车型上不宜使用同步器,因为其寿命短、维修不便。

采用同步器换挡可以保证迅速、无冲击、无噪声换挡,不需要进行较复杂的操作(例如两脚离合器),从而可以提高汽车的动力性、经济性和安全性。但是,同步器的结构较复杂、制造精度要求高、轴向尺寸大、同步环(摩擦件)使用寿命短。尽管有这些缺点,由于其换挡性能好,仍然得到了广泛应用。

变速器的一个主要故障是自动脱挡,即在驾驶员没有进行换挡操纵的情况下,挡位自动脱开,这严重损坏了汽车的使用性能,是个需要认真对待的问题。除工艺措施外,目前在结构设计上也采取了一些措施。图 4-9、图 4-10、图 4-11 示出了一些措施,具体如下。

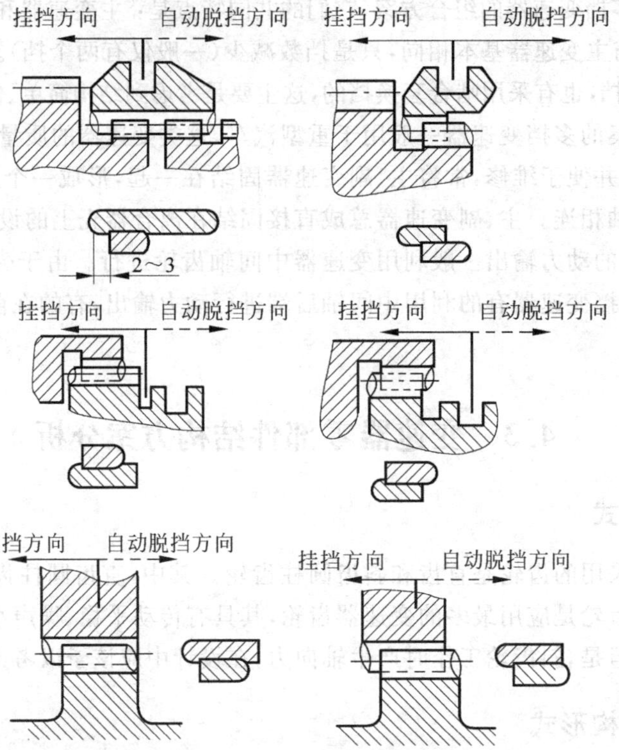

(a)　　　　(b)

图 4-9　防止自动脱挡的结构措施Ⅰ

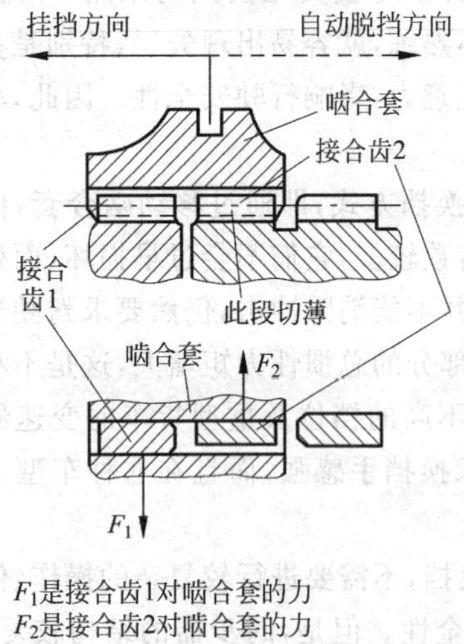

图 4-10　防止自动脱挡的结构措施Ⅱ

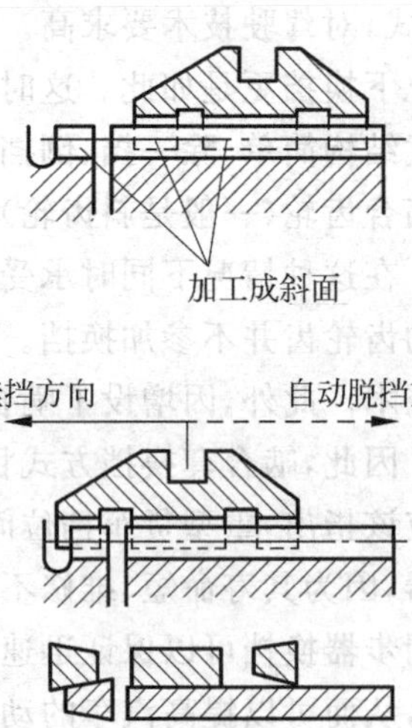

图 4-11　防止自动脱挡的结构措施Ⅲ

(1) 把啮合套做得长些(见图 4-9(a))或把两接合齿的啮合位置错开(见图 4-9(b))。在啮合时,使换挡拨叉推动的接合齿超过被接合齿为 2～3 mm。在传动过程中,由于接触部分的挤压或磨损,使接合齿端部形成凸肩,以阻止接合齿自动脱开。

(2) 将啮合套齿座上前齿圈的齿厚切薄 0.3～0.6 mm(见图 4-10)。这样,换挡后啮合套的后端被后齿圈顶住,防止自动脱挡。

(3) 把接合齿的工作面加工成斜面,形成倒锥角(2°～3°),使接合齿面间产生阻止自动脱挡的轴向力(见图4-11)。这种结构方案较有效,采用较多。

4.3.3 轴承形式

变速器轴的支承广泛采用滚珠轴承、滚柱轴承和滚针轴承。近年来采用圆锥滚柱轴承的变速器已增多,这是因为圆锥滚柱轴承有如下优点:

(1) 直径较小,宽度较大,可承受较高负荷;

(2) 在结构上可以保证滚子能正确对中,确保正常工作,使用寿命长;

(3) 滚锥轴承的接触线长,如果锥角和配合选择合适,可提高轴的刚度,使齿轮正常啮合,降低噪声,减少自动脱挡的可能性;

(4) 在采用滚锥轴承的情况下,为方便装拆和调整轴承,一般将变速器壳体设计成沿纵向平面分开或沿中心线所在平面水平分开。滚锥轴承已经在欧洲的一些轿车、货车和重型货车变速器上得到了应用。

在变速器中,每根轴都需要进行轴向固定,以便承受轴向力。对于中间轴式变速器,其第一轴和第二轴均采用后轴承固定;中间轴有采用前轴承固定的,也有采用后轴承固定的。

4.3.4 各挡齿轮在轴上的安排顺序

对于典型的中间轴式变速器,其低挡(一挡)一般布置在靠近第二轴和中间轴的后支承处,再由低挡向前逐渐向高挡过渡。这样可以保证在工作时轴的变形小,这是因为在低挡工作时齿轮力较大,而使低挡齿轮靠近刚度较好的支承可以减小轴的变形。高挡齿轮虽然靠近轴的中间,但由于这时齿轮力较小,故轴的变形也较小。另外,这样在轴上布置齿轮还有利于装配。

4.3.5 变速器的装配问题

对中间轴式变速器,中间轴、第二轴及其上的零部件一般是通过变速器壳体上方的孔口装入的。在极少数的方案中将这个装配用的孔口设计在变速器壳体下方或侧面。第一轴一般通过壳体前壁上的轴承孔(第一轴本身的轴承孔)拆、装。因此,一轴齿轮外径要小于这个轴承孔。在设计变速器时就要考虑这些装配问题。

4.3.6 变速器整体结构刚性

变速器只有具有足够的整体刚性才能保证其齿轮正确啮合,从而保证其工作平稳、噪声低、寿命长。而变速器的整体刚性与其轴、壳体的结构以及装配时螺栓的扭紧程度有关。

对于典型的中间轴式变速器,控制轴的长度有利于保证轴的刚度。变速器壳体一般是整体的,有些地方设有加强筋,以增强刚度;变速器盖用螺栓固定到壳体上,而变速器盖通常装有操纵机构。为保证足够的刚度,要规定合适的螺栓拧紧力矩。

4.4 变速器的操纵机构

变速器的操纵机构应该满足如下要求:①换挡时只能挂入一个挡;②防止误挂倒挡;③换挡后应使齿轮在全齿长啮合,并防止自动脱挡。

4.4.1 直接操纵变速器

完全依靠驾驶员手力换挡的变速器称为手动换挡变速器。而驾驶员通过操纵从变速器中伸出的一根杠杆(变速杆)直接完成换挡操纵的手动变速器称为直接操纵变速器(见图4-12)。这是最简单的操纵方案,已经得到了广泛应用。采用直接操纵方式换挡的前提是变速器离驾驶员较近。

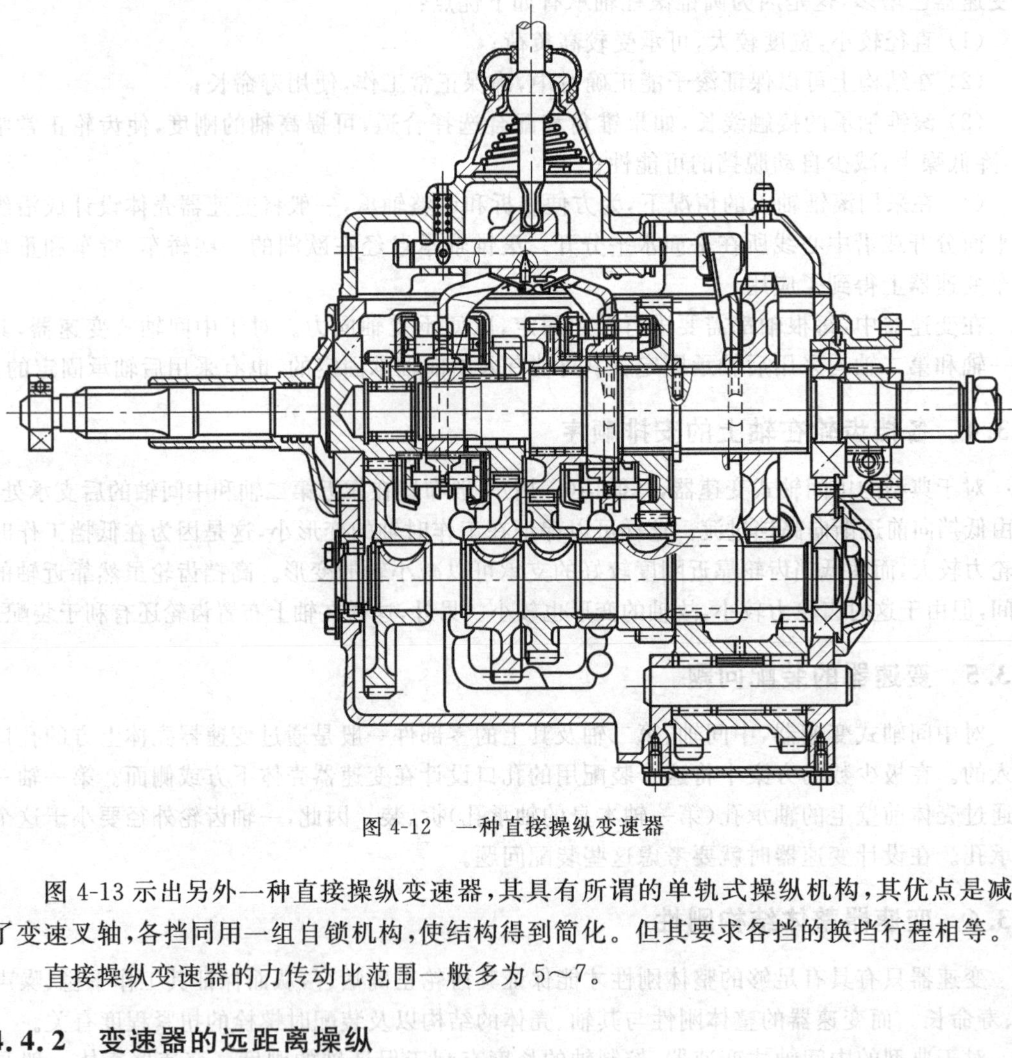

图4-12 一种直接操纵变速器

图4-13示出另外一种直接操纵变速器,其具有所谓的单轨式操纵机构,其优点是减少了变速叉轴,各挡同用一组自锁机构,使结构得到简化。但其要求各挡的换挡行程相等。

直接操纵变速器的力传动比范围一般多为5~7。

4.4.2 变速器的远距离操纵

在变速器布置得离驾驶员较远时,在变速杆与变速器之间需要有一套变速传动机构,驾驶员操纵变速杆的换挡手力通过这套传动机构完成变速器的换挡操纵。这种手动换挡变速器称为远距离操纵变速器。图4-14示出轿车变速器远距离操纵的一种形式。可以看出,驾驶员用手操纵变速器杆时,变速杆驱动一套连杆机构,通过它们完成选挡、换挡操纵。为了使这套机构能够正常工作,对其基本要求是:①具有足够的刚度;②各连接件之间的间隙不能过大。如果不能很好地满足上述要求会使换挡手感不明显,并且变速器杆容易颤动。为满足上述要求,在设计中采用的措施有:①变速杆支座布置在受车架变形、汽车振动影响较小的地方；②最好使换挡传动机构、发动机、离合器、变速器连成一体，这样影响最小。

远距离操纵变速器的力传动比范围一般多为6～8。

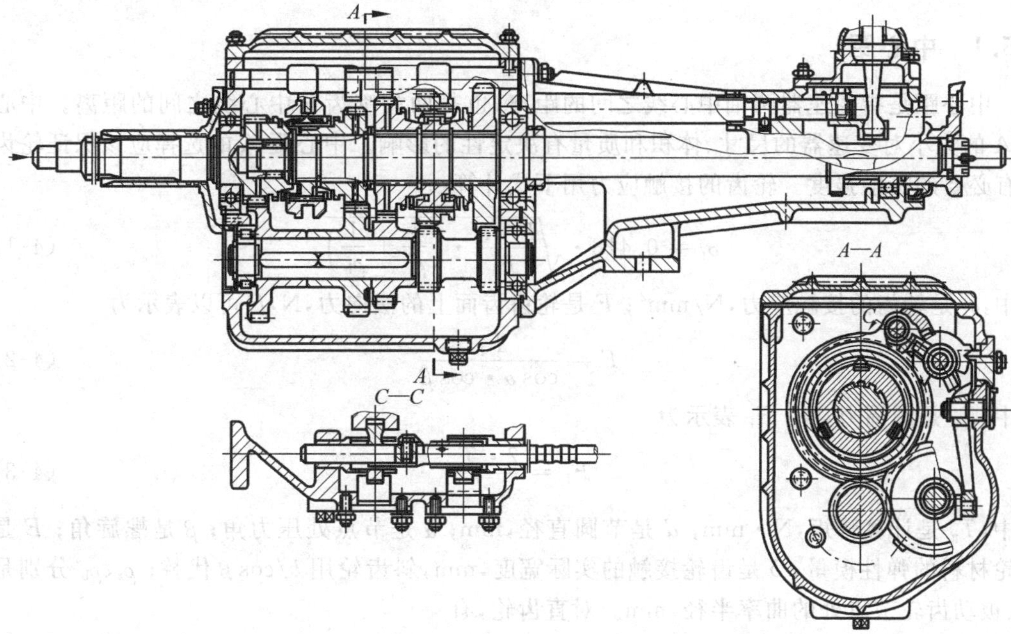

图 4-13 采用单轨式操纵机构的直接操纵变速器

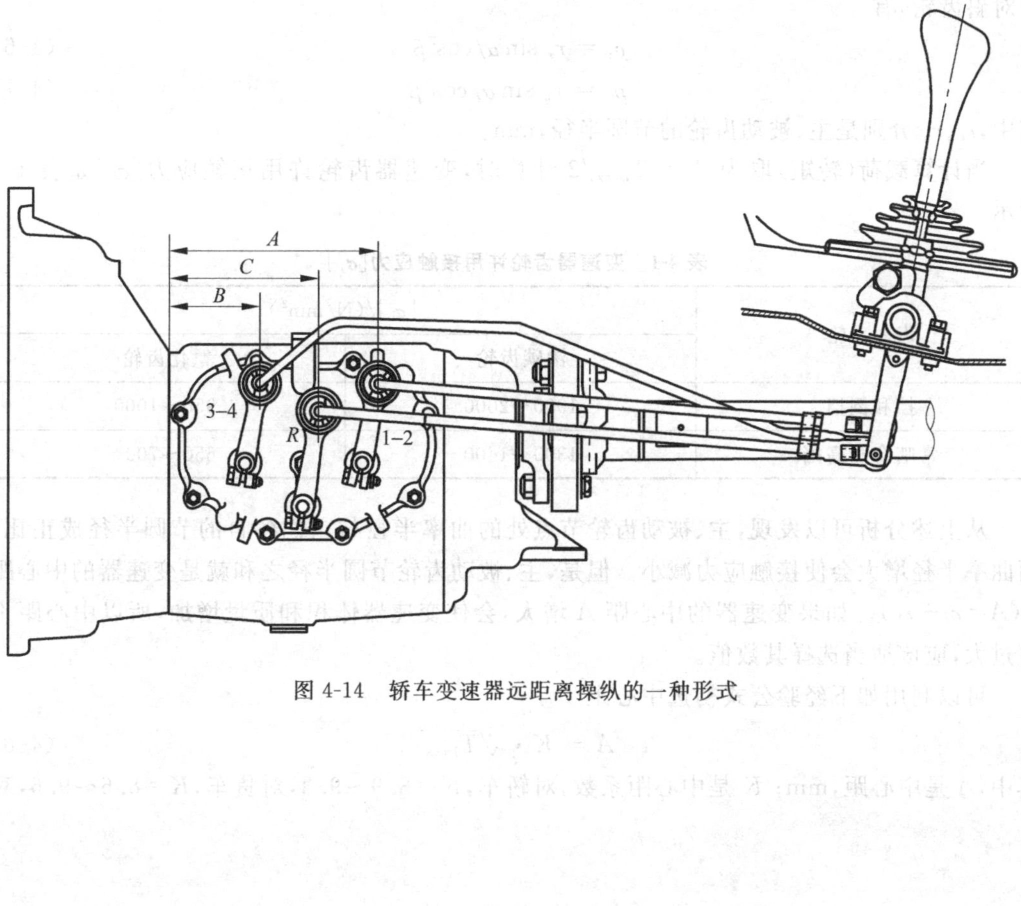

图 4-14 轿车变速器远距离操纵的一种形式

4.5 变速器主要参数选择

4.5.1 中心距

中心距是指变速器两轴中心线之间的距离，也是两相啮齿轮中心线之间的距离。中心距 A 的大小对变速器的尺寸、体积和质量有决定性的影响。中心距 A 的选择应该保证轮齿具有必要的接触强度。轮齿的接触应力用下式计算：

$$\sigma_j = 0.418 \cdot \sqrt{\frac{F \cdot E}{b} \cdot \left(\frac{1}{\rho_z} + \frac{1}{\rho_b}\right)} \tag{4-1}$$

其中，σ_j 是轮齿的接触应力，N/mm^2；F 是轮齿齿面上的法向力，N，F 可以表示为

$$F = \frac{F_1}{\cos\alpha \cdot \cos\beta} \tag{4-2}$$

其中，F_1 是圆周力，N。F_1 表示为

$$F_1 = \frac{2 \cdot T_g}{d} \tag{4-3}$$

其中，T_g 是计算转矩，N·mm；d 是节圆直径，mm；α 是节点处压力角；β 是螺旋角；E 是齿轮材料的弹性模量；b 是齿轮接触的实际宽度，mm，斜齿轮用 $b/\cos\beta$ 代替；ρ_z、ρ_b 分别是主、被动齿轮节点处的曲率半径，mm。对直齿轮，有

$$\rho_z = r_z \sin\alpha \tag{4-4}$$

$$\rho_b = r_b \sin\alpha \tag{4-5}$$

而对斜齿轮，有

$$\rho_z = r_z \sin\alpha / \cos^2\beta \tag{4-6}$$

$$\rho_b = r_b \sin\alpha / \cos^2\beta \tag{4-7}$$

其中，r_z、r_b 分别是主、被动齿轮的节圆半径，mm。

当计算载荷(转矩)取为 $T_g = T_{emax}/2$ 计算时，变速器齿轮许用接触应力$[\sigma_j]$如表 4-1 所示。

表 4-1 变速器齿轮许用接触应力$[\sigma_j]$

齿　轮	$[\sigma_j]/(N/mm^2)$	
	渗碳齿轮	氰化齿轮
一挡和倒挡	1900～2000	950～1000
常啮合和高挡	1300～1400	650～700

从上述分析可以发现，主、被动齿轮节点处的曲率半径与它们各自的节圆半径成正比，而曲率半径增大会使接触应力减小。但是，主、被动齿轮节圆半径之和就是变速器的中心距 $A(A = r_z + r_b)$。如果变速器的中心距 A 增大，会使变速器体积和质量增加，所以中心距不宜过大，应该适当选择其数值。

可以利用如下经验公式初选中心距

$$A = K \cdot \sqrt[3]{T_{1max}} \tag{4-8}$$

其中，A 是中心距，mm；K 是中心距系数，对轿车，$K = 8.9 \sim 9.3$，对货车，$K = 8.6 \sim 9.6$，对

多挡主变速器，$K=9.5\sim11$；T_{1max}是变速器在一挡时的第二轴输出转矩，N·m，按照下式计算

$$T_{1max}=T_{emax}\cdot i_1\cdot \eta_g \tag{4-9}$$

其中，T_{emax}是发动机最大转矩，N·m；i_1 是变速器一挡传动比；η_g 是变速器传动效率，取 0.96。

轿车变速器的中心距在 65～80 mm 范围内变化。

4.5.2 变速器轴向尺寸

货车变速器壳体的轴向尺寸与挡数和中心距 A 有关，可参照下列数据选用：四挡$(2.2\sim2.7)A$；五挡 $(2.7\sim3.0)A$；六挡 $(3.2\sim3.5)A$。轿车四挡变速器壳体轴向尺为$(3.0\sim3.4)A$。

以上只是给出各种变速器的轴向尺寸范围(是经验数据)，对于具体的变速器，其轴向尺寸取决于具体的结构。

4.5.3 轴的直径

在工作时，变速器的轴要传递扭矩，承受齿轮作用的周向力、径向力，如果是斜齿轮还有轴向力。如果轴的刚度不足会导致齿轮不能正确啮合，对齿轮的强度和耐磨性都有不利的影响，还会增大变速器的噪声。为了保证各对齿轮能够正确啮合，要求轴具有足够的刚度和强度。

在中间轴式变速器设计中，应该使第二轴和中间轴中部直径 $d\approx0.45A$；轴的最大直径 d_m 与支承间距 L 的比值分别采用如下数值：$d_m/L\approx0.16\sim0.18$(中间轴)，$d_m/L\approx0.18\sim0.21$(第二轴)。

第一轴花键部分直径可以利用下式初选：

$$d=k\cdot\sqrt[3]{T_{emax}} \tag{4-10}$$

其中，d 是第一轴花键部分直径，mm；k 是经验系数，$k=4\sim4.6$；T_{emax}是发动机最大转矩，N·m。

按以上方法就可以初步确定轴的尺寸，然后再对轴进行刚度和强度验算。一般需要对每个挡位都进行验算。在验算时，把轴看成是铰接支承的梁，作用在第一轴上的转矩应取为发动机最大转矩 T_{emax}。

在中间轴式变速器中，一般使其一轴齿轮受到的轴向力 F_{a1} 指向一轴的后轴承，如图 4-15(a)所示，这样有利于减小一轴在垂直平面内的变形。由于发动机都是顺时针旋转(从前向后看)的，所以一轴上的常啮合齿轮(斜齿轮)的螺旋方向是左旋。中间轴上的常啮合齿轮的螺旋方向是右旋，而在中间轴上的其他常啮合齿轮的螺旋方向也都选为右旋。这样可以保证，在中间轴传递动力时中间轴上的常啮合齿轮所受到的轴向力 $F_{a2}=F_{a1}$ 与另外一个传递动力的斜齿轮所受到的轴向力 F_{a3} 方向相反(见图 4-15(a))，它们相互抵消，从而减小了作用在中间轴轴承上的轴向力。

如图 4-15 所示，作用在齿轮上的径向力 F_{r1}、F_{r2}、F_{r3}、F_{r4} 和轴向力 F_{a1}、F_{a2}、F_{a3}、F_{a4} 使轴在垂直平面内产生弯曲变形，即产生挠度，如图 4-15(b)所示。而圆周力 F_{t1}、F_{t2}、F_{t3}、F_{t4} 使轴在水平面内产生弯曲变形，如图 4-15(c)所示。

齿轮啮合的圆周力 F_t、径向力 F_r 和轴向力 F_a 分别按照如下公式计算：

$$F_t=\frac{2\cdot T_{emax}\cdot i}{d} \tag{4-11}$$

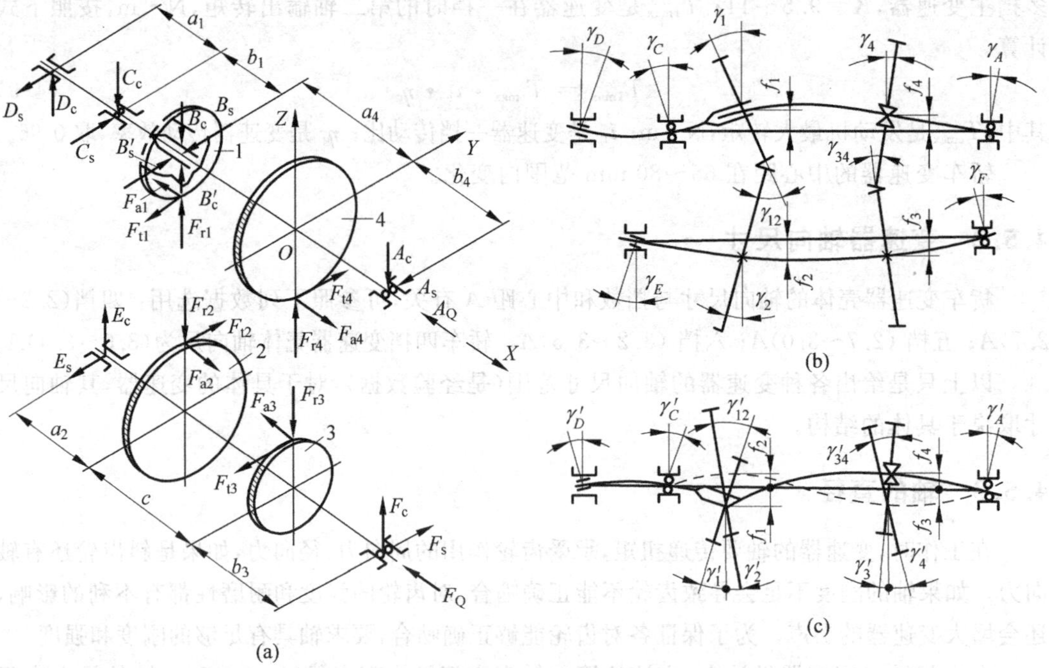

图 4-15 齿轮受力以及轴的挠度和转角

(a) 作用在齿轮和轴上的力；(b)，(c) 分别为在 ZOX 和 XOY 平面内的轴变形简图

$$F_r = \frac{F_t \cdot \tan\alpha}{\cos\beta} = \frac{2 \cdot T_{emax} \cdot i}{d} \cdot \frac{\tan\alpha}{\cos\beta} \tag{4-12}$$

$$F_a = F_t \cdot \tan\beta = \frac{2 \cdot T_{emax} \cdot i}{d} \cdot \tan\beta \tag{4-13}$$

其中，T_{emax} 是发动机的最大转矩；i 是至计算齿轮的传动比；d 是计算齿轮的节圆直径；α 是节点处压力角；β 是螺旋角。

应该校核在弯矩和转矩联合作用下的变速器轴的强度和刚度。在弯矩、转矩联合作用下轴的应力为

$$\sigma = \frac{M}{W} = \frac{32 \cdot M}{\pi \cdot d^3} \leqslant [\sigma] \tag{4-14}$$

其中，d 是轴计算截面的直径，花键处应该取为内径，mm；W 是抗弯截面系数，mm^3，有

$$W = \frac{\pi \cdot d^3}{32} \tag{4-15}$$

M 是按照第三强度理论(最大剪应力理论)确定的当量计算弯矩：

$$M = \sqrt{M_c^2 + M_s^2 + T_n^2} \tag{4-16}$$

其中，T_n 是转矩，N·mm；M_c 是计算截面处的垂直弯矩，N·mm；M_s 是计算截面处的水平弯矩，N·mm；$[\sigma]$是许用应力，在低挡工作时，要求$[\sigma]=400\ N/mm^2$。变速器轴一般用与齿轮相同的材料制造。

对齿轮工作影响最大的是轴在垂直平面内产生的挠度和在水平面内的转角(参见图 4-15)。前者使齿轮中心距发生变化，并破坏了齿轮的正确啮合；后者使主、从动齿轮相互歪斜，使沿齿长方向的压力分布不均匀。轴的挠度和转角可按材料力学有关公式计算。

如果用 f_c 和 f_s 分别表示轴在垂直面和水平面内的挠度，则轴的全挠度 f 为

$$f = \sqrt{f_c^2 + f_s^2} \leqslant 0.20 \text{ mm} \tag{4-17}$$

而轴在垂直面和水平面内挠度的允许值分别为 $f_c=0.05\sim0.10$ mm 和 $f_s=0.10\sim0.15$ mm。轴断面倾角不得超过 $0.02°$。

在变速器第二轴上的常啮合齿轮常常通过青铜衬套或滚针轴承安装在第二轴上，也有直接装在轴上的，这样可以提高第二轴的刚度。因为这些齿轮可以起到限制轴变形的作用，从而提高轴的刚度。

4.5.4 齿轮参数

1. 齿轮模数

所选取的齿轮模数应该可以保证齿轮有足够的强度，同时还应该兼顾它对噪声和质量的影响。减小模数，增加齿宽会使噪声减低；反之，则能减轻变速器质量。对轿车，降低噪声意义较大，一般采用小模数、宽齿宽的齿轮。而对货车，减小变速器质量意义较大，一般采用较大模数的齿轮。

直齿轮模数 m 与弯曲应力 σ_w 之间有如下关系：

$$m = \sqrt[3]{\frac{2 \cdot T_g \cdot K_f \cdot K_\sigma}{\pi \cdot Z \cdot K_c \cdot Y \cdot \sigma_w}} \tag{4-18}$$

其中，T_g 是计算转矩，N·mm；K_f 是摩擦力影响系数，由于主动齿轮和被动齿轮在啮合点上的摩擦方向不同，对弯曲应力影响也不同，主动齿轮 $K_f=1.1$，被动齿轮 $K_f=0.9$；K_σ 是应力集中系数，可近似取 $K_\sigma=1.65$；Z 是齿轮齿数；K_c 是齿宽系数；σ_w 是许用弯曲应力，N/mm^2，当计算载荷 T_g 取为发动机最大转矩时，一挡和倒挡直齿轮许用弯曲应力在 $400\sim850\ \text{N/mm}^2$，货车可取下限；$Y$ 为齿形系数，可以从图 4-16 上查 Y（压力角 $\alpha=20°$，齿高系数 $f_o=1$）。当压力角 $\alpha\neq20°$ 而齿高系数 f_o 相同时，可按以下关系式计算：

$$Y_{14.5°} \approx 0.79 \cdot Y_{20°} \tag{4-19}$$

$$Y_{17.5°} \approx 0.89 \cdot Y_{20°} \tag{4-20}$$

$$Y_{22.5°} \approx 1.1 \cdot Y_{20°} \tag{4-21}$$

$$Y_{25°} \approx 1.23 \cdot Y_{20°} \tag{4-22}$$

斜齿轮法面模数 m_n 与弯曲应力 σ_w 之间有如下关系：

$$m_n = \sqrt[3]{\frac{2 \cdot T_g \cdot \cos\beta \cdot K_\sigma}{\pi \cdot Z \cdot K_c \cdot K_\varepsilon \cdot Y \cdot \sigma_w}} \tag{4-23}$$

其中，β 是斜齿轮螺旋角；T_g 是计算载荷，N·mm；K_σ 是应力影响系数，可近似取 $K_\sigma=1.5$；Z 是齿轮齿数；K_c 是齿宽系数；K_ε 是重合度影响系数，$K_\varepsilon=2.0$；Y 是齿形系数，可以按当量齿数 $Z_n=Z/\cos^3\beta$ 从图 4-16 上查得；σ_w 是许用弯曲应力，N/mm^2，对货车常啮合齿轮和高挡齿轮，其值为 $100\sim250\ \text{N/mm}^2$，对轿车为 $180\sim350\ \text{N/mm}^2$。

根据上述计算，每对齿轮都应该有各自的模数。但是，从工艺观点看，所有齿轮都采用相同的模数最方便制造。实际上常常采用折中的方法，即一挡、倒挡齿轮采用相同的模数，而其他挡齿轮采用另一个模数。

变速器用的齿轮模数范围大致如下：微型和轻型轿车为 $2.25\sim2.75$ mm；中级轿车为 $2.75\sim3.0$ mm；中型货车为 $3.5\sim4.25$ mm；重型货车为 $4.25\sim6.0$ mm。应该强调指出，

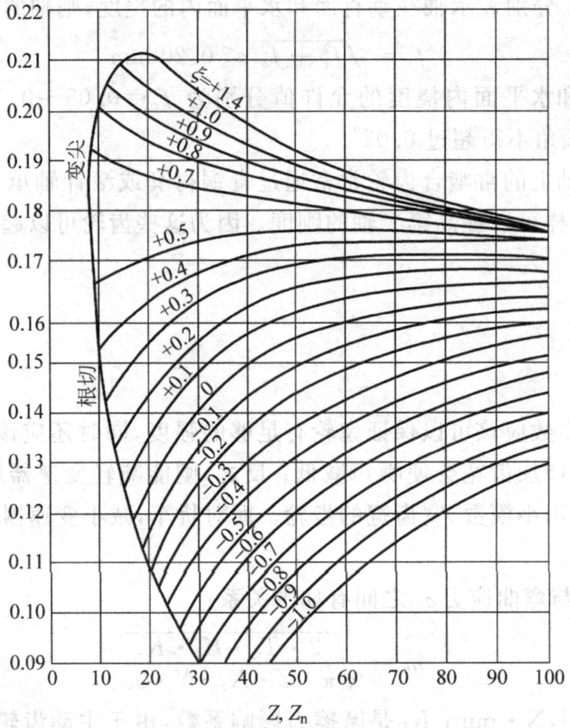

图 4-16 齿形系数图(假定载荷作用在齿顶,压力角 $\alpha=20°$,齿高系数 $f_0=1$)

选择的模数值应符合国家标准 GB/T 1357—1987 规定的标准值。

啮合套和同步器的接合齿多数采用渐开线齿形。由于工艺上的原因,同一变速器中的接合齿模数取为相同。其选取的范围是:轿车和轻、中型货车为 2～3.5 mm;重型货车为 3.5～5 mm。应该指出,选取较小的模数值可使齿数增多,有利于换挡。同样,所选取的模数应符合有关的国家标准。

为大大提高齿轮的耐磨性及抗弯曲疲劳、抗接触疲劳的能力,现代汽车变速器齿轮大都采用渗碳合金钢,其表面的硬度较高,而心部具有较高韧性。在选用钢材及热处理方法时,对切削加工性能及成本也应该考虑。

国产汽车变速器的齿轮材料主要有 18CrMnTi、20Mn2TiB、20MnVB、20MnMoB,国外汽车变速器齿轮大都选用铬镍合金钢。

变速器齿轮的渗碳层深度推荐采用下列数值:

$m_n \leqslant 3.5$ mm　渗碳层深度 0.8～1.2 mm;

3.5 mm$<m_n<$5 mm　渗碳层深度 0.9～1.3 mm;

$m_n \geqslant 5$ mm　渗碳层深度 1.0～1.6 mm。

齿轮渗碳后需淬火,使材料晶粒细化,提高表面硬度。为消除内应力,还需要回火。渗碳齿轮表面的硬度应为 HRC58～HRC63,心部硬度为 HRC33～HRC48。

某些轻型货车和轿车的齿轮采用 40Cr 钢,并进行氰化处理。氰化钢的特点是热处理后变形小,但承载能力和耐磨性均不如渗碳钢。对于氰化齿轮,氰化层深度不应小于 0.2 mm,表面硬度为 HRC48～HRC53。

2. 压力角

对于轿车变速器，要求它的噪声较小，即对它的工作平稳性要求较高。为满足这个要求，其高挡齿轮采用较小的压力角，常采用的压力角有 14.5°、15°、16°、16.5°。

对于中、重型汽车，为提高倒挡齿轮的承载能力(倒挡的传动比往往是最大的)，有时采用较大的压力角，例如 22.5°或 25°。

实际上，因国家规定的齿轮标准压力角为 20°，所以汽车变速器齿轮普遍采用的压力角是 20°。

啮合套或同步器的接合齿压力角有 20°、25°、30°，普遍采用 30°压力角。

3. 齿轮螺旋角β

为了减小工作噪声和提高强度，汽车变速器齿轮多数是斜齿轮，只是在一些变速器中倒挡和一挡齿轮才用直齿轮。采用斜齿轮，就应该选取合适的螺旋角，而在选取斜齿轮的螺旋角时应该注意下列问题。

(1) 增大螺旋角，可以使齿轮啮合的重合系数增加，工作平稳、噪声降低。试验证明，当螺旋角较小时，随着其增大，轮齿的强度也相应提高；但是，当螺旋角大于 30°时，其弯曲强度骤然下降，而接触强度仍继续上升。因此，从提高低挡齿轮的弯曲强度出发，并不希望β过大。但从提高高挡齿轮的接触强度着眼，可选取较大的β值。

(2) 斜齿轮传递转矩时要产生轴向力。对于中间轴式变速器，除直接挡以外，在中间轴上同时有两个齿轮进入啮合。因此设计时应力求使中间轴上的轴向力平衡。为此，一般把中间轴上的全部斜齿轮的螺旋方向都选成右旋。而第一轴和第二轴上的斜齿轮取左旋，其轴向力经轴承盖(轴向固定处)传给壳体。图 4-17 示出中间轴的受力情况。可以看出，为使中间轴上两斜齿轮上的轴向力平衡，需要满足下面的条件：

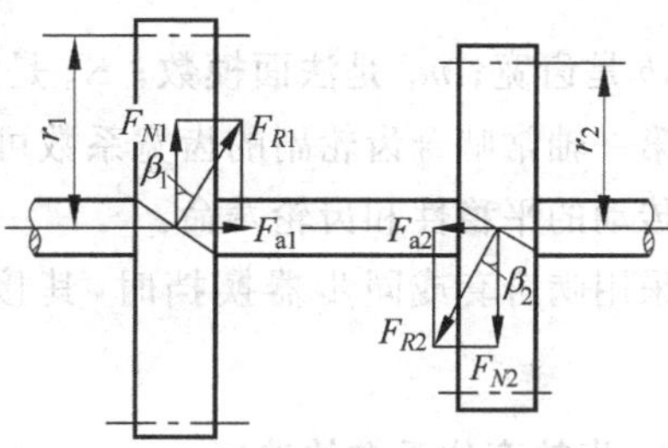

图 4-17 中间轴的轴向力平衡

$$F_{a1} = F_{N1} \cdot \tan\beta_1 \tag{4-24}$$

$$F_{a2} = F_{N2} \cdot \tan\beta_2 \tag{4-25}$$

其中，F_{a1}、F_{a2}分别是齿轮 1、齿轮 2 上的轴向力；F_{N1}、F_{N2}分别是齿轮 1、齿轮 2 上的圆周力；β_1、β_2 分别是齿轮 1、齿轮 2 的螺旋角。

由于上述两齿轮传递的转矩相等，即

$$T = F_{N1} \cdot r_1 = F_{N2} \cdot r_2 \tag{4-26}$$

其中，T 是中间轴传递的转矩；r_1、r_2 分别是齿轮 1、齿轮 2 的节圆半径。

从式(4-26)可得

$$\frac{F_{N2}}{F_{N1}} = \frac{r_1}{r_2} \tag{4-27}$$

如果 $F_{a1} = F_{a2}$，则有

$$F_{N1} \cdot \tan\beta_1 = F_{N2} \cdot \tan\beta_2 \tag{4-28}$$

$$\frac{\tan\beta_1}{\tan\beta_2} = \frac{F_{N2}}{F_{N1}} = \frac{r_1}{r_2} \tag{4-29}$$

即，为了使轴向力相平衡，需要满足式(4-29)。

(3) 可以采用调整螺旋角的方法来消除各对啮合齿轮因模数或齿数和不同等原因而造成的中心距不等现象。

$$A=\frac{(Z_1+Z_2)\cdot m_n}{2\cdot\cos\beta} \tag{4-30}$$

其中,A 是中心距;Z_1、Z_2 分别是相啮合齿轮的齿数;m_n 是法面模数;β 是齿轮的螺旋角。

斜齿轮螺旋角可以在如下范围内选用:中间轴式轿车变速器的螺旋角为 22°～34°;两轴式轿车变速器的螺旋角为 20°～25°;货车变速器的螺旋角为 18°～26°。

4. 齿宽

所选择的齿宽应该满足既能减轻变速器质量,同时又能保证齿轮工作平稳的要求。齿宽大,工作平稳,但变速器质量大;齿宽太小会使轮齿的工作应力过大。为了使工作应力不过大,必须增大中心距,结果又使变速器质量增大,斜齿轮传动平稳的优点也随着齿宽的减小而削弱。在齿宽较小时,为保证重合系数不变,可以增大螺旋角,但这会使轴承承受的轴向力增加。但是,齿宽也不宜过大,否则会增加变速器的轴向尺寸。从上述分析可以看出,在设计中应该针对汽车的使用要求选择最佳的齿宽数值。

通常根据齿轮模数的大小来选定齿宽。对于直齿,齿宽为

$$b=K_c\cdot m \tag{4-31}$$

其中,b 是齿宽;m 是模数;K_c 是齿宽系数,K_c=4.5～8.0 mm。对于斜齿,齿宽为

$$b=K_c\cdot m_n \tag{4-32}$$

其中,b 是齿宽;m_n 是法面模数;K_c 是齿宽系数,K_c=6.0～8.5 mm。

第一轴常啮合齿轮副的齿宽系数可以取大些,以使接触线长度增加,降低接触应力,以提高传动的平稳性和齿轮寿命。

采用啮合套或同步器换挡时,其接合齿的工作宽度初选时可以取为(2～4)m,m 是模数。

5. 齿轮变位系数的选择

采用变位齿轮,可以避免齿轮产生干涉、根切和配凑中心距。而且,对变速器而言,其不同挡位的齿轮在弯曲强度、接触强度、使用平稳性、耐磨损及抗胶合能力等方面有不同的要求。采用变位齿轮,可以兼顾这些要求,并且可以有效地提高齿轮寿命。

齿轮损坏的原因很多,在各种条件下都有其典型的破坏形式,因而对齿轮提出了各种传动质量要求。齿轮采用某一变位值一般只能改善一种或几种传动质量指标,而对其他指标甚至有相反的效果。所以,选择变位系数时,必须对齿在其使用条件下产生破坏的原因进行具体分析。

若实际中心距等于已定的中心距时,采用高度变位。如果实际中心距不等于已定中心距时,采用角度变位。其中,角度变位可以获得良好的啮合性能及传动质量指标,故采用较多。

变速器齿轮是断续工作的,齿轮经常承受循环负荷,有时还承受冲击负荷。使用表明,变速器齿轮大多数是因齿面剥落和疲劳断裂而损坏的。因此,选择变位系数,主要着眼于提高接触强度、弯曲强度和耐磨性。对于常用的高挡齿轮,主要损坏形式是齿面疲劳剥落。因此,在选择变位系数时,要着眼于提高接触强度、抗胶合以及耐磨能力。为提高接触强度,应

使变位系数尽可能取大些，这样就使两齿轮的齿廓渐开线离基圆较远，齿廓曲率半径较大，可以减小接触应力。对于低挡齿轮，传递的扭矩较大，而小齿轮齿根强度较低，有时会出现小齿轮齿根弯曲断裂的现象。因此，在选择变位系数时，要着眼于提高小齿轮的弯曲强度，这就要求小齿轮的变位系数大于零。

为了提高齿轮的耐磨性及抗胶合能力，应该使所选用的变位系数能降低两啮合齿轮的相对滑动系数，并使两齿轮齿根处的滑动系数趋于平齐，其目的是使它们的磨损比较均衡。在选择变位系数时，利用变位系数封闭图分配变位系数是较好的一种方法。它比较全面地综合了各种限制条件和各种传动质量指标。利用变位系数封闭图分配变位系数，可不必校核是否干涉、根切、齿顶变尖以及重合系数过低等情况。

4.5.5 各挡齿轮齿数的分配

在初选中心距、齿轮模数和螺旋角以后，可以根据预先确定的变速器挡数、传动比和传动方案来分配各挡齿轮的齿数。下面以一个例子来说明分配齿数方法(见图 4-18)。

1. 确定一挡齿轮的齿数

一挡传动比 i_1 为

$$i_1 = \frac{Z_2 \cdot Z_7}{Z_1 \cdot Z_8} \tag{4-33}$$

首先确定 Z_7、Z_8。为此，先求齿数和 Z_h。对直齿，有

$$Z_h = 2 \cdot A/m \tag{4-34}$$

对斜齿，有

$$Z_h = 2 \cdot A \cdot \cos\beta_2/m_n \tag{4-35}$$

其中，A 是变速器中心距。

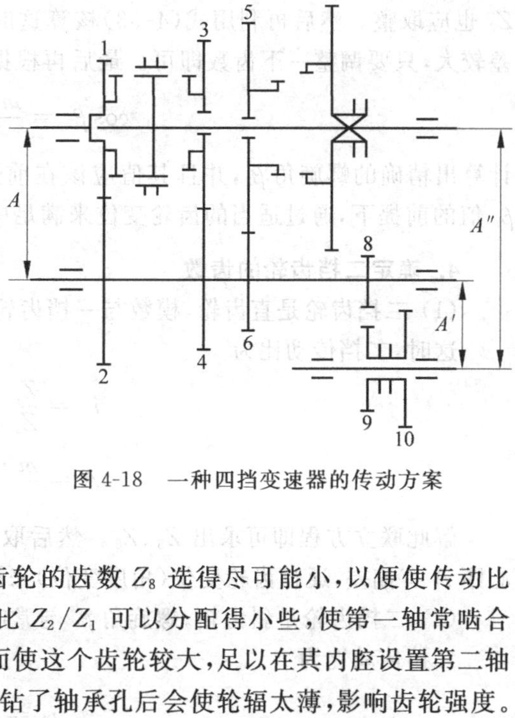

图 4-18 一种四挡变速器的传动方案

如果计算的 Z_h 不是整数，必须进行取整。有了 Z_h，就可以进行大、小齿轮齿数的分配，即求 Z_7 和 Z_8。一般是把中间轴上一挡小齿轮的齿数 Z_8 选得尽可能小，以便使传动比 Z_7/Z_8 大一些。而在 i_1 已定的条件下，使传动比 Z_2/Z_1 可以分配得小些，使第一轴常啮合齿轮可以分配到较多的齿数，即使 Z_1 较大，从而使这个齿轮较大，足以在其内腔设置第二轴的前轴承。应该指出，一轴齿轮不能过小，否则钻了轴承孔后会使轮辐太薄，影响齿轮强度。但是一轴齿轮的齿数 Z_1 也不能太多，太多了会使齿轮外径过大，以至超过变速器壳体上第一轴轴承孔尺寸，这样就不能装配了。因此，一轴齿轮的齿数 Z_1 还要满足设置轴承孔的要求，即满足装配的要求。

另外，中间轴上小齿轮的最小齿数，还受到中间轴轴颈尺寸的限制，即受到轴刚度的限制。为了达到足够的刚度，轴颈的尺寸不能过小。所以中间轴上小齿轮的齿数 Z_8 要与轴颈的尺寸相适应。因此，在选定时，对轴的尺寸及齿轮齿数都要统一考虑。为了避免根切和增强小齿度强度，必须采用变位齿轮。

对于轿车中间轴式变速器，其一挡传动比 $i_1 = 3.5 \sim 3.8$ 时，中间轴上一挡齿轮齿数 $Z_8 = 15 \sim 17$；货车可在 $12 \sim 17$ 个齿之间选用。一挡传动比和齿轮模数较大时，齿数 Z_8 宜

取小些。选定 Z_8 以后,利用式 $Z_7=Z_h-Z_8$ 可以计算得到一挡大齿轮(二轴上)的齿数 Z_7。

2. 对中心距 A 进行修正

当计算出的 Z_h 不是整数时,要将其取整,从式(4-34)或式(4-35)可知,这会使中心距发生变化。这时应该从 Z_h 及齿轮变位系数反过来计算中心距 A,再以这个修正后的中心距 A 作为各挡齿轮齿数分配的依据。此后,中心距 A 就不再变化。

3. 确定常啮合传动齿轮副的齿数

从式(4-33)可得

$$\frac{Z_2}{Z_1}=i_1\cdot\frac{Z_8}{Z_7} \tag{4-36}$$

而常啮合传动齿轮中心距和一挡齿轮的中心距相等,即

$$A=\frac{m_n\cdot(Z_1+Z_2)}{2\cdot\cos\beta_2} \tag{4-37}$$

把式(4-36)和式(4-37)作为联立方程求解,可以求出 Z_1 和 Z_2。在这里,求出的 Z_1 和 Z_2 也应取整。然后再利用式(4-33)核算这时的传动比与所要求的传动比相差多少。如相差较大,只要调整一下齿数即可。最后再根据确定的齿数,按

$$\cos\beta_2=\frac{m_n\cdot(Z_1+Z_2)}{2\cdot A} \tag{4-38}$$

计算出精确的螺旋角 β_2,并且其值应该在前述的选择范围以内。另外,也可以在保证预选 β_2 值的前提下,通过适当的齿轮变位来满足中心距的要求。

4. 确定二挡齿轮的齿数

(1) 二挡齿轮是直齿轮,模数与一挡齿轮相同。

这时,二挡传动比为

$$i_2=\frac{Z_2\cdot Z_5}{Z_1\cdot Z_6} \tag{4-39}$$

$$A=\frac{m\cdot(Z_5+Z_6)}{2} \tag{4-40}$$

解此联立方程即可求出 Z_5、Z_6。然后取整数,再利用它们计算中心距。若与要求的中心距 A 有偏差,通过齿轮变位(角度变位)来调整。

(2) 二挡齿轮是斜齿轮,螺旋角 β_6 与常啮合齿轮的 β_2 不同。

二挡传动比为

$$i_2=\frac{Z_2\cdot Z_5}{Z_1\cdot Z_6} \tag{4-41}$$

齿轮5和齿轮6的中心距为

$$A=\frac{m_n\cdot(Z_5+Z_6)}{2\cdot\cos\beta_6} \tag{4-42}$$

而从消除或减少中间轴上的轴向力出发,齿轮还须满足下列关系:

$$\frac{\sin\beta_2}{\sin\beta_6}=\frac{Z_2}{Z_6} \tag{4-43}$$

式(4-43)可以从轴向力平衡关系式,即式(4-29),推导出来,即

$$\frac{\tan\beta_2}{\tan\beta_6}=\frac{r_2}{r_6}=\frac{m_n\cdot Z_2}{\cos\beta_2}\cdot\frac{\cos\beta_6}{m_n\cdot Z_6}=\frac{Z_2\cdot\cos\beta_6}{Z_6\cdot\cos\beta_2} \tag{4-44}$$

$$\frac{\tan\beta_2}{\tan\beta_6}\cdot\frac{\cos\beta_2}{\cos\beta_6}=\frac{Z_2}{Z_6} \tag{4-45}$$

所以，

$$\frac{\sin\beta_2}{\sin\beta_6}=\frac{Z_2}{Z_6}$$

联立以上式(4-41)、式(4-42)和式(4-43)三个方程可以求出三个参数，即 Z_5、Z_6、β_6。可以利用数值分析法来解这个方程组。也可以采用试凑法来解这个方程组，即先选定螺旋角 β_6，联立解前两个方程式，求出 Z_5、Z_6。再把它们代入式(4-43)，检验是否满足或近似满足轴向力平衡的关系。如相差太大，则要调整螺旋角 β_6。重复上述过程，直至符合设计要求为止。

应该指出，其他前进挡齿轮齿数可以利用与二挡相同的方法确定。另外需要说明，中心距、螺旋角、变位系数与齿数分配是相互联系、相互影响的。在配齿过程中，要根据设计要求，经过反复选配、试凑，才能确定比较理想的各参数值。

5. 确定倒挡齿轮齿数

一挡、倒挡齿轮常选用相同的模数。图 4-18 所示倒挡齿轮的齿数 Z_{10} 一般是 21～23。初选 Z_{10} 以后，可以计算出中间轴与倒挡轴的中心距 A'：

$$A'=\frac{1}{2}\cdot m\cdot(Z_8+Z_{10}) \tag{4-46}$$

为了保证倒挡齿轮的啮合以及避免运动干涉，齿轮 8 和 9 的齿顶圆之间应该保持 0.5 mm 以上的间隙，即

$$\frac{D_{e8}}{2}+0.5+\frac{D_{e9}}{2}=A' \tag{4-47}$$

其中，D_{e8}、D_{e9} 分别是齿轮 8 和 9 的齿顶圆直径。根据求得的 D_{e9}，再选择适当的齿数及采用适当的变位系数，使齿顶圆 D_{e9} 符合式(4-47)。最后计算倒挡轴与第二轴的中心距 A''，即齿轮 7 与齿轮 9 的中心距。

4.6 同步器

同步器在汽车变速器中已经得到了广泛采用。利用同步器进行换挡可以保证换挡迅速、无噪声、操作轻便、机构不易损坏等。除了轿车的倒挡和货车的一挡、倒挡以外，其他挡位多数都装用同步器换挡。同步器分为常压式、惯性式和惯性增力式三种。其中常压式同步器结构较简单，但是它不能保证被啮合件在同步状态下换挡，结构上不完善。故其仅在少数重型汽车上得到应用。目前，在大多数变速器中得到广泛应用的是惯性式同步器。

惯性式同步器又可分为几种，即锁销式、滑块式、锁环式、多片式和多锥式。虽然它们的具体结构不同，但是它们也都有共同点，即它们都有摩擦元件和锁止元件。

4.6.1 锁销式同步器的工作原理

图 4-19(a)示出一个锁销式同步器。在滑动齿套 1 的内径制有花键，与二轴上的花键啮合，可以沿二轴轴向移动。在滑动齿套 1 的根部制有接合齿；在齿轮 3 的左端面也制有接合齿。如果推动滑动齿套 1 向右移动，使其上的接合齿与齿轮 3 上的接合齿进入啮合，就把齿轮 3 与轴(二轴)固结起来，即挂上挡，动力将从齿轮 3 传给滑动齿套 1，再传递到二轴输出。

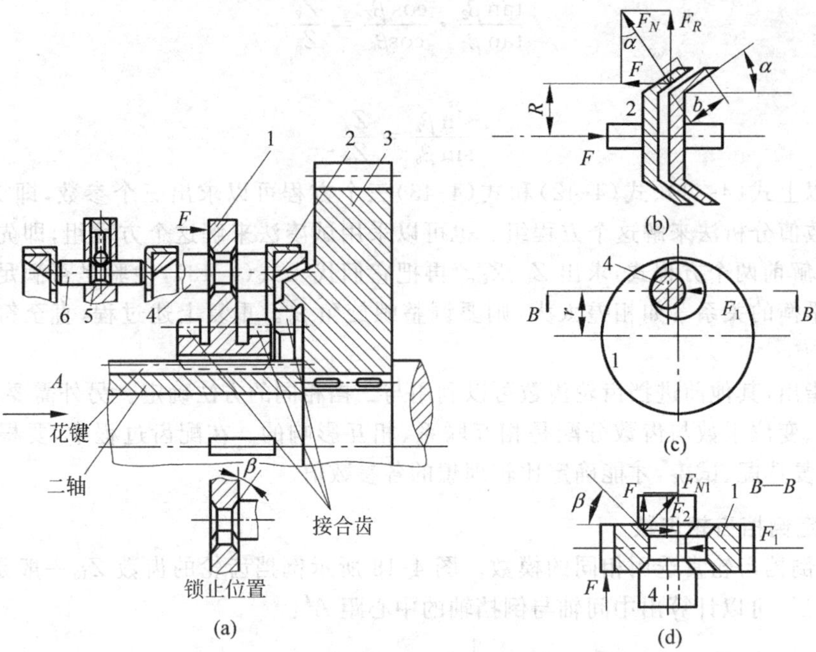

图 4-19 锁销式同步器及其锁止条件分析

(a) 锁销式同步器；(b) 摩擦锥面(同步环)；(c) A 向视图(滑动齿套和锁销)；

(d) 滑动齿套和锁销的剖视图(B—B)

1—滑动齿套；2—同步环；3—齿轮；4—锁销；5—钢球；6—销

同步器的摩擦元件是齿轮 3 左端面凸出的外锥面和同步环 2 的内锥面。在挂挡时，这两个锥面相互接触，形成摩擦面。在滑动齿套 1 的圆盘部分的锁销孔中做出的内锥面(大倒角)，装在这个孔中的锁销 4 上也有相应的外锥面，构成同步器的锁止元件。锁销 4 与同步环 2 刚性连接。

销 6 的两端与同步环接触。在滑动齿套 1 中制有弹簧孔，安装在其中的弹簧把钢球 5 压紧在销 6 中间的环槽上，以这种方式使滑动齿套 1 和同步环 2 弹性连接。应该指出，在惯性式同步器中，弹性元件的重要性也是很大的。它使有关部分保持在中立位置，同时又不妨碍锁止、解除锁止和换挡。

同步器换挡过程由以下三个阶段组成。

(1) 驾驶员用手推变速杆，通过换挡拨叉把力 F 传给滑动齿套 1，再通过弹簧、钢球 5、销 6 传给同步环 2，使得同步器整体离开中间位置、作轴向移动并使同步环 2 的内锥面压靠在齿轮 3 的外锥面上。在摩擦面相互接触瞬间，由于齿轮 3 的角速度 ω_3 和滑动齿套 1 的角速度 ω_1 不同，在摩擦力矩作用下锁销 4 相对于滑动齿套 1 转动一个不大的角度，并占据图 4-19 上所示的锁止位置。此时锁止面接触，即滑动齿套 1 锁销孔的内锥面与锁销 4 的外锥面保持接触，阻止滑动齿套 1 向换挡方向移动。

(2) 驾驶员用力推变速杆，通过换挡拨叉把力 F 传给滑动齿套，再经过锁止元件作用在摩擦面上。由于 $\omega_3 \neq \omega_1$，在摩擦面上产生摩擦力，其对轴线产生摩擦力矩。在此摩擦力矩的作用下，滑动齿套 1 和齿轮 3 的转速逐步趋近，即角速度差不断减小。

(3) 滑动齿套 1 和齿轮 3 的转速达到相等，即达到同步，摩擦力矩消失，而轴向力 F(驾驶员作用的换挡力)仍作用在锁止元件上。它使整个输入端(齿轮 3、中间轴、一轴、离合器从动盘等)转动一个角度,从而使锁止元件解除锁止状态。这时,滑动齿套 1 和锁销上的锥面相对移开,滑动齿套相对于锁销 4 作轴向移动,与齿轮 3 上的接合齿进入啮合。这就完成了同步换挡。

同步器设计的最主要要求是保证在不同步时锁止元件始终处于锁止状态,阻止接合齿进入啮合。下面分析达到这个要求所需要满足的条件。

汽车换挡时,一般近似认为汽车的速度保持不变,即变速器的输出轴转速保持不变。为了达到同步换挡,就要改变输入轴的转速。在换挡过程中,同步器的摩擦力矩 M_f(是由摩擦元件的摩擦力产生的)可以用下式表示

$$M_f = \frac{J_r \cdot \Delta\omega}{t} \tag{4-48}$$

其中,J_r 是离合器从动盘、变速器第一轴、中间轴和在第二轴上与中间轴上齿轮常啮合的齿轮的转动惯量;t 是同步时间;$\Delta\omega$ 是相同步的元件之间的角速度差。

换挡时,驾驶员用力推变速杆,设这个手推力为 F_s(对轿车和大客车,取 $F_s=60$ N;对货车,取 $F_s=100$ N),变速杆到啮合套的传动比为 i_{gs},则作用在同步器摩擦面上的轴向力 F 为

$$F = F_s \cdot i_{gs} \cdot \eta \tag{4-49}$$

其中,η 是换挡传动机构的效率。

见图 4-19(b),在摩擦锥面上的法向合力 F_N 为

$$F_N = \frac{F}{\sin\alpha} \tag{4-50}$$

其中,α 是摩擦锥面的半锥角。在摩擦锥面上的摩擦力矩 M_f 为

$$M_f = F_N \cdot f \cdot R = \frac{F \cdot f \cdot R}{\sin\alpha} \tag{4-51}$$

其中,f 是摩擦锥面间的摩擦系数;R 是摩擦锥面的平均半径。

把式(4-51)代入式(4-48),得到换挡时的摩擦力矩方程式,即

$$\frac{F \cdot f \cdot R}{\sin\alpha} = J_r \cdot \frac{\Delta\omega}{t} \tag{4-52}$$

式(4-52)也称为同步器计算的基本方程式。

在图 4-19(d)中示出作用在锁销上的力。在同步器锁止锥面上由 F 产生的法向合力 F_{N1} 为

$$F_{N1} = \frac{F}{\cos\beta} \tag{4-53}$$

其中,β 是锁止锥面锁止角。力 F_2 力图把锁销向右推,即力图分开锁止面:

$$F_2 = F \cdot \tan\beta \tag{4-54}$$

在图 4-19(d)中,力 F_1 力图把锁销压紧在滑动齿套 1 中的锁销孔上,即力图保持锁止状态。F_1 是由摩擦力矩 M_f 产生的、防止不同步换挡的力:

$$F_1 = \frac{M_f}{r} = \frac{F \cdot f \cdot R}{r \cdot \sin\alpha} \tag{4-55}$$

其中,r 是锁止面平均半径,如图 4-19(c)所示。

为了保证不同步时锁止状态不能被解除,就要满足如下关系式:

$$F_1 > F_2 \tag{4-56}$$

即

$$\frac{F \cdot f \cdot R}{r \cdot \sin\alpha} > F \cdot \tan\beta \tag{4-57}$$

或

$$\tan\beta < \frac{f \cdot R}{r \cdot \sin\alpha} \tag{4-58}$$

这就是为保证在不同步时锁止元件始终处于锁止状态、阻止接合齿进入啮合所需要满足的条件。

4.6.2 锁环式同步器

图4-20示出一种锁环式同步器。

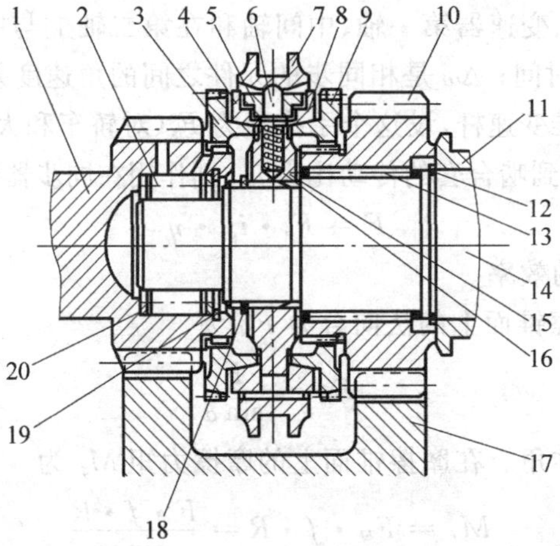

(a)

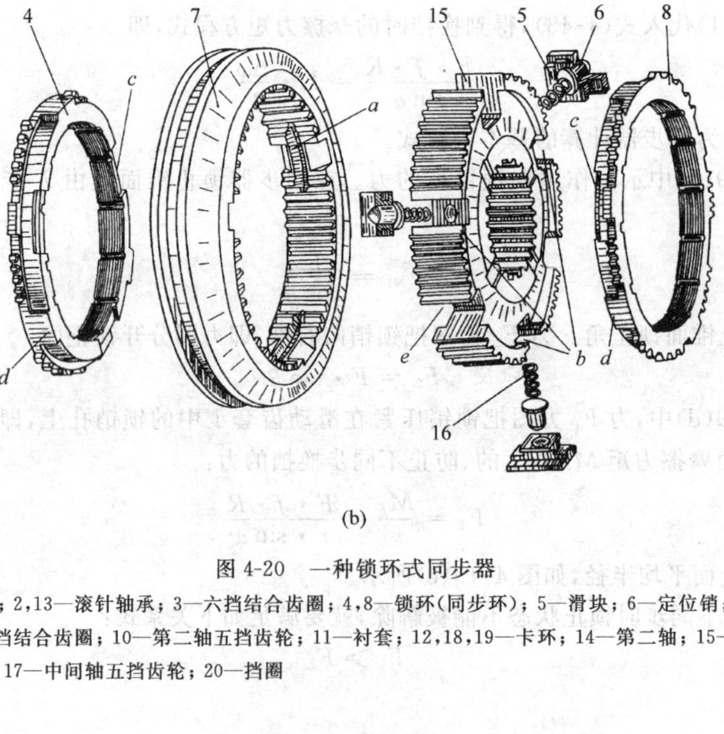

(b)

图4-20 一种锁环式同步器

1—第一轴；2,13—滚针轴承；3—六挡结合齿圈；4,8—锁环(同步环)；5—滑块；6—定位销；7—结合套；9—五挡结合齿圈；10—第二轴五挡齿轮；11—衬套；12,18,19—卡环；14—第二轴；15—花键毂；16—弹簧；17—中间轴五挡齿轮；20—挡圈

图 4-21 示出一种锁环式同步器的分析模型。如图 4-21 所示，在齿轮 1 上加工有接合齿和摩擦外锥面。同步环 2(锁环)的内径是摩擦内锥面，在其外径制有锁止齿。锁环式同步器的摩擦元件就是这两个摩擦锥面。在啮合套 5 的内径制有花键，与花键毂(在图 4-21 中未示出，见图 4-20)啮合，而花键毂与二轴固结。在啮合套 5 内径制出的花键也是接合齿，在其端面制有斜面，也起到锁止元件的作用。如果推动啮合套 5 向左移动，使其上的接合齿与齿轮 1 上的接合齿进入啮合，就把齿轮 1 与轴(二轴)固结起来，即挂上挡，动力将从齿轮 1 传给啮合套 5，再传递到二轴输出。

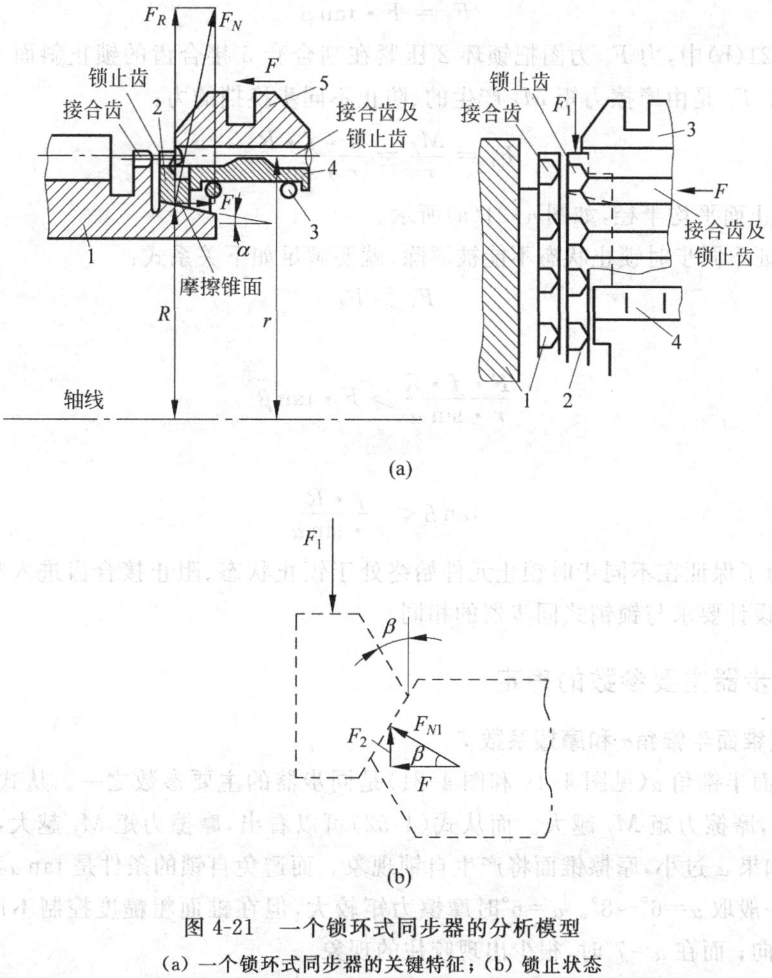

图 4-21　一个锁环式同步器的分析模型

(a) 一个锁环式同步器的关键特征；(b) 锁止状态

1—齿轮；2—同步环(锁环)；3—钢圈；4—滑块；5—啮合套

滑块 4 与在锁环 2 中制出的定位槽用来控制同步环 2 相对于啮合套 5 的转角，使两组锁止元件处于正确的锁止位置，如图 4-21(b)所示。

F 是移动啮合套 5 的换挡力。在摩擦锥面上的法向合力 F_N 为

$$F_N = \frac{F}{\sin\alpha} \tag{4-59}$$

其中，α 是摩擦锥面的半锥角。在摩擦锥面上的摩擦力矩 M_f 为

$$M_f = F_N \cdot f \cdot R = \frac{F \cdot f \cdot R}{\sin\alpha} \tag{4-60}$$

其中,f 是摩擦锥面间的摩擦系数;R 是摩擦锥面的平均半径(见图 4-21(a))。

在图 4-21(b)中示出作用在锁环 2 上的力。在锁环锁止斜面上由 F 产生的法向合力 F_{N1} 为

$$F_{N1} = \frac{F}{\cos\beta} \tag{4-61}$$

其中,β 是锁止锥面锁止角。力 F_2 力图把锁环 2 向上推,即力图分开锁止面:

$$F_2 = F \cdot \tan\beta \tag{4-62}$$

在图 4-21(b)中,力 F_1 力图把锁环 2 压紧在啮合套 5 接合齿的锁止斜面上,即力图保持锁止状态。F_1 是由摩擦力矩 M_f 产生的、防止不同步换挡的力:

$$F_1 = \frac{M_f}{r} = \frac{F \cdot f \cdot R}{r \cdot \sin\alpha} \tag{4-63}$$

其中,r 是锁止面平均半径,如图 4-21(a)所示。

为了保证不同步时锁止状态不能被解除,就要满足如下关系式:

$$F_1 > F_2 \tag{4-64}$$

即

$$\frac{F \cdot f \cdot R}{r \cdot \sin\alpha} > F \cdot \tan\beta \tag{4-65a}$$

或

$$\tan\beta < \frac{f \cdot R}{r \cdot \sin\alpha} \tag{4-65b}$$

所以,为了保证在不同步时锁止元件始终处于锁止状态、阻止接合齿进入啮合,对锁环式同步器的设计要求与锁销式同步器的相同。

4.6.3 同步器主要参数的确定

1. 摩擦锥面半锥角 α 和摩擦系数 f

摩擦锥面半锥角 α(见图 4-19 和图 4-21)是同步器的主要参数之一。从式(4-51)可以看出,α 越小,摩擦力矩 M_f 越大。而从式(4-52)可以看出,摩擦力矩 M_f 越大,同步时间越短。但是,如果 α 过小,摩擦锥面将产生自锁现象。而避免自锁的条件是 $\tan\alpha \geqslant f$。在同步器设计中,一般取 $\alpha = 6° \sim 8°$。$\alpha = 6°$ 时摩擦力矩较大,但在锥面粗糙度控制不严时,有黏着和咬住的倾向;而在 $\alpha = 7°$ 时,很少出现咬住的现象。

摩擦系数 f 也是个重要参数。摩擦系数大,则换挡省力,达到同步的时间较短。因此保证较大的摩擦系数对同步器工作有利。摩擦系数与摩擦副材料、工作表面粗糙度、润滑种类和温度等因素有关。变速器的设计决定了同步器在油中工作,锥面摩擦材料一般采用青铜-钢材料制成,在计算时可取摩擦系数 $f = 0.1$。

为了保持摩擦系数,在摩擦锥面上制有破坏油膜的细牙螺纹槽及与螺纹槽垂直的泄油槽,见图 4-22。试验表明,螺纹槽的齿顶宽对摩擦系数 f 的影响很大。在工作过程中,随着齿顶的磨损,摩擦系数 f 会降低,换挡费力。从式(4-51)可以看出,在摩擦系数 f 降低的情况下,为了使摩擦力矩 M_f 保持不变,从而使同步时间保持不变,就必须增大轴向推力 F,也

就是要求驾驶员用更大的力推变速杆。图 4-22(a)给出的尺寸适用于轻、中型汽车；图 4-22(b)给出的尺寸适用于重型汽车。通常轴向泄油槽为 6～12 个，槽宽 3～4 mm，见图 4-22(c)。

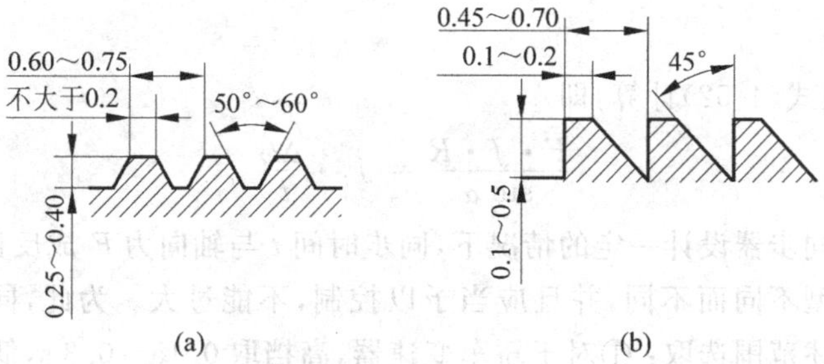

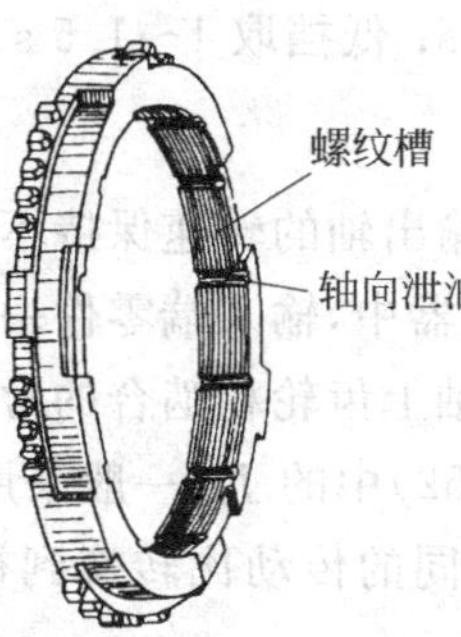

(c)

图 4-22 同步环螺纹槽型式

(a) 适用于轻、中型汽车；(b) 适用于重型汽车；(c) 轴向泄油槽

同步环有锻造和铸造两种形式，其中锻造式多用于轿车和轻型货车，而铸造式同步环多用于中重型货车。选用材料时要考虑摩擦系数，也要考虑耐磨性。其中锻造同步环常采用铅黄铜、锰铜和铝铜；铸造同步环通常用锡青铜、铝青铜和锰黄铜。相对于变速器总成寿命而言，上述材料的耐磨性显得较差。近年来，出现了高强度、高耐磨性的钢-钼配合的摩擦副，即在钢质或球墨铸铁同步环的锥面上喷镀一层钼(厚 0.6～0.8 mm)，使其摩擦系数在钢-铜合金摩擦副范围内，而耐磨性和强度有显著的提高，目前已在一些外国汽车变速器上得到了应用。

2. 摩擦锥面平均半径 R 和锥面工作长度 b

从式(4-51)可以看出，在 F、f、α 一定的情况下增大 R，可以增大摩擦力矩，缩短同步时间。因此，在设计时，在结构布置允许的条件下，锥面平均半径 R 应尽可能取大些。

同步环摩擦锥面工作长度 b(见图 4-19(b))的选择与摩擦材料、表面压力、表面形状等因素有关。设计时可根据下式计算确定

$$b=\frac{M_f}{2\cdot\pi\cdot f\cdot p\cdot R^2}=\frac{F_N}{2\cdot\pi\cdot R\cdot p} \tag{4-66}$$

式中，p 是摩擦锥面上的许用压力，对钢-青铜摩擦副 $p=1.0\sim1.5$ MPa。在式(4-66)中，摩擦锥面的面积 $S=2\pi\cdot R\cdot b$，是在假定同步环上没有螺纹槽的条件下计算的。

从缩短变速器轴向尺寸的角度看，减小锥面工作长度 b 是有利的。而在缩小 b、并且保持许用压力 p 不变的情况下，为保持摩擦力矩，应该把锥面平均半径 R 取得足够大。有时

将变速器的全部同步器设计成一样的尺寸,这样便于生产。

3. 锁止面锁止角β

已有同步器结构的锁止角在26°～42°范围内。

4. 同步时间t

同步时间按照式(4-52)计算,即

$$\frac{F \cdot f \cdot R}{\sin \alpha} = J_r \cdot \frac{\Delta\omega}{t}$$

可以看出,在同步器设计一定的情况下,同步时间t与轴向力F成反比。驾驶员操纵变速杆的手力,因车型不同而不同,并且应当予以控制,不能过大。为此,同步时间与车型有关,计算时可在下述范围选取:①对于轿车变速器,高挡取0.15～0.3 s,低挡取0.5～0.8 s;②对于货车变速器,高挡取0.3～0.8 s;低挡取1～1.5 s。

5. 转动惯量的计算

在换挡过程中,一般认为变速器输出轴的转速保持不变,而依靠同步器改变转速的零件通称为输入端零件。在中间轴式变速器中,输入端零件一般包括第一轴以及离合器从动盘、中间轴及其齿轮、在第二轴上与中间轴上齿轮相啮合的常啮合齿轮等。

输入端零件的转动惯量,即式(4-52)中的J_r,一般采用如下方法计算:①求出各零件的转动惯量;②再把这些转动惯量按不同的传动比转换到被同步的零件(利用同步器接合的零件)上。

对已有的零件,通常用试验方法测出其转动惯量(常用的试验方法之一是"扭摆"法)。若零件尚未生产出来,可以应用计算法计算它们的转动惯量。在采用三维设计的情况下,可以利用三维设计软件计算零件数模的转动惯量。其中试验法较准确;计算法误差较大,因为不可避免要做一些简化。

图4-23示出转动惯量转换的概念。其中,假设齿轮、轴都没有质量,系统的转动惯量只有J_1或J_2。转动惯量转换前、后系统的动能保持相等,即

$$\frac{J_1 \cdot \omega_1^2}{2} = \frac{J_2 \cdot \omega_2^2}{2} \tag{4-67}$$

而

$$\omega_1 \cdot Z_1 = \omega_2 \cdot Z_2 \tag{4-68}$$

把式(4-68)代入式(4-67)得

$$J_2 = J_1 \cdot \frac{\omega_1^2}{\omega_2^2} = J_1 \cdot \frac{Z_2^2}{Z_1^2} \tag{4-69}$$

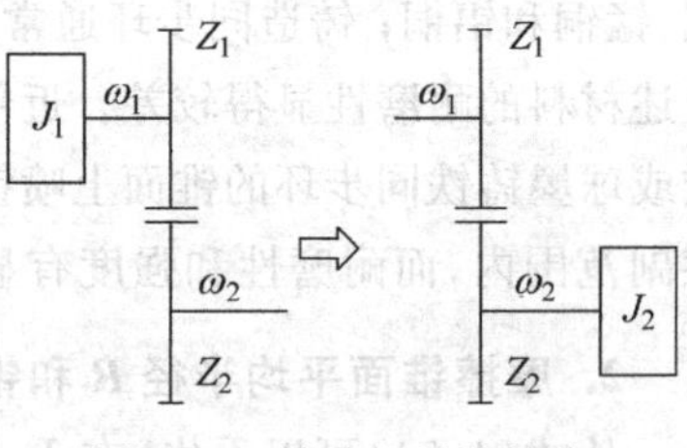

图4-23 转动惯量的转换

式(4-69)就是转动惯量转换的基本公式。

图4-18示出一个四挡变速器的传动方案。下面计算挂一些挡位时的输入端当量转动惯量。

1) 挂直接挡时输入端的当量转动惯量J_{rd}

挂直接挡时,一轴齿轮1是被同步的零件,同步器直接改变其转速。中间轴上的常啮合齿轮2与齿轮1啮合,而且中间轴上的齿轮都与中间轴固结在一起,设中间轴的总转动惯量是J_c。中间轴上的齿轮4、6分别与在二轴上的常啮合齿轮3、5啮合,它们空套在二轴上。

在换挡过程中,一轴、中间轴及与中间轴啮合的二轴齿轮 3、5 的转速发生变化,它们是输入端零件。为了计算同步时间,需要确定在被同步的零件齿轮 1 上的当量转动惯量 J_{rd}。可以采用这样的方法确定这个当量转动惯量,即首先把齿轮 3、5 的转动惯量转到中间轴上,再把其和中间轴本身的转动惯量一起转到齿轮 1 上,即

$$J_{rd} = J_1 + \left[J_c + J_3 \cdot \frac{Z_4^2}{Z_3^2} + J_5 \cdot \frac{Z_6^2}{Z_5^2}\right] \cdot \frac{Z_1^2}{Z_2^2} \tag{4-70}$$

其中,J_1 是变速器第一轴及离合器从动盘的转动惯量;J_c 是中间轴的转动惯量;J_3 是齿轮 3 的转动惯量;J_5 是齿轮 5 的转动惯量。

2) 挂一挡时输入端的当量转动惯量 J_{r1}

从图 4-18 可以看出,一挡采用滑动齿轮换挡,所以齿轮 7、8 是直齿轮。挂一挡不用同步器,所以没有同步时间的问题。齿轮 7 与二轴花键连接,在换挡过程中其转速不变。在换挡过程中,齿轮 7 与齿轮 8 的轮齿进入啮合,如果进入啮合时它们轮齿的线速度不同,就会产生冲击。此冲击一方面与线速度差有关,也与中间轴、与中间轴常啮合的二轴齿轮 3 和 5、一轴、离合器从动盘的转动惯量有关,转动惯量越大冲击也越大。挂一挡时输入端的当量转动惯量 J_{r1} 是在中间轴上的当量转动惯量,即

$$J_{r1} = J_1 \cdot \frac{Z_2^2}{Z_1^2} + J_c + J_3 \cdot \frac{Z_4^2}{Z_3^2} + J_5 \cdot \frac{Z_6^2}{Z_5^2} \tag{4-71}$$

4.7 分动器设计

在全轮驱动汽车(具有两个或两个以上的驱动轴)中一般都有分动器,其主要功能是把输入给它的动力(一般来自变速器)传递到各个驱动轴,并且把输入转矩适当分配到各个驱动轴。对分动器的主要要求如下:

(1) 保证各个驱动轴之间具有适当的转矩分配比;

(2) 保证车辆具有适当的最低稳定车速(一般在 2.5～5.0 km/h 之间)和最大爬坡度;

(3) 对于全时全轮驱动车辆,要保证各个驱动轴之间可以实现差速。

4.7.1 可选全轮驱动车辆中的分动器(没有轴间差速器)

越野车一般采用可选全轮驱动,即在公路(高附着路面)上行驶时采用非全轮驱动,而在低附着、松软路面上或爬陡坡行驶时采用全轮驱动。这种车辆的分动器中没有轴间差速器。图 4-24 所示为一种没有轴间差速器的分动器。来自变速器的动力传递到分动器的输入轴 2,分动器有两个工作模式:①公路行驶模式。接合高挡(直接挡)啮合套 3,使输入轴 2 与向后轴的输出轴 4 固结,而低挡啮合套 1 和接通前轴的啮合套 7 都不接合,来自变速器的动力都传递到后轴,分动器速比为 1,前轴是从动桥。②越野行驶模式。依次接合接通前轴的啮合套 7 和低挡啮合套 1,而高挡(直接挡)啮合套 3 不接合,来自变速器的动力经过一对低挡齿轮 8 减速、增扭以后分别传递到前轴和后轴,实现全轮驱动。这种模式的前、后轴的附着能力能够得到充分利用来产生驱动力;而且,这种分动器结构简单、尺寸和质量小、成本低。但是,采用这种分动器的车辆,一般不允许在高附着路面上行驶时接通全轮驱动,否则会引起轮胎的严重磨损、功率损失增大、传动系零件过载等问题。

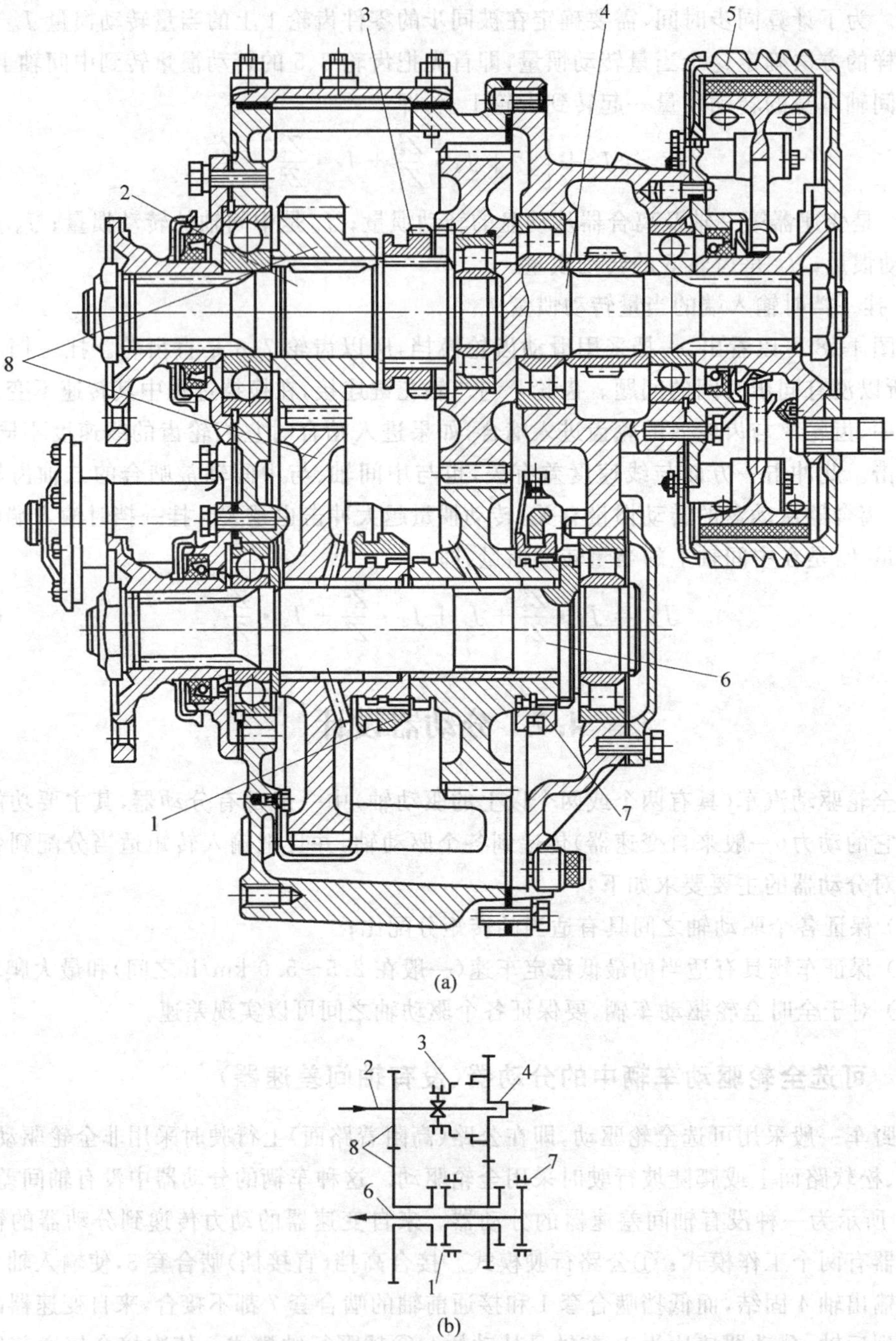

图 4-24 一种没有轴间差速器的分动器

(a) 结构图；(b) 原理图

1—低挡啮合套；2—输入轴；3—高挡(直接挡)啮合套；4—向后轴的输出轴；
5—中央制动器；6—向前轴的输出轴；7—接通前轴的啮合套；8—低挡齿轮组

4.7.2 全时全轮驱动车辆中的分动器(有轴间差速器)

全时全轮驱动车辆在任何行驶工况下都是全轮驱动的。主要是为了在公路(高附着路面)上行驶时可以使各个驱动轴之间实现差速,而在这种车辆的分动器中设置了轴间差速器。图 4-25 所示为一种具有行星齿轮式轴间差速器的分动器。来自变速器的动力传递到分动器的输入轴 1,分动器有 3 种工作模式:①接合高挡,即向前(向着变速器)移动换挡啮

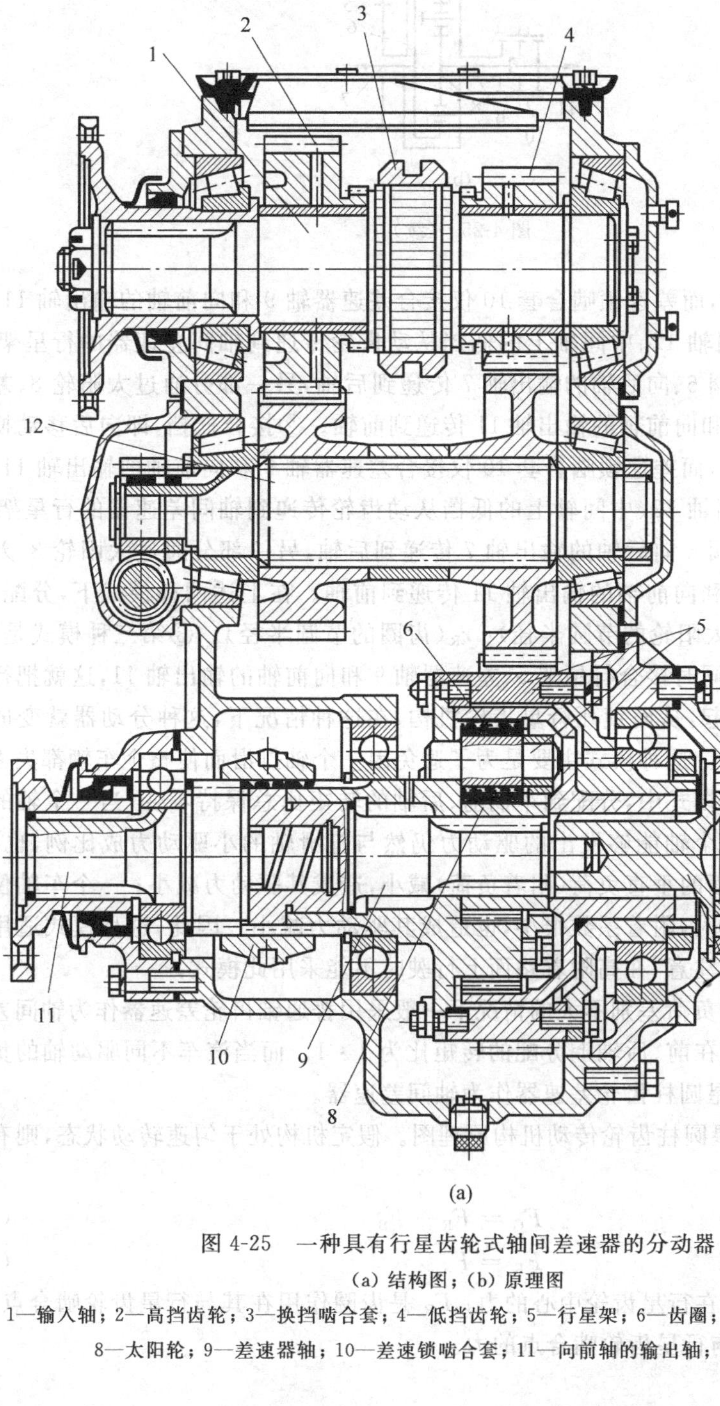

(a)

图 4-25 一种具有行星齿轮式轴间差速器的分动器

(a) 结构图;(b) 原理图

1—输入轴;2—高挡齿轮;3—换挡啮合套;4—低挡齿轮;5—行星架;6—齿圈;7—向后轴的输出轴;8—太阳轮;9—差速器轴;10—差速锁啮合套;11—向前轴的输出轴;12—中间轴

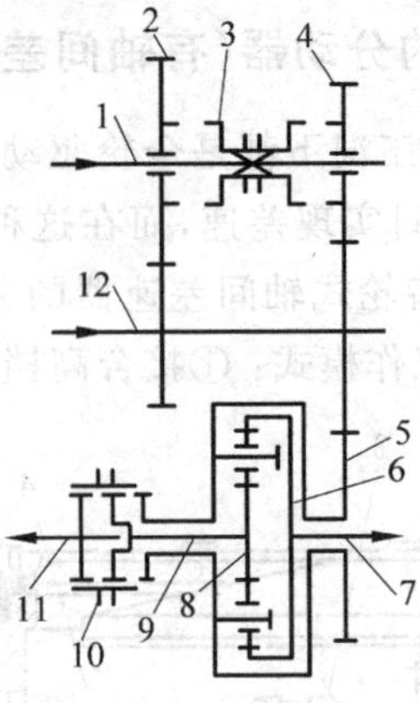

(b)

图 4-25 (续)

合套 3,接合高挡齿轮 2,而差速锁啮合套 10 仅接合差速器轴 9 和向前轴的输出轴 11,来自变速器的动力经过中间轴 12、中间轴上的低挡从动齿轮传递到轴间差速器的行星架 5,然后,一部分动力通过齿圈 6、向后轴的输出轴 7 传递到后轴,另一部分通过太阳轮 8、差速器轴 9、差速锁啮合套 10 和向前轴的输出轴 11 传递到前轴。②接合低挡,即向后移动换挡啮合套 3,接合低挡齿轮 4,而差速锁啮合套 10 仅接合差速器轴 9 和向前轴的输出轴 11,来自变速器的动力经过中间轴 12、中间轴上的低挡从动齿轮传递到轴间差速器的行星架 5,然后,一部分动力通过齿圈 6 向后轴的输出轴 7 传递到后轴,另一部分通过太阳轮 8、差速器轴 9、差速锁啮合套 10 和向前轴的输出轴 11 传递到前轴。在上述两种模式下,分配到前、后轴的转矩比都是 r_S(太阳轮的节圆半径):r_R(齿圈的节圆半径)。③第三种模式是,向后移动差速锁啮合套 10,同时接合行星架 5、差速器轴 9 和向前轴的输出轴 11,这就把行星架 5 与太阳轮 8 固结在一起,从而锁死行星齿轮机构,在这种情况下,这种分动器就变成了没有轴间差速器的分动器。这种模式主要是为了避免因一个轴打滑而使整个车辆都失去驱动力。这是因为在前两个模式中,分配到车辆前、后轴的转矩比总保持不变,当一个轴的附着力很小、打滑时,另外一个轴能够发出的驱动力仍然与打滑轴的小驱动力成比例,也很小。车辆爬坡时,前轴对地面的垂直负荷(附着负荷)减小,造成其驱动力减小;一个车轴位于低附着路面(例如冰面)上时,附着系数很小,也造成其驱动力减小。因此,这种模式适用于越野和爬陡坡行驶工况。注意,在高附着路面上行驶时不能采用此模式。

在汽车不同驱动桥负荷差别不大的情况下一般采用普通锥齿轮差速器作为轴间差速器(见图 1-10 和图 6-41),在前、后轴上分配的转矩比为 1∶1。而当汽车不同驱动轴的负荷明显不同时,一般采用行星圆柱齿轮差速器作为轴间差速器。

图 4-26 所示为行星圆柱齿轮传动机构原理图。假定机构处于匀速转动状态,则有如下关系式:

$$F_C = F_R + F_S \tag{4-72}$$

$$F_R = F_S \tag{4-73}$$

其中,F_C 是行星架作用在行星齿轮中心的力;F_R 是齿圈作用在其与行星齿轮啮合点的力;F_S 是太阳轮作用在其与行星齿轮啮合点的力。

从式(4-72)、式(4-73)可得

$$F_R = F_S = \frac{F_C}{2} \tag{4-74}$$

$$T_R = F_R \cdot r_R \tag{4-75}$$

$$T_S = F_S \cdot r_S \tag{4-76}$$

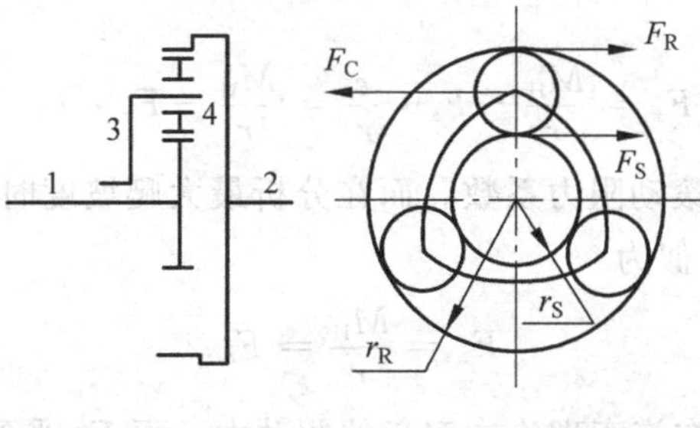

图 4-26 行星圆柱齿轮传动机构原理图

1—太阳轮；2—齿圈；3—行星架；4—行星齿轮

其中，T_R 是传到齿圈上的转矩；r_R 是齿圈节圆半径；T_S 是传到太阳轮上的转矩；r_S 是太阳轮节圆半径。

$$T_R + T_S = F_R \cdot r_R + F_S \cdot r_S = \frac{F_C}{2} \cdot (r_R + r_S) = F_C \cdot \frac{r_R + r_S}{2} = T_C \tag{4-77}$$

其中，T_C 是行星架所受到的转矩。

式(4-75)除以式(4-76)，得

$$\frac{T_R}{T_S} = \frac{r_R}{r_S} \tag{4-78}$$

在行星圆柱齿轮差速器中，行星架一般是输入元件，而输出元件是太阳轮和齿圈(见图 4-25)。转矩比 K_b 为

$$K_b = \frac{T_R}{T_S} = \frac{r_R}{r_S} \tag{4-79}$$

因此，行星圆柱齿轮差速器的转矩比是个常数。负荷较小的驱动桥应该由太阳轮驱动，而负荷较大的桥应该由齿圈驱动。

如何确定前、后轴转矩分配比是轴间差速器设计的重要问题。确定前、后轴转矩分配比的指导思想主要是获得如下效果，即在尽可能广泛的行驶工况下、在不接合差速锁的情况下也可以比较充分地利用各个驱动轴的附着潜力，得到最大可能的驱动力。在此对如何获得附着条件决定的车辆最大爬坡能力进行分析。图 4-27 所示是当车辆等速直线行驶时其一个驱动轮上的受力分析。可以得到如下力和力矩平衡方程：

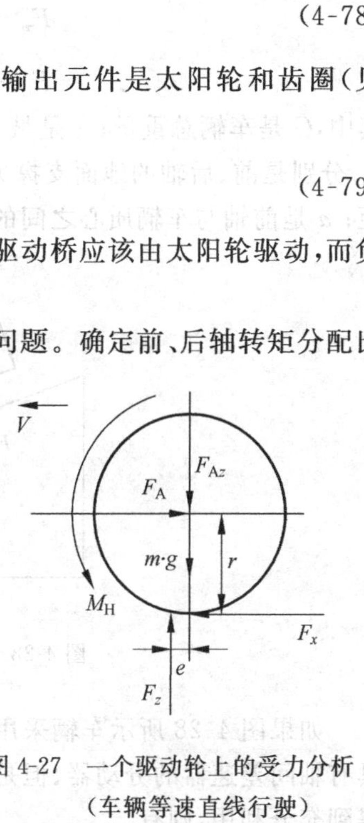

图 4-27 一个驱动轮上的受力分析(车辆等速直线行驶)

$$F_z - F_{Az} - m \cdot g = 0 \tag{4-80}$$

$$F_x - F_A = 0 \tag{4-81}$$

$$M_H - F_z \cdot e - F_x \cdot r = 0 \tag{4-82}$$

其中，F_z 是地面对车轮的支撑力；F_{Az} 是车轴对车轮的垂

直力；m 是车轮的质量；F_x 是地面对车轮的推力；F_A 是车轴对车轮的水平力；M_H 是传动系传递到车轮上的驱动力矩；e 是由于在轮胎接地印迹中垂直压力关于印迹中心分布不均匀所造成的纵向偏移距；r 是车轮半径。

从式(4-80)可得：

$$F_z = F_{Az} + m \cdot g \tag{4-83}$$

从式(4-82)可得

$$F_x = \frac{M_H}{r} - F_z \cdot \frac{e}{r} = \frac{M_H}{r} - F_z \cdot f_R \tag{4-84}$$

其中，$f_R = e/r$ 就是轮胎的滚动阻力系数。而在分析最大爬坡度时，一般可以忽略滚动阻力的影响，则式(4-84)可以近似为

$$F_x = \frac{M_H}{r} = F_t \tag{4-85}$$

其中，$F_t = M_H/r$ 就是通常在汽车理论中定义的驱动力。而 F_x 受到附着力的限制，即

$$F_x = \frac{M_H}{r} = F_t \leqslant F_z \cdot \mu \tag{4-86}$$

其中，μ 是轮胎-地面间的附着系数。

图 4-28 所示是一辆正在爬陡坡的 4×4 汽车的受力分析，可以得到如下力学方程：

$$F_a = G \cdot \sin\alpha \tag{4-87}$$

$$F_b = G \cdot \cos\alpha \tag{4-88}$$

$$F_{zf} = G \cdot \cos\alpha \cdot \frac{L-a}{L} - \frac{G \cdot \sin\alpha \cdot h}{L} \tag{4-89}$$

$$F_{zr} = G \cdot \cos\alpha \cdot \frac{a}{L} + \frac{G \cdot \sin\alpha \cdot h}{L} \tag{4-90}$$

$$F_{tf} + F_{tr} = F_a \tag{4-91}$$

其中，G 是车辆总重量；α 是坡度角；F_a 是坡度阻力；F_b 是车辆对地面的总正压力；F_{zf}，F_{zr} 分别是前、后轴的地面支撑力；F_{tf}，F_{tr} 分别是前、后轴的驱动力(地面推力)；L 是车辆轴距；a 是前轴与车辆质心之间的距离；h 是车辆质心的高度；COG 是整车的质心。

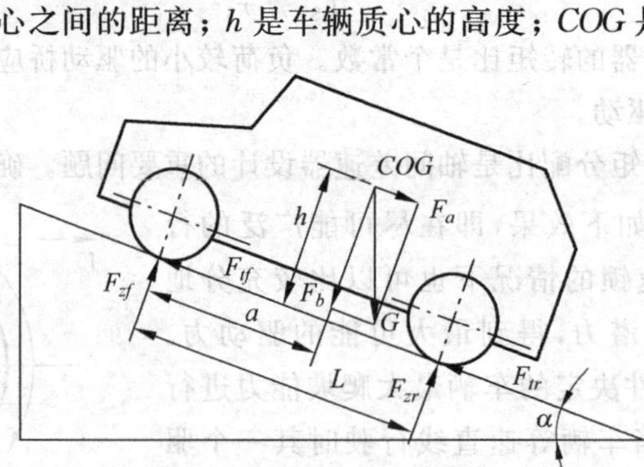

图 4-28 一辆正在爬陡坡的 4×4 汽车的受力分析

如果图 4-28 所示车辆采用的是不带轴间差速器的分动器(如图 4-24 所示)或采用的是具有轴间差速器的分动器、但是接合了差速锁(如图 4-25 所示)，则前、后轴的附着力都能够得到充分利用，则有

$$F_{tf}=\mu\cdot F_{zf} \tag{4-92}$$

$$F_{tr}=\mu\cdot F_{zr} \tag{4-93}$$

将式(4-92)、式(4-93)和式(4-87)代入式(4-91),得

$$\mu\cdot F_{zf}+\mu\cdot F_{zr}=G\cdot\sin\alpha \tag{4-94}$$

$$\mu\cdot(F_{zf}+F_{zr})=G\cdot\sin\alpha \tag{4-95}$$

$$\mu\cdot G\cdot\cos\alpha=G\cdot\sin\alpha \tag{4-96}$$

$$\tan\alpha=\mu \tag{4-97}$$

即前、后轴的附着力都得到了充分利用来克服坡度阻力,获得了最大可能的爬坡度。

如果图4-28所示车辆采用的是具有轴间差速器的分动器、并且没有接合差速锁(如图4-25所示),则

$$F_{tf}=\frac{M_{\mathrm{H}f}}{r}\leqslant\mu\cdot F_{zf} \tag{4-98}$$

$$F_{tr}=\frac{M_{\mathrm{Hr}}}{r}\leqslant\mu\cdot F_{zr} \tag{4-99}$$

$$i_{vh}=\frac{M_{\mathrm{Hr}}}{M_{\mathrm{H}f}} \tag{4-100}$$

其中,$M_{\mathrm{H}f}$、$M_{\mathrm{H}r}$分别是轴间差速器分配到前、后轴上的驱动转矩;i_{vh}是轴间差速器决定的转矩分配比。在爬坡时,由于前轴的地面支撑力F_{zf}减小,使得前轴的驱动力(地面推力)F_{tf}也减小。附着决定的最大前轴驱动力为

$$F_{tf}=\frac{M_{\mathrm{H}f}}{r}=\mu\cdot F_{zf} \tag{4-101}$$

将式(4-100)代入式(4-99),得

$$F_{tr}=\frac{M_{\mathrm{Hr}}}{r}=\frac{i_{vh}\cdot M_{\mathrm{H}f}}{r} \tag{4-102}$$

将式(4-101)代入式(4-102),得

$$F_{tr}=\frac{M_{\mathrm{Hr}}}{r}=i_{vh}\cdot F_{tf}=i_{vh}\cdot\mu\cdot F_{zf} \tag{4-103}$$

该F_{tr}是在这种情况下后轴能够发出的最大驱动力(地面推力)。把式(4-101)、式(4-103)和式(4-87)代入式(4-91),得

$$\mu\cdot F_{zf}+i_{vh}\cdot\mu\cdot F_{zf}=G\cdot\sin\alpha \tag{4-104}$$

$$\mu\cdot(1+i_{vh})\cdot F_{zf}=G\cdot\sin\alpha \tag{4-105}$$

将式(4-89)代入式(4-105),得

$$\mu\cdot(1+i_{vh})\cdot\left(G\cdot\cos\alpha\cdot\frac{L-a}{L}-\frac{G\cdot\sin\alpha\cdot h}{L}\right)=G\cdot\sin\alpha \tag{4-106}$$

$$\mu\cdot(1+i_{vh})\cdot\cos\alpha\cdot(L-a)-\mu\cdot(1+i_{vh})\cdot\sin\alpha\cdot h=L\cdot\sin\alpha \tag{4-107}$$

$$\mu\cdot(1+i_{vh})\cdot\cos\alpha\cdot(L-a)=[\mu\cdot(1+i_{vh})\cdot h+L]\cdot\sin\alpha \tag{4-108}$$

$$\tan\alpha=\frac{\mu\cdot(1+i_{vh})\cdot(L-a)}{L+\mu\cdot(1+i_{vh})\cdot h} \tag{4-109}$$

根据前面分析,在充分利用了前、后轴附着力的情况下,附着条件决定的爬坡度最大,由式(4-97)表达。把式(4-97)代入式(4-109),就可以求得对爬坡度是理想的分扭比i_{vh}的变化规律:

$$\mu=\frac{\mu\cdot(1+i_{vh})\cdot(L-a)}{L+\mu\cdot(1+i_{vh})\cdot h} \tag{4-110}$$

$$(1+i_{vh})\cdot(L-a)=\mu\cdot(1+i_{vh})\cdot h+L \tag{4-111}$$

$$(L-a)+(L-a)\cdot i_{vh}=(\mu\cdot h+L)+\mu\cdot h\cdot i_{vh} \tag{4-112}$$

$$[-\mu\cdot h+(L-a)]\cdot i_{vh}=(\mu\cdot h+L)-(L-a) \tag{4-113}$$

$$i_{vh}=\frac{\mu\cdot h+a}{-\mu\cdot h+(L-a)} \tag{4-114}$$

对式(4-114)进行如下变换：

$$i_{vh}=\frac{\frac{a}{L}+\frac{\mu\cdot h}{L}}{\frac{L-a}{L}-\frac{\mu\cdot h}{L}}=\frac{\frac{a}{L}\cdot G+\frac{\mu\cdot h}{L}\cdot G}{\frac{L-a}{L}\cdot G-\frac{\mu\cdot h}{L}\cdot G}=\frac{F_{zr0}+\frac{\mu\cdot h}{L}\cdot G}{F_{zf0}-\frac{\mu\cdot h}{L}\cdot G} \tag{4-115}$$

其中，F_{zf0}、F_{zr0}分别是车辆在水平路面上静止时的前、后轴负荷。

对于h/L较小的车辆，忽略式(4-114)中的μh项，可以得到如下近似公式：

$$i_{vh}=\frac{a}{L-a}=\frac{\frac{a}{L}\cdot G}{\frac{L-a}{L}\cdot G}=\frac{F_{zr0}}{F_{zf0}} \tag{4-116}$$

从式(4-115)和式(4-116)可以看出，有利于爬坡度的分扭比i_{vh}(轴间差速器分配到后轴的转矩除以分配到前轴的转矩)大于后轴与前轴的静轴荷之比(F_{zr0}/F_{zf0})，并且随着附着系数μ而增大；在车辆质心较低的情况下，h/L较小，i_{vh}与比值(F_{zr0}/F_{zf0})比较接近。因此，取一个与比值(F_{zr0}/F_{zf0})比较接近的i_{vh}是选择轴间差速器分扭比的出发点。

图4-29示出一种全时4×4驱动汽车的分动器。来自变速器的动力首先传给输入轴。输入轴通过花键再把动力传给行星架、行星齿轮、齿圈和太阳轮。太阳轮轴的左端通过滚珠轴承支承在分动器壳体上，其右端通过滚针轴承支承在输入轴上。在太阳轮轴上固结有一个传动链轮，其把分配到太阳轮上的动力传给传动链条，驱动前桥。齿圈用来向后桥传递动力，齿圈轴的左端通过滚针轴承支承在行星架上。

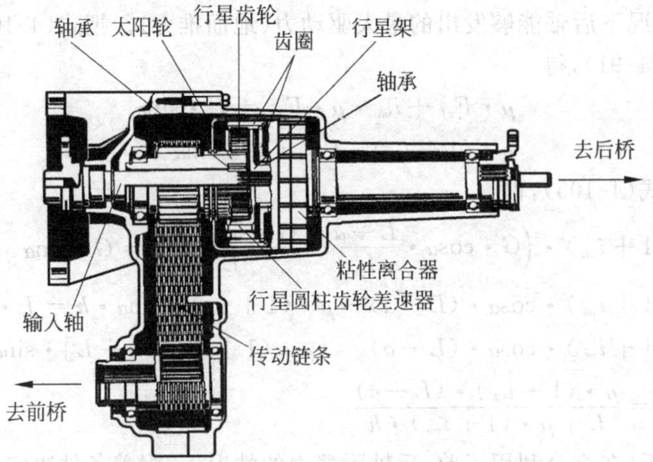

图4-29 一种全时4×4驱动汽车的分动器

在图 4-29 所示行星齿轮式差速器的齿圈与太阳轮之间设置了一个粘性离合器。图 4-30 所示为这种粘性离合器的工作原理图，其中第一组叶片通过在其内径制出的花键与轴相连，第二组叶片通过在其外径制出的花键与壳体相连，在这两组叶片之间充满了高粘性液体。当在轴与壳体之间有转速差时，在两组叶片之间会由液体粘性和相对运动速度产生剪应力，通过这种剪应力在两组叶片之间传递转矩。这种转矩随着转速差的增大而增大。

在图 4-29 所示分动器中，粘性离合器的轴、壳体分别与齿圈、太阳轮固结。这种粘性离合器用来随着两个输出元件（齿圈、太阳轮）之间的转速差 Δn 来调节在它们之间分配的转矩之差 $\Delta T=T_f=T_2-T_1$，使分配到慢转元件上的转矩有所增大、快转元件上的转矩有所减小，从而在一定程度上改变差速器的转矩比 K_b。图 4-31 为这种差速器的特性曲线示意图。可以看出，随着转速差 Δn 的升高，转矩差 ΔT 增大。

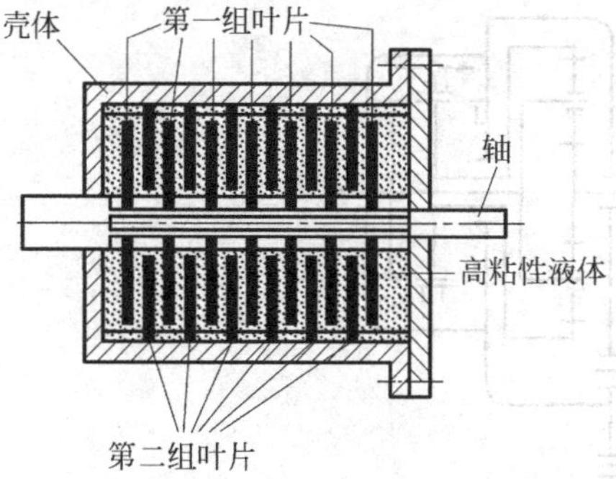

图 4-30 粘性离合器的工作原理图

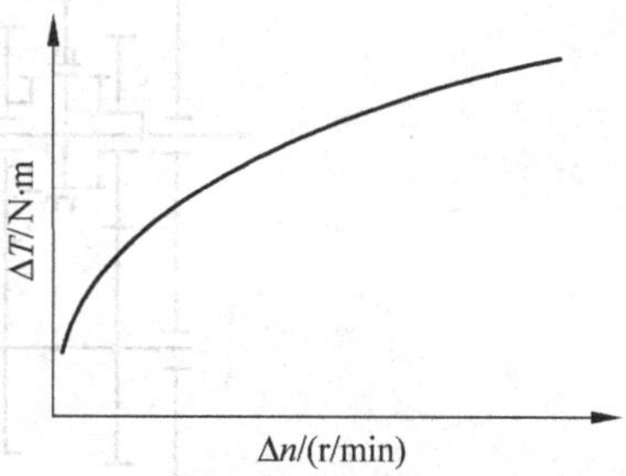

图 4-31 带有粘性离合器的差速器的转矩差 ΔT-转速差 Δn 特性曲线示意图

练 习 题

1. 试设计一个用于货车的五挡中间轴式变换器的传动方案图，其最高挡为直接挡，第一挡和倒挡采用滑动直齿轮换挡方式，其他挡位换挡都采用同步器。

(1) 说明布置各个挡位的考虑。

(2) 试指明各个斜齿轮的旋向并且说明原因。

(3) 发动机的最大转矩为 700 N·m，一挡传动比为 6.2，试初选变速器的中心距和变速器壳体的轴向尺寸。

(4) 可以通过什么方式配凑各对齿轮的中心距？

(5) 试求挂一挡、三挡和直接挡时输入端的转动惯量，这些转动惯量分别对那些工作性能有影响？

2. 图 4-2 示出 4 种两轴式变速器的传动方案图，试分别求出它们挂四挡时的输入端转动惯量。

3. 组合式多挡变速器传动比的搭配方式有哪几种？图 4-32 所示为两种组合式多挡变速器，它们一般用于实现哪种传动比搭配方式？它们的主变速器、副变速器各有几个挡位？在图中标出各个挡位。试对图示两种变速器各列举出一种适当的搭配方式的传动比系列。

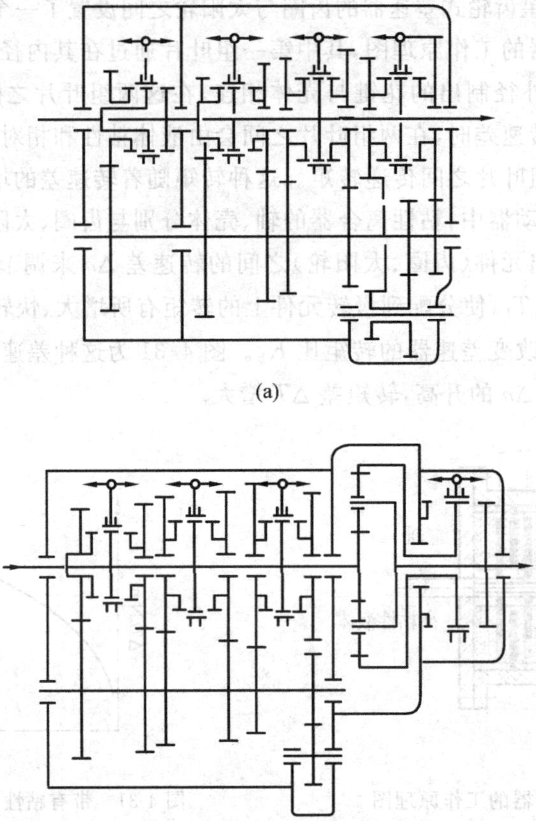

(a)　(b)

图 4-32　两种组合式多挡变速器

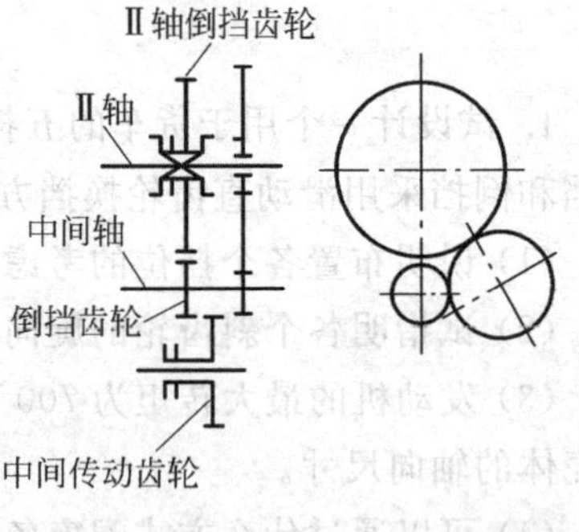

图 4-33　一种变速器倒挡的布置方案

4. 图 4-33 所示为一种变速器倒挡的布置方案，其在前进挡的传动路线中加入一个中间传动齿轮(在中间轴倒挡齿轮与Ⅱ轴倒挡齿轮之间)。这种方案结构简单，但是中间传动齿轮的轮齿是在最不利的正、负交替对称变化的弯曲应力状态下工作，试解释这种现象的机理。

5. 图 4-34 所示为一种锁销式同步器。试：

(1) 标出摩擦元件和锁止元件；

(2) 同步器锁止条件为

$$\tan\beta < \frac{f \cdot R}{r \cdot \sin\alpha}$$

要求在图中标出公式中的各个参数。

6. 一辆轿车采用发动机前置-后轴驱动的形式。如下是该车辆的参数：总质量 1180 kg，轴荷分配为 1∶1，轴距 2.5 m，质心高度 0.5 m，手动变速器最高挡为直接挡，变速器的效率为 0.98，驱动轴的效率为 0.98，轮胎滚动半径为 0.287 m，轮胎滚动阻力系数为 0.008，车辆空气阻力系数为 0.34，车辆的迎风面积为 1.95 m^2，空气密度为 1.2 kg/m^3，

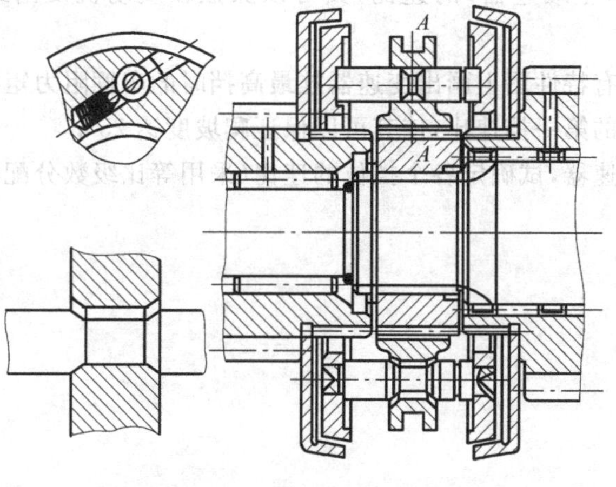

图 4-34 一种锁销式同步器

发动机的万有特性如图 4-35 所示，其中最大功率为 59 kW。

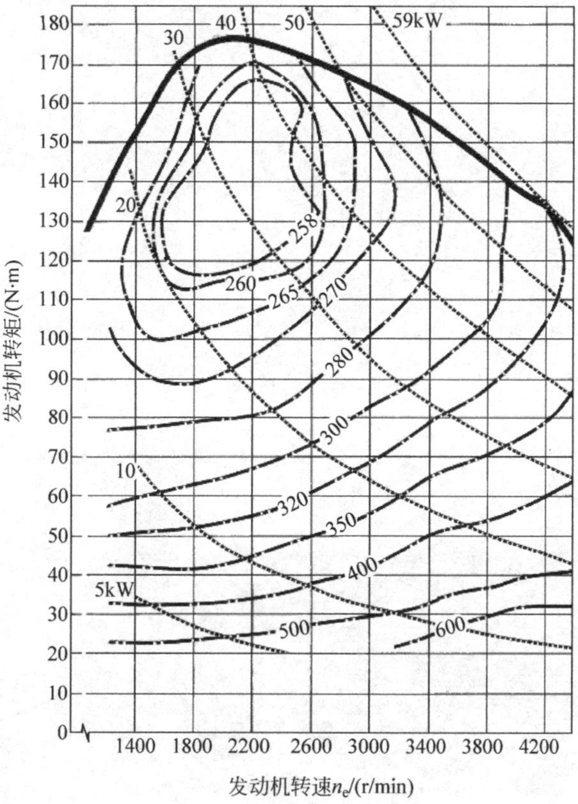

图 4-35 发动机的万有特性

(1) 确定驱动轴(主减速器)的速比,其可以保证在发动机发出最大功率时得到最高车速;

(2) 在发动机万有特性图上画出变速器挂最高挡时的车辆阻力矩特性曲线;

(3) 确定变速器的第一挡速比,使其可以保证爬坡度达25°;

(4) 采用5挡变速器,试确定各个挡位的速比(采用等比级数分配各挡速比)。

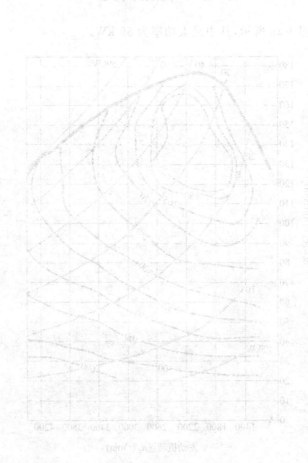

5 万向节和传动轴设计

5.1 概　　述

汽车上的万向节传动，常由万向节和传动轴组成，称为万向传动轴或万向传动装置。图 5-1 示出在一种 4×4 汽车上采用的万向传动轴。在汽车行驶过程中，汽车传动系中一些轴之间的相对位置(两轴轴线之间的夹角、轴的长度)不断发生变化。例如，在图 5-1 中，动力总成(发动机、离合器、变速器、分动器、前驱动桥)安装在车架上，而后驱动桥通过钢板弹簧(悬架)安装在车架上；在板簧发生变形时，后驱动桥输入轴的轴线与分动器输出轴的轴线之间的夹角就发生变化，而且分动器到后驱动桥之间的距离也发生变化。在图 5-1 中，汽车的前轮通过麦克弗森式悬架安装在车架-车身上，当车轮相对于其跳动、转向时，车轮轴线与前差速器输出轴线之间的夹角、车轮与前差速器之间的距离也都发生变化。为了解决这些轴之间的动力传动问题，就需要使用万向传动装置。图 5-2 示出万向传动装置在汽车传动系中的一些应用。

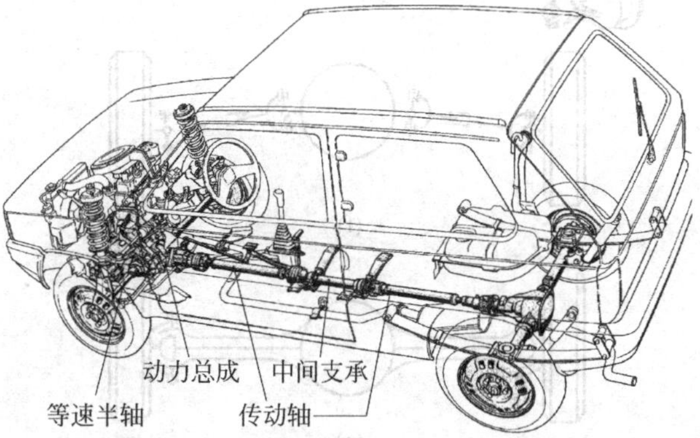

图 5-1　在一种 4×4 汽车中的万向传动轴

下面分析几种万向传动装置。

(1) 当变速器或分动器与驱动桥之间的距离不大时，常采用两个万向节和一根传动轴的结构，如图 5-2(a)所示。

(2) 当变速器(或分动器)与驱动桥之间的距离较远时，常采用两根(或三根)传动轴，采用三个(或四个)万向节，还需要在传动轴上加设中间支承，如图 5-1、图 5-2(b)、图 5-3(a)所

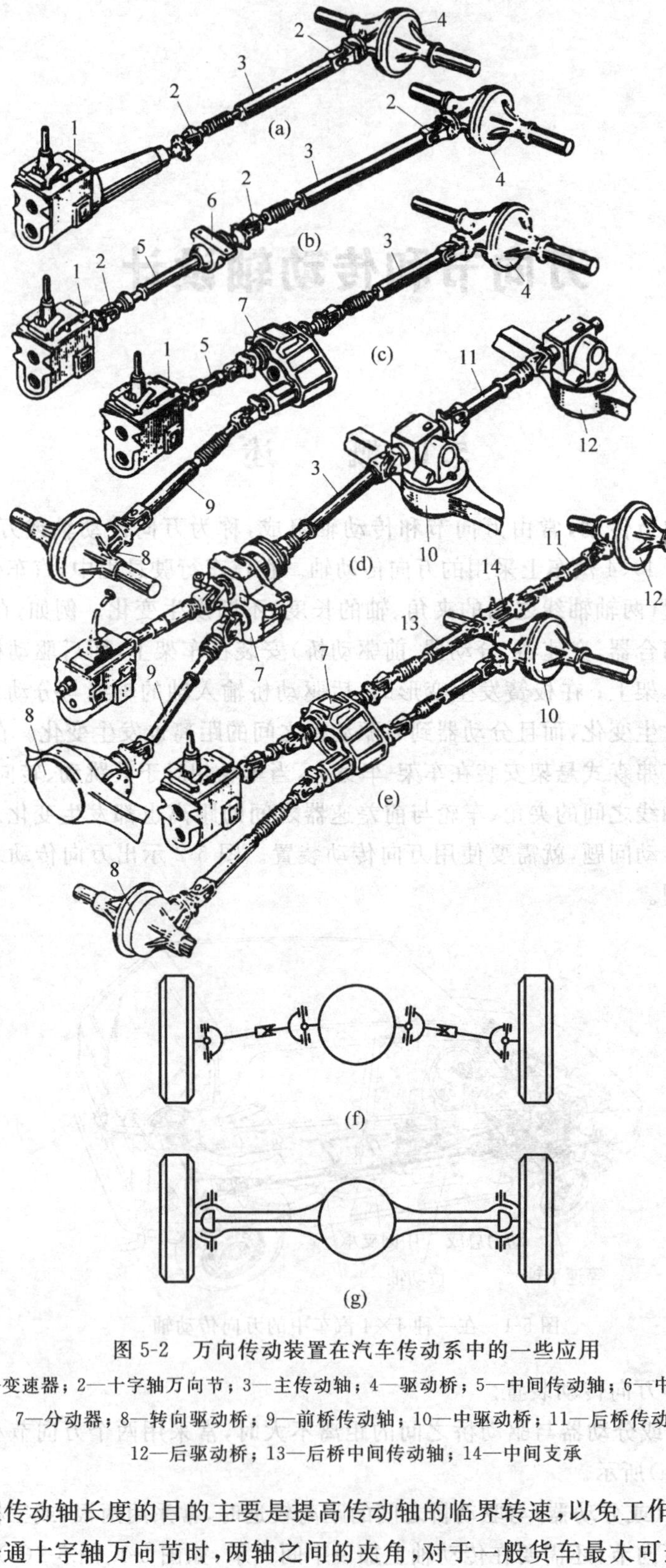

图 5-2 万向传动装置在汽车传动系中的一些应用

1—变速器；2—十字轴万向节；3—主传动轴；4—驱动桥；5—中间传动轴；6—中间支承；
7—分动器；8—转向驱动桥；9—前桥传动轴；10—中驱动桥；11—后桥传动轴；
12—后驱动桥；13—后桥中间传动轴；14—中间支承

示。缩短每根传动轴长度的目的主要是提高传动轴的临界转速，以免工作时发生共振。

在采用普通十字轴万向节时，两轴之间的夹角，对于一般货车最大可达 15°～20°；对于

4×4 越野汽车(特别是短轴距的越野汽车)最大可达 30°。

(3) 在转向驱动桥中采用较多的万向节是球叉式或球笼式等速万向节,见图 5-1、图 5-2(g),其最大允许夹角(相应为车轮最大转角)可达 30°～42°。

(4) 后驱动桥为独立悬架结构时,也必须采用万向节传动,见图 5-2(f)和图 5-3(d)。

(5) 在变速器与离合器(或分动器)不直接相连时,它们之间也需要采用万向节传动,见图 5-2(c)、(d)、(e)和图 5-3(b)。这是为了避免因安装不准确和车架变形在传动机构中引起附加载荷。此时多采用普通十字轴式万向节或柔性万向节,其工作转角范围一般不大于 3°。

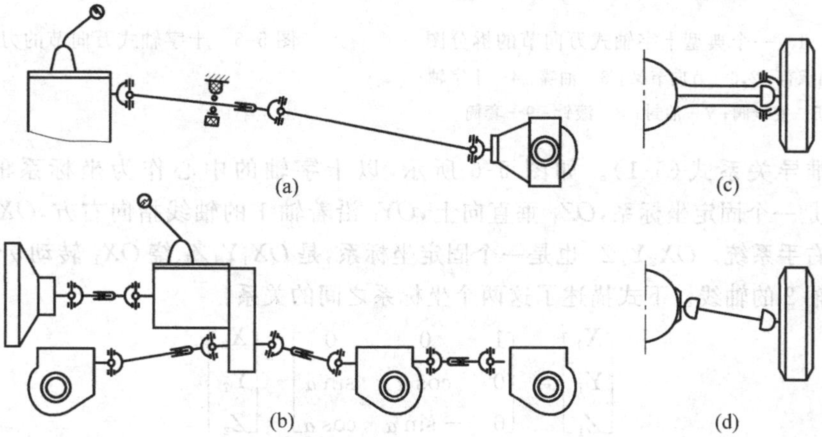

图 5-3 万向节传动在汽车传动系中的应用(示意图)

万向节按其在扭转方向是否有明显的弹性变形,可以分为刚性万向节和柔性万向节。其中,柔性万向节在扭转方向有明显弹性变形,而刚性万向节则无明显变形。刚性万向节包括不等速万向节(常用的是普通十字轴式万向节)、等速万向节(球叉式、球笼式等)、准等速万向节(双联式、凸块式、三销轴式等)。

对万向节的设计要求主要包括:①当万向节连接的两轴的相对位置在预计的范围内变动时,其能够可靠传递动力;②保证传动尽可能同步,即使两轴的转速尽可能一样;③万向节传动引起的振动、噪声以及附加载荷在允许范围以内;④传动效率高,使用寿命长;⑤结构简单、制造方便、维修容易。

5.2 普通十字轴式万向节

5.2.1 单万向节传动

图 5-4 示出一个典型十字轴式万向节的拆分图。图 5-5 示出其力学模型。普通十字轴式万向节的主动轴与从动轴转角间的关系式为

$$\tan \varphi_1 = \tan \varphi_2 \cdot \cos \alpha \tag{5-1}$$

其中,φ_1是轴 1 的转角,定义为万向节叉所在平面与万向节连接的两轴所在平面的夹角;φ_2是轴 2 的转角;α 是万向节连接的两轴之间的夹角。

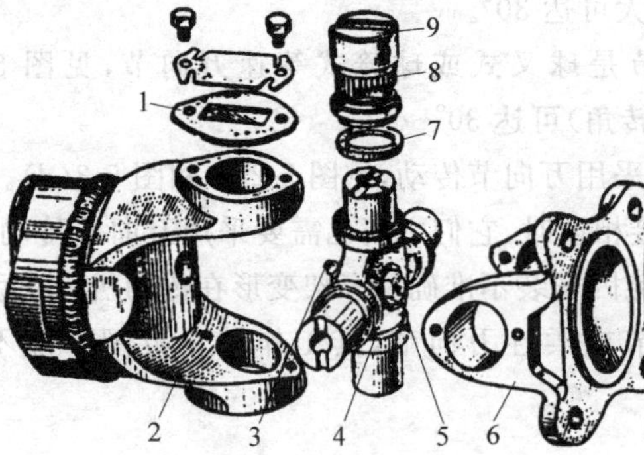

图 5-4 一个典型十字轴式万向节的拆分图

1—轴承盖；2,6—万向节叉；3—油嘴；4—十字轴；5—安全阀；7—油封；8—滚针；9—套筒

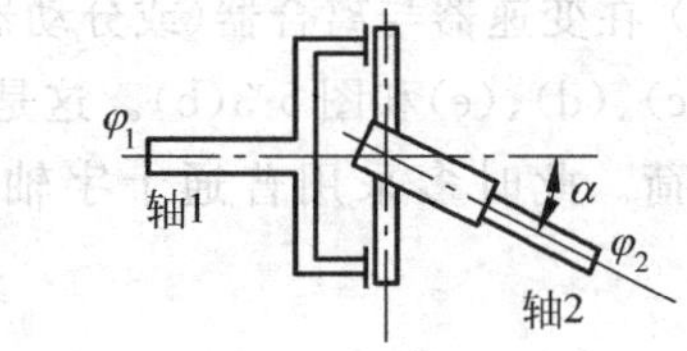

图 5-5 十字轴式万向节的力学模型

下面推导关系式(5-1)。如图 5-6 所示，以十字轴的中心作为坐标系的原点 O，$OX_1Y_1Z_1$ 是一个固定坐标系，OZ_1 垂直向上，OY_1 沿着轴 1 的轴线指向右方，OX_1 与 OZ_1、OY_1 构成右手系统。$OX_2Y_2Z_2$ 也是一个固定坐标系，是 $OX_1Y_1Z_1$ 绕 OX_1 转动 α 角得到的，OY_2 沿着轴 2 的轴线。下式描述了这两个坐标系之间的关系：

$$\begin{bmatrix} X_1 \\ Y_1 \\ Z_1 \end{bmatrix} = \begin{bmatrix} 1 & 0 & 0 \\ 0 & \cos\alpha & \sin\alpha \\ 0 & -\sin\alpha & \cos\alpha \end{bmatrix} \cdot \begin{bmatrix} X_2 \\ Y_2 \\ Z_2 \end{bmatrix} \tag{5-2}$$

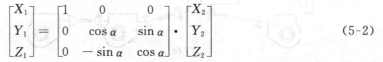

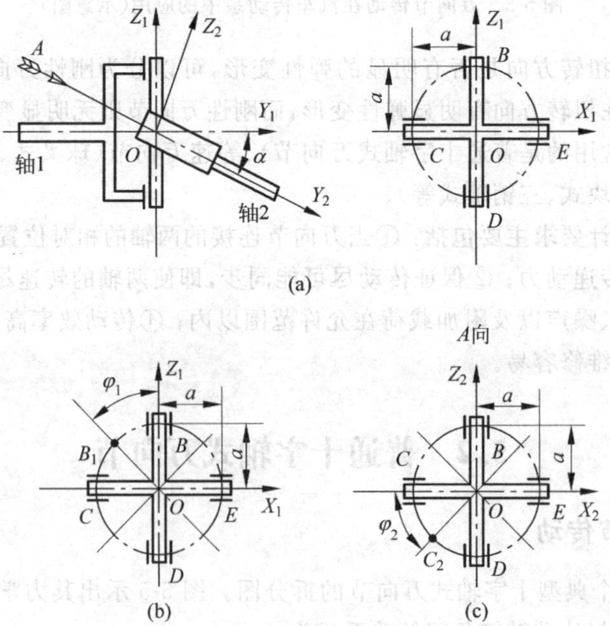

图 5-6 普通十字轴万向节运动分析图

(a) 轴 1 的叉平面与 OY_1Z_1 重合；(b) 沿着 OY_1 的方向看；(c) A 向视图

在图 5-6 中，假定轴 1 的初始位置是其叉平面与 OY_1Z_1 重合，其十字轴轴颈中心 B、D 在 OZ_1 轴线上。十字轴轴颈中心到十字轴中心 O 的距离是 a。在图 5-6(b)中，轴 1 的叉平

面绕 OY_1 转动一个任意角度 φ_1，十字轴轴颈中心 B 转到 B_1，其在 $OX_1Y_1Z_1$ 坐标系中的坐标为

$$\begin{bmatrix} B_{1X1} \\ B_{1Y1} \\ B_{1Z1} \end{bmatrix} = \begin{bmatrix} -a \cdot \sin\varphi_1 \\ 0 \\ a \cdot \cos\varphi_1 \end{bmatrix} \tag{5-3}$$

参见图 5-6(c)，假定轴 2 绕 OY_2 转动角度 φ_2，轴 2 叉的十字轴轴颈中心 C 转到 C_2，其在 $OX_2Y_2Z_2$ 坐标系中的坐标为

$$\begin{bmatrix} C_{2X2} \\ C_{2Y2} \\ C_{2Z2} \end{bmatrix} = \begin{bmatrix} -a \cdot \cos\varphi_2 \\ 0 \\ -a \cdot \sin\varphi_2 \end{bmatrix} \tag{5-4}$$

可以利用式(5-2)把 C_2 在 $OX_2Y_2Z_2$ 坐标系中的坐标转换成在 $OX_1Y_1Z_1$ 坐标系中的坐标，即

$$\begin{bmatrix} C_{2X1} \\ C_{2Y1} \\ C_{2Z1} \end{bmatrix} = \begin{bmatrix} 1 & 0 & 0 \\ 0 & \cos\alpha & \sin\alpha \\ 0 & -\sin\alpha & \cos\alpha \end{bmatrix} \cdot \begin{bmatrix} C_{2X2} \\ C_{2Y2} \\ C_{2Z2} \end{bmatrix}$$

$$= \begin{bmatrix} 1 & 0 & 0 \\ 0 & \cos\alpha & \sin\alpha \\ 0 & -\sin\alpha & \cos\alpha \end{bmatrix} \cdot \begin{bmatrix} -a \cdot \cos\varphi_2 \\ 0 \\ -a \cdot \sin\varphi_2 \end{bmatrix} = \begin{bmatrix} -a \cdot \cos\varphi_2 \\ -a \cdot \sin\alpha \cdot \sin\varphi_2 \\ -a \cdot \cos\alpha \cdot \sin\varphi_2 \end{bmatrix} \tag{5-5}$$

十字轴轴颈中心 B 与 C 之间的距离 L_x 为

$$L_x = \sqrt{(B_{1X1} - C_{2X1})^2 + (B_{1Y1} - C_{2Y1})^2 + (B_{1Z1} - C_{2Z1})^2} \tag{5-6}$$

由于认为十字轴是刚性的，所以 L_x 保持不变，即

$$L_x = \sqrt{(B_{1X1} - C_{2X1})^2 + (B_{1Y1} - C_{2Y1})^2 + (B_{1Z1} - C_{2Z1})^2} = \sqrt{2} \cdot a \tag{5-7}$$

把式(5-3)和式(5-5)代入式(5-7)可得

$$(a \cdot \sin\varphi_1 - a \cdot \cos\varphi_2)^2 + (a \cdot \sin\alpha \cdot \sin\varphi_2)^2 + (a \cdot \cos\varphi_1 + a \cdot \cos\alpha \cdot \sin\varphi_2)^2 = 2 \cdot a^2 \tag{5-8}$$

$$\sin^2\varphi_1 - 2 \cdot \sin\varphi_1 \cdot \cos\varphi_2 + \cos^2\varphi_2 + \sin^2\alpha \cdot \sin^2\varphi_2 + \cos^2\varphi_1 + 2 \cdot \cos\varphi_1 \cdot \cos\alpha \cdot \sin\varphi_2 + \cos^2\alpha \cdot \sin^2\varphi_2 = 2 \tag{5-9}$$

$$\sin\varphi_1 \cdot \cos\varphi_2 = \cos\varphi_1 \cdot \cos\alpha \cdot \sin\varphi_2 \tag{5-10}$$

从式(5-10)可以直接得到式(5-1)，即

$$\tan\varphi_1 = \tan\varphi_2 \cdot \cos\alpha$$

设万向节夹角 α 保持不变，把式(5-1)对时间求导，并且把 φ_2 用 φ_1 表示，可得

$$\frac{\omega_2}{\omega_1} = \frac{\cos\alpha}{1 - \sin^2\alpha \cdot \cos^2\varphi_1} \tag{5-11}$$

其中，ω_1、ω_2 分别是轴 1、轴 2 的转速。由于 $\cos^2\varphi_1$ 是周期为 180°的周期性函数，所以在 α 保持不变的条件下，转速比 ω_2/ω_1 也是个周期为 180°的周期性函数。如果认为 ω_1 保持不变，则 ω_2 每一转变化两次。ω_2 的最小值 $\omega_{2\min} = \omega_1 \cdot \cos\alpha$；最大值 $\omega_{2\max} = \omega_1/\cos\alpha$。图 5-7 示出转速比 ω_2/ω_1 随轴 1 转角 φ_1 的变化特性，其中 $\alpha = 18°$。

如果不计万向节中的摩擦损失，轴 1 和轴 2 传递的功率应该相等，即

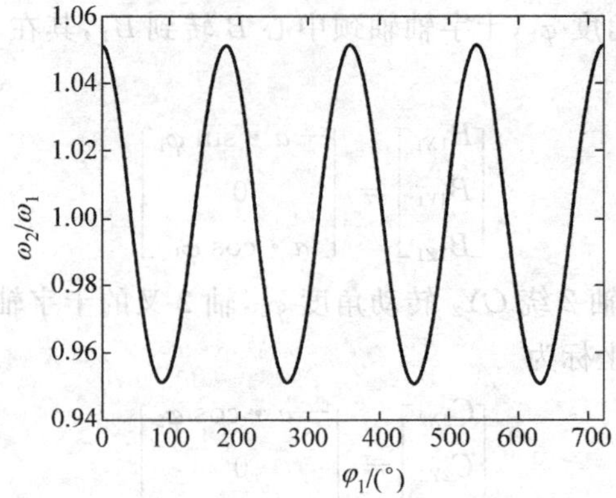

图 5-7 转速比 ω_2/ω_1 随轴 1 转角 φ_1 的变化特性,其中 $\alpha=18°$

$$T_1 \cdot \omega_1 = T_2 \cdot \omega_2 \tag{5-12}$$

其中,T_1、T_2 分别是轴 1、轴 2 传递的转矩。从式(5-12)可得

$$\frac{T_2}{T_1} = \frac{\omega_1}{\omega_2} = \frac{1-\sin^2\alpha \cdot \cos^2\varphi_1}{\cos\alpha} \tag{5-13}$$

所以,在 α 保持不变的条件下,转矩比 T_2/T_1 也是个周期为 180°的周期性函数。如果认为 T_1 保持不变,则 T_2 每一转变化两次。T_2 的最小值 $T_{2\min}=T_1 \cdot \cos\alpha$;最大值 $T_{2\max}=T_1/\cos\alpha$。

下面分析十字轴式万向节的力矩平衡问题。图 5-8 示出一个夹角为 α 的十字轴式万向节,它受到主动轴 1 的转矩 T_1。其十字轴受到 T_1 和从动轴的反转矩 T_2。可以看出,这两个转矩向量互成一角度,所以它们不能使万向节的十字轴达到受力平衡。因此,除了 T_1 和 T_2 以外,万向节的十字轴上必然还作用有另外的力矩 T_s,其和 T_1 和 T_2 一起构成封闭的转矩矢量图。T_s称为附加弯矩,可以利用下式计算

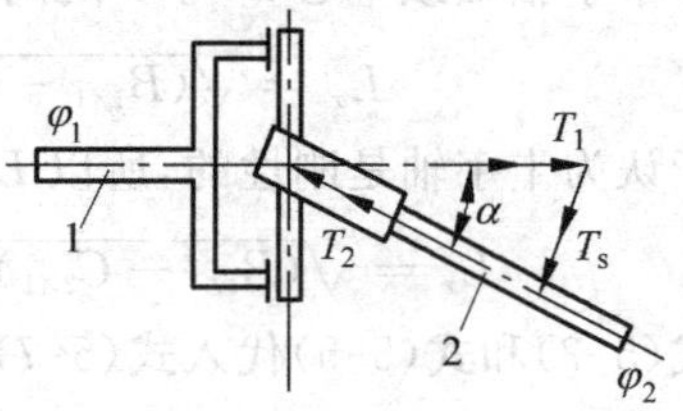

图 5-8 十字轴式万向节的力矩平衡分析

$$T_s^2 = T_1^2 + T_2^2 - 2 \cdot T_1 \cdot T_2 \cdot \cos\alpha \tag{5-14}$$

把式(5-13)代入式(5-14)得

$$T_s^2 = T_1^2 + \left(\frac{1-\sin^2\alpha \cdot \cos^2\varphi_1}{\cos\alpha}\right)^2 \cdot T_1^2 - 2 \cdot T_1 \cdot \frac{1-\sin^2\alpha \cdot \cos^2\varphi_1}{\cos\alpha} \cdot T_1 \cdot \cos\alpha$$

$$= \frac{T_1^2}{\cos^2\alpha} \cdot [\cos^2\alpha + 1 - 2 \cdot \sin^2\alpha \cdot \cos^2\varphi_1 + \sin^4\alpha \cdot \cos^4\varphi_1 - 2 \cdot \cos^2\alpha + 2 \cdot \sin^2\alpha \cdot \cos^2\alpha \cdot \cos^2\varphi_1]$$

$$= \frac{T_1^2}{\cos^2\alpha} \cdot [\sin^2\alpha - 2 \cdot \sin^4\alpha \cdot \cos^2\varphi_1 + \sin^4\alpha \cdot \cos^4\varphi_1]$$

$$= T_1^2 \cdot \tan^2\alpha \cdot [1 - 2 \cdot \sin^2\alpha \cdot \cos^2\varphi_1 + \sin^2\alpha \cdot \cos^4\varphi_1] \tag{5-15}$$

$$T_s = T_1 \cdot \tan\alpha \cdot \sqrt{1 - 2 \cdot \sin^2\alpha \cdot \cos^2\varphi_1 + \sin^2\alpha \cdot \cos^4\varphi_1} \tag{5-16}$$

$$\frac{T_s}{T_1} = \tan\alpha \cdot \sqrt{1 - 2 \cdot \sin^2\alpha \cdot \cos^2\varphi_1 + \sin^2\alpha \cdot \cos^4\varphi_1} \tag{5-17}$$

图 5-9 示出与附加转矩 T_s最小值 $T_{s\min}=T_1 \cdot \sin\alpha$ 和最大值 $T_{s\max}=T_1 \cdot \tan\alpha$ 相应的

万向节状态。如图 5-9(a)所示，当 $\varphi_1=0°$时，T_s达到最小值 $T_{smin}=T_1\cdot\sin\alpha$，这个附加弯矩是完全由轴 2 叉的轴承力 F_s引起的，$T_{smin}=T_1\cdot\sin\alpha=2\cdot a\cdot F_s$。如图 5-9(b)所示，当 $\varphi_1=90°$时，T_s达到最大值 $T_{smax}=T_1\cdot\tan\alpha$，这个附加弯矩是完全由轴 1 叉的轴承力 F_s引起的，$T_{smax}=T_1\cdot\tan\alpha=2\cdot a\cdot F_s$。

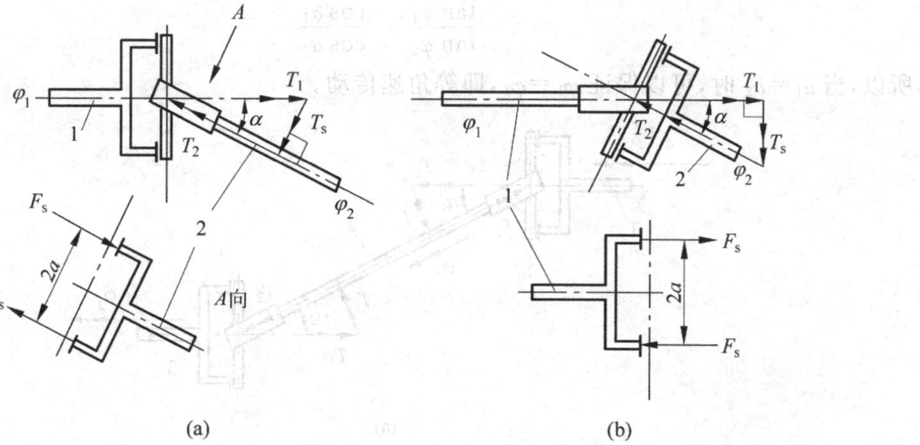

图 5-9 与附加转矩 T_s最小值 $T_{smin}=T_1\cdot\sin\alpha$ 和最大值 $T_{smax}=T_1\cdot\tan\alpha$ 相应的万向节状态

(a) $\varphi_1=0°$；(b) $\varphi_1=90°$

图 5-10 示出 T_s/T_1 随着轴 1 转角 φ_1 变化的特性，其中 $\alpha=18°$。所以，附加弯矩 T_s(又称为二阶弯矩)是周期性变化的，周期也为 180°。其可激起与万向节相连机件的弯曲振动，在万向节轴承上引起周期性变化的径向载荷，从而激起支承处的振动。当万向节夹角 α 不太小时，附加弯矩的作用不可忽视。

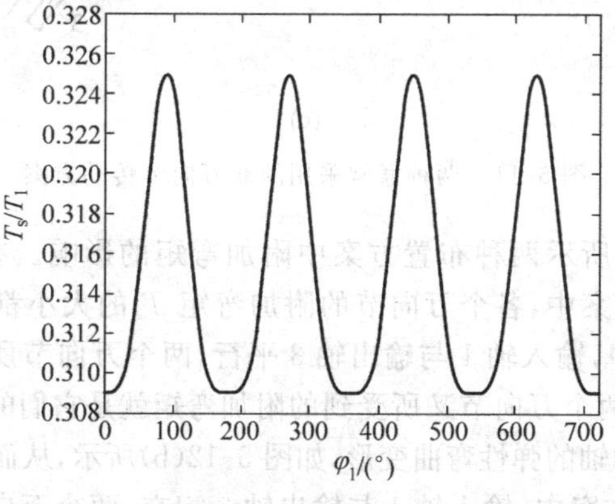

图 5-10 T_s/T_1 随着轴 1 转角 φ_1 变化的特性($\alpha=18°$)

5.2.2 双万向节传动

根据以上分析可知，当一个十字轴式万向节连接的两个轴之间有一定夹角 α 时，这两个轴的转速是不相等的。为了使处于同一个平面内的输出轴与输入轴等速旋转，在汽车传动系中常采用双万向节传动。图 5-11 示出两种通常采用的方案。其共同的特点：①与传动轴相连的两个万向节叉布置在同一平面内；②两万向节的夹角相等，即 $\alpha_1=\alpha_2$。在这样布置的情况下，可以保证等角速传动，即 $\varphi_1=\varphi_3$。

根据式(5-1),图 5-11 所示两个方案都有如下关系式:

$$\tan \varphi_1 = \tan \varphi_2 \cdot \cos \alpha_1 \tag{5-18}$$

$$\tan \varphi_3 = \tan \varphi_2 \cdot \cos \alpha_2 \tag{5-19}$$

式(5-18)除以式(5-19)得

$$\frac{\tan \varphi_1}{\tan \varphi_3} = \frac{\cos \alpha_1}{\cos \alpha_2} \tag{5-20}$$

所以,当 $\alpha_1 = \alpha_2$ 时,可以保证 $\varphi_1 = \varphi_3$,即等角速传动。

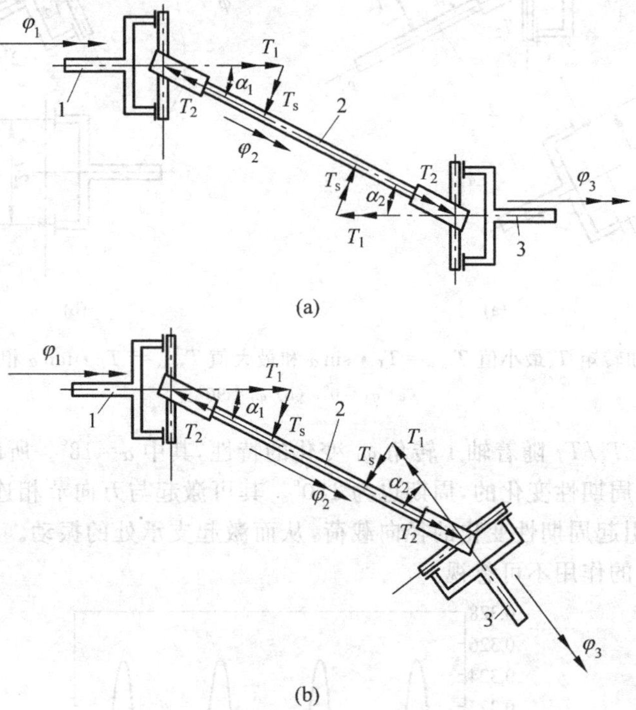

图 5-11 两种通常采用的双万向节传动方案

下面分析在图 5-11 所示两种布置方案中附加弯矩的影响。在忽略摩擦的情况下,在图 5-11 所示两个布置方案中,各个万向节的附加弯矩 T_s的大小都相同,但是方向有差别。在图 5-11(a)所示方案中,输入轴 1 与输出轴 3 平行,两个万向节所受到的附加弯矩大小相等、方向相反,传动轴的两个万向节叉所受到的附加弯矩就是它们的反作用力矩,彼此相互平衡;但是它们会造成传动轴的弹性弯曲变形,如图 5-12(b)所示,从而引起传动轴弯曲振动。

在图 5-11(b)所示方案中,输入轴 1 与输出轴 3 相交,两个万向节所受到的附加弯矩大小相等、方向相同,传动轴的两个万向节叉上所受到的附加弯矩就是它们的反作用力矩,不能彼此相互平衡。因此,传动轴对其两端的十字轴产生大小相等、方向相反的轴向力(其施加在与传动轴固结的万向节叉中安装的十字轴轴颈上),而在另外一对十字轴轴颈上产生径向力,如图 5-12(d)所示。这种轴向力作用在滚针轴承的端面止推机构上,并在输入轴和输出轴的支承上引起反力。此外,传动轴还要发生弹性变形,如图 5-12(d)所示。

5.2.3 多万向节传动

在采用两根或两根以上传动轴时就需要三个或三个以上的万向节。多万向节(三个以

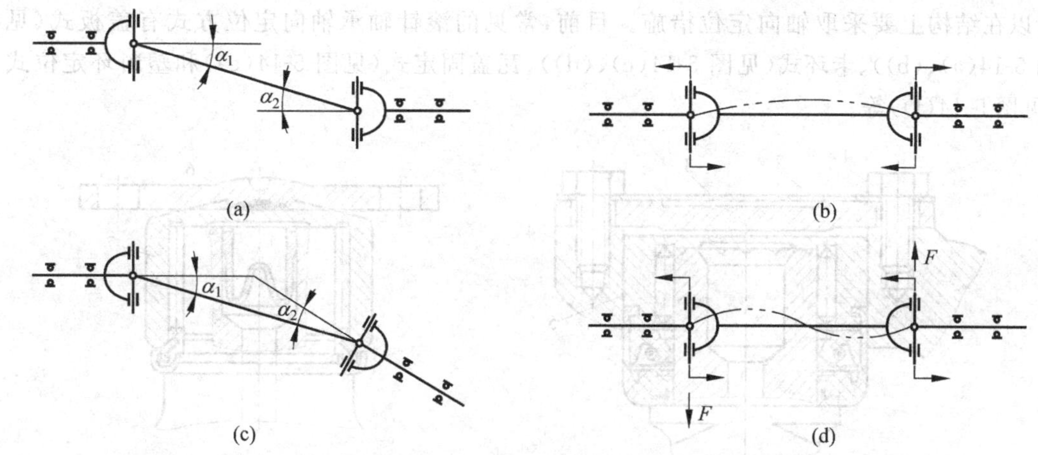

图 5-12 在两种通常采用的双万向节传动方案中,附加弯矩对传动轴的作用

上万向节)传动的运动分析是建立在单万向节运动分析的基础之上的。

下面分析一个三万向节传动的等速条件,见图 5-13。设 φ_{I}、φ_{II}、φ_{III}、φ_{IV} 分别是轴Ⅰ、轴Ⅱ、轴Ⅲ、轴Ⅳ的转角,则根据式(5-1)可得

$$\tan\varphi_{\mathrm{I}} = \tan\varphi_{\mathrm{II}}\cdot\cos\alpha_1 \tag{5-21}$$

$$\tan\varphi_{\mathrm{II}} = \tan\varphi_{\mathrm{III}}\cdot\cos\alpha_2 \tag{5-22}$$

$$\tan\varphi_{\mathrm{IV}} = \tan\varphi_{\mathrm{III}}\cdot\cos\alpha_3 \tag{5-23}$$

把式(5-22)代入式(5-21)得

$$\tan\varphi_{\mathrm{I}} = \tan\varphi_{\mathrm{III}}\cdot\cos\alpha_1\cdot\cos\alpha_2 \tag{5-24}$$

式(5-24)除以式(5-23)得

$$\frac{\tan\varphi_{\mathrm{I}}}{\tan\varphi_{\mathrm{IV}}} = \frac{\cos\alpha_1\cdot\cos\alpha_2}{\cos\alpha_3}$$

所以,等角速的条件是

$$\frac{\cos\alpha_1\cdot\cos\alpha_2}{\cos\alpha_3} = 1 \tag{5-25}$$

任意给定两个角(例如 α_1、α_2),就可以利用式(5-25)求出满足等速条件的第三个角(例如 α_3)。

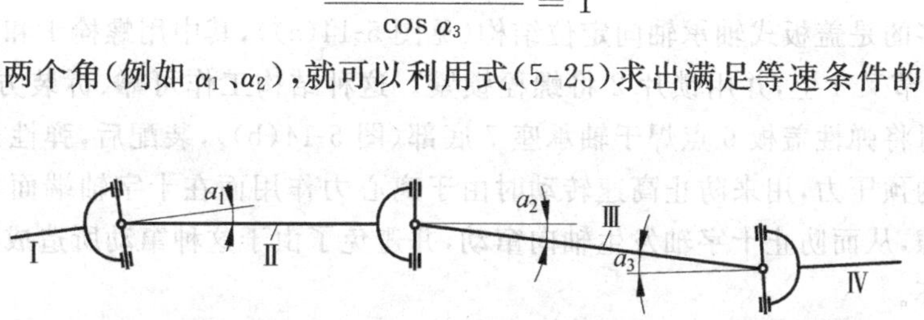

图 5-13 一个三万向节传动的示意图

5.2.4 十字轴式万向节的设计

普通十字轴式万向节主要由主动叉、从动叉、十字轴、滚针轴承及其轴向定位件和橡胶密封件等组成(见图 5-4 和图 5-14)。

十字轴轴颈一般通过滚针轴承安装在万向节叉的孔中。如前所述,在万向节传递动力时十字轴所承受的附加弯矩会使十字轴轴颈受到轴向力。由于滚针轴承不能承受轴向力,

所以在结构上要采取轴向定位措施。目前,常见的滚针轴承轴向定位方式有盖板式(见图 5-14(a)、(b))、卡环式(见图 5-14(c)、(d))、瓦盖固定式(见图 5-14(e))和塑料环定位式(见图 5-14(f))等。

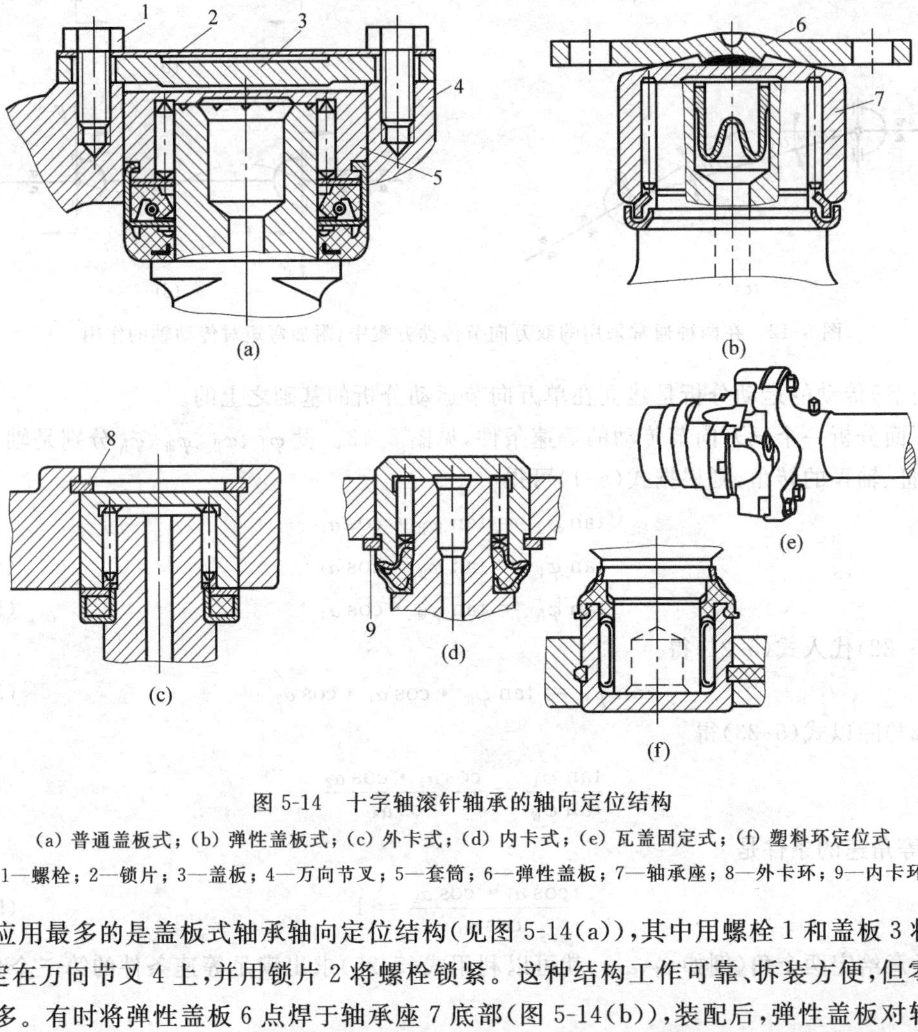

图 5-14　十字轴滚针轴承的轴向定位结构

(a) 普通盖板式;(b) 弹性盖板式;(c) 外卡式;(d) 内卡式;(e) 瓦盖固定式;(f) 塑料环定位式

1—螺栓;2—锁片;3—盖板;4—万向节叉;5—套筒;6—弹性盖板;7—轴承座;8—外卡环;9—内卡环

应用最多的是盖板式轴承轴向定位结构(见图 5-14(a)),其中用螺栓 1 和盖板 3 将套筒 5 固定在万向节叉 4 上,并用锁片 2 将螺栓锁紧。这种结构工作可靠、拆装方便,但零件数目较多。有时将弹性盖板 6 点焊于轴承座 7 底部(图 5-14(b)),装配后,弹性盖板对轴承座底部有一定的预压力,用来防止高速转动时由于离心力作用而在十字轴端面与轴承座底部之间出现间隙,从而防止十字轴发生轴向窜动,并避免了由于这种窜动所造成的传动轴动平衡状态的破坏。

卡环式包括外卡式(见图 5-14(c))和内卡式(见图 5-14(d))两种。它们具有结构简单、工作可靠、零件少和质量小的优点。在瓦盖固定式结构(见图 5-14(e))中的万向节叉与十字轴轴颈配合的圆孔不是一个整体,而是分成两半,再用螺钉连接起来。这种结构具有拆装方便、使用可靠的优点,但加工工艺较复杂。塑料环定位结构(见图 5-14(f))是在轴承碗外圆和万向节叉的轴承孔中部开一环形槽,当滚针轴承动配合装入万向节叉到正确位置时,将塑料经万向节叉上的小孔压注到环槽中,待万向节叉上另一与环槽垂直的小孔有塑料溢出时,表明塑料已经充满环槽。这种结构轴向定位可靠,十字轴轴向窜动小,但拆装不方便。为了防止十字轴轴向窜动和发热,保证在任何工况下十字轴的端隙始终为零,有的结构在十字轴轴端与轴承碗之间加装端面止推滚针或滚柱轴承。

实际使用表明，十字轴万向节的损坏形式主要是十字轴轴颈和滚针轴承的磨损，以及十字轴轴颈和滚针轴承碗工作表面的压痕和剥落。通常认为，当磨损或压痕超过 0.25 mm 时，十字轴万向节便应该报废。为了防止压痕发生，应该保证十字轴轴颈的表面硬度和万向节叉的刚度。为了减轻磨损，一个很重要的措施就是改善润滑条件。滚针轴承的润滑和密封好坏直接影响十字轴万向节的使用寿命。图 5-15(a)示出一种在货车上采用的双刃口复合油封，反装的单刃口橡胶自紧油封用作径向密封，另一双刃口橡胶油封用作端面密封。当向十字轴内腔注入润滑油时，陈油、磨损产物及多余的润滑油便从橡胶油封内圆表面与十字轴轴颈接触处溢出，不需要安装安全阀，防尘、防水效果良好。在灰尘较多的条件下使用时，可显著提高万向节寿命。图 5-15(b)所示为一乘用车上采用的多刃口油封，安装在无润滑油流通系统且一次性润滑的万向节上。

另外，滚针轴承中滚针直径差别要小，否则会加重载荷在滚针间分配的不均匀性，使直径大的滚针承受较大的载荷，容易损坏。一般把直径差控制在 0.003 mm 以内。滚针轴承的径向间隙不能过大，否则会使承受载荷的滚针数减少，有出现滚针卡住的可能性；而间隙过小有时会出现受热卡住或因脏物阻滞卡住现象。合适的径向间隙一般为 0.009～0.095 mm。而滚针轴承的周向总间隙 a 一般为 0.08～0.3 mm。相邻滚针之间的名义间隙为 a/Z，Z 是滚针数，如图 5-16 所示。

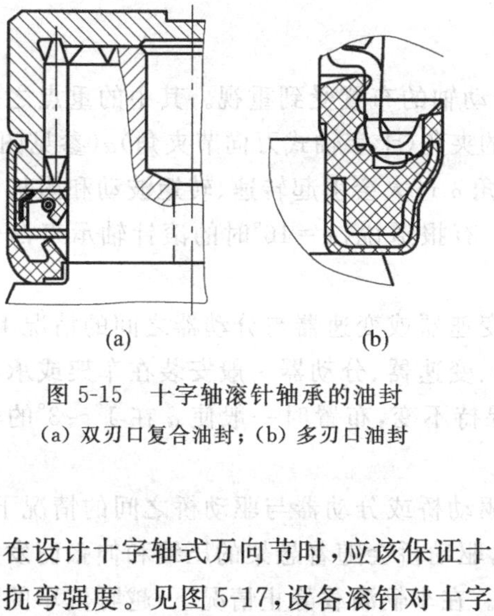

图 5-15 十字轴滚针轴承的油封

(a) 双刃口复合油封；(b) 多刃口油封

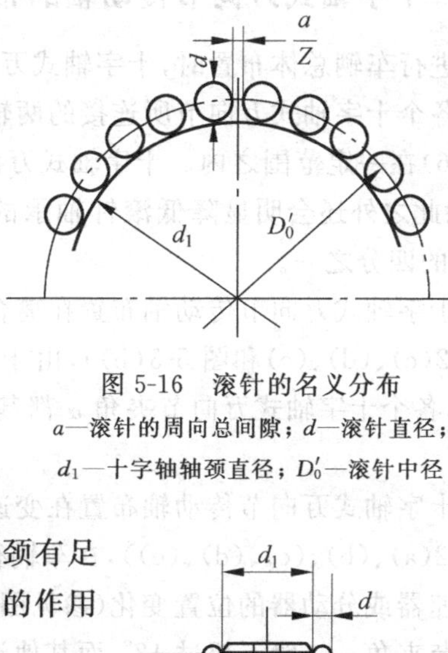

图 5-16 滚针的名义分布

a—滚针的周向总间隙；d—滚针直径；

d_1—十字轴轴颈直径；D_0'—滚针中径

在设计十字轴式万向节时，应该保证十字轴轴颈有足够的抗弯强度。见图 5-17，设各滚针对十字轴轴颈的作用力合力为 F，则

$$F=\frac{T}{2\cdot r\cdot\cos\alpha} \tag{5-26}$$

其中，T 是传动轴计算转矩，取以下两种计算转矩中较小者，即：①按照发动机最大转矩 T_{emax}、变速器一挡传动比确定 T，②按照满载驱动轮附着条件确定 T，附着系数取为 0.8；r 是合力 F 作用线与十字轴中心之间的距离；α 是万向节的最大夹角。

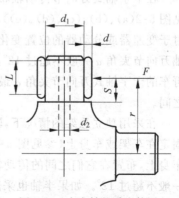

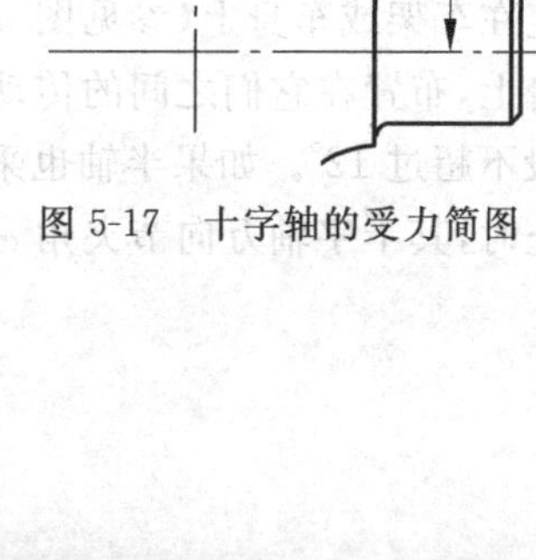

图 5-17 十字轴的受力简图

十字轴轴颈根部的弯曲应力为

$$\sigma = \frac{32 \cdot d_1 \cdot F \cdot S}{\pi \cdot (d_1^4 - d_2^4)} \tag{5-27}$$

其中，d_1 是十字轴轴颈的直径；d_2 是十字轴油道孔直径；S 是力 F 作用点到轴颈根部的距离。弯曲应力应该不大于 250～350 N/mm²。

十字轴轴颈的剪应力为

$$\tau = \frac{4 \cdot F}{\pi \cdot (d_1^2 - d_2^2)} \tag{5-28}$$

剪应力应该不大于 80～120 N/mm²。

滚针轴承的接触应力为

$$\sigma_j = 272 \cdot \sqrt{\left(\frac{1}{d_1} + \frac{1}{d}\right) \cdot \frac{F_n}{L}} \tag{5-29}$$

式中，d 是滚针直径，mm；L 是滚针工作长度，mm；d_1 是十字轴轴颈直径，mm；F_n 是在力 F 作用下一个滚针所受的最大载荷，N，有

$$F_n = \frac{4.6 \cdot F}{i \cdot Z} \tag{5-30}$$

其中，i 是滚针列数；Z 是每列中的滚针数。

当滚针和十字轴轴颈表面硬度在 HRC58 以上时，许用接触应力为 3000～3200 N/mm²。

5.2.5 十字轴式万向节传动轴的布置

在进行车辆总体布置时，十字轴式万向节传动轴的布置受到重视。其中的重点之一是要保证各个十字轴式万向节所连接的两轴之间的夹角(十字轴式万向节夹角)α(参见图 5-5 和图 5-6)在一定范围之内。十字轴式万向节夹角 α 过大会引起转速、转矩波动和附加弯矩过大，除此之外还会明显降低滚针轴承的寿命。有报道说，$\alpha=16°$时的滚针轴承寿命仅为 $\alpha=4°$时的四分之一。

在十字轴式万向节传动轴布置在离合器与变速器或变速器与分动器之间的情况下(参见图 5-2(c)、(d)、(e)和图 5-3(b))，由于离合器、变速器、分动器一般安装在车架或承载式车身上，各个十字轴式万向节夹角 α 都基本上保持不变，布置时一般使 α 在 1°～3°的范围之内。

在十字轴式万向节传动轴布置在变速器与驱动桥或分动器与驱动桥之间的情况下(参见图 5-2(a)、(b)、(c)、(d)、(e))，在车辆行驶中，驱动桥会随着悬架的压缩和伸张而发生相对于变速器或分动器的位置变化(参见图 1-42)。在车辆满载静止情况下，越野汽车的十字轴万向节夹角 α 一般不超过 12°，而其他汽车的 α 一般不超过 6°。在车辆行驶中，短轴距越野车的十字轴式万向节夹角 α 最大不应该超过 30°，而其他汽车的 α 极限值一般在 15°～20°之间。

在采用独立悬架的情况下，驱动桥是断开式的，驱动桥壳(包含主减速器和差速器)一般固定在车架或车身上(参见图 5-2(f)和图 5-3(d))。由于变速器或分动器也安装在车架或车身上，布置在它们之间的传动轴的各个十字轴式万向节的夹角 α 也基本上不发生变化，α 一般不超过 12°。如果半轴也采用十字轴式万向节传动轴(参见图 5-2(f))，则在车辆满载静止时，其十字轴万向节夹角 α 一般不超过 12°；行驶时，α 最大不应该超过 30°。

5.3 准等速万向节

准等速万向节是根据上述双十字轴万向节实现等速传动的原理而设计的，常见的有双联式、凸块式和三销轴式万向节。

5.3.1 双联式万向节

双联式万向节实际上是一套传动轴长度缩减至最小的双十字轴万向节等速传动装置，图 5-18 示出其概念。其中的双联叉 3 相当于两个在同一平面上的万向节叉。为了使轴 1 和轴 2 的角速度相等，应该保证 $\alpha_1=\alpha_2$。为此，在一些双联式万向节结构中装有分度机构，以期双联叉 3 的对称线平分所连两轴的夹角。图 5-19 示出一种带分度机构的双联式万向节，其分度机构可以近似保证 $\alpha_1=\alpha_2$。

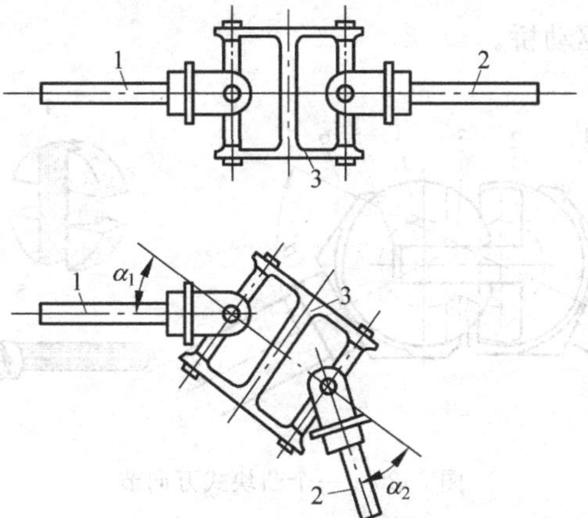

图 5-18 双联式万向节传动的概念

1,2—轴；3—双联叉

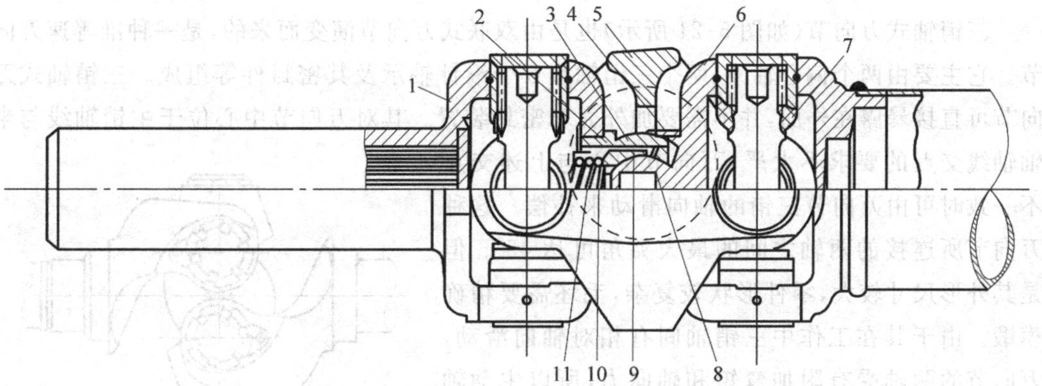

图 5-19 一种带分度机构的双联式万向节

1,6—万向节叉；2—球碗座；3—衬套；4—防护圈；5—双联叉；7—油封；8,10—垫圈；9—球碗；11—弹簧双联式万向节用于转向驱动桥时,可以没有分度机构,但必须在结构上保证双联式万向节中心位于主销轴线与半轴轴线的交点,以保证准等速传动。

双联式万向节允许有较大的轴间夹角(一般可达50°),且具有结构简单、效率高、制造方便、工作可靠等优点,故在转向驱动桥中的应用逐渐增多。其缺点是外形尺寸比较大、零件数目多,一般在中吨位及以上的越野车上采用。

5.3.2 凸块式万向节

图5-20示出一个凸块式万向节。凸块式万向节就其运动副来看,也是一种双联式万向节,它主要由两个万向节叉1和6、两个不同形状的特殊凸块2和4组成。这两个凸块相当于两个十字轴、两个位于同一平面上的万向节叉、短传动轴,因此可以保证输入轴与输出轴转速近似相等。这种结构工作可靠,加工简单,允许万向节夹角可达50°。但是由于工作面全为滑动摩擦,摩擦表面易磨损,传动效率低,并对密封和润滑要求较高。它主要用于传递转矩较大的越野车转向驱动桥。

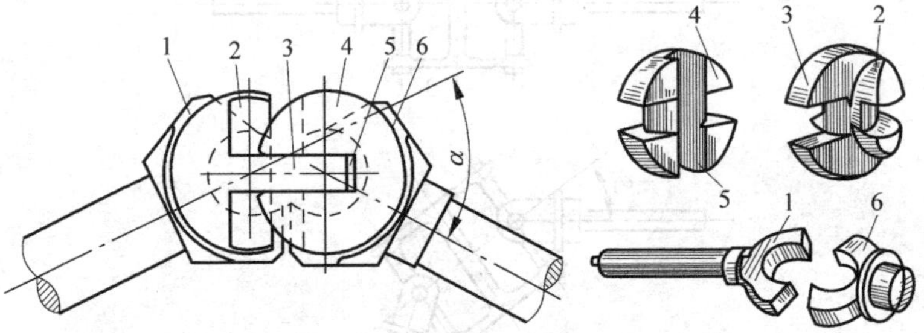

图5-20 一个凸块式万向节

1,6—万向节叉;2,4—凸块;3—凸块2上的榫舌;5—凸块4上的榫槽

5.3.3 三销轴式万向节

三销轴式万向节(如图5-21所示)也是由双联式万向节演变而来的,是一种准等速万向节。它主要由两个偏心轴叉、两个三销轴和6个滚针轴承及其密封件等组成。三销轴式万向节可直接暴露在外面,并不需要加外壳和密封装置。其对万向节中心位于主销轴线与半轴轴线交点的要求不太严,万向节中心与上述交点不一致时可由万向节三销的轴向滑动来补偿。这种万向节所连接的两轴之间的最大夹角可达45°。但是其外形尺寸较大,零件形状较复杂,毛坯需要精确模锻。由于其在工作中三销轴间有相对轴向滑动,万向节的两轴受有附加弯矩和轴向力,所以主动轴一侧需要安装轴向推力轴承。这种结构目前用在个别重型和中型越野车转向驱动桥上。

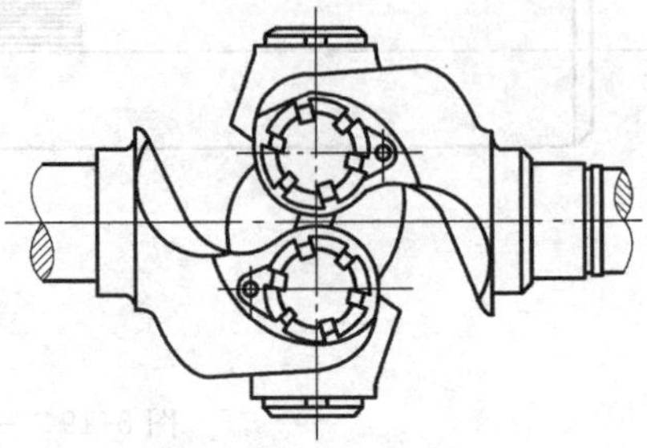

图5-21 三销轴式万向节

5.4 等速万向节

借助于两个大小相同的圆锥齿轮可以在两个呈交角的轴之间等速地传递运动，如图 5-22(a)所示。能实现等角速传动的关键在于这两个齿轮的啮合点位于这两个轴之间交角的角平分线上，使得啮合点到两个轴的距离相等。但是，这种传动方式不允许两轴之间的夹角发生变化。为了能够等速传动、并且允许两轴之间的夹角发生变化，人们发明了以传力球代替齿面传力的概念方案，如图 5-22(b)、(c)、(d)所示。

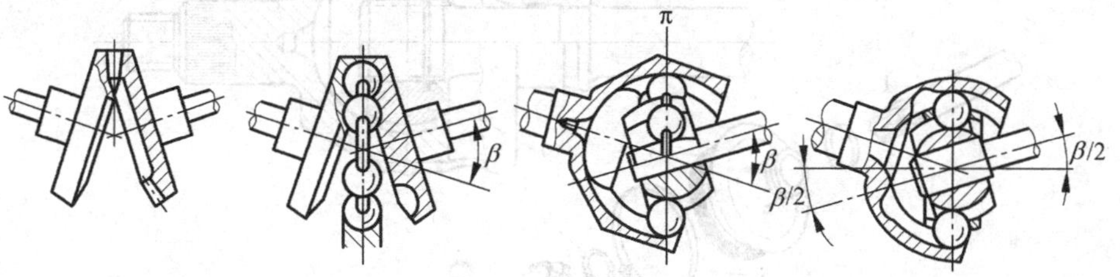

图 5-22 等角速万向节的概念

(a) 一对锥齿轮；(b) 固定交角 β 的球式万向节；

(c) 交变角的球式万向节，球形内滚道；(d) 带保持架(球笼)的球式万向节

目前常用的等速万向节主要有球笼式(rzeppa)万向节、球叉式(weiss)万向节和三枢轴式万向节。

5.4.1 固定式球笼万向节

球笼式万向节包括固定式万向节和可伸缩式万向节。如图 1-20 所示，固定式球笼万向节用作汽车转向驱动桥等速半轴的外侧万向节，可伸缩式万向节用作等速半轴的内侧万向节。

固定式球笼万向节用作等速半轴的外侧万向节，在轴间交角达到 45°时仍然能够可靠地运转，在轿车上得到了广泛应用。特别是，其内部定心设计简化了这种万向节的装配和在汽车上的布置。

图 5-23 示出一个典型的固定式球笼万向节，图 5-24 示出这种万向节的工作原理。输入轴 1 通过花键、卡环与传力球的内滚道固结。在内滚道(即输入轴 1)中加工有传力球的圆滚道，滚道圆半径为 r，圆心为 O_1。O_1 在输入轴轴线上，相对于该轴线固定不动。内滚道的中心线圆的半径为 $R_3=r+r_q$，其中 r_q 是传力球的半径。内滚道的外表面为球面，其圆心为 O(即万向节的中心)、半径为 R_1，该球面与球笼的内球面(圆心也为 O、半径也为 R_1)配合。外滚道(即输出轴 2)中制造有传力球的滚道，其圆心为 O_2(O_2 在输出轴轴线上，相对于该轴线固定不动)，半径为 R，且 $R=r+2r_q$，外滚道的中心线圆的半径为 $R_3=R-r_q=r+r_q$，外滚道的内表面为球面，其圆心为 O，半径为 R_2。球笼的外表面是半径为 R_2 的球面，其球心为万向节中心 O。万向节的中心为 O。并且 $O_1O=OO_2=c$，而

$$R_3=\sqrt{R_4^2+c^2} \tag{5-31}$$

如图 5-23 和图 5-24(a)所示,球笼分别通过其内、外球面与内、外滚道的相应球面配合,其球心相对于输入轴、输出轴的位置保持不变,即万向节中心 O 点。这就在结构上保证了输入轴、输出轴都绕 O 点转动,且 O 点相对于输入轴、输出轴的位置保持不变。在球笼中开有 6 个传力球安装孔,该孔是圆柱形的,半径与传力球的半径相等。当输入、输出轴之间的夹角发生变化时,传力球要沿内、外滚道滚动,同时还沿该圆柱形孔运动。

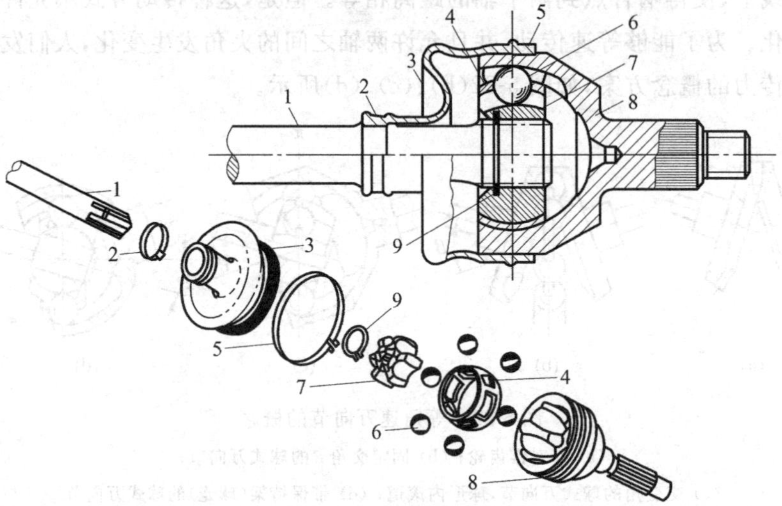

图 5-23 一种固定式球笼等速万向节

1—主动轴;2,5—钢带箍;3—外罩;4—保持架(球笼);6—钢球;
7—星形套(内滚道);8—球形壳(外滚道);9—卡环

在球笼万向节中,球笼的作用是防止传力球从球滚道中脱出。

下面分析图 5-24 所示万向节的等速传动条件。见图 5-24(a)、(b),分析的坐标系包括以下几个。

(1) 以 O 为原点的固定坐标系 OXY。

(2) 以 O 为原点,建立固结于球笼的坐标系 OX_2Y_2,假设在输入轴 1 绕 O 转动 β 角,球笼绕 O 点顺时针转动一个角 ε(相对于固定的输出轴 2),则有如下关系:

$$\begin{bmatrix} X \\ Y \end{bmatrix} = \begin{bmatrix} \cos\varepsilon & \sin\varepsilon \\ -\sin\varepsilon & \cos\varepsilon \end{bmatrix} \begin{bmatrix} X_2 \\ Y_2 \end{bmatrix} \tag{5-32}$$

(3) 以 O 为原点,建立固结于输入轴 1 的坐标系 OX_1Y_1;假设球笼相对于输入轴 1 的转角为 γ,则有

$$\begin{bmatrix} X_1 \\ Y_1 \end{bmatrix} = \begin{bmatrix} \cos\gamma & -\sin\gamma \\ \sin\gamma & \cos\gamma \end{bmatrix} \begin{bmatrix} X_2 \\ Y_2 \end{bmatrix} \tag{5-33}$$

转角有如下关系:

$$\varepsilon = \beta - \gamma \tag{5-34}$$

假设输入轴 1 绕 O 转动 β 角,球笼绕 O 点顺时针转动一个角 ε(相对于固定的输出轴 2),同时传力球在球笼中的圆柱孔中移动了 d,则传力球球心在 OX_2Y_2 坐标系中的坐标为

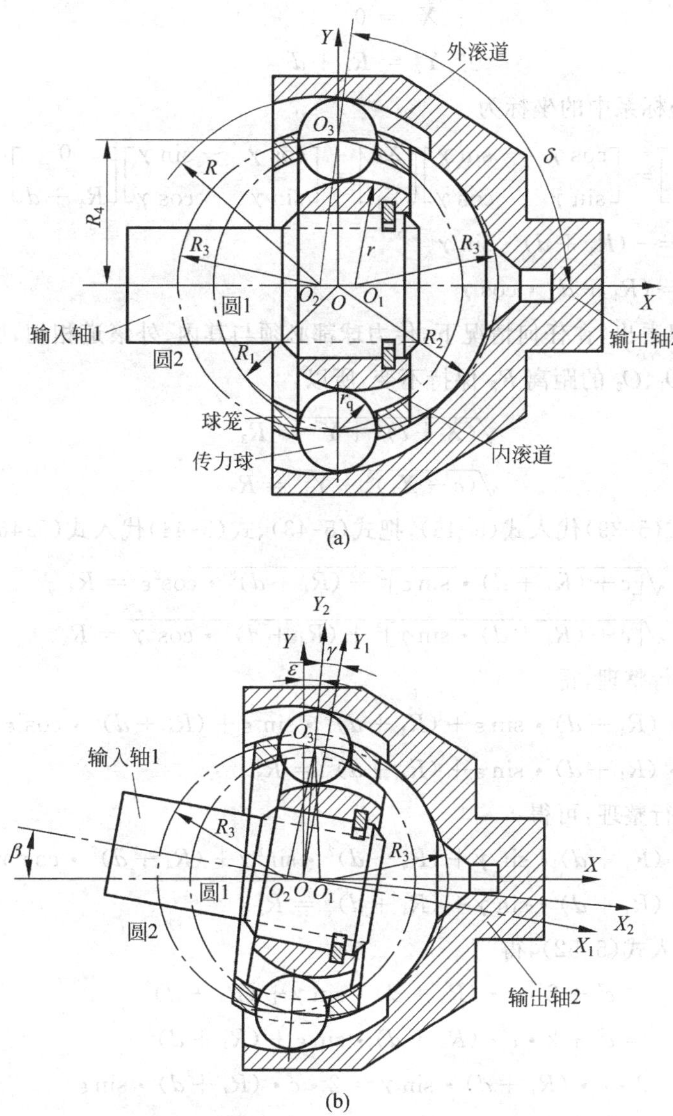

图 5-24　球笼内、外球表面的球心均与万向节中心 O 重合的球笼式万向节(示意图)

(a) 输入轴、输出轴轴线相同时的情况；(b) 输入轴、输出轴之间有任意交角 β 时的情况

$$X_2 = 0 \tag{5-35}$$

$$Y_2 = R_4 + d \tag{5-36}$$

其在 OXY 坐标系中的坐标为

$$\begin{bmatrix} X \\ Y \end{bmatrix} = \begin{bmatrix} \cos\varepsilon & \sin\varepsilon \\ -\sin\varepsilon & \cos\varepsilon \end{bmatrix} \begin{bmatrix} X_2 \\ Y_2 \end{bmatrix} = \begin{bmatrix} \cos\varepsilon & \sin\varepsilon \\ -\sin\varepsilon & \cos\varepsilon \end{bmatrix} \begin{bmatrix} 0 \\ R_4 + d \end{bmatrix} \tag{5-37}$$

$$X = (R_4 + d) \cdot \sin\varepsilon \tag{5-38}$$

$$Y = (R_4 + d) \cdot \cos\varepsilon \tag{5-39}$$

设在输入轴 1 绕 O 转动 β 角后，球笼绕 O 点相对于输入轴 1 逆时针转动一个角 γ，同时传力球在球笼中的圆柱孔中移动了 d，则传力球球心在 OX_2Y_2 坐标系中的坐标为

$$X_2 = 0 \tag{5-40}$$

$$Y_2 = R_4 + d \tag{5-41}$$

其在 OX_1Y_1 坐标系中的坐标为

$$\begin{bmatrix} X_1 \\ Y_1 \end{bmatrix} = \begin{bmatrix} \cos\gamma & -\sin\gamma \\ \sin\gamma & \cos\gamma \end{bmatrix} \begin{bmatrix} X_2 \\ Y_2 \end{bmatrix} = \begin{bmatrix} \cos\gamma & -\sin\gamma \\ \sin\gamma & \cos\gamma \end{bmatrix} \begin{bmatrix} 0 \\ R_4 + d \end{bmatrix} \tag{5-42}$$

$$X_1 = -(R_4 + d) \cdot \sin\gamma \tag{5-43}$$

$$Y_1 = (R_4 + d) \cdot \cos\gamma \tag{5-44}$$

从图 5-24 可以看出，在任何情况下，传力球都必须与其内、外滚道相切，所以其球心 O_3 到内、外滚道中心 O_1、O_2 的距离 R_3 保持不变，所以

$$\sqrt{(X + c)^2 + Y^2} = R_3 \tag{5-45}$$

$$\sqrt{(c - X_1)^2 + Y_1^2} = R_3 \tag{5-46}$$

把式(5-38)、式(5-39)代入式(5-45)，把式(5-43)、式(5-44)代入式(5-46)，得

$$\sqrt{[c + (R_4 + d) \cdot \sin\varepsilon]^2 + (R_4 + d)^2 \cdot \cos^2\varepsilon} = R_3 \tag{5-47}$$

$$\sqrt{[c + (R_4 + d) \cdot \sin\gamma]^2 + (R_4 + d)^2 \cdot \cos^2\gamma} = R_3 \tag{5-48}$$

对式(5-47)进行整理，得

$$c^2 + 2 \cdot c \cdot (R_4 + d) \cdot \sin\varepsilon + (R_4 + d)^2 \cdot \sin^2\varepsilon + (R_4 + d)^2 \cdot \cos^2\varepsilon = R_3^2 \tag{5-49}$$

$$c^2 + 2 \cdot c \cdot (R_4 + d) \cdot \sin\varepsilon + (R_4 + d)^2 = R_3^2 \tag{5-50}$$

对式(5-48)进行整理，可得

$$c^2 + 2 \cdot c \cdot (R_4 + d) \cdot \sin\gamma + (R_4 + d)^2 \cdot \sin^2\gamma + (R_4 + d)^2 \cdot \cos^2\gamma = R_3^2 \tag{5-51}$$

$$c^2 + 2 \cdot c \cdot (R_4 + d) \cdot \sin\gamma + (R_4 + d)^2 = R_3^2 \tag{5-52}$$

把式(5-50)代入式(5-52)，得

$$\begin{aligned} & c^2 + 2 \cdot c \cdot (R_4 + d) \cdot \sin\gamma + (R_4 + d)^2 \\ = & c^2 + 2 \cdot c \cdot (R_4 + d) \cdot \sin\varepsilon + (R_4 + d)^2 \end{aligned} \tag{5-53}$$

$$2 \cdot c \cdot (R_4 + d) \cdot \sin\gamma = 2 \cdot c \cdot (R_4 + d) \cdot \sin\varepsilon \tag{5-54}$$

$$\sin\gamma = \sin\varepsilon \tag{5-55}$$

$$\gamma = \varepsilon \tag{5-56}$$

把式(5-56)代入式(5-44)和式(5-39)，则可以发现，球心 O_3 到输入轴 1 的距离 Y_1 等于 O_3 到输出轴 2 的距离 Y，即

$$Y_1 = (R_4 + d) \cdot \cos\gamma = Y = (R_4 + d) \cdot \cos\varepsilon \tag{5-57}$$

因此，传力球球心 O_3 到输入轴 1 和输出轴 2 的距离相等，可以保证等角速传动。

把式(5-56)代入式(5-34)，得

$$\varepsilon = \beta - \varepsilon \tag{5-58}$$

$$\varepsilon = \frac{\beta}{2} = \gamma \tag{5-59}$$

下面求传力球在球笼中的位移 d。从式(5-50)，可得

$$c^2 + 2 \cdot c \cdot (R_4 + d) \cdot \sin\varepsilon + R_4^2 + 2 \cdot R_4 \cdot d + d^2 = R_3^2 \tag{5-60}$$

把式(5-31),代入式(5-60),得

$$2\cdot c\cdot(R_4+d)\cdot\sin\varepsilon+2\cdot R_4\cdot d+d^2=0 \tag{5-61}$$

$$2\cdot c\cdot(R_4\cdot\sin\varepsilon)+2\cdot c\cdot\sin\varepsilon\cdot d+2\cdot R_4\cdot d+d^2=0 \tag{5-62}$$

$$2\cdot c\cdot(R_4\cdot\sin\varepsilon)+(2\cdot c\cdot\sin\varepsilon+2\cdot R_4)\cdot d+d^2=0 \tag{5-63}$$

$$d=\frac{-2\cdot(c\cdot\sin\varepsilon+R_4)+\sqrt{4\cdot(c\cdot\sin\varepsilon+R_4)^2-8\cdot c\cdot R_4\cdot\sin\varepsilon}}{2}$$

$$=\frac{-2\cdot(c\cdot\sin\varepsilon+R_4)+\sqrt{4\cdot c^2\cdot\sin^2\varepsilon+8\cdot c\cdot R_4\cdot\sin\varepsilon+4\cdot R_4^2-8\cdot c\cdot R_4\cdot\sin\varepsilon}}{2}$$

$$=\frac{-2\cdot(c\cdot\sin\varepsilon+R_4)+\sqrt{4\cdot c^2\cdot\sin^2\varepsilon+4\cdot R_4^2}}{2}$$

$$=\frac{-2\cdot(c\cdot\sin\varepsilon+R_4)+2\cdot\sqrt{c^2\cdot\sin^2\varepsilon+R_4^2}}{2}$$

$$=-(c\cdot\sin\varepsilon+R_4)+\sqrt{c^2\cdot\sin^2\varepsilon+R_4^2} \tag{5-64}$$

在前置-前轮驱动车辆的布置中应该使外侧固定式万向节的中心 O 与主销轴线和车轮轴线的交点重合,如图 5-25 所示。

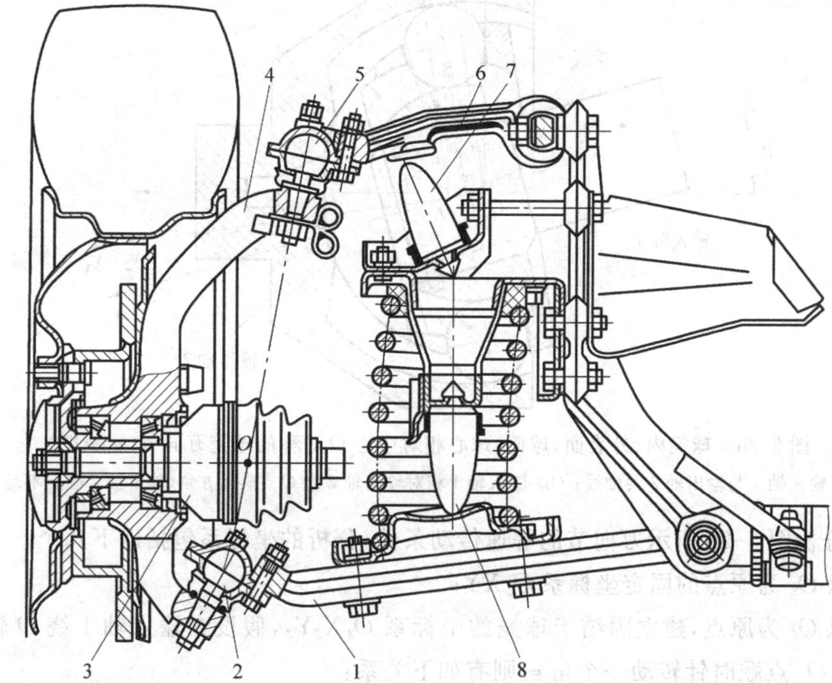

图 5-25 外侧固定式万向节的中心 O 与主销轴线和车轮轴线的交点重合

1,6—下摆臂及上摆臂;2,5—球头销;3—半轴等速万向节;4—转向节;7,8—缓冲块

图 5-26 示出另外一种实现等角速传动的球笼万向节。如图 5-26(a)所示,在输入轴 1 上,传力球内滚道的圆心是 O,半径为 r;球笼内球面的球心为 O_1,半径为 R_3;在输出轴 2 上,传力球外滚道的圆心是 O,半径为 R_1;球笼外表面的球心为 O_2,半径为 R_2。万向节的中心为 O。并且 $O_1O=OO_2=c$,$R_1=r+2r_q$,r_q 是传力球的半径。$R_4=R_1-r_q=r+r_q$。

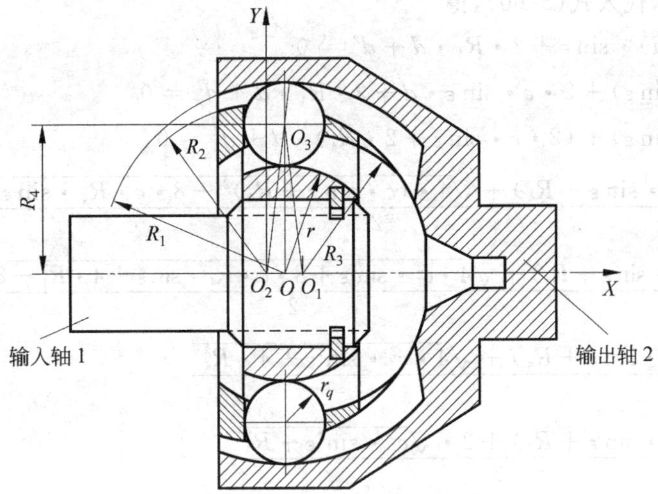

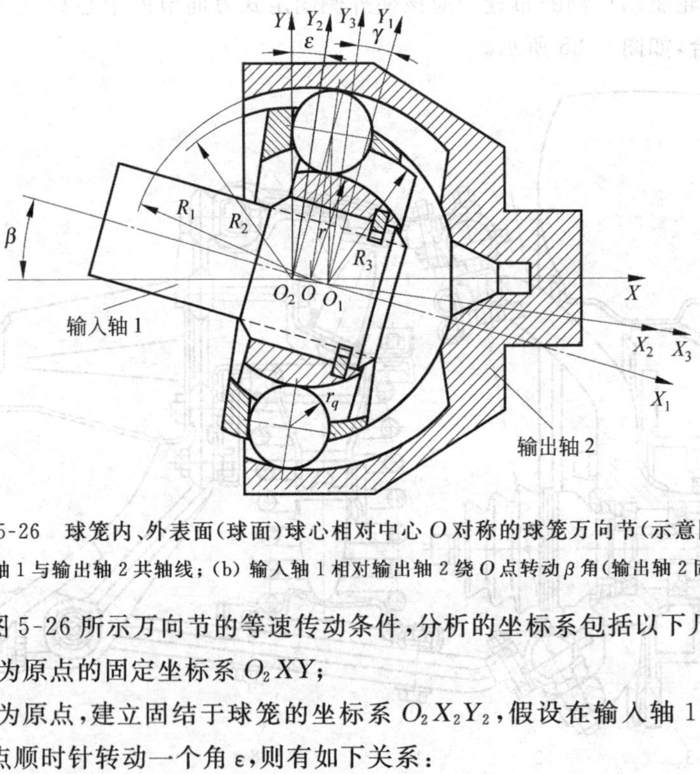

图 5-26 球笼内、外表面(球面)球心相对中心 O 对称的球笼万向节(示意图)

(a) 输入轴 1 与输出轴 2 共轴线；(b) 输入轴 1 相对输出轴 2 绕 O 点转动 β 角(输出轴 2 固定不动)

下面分析图 5-26 所示万向节的等速传动条件,分析的坐标系包括以下几个。

(1) 以 O_2 为原点的固定坐标系 O_2XY；

(2) 以 O_2 为原点,建立固结于球笼的坐标系 $O_2X_2Y_2$,假设在输入轴 1 绕 O 转动 β 角时,球笼绕 O_2 点顺时针转动一个角 ε,则有如下关系：

$$\begin{bmatrix} X \\ Y \end{bmatrix} = \begin{bmatrix} \cos\varepsilon & \sin\varepsilon \\ -\sin\varepsilon & \cos\varepsilon \end{bmatrix} \begin{bmatrix} X_2 \\ Y_2 \end{bmatrix} \tag{5-65}$$

(3) 以 O_1 为原点,建立固结于输入轴 1 的坐标系 $O_1X_1Y_1$；

(4) 以 O_1 为原点,建立固结于球笼的坐标系 $O_1X_3Y_3$,假设球笼相对于输入轴 1 的转角为 γ,则有

$$\begin{bmatrix} X_1 \\ Y_1 \end{bmatrix} = \begin{bmatrix} \cos\gamma & -\sin\gamma \\ \sin\gamma & \cos\gamma \end{bmatrix} \begin{bmatrix} X_3 \\ Y_3 \end{bmatrix} \tag{5-66}$$

转角有如下关系：

$$\varepsilon = \beta - \gamma \tag{5-67}$$

假设输入轴 1 绕 O 转动 β 角，球笼绕 O_2 点顺时针转动一个角 ε，同时传力球在球笼中的圆柱孔中移动了 d，则传力球球心在 $O_2X_2Y_2$ 坐标系中的坐标为

$$X_2 = c \tag{5-68}$$

$$Y_2 = R_4 + d = (r + r_q) + d \tag{5-69}$$

其在 O_2XY 坐标系中的坐标为

$$\begin{bmatrix} X \\ Y \end{bmatrix} = \begin{bmatrix} \cos\varepsilon & \sin\varepsilon \\ -\sin\varepsilon & \cos\varepsilon \end{bmatrix} \begin{bmatrix} X_2 \\ Y_2 \end{bmatrix} = \begin{bmatrix} \cos\varepsilon & \sin\varepsilon \\ -\sin\varepsilon & \cos\varepsilon \end{bmatrix} \begin{bmatrix} c \\ R_4 + d \end{bmatrix} \tag{5-70}$$

$$X = c \cdot \cos\varepsilon + (R_4 + d) \cdot \sin\varepsilon \tag{5-71}$$

$$Y = -c \cdot \sin\varepsilon + (R_4 + d) \cdot \cos\varepsilon \tag{5-72}$$

设在输入轴 1 绕 O 转动 β 角后，球笼绕 O_1 点相对于输入轴 1 逆时针转动一个角 γ，同时传力球在球笼中的圆柱孔中移动了 d，则传力球球心在 $O_1X_3Y_3$ 坐标系中的坐标为

$$X_3 = -c \tag{5-73}$$

$$Y_3 = R_4 + d \tag{5-74}$$

其在 $O_1X_1Y_1$ 坐标系中的坐标为

$$\begin{bmatrix} X_1 \\ Y_1 \end{bmatrix} = \begin{bmatrix} \cos\gamma & -\sin\gamma \\ \sin\gamma & \cos\gamma \end{bmatrix} \begin{bmatrix} X_3 \\ Y_3 \end{bmatrix} = \begin{bmatrix} \cos\gamma & -\sin\gamma \\ \sin\gamma & \cos\gamma \end{bmatrix} \begin{bmatrix} -c \\ R_4 + d \end{bmatrix} \tag{5-75}$$

$$X_1 = -c \cdot \cos\gamma - (R_4 + d) \cdot \sin\gamma \tag{5-76}$$

$$Y_1 = -c \cdot \sin\gamma + (R_4 + d) \cdot \cos\gamma \tag{5-77}$$

从图 5-26 可以看出，在任何情况下，传力球都必须与其内、外滚道相切，所以其球心 O_3 到内、外滚道中心 O 的距离保持不变，这个不变的距离就是 $R_4 = r + r_q$。根据式(5-71)、式(5-72)和式(5-76)、式(5-77)，可得

$$(X - c)^2 + Y^2 = [c \cdot \cos\varepsilon + (R_4 + d) \cdot \sin\varepsilon - c]^2 + [-c \cdot \sin\varepsilon + (R_4 + d) \cdot \cos\varepsilon]^2 = R_4^2 \tag{5-78}$$

$$(X_1 + c)^2 + Y_1^2 = [-c \cdot \cos\gamma - (R_4 + d) \cdot \sin\gamma + c]^2 + [-c \cdot \sin\gamma + (R_4 + d) \cdot \cos\gamma]^2 = R_4^2 \tag{5-79}$$

$$\begin{aligned} &[c \cdot \cos\varepsilon + (R_4 + d) \cdot \sin\varepsilon]^2 - 2 \cdot c \cdot [c \cdot \cos\varepsilon + (R_4 + d) \cdot \sin\varepsilon] + c^2 + [-c \cdot \sin\varepsilon + (R_4 + d) \cdot \cos\varepsilon]^2 \\ &= [-c \cdot \cos\gamma - (R_4 + d) \cdot \sin\gamma]^2 + 2 \cdot c \cdot [-c \cdot \cos\gamma - (R_4 + d) \cdot \sin\gamma] + c^2 + [-c \cdot \sin\gamma + (R_4 + d) \cdot \cos\gamma]^2 \end{aligned} \tag{5-80}$$

$$\begin{aligned} &c^2 \cdot \cos^2\varepsilon + (R_4 + d)^2 \cdot \sin^2\varepsilon - 2 \cdot c \cdot [c \cdot \cos\varepsilon + (R_4 + d) \cdot \sin\varepsilon] + c^2 + c^2 \cdot \sin^2\varepsilon + (R_4 + d)^2 \cdot \cos^2\varepsilon \\ &= c^2 \cdot \cos^2\gamma + (R_4 + d)^2 \cdot \sin^2\gamma + 2 \cdot c[-c \cdot \cos\gamma - (R_4 + d) \cdot \sin\gamma] + \end{aligned}$$

$$c^2+c^2\cdot\sin^2\gamma+(R_4+d)^2\cdot\cos^2\gamma \tag{5-81}$$

$$c\cdot\cos\varepsilon+(R_4+d)\cdot\sin\varepsilon=c\cdot\cos\gamma+(R_4+d)\cdot\sin\gamma \tag{5-82}$$

所以,必有

$$\varepsilon=\gamma \tag{5-83}$$

把式(5-83)代入式(5-77)和式(5-72),则可以发现,球心 O_3 到输入轴 1 的距离 Y_1 等于 O_3 到输出轴 2 的距离 Y,即

$$Y_1=-c\cdot\sin\gamma+(R_4+d)\cdot\cos\gamma=Y=-c\cdot\sin\varepsilon+(R_4+d)\cdot\cos\varepsilon \tag{5-84}$$

因此,传力球球心 O_3 到输入轴 1 和输出轴 2 的距离相等,可以保证等角速传动。

把式(5-83)代入式(5-67),得

$$\varepsilon=\beta-\varepsilon \tag{5-85}$$

$$\varepsilon=\frac{\beta}{2}=\gamma \tag{5-86}$$

利用式(5-78)可以解出 d 随着 ε 的变化关系。

图 5-27 示出 GKN 汽车 AG 公司生产的球笼 RF 固定万向节的剖视图、这种万向节系列产品的特征尺寸和允许承受的转矩。其中,M_d 是允许的动态转矩;M_N 是允许的最大静转矩。

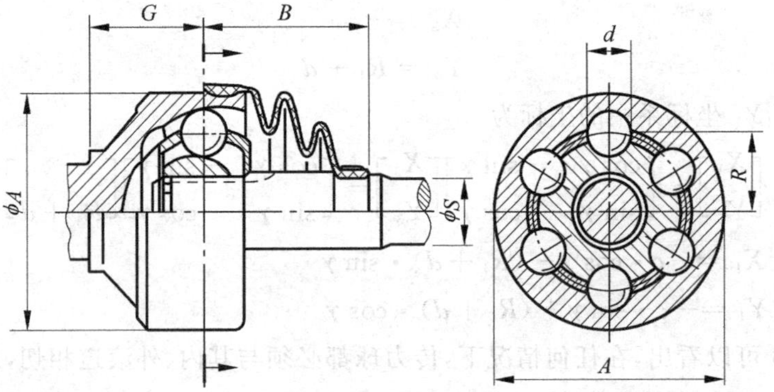

RF 万向节系列	A/mm	S/mm	G/mm	B/mm	d/mm	R/mm	M_d 持久 /(N·m)	M_N 静态 /(N·m)
72	62	18	35	72	12.700	21.43	135	900
85	72	20	36	90	14.600	24.00	200	1200
91	81	22	36	79	15.875	27.50	260	1600
95	90	26	45	82	17.462	30.25	360	2650
107	98	28	50	85	19.050	33.00	460	3290
125	115	34	55	110	23.812	39.65	880	5900
140	138	42	85		28.575	47.50	1520	11 000
160	155	45	90		31.750	54.05	2130	13 700
203	186	49	86		38.100	64.00	3600	17 600

图 5-27 GKN 汽车 AG 公司生产的球笼 RF 固定万向节的剖视图、这种万向节系列产品的特征尺寸和允许承受的转矩

轻型系列 RF72～RF107 用于采用独立悬架的前置-前轮驱动的小客车,中型系列 RF125～RF140 用于采用独立悬架的高速拖拉机,重负荷系列 RF160～RF230 用于带转向

装置的工程机械。

球笼万向节传力球滚道的横截面可以是椭圆形、圆形或尖拱形，如图 5-28 所示。图 5-29 示出椭圆形的传力球滚道的横截面，传力球和滚道表面的接触点与传力球球心的连线是一条斜线，其与过传力球球心的径向线成 45°角。椭圆在该接触点的曲率半径 r_K（见图 5-28(a)）一般是传力球半径 r_R 的 1.03～1.05 倍。当传递动力时，传力球与内、外滚道的接触点实际上是接触椭圆。而在内滚道上的接触椭圆一般小于外滚道上的接触椭圆，其接触应力较大、疲劳寿命较短、磨损较大。球笼万向节所能够传递的转矩是根据其内滚道上的接触应力来确定的。

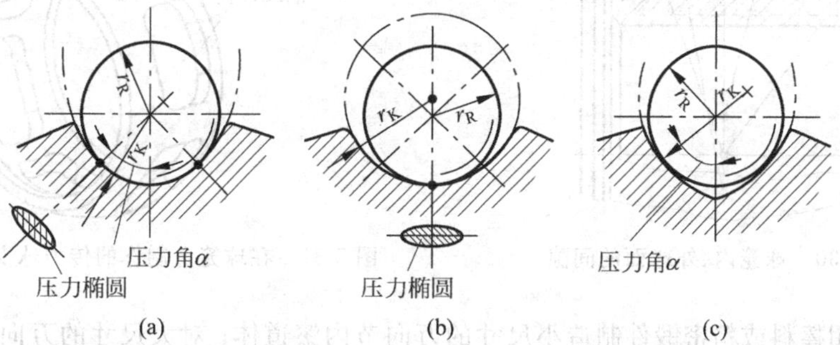

图 5-28 球笼万向节传力球滚道的横截面形状（r_R 是传力球半径；r_K 是滚道曲率半径）

(a) 椭圆形；(b) 圆形；(c) 尖拱形(ogival)

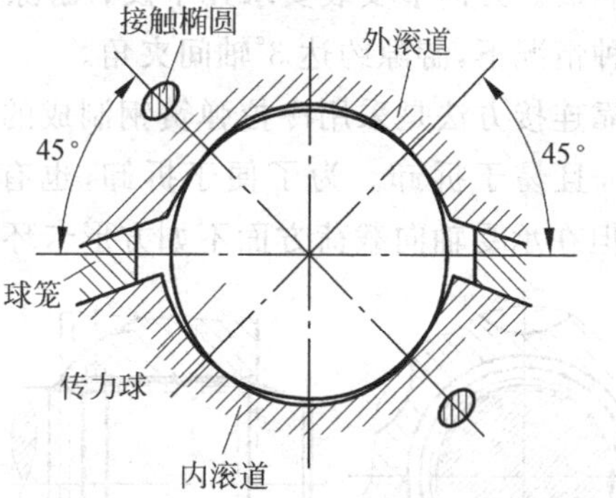

图 5-29 椭圆形传力球滚道的横截面

用于制造大型系列万向节外滚道体的材料为碳素钢 Cf53。用于中、小型系列万向节外滚道体的材料是渗碳钢 SAE8620H，其与 21NiCrMo2 相当。17NiCrMo6 用于大尺寸的万向节。碳钢需要进行表面淬火。一般对零件在低硬度条件下进行加工以后，对其进行热处理，要求外滚道的硬度达到 $HRC58^{+4}$，然后对球笼窗、滚道等部位进行磨削。

可以应用钢管 SAE8617H 作为制造 RF125 万向节球笼的材料。而对于大尺寸的万向节，即 RF140～RF203 的球笼，采用锻造方法制成。球笼上传力球窗孔经冲压达到 RF125 的尺寸。在硬度低的条件下加工后，对球笼进行渗碳处理，表面硬度达到 $HRC58^{+4}$，然后对球笼的内、外球面和窗孔进行磨削。

如图 5-30 所示，球笼内、外球面的间隙 $a=0.8$～$1.2\ \mu m/mm$ 球笼直径，在其两端边缘处只允许达到此间隙的一半。在球笼上制作的传力球安装圆柱孔（见图 5-31）的直径必须保证传力球装配时的过盈量为 0～2 μm/mm 球直径。窗孔上的边缘应仔细地切成圆角，尽可能研磨，以防止刮去润滑脂。

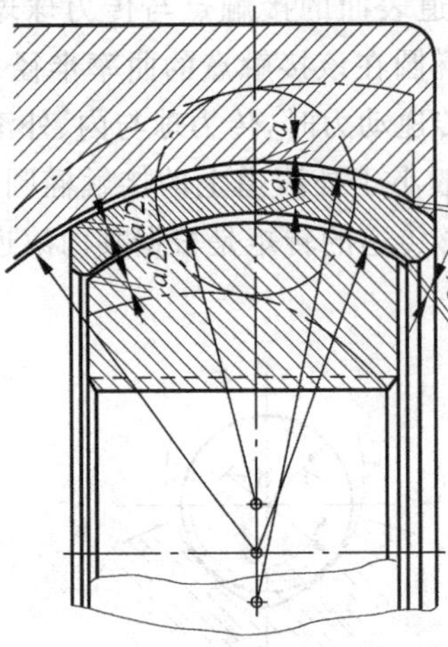

图 5-30 球笼内、外球面的间隙

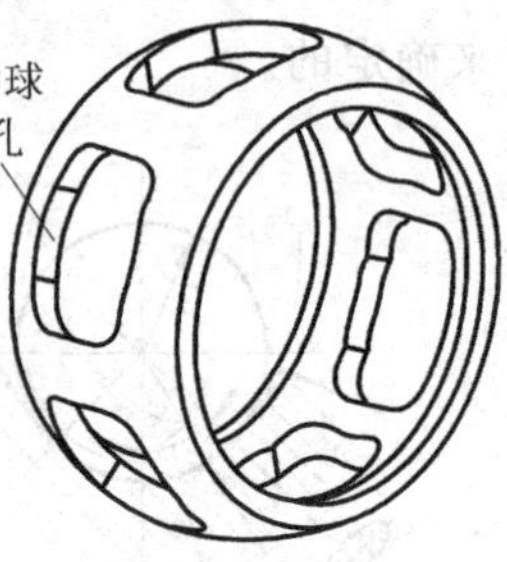

图 5-31 在球笼上制作的传力球安装圆柱孔

一般应用棒料或精密锻件制造小尺寸的万向节内滚道体；对大尺寸的万向节内滚道体，采用传统的锻造方法。Cf53 碳素钢主要用于制造大型系列万向节。渗碳钢(如 SAE8620H 或 21NiCrMo6)一般用于中、小型系列产品。热处理和硬度参数与外滚道体相同。

传力球用滚动轴承钢制成。万向节安装要求几乎没有游隙。可以来回慢慢地变换万向节夹角来检测游隙。在这种情况下，游隙约达 3°轴间夹角。

内滚道体与轴的最可靠连接方法是采用冷拉弹簧钢制成的方形卡环(见图 5-32)，它可以承受比较大的轴向载荷，且易于拆卸。为了便于拆卸，也有使用圆形弹性挡圈连接的(见图 5-32(b)、(c)、(d))，但在承受轴向载荷方面不如方形卡环。

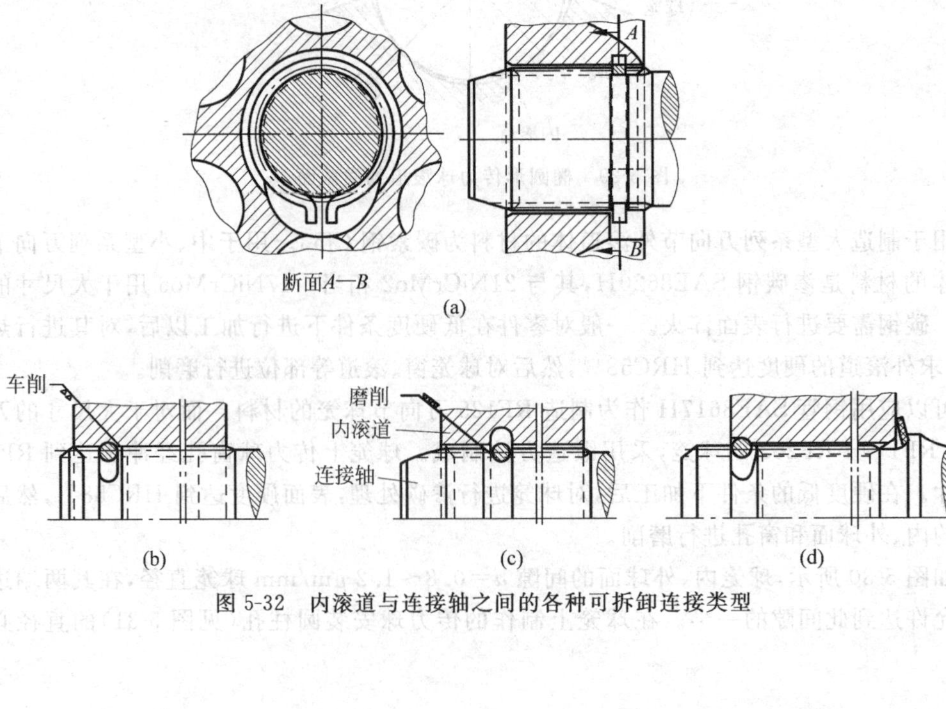

图 5-32 内滚道与连接轴之间的各种可拆卸连接类型

重型万向节(RF140～RF230)通常在桥壳或齿轮箱内使用,可以利用其中的润滑油进行润滑。

用罩密封的万向节用锂基润滑脂润滑,用 2.5%的 MoS_2 作为锂基润滑脂的添加剂。为便于更好地磨合,对万向节零件进行磷化处理。靠这些措施可以延长万向节的工作寿命。

图 5-33 示出一种典型的前置-前轮驱动轿车的等速半轴。万向节都采用密封罩进行密封,万向节用锂基润滑脂润滑。密封罩的形状和材料由转速、轴间夹角和用途决定。通常需要满足如下要求:①密封可靠,防止吸入水;②温度在－40℃～＋100℃之间的压力平衡。

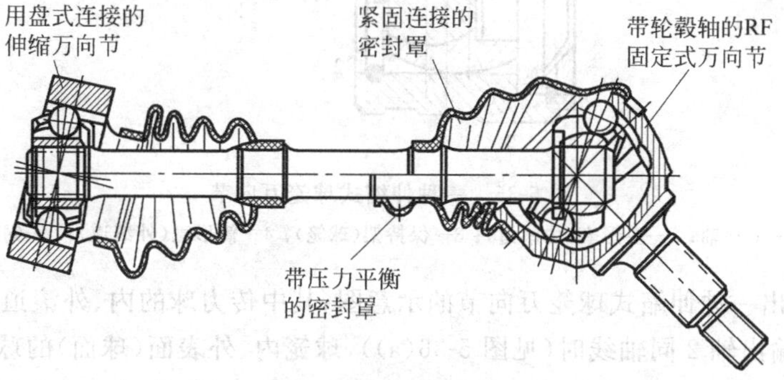

图 5-33 一种典型的前置-前轮驱动轿车等速半轴

这些密封罩应该可以适应 2000 r/min 转速条件。将它们置于万向节和中间轴专门的凹槽上,用夹钳紧固。应用得较为普遍的是开式箍。轴间夹角达到 40°时(见图 5-34),使用径向的双向密封唇和钟形的金属薄板,使万向节受到更好地保护。然而,由于振动,万向节的球形外滚道体极易磨损。因此,这种方式只适用于低转速。可以在轴间夹角为 10°的情况下使用的转速值为:①RF05～RF21 万向节,约为 200 r/min;②RF30～RF42 万向节,约为 100 r/min。

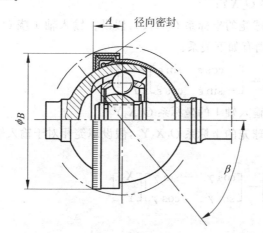

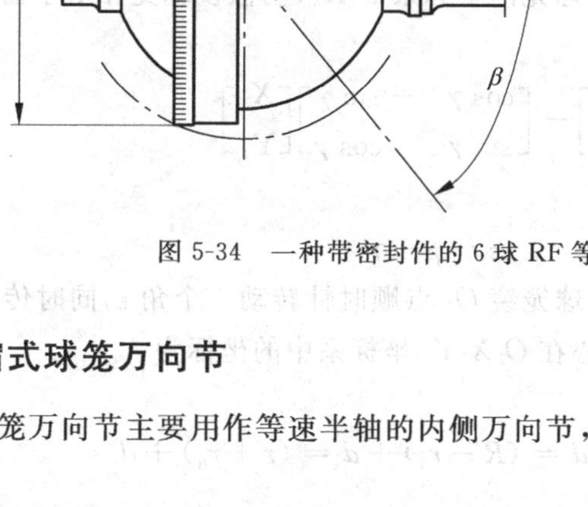

径向密封环/mm

ϕB	A
86.5	18.5
95	17
105	16
115	20
137	26.5
164	32
174	30

图 5-34 一种带密封件的 6 球 RF 等速万向节

5.4.2 伸缩式球笼万向节

伸缩式球笼万向节主要用作等速半轴的内侧万向节,如图 5-35 所示。

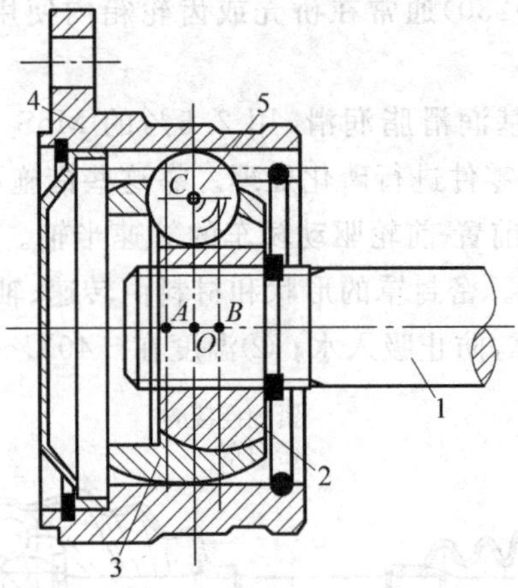

图 5-35 一种伸缩式球笼万向节

1—主动轴；2—星形套(内滚道)；3—保持架(球笼)；4—筒形壳(外滚道)；5—钢球

图 5-36 示出一种伸缩式球笼万向节的示意图,其中传力球的内、外滚道都是直线型的。在输入轴 1 与输出轴 2 同轴线时(见图 5-36(a)),球笼内、外表面(球面)的球心分别位于 O_1 和 O_2 点,过传力球心 O_3 向输入、输出轴线画垂线,O 为垂足,且 $OO_1=OO_2=c$。由于传力球的滚道是直线型的,上述 O 点可以沿内、外滚道的轴线自由移动,即输入轴 1 相对于输出轴 2 可以沿轴线自由移动。有如下关系,$R_4=R-r_q=r+r_q$。r、R 分别是内、外滚道的半径,r_q 是传力球的半径。

如图 5-36(b)所示,输入轴 1 相对于输出轴 2 绕 O 点转动一个角度 β,输出轴 2 固定不动。

下面分析图 5-36 所示万向节的等速条件,分析的坐标系包括如下几个。

(1) 以 O_2 为原点的固定坐标系 O_2XY；

(2) 以 O_2 为原点,建立固结于球笼的坐标系 $O_2X_2Y_2$,假设在输入轴 1 绕 O 转动 β 角,球笼绕 O_2 点顺时针转动一个角 ε,则有如下关系：

$$\begin{bmatrix} X \\ Y \end{bmatrix}=\begin{bmatrix} \cos\varepsilon & \sin\varepsilon \\ -\sin\varepsilon & \cos\varepsilon \end{bmatrix}\begin{bmatrix} X_2 \\ Y_2 \end{bmatrix} \tag{5-87}$$

(3) 以 O_1 为原点,建立固结于输入轴 1 的坐标系 $O_1X_1Y_1$；

(4) 以 O_1 为原点,建立固结于球笼的坐标系 $O_1X_3Y_3$,假设球笼相对于输入轴 1 的转角为 γ,则有

$$\begin{bmatrix} X_1 \\ Y_1 \end{bmatrix}=\begin{bmatrix} \cos\gamma & -\sin\gamma \\ \sin\gamma & \cos\gamma \end{bmatrix}\begin{bmatrix} X_3 \\ Y_3 \end{bmatrix} \tag{5-88}$$

转角有如下关系：

$$\varepsilon=\beta-\gamma \tag{5-89}$$

假设输入轴 1 绕 O 转动 β 角,球笼绕 O_2 点顺时针转动一个角 ε,同时传力球在球笼中的圆柱孔中移动了 d,则传力球球心在 $O_2X_2Y_2$ 坐标系中的坐标为

$$X_2=c \tag{5-90}$$

$$Y_2=R_4+d=(R-r_q)+d=(r+r_q)+d \tag{5-91}$$

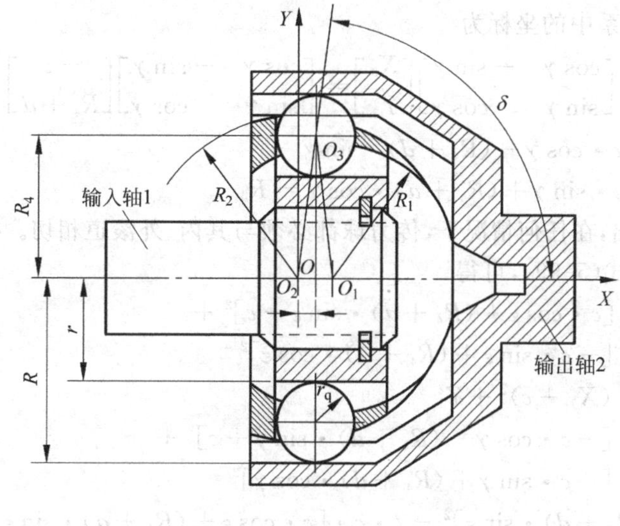

(a)

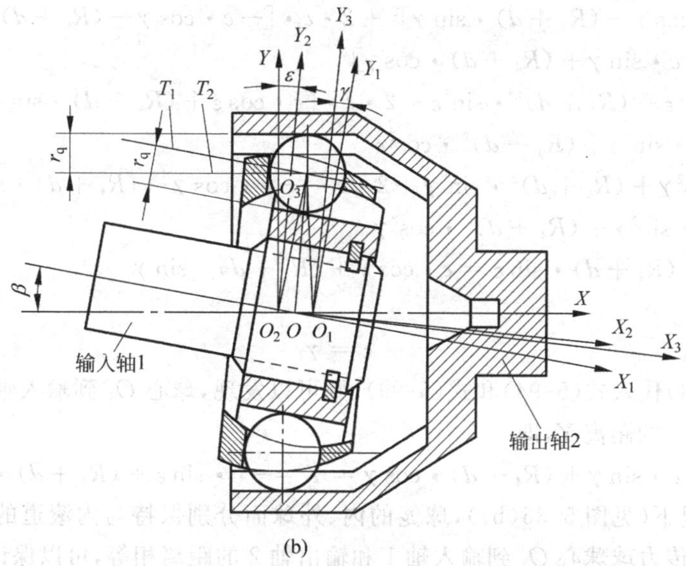

(b)

图 5-36　一种伸缩式球笼万向节的示意图

(a) 输出轴 2 与输入轴 1 同轴线；(b) 输入轴 1 相对于输出轴 2 绕 O 点转动一个角度 β

其在 O_2XY 坐标系中的坐标为

$$\begin{bmatrix} X \\ Y \end{bmatrix} = \begin{bmatrix} \cos\varepsilon & \sin\varepsilon \\ -\sin\varepsilon & \cos\varepsilon \end{bmatrix} \begin{bmatrix} X_2 \\ Y_2 \end{bmatrix} = \begin{bmatrix} \cos\varepsilon & \sin\varepsilon \\ -\sin\varepsilon & \cos\varepsilon \end{bmatrix} \begin{bmatrix} c \\ R_4+d \end{bmatrix} \tag{5-92}$$

$$X = c\cdot\cos\varepsilon + (R_4+d)\cdot\sin\varepsilon \tag{5-93}$$

$$Y = -c\cdot\sin\varepsilon + (R_4+d)\cdot\cos\varepsilon = R_4 \tag{5-94}$$

设在输入轴 1 绕 O 转动 β 角后，球笼绕 O_1 点逆时针转动一个角 γ，同时传力球在球笼中的圆柱孔中移动了 d，则传力球球心在 $O_1X_3Y_3$ 坐标系中的坐标为

$$X_3 = -c \tag{5-95}$$

$$Y_3 = R_4 + d \tag{5-96}$$

其在 $O_1X_1Y_1$ 坐标系中的坐标为

$$\begin{bmatrix} X_1 \\ Y_1 \end{bmatrix} = \begin{bmatrix} \cos\gamma & -\sin\gamma \\ \sin\gamma & \cos\gamma \end{bmatrix} \begin{bmatrix} X_3 \\ Y_3 \end{bmatrix} = \begin{bmatrix} \cos\gamma & -\sin\gamma \\ \sin\gamma & \cos\gamma \end{bmatrix} \begin{bmatrix} -c \\ R_4 + d \end{bmatrix} \tag{5-97}$$

$$X_1 = -c \cdot \cos\gamma - (R_4 + d) \cdot \sin\gamma \tag{5-98}$$

$$Y_1 = -c \cdot \sin\gamma + (R_4 + d) \cdot \cos\gamma = R_4 \tag{5-99}$$

从图5-36可以看出,在任何情况下,传力球都必须与其内、外滚道相切。根据式(5-93)、式(5-94)和式(5-98)、式(5-99),可得

$$\begin{aligned}(X-c)^2 + Y^2 &= [c \cdot \cos\varepsilon + (R_4 + d) \cdot \sin\varepsilon - c]^2 + \\ &\quad [-c \cdot \sin\varepsilon + (R_4 + d) \cdot \cos\varepsilon]^2 \\ &= (X_1 + c)^2 + Y_1^2 \\ &= [-c \cdot \cos\gamma - (R_4 + d) \cdot \sin\gamma + c]^2 + \\ &\quad [-c \cdot \sin\gamma + (R_4 + d) \cdot \cos\gamma]^2 \end{aligned} \tag{5-100}$$

$$\begin{aligned}&[c \cdot \cos\varepsilon + (R_4 + d) \cdot \sin\varepsilon]^2 - 2 \cdot c \cdot [c \cdot \cos\varepsilon + (R_4 + d) \cdot \sin\varepsilon] + \\ &c^2 + [-c \cdot \sin\varepsilon + (R_4 + d) \cdot \cos\varepsilon]^2 \\ &= [-c \cdot \cos\gamma - (R_4 + d) \cdot \sin\gamma]^2 + 2 \cdot c \cdot [-c \cdot \cos\gamma - (R_4 + d) \cdot \sin\gamma] + \\ &c^2 + [-c \cdot \sin\gamma + (R_4 + d) \cdot \cos\gamma]^2 \end{aligned} \tag{5-101}$$

$$\begin{aligned}&c^2 \cdot \cos^2\varepsilon + (R_4 + d)^2 \cdot \sin^2\varepsilon - 2 \cdot c \cdot [c \cdot \cos\varepsilon + (R_4 + d) \cdot \sin\varepsilon] + \\ &c^2 + c^2 \cdot \sin^2\varepsilon + (R_4 + d)^2 \cdot \cos^2\varepsilon \\ &= c^2 \cdot \cos^2\gamma + (R_4 + d)^2 \cdot \sin^2\gamma + 2 \cdot c \cdot [-c \cdot \cos\gamma - (R_4 + d) \cdot \sin\gamma] + \\ &c^2 + c^2 \cdot \sin^2\gamma + (R_4 + d)^2 \cdot \cos^2\gamma \end{aligned} \tag{5-102}$$

$$c \cdot \cos\varepsilon + (R_4 + d) \cdot \sin\varepsilon = c \cdot \cos\gamma + (R_4 + d) \cdot \sin\gamma \tag{5-103}$$

所以,必有

$$\varepsilon = \gamma \tag{5-104}$$

把式(5-104)代入式(5-94)和式(5-99),则可以发现,球心 O_3 到输入轴1的距离 Y_1 等于 O_3 到输出轴2的距离 Y,即

$$Y_1 = -c \cdot \sin\gamma + (R_4 + d) \cdot \cos\gamma = Y = -c \cdot \sin\varepsilon + (R_4 + d) \cdot \cos\varepsilon \tag{5-105}$$

在这种情况下(见图5-36(b)),球笼的内、外球面分别保持与内滚道的外球面、外滚道的圆柱面接触,传力球球心 O_3 到输入轴1和输出轴2的距离相等,可以保证等角速传动。

把式(5-104)代入式(5-89),得

$$\varepsilon = \beta - \varepsilon \tag{5-106}$$

$$\varepsilon = \frac{\beta}{2} = \gamma \tag{5-107}$$

根据图5-36和式(5-94)可得

$$Y = -c \cdot \sin\varepsilon + (R_4 + d) \cdot \cos\varepsilon = R_4 \tag{5-108}$$

$$-c \cdot \sin\varepsilon + R_4 \cdot \cos\varepsilon + d \cdot \cos\varepsilon = R_4 \tag{5-109}$$

$$d = \frac{1}{\cos\varepsilon} \cdot [c \cdot \sin\varepsilon + R_4 \cdot (1 - \cos\varepsilon)] \tag{5-110}$$

图5-37示出一种伸缩式球笼万向节的示意图,其中传力球的内、外滚道都是直线型的。在输入轴1与输出轴2同轴线时(见图5-37(a)),球笼内、外表面(球面)的球心相同,都位于 O 点,过传力球心向输入、输出轴线画垂线,O 即为垂足。由于传力球的滚道是直线型的,上述 O

点可以沿内、外滚道的轴线自由移动，即输入轴 1 相对于输出轴 2 可以沿轴线自由移动。有如下关系，$R_3=R-r_q=r+r_q$。r、R 分别是内、外滚道的半径，r_q 是传力球的半径。

如图 5-37(b)所示，输入轴 1 相对于输出轴 2 绕 O 点转动一个角度 β，输出轴 2 固定不动。

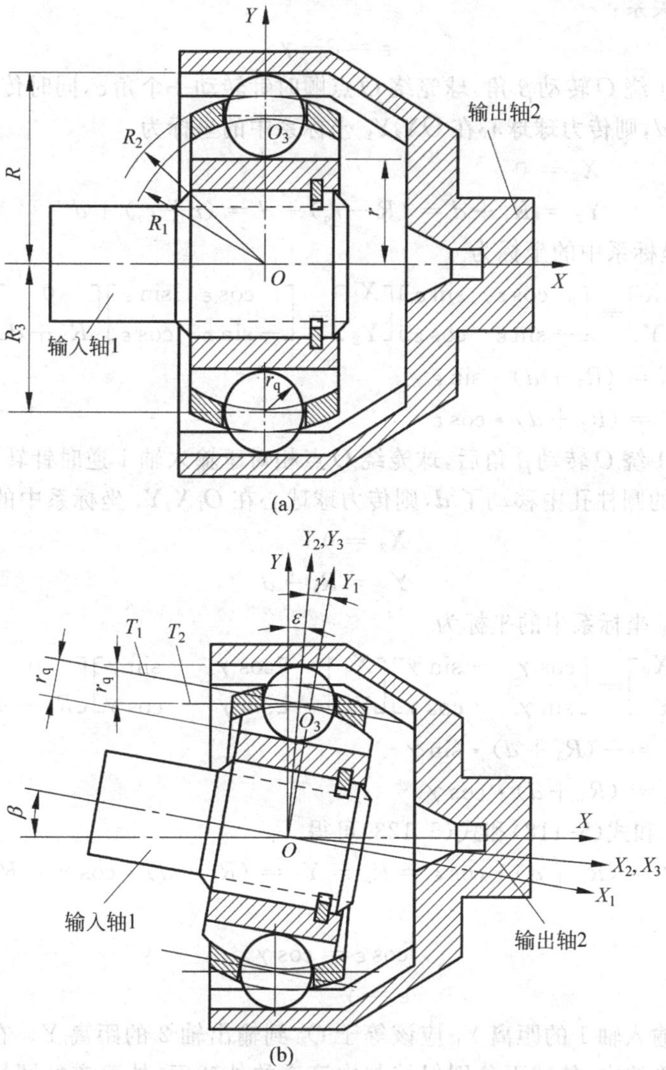

图 5-37 一种伸缩式球笼万向节的示意图

(a) 输出轴 2 与输入轴 1 同轴线；(b) 输入轴 1 相对于输出轴 2 绕 O 点转动一个角度 β

下面分析图 5-37 所示万向节的等速条件，分析的坐标系包括如下几个。

(1) 以 O 为原点的固定坐标系 OXY；

(2) 以 O 为原点，建立固结于球笼的坐标系 OX_2Y_2，假设在输入轴 1 绕 O 转动 β 角，球笼绕 O 点顺时针转动一个角 ε，则有如下关系：

$$\begin{bmatrix} X \\ Y \end{bmatrix}=\begin{bmatrix} \cos\varepsilon & \sin\varepsilon \\ -\sin\varepsilon & \cos\varepsilon \end{bmatrix}\begin{bmatrix} X_2 \\ Y_2 \end{bmatrix} \tag{5-111}$$

(3) 以 O 为原点，建立固结于输入轴 1 的坐标系 OX_1Y_1；

(4) 以 O 为原点，建立固结于球笼的坐标系 OX_3Y_3（实际上 OX_3Y_3 与 OX_2Y_2 是重合

的),假设球笼相对于输入轴1的转角为γ,则有

$$\begin{bmatrix} X_1 \\ Y_1 \end{bmatrix} = \begin{bmatrix} \cos\gamma & -\sin\gamma \\ \sin\gamma & \cos\gamma \end{bmatrix} \begin{bmatrix} X_3 \\ Y_3 \end{bmatrix} \tag{5-112}$$

转角有如下关系:

$$\varepsilon = \beta - \gamma \tag{5-113}$$

假设输入轴1绕O转动β角,球笼绕O点顺时针转动一个角ε,同时传力球在球笼中的圆柱孔中移动了d,则传力球球心在OX_2Y_2坐标系中的坐标为

$$X_2 = 0 \tag{5-114}$$

$$Y_2 = R_3 + d = (R - r_q) + d = (r + r_q) + d \tag{5-115}$$

其在OXY坐标系中的坐标为

$$\begin{bmatrix} X \\ Y \end{bmatrix} = \begin{bmatrix} \cos\varepsilon & \sin\varepsilon \\ -\sin\varepsilon & \cos\varepsilon \end{bmatrix} \begin{bmatrix} X_2 \\ Y_2 \end{bmatrix} = \begin{bmatrix} \cos\varepsilon & \sin\varepsilon \\ -\sin\varepsilon & \cos\varepsilon \end{bmatrix} \begin{bmatrix} 0 \\ R_3 + d \end{bmatrix} \tag{5-116}$$

$$X = (R_3 + d) \cdot \sin\varepsilon \tag{5-117}$$

$$Y = (R_3 + d) \cdot \cos\varepsilon \tag{5-118}$$

设在输入轴1绕O转动β角后,球笼绕O点相对于输入轴1逆时针转动一个角γ,同时传力球在球笼中的圆柱孔中移动了d,则传力球球心在$O_1X_3Y_3$坐标系中的坐标为

$$X_3 = 0 \tag{5-119}$$

$$Y_3 = R_3 + d \tag{5-120}$$

其在$O_1X_1Y_1$坐标系中的坐标为

$$\begin{bmatrix} X_1 \\ Y_1 \end{bmatrix} = \begin{bmatrix} \cos\gamma & -\sin\gamma \\ \sin\gamma & \cos\gamma \end{bmatrix} \begin{bmatrix} X_3 \\ Y_3 \end{bmatrix} = \begin{bmatrix} \cos\gamma & -\sin\gamma \\ \sin\gamma & \cos\gamma \end{bmatrix} \begin{bmatrix} 0 \\ R_3 + d \end{bmatrix} \tag{5-121}$$

$$X_1 = -(R_3 + d) \cdot \sin\gamma \tag{5-122}$$

$$Y_1 = (R_3 + d) \cdot \cos\gamma \tag{5-123}$$

根据图5-37和式(5-118)和式(5-123)可得

$$Y = (R_3 + d) \cdot \cos\varepsilon = R_3 = Y_1 = (R_3 + d) \cdot \cos\gamma = R_3 \tag{5-124}$$

所以,

$$\cos\varepsilon = \cos\gamma \tag{5-125}$$

$$\varepsilon = \gamma \tag{5-126}$$

因此,O_3到输入轴1的距离Y_1应该等于O_3到输出轴2的距离Y。在这种情况下(见图5-37(b)),球笼的内、外球面分别保持与内滚道的外球面、外滚道的圆柱面接触,传力球球心O_3到输入轴1和输出轴2的距离相等,可以保证等角速传动。

把式(5-126)代入式(5-113),得

$$\varepsilon = \beta - \varepsilon \tag{5-127}$$

$$\varepsilon = \frac{\beta}{2} = \gamma \tag{5-128}$$

图5-38示出GKN汽车AG公司生产的六球DO(double-offset)伸缩式球笼万向节的剖视图和这种万向节系列产品的特征尺寸和允许承受的转矩。其中,M_d是允许的动态转矩;M_N是允许的最大静转矩。

图5-39示出GKN汽车AG公司生产的VL伸缩式球笼万向节的剖视图和这种万向节系列产品的特征尺寸和允许承受的转矩。其中,M_d是允许的动态转矩;M_N是允许的最大

静转矩。在这种万向节中，传力球在与输入、输出轴轴线成16°夹角的直轨道或螺旋线轨道上工作。

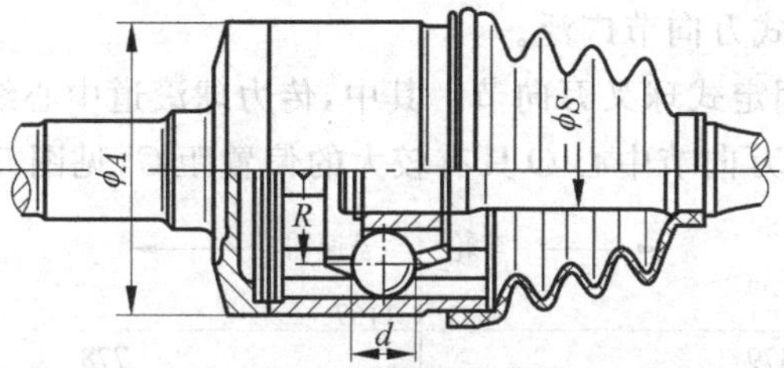

DO万向节系列	A/mm	S/mm	d/mm	R/mm	S_{max}/mm	M_d/(N·m)	M_N/(N·m)
70	70	18.7	15.875	22.50	28	188	830
75	75	19.7	16.667	23.67	28	218	1150
79	77	20.7	17.462	24.80	26	250	1330
82	82	20.9	18.257	25.90	38	285	1370
89	87	22.7	19.844	28.18	48	367	1750

图5-38 GKN汽车AG公司生产的六球DO(double-offset)伸缩式球笼万向节的剖视图和这种万向节系列产品的特征尺寸和允许承受的转矩

A—万向节外直径；S—轴直径；d—球直径；R—万向节半径；S_{max}—最大伸缩量

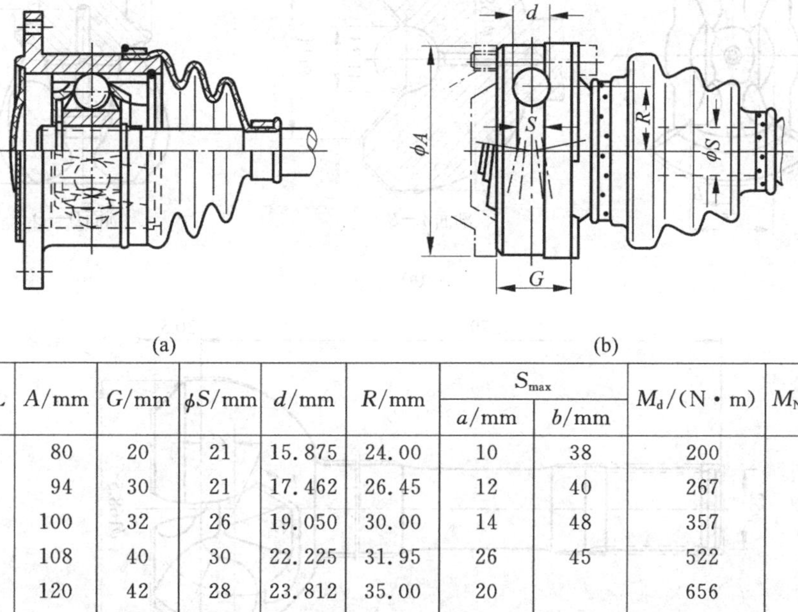

万向节VL	A/mm	G/mm	ϕS/mm	d/mm	R/mm	S_{max}		M_d/(N·m)	M_N/(N·m)
						a/mm	b/mm		
85	80	20	21	15.875	24.00	10	38	200	1200
91	94	30	21	17.462	26.45	12	40	267	2200
95	100	32	26	19.050	30.00	14	48	357	2650
107	108	40	30	22.225	31.95	26	45	522	3300
116	120	42	28	23.812	35.00	20		656	4500
125	128	48	32	25.400	38.50	24		810	5900
140	148	52	40	28.575	47.50	26		1550	9000

图5-39 GKN汽车AG公司生产的VL伸缩式球笼万向节的剖视图和这种万向节系列产品的特征尺寸和允许承受的转矩

(a) 用刚性加载的柱螺栓的伸缩量；(b)两轴交角$\beta=6°$时不用刚性螺栓的伸缩量

5.4.3 固定式球叉万向节

球叉式万向节包括固定式万向节和可伸缩式万向节。

在第二次世界大战中,在只在部分时间使用前轮驱动的美国军用卡车上,将固定式球叉万向节用作等速半轴的外侧万向节。但是,由于其许用速度、夹角和耐久性等性能较低,目前的应用范围不如球笼式万向节广泛。

图5-40示出一种固定式球叉万向节。其中,传力球滚道中心线为圆弧,左、右滚道中心线的圆心 O_1、O_2 相对于万向节中心 O 具有较大的偏置距 C,见图5-40、图5-41。这样可以

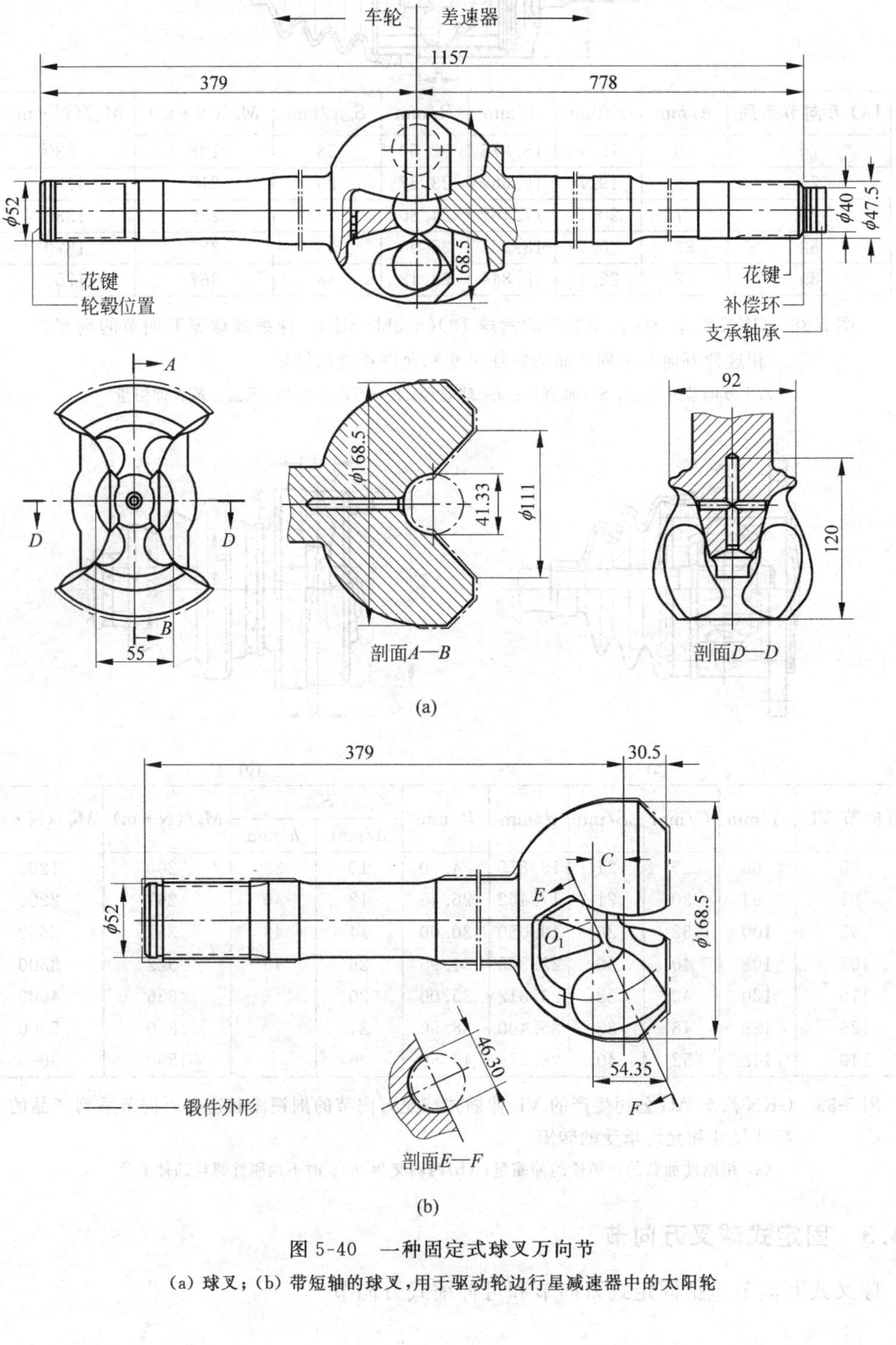

图5-40 一种固定式球叉万向节

(a) 球叉;(b) 带短轴的球叉,用于驱动轮边行星减速器中的太阳轮

使得左、右滚道即使在万向节呈直线时(输入、输出轴保持同轴线时),也能有较大程度的交叉,并控制传力球进入对称平面。

这种万向节由两个同样的球叉(传力球的滚道)组成,二者又由四个球刚性地定位。在圆弧滚道上的两个球传递转矩,而另外两球预紧万向节,并保证在负载方向改变时不发生反冲。两球叉借助一个中间有孔的球(定心球)来对中心。当万向节有角度时,通过一个圆柱销或锥形销(穿入定心球中的孔)防止定心球脱出,传力球的球心都位于两个球滚道中心线的交点上(见图 5-41)。球叉式万向节的最大工作夹角是 32°。图 5-42 示出 5 种尺寸的球叉式万向节的特征尺寸和静额定转矩 M_N。

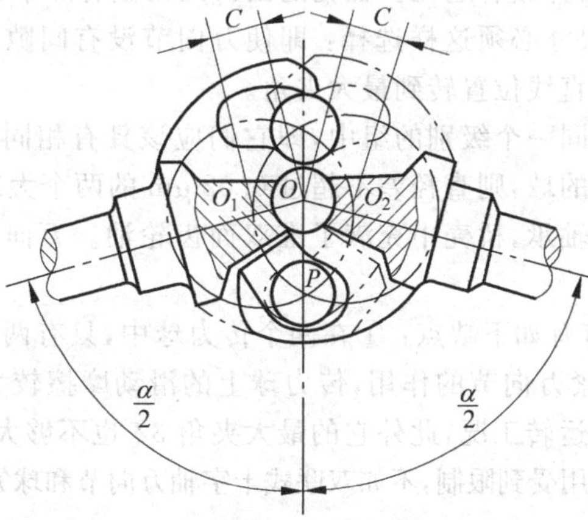

图 5-41 球叉式万向节的等角速传动原理

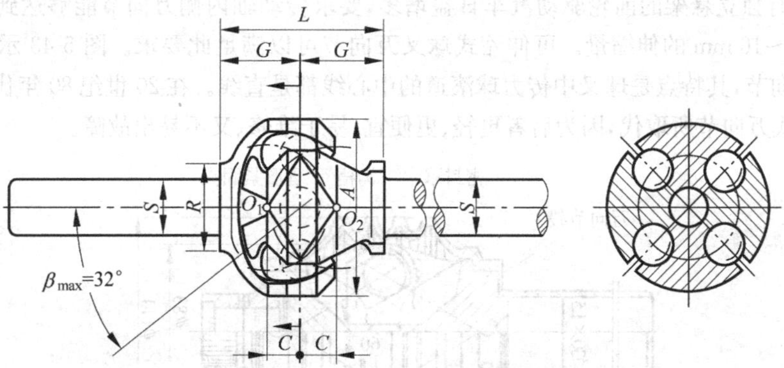

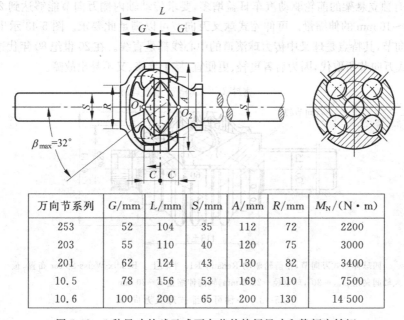

万向节系列	G/mm	L/mm	S/mm	A/mm	R/mm	M_N/(N·m)
253	52	104	35	112	72	2200
203	55	110	40	120	75	3000
201	62	124	43	130	82	3400
10.5	78	156	53	169	110	7500
10.6	100	200	65	200	130	14 500

图 5-42 5 种尺寸的球叉式万向节的特征尺寸和静额定转矩

球叉是用芯部强度为 1000～1150 N/mm² 的淬硬钢模锻而成的,轴的端部滚压而成(见图 5-40)。对于尺寸较小的万向节,建议用 20MnCr5 材料;而对于较大尺寸的万向节,建议用15CrNi6或17CrNiMo6。球叉表面、球滚道、导向孔、定位销和支承点需要进行机加工。在软态下加工的球叉需要进行渗碳淬火处理,然后对滚道进行磨削,要求各滚道相对于中心球的位置和形状具有高度精确性。

对于直径为d的传力球,一般取滚道中心线的圆弧半径为$r=1.22d$和偏置距$C=1.22\cdot d\cdot\sin 25°$(见图5-40、图5-41和图5-42)。中心球的直径一般取为$d_z=d/1.11$,而滚道横截面的直径取为$(1.005\sim1.008)d$。

这些精密的传力球是由轧制的轴承钢制成的,硬度为HRC 63±3,尺寸按3 μm为一级分组,每一组尺寸公差为13.5 μm。

中心球是相同等级的,并钻有通孔。在孔的出口处稍微有点平,以使装配较容易。

装配万向节时,球的尺寸必须这样选择:即使万向节没有间隙,且当轴竖直放置时,短端能在特定转矩作用下从直线位置转到最大夹角。

四个传力球应该取自同一个级别的组中,即它们应该具有相同级别的尺寸。如果为符合测试规格需要两种尺寸的球,则直径差不超过0.02 μm的两个大球应该对角线布置。

为了润滑万向节及其轴承,桥壳中充满了准双面齿轮油。万向节可用与主传动器和差速器相同的润滑油润滑。

球叉式(wiess)万向节有如下缺点:①在四个传力球中,只有两个球在旋转方向上传递转矩,另外两个球承担预紧万向节的作用,传力球上的滑动摩擦较大,使用寿命较低;②万向节不适合于高速和连续运转工况,此外它的最大夹角32°也不够大。

由于有上述缺点,其应用受到限制,不如双联式十字轴万向节和球笼式万向节应用广泛。

5.4.4 伸缩式球叉万向节

随着具有独立悬架的前轮驱动汽车日益增多,要求传动轴内侧万向节能够达到20°夹角,还要求提供10~16 mm的伸缩量。可伸缩式球叉万向节可以满足此要求。图5-43示出一种可伸缩式球叉万向节,其特点是球叉中传力球滚道的中心线都是直线。在20世纪80年代这种万向节被VL球笼式万向节所取代,因为后者更轻、更便宜,易于维修、又不易出故障。

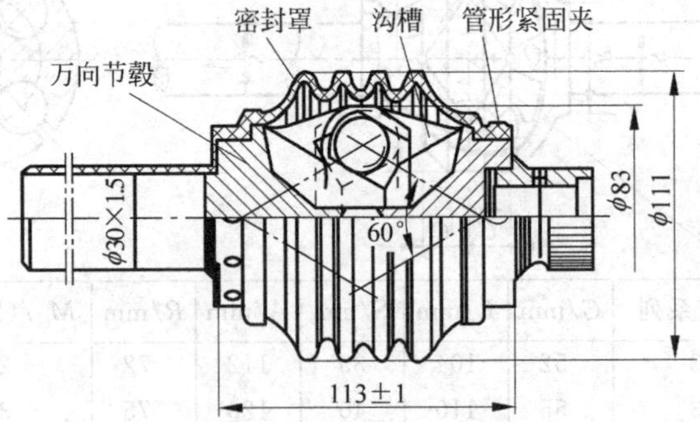

四球伸缩式万向节,在前轮驱动Renault R16半轴上。Bendix-Weiss-Spicer布置,最大轴间夹角$\beta_{max}=20°$,球直径=22.2 mm,轴间伸缩量$S=20$ mm

图5-43 一种可伸缩式球叉万向节

5.4.5 三枢轴式万向节

三枢轴式万向节(也称为球面滚轮式万向节)是应用较为广泛的等速万向节,一般用作等速半轴的内侧万向节。三枢轴式万向节是十字轴式万向节与球笼式万向节的综合产物。图 5-44 示出一种三枢轴式万向节。一个三枢轴式万向节主要包括如下零件：①一个等角度三枢轴(输入元件)，它上面的所有枢轴的轴线都位于垂直于输入轴轴线的同一平面内，每个枢轴上安装一个球面滚轮；②一个叉形元件(输出元件)，它有三个等距离分布的圆柱形球轨道，这些轨道都平行于输出轴轴线。

如图 5-44 所示，三个枢轴 3 位于万向节轴 5 的端部，每个枢轴上安装一个球面滚轮 4，其可以沿着在万向节轴叉 1 中制出的轴向槽 2 内移动，以此起伸缩花键作用，同时通过三个球面滚轮与轴向圆孔壁面接触、传递转矩。这种结构允许两轴间的工作夹角可达 43°，加工也比较容易。

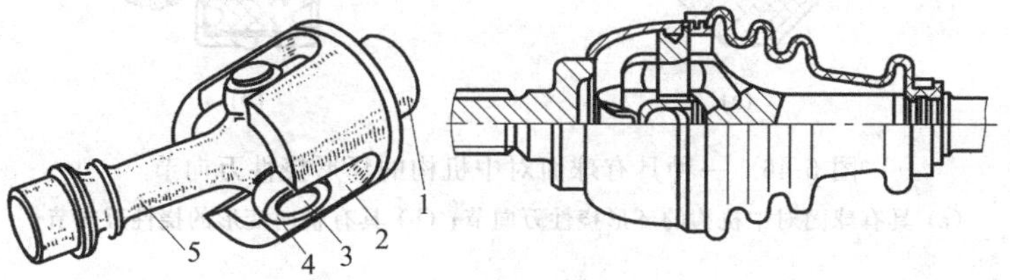

图 5-44 一种三枢轴式万向节

1,5—万向节轴；2—轴向槽；3—枢轴；4—球面滚轮

5.5 挠性万向节

挠性万向节可以减小传动系的扭转振动、动载荷和噪声，其结构简单，在使用中不需要润滑，但是允许其连接的两轴之间的夹角较小，一般 3°～5°，允许的轴向移动也很小。挠性万向节的橡胶元件可以制成橡胶盘、铰接块、橡胶金属套筒、环形橡胶圈等形状。图 5-45 示出一种六角环形橡胶元件总成。采用这种万向节时，为了保证传动轴具有良好的动平衡，常常在万向节所连接的两轴的端部设置专门的机构来保证对正中心。图 5-46 示出一种具有球面对中机构的环形挠性万向节。为了延长挠性万向节的寿命，总是设法使其在轴向力和径向力都很小的工况下工作，并且应该尽量减小万向节工作角在橡胶元件中引起的力矩。

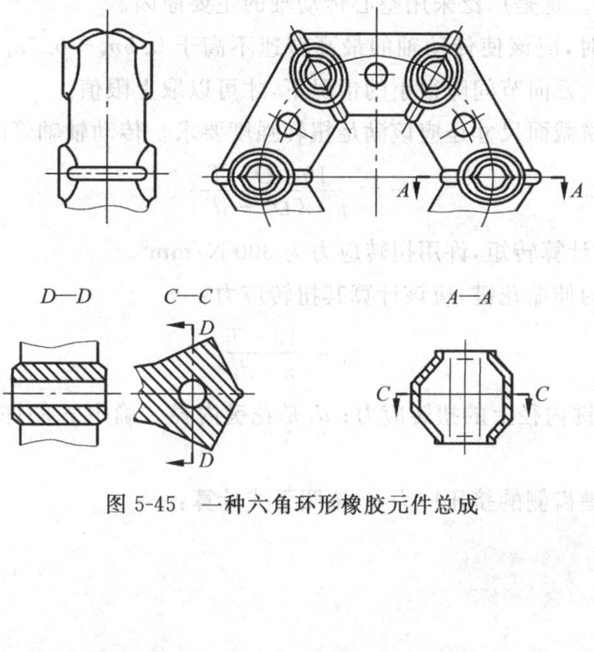

图 5-45 一种六角环形橡胶元件总成

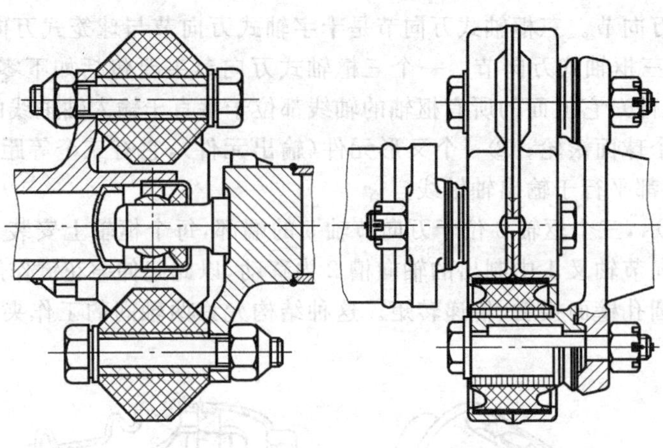

图 5-46 一种具有球面对中机构的环形挠性万向节
(a) 具有球面对中机构的环形挠性万向节；(b) 具有轴向变形的挠性万向节

5.6 传动轴设计

传动轴设计的主要内容是选择传动轴长度和断面尺寸。在选择传动轴长度和断面尺寸时，要着重考虑使传动轴具有足够高的临界转速。

假设传动轴为断面均匀一致的简支弹性梁。根据机械振动理论，可以推导出与该弹性简支梁第一阶横向弯曲振动的固有频率所对应的临界转速：

$$n_k = 1.2 \times 10^8 \times \frac{\sqrt{D^2 + d^2}}{L^2} \tag{5-129}$$

其中，n_k是传动轴临界转速，r/min；L 是传动轴的长度，即两个万向节中心之间的距离，mm；D、d 分别是传动轴轴管的外径和内径，mm。

从式(5-129)可以看出，在 D、L 一定时，空心轴($d>0$)的临界转速要比实心轴($d=0$)的高，并且节省材料。这是广泛采用空心传动轴的主要原因。

在设计传动轴时，应该使传动轴的最高转速不高于 $0.5n_k \sim 0.7n_k$。其中，在精确动平衡、高精度伸缩花键、万向节间隙很小的情况下，才可以取上限值。

传动轴轴管的横截面尺寸还应该满足扭转强度要求。传动轴轴管的扭转应力为

$$\tau = \frac{16 \cdot D \cdot T}{\pi \cdot (D^4 - d^4)} \tag{5-130}$$

其中，T 是传动轴的计算转矩，许用扭转应力为 300 N/mm^2。

对于传动轴上的伸缩花键，应该计算其扭转应力：

$$\tau_h = \frac{16 \cdot T}{\pi \cdot d_h^3} \tag{5-131}$$

其中，τ_h是花键轴花键内径上的扭转应力；d_h是花键内径。确定 τ_h的许用扭转应力时，安全系数取为 2～3。

传动轴伸缩花键齿侧的挤压应力 σ_y 按照下式计算：

$$\sigma_y = \frac{T \cdot K'}{\left(\frac{D_h + d_h}{4}\right) \cdot \left(\frac{D_h - d_h}{2}\right) \cdot L_h \cdot n_0} \tag{5-132}$$

其中，T 是计算转矩；K'是花键转矩分布的不均匀系数，$K'=1.3\sim1.4$；D_h、d_h 分别是花键的外径、内径；L_h是花键的有效工作长度；n_0是花键齿数。当花键的齿面硬度大于 HRC35 时，许用挤压应力为 25～50 N/mm²。对于非滑动花键，许用挤压应力为 50～100 N/mm²。

可以通过绘制传动轴跳动图来确定传动轴伸缩花键的有效长度，参见“1.15 运动校核”。

传动轴在工作过程中要高速旋转，如果它不平衡，就会引起振动和噪声。万向节中十字轴的轴向窜动、传动轴花键中的间隙、传动轴两端万向节中心的定心精度、高速旋转时传动轴的弹性变形、在传动轴上点焊平衡片时的热影响等都可能改变传动轴总成的不平衡度。

为了减少传动轴旋转所引起的振动与噪声，就应该设法改善传动轴的平衡度。采取措施减小十字轴的轴向窜动、缩短传动轴长度、提高其刚度、提高滑动花键的耐磨性和配合精度等都有助于降低传动轴的不平衡度。在传动轴装车以前一般要经过动平衡调整，这一般要利用专用试验机。为了平衡传动轴，一般往传动轴上的适当位置点焊平衡片。应该等冷却后再进行不平衡度的检验，以消除点焊时的热影响。

传动轴的不平衡度，对不同车型有不同要求：①对轿车，当转速在 3000～6000 r/min 时，传动轴不平衡度应该不超过 1～2 N · mm；②对货车，当转速在 1000～4000 r/min 时，传动轴的不平衡度应该不超过 10 N · mm。

5.7 传动轴的中间支承

在长轴距汽车上，常常将传动轴分段(两段或三段)，其主要目的是缩短每一段传动轴的长度，提高刚度，从而提高传动轴的临界转速。在轿车中，有时为了提高传动系的弯曲刚度、改善传动系弯曲振动特性、减少噪声，也将传动轴分成两段。当传动轴分段时，需要加中间支承。

中间支承一般安装在车架横梁上或车身底架上。由于动力总成(发动机、离合器和变速器等)弹性悬置装置和车架的变形，被支承的传动轴的轴线位置相对于中间支承的安装面随时都在变化。因此，要求中间支承要能适应这种变化。图 5-47 示出一个目前得到广泛应用

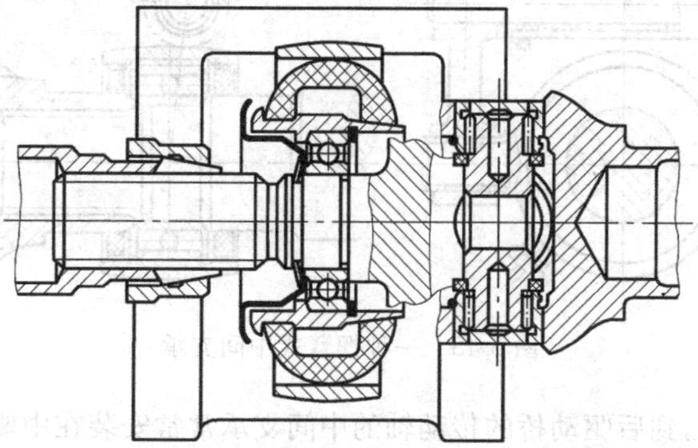

图 5-47 橡胶弹性传动轴中间支承

的中间支承设计。其中,一个单列滚珠轴承安装在橡胶弹性元件上,这个橡胶元件安装在一个大钢套中,而这个钢套与车架相连,组成中间支承。一段传动轴就直接安装在上述滚珠轴承中。这种橡胶元件能够吸收传动轴的振动,允许中间传动轴相对于车架运动。这种弹性中间支承不能传递轴向力,主要承受径向力。而这些径向力主要是由传动轴不平衡、偏心引起的,另外万向节上的附加弯矩也可以引起径向力。而且,这些径向力是变化的,有些每转变化一次,例如传动轴的不平衡、偏心引起的径向力;另一些每转变化两次,例如万向节上附加弯矩引起的径向力。当这些激振力的频率与"弹性中间支承悬置质量"系统的固有频率重合时,便会发生共振。

中间支承悬置质量 m 的固有频率 f 按下式计算:

$$f=\frac{1}{2\cdot\pi}\cdot\sqrt{\frac{C_R}{m}}=\frac{1}{2\cdot\pi}\cdot\sqrt{\frac{C_R\cdot g}{m\cdot g}}=\frac{1}{2\cdot\pi}\cdot\sqrt{\frac{C_R\cdot g}{G}} \tag{5-133}$$

其中,C_R 是中间支承橡胶件的径向刚度,N/m;G 是与中间支承悬置质量 m 对应的重力,它等于传动轴落在中间支承上的那一部分重力与中间支承轴承及其座所受重力之和,N;g 是重力加速度,$g=9.8\ \mathrm{m/s^2}$。而 f 对应的临界转速 n_z(单位是 r/min)为

$$n_z=60\cdot f=\frac{60}{2\cdot\pi}\cdot\sqrt{\frac{C_R\cdot g}{G}}=\frac{30}{\pi}\cdot\sqrt{\frac{C_R\cdot g}{G}} \tag{5-134}$$

在设计这种中间支承时,应该合理选择其弹性元件的径向刚度 C_R,使固有频率 f 对应的临界转速 $n_z=60f$(r/min)尽可能低于传动轴的常用转速范围,以避免共振,保证隔振效果。一般许用临界转速为 1000～2000 r/min,对轿车宜取下限。当中间支承悬置质量的固有频率依照上述数据确定时,由于传动轴不平衡而引起的共振转速为 1000～2000 r/min;而由于万向节上的附加弯矩(每转变化两次)引起的共振转速为 500～1000 r/min。由此可见,要完全避免中间支承的共振是不可能的,关键是使临界转速尽可能地低于传动轴的常用转速范围。

图 5-48 示出一种摆臂式中间支承。这种摆臂机构能够适应传动轴轴线在纵平面内的位置变化,其中的橡胶衬套能够适应传动轴轴线在横平面内的位置变化。

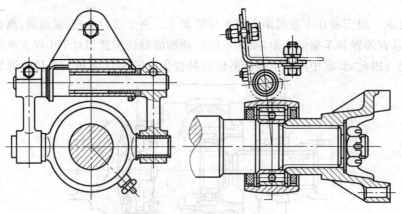

图 5-48 一种摆臂式中间支承

在 6×6 越野车中,到后驱动桥的传动轴的中间支承常常安装在中驱动桥上。这种中间支承不仅要承受径向力,还要承受传动轴花键伸缩引起的数值较大、方向变化的轴向力。所以,

其一般都采用两个滚锥轴承，如图 5-49 所示。而且，轴承座需要牢靠地固定在车桥上。

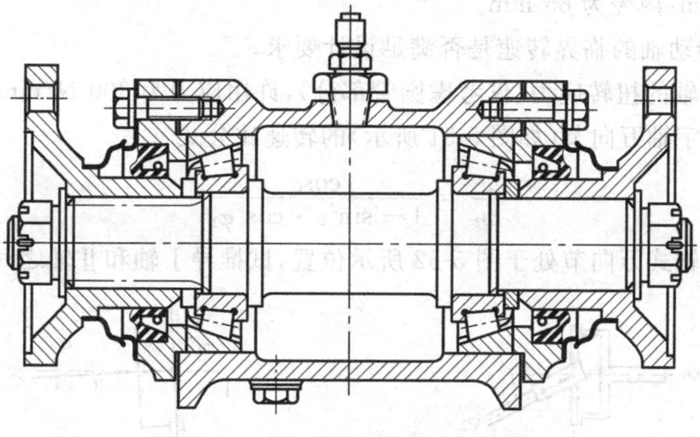

图 5-49 一种越野车传动轴中间支承

练 习 题

1. 有一辆越野车的后驱动轴如图 5-50 所示，其后悬架采用独立悬架，主减速器安装在车架上，从主减速器到车轮采用万向传动轴传动，其中采用普通十字轴式万向节。

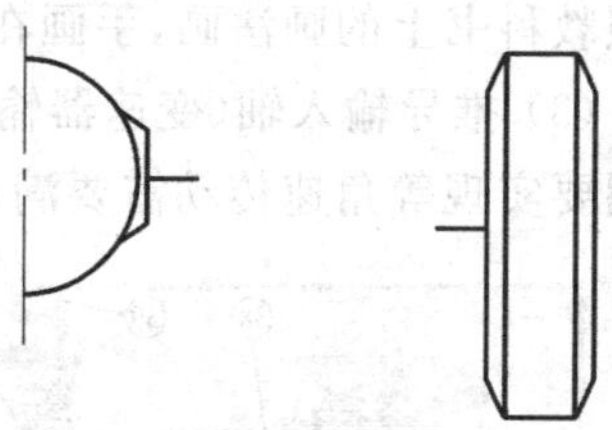

图 5-50 一辆越野车的后驱动桥

问题：

(1) 试设计传动轴，即画出传动轴的原理示意图，包括各个零部件的示意图（各个零部件的示意图要求按照教科书上的画法画）。

(2) 说明传动轴各个零部件的功用。

(3) 试推导输入轴与输出轴转角之间的关系式，并且说明要实现等角速传动需要满足什么条件。

(4) 由于布置上的限制，在设计位置，主减速器输出轴与传动轴之间的夹角为 18°，车轮跳动时最大可以达到 31°。

① 针对这两个夹角分别画出两轴转速比-输入轴转角特性曲线（转角范围为 0°～720°）。

② 针对这两个夹角分别画出附加弯矩-输入轴转角特性曲线（转角范围为 0°～720°）。

（要求写出计算公式，以上两个特性图利用 Matlab 计算、画图。）

③ 附加弯矩有什么特点和影响？

④ 发动机的最大转速为 2500 r/min，最大转矩为 700 N·m，变速器传动比为

一挡 6.11∶1

二挡 3.15∶1

三挡 1.71∶1

四挡 1.00∶1

五挡 0.78∶1

倒挡 5.22∶1

分动器速比：高挡1.0，低挡2.0；主减速器传动比为1.263；传动轴长度为482 mm，传动轴外径为95 mm，内径为85 mm。

A. 校核该传动轴的临界转速是否满足设计要求。

B. 校核传动轴的扭转应力(仅考虑圆管部分)，许用应力为300 N/mm^2。

2. 试推导十字轴万向节(如图5-51所示)的转速比公式

$$\frac{\omega_2}{\omega_1}=\frac{\cos\alpha}{1-\sin^2\alpha\cdot\cos^2\varphi_1}$$

3. 一个十字轴式万向节处于图5-52所示位置，试推导Ⅰ轴和Ⅱ轴之间的转角关系。

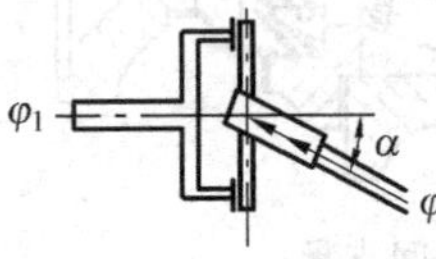

图5-51 某十字轴式万向节

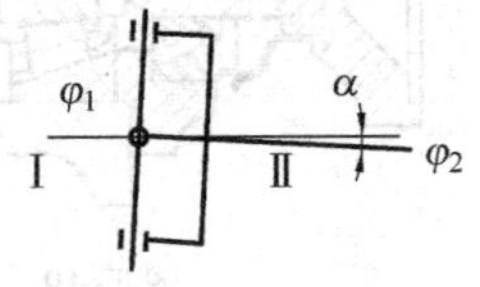

图5-52 一个十字轴式万向节

4. 图5-53示出一种在中型卡车上采用的万向传动轴。

(1) 为什么采用这种设计？

(2) 画出该传动轴的原理示意图，包括各个零部件的示意图(各个零部件的示意图要求按照教科书上的画法画，手画在作业本上)。

(3) 推导输入轴(变速器输出轴)与输出轴(主减速器输入轴)之间的转角关系式，并且说明要实现等角速传动需要满足什么条件。

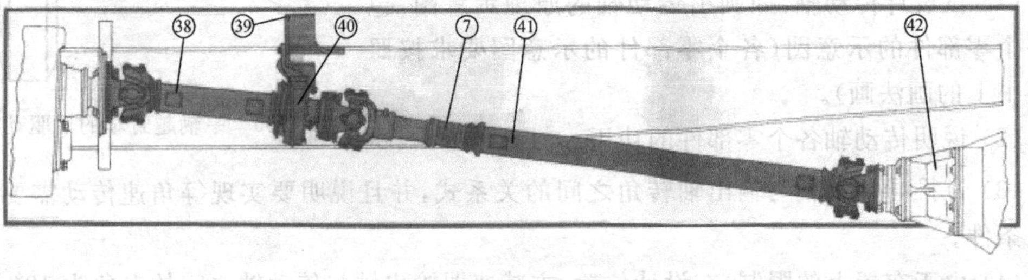

图5-53 一种在中型卡车上采用的万向传动轴

6 驱动桥设计

6.1 概　　述

驱动桥的功用包括：①增大由传动轴传来的转矩；②改变传动方向；③将动力合理地传给车轮。驱动桥由主减速器、差速器、车轮传动装置和驱动桥壳(或梁)等组成。

一辆汽车采用哪种驱动桥与其悬架的结构形式密切相关。当采用非独立悬架时，应该采用非断开式驱动桥，即驱动桥壳(或梁)是一根刚性梁。在图6-1所示的一辆4×4越野车中，其后驱动桥就是非断开式驱动桥，其后悬架采用钢板弹簧，属于非独立悬架。而当采用独立悬架时，为保证运动协调，驱动桥应为断开式，此时主减速器和差速器装在车架或车身上，车轮传动装置采用万向节传动(见图6-2)。

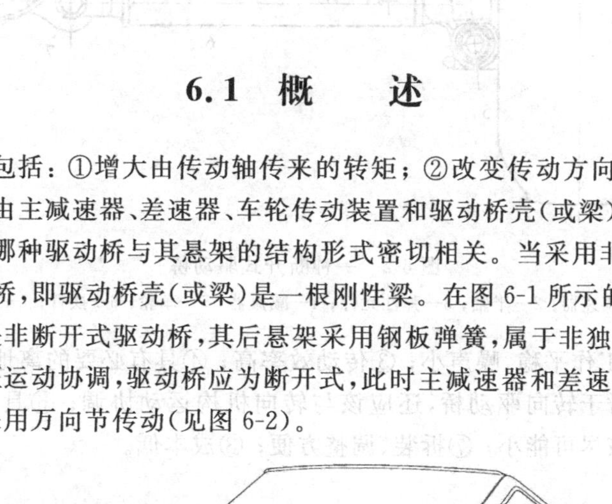

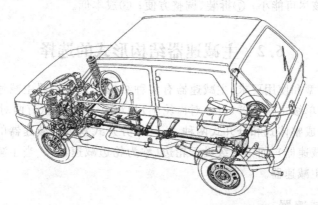

图6-1　某4×4越野车，其后桥是非断开式驱动桥

具有完整桥壳的非断开式驱动桥(例如图6-1中的后驱动桥)结构简单，制造工艺性好，成本低，可靠性好，维修调整容易，广泛应用于货车和部分轿车上。但是，其悬挂质量较大，对降低动载荷和提高平顺性不利。断开式驱动桥结构较复杂，成本较高。但是，它们与独立悬架接合起来，对于改善汽车平顺性、操纵稳定性和通过性有利，所以在轿车和高通过性的越野汽车上应用相当广泛。

当驱动桥上的驱动轮又是转向轮时，则称此驱动桥为转向驱动桥，例如前置-前轮驱动轿车的前桥。图6-1所示4×4越野车的前桥也是转向驱动桥。

驱动桥应该满足如下基本要求：①具有合适的主传动比，以保证汽车有最佳的动力性

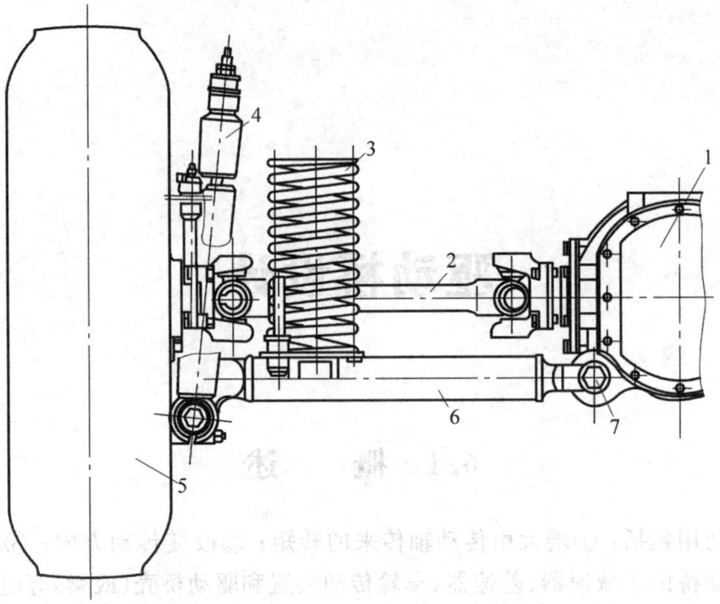

图 6-2 一种断开式驱动桥

1—主减速器；2—半轴；3—弹性元件；4—减振器；5—车轮；6—摆臂；7—摆臂轴

和燃料经济性；②工作平稳，噪声小；③传动效率高；④具有必要的离地间隙；⑤与悬架导向机构运动协调，对于转向驱动桥，还应该与转向机构运动协调；⑥具有足够的强度和刚度，同时其质量应该尽可能小；⑦拆装、调整方便；⑧成本低。

6.2 主减速器结构形式的选择

为适应不同车型和使用要求，主减速器有多种结构形式。按照主减速器所具有的齿轮副的数目可以分为单级主减速器(有一对齿轮副)和双级主减速器(有两对齿轮副)。而双级主减速器又可以分成整体式和分开式两种。其中，分开式双级主减速器的第一级设于驱动桥中部(称为中央减速器)，而第二级设于轮边(称为轮边减速器)。当主减速器具有两个挡位时，称其为双速主减速器。

6.2.1 单级主减速器

单级主减速器常由一对圆锥齿轮组成。图 6-3 所示为一个单级主减速器。这种主减速器结构较简单，质量小，成本低，使用简便。但是主传动比 i_0 不能太大，一般不大于 7.0。如果进一步提高 i_0 将会增大从动齿轮直径，从而减小离地间隙(降低通过性)，并且会使从动齿轮热处理复杂化。由于有上述特点，单级主减速器广泛应用于轿车和轻、中型货车上。

单级主减器的传动形式主要有：①螺旋锥齿轮传动；②双曲面齿轮传动；③圆柱齿轮传动；④蜗杆蜗轮传动，见图 6-4。

1. 螺旋锥齿轮传动

螺旋锥齿轮传动(见图 6-4(a))的特点：零件制造比较简单，但是其工作噪声大，对啮合

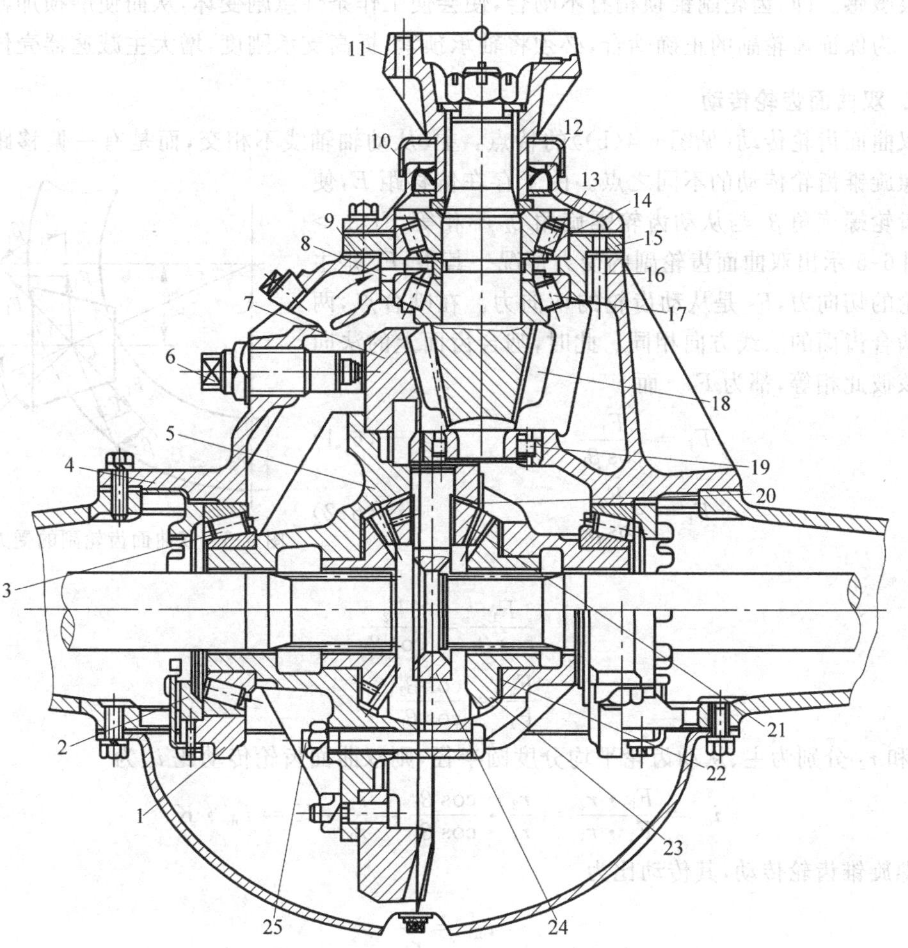

图 6-3 一个单级主减速器

1—差速器轴承盖；2—轴承调整螺母；3,13,17—轴承；4—主减速器壳；5—差速器壳；6—支承螺栓；
7—从动双曲面齿轮；8—进油道；9,14—调整垫片；10—防尘罩；11—叉形凸缘；12—油封；15—轴承座；
16—回油道；18—主动双曲面齿轮；19—导向轴承；20—行星齿轮垫片；21—行星齿轮；
22—半轴齿轮垫片；23—半轴齿轮；24—行星齿轮轴(十字轴)；25—螺栓

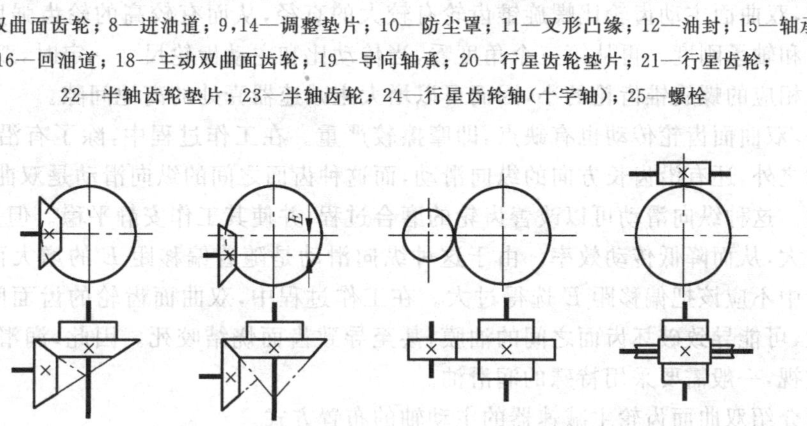

(a) (b) (c) (d)

图 6-4 单级主减速器的传动形式

(a) 螺旋锥齿轮传动；(b) 双曲面齿轮传动；(c) 圆柱齿轮传动；(d) 蜗杆蜗轮传动

精度很敏感。即,齿轮副锥顶稍有不吻合,便会使工作条件急剧变坏,从而使磨损加剧,噪声增大。为保证齿轮副的正确啮合,必须将轴承预紧,提高支承刚度,增大主减速器壳体刚度。

2. 双曲面齿轮传动

双曲面齿轮传动(见图 6-4(b))的特点:主、从动轴轴线不相交,而是有一偏移距 E,这是与螺旋锥齿轮传动的不同之点。由于存在偏移距 E,使主动齿轮螺旋角 β_1 与从动齿轮螺旋角 β_2 不相等,且 $\beta_1 > \beta_2$。图 6-5 示出双曲面齿轮副的受力情况。其中,F_1 是主动齿轮的切向力,F_2 是从动齿轮的切向力。在啮合点,两齿轮啮合齿面的法线方向相同。此时,啮合齿面上的法向力应该彼此相等,都为 F_f。而

$$F_f = \frac{F_1}{\cos\beta_1} \tag{6-1}$$

$$F_f = \frac{F_2}{\cos\beta_2} \tag{6-2}$$

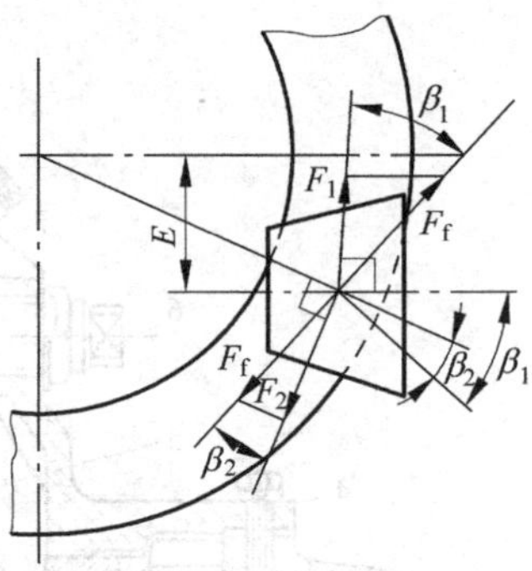

图 6-5 双曲面齿轮副的受力情况

所以

$$\frac{F_1}{\cos\beta_1} = \frac{F_2}{\cos\beta_2} \tag{6-3}$$

$$\frac{F_2}{F_1} = \frac{\cos\beta_2}{\cos\beta_1} \tag{6-4}$$

设 r_1 和 r_2 分别为主、从动齿轮平均分度圆半径,则双曲面齿轮传动比 i_{os} 为

$$i_{os} = \frac{F_2 \cdot r_2}{F_1 \cdot r_1} = \frac{r_2}{r_1} \cdot \frac{\cos\beta_2}{\cos\beta_1} = \frac{r_2}{r_1} \cdot K = i_{oL} \cdot K \tag{6-5}$$

而对螺旋锥齿轮传动,其传动比为

$$i_{oL} = \frac{r_2}{r_1} \tag{6-6}$$

在式(6-5)中,$K = \cos\beta_2 / \cos\beta_1 = 1.25 \sim 1.5$。这说明,当双曲面齿轮与螺旋锥齿轮的尺寸相同时,双曲面齿轮传动有更大的传动比。从另一个角度说,当传动比一定、从动齿轮尺寸相同时,双曲面主动齿轮比螺旋锥齿轮有较大的直径,从而有较高的轮齿强度、较大的主动齿轮轴和轴承刚度。再从第三个角度看,当传动比和主动齿轮尺寸一定时,双曲面从动齿轮直径比相应的螺旋锥齿轮的小,因而可以增大主减速器壳处的离地间隙。

但是,双曲面齿轮传动也有缺点,即摩擦较严重。在工作过程中,除了有沿齿高方向的侧向滑动之外,还有沿齿长方向的纵向滑动,而这种齿面之间的纵向滑动是双曲面齿轮传动所特有的。这种纵向滑动可以改善齿轮的磨合过程,并使其工作安静平稳。但是,它也使摩擦损失增大,从而降低传动效率。由于这种纵向滑动是随着偏移距 E 的增大而增大的,所以在设计中不应该把偏移距 E 选得过大。在工作过程中,双曲面齿轮的齿面间压力较大、摩擦较大,可能导致破坏齿面之间的油膜,甚至导致齿面烧结咬死。因此,润滑问题需要引起特别重视,一般需要采用特殊的润滑油。

下面介绍双曲面齿轮主减速器的主动轴的布置方式。

(1) 主动轴布置在从动齿轮中心线下方:这样可以降低万向节传动的高度,对降低轿车车身高度有利,并可使车身地板中部凸起甬道的高度减小;在双级贯通式驱动桥中,有利于获得较大的第一级传动比,见图 6-6、图 6-7。

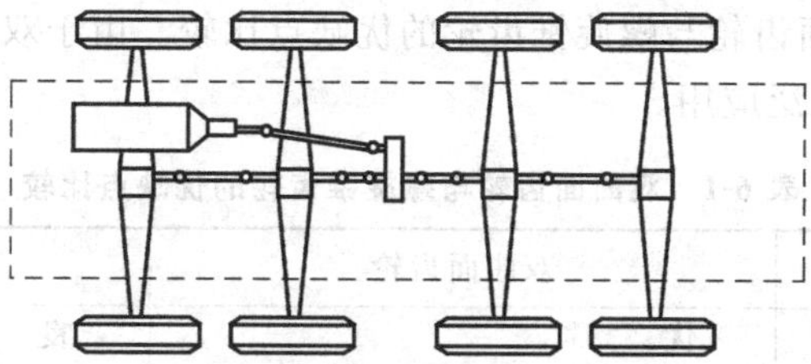

图 6-6 贯通式驱动桥示意图

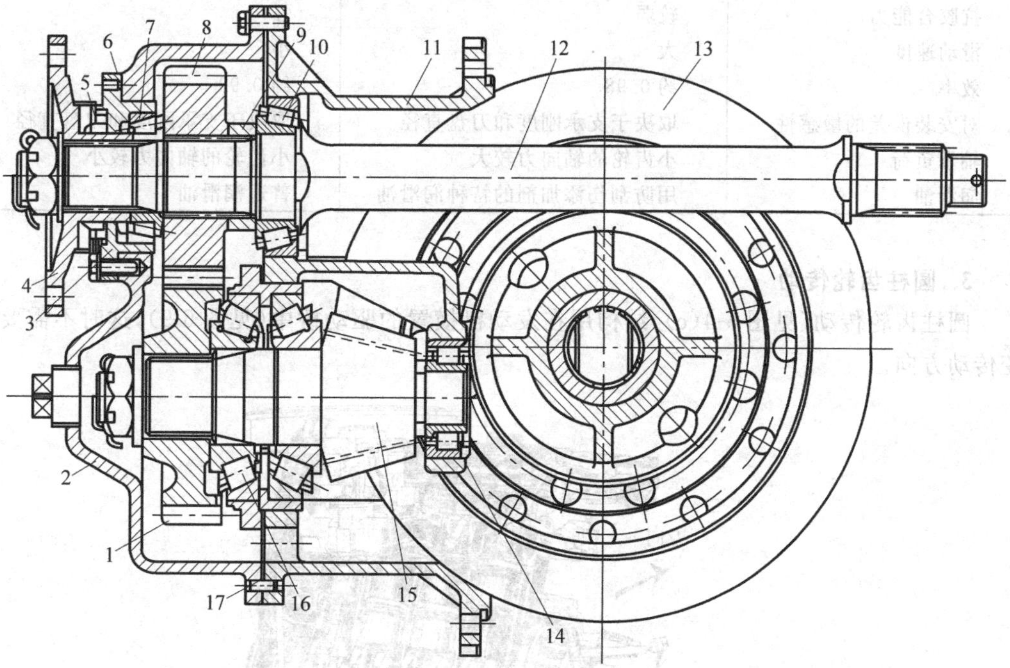

图 6-7 一种贯通式双级驱动桥(双曲面主动齿轮轴布置在从动齿轮中心线下方)

1—从动圆柱齿轮；2—主减速器盖；3—轴承座；4—传动凸缘；5—油封；6—调整垫片；
7,10,16—圆锥滚子轴承；8—主动圆柱齿轮；9—隔套；11—主减速器壳；12—贯通轴；
13—从动准双曲面齿轮；14—圆柱滚子轴承；15—主动准双曲面齿轮；17—定位销

(2) 主动轴布置在从动齿轮中心线上方(见图 6-8)：这样可以增大传动轴的离地高度，多用于贯通式驱动桥中。

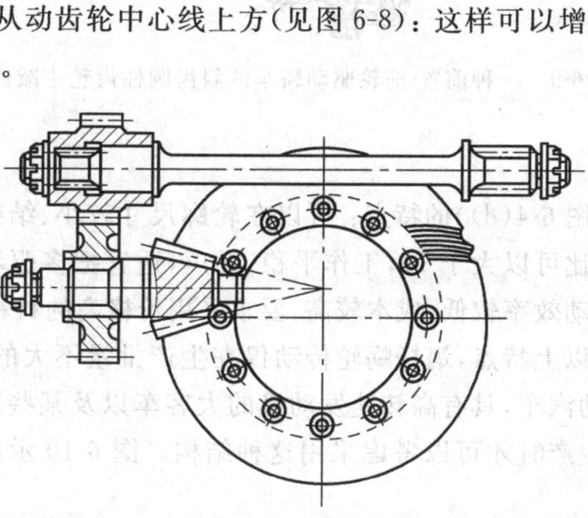

图 6-8 一种贯通式双级驱动桥(双曲面主动齿轮轴布置在从动齿轮中心线上方)

表6-1所示为双曲面齿轮与螺旋锥齿轮的优缺点比较。由于双曲面齿轮具有上述一系列优点，因而它得到了广泛应用。

表6-1 双曲面齿轮与螺旋锥齿轮的优缺点比较

特　点	双曲面齿轮	螺旋齿轮
运转平稳性	优	良
弯曲强度	提高30%	较低
接触强度	高	较低
抗胶合能力	较弱	强
滑动速度	大	小
效率	约0.98	约0.99
对安装误差的敏感性	取决于支承刚度和刀盘直径	取决于支承刚度和刀盘直径
轴承负荷	小齿轮的轴向力较大	小齿轮的轴向力较小
润滑油	用防刮伤添加剂的特种润滑油	普通润滑油

3. 圆柱齿轮传动

圆柱齿轮传动(见图6-4(c))结构用在发动机横置的驱动桥中(见图6-9)，这时不需要改变传动方向。

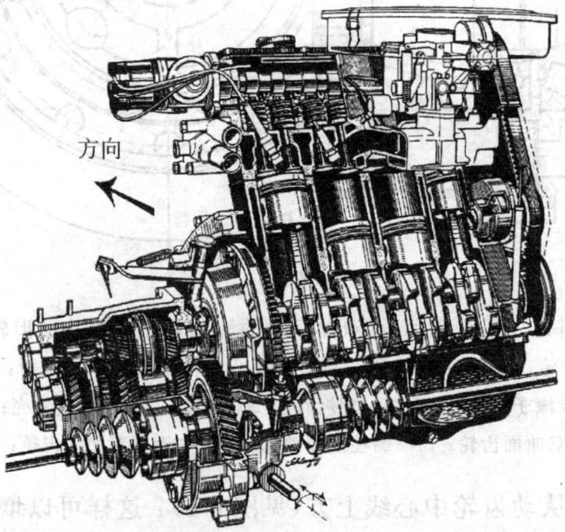

图6-9 一种前置-前轮驱动轿车的斜齿圆柱齿轮主减速器

4. 蜗杆蜗轮传动

蜗杆蜗轮传动(见图6-4(d))的特点：可以在轮廓尺寸较小、结构质量较小的情况下得到较大的传动比(传动比可以大于7)，工作平稳、无声，适宜把多驱动桥汽车的驱动桥布置成贯通式。但是，其传动效率较低，成本较高，要求采用价格高的材料(蜗轮齿圈要求用高质量的锡青铜)。由于有以上特点，蜗杆蜗轮传动仅在生产批量不大的少数场合得到应用，例如在个别重型多轴驱动汽车，具有高转速发动机的大客车以及某些高级轿车上采用这种传动方式。只有在少量生产时才可以考虑采用这种结构。图6-10示出一种蜗杆蜗轮式主减速器。

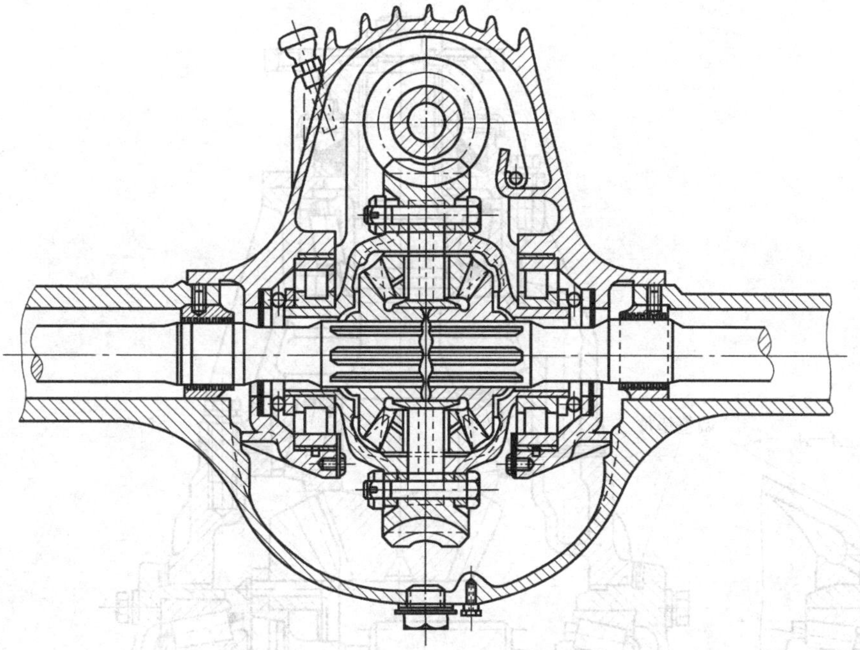

图 6-10 一种蜗杆蜗轮式主减速器

6.2.2 双级主减速器

图 6-11 示出一种双级主减速器，其有两对齿轮副传动。与单级主减速器相比，采用双级主减速器可以在保证离地间隙相同的情况下得到更大的传动比($i_o=7\sim12$)，但是其尺寸较大，质量较大，成本高，传动效率低。双级主减速器主要用于中、重型货车、越野车和大客车上。

1. 整体式双级主减速器

图 6-12 示出整体式双级主减速器的不同结构方案。

(1) 第一级为螺旋锥齿轮(或双曲面齿轮)，第二级为圆柱齿轮。这种方案最为常见，参见图 6-11、图 6-12(a)、(d)、(e)、(f)。第二级圆柱齿轮传动又可有三种布置形式，即水平布置、倾斜布置、垂直布置。其中，水平布置(见图 6-12(a)和图 6-12(d))可以降低汽车质心高度，但使驱动桥前后尺寸加大，使传动轴缩短，增大了万向节传动中万向节的夹角。垂直布置(见图 6-12(f))适用于贯通式驱动桥，可减小万向节夹角，但由于主减速器壳固定在桥壳上方，造成桥壳刚度下降，对齿轮工作不利。而倾斜布置(见图 6-12(e))则对传动轴布置和提高桥壳刚度比较有利。

在这种主减速器中需要把主传动比分配给第一级(锥齿轮副)和第二级(圆柱齿轮副)。一般分给圆柱齿轮副的传动比较大，分给锥齿轮副的传动比较小(一般为 1.7～2.7)。这样做是为了增大主动锥齿轮尺寸，减小啮合中的轴向力和提高锥齿轮的可靠性。

(2) 第一级为行星齿轮，第二级为螺旋锥齿轮(或双曲面齿轮)，见图 6-12(b)。

(3) 第一级为圆柱齿轮，第二级为螺旋锥齿轮(或双曲面齿轮)，见图 6-12(c)。

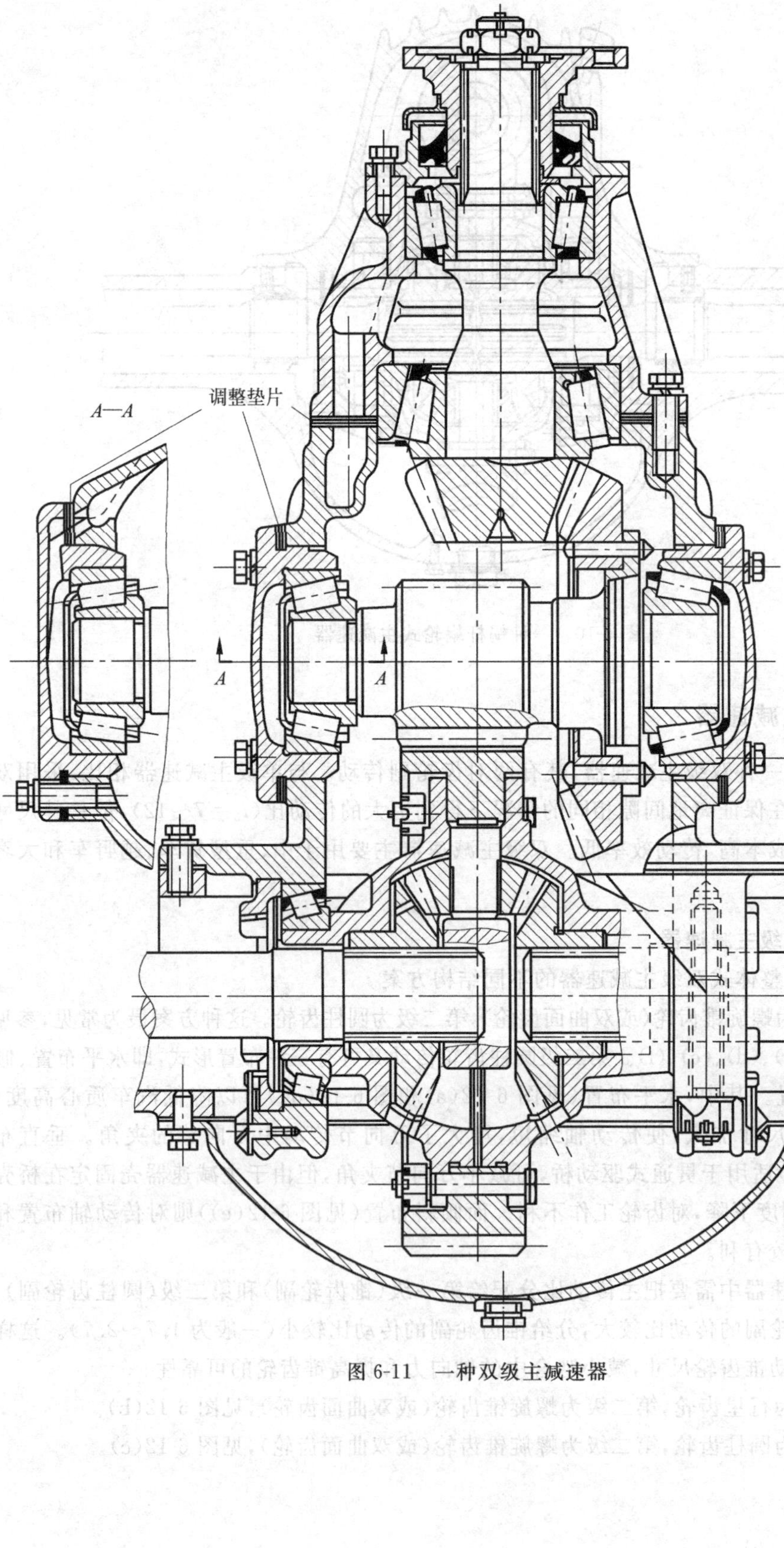

图 6-11 一种双级主减速器

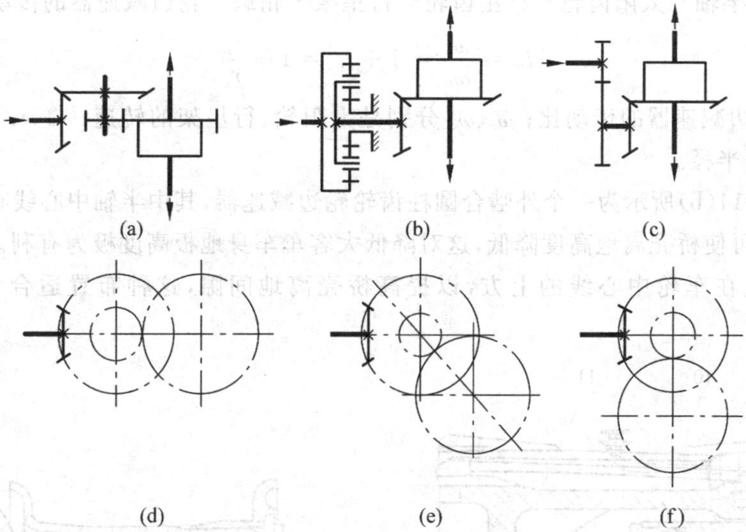

图 6-12 整体式双级主减速器的结构方案

图 6-13 示出两种贯通式驱动桥的设计方案。它们都采用整体式双级主减速器，有两种结构方案：在图 6-13(a)所示方案中第一级为圆柱齿轮，第二级为双曲面齿轮；在图 6-13(b)所示方案中第一级为螺旋锥齿轮，第二级为圆柱齿轮。

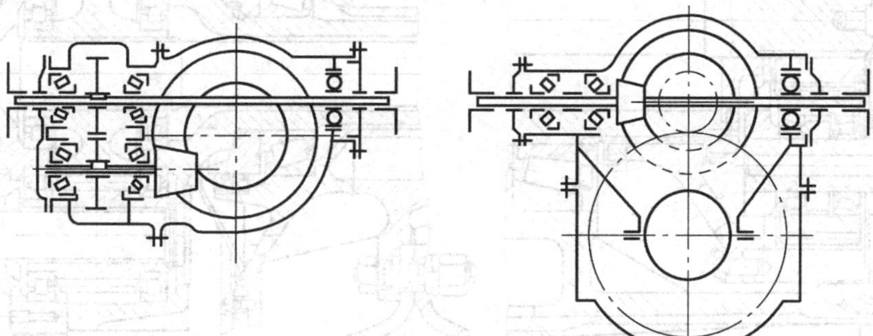

图 6-13 贯通式驱动桥

2. 分开式双级主减速器

分开式双级主减速器由中央减速器和轮边减速器组成。采用这种主减速器可以在保证具有较大传动比的条件下，驱动桥中央部分(中央减速器部分)尺寸较小，离地间隙较大，多用于越野车、重型矿用自卸车和重型货车。但是由于必须在每个驱动轮旁均设一轮边减速器，导致结构复杂，布置轮毂、轴承、车轮和制动器较困难。

下面介绍轮边减速器的两种方案。

(1) 行星齿轮轮边减速器，其特点是可以在较小的轮廓尺寸条件下获得较大的传动比，而且布置在轮毂之内。图 6-14(a)示出一个这种轮边减速器，其中半轴驱动太阳齿轮，齿圈与半轴套管固结，在太阳齿轮与齿圈之间有三个行星齿轮，行星架与轮毂固结。这样，动力

传动路线是：半轴—太阳齿轮—行星齿轮—行星架—轮毂。轮边减速器的传动比为

$$i_w = \frac{\omega_s}{\omega_c} = 1 + i_o = 1 + \frac{r_R}{r_s} \tag{6-7}$$

其中，i_w 是轮边减速器的传动比；ω_s、ω_c 分别是太阳轮、行星架的转速；r_R、r_s 分别是齿圈、太阳轮的节圆半径。

(2) 图 6-14(b)所示为一个外啮合圆柱齿轮轮边减速器，其中半轴中心线布置在车轮中心线的下方，可使桥壳离地高度降低，这对降低大客车车身地板高度极为有利。也可以将半轴中心线布置在车轮中心线的上方，以提高桥壳离地间隙，这种布置适合于越野车，如图 6-15 所示。

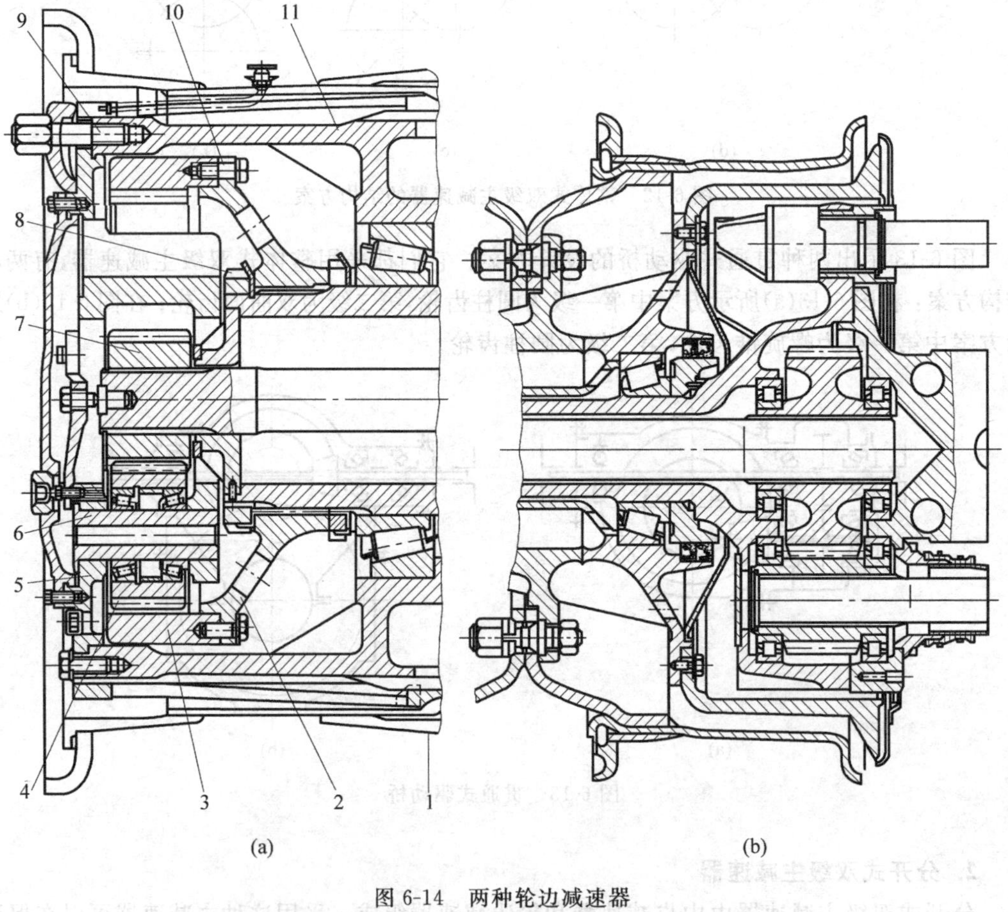

图 6-14　两种轮边减速器

1—轮辋；2—环齿轮架；3—环齿轮；4—行星齿轮；5—行星齿轮架；6—行星齿轮轴；7—太阳齿轮；8—锁紧螺母；9,10—螺栓；11—轮毂

6.2.3　双速主减速器

双速主减速器有两个挡位，即有两个主传动比，它与普通变速器相配可成倍增加挡位，而不需要采用副变速器。对于由标准货车变型而得到的山区用车、牵引车和特种汽车，采用双速主减速器是合适的。其低挡适于在困难路面上应用，以克服较大的行驶阻力。其高挡适用于在良好路面和非满载状况下应用，以获得较好的燃料经济性和提高平均车速。

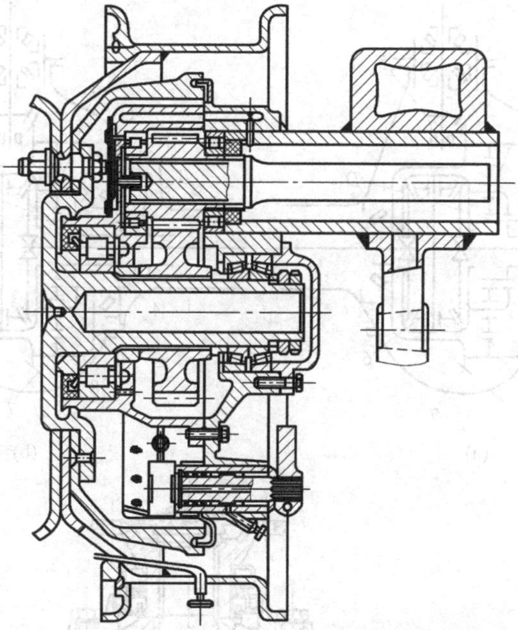

图 6-15 一种外啮合圆柱齿轮式轮边减速器(传动方案)

双速主减速器可以用圆柱齿轮组或行星齿轮组构成。

1. 圆柱齿轮式双级主减速器

图 6-16 所示为一个用圆柱齿轮变速的双速主减速器的传动方案。但是,采用这种设计的双速主减速器的尺寸和质量较大。

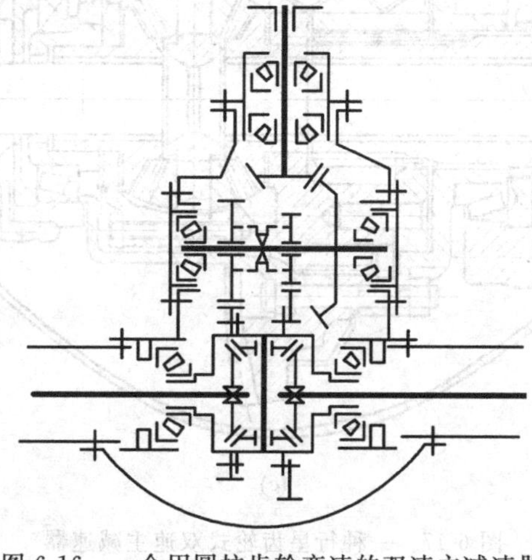

图 6-16 一个用圆柱齿轮变速的双速主减速器

2. 行星齿轮式双速主减速器

图 6-17 所示为一个行星齿轮式双速主减速器。这种双速主减速器的结构尺寸较小,质量也较小。

行星齿轮系的基本方程为

$$\omega_c \cdot (1 + i_o) = \omega_R \cdot i_o + \omega_s \tag{6-8}$$

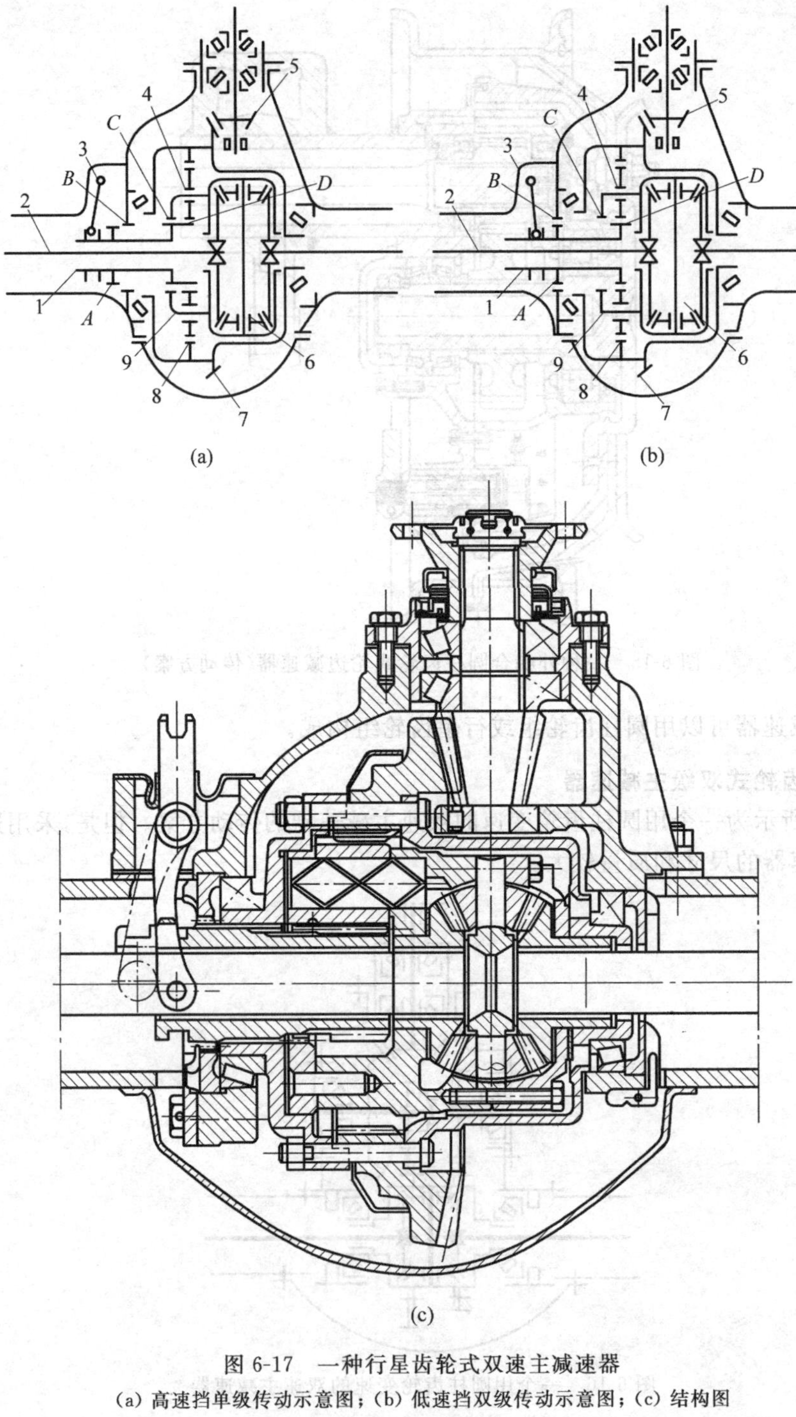

图 6-17　一种行星齿轮式双速主减速器

(a) 高速挡单级传动示意图；(b) 低速挡双级传动示意图；(c) 结构图

1—接合套；2—半轴；3—拨叉；4—行星齿轮；5—主动锥齿轮；6—差速器；

7—从动锥齿轮；8—齿圈；9—行星架

$$i_o = \frac{r_R}{r_s} \tag{6-9}$$

其中，ω_c、ω_R、ω_s 分别是行星架、齿圈、太阳轮转速；r_R、r_s 分别是齿圈、太阳轮的节圆半径。

(1) 图 6-17(a)所示是挂高挡(直接挡)时的情况,即换挡拨叉向左摆,太阳轮同时与行星架和行星齿轮啮合。

$$\omega_s = \omega_c \tag{6-10}$$

$$\omega_c \cdot (1 + i_o) = \omega_R \cdot i_o + \omega_c \tag{6-11}$$

$$\omega_c \cdot i_o = \omega_R \cdot i_o \tag{6-12}$$

行星齿轮系的传动比为

$$i_w = \frac{\omega_R}{\omega_c} = 1 \tag{6-13}$$

(2) 图 6-17(b)所示是挂低挡时的情况,即换挡拨叉向右摆,太阳轮同时与行星齿轮和壳体啮合。

$$\omega_s = 0 \tag{6-14}$$

$$\omega_c \cdot (1 + i_o) = \omega_R \cdot i_o + 0 \tag{6-15}$$

行星齿轮系的传动比为

$$i_w = \frac{\omega_R}{\omega_c} = \frac{1 + i_o}{i_o} \tag{6-16}$$

应该指出,双速主减速器的换挡是由远距离操纵机构实现的。双速主减速器仅在某些单驱动桥的汽车上采用。而在多驱动桥汽车上没有得到采用,这是由于很难做到同步换挡,且使操纵机构过于复杂。

6.3 主减速器锥齿轮的许用偏移量

在设计具有锥齿轮传动的主减速器中,一个很重要的考虑是要保证主动和从动锥齿轮能够良好地啮合,工作可靠,运行平稳。齿轮的正确啮合,与齿轮的加工质量,齿轮的装配调整,轴承、主减速器壳体的刚度,以及齿轮的支承刚度密切相关。图 6-18 示出主减速器锥齿轮的许用偏移量。为了使锥齿轮能够正常工作,各偏移量应该控制在上述许用偏移量范围内。

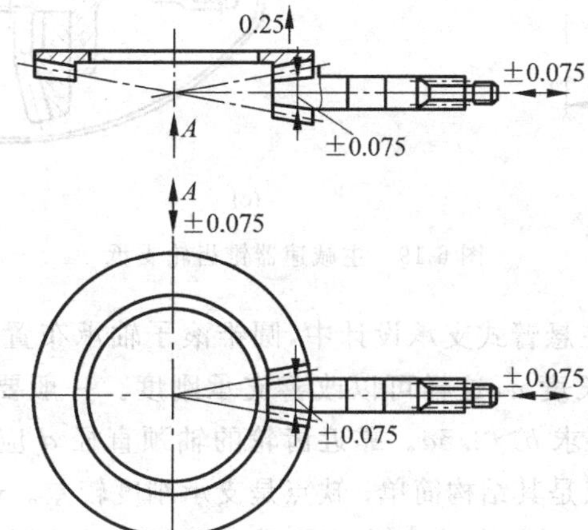

图 6-18 主减速器锥齿轮的许用偏移量

6.4 主减速器锥齿轮的支承

1. 主动锥齿轮的支承形式

主动锥齿轮支承有两种基本形式，即悬臂式支承(见图 6-19(a))、跨置式支承(见图 6-19(b))。

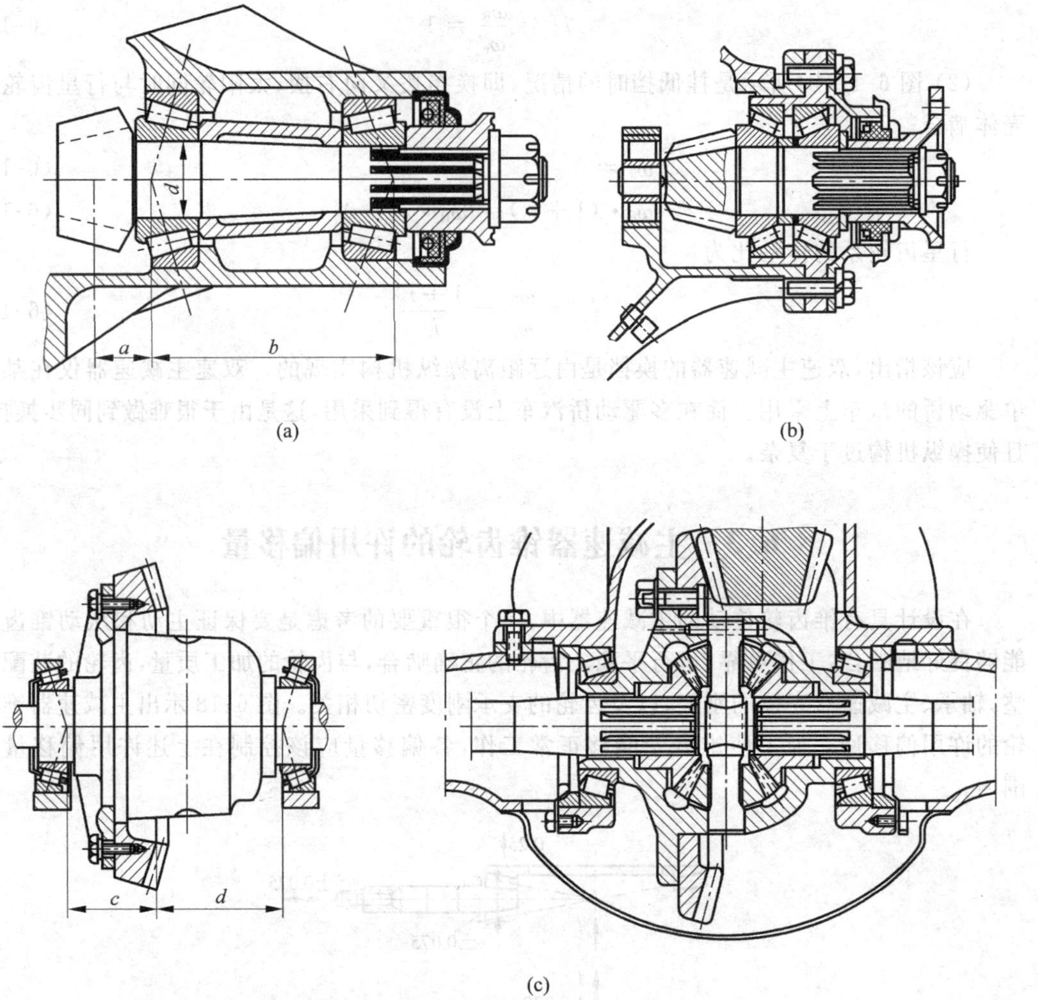

图 6-19 主减速器锥齿轮支承

如图 6-19(a)所示，在悬臂式支承设计中，圆锥滚子轴承布置得大端向外，以增加支承间的距离 b，并减小悬臂长度 a，这样可以改善支承刚度。一般要求两轴承支承间距大于2.5倍的悬臂长度 a，即要求 $b>2.5a$。靠近齿轮的轴颈直径 d 应该不小于悬臂长度 a，即 $d\geqslant a$。悬臂式支承的优点是其结构简单；缺点是支承刚度较差。这种结构主要用于传递转矩较小的轿车、轻型货车的单级主减速器，以及许多双级主减速器中。

跨置式支承(见图 6-19(b))的支承刚度较大，可以保证啮合良好，提高齿轮承载能力，适用于传递较大的转矩。

2. 从动锥齿轮支承

图 6-19(c)所示为一个从动锥齿轮的支承结构，其中从动锥齿轮固结于差速器总成，通过一对滚锥轴承支承。在设计中，圆锥滚子轴承应该布置得大端向内，以减小支承跨距($c+d$)，这样可以增加支承刚度。另外，为了增加支承刚度，一般要在差速器壳上加筋。为了使从动锥齿轮背面的差速器壳处有足够的位置设置加强筋，距离 $c+d$ 应该不小于从动齿轮大端分度圆直径的 70%。设从动齿轮大端分度圆直径为 D_2，则 $c+d \geqslant 0.7D_2$。

在具有大传动比和大从动齿轮的主减速器中，齿面上的轴向力会形成一个力矩，它力图使从动锥齿轮偏转。为了减小此变形，在一些主减速器中在从动锥齿轮背面设有辅助支承销，图 6-20 示出一个这样的设计。支承销与齿轮背面之间的间隙应该按照图 6-18 所示的许用值选择，即该间隙选为 0.25 mm。这样的设计可以保证从动齿轮的变形不超过许用值(0.25 mm)。

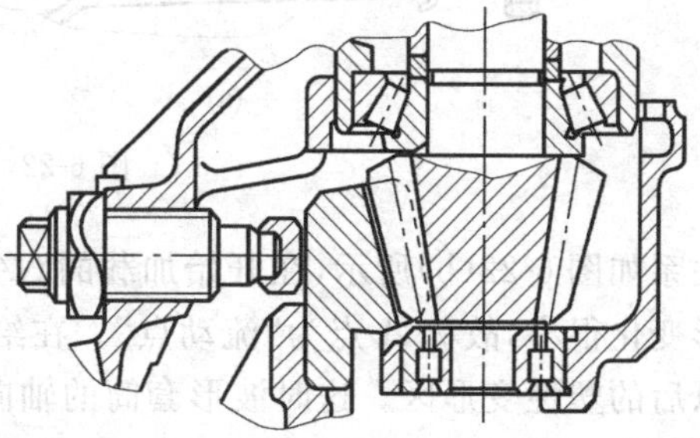

图 6-20　从动锥齿轮背面设有的辅助支承销

3. 主减速器滚锥轴承的预紧及预紧力的调整

对主减速器锥齿轮滚锥轴承进行预紧，可以增加支承刚度，提高齿轮啮合的平稳性。但是预紧力也不能过大，否则会使轴承工作条件变坏，降低传动效率，加速轴承磨损，还会导致因轴承过热而引起损坏等。轴承预紧力的大小一般用轴承的摩擦力矩来衡量，有一个最佳的预紧后的轴承摩擦力矩，而这个力矩一般要通过试验来确定。货车主动锥齿轮滚锥轴承的摩擦力矩一般为 1～3 N·m。

主动锥齿轮轴承预紧力的调整可以采用不同的方式进行，例如精选一对轴承内圈之间的套筒长度(见图 6-19(a))，精选垫片厚度(图 6-21 中的调整垫片 1)等。上述方法的共同缺点是调整比较麻烦，为了得到合适的轴承预紧度往往需要反复调整多次。近年来采用波形套筒调整轴承预紧度的方法得到了相当广泛的应用，它可以克服上述缺点，见图 6-22。

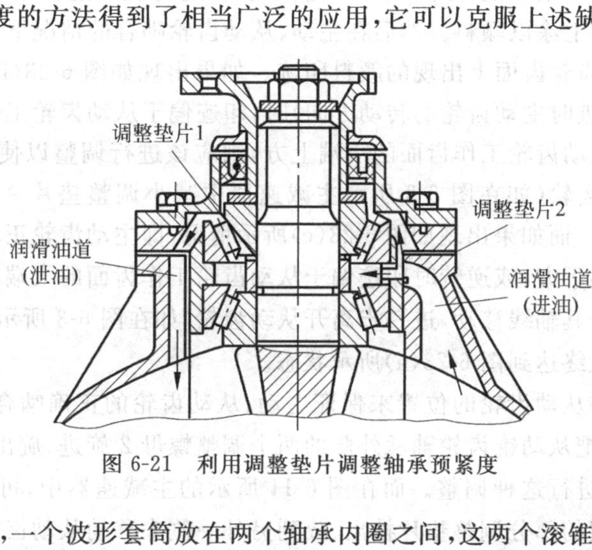

图 6-21　利用调整垫片调整轴承预紧度

如图 6-22 所示，一个波形套筒放在两个轴承内圈之间，这两个滚锥轴承被用螺母夹紧。波形套筒上有一波纹区，使其容易产生轴向变形。波形套筒的轴向载荷与轴向变形之间的

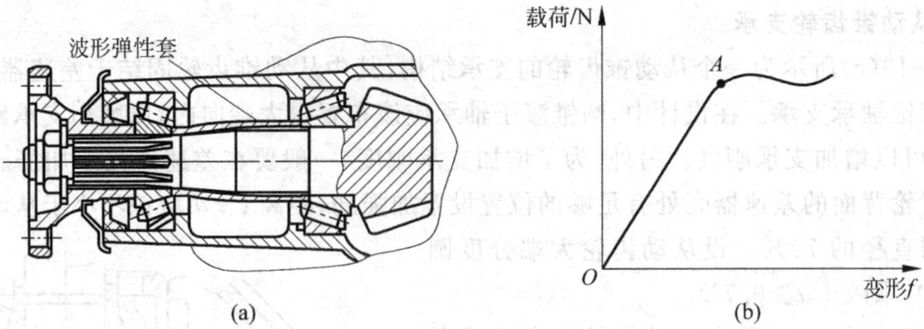

(a) (b)

图 6-22 波形套筒及其特性

关系如图 6-22(b)所示,在开始加载的 OA 段,载荷随变形线性变化;过 A 点以后,载荷随变形变化很小,故称 A 点为"流动点"。在给轴承预紧中,一般把波形套筒的工作区选在 A 点以后的塑性变形区。这时波形套筒的轴向变形允许范围较大,而轴向力基本保持不变。这意味着,在降低有关零件轴向尺寸精度要求的情况下,也可以获得需要的预紧力。因而容易使轴承预紧度保持在规定的范围内。但是,在波形套筒经过每一次拆装中都要受到冷作硬化。为了使再次预紧时它还能工作在塑性变形区,在波形套筒的一端需要加上一个合适的薄垫片。波形套筒用冷拔低碳无缝钢管制造。一个新的波形套筒经拆装 3~4 次一般就会因塑性太小而报废。这是波形套的主要缺点。

主减速器从动锥齿轮的滚锥轴承预紧力,靠轴承外侧的调整螺母(参见图 6-3)或主减速器壳与轴承盖之间的调整垫片调整(见图 6-11)。

6.5 锥齿轮啮合调整

在轴承预紧度调整以后,必须进行锥齿轮啮合调整,以保证齿轮副啮合印迹正常,并且使齿轮大端处齿侧间隙在适当的范围内(一般为 0.1~0.35 mm)。主减速器锥齿轮正确啮合印迹位于齿高中部稍偏小端,如图 6-23(a)所示。在进行主减速器锥齿轮啮合调整时,一般在主动锥齿轮齿面上涂以颜料。然后在主动、从动齿轮啮合的情况下,用手使主动齿轮往复转动,观察在从动齿轮齿面上出现的颜料印迹。如果出现如图 6-23(b)所示情况,即主动齿轮正转(即汽车前进时主动齿轮的转动方向)时,印迹偏于从动齿轮工作齿面的大端上方,或逆转时印迹偏于从动齿轮工作齿面的小端上方,则应该进行调整以使主动齿轮沿着其轴线移动、更靠近从动齿轮(如在图 6-3 所示主减速器中减小调整垫片 9 的厚度),最终达到图 6-23(a)所示状态。而如果出现如图 6-23(c)所示情况,即主动齿轮正转时,印迹偏于从动齿轮工作齿面的小端下方,或逆转时印迹偏于从动齿轮工作齿面的大端下方,则应该进行调整以使主动齿轮沿着其轴线移动,进一步离开从动齿轮(如在图 6-3 所示主减速器中增加调整垫片 9 的厚度),最终达到图 6-23(a)所示状态。

也可以通过调整从动齿轮的位置来保证主动、从动齿轮的正确啮合。在图 6-3 所示主减速器中,可以通过把从动锥齿轮轴承外侧的两个调整螺母 2 旋进、旋出(一侧旋进,另外一侧旋出)相同角度来进行这种调整。而在图 6-11 所示的主减速器中,可以通过把一侧轴承盖与主减速器壳之间的部分调整垫片抽出、放到另外一侧来移动从动齿轮,实现对锥齿轮啮合的调整。

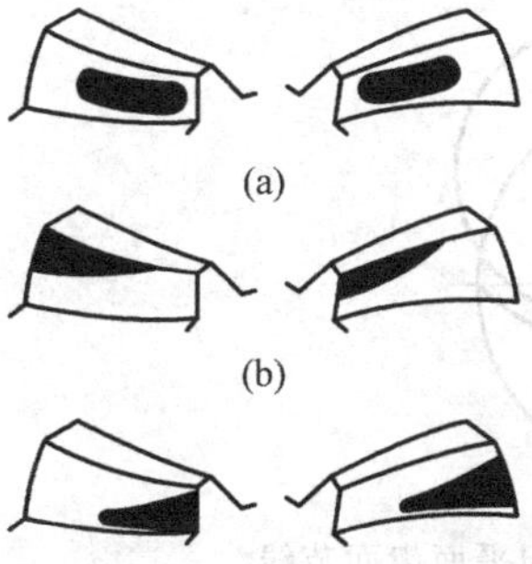

图 6-23 主减速器锥齿轮啮合情况检查

(a) 调整正确；(b) 主动、从动齿轮之间间隙过大，需要进行调整以使它们相互之间更靠近；(c) 主动、从动齿轮之间间隙过小，需要进行调整以使它们之间离得更远

6.6 润 滑

主减速器齿轮、差速器、轴承都需要润滑。对主动齿轮轴前端圆锥滚子轴承的润滑应该特别注意。如图 6-21 所示，为了润滑主动齿轮轴前端的两个圆锥滚子轴承，在主减速器壳中制有专门的油道。当从动齿轮转动时，飞溅起的润滑油经进油道进入两个轴承中间。主动齿轮转动时，圆锥滚子轴承有向滚子大端泵油的作用，因而在最前面的轴承与油封之间的空间要有回油口与泄油道相通，使被泵到这个空间的润滑油能够比较顺畅地流回桥壳，以保护油封不被破坏。

差速器壳上应该开孔，使润滑油能够进入，以保证差速齿轮和滑动表面的润滑。

桥壳上设置的加油孔应该保证便于加油。放油孔应该设置在桥壳最低处。桥壳上还应该设置通气塞，以控制桥壳中的压力，防止漏油。

6.7 主减速器齿轮的齿形

汽车主减速器广泛采用的是螺旋锥齿轮（包括圆弧齿锥齿轮、延伸外摆线齿锥齿轮）和双曲面齿轮等。

6.7.1 圆弧齿锥齿轮

圆弧齿锥齿轮在汽车上应用得相当广泛，一般都采用格里森(Gleason)制，其轮齿是按照假想平顶齿轮原理用端铣刀盘切制的。圆弧齿是指工件的假想平面齿面节线是圆弧的一部分（见图 6-24），轮齿也是按照展成法加工的，所以齿的法向面也是渐开线齿形。按照格里森的方法加工齿轮时，切削加工是非连续的。

具有圆弧齿的锥齿轮在一对齿啮合时，轮齿并不是在全长上啮合，而是逐渐从一端连续平稳地转向另外一端，并且有几个齿同时参加啮合。所以，其比直齿锥齿轮能够承受更大的载荷，而且平稳、无声。

格里森制切制的锥齿轮都是渐缩制齿轮，轮齿从齿的大端向小端方向的齿高是逐渐缩小的，而且多属于双重收缩齿，如图 6-25 所示。齿轮的根锥顶点、面锥顶点都不与节锥顶点重合。根锥顶点位于节锥顶点的外侧,其目的是保证沿齿长方向具有均等的齿顶间隙。

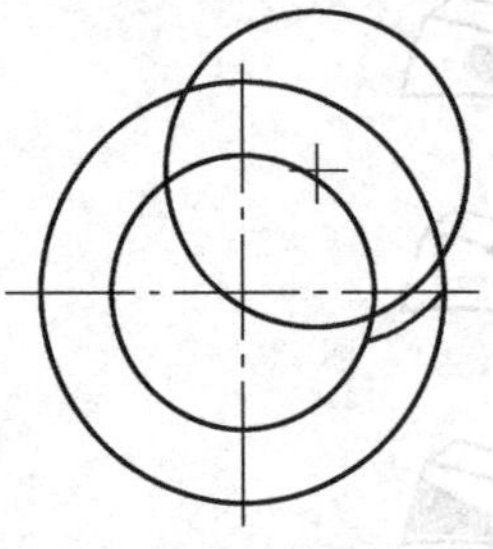

图 6-24 圆弧齿锥齿轮的假想平面齿面节线

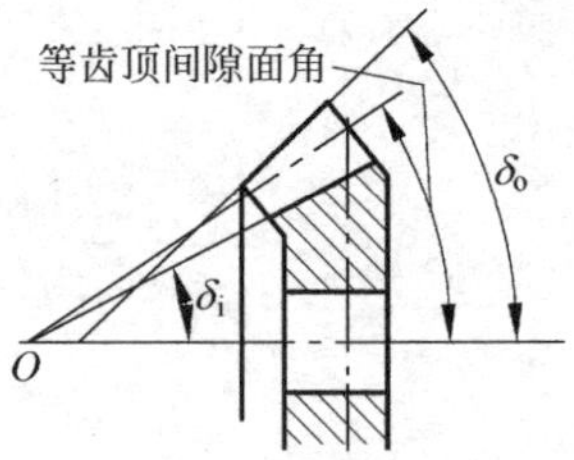

图 6-25 双重收缩齿

6.7.2 延伸外摆线齿锥齿轮

如图 6-26 所示,当一滚动圆在基圆上作纯滚动时,在滚动圆延长半径上的一点 B 所形成的轨迹叫做延伸外摆线。延伸外摆线齿锥齿轮的假想平面齿轮齿面节线就是这种曲线的一部分。延伸外摆线齿锥齿轮一般是用装有一定刀片组数的端铣刀盘切削的,齿轮加工是连续切削的,如图 6-27 所示。

奥利康(Oerlikon)齿制是按照延伸外摆线方法加工齿轮的。这种齿制的另外一个特点是等高齿锥齿轮,如图 6-28 所示。从轮齿的大端到小端齿高是相等的,因此该齿轮的面角、根角和节角都相等。它是连续切削加工的,其生产率比格里森齿制的高。现在已经有较多的汽车主减速器齿轮采用这种齿形。

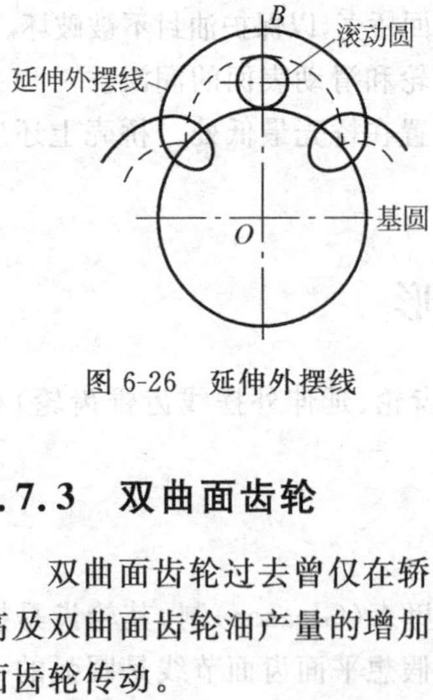

图 6-26 延伸外摆线

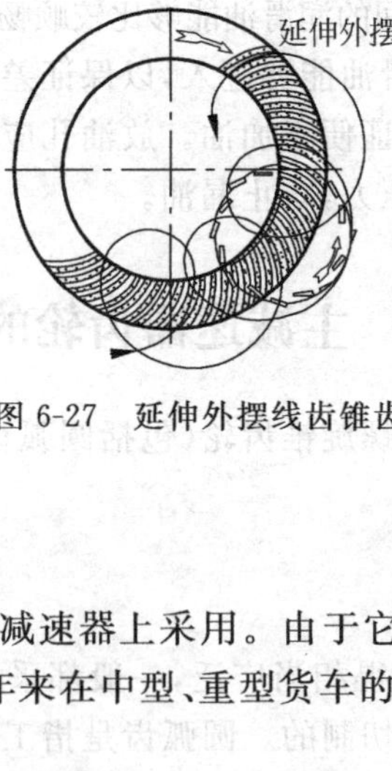

图 6-27 延伸外摆线齿锥齿轮

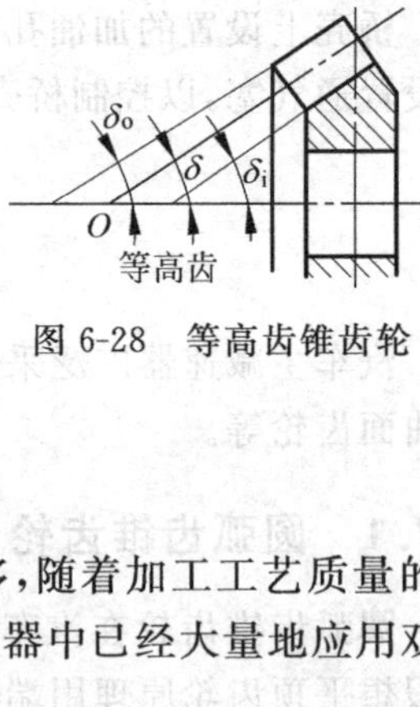

图 6-28 等高齿锥齿轮

6.7.3 双曲面齿轮

双曲面齿轮过去曾仅在轿车主减速器上采用。由于它优点多,随着加工工艺质量的提高及双曲面齿轮油产量的增加,近年来在中型、重型货车的主减速器中已经大量地应用双曲面齿轮传动。

双曲面齿轮传动是齿轮式空间传动的一种。双曲面传动的节面是两个单叶双曲线回转体相交形成的。实际上是由一根母线(直线)绕转动轴心线旋转而形成的。双曲面传动就是取其截头圆锥面(双曲线旋转面的钟口部分),为了便于制造,将节面上的双曲线部分取为直线,形成近似的双曲面。严格来说应该称为准双曲面齿轮传动,见图 6-29。

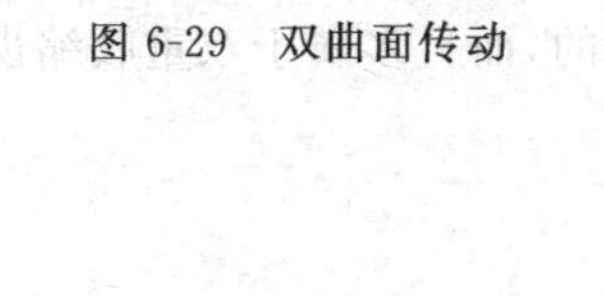

图 6-29 双曲面传动

在双曲面齿轮传动中,主动、从动齿轮的轴线彼此交错,

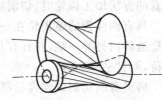

并不相交。小齿轮中心线距大齿轮中心线在空间偏移一个距离 E,称为偏移距(见图 6-4、图 6-5、图 6-7 和图 6-8)。

汽车驱动桥主减速器锥齿轮副的传动比大于 4.5 时选用双曲面齿轮最合适,传动比小于 2 时,应该考虑采用螺旋锥齿轮。

6.8 主减速器锥齿轮设计

在此简要介绍格里森齿制锥齿轮主要参数的选择和设计计算方法。

6.8.1 计算载荷的确定

汽车主减速器锥齿轮的计算载荷是转矩,有三种确定方法。

1. 按发动机最大转矩 T_{emax} 和最低挡传动比确定从动锥齿轮计算转矩 T_{Ge}

按发动机最大转矩 T_{emax} 和最低挡传动比确定的从动锥齿轮计算转矩为

$$T_{Ge}=\frac{K_d\cdot T_{emax}\cdot K\cdot i_1\cdot i_f\cdot i_o\cdot \eta}{n} \tag{6-17}$$

式中,T_{Ge} 是计算转矩;T_{emax} 是发动机最大转矩;n 是计算驱动桥数;i_1 是变速器一挡传动比;i_f 是分动器传动比,其按照表 6-2 取值;i_o 是主减速器传动比;η 是从发动机到主减速器从动齿轮之间的传动效率;K 是液力变矩器变矩系数,$K=[(K_o-1)/2]+1$,K_o 为最大变矩系数;对不采用液力变矩器的传动系 $K=1$;K_d 是由于猛接离合器而产生的动载系数,对于液力自动变速器,$K_d=1$;对于手动的高性能赛车机械变速器,$K_d=3$;对于性能系数 $f_j=0$ 的汽车(一般货车、矿用汽车、越野车),取 $K_d=1$;对于 $f_j>0$ 的汽车,取 $K_d=2$ 或根据经验选取。

性能系数 f_j 按照下式计算:

$$f_j=\frac{1}{100}\cdot\left(16-0.195\times\frac{G_a}{T_{emax}}\right) \tag{6-18}$$

其中,G_a 是汽车满载重量(若有挂车,则要加上挂车的总重量),N;T_{emax} 是发动机最大转矩,N·m。当 $0.195\cdot G_a/T_{emax}>16$ 时,取 $f_j=0$。

表 6-2 分动器传动比 i_f 的选择(i_{fg}、i_{fd} 分别是分动器高、低挡的传动比)

车型	高、低挡传动比之间的关系	i_f 的取值	计算驱动桥数 n
4×4	$i_{fg}>\frac{i_{fd}}{2}$	i_{fg}	$n=1$
	$i_{fg}<\frac{i_{fd}}{2}$	i_{fd}	$n=2$
6×6	$\frac{i_{fg}}{2}>\frac{i_{fd}}{3}$	i_{fg}	$n=2$
	$\frac{i_{fg}}{2}<\frac{i_{fd}}{3}$	i_{fd}	$n=3$

2. 按驱动轮打滑扭矩确定从动锥齿轮计算转矩 T_{Gs}

按驱动轮打滑扭矩确定的从动锥齿轮计算转矩为:

$$T_{Gs}=\frac{G_2\cdot m_2\cdot \varphi\cdot r_r}{i_m\cdot \eta_m} \tag{6-19}$$

其中，T_{Gs}是计算转矩，N·m；G_2 是满载状态下一个驱动桥上的静负荷，N；m_2 是汽车在发出最大加速度时的后桥负荷转移系数，在缺乏数据时可取 $m_2=1.2$；φ 是轮胎与地面间的附着系数，对一般轮胎的公路用车，可取 $\varphi=0.85$(水泥或沥青路)，对于越野车一般取 $\varphi=1.0$；r_r 是轮胎滚动半径，m；i_m 是主减速器从动锥齿轮到车轮间的传动比；η_m 是主减速器从动齿轮到车轮间的传动效率，当无轮边减速器时，$\eta_m=1$。

3. 按日常行驶平均(当量)转矩 T_{GF} 确定从动锥齿轮计算转矩

日常行驶平均(当量)转矩 T_{GF} 按照下式计算：

$$T_{GF}=\frac{F_t\cdot r_r}{i_m\cdot \eta_m\cdot n} \tag{6-20}$$

其中，T_{GF}是计算转矩，N·m；n 是驱动桥数；i_m，η_m 的意义同前；F_t 是汽车日常行驶平均(当量)牵引力，N，

$$F_t=G_a\cdot(f_R+f_H+f_j) \tag{6-21}$$

其中，G_a 是汽车总重量，N；f_R 是道路滚动阻力系数，可以参考表 6-3 选取；f_H 是日常公路坡度系数，可以参考表 6-4 选取；f_j是汽车的性能系数，按照式(6-18)计算。

表 6-3 不同道路的滚动阻力系数 f_R

道路等级	路面类型	路面情况			道路等级	路面类型	路面情况		
		好	一般	差			好	一般	差
Ⅰ	混凝土 沥青 花岗石块 沥青混凝土 沥青碎石(高等) 木块	0.01	0.011	0.012	Ⅲ	砂石 砾石 碎石 卵石	0.015	0.020	0.025
Ⅱ	沥青碎石(低级) 沥青 涂油碎石 处理的砾石	0.012	0.016	0.02	Ⅳ	泥土 砂	0.02	0.025	0.035

表 6-4 日常公路坡度系数

车　型	公路坡度系数 f_H	车　型	公路坡度系数 f_H
轿车	0.08	长途大客车	0.06～0.10
货车	0.05～0.09	越野车	0.09～0.30
城市大客车	0.05～0.09	军用车	0.05～0.09

在上述确定从动锥齿轮计算转矩的三种方法中，第 1、2 两种方法用于确定最大计算转矩，应该取它们之中较小的数值。设 T_{Gm}是确定的最大计算转矩，则

$$T_{Gm}=\min(T_{Ge},T_{Gs}) \tag{6-22}$$

T_{Gm}用于进行静强度计算和用做选择锥齿轮主要参数的依据。利用第3种方法确定的计算转矩(日常行驶平均转矩)T_{GF}则用来进行锥齿轮的疲劳强度计算。

6.8.2 锥齿轮主要参数的选择

1. 主动和从动锥齿轮齿数 Z_1 和 Z_2

选择锥齿轮齿数 Z_1 和 Z_2 时,应该使它们之间没有公约数,以保证在啮合过程中各齿之间都能相互啮合,起到自动磨合作用。为了得到理想的重合系数和较高的轮齿弯曲强度,大、小齿轮的齿数和应该不少于40。

在主减速器设计中,为了使啮合平稳、噪声小,对于轿车,主动齿轮齿数 Z_1 一般不小于9,而对于货车,Z_1 一般不小于6。另外,对于不同主传动比 $i_o = Z_2/Z_1$,应该有适宜的齿数搭配。

2. 从动锥齿轮大端分度圆直径 D_2 和端面模数 m_s

螺旋锥齿轮与双曲面齿轮传动从动锥齿轮大端分度圆直径 D_2(见图6-30)的初选,可以根据从动齿轮上的最大计算转矩 T_{Gm}来进行。有如下经验公式:

$$D_2 = K_{D2} \cdot \sqrt[3]{T_{Gm}} \tag{6-23}$$

其中,D_2 是大端分度圆直径,mm;K_{D2} 是直径系数,取13~16.2;T_{Gm}是从动锥齿轮最大计算转矩,N·m,按照式(6-22)确定。

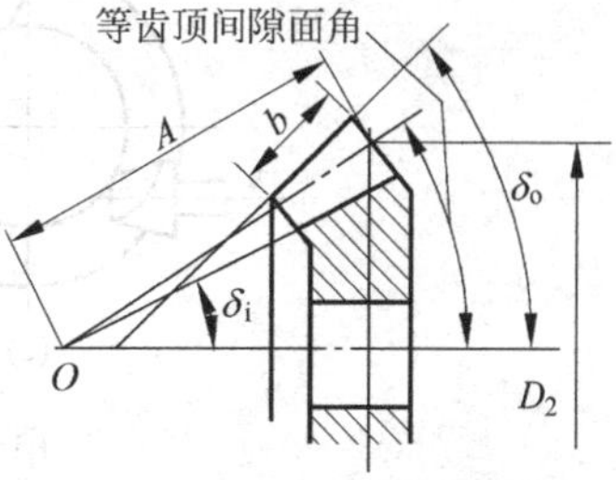

图6-30 螺旋锥齿轮和双曲面齿轮的几何参数

初选 D_2 以后,按照如下公式计算大端端面模数 m_s(单位是mm):

$$m_s = \frac{D_2}{Z_2} \tag{6-24}$$

3. 齿面宽 b

螺旋锥齿轮和双曲面齿轮传动的从动齿轮齿面宽 b(见图6-30),一般推荐为 $b \leqslant 0.3A$ (A 是节锥距,见图6-30)。另外也应该满足 $b \leqslant 10 m_s$。对汽车主减速器螺旋锥齿轮也推荐 $b = 0.155 D_2$。

应该指出,齿面过宽并不能增大齿轮的强度和寿命,反而会导致强度降低,寿命缩短。这是因为齿面过宽会减小齿根圆角半径,加大应力集中系数;另外,还会降低加工刀具的使用寿命。除此之外,在安装时不可避免地有位置偏差,制造中也会带有偏差,有可能出现负荷集中于轮齿小端的现象,从而引起轮齿小端过早损坏。另外,齿面过宽也会引起装配空间的减小。

主动锥齿轮的齿面宽一般比从动轮齿面宽大10%。

4. 双曲面小齿轮偏移距 E

在双曲面齿轮传动中,小齿轮偏移距 E(参见图6-5)是一个重要参数。从前面的讨论可知,E 值过大将使齿面纵向滑动过大,从而引起齿面早期磨损和擦伤。E 值过小,则不能充分发挥双曲面齿轮的优点。因此,E值的选取要在一个合适的范围内。对轿车和轻型货车,$E \leqslant 0.2D_2$(D_2是从动锥齿轮大端分度圆直径);对其他货车和大客车,$E \leqslant (0.1 \sim 0.2)D_2$。

双曲面齿轮轴线的偏移有两种:上偏移和下偏移,如图6-31所示。由从动齿轮的锥顶向齿面看去,并且使主动齿轮处于右侧,如果主动齿轮位于从动齿轮中心线的上方,则为上偏移;否则为下偏移。

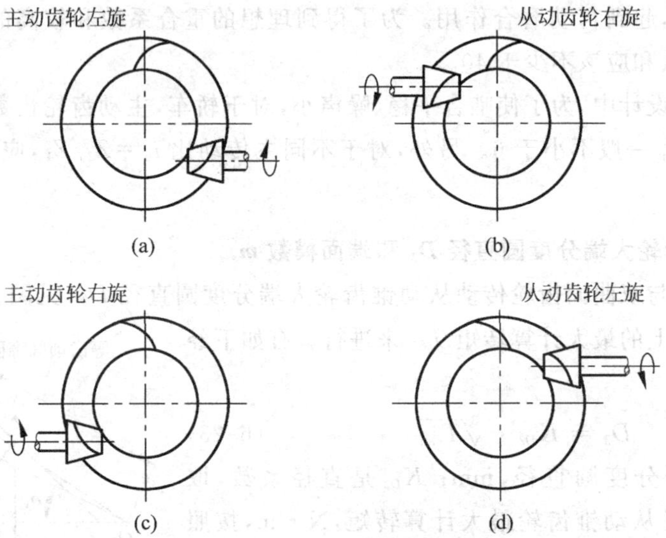

图6-31 双曲面齿轮的偏移和螺旋方向

(a)、(b)主动齿轮轴线下偏移;(c)、(d)主动齿轮轴线上偏移

5. 螺旋角β_m

在螺旋锥齿轮节锥表面展开图上,齿线为一曲线,这个曲线上任意一点A的切线T-T与该点和节锥顶点连线OA之间的夹角 ,称为螺旋角,见图6-32。可以看出,螺旋角是沿齿宽变化的,轮齿大端的螺旋角最大,小端的螺旋角最小。在齿面宽中点处的螺旋角β_m称为中点螺旋角。通常,如不特别指出位置,则螺旋角便是指中点螺旋角β_m。

在螺旋锥齿轮情况下,大、小齿轮的螺旋角是相等的。而在双曲面齿轮情况下,由于存在偏移距E,大小齿轮的螺旋角是不等的,即$\beta_1 > \beta_2$(参见图6-5)。汽车主减速器锥齿轮的螺旋角β_m(对于双曲面齿轮就是大、小齿轮中点螺旋角的平均值)多在$35° \sim 40°$的范围。

6. 螺旋方向

轮齿螺旋方向有左旋和右旋之分。在汽车主减速器上所用的主动小齿轮一般为左旋,而从动齿轮为右旋,见图6-33。从前向后看,发动机一般是顺时针旋转的,在采用中间轴式变速器的情况下(前置-后轮驱动),当变速器挂前进挡时主减速器主动齿轮也是顺时针旋转的。在主减速器主动齿轮为左旋时,小齿轮所受轴向力的方向是离开锥顶的,这会使小齿轮靠紧轴承,使大、小齿轮有分离而增大齿隙的趋势,这样就使得相啮合的轮齿不致卡住。但是,在变速器挂倒挡时,小齿轮逆时针旋转,轴向力改变方向,指向锥顶。但是由于倒挡应用频率较低,一般问题不大。

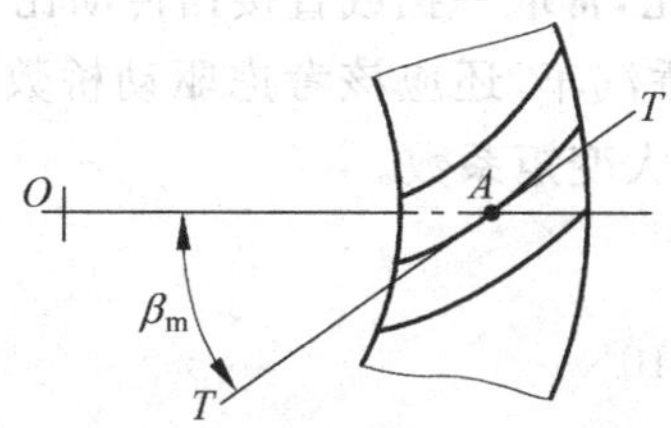

图 6-32 螺旋角(在节锥表面展开图上)

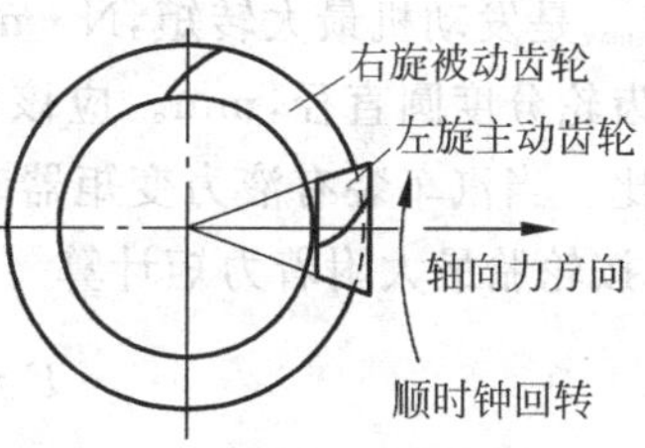

图 6-33 螺旋锥齿轮的螺旋方向和轴向力

7. 法向压力角α

锥齿轮采用大压力角可以增加轮齿强度,减少不产生根切的最小齿数。但是,对于尺寸较小的齿轮,大压力角易使齿顶变尖和力尖宽度过小,并使端面重合系数下降。因此,对于轻负荷工作的锥齿轮,一般采用小压力角,使得啮合平稳、噪声低;对重负荷工作的锥齿轮,一般采用较大压力角。对主减速器螺旋锥齿轮,轿车压力角一般选用 14°30′ 或 16°;货车压力角一般选用 20°;重型货车选用 22°30′。

对于双曲面齿轮,虽然大齿轮轮齿两侧的压力角相同,但是小齿轮轮齿两侧的压力角是不相等的,因此其压力角按两侧压力角的平均值考虑。对轿车平均压力角选用 19°或 20°;对货车选用 20°或 22°30′。

6.8.3 主减速器螺旋锥齿轮与双曲面齿轮强度计算

在选好主减速器锥齿轮主要参数以后,应该按照格里森公司推荐的表格或专用计算机软件计算锥齿轮的几何尺寸,然后还要进行强度验算,以保证它们具有足够的强度和寿命,安全可靠地工作。

轮齿的损坏形式有多种,常见的有轮齿折断(主要为弯曲疲劳折断和过载折断)、齿面点蚀和剥落、齿面胶合、齿面磨损等。轮齿损坏与许多因素有关,例如设计、材料、加工精度、热处理、装配调整、润滑以及使用等。而强度验算只是减少或避免上述损坏的措施之一。应该指出,目前的强度计算多采用近似方法。在汽车工业中确定齿轮强度的主要依据是台架试验与道路试验,以及实际使用情况,看其在实际使用中是否可以正常、可靠工作。强度计算仅供参考。

下面介绍三种格里森制锥齿轮的强度计算方法。

1. 单位齿长上的圆周力

在汽车工业中,主减速器齿轮的表面耐磨性常常用轮齿上单位齿长上的圆周力 p 来估算

$$p = \frac{F}{b} \tag{6-25}$$

其中,p 是单位齿长上的圆周力,N/mm;F 是作用在齿轮上的圆周力,N;b 是从动齿轮齿面宽,mm。

圆周力 F 有如下两种计算方法。

1) 按发动机最大转矩 T_{emax} 计算

$$F = \frac{2 \cdot T_{emax} \cdot i_g}{D_1} \times 10^3 \tag{6-26}$$

其中，T_{emax}是发动机最大转矩，N·m；i_g是变速器传动比，常取一挡或直接挡传动比；D_1是主动锥齿轮分度圆直径，mm。应该指出，对于多驱动桥汽车，还应该考虑驱动桥数及分动器传动比。当汽车装有液力变矩器时，还应该考虑其最大变矩系数。

2）按轮胎最大附着力矩计算

$$F=\frac{2\cdot G_2\cdot \varphi\cdot r_r}{D_2}\times 10^3 \tag{6-27}$$

其中，G_2是一个驱动桥上的满载静负荷，N；D_2是从动锥齿轮分度圆直径，mm；φ是附着系数；r_r是车轮滚动半径，m。

表6-5示出许用单位齿长圆周力。

表6-5 许用单位齿长圆周力

汽车类别	按发动机最大扭矩计算时[p]			按最大附着力矩计算时 [p]/(N/mm)	轮胎与地面* 附着系数 φ
	一挡	二挡	直接挡		
轿车	893	536	321	893	0.85
货车	1429		250	1429	0.85
大客车	982		214		0.85
牵引车	536		250		0.65

* 这是根据国外路面确定的φ值，国内路面取$\varphi=0.8$为宜。

2. 轮齿弯曲强度计算

螺旋锥齿轮与双曲面齿轮轮齿(包括主动和从动齿轮)的弯曲应力的统一表达式为

$$\sigma_w=\frac{2\cdot T\cdot K_o\cdot K_s\cdot K_m}{K_v\cdot m_s\cdot b\cdot D\cdot J}\times 10^3 \tag{6-28}$$

其中，σ_w是弯曲应力，N/mm^2；T是所研究的齿轮上的计算转矩，N·m；m_s是端面模数，mm；b是齿面宽，mm；D是该齿轮大端分度圆直径，mm；K_o是齿根弯曲强度和齿面接触强度的过载系数，对于汽车，$K_o=1$；K_s是齿根弯曲强度和齿面接触强度的尺寸系数(它反映了材料性质的不均匀性，与齿轮尺寸及热处理等因素有关)，当$m_s\geqslant 1.6$ mm时，$K_s=(m_s/25.4)^{0.25}$；当$m_s<1.6$ mm时，$K_s=0.5$；K_m是齿面载荷分配系数，跨置式$K_m=1\sim1.1$；悬臂式$K_m=1.1\sim1.25$；K_v是质量系数(与齿轮精度及齿轮分度圆上的切线速度对齿间载荷的影响有关，当接触好，周节及同心度准确时，取$K_v=1$)；J为轮齿弯曲应力的综合系数(几何系数)，可以查有关图表找出它的数值，图6-34和图6-35示出两个这样的图表。

当$T=T_{Gm}=\min(T_{Ge},T_{Gs})$时，弯曲应力$\sigma_w$不应超过700 N/mm^2(或不超过材料强度极限的75%)；按T_{GF}计算的弯曲应力不应超过210.9 N/mm^2。

3. 轮齿接触强度计算

锥齿轮与双曲面齿轮轮齿的齿面接触应力按照下式计算：

$$\sigma_J=\frac{C_p}{D_1}\cdot\sqrt{\frac{2\cdot T_p\cdot K_o\cdot K_s\cdot K_m\cdot K_f}{K_v\cdot b\cdot J_J}\times 10^3} \tag{6-29}$$

其中，σ_J是齿面接触应力，N/mm^2；T_p是主动齿轮计算转矩，N·m；K_s是尺寸系数，它考虑了齿轮的尺寸对淬透性的影响，在缺乏经验的情况下，可取$K_s=1$；K_f是表面品质系数，它取决于齿面最后加工的性质，即表面粗糙度及表面覆盖层的性质，对于制造精确的齿轮一般可取$K_f=1$；K_o、K_m、K_v与弯曲应力计算中意义相同；b为齿面宽，取齿轮副中的较小

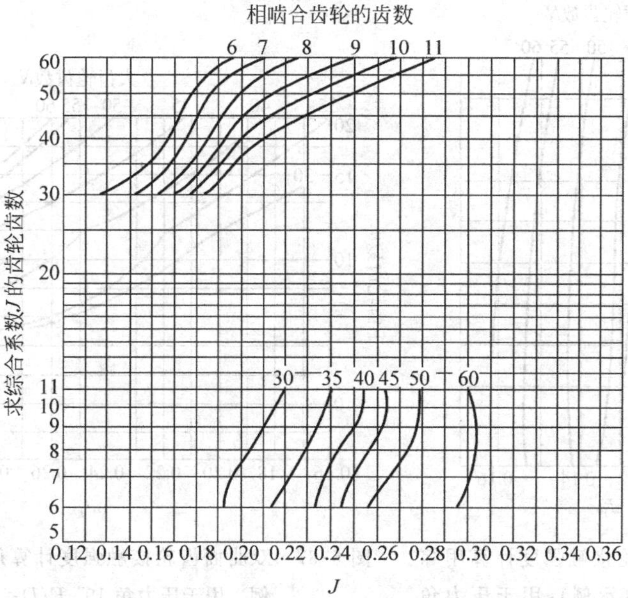

图 6-34　螺旋锥齿轮弯曲强度计算用综合系数 J(示例)，用于压力角 20°、螺旋角 35°、轴交角 90°的汽车用螺旋锥齿轮

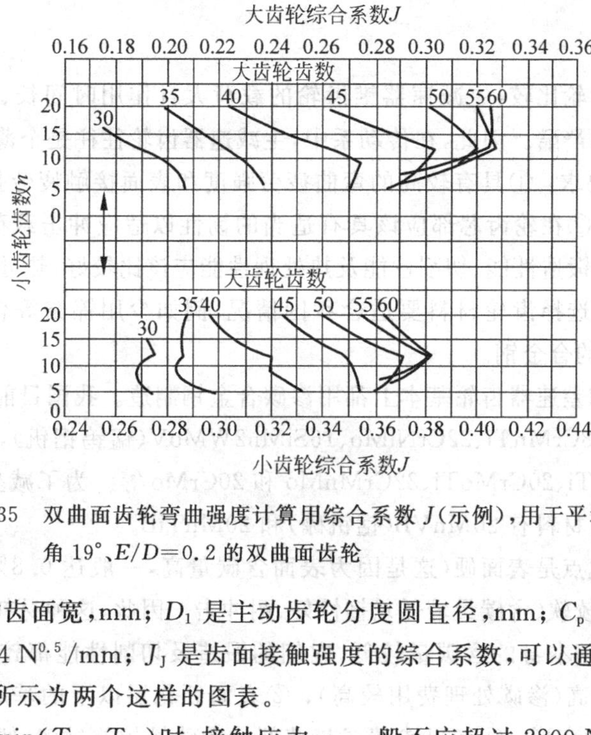

图 6-35　双曲面齿轮弯曲强度计算用综合系数 J(示例)，用于平均压力角 19°、$E/D=0.2$ 的双曲面齿轮

值，一般取大齿轮的齿面宽，mm；D_1 是主动齿轮分度圆直径，mm；C_p 是综合弹性系数，钢对钢的齿轮 $C_p=234\ N^{0.5}/mm$；J_J 是齿面接触强度的综合系数，可以通过查有关图表得到，图 6-36 和图 6-37 所示为两个这样的图表。

当 $T_p=T_{Gm}=\min(T_{Ge},T_{Gs})$ 时，接触应力 σ_J 一般不应超过 2800 N/mm²；按 T_{GF} 计算时，不应超过 1750 N/mm²。

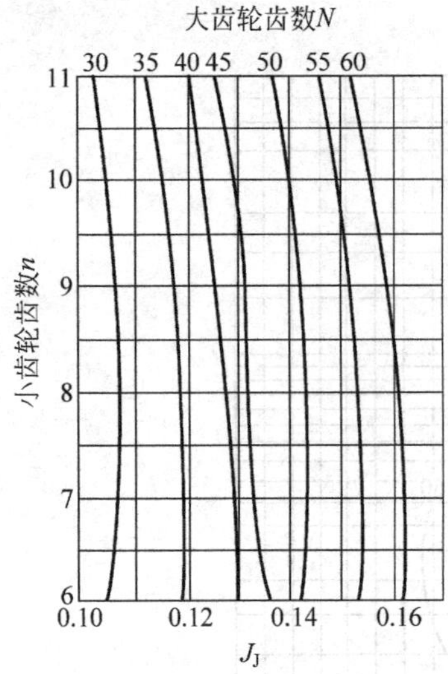

图6-36 螺旋锥齿轮接触强度计算用综合系数 J_J(示例),用于压力角20°、螺旋角35°、轴交角90°的螺旋锥齿轮

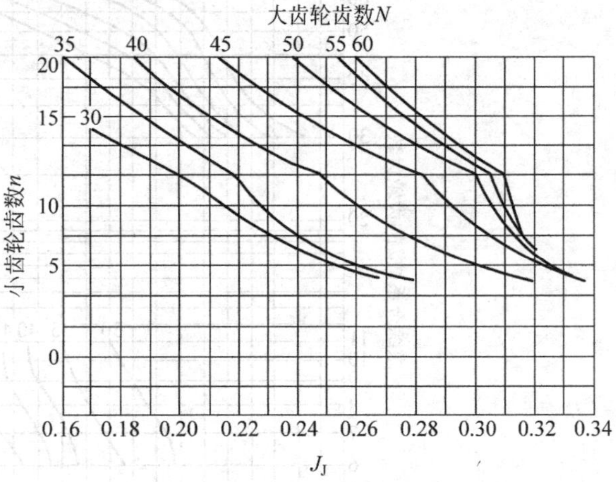

图6-37 双曲面齿轮接触强度计算用综合系数 J_J(示例),用于压力角19°、$E/D=0.2$ 的双曲面齿轮

6.8.4 齿轮材料

与传动系其他齿轮比较,主减速器锥齿轮的载荷大且作用时间长、变化多、冲击较大。它们的工作条件更加严酷。因此,在传动系中,主减速器齿轮往往是个薄弱环节。驱动桥齿轮材料应满足如下要求:①具有较高的弯曲疲劳强度和表面接触疲劳强度,齿面具有较高硬度(保证耐磨性);②在轮齿芯部应该具有适当的韧性以适应冲击载荷,避免在冲击载荷下齿根折断;③钢材锻造性能、切削性能及热处理性能应该比较好,热处理变形要小或变形规律要容易控制;④选择齿轮材料要适合我国情况,例如少用镍铬等合金钢,选用锰、钒、硼、钛、钼、硅等元素的合金钢。

汽车主减速器和差速器齿轮基本上都用渗碳合金钢制造。我国目前用于制造主减速器锥齿轮的合金钢是18CrMnTi、22CrNiMo、16SiMn2WMoV(锰钨钼钒),用于制造差速器齿轮的材料有18CrMnTi、20CrMoTi、22CrMnMo和20CrMo等。为了减少镍铬元素的消耗,近年来我国采用的新材料有20MnVB(锰钒硼)和20MnTiB。

渗碳合金钢的优点是表面硬(这是因为表面含碳量高,一般达0.8%~1.2%)、耐磨性和抗压性高,而芯部较软(含碳量较低)、韧性好、耐冲击。因此,这种材料可以满足齿轮工作的要求。另外,由于钢本身的含碳量较低,它们的锻造及切削性能都较好。它们的缺点包括:①热处理费用较高(渗碳处理费用较高);②表面硬化层以下的基底较软,在承受很大压力时可能产生塑性变形;③如果渗碳层与芯部的含碳量相差过多,便会引起表面硬化层剥落。

近年来,在汽车主减速器中采用精铸、精锻的锥齿轮已经有了很大发展,其特点是生产效率高、无切削或少切削、省材料等,但其齿形精度差。

为了改善新齿轮磨合，防止它们在工作初期出现早期磨损、擦伤、胶合或咬死，锥齿轮(有时仅大齿轮)在热处理及精加工(例如磨齿或配对研磨)以后再进行厚度为 0.005～0.020 mm 的磷化处理或镀铜、镀锡。但是，这种镀层不能用来补偿零件的公差尺寸。

对于滑动速度高的齿轮可作渗硫处理，以降低摩擦系数，改善润滑条件，提高耐磨性，也可以防止齿面擦伤、咬合和胶合。对齿面进行喷丸处理有可能提高寿命 25%。

6.9 主减速器锥齿轮轴承的载荷

为了确定主减速器锥齿轮轴承上的载荷，首先要分析锥齿轮在啮合中的齿面作用力。

6.9.1 锥齿轮齿面上的作用力

图 6-38 所示为主动小齿轮(螺旋锥齿轮或双曲面齿轮)齿面的受力图。这个主动小齿轮的轮齿旋向为左旋，齿轮旋转方向为顺时针方向(从汽车前部向后看)。齿面法向力 F_T(合力)作用在齿面宽中点 A(A 点在节锥面上)。F_T 位于法平面内，它可以分解成两个相互垂直的力 F_N 和 F_f(它们都位于法平面内)，其中 F_N 垂直于 OA。F_f 也位于节锥的切平面内，切线为 OA。在这个切平面内，F_f 又可以分解为两个相互垂直的力，即沿切线方向的圆周力 F 和沿节锥母线方向的力 F_s。F 与 F_f 之间的夹角为螺旋角 β。而法向力 F_T 与 F_f 之间的夹角为法向压力角 α。这些力可以分解成三个分力：①沿齿轮切线方向的圆周力 F；②沿齿轮轴线方向的轴向力 F_{ap}；③垂直于齿轮轴线的径向力 F_{Rp}。

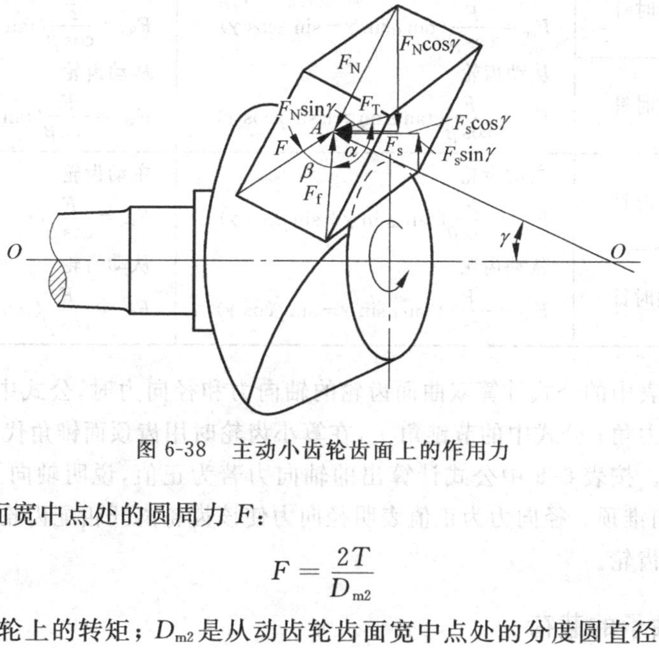

图 6-38 主动小齿轮齿面上的作用力

首先确定齿面宽中点处的圆周力 F：

$$F=\frac{2T}{D_{m2}} \tag{6-30}$$

其中，T 是从动齿轮上的转矩；D_{m2} 是从动齿轮齿面宽中点处的分度圆直径，可表示为

$$D_{m2}=D_2-b_2\cdot\sin\gamma_2 \tag{6-31}$$

其中，D_2 是从动齿轮大端分度圆直径；b_2 是从动齿轮齿面宽；γ_2 是从动齿轮节锥角。

对于螺旋锥齿轮副，作用在主动和从动齿轮上的圆周力大小相等，方向相反。而对双曲面齿轮副来说，它们的圆周力有如下关系：

$$\frac{F_2}{F_1}=\frac{\cos\beta_2}{\cos\beta_1}>1 \tag{6-32}$$

从图 6-38 所示主动小齿轮(螺旋锥齿轮或双曲面齿轮)齿面的受力图可以看出

$$F_f=\frac{F}{\cos\beta} \tag{6-33}$$

$$F_T=\frac{F_f}{\cos\alpha}=\frac{F}{\cos\alpha\cdot\cos\beta} \tag{6-34}$$

$$F_N=F_T\cdot\sin\alpha=\frac{F}{\cos\alpha\cdot\cos\beta}\cdot\sin\alpha=\frac{F}{\cos\beta}\cdot\tan\alpha \tag{6-35}$$

$$F_s=F_f\cdot\sin\beta=\frac{F}{\cos\beta}\cdot\sin\beta=F\cdot\tan\beta \tag{6-36}$$

这样,作用在齿轮轴上的轴向力 F_{ap} 和径向力 F_{Rp} 可以表示为

$$F_{ap}=F_N\cdot\sin\gamma+F_s\cdot\cos\gamma \tag{6-37}$$

$$F_{Rp}=F_N\cdot\cos\gamma-F_s\cdot\sin\gamma \tag{6-38}$$

当主动小齿轮的螺旋方向或旋转方向改变时,上述计算公式要做相应的改变,参见表 6-6。

表 6-6 齿面上的轴向力和径向力(下标 p 表示主动齿轮,G 表示从动齿轮)

主动小齿轮		轴向力	径向力
螺旋方向	旋转方向		
右	顺时针	主动齿轮 $F_{ap}=\frac{F}{\cos\beta}(\tan\alpha\sin\gamma-\sin\beta\cos\gamma)$	主动齿轮 $F_{Rp}=\frac{F}{\cos\beta}(\tan\alpha\cos\gamma+\sin\beta\sin\gamma)$
左	逆时针	从动齿轮 $F_{aG}=\frac{F}{\cos\beta}(\tan\alpha\sin\gamma+\sin\beta\cos\gamma)$	从动齿轮 $F_{RG}=\frac{F}{\cos\beta}(\tan\alpha\cos\gamma-\sin\beta\sin\gamma)$
右	逆时针	主动齿轮 $F_{ap}=\frac{F}{\cos\beta}(\tan\alpha\sin\gamma+\sin\beta\cos\gamma)$	主动齿轮 $F_{Rp}=\frac{F}{\cos\beta}(\tan\alpha\cos\gamma-\sin\beta\sin\gamma)$
左	顺时针	从动齿轮 $F_{aG}=\frac{F}{\cos\beta}(\tan\alpha\sin\gamma-\sin\beta\cos\gamma)$	从动齿轮 $F_{RG}=\frac{F}{\cos\beta}(\tan\alpha\cos\gamma+\sin\beta\sin\gamma)$

当利用这个表中的公式计算双曲面齿轮的轴向力和径向力时,公式中的 α 表示轮齿驱动齿廓的法向压力角;公式中的节锥角 γ,在算小齿轮时用齿顶面锥角代替,算大齿轮时以齿根面锥角代替。按表 6-6 中公式计算出的轴向力若为正值,说明轴向力方向离开锥顶;若为负值,则指向锥顶。径向力为正值表明径向力使该齿轮离开相配齿轮;若为负值,则使该齿轮趋向相配齿轮。

6.9.2 齿轮轴承的载荷

在齿面圆周力、轴向力和径向力确定以后,根据主减速器齿轮轴承的布置尺寸,就可以确定轴承上的载荷。图 6-39 所示为一种单级主减速器轴承的布置形式,各个轴承的载荷计算公式列于表 6-7。

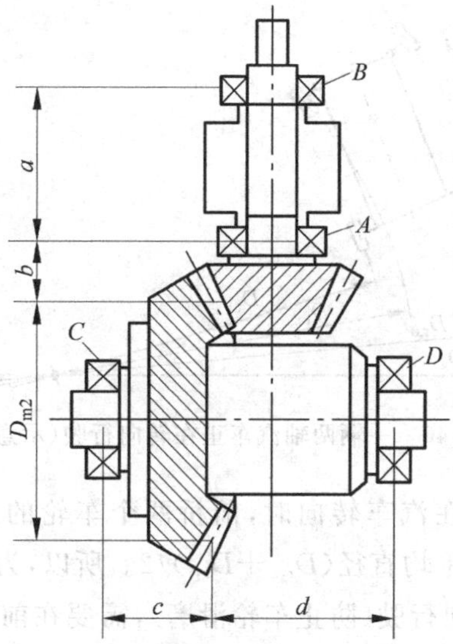

图 6-39 一种单级主减速器轴承的布置形式

表 6-7 轴承载荷计算公式

轴承 A	径向力	$\sqrt{\left(\frac{F(a+b)}{a}\right)^2+\left(\frac{F_{Rp}(a+b)}{a}-\frac{F_{ap}D_{m1}}{2a}\right)^2}$
	轴向力	F_{ap}
轴承 B	径向力	$\sqrt{\left(\frac{Fb}{a}\right)^2+\left(\frac{F_{Rp}b}{a}-\frac{F_{ap}D_{m1}}{2a}\right)^2}$
	轴向力	0
轴承 C	径向力	$\sqrt{\left(\frac{Fd}{c+d}\right)^2+\left(\frac{F_{RG}d}{c+d}+\frac{F_{aG}D_{m2}}{2(c+d)}\right)^2}$
	轴向力	F_{aG}
轴承 D	径向力	$\sqrt{\left(\frac{Fc}{c+d}\right)^2+\left(\frac{F_{RG}}{c+d}-\frac{F_{aG}D_{m2}}{2(c+d)}\right)^2}$
	轴向力	0

注：D_{m1}、D_{m2}为小齿轮和大齿轮齿面宽中点的分度圆直径。

6.10 差速器设计

图 6-40 示意性地示出一辆 4×4 两轴汽车正在转向行驶。从图 6-40 可以看出，在汽车转向时，外前轮、外后轮运动轨迹的直径 D_s、$D_{r,o}$ 分别大于内前轮、内后轮的直径 $D_{f,i}$、$D_{r,i}$。这表明为了能够在良好路面上顺利进行转向行驶(防止车轮滑磨)，需要在驱动桥的左、右车轮之间设置差速器，称为轮间差速器。轮间差速器允许同一桥上的左、右车轮以不同转速转动，同时向它们适当分配转矩。

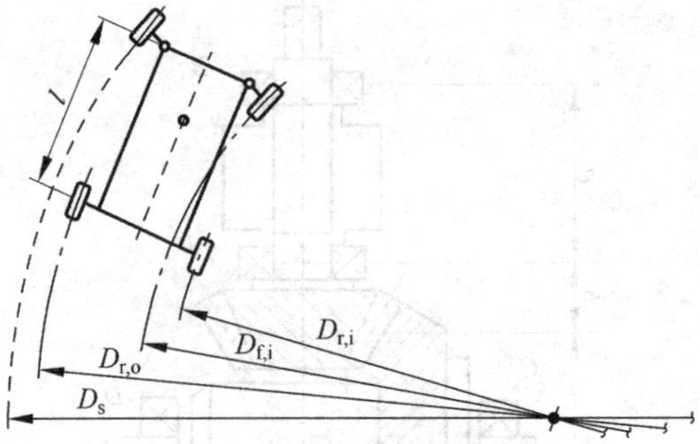

图 6-40 一辆两轴汽车正在转向行驶(示意图)

从图 6-40 还可以看出,在汽车转向时,前桥两个车轮的运动轨迹的平均直径$(D_s+D_{f,i})/2$大于后桥两个车轮的平均直径$(D_{r,o}+D_{r,i})/2$。所以,为了使具有多驱动桥的汽车能够在良好路面上顺利进行转向行驶(防止车轮滑磨),需要在前、后驱动桥之间设置差速器,称为轴间差速器。轴间差速器允许不同桥以不同转速转动,同时向它们适当分配转矩。图 6-41 所示为一种多轴驱动汽车采用的轴间差速器。

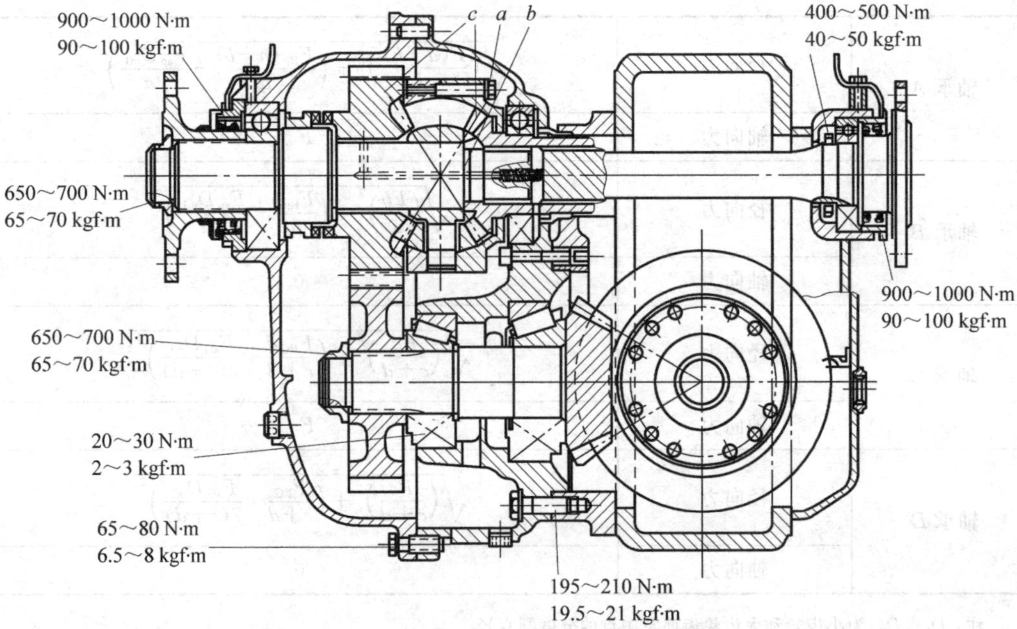

图 6-41 中桥中的轴间差速器和主减速器

6.10.1 普通(对称)锥齿轮差速器

普通(对称)锥齿轮差速器(参见图 6-3、图 6-10、图 6-11)结构简单、工作平稳、可靠,广泛应用于一般使用条件的汽车驱动桥上。图 6-42 是普通(对称)锥齿轮式差速器的运动、受力分析图。设主减速器从动齿轮的转矩为T_o,转速为ω_o(T_o、ω_o也就是差速器壳的转矩、转速);左半轴的转速为ω_1,转矩T_1,半轴齿轮节圆半径为r;右半轴的转速为ω_2,转矩为T_2,

半轴齿轮节圆半径也为 r；行星齿轮相对于差速器壳的转速为 ω_3，半轴齿轮节圆半径为 r'，T_r 是差速器中各处(行星齿轮背面与差速器壳体表面之间、行星齿轮轴承、相啮合的轮齿处、半轴齿轮背面与差速器壳体之间、半轴齿轮轴承等处，如图 6-3 所示)对这种相对转动的当量阻力转矩。见图 6-42 中行星齿轮 1 的运动、受力分析图，有

$$V_1 = \omega_1 \cdot r \tag{6-39}$$

$$V_2 = \omega_2 \cdot r \tag{6-40}$$

$$V_1 = \omega_o \cdot r + \omega_3 \cdot r' \tag{6-41}$$

$$V_2 = \omega_o \cdot r - \omega_3 \cdot r' \tag{6-42}$$

式(6-41)与式(6-42)相加，得

$$V_1 + V_2 = 2 \cdot \omega_o \cdot r \tag{6-43}$$

把式(6-39)、式(6-40)代入式(6-43)，得

$$\omega_1 \cdot r + \omega_2 \cdot r = 2 \cdot \omega_o \cdot r \tag{6-44}$$

$$\omega_1 + \omega_2 = 2 \cdot \omega_o \tag{6-45}$$

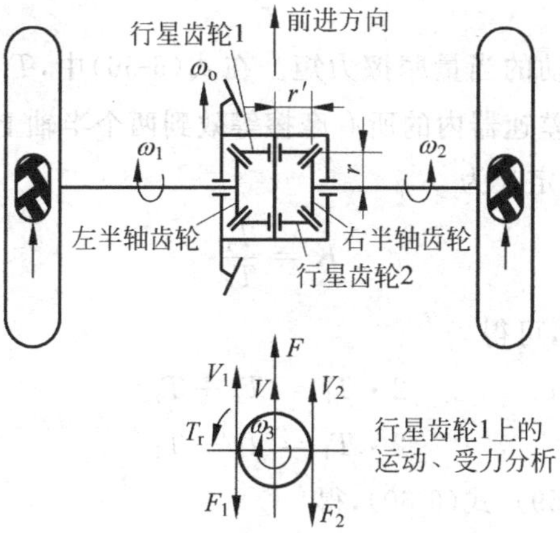

图 6-42 普通锥齿轮差速器的运动、受力分析图

在图 6-42 所示的行星齿轮 1 上的运动、受力分析图中，假设差速器壳受到的转矩 T_o 都传给了行星齿轮 1，则其中心受力 F 为

$$F = \frac{T_o}{r} \tag{6-46}$$

设 F_1、F_2 分别是左、右半轴齿轮在啮合点对行星齿轮 1 的力，忽略各个零件的质量，则有如下关系：

$$F = F_1 + F_2 \tag{6-47}$$

$$F_1 \cdot r' + T_r = F_2 \cdot r' \tag{6-48}$$

把式(6-47)两边都乘以 r，得

$$F \cdot r = F_1 \cdot r + F_2 \cdot r = T_1 + T_2 \tag{6-49}$$

其中，

$$T_1 = F_1 \cdot r \tag{6-50}$$

$$T_2 = F_2 \cdot r \tag{6-51}$$

分别是差速器传到左、右半轴上的转矩。把式(6-46)代入式(6-49),得

$$T_o = T_1 + T_2 \tag{6-52}$$

从式(6-48)可得

$$F_1 + \frac{T_r}{r'} = F_2 \tag{6-53}$$

$$F_2 - F_1 = \frac{T_r}{r'} \tag{6-54}$$

式(6-54)两边都乘以 r,得

$$F_2 \cdot r - F_1 \cdot r = \frac{T_r}{r'} \cdot r \tag{6-55}$$

把式(6-50)、式(6-51)代入式(6-55),得

$$T_2 - T_1 = T_f \tag{6-56}$$

其中,

$$T_f = \frac{T_r}{r'} \cdot r \tag{6-57}$$

是在差速器内部对相对运动的当量摩擦力矩。在式(6-56)中,T_1、T_2 都是半轴所受到的转矩,所以 T_f 可以认为是把差速器内的所有摩擦等效到两个半轴上的总摩擦力矩。

差速器的锁紧系数 K 定义为

$$K = \frac{T_f}{T_o} \tag{6-58}$$

从式(6-52)、式(6-56),可得

$$2 \cdot T_2 = T_o + T_f \tag{6-59}$$

$$2 \cdot T_1 = T_o - T_f \tag{6-60}$$

把式(6-58)代入式(6-59)、式(6-60),得

$$2 \cdot T_2 = T_o + T_o \cdot K \tag{6-61}$$

$$2 \cdot T_1 = T_o - T_o \cdot K \tag{6-62}$$

$$T_2 = \frac{T_o \cdot (1 + K)}{2} \tag{6-63}$$

$$T_1 = \frac{T_o \cdot (1 - K)}{2} \tag{6-64}$$

差速器的转矩比 K_b 定义为

$$K_b = \frac{T_2}{T_1} \tag{6-65}$$

把式(6-63)、式(6-64)代入式(6-65),得

$$K_b = \frac{1 + K}{1 - K} \tag{6-66}$$

从式(6-66)可得

$$K_b - K_b \cdot K = 1 + K \tag{6-67}$$

$$K_b - 1 = K \cdot (1 + K_b) \tag{6-68}$$

$$K=\frac{K_b-1}{K_b+1} \tag{6-69}$$

从上述公式可以看出，若不计差速器内摩擦力矩 T_f，则 $K=0$，$T_1=T_2$，这时普通锥齿轮差速器将把主减速器从动齿轮传给差速器壳的转矩平均分配给左、右两半轴。设计良好、制造精确的普通锥齿轮式差速器接近这种情况。

若计内摩擦力矩 T_f，则分配给慢转半轴的转矩 T_2 大于分配给快转半轴的转矩 T_1。普通锥齿轮差速器的锁紧系数 K 一般在 0.05～0.15 之间，两半轴转矩比 K_b 一般在 1.11～1.35 之间。这说明左、右半轴的转矩差别不大，故可以认为分配给两半轴的转矩大致相等。当汽车在良好路面上行驶时，这样的分配比例是令人满意的。但是，当一侧车轮处于附着系数很小的滑溜路面时，在这个车轮上只能承受很小的转矩，由于这种差速器的特性(即分配给左右车轮的转矩大致相等)，所以另一侧车轮也只能得到大致相等的转矩，即使这一侧车轮与地面间的附着系数很高也是如此。在这种情况下，左、右轮胎与地面之间的附着力就得不到充分利用，不利于汽车的通过性。

为了充分利用左、右轮胎与地面之间的附着力，提高汽车通过性，就要设法增大传到具有较大附着力的那侧车轮上的转矩，即要使 $K_b=T_2/T_1$ 和 $K=T_f/T_0$ 增大。所以，增大差速器的内摩擦力矩 T_f，可以使 K_b、K 增大。现代汽车轮间高摩擦差速器的锁紧系数 K 一般为 0.33～0.67，半轴转矩比 $K_b=2$～5。

6.10.2 摩擦片式差速器

摩擦片式差速器是普通锥齿轮式差速器的变形。图 6-43 所示为一个摩擦片式差速器，其结构特点是：①两根行星齿轮轴相互垂直，且轴的两端制成 V 形面，与差速器壳孔上的 V 形面相配，而两根行星齿轮轴的 V 形面是反向安装的；②每个半轴齿轮背面有压盘 3 和两组摩擦片 2，其中一组通过外花键与差速器壳相连，另外一组通过内花键与压盘相连，而压盘通过花键与半轴相连。

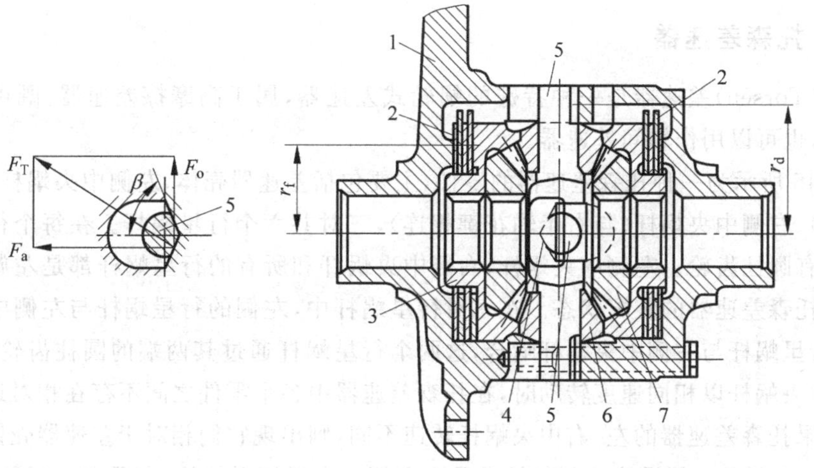

图 6-43 一种摩擦片式差速器

1—差速器壳体；2—摩擦片；3—压盘；4—V 形面；5—行星齿轮轴；6—行星齿轮；7—半轴齿轮

如图 6-43 所示,在差速器壳 1 带动行星齿轮轴 5 时,差速器壳上制出的斜面对在行星齿轮轴上制出的 V 形斜面施加一个法向合力 F_T。假设差速器壳体把力都施加给了一对斜面,则有如下关系式:

$$F_o = \frac{T_o}{r_d} \tag{6-70}$$

$$F_T = \frac{F_o}{\cos\beta} \tag{6-71a}$$

$$F_a = F_o \cdot \tan\beta \tag{6-71b}$$

其中,T_o 是差速器壳的转矩; r_d 是差速器壳 V 形面中点到半轴齿轮中心线的距离; β 是 V 形面半角; F_T 是作用在 V 形斜面上的法向合力; F_o 是周向力; F_a是推压盘的力。所以,在摩擦片中产生的总摩擦力矩为

$$T_f = F_a \cdot f \cdot r_f \cdot Z = \frac{T_o}{r_d} \cdot \tan\beta \cdot f \cdot r_f \cdot Z \tag{6-72}$$

其中,T_f 是对两个半轴的总摩擦力矩; r_f 是摩擦片的平均半径; f 是摩擦系数;Z 是差速器中所有的摩擦面对数。

摩擦片式差速器的锁紧系数 K 可达 0.6,转矩比 K_b 可达 4。这种差速器结构较简单,工作平稳,可以明显提高汽车通过性。

6.10.3 强制锁住式差速器

强制锁住式差速器通常是在普通锥齿轮差速器的基础上设计的,即在原来普通锥齿轮差速器的基础上加一个差速锁。图 6-44 所示为一种强制锁住式差速器。差速锁分离时,就是普通锥齿轮差速器。差速锁接合时,左半轴与差速器壳相固结,差速锥齿轮(行星齿轮)也固结,从而使右半轴齿轮也与壳固结。这时,两根半轴固结成一根刚性轴,可以充分利用左、右车轮上的附着力,锁紧系数 K 可以达到 1,即可以把转矩 T_o 都传到一根半轴上,从而提高通过性。可以看出,这种结构较简单,操纵方便,目前在重型货车、越野车上应用比较广泛。

6.10.4 托森差速器

托森(Torsen)差速器是一种特殊的蜗轮式差速器,属于高摩擦差速器,既可以用作轮间差速器,也可以用作轴间差速器。

图 6-45 所示为一种托森差速器的零件,主要包括差速器壳体、左侧中央蜗杆(与左半轴花键连接)、右侧中央蜗杆(与右半轴花键相连),三对共六个行星蜗杆。在每个行星蜗杆的两端都制有圆柱齿轮。左侧中央蜗杆、右侧中央蜗杆和所有的行星蜗杆都是左旋。图 6-46 示出这个托森差速器的装配状态。在每对行星蜗杆中,左侧的行星蜗杆与左侧中央蜗杆啮合、右侧行星蜗杆与右侧中央蜗杆啮合,这两个行星蜗杆通过其两端的圆柱齿轮相互啮合。在左、右中央蜗杆以相同速度转动时,在托森差速器中各个零件之间不存在相对运动。

而如果托森差速器的左、右中央蜗杆转速不同,则出现它们相对于差速器壳体的角速度 ω_d,如图 6-46 所示。假设这个相对转动是由左侧中央蜗杆引起的,它是主动元件,则按照左手定则(因为蜗杆螺旋方向都是左旋)可以判断在这个蜗杆上作用的轴向力 F_{a1} 指向左方。实际上这个轴向力的作用点就是左侧中央蜗杆与相应的行星蜗杆(左侧行星蜗杆)的啮合

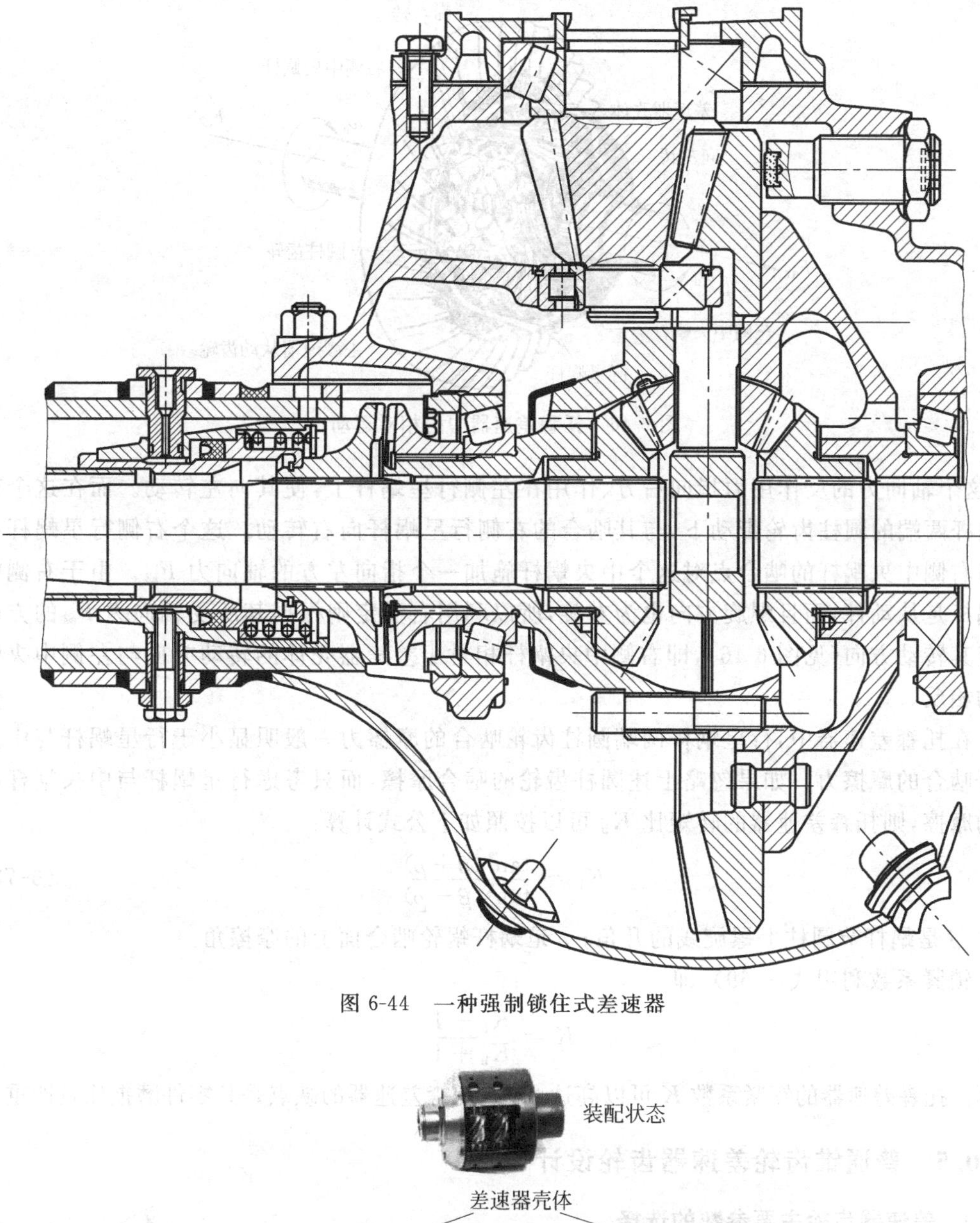

图 6-44 一种强制锁住式差速器

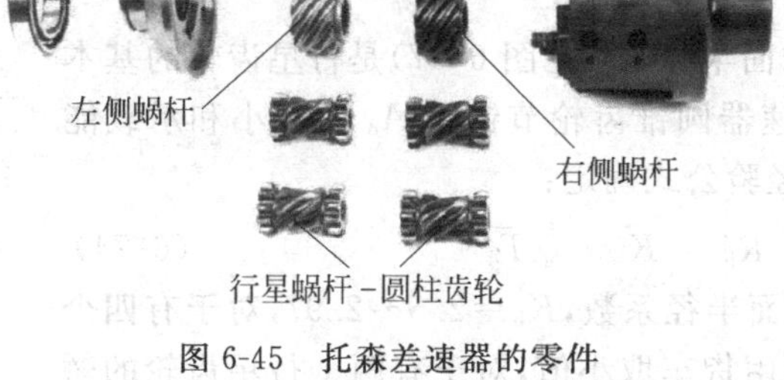

图 6-45 托森差速器的零件

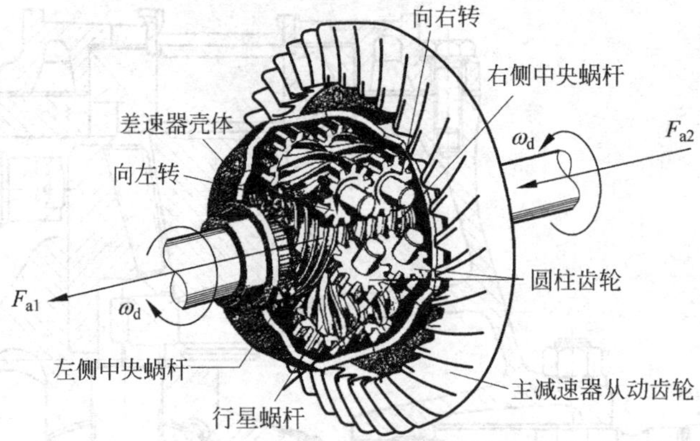

图 6-46 托森差速器中的相对运动

点,这个轴向力的反作用力指向右方、作用在左侧行星蜗杆上,使其向左转动。而在这个行星蜗杆两端的圆柱齿轮带动下,与其啮合的右侧行星蜗杆向右转动。这个右侧行星蜗杆在其与右侧中央蜗杆的啮合点对这个中央蜗杆施加一个指向左方的轴向力 F_{a2}。由于右侧中央蜗杆是从动件,而且螺旋方向也为左旋,所以利用右手定则根据其所受轴向力 F_{a2} 的方向判定其转动方向(见图 6-46),即右侧中央蜗杆相对于差速器壳体的转动方向与左侧中央蜗杆的相反。

在托森差速器中,行星蜗杆两端圆柱齿轮啮合的摩擦力一般明显小于行星蜗杆与中央蜗杆啮合的摩擦力。如果忽略上述圆柱齿轮的啮合摩擦,而只考虑行星蜗杆与中央蜗杆啮合的摩擦,则托森差速器的转矩比 K_b 可以按照如下公式计算:

$$K_b = \frac{\tan^2(\beta+\rho)}{\tan^2(\beta-\rho)} \tag{6-73}$$

其中,β 是蜗杆节圆柱上螺旋线的升角;ρ 是蜗杆蜗轮啮合面上的摩擦角。

锁紧系数利用式(6-69),即

$$K = \frac{K_b - 1}{K_b + 1}$$

计算。托森差速器的锁紧系数 K 可以高达 0.9。托森差速器的缺点是其零件磨损比较严重。

6.10.5 普通锥齿轮差速器齿轮设计

1. 差速器齿轮主要参数的选择

轿车差速器一般有 2 个行星齿轮;货车和越野车一般有 4 个。

行星齿轮背面的球面半径 R_b(见图 6-47)是行星齿轮的基本尺寸参数,其反映了差速器圆锥齿轮节锥距 A_o 的大小和承载能力。R_b 可以根据如下经验公式确定:

$$R_b = K_b \cdot \sqrt[3]{T_d} \tag{6-74}$$

其中,K_b 是行星齿轮球面半径系数,$K_b = 2.5 \sim 2.97$,对于有四个行星齿轮的轿车和公路用货车取小值,对于有两个行星齿轮的轿车以及有四个行星齿轮的越野车和矿用车,取大值;T_d 是差速器

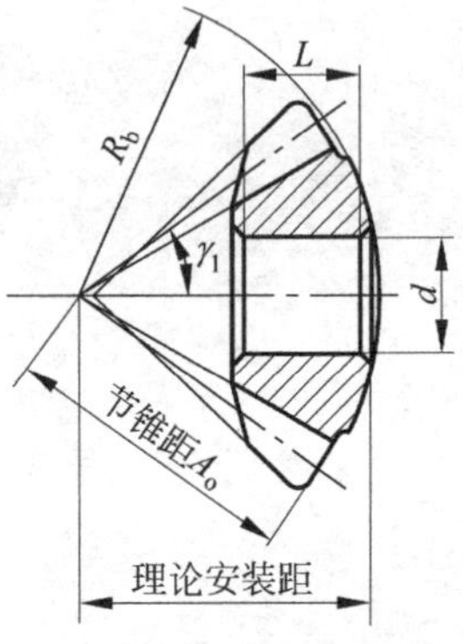

图 6-47 差速器行星齿轮

计算转矩，$T_d = T_{Gm} = \min(T_{Ge}, T_{Gs})$，N·m；$R_b$ 是球面半径，mm。

锥齿轮节锥距 A。一般稍小于 R_b，即 $A_o = (0.98 \sim 0.99)R_b$。

R_b 和 A_o 确定以后，差速器齿轮的大小也就基本上确定了。为了使齿轮有较高的强度，希望取较大的模数，因此行星齿轮的齿数应该尽可能少，但一般不少于 10。半轴齿轮齿数一般采用 14～25。汽车半轴齿轮与行星齿轮的齿数比大多在 1.5～2 的范围内。

为了使两个或四个行星齿轮能同时与两个半轴齿轮啮合，两个半轴齿轮齿数和必须能被行星齿轮数整除，否则差速器齿轮不能装配。

行星齿轮节锥角 γ_1（见图 6-47）、半轴齿轮节锥角 γ_2 及锥齿轮大端端面模数 m 按照如下公式计算：

$$\gamma_1 = \arctan(Z_1/Z_2) \tag{6-75}$$

$$\gamma_2 = \arctan(Z_2/Z_1) \tag{6-76}$$

$$m = (2A_o/Z_1)\sin\gamma_1 = (2A_o/Z_2)\sin\gamma_2 \tag{6-77}$$

过去汽车差速器都采用压力角为 20°、齿高系数为 1 的格里森制齿形。目前大都采用压力角为 22°30′、齿高系数为 0.8 的齿形。某些重型货车和矿用车采用 25°压力角，以提高齿轮强度。

行星齿轮轴孔长度 L 一般为孔径 d 的 1.1 倍（见图 6-47）。行星齿轮轴孔径 d 和孔长 L 的选择要保证挤压强度要求。行星齿轮轴孔的挤压应力为

$$\sigma_c = \frac{T_d}{r_d \cdot n \cdot L \cdot d} \times 10^3 \leqslant [\sigma_c] \tag{6-78}$$

其中，σ_c 是挤压应力，N/mm²；r_d 是行星齿轮轴孔中心到节锥顶点的距离（见图 6-48），mm；n 是行星齿轮数；d 是行星齿轮轴孔直径，mm；L 是轴孔长度，mm；$[\sigma_c]$是许用挤压应力，$[\sigma_c] = 98$ N/mm²。

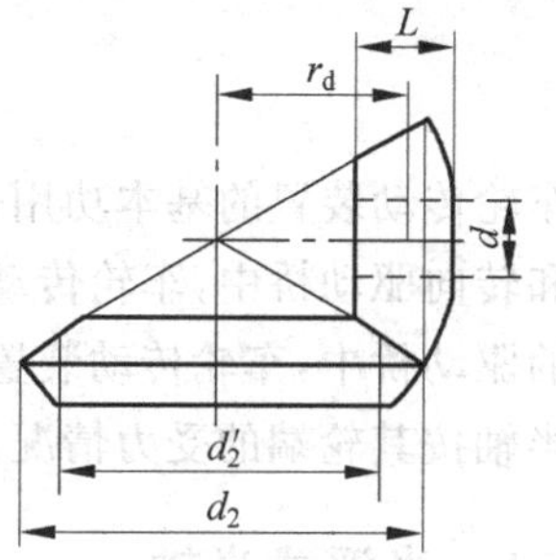

图 6-48 差速器行星齿轮轴孔尺寸

2. 差速器齿轮强度计算

差速器的行星齿轮和半轴齿轮虽然一直处于啮合状态，但是它们并不是一直处于相对转动状态，只是在左右车轮转速不同时才发生相对转动。而在汽车正常行驶中，这种情况还是相对较少的。因此，这些齿轮齿面的接触疲劳破坏一般并不发生，主要是轮齿弯曲破坏问题。在汽车设计中只进行轮齿弯曲强度计算。轮齿弯曲应力为

$$\sigma_w = \frac{2 \cdot T \cdot K_s \cdot K_m}{K_v \cdot m \cdot b_2 \cdot d_2 \cdot J \cdot n} \times 10^3 \tag{6-79}$$

其中，σ_w 是弯曲应力，N/mm²；T 是半轴齿轮计算转矩，$T = 0.6T_d$，差速器计算转矩 T_d 的确定方法与主减速器从动齿轮计算转矩 T_{Gm} 的确定方法相同；n 是行星齿轮数；J 是综合系数，按格里森公司提供的差速器直齿锥齿轮有关线图查取，图 6-49 示出一个这样的线图；b_2、d_2 分别是半轴齿轮齿宽以及大端分度圆直径，mm；K_s、K_m、K_v 按计算主减速器齿轮的有关数值选取。

差速器齿轮弯曲应力，按照 T_{Ge}、T_{Gs} 两者较小值计算时应该不大于 980 N/mm²；按照日常行驶转矩 T_{GF} 计算时应该不大于 210 N/mm²。

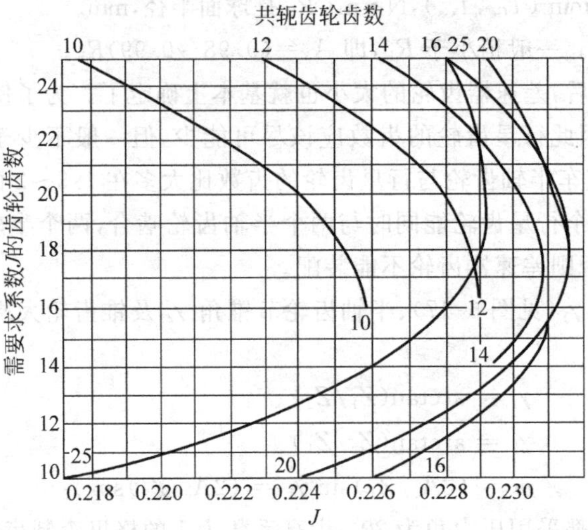

图 6-49　差速器齿轮弯曲强度计算用的综合系数 J(示例线图),用滚切法在刨齿机上切制的压力角为 22.5°、轴间夹角为 90°的差速器的直齿锥齿轮

6.11　车轮传动装置

车轮传动装置的基本功用是接受从差速器传来的转矩,并将其传给车轮。在断开式驱动桥和转向驱动桥中,车轮传动装置的主要部件是万向节传动装置。在非断开式、具有整体桥壳的驱动桥中,车轮传动装置的主要零件是半轴。在本节中仅介绍半轴的设计方法。

半轴按其轮端的受力情况,可以分为三种,即半浮式、3/4 浮式和全浮式。

6.11.1　半浮式半轴

图 6-50 示出一些半浮式半轴设计,其特点是半轴在车轮一端直接与轴承内圈配合、支承,使得半轴要承受路面对车轮的反力所引起的全部力和力矩(如图 6-51(a)所示)。这种半轴结构较简单,但半轴受载较大,只用于轿车和轻型货车、客车上。

6.11.2　3/4 浮式半轴

图 6-52 示出一种 3/4 浮式半轴设计,其特点是轮毂(与半轴法兰固结)通过一个轴承支承在半轴套管上。这种半轴的受载情况与半浮式半轴的相似,但有所减轻(例如半轴不承受剪力)。这种结构一般也仅用于轿车和轻型货车上。图 6-51(b)示出其力学模型。

6.11.3　全浮式半轴

图 6-53 示出一种全浮式半轴设计,其特点是轮毂(与半轴法兰固结)通过一对滚锥轴承支承在半轴套筒上。这种半轴在理论上仅受到转矩,而不承受其他的路面反力(径向力、轴向力、弯矩等)。但是由于桥壳变形、轮毂与差速器半轴齿轮的不同心、半轴法兰平面相对于其轴线不垂直等因素,会引起半轴的弯曲变形,从而引起弯曲应力。全浮式半轴广泛用于中、重型货车。全浮式半轴的受力模型如图 6-51(c)所示。

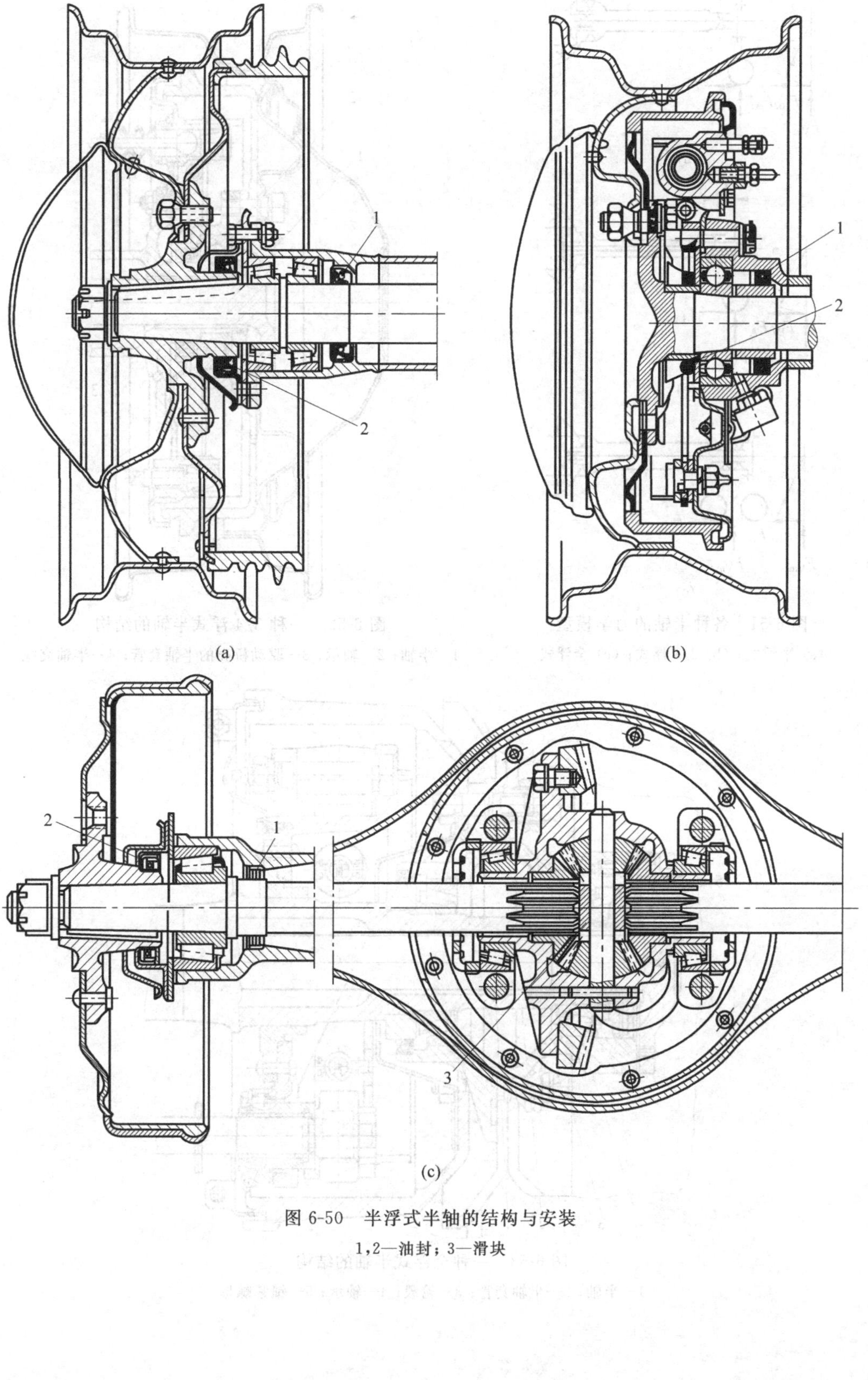

图 6-50　半浮式半轴的结构与安装

1,2—油封；3—滑块

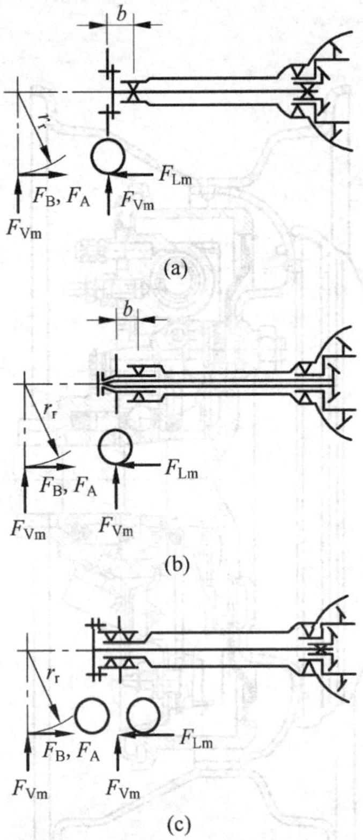

图 6-51 各种半轴的力学模型

(a) 半浮式；(b) 3/4 浮式；(c) 全浮式

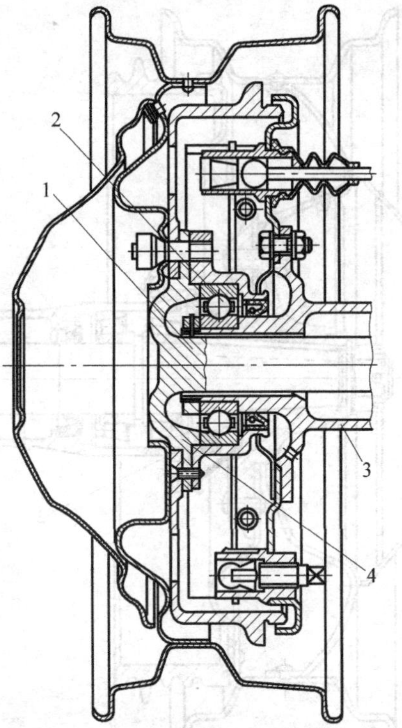

图 6-52 一种 3/4 浮式半轴的结构

1—半轴；2—轴承；3—驱动桥壳的半轴套管；4—半轴突缘

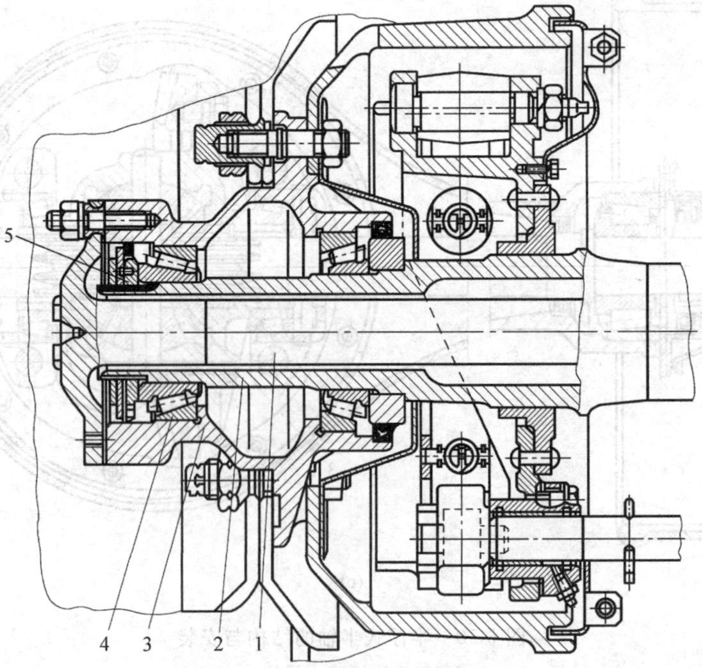

图 6-53 一种全浮式半轴的结构

1—半轴；2—半轴套管；3—轮毂；4—轴承；5—锁紧螺母

6.11.4 全浮式半轴的强度、刚度计算

在全浮式半轴的强度计算中，一般仅考虑扭转负荷，计算其扭转应力 τ 和转角 θ，即

$$\tau = \frac{M_\varphi}{I_p} \cdot \frac{d}{2} \tag{6-80}$$

$$\theta = \frac{L}{G \cdot I_p} \cdot M_\varphi \cdot \frac{180}{\pi} \tag{6-81}$$

其中，d 是半轴直径；L 是半轴长度；G 是材料剪切弹性模量；I_p 是半轴断面极惯性矩；M_φ 是车轮附着力矩，

$$M_\varphi = \frac{m_2 \cdot G_2 \cdot r_r \cdot \varphi}{2} \tag{6-82}$$

其中，G_2 是汽车总重落在一个驱动桥上的静负荷；m_2 是负荷转移系数，在缺乏数据时可取 $m_2=1.2$；φ 是附着系数，计算时取 $\varphi=0.8$；r_r 是车轮滚动半径。许用扭转应力$[\tau]=500\sim700\ \mathrm{N/mm^2}$。转角要求为每米半轴长度 $6°\sim15°$。

6.11.5 半浮式半轴的静强度计算工况及其静强度计算

在半浮式半轴强度计算中，采用在 2.2 节"车轮与路面接触点处的作用力"中介绍的计算工况，即最大垂直力工况、最大侧向力工况、最大制动力工况和最大驱动力工况。在此仅介绍半浮式半轴的静强度计算。应该指出，对于大部分汽车底盘零部件，在正确确定了其计算载荷和正确进行了应力计算的情况下，只要它们满足了静强度要求，在大多数情况下也可以同时满足疲劳强度要求。而且静强度计算比疲劳强度计算要简单得多。所以，在汽车及其零部件设计中，静强度计算是进行得最多的设计计算。在此介绍的计算工况对于许多底盘零部件的静强度计算都完全适用，例如车桥、悬架等。

1. 最大垂直力工况

最大计算垂直力为

$$F_{Vm} = F_{Vm2} = k_2 \cdot F_{Vo} \tag{6-83}$$

其中，F_{Vm}是一侧车轮上的计算垂直力；F_{Vm2}是一侧车轮上用于静强度校核的最大计算垂直力；F_{Vo}是一侧车轮上的满载静负荷；k_2 是静强度垂直动载系数。可以按照在 2.2.1 中介绍的方法确定 k_2。也可以参考如下经验数据，即对于轿车取 $k_2=2.0$；对于普通货车取 $k_2=2.5$；对于越野车取 $k_2=3.0$。

半轴弯曲应力为

$$\sigma = \frac{F_{Vm} \cdot b}{\frac{\pi}{64} \cdot d^4} \cdot \frac{d}{2} = \frac{32 \cdot F_{Vm} \cdot b}{\pi \cdot d^3} \tag{6-84}$$

其中，σ 是半轴的弯曲应力；b 是车轮在地面上的印迹中心到半轴计算截面的侧向距离(见图 6-51)；d 是半轴计算截面的直径。

2. 最大侧向力工况

在最大侧向力工况中有三种侧向力和垂直力的组合。

1）组合1

$$F_{\mathrm{Vm}} = F_{\mathrm{Vm2}} = k_2 \cdot F_{\mathrm{Vo}} \tag{6-85}$$

$$F_{\mathrm{Lm}} = F_{\mathrm{Lm1}} = \mu_{F1} \cdot F_{\mathrm{Vo}} \tag{6-86}$$

其中，F_{Vm}是一侧车轮上的计算垂直力；F_{Vm2}是一侧车轮上用于静强度校核的最大计算垂直力；F_{Vo}是一侧车轮上的满载静负荷；k_2 是静强度垂直动载系数，按照在2.2.1节中介绍的方法确定；F_{Lm}是一侧车轮上的计算侧向力；F_{Lm1}是一侧车轮上用于耐久性计算的侧向力；μ_{F1}是用于耐久性计算的侧向力系数，按照在2.2.2节中介绍的方法确定。侧向力的方向应该使其引起的弯矩与垂直力引起的弯矩相加。

2）组合2

$$F_{\mathrm{Vm}} = F_{\mathrm{Vm1}} = k_1 \cdot F_{\mathrm{Vo}} \tag{6-87}$$

$$F_{\mathrm{Lm}} = F_{\mathrm{Lm2}} = \mu_{F2} \cdot F_{\mathrm{Vo}} \tag{6-88}$$

其中，F_{Vm}是一侧车轮上的计算垂直力；F_{Vm1}是一侧车轮上用于耐久性计算的最大计算垂直力；F_{Vo}是一侧车轮上的满载静负荷；k_1 是耐久性垂直动载系数，按照在2.2.1节中介绍的方法确定；F_{Lm}是一侧车轮上的计算侧向力；F_{Lm2}是一侧车轮上用于静强度校核的最大侧向力；μ_{F2}是用于静强度计算的侧向力系数，按照在2.2.2节中介绍的方法确定。侧向力的方向应该使其引起的弯矩与垂直力引起的弯矩相加。

3）组合3

$$F_{\mathrm{Vm}} = F_{\mathrm{Vm1}} = k_1 \cdot F_{\mathrm{Vo}}$$

$$F_{\mathrm{Lm}} = F_{\mathrm{Lm2}} = \mu_{F2} \cdot F_{\mathrm{Vo}}$$

其中，与组合2的差别是左、右两侧车轮受到的侧向力 F_{Lm2} 方向相同。

半轴的弯曲应力为

$$\sigma = \frac{32 \cdot (F_{\mathrm{Lm}} \cdot r_{\mathrm{r}} + F_{\mathrm{Vm}} \cdot b)}{\pi \cdot d^3} \tag{6-89}$$

其中，σ 是半轴的弯曲应力；b 是车轮在地面上的印迹中心到半轴计算截面的侧向距离（参见图6-51）；d 是半轴计算截面的直径；r_{r} 是车轮的滚动半径。

3. 最大制动力工况

1）前桥

$$F_{\mathrm{B}} = F_{\mathrm{B2f}} = 1.25 \cdot F_{\mathrm{Vof}} \tag{6-90}$$

$$F_{\mathrm{Vm}} = F_{\mathrm{VB2f}} = k_1 \cdot F_{\mathrm{Vof}} \tag{6-91}$$

其中，F_{B} 是计算制动力；F_{B2f}是一个前轮的最大制动力；F_{Vof}是一个前轮的满载静负荷；F_{Vm}是计算垂直力；F_{VB2f}是一个前轮的计算垂直力；k_1 是耐久性垂直动载系数，按照在2.2.1节中介绍的方法确定。

2）后桥

在制动时，作用在后轴上的垂直负荷是减小的。用于静强度计算的后轮制动工况如下：

$$F_{\mathrm{B}} = F_{\mathrm{B2r}} = 0.8 \cdot F_{\mathrm{Vor}} \tag{6-92}$$

$$F_{\mathrm{Vm}} = F_{\mathrm{VB2r}} = F_{\mathrm{Vor}} \tag{6-93}$$

其中，F_{B} 是一个车轮上的计算制动力；F_{B2r}是一个后轮上的制动力；F_{Vm}是计算垂直力；F_{Vor}是一个后轮的满载静负荷；F_{VB2r}是制动时一个后轮上的垂直力。

半轴弯曲应力和扭转应力分别为

$$\sigma = \frac{32 \cdot b \cdot \sqrt{F_B^2 + F_{Vm}^2}}{\pi \cdot d^3} \tag{6-94}$$

$$\tau = \frac{F_B \cdot r_r}{\frac{\pi}{32} \cdot d^4} \cdot \frac{d}{2} = \frac{16 \cdot F_B \cdot r_r}{\pi \cdot d^3} \tag{6-95}$$

其中，σ 是半轴的弯曲应力；b 是车轮在地面上的印迹中心到半轴计算截面的侧向距离(参见图 6-51)；d 是半轴计算截面的直径；τ 是半轴计算截面的扭转剪应力；r_r 是车轮的滚动半径。

合成应力为

$$\sigma_h = \sqrt{\sigma^2 + 4 \cdot \tau^2} \tag{6-96}$$

4. 最大驱动力工况

1) 前轮

在加速时，作用在前轮上的垂直负荷是减小的。用于静强度计算的前轮驱动工况如下：

$$F_A = F_{A2f} = 0.8 \cdot F_{Vof} \tag{6-97}$$

$$F_{Vm} = F_{VA2f} = F_{Vof} \tag{6-98}$$

其中，F_A 是计算驱动力；F_{A2f} 是一个前轮上的驱动力；F_{Vof} 是一个前轮的满载静负荷；F_{Vm} 是计算垂直力；F_{VA2f} 是驱动时一个前轮上的垂直力。

2) 后轮

汽车加速时，后轮的垂直力是增加的。用于静强度计算的后轮驱动工况如下：

$$F_A = F_{A2r} = 1.1 \cdot F_{Vor} \tag{6-99}$$

$$F_{Vm} = F_{VA2r} = k_1 \cdot F_{Vor} \tag{6-100}$$

其中，F_A 是计算驱动力；F_{A2r} 是一个后轮上的纵向力；F_{Vor} 是一个后轮上的满载静负荷；F_{Vm} 是计算垂直力；k_1 是耐久性垂直动载系数，按照在 2.2.1 节中介绍的方法确定；F_{VA2r} 是加速时作用在一个后轮上的垂直负荷。

半轴弯曲应力和扭转应力分别为

$$\sigma = \frac{32 \cdot b \cdot \sqrt{F_A^2 + F_{Vm}^2}}{\pi \cdot d^3} \tag{6-101}$$

$$\tau = \frac{F_A \cdot r_r}{\frac{\pi}{32} \cdot d^4} \cdot \frac{d}{2} = \frac{16 \cdot F_A \cdot r_r}{\pi \cdot d^3} \tag{6-102}$$

其中，σ 是半轴的弯曲应力；b 是车轮在地面上的印迹中心到半轴计算截面的侧向距离(参见图 6-51)；d 是半轴计算截面的直径；τ 是半轴计算截面的扭转剪应力；r_r 是车轮的滚动半径。

合成应力为

$$\sigma_h = \sqrt{\sigma^2 + 4 \cdot \tau^2} \tag{6-103}$$

半浮式半轴许用合成应力可取为 600～750 N/mm^2。

半轴齿轮与半轴常用花键连接，一般采用渐开线花键。对花键需要进行挤压应力和键齿剪切应力验算。挤压许用应力不大于 200 N/mm^2，剪切应力不大于 73 N/mm^2。

国产汽车半轴多采用 40Cr 或 40MnB 制造。另外，在中、小型汽车上已有不少采用 40

或45号钢制造半轴。对半轴一般需要进行中频淬火,使其具有适当硬化层,并在表面形成较大残余压应力,以明显提高半轴的静扭转强度和疲劳强度。

6.12 驱动桥壳设计

驱动桥壳是一根空心梁,它的作用包括:①传力,即把车体上的力传给车轮,把车轮上的力传给悬架、车架;②作为主减速器、差速器、半轴的装配基体,制动器底板或制动钳也固定于其上。

驱动桥壳应满足如下要求:①保护装于其上的传动系部件和防止泥水浸入;②具有足够强度和使用寿命,质量尽可能小;③具有足够刚度,一般要求:最大变形不超过1.5 mm/m轮距,以保证主减速器齿轮正常啮合和不使半轴承受附加弯曲应力;④保证足够的离地间隙;⑤结构工艺性好,成本低;⑥拆装、调整、保养、维修方便。

6.12.1 驱动桥壳的形式

驱动桥壳大体上可以分为可分式、整体式和组合式三种。

1. 可分式桥壳

可分式桥壳一般由两部分组成,它们通过螺栓连接成一体。每一部分都包括一个铸造壳体和一个压入其孔中的轴管,轴管与壳体用铆钉连接。图6-54示出一种可分式驱动桥壳。这种桥壳的优点是制造工艺简单、主减速器轴承支承刚度好;缺点是拆装、调整、维修很不方便。这种桥壳用于轻型汽车上,目前已很少采用这种结构。

2. 整体式桥壳

整体式桥壳强度和刚度较大,主减速器拆装调整方便。按照制造工艺的不同,整体式桥壳又可分为三种,即冲压焊接式、扩张成形式和铸造式。

图6-55示出一种冲压焊接式桥壳。图6-56示出利用扩张成形工艺制造桥壳的过程,从钢管逐渐扩张成最下面的桥壳。利用这两种工艺制造的桥壳质量小、材料利用率高、制造成本低、适于大量生产,广泛用于轿车和中、小型货车,而且有些重型货车也采用了冲压焊接式桥壳。

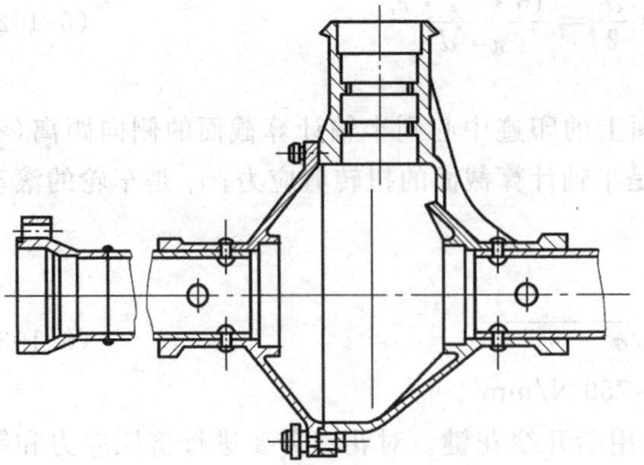

图6-54 可分式驱动桥壳

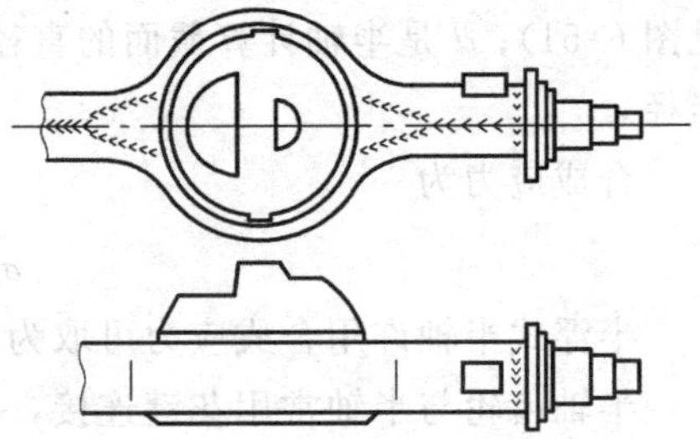

图6-55 整体式桥壳:冲压焊接式

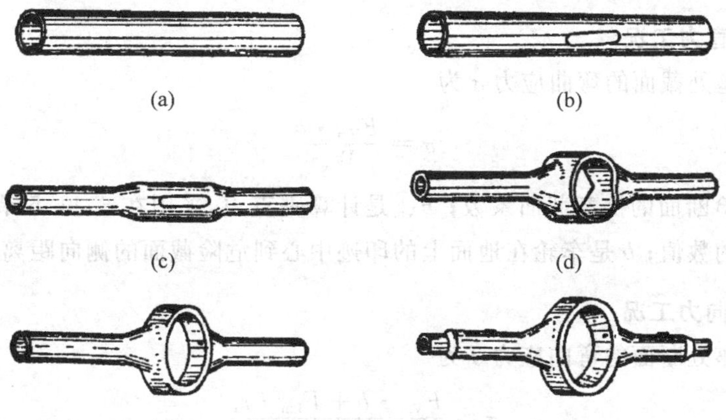

图 6-56 整体式桥壳：扩张成形式

图 6-57 示出一个铸造式整体桥壳。这种桥壳强度和刚度大，但质量大、加工面多、制造工艺复杂，这种桥壳用于中、重型货车。

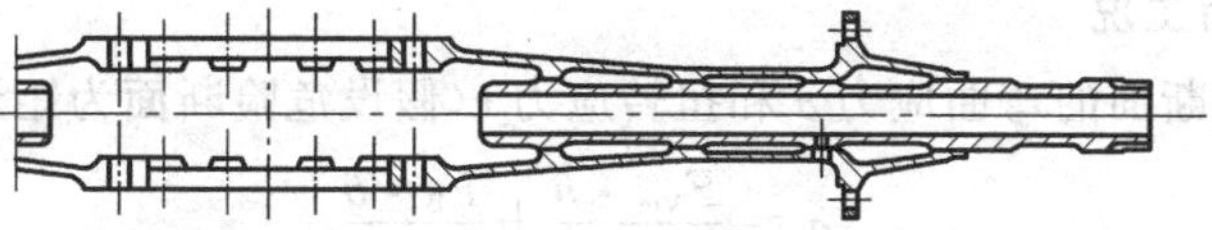

图 6-57 一个铸造式整体桥壳

3. 组合式桥壳

图 6-58 示出一个组合式桥壳。组合式桥壳的结构特点是：中间是一个铸造主减速器壳，在主减速器壳的两边各压入一根无缝钢管作为半轴套管，再用塞焊或铆钉连接方法把它们固结在一起。这种桥壳有较好的从动锥齿轮轴承支承刚度，主减速器的装配、调整也较方便，但是加工精度要求较高，这种桥壳用于轿车和轻型货车中。

6.12.2 驱动桥壳的强度计算

驱动桥壳可视为一根梁，图 6-59 为其受力图。对于具有全浮式半轴的驱动桥，钢板弹簧座附近是其一个危险断面。桥壳的计算工况和确定计算载荷的方法与半浮式半轴的完全相同(参见 6.11.5 节)。

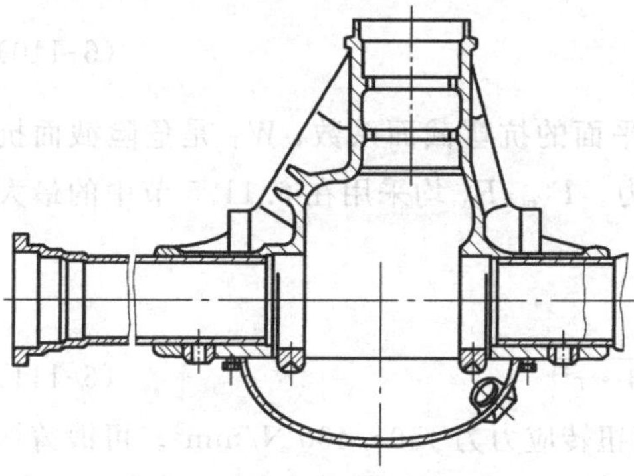

图 6-58 一个组合式桥壳

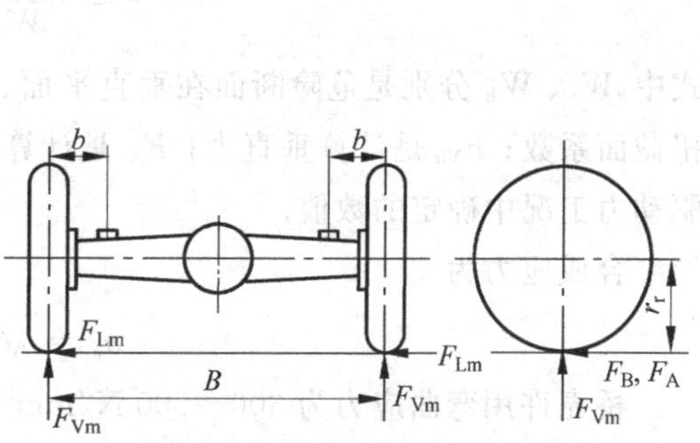

图 6-59 驱动桥壳受力图

1. 最大垂直力工况

钢板弹簧座处截面的弯曲应力 σ 为

$$\sigma = \frac{F_{Vm} \cdot b}{W_v} \tag{6-104}$$

其中,W_v 是危险断面的抗弯截面系数;F_{Vm}是计算垂直力,采用在 6.11.5 节中的最大垂直力工况中确定的数值;b 是车轮在地面上的印迹中心到危险截面的侧向距离。

2. 最大侧向力工况

桥壳板簧座处断面的弯曲应力 σ 为

$$\sigma = \frac{F_{Vm} \cdot b + F_{Lm} \cdot r_r}{W_v} \tag{6-105}$$

其中,W_v 是危险断面的抗弯截面系数;b 是车轮在地面上的印迹中心到危险截面的侧向距离;r_r 是车轮的滚动半径;F_{Vm}是计算垂直力;F_{Lm}是计算侧向力。F_{Vm}、F_{Lm}均采用在 6.11.5 节中的最大侧向力工况中确定的数值。

3. 最大制动力工况

钢板弹簧座处断面的弯曲应力 σ 和扭转应力 τ(假设危险断面为矩形)为

$$\sigma = \frac{F_{Vm} \cdot b}{W_v} + \frac{F_B \cdot b}{W_h} \tag{6-106}$$

$$\tau = \frac{F_B \cdot r_r}{W_T} \tag{6-107}$$

式中,W_v、W_h 分别是危险断面在垂直平面、水平平面的抗弯截面系数;W_T 是危险截面抗扭截面系数;F_{Vm}是计算垂直力;F_B 是计算制动力。F_{Vm}、F_B 均采用在 6.11.5 节中的最大制动力工况中确定的数值。

合成应力为

$$\sigma_h = \sqrt{\sigma^2 + 4 \cdot \tau^2} \tag{6-108}$$

4. 最大驱动力工况

钢板弹簧座处断面的弯曲应力 σ 和扭转应力 τ(假设危险断面为矩形)为

$$\sigma = \frac{F_{Vm} \cdot b}{W_v} + \frac{F_A \cdot b}{W_h} \tag{6-109}$$

$$\tau = \frac{F_A \cdot r_r}{W_T} \tag{6-110}$$

式中,W_v、W_h 分别是危险断面在垂直平面、水平平面的抗弯截面系数;W_T 是危险截面抗扭截面系数;F_{Vm}是计算垂直力;F_A 是计算驱动力。F_{Vm}、F_A 均采用在 6.11.5 节中的最大驱动力工况中确定的数值。

合成应力为

$$\sigma_h = \sqrt{\sigma^2 + 4 \cdot \tau^2} \tag{6-111}$$

桥壳许用弯曲应力为 300～500 N/mm²,许用扭转应力为 150～400 N/mm²。可锻铸铁桥壳取较小值,钢板冲压焊接桥壳取最大值。

对于结构复杂的桥壳可以采用有限元法进行分析，计算工况和计算载荷相同。图 2-4 示出一个后桥有限元分析模型。

练 习 题

1. 下面是一辆越野车的参数：

(1) 发动机的最大转速为 2500 r/min，最大转矩为 700 N·m，发动机纵置；

(2) 变速器效率为 0.95，传动比为：①一挡 6.11∶1；②二挡 3.15∶1；③三挡 1.71∶1；④四挡 1.00∶1；⑤五挡 0.78∶1；⑥倒挡 5.22∶1；

(3) 分动器效率为 0.95，传动比为低挡 3.0∶1；高挡 1∶1；

(4) 主减速器传动比为 2.0，效率为 0.96；

(5) 轮边减速比为 2.2，效率为 0.98；

(6) 越野车总质量 9000 kg，质心至前桥的距离 $a=1815$ mm，至后桥的距离 $b=1485$ mm；质心距地面高 $h=1100$ mm；车轮半径 420 mm；设计爬坡度为 31°；地面附着系数取 0.85；

(7) 决定采用螺旋锥齿轮。

试为这辆越野车设计主减速器锥齿轮，即选择锥齿轮的主要参数和进行全面的强度计算，其中前、后主减速器采用相同的设计。

2. 有一辆 15 座小公共汽车采用普通锥齿轮式差速器，其锁紧系数为 $K=0.15$。设驱动桥上的一个车轮位于冰面上，附着系数为 0.1，另一个车轮位于水泥路面上，附着系数为 0.7，驱动桥轴荷为 20 000 N。试确定在这个驱动桥上可以发出的最大驱动力。

3. 下面是一辆普通中型卡车的参数：

总质量：9.545 t；

满载时的轴荷分配：前桥 3.245(t)，后桥 6.300(t)；轴距 4600 mm；质心距地面高 $h=1100$ mm。

采用前置发动机—后桥驱动的布置形式。

车轮半径 475 mm。设计爬坡度为 20°。地面附着系数取 0.85。

发动机的最大转速为 2500 r/min，最大转矩为 700 N·m。

变速器传动比为：

一挡 6.11∶1

二挡 3.15∶1

三挡 1.71∶1

四挡 1.00∶1

五挡 0.78∶1

倒挡 5.22∶1

效率 0.95

主减速器传动比为 4.57，效率为 0.96。

决定采用螺旋锥齿轮。试为这辆普通中型卡车设计主减速器锥齿轮——选择锥齿轮的主要参数和进行全面的强度计算。

【注】 建议在《汽车车桥设计》(刘惟信,清华大学出版社,2004年)中查找需要的参数。

4. 有一辆中型卡车采用前置发动机后轮驱动的布置形式,要求以方块图的方式画出其整个动力、传动系的布置图。应该采用哪种变速器?为什么?其主减速器采用螺旋锥齿轮,试画出其传动简图,画出各个齿轮的轮齿螺旋方向,并且说明为什么。

5. 图6-60所示为一种采用前置发动机(纵置)—前轮驱动布置形式的轿车的动力系统,其采用的是哪种机械式变速器?其采用双曲面式主减速器,试画出其传动简图,画出各个齿轮的轮齿螺旋方向,并且说明理由。

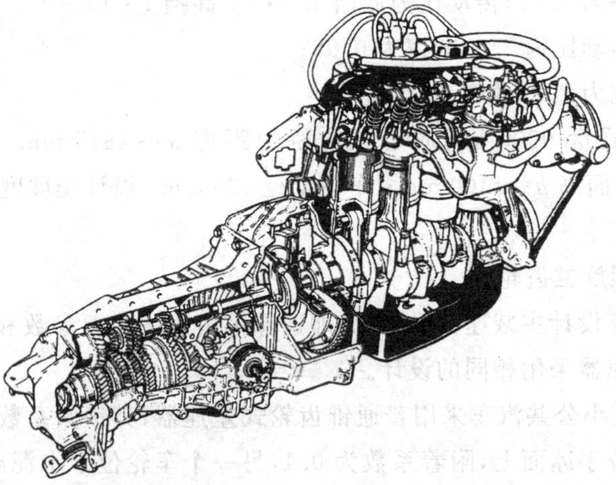

图6-60 一种采用前置发动机(纵置)——前轮驱动布置形式的轿车的动力系统

6. 要设计一种4×4高越野性车辆,其发动机纵置、前、后桥都采用整体式驱动桥,试回答如下问题:

(1) 这类车辆一般都配备两挡分动器,其各个挡位一般在什么场合使用?

(2) 驱动桥应该采用哪种主减速器?为什么?

(3) 驱动桥应该采用哪种差速器?为什么?

(4) 驱动桥应该采用哪种半轴?为什么?画出该半轴的原理图(参考教科书上的画法)。

(5) 如果该车采用全时全轮驱动形式,是否需要采用轴间差速器?为什么?

(6) 如果该车采用选择式全轮驱动形式,是否需要采用轴间差速器?为什么?在什么场合才需要采用全轮驱动,在什么场合不能采用全轮驱动?

7. 图6-61示出一种全时四驱轿车,试推导其附着决定的最大爬坡度(采用及不采用差速锁两种情况,忽略空气阻力和加速阻力),要求画出其爬坡的受力分析图,列出所需要的车辆参数,并且画在上述受力分析图中。在什么情况下应该接通轴间差速器的差速锁?为什么?

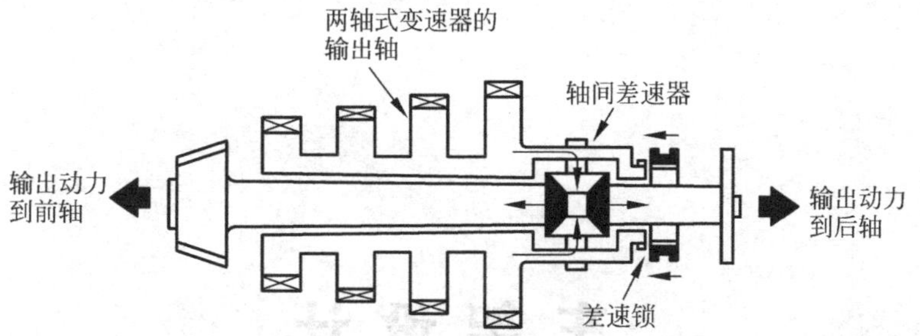

(a)

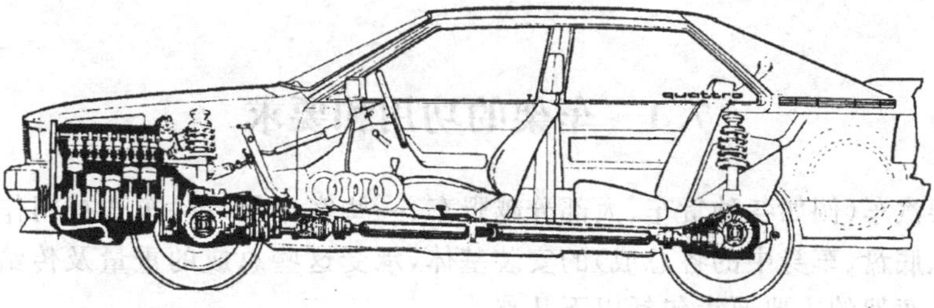

(b)

图 6-61 一种全时四驱轿车

(a) 轴间差速器；(b) 整车布置

7 车架设计

7.1 车架的功用和要求

在有车架汽车(例如各种货车、大部分越野车、一些客车等)中,车架被用作汽车各总成(包括发动机、底盘、车身中的各总成)的安装基体,承受这些总成的重量及传给车架的各种力和力矩。对车架的主要要求包括以下几点。

(1) 具有足够强度,以保证在汽车大修里程内,车架的主要零部件不因受力而破坏。

(2) 具有足够的抗弯刚度,以保证车架的变形在允许范围之内,利于车架上各总成的正常工作。货车车架的最大弯曲挠度应该小于10 mm。

(3) 具有合适的扭转刚度。一般希望车架两端的扭转刚度大些,而中段小些。

(4) 车架要轻。车架自身质量一般应该在整车整备质量的10%以内。

车架按其总体结构形式可以分为框式、脊梁式、综合式。

7.2 框式车架

框式车架又可以分成两种,即边梁式和周边式。

7.2.1 边梁式车架

边梁式车架由左右分开的两根纵梁和若干根横梁组成,如图7-1所示。当承受扭转载

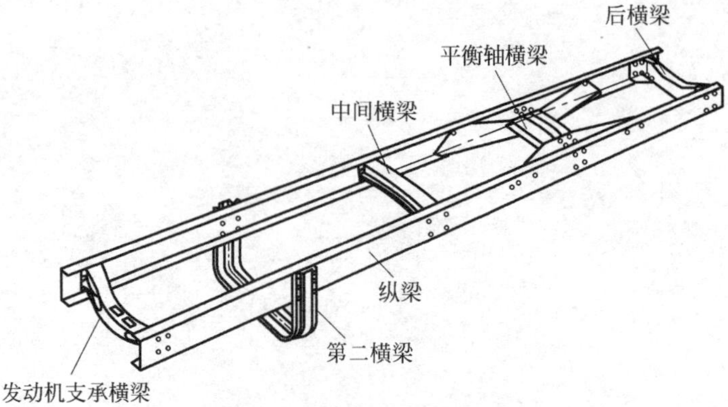

图7-1　一种重型汽车的边梁式车架

荷时，这种车架的各部分同时产生弯曲和扭转。在这种车架上便于安装车身和布置其他各种总成、零部件，易于满足改装和变型的需要。这类车架广泛应用于货车、越野车、特种车和用货车底盘改装的大客车上。

7.2.2 周边式车架

周边式车架的特点是前、后两端纵梁变窄，中部纵梁加宽，如图 7-2 所示。其中，前、后狭窄端是通过所谓缓冲臂或抗扭盒(图 7-2 中车架的 $D—D$ 截面和 $F—F$ 截面)与中部纵梁焊接相连。其中，缓冲臂或抗扭盒具有一定弹性，受力后可以产生一定弹性变形。这样就可以使前端或后端的纵梁相对于中部纵梁有一定的相对转角。所以，这种车架可以缓和路面不平的冲击、降低车内噪声。此外，车架中部宽度接近地板宽度，从而提高了整车的横向稳定性，还能减少车架纵梁外侧装置件的悬伸长度。前、后端较窄可以保证前轮有足够的转动空间和后轮轮距不致过大。但是，这种车架结构复杂、成本高，故仅用于中、高级轿车上。

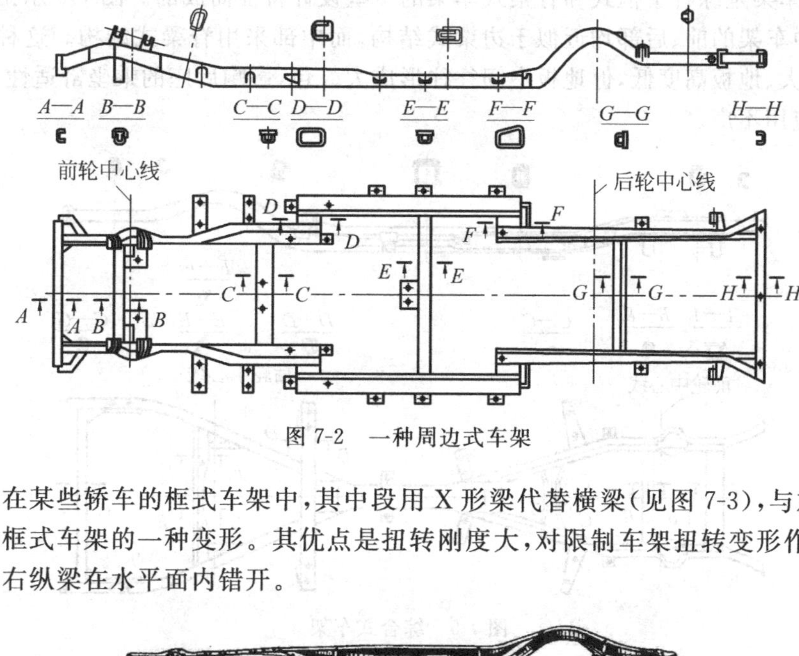

图 7-2 一种周边式车架

另外，在某些轿车的框式车架中，其中段用 X 形梁代替横梁(见图 7-3)，与左右纵梁相连，可视为框式车架的一种变形。其优点是扭转刚度大，对限制车架扭转变形作用较好，并能阻止左、右纵梁在水平面内错开。

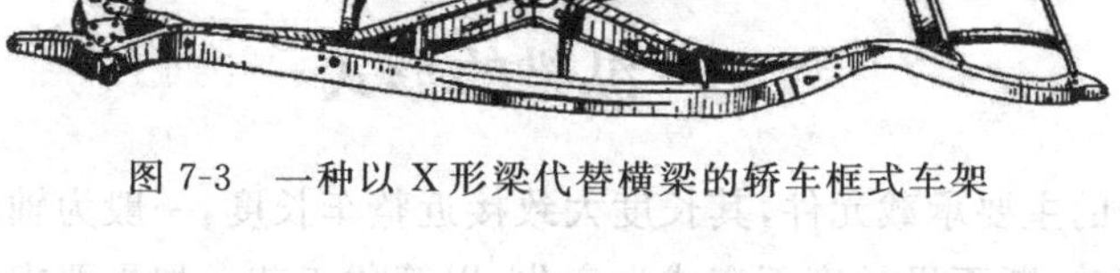

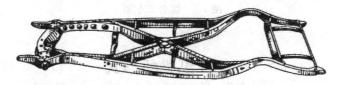

图 7-3 一种以 X 形梁代替横梁的轿车框式车架

7.3 脊梁式车架

脊梁式车架主要是由一根通过车架中央的具有封闭断面的管形脊梁和若干根悬伸托架构成的(见图 7-4)，扭转刚度较大。采用这种车架的车辆其前、后轮常采用独立悬架，容许车轮有较大的跳动空间，使汽车有较好的通过性。但是，这种车架的制造工艺复杂，维修不便，目前仅用于某些高越野性汽车上，如太脱拉 Tatra-111 等。

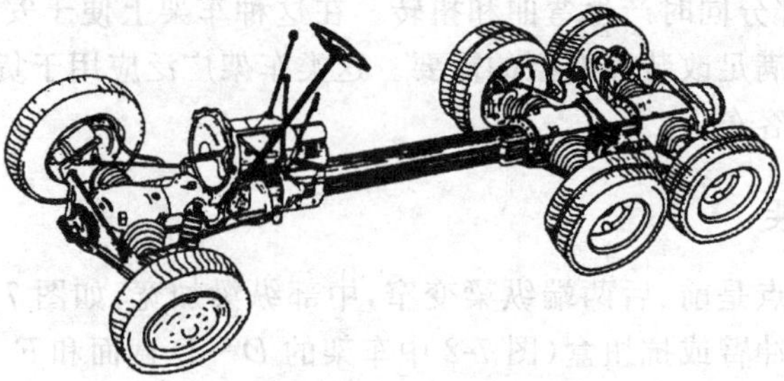

图 7-4 一种具有脊梁式车架的汽车底盘

7.4 综合式车架

综合式车架是综合了框式和脊梁式车架的一些设计特征而成的。图 7-5 示出一个综合式车架,其中车架的前、后部均近似于边梁式结构,而中部采用脊梁式结构。这种结构使中部抗扭刚度大、地板高度低,但地板中间往往形成大鼓包,影响后座的乘坐舒适性,加之工艺复杂,所以应用不广。

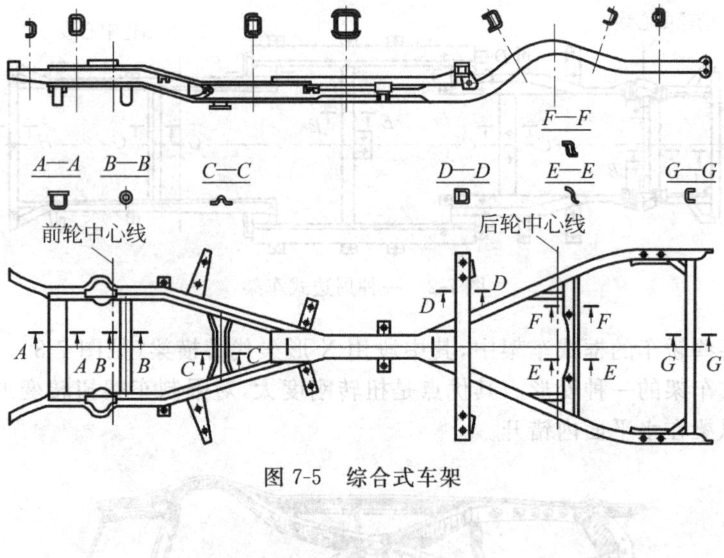

图 7-5 综合式车架

7.5 纵梁的形式

纵梁是车架中的主要承载元件,其长度大致接近整车长度,一般为轴距的 1.4～1.7 倍。其形状应该力求简单,断面沿长度不变或少变化,以简化工艺。如果要求各处断面的应力接近,则可以通过改变梁的高度使其中部断面大、两端断面小。纵梁的断面形状有槽形、叠槽形、箱形、Z 形、管形和工字形等,见图 7-6。

槽形断面(见图 7-6(a))的抗弯强度大,工艺性好,零件安装、紧固方便,应用广泛,但其抗扭性能差。叠槽形(见图 7-6(b)、(c))属于对槽形断面的加强设计,形成了闭口截面,比槽形截面的抗弯、抗扭能力强。有些重型汽车的纵梁采用焊接结构或型材,常采用箱形(见图 7-6(d))或工字形(见图 7-6(g))断面。黄河牌货车车架采用 Z 形断面,其工艺简单,但纵梁和横梁的连接结构复杂，纵梁腹板上装油箱等总成也不便。脊梁式或综合式车架的脊梁(见图7-4和图7-5)一般采用管形断面(见图7-6(f))。

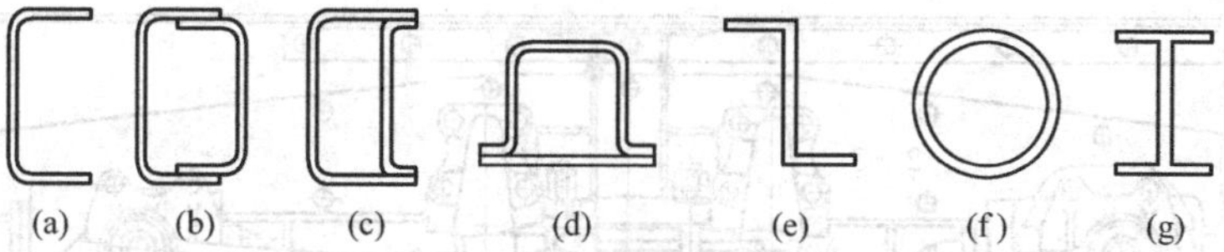

图7-6 纵梁断面形状

(a) 槽形；(b) 叠槽形Ⅰ；(c) 叠槽形Ⅱ；(d) 礼帽箱形；(e) Z形；(f) 管形；(g) 工字形

7.6 横梁的形式

横梁的主要作用是连接左、右两纵梁而构成一框架，从而保证车架有足够的抗扭刚度。此外，还有支承各主要总成的作用。货车常用4～5根横梁，其用途和结构各不相同(见图7-1)。前横梁一般用作水箱和发动机前端的支承。如果发动机前支点和水箱相距很近，需要采用断面较大的横梁。在发动机前支点安排在左、右纵梁上时，则可以采用较小的槽形或Z形断面横梁。轿车的前轮若采用独立悬架，为了降低汽车头部高度以改善视野，希望水箱布置得低一些，常把前横梁做成宽而下凹的形状，俗称“元宝梁”(图7-2所示车架的第一横梁就是一个“元宝梁”)。

在货车中，传动轴都需要在中横梁(参见图7-1)的下方穿过，而且在中横梁上往往还要安装传动轴的中间支承。为此，中横梁的设计要保证在传动轴上方留出足够的跳动空间或传动轴中间支承安装空间，图7-7示出一些中横梁的设计。

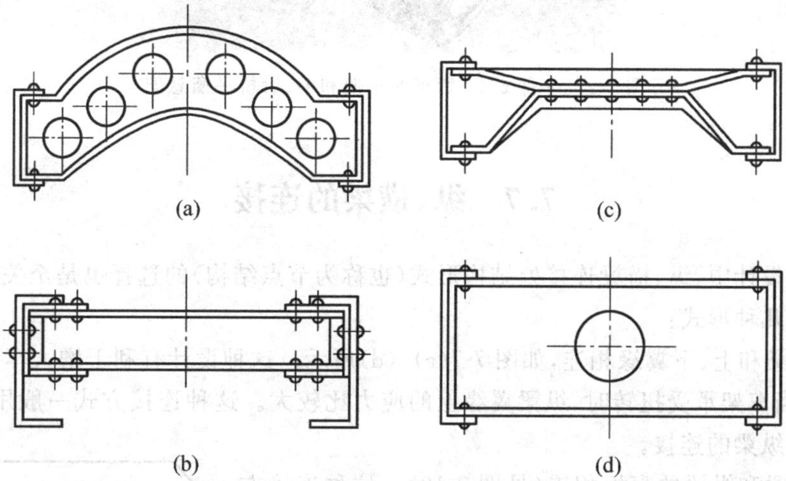

图7-7 几种中横梁设计方案(主要考虑传动轴的穿越或安装传动轴中间支承)

(a) 拱形；(b) 直槽形；(c) 箱形；(d) 直槽形开圆孔

在6×4或8×4重型货车中，其中、后桥通过平衡悬架安装在车架上，如图7-8和图7-9所示。通过平衡悬架作用在车架上的载荷很大，因此，在车架上安装平衡轴的部位设置了平衡轴横梁(见图7-1和图7-9)。从图7-9可以看出，平衡轴横梁由两个槽钢背对背构成，以增强其强度、刚度。而且在该部位附近又增加了一层纵梁(见图7-1和图7-9),以进一步提高车架该部位的强度、刚度。在货车车架的后横梁上通常设有拖钩,如图7-9所示。

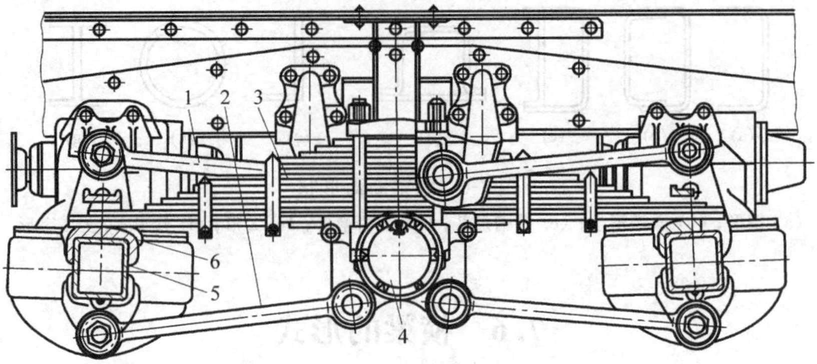

图7-8 中、后驱动桥的平衡悬架

1,2—上、下导向杆;3—钢板弹簧;4—平衡轴;5—中驱动桥;6—钢板弹簧座

图7-9 一种6×4货车的车架和中、后桥平衡悬架

7.7 纵、横梁的连接

在车架设计中,纵、横梁连接处结构形式(也称为节点结构)的选择也是至关重要的。常见的有以下几种形式:

(1) 横梁和上、下翼缘相连,如图7-7(c)、(d)所示。这种设计有利于增大车架的抗扭刚度。但是,当车架承受扭转时,纵梁翼缘上的应力比较大。这种连接方式一般用于车架前、后端横梁与纵梁的连接。

(2) 横梁和纵梁的腹板相连(见图7-10)。这种连接方式的连接刚度较差,但不会在纵梁上出现大应力,常用于车架中部的横梁处。

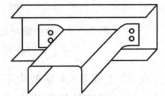

图7-10 横梁和纵梁的腹板相连

(3) 横梁同时和纵梁的一个翼缘以及腹板相连,如图7-7(b)所示。这种连接方式因兼备(1)和(2)两种形式的优点,故应用较广。但其缺点在于作用在纵梁上的力直接

传到横梁上。如果在后钢板弹簧的两个托架(见图 7-11)附近各设置一个采用这种连接方式的横梁,作用在后钢板弹簧托架上的力就会传给布置在该处的横梁上,使其承受较大的载荷。纵梁在钢板弹簧托架附近局部采用叠槽设计(参见图 7-6(b)、(c))可以改善车架在该处的强度和刚度。

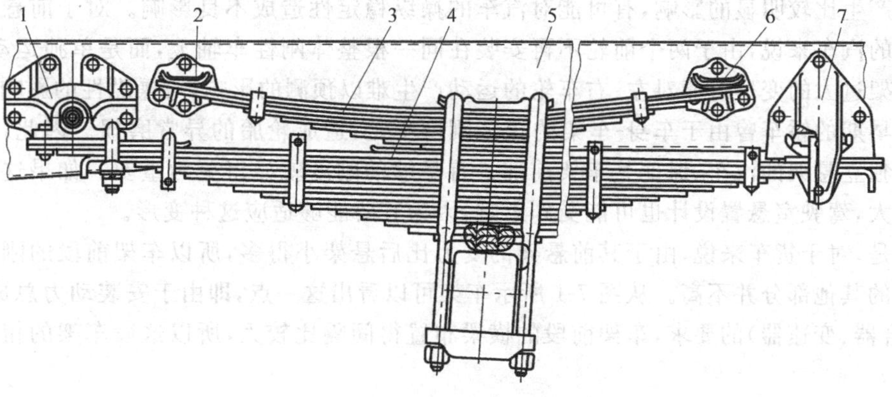

图 7-11 一种货车后钢板弹簧的托架

1—钢板弹簧前托架;2,6—副弹簧托架;3—副弹簧;4—钢板弹簧;5—车架;7—钢板弹簧后托架

7.8 车架宽度

车架宽度是指左、右纵梁腹板外侧面之间的宽度。在总体设计中,在确定了整车宽度以后,车架前部宽度就可以根据前轮最大转角与装在车架内侧的发动机外廓宽度而定。而车架后部宽度则根据轮距、车轮宽度和板簧片宽等尺寸而定。

从提高整车的横向稳定性以及减小车架纵梁外侧悬置件的悬伸长度来看,希望车架尽量宽些。对货车而言,还希望前、后部宽度相等,以便简化制造工艺和避免纵梁宽度转折处产生应力集中现象。轿车车架往往前部窄些以满足独立悬架和前轮转向所需要的空间要求。为了便于实现产品的标准化、系列化、通用化,有些国家对车架宽度制定了标准。

目前,在货车上通常采用前窄后宽、前宽后窄和前后等宽等三种形式的车架。解放牌 CA10B 型货车采用的是前窄后宽的车架,其前端宽度为 800 mm,后端宽度为 865 mm。其前端减窄是为了给前轮转向(保证最小转弯半径 8.5 m 时的最大转向角为 42°)和转向纵拉杆让出空间。由于载重量较大的汽车一般采用功率较大的发动机,其发动机相应加宽,轮胎尺寸相应增大,后钢板弹簧片也较宽,而汽车总宽则因受公路标准所限,通常规定不超过 2.5 m,所以不得不采用前宽后窄的车架。例如,瑞典产斯堪尼亚(Scania) LT110S/42 型运材用车(装载重量 175 kN)的车架前端宽度为 900 mm,而车架后端宽度为 770 mm。国内生产的一些大功率牵引车也采用前宽后窄的车架。目前,国内很多重型货车都采用等宽车架,以便简化制造工艺、降低成本和避免纵梁宽度转折处产生应力集中现象。

7.9 车架的扭转刚度

车架的扭转刚度和强度是车架设计的关键因素。由于整车总布置和结构上的需要,车架纵梁与横梁的截面形状及其连接形式有多种,所以车架各个部位的扭转刚度一般是不同的。关于车架各处的扭转刚度设计可以提出如下原则。

(1) 从车架前端到驾驶室后围这一段车架应该具有足够的弯曲和扭转刚度。这是因为在这一段车架上装有前悬架和转向器、转向杆系。如果车架的这一段刚度不足、在汽车行驶中出现较大的变形,将会引起悬架安装点的位移、悬架与转向杆系的运动干涉,对车轮的运动规律产生比较明显的影响,有可能对汽车的操纵稳定性造成不良影响。对于前悬架是独立悬架的汽车来说,由于两个前轮不再安装在同一根整体刚性车轴上,而是单独运动,所以这段车架过大的变形可能对左、右车轮的运动产生难以预测的影响,对操纵性的影响可能更明显。早期的轿车曾由于车身-车架的扭转刚度不足,造成轮胎的异常磨损。因此,对于前悬架是独立悬架的汽车,保证其车架前部具有足够的刚度就显得更为重要。如果这段车架变形较大,驾驶室悬置设计也可能受到影响,因为其要能够适应这种变形。

但是,对于货车来说,由于其前悬架的受力比后悬架小得多,所以车架前段的刚度相对于车架的其他部分并不高。从图7-1所示车架可以看出这一点,即由于安装动力总成(发动机、离合器、变速器)的要求,车架前段的横梁布置得间隔比较大,所以这段车架的扭转刚度并不大。

(2) 包括后悬架在内的车架后部这一段应该具有比较大的刚度。其原因与要求车架前部具有足够刚度的原因基本相同,只是不用考虑对驾驶室悬置的影响。对于货车,由于其后悬架承受的载荷很大,所以要求这段车架的弯曲、扭转刚度和强度都要比车架的其余部分明显地高。从图7-1和图7-9可以看出,在包括后悬架在内的车架后部这一段,横梁布置得比较密集,横梁也比较强,并且采用了双层纵梁,所以这一段的刚度、强度在车架中是最强的。

(3) 驾驶室后面到后悬架以前这一段车架应该允许具有一定限度的挠性,这是因为车架中部具有一定挠性可以起到缓冲作用,同时也可以避免应力集中,从而有助于消除局部损坏现象。

7.10 车架的载荷工况及强度计算

由于汽车使用工况复杂,使得车架承受很复杂的载荷。在此,以边梁式货车车架为例分析车架所承受的载荷。

(1) 汽车静止时,车架只承受弹簧以上部分的载荷,它由车架和车身的自身质量、装在车架上的各总成和装载质量所受到的重力组成。其总和称为车架的静载荷。

(2) 汽车在平路上以较高车速行驶时,路面的反作用力使车架承受对称的垂直载荷,它使车架产生弯曲变形,其大小取决于作用在车架上各处的静载荷及其垂直加速度。

(3) 汽车在崎岖不平路上行驶时,汽车四个车轮可能不在同一平面内,从而使车架同车身一起倾斜,使车架产生扭转变形,其大小取决于路面不平度及车架与悬架的刚度。

(4) 汽车加速或制动时,会使车架受到水平力作用,并且会导致车架前、后部载荷的重新分配。

(5) 汽车转弯行驶时,惯性力将使车架受到侧向力的作用。

(6) 车轮碰到路面凸起障碍时,将使车架受到水平以及垂直方向的冲击力。

(7) 安装在车架上的各总成工作时,如果其所产生的力的作用线不通过纵梁截面的弯心,将会产生附加的局部扭矩。

由此可见,汽车车架受载情况极为复杂,受到的是空间力系。另外,车架纵梁与横梁的节点结构又是各式各样的,更导致问题复杂化。目前,一般采用有限元法来对车架的强度和刚度进行比较准确的分析。

图 7-12、图 7-13 和图 7-14 示出主要的车架加载模式。可以参考 6.11.5 节“半浮式半轴的静强度计算工况及其静强度计算”估计极端计算载荷。可以利用有限元分析方法对这些车架加载模式进行模拟。一般主要采用板壳(shell)单元对车架建立有限元模型。

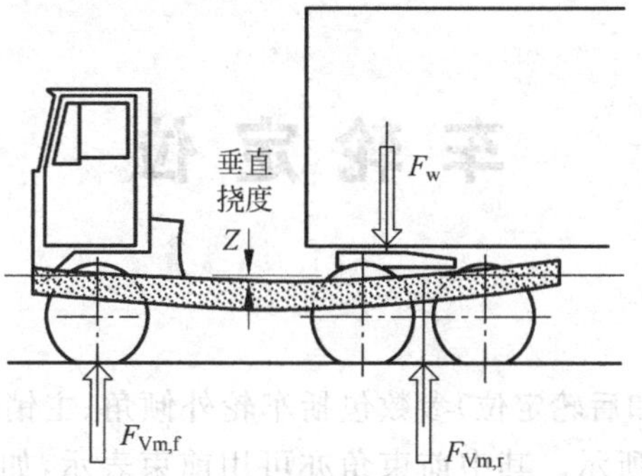

图 7-12 车架的垂直弯曲加载模式

$F_{Vm,f}$—前轮垂直力(左右相等)；$F_{Vm,r}$—后轮垂直力(左右相等)；F_w—车厢对车架的垂直力

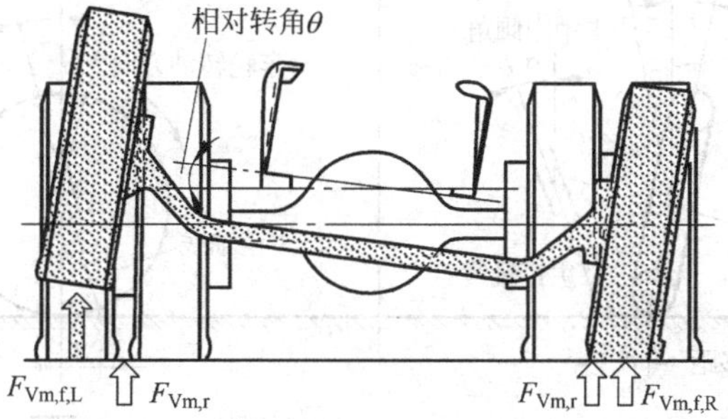

图 7-13 车架的扭转加载模式

$F_{Vm,f,L}$—左前轮垂直力；$F_{Vm,f,R}$—右前轮垂直力；$F_{Vm,r}$—后轮垂直力

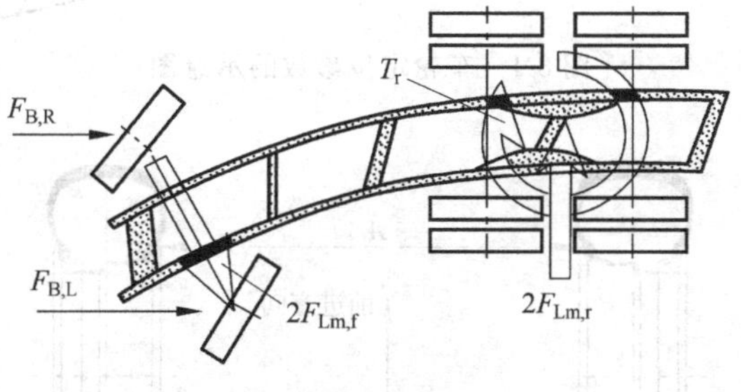

图 7-14 车架的水平弯曲加载模式

$F_{Lm,f}$—前轮侧向力；$F_{Lm,r}$—后轮侧向力；T_r—转矩；$F_{B,R}$—右前轮制动力；$F_{B,L}$—左前轮制动力

练 习 题

一辆轻型货车采用独立前悬架，另外一辆轻型货车采用纵置钢板弹簧非独立前悬架，它们的尺寸、质量参数基本相同，哪种车的车架应该具有比较大的扭转刚度？为什么？

8 车轮定位

车轮定位(包括前轮和后轮定位)参数包括车轮外倾角、主销内倾角、主销偏移距、主销后倾角、前束角,如图 8-1 所示。其中前束角亦可用前束表示,如图 8-2 所示。车轮定位参数对汽车的操纵稳定性、转向性能和轮胎的寿命等有影响。在汽车行驶过程中,车轮定位参

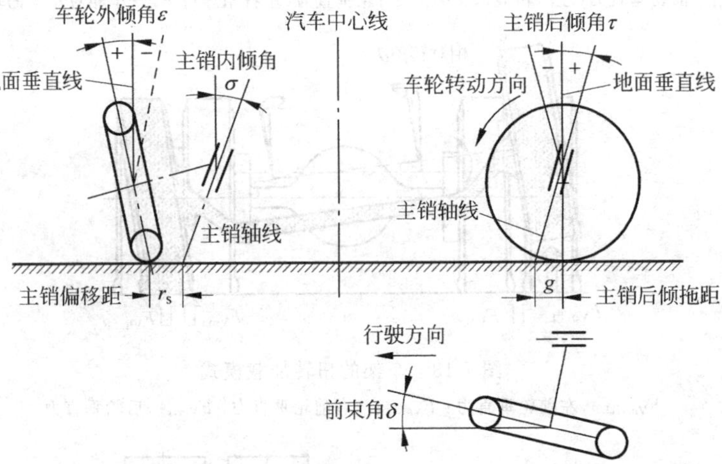

图 8-1　车轮定位参数的示意图

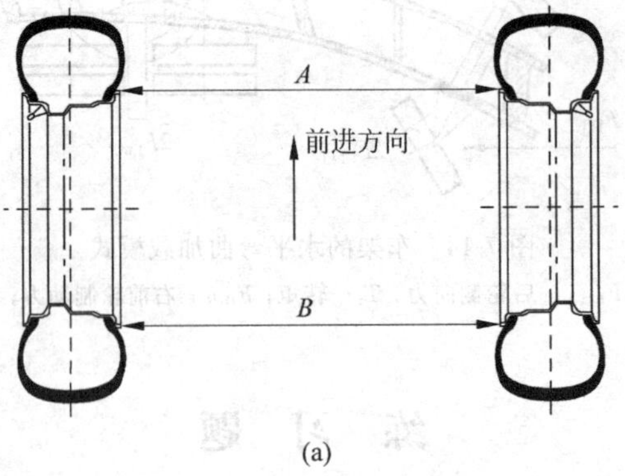

(a)

图 8-2　前轮前束

A—轮辋最前点之间的距离;B—轮辋最后点之间的距离

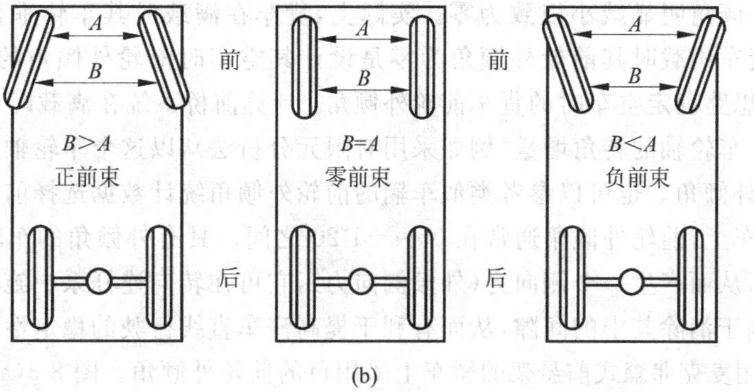

图 8-2（续）

数一般会随着车轮相对于车架或车身的运动和车轮受力而发生变化。在汽车设计中，一般通过适当设计悬架和转向系统来控制车轮定位参数的变化规律，使其有利于汽车的有关性能。因此，正确理解车轮定位参数及其影响对于悬架和转向系统的设计是很重要的。

表 8-1 示出几种汽车的转向轮的定位参数。它们是汽车处于空车状态的参数。

表 8-1 几种汽车的转向轮定位参数

汽车型号	主销后倾角	主销内倾角	前轮外倾角	前轮前束/mm
北京 BJ1040	1°30′	7°30′	1°	1.5～3
北京 BJ2020	3°	5°20′	1°30′	3～5
跃进 NJ1041A	2°30′	8°	1°	1.5～3
解放 CA1091	1°30′	8°	1°	2～4
东风 EQ1090E	2°30′	6°	1°	8～12
东风 EQ2080	0°30′	8°	1°	2～5
黄河 JN1150	2°	6°50′	1°40′	6～8
黄河 JN1181C13	2°	5°	1°	3～4.5
红旗 CA7560	−1°−30′	7°−30′	0°+30′	5～7
上海桑塔纳	30′		−30′±20′	−1～3
一汽奥迪 100	1.16°	14.2°	−0°30′±30′	0.5～1
一汽高尔夫	1°30′±30′(不可调)		−30′±20′	±10′
一汽捷达	1°30′±30′	14°	−30′±20′	(0～±10′)
斯太尔 991.200/4×2		6°50′	1°40′	0～4
吉林 JL1010	2°30′	11°30′	1°30′	6～10
黄海 HH680	1°	6°50′	1°40′	6～8

8.1 车轮外倾角

在汽车前视图中（见图 8-1），车轮外倾角是车轮中心平面相对于地面垂直线的倾角。车轮外倾角有正、负之分。车轮上部离开汽车中心线为正的车轮外倾角；反之为负的车轮外倾角。比较老的车辆常具有较大的正的车轮外倾角，其目的是保证车轮垂直于那时的表面弧度比较大的单车道路面。货车空车时对其前轮有外倾角要求，而当满载时由于前轴受载变形,车轮外倾角明显减小以致为零。实际上,货车在满载时其车轮垂直于地面是有利的。所以,使货车满载时其前轮外倾角为零是设计其空车时前轮外倾角的一个指导思想。可以利用如下思路确定空车时的货车前轮外倾角:计算前桥系统在满载时相对于空车时的弯曲变形增量、车轮轴的转角增量(例如采用有限元分析法),以这个车轮轴的转角增量作为空车时的前轮外倾角。也可以参考类似车辆的前轮外倾角统计数据选择前轮外倾角。

在现代轿车上,前轮外倾角通常在0°~−1°20′之间。具有外倾角的车轮趋向于向其倾斜的方向滚动,从而产生一个侧向力(外倾侧向力),它可在转向连杆系中施加一个小的侧向预加载荷,有利于消除其中的间隙,从而有利于提高汽车直线行驶的稳定性。

在一些采用麦克弗森式前悬架的轿车上采用负的前轮外倾角。图8-3(a)所示是BMW 3系列轿车的前悬架,其中在设计位置(车内前排2人、后排1人,每人质量68 kg)时其前轮外倾角约为−0.8°。其目的是防止汽车转向行驶、车身发生侧倾时外侧前外轮具有正的外倾角。因为研究表明,车轮具有正的外倾角会使该车轮能够发出的最大侧向力减小。

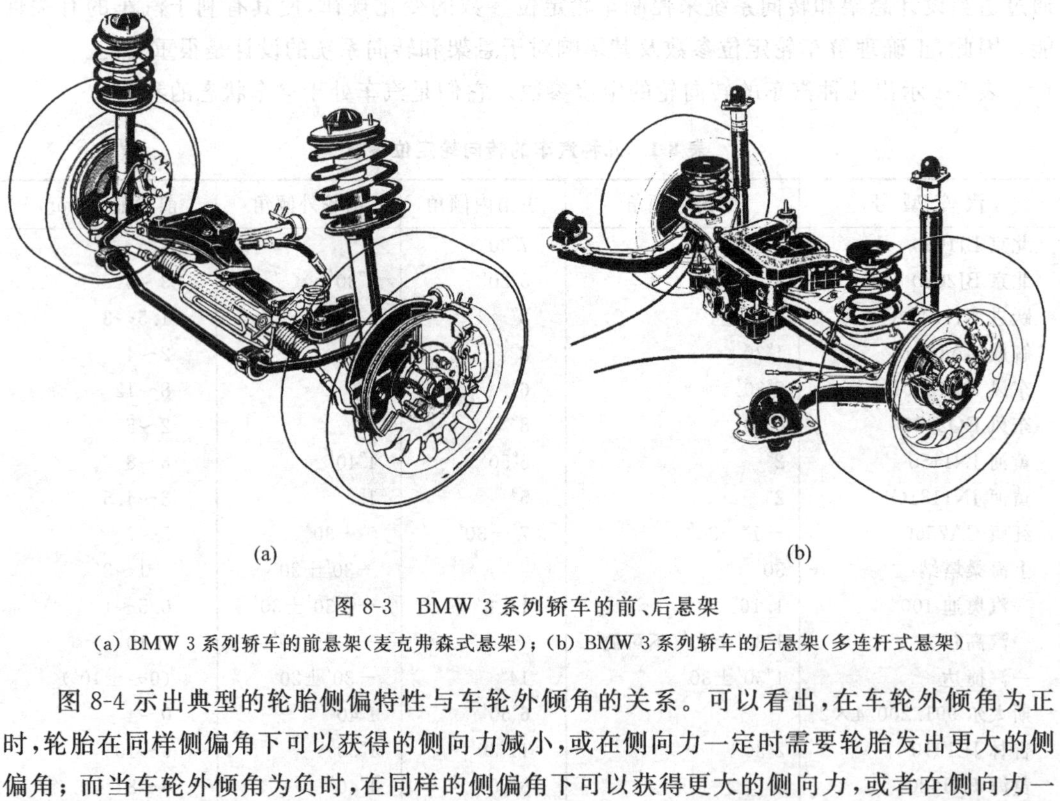

(a) (b)

图8-3 BMW 3系列轿车的前、后悬架

(a) BMW 3系列轿车的前悬架(麦克弗森式悬架);(b) BMW 3系列轿车的后悬架(多连杆式悬架)

图8-4示出典型的轮胎侧偏特性与车轮外倾角的关系。可以看出,在车轮外倾角为正时,轮胎在同样侧偏角下可以获得的侧向力减小,或在侧向力一定时需要轮胎发出更大的侧偏角;而当车轮外倾角为负时,在同样的侧偏角下可以获得更大的侧向力,或者在侧向力一定时所需要轮胎发出的侧偏角减小。因此,采用负的车轮外倾角有利于改进汽车的操纵稳定性(缩短响应时间、减小超调量等),而且随着车轮外倾角向负的方向增大,这种效果更明显。

为了防止汽车转向行驶、车身发生侧倾时外侧后外轮具有正的外倾角、减小该车轮能够发出的最大侧向力,在一些汽车后轮上也采用了负的车轮外倾角。BMW 3系列轿车是前置-后轮驱动轿车,图8-3(b)示出其多连杆式后悬架,后轮的外倾角约为−1.5°。

设定的车轮外倾角应该有利于减小轮胎磨损,这也是选择车轮外倾角的主要考虑因素之一。不正确的车轮外倾角会造成轮胎快速、异常磨损。如图 8-5 所示,过大的正的车轮外倾角会使轮胎外侧发生异常磨损,这是因为轮胎的外侧承受的负荷大于其内侧。而过大的负的车轮外倾角会引起轮胎内侧的异常磨损,其原因是轮胎内侧承受的负荷大于其外侧。

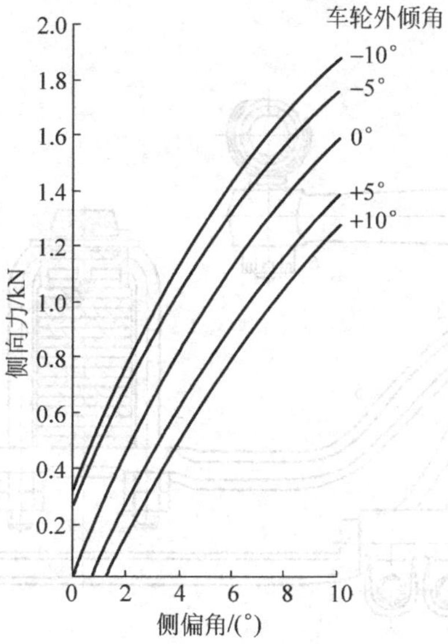

图 8-4 典型轮胎侧偏特性与车轮外倾角的关系

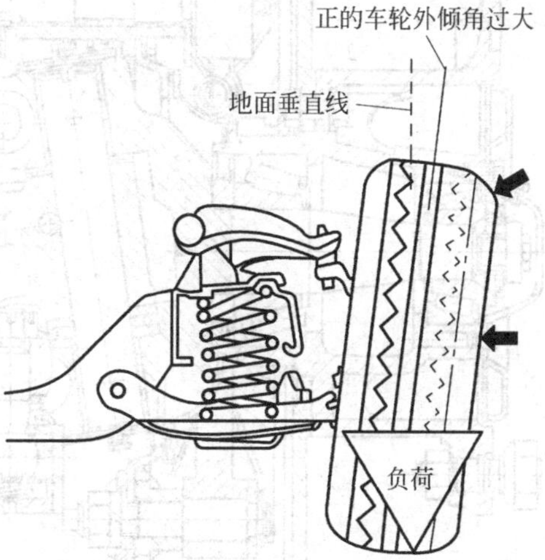

图 8-5 正的车轮外倾角过大时会引起轮胎外侧异常磨损

8.2 主销后倾角

在汽车的侧视图中(参见图 8-1),主销后倾角是主销轴线(转向车轮的旋转轴线)相对于地面垂直线的倾角。主销后倾角有正、负之分。主销轴线上部向后倾斜的是正的主销后倾角;主销轴线上部向前倾斜的是负的主销后倾角。

在图 8-6 所示货车前桥(非独立悬架)中,确实有主销这个零件,前轮在转向时就绕着它旋转,旋转轴线与主销的轴线重合。这便是主销内倾角这个术语的最初来源。

但是,在采用独立悬架的汽车中不存在主销这个零件,只有主销轴线。在图 8-7 所示的双横臂式悬架中,主销轴线是转向节上、下球头销的中心的连线。在图 8-8 所示的麦克弗森式悬架中,主销轴线是在立柱上支点处的轴承的中心与悬架横摆臂球销中心的连线。图 8-9 示出一个四连杆式独立悬架,其导向机构由上、下两组连杆组成,每组又包括前、后两个连杆。每个连杆在内侧都有自己的转轴,每个连杆在外侧都通过一个球铰与转向节相连。对于每个连杆,都通过其内侧的转轴中心和外侧的球铰中心画一条中心连线。两个上方连杆的中心连线相交于点 E,两个下方连杆的中心连线相交于点 G。E 和 G 的连线就是这种多连杆式独立悬架的虚拟主销轴线。转向时,车轮绕上述主销轴线转动。

如图 8-10 所示,正的主销后倾角的作用是使主销轴线与地面的交点 B 位于轮胎接地印迹中心 C 之前,它们之间的距离 a 称为主销后倾拖距或机械拖距。汽车在转向时,转向车轮上作用有侧向力,引起弹性轮胎出现侧偏角。地面对轮胎作用的侧向力 F_L 的作用点

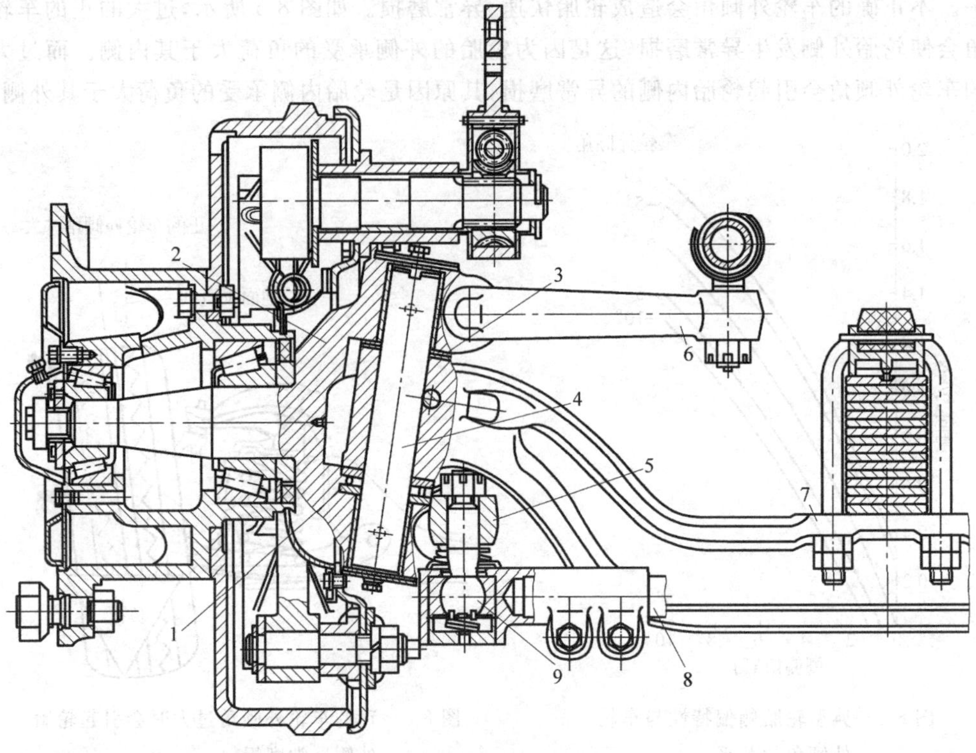

图 8-6 货车的转向桥

1—转向节推力轴承；2—转向节；3—调整垫片；4—主销；5—转向梯形臂；
6—转向节臂；7—前梁；8—转向横拉杆；9—球销

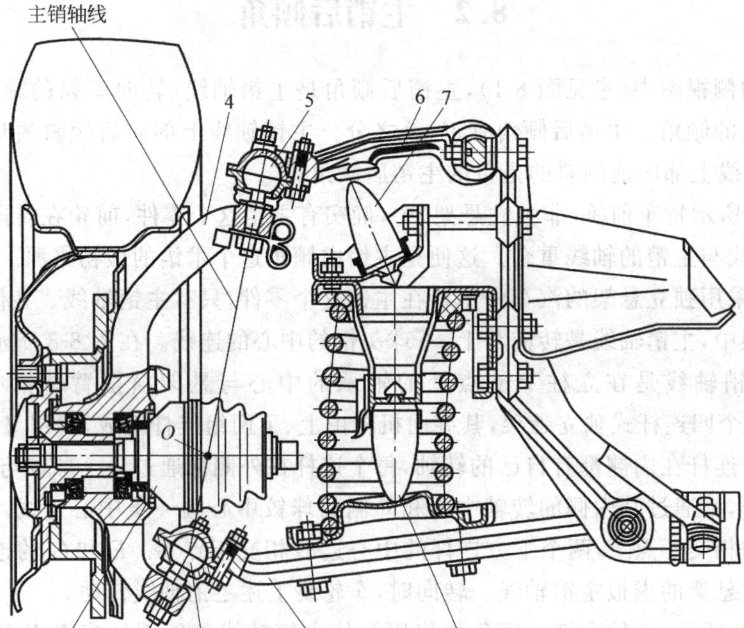

图 8-7 双横臂式悬架及其主销轴线

1,6—下摆臂及上摆臂；2,5—球头销；3—半轴等速万向节；4—转向节；7,8—缓冲块

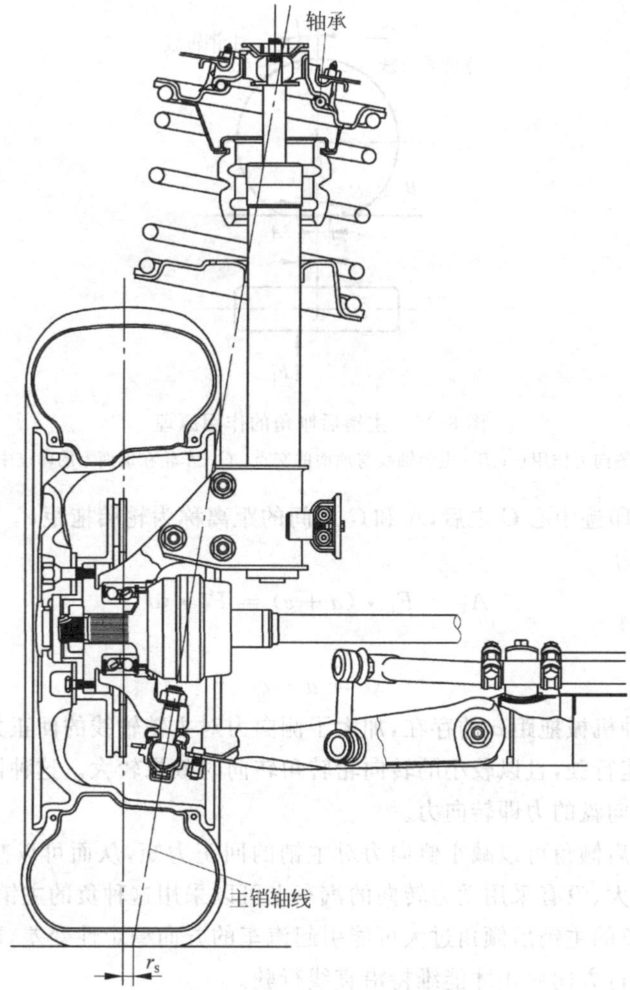

图 8-8　麦克弗森式悬架及其主销轴线

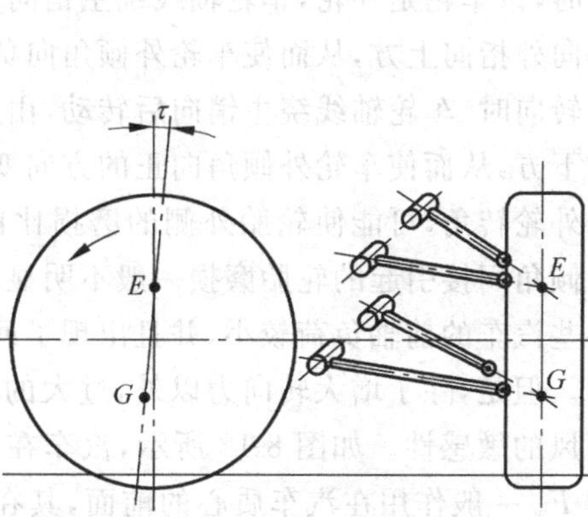

图 8-9　一种四连杆式独立悬架及其虚拟主销轴线 EG

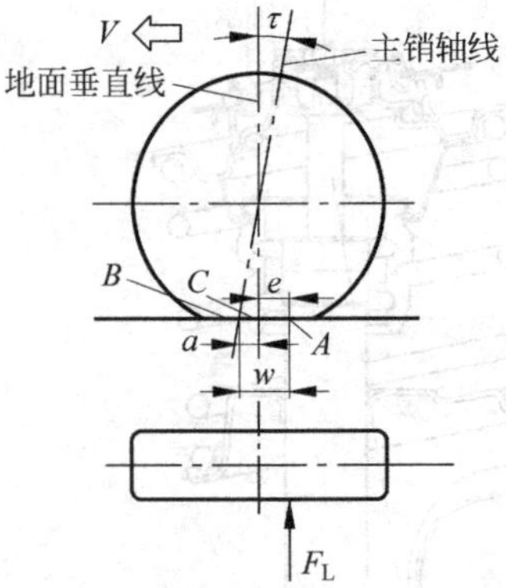

图 8-10 主销后倾角的作用原理

A—侧向力作用点；B—主销轴线与地面的交点；C—车轮在地面上的印迹中心

A 位于轮胎的地面印迹中心 C 之后，A 和 C 之间的距离称为轮胎拖距 e。这时，侧向力对主销的回正力矩 A_T 为

$$A_T = F_L \cdot (a + e) = F_L \cdot w \tag{8-1}$$

其中，w 是总拖距：

$$w = a + e \tag{8-2}$$

所以，由于这种机械拖距 a 的存在，加大了侧向力对主销轴线的回正力矩。这种回正力矩在汽车以高、中速行驶，且以较小的转向轮转角转向时效果较大。这种回正力矩的增大会增大驾驶员转动转向盘的力即转向力。

采用负的主销后倾角可以减小侧向力对主销的回正力矩，从而可以减小驾驶员的转向力。在前轴负荷较大、没有采用动力转向的汽车上可以采用这种负的主销后倾角，以减小转向力。但是，如果负的主销后倾角过大可能引起汽车的方向稳定性变差，以致驾驶员必须不断地转动转向盘进行方向修正才能维持沿直线行驶。

在发动机前置-后轮驱动的现代轿车上，主销后倾角的范围在＋4°～＋11°之间。在发动机前置-前轮驱动的轿车上，主销后倾角一般在 1°～4°之间。

如果主销后倾角过大，在汽车转向、车轮绕主销轴线转动时会引起车轮外倾角的变化，从而可能间接引起轮胎的磨损。图 8-11 示出一辆汽车的右前轮，其具有正的主销后倾角。在向左转向时，该车轮是外轮，车轮轴线绕主销向前转动，由于这个正的主销后倾角，车轮轴线同时变得向外指向上方，从而使车轮外倾角向负的方向变化，可能引起轮胎内侧磨损。而当汽车向右转向时，车轮轴线绕主销向后转动，由于这个正的主销后倾角，车轮轴线同时变得向外指向下方，从而使车轮外倾角向正的方向变化，可能引起轮胎外侧磨损。由于内轮转角一般大于外轮转角，可能使轮胎外侧的磨损比内侧的大。当主销后倾角在 2°以内时，这种由主销后倾角间接引起的轮胎磨损一般不明显。

如果某些汽车的前轴负荷较小，并且出现了回正性能不良的情况，可以考虑采用较大的主销后倾角。但是，除了增大转向力以外，过大的主销后倾角还会引起其他问题。例如，会增大对侧向风的敏感性。如图 8-12 所示，汽车在直线行驶时受到一个侧风作用，侧风引起的侧向合力 F_w 一般作用在汽车质心的前面，其在各个轮胎接地印迹的中心引起一个方向相反的侧向力 $F_{L,w}$。由于主销后倾角造成的机械拖距为 a，其使在前轮上的 $F_{L,w}$ 对主销有

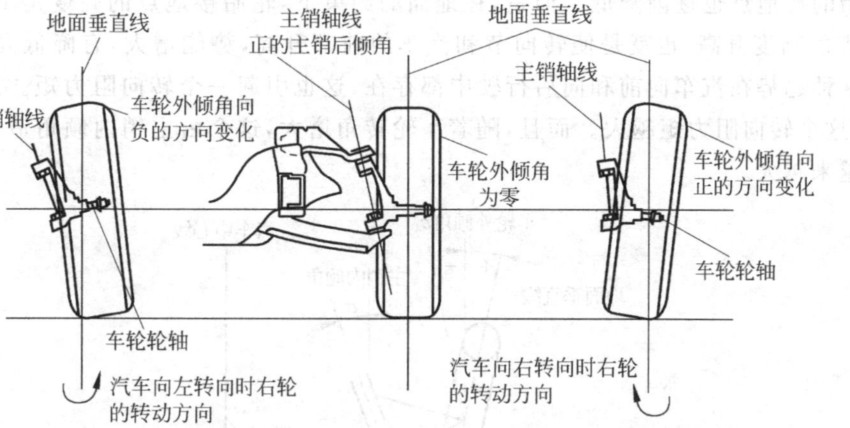

图 8-11 汽车右前轮转向时由于主销后倾角引起的车轮外倾角的变化

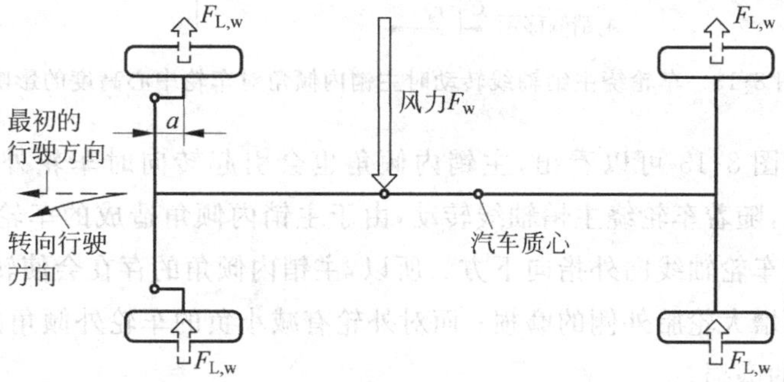

图 8-12 主销后倾角引起的机械拖距 a 与汽车侧风敏感性分析图

一个力矩 $F_{L,w}\cdot a$。这个力矩会使两个前轮都向左转动一个小角度 α，从而使汽车向左转向，即顺着风的方向转向。主销后倾角越大，机械拖距 a 越大，上述车轮转矩 $F_{L,w}\cdot a$、转角 α 就越大，汽车向左转的现象就越明显。

另外，汽车行驶时车轮会由于地面不平而受到交变的侧向干扰力。主销后倾角越大，这些侧向干扰力对主销的动态力矩就越大，从而对转向系统零件的动态载荷、使转向盘受到的冲击力就越大，还可能引起振动、噪声问题。研究表明，大的主销后倾角有引起车轮摆振的可能。

8.3 主销内倾角

在汽车前视图中（参见图 8-1），主销内倾角是前轮的旋转轴线（主销轴线）相对于地面垂直线的倾角。在现代汽车中，主销内倾角的范围在 3°～15°30′之间。

主销内倾角对改善汽车的操纵性是有利的，这是因为它的存在可向转向轮施加一个回正力矩。图 8-13 示出汽车直线行驶时的状态，F 点是车轮中心，E 点是车轮轴线与主销轴线的交点。当转向轮绕倾斜的主销轴线转动时，E 点的位置保持不变。而从前视图（见图 8-13）上看，车轮中心将沿着 F 点和 E 点的连线向 E 点移动，即其高度逐渐降低，使轮胎的接地点也逐渐降低。但是,在地面的约束下,轮胎接地点的高度是不变的,从而使 E 点的高度升高,也就是使转向节和汽车的前部升高,势能增大,有降低高度的趋势。而且这种趋势在汽车向前和向后行驶中都存在,这也引起一个转向阻力矩。主销内倾角越大,这个转向阻力矩越大。而且,随着车轮转角增大,这个由主销内倾角造成的转向阻力矩越来越大。

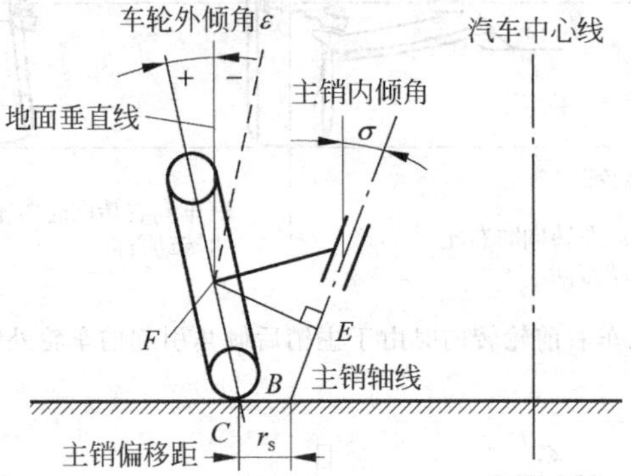

图 8-13 车轮绕主销轴线转动时主销内倾角对车轮中心高度的影响

从图 8-11 和图 8-13 可以看出,主销内倾角也会引起转向时车轮外倾角的变化。从图 8-13 可以看出,随着车轮绕主销轴线转动,由于主销内倾角造成的车轮外倾角总是向正的方向变化,即使车轮轴线向外指向下方。所以,主销内倾角的存在会使转向时内轮的正的外倾角增大,从而增大轮胎外侧的磨损;而对外轮有减小负的车轮外倾角的作用,从而可以减轻其轮胎内侧的磨损。

8.4 主销偏移距

在汽车前视图(参见图 8-1)中,主销偏移距是主销轴线与地面的交点和车轮中心线与地面的交点之间的距离。主销偏移距也有正负之分。如果主销轴线与地面的交点在车轮中心线与地面交点的内侧,主销偏移距为正;如果在外侧,则为负。图 8-14 示出一个偏移距为负的例子。

最初,采用主销内倾角的主要目的是减小主销偏移距。从图 8-6、图 8-7 和图 8-8 可以看出,汽车的主销或主销轴线都位于车轮的内侧,如果没有主销内倾角,就会导致比较大的主销偏移距。在汽车行驶、车轮受到纵向冲击力或制动力时,它们会对主销作用一个比较大的力矩,从而把较大的载荷传给转向杆系、转向盘,影响驾驶员的驾驶舒适性和转向杆系的强度、刚度设计。

当主销轴线与地面的交点和轮胎在地面上的印迹中心重合时,偏移距为零,这种转向称为中心点转向。中心点转向的一个重要优点在于,制动力和驱动力(在转向驱动桥情况下)对主销轴线均无转矩作用,因为它们都通过轮胎在地面上的印迹中心。在这种情况下,主销内倾角一般不小于 10°。而当偏移距为负时,主销内倾角更大。

如果主销偏移距不等于零,则在停车转向时,车轮将绕 B 点边滚、边滑(见图 8-13),可

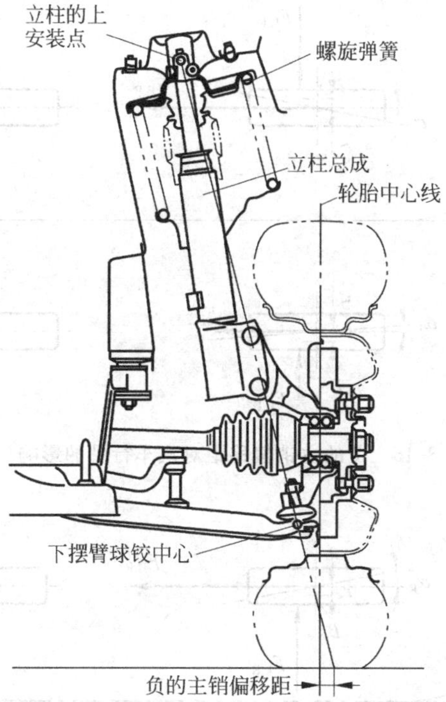

图 8-14 一种麦克弗森式悬架及其负的主销偏移距

以在某种程度上减小转向阻力。而如果偏移距为零，即 C 点与 B 点重合，则停车转向时，车轮将绕 C 点纯滑动，转向阻力大。

在比较新型的一些汽车中采用了负的主销偏移距（见图 8-14）。采用负偏移距的优点是在一个轮胎放气或左、右车轮上制动力不相等时，具有抵抗汽车改变行驶方向的能力。如图 8-15 所示，汽车右前轮上作用的制动力 $F_{B,R}$ 大于左前轮上的制动力 $F_{B,L}$，这会在汽车上作用一个试图使汽车向右转的不平衡力矩。但是，由于存在负的主销偏移距，即主销轴线与地面的交点 B 位于轮胎接地印迹中心的外侧，这些制动力还会对车轮作用一个绕 B 点的力矩，这些力矩作用到转向系统上，通过使转向杆系产生弹性变形而使右前轮沿逆时针方向转动一个角度 α_R、使左前轮沿顺时针方向转动一个角度 α_L，并且 $\alpha_R > \alpha_L$。这两个角度就是侧偏角，产生对应的侧向力 $F_{L,R}$ 和 $F_{L,L}$，并且 $F_{L,R} > F_{L,L}$，从而使汽车向左转向。因此，汽车的上述两个转向作用相互抵消，有助于维持汽车的直线行驶。但当偏移距为正时（见图 8-16），不具有这种维持直线行驶的特性，不平衡的制动力所引起的侧向力的总的影响是加剧汽车向右转向。

采用负的主销后倾角的代价是增大了转向阻力矩，因为为了获得负的主销偏移距必须采用较大的主销内倾角。

主销偏移距的尺度一般不超过轮胎接地印迹宽度的一半，因为再增大其尺度也不会再减小停车转向阻力，反而会增大地面冲击对转向盘的影响。

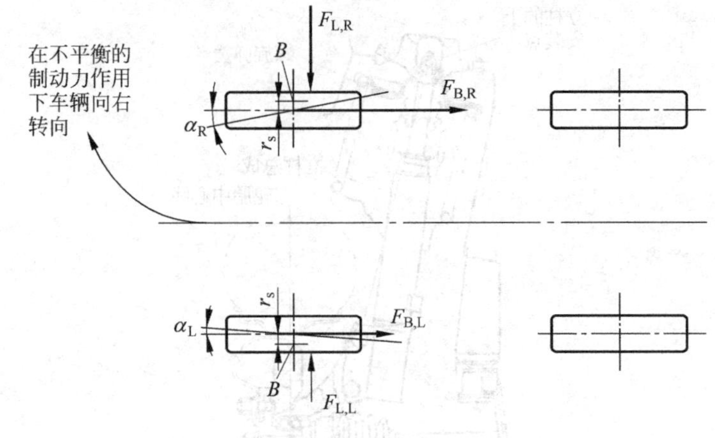

图 8-15　负的主销偏移距对汽车行驶的影响

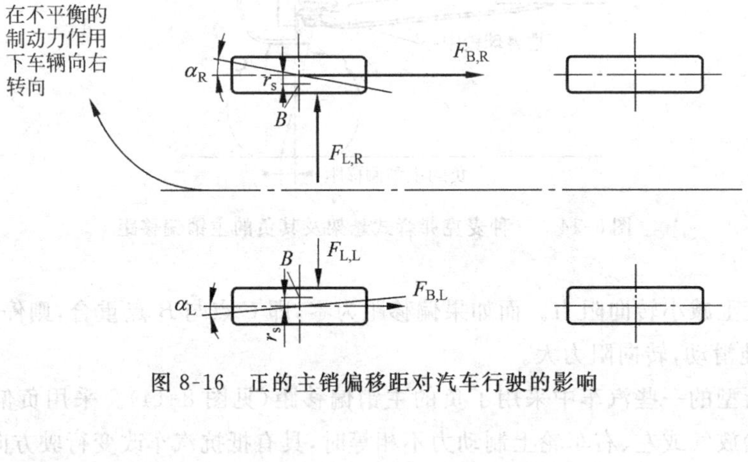

图 8-16　正的主销偏移距对汽车行驶的影响

8.5 前　束

如图 8-1 和图 8-2 所示,在汽车的俯视图上,前束角是车轮中心线与汽车纵向对称轴线之间的夹角。在实际中,还采用前束这个参数,其定义为左、右车轮轮辋最后点之间的距离 B 与最前点之间的距离 A 之差,即 $B-A$。一般为 0~5 mm。

在前轮不是驱动轮时,往往设置前束,即当汽车静止时,前轮具有故意设置的前束。但是当汽车行驶时,在从动轮前轮上作用有向后的力(例如滚动阻力等,它们是地面作用在车轮上的力),这种力使转向杆系发生变形,在主销偏移距为正时,将趋于使前束向负的方向变化。所以,当汽车行驶起来以后,两个前轮将趋于相互平行。而如果主销偏移距为负,则在车辆静止时应该设置负的前束。应该指出,当汽车行驶时,零前束是希望的。

对于前轮驱动汽车,当主销偏移距为正时,往往设置负的前束(当汽车静止时)。当汽车行驶时,在前轮上作用有地面驱动力(方向向前),它们也使转向杆系发生变形,使前束向正的方向变化。所以,当汽车行驶起来以后,两个前轮将趋于相互平行。但如果主销偏移距为负,则汽车静止时,前轮应该设置正的前束,而不是负的前束。

如果上述纵向力所引起的前束角变化不大,也可以选择零前束或不大的正前束(在汽车静止时)。另外,在设定前束角时,还应该考虑制动力所引起的前束角的变化情况。

表 8-2 列出一些汽车的前束角或前束的设定值(适用于空载状态)。

表 8-2 一些汽车的前束角或前束的设定值(适用于空载状态)

汽　　车	驱 动 形 式	前束角/前束	
		前　　轴	后　　轴
Mercedes 190E	发动机前置-后轮驱动	$+20'\pm10'$	$+25'^{+10'}_{-5'}$
Mercedes 500SE	发动机前置-后轮驱动	$+3\pm1$ mm	$+3.5^{+1}_{-1.5}$ mm
Ford Escort	发动机前置-前轮驱动	-2.5 ± 1 mm	
Audi 80	发动机前置-前轮驱动	$+10'\pm15'$	
Audi 100 quattro	全轮驱动	$0°^{+5'}_{-10'}$	$-10'\pm10'$

前束选择得过大,会引起轮胎的异常磨损。过大的前束对于斜交轮胎所造成的磨损模式与子午线轮胎不同。图 8-17、图 8-18 分别示出不正确的前束设定对斜交轮胎、子午线轮胎造成的磨损模式。过大的正的前束会引起子午线轮胎外侧的异常磨损(见图 8-18)。而过大的负的前束会引起子午线轮胎内侧的异常磨损。这种磨损模式与过大的车轮外倾角所引起的异常磨损看起来很相似,容易误判。因此,应该在测量了所有车轮定位参数以后,再作出判断。

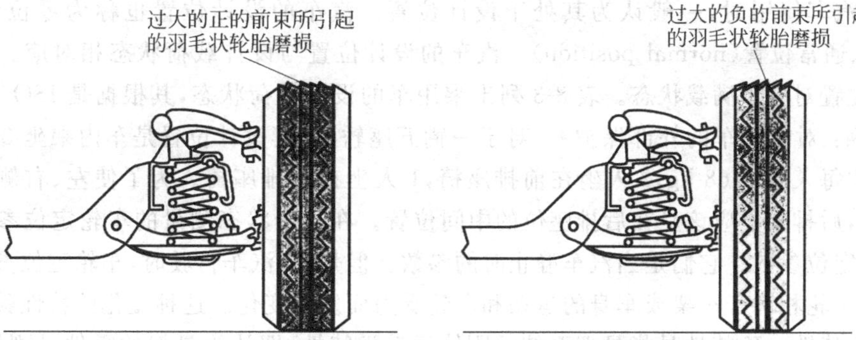

图 8-17 不正确的前束设定对斜交轮胎造成的磨损模式

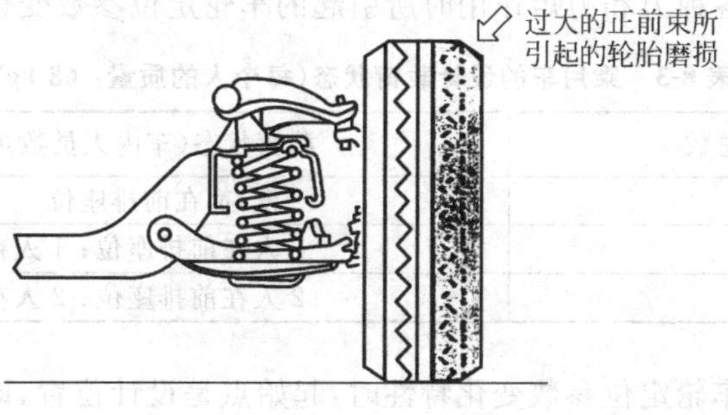

图 8-18 不正确的前束设定对子午线轮胎造成的磨损模式

前束也有抵消车轮外倾角影响的作用。如果存在车轮外倾角,左、右车轮分别向外侧转动。而如果左、右两轮带有向内的前束角,则又使它们向内侧转动。在适当选择车轮外倾角和前束的情况下,两者作用可以相互抵消,左、右车轮沿直线行进,如图 8-19 所示。

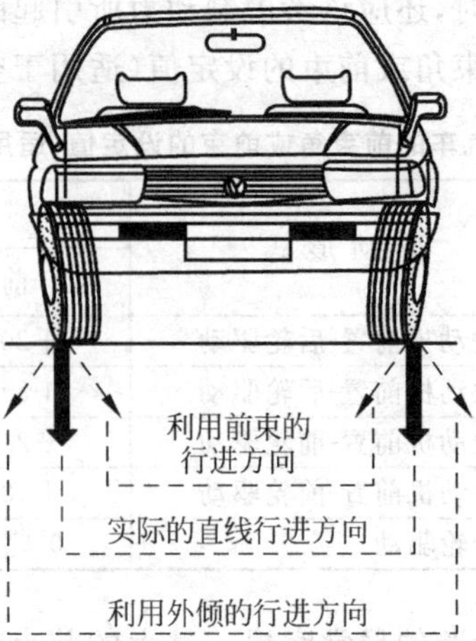

图 8-19 车轮前束与车轮外倾角对汽车行驶的影响

8.6 车轮定位参数的变化

应该指出,上述车轮定位参数是空车时的定位参数。

而当汽车使用时,一般认为其处于设计位置。汽车的设计位置也称为零位置(zero position)、通常位置(normal position)。汽车的设计位置与设计载荷状态相对应。对于卡车,设计位置对应于满载状态。表 8-3 列出乘用车的设计载荷状态,其根据是 ISO/IS 1958《道路车辆:对乘用车的外部保护》。对于一辆五座轿车,其设计位置是车内乘坐 3 人时的状态,其中每人质量 68 kg,2 人坐在前排座椅,1 人坐在后排座椅。为了使左、右侧车轮的负荷对称,后排乘员应该坐在后排座位的中间位置。在这个状态测量的车轮定位参数称为静态车轮定位参数。它们是当汽车静止时的参数。但是,当汽车行驶时,车轮定位参数一般都会随着车轮相对于车架或车身的运动和车轮受力而发生变化。这种变化的特性就是悬架的 K 和 C 特性。K 特性是指悬架系统的刚体运动学特性,即认为悬架的零件是刚体,它们之间利用球铰、圆柱铰等连接起来,在这种系统运动时所引起的车轮定位参数变化。C 特性是指悬架系统在受到各种力和力矩作用时所引起的车轮定位参数变化。

表 8-3 乘用车的设计载荷状态(每个人的质量:68 kg)

车辆的座位总数	载荷状态(车内人员数量及其位置)
2 和 3	2 人,都在前排座位
4 和 5	2 人在前排座位;1 人在后排座位
6 和 7	2 人在前排座位;2 人在后排座位

在研究汽车悬架车轮定位参数变化特性时,起始点是设计位置,即车轮定位参数的变化是相对于在设计位置的相应参数的变化。

在汽车悬架、转向系统及相关接口零件的设计中,保证底盘系统具有正确的 K 和 C 特性,保证车轮定位参数、车轮位置具有正确的变化规律,是悬架和转向系统设计的基本内容。

练 习 题

1. 如何获得负的主销偏移距？采用负的主销偏移距有何优点？

2. 货车前轮应该具有什么样的车轮外倾角？为什么？应该如何确定一辆货车的前轮外倾角？

3. 为什么一些轿车采用负的车轮外倾角？

4. 为什么主销后倾角对汽车的车轮回正性能有影响？汽车的主销后倾角一般在什么范围？

5. 为什么需要有主销内倾角？其对汽车的性能有什么影响？汽车主销内倾角的范围一般是多少？

6. 车轮前束角如何定义？前束如何定义？如何证明所采用的前束是正确的？

9 悬架设计

9.1 对悬架设计的要求

悬架是现代汽车上的一个重要总成，它把车架(或车身)与车轴(或车轮)弹性地连接起来。其主要任务是在车轮和车架(或车身)之间传递所有的力和力矩，缓和由路面不平传给车架(或车身)的冲击载荷，衰减由此引起的承载系统的振动，控制车轮的运动规律，以保证汽车具有需要的平顺性和操纵稳定性。图 9-1 和图 9-2 分别示出一种轿车和一种货车的前悬架。

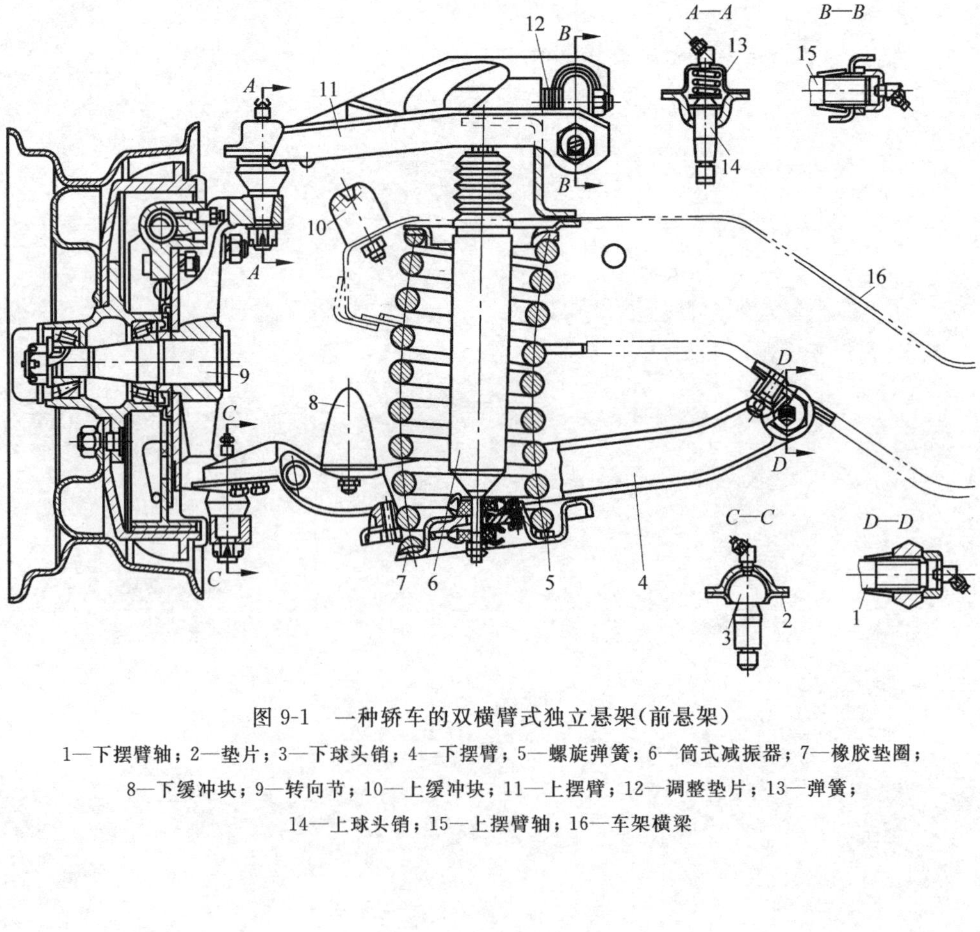

图 9-1　一种轿车的双横臂式独立悬架(前悬架)

1—下摆臂轴；2—垫片；3—下球头销；4—下摆臂；5—螺旋弹簧；6—筒式减振器；7—橡胶垫圈；8—下缓冲块；9—转向节；10—上缓冲块；11—上摆臂；12—调整垫片；13—弹簧；14—上球头销；15—上摆臂轴；16—车架横梁

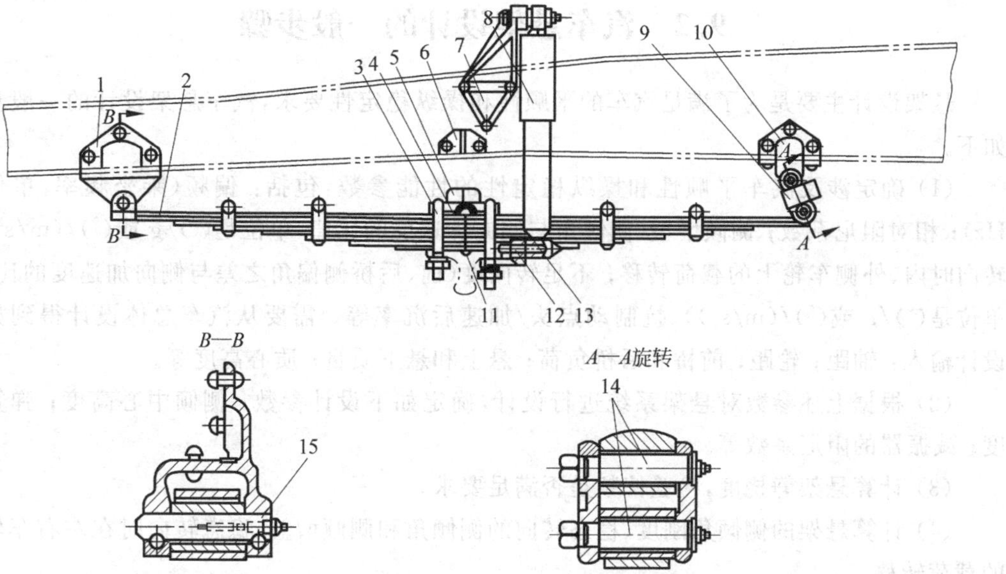

图 9-2 一种货车的前钢板弹簧悬架

1—钢板弹簧前支架；2—前钢板弹簧；3—U形螺栓；4—前板簧盖板；5—缓冲块；6—限位块；7—减振器上支架；8—减振器；9—吊耳；10—吊耳支架；11—中心螺栓；12—减振器下支架；13—减振器连接销；14—板簧吊耳销；15—钢板弹簧销

汽车悬架设计应该满足如下要求。

(1) 保证汽车具有良好的行驶平顺性。使悬架具有合适的刚度，保证汽车具有合适的偏频；具有合适的减振性能(有合适的阻尼特性)，与悬架的弹性特性匹配，减小车身和车轮在共振区的振幅，快速衰减振动；悬下质量小。

(2) 保证汽车具有良好的操纵稳定性。使汽车具有一定的不足转向特性；转向时，车身的侧倾角比较小(侧向加速度为 $0.4g$ 时，轿车的侧倾角一般要求为 $2.5°\sim4°$，货车为 $6°\sim7°$)。在车轮跳动时，使车轮定位参数具有合适的变化规律。在前轴，这个任务一般需要悬架和转向杆系来共同完成。

(3) 汽车制动和加速时保证车身具有较小的俯仰角位移。

(4) 结构紧凑，占据空间小。

(5) 能够可靠地传递车架(车身)与车轮之间的所有力和力矩。零部件质量轻，并且具有足够的强度、刚度和寿命。

(6) 制造、维护成本低，使轮胎磨损小。

如图 9-1 和图 9-2 所示，悬架主要是由弹性元件、导向机构、减振器、缓冲块和横向稳定杆(见图 8-3)组成的。

为了进一步提高汽车的行驶性能，更好地控制汽车车身的姿态，减小侧倾和纵倾，研制了主动悬架、半主动悬架。但是，由于成本、对燃油经济性的不利影响等原因，它们尚没有得到广泛应用。

9.2 汽车悬架设计的一般步骤

悬架设计主要是为了满足汽车的平顺性和操纵稳定性要求,汽车悬架设计的一般步骤如下。

(1) 确定涉及汽车平顺性和操纵稳定性的性能参数,包括:偏频(乘坐频率,单位是Hz);相对阻尼系数;侧倾增益(侧倾角与侧向加速度的比值,单位是(°)/g 或(°)/(m/s^2));转向时内、外侧车轮上的载荷转移;不足转向度(前、后桥侧偏角之差与侧向加速度的比值,单位是(°)/g 或(°)/(m/s^2))、抗制动点头/加速后沉率等。需要从汽车总体设计得到如下设计输入:轴距;轮距;前桥和后桥负荷;悬上和悬下质量;质心高度等。

(2) 根据上述参数对悬架系统进行设计,确定如下设计参数:侧倾中心高度;弹簧刚度;减振器的阻尼系数等。

(3) 计算悬架静挠度,检验偏频是否满足要求。

(4) 计算悬架的侧倾角刚度、稳态转向的侧倾角和侧倾增益、稳态转向时在左右车轮上的载荷转移。

(5) 计算要求横向稳定杆提供的侧倾刚度。

(6) 计算汽车稳态转向的不足转向度,包括计算如下参数:侧倾(引起的)外倾系数;侧倾(引起的)转向系数;侧向力、回正力矩(引起的)转向系数;侧向力、回正力矩(引起的)外倾系数;不足转向度。

(7) 对悬架的弹性元件、减振器进行设计和进行强度、刚度校核。

(8) 对悬架导向机构进行受力分析,对其零件进行强度、刚度校核。

(9) 对横向稳定杆进行设计和强度、刚度校核。

(10) 制造样机,并且对其进行试验。根据试验结果,对悬架设计参数进行最后的调整。

9.3 悬架弹性特性

9.3.1 前、后悬架静挠度和动挠度的选择

理论研究和使用经验证明,汽车前、后悬架与其悬上质量组成的振动系统的固有频率(即偏频),是影响汽车行驶平顺性的主要参数之一。现代汽车的质量分配系数 $\varepsilon=\rho^2/(a\cdot b)=0.8\sim1.2$,可以近似认为 $\varepsilon=1$。所以,可以近似认为前、后轴上方车身两点的振动不存在联系,而是单独运动。在这种情况下,可以认为前、后悬架分别与其悬上质量组成相互独立的两个单自由度振动系统(忽略了悬下质量和轮胎刚度、阻尼的影响),其固有频率称为偏频,可以表示为

$$n_1=\frac{1}{2\pi}\sqrt{\frac{C_1}{m_1}} \tag{9-1}$$

$$n_2=\frac{1}{2\pi}\sqrt{\frac{C_2}{m_2}} \tag{9-2}$$

其中,n_1、n_2 分别是前、后悬架的偏频,Hz;C_1、C_2 分别是前、后悬架的弹簧刚度,N/m;m_1、

m_2 分别是前、后悬上质量，kg。

对式(9-1)进行变换，可得

$$n_1=\frac{1}{2\pi}\sqrt{\frac{C_1}{m_1}}=\frac{1}{2\pi}\sqrt{\frac{C_1\cdot g}{m_1\cdot g}}=\frac{\sqrt{g}}{2\pi}\sqrt{\frac{C_1}{m_1\cdot g}}=\frac{\sqrt{g}}{2\pi}\sqrt{\frac{1}{f_{c1}}}$$

$$=\frac{\sqrt{9.8}}{2\pi}\sqrt{\frac{1}{f_{c1}}}\approx\frac{0.498}{\sqrt{f_{c1}}} \tag{9-3}$$

其中，g 是重力加速度，$g=9.8\ \mathrm{m/s^2}$；f_{c1} 是前悬架的静挠度，单位是 m，有

$$f_{c1}=\frac{m_1\cdot g}{C_1} \tag{9-4}$$

即，静挠度 f_{c1} 与悬架刚度 C_1 成反比。在悬架刚度 C_1 是常数，即悬架具有线性弹性特性时，静挠度 f_{c1} 总等于前悬架在重力作用下的弹性变形。但是，当悬架刚度 C_1 不是常数，即悬架具有非线性弹性特性时，公式(9-4)仍然成立，即静挠度 f_{c1} 总与 C_1 成反比，但是静挠度 f_{c1} 并不再总是等于前悬架在重力作用下的弹性变形了。

同样可以得到后悬架参数的计算公式

$$n_2=\frac{\sqrt{g}}{2\pi}\cdot\sqrt{\frac{1}{f_{c2}}}\approx\frac{0.498}{\sqrt{f_{c2}}} \tag{9-5}$$

$$f_{c2}=\frac{m_2\cdot g}{C_2} \tag{9-6}$$

f_{c2} 是后悬架的静挠度，m。

如果把 f_{c1}、f_{c2} 的单位取为 cm，则式(9-3)、式(9-5)可以分别变为

$$n_1=\frac{4.98}{\sqrt{f_{c1}}} \tag{9-7}$$

$$n_2=\frac{4.98}{\sqrt{f_{c2}}} \tag{9-8}$$

从式(9-7)、式(9-8)可得

$$f_{c1}=\left(\frac{4.98}{n_1}\right)^2 \tag{9-9}$$

$$f_{c2}=\left(\frac{4.98}{n_2}\right)^2 \tag{9-10}$$

所以，偏频与悬架的静挠度有关。在悬架设计中，先根据行驶平顺性要求确定偏频 n_1 和 n_2，然后根据式(9-9)、式(9-10)确定前、后悬架静挠度 f_{c1} 和 f_{c2}。应该指出，在悬架具有非线性弹性特性时，静挠度并不总是等于悬架在悬上质量作用下的实际变形量。而在任何情况下，静挠度 f_{c1} 和 f_{c2} 总是与偏频 n_1 和 n_2 的平方成反比。

表 9-1 列出各种现代汽车的偏频和静挠度、动挠度值。可以根据正在设计的车型，选择适当的参数数值。

另外，前、后悬架系统的偏频及静挠度的匹配，对汽车行驶平顺性也有明显影响。一般使前、后悬架的偏频及静挠度值接近，以免造成较大的车身纵向角振动。有人做过这样的试验，即让汽车以较高车速驶过单个路障，他们发现在前悬架偏频低于后悬架的偏频，即 $n_1/n_2<1$ 时，车身的角振动要比 $n_1/n_2>1$ 时的小。一般推荐 $f_{c2}=(0.8\sim0.9)f_{c1}$。对货车而

表 9-1 各种现代汽车的偏频、静挠度、动挠度值

车型	偏频 n/Hz	静挠度 f_c/cm	动挠度 f_d/cm
货车	1.5～2.2	5～11	6～9
轿车	0.9～1.6	10～30	7～9
大客车	1.3～1.8	7～15	5～8
越野车	1.4～2.0	6～13	7～13

言,考虑到前、后轴荷的差别和驾驶员的乘坐舒适性,其前悬架的静挠度一般大于后悬架的静挠度,取 $f_{c2}=(0.6\sim0.8)f_{c1}$。对一些微型轿车,为了改善其后座舒适性,也有设计成后悬架系统的偏频低于前悬架系统的。

为了防止在不平路面上行驶时经常冲击缓冲块(如图 9-1 和图 9-2 所示),悬架还必须具备足够的动挠度 f_d。悬架的动挠度是指:从悬架的设计位置(对货车就是满载静平衡位置)开始,把悬架压缩到结构允许的最大变形(通常指缓冲块被压缩到其自由高的 1/2 或 2/3)时,车轮中心相对车架(或车身)的垂直位移。

前、后悬架的动挠度值常按其相应的静挠度值来选取,其与车型和经常使用的路况也有关系。对行驶路面较好的轿车,f_d/f_c 的比值较小;在坏路上行驶的越野车,f_d/f_c 应选得较大。可以参考表 9-1 选择悬架的动挠度。

9.3.2 悬架的弹性特性

悬架的弹性特性,是指悬架变形 f 与其所受载荷 F 之间的关系。图 9-3 示出测量悬架弹性特性的力学模型,其中假设车身固定,对同一个车桥上的两个车轮各施加一个相同的垂直力 F,测量车轮相对于力 F 为零时的车轮位置的垂直位移 f。

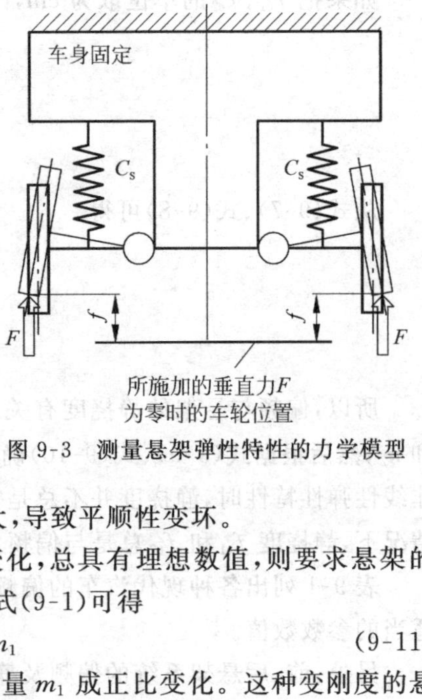

图 9-3 测量悬架弹性特性的力学模型

当悬架垂直变形 f 与所受载荷 F 成固定比例时,弹性特性可由一条直线表示,称这种特性为“线性弹性特性”。此时,悬架刚度 C 是个常数。具有线性悬架的汽车,难以获得令人满意的平顺性。如上所述,偏频计算公式,即式(9-1)为

$$n_1=\frac{1}{2\pi}\sqrt{\frac{C_1}{m_1}}$$

其中,线性悬架的弹性刚度 C_1 是个常数。假设所选择的 C_1 使得在满载情况下的偏频满足要求,则当空载时 C_1 仍保持不变,而 m_1 减小了,从而使偏频 n_1 增大,导致平顺性变坏。

要使悬架的偏频不随汽车悬上质量 m 的改变而变化,总具有理想数值,则要求悬架的刚度随着汽车悬上质量的变化而作出相应的变化。从式(9-1)可得

$$C_1=(2\pi\cdot n_1)^2\cdot m_1 \tag{9-11}$$

即要使偏频 n_1 保持不变,就要求悬架刚度 C_1 与悬上质量 m_1 成正比变化。这种变刚度的悬架弹性特性称为等偏频悬架弹性特性。刚度可变的悬架称为非线性悬架。

首先研究在悬上质量一定时悬架所应该具有的弹性特性。在图 9-4 中所示的 Aab 曲线是一种非线性悬架的弹性特性,其特点是在满载静负荷 F_c 附近刚度较小,而在离开该静

载荷较远的两端刚度大。曲线在 a 点(相应于满载静负荷 F_c)的斜率(也就是刚度)较小,在曲线两端斜率(刚度)大。在这条曲线上任何一点的静挠度 f_c 由这点的纵坐标(载荷 F)和斜率(刚度 C)确定,即

$$f_c = \frac{F}{C} \tag{9-12}$$

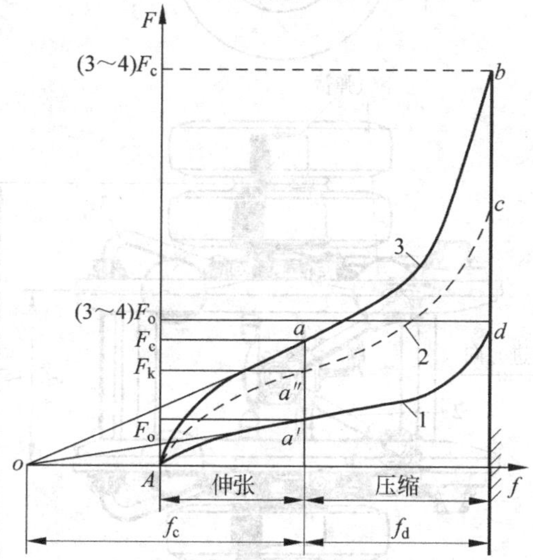

图 9-4 可变的悬架弹性特性

该曲线上任一点的静挠度 f_c 就是该点的横坐标(变形值)与过该点的切线与横坐标轴($F=0$)的交点的横坐标之差。在满载静负荷 F_c(a 点)处的静挠度根据平顺性要求(偏频)按照式(9-9)或式(9-10)计算。在 a 点曲线斜率(刚度)比较小,并且在 a 点附近斜率变化也应该小,以使汽车在一般道路行驶条件下(悬架的变形比较小时)具有比较好的平顺性;而当悬架变形比较大(趋近曲线的两端)时,刚度急剧增大。这样可以在有限的动挠度 f_d 范围内吸收更多的能量,从而减小击穿缓冲块的可能性。而如果采用线性悬架,为了吸收同样的能量就必须增大动挠度 f_d。这会增大车身高度和质心高度,导致行驶稳定性变差,即转向时车身侧倾角比较大,制动时车身纵倾角比较大。动挠度大还会使车轮上的动载荷增大、接地性变差。所以,采用图 9-4 所示非线性悬架是很有必要的。在设计中,一般使动挠度 f_d 所对应的载荷为 3～4 倍满载静负荷 F_c,即图 9-4 中的 b 点;而在 a 点(满载静负荷处)附近($f_c \pm 0.6f_d$)范围内,悬架刚度变化要尽可能小。对于轿车,一般要求不超过 20%或刚度接近常数。

但是,上述悬架非线性特性还不能保证装载量不同时,偏频、车身高度保持不变。为了实现偏频和车身高度都不随装载量发生变化,需要采用车身高度(悬架刚度)自动调节装置。这意味着,对应于每个静载荷就应该有一条弹性特性曲线。这样,悬架的弹性特性就由一束曲线组成。在图 9-4 中画出了三条有代表性的曲线,其中曲线 1、2、3 分别代表静载荷值为空载 F_o、半载 F_k、满载 F_c 时的情况。为了使车身高度和静挠度 f_c 都不随装载量发生变化,这三条曲线上 a、a''和 a' 点的斜率必须不同,即刚度不同。这样的弹性特性才是比较理想的。装有车身高度自动调节装置的空气悬架(见图 9-5～图 9-8)可以比较容易地获得上述特性曲线,但是成本比较高。

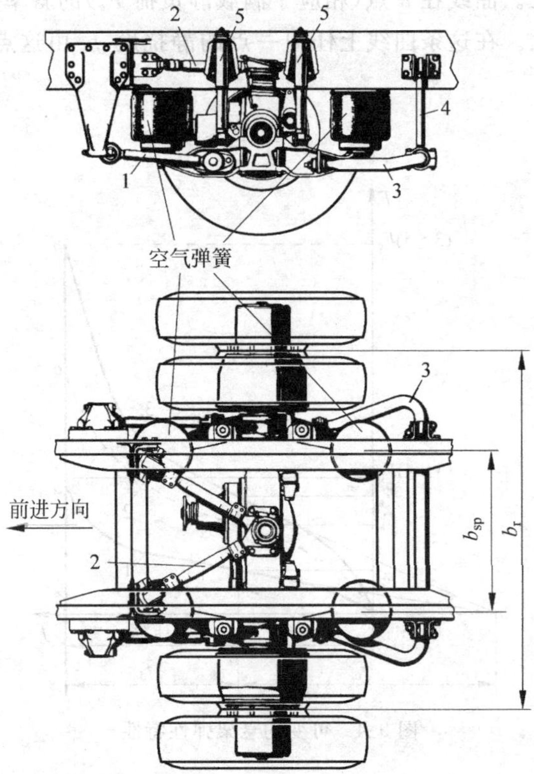

图 9-5　一种采用空气弹簧的货车后悬架

1,2—悬架导向机构的控制杆(2也称为V形杆)；3—横向稳定杆；
4—横向稳定杆在车架上的安装机构；5—减振器

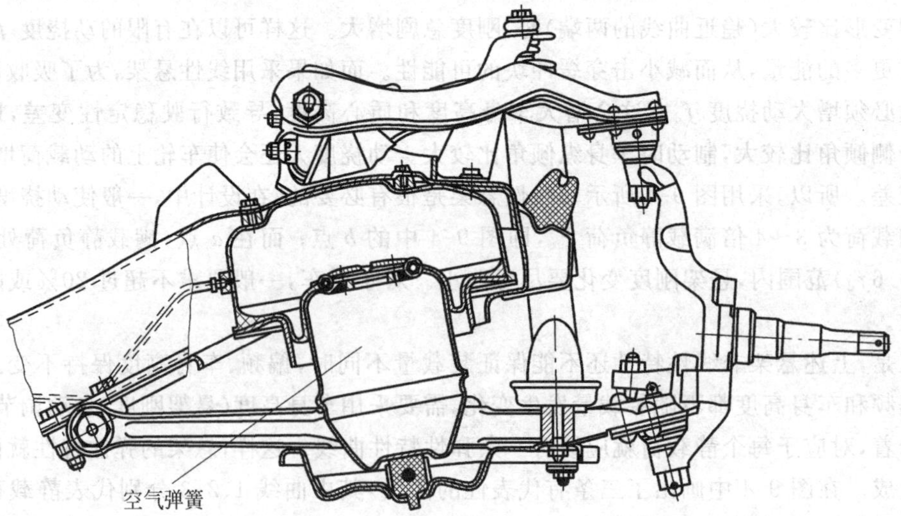

图 9-6　一种采用空气弹簧的双横臂式独立悬架

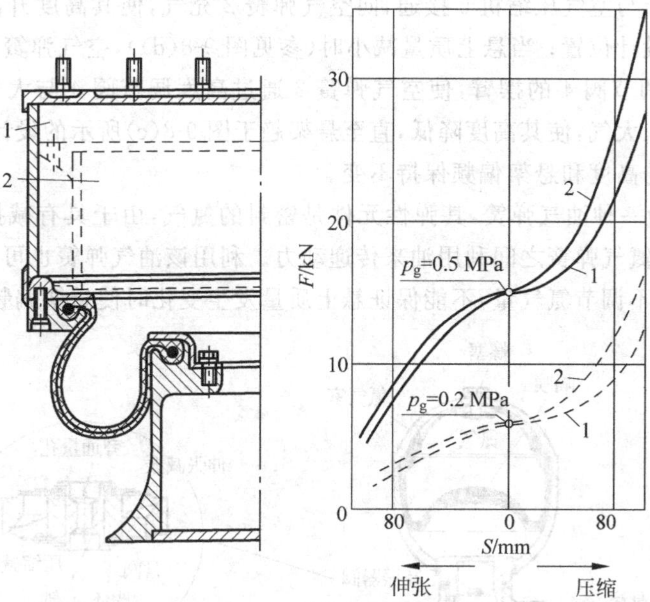

图 9-7　一种空气弹簧的非线性弹性特性(p_g 是表压力，即相对于大气的压力)

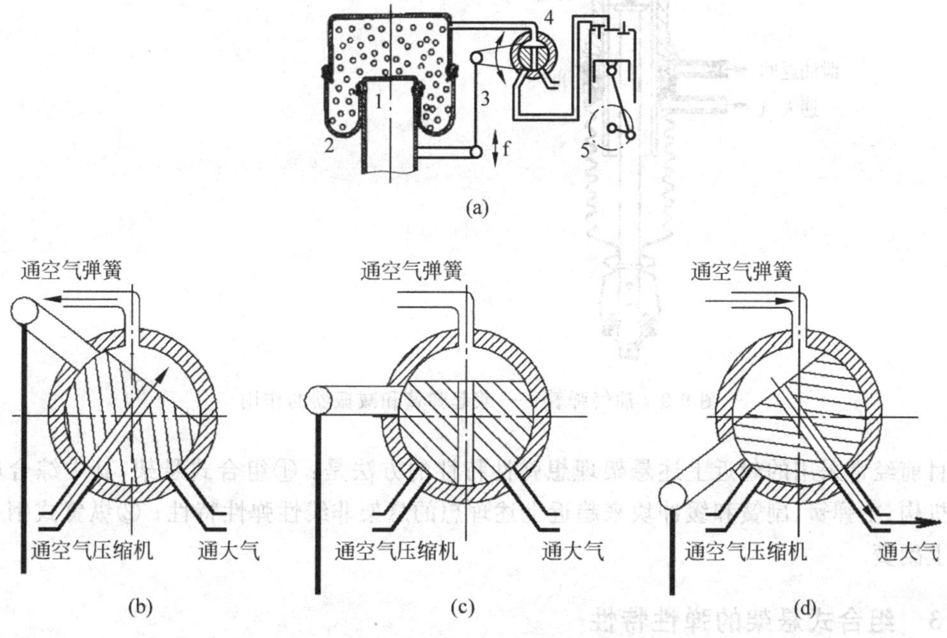

图 9-8　一种空气弹簧车身高度调节装置示意图

(a) 空气弹簧车身高度调节装置；(b) 悬上质量增大时；(c) 设计位置；(d) 悬上质量减小时

1—车轮；2—空气弹簧气囊；3—拉杆；4—车身高度调节阀；5—空气压缩机

图 9-8 为一种空气弹簧车身高度调节装置的示意图，其中图 9-8(c)所示为悬架处于设计位置时高度调节阀 4 的状态，空气弹簧中的空气被封闭。当悬上质量增大时(参见图 9-8(b))，空气弹簧 2 的高度被压缩、减小，拉杆 3 推动高度调节阀 4 的摆臂向上摆动，使空气弹簧 2

通过高度调节阀 4 与空气压缩机 5 接通,向空气弹簧 2 充气,使其高度升高,直至悬架趋于图 9-8(c)所示的设计位置;当悬上质量减小时(参见图 9-8(d)),空气弹簧 2 的高度增大,拉杆 3 向下拉高度调节阀 4 的摆臂,使空气弹簧 2 通过高度调节阀 4 与大气接通,把空气弹簧 2 中的空气排入大气,使其高度降低,直至悬架趋于图 9-8(c)所示的设计位置。这样就基本上可以使车身的高度和悬架偏频保持不变。

图 9-9 所示为一种油气弹簧,其弹性元件是密封的氮气,由于具有减振器阀,还起减振器作用,在活塞和氮气弹簧之间利用油来传递动力。利用该油气弹簧也可以调节车高,但是其仅调节油量,而不调节氮气量,不能保证悬上质量发生变化时使悬架偏频还保持不变。

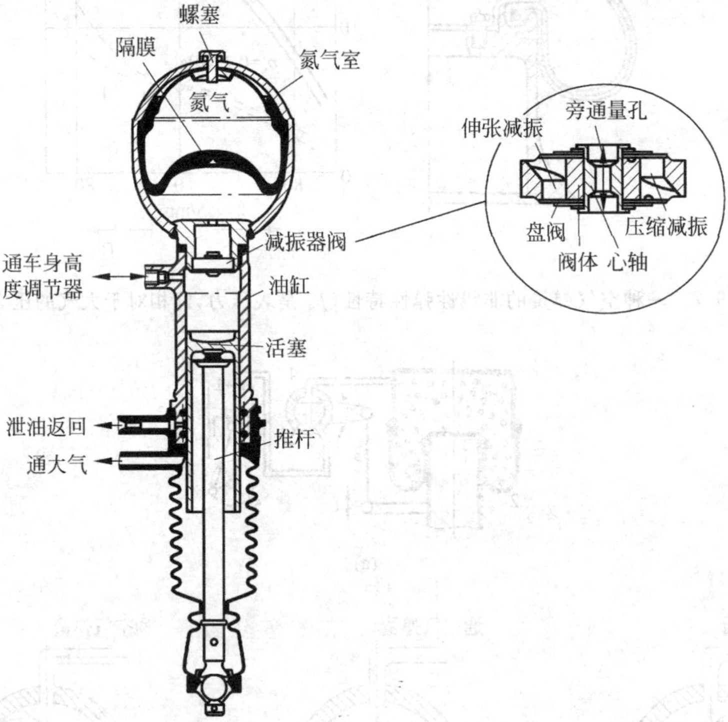

图 9-9　油气弹簧——兼起弹簧和减振器的作用

目前经常采用的趋近上述悬架理想弹性特性的方法是:①组合式悬架,其中综合应用导向机构、主弹簧、副簧和缓冲块来趋近上述理想的悬架非线性弹性特性;②纵置式钢板弹簧加上副簧。

9.3.3 组合式悬架的弹性特性

图 9-10 示出一个轿车麦克弗森式独立悬架,属于上述组合式悬架。其弹性元件是在立柱上部的螺旋弹簧和一个橡胶副簧(在立柱上安装点与减振器上端之间)。螺旋弹簧的刚度是个常数。橡胶副簧具有非线性弹性特性,如图 9-11 所示。另外,在减振器活塞杆上还固结了一个缓冲块,如图 9-12 所示。图 9-13 示出这种悬架的弹性特性。其中,在设计位置(轿车内有三个人,每个人重量为 68 kg)以前的一段弹性特性是一段直线,其中只有螺旋弹

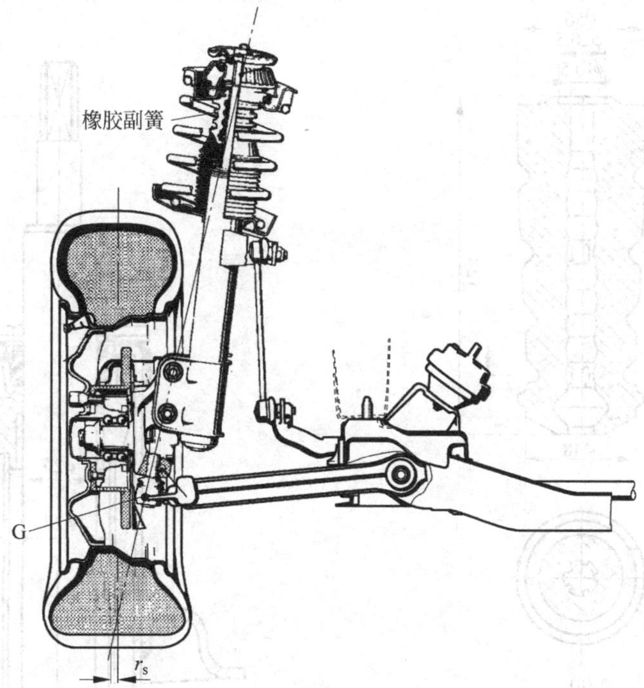

图 9-10 一种麦克弗森式悬架及其橡胶副簧(G 是球铰中心)

簧承受垂直力 F(参见图 9-3)。把这段直线向其两端延伸,分别与最大压缩变形线(s_t = 207 mm)、零变形线交于点 A、B,对应的力分别是 3.32 kN(338.5 kgf)、1.61 kN(164 kgf),即在悬架工作时,由螺旋弹簧引起的作用在车轮上的力分量的最大、最小值。在此悬架线性弹性段的恒定刚度 $C=(3.32-1.61)\times 10^3/207=8.26(\mathrm{N/mm})$,在设计位置的静挠度为 $2.56\times 10^3/8.26=310(\mathrm{mm})$,对应的偏频为

$$n_1=\frac{4.98}{\sqrt{f_{c1}}}=\frac{4.98}{\sqrt{310\times 10^{-1}}}=0.895(\mathrm{Hz})$$

在图 9-13 中所示的线性弹性段向下延伸到 E 点。而空车位置在 E 点与设计位置之间,悬架的静挠度为 $310-(115-80)=275$ mm,空车偏频为

$$n_1=\frac{4.98}{\sqrt{f_{c1}}}=\frac{4.98}{\sqrt{275\times 10^{-1}}}=0.95(\mathrm{Hz})$$

即虽然偏频有所升高,但是还是比较理想的。从 E 点开始,弹性特性开始变成向下凸的曲线,意味着缓冲块开始起作用(见图 9-12),它开始承受螺旋弹簧施加的力,从而减小了把车轮保持在一定位置所需要施加的垂直力 F。由于缓冲块的刚度比较大,所以随着悬架变形的减小,缓冲块承受的力迅速增大,从而使所需要的力 F 很快减小。当变形达到零时,螺旋弹簧施加的力完全由缓冲块承受,F 达到零值。

在图 9-13 中所示的线性弹性段向上延伸到 D 点。从 D 点开始,弹性特性开始变成向上凹的曲线,意味着副簧开始起作用(见图 9-10),它开始与螺旋弹簧并联一起向下施加力,从而增大了把车轮保持在一定位置所需要施加的垂直力 F。由于副簧的设计(见图 9-11),保证了其具有比较准确的非线性弹性特性,使得直到最大静轮荷的范围内,悬架弹性特性接

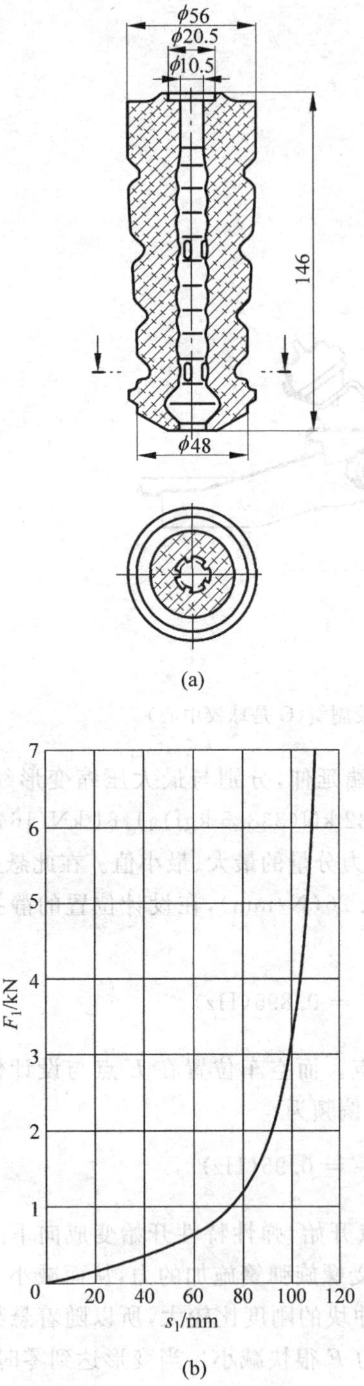

图 9-11 橡胶副簧及其弹性特性

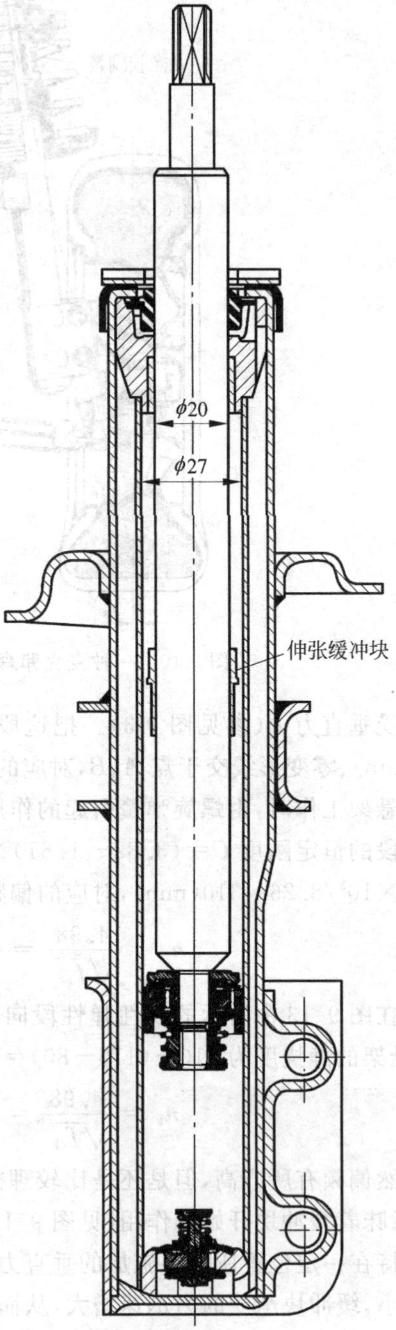

图 9-12 一种麦克弗森式悬架的立柱

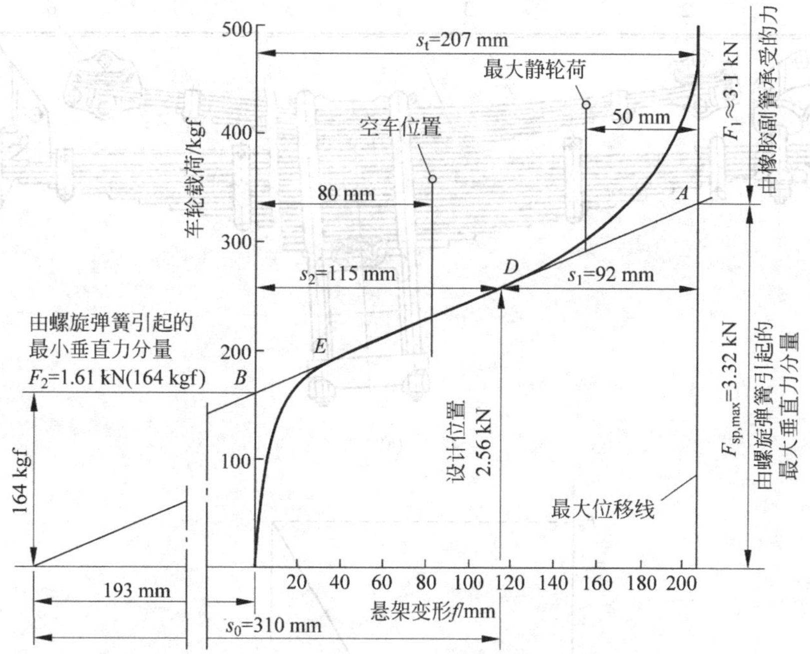

图 9-13　一种麦克弗森式独立悬架的弹性特性

近于等偏频特性，即悬架的刚度基本上随着悬上质量线性增大，其偏频基本上不随着悬上质量的变化而变化。过了最大静轮荷位置以后，悬架刚度的增大速率越来越高，可以有效地限制悬架的最大压缩量。

图 9-13 所示的悬架弹性特性对于轿车来说一般已经足够，因为轿车悬上载荷的变化幅度相对较小。

9.3.4 货车后悬架主、副簧的刚度分配

货车在使用中其后桥的负荷变化范围比较大。例如，解放牌货车在满载时，其后悬架负荷约为空载时的 4 倍多。假如采用线性悬架，刚度不变，则满载和空载时的后悬架偏频分别为 1.6 Hz 和 3.2 Hz。空车偏频过高，平顺性较差。因此，在货车后悬架上常常采用主、副钢板弹簧结构来趋近理想的弹性特性(见图 9-14)。

如图 9-14 所示，当载荷 F 较小时(在 $F<F_k$ 时)，板簧变形 f 较小，副簧 3 不与托架 2、6 接触，仅主簧工作，悬架刚度较小；当载荷 F 达到转换负荷 F_k 时，副簧开始与托架 2、6 接触；再增加负荷，即在 $F>F_k$ 时，副簧便开始承受载荷，这时副簧与主簧并联工作，增大了悬架刚度。

在设计主、副簧时，首先应该确定在主、副簧之间的刚度分配，以及副簧开始参加工作时的载荷 F_k。上述设计参数的确定应该保证满足如下要求：从空载到满载范围内偏频的变化应该尽可能小；在副簧接触托架的前、后，偏频突变不要太大。下面介绍两种设计方法。

方法 1

(1) 使副簧刚开始起作用时(副簧已经受力)的悬架静挠度 f_a(偏频)等于汽车空载时悬架的静挠度 f_0(偏频)；

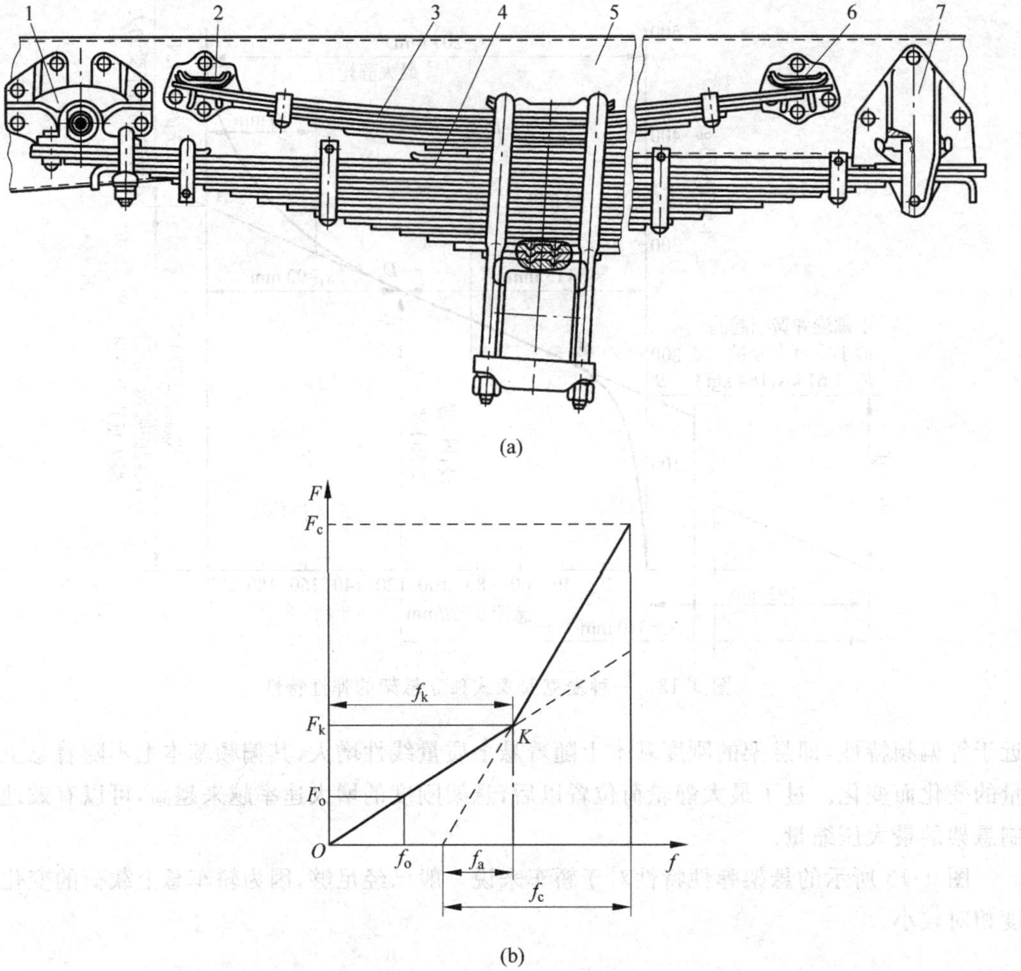

图 9-14 一种货车的主、副钢板弹簧后悬架及其弹性特性

(a) 主、副钢板弹簧后悬架的结构；(b) 主、副钢板弹簧后悬架的弹性特性

1—钢板弹簧前托架；2,6—副簧托架；3—副簧；4—钢板弹簧；5—车架；7—钢板弹簧后托架

(2) 使副簧开始起作用前一瞬间(副簧尚未受力)的静挠度 f_k(偏频)等于满载时的悬架静挠度 f_c(偏频)。

按照上述两个要求可以求出副簧开始起作用时的载荷 F_k 和主簧刚度 C_m 与副簧刚度 C_a 的比值 λ。

根据要求(1)有如下关系：

$$f_a = \frac{F_k}{C_m + C_a} \tag{9-13}$$

$$f_o = \frac{F_o}{C_m} \tag{9-14}$$

$$\frac{F_k}{C_m + C_a} = \frac{F_o}{C_m} \tag{9-15}$$

根据要求(2)有如下关系：

$$f_k=\frac{F_k}{C_m} \tag{9-16}$$

$$f_c=\frac{F_c}{C_m+C_a} \tag{9-17}$$

$$\frac{F_k}{C_m}=\frac{F_c}{C_m+C_a} \tag{9-18}$$

式(9-15)与式(9-18)相乘，得

$$\frac{F_k^2}{(C_m+C_a)\cdot C_m}=\frac{F_o\cdot F_c}{C_m\cdot (C_m+C_a)} \tag{9-19}$$

所以

$$F_k=\sqrt{F_o\cdot F_c} \tag{9-20}$$

下面确定副簧与主簧的刚度比 λ。式(9-18)除以式(9-15)得

$$\frac{C_m+C_a}{C_m}=\frac{F_c\cdot C_m}{(C_m+C_a)\cdot F_o} \tag{9-21}$$

$$\left(\frac{C_m+C_a}{C_m}\right)^2=\frac{F_c}{F_o} \tag{9-22}$$

$$\frac{C_m+C_a}{C_m}=\sqrt{\frac{F_c}{F_o}} \tag{9-23}$$

$$\frac{C_m+C_a}{C_m}-1=\sqrt{\frac{F_c}{F_o}}-1 \tag{9-24}$$

所以

$$\lambda=\frac{C_a}{C_m}=\sqrt{\frac{F_c}{F_o}}-1 \tag{9-25}$$

满载时的静挠度 f_c 为

$$f_c=f_k=\frac{F_k}{C_m}=\frac{\sqrt{F_o\cdot F_c}}{C_m} \tag{9-26}$$

图 9-15 示出悬架静挠度 f_j 随着负荷 F 的变化特性。按照这种方法设计的悬架可以使空载、满载范围内悬架的偏频变化较小，但是在副簧开始起作用前、后的偏频突变较大。对于运输企业使用的货车，由于其半载运输状态少，要么是满载，要么是空载，所以适于采用这种设计。

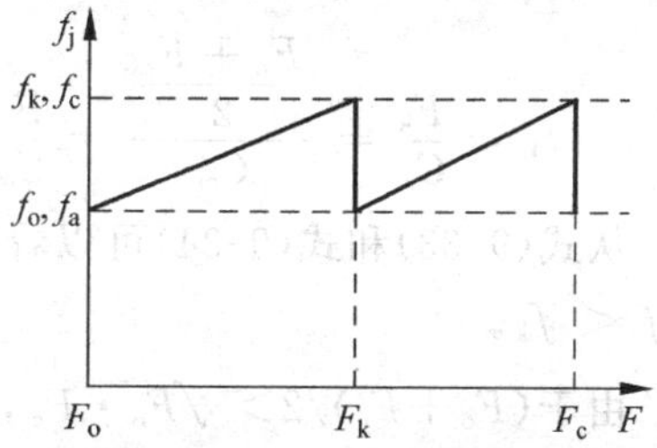

图 9-15 悬架静挠度 f_j 随着负荷 F 的变化特性(方法 1)

另外，从图 9-14 可以看出，静挠度 f_o 和 f_k 都等于悬架的实际变形；而静挠度 f_a 和 f_c 都小于悬架的实际变形，其中与静挠度 f_a 对应的实际悬架变形是 f_k。

方法 2

(1) 使副簧开始起作用时的载荷 F_k 是空载、满载时悬架载荷的平均值，即

$$F_k=\frac{F_o+F_c}{2} \tag{9-27}$$

(2) 使载荷 F 为 $(F_o+F_k)/2$ 及 $(F_k+F_c)/2$ 时的悬架系统静挠度(偏频)相等，即

$$\frac{F_o+F_k}{2C_m}=\frac{F_k+F_c}{2(C_m+C_a)} \tag{9-28}$$

$$\frac{C_m + C_a}{C_m} = \frac{F_k + F_c}{F_o + F_k} \tag{9-29}$$

将式(9-27)代入式(9-29),得

$$\frac{C_m + C_a}{C_m} = \frac{\dfrac{F_o + F_c}{2} + F_c}{F_o + \dfrac{F_o + F_c}{2}} = \frac{F_o + 3F_c}{3F_o + F_c} \tag{9-30}$$

$$\frac{C_m + C_a}{C_m} - 1 = \frac{F_o + 3F_c}{3F_o + F_c} - 1 = \frac{2F_c - 2F_o}{3F_o + F_c} \tag{9-31}$$

所以

$$\lambda = \frac{C_a}{C_m} = \frac{2 \cdot \dfrac{F_c}{F_o} - 2}{3 + \dfrac{F_c}{F_o}} \tag{9-32}$$

满载时的静挠度 f_c 为

$$f_c = \frac{F_c}{C_m + C_a} = \frac{F_c}{C_m + \dfrac{2 \cdot \dfrac{F_c}{F_o} - 2}{3 + \dfrac{F_c}{F_o}} \cdot C_m} = \frac{F_c}{C_m} \cdot \frac{3 + \dfrac{F_c}{F_o}}{3 + \dfrac{F_c}{F_o} + 2 \cdot \dfrac{F_c}{F_o} - 2}$$

$$= \frac{F_c}{C_m} \cdot \frac{3 + \dfrac{F_c}{F_o}}{1 + \dfrac{F_c}{F_o} + 2 \cdot \dfrac{F_c}{F_o}} = \frac{F_c}{C_m} \cdot \frac{3 + \dfrac{F_c}{F_o}}{1 + 3 \cdot \dfrac{F_c}{F_o}} \tag{9-33}$$

在转换载荷 F_k、副簧开始起作用前一瞬时的静挠度 f_k 为

$$f_k = \frac{F_k}{C_m} = \frac{\dfrac{F_o + F_c}{2}}{C_m} = \frac{F_c}{C_m} \cdot \frac{1 + \dfrac{F_o}{F_c}}{2} \tag{9-34}$$

从式(9-33)和式(9-34)可以看出,由于 $F_o < F_c$,所以 $f_c < f_k$。

由于 $(F_o + F_c)/2 > \sqrt{F_o \cdot F_c}$,所以方法2得到的 f_k 比方法1的大。

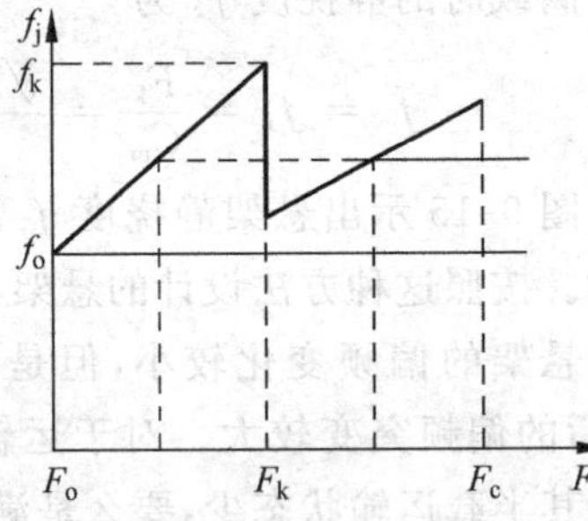

图 9-16 悬架静挠度 f_j 随着负荷 F 的变化特性(方法 2)

图 9-16 所示为悬架静挠度 f_j 随着负荷 F 的变化特性。这样设计悬架可以使副簧开始起作用前、后的偏频突变较小,但在全部载荷变化范围内的偏频变化较大。因此,该设计方法仅适用于经常处于半载状态运输或 F_c/F_o 值较小(接近于1)的车辆。

完成主、副钢板弹簧的刚度分配以后,分别对主、副簧进行结构设计和强度、刚度校核。

9.4 悬架的侧倾特性

悬架的侧倾特性主要包括悬架侧倾中心、侧倾角刚度及其在前、后桥上的分配。

悬架不仅应该满足汽车行驶平顺性的要求,还应该满足汽车操纵稳定性的要求。在悬

架性能参数中，以前、后悬架侧倾中心高度、侧倾角刚度及其分配对操纵稳定性影响最为重要，所以在悬架设计中应该优先考虑。

悬架侧倾中心高度和侧倾角刚度是决定汽车转向时侧倾角大小的主要因素。侧倾中心高，其趋近于悬上质量的质心，有利于减小转向时的侧倾力矩和侧倾角，从而增加舒适感和安全感。但是，具有较高侧倾中心的独立悬架会使轮距的变化较大，不利于轮胎抗磨损性能。在采用非独立悬架的情况下，轮距不发生变化，所以侧倾中心高度不影响轮距变化，侧倾中心可以设置得比较高。

侧倾角刚度在前、后桥上的分配与侧倾中心高度一起决定了转向时前、后桥内、外侧车轮上载荷转移的大小，从而影响汽车的不足转向性能。前轮侧倾角刚度较大、侧倾中心较高有利于增大在前桥上内、外侧车轮上的载荷转移，有利于减小前桥车轮的侧偏刚度，从而增大前桥侧偏角，有利于不足转向；而在后桥上，趋势正好相反。

在设计位置(在轿车内有 2 人或 3 人，每人质量 68 kg)，轿车前悬架的侧倾中心通常布置得比后悬架的侧倾中心更靠近地面。其主要原因是减小前轮的轮距变化，有利于减小前轮胎的磨损。通常先根据允许的轮距变化确定前悬架的侧倾中心位置，然后确定后悬架的侧倾中心位置。现代轿车前悬架侧倾中心高度一般在 0 ～140 mm 的范围内；而后悬架侧倾中心高度一般在 0 ～400 mm 的范围内。一般可以在上述范围内选择轿车前、后悬架的侧倾中心高度。如果后悬架采用独立悬架，一般使后悬架的侧倾中心与前悬架的等高或稍微高一点。而如果后悬架采用刚性后轴非独立悬架，由于其弹簧的跨距较小，造成后悬架的侧倾角刚度较小。为了减小车辆的侧倾角，一般把后悬架的侧倾中心设定得较高，以减小侧倾力臂，从而减小车辆的侧倾角，而且这样也不会引起轮距的变化。

实际上，随着车轮相对于车身发生运动，侧倾中心的位置会发生变化。在悬架设计中，应该设法减小这种变化。

9.4.1 悬架侧倾中心高度与轮距变化

侧倾中心的位置随导向机构的形式而不同，可用图解法或试验法求得。

图 9-17 示出确定纵置钢板弹簧非独立悬架(参见图 9-2)侧倾中心 R 的方法。见图 9-17(b)，过纵置钢板弹簧前、后卷耳中心的垂直线与其主片片厚中心线的交点分别是 H_1、H_2，侧倾中心 R 就在 H_1 与 H_2 的连线上。轿车为了降低车身高度，常把后桥安装在钢板弹簧之上，可以认为侧倾中心就在车轴中心上，如图 9-17(c)所示。车身侧倾时，轮距不发生变化，可以通过采用较高的侧倾中心以减小侧倾力矩、侧倾角。这是非独立悬架的一个重要

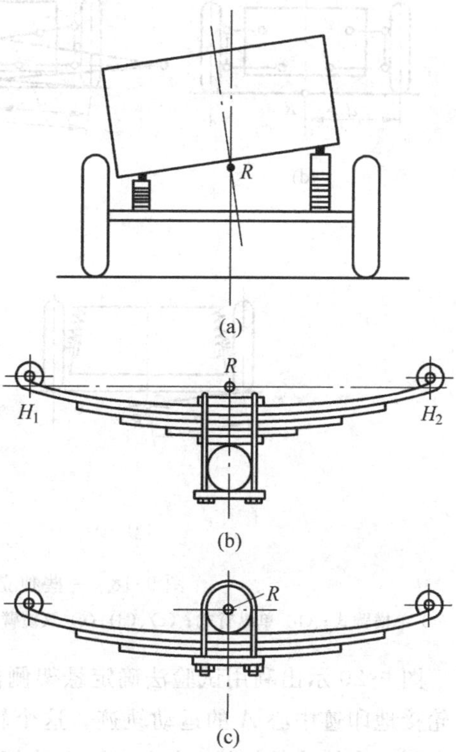

图 9-17 确定纵置钢板弹簧非独立悬架侧倾中心 R 的方法

优点。

图 9-18 示出利用图解法确定一些独立悬架侧倾中心 R 的方法。图 9-19 示出确定麦克弗森式独立悬架侧倾中心 R 的方法。连接下摆臂与转向节的球铰中心 G 和下摆臂转轴中心 D 得到一条射线；过立柱上铰点中心 E 画一条垂直于减振器活塞杆轴线的直线。上述两条直线相交于 M 点，它就是转向节的瞬时运动中心。连接 M 点和轮胎接地印迹中心点 A 得到一条直线，其与汽车中心线的交点就是悬架的侧倾中心 R。所以，A 点的运动速度 V 的方向与直线 RA 垂直。侧倾中心 R 越高，A 点速度 V 的水平分量就越大，轮距变化也就越大。这个结论对所有独立悬架都适用。因此，在设置独立悬架侧倾中心高度时，应该在悬架抗侧倾能力(即要求悬架侧倾中心比较高)和轮距变化、轮胎磨损性能(即要求侧倾中心比较低)之间取得综合平衡。

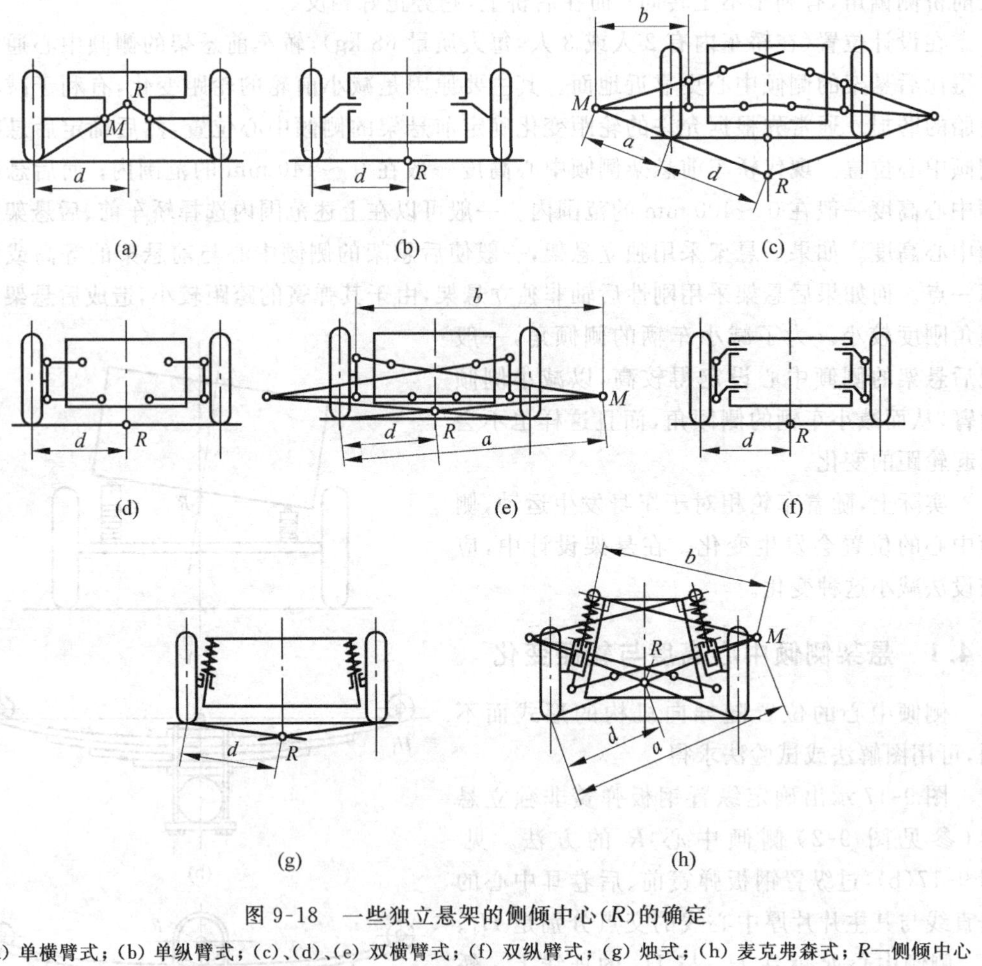

图 9-18　一些独立悬架的侧倾中心(R)的确定

(a) 单横臂式；(b) 单纵臂式；(c)、(d)、(e) 双横臂式；(f) 双纵臂式；(g) 烛式；(h) 麦克弗森式；R—侧倾中心

图 9-20 示出利用试验法确定悬架侧倾中心 R 的方法。在车轮上、下跳动过程中测量车轮接地印迹中心 A 的运动轨迹。这个轨迹反映了轮距随着车轮跳动而变化的情况。过 A 点画这个轨迹的切线，过 A 点画上述切线的垂直线，该垂直线与汽车中心线的交点就是悬架的侧倾中心。侧倾中心的高度可以利用下式计算：

$$h_R = \frac{\Delta b}{\Delta s} \cdot \frac{B}{2} \tag{9-35}$$

其中，h_R 是侧倾中心高度；$\Delta b/\Delta s$ 是 A 点运动轨迹的切线斜率，Δb 是轮距增量，Δs 是车轮垂直位移增量；B 是轮距。从式(9-35)也可以看出，侧倾中心高度 h_R 与轮距增量 Δb 成正比，即侧倾中心越高，轮距变化越大。

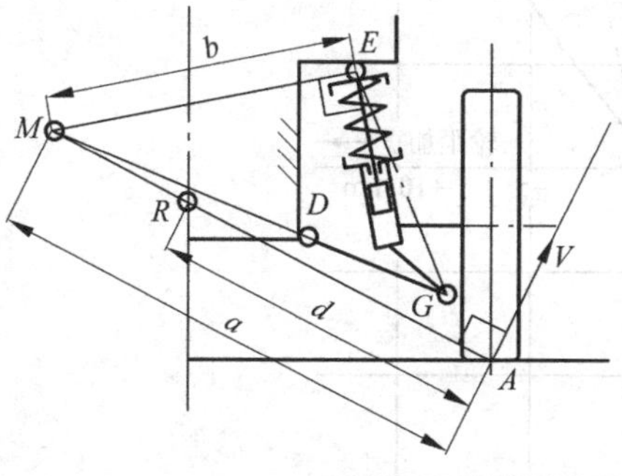

图 9-19 确定麦克弗森式独立悬架侧倾中心 R 的方法

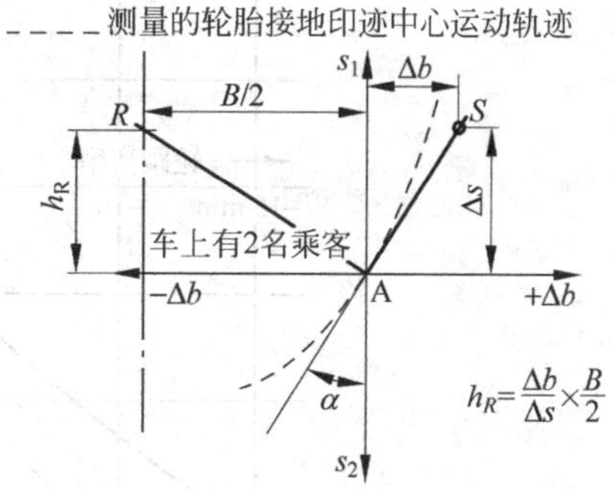

图 9-20 利用试验法确定悬架侧倾中心 R 的方法

图 9-21 示出一个双横臂式独立悬架，其上、下摆臂外端球铰中心与其内侧的转轴中心的连线相交于 M 点，M 点就是转向节的瞬时运动中心，其位于地面以内。A 点是车轮接地印迹中心，A 点与 M 点的连线与汽车中心线的交点 R 也在地面以内，即侧倾中心 R 位于地面以内。在这种情况下，轮胎接地印迹中心 A 的瞬时速度 V 与地面垂直。所以，在该位置，车轮上、下跳动时不发生轮距的变化。这种设计对轮胎磨损性能比较有利。但是，由于侧倾中心 R 位于地面以内，使得 R 距离悬上质量质心的距离比较远，从而使得转向时的侧倾力矩比较大，会造成比较大的车身侧倾角，对操纵稳定性不利。

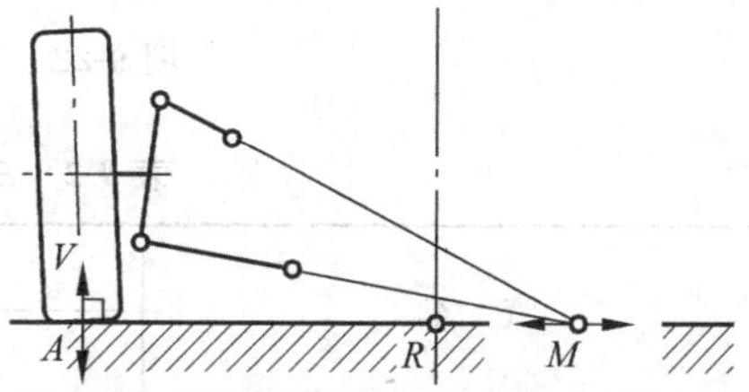

图 9-21 一个双横臂式独立悬架(其侧倾中心 R 位于地面以内)

图 9-22 示出三种汽车的轮距随着车轮跳动的变化特性。其中，欧宝(Opel)和奥迪(Audi)采用的是麦克弗森式独立悬架，而本田(Honda)采用的是双横臂式独立悬架。表 9-2 示出它们的侧倾中心高度。可以看出，欧宝的侧倾中心最低，随着车轮跳动侧倾中心高度的变化最大，这种特性对轮胎磨损性能有利，但是不利于减小转向时的车身侧倾角。本田的侧倾中心最高，但是其还在通常的数值范围(0～140 mm)以内，而且随着车轮跳动侧倾中心高度变化得最小。奥迪处于前两者之间。一般认为，在上述三种侧倾中心变化特性中本田的特性是最有利的。

应该指出，在一些采用双横臂式独立悬架的高越野性越野车中，侧倾中心高达 450 mm，也未出现轮胎的异常磨损。这类汽车侧倾中心比较高的原因主要是因为其最小离地间隙比较大，一般为 400 mm。

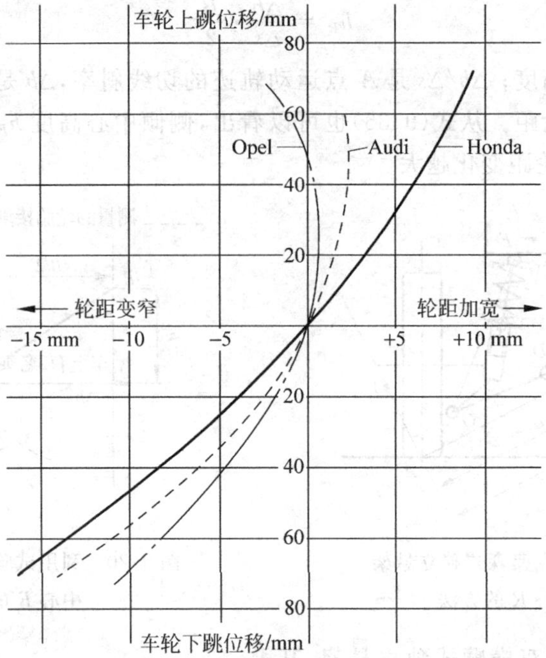

图 9-22 三种汽车的轮距变化特性

表 9-2 三种汽车的侧倾中心高度

汽 车	侧倾中心高度 h_R/mm	
	设计位置	最大装载状态
Opel/Vauxhall	40	15
Audi 100	77	30
Honda Accord	138	111

9.4.2 侧倾角刚度的计算

悬架的侧倾角刚度定义为当悬上质量发生单位侧倾角时悬架给车身(悬上质量)的弹性恢复力矩。所以,悬架侧倾角刚度对于车身的侧倾角有明显的影响。在汽车总体设计中一般要求,在 0.4g 的侧向加速度时,货车车身的侧倾角不超过 6°~7°,而轿车的不超过 2.5°~4°。这就要求悬架具有足够的侧倾角刚度。而侧倾角刚度与悬架的结构形式、布置、尺寸、弹性元件的刚度等有密切关系。实际上,汽车操纵稳定性要求悬架侧倾角刚度较大,而平顺性要求偏频较低,这两者是有矛盾的。解决这个矛盾的有效方法之一是采用横向稳定杆,如图 9-23 所示。采用横向稳定杆可以在不影响偏频的情况下明显提高悬架的侧倾角刚度。另外,还要注意前、后悬架侧倾角刚度的相对大小,一般要求前悬架的侧倾角刚度大于后悬架的,以有利于增强汽车的不足转向。所以,为了保证汽车的操纵稳定性,在设计中还要求在前、后悬架上适当分配侧倾角刚度。

下面介绍几种典型悬架的侧倾角刚度计算方法。

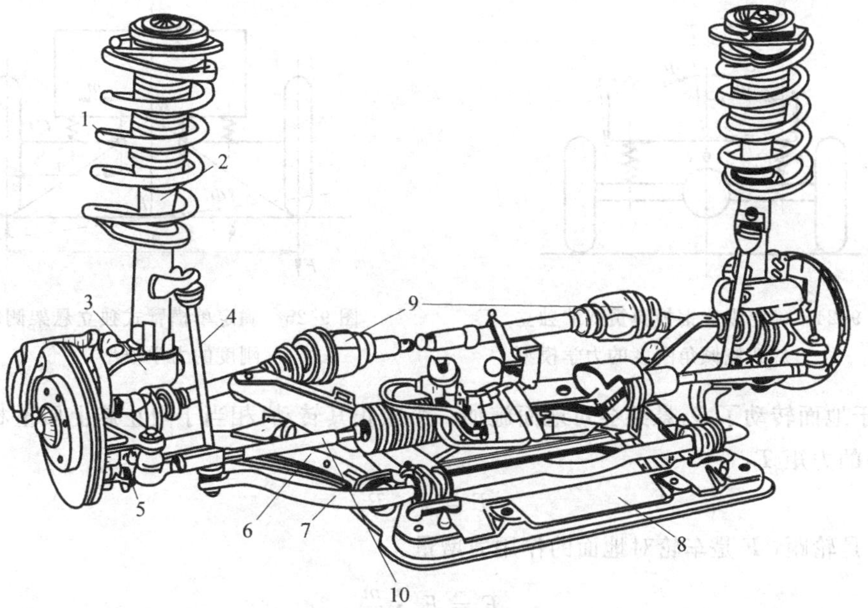

图 9-23 一种麦克弗森式悬架及齿轮齿条式转向系统

1—螺旋弹簧；2—筒式减振器；3—转向节；4—连接杆；5—球头销；6—下摆臂；7—横向稳定杆；8—前托架；9—等速半轴；10—齿轮齿条式转向器

1. 纵置板簧式非独立悬架的侧倾角刚度

图 9-24 是确定纵置钢板弹簧式非独立悬架侧倾角刚度的力学模型。其中悬上质量绕悬架的侧倾中心 R 转动了一个侧倾角 Φ，而悬架对其施加了一个抵抗侧倾的力矩 T：

$$T = 2 \cdot F_s \cdot q \tag{9-36}$$

其中，q 是板簧中心距的一半；F_s 是由侧倾角 Φ 在一侧弹簧中引起的弹簧力的增量：

$$F_s = C_s \cdot \Phi \cdot q \tag{9-37}$$

其中，C_s 是一侧钢板弹簧的刚度。

把式(9-37)代入式(9-36)，得

$$T = 2 \cdot (C_s \cdot \Phi \cdot q) \cdot q = 2 \cdot C_s \cdot q^2 \cdot \Phi \tag{9-38}$$

侧倾角刚度 C_Φ 为

$$C_\Phi = \frac{dT}{d\Phi} = 2 \cdot C_s \cdot q^2 \tag{9-39}$$

可以看出，增大 q 可以增大侧倾角刚度。但是，在纵置板簧式悬架中，q 的增大受到限制，特别是前悬架，板簧中心距 $2q$ 一般为轮距的一半。这限制了侧倾角刚度的增大。这是货车侧倾角比较大的主要原因。

2. 单横臂式独立悬架的侧倾角刚度

图 9-25 是确定单横臂式独立悬架侧倾角刚度的力学模型。其中，假定悬上质量被固定住，而地面绕汽车中心线与地面的交点 E 转动了一个与侧倾角 Φ 相等的角度。利用运动的相对性，则在地面不动的情况下，悬上质量就相对于地面反向转动相同的角度 Φ，即侧倾角。这种分析方法适用于各种独立悬架。

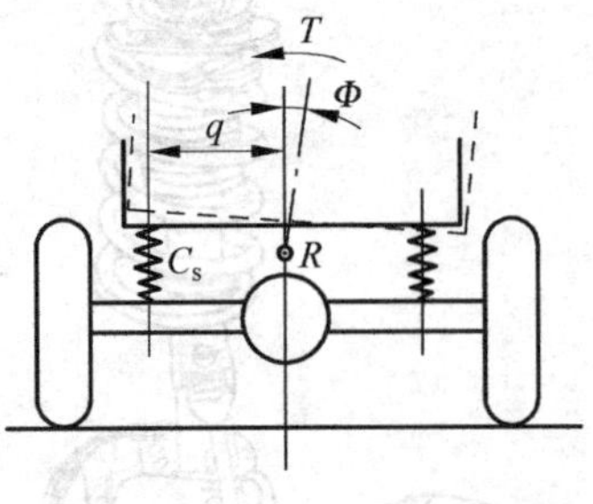

图 9-24 确定纵置钢板弹簧式非独立悬架侧倾角刚度的力学模型

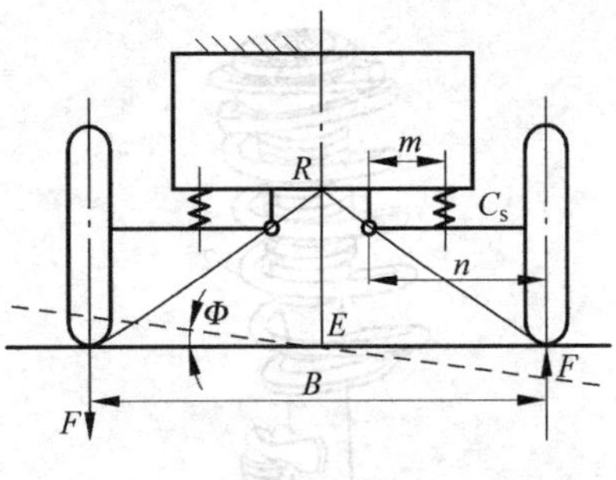

图 9-25 确定单横臂式独立悬架侧倾角刚度的力学模型

由于地面转动了 Φ,悬架会对地面施加一个阻止其转动(相当于阻止悬上质量相对于地面转动)的力矩 T:

$$T = F \cdot B \tag{9-40}$$

其中,B 是轮距;F 是车轮对地面的作用力增量

$$F = F_s \cdot \frac{m}{n} \tag{9-41}$$

其中,n、m 是杠杆长度,见图 9-25;F_s 是弹簧力增量

$$F_s = \left[\left(\Phi \cdot \frac{B}{2}\right) \cdot \frac{m}{n}\right] \cdot C_s \tag{9-42}$$

其中,C_s 是一侧弹簧刚度。

把式(9-41)、式(9-42)代入式(9-40),得

$$\begin{aligned} T &= \left(F_s \cdot \frac{m}{n}\right) \cdot B = \left[\left(\Phi \cdot \frac{B}{2}\right) \cdot \frac{m}{n}\right] \cdot C_s \cdot \frac{m}{n} \cdot B \\ &= \frac{1}{2} \cdot C_s \cdot \left(\frac{B \cdot m}{n}\right)^2 \cdot \Phi \end{aligned} \tag{9-43}$$

侧倾角刚度 C_Φ 为

$$C_\Phi = \frac{\mathrm{d}T}{\mathrm{d}\Phi} = \frac{1}{2} \cdot C_s \cdot \left(\frac{B \cdot m}{n}\right)^2 \tag{9-44}$$

3. 双横臂式独立悬架的侧倾角刚度

图 9-26 是确定双横臂式独立悬架侧倾角刚度的力学模型。其中,悬上质量固定,地面绕汽车中心线与地面的交点 E 转动一个角度 Φ。悬架对地面作用一个阻止其转动的力矩 T

$$T = F \cdot B \tag{9-45}$$

其中,F 是车轮对地面的作用力增量;B 是轮距。

利用虚位移原理确定 F 与弹簧力增量 F_s 之间的关系。上、下摆臂外侧球铰中心与其内侧转轴中心的连线相交于 M 点。M 点就是转向节的瞬时运动中心。假定转向节绕 M 点转动一个虚角位移 δ,则 F、F_s 所做的虚功相等,即

$$p \cdot \delta \cdot F = F_s \cdot \cos\theta \cdot \left(l \cdot \delta \cdot \frac{m}{n}\right) \tag{9-46}$$

其中,p、l、m、n 都是杠杆长度,参见图 9-26;θ 是弹簧中心线与下摆臂外侧球铰中心和其内

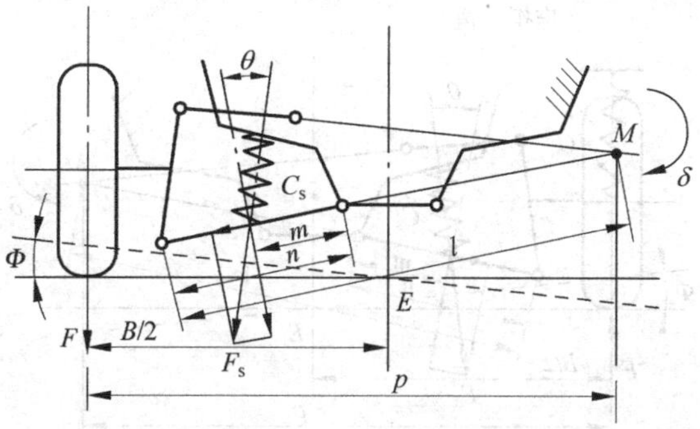

图 9-26 确定双横臂式独立悬架侧倾角刚度的力学模型

侧转轴中心连线的垂直线的交角(参见图 9-26)。

从式(9-46)可得

$$F = F_s \cdot \cos\theta \cdot \frac{l}{p} \cdot \frac{m}{n} \tag{9-47}$$

$$F_s = \left[(\delta \cdot l) \cdot \frac{m}{n} \cdot \cos\theta\right] \cdot C_s \tag{9-48}$$

其中,C_s 是弹簧的刚度。

在由 δ 引起的车轮垂直位移等于由 Φ 引起的垂直位移时,有如下关系:

$$\delta \cdot p = \Phi \cdot \frac{B}{2} \tag{9-49}$$

其中,p 是转向节瞬时运动中心 M 到车轮接地印迹中心点的水平距离。所以

$$\delta = \frac{1}{2} \cdot \frac{B}{p} \cdot \Phi \tag{9-50}$$

把式(9-47)、式(9-48)、式(9-50)代入式(9-45),得

$$\begin{aligned} T &= \left(F_s \cdot \cos\theta \cdot \frac{l}{p} \cdot \frac{m}{n}\right) \cdot B = \left[(\delta \cdot l) \cdot \frac{m}{n} \cdot \cos\theta\right] \cdot C_s \cdot \cos\theta \cdot \frac{l \cdot m}{p \cdot n} \cdot B \\ &= \left[\left(\frac{1}{2} \cdot \frac{B}{p} \cdot \Phi\right) \cdot l \cdot \frac{m}{n} \cdot \cos\theta\right] \cdot C_s \cdot \cos\theta \cdot \frac{l \cdot m}{p \cdot n} \cdot B \\ &= \frac{1}{2} \cdot C_s \cdot \left(\frac{l \cdot m \cdot B \cdot \cos\theta}{p \cdot n}\right)^2 \cdot \Phi \end{aligned} \tag{9-51}$$

侧倾角刚度 C_Φ 为

$$C_\Phi = \frac{\mathrm{d}T}{\mathrm{d}\Phi} = \frac{1}{2} \cdot C_s \cdot \left(\frac{l \cdot m \cdot B}{p \cdot n} \cdot \cos\theta\right)^2 \tag{9-52}$$

在悬架设计中,一般是首先确定悬架的偏频 n_1,然后再根据悬上质量 m_s 确定一侧悬架的弹簧刚度 C。从式(9-1)可得

$$C = (2\pi \cdot n_1)^2 \cdot \frac{m_s}{2} \tag{9-53}$$

但是,对于双横臂式独立悬架,这个弹簧刚度相当于直接垂直作用在车轮上的一个虚拟弹簧的刚度 C,如图 9-27 所示。还需要根据 C 确定悬架中的螺旋弹簧的刚度 C_s,可以应用虚位移原理确定 C_s。

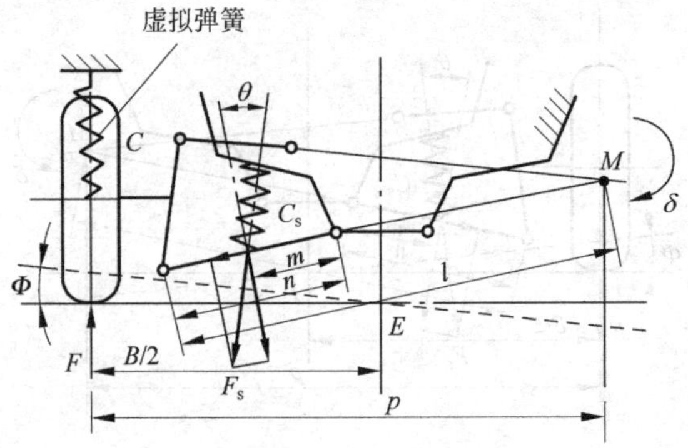

图 9-27 确定双横臂式独立悬架中弹簧的刚度的力学模型

假定转向节绕 M 点转动一个虚角位移 δ，则 F、F_s 所做的虚功相等，即式(9-46)

$$p \cdot \delta \cdot F = F_s \cdot \cos\theta \cdot \left(l \cdot \delta \cdot \frac{m}{n}\right)$$

而由 δ 引起的垂直力增量 F 可以表为

$$F = C \cdot (p \cdot \delta) \tag{9-54}$$

由 δ 引起的弹簧力增量 F_s 的表达式为式(9-48)，即

$$F_s = \left[(\delta \cdot l) \cdot \frac{m}{n} \cdot \cos\theta\right] \cdot C_s$$

把式(9-48)、式(9-54)代入式(9-46)，得

$$p \cdot [C \cdot (p \cdot \delta)] = \left[(\delta \cdot l) \cdot \frac{m}{n} \cdot \cos\theta\right] \cdot C_s \cdot \cos\theta \cdot \frac{l \cdot m}{n} \tag{9-55}$$

$$p \cdot C \cdot p = l \cdot \frac{m}{n} \cdot \cos\theta \cdot C_s \cdot \cos\theta \cdot \frac{l \cdot m}{n} \tag{9-56}$$

$$C_s = C \cdot \left(\frac{p \cdot n}{l \cdot m \cdot \cos\theta}\right)^2 \tag{9-57}$$

4. 麦克弗森式(滑柱摆臂式)独立悬架的侧倾角刚度

图 9-28 是确定麦克弗森式独立悬架侧倾角刚度的力学模型。其中，悬上质量固定，地面绕汽车中心线与地面的交点 E 转动一个角度 Φ。悬架对地面作用一个阻止其转动的力矩 T

$$T = F \cdot B \tag{9-58}$$

其中，F 是车轮对地面的作用力增量；B 是轮距。

利用虚位移原理确定 F 与弹簧力增量 F_s 之间的关系。下摆臂外侧球铰中心与其内侧转轴中心的连线和减振器活塞杆轴线的垂线(过活塞杆上铰点)相交于 M 点。M 点就是转向节的瞬时运动中心。假定转向节绕 M 点转动一个虚角位移 δ，则 F、F_s 所做的虚功相等，即

$$(p \cdot \delta) \cdot F = F_s \cdot (b \cdot \delta) \tag{9-59}$$

其中，p、b 是杠杆长度，如图 9-28 所示；F_s 是弹簧力增量

$$F_s = C_s \cdot (b \cdot \delta) \tag{9-60}$$

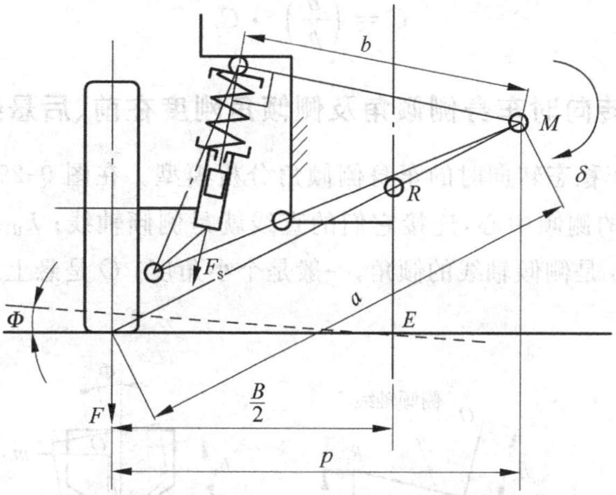

图 9-28　确定麦克弗森式独立悬架侧倾角刚度的力学模型

把式(9-60)代入式(9-59),得

$$F = \frac{b}{p} \cdot F_s = \frac{b}{p} \cdot [C_s \cdot (b \cdot \delta)] = \frac{1}{p} \cdot C_s \cdot b^2 \cdot \delta \tag{9-61}$$

在由 δ 引起的车轮垂直位移等于由 Φ 引起的垂直位移时,有如下关系:

$$\delta \cdot p = \Phi \cdot \frac{B}{2} \tag{9-62}$$

其中,p 是转向节瞬时运动中心 M 到车轮接地印迹中心点的水平距离。所以

$$\delta = \frac{1}{2} \cdot \frac{B}{p} \cdot \Phi \tag{9-63}$$

把式(9-61)、式(9-63)代入式(9-58),得

$$\begin{aligned} T &= \left(\frac{1}{p} \cdot C_s \cdot b^2 \cdot \delta\right) \cdot B = \left(\frac{1}{p} \cdot C_s \cdot b^2 \cdot \frac{1}{2} \cdot \frac{B}{p} \cdot \Phi\right) \cdot B \\ &= \frac{1}{2} \cdot C_s \cdot \left(\frac{b \cdot B}{p}\right)^2 \cdot \Phi \end{aligned} \tag{9-64}$$

侧倾角刚度 C_Φ 为

$$C_\Phi = \frac{dT}{d\Phi} = \frac{1}{2} \cdot C_s \cdot \left(\frac{b \cdot B}{p}\right)^2 \tag{9-65}$$

其中,C_s 是一侧弹簧的刚度;T 是悬架抵抗侧倾的弹性恢复力矩。

设 n_1 是根据平顺性要求选择的偏频,m_s 是悬上质量,则利用式(9-53)可以计算一侧悬架刚度 C,即

$$C = (2\pi \cdot n_1)^2 \cdot \frac{m_s}{2}$$

地面垂直力增量 F 可以表示为

$$F = C \cdot (p \cdot \delta) \tag{9-66}$$

把式(9-66)代入式(9-61),得

$$C \cdot (p \cdot \delta) = \frac{1}{p} \cdot C_s \cdot b^2 \cdot \delta \tag{9-67}$$

$$C = \left(\frac{b}{p}\right)^2 \cdot C_s \tag{9-68}$$

9.4.3 汽车稳态转向时车身侧倾角及侧倾角刚度在前、后悬架上的分配

图 9-29 示出汽车稳态转向时的车身侧倾角分析模型。在图 9-29(a)(侧视图)中,R_f、R_r 分别是前、后悬架的侧倾中心,连接它们的直线就是侧倾轴线;$h_{R,f}$、$h_{R,r}$ 分别是前、后悬架的侧倾中心高度;α 是侧倾轴线的倾角,一般是个小角度;O 是悬上质量的质心;h_s 是 O 到侧倾轴线的距离。

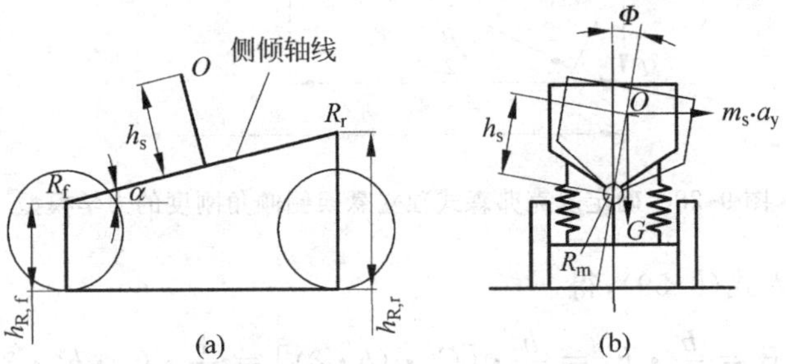

图 9-29 汽车稳态转向时的车身侧倾角分析模型

(a) 侧倾轴线;(b) 侧倾角计算模型

汽车在进行稳态转向行驶时,侧倾角 Φ 是个常数,如图 9-29(b)所示。设前、后悬架的侧倾角刚度分别是 $C_{\Phi,f}$、$C_{\Phi,r}$,则近似有如下关系式:

$$m_s \cdot a_y \cdot h_s + G \cdot h_s \cdot \Phi = (C_{\Phi,f} + C_{\Phi,r}) \cdot \Phi \tag{9-69}$$

其中,m_s 是悬上质量;a_y 是侧向加速度;h_s 是悬上质量质心到侧倾轴线的距离;G 是悬上质量的重力

$$G = m_s \cdot g \tag{9-70}$$

其中,g 是重力加速度。把式(9-70)代入式(9-69),整理得

$$m_s \cdot a_y \cdot h_s = (C_{\Phi,f} + C_{\Phi,r} - m_s \cdot g \cdot h_s) \cdot \Phi \tag{9-71}$$

$$\Phi = \frac{m_s \cdot h_s}{C_{\Phi,f} + C_{\Phi,r} - m_s \cdot g \cdot h_s} \cdot a_y \tag{9-72}$$

侧倾增益 K_Φ 是汽车稳态转向时侧倾角与侧向加速度的比值。所以,从式(9-72)可得

$$K_\Phi = \frac{\Phi}{a_y} = \frac{m_s \cdot h_s}{C_{\Phi,f} + C_{\Phi,r} - m_s \cdot g \cdot h_s} \tag{9-73}$$

汽车进行稳态转向行驶时,分别由前、后悬架承受的侧倾力矩为 $T_{\Phi,f}$、$T_{\Phi,r}$:

$$T_{\Phi,f} = C_{\Phi,f} \cdot \Phi \tag{9-74}$$

$$T_{\Phi,r} = C_{\Phi,r} \cdot \Phi \tag{9-75}$$

所以,在前、后悬架上所分配的侧倾力矩与其侧倾角刚度成正比。而悬架上所承受的侧倾力矩越大,在左、右车轮间所引起的负荷转移就越大。这种负荷转移会降低左、右车轮总的侧偏刚度,使侧偏角增大。为了使这种现象有利于不足转向,应该使前悬架的侧倾角刚度大于后悬架的侧倾角刚度。轿车的前、后悬架侧倾角刚度的比值一般为 1.4~2.6。在悬架上安装横向稳定杆可以有效地增加其侧倾角刚度,参见图 9-23。通常横向稳定杆装在前悬

架上，也有一些车辆在其后悬架上也采用横向稳定杆。

表 9-3 示出一些国外轿车前、后悬架的侧倾角刚度值。

表 9-3 一些国外轿车前、后悬架的侧倾角刚度值

车型	前悬架			后悬架		
	型式	侧倾角刚度/(N·m/rad)	横向稳定杆刚度/(N/mm)	型式	侧倾角刚度/(N·m/rad)	横向稳定杆刚度/(N/mm)
菲亚特 124	A	31×10^3	19.0	D	11.7×10^3	6.3
福特-卡派利	B	23.7×10^3	6.1	D	11.1×10^3	—
福特-爱司卡脱	B	13.9×10^3	—	E	9.1×10^3	—
鹰牌	C	17.2×10^3	—	D	12.9×10^3	—
大众 411	B	29.2×10^3	9.2	F	27.3×10^3	—

注：A—双横臂式独立悬架，螺旋弹簧；B—麦克弗森式独立悬架；C—双横臂式独立悬架，横置钢板弹簧；D—非独立悬架，螺旋弹簧；E—非独立悬架，钢板弹簧；F—斜置式独立悬架，螺旋弹簧；横向稳定杆刚度是车轮上单位垂直位移所需要的力(这个力仅用来使横向稳定杆发生变形)。

9.5 非独立悬架

汽车的悬架可以分成两大类，即非独立悬架和独立悬架。非独立悬架的特点是，同一个车桥上的左、右车轮安装在同一根刚性车轴上，该刚性车轴通过悬架(导向机构和弹性元件)与车架(或车身)相连，如图 9-2、图 9-5 和图 9-30 所示。图 9-30 示出一种采用钢板弹簧的非独立前悬架，其中左、右前轮通过转向节和主销安装在一根工字梁整体式前轴上，该前轴通过钢板弹簧安装在车架上。在货车以及基于货车底盘的其他商用车上几乎都采用这类悬架。

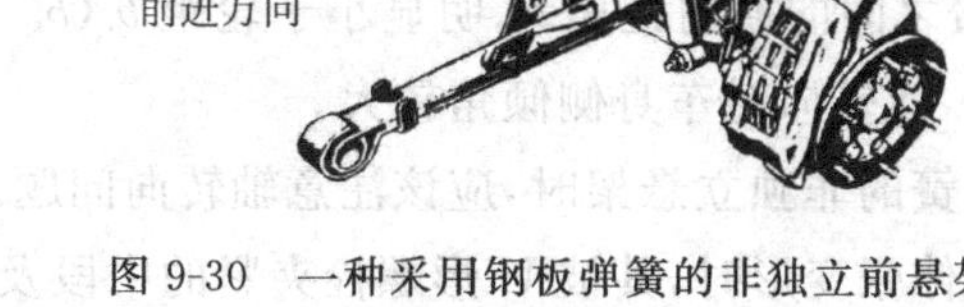

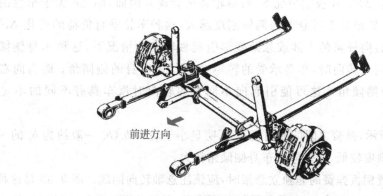

图 9-30 一种采用钢板弹簧的非独立前悬架

非独立悬架的优点包括以下几种。

(1) 在汽车行驶过程中，除了前轮的前束以外，其他车轮定位参数可以得到很好的保持，而且不必要求车架的前部具有很大的刚度，而采用独立悬架的汽车一般有此要求。因此，商用车车架的前部刚度允许适当降低，而这有利于减小由于道路冲击所引起的、通过板簧传递的载荷。前轮前束的变化是由悬架与转向杆系的干涉决定的。通过适当进行转向杆系与悬架的匹配设计,也可以有效地控制前轮前束的变化特性。

(2) 轮胎的磨损最小,这首先是因为即使在车身侧倾时前轮仍然保持与地面垂直,另外即使当车轮上、下跳动时前轮轮距仍然保持不变。应该指出,轮胎寿命长对于降低商用车辆的运营成本是很重要的。

(3) 结构简单、结实,磨损件最少,使得其最初购置成本以及维修、保养成本都低。

(4) 无论空载还是满载,车辆的离地间隙都保持不变。

非独立悬架的缺点主要包括以下几点。

(1) 悬下质量较大,不利于提高平顺性、减小动载荷。

(2) 同一根车桥上的左、右车轮的运动是有相互影响的。非独立悬架中的"非独立"意指同一根车桥上的左、右车轮不能单独运动。图9-31示意性地示出在坑洼路面上行驶时非独立悬架中车轮运动的相互影响,即它们的车轮外倾角的变化总是相同的。

(3) 非独立悬架用于前悬架上易发生摆振现象。

(4) 在刚性整体式车桥上方需要留出与悬架极限压缩量(车轮极限上跳位移)相同的空间。如果是前桥,不利于降低发动机高度。

(5) 传动轴传递到驱动桥的转矩会使该车桥左、右车轮上的载荷发生变化,同时使悬上质量(车架、车身等)承受一个大小相等、方向相反的侧倾转矩,使其发生侧倾。图9-32示出汽车直线行驶时后驱动桥及车身承受传动轴转矩 T 的情况,其中汽车采用中间轴式变速器,所以传动轴与发动机转动方向相同(从汽车后部向前看为逆时针方向)。后驱动桥受到沿逆时针方向作用的转矩 T。而车身承受沿顺时针方向作用的转矩 T,其使车身向右侧倾,这个转矩 T 分别由前、后悬架承受。假设后悬架承受的转矩为 T_2,则 $T_2<T$。后驱动桥承受的总转矩为 $T-T_2$,使左后轮的垂直负荷增大 $\Delta F=(T-T_2)/b_r$(b_r 是后轮距),而使右后轮的垂直负荷减小 ΔF。在极端情况下,右后轮甚至会离开地面,即 ΔF 大于车轮的静负荷。可以看出,前悬架相对于后悬架的侧倾刚度越大,这种车轮垂直负荷的变化 ΔF 就越大。当存在悬架与转向杆系的干涉或悬架变形引起轴转向的情况下,这种车身侧倾会引起汽车的转向。当向左转向时,车身承受的转矩 T 会增大车身的侧倾角;而当向右转向时,T 会减小车身的侧倾角。这可能引起向不同方向转向时汽车具有不同的不足转向特性。

(6) 如图9-5所示,弹簧之间的横向距离 b_{sp} 明显小于轮距 b_r(b_{sp} 一般约为 b_r 的一半),造成悬架的侧倾角刚度较低,使转向时车身侧倾角较大。

在设计采用纵置钢板弹簧的非独立悬架时,应该注意轴转向问题。图9-33是这种悬架的分析图,在钢板弹簧压缩、伸张变形时,其被U形螺栓夹紧的中段及与中段固结的车桥作移动。主片中点 A 的运动轨迹是以 Q 点为圆心的圆弧。而车轮中心线与每个钢板弹簧中央垂直对称平面的交点 S 的运动轨迹是以 Q_s 为圆心的圆弧,其中 QQ_s 平行于 AS,Q_sS 平行于 QA。假设汽车正在向左转向,车身向右侧倾,则相当于右轮向上压缩、左轮向下伸张。在图9-33中,右侧的 S 点运动到 S_c,向后移动一个距离 X_c;而左侧的 S 点运动到 S_r,向前移动一个距离 X_r。使车轴产生了一个轴转向角 α。由于这种轴转向是在汽车向左转向过程

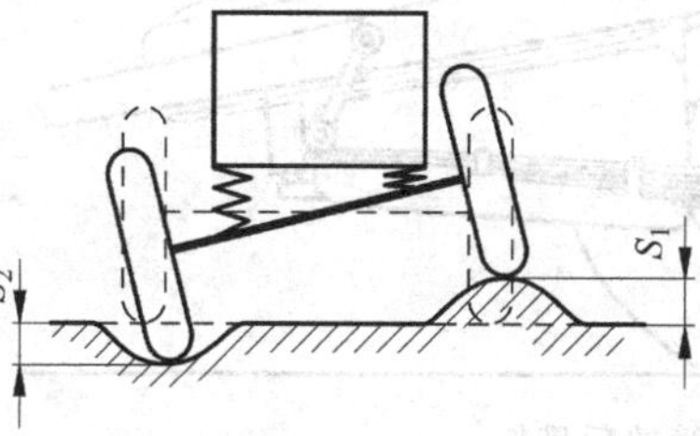

图 9-31 在坑洼路面上行驶时在非独立悬架中车轮的运动情况

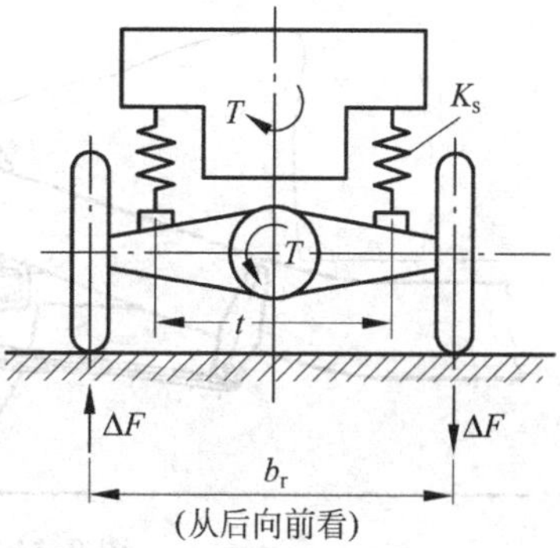

图 9-32 后驱动桥及车身承受传动轴转矩 T 的情况

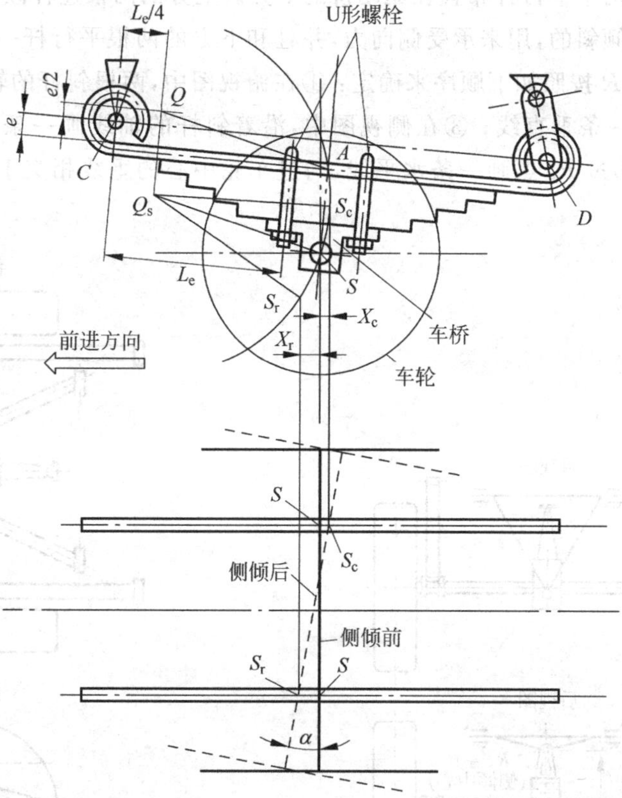

图 9-33 在纵置钢板弹簧非独立悬架中由于侧倾引起的轴转向

中产生的，如果该悬架是前悬架，则有利于不足转向；如果是后悬架，则有利于过多转向。在后悬架中，为了获得有利于不足转向的侧倾轴转向，通常把板簧的前卷耳中心 C 布置得明显低于其后卷耳中心 D（见图 9-33 和图 9-34），以使 A 点高于 Q 点。

在图 9-5 所示非独立悬架的导向机构中采用了 V 形杆，V 形杆顶端的球铰中心就是悬架的侧倾中心 R（参见图 9-5 和图 9-35）。这种侧倾中心比较高，可以减小侧倾力矩，有利

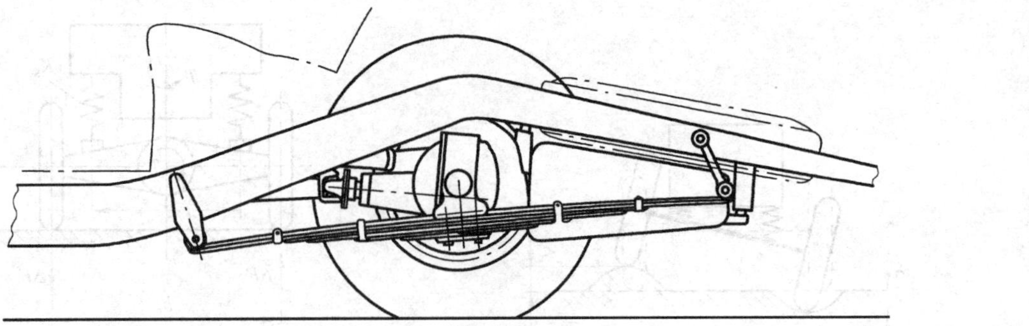

图 9-34　一种采用钢板弹簧的后悬架

于减小转向行驶时的车身侧倾角。

图 9-36 示出一种四连杆式后驱动桥,其比较多地用作前置-后轮驱动轿车的驱动桥,属于非独立悬架。其两个平行杆布置在驱动桥的下方。上方的两根连杆倾斜布置,在俯视图、侧视图中它们都是倾斜的,用来承受侧向力,并且和下方的两根平行杆一起承受驱动力、制动力。其侧倾中心 R 按照如下顺序来确定:①在俯视图中,两根斜杆的轴线相交于 P_1 点;②过 P_1 点向下画一条垂直线;③在侧视图中,沿着斜杆的轴线画一条直线,与上述垂直线相交于 P_2 点;④过 P_2 点画一条水平线,与过车轮中心的垂线相交于 R 点,R 点就是侧倾中心。

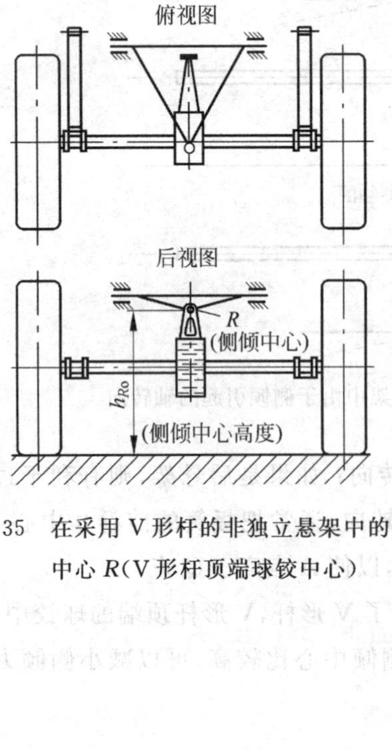

图 9-35　在采用 V 形杆的非独立悬架中的侧倾中心 R(V 形杆顶端球铰中心)

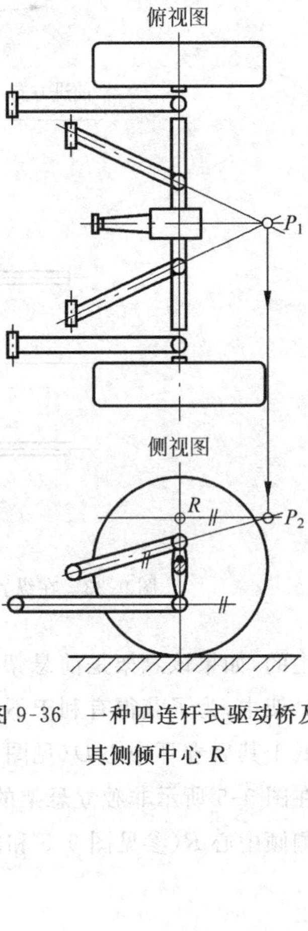

图 9-36　一种四连杆式驱动桥及其侧倾中心 R

9.6 独立悬架

独立悬架的特点是同一个车桥上的各个车轮单独通过悬架与车架(或车身)相连,如图 9-1、图 9-10、图 9-23 所示。独立悬架的优点包括以下几点。

(1) 非簧载质量(悬下质量)小,悬架受到的、并传给车身的冲击载荷小,能够使车轮与地面更好地保持接触。

(2) 弹性元件主要承受垂直力,可以采用刚度小的弹簧,使车身-悬架系统的偏频降低,改善行驶平顺性。

(3) 由于车桥左、右车轮单独跳动,相互影响小,可减小车身的倾斜和振动。

(4) 有助于降低发生车轮摆振的可能性。

(5) 采用独立悬架后,取消了整根前轴,允许把发动机更向前布置,从而可以增大汽车中的乘客空间或缩短汽车总长。也有利于降低汽车质心,提高行驶稳定性。

(6) 具有更好的抗侧倾性能。在采用独立悬架的情况下,通过适当设计导向机构,即使采用较软的弹簧,也可以使其具有足够的抗侧倾能力。

(7) 通过适当设计悬架的导向机构,可以更准确地控制车轮的运动轨迹。

但是独立悬架也有缺点,这就是结构复杂,成本高,维修不便。

独立悬架已经在现代轿车、轻型客车上得到了广泛应用。许多越野车也采用独立悬架,这是因为其能够较好地保持车轮与路面的接触,提高离地间隙,改善通过性。

9.6.1 双横臂式独立悬架

目前得到采用的双横臂式独立悬架都是不等长双横臂式(参见图 9-1、图 9-6)。这种悬架结构为获得良好的综合性能提供了广泛的可能性。如图 9-37 所示,只要适当选择上、下横臂的长度、α、β、σ 等角度以及 c、d 等尺寸,就可以获得需要的侧倾中心位置和轮距、前轮定位参数等的有利变化规律,保证有良好的性能。应该指出,在图 9-37 这类分析图中都假定上、下摆臂的内侧转动轴线平行于汽车的纵轴线。如果悬架的上述转动轴线是倾斜的,如图 9-38 所示,则需要首先确定它们的当量平行转动轴线。在图 9-38 中,上、下横臂的当量平行转动轴线为 E_2、G_2。

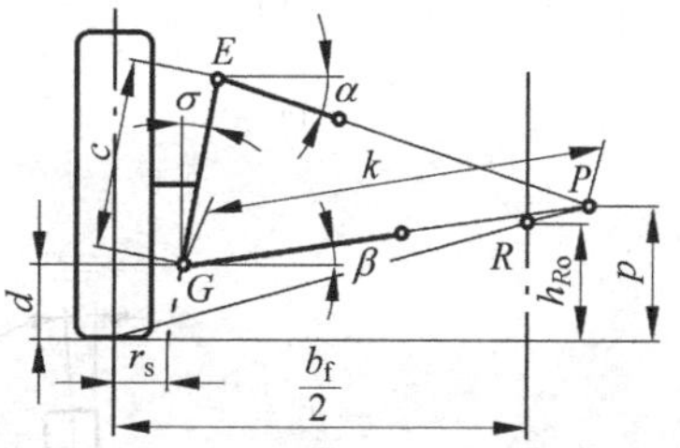

图 9-37 双横臂式独立悬架的关键几何参数

橡胶衬套已经在双横臂式独立悬架中得到了广泛应用,其安装在上、下横臂的转轴上,有助于减小冲击载荷、振动和噪声,特别是在比较平的路面上行驶、车轮承受动载荷比较小、相对于车身跳动量也比较小的情况下。在上述情况下,如果上、下横臂转轴中不安装橡胶衬套,不大的车轮冲击载荷将直接通过转轴中的干摩擦传到车身,而不经过弹簧传递,引起明显的噪声。在上、下横臂转轴中安装橡胶衬套还可以减小车轮的干涉转向。这种衬套为悬架提供了一定的纵向柔度,有利于减小子午线轮胎(其周向刚度比较大)的噪声。

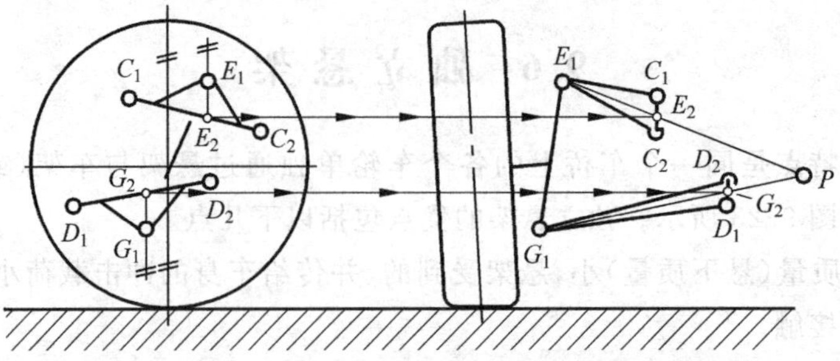

图 9-38 倾斜的上、下摆臂转动轴线及其当量平行轴线

汽车转向时其车身要发生侧倾，趋于使外侧车轮的外倾角向正的方向变化、内侧车轮的外倾角向负的方向变化。研究表明，当车轮外倾角为正时，在相同的侧偏角下，轮胎可以发出的侧向力会减小，如图 8-4 所示。为了防止转向时提供大部分侧向力的外侧车轮出现明显的正的外倾角，在悬架设计时一般要保证悬架压缩时车轮外倾角向负的方向变化，而当伸张时向正的方向变化。图 9-39 示出在转向时车轮侧倾角的形成机制。图 9-39(a)所示是汽车直线行驶时悬架的状态(后视图)。假设汽车向左转向行驶，车身要向右侧倾，相当于车身

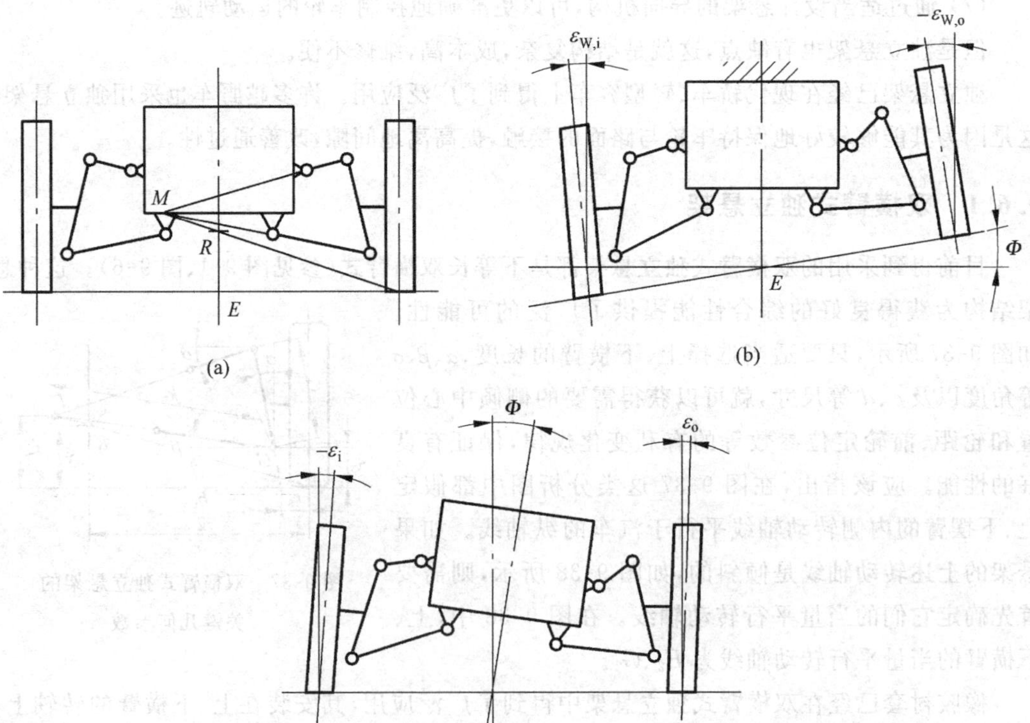

图 9-39 汽车向左稳态转向行驶时其车轮外倾角的形成机制

(a) 直线行驶时的悬架状态；(b) 车身固定、地面绕 E 点转动一个等于车身侧倾角 Φ 的角度；
(c) 向左稳态转向时的状态(地面水平)

不动而地面绕汽车中心线与地面的交点 E 向左转动一个等于侧倾角 Φ 的角度，如图 9-39(b)所示。可以看出，外侧车轮（右轮）相对于车身向上跳动，同时相对于车身产生一个负的车轮外倾角，即 $-\varepsilon_{W,o}$；而内侧车轮（左轮）相对于车身向下跳动，同时相对于车身产生一个正的车轮内倾角，即 $+\varepsilon_{W,i}$。把图 9-39(b)整体绕 E 向右转动 Φ，得到图 9-39(c)，这是汽车向左转向时的真实状态。这时，外轮相对于地面的外倾角 $\varepsilon_o=\varepsilon_{W,o}+\Phi$，而内轮相对于地面的内倾角 $\varepsilon_i=\varepsilon_{W,i}-\Phi$。

图 9-40 示出三种轿车相对于车身的车轮外倾角 ε_W 随着车轮上、下跳动而变化的特性。其中，本田(Honda)轿车采用双横臂式独立悬架(前悬架)，BMW 3 系列和奔驰轿车采用麦克弗森式悬架。可以看出，本田轿车随着车轮上跳其相对于车身的车轮外倾角 ε_W 向负方向变化的速率逐渐增大，这种特性对于转向行驶、车身发生侧倾时使外侧车轮保持负的外倾角(相对于地面)是有利的。而其他两个采用麦克弗森悬架的轿车的这种特性不太理想，作为补偿它们在设计位置都有负的车轮外倾角。

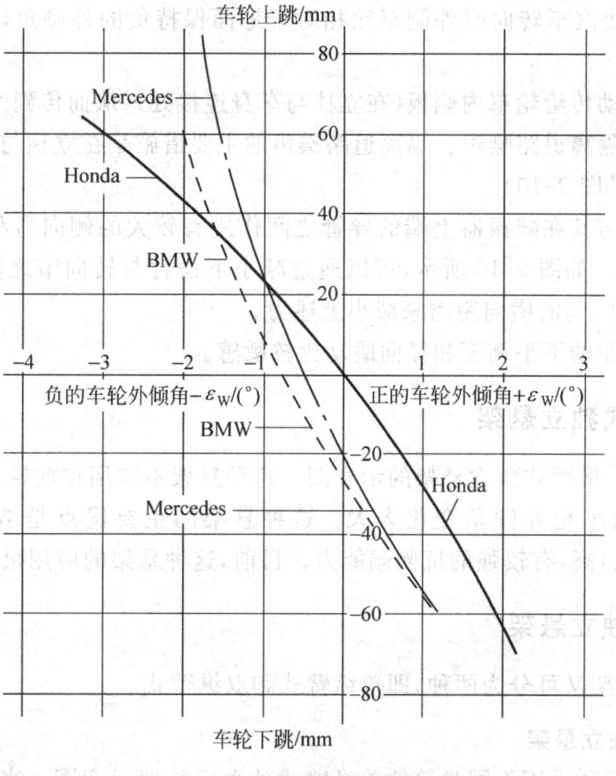

图 9-40　三种轿车的车轮外倾角随着车轮上、下跳动的变化特性

双横臂式独立悬架已经广泛用作中、高级轿车的前悬架。这种悬架在高越野性越野车中也得到了比较广泛的应用。应该指出，这种悬架的制造工艺性比较好。

双横臂式独立悬架占据的空间比麦克弗森式悬架大，其上、下摆臂与车架(或车身)铰接点的受力比较大，这是其缺点。

9.6.2 麦克弗森式独立悬架

目前绝大部分轿车的前悬架都是麦克弗森式独立悬架(如图 9-10、图 9-23 所示),其在轻型客车上也得到了比较广泛的应用。麦克弗森式悬架的主要优点包括以下几点。

(1) 结构紧凑,占据的空间小,从而有利于加宽发动机舱。

(2) 使汽车易于安装横置发动机。

(3) 在立柱与车身的连接点、下摆臂与副车架的铰接点上的受力比较小。

麦克弗森式悬架的主要缺点包括以下几点。

(1) 随着悬架压缩、伸张轮距、侧倾中心、车轮外倾角的变化规律不太理想。麦克弗森式悬架的侧倾中心较低,随着车轮跳动变化较大,这是不太理想的。如图 9-40 所示,采用麦克弗森式悬架的轿车的车轮上跳时其外倾角向负方向变化的速率不如双横臂式悬架的大,这种特性不太理想。而且,在设计位置,这两种采用麦克弗森式悬架的轿车都具有负的车轮外倾角,一个约为−0.5°,另外一个约为−0.8°。其目的是补偿上述随着车轮上跳过小的外倾角变化速率,以使汽车转向时外侧车轮相对于地面保持负的外倾角,以获得比较大的侧向力。

(2) 把力和振动传给轮罩内侧板(在立柱与车身连接处),从而传到汽车前部。

(3) 比较难以隔离道路噪声。隔离道路噪声的主要措施是在立柱与车身的连接点中采用解耦橡胶件(参见图 9-10)。

(4) 在活塞杆与其在减振器上端的导管之间作用有较大的侧向力和摩擦力,它们会降低弹簧的缓冲作用。如图 9-10 所示,可以通过减小下摆臂与转向节之间的球铰中心 G 与轮胎接地印迹中心之间的横向距离来减小上述力。

(5) 前轴对轮胎的不平衡度和径向跳动比较敏感。

9.6.3 单横臂式独立悬架

图 9-25 示出单横臂式独立悬架的示意图。这种悬架不宜用在前轮上,因为前轮跳动时会使主销内倾角及车轮外倾角变化太大。这种悬架的主要优点是结构简单,侧倾中心(图 9-25 中的 R 点)高,有较强的抗侧倾能力。目前,这种悬架的应用很少。

9.6.4 纵臂式独立悬架

纵臂式独立悬架又可分为两种,即单纵臂式和双纵臂式。

1. 单纵臂式独立悬架

图 9-41 示出两种采用不同弹簧的单纵臂式独立后悬架示意图。当车轮跳动时主销后倾角变化大,故不宜用在前轮上。当车轮跳动时,车轮相对车身的外倾角和轮距基本上都不发生变化,车轮前束角的变化也很小,有利于减小轮罩尺寸、增大车内空间,对轮胎磨损性能和行驶方向稳定性都有利。图 9-42 示出车轮外倾角(相对于车身)和前束随着车轮跳动的变化特性。但是,这种悬架的侧倾中心低(位于地面上),转向时侧倾力矩较大,从而不利于减小车身侧倾角。在转向时,在侧向力的作用下,车轮的前束角的变化有利于过多转向;车轮外倾角变化基本上等于车身侧倾角,变化比较大。为了减小转向时外侧车轮的外倾角,在设计位置采用了约−0.8°的车轮外倾角。但其结构简单,可用在后轮上。

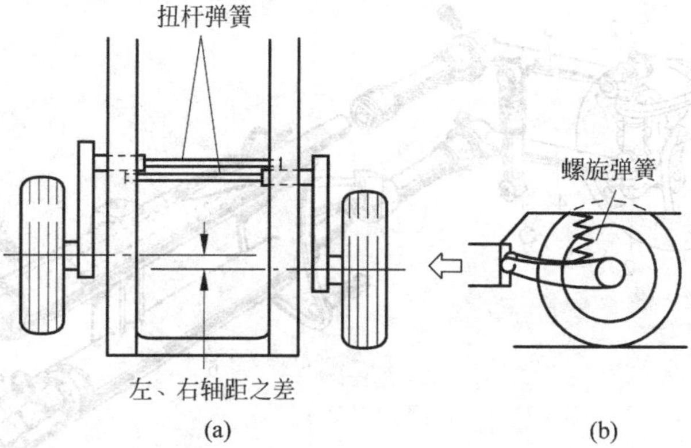

图 9-41 采用不同弹簧的单纵臂式独立后悬架的示意图

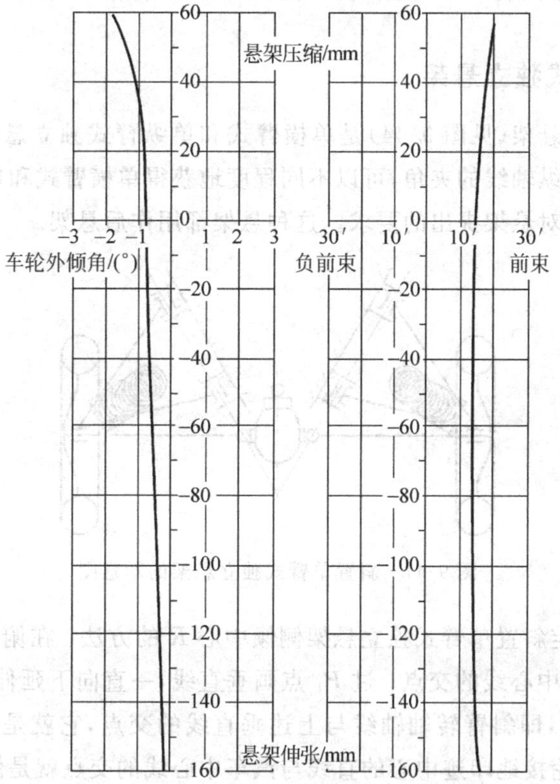

图 9-42 车轮外倾角(相对于车身)和前束随着车轮跳动的变化特性(单纵臂式悬架)

2. 双纵臂式独立悬架

图 9-43 示出一种双纵臂式独立悬架,其两个纵摆臂 3 和 4 做成等长的。当车轮跳动时,可保持前轮定位参数不变,故适用于转向轮。其他性能与单纵臂式悬架基本相同。如果其横向刚度不足,则有产生摆振的可能。

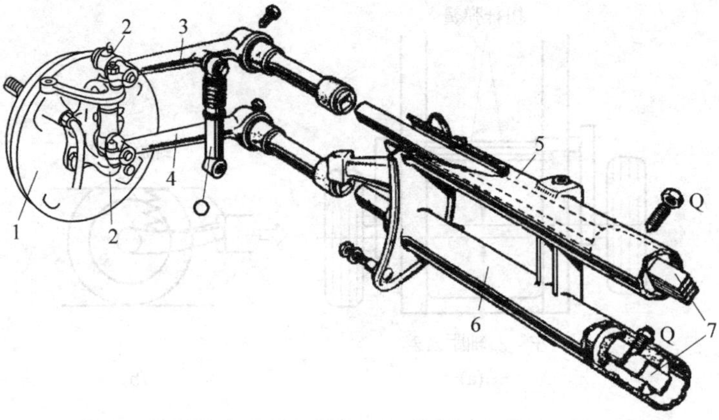

图 9-43　一种双纵臂式独立悬架

1—制动底板；2,3—球铰；3,4—纵摆臂；5,6—管式横梁；7—扭杆弹簧片

9.6.5　斜置单臂式独立悬架

斜置单臂式独立悬架(见图 9-44)是单横臂式和单纵臂式独立悬架的折中方案。适当选择摆臂轴线与汽车纵轴线的夹角,可以不同程度地获得单横臂式和单纵臂式悬架的优点,以满足不同使用性能对悬架提出的要求。这种悬架都用作后悬架。

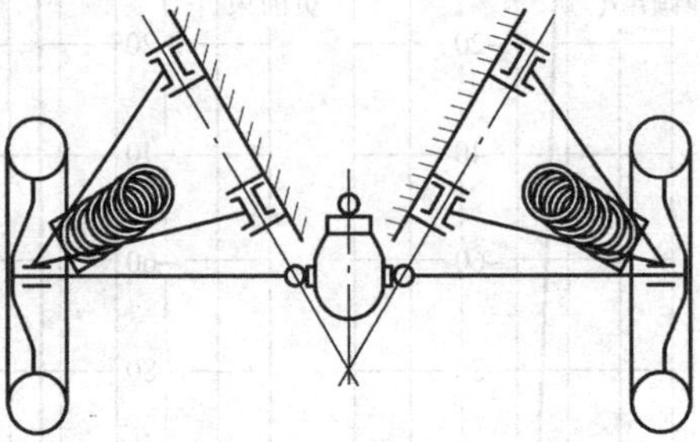

图 9-44　斜置单臂式独立悬架的示意图

图 9-45 示出确定斜置单臂式独立悬架侧倾中心 R 的方法：在俯视图上确定 P_1 点,即斜臂转轴轴线与车轮中心线的交点；过 P_1 点画垂直线,一直向下延伸到后视图上；在后视图上,首先确定 P_2 点,即斜臂转轴轴线与上述垂直线的交点,它就是转向节的瞬时运动中心；连接 P_2 点和车轮接地印迹中心的直线与汽车中心线的交点就是侧倾中心 R。

图 9-46 示出在斜置单臂式悬架中车轮前束角、车轮外倾角(相对于车身的角度)随着车轮上、下跳动的变化特性。车轮外倾角(相对于车身的角度)的变化特性有利于减小转向时外轮的外倾角,但是,车轮上跳时,车轮外倾角向负方向变化的速率不够大,为了防止转向时外侧车轮的外倾角(相对于地面)变为正,在设计位置采用$-4°$的车轮外倾角,其会造成轮胎负荷能力下降。前束角的变化特性有利于不足转向。但是,转向时侧向力引起的前束角变化有利于过多转向。摆臂倾斜角(图 9-45(a)中的 α)一般不超过 20°,但是也有达到 26°的。

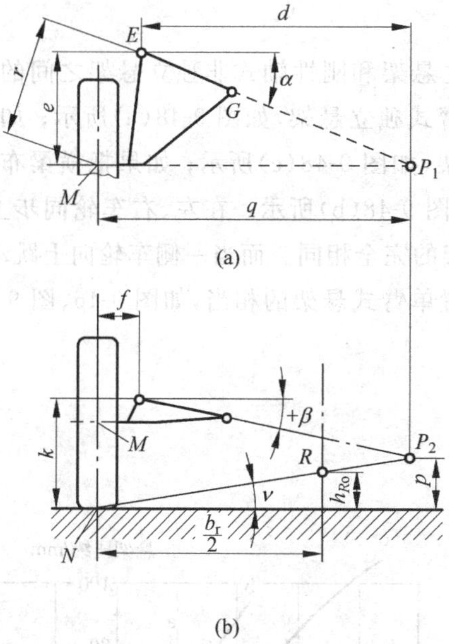

图 9-45 确定斜置单臂式独立悬架侧倾中心 R 的方法

(a) 俯视图；(b) 后视图

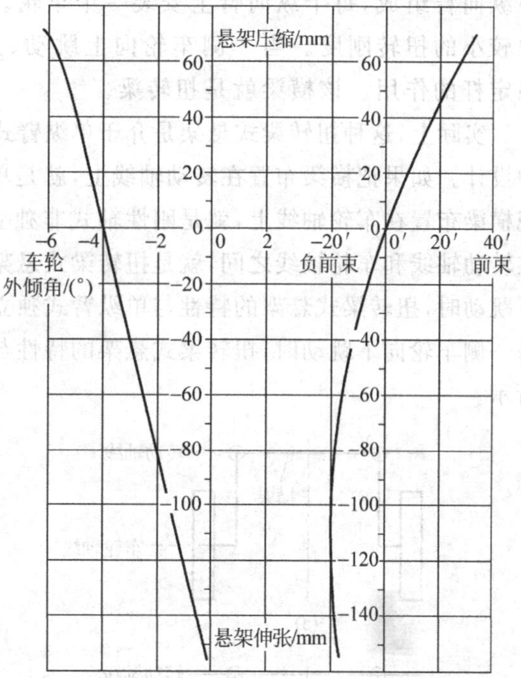

图 9-46 斜置单臂式悬架车轮前束角、车轮外倾角随着车轮上、下跳动的变化特性

9.7 拖臂扭转梁式悬架

拖臂扭转梁式悬架(也称为扭转梁式悬架、复合式悬架)，是 20 世纪 70 年代引进的一种比较新的后悬架结构。图 9-47 示出一种复合式悬架，其由焊在一根横梁上的两

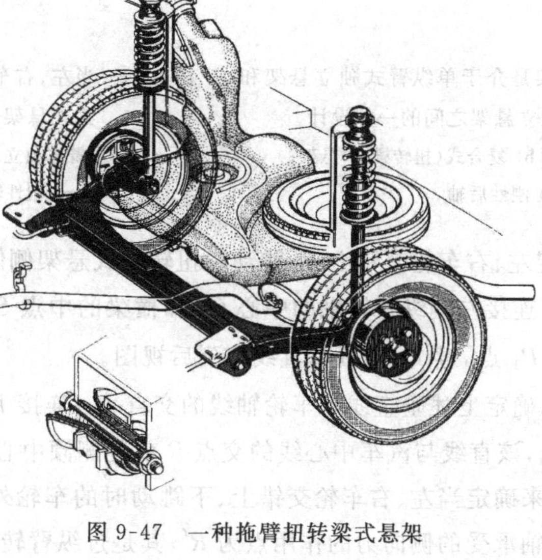

图 9-47 一种拖臂扭转梁式悬架

根纵向臂组成，每个纵向臂上安装一个车轮。这根横梁要求具有比较大的弯曲刚度和比较小的扭转刚度。当一侧车轮向上跳动、另一侧车轮向下跳动时，该横梁兼起横向稳定杆的作用。该横梁就是扭转梁。

实际上，这种扭转梁式悬架是介于单纵臂式独立悬架和刚性轴式非独立悬架之间的一种设计。如果把横梁布置在转动轴线上，就是单纵臂式独立悬架，如图9-48(a)所示；如果把横梁布置在车轮轴线上，就是刚性轴式非独立悬架，如图9-48(c)所示；如果把横梁布置在转动轴线和车轮轴线之间，就是扭转梁式悬架，如图9-48(b)所示。在左、右车轮同步上、下跳动时，扭转梁式悬架的特性与单纵臂式独立悬架的完全相同。而当一侧车轮向上跳动、另一侧车轮向下跳动时，扭转梁式悬架的特性与斜置单臂式悬架的相当，如图9-46、图9-49所示。

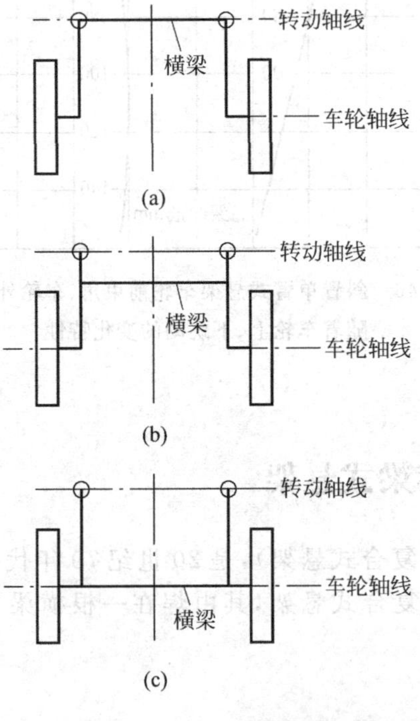

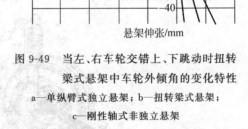

图9-48 扭转梁式悬架是介于单纵臂式独立悬架和刚性轴式非独立悬架之间的一种设计

(a) 单纵臂式悬架；(b) 复合式(扭转梁式)悬架；(c) 刚性后轴

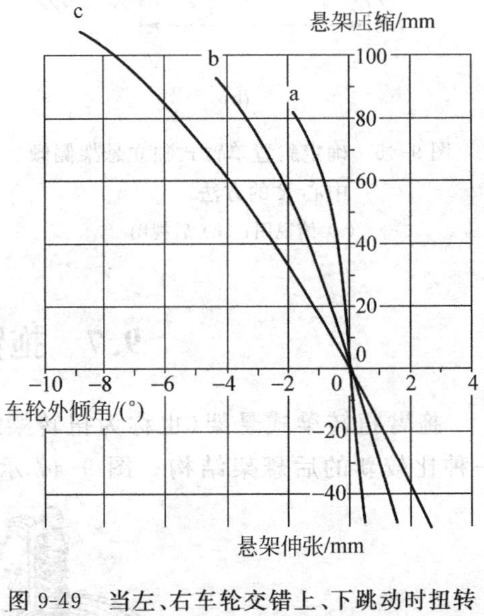

图9-49 当左、右车轮交错上、下跳动时扭转梁式悬架中车轮外倾角的变化特性

a—单纵臂式独立悬架；b—扭转梁式悬架；c—刚性轴式非独立悬架

图9-50示出确定左、右车轮交错上、下跳动时扭转梁式悬架侧倾中心的方法。

(1) 在俯视图上，连接左侧纵臂转轴的中心 O_1 和横梁的中点 S 得到一条直线，该直线与右侧车轮轴线交于 P_1 点，过 P_1 点画垂直线直到后视图。

(2) 在后视图上，确定上述垂直线与车轮轴线的交点 P_2，连接 P_2 和左侧车轮接地印迹中心 N 得到一条直线，该直线与汽车中心线的交点 R 就是侧倾中心。

这个侧倾中心用来确定当左、右车轮交错上、下跳动时的车轮外倾角和前束角的变化。而汽车转向时由该后轴承受的侧向力的作用点为 R'，其是过纵臂转轴中心 O 的水平线与过

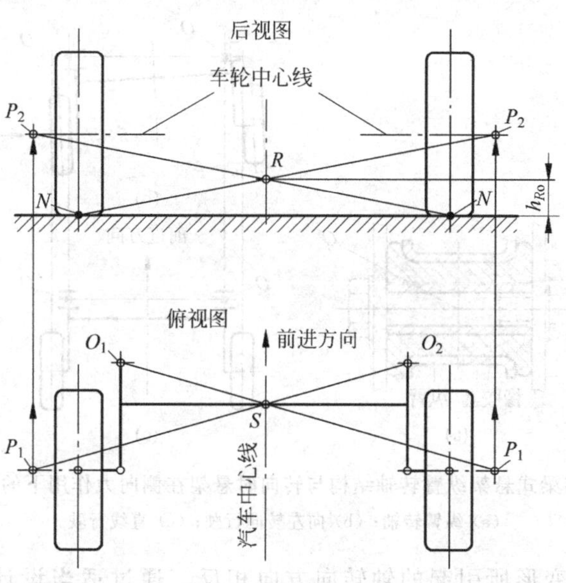

图 9-50 确定左、右车轮交错上、下跳动时扭转梁式悬架侧倾中心的方法

车轮中心的垂直线的交点，如图 9-51 所示。这是因为侧向力是由转轴 O 承受的。

在扭转梁式悬架中，纵臂转轴的安装设计对于降低噪声和保持操纵稳定性都很重要。图 9-52 示出汽车在向左转向行驶时悬架的受力情况。在侧向力 $F_{L,i}$ 和 $F_{L,o}$ 作用下，两个纵臂的转轴对纵臂有纵向作用力 F_{ax} 和 F_{ix} 以及侧向作用力 F_{iy} 和 F_{ay}，使悬架保持受力平衡。它们的反作用力作用在转轴零件上。图 9-53(a)示出传统的转轴结构，为了降低噪声，其中采用了橡胶套。在上述纵向力和侧向力的作用下，悬架发生了如图 9-53(b)所示的轴转向，这种轴转向主要是由纵臂转轴中橡胶套的纵向变形引起的。其中，转轴中心点 O 的位置保持不变，因为转轴被刚性地固定在车身上。可以看出，这种轴转向有利于过多转向，应该设法予以纠正。应该指出，单纵臂式、斜置单臂式独立悬架在转向时的侧向力作用下都具有与此类似的轴转向特性。

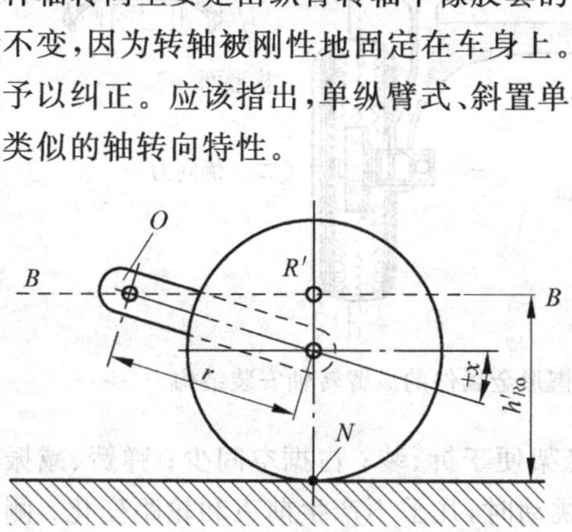

图 9-51 扭转梁式悬架的侧向力受力点 R'

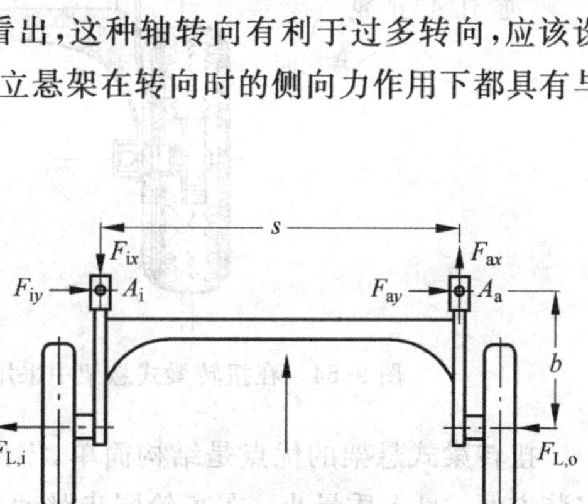

图 9-52 汽车向左转向行驶时的扭转梁式悬架的受力分析图

为了纠正转向时在侧向力作用下有利于过多转向的悬架变形(如图 9-53 所示)，采用了具有楔形金属件的纵臂转轴安装结构，如图 9-54 所示。在向左转向行驶时，在侧向力的作用下，纵臂和横梁总成向左移动一个距离，同时在斜面作用下左纵臂被向后推一个距离，而右纵臂被向前推一个距离，其造成的轴转向方向与图 9-53(b)所示的

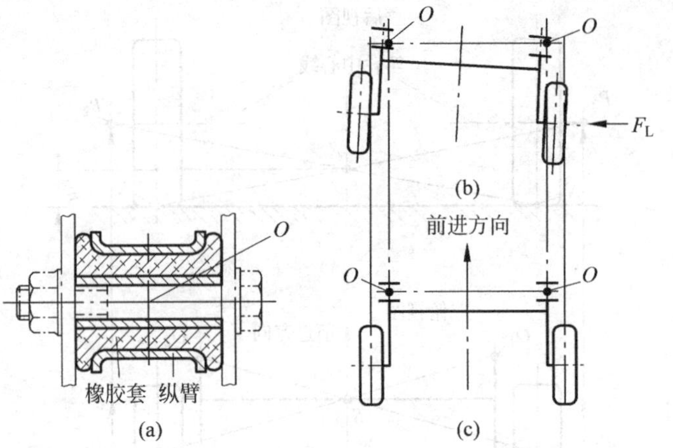

图 9-53 扭转梁式悬架纵臂转轴结构与转向时悬架在侧向力作用下的变形(轴转向)
(a) 纵臂转轴;(b) 向左转向行驶;(c) 直线行驶

由左、右橡胶套纵向变形所引起的轴转向方向相反。通过适当设计可以使两者相互抵消悬架变形,则这时的悬架变形情况如图 9-55 所示,即在侧向力作用下,悬架只是沿着其作用方向进行了平移,而没有发生转动,侧向力不再引起轴转向(前束角变化)的作用,有效地改善了其转向性能。

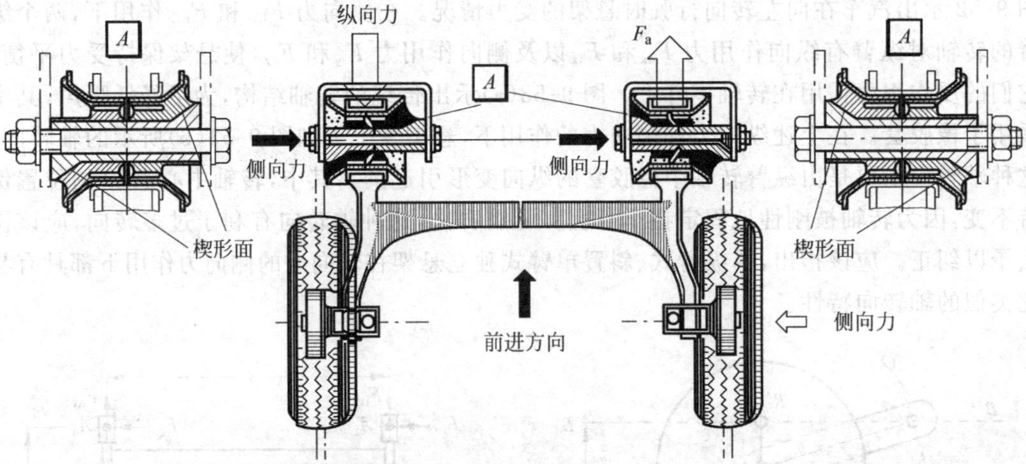

图 9-54 在扭转梁式悬架中采用的带有楔形金属件的纵臂转轴安装结构

扭转梁式悬架的优点是结构简单,零件少;悬架便于拆、装;占据空间少;弹簧、减振器安装方便;悬下质量小;在车轮同步跳动或交叉跳动时,几乎不产生前束和轮距变化;侧向力引起的外倾角变化小;有利于减小制动时车尾的抬高。

扭转梁式悬架的缺点是:在侧向力作用下易发生有利于过多转向的悬架变形,需要采取专门的措施予以纠正;横梁及其与纵臂的连接结构对悬架性能影响大,其设计比较复杂,一般需要利用有限元分析方法进行性能、强度、刚度分析;焊缝处应力大,从而使得悬架的允许负荷受到强度的限制。

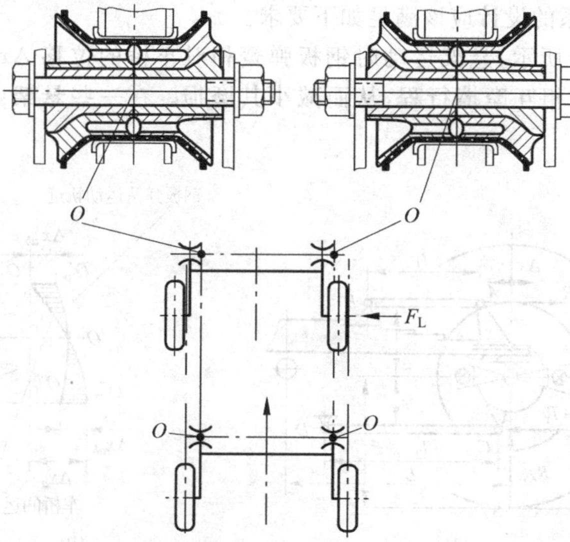

图 9-55 在扭转梁式悬架中采用带有楔形金属件的纵臂转轴安装结构的效果

9.8 平衡悬架

在三轴汽车的中、后桥上一般都采用平衡悬架，以保证中、后桥的车轮上所作用的垂直力基本相等。图 9-56 示出一种导向杆式平衡悬架，其中钢板弹簧安装在平衡轴上，一根上导向杆、两根下导向杆都通过球铰与车桥连接，而上导向杆的另外一端通过球铰与车架横梁相连，下导向杆的另外一端通过球铰安装在平衡轴的下部。钢板弹簧只承受垂直力和侧向力，其他的力和力矩由导向杆承受。中、后桥发生上、下交错的运动时钢板弹簧绕平衡轴旋转，导向杆控制车桥的运动规律。如果一个车轮因碰到凸起物而向上跳动的距离为 S，另外一个车轮还在平地上，则平衡轴（即车架）仅向上跳动 $S/2$，这是平衡悬架的一个优点。

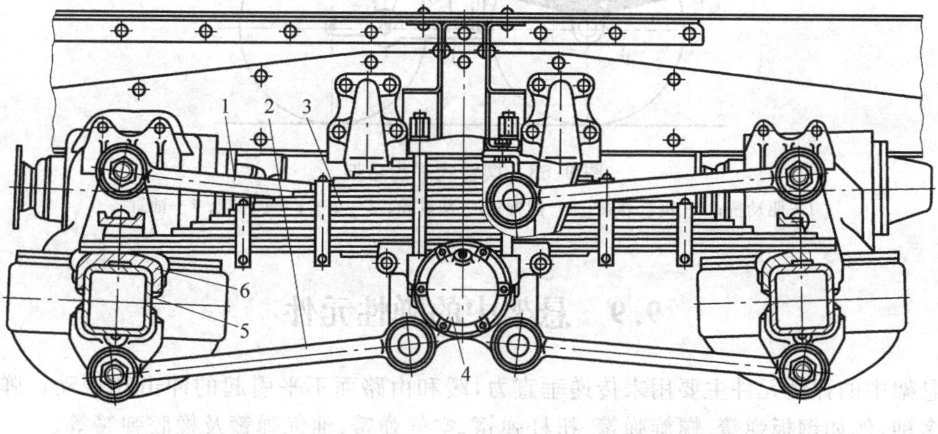

图 9-56 一种 6×4 货车的中、后桥的平衡悬架

1—上导向杆；2—下导向杆；3—钢板弹簧；4—平衡轴；5—驱动桥；6—钢板弹簧座

平衡悬架导向杆系的设计应该满足如下要求。

(1) 如图 9-57(b)所示,悬架运动时钢板弹簧相对车桥的位移 $\Delta x'_{ab}$、Δx_{ab} 应该尽可能小,以减小两者之间的相互摩擦行程,从而减小其磨损。在一些悬架中,这些相对位移为 2～4 mm。

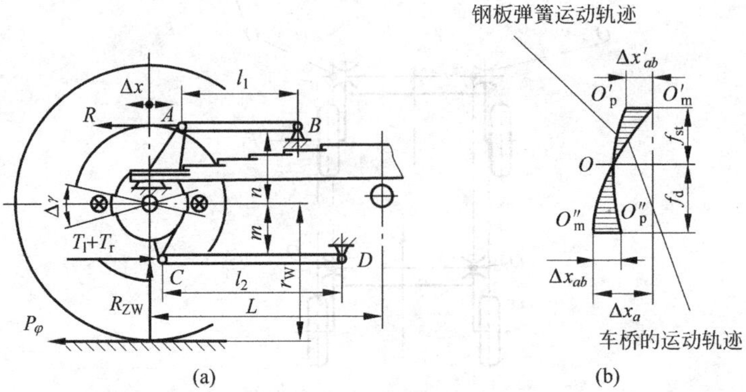

图 9-57　一种平衡悬架的力学分析模型

(2) 如图 9-57(a)所示,车桥的转角变化范围 $\Delta\gamma$ 应该尽可能小,以利于万向传动轴的工作寿命。

(3) 具有足够的强度、刚度。

图 9-58 示出一种摆臂式平衡悬架的示意图,其特点包括:①取消了从动轴的整体梁,从而减小了非簧载质量,有利于改进行驶平顺性、降低车重、降低油耗;②可以在车架上安装举升机构,空载时把从动轮举起,这样可以进一步减小行驶阻力、节省燃油。

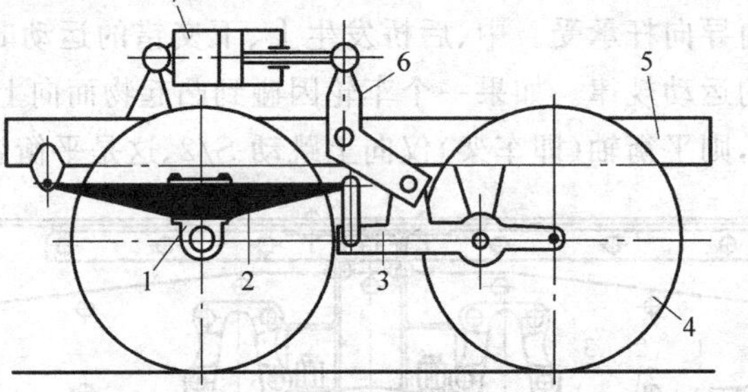

图 9-58　摆臂式平衡悬架

1—驱动桥;2—钢板弹簧;3—摆臂;4—从动轮;5—车架;6—摇臂;7—油缸

9.9　悬架中的弹性元件

悬架中的弹性元件主要用来传递垂直力,缓和由路面不平引起的冲击和振动。弹性元件有多种,例如钢板弹簧、螺旋弹簧、扭杆弹簧、空气弹簧、油气弹簧及橡胶弹簧等。

1. 钢板弹簧

在悬架中,钢板弹簧往往兼作导向机构(如图 9-2 所示),这可以使结构简化,并且维修保养方便、制造成本低。所以,钢板弹簧目前仍得到广泛应用,特别是在商用车(货车)中。

常规的钢板弹簧采用多片结构(如图 9-2 所示),它的质量较大,各片之间的摩擦影响其性能,而且这些摩擦难以估计和控制。为了克服这些缺点,已经发展了少片钢板弹簧,其通常由 1～3 片组成,各片采用变厚断面,图 9-59 示出两种少片钢板弹簧。少片钢板弹簧利用变厚断面来保持等强度,可以节省材料、减小质量,同时减小了片间的摩擦,有利于改善行驶平顺性。但是,其制造工艺比较复杂,成本较高。

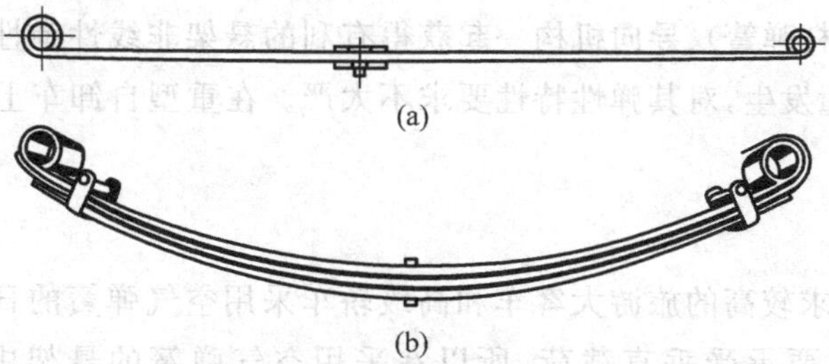

图 9-59 单片和少片钢板弹簧

(a) 单片钢板弹簧;(b) 三片钢板弹簧(少片钢板弹簧)

2. 螺旋弹簧

螺旋弹簧在轿车等轻型汽车的悬架中得到了广泛应用(见图 9-1)。螺旋弹簧占用空间比较小,在悬架中便于布置。在悬架中,螺旋弹簧仅承受沿其轴向的力(主要由垂直力引起),其他的载荷都由悬架的导向机构承受。这使得在螺旋弹簧设计中只需要考虑承受沿其轴向的力(主要由垂直力引起),便于得到比较理想的弹性特性。在悬架中采用螺旋弹簧易于获得有利的非线性悬架弹性特性,有利于获得比较理想的行驶平顺性。

3. 扭杆弹簧

扭杆弹簧一般主要承受垂直载荷,其本身一般固定在车架上,使非簧载质量明显减小。图 9-60 示出一种采用扭杆弹簧的双横臂式独立悬架。采用扭杆弹簧的悬架可以比较容易

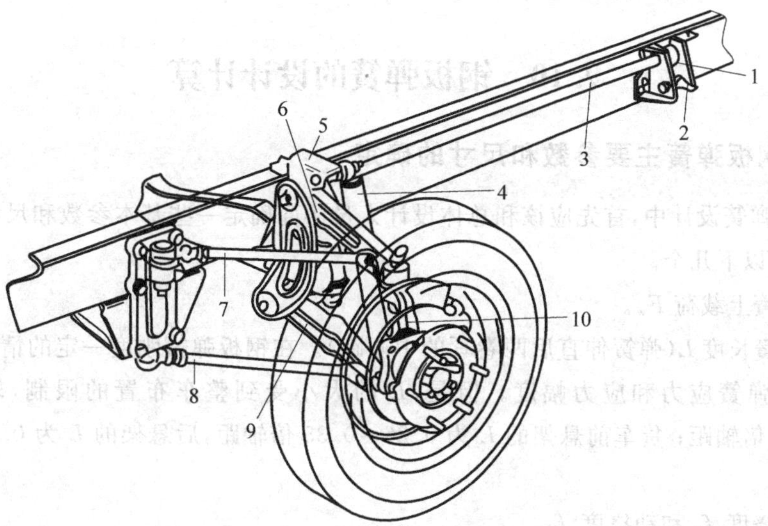

图 9-60 一种采用扭杆弹簧的前悬架

1—扭杆弹簧固定支架;2—调整螺栓;3—扭杆弹簧;4—减振器;5—减振器上支架;6—上横臂;7—上支承杆;8—下支承杆;9—下横臂;10—转向节

获得有利的非线性悬架特性,有利于改善行驶平顺性。扭杆弹簧一般主要用于承受垂直载荷,悬架中需要有导向机构。

4. 橡胶弹簧

橡胶弹簧具有隔声性好、维护简便的优点,但是其存在老化问题,即其性能随着使用而发生变化,故较多用作缓冲块或副簧。副簧具有仔细设计的力-变形弹性曲线,以与主簧(例如螺旋弹簧或扭杆弹簧)、导向机构一起获得有利的悬架非线性弹性特性。而缓冲块仅用于防止钢对钢碰撞发生,对其弹性特性要求不太严。在重型自卸车上也有用橡胶弹簧作为主簧的。

5. 空气弹簧

目前,舒适性要求较高的旅游大客车和高级轿车采用空气弹簧的日益增多。空气弹簧与螺旋弹簧类似,主要承受垂直载荷,所以在采用空气弹簧的悬架中也需要导向机构。图9-5示出一种采用空气弹簧的货车后悬架。图9-6示出一些空气弹簧的剖面图。采用空气弹簧的主要优点在于其本身具有比较理想的非线性弹性特性(见图9-7),同时还容易实现车身高度的调节(见图9-8),保证车身高度不随汽车质量的变化而变化(即保持静挠度、偏频不变),这样就可以保证汽车在任何装载情况下都具有比较理想的行驶平顺性。采用其他弹簧都很难达到这种效果。

6. 油气弹簧

油气弹簧是空气弹簧的变形,其本身含有空气弹簧和减振器。图9-9示出一种油气弹簧。在油气弹簧中,一般利用氮气作为弹性元件,以油液传递载荷,油液还起减振、润滑作用。由于采用钢制氮气室和油缸,允许的气压高。所以,油气弹簧具有体积小、质量低的优点,用于重型自卸车上比钢板弹簧轻50%以上。又由于其易于实现车身高度自动调节、弹性特性比较理想等优点,在高级轿车上也有采用。

9.10 钢板弹簧的设计计算

9.10.1 钢板弹簧主要参数和尺寸的确定

在钢板弹簧设计中,首先应该和总体设计人员协商确定一些基本参数和尺寸,主要包括(见图9-61)以下几个。

(1) 弹簧上载荷 F_w。

(2) 弹簧长度 L(弹簧伸直后两卷耳的中心距)。在钢板弹簧刚度一定的情况下,增大 L 有益于降低弹簧应力和应力幅度。但是,L 的大小受到整车布置的限制,轿车的 L 为0.40~0.55倍轴距;货车前悬架的 L 为0.26~0.35倍轴距,后悬架的 L 为0.35~0.45倍轴距。

(3) 静挠度 f_c 和动挠度 f_d。

(4) 满载弧高 f_a。满载弧高 f_a 是汽车处于满载静平衡位置时钢板弹簧主片(第一片)上表面中心与钢板弹簧压平时(需要施加比满载静载荷更大的载荷)的主片上表面(即主片上表

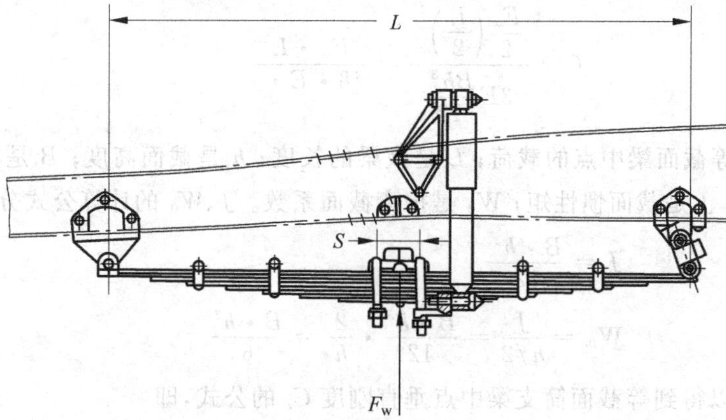

图 9-61 在钢板弹簧设计中所需要的载荷和几何尺寸输入参数

面是个平面)之间的距离。满载弧高的存在会抬高汽车的高度，一般希望其为零。但是，考虑到钢板弹簧在使用中会产生塑性变形，为了防止钢板弹簧在满载静载荷下就发生反弓现象，常常设置一个满载弧高。有时设置满载弧高是为了增大动挠度。满载弧高 f_a 一般为 10～20 mm。

上述参数确定后就可以进行钢板弹簧的计算。在各种钢板弹簧(包括多片板簧和少片板簧)的设计中，都是力图使其接近等应力梁，以便材料得到充分利用。图 9-62 示出形成理想的多片等应力钢板弹簧的方法。如图 9-62(a)所示，两个等腰三角形钢板组成一个等应力单片板簧；沿长度方向把这两个钢板剪开，使每钢板条的宽度为 $b/2$；如图 9-62(b)所示，把几何尺寸相同的两个钢板条拼起来，组成钢板弹簧的各片；如图 9-62(c)所示，把这些片叠起来，就组成了多片钢板弹簧。

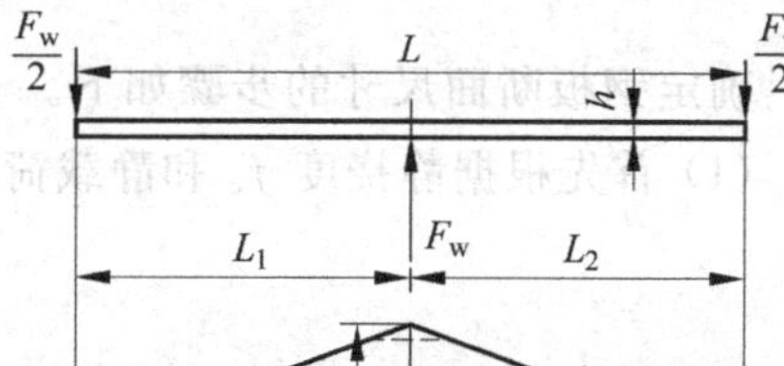

图 9-62 理想多片等应力钢板弹簧的形成方法

在实际应用中需要对上述等应力板簧进行适当修正：①钢板弹簧主片(第一片)的两端制成卷耳或矩形(与滑板配合)，以便与车架相连、传递力和力矩；②其余各片也比上述等应力的叶片加长了。因此，实际的钢板弹簧的展开面不是三角形，而是一种介于等截面简支梁和等应力梁之间的一种梁结构。

用于钢板弹簧设计计算的基本公式是等截面简支梁的中点应力 σ 和挠度 f 的计算公式：

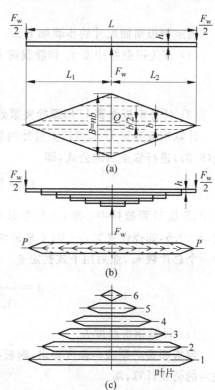

$$\sigma = \frac{\left(\frac{F_w}{2}\right)\left(\frac{L}{2}\right)}{\frac{B \cdot h^3}{12}} \frac{h}{2} = \frac{F_w \cdot L \cdot h}{8 \cdot J} = \frac{F_w \cdot L}{4 \cdot \frac{J}{h/2}} = \frac{F_w \cdot L}{4 \cdot W_0} \tag{9-76}$$

$$f=\frac{\frac{F_w}{2}\left(\frac{L}{2}\right)^3}{3E\frac{Bh^3}{12}}=\frac{F_w\cdot L^3}{48\cdot E\cdot J} \tag{9-77}$$

其中,F_w 是作用在等截面梁中点的载荷；L 是该梁的长度；h 是截面高度；B 是截面宽度；E 是材料弹性模量；J 是截面惯性矩；W_0 是抗弯截面系数。J、W_0 的计算公式分别为

$$J=\frac{B\cdot h^3}{12} \tag{9-78}$$

$$W_0=\frac{J}{h/2}=\frac{B\cdot h^3}{12}\cdot\frac{2}{h}=\frac{B\cdot h^2}{6} \tag{9-79}$$

从式(9-77)可以得到等截面简支梁中点垂直刚度 C_z 的公式,即

$$C_z=\frac{F_w}{f}=\frac{48\cdot E\cdot J}{L^3} \tag{9-80}$$

从式(9-80)可以得到 J 与 C_z 之间的关系式

$$J=\frac{C_z\cdot L^3}{48\cdot E} \tag{9-81}$$

确定钢板断面尺寸的步骤如下。

(1) 首先根据静挠度 f_c 和静载荷 F_w 求出钢板弹簧的刚度 C

$$C=\frac{F_w}{f_c} \tag{9-82}$$

(2) 计算钢板弹簧U形螺栓夹紧处的总惯性矩 J_o。

计算钢板弹簧U形螺栓夹紧处的总惯性矩 J_o 所利用的公式是对等截面简支梁计算公式(9-81)进行修正后的公式,即

$$J_o=\frac{\delta\cdot(L-k\cdot S)^3\cdot C}{48\cdot E} \tag{9-83}$$

其中,S 是U形螺栓中心距；k 是考虑U形螺栓夹紧钢板弹簧后的无效长度系数,如刚性夹紧,$k=0.5$,如挠性夹紧,$k=0$；δ 是挠度增大系数。先确定与主片等长的重叠片数 n_1,再估计一个总片数 n_0,然后用下式初定 δ

$$\delta=\frac{1.5}{1.04\cdot\left(1+0.5\cdot\frac{n_1}{n_0}\right)} \tag{9-84}$$

(3) 计算钢板厚度 h_p

钢板弹簧必须满足强度要求,钢板弹簧U形螺栓夹紧处的应力利用对式(9-76)进行修改后的公式计算,即

$$\sigma_c=\frac{F_w\cdot(L-k\cdot S)\cdot h_p}{8\cdot J_o}\leqslant[\sigma_c] \tag{9-85}$$

其中,σ_c 是钢板弹簧U形螺栓夹紧处的应力；h_p 是钢板厚度；$[\sigma_c]$是材料的许用弯曲应力。

对于55SiMnVB和60Si2Mn等材料,其表面经喷丸处理以后,推荐$[\sigma_c]$在如下范围内取值：前弹簧为350～450 N/mm^2；后弹簧为450～550 N/mm^2；后副簧为220～250 N/mm^2；平衡弹簧为350～450 N/mm^2。

从式(9-85)可得

$$h_p \leqslant \frac{8 \cdot J_o}{F_w \cdot (L-k \cdot S)} \cdot [\sigma_c] = \frac{8}{F_w(L-kS)} \frac{\delta \cdot (L-k \cdot S)^3 \cdot C}{48 \cdot E} \cdot [\sigma_c]$$

$$= \frac{\delta \cdot (L-k \cdot S)^2}{6 \cdot E} \cdot \frac{F_w}{f_c} \cdot \frac{1}{F_w} \cdot [\sigma_c] = \frac{\delta \cdot (L-k \cdot S)^2}{6 \cdot E \cdot f_c} \cdot [\sigma_c] \tag{9-86}$$

选定 h_p 以后还应该验算比应力 $\bar{\sigma}$ 和极限应力 σ_{max}。比应力 $\bar{\sigma}$ 是指弹簧单位变形的应力，即

$$\bar{\sigma} = \frac{\sigma_c}{f_c} = \frac{F_w \cdot (L-k \cdot S)}{4 \cdot J_o \cdot f_c} \frac{h_p}{2} = \frac{F_w}{f_c} \cdot \frac{(L-k \cdot S) \cdot h_p}{8 \cdot \dfrac{\delta \cdot (L-k \cdot S)^3 \cdot C}{48 \cdot E}}$$

$$= \frac{6 \cdot E \cdot h_p}{\delta \cdot (L-k \cdot S)^2} \tag{9-87}$$

比应力 $\bar{\sigma}$ 对钢板弹簧的疲劳寿命有显著影响，它要在一个许用范围以内。建议的数值：货车的前、后钢板弹簧 $\bar{\sigma}=45\sim55$ MPa/cm；平衡悬架 $\bar{\sigma}=65\sim80$ MPa/cm；后悬架副簧 $\bar{\sigma}=75\sim85$ MPa/cm。静挠度大的弹簧一般应该取下限值。如果所得比应力值不合适，应该修改片厚 h_p。

验算最大动行程时的最大应力：

$$\sigma_{max} = \bar{\sigma} \cdot (f_c + f_d) = \frac{6 \cdot E \cdot h_p \cdot (f_c + f_d)}{\delta \cdot (L-k \cdot S)^2} \leqslant 900 \sim 1000\ \text{N/mm}^2 \tag{9-88}$$

其中，f_c 和 f_d 分别是静挠度和动挠度。

(4) 确定各个钢板叶片的宽度 b 和片数 n

计算出 J_o 和 h_p 后，就可以进行叶片断面尺寸的选择。通常先选叶片宽度 b：

$$J_o = \frac{B \cdot h_p^3}{12} = \frac{(n \cdot b) \cdot h_p^3}{12} \tag{9-89}$$

$$b = \frac{12 \cdot J_o}{n \cdot h_p^3} \tag{9-90}$$

其中，n 是片数；b 是各个叶片的宽度；B 是钢板弹簧展开后的总宽度（见图 9-62），$B=n \cdot b$。

可以看出，片宽 b 与片数 n 有关。片数少（n 小），片宽 b 就大。但是，如果片宽 b 太大，当车身侧倾时板簧的扭曲应力就比较大。而如果片宽 b 太小，片数 n 就太多，从而增大片间摩擦和弹簧的总厚。所以，片宽应该适中。叶片宽度 b 一般推荐按它与片厚的比例来选，即一般有关系 $6<b/h_p<10$。所以一般是先选定片宽 b，再计算需要的片数 n。从式(9-89)可得

$$n = \frac{12 \cdot J_o}{b \cdot h_p^3} \tag{9-91}$$

钢板弹簧的片数 n 可在 6～14 之间。如果采用变截面少片簧，叶片数在 1～4 之间。

(5) 确定钢板弹簧各片厚度 h

钢板弹簧各片厚度 h 应该在 $(1+0.1) \cdot h_p$ 的附近选取，尽量采用同一厚度。但是，当钢板弹簧长度受限时，为了加强主片及卷耳，常将主片加厚，这时钢板弹簧其余各片通常选取较小的厚度，且给以较大的曲率，使它们分担主片的负荷。在一副钢板弹簧中，虽然可以利用不同厚度的叶片，但不宜超过三组。为了使叶片寿命接近，最厚片与最薄片厚度之比应该小于 1.5。另外，叶片断面尺寸 b 和 h 的最后选取应该符合我国型材规格

(GB 1222)。

(6) 钢板弹簧各片长度的确定

选择钢板弹簧各叶片长度时,应该使应力在片间和沿片长的分布尽可能接近等应力,以达到各片寿命接近的要求。确定各片长度可以采用“展开作图法”或“计算法”。在此介绍经常采用的、比较简便的“展开作图法”,见图 9-63。

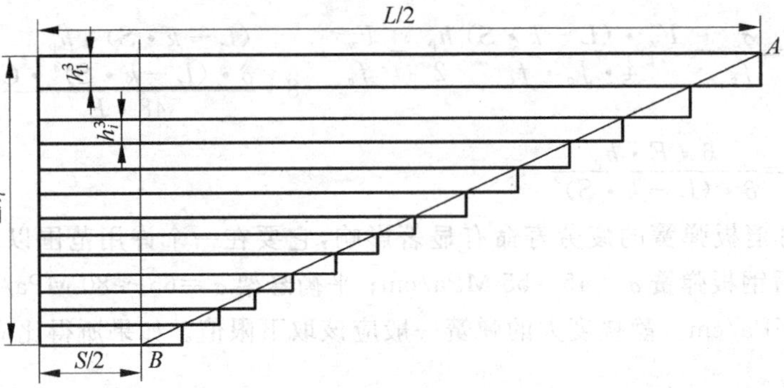

(a)

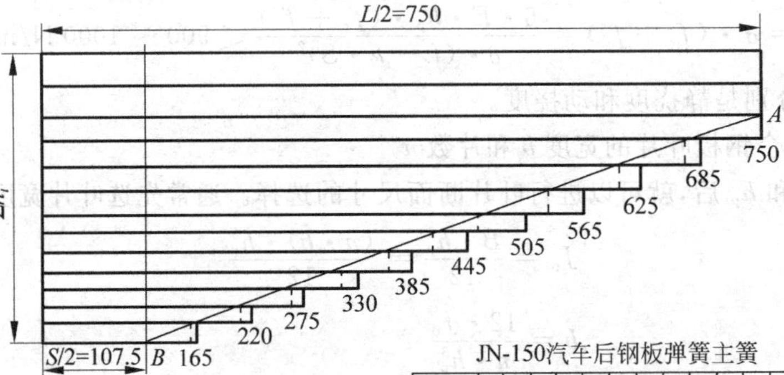

JN-150汽车后钢板弹簧主簧

第K片	1	2	3	4	5	6	7	8	9	10	11	12	13
h	11	11	10	10	10	10	9	9	9	9	9	9	9
h^3	1331		1000				729						

(b)

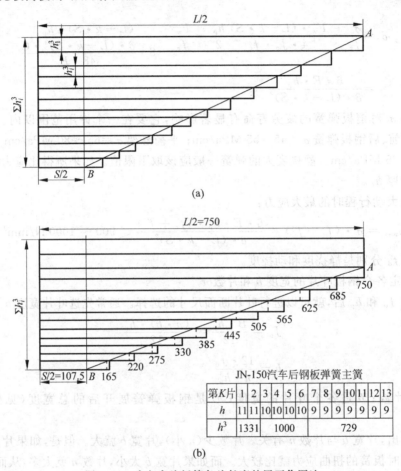

图 9-63 确定多片板簧各片长度的展开作图法

展开作图法的步骤(见图 9-63(a))如下:①将各片厚度 h_i 的立方值 h_i^3 沿纵坐标绘出;②沿横坐标量出主片长度的一半 $L/2$ 和 U 形螺栓中心距的一半 $S/2$,得到 A、B 两点;③连接 A 和 B,即得到三角形的板簧展开图。AB 线与各叶片的上侧边交点即为各片长度。如果存在与主片等长的重叠片,就从 B 点到最后一个重叠片的端点(上侧边)连一直线 AB,如图 9-63(b)所示。AB 线与各片的上侧边交点即为各片长度。

对这种方法解释如下(见图 9-63)。

假定板簧由 n 个叶片组成,弯曲时各片的各个截面都绕其中性轴线转动,各片的宽度 b 相同,则在板簧某个截面 g(在该截面共有 g 个叶片叠合在一起)的总惯性矩为

$$J_g = \frac{b}{12}\sum_{i=1}^{g} h_i^3 \tag{9-92}$$

所以，$\sum_{i=1}^{g} h_i^3$ 线性增大就意味着 J_g 线性增大。由于弯矩也沿着片长线性增大(见图 9-64)，这样就可以近似使板簧各个截面的应力趋于保持相等。

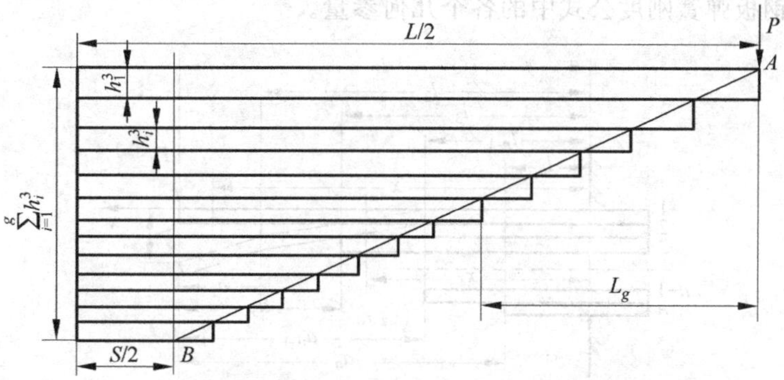

图 9-64　确定多片板簧各片长度的展开作图法和板簧受力情况

假定各片的厚度基本相同，为 h，则在板簧的 g 截面，各片的应力近似为

$$\sigma_{gc} = \frac{P \cdot L_g}{J_g} \frac{h}{2} = \frac{P \cdot L_g}{\frac{b}{12} \sum_{i=1}^{g} h_i^3} \cdot \frac{h}{2} = \frac{6 \cdot h}{b} \cdot \frac{P \cdot L_g}{\sum_{i=1}^{g} h_i^3} = \frac{6 \cdot h}{b} \cdot K \tag{9-93}$$

其中，σ_{gc} 是在钢板弹簧截面 g 的各个叶片截面的弯曲应力；P 是作用在钢板弹簧端部的力；L_g 是从钢板弹簧端部到 g 截面的距离(见图 9-64)；K 是一个常数，即

$$K = \frac{P \cdot L_g}{\sum_{i=1}^{g} h_i^3} \tag{9-94}$$

按照上述方法确定钢板弹簧各个叶片长度可以近似使 K 保持不变。

9.10.2　钢板弹簧刚度验算

钢板弹簧各片长度和断面尺寸确定以后，需要对其进行刚度验算。一般可采用“共同曲率法”或“集中载荷法”进行刚度验算。

共同曲率法的假定：钢板弹簧同一截面上各片曲率半径变化值相同，各片所承受的弯矩正比于其惯性矩，同时该截面上各片的弯矩和等于外力所引起的力矩。按照上述假设可以求得如下钢板弹簧刚度计算公式：

$$C = \alpha \frac{6E}{\sum_{k=1}^{n} a_{k+1}^3 (Y_k - Y_{k+1})} \tag{9-95}$$

$$a_{k+1} = l_1 - l_{k+1},\quad k = 1, 2, \cdots, n-1 \tag{9-96}$$

$$a_{n+1} = l_1 \tag{9-97}$$

$$Y_k = \frac{1}{\sum_{i=1}^{k} J_i},\quad k = 1, 2, \cdots, n \tag{9-98}$$

$$Y_{n+1} = 0 \tag{9-99}$$

其中,J_i 是第 i 片的惯性矩;l_i 是各个叶片长度的一半,其中,如果令 $l_1=L/2$,则计算出的刚度称为板簧的检验刚度 C_j,如果令 $l_1=(L/2)-(k\cdot S/2)$,则计算出的刚度称为板簧的装配刚度 C_a;α 是经验修正系数,对于矩形截面的钢板弹簧,取 0.9~0.95。图 9-65 示出在共同曲率法计算钢板弹簧刚度公式中的各个几何参量。

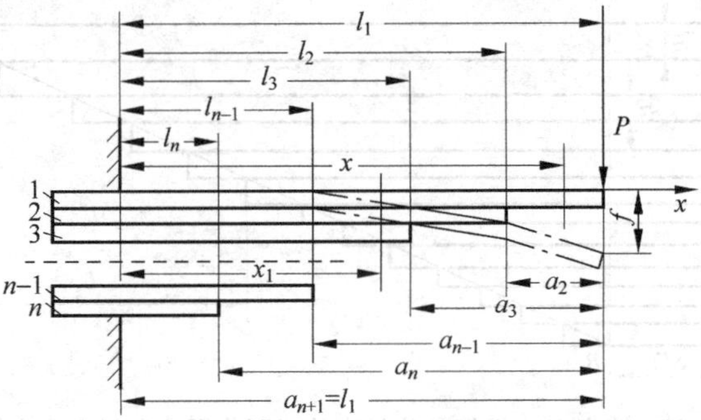

图 9-65 共同曲率法计算钢板弹簧刚度公式中的各个参量

在共同曲率法中,假设在叶片端部也承受弯矩,这与实际情况有别,故用此式算出的值要比实际的大,但用经验修正系数修正后,效果较好。

另外一种计算钢板弹簧刚度的方法是"集中载荷法",其假定是:在任何载荷下,各片之间只在端部和根部无摩擦地接触并传力,工作中各接触点不脱开,相邻两片在接触点具有相同挠度,如图 9-66 所示。但是,实际上第一片受力十分复杂,与上述假设差异较大,故由第一片挠度导出的刚度公式与实测结果差异也不小,也需要修正。

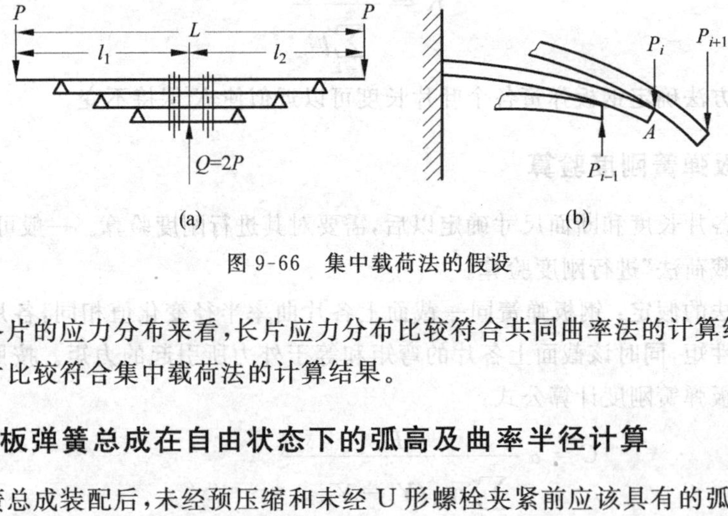

图 9-66 集中载荷法的假设

从实测各片的应力分布来看,长片应力分布比较符合共同曲率法的计算结果,而短片特别是最末两片比较符合集中载荷法的计算结果。

9.10.3 钢板弹簧总成在自由状态下的弧高及曲率半径计算

钢板弹簧总成装配后,未经预压缩和未经 U 形螺栓夹紧前应该具有的弧高主要取决于它的静挠度 f_c、满载弧高 f_a 以及弹簧在预压缩时产生的塑性变形 Δ、U 形螺栓夹紧后引起的弧高变化 Δf,参见图 9-67。

因此,板簧在自由状态下的总成弧高应该表示为

$$H_o = f_c + f_a + \Delta + \Delta f \tag{9-100}$$

其中,弹簧在预压缩时产生的塑性变形 Δ 值一般取 8~13 mm,国外推荐 $\Delta=(0.055\sim0.075)\cdot(f_c+f_d)$;U 形螺栓夹紧后引起的弧高变化 Δf 与 U 形螺栓中心距 S 及弹簧主片

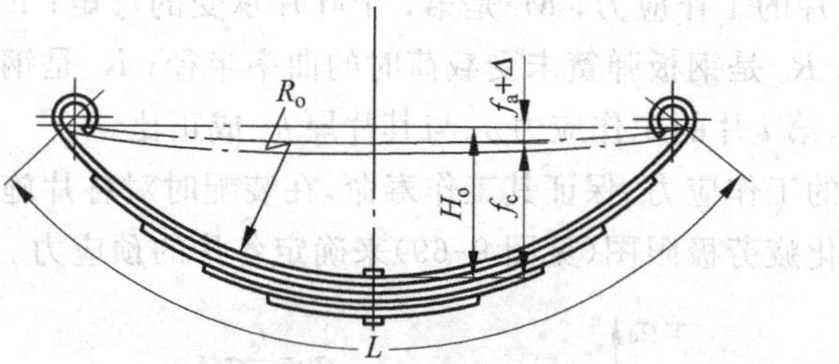

图 9-67 钢板弹簧在自由状态下的总成弧高示意图

长 L 等有关，可写成

$$\Delta f=\frac{S}{2\cdot L^2}[(3\cdot L-S)(f_c+f_a+\Delta)] \tag{9-101}$$

这样，板簧在自由状态下的总成弧高也可以表示为

$$H_o=(f_c+f_a+\Delta)\left[1+\frac{S}{2\cdot L^2}\cdot(3\cdot L-S)\right] \tag{9-102}$$

钢板弹簧总成在自由状态下的曲率半径为

$$R_o=\frac{L^2}{8\cdot H_o} \tag{9-103}$$

应该指出，钢板弹簧各片的曲率半径在自由状态下（见图 9-68）与在装配后是不一样的。

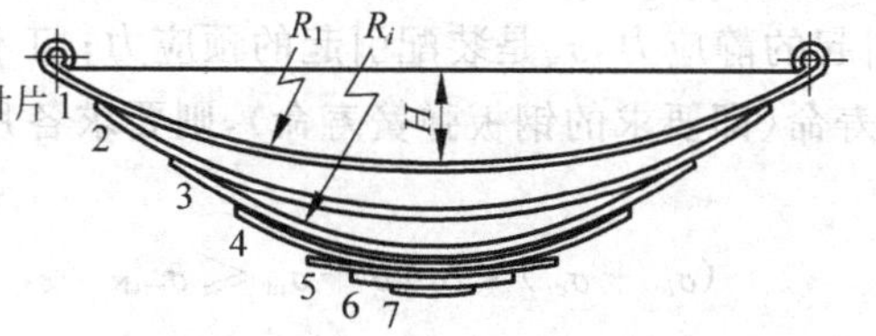

图 9-68 在自由状态下具有不同曲率半径的板簧叶片

在钢板弹簧装配后，各片具有共同的曲率半径，所以在装配前、后各片的曲率半径发生了变化，这会在各片中产生预应力。确定各片所需要的预应力就可以确定各片在自由状态下的曲率半径 R_i。下面分两种情况讨论。

(1) 对于各片厚度相同的钢板弹簧，在自由状态下可把各片的曲率半径做得不同，其目的主要是使各片装配后能够很好地贴紧，在工作过程中能够使全部叶片都承受载荷。因此，只需要较小的预应力。设计时，取第一、二片预应力（每片上表面的预应力）为 −150～−80 N/mm²；末几片的预应力取为 +20～+60 N/mm²。

(2) 对于不等厚叶片的钢板弹簧而言，一般主片较厚，在承受工作载荷时其应力比其他各片都大。这是因为在钢板弹簧工作时其各片的曲率总保持相同，所以它们曲率的变化也总相同，有如下公式：

$$\frac{1}{R_i}-\frac{1}{R_o}=\frac{M_i}{E\cdot J_i}=\frac{M_i}{E\cdot J_i}\cdot\frac{h_i}{2}\cdot\frac{2}{h_i}=\frac{2\sigma_{ci}}{E\cdot h_i} \tag{9-104}$$

$$\sigma_{ci}=\frac{E\cdot h_i}{2}\cdot\left(\frac{1}{R_i}-\frac{1}{R_o}\right) \tag{9-105}$$

其中,σ_{ci}是第 i 个叶片的工作应力;M_i 是第 i 个叶片承受的弯矩;E 是材料弹性模量;h_i 是第 i 个叶片的厚度;R_o 是钢板弹簧未受载荷时的曲率半径;R_i 是钢板弹簧承受工作载荷时的曲率半径。所以,第 i 片的工作应力 σ_{ci}与其片厚 h_i 成正比。

为了减小主片的工作应力、保证其工作寿命,在装配时对各片施加不同的预应力。可以根据钢板弹簧的简化疲劳极限图(见图 9-69)来确定各片的预应力。

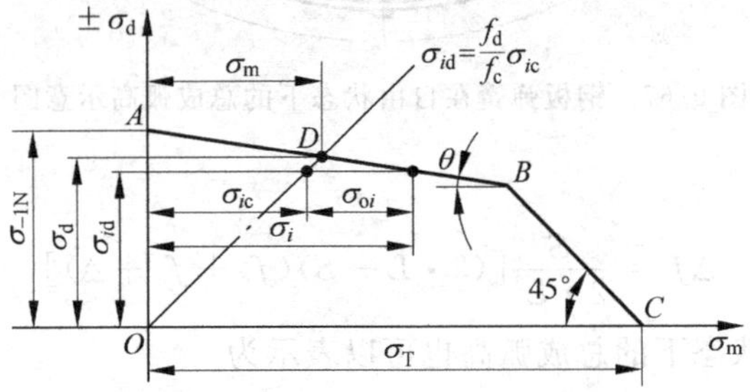

图 9-69 钢板弹簧的简化疲劳极限图

σ_T—材料的屈服极限;σ_{-1N}—对称循环的疲劳极限

在钢板弹簧的简化疲劳极限图中,横坐标是平均应力 σ_m,纵坐标是应力幅度 σ_d。在折线 A-B-C 上各点的疲劳寿命是相同的(即为要求的钢板弹簧的寿命)。

设在某静载荷下,任一片中的应力 σ_i 为

$$\sigma_i = \sigma_{ic} + \sigma_{oi} \tag{9-106}$$

其中,σ_{ic}是工作静载荷引起的静应力,σ_{oi}是装配引起的预应力;工作动应力幅度为 σ_{id}。若要求各片具有相同的疲劳寿命(即要求的钢板弹簧寿命),则要求各片的工作点都在折线 A-B-C 上,即

$$(\sigma_{ic} + \sigma_{oi}) \cdot \tan\theta + \sigma_{id} \leqslant \sigma_{-1N} \tag{9-107}$$

$$\sigma_{oi} \leqslant \frac{\sigma_{-1N} - \sigma_{id}}{\tan\theta} - \sigma_{ic} \tag{9-108}$$

而

$$\sigma_{id} = \frac{\sigma_{ic}}{f_c} f_d \tag{9-109}$$

把式(9-109)代入式(9-108)得

$$\sigma_{oi} \leqslant \frac{\sigma_{-1N}}{\tan\theta} - \frac{\sigma_{id}}{\tan\theta} - \sigma_{ic} = \frac{\sigma_{-1N}}{\tan\theta} - \frac{1}{\tan\theta} \cdot \frac{\sigma_{ic}}{f_c} \cdot f_d - \sigma_{ic} \tag{9-110}$$

$$\sigma_{oi} \leqslant \sigma_{-1N} \cdot \cot\theta - \sigma_{ic}\left(1 + \frac{f_d}{f_c} \cdot \cot\theta\right) \tag{9-111}$$

其中,θ 是斜线 AB 的倾角,弹簧钢的 $\theta = 8° \sim 12°$;σ_{-1N} 是簧片在对称应力循环中的疲劳极限。

在确定各片装配预应力时,还需要满足一个条件,即在未受外载荷作用时,钢板弹簧任何断面中各片预应力所造成的弯矩 M_i 之和等于零,即

$$\sum_{i=1}^{n} M_i = \sum_{i=1}^{n} \sigma_{oi} \cdot W_i = 0 \tag{9-112}$$

其中,W_i 是第 i 片的抗弯截面系数。

装配前、后各片曲率半径的变化可由下式确定：

$$\frac{1}{R_i}-\frac{1}{R_o}=\frac{M_i}{E\cdot J_i}=\frac{M_i}{E\cdot J_i}\cdot\frac{h_i}{2}\cdot\frac{2}{h_i}=\frac{2\sigma_{oi}}{E\cdot h_i} \tag{9-113}$$

$$R_i=\frac{1}{\dfrac{1}{R_o}+\dfrac{2\sigma_{oi}}{Eh_i}} \tag{9-114}$$

其中，R_o 是钢板弹簧总成装配后、在自由状态下的曲率半径；R_i 是第 i 片自由状态下的曲率半径；h_i 是第 i 片的厚度。

如果第 i 片的片长为 L_i，则第 i 片的弧高 H_i 可以近似按照下式计算

$$H_i=\frac{L_i^2}{8\cdot R_i} \tag{9-115}$$

9.10.4 钢板弹簧组装后总成弧高

根据最小势能原理，组装后钢板弹簧总成的稳定平衡状态是各片势能总和最小的状态，由此可以推导出如下计算公式：

$$\frac{1}{R_o}=\frac{\sum_{i=1}^{n}\dfrac{J_iL_i}{R_i}}{\sum_{i=1}^{n}J_iL_i} \tag{9-116}$$

对于叶片厚度相等的钢板弹簧，每个叶片的截面惯性矩相同，为 J，则

$$\frac{1}{R_o}=\frac{\sum_{i=1}^{n}\dfrac{J_iL_i}{R_i}}{\sum_{i=1}^{n}J_iL_i}=\frac{\sum_{i=1}^{n}\dfrac{L_i}{R_i}}{\sum_{i=1}^{n}L_i} \tag{9-117}$$

钢板弹簧总成在自由状态下的弧高为

$$H_o=\frac{L^2}{8\cdot R_o} \tag{9-118}$$

9.10.5 钢板弹簧强度验算

在上述钢板弹簧的设计计算中都是以其所承受的垂直力 F_w 为基础的。而在工作中，钢板弹簧的受力是很复杂的，为了保证其能够安全工作，还应该综合考虑这些力对钢板弹簧强度的影响。

1. 紧急制动工况

图 9-70 示出汽车制动时作用在钢板弹簧上的力。制动时，前钢板弹簧承受载荷最大。设 G_1 是作用在前轮上的静载荷；m_1 为制动时前轴负荷转移系数（货车 $m_1=1.4\sim1.6$；轿车 $m_1=1.2\sim1.4$）。l_1、l_2 分别为钢板弹簧前、后段长度；φ 为道路附着系数，取 0.7；c 为钢板弹簧固装点到路面的距离；W_o 为钢板弹簧总抗弯截面系数，则钢板弹簧后半段最大应力 σ_{max} 可表示为

$$\sigma_{max}=\frac{P_2\cdot l_2}{W_o}=\frac{m_1\cdot G_1\cdot(l_1+\varphi\cdot c)\cdot l_2}{(l_1+l_2)\cdot W_o} \tag{9-119}$$

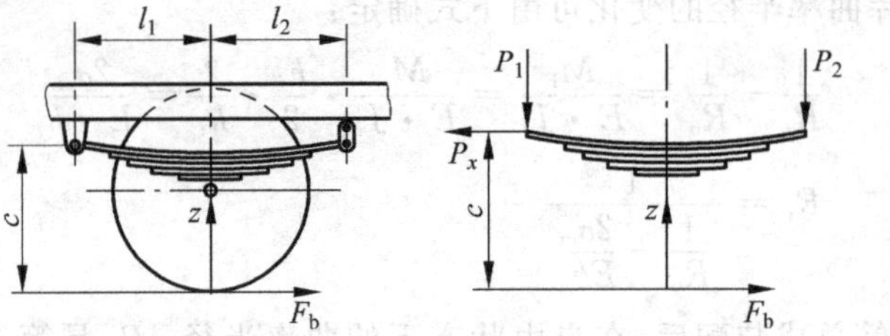

图 9-70　汽车制动时作用在钢板弹簧上的力

2. 最大驱动力工况

假设后桥是驱动桥。图 9-71 示出汽车在驱动时后钢板弹簧上的受力分析。设 G_2 是作用在后轮上的静载荷；m_2 为驱动时后桥负荷转移系数(货车 $m_2=1.1\sim1.2$；轿车 $m_2=1.25\sim1.3$)。l_1、l_2 分别为钢板弹簧前、后段长度；φ 为道路附着系数，取 1.0；c 为钢板弹簧固装点到路面的距离；W_o 为钢板总截面系数，则钢板弹簧最大应力出现在它的前半段(见图 9-71)，即

$$\sigma_{\max}=\frac{P_1\cdot l_1}{W_o}\pm\frac{P_x}{b\cdot h_{p1}}=\frac{m_2\cdot G_2\cdot(l_2+\varphi\cdot c)\cdot l_1}{(l_1+l_2)\cdot W_o}\pm\frac{\varphi\cdot m_2\cdot G_2}{b\cdot h_{p1}}\tag{9-120}$$

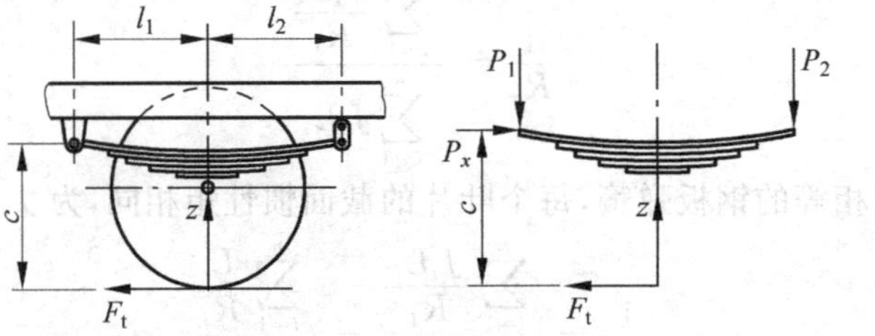

图 9-71　汽车驱动时作用在钢板弹簧上的力

公式中的"+"号用于计算压应力；"−"号用于计算拉应力；b 是主片宽度；h_{p1} 是主片厚度。

另外，一般还需要验算钢板弹簧卷耳及弹簧销的挤压强度，以及 U 形夹紧螺栓在制动和驱动时的工作应力(这个应力和拧紧时产生的预应力之和不能超过材料的屈服极限)。见图 9-72，卷耳处所受到的应力 σ 是由弯曲应力和拉(压)应力合成的，即

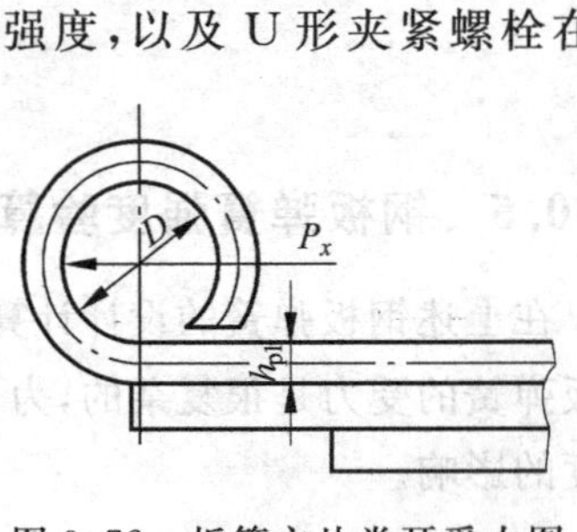

图 9-72　板簧主片卷耳受力图

$$\sigma=\frac{P_x\cdot\left(\dfrac{D}{2}+\dfrac{h_{p1}}{2}\right)}{\dfrac{b\cdot h_{p1}^3}{12}}\cdot\frac{h_{p1}}{2}\pm\frac{P_x}{b\cdot h_{p1}}$$

$$=\frac{3\cdot P_x\cdot(D+h_{p1})}{b\cdot h_{p1}^2}\pm\frac{P_x}{b\cdot h_{p1}}\tag{9-121}$$

其中，P_x 是作用在钢板弹簧卷耳上的纵向力；D 是卷耳直径；h_{p1} 是主片厚度；b 是主片宽度。

鉴于制动时 P_x 可能很大，需要采用较大的安全系数，许用应力$[\sigma]=350\ \mathrm{N/mm^2}$。

设钢板弹簧销的直径为 d，其在钢板弹簧承受静载荷时的挤压应力 σ_J 为

$$\sigma_J=\frac{P}{b\cdot d}\tag{9-122}$$

其中，P 是作用在钢板弹簧端部的载荷；b 是钢板弹簧宽度。当钢板弹簧销材料是氰化处

理 40 号钢时，许用挤压应力为 3～4 N/mm²。当钢板弹簧销材料是渗碳处理的 20 号钢或 20Cr 时，许用挤压应力为 7～9 N/mm²。

9.10.6 少片钢板弹簧的结构特点

少片弹簧一般由 1～3 片等长、等宽、变截面叶片组成，如图 9-59 所示。片间放有减摩用的塑料填片，或做成只在两端部接触以减少片间摩擦。

无论是设计多片钢板弹簧、还是设计少片弹簧，都是力图使它们成为等应力梁。下面分析实现等应力梁的方法。如图 9-73 所示，钢板任意截面的弯曲应力为

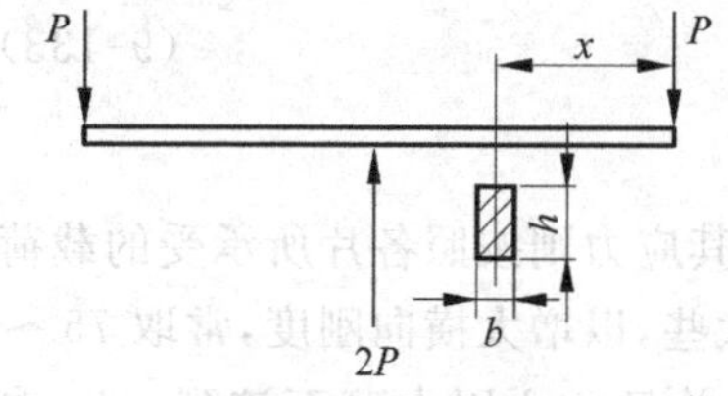

图 9-73 钢板弹簧任意截面的应力的计算模型

$$\sigma_{cx}=\frac{P\cdot x}{\frac{b\cdot h^3}{12}}\cdot\frac{h}{2}=\frac{6\cdot P\cdot x}{b\cdot h^2} \tag{9-123}$$

其中，P 是作用在钢板弹簧一端的垂直力；x 是截面距离 P 的距离；σ_{cx} 是与 P 之间的距离为 x 的截面的弯曲应力；b 是片宽度；h 是片厚度。

在上述多片钢板弹簧设计中，以 h 为常数，通过令 b 随 x 的线性增大来实现等应力（参见图 9-62），即

$$b=k_b\cdot x \tag{9-124}$$

其中，k_b 是常数。把式(9-124)代入式(9-123)，得

$$\sigma_{cx}=\frac{6\cdot p\cdot x}{(k_b\cdot x)\cdot h^2}=\frac{6\cdot p}{k_b\cdot h^2}=\sigma_c \tag{9-125}$$

所以，σ_{cx}是个常数σ_c，与 x 无关，即钢板弹簧是个等应力梁。

如果令钢板的厚度 h 与 x 之间有如下关系：

$$h=k_h\cdot\sqrt{x} \tag{9-126}$$

把式(9-126)代入式(9-123)，得

$$\sigma_{cx}=\frac{6\cdot p\cdot x}{b\cdot(k_h\cdot\sqrt{x})^2}=\frac{6\cdot p\cdot x}{b\cdot k_h^2\cdot x}=\frac{6\cdot p}{b\cdot k_h^2}=\sigma_{ch} \tag{9-127}$$

所以，按照式(9-126)随着 x 改变钢板的厚度也可以使其成为等应力梁。

图 9-74 是单片变截面弹簧的示意图（图示是叶片的一半长度）。有两段等截面段，其中在叶片端部，厚度为 h_1；根部厚度为 h_2（这一般是螺栓夹紧部分）。在 BN 段截面是变厚的。

当 BN 段厚度 h_x 按抛物线形变化时：

$$h_x=h_2\cdot\left(\frac{x}{L_2}\right)^{\frac{1}{2}} \tag{9-128}$$

惯性矩为

$$J_x=J_2\cdot(x/L_2)^{\frac{3}{2}} \tag{9-129}$$

$$J_2=\frac{b\cdot h_2^3}{12} \tag{9-130}$$

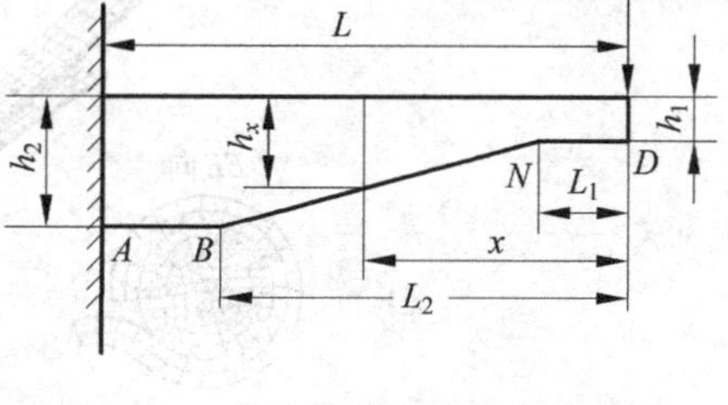

图 9-74 单片变截面弹簧的示意图（这是叶片的一半长度）

单片刚度为

$$C=\frac{6\cdot E\cdot J_2\cdot \xi}{L^3\cdot\left[1+\left(\frac{L_2}{L}\right)^3\cdot K\right]} \tag{9-131}$$

其中,ξ 是修正系数,取 0.92;K 为

$$K=1-\left(\frac{h_1}{h_2}\right)^3 \tag{9-132}$$

最大应力为

$$\sigma_{\max}=\frac{6\cdot P\cdot L_2}{b\cdot h_2^2}\leqslant[\sigma] \tag{9-133}$$

其中,P 是叶片端点受力。

当由 n 片组成少片弹簧时,其总刚度为各片刚度之和,其应力则按照各片所承受的载荷分量计算。少片板簧的宽度,在布置允许的情况下尽可能大些,以增大横向刚度,常取 75 ～100 mm。厚度 h_1 不小于 8 mm,以保证足够的抗剪强度,并且防止因太薄而淬裂。h_2 取 12 ～20 mm,以保证淬透性好。

9.10.7 渐变刚度少片钢板弹簧的有限元分析

国内某汽车公司生产一种小型客车,其后悬架采用 3 片式钢板弹簧。它是一种等截面和变截面混合的少片簧,如图 9-75 所示。从图 9-75 可以看出,随着载荷的增加这种 3 片式钢板弹簧各片钢板是逐渐进入接触的,片间既存在正压力也存在切向的摩擦力,是典型的接触问题。利用有限元分析法计算这种钢板弹簧的应力和变形,对该 3 片式钢板弹簧的有限元分析采用 ANSYS/Mechanical U 软件,图 9-76 示出所建立的钢板弹簧有限元模型。

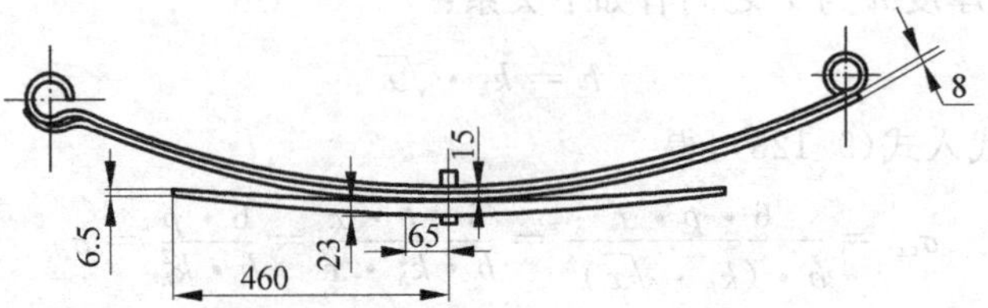

图 9-75 某型客车的 3 片式钢板弹簧结构示意图(单位:mm;各片的宽度相同为 60 mm)

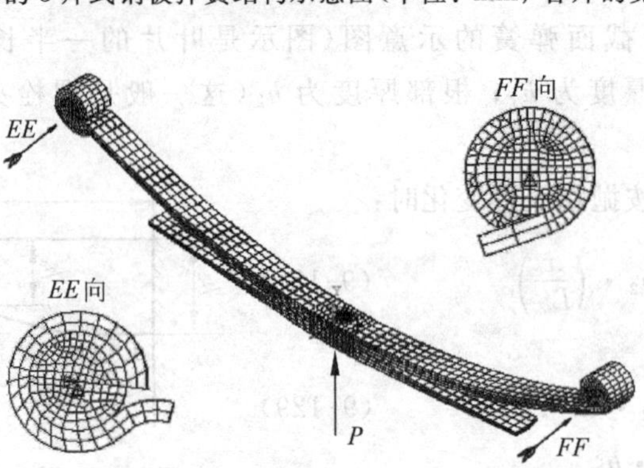

图 9-76 3 片式板簧有限元模型

在建模中，首先完全根据设计图纸对在装配以前、处于自由状态的钢板弹簧各片分别建模，所采用的都是六面体八节点体单元 Solid45。采用这种单元有利于考虑钢板弹簧的设计细节，比较准确地反映应力集中情况。同时，在三维接触问题的有限元解法中，这种单元比带有中间节点的单元的收敛性更好。钢板弹簧材料为 60CrMnBa，其屈服强度 σ_s 为 1100 MPa，抗拉强度 σ_b 为 1250 MPa，弹性模量 E 为 205 GPa，泊松比 μ 为 0.3。

在有限元法中，单元与单元之间通常是通过公共的节点来传递力的。但是，在钢板弹簧的片与片之间，因为接触与否事先未知，而且接触后存在着滑移，所以不能建立公共的节点。因此，在片与片的节点间建立了接触单元，来模拟片间的作用力。所选用的是点-面接触单元 Contact49，它表现出较好的收敛性。利用此种单元划分接触面，接触算法选用罚函数法；摩擦采用库仑模型，摩擦系数取 0.2(钢对钢摩擦系数)。在有限元计算中，接触属于状态非线性行为，计算时需要耗费大量的资源。ANSYS 软件利用接触单元来：①跟踪接触位置；②保证接触协调性(防止接触表面相互穿透)；③在接触表面之间传递接触应力(正压力和摩擦力)。

各片钢板在中心螺栓的作用下装配成板簧(见图 9-75)，再用 U 形螺栓(两个 U 形螺栓的中心距为 109 mm)安装在车轴或模拟车轴上。各片钢板在这些螺栓的作用区域(在各片钢板的中部)内被压平，并且没有相对滑移。在建模时，把各片钢板在两个 U 形螺栓之间的部分变平，在中间建出一个中心螺栓孔，然后将各片在孔上的坐标相同节点耦合起来(见图 9-77)，以此来模拟板簧的装配过程，即用中心螺栓和两个 U 形螺栓进行夹紧(见图 9-77)的过程。由于此处不是板簧的危险部位，所以这样处理是合理的。

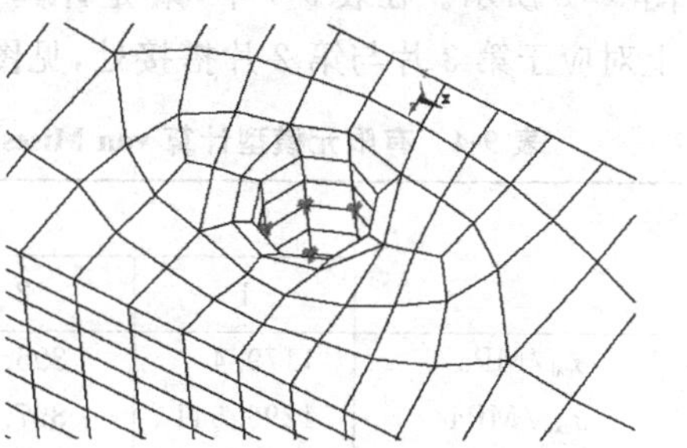

图 9-77 对板簧中心螺栓和 U 形螺栓夹紧的处理

如图 9-75 所示，钢板弹簧第一片的左端采用固定卷耳连接，另一端采用活动吊耳连接，在卷耳或吊耳与转动轴之间装有橡胶制成的减摩衬套。所以，这两处的约束可以看成铰链，需要适当对它们进行建模，见图 9-76。

在第 3 片钢板的中部施加大小为 18 000 N、方向垂直向上的集中力 P(见图 9-76)。在建模中，P 实际上分解施加在第三片钢板中部的一些单元的节点上。

在实际使用和静态应力实验中，都是先装配板簧，即用中心螺栓和两个 U 形螺栓(见图 9-78)把各片钢板夹持在一起形成板簧，安装在汽车上或试验台上，然后再施加载荷 P(见图 9-78)。在有限元分析中也模拟这个加载过程，其加载分两个载荷步进行：在第 1 个载荷步中载荷 P 为 0，只是将在各片中部螺栓孔上的坐标相同的节点耦合起来(见图 9-77)，以此来模拟板簧的装配过程，得到只有中心螺栓和两个 U 形螺栓夹紧时各片的变形和应力；第 2 个载荷步模拟加载过程，在第 3 片板簧的中部施加载荷 $P=18\,000$ N，均匀分 10 个子步加载。

对有限元分析结果进行了实验验证。利用 EVH 20—100—10 电液振动台对该钢板弹簧进行加载，测量应力和垂直方向的变形(挠度)Z，加载系统和测点布置如图 9-78 所示。在 6 个关键点处各粘贴一个 45°的应变花，每片均采用对称布置组成半桥的接法。在试验中，在夹紧中心螺栓和 U 形螺栓后将应变仪调零，分级施加载荷(最大载荷为 18 000 N)，同时

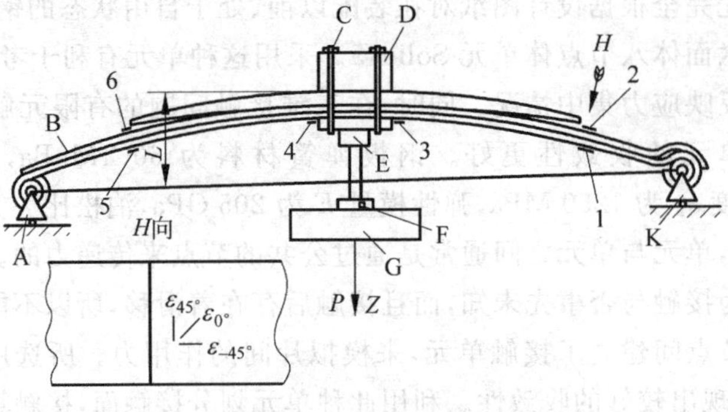

图 9-78 钢板弹簧应力和变形测量系统示意图

A,K—辊轴支座；B—钢板弹簧；C—U形螺栓；D—板簧座；E—球头销；
F—力传感器；G—液压作动器；L—弧高；Z—垂直变形(挠度)；P—载荷；
1～6—应变花粘贴点

测量应变和垂直变形(挠度)Z。挠度Z利用液压作动器自带的位移传感器测量。

表 9-4 示出加载 18 000 N 时利用有限元模型得到的和测量得到的一些关键点上的 von Mises 应力 σ_v，这些点的计算应力较大或在实际疲劳试验中曾经发生过失效，其位置如图 9-78 所示。在表 9-4 中，σ_{cal}是计算 von Mises 的应力，其中在点 1、5(位置为板簧第 1 片上对应于第 3 片与第 2 片搭接处，见图 9-78)有最大计算应力值 1179.4 MPa、1173.4 MPa。

表 9-4 有限元模型计算 von Mises 应力σ_{cal}与试验 von Mises 应力σ_{exp}(载荷 P=18 000 N)

	关键点号					
	1	2	3	4	5	6
σ_{cal}/MPa	1179.4	895.5	873.0	869.8	1173.4	881.4
σ_{exp}/MPa	1296.541	897.52	870.0165	756.1221	1331.019	973.3628
$\delta\times100$	9.0	0.2	0.3	15.0	11.8	9.4

设在一个测量点上 45°应变花中各个应变片的应变测量值分别为 ε_0、ε_{45} 和 ε_{-45}(见图 9-78)，则该点的两个主应力分别为

$$\sigma_{1,2}=\frac{E}{2(1-\mu)}(\varepsilon_{45}+\varepsilon_{-45})\pm\frac{E}{\sqrt{2}(1+\mu)}\sqrt{(\varepsilon_{45}-\varepsilon_0)^2+(\varepsilon_0-\varepsilon_{-45})^2}\tag{9-134}$$

该测量点的 von Mises 应力为

$$\sigma_v=\sigma_{exp}=\sqrt{\frac{1}{2}[\sigma_1^2+\sigma_2^2+(\sigma_1-\sigma_2)^2]}\tag{9-135}$$

表 9-4 示出在加载 18 000 N 时有限元计算 von Mises 应力值 σ_{cal}和试验测量的 von Mises 应力值 σ_{exp}。注意，这些应力值不是加载 18 000 N 时的绝对应力值，而是相对于装配应力(由中心螺栓和 U 形螺栓夹紧造成)的相对应力值。

有限元计算值与相应测量值之间的相对误差为

$$\delta=\frac{|\sigma_{exp}-\sigma_{cal}|}{\sigma_{exp}}\times100\%\tag{9-136}$$

从表 9-4 可以看出，有限元计算应力值和试验测量值之间的相对误差小于 15%，对于非线性计算来说，计算精度较好。应该指出，有限元建模是完全根据板簧的设计图纸进行的，

制造误差可能也是造成上述误差的原因之一。

在夹紧中心螺栓和U形螺栓后测量了该钢板弹簧的静态弧高 L(见图 9-78),测量值为 170 mm,而在载荷步 1 后有限元计算值为 161.2 mm,相对误差为(170－161.2)/170＝5.2%。

测量的板簧加载-卸载的载荷-变形(挠度)曲线如图 9-79 中实线所示,有限元计算曲线为图中的虚线。可以看出,两者之间差别比较小。另外还可以看出,加载曲线几乎与卸载曲线重合,这表明由板簧中的摩擦引起的耗能比较小。测得钢板弹簧在 2、3 片搭接前后的刚度分别近似为 68 N/mm、128 N/mm。计算得出的相应刚度值为 74.3 N/mm、132.02 N/mm,相对误差分别为 9.3%、3.1%。

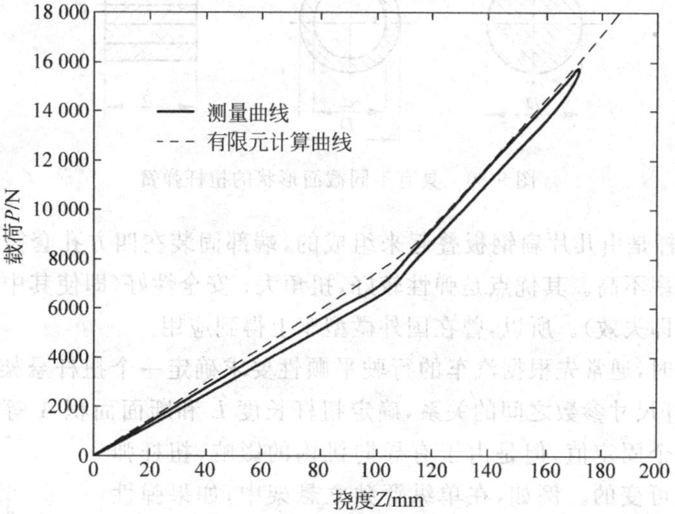

图 9-79 板簧载荷-挠度曲线

可以看出,所采用的有限元建模、分析方法对于计算少片式变截面汽车板簧在垂直力作用下的应力和变形特性是有效的,计算精度可以满足工程要求。有限元计算结果与实验应力分析结果相比,变形的相对误差为 3.1%～9.3%,应力的相对误差在 15%以下。但是,由于在汽车行驶中板簧除了承受垂直力以外还承受纵向力、侧向力、制动力,为了比较全面地计算板簧的应力和变形还需要在有限元建模中考虑这些力的影响。

9.11 扭杆弹簧的设计计算

早在 20 世纪 30 年代,扭杆弹簧悬架已经开始在汽车上得到应用,现在在轻型车、微型车以及越野车上都有采用这种悬架的(见图 9-60)。应该指出,在坦克、装甲车辆等履带车辆上比较广泛地采用了扭杆弹簧。

扭杆弹簧按它的截面形状可以分为圆形、管形、组合式及片形等(见图 9-80)。

(1) 圆形扭杆,其结构简单、制造较方便,使用最广。

(2) 管形扭杆,其对材料的利用率较高,但是在制造上要比圆形复杂一些。

(3) 把管形和圆形扭杆组合在一起就形成了组合式扭杆。

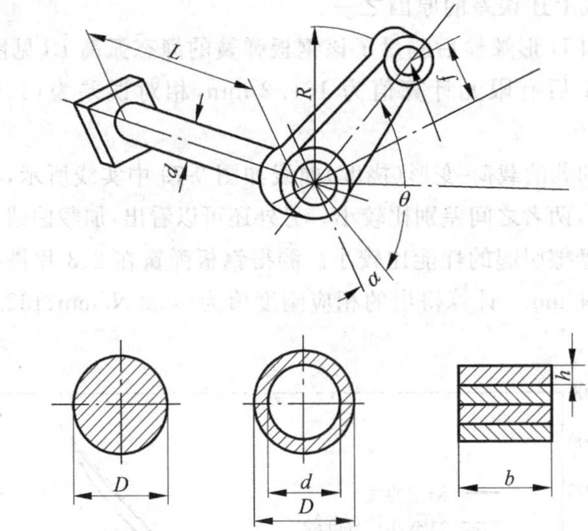

图 9-80　具有不同截面形状的扭杆弹簧

(4) 片形扭杆是由几片扁钢板叠起来组成的，端部固装在四方孔套筒内。这种结构的缺点是材料利用率不高。其优点是弹性较好，扭角大；安全性好(即使其中有一片折断也不会使整个悬架立即失效)。所以，曾在国外微型车上得到应用。

在设计扭杆时，通常先根据汽车的行驶平顺性要求确定一个扭杆悬架的平均刚度 C_p，再根据 C_p 和扭杆尺寸参数之间的关系，确定扭杆长度 L 和断面面积 A 等参数。扭杆弹簧本身的刚度是一个固定值，但是由于有导向机构的影响，扭杆弹簧悬架的刚度是可变的。例如，在单纵臂独立悬架中，如果弹性元件用扭杆弹簧(见图 9-81)，其悬架刚度 C 由下式确定：

$$C=\frac{G\cdot J_p\cdot[1-(\varphi-\alpha)\cdot\cot\varphi]}{L\cdot R^2\cdot\sin^2\varphi}\tag{9-137}$$

其中，G 是材料切变模量；J_p 是扭杆横截面的极惯性矩；R 是纵臂长度；L 是扭杆的工作长度；α 是纵臂处于最低位置时其轴线与铅垂线的夹角；φ 是纵臂轴线与铅垂线的夹角。

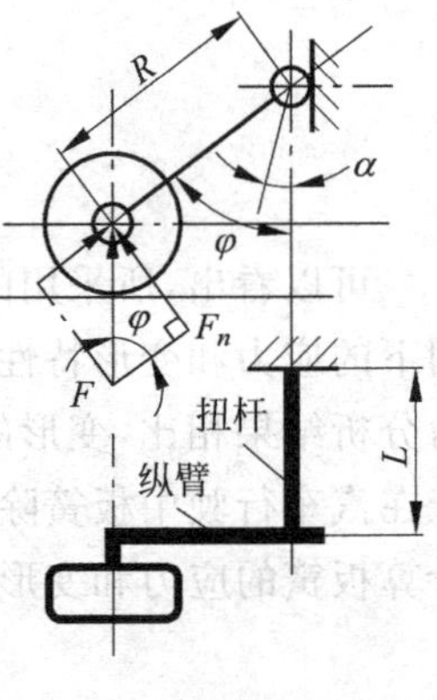

图 9-81　单纵臂独立悬架和扭杆弹簧

下面推导式(9-137)。如图 9-81 所示，设 F 是地面施加在纵臂端点的垂直力，F_n 是其垂直于纵臂轴线的分量，则

$$F_n=F\cdot\sin\varphi\tag{9-138}$$

纵臂端点的垂直位移为

$$f=R\cdot\cos\alpha-R\cdot\cos\varphi\tag{9-139}$$

扭杆的角刚度为

$$C_k=\frac{G\cdot J_p}{L}$$

则

$$F_n\cdot R=C_k\cdot(\varphi-\alpha)\tag{9-140}$$

注意，此 F_n 是克服扭杆预扭矩以后的力。

$$F=\frac{F_n}{\sin\varphi}=\frac{F_n \cdot R}{R \cdot \sin\varphi}=\frac{C_k \cdot (\varphi-\alpha)}{R \cdot \sin\varphi} \tag{9-141}$$

$$dF=\frac{C_k}{R} \cdot \frac{\sin\varphi-(\varphi-\alpha) \cdot \cos\varphi}{\sin^2\varphi} \cdot d\varphi \tag{9-142}$$

$$df=R \cdot \sin\varphi \cdot d\varphi \tag{9-143}$$

$$\begin{aligned} C&=\frac{dF}{df}=\frac{C_k}{R} \cdot \frac{\sin\varphi-(\varphi-\alpha) \cdot \cos\varphi}{\sin^2\varphi} \cdot \frac{1}{R \cdot \sin\varphi} \\ &=\frac{C_k}{R^2} \cdot \frac{\sin\varphi-(\varphi-\alpha) \cdot \cos\varphi}{\sin^3\varphi} \\ &=\frac{C_k \cdot [1-(\varphi-\alpha) \cdot \cot\varphi]}{R^2 \cdot \sin^2\varphi} \\ &=\frac{G \cdot J_p \cdot [1-(\varphi-\alpha) \cdot \cot\varphi]}{L \cdot R^2 \cdot \sin^2\varphi} \end{aligned} \tag{9-144}$$

扭杆断面面积 A 的确定是根据扭杆的扭转变形能 U 等于悬架的变形功这一原理来进行的，所得扭杆断面面积的计算公式如下。

(1) 对于圆管断面扭杆

$$D=\frac{1.59 \cdot f}{\tau}\sqrt{\frac{C_p \cdot G}{(1-r^4)L}} \tag{9-145}$$

其中，D 是扭杆外径；$r=d/D$ 是内、外径之比；$f=f_c+f_d$ 是悬架总挠度；C_p 是扭杆悬架平均刚度；τ 是扭杆的容许扭转应力；L 是扭杆长度。

(2) 对于片形扭杆(厚度为 h，宽度为 b)

$$h=\frac{1.41f}{\tau}\sqrt{\frac{C_p \cdot G}{\lambda \cdot m \cdot n \cdot L}} \tag{9-146}$$

式中，h 是扭杆片的厚度；$m=b/h$ 是片宽与片厚之比；n 是片数；λ 是材料利用系数，与 m 有关，查表 9-5 确定。

表 9-5 片形扭杆不同 m 值时的材料利用系数λ

$m=\frac{b}{h}$	1.0	1.5	2.0	3.0	4.0	6.0	8.0	10.0
λ	0.618	0.546	0.529	0.542	0.567	0.598	0.614	0.626

杆长 L 和摆臂长 R 可根据静挠度 f_c 和动挠度 f_d 以及允许的最大转角 θ_{max} 来确定。最大容许转角 θ_{max} 取决于最大容许应力$[\tau]$，即

$$[\theta_{max}]=\frac{[\tau] \cdot L}{G \cdot \frac{J_p}{W_p}} \tag{9-147}$$

其中，W_p 为抗扭截面系数。当扭杆为管形或圆形截面时，有

$$\frac{J_p}{W_p}=\frac{D}{2} \tag{9-148}$$

把式(9-148)代入式(9-147)，得

$$[\theta_{max}]=\frac{2 \cdot [\tau] \cdot L}{G \cdot D} \tag{9-149}$$

当扭杆为片形,且 $m>3$ 时,

$$\frac{J_p}{W_p}=h \tag{9-150}$$

把式(9-150)代入式(9-147),得

$$[\theta_{max}]=\frac{[\tau]\cdot L}{G\cdot h} \tag{9-151}$$

可以根据式(9-147)~式(9-151),利用最优化方法确定扭杆的参数 D(或 h)、R、L。

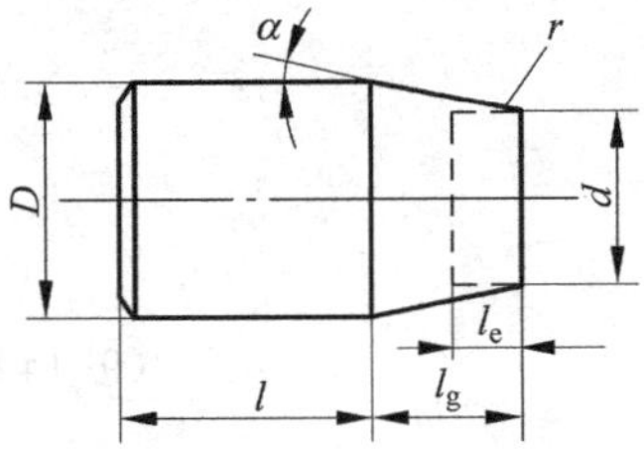

图 9-82 扭杆的过渡段

为了便于安装固定,扭杆的端头需要加工成花键、方形等。端头和杆身之间应该有适当的过渡,如图 9-82 所示。为了保证端头的寿命不低于扭杆身,端头直径 $D=(1.2\sim1.3)d$,d 是扭杆身的直径。花键的长度 l 可以根据花键强度来确定,一般取 $l=(0.48\sim1.3)D$。过渡锥角 2α 一般取 30°。过渡段长度 l_g 按照下式计算:

$$l_g=\frac{D-d}{2\cdot\tan\alpha} \tag{9-152}$$

过渡圆角 $r=(1.3\sim1.5)d$。

过渡段也有一部分长度作为弹簧起作用,其有效长度 l_e 为

$$l_e=\frac{l_g}{3}\cdot\left[\frac{d}{D}+\left(\frac{d}{D}\right)^2+\left(\frac{d}{D}\right)^3\right] \tag{9-153}$$

在扭杆计算中应该考虑这种端头的有效长度。

扭杆的材料除了要符合对弹簧钢的一般要求以外,还需要热处理时的淬透性好,对材料化学成分及机械性能进行严格控制。扭杆的材料可采用 50CrV、60CrA、60Si2Mn 等弹簧钢,重要的扭杆可以采用 45CrNiMoVA 优质合金弹簧钢。为了提高疲劳强度,应该进行喷丸处理和预扭。预扭应该连续进行 4~5 次,最后残余变形不得大于 0.2°。扭杆的许用应力 $[\tau]$ 取 1000~1250 N/mm^2(淬火后经喷丸和预扭的弹簧钢)。未喷丸或未预扭的允许应力仅为 800 N/mm^2。

9.12 螺旋弹簧的设计计算

螺旋弹簧常用于独立悬架中(见图 9-1、图 9-10),它只能承受垂直载荷,在此载荷作用下钢丝产生扭转应力。螺旋弹簧的主要尺寸是平均直径 D,钢丝直径 d 和工作圈数 n_s,见图 9-83。

在设计悬架螺旋弹簧时,先根据行驶平顺性的要求确定悬架的偏频 n_1。再利用式(9-53)计算一侧悬架的刚度 C(虚拟弹簧的刚度,如图 9-27 所示),即

$$C=(2\pi\cdot n_1)^2\cdot\frac{m_s}{2}$$

其中,m_s 是一个车桥上的悬上质量。而悬上质量 m_s 引起的设计轮荷为

$$F_z=\frac{m_s}{2}\cdot g \tag{9-154}$$

其中,g 是重力加速度。

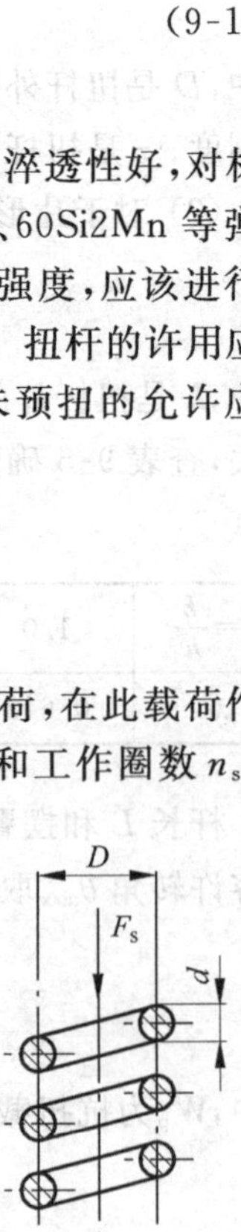

图 9-83 螺旋弹簧的设计参数

然后根据悬架导向机构的特点，求出螺旋弹簧的刚度 C_s 和受力 F_s。例如，对双横臂式独立悬架(参见图 9-27)，根据式(9-47)、式(9-57)分别有如下关系式

$$F_s = F_z \cdot \frac{p \cdot n}{l \cdot m \cdot \cos\theta} \tag{9-155}$$

$$C_s = C \cdot \left(\frac{p \cdot n}{l \cdot m \cdot \cos\theta}\right)^2 \tag{9-156}$$

而对麦克弗森式独立悬架(参见图 9-28)，根据式(9-61)、式(9-68)分别有如下关系式

$$F_s = \frac{p}{b} \cdot F_z \tag{9-157}$$

$$C_s = C \cdot \left(\frac{p}{b}\right)^2 \tag{9-158}$$

螺旋弹簧在轴向力 F_s(静载荷)作用下的扭转应力为

$$\tau_c = \frac{8 \cdot F_s \cdot D \cdot K'}{\pi \cdot d^3} = \frac{8 \cdot F_s \cdot C' \cdot K'}{\pi \cdot d^2} \tag{9-159}$$

其中，τ_c 是工作应力；D 是簧圈平均直径(参见图 9-83)；d 是弹簧钢丝直径；C'是旋绕比，$C'=D/d$；K'是考虑剪力与簧圈曲率影响的校正系数：

$$K' = \frac{4 \cdot C' + 2}{4 \cdot C' - 3} \tag{9-160}$$

螺旋弹簧的刚度 C_s 为

$$C_s = \frac{F_s}{f_{cs}} = \frac{G \cdot d^4}{8 \cdot D^3 \cdot n_s} = \frac{G \cdot d}{8 \cdot C'^3 \cdot n_s} \tag{9-161}$$

其中，f_{cs}是弹簧的静挠度；G 是切变模量，对碳钢 $G=83\times10^3\ \mathrm{N/mm^2}$；$n_s$ 是弹簧的工作圈数。

选好旋绕比 C'后，可以从式(9-160)计算出 K'；则由式(9-159)可得

$$d = \sqrt{\frac{8 \cdot F_s \cdot C' \cdot K'}{\pi \cdot [\tau_c]}} \tag{9-162}$$

$$D = C' \cdot d \tag{9-163}$$

其中，许用静扭转应力$[\tau_c]=500\ \mathrm{N/mm^2}$。

从式(9-161)可以得到

$$F_s = \frac{G \cdot d \cdot f_{cs}}{8 \cdot C'^3 \cdot n_s} \tag{9-164}$$

$$f_{cs} = \frac{F_s}{C_s} \tag{9-165}$$

而最大弹簧力 F_{smax} 为

$$F_{smax} = \frac{G \cdot d \cdot (f_{cs} + f_{ds})}{8 \cdot C'^3 \cdot n_s}$$

其中，f_{ds}是弹簧的动挠度。

从式(9-161)可得

$$n_s = \frac{G \cdot d}{8 \cdot C'^3 \cdot C_s} \tag{9-166}$$

弹簧的总圈数一般比工作圈数 n_s 多 1.5～2 圈。弹簧受最大压力 F_{smax}时，相邻圈之间

的间隙应该保持在0.5～1.5 mm。

把式(9-164)代入式(9-159),得

$$\tau_c = \frac{8 \cdot C' \cdot K'}{\pi \cdot d^2} \cdot \frac{G \cdot d \cdot f_{cs}}{8 \cdot C'^3 \cdot n_s} = \frac{G \cdot d \cdot f_{cs} \cdot K'}{\pi \cdot D^2 \cdot n_s} \tag{9-167}$$

同理,动载荷下的扭转应力为

$$\tau_d = \frac{G \cdot d \cdot f_{ds} \cdot K'}{\pi \cdot D^2 \cdot n_s} \tag{9-168}$$

螺旋弹簧的最大应力 τ_m 为

$$\tau_m = \tau_c + \tau_d < [\tau_m] \tag{9-169}$$

其中,最大许用扭转应力$[\tau_m]=800\sim1000\ \text{N/mm}^2$。

9.13 空气弹簧和油气弹簧

目前,在舒适性要求较高的旅游大客车和高级轿车中采用空气弹簧的日益增多。空气弹簧与螺旋弹簧类似,仅能承受垂直载荷,所以在采用空气弹簧的悬架中也需要导向机构,如图9-5和图9-6所示。

空气弹簧的结构形式基本上有两大类:囊式(见图9-84(a)、(b))和膜式(见图9-84(c))。囊式可分为单节式、双节式和三节式;还可以分为圆形囊式(见图9-84(a))和椭圆形囊式(见图9-84(b))。与膜式相比,囊式寿命较长、制造方便,但是刚度较大,故常用于货车上。膜式空气弹簧的弹性特性曲线非线性程度大,并且尺寸小、布置方便,但是承载能力和寿命较低,在轿车上用得较多。

设空气弹簧上受到力 F 的作用,弹簧充气后如图9-85所示。设 D 为空气弹簧的有效直径,则弹簧的有效面积 A 为

$$A = \frac{\pi \cdot D^2}{4} \tag{9-170}$$

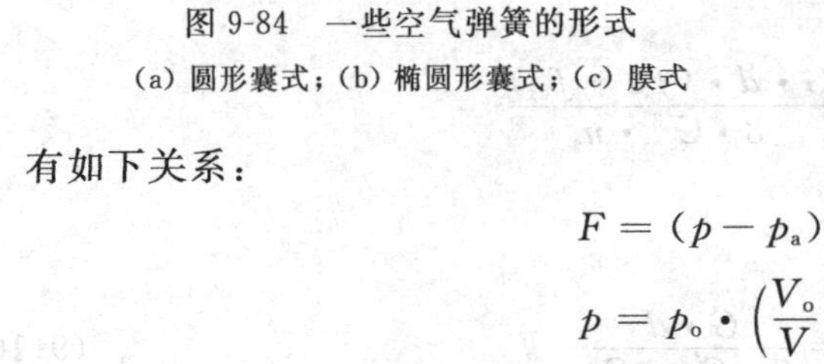

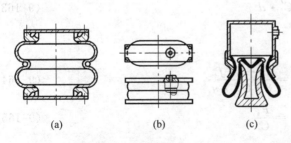

图9-84 一些空气弹簧的形式

(a) 圆形囊式;(b) 椭圆形囊式;(c) 膜式

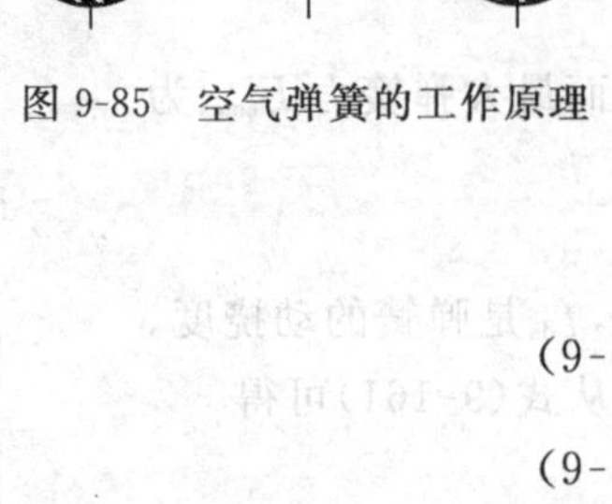

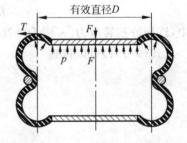

图9-85 空气弹簧的工作原理

有如下关系:

$$F = (p - p_a) \cdot A \tag{9-171}$$

$$p = p_o \cdot \left(\frac{V_o}{V}\right)^k \tag{9-172}$$

其中,F 是外载荷;p、V 是容器内气体的绝对压力和容积;p_a 是大气压力;p_o、V_o 是在静平

衡位置时容器内气体的绝对压力和容积；k是多变指数，当汽车振动缓慢时，气体变化近似于等温过程，$k=1$；振动激烈时，气体变化接近绝热过程，$k=1.4$。

设 f 是垂直位移，则空气弹簧的刚度为

$$C=\frac{\mathrm{d}F}{\mathrm{d}f}=\frac{\mathrm{d}}{\mathrm{d}f}[(p-p_a)\cdot A]=\frac{\mathrm{d}}{\mathrm{d}f}\left[\left(p_o\cdot\frac{V_o^k}{V^k}-p_a\right)\cdot A\right]$$
$$=\left(p_o\cdot\frac{V_o^k}{V^k}-p_a\right)\cdot\frac{\mathrm{d}A}{\mathrm{d}f}-A\cdot p_o\cdot k\cdot\frac{V_o^k}{V^{k+1}}\cdot\frac{\mathrm{d}V}{\mathrm{d}f} \tag{9-173}$$

因弹簧压缩时容积减小，所以

$$\frac{\mathrm{d}V}{\mathrm{d}f}=-A \tag{9-174}$$

而在静平衡位置时，$f=0, V=V_o, p=p_o$，所以在静平衡位置时的刚度为

$$C_o=(p_o-p_a)\cdot\frac{\mathrm{d}A}{\mathrm{d}f}+\frac{p_o\cdot k\cdot A^2}{V_o} \tag{9-175}$$

在静平衡位置的偏频为

$$n_o=\frac{1}{2\pi}\sqrt{\frac{C_o}{m_o}}=\frac{1}{2\pi}\sqrt{\frac{C_o\cdot g}{m_o\cdot g}}=\frac{1}{2\pi}\sqrt{\frac{C_o\cdot g}{(p_o-p_a)\cdot A}}$$
$$=\frac{1}{2\pi}\sqrt{\left[(p_o-p_a)\cdot\frac{\mathrm{d}A}{\mathrm{d}f}+\frac{p_o\cdot k\cdot A^2}{V_o}\right]\cdot\frac{g}{(p_o-p_a)\cdot A}}$$
$$=\frac{1}{2\pi}\sqrt{\frac{g}{A}\cdot\frac{\mathrm{d}A}{\mathrm{d}f}+\frac{p_o\cdot k\cdot A\cdot g}{(p_o-p_a)\cdot V_o}} \tag{9-176}$$

其中，g 是重力加速度；n_o 是偏频，Hz；m_o 是悬上质量。可以看出，为了降低偏频 n_o，需要使有效面积的变化率($\mathrm{d}A/\mathrm{d}f$)很小，或使 V_o 增大。影响有效面积变化率($\mathrm{d}A/\mathrm{d}f$)的因素包括气囊的形状、气压、气囊两端连接装置等，在设计中应该注意。

油气弹簧是空气弹簧的一种特例，它仍以气体作为弹性元件，而在气体与活塞之间引入油液作为中间介质。油气弹簧的工作缸由气室和浸在油液中的阻尼阀组成，参见图 9-9。

油气弹簧与空气弹簧相比，由于前者采用钢筒作为气室，气压可以比囊式空气弹簧高10～20 倍，通常可达 5～7 MPa，有的高达 20 MPa。因此，其机构体积小，承载能力强，用在重型自卸车上可以比钢板弹簧轻 50%以上。油气弹簧也可以得到较低的固有频率，并且容易实现车身高度调节，这些优点使其在轿车上也有应用前景。但是，油气弹簧的加工、装配及密封性要求高，维修比较麻烦，这是其缺点。

图 9-9 是所谓的单气室油气弹簧。另外还有双气室(即带反压气室)和两级压力式。单气室油气弹簧的有效面积就是其活塞的面积 A，在活塞移动时保持不变，即 $\mathrm{d}A/\mathrm{d}f=0$，而且 $\mathrm{d}V/\mathrm{d}f=-A$ 保持不变。可以利用与空气弹簧相同的公式计算其特性。所以其刚度为

$$C=\frac{\mathrm{d}F}{\mathrm{d}f}=\frac{\mathrm{d}}{\mathrm{d}f}[(p-p_a)\cdot A]=\frac{\mathrm{d}}{\mathrm{d}f}\left[\left(p_o\cdot\frac{V_o^k}{V^k}-p_a\right)\cdot A\right]$$
$$=\left(p_o\cdot\frac{V_o^k}{V^k}-p_a\right)\cdot\frac{\mathrm{d}A}{\mathrm{d}f}-A\cdot p_o\cdot k\cdot\frac{V_o^k}{V^{k+1}}\cdot\frac{\mathrm{d}V}{\mathrm{d}f}$$
$$=\frac{A^2\cdot p_o\cdot k\cdot V_o^k}{V^{k+1}}=\frac{A\cdot p_o\cdot k}{\frac{V}{A}}\cdot\left(\frac{V_o}{V}\right)^k$$

$$= \frac{A \cdot p_o \cdot k}{H} \cdot \left(\frac{V_o}{V}\right)^k \tag{9-177}$$

其中,H 称为气体折算高度,是气体体积 V 与活塞面积 A 的比值,即

$$H = \frac{V}{A} \tag{9-178}$$

在静平衡位置的刚度为

$$C_o = \frac{A \cdot p_o \cdot k}{\left(\frac{V_o}{A}\right)} \cdot \left(\frac{V_o}{V}\right)^k = \frac{A \cdot p_o \cdot k}{H_o} \cdot \left(\frac{V_o}{V_o}\right)^k$$

$$= \frac{A \cdot p_o \cdot k}{H_o} \tag{9-179}$$

其中,H_o 为静平衡位置的气体折算高度:

$$H_o = \frac{V_o}{A} \tag{9-180}$$

静平衡位置的偏频为

$$n_o = \frac{1}{2\pi}\sqrt{\frac{C_o}{m_o}} = \frac{1}{2\pi}\sqrt{\frac{C_o \cdot g}{m_o \cdot g}} = \frac{1}{2\pi}\sqrt{\frac{C_o \cdot g}{(p_o - p_a) \cdot A}}$$

$$= \frac{1}{2\pi}\sqrt{\frac{A \cdot p_o \cdot k}{H_o} \cdot \frac{g}{(p_o - p_a) \cdot A}}$$

$$= \frac{1}{2\pi}\sqrt{\frac{p_o}{p_o - p_a} \cdot \frac{g \cdot k}{H_o}} \tag{9-181}$$

一般$(p_o - p_a) \approx p_o$,所以近似有

$$n_o \approx \frac{1}{2\pi}\sqrt{\frac{g \cdot k}{H_o}} \tag{9-182}$$

可以看出,偏频主要取决于气体折算高度 H_o 和多变指数 k。在不同路面上行驶时振动强度不同,影响气体状态变化的快慢,使 k 值不同。在好路上行驶,气体状态变化慢,k 值小,偏频低。在坏路上行驶,激烈的振动使气体状态变化快,k 值大,偏频就高。

油气弹簧和空气弹簧在装载量不同时其偏频也不同。当装载量大时,容器中气体容积 V_o 减小、压力 p_o 升高,H_o 也变小,结果使得偏频 n_o 随着装载质量的增大而一起提高。这与线性悬架的偏频随着装载质量的增大而降低的特性正好相反。在设计中应该注意这一特点。为了保持 H_o、偏频 n 不变,就需要向气室中充气,使其体积 V_o 恢复到装载量增大以前的数值,从而使 $H_o = V_o/A$、偏频 n 也恢复到装载量增大以前的数值。在上述向气室中充气的过程中,车高也被恢复到装载量增大以前的状态。而如果只是改变油缸中油的体积而不向气室充气,虽然可以调节车高,但是不能改变偏频。

9.14 独立悬架导向机构的设计

9.14.1 对前轮独立悬架导向机构的要求

(1) 形成恰当的侧倾中心和侧倾轴线,以使当车轮跳动(悬架压缩、伸张)时,轮距变化不致过大,以免造成轮胎早期磨损;悬上质量改变时侧倾中心位置的变化要小;有利于减

小转向时车身的侧倾角。

(2) 当车轮跳动(悬架压缩、伸张)时，车轮外倾角应该随着车轮向上跳动减小、随着车轮向下跳动增大，以使汽车转向行驶、车身侧倾时外侧车轮的外倾角最好保持为负值，以提高侧向力、减小轮胎侧偏角。而在需要利用车轮外倾角增强汽车的不足转向时，应该使转向行驶时外侧前轮的外倾角增大。

(3) 使由导向机构与转向杆系的运动干涉所引起的前束角变化尽可能小。如果有变化的话，应该使外轮的前束角减小、使内轮的前束角增大，以利于侧倾不足转向。

(4) 悬架压缩、伸张时，前轮的后倾角不要变化过大，以免侧向力对主销的力矩增大过多，使驾驶员的手受到转向盘的明显冲击。

(5) 制动时，应该使车身有抗“点头”作用；加速时，有抗“后仰”作用。

9.14.2 对后轮独立悬架导向机构的要求

(1) 形成恰当的侧倾中心和侧倾轴线，以使当车轮跳动(悬架压缩、伸张)时，轮距变化不致过大，以免造成轮胎早期磨损；悬上质量改变时侧倾中心位置的变化要小；有利于减小转向时车身的侧倾角。

(2) 当车轮跳动(悬架压缩、伸张)时，车轮外倾角应该随着车轮向上跳动减小、随着车轮向下跳动增大，以使汽车转向行驶、车身侧倾时外侧车轮的外倾角最好保持为负值，以提高侧向力、减小轮胎侧偏角。而在需要利用车轮外倾角增强汽车的不足转向时，应该使转向行驶时外侧后轮的外倾角减小。

(3) 使由导向机构与转向杆系的运动干涉所引起的前束角变化尽可能小。如果需要利用这种干涉前束角变化来增强汽车的不足转向，应该使外轮的前束角增大、使内轮的前束角减小。应该指出，在需要利用前束角的变化来调节汽车的不足转向时，应该尽量在后悬架进行这种调节，而尽量减小前悬架的前束角变化。

(4) 制动时，应该对车身有抗“点头”作用；加速时，有抗“仰头”作用。

此外，导向机构还应具有足够强度、刚度，可以可靠地传递各种力和力矩。

有关控制悬架与转向杆系运动干涉的问题将在第 10 章中讨论。

9.14.3 悬架的抗制动点头性能分析

汽车在制动时会发生点头现象，即车身前部降低、后部升高。发生这种现象会影响车内乘员的舒适性，在设计中应该采取措施适当减小制动点头的程度。

图 9-86 示出了制动时作用在汽车上的各种动态力，它们是引起“点头”的根本原因。其中，前、后悬架都是双横臂式独立悬架，把支承悬架下摆臂的弹簧(其刚度为 C_s)等效成安装在车轮中心与车身之间的虚拟弹簧，其刚度为 C，C 与 C_s 与之间的关系由式(9-57)描述(参见图 9-27)，即

$$C_s = C \cdot \left(\frac{p \cdot n}{l \cdot m \cdot \cos\theta}\right)^2$$

$$C = C_s \cdot \left(\frac{l \cdot m \cdot \cos\theta}{p \cdot n}\right)^2 \tag{9-183}$$

设前、后虚拟弹簧的刚度分别是 C_1、C_2。

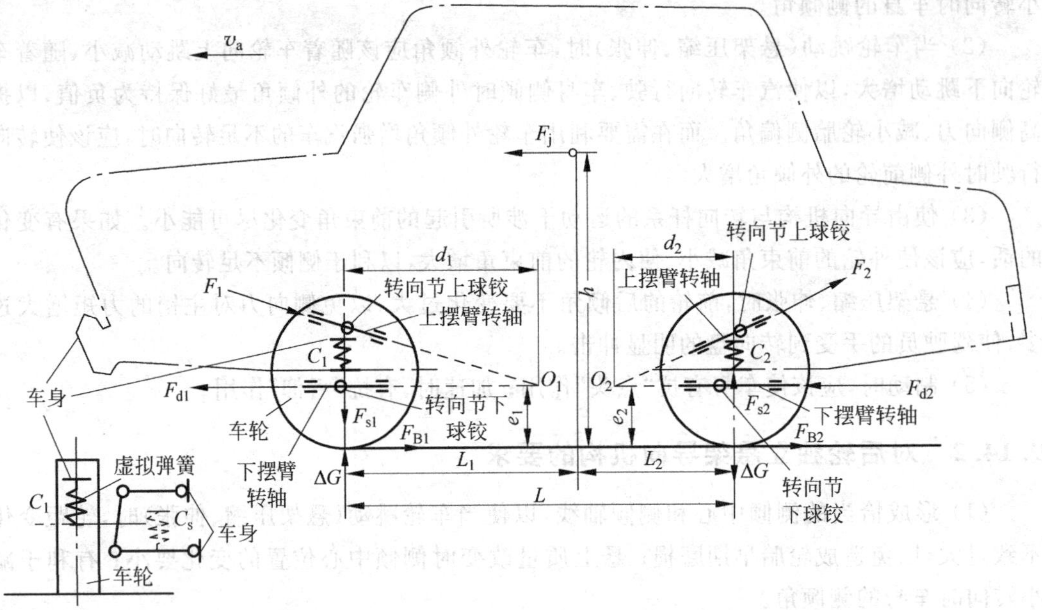

图 9-86 汽车制动时所受到的动态力及弹簧的附加变形

图 9-86 所示是汽车的侧视图,假定在该图上转向节的上、下球铰中心恰好分别在上、下摆臂转轴的中心线上。

汽车制动时在前、后桥上一个车轮上引起的垂直力增量 ΔG 为

$$\Delta G = \frac{F_j \cdot h}{2 \cdot L} \tag{9-184}$$

其中,F_j 是总的制动力;h 是汽车质心高度;L 是轴距。

在前、后桥一个车轮上作用的制动力 F_{B1}、F_{B2} 可以分别表示为

$$F_{B1} = \frac{\beta \cdot F_j}{2} \tag{9-185}$$

$$F_{B2} = \frac{(1-\beta) \cdot F_j}{2} \tag{9-186}$$

其中,β 是制动力分配系数。

首先分析作用在前轮上的动态力。地面制动力 F_{B1} 的作用会使上、下摆臂分别对转向节的上、下球铰各作用一个力,即 F_1、F_{d1}。由于已经把悬架中的螺旋弹簧等效到了车轮与车身之间,所以 F_1、F_{d1} 只能沿着与上、下摆臂转动轴线相平行的方向作用,它们的延长线交于 O_1 点,该点是前轮的俯仰摆动瞬心。

车身通过弹簧对车轮作用一个力增量 F_{s1}:

$$F_{s1} = C_1 \cdot \Delta f_1 \tag{9-187}$$

其中,Δf_1 是车身前部的下沉量。

对车轮关于 O_1 点建立力矩平衡方程:

$$(F_{s1} - \Delta G) \cdot d_1 + F_{B1} \cdot e_1 = 0 \tag{9-188}$$

其中,d_1 是 O_1 到前轮中心的距离;e_1 是 O_1 到地面的距离。把式(9-187)代入式(9-188),得

$$(C_1 \cdot \Delta f_1 - \Delta G) \cdot d_1 + F_{B1} \cdot e_1 = 0 \tag{9-189}$$

$$\Delta f_1 = \frac{1}{C_1 \cdot d_1} \cdot (\Delta G \cdot d_1 - F_{B1} \cdot e_1) \tag{9-190}$$

把式(9-184)、式(9-185)代入式(9-190),得

$$\begin{aligned}\Delta f_1 &= \frac{1}{C_1 \cdot d_1} \cdot (\Delta G \cdot d_1 - F_{B1} \cdot e_1) \\ &= \frac{1}{C_1 \cdot d_1} \cdot \left(\frac{F_j \cdot h}{2 \cdot L} \cdot d_1 - \frac{\beta \cdot F_j}{2} \cdot e_1\right) \\ &= \frac{F_j}{2 \cdot C_1 \cdot d_1} \cdot \left(\frac{h}{L} \cdot d_1 - \beta \cdot e_1\right)\end{aligned} \tag{9-191}$$

对后轮采用类似的分析方法可得

$$\Delta f_2 = \frac{F_j}{2 \cdot C_2 \cdot d_2} \cdot \left[\frac{h}{L} \cdot d_2 - (1-\beta) \cdot e_2\right] \tag{9-192}$$

其中,Δf_2 是车身后部的上升量;d_2 是 O_2 到后轮中心的距离,O_2 是后轮的瞬时俯仰中心;e_2 是 O_2 到地面的距离;C_2 是位于车身和后轮中心之间的后悬架虚拟弹簧的刚度。

Δf_1、Δf_2 反映了车身制动点头的程度。从式(9-191)、式(9-192)可以看出,Δf_1、Δf_2 与制动力 F_j 有关,与总布置参数 L、h 有关;与制动力分配系数 β 有关。除此之外,还与瞬心位置 O_1、O_2 有关,即与 d_1、e_1 和 d_2、e_2 有关。

对于前轮来说,如果 $\Delta f_1=0$,则无制动点头。这时

$$\Delta f_1 = \frac{F_j}{2 \cdot C_1 \cdot d_1} \cdot \left(\frac{h}{L} \cdot d_1 - \beta \cdot e_1\right) = 0 \tag{9-193}$$

$$\frac{h \cdot d_1}{L} - \beta \cdot e_1 = 0 \tag{9-194}$$

$$\frac{e_1}{d_1} = \frac{h}{\beta \cdot L} \tag{9-195}$$

如果发生制动点头,则

$$\Delta f_1 = \frac{F_j}{2 \cdot C_1 \cdot d_1} \cdot \left(\frac{h}{L} \cdot d_1 - \beta \cdot e_1\right) > 0 \tag{9-196}$$

$$\frac{h \cdot d_1}{L} - \beta \cdot e_1 > 0$$

$$\frac{e_1}{d_1} < \frac{h}{\beta \cdot L} \tag{9-197}$$

$$\frac{e_1 \cdot \beta \cdot L}{d_1 \cdot h} < 1 \tag{9-198}$$

一般用一个参数 η_{d1} 来表示前悬架的抗制动点头的效率:

$$\eta_{d1} = \frac{e_1 \cdot \beta \cdot L}{d_1 \cdot h} \times 100\% \tag{9-199}$$

类似地可以定义后悬架的抗制动点头的效率:

$$\eta_{d2} = \frac{e_2 \cdot (1-\beta) \cdot L}{d_2 \cdot h} \times 100\% \tag{9-200}$$

抗制动点头率的数值越大,制动点头的程度就越小。在轿车设计中,一般把前悬架的抗制动点头率选为 30%~50%。100%的抗制动点头率意味着,在紧急制动时车身将保持完全水平。道路试验专家表示,这会对驾驶员和乘客造成严重的冲击。所以 100%的抗制动

点头率并不好。

对于一辆总体设计参数已定的汽车，h、L、β 值已被确定，为了限制制动点头的程度，悬架设计人员只有从选择合适的瞬心位置来着手，也就是通过选择合适的悬架上、下横臂的摆动轴线的布置方案来限制制动点头。从图 9-86 和上述公式推导可以看出，为了在前悬架获得抗制动点头作用，在侧视图上悬架上摆臂的转动轴线应该向后下方向倾斜，而下摆臂的转动轴线应该向后上方向倾斜，以增大 e_1、减小 d_1。为了在后悬架获得抗制动点头作用，在侧视图上悬架上摆臂的转动轴线应该向前下方向倾斜，而下摆臂的转动轴线应该向前上方向倾斜，以增大 e_2、减小 d_2。

下面讨论悬架具有抗制动点头作用的机理。图 9-87 示出制动时作用在车轮和车身上的动态力的近似分析图(侧视图)。由于制动力 F_B 的作用而在转向节上、下球铰 E_1、E_2 上引起的合力分别是 F_1、F_d，它们分别沿着与上、下摆臂的转动轴线相平行的方向作用；ΔG 是车轮上的垂直力增量。F_1 可以分解成一个水平力分量 $F_{1,x}$、一个垂直力分量 $F_{1,z}$；F_d 可以分解成一个水平力分量 $F_{d,x}$、一个垂直力分量 $F_{d,z}$。其中，$F_{1,z}$、$F_{d,z}$ 都是车身直接通过悬架的控制臂传到车轮上的垂直力，这些力没有经过弹簧传递，所以使弹簧在制动时传递的垂直力的增量小于车轮上的垂直力增量 ΔG，从而使其变形量 Δf 有所减小。

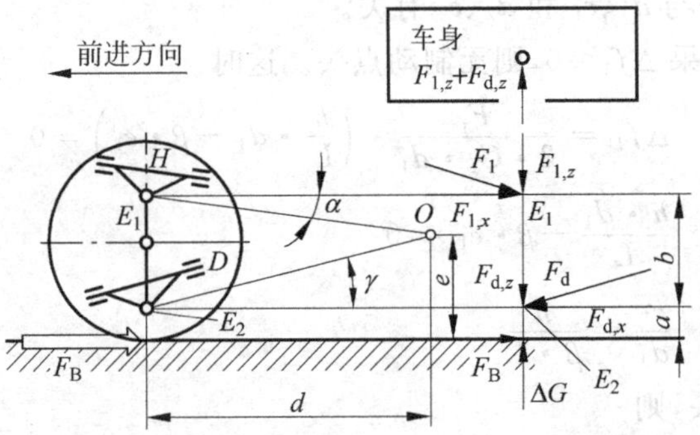

图 9-87 汽车制动时作用在车轮和车身上的动态力近似分析图(图中未画弹簧力)

设如果垂直力增量 ΔG 完全经过虚拟弹簧(参见图 9-86)传递所引起的弹簧变形量为 Δf_0，则

$$\Delta f_0 = \frac{\Delta G}{C} \tag{9-201}$$

其中，C 是位于车身与车轮中心之间的虚拟弹簧的刚度(参见图 9-86)；ΔG 按照式(9-184)计算。而在图 9-87 所示的情况下，虚拟弹簧的变形量为 Δf，则

$$\Delta f = \frac{\Delta G - F_{1,z} - F_{d,z}}{C} \tag{9-202}$$

抗制动点头率 η_d 可以表示为

$$\eta_d = \frac{\Delta f_0 - \Delta f}{\Delta f_0} = \frac{\Delta G - (\Delta G - F_{1,z} - F_{d,z})}{\Delta G} = \frac{F_{1,z} + F_{d,z}}{\Delta G} \tag{9-203}$$

关于 E_2 点建立力矩平衡方程：

$$F_B \cdot a = F_{1,x} \cdot b \tag{9-204}$$

$$F_{1,x} = \frac{F_B \cdot a}{b} \tag{9-205}$$

$$F_{1,z}=F_{1,x}\cdot\tan\alpha=\frac{F_B\cdot a}{b}\cdot\tan\alpha \tag{9-206}$$

$$F_{d,x}=F_B+F_{1,x}=F_B+\frac{F_B\cdot a}{b}=F_B\cdot\left(1+\frac{a}{b}\right) \tag{9-207}$$

$$F_{d,z}=F_{d,x}\cdot\tan\gamma=F_B\cdot\left(1+\frac{a}{b}\right)\cdot\tan\gamma \tag{9-208}$$

假设图 9-87 所示是前轮，则有

$$F_B=\frac{\beta\cdot F_j}{2} \tag{9-209}$$

把式(9-209)分别代入式(9-206)、式(9-208)，得

$$F_{1,z}=\frac{\beta\cdot F_j\cdot a}{2\cdot b}\cdot\tan\alpha \tag{9-210}$$

$$F_{d,z}=\frac{\beta\cdot F_j}{2}\cdot\left(1+\frac{a}{b}\right)\cdot\tan\gamma \tag{9-211}$$

把式(9-184)、式(9-210)、式(9-211)代入式(9-203)，得

$$\begin{aligned}\eta_d&=\left[\frac{\beta\cdot F_j\cdot a}{2\cdot b}\cdot\tan\alpha+\frac{\beta\cdot F_j}{2}\cdot\left(1+\frac{a}{b}\right)\cdot\tan\gamma\right]\cdot\frac{1}{\dfrac{F_j\cdot h}{2\cdot L}}\\&=\left[\frac{\beta\cdot a}{b}\cdot\tan\alpha+\beta\cdot\left(1+\frac{a}{b}\right)\cdot\tan\gamma\right]\cdot\frac{1}{\dfrac{h}{L}}\\&=\frac{\beta\cdot L}{h}\cdot\left[\frac{a}{b}\cdot\tan\alpha+\left(1+\frac{a}{b}\right)\cdot\tan\gamma\right]\\&=\frac{\beta\cdot L}{b\cdot h}\cdot(a\cdot\tan\alpha+b\cdot\tan\gamma+a\cdot\tan\gamma)\end{aligned} \tag{9-212a}$$

从图 9-87 可以看出如下关系：

$$b=d\cdot\tan\alpha+d\cdot\tan\gamma=d\cdot(\tan\alpha+\tan\gamma) \tag{9-213}$$

$$a=e-d\cdot\tan\gamma \tag{9-214}$$

把式(9-213)、式(9-214)代入式(9-212a)，得

$$\begin{aligned}\eta_d&=\frac{\beta\cdot L}{d\cdot(\tan\alpha+\tan\gamma)\cdot h}\cdot[(e-d\cdot\tan\gamma)\cdot\tan\alpha+\\&\quad d\cdot(\tan\alpha+\tan\gamma)\cdot\tan\gamma+(e-d\cdot\tan\gamma)\cdot\tan\gamma]\\&=\frac{\beta\cdot L}{d\cdot(\tan\alpha+\tan\gamma)\cdot h}\cdot[e\cdot\tan\alpha+d\cdot\tan\gamma\cdot\tan\gamma+\\&\quad e\cdot\tan\gamma-d\cdot\tan\gamma\cdot\tan\gamma]\\&=\frac{\beta\cdot L}{d\cdot(\tan\alpha+\tan\gamma)\cdot h}\cdot e\cdot(\tan\alpha+\tan\gamma)\\&=\frac{e\cdot\beta\cdot L}{d\cdot h}\end{aligned} \tag{9-212b}$$

与式(9-199)比较可以看出，利用这两种方法得出的抗制动点头率完全相同。

图 9-88 示出一个处于制动中的麦克弗森式独立悬架的侧视图，关于 E_2 点建立作用在车轮上的力矩平衡方程为

$$F_B \cdot a = F_1 \cdot b$$

$$F_1 = \frac{F_B \cdot a}{b}$$

$$F_{1,z} = F_1 \cdot \sin\alpha = \frac{F_B \cdot a}{b} \cdot \sin\alpha \tag{9-215}$$

$$F_{1,x} = F_1 \cdot \cos\alpha = \frac{F_B \cdot a}{b} \cdot \cos\alpha \tag{9-216}$$

$$F_{d,x} = F_B + F_{1,x} = F_B + \frac{F_B \cdot a}{b} \cdot \cos\alpha = F_B \cdot \left(1 + \frac{a}{b} \cdot \cos\alpha\right) \tag{9-217}$$

$$F_{d,z} = F_{d,x} \cdot \tan\gamma = F_B \cdot \left(1 + \frac{a}{b} \cdot \cos\alpha\right) \cdot \tan\gamma \tag{9-218}$$

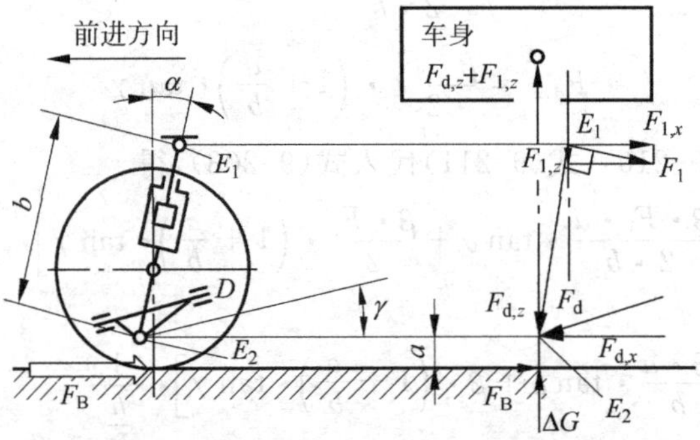

图 9-88 一个麦克弗森式悬架的侧视图

假设图 9-88 所示是前轮，则有

$$F_B = \frac{\beta \cdot F_j}{2} \tag{9-219}$$

把式(9-219)分别代入式(9-215)、式(9-218)，得

$$F_{1,z} = \frac{\beta \cdot F_j \cdot a}{2 \cdot b} \cdot \sin\alpha \tag{9-220}$$

$$F_{d,z} = \frac{\beta \cdot F_j}{2} \cdot \left(1 + \frac{a}{b} \cdot \cos\alpha\right) \cdot \tan\gamma \tag{9-221}$$

把式(9-184)、式(9-220)、式(9-221)代入式(9-203)，得

$$\begin{aligned}
\eta_d &= \left[\frac{\beta \cdot F_j \cdot a}{2 \cdot b} \cdot \sin\alpha + \frac{\beta \cdot F_j}{2} \cdot \left(1 + \frac{a}{b} \cdot \cos\alpha\right) \cdot \tan\gamma\right] \cdot \frac{1}{\frac{F_j \cdot h}{2 \cdot L}} \\
&= \left[\frac{\beta \cdot a}{b} \cdot \sin\alpha + \beta \cdot \left(1 + \frac{a}{b} \cdot \cos\alpha\right) \cdot \tan\gamma\right] \cdot \frac{1}{\frac{h}{L}} \\
&= \frac{\beta \cdot L}{h} \cdot \left[\frac{a}{b} \cdot \sin\alpha + \left(1 + \frac{a}{b} \cdot \cos\alpha\right) \cdot \tan\gamma\right] \\
&= \frac{\beta \cdot L}{b \cdot h} \cdot (a \cdot \sin\alpha + b \cdot \tan\gamma + a \cdot \cos\alpha \cdot \tan\gamma)
\end{aligned} \tag{9-222}$$

图 9-89 示出一个处于制动中的单纵臂式后悬架的侧视图，在前、后方向建立作用在车轮上的受力平衡方程为

$$F_{o,x} = F_{\mathrm{B}} \tag{9-223}$$

关于 E_2 点建立力矩平衡方程为

$$F_{o,x} \cdot e = F_{o,z} \cdot d \tag{9-224}$$

$$F_{o,z} = \frac{F_{o,x} \cdot e}{d} = \frac{F_{\mathrm{B}} \cdot e}{d} \tag{9-225}$$

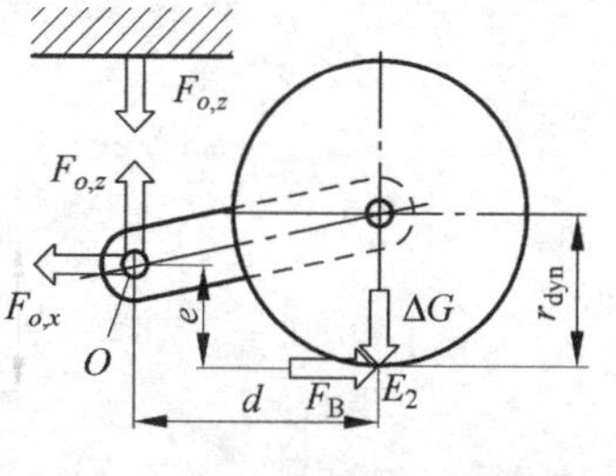

图 9-89 一个制动中的单纵臂式后悬架的侧视图

由于图 9-89 所示是后轮，所以

$$F_{\mathrm{B}} = \frac{(1-\beta) \cdot F_{\mathrm{j}}}{2} \tag{9-226}$$

把式(9-226)代入式(9-225)，得

$$F_{o,z} = \frac{F_{o,x} \cdot e}{d} = \frac{(1-\beta) \cdot F_{\mathrm{j}} \cdot e}{2 \cdot d} \tag{9-227}$$

抗制动点头率为

$$\eta_{\mathrm{d}} = \frac{F_{o,z}}{\Delta G} = \frac{(1-\beta) \cdot F_{\mathrm{j}} \cdot e}{2 \cdot d} \cdot \frac{1}{\dfrac{F_{\mathrm{j}} \cdot h}{2 \cdot L}} = \frac{e \cdot (1-\beta) \cdot L}{d \cdot h} \tag{9-228}$$

图 9-90 示出一个斜置单臂式后悬架的示意图，在分析其抗制动点头率时可以把它等效成一个单纵臂式悬架。图 9-90(c)示出等效的单纵臂式悬架(侧视图)，关键是确定车轮的俯仰瞬时运动中心 O。确定 O 的方法如下：①首先在俯视图上确定 O 点的横向和纵向位置，即延长斜置单臂的转动轴线，其与车轮对称线的交点就是 O。过该 O 点画垂直线，一直延伸到后视图(见图 9-90(a))上。(2)在后视图(见图 9-90(a))上确定 O 点的高度，即把斜置单臂的转动轴线延长，与上述垂直线相交，交点就是 O。这样就完全确定了斜置单臂式悬架的当量单纵臂式悬架，如图 9-90(c)所示。其抗制动点头率就是式(9-228)。

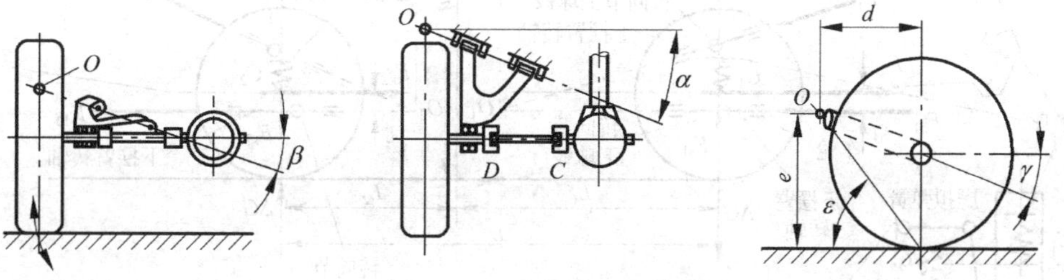

图 9-90 确定斜置单臂式后悬架的车轮瞬时运动中心 O

(a) 后视图；(b) 俯视图；(c) 侧视图

图 9-91 示出一个四连杆式刚性后桥非独立悬架(见图 9-36)的示意图，其受力情况、车轮的俯仰瞬时运动中心 O 的确定方法都与双横臂式悬架(见图 9-86)的相同，所以其抗制动点头率的表达式就是式(9-200)，即

$$\eta_{\mathrm{d}} = \frac{e \cdot (1-\beta) \cdot L}{d \cdot h} \times 100\%$$

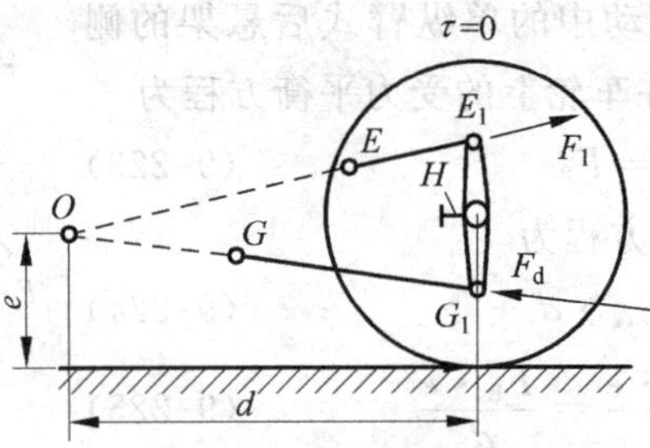

图 9-91 一个制动中的四连杆式刚性后桥非独立悬架的示意图

9.14.4 悬架的抗加速仰头性能分析

汽车在加速时会发生仰头现象,即车身前部升高、后部降低。发生这种现象会影响车内乘员的舒适性,在设计中应该采取措施适当减小加速仰头的程度。

图 9-92 示出了加速时作用在汽车上的各种动态力,它们是引起"仰头"的根本原因。其中,前、后悬架都是双横臂式独立悬架。实际上,图 9-92 来自于图 9-86,只是把图 9-86 中的制动力 F_{B1}、F_{B2} 分别用作用在前、后轮中心的驱动力 F_{x1}、F_{x2} 代替,使整车加速阻力 F_j 的方向向后,对由它们引起的动态力的方向进行了相应的改变。

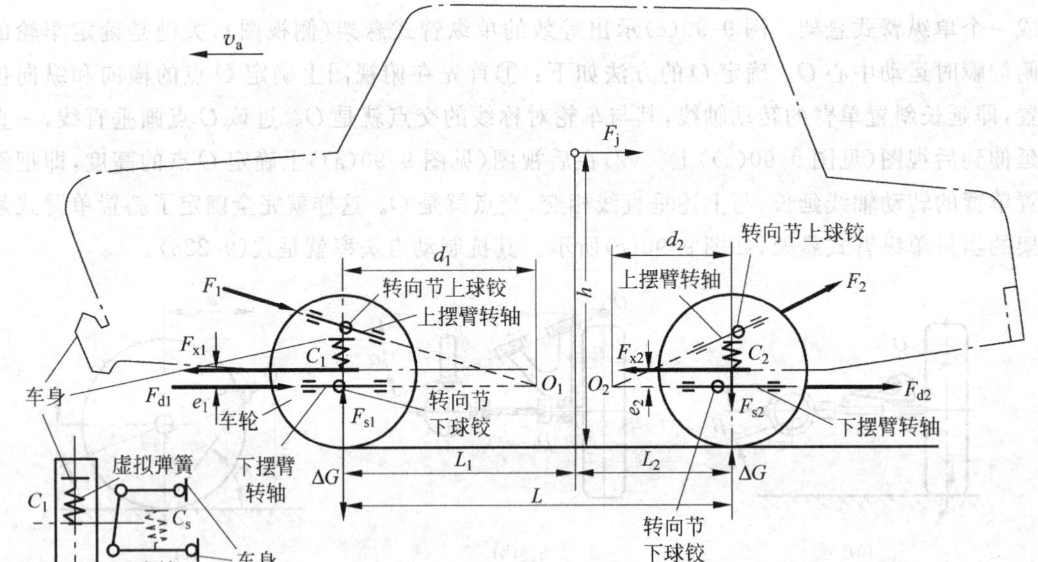

图 9-92 加速时作用在汽车上的各种动态力

汽车加速时在前、后桥上一个车轮上引起的垂直力增量 ΔG 为

$$\Delta G = \frac{F_j \cdot h}{2 \cdot L} \tag{9-229}$$

其中,F_j 是总的加速阻力,对各种加速惯性力矩都忽略不计;h 是汽车质心高度;L 是轴距。

假定图 9-92 所示是一辆全时 4×4 汽车,在前、后桥一个车轮上作用的驱动力 F_{x1}、F_{x2}

可以分别表示为

$$F_{x1} = \frac{\beta_x \cdot F_j}{2} \tag{9-230}$$

$$F_{x2} = \frac{(1-\beta_x) \cdot F_j}{2} \tag{9-231}$$

其中，β_x 是桥间差速器的转矩分配系数。

首先分析作用在前轮上的动态力。驱动力 F_{x1} 的作用会使上、下摆臂分别对转向节的上、下球铰各作用一个力，即 F_1、F_{d1}。由于已经把悬架中的螺旋弹簧等效到了车轮与车身之间，所以 F_1、F_{d1} 只能沿着与上、下摆臂转动轴线相平行的方向作用，它们的延长线交于 O_1 点，该点是前轮的俯仰摆动瞬心。

车身通过弹簧对车轮作用一个力增量 F_{s1}：

$$F_{s1} = C_1 \cdot \Delta f_1 \tag{9-232}$$

其中，Δf_1 是车身前部的上升量；C_1 是位于车身和前轮中心之间的前悬架虚拟弹簧的刚度。

对车轮关于 O_1 点建立力矩平衡方程

$$(F_{s1} - \Delta G) \cdot d_1 - F_{x1} \cdot e_1 = 0 \tag{9-233}$$

其中，d_1 是 O_1 到前轮中心的距离；e_1 是 O_1 到车轮中心的垂直距离。把式(9-232)代入式(9-233)，得

$$(C_1 \cdot \Delta f_1 - \Delta G) \cdot d_1 - F_{x1} \cdot e_1 = 0 \tag{9-234}$$

$$\Delta f_1 = \frac{1}{C_1 \cdot d_1} \cdot (\Delta G \cdot d_1 + F_{x1} \cdot e_1) \tag{9-235}$$

把式(9-229)、式(9-230)代入式(9-235)，得

$$\begin{aligned}\Delta f_1 &= \frac{1}{C_1 \cdot d_1} \cdot (\Delta G \cdot d_1 + F_{x1} \cdot e_1) \\ &= \frac{1}{C_1 \cdot d_1} \cdot \left(\frac{F_j \cdot h}{2 \cdot L} \cdot d_1 + \frac{\beta_x \cdot F_j}{2} \cdot e_1\right) \\ &= \frac{F_j}{2 \cdot C_1 \cdot d_1} \cdot \left(\frac{h}{L} \cdot d_1 + \beta_x \cdot e_1\right)\end{aligned} \tag{9-236}$$

对后轮采用类似的分析方法可得

$$(F_{s2} - \Delta G) \cdot d_2 - F_{x2} \cdot e_2 = 0 \tag{9-237}$$

$$\Delta f_2 = \frac{F_j}{2 \cdot C_2 \cdot d_2} \cdot \left[\frac{h}{L} \cdot d_2 + (1-\beta_x) \cdot e_2\right] \tag{9-238}$$

其中，Δf_2 是车身后部的下沉量；d_2 是 O_2 到后轮中心的距离，O_2 是后轮的瞬时俯仰中心；e_2 是 O_2 到车轮中心的垂直距离；C_2 是位于车身和后轮中心之间的后悬架虚拟弹簧的刚度。

Δf_1、Δf_2 反映了车身加速仰头的程度。从式(9-236)、式(9-238)可以看出，Δf_1、Δf_2 与总的加速阻力 F_j 有关；与总布置参数 L、h 有关；与前、后桥驱动力分配系数 β_x 有关。除此之外，还与瞬心位置 O_1、O_2 有关，即与 d_1、e_1 和 d_2、e_2 有关。

对于前轮来说，如果 $\Delta f_1 = 0$，则无加速仰头。这时

$$\Delta f_1 = \frac{F_j}{2 \cdot C_1 \cdot d_1} \cdot \left(\frac{h}{L} \cdot d_1 + \beta_x \cdot e_1\right) = 0 \tag{9-239}$$

$$\frac{h \cdot d_1}{L} + \beta_x \cdot e_1 = 0 \tag{9-240}$$

$$\frac{-e_1}{d_1} = \frac{h}{\beta_x \cdot L} \tag{9-241}$$

如果发生加速仰头,则

$$\Delta f_1 = \frac{F_j}{2 \cdot C_1 \cdot d_1} \cdot \left(\frac{h}{L} \cdot d_1 + \beta_x \cdot e_1\right) > 0 \tag{9-242}$$

$$\frac{h \cdot d_1}{L} + \beta_x \cdot e_1 > 0 \tag{9-243}$$

$$\frac{-e_1}{d_1} < \frac{h}{\beta_x \cdot L} \tag{9-244}$$

$$\frac{-e_1 \cdot \beta_x \cdot L}{d_1 \cdot h} < 1 \tag{9-245}$$

可以用一个参数 η_{x1} 来表示前悬架的抗加速仰头的效率:

$$\eta_{x1} = \frac{-e_1 \cdot \beta_x \cdot L}{d_1 \cdot h} \times 100\% \tag{9-246}$$

类似地可以定义后悬架的抗加速仰头的效率:

$$\eta_{x2} = \frac{-e_2 \cdot (1-\beta_x) \cdot L}{d_2 \cdot h} \times 100\% \tag{9-247}$$

抗加速仰头率的数值越大,加速仰头的程度就越小。从式(9-246)、式(9-247)可以看出,只有当$(-e_1/d_1)$或$(-e_2/d_2)$为正时,才能得到正的抗加速仰头的效率。

应该注意,只有驱动轮才有抗加速仰头作用。如果 $\beta_x=1$,即前轮驱动时,有

$$\eta_{x1} = \frac{-e_1 \cdot \beta_x \cdot L}{d_1 \cdot h} \times 100\% = \frac{-e_1 \cdot L}{d_1 \cdot h} \times 100\% \tag{9-248}$$

如果 $\beta_x=0$,即后轮驱动时,

$$\eta_{x2} = \frac{-e_2 \cdot L}{d_2 \cdot h} \times 100\% \tag{9-249}$$

后轮驱动轿车的后悬架抗加速仰头率一般为80%~95%。

9.15 独立悬架导向机构的受力分析与强度计算

在控制车轮运动的同时,独立悬架的导向机构还要承受、传递车轮受到的所有力和力矩。它们应该具有足够的强度、刚度、使用寿命和可靠度。为了保证上述性能,首先需要能够对悬架中各个零件的受力情况进行正确的分析。在对其强度进行计算时,关键是要正确地确定其强度计算工况和计算载荷。由于双横臂式和麦克弗森式独立悬架得到的应用比较广泛,而且其受力情况比较复杂,所以在本节中主要介绍这两种独立悬架的受力分析与强度计算。

研究表明,影响悬架零件强度、工作寿命、可靠性的载荷是垂直力 F_V、侧向力 F_L、纵向力 F_A 和制动力 F_B(如图2-2所示)。

9.15.1 双横臂式独立悬架的受力分析

由于悬架的受力具有可叠加性，所以首先对悬架在各个力单独作用时的情况进行分析。而多个力组合作用的结果就是各个力作用结果的线性叠加。这种分析方法比较简便、有效，在实际设计工作中得到了广泛应用。

1. 车轮上只有垂直力 F_V 作用

图 9-93 示出只承受地面垂直力 F_V 作用的双横臂式独立悬架的力学模型。其中，上、下横臂分别通过球铰 B、A 与转向节相连，只要知道了作用在这两个球铰上的力就可以知道悬架中各个零件的受力。所以，悬架受力分析首先就是要确定这两个球铰上的作用力。

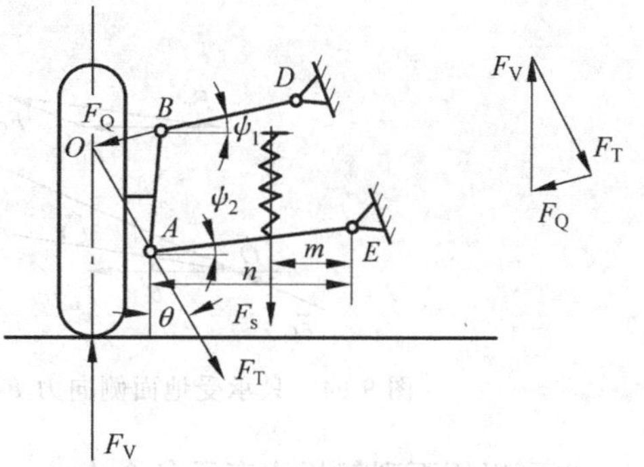

图 9-93 只承受地面垂直力 F_V 作用的双横臂式独立悬架的力学模型

图 9-93 所示出的力都是作用在车轮和转向节上的力，其中假设车轮与转向节固结。车轮接地点受有地面垂直力 F_V，上、下横臂在 B、A 点对转向节分别作用有力 F_Q 和 F_T。弹簧下端支承在下横臂上，其上端支承在车身上，所以上横臂可以视为一个二力杆，其受力 F_Q 的作用线就是球铰 B 与上摆臂转动轴线 D 的连线。根据平衡条件，这三个力必汇交于一点。由于已经知道垂直力 F_V 的大小和方向以及 F_Q 的方向，并且已知 B、A 点的坐标，而 F_T 的作用线必通过 A 点，所以利用作图法就可以确定 F_Q 和 F_T：力 F_Q 与力 F_V 的作用线相交与 O 点；力 F_T 的作用线通过 O、A 的连线。这样便得到了力三角形(见图 9-93 右上角)，求出上、下横臂作用力 F_Q、F_T 的方向和大小。

也可以利用解析法确定 F_Q 和 F_T。设上、下横臂与水平线的夹角分别是 φ_1 和 φ_2，则可以列出如下方程式：

$$F_V = F_Q \cdot \sin\varphi_1 + F_T \cdot \cos\theta \tag{9-250}$$

$$F_Q \cdot \cos\varphi_1 = F_T \cdot \sin\theta \tag{9-251}$$

其中，θ 是 F_T 的作用方向与垂直线之间的夹角，如图 9-93 所示。可以看出，列出上述公式也需要预先确定 O 点和 F_T 的作用线方向。

从式(9-251)可得

$$F_Q = \frac{F_T \cdot \sin\theta}{\cos\varphi_1} \tag{9-252}$$

把式(9-252)代入式(9-250)，得

$$F_V = \frac{F_T \cdot \sin\theta}{\cos\varphi_1} \cdot \sin\varphi_1 + F_T \cdot \cos\theta = F_T \cdot (\sin\theta \cdot \tan\varphi_1 + \cos\theta) \tag{9-253}$$

$$F_T = \frac{F_V}{\sin\theta \cdot \tan\varphi_1 + \cos\theta} \tag{9-254}$$

把式(9-254)代入式(9-252)，得

$$F_Q = \frac{F_V \cdot \sin\theta}{(\sin\theta \cdot \tan\psi_1 + \cos\theta) \cdot \cos\psi_1} \tag{9-255}$$

2. 车轮仅受到侧向力 F_L 作用

图 9-94 示出只承受地面侧向力 F_L 作用的双横臂式独立悬架的力学模型。车轮受到侧向力 F_L 作用，上横臂(一个二力杆)对车轮的力 F_Q 沿着其球铰中心 B 与上横臂转动轴线 D 的连线方向，与侧向力 F_L 相交于 O' 点。为了能够达到力的平衡，下横臂对车轮作用力 F_T 的作用线必通过 O' 和其球铰 A 的连线。这样就可以作出力三角形(如图 9-94 所示)。在已知 F_L 的情况下，就可以求出 F_Q 和 F_T。

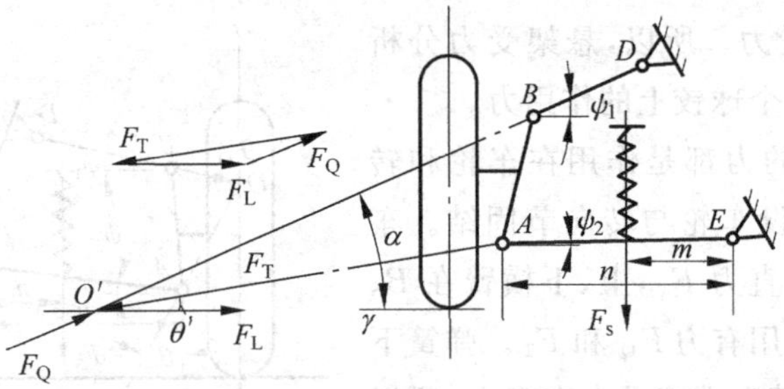

图 9-94 只承受地面侧向力 F_L 作用的双横臂式独立悬架的力学模型

也可以用下列解析式表示各个力。

$$F_L = F_T \cdot \cos\theta' - F_Q \cdot \cos\psi_1 \tag{9-256}$$

$$F_T \cdot \sin\theta' = F_Q \cdot \sin\psi_1 \tag{9-257}$$

其中，θ' 是力 F_T 与水平线之间的夹角，如图 9-94 所示。

从式(9-257)可得

$$F_T = F_Q \cdot \frac{\sin\psi_1}{\sin\theta'} \tag{9-258}$$

把式(9-258)代入式(9-256)，得

$$\begin{aligned} F_L &= F_Q \cdot \frac{\sin\psi_1}{\sin\theta'} \cdot \cos\theta' - F_Q \cdot \cos\psi_1 \\ &= F_Q \cdot \frac{\sin\psi_1 \cdot \cos\theta' - \cos\psi_1 \cdot \sin\theta'}{\sin\theta'} \\ &= F_Q \cdot \frac{\sin(\psi_1 - \theta')}{\sin\theta'} \end{aligned} \tag{9-259}$$

$$F_Q = F_L \cdot \frac{\sin\theta'}{\sin(\psi_1 - \theta')} \tag{9-260}$$

把式(9-260)代入式(9-258)，得

$$F_T = F_L \cdot \frac{\sin\theta'}{\sin(\psi_1 - \theta')} \cdot \frac{\sin\psi_1}{\sin\theta'} = F_L \cdot \frac{\sin\psi_1}{\sin(\psi_1 - \theta')} \tag{9-261}$$

3. 车轮上仅受纵向力 F_A 作用

图 9-95 示出车轮上仅作用有纵向力 F_A 的情况，其作用在车轮中心。在这里的分析中忽略了主销内倾角、主销后倾角的影响。

关于转向节下球铰 A 建立力矩平衡方程：

$$F_U \cdot (b+a) = F_A \cdot a \tag{9-262}$$

其中，F_U 是作用在转向节上球铰的水平力。

$$F_U = F_A \cdot \frac{a}{b+a} \tag{9-263}$$

$$F_D = F_A - F_U = F_A - F_A \cdot \frac{a}{b+a} = F_A \cdot \frac{b}{b+a} \tag{9-264}$$

其中，F_D 是作用在转向节下球铰的水平力。

4. 车轮上仅受制动力 F_B 作用

图 9-96 示出车轮上仅作用有制动力 F_B 的情况。在这里的分析中忽略了主销内倾角、主销后倾角的影响。

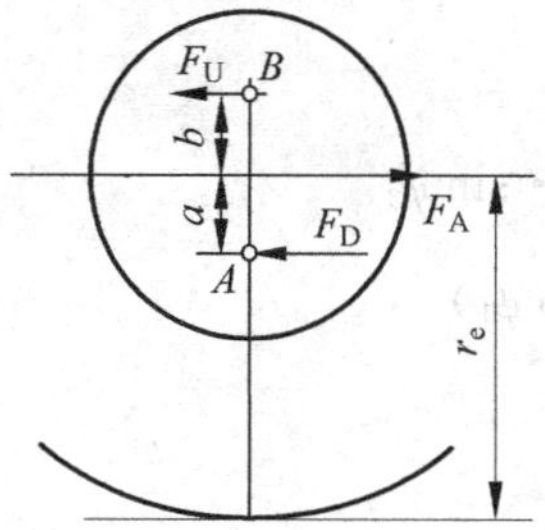

图 9-95　车轮上仅作用有纵向力 F_A 的情况

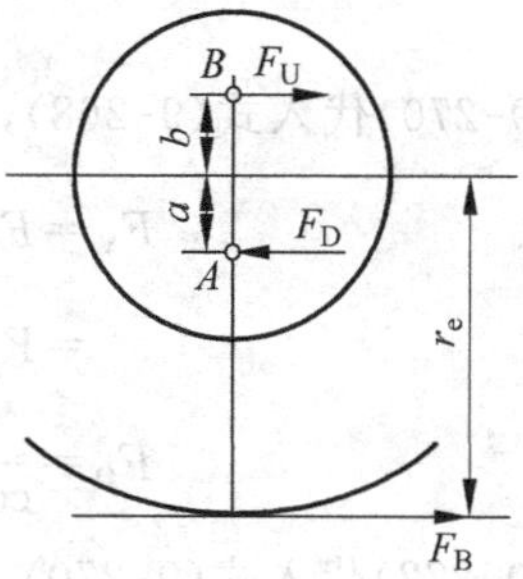

图 9-96　车轮上仅作用有制动力 F_B 的情况

关于转向节下球铰 A 建立力矩平衡方程：

$$F_U \cdot (b+a) = F_B \cdot (r_e - a) \tag{9-265}$$

其中，F_U 是作用在转向节上球铰的水平力。

$$F_U = F_B \cdot \frac{r_e - a}{b+a} \tag{9-266}$$

$$F_D = F_B + F_U = F_B + F_B \cdot \frac{r_e - a}{b+a} = F_B \cdot \left(1 + \frac{r_e - a}{b+a}\right) = F_B \cdot \frac{r_e + b}{b+a} \tag{9-267}$$

9.15.2 麦克弗森式独立悬架的受力分析

1. 车轮上只有垂直力 F_V 作用

图 9-97 示出只承受地面垂直力 F_V 作用的麦克弗森式独立悬架的力学模型。其中，下摆臂内侧的转轴固定在车身上，其外侧通过球铰 A 与立柱（转向节）相连；立柱（转向节）通过活塞杆顶端的球铰（活塞杆顶端的安装机构相当于一个球铰）安装在车身上。只要知道了作用在球铰 A、B 上的力就可以知道该悬架中各个零件的受力。所以，悬架受力分析首先就是要确定这两个球铰上的作用力。

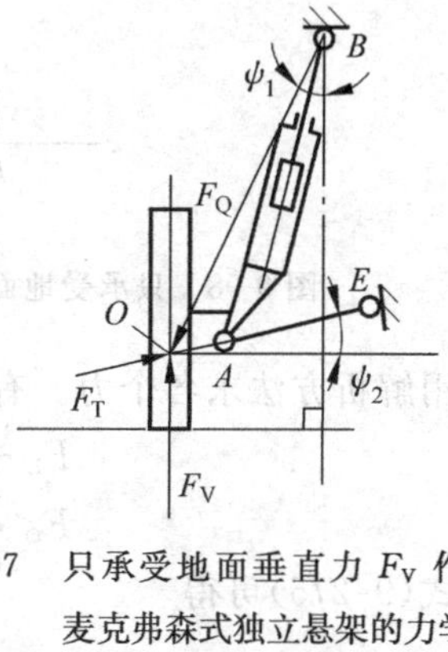

图 9-97　只承受地面垂直力 F_V 作用的麦克弗森式独立悬架的力学模型

图 9-97 所示出的力都是作用在车轮和立柱（转向节）上的力，其中假设车轮与立柱（转向节）固结。车轮接地点受有地面垂直力 F_V；下横臂可以视为一个二力杆，其受力 F_T 的作用线就是球铰 A 与下摆

臂转动轴线 E 的连线。垂直力 F_V 与 F_T 的作用线交于 O 点。根据平衡条件,球铰 B 对立柱的作用力 F_Q 沿着 B 与 O 的连线作用。利用解析法确定 F_Q 和 F_T,见图9-97。可以列出如下方程式:

$$F_V = F_Q \cdot \cos\psi_1 - F_T \cdot \sin\psi_2 \tag{9-268}$$

$$F_Q \cdot \sin\psi_1 = F_T \cdot \cos\psi_2 \tag{9-269}$$

其中,ψ_1 是 F_Q 的作用方向与垂直线之间的夹角;ψ_2 是 F_T 的作用方向与水平线之间的夹角,如图9-97所示。可以看出,列出上述公式也需要预先确定 O 点和 F_Q 的作用线方向。

从式(9-269)可得

$$F_T = \frac{F_Q \cdot \sin\psi_1}{\cos\psi_2} \tag{9-270}$$

把式(9-270)代入式(9-268),得

$$F_V = F_Q \cdot \cos\psi_1 - \frac{F_Q \cdot \sin\psi_1}{\cos\psi_2} \cdot \sin\psi_2$$

$$= F_Q \cdot (\cos\psi_1 - \tan\psi_2 \cdot \sin\psi_1) \tag{9-271}$$

$$F_Q = \frac{F_V}{\cos\psi_1 - \tan\psi_2 \cdot \sin\psi_1} \tag{9-272}$$

把式(9-272)代入式(9-270),得

$$F_T = \frac{F_V}{\cos\psi_1 - \tan\psi_2 \cdot \sin\psi_1} \cdot \frac{\sin\psi_1}{\cos\psi_2} \tag{9-273}$$

2. 车轮仅受到侧向力 F_L 作用

图9-98示出只承受地面侧向力 F_L 作用的麦克弗森式独立悬架的力学模型。车轮受到侧向力 F_L 作用,下摆臂(一个二力杆)对车轮的力 F_T 沿着其球铰中心 A 与下摆臂转动轴线 E 的连线方向,与侧向力 F_L 相交于 O' 点。为了能够达到力的平衡,立柱铰点 B 对车轮的作用力 F_Q 的作用线必通过 O' 和 B 的连线。在已知 F_L 的情况下,就可以求出 F_Q 和 F_T。

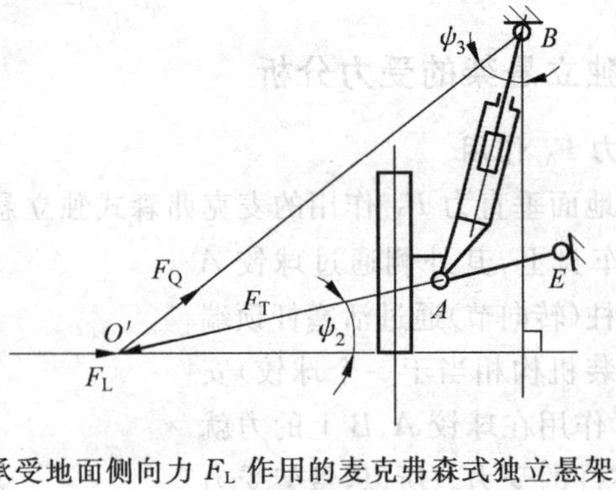

图9-98 只承受地面侧向力 F_L 作用的麦克弗森式独立悬架的力学模型

采用解析方法求各个力。有如下力平衡方程:

$$F_L - F_T \cdot \cos\psi_2 + F_Q \cdot \sin\psi_3 = 0 \tag{9-274}$$

$$F_Q \cdot \cos\psi_3 - F_T \cdot \sin\psi_2 = 0 \tag{9-275}$$

从式(9-275)可得

$$F_T = \frac{\cos\psi_3}{\sin\psi_2} \cdot F_Q \tag{9-276}$$

把式(9-276)代入式(9-274),得

$$F_L - F_Q \cdot \frac{\cos\psi_3}{\sin\psi_2} \cdot \cos\psi_2 + F_Q \cdot \sin\psi_3 = 0 \tag{9-277}$$

$$F_L - F_Q \cdot (\cos\psi_3 \cdot \cot\psi_2 - \sin\psi_3) = 0 \tag{9-278}$$

$$F_Q \cdot (\cos\psi_3 \cdot \cot\psi_2 - \sin\psi_3) = F_L \tag{9-279}$$

$$F_Q = \frac{F_L}{\cos\psi_3 \cdot \cot\psi_2 - \sin\psi_3} \tag{9-280}$$

$$F_T = \frac{\cos\psi_3}{\sin\psi_2} \cdot \frac{F_L}{\cos\psi_3 \cdot \cot\psi_2 - \sin\psi_3} \tag{9-281}$$

3. 车轮上仅受纵向力 F_A 作用

图 9-99 示出只承受纵向力 F_A 的麦克弗森式独立悬架的力学模型,其作用在车轮中心 W 点。在后视图上,连接立柱上铰点 B 和下摆臂与立柱(转向节)的铰点 A 得到主销轴线,过车轮中心 W 作上述主销轴线的垂线,Z 点是垂足。把纵向力 F_A 等效到 Z 点,由此形成的绕主销轴线的力矩由转向连杆(在图 9-99 中未表示出)承受。

参见侧视图,关于立柱(转向节)下球铰 A 建立力矩平衡方程:

$$F_U \cdot (b + a) = F_A \cdot a \tag{9-282}$$

其中,F_U 是作用在立柱(转向节)上铰点 B 的水平力。

$$F_U = F_A \cdot \frac{a}{b + a} \tag{9-283}$$

$$F_D = F_A - F_U = F_A - F_A \cdot \frac{a}{b + a} = F_A \cdot \frac{b}{b + a} \tag{9-284}$$

其中,F_D 是作用在立柱(转向节)下球铰的水平力。

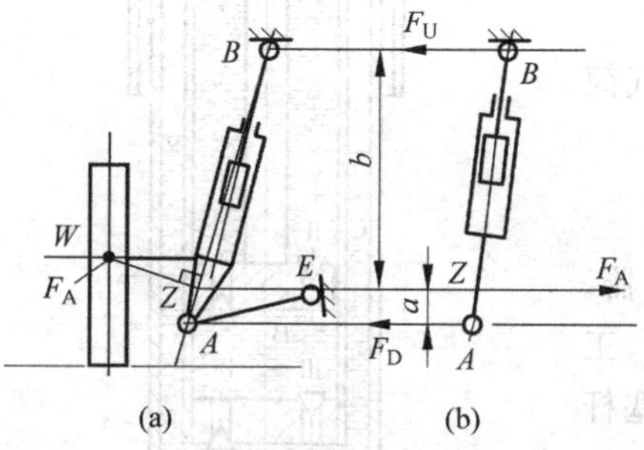

图 9-99 只承受纵向力 F_A 的麦克弗森式独立悬架的力学模型

(a) 后视图;(b) 侧视图

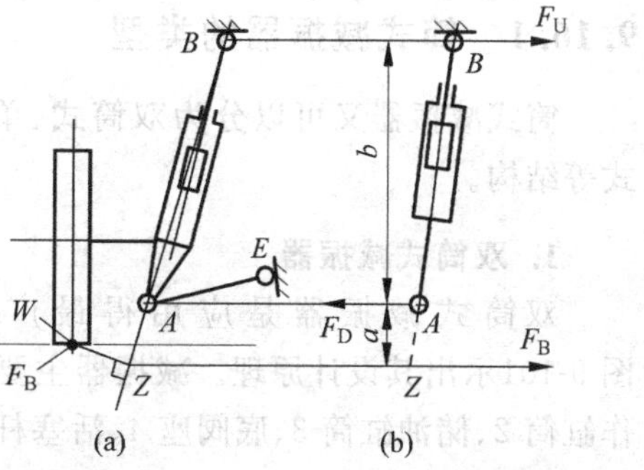

图 9-100 车轮上仅作用有制动力 F_B 的情况

(a) 后视图;(b) 侧视图

4. 车轮上仅受制动力 F_B 作用

图 9-100 示出车轮上仅作用有制动力 F_B 的情况,其作用在车轮接地印迹中心 W 点。在后视图上,连接立柱上铰点 B 和下摆臂与立柱(转向节)的铰点 A 得到主销轴线,过 W 点作上述主销轴线的垂线,Z 点是垂足。把制动力 F_B 等效到 Z 点,由此形成的绕主销轴线的

力矩由转向连杆(在图 9-100 中未表示出)承受。

关于立柱(转向节)下球铰 A 建立力矩平衡方程

$$F_U \cdot b = F_B \cdot a \tag{9-285}$$

其中,F_U 是作用在立柱(转向节)上铰点 B 的水平力。

$$F_U = F_B \cdot \frac{a}{b} \tag{9-286}$$

$$F_D = F_B + F_U = F_B + F_B \cdot \frac{a}{b} = F_B \cdot \left(1 + \frac{a}{b}\right) \tag{9-287}$$

9.15.3 悬架导向机构的强度计算工况

悬架导向机构的强度计算工况和确定计算载荷的方法与半浮式半轴的完全相同(参见 6.11.5 节)。

9.16 减振器主要参数及尺寸的选择

为了改善汽车的行驶平顺性和操纵稳定性,在悬架中需要有阻尼元件,起到降低共振幅度、衰减振动的作用。现代汽车悬架中都装有专门的减振装置,即减振器。钢板弹簧叶片间的干摩擦是一种阻尼力,但它的数值不稳定,不易控制。即使在采用钢板弹簧的悬架中一般也安装减振器。用得最多的是液力减振器。液力减振器按其结构可以分为摇臂式和筒式;按其作用原理,可以分为单向作用和双向作用式两种。其中,筒式减振器质量较小、性能稳定、工作可靠,适宜大量生产。由于这些优点,筒式减振器已经成为汽车减振器的主流。

9.16.1 筒式减振器的类型

筒式减振器又可以分为双筒式、单筒式和充气筒式等结构。

1. 双筒式减振器

双筒式减振器是应用得最广泛的减振器。图 9-101示出其设计原理。减振器主要包括活塞 1、工作缸筒 2、储油缸筒 3、底阀座 4、活塞杆油封 5、活塞杆 6、防尘罩 7、活塞杆导向座 8、回油孔 9 等。在工作缸筒 2 与储油缸筒 3 之间是补偿腔 C,其中将近一半的容积充满了油液,其作用是向工作缸补偿油液,以适应活塞杆压入和伸出、油液热膨和冷缩而引起的油液体积的改变。油液温度可高达+120℃,有些减振器的油温可以在短期内升至+200℃。

车轮上跳时,减振器被压缩,活塞 1 向下运动。一部分油液从下工作腔经阀Ⅱ流入上工作腔 A,而相当

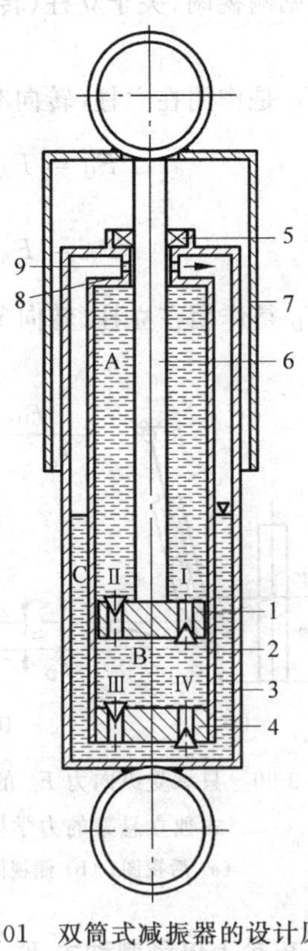

图 9-101 双筒式减振器的设计原理图

1—活塞;2—工作缸筒;3—储油缸筒;4—底阀座;5—活塞杆油封;6—活塞杆;7—防尘罩;8—活塞杆导向座;9—回油孔;A—上工作腔;B—下工作腔;C—补偿腔

于活塞杆进入上工作缸的体积的油液经底阀座 4 上的阀Ⅳ压入补偿腔 C，而压缩过程所需要的阻尼力主要由此提供。图 9-102 示出安装在活塞 1 上的阀组，阀Ⅱ实际上由用锥形弹簧压紧的压缩阀片 9 组成。

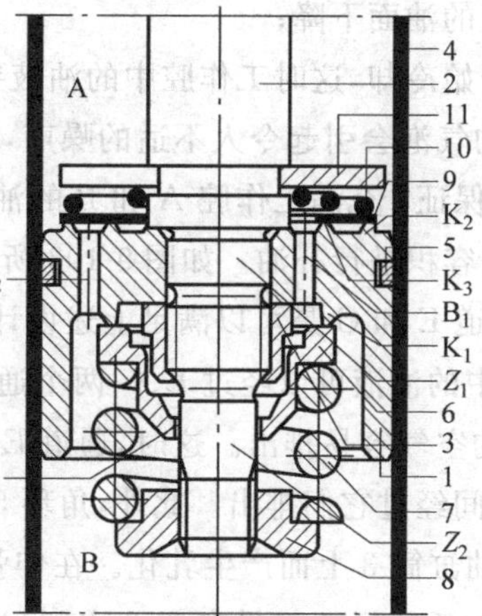

图 9-102　安装在活塞 1(参见图 9-101)上的阀组

1—活塞；2—活塞杆；3—活塞固定螺母；4—工作缸筒；5—密封活塞环；6—伸张阀盘
7—调整弹簧；8—调整螺母；9—压缩阀片(即图 9-101 中的阀Ⅱ)；10—锥形弹簧；11—挡圈；
A,B—上、下工作腔；B_1—伸张通油孔；B_2—压缩通油孔；K_1,K_2,K_3—密封缘；
S_4—固定油道(旁通阀)；Z_1—活塞定位轴径；Z_2—与伸张阀盘下端的孔组成固定油道 S_4 的轴径

车轮下落时，减振器伸张，在上工作腔 A 中的油压升高。上工作腔 A 中的油液主要经可调的阀Ⅰ压出，进入下工作腔 B，而伸张行程的阻尼力主要由此提供。上工作腔中的一小部分油液通过活塞杆 6 与导向座 8 之间的缝隙 S_1(如图 9-103 所示)和角上的通道 E 和 G(如图 9-103 所示)被强制挤出。当活塞杆抽出时，下工作腔 B 中缺油。补偿腔 C 中的油液通过阀Ⅲ被吸入下工作腔 B。在工作腔和补偿腔中脉动循环的油液通过储油缸筒 3 得到冷却。

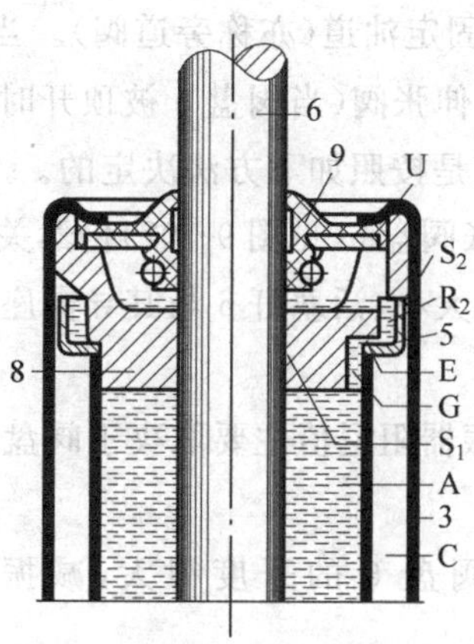

图 9-103　在双筒式减振器中采用的油封-导向座组件

3—储油缸筒；5—角环；6—活塞杆；8—活塞杆导向座；9—油封；
A—上工作腔；C—补偿腔；E,G—相互垂直的两个油道；R_2—角环 5 形成的储油器；
S_1—活塞杆 6 与其导向座之间的间隙(油道)；S_2—角环 5 与储油缸筒 3 之间的间隙(油道)；U—固定翻边

双筒式减振器的设计应该保证可以把在其工作腔中的气体排除。在双筒式减振器的工作缸中产生气泡是由于以下原因：

(1) 减振器在安装前进行水平放置运输或水平堆搁；

(2) 长期停车后工作腔中的油面下降；

(3) 行车结束后减振器开始冷却,这时工作腔中的油液要收缩。

在减振器工作腔中形成的气泡会引起令人不适的噪声,尤其在冷天。这种现象称为"早晨病"。在减振器设计中必须保证：充满工作腔A和B的油液在停车时不会流到补偿腔C中；对由于油液收缩而空出的容积进行补油。如图9-103所示,角环5和两个压入活塞杆导向座外侧、互成直角布置的通道E和G是可以满足上述设计要求的一种设计。角环5形成一个储油器R_2。冷却时,R_2中的油液可以经过E、G两个通道回流到工作腔A,实现补油。这种设计也可以使工作腔中的空气容易排出。这时,通道E和G作为排气道起作用。车轮跳动时,空气可以在很短的时间经过它们排出。此外,角环5还可以阻止在活塞上移时由通道E射出的油束直接喷在储油缸筒3上而产生乳化。在伸张阶段,活塞上方工作腔A中产生高压,将油液经过缝隙S_1(在活塞杆6与导向座8之间)以及角上的通道E和G向上压出,这些少量的油液对活塞杆起润滑作用,然后再流到储油器R_2中,并可经在角环5和储油缸筒3之间形成的环形间缝S_2流回到补偿腔C中。在汽车行驶中形成的风吹在缸筒3上,起到冷却作用。但是,环缝S_1及通道E、G可以等价为一个固定的油道。在设计活塞面积时,必须考虑其影响。在压缩阶段,活塞杆被压入,相应体积的油液受到挤压,同样会在工作腔中产生高压。也就是说,在压缩阶段也会将油液经过缝隙S_1及通道E、G压出,然后再回流到储油缸筒3中冷却。

双筒式减振器的伸张阀通常是由固定油道和用弹簧压紧的阀盘构成的组件,如图9-102所示。活塞1通过螺母3固定在活塞杆2的下端。工作缸筒4的周向密封由活塞环5承担。轴径Z_1是活塞的定位轴径。伸张阀是用螺旋弹簧7压紧在密封缘K_1上的阀盘6。通过螺母8可以调整弹簧7的压紧力。在活塞杆2的轴径Z_2和阀盘6下端的圆孔之间存在环形缝隙S_4,其面积形成了固定油道(亦称旁道阀)。当活塞上移时,油液经过孔B_1流出,然后再流经固定油道S_4以及伸张阀(当阀盘6被顶开时)。

减振器在伸张阶段的阻尼值是按照如下方法决定的。

(1) 当活塞低速运动时,伸张阀盘6(见图9-102)仍然关闭,减振器阻尼值由固定油道决定,其包括环缝S_4的长度和面积大小、活塞杆6与其导向座8之间的环缝S_1、角上的排气通道E、G(见图9-103)。

(2) 当活塞中速运动时,减振器阻尼值主要取决于阀盘6(见图9-102)的开度,其由弹簧7的刚度和预紧力决定。

(3) 当活塞高速运动时,阀盘6的开度很大,减振器的阻尼值取决于孔B_1(见图9-102)的数量和面积。

综合考虑上述影响因素,可以调节出任何一种需要的阻尼特性曲线,包括阻尼斜率递减型、等斜率型或斜率递增型特性,如图9-104所示。

在减振器压缩阶段,一小部分油液通过环缝S_4流入上工作腔A,而大部分油液则在顶开阀片 9 后经外侧的通道 B_2 流回，如图 9-102 所示。阀片 9 是一个较薄的圆盘，仅作单向阀用。它采用中心导向，通常由棱缘 K_2 和 K_3 密封。其压紧力由较软的锥形弹簧 10 提供。锥形弹簧 10 的上端靠在自侧面装入的挡圈 11 上。该挡圈同时还用作限位块，防止在活塞高速运动时阀口开得太大。

如图 9-102 所示，安装在活塞 1 上的零件 9、10、11 仅仅组成一个单向阀。而在压缩阶段的阻尼力主要由安装在减振器下端的底阀（图 9-101 中的件 4）提供。图 9-105 示出在一些双筒式减振器上采用的底阀断面图。

如图 9-105 所示，底阀阀体 1 上开有圆孔 B_1，当车轮下落、活塞上移（伸张）时，必须向下工作腔补充油液以填补因活塞抽出而空出的容积。这时，由锥形弹簧 2 压紧的伸张阀片 3 被顶开，油液自孔 B_1 被吸出。

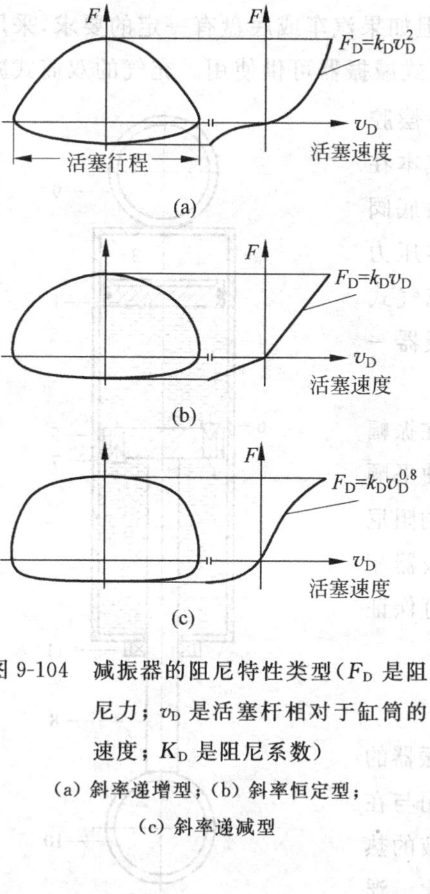

图 9-104 减振器的阻尼特性类型（F_D 是阻尼力；v_D 是活塞杆相对于缸筒的速度；K_D 是阻尼系数）

(a) 斜率递增型；(b) 斜率恒定型；(c) 斜率递减型

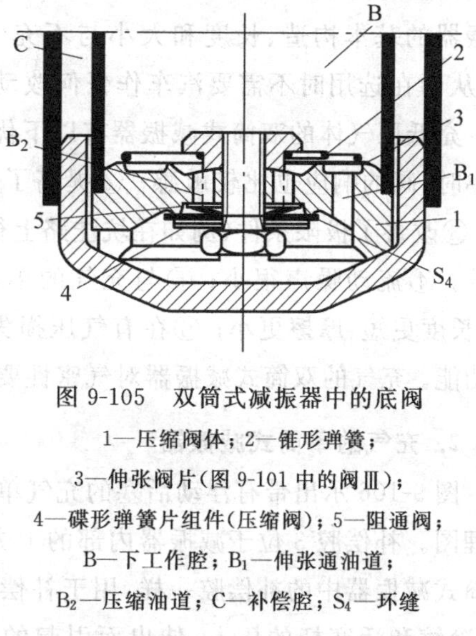

图 9-105 双筒式减振器中的底阀

1—压缩阀体；2—锥形弹簧；3—伸张阀片（图 9-101 中的阀Ⅲ）；4—碟形弹簧片组件（压缩阀）；5—阻通阀；B—下工作腔；B_1—伸张通油道；B_2—压缩油道；C—补偿腔；S_4—环缝

当车轮上跳、活塞杆压入（压缩）时，压缩阀 4（碟形弹簧片组件）被受挤压的油液顶开。压缩阀由碟形弹簧片组件 4 构成，在其最上面一层开有凹槽以形成一个固定的油道。根据压缩油孔 B_2 的直径、碟形弹簧片的数量及厚度和开口面积 S_4（图 9-102 中的 S_4）的大小可以调节出所需的阻尼特性。

但是，固定油道也存在缺点，即汽车静止时，工作腔 A、B（图 9-102、图 9-105）中的油液位置较高，从而会流入补偿腔 C 中，在工作腔中形成气泡。但当汽车重新开动，行驶过一段距离后,又可以得到补偿。只是这时会因为存在气泡而产生令人不适的噪声,即“早晨病”。在工作腔上方的空气排尽前,当车轮下落时总会使得活塞杆导向座受到油液的冲击。为了避免产生这种噪声,在图 9-105 中采用了一种阻通阀 5,其与弹簧片组件 4 串联,盖住孔 B_2,从而阻止工作腔 B 中的油液通过孔 B_2 回流进补偿腔 C。

压缩阶段的阻尼特性由底阀、图 9-102 中的环缝 S_4 以及活塞上的单向阀 9(如图 9-102 所示)的共同作用决定。此外,图 9-103 所示的排气通道 E、G 以及活塞杆 6 与其导向座 8 之间的环缝 S_1 也有影响。

为了对活塞杆有足够的润滑、进一步防止油的乳化以及通过一定的循环改善冷却条件,上工作腔 A(见图 9-102)中的油压应该始终高于下工作腔 B(位于活塞与底阀 4 之间)中的油压。因此底阀防止油液溢出的能力大于单向阀Ⅱ(见图 9-101)防止油液流经活塞的能力。

不充气的双筒式减振器是最经济的减振器。但如果汽车或底盘有一定的要求,采用充气式减振器更好或者有必要,则充低压气体的双筒式减振器可供使用。充气的双筒式减振器与不充气的减振器相比,不同之处仅仅是在补偿腔 C(见图 9-103)的上半部分充有气体,所增加的成本在可接受的范围内。由于压缩阶段的阻尼特性仍由底阀决定,所以充气压力约 4 bar 就足够了,而且气体压力迫使活塞杆伸出的力可以很小,不影响车高。充气式减振器的基本构造、长度和大小与不充气式减振器一样,从而在选用时不需要汽车作任何改动。

充低压气体的双筒式减振器有以下优点:①在振幅较小时,阀的响应也比较敏感;②提高了汽车行驶平顺性;③改善了极限条件(例如在坑洼路上行驶)下的阻尼特性;④流动噪声很小;⑤与充气的单筒式减振器相比,长度更短,摩擦更小;⑥在有气压损失时,仍可保证其功能。充气的双筒式减振器对气密性要求较高。

2. 充气的单筒式减振器

图 9-106 示出带有浮动活塞的充气单筒式减振器的原理图。补偿腔 3 位于减振器内部的上方,其作用与在双筒式减振器中的补偿腔一样,用于补偿由于油液的热胀、冷缩和活塞杆的压入、伸出而引起的容积变化。浮动活塞 1 将油和气体分开,并隔出实际的上工作腔 2。减振器活塞 5 的直径通常为 36 mm、45 mm 或 46 mm,其固定在活塞杆 8 上。伸张阀 6 和压缩阀 7 安装在减振器活塞 5 上。活塞杆的抽出方向可以布置得向下(如图 9-106 所示),也可以向上。而采用前者有利于减小悬下质量,一般优先采用这种布置方式。

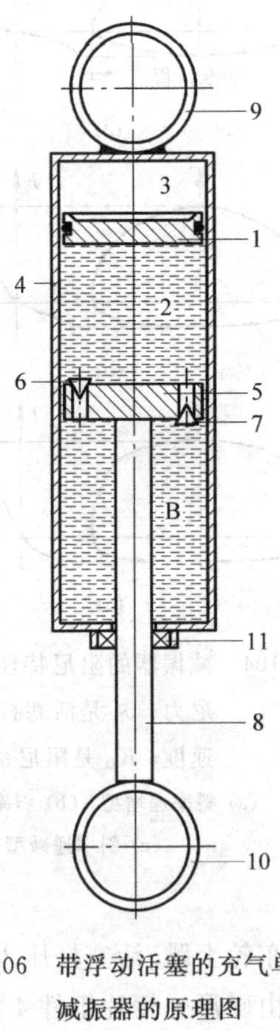

图 9-106 带浮动活塞的充气单筒式减振器的原理图

1—浮动活塞;2—上工作腔;3—补偿腔;4—缸筒;5—减振器活塞;6—伸张阀;7—压缩阀;8—活塞杆;9,10—安装环;11—减振器壳与活塞杆之间的密封组件;B—下工作腔当车轮下跳、减振器伸张时，伸张阀 6(图 9-107 示出该阀的原理图)打开，油液通过其从活塞下方的工作腔 B 流入活塞上方的工作腔 2。补偿腔 3 中的气压将浮动活塞 1 压下，以补偿由于活塞杆的抽出而引起的工作腔 2 中油液体积的减小。

当车轮上跳、减振器压缩时，减振器活塞 5 上行，压缩阀 7 打开(图 9-108 示出该阀的原理图)，油液通过其从上工作腔 2 流入活塞下方的工作腔 B，由于活塞杆的压入使上工作腔 2 中的油液体积增大，浮动活塞被向上推，压缩补偿腔 3 中的气体。

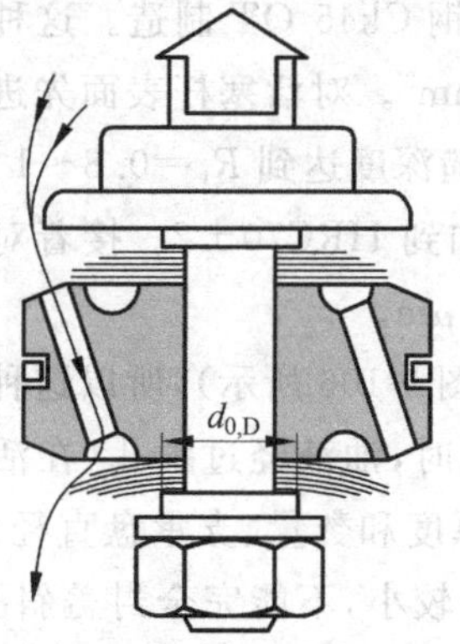

图 9-107　伸张阀的原理图(伸张阀安装在活塞下面，由弹簧片和支承盘组成)

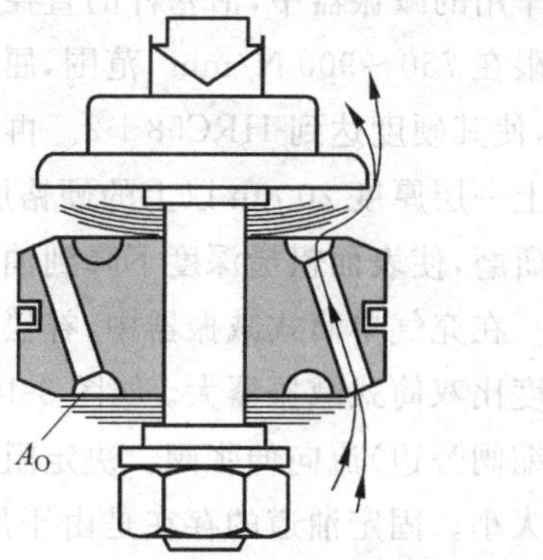

图 9-108　压缩阀的原理图(压缩阀安装在活塞下面，由弹簧片和支承盘组成)

工作腔内的压力在腔内温度 20℃时应该至少为 25 bar，以保证所需要的阻尼力。如果阻尼力超过了由气压作用在浮动活塞上的反向力，则浮动活塞加速向上移动，使工作腔 2 中的压力降低，以致压缩阀 7 被关闭、将油路断开。当活塞直径为 36 mm 时，所需要的力为 2.8 kN。当活塞直径为 46 mm 时，需要 4.6 kN 的力。

补偿腔 3 中气压较高带来的缺点是产生较大的把活塞杆压出的力 F_K，其可达 190～250 N。如果汽车悬架弹簧特性较软，则在安装这种充气式减振器后会使车身有比较明显的抬高。

在汽车行驶时，减振器会发热。当油温达 100℃时，压出活塞杆的力和相应的车身抬高量均增大，其中压出活塞杆的力 $F_K \approx 450$ N。如果充气式减振器是原车所配产品，则汽车生产厂已经考虑到了这种影响。在这种情况下，如果用不充气的双筒式减振器代替充气单筒式减振器，建议换用较长一些的弹簧。

图 9-109 示出一种充气单筒式减振器中壳体与活塞杆的密封组件(相当于图 9-106 中的组件 11)。其中活塞杆导向座 1 位于油封 5、6 的外侧，所以润滑条件不太好。活塞杆导向座 1 用两个开口弹簧挡圈 2、3 限制其位移，其中挡圈 2 阻止其向外移动，而挡圈 3 阻止其向内侧移动，其中允许导向座有移动位移量。

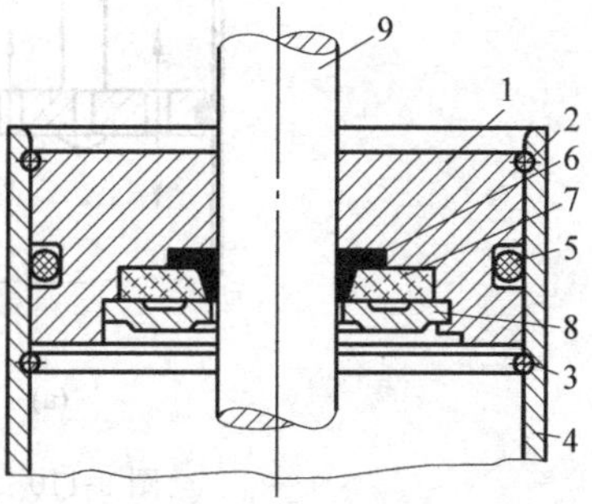

图 9-109　一种充气单筒式减振器中壳体与活塞杆的密封组件

1—活塞杆导向座；2,3—挡圈；4—减振器壳；5—O 形密封圈；6—活塞杆的单唇式油封；7—油封 6 的挡圈；8—弹性挡圈；9—活塞杆导向座与减振器壳之间的密封由O形密封圈5承担。油封6则用来密封活塞杆。油封6的法兰盘安装在导向座1的凹槽中,其颈部则置于挡圈7中。安装在导向座1中的弹性挡圈8和内部的油压都向油封6施加压紧力,把油封的颈部压紧在活塞杆上,保证活塞杆的密封。在汽车行驶中,油液温度越高,则油压上升越高,从而油封6也压得越紧。如果在减振器中装有拉伸行程限位块,则它在车轮下落时会碰撞在弹性挡圈8上。

充气单筒式减振器的密封保持性主要取决于活塞杆表面质量。在一些轿车和轻型载货汽车用的减振器中,活塞杆的直径为11 mm,用可热处理钢Ck45 QT制造。这种钢的强度极限在750~900 N/mm^{2}范围,屈服极限不低于530 N/mm^2。对活塞杆表面先进行感应淬火,使其硬度达到HRC58+2。再进行精磨,使其表面粗糙深度达到$R_t=0.8\sim1\ \mu\text{m}$。然后镀上一层厚度20 μm以上的硬铬层,这可使表面硬度增加到HRC70±2。接着对其进行超精研磨,使表面粗糙深度下降到油封所要求的值$R_t=0.2\ \mu\text{m}$。

在充气单筒式减振器中,补偿腔位于工作腔上方(如图9-106所示),所以这种减振器的长度比双筒式减振器大。如图9-107所示,当活塞杆抽出时,油液经过斜孔(在活塞上方的压缩阀旁边)流向伸张阀。决定阻尼力大小的是阀片的厚度和数量、支承盘直径、固定油道的大小。固定油道的存在是由于压缩阀最低层阀片直径较小,不能完全封盖斜孔所致(见图9-107)。当活塞杆压入时(参见图9-108),在整个油柱作用下,将直径较大的压缩阀片冲开,产生一定的阻尼力。

在所有的单筒式减振器中,阻尼特性曲线的形状仅仅取决于装在活塞上的阀片和斜孔。如果阻尼特性只与一个或多个固定通道有关(见图9-110),则不论是在伸张阶段还是在压缩阶段,阻尼曲线都呈急剧的斜率递增性,并且具有较大的最大阻尼力(如图9-110(b)所示)。当在活塞和工作缸筒壁之间存在缝隙(例如由于缺少活塞环引起)时,同样会出现这种情况。

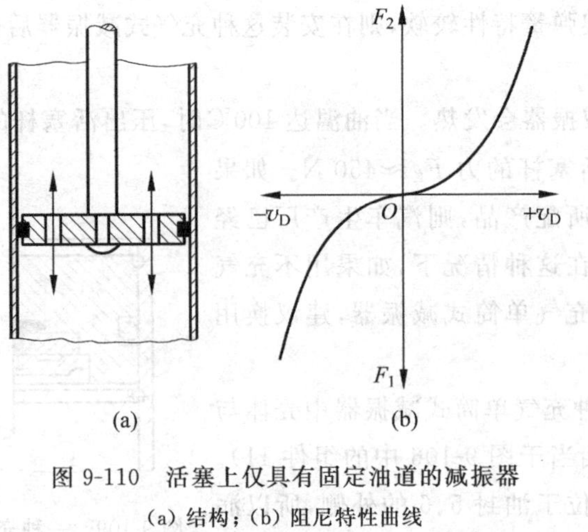

图9-110 活塞上仅具有固定油道的减振器

(a) 结构;(b) 阻尼特性曲线

如果采用弹簧对盖在孔上的阀片进行预压,如图9-111所示,则可以得到斜率递减的阻尼特性曲线,其优点是可将伸张阶段和压缩阶段的作用力调节得相差较大,如图9-111(b)所示。当活塞速度较高时,阻尼力的增长还要小。图9-104所示的不同减振器阻尼特性类型既可以通过阀片调节(其上只加上很小的弹簧预压力),也可以借助于固定通道与弹簧压紧的阀盘的组合得出。

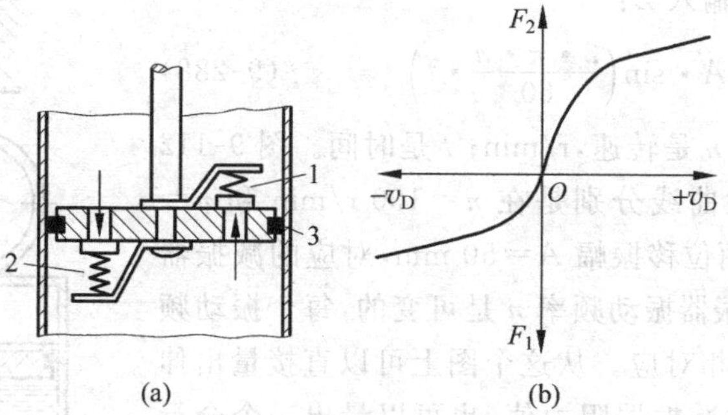

图 9-111 在活塞中的孔上采用弹簧预压阀

(a) 结构; (b) 阻尼特性曲线

1,2—弹簧; 3—活塞环

与不充气的双筒式减振器相比,单筒式减振器工作腔内的油液受到气体压力的作用,其具有如下优点:①冷风直接吹在工作缸筒 4 上(见图 9-106),冷却效果好;②在同样的缸筒直径下,可使活塞直径更大,从而可以减小工作油压;③伸张阀 6、压缩阀 7 装在活塞5 上(见图 9-106),受到整个油压的作用;④在气压作用下,油液不会产生乳化,从而在振幅较小的高频振动中也能保证减振效果;⑤采用了浮动活塞,安装位置不受限制。

充气单筒式减振器的缺点是成本高,因为要求制造精度高,必须保证气体的密封;再有就是温度对压出活塞的力有影响;此外,当行程超过 100 mm 时,有较大的轴向空间要求。

9.16.2 减振器主要性能参数的选择

减振器的性能一般用阻尼力-位移特性和阻尼力-速度特性来表示。图 9-112 示出一个减振器的这两种特性。图 9-112(a)示出阻尼力-位移特性,其横坐标是活塞杆的位置,从最大压缩位置到最大伸张位置;纵坐标是阻尼力,向上为伸张行程的阻尼力,向下为压缩行程

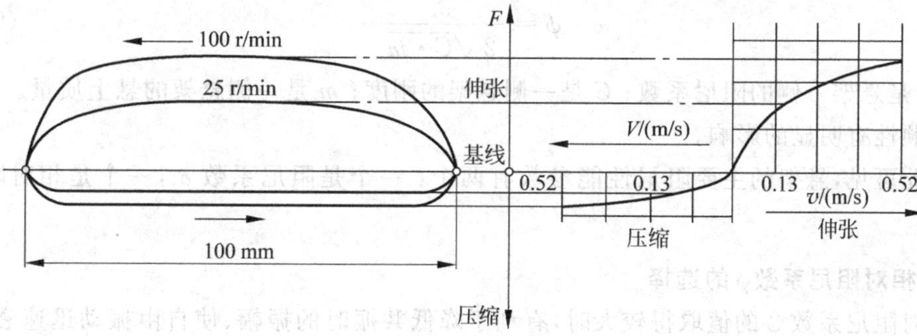

图 9-112 减振器阻尼力-位移特性和阻尼力-速度特性

(a) 减振器阻尼力-位移特性; (b) 减振器阻尼力-速度特性

的阻尼力。这一特性在专门试验台上测出。图 9-113 示出测试上述减振器特性曲线的系统示意图。沿着减振器的轴线对其施加一个位移输入 Z:

$$Z = A \cdot \sin\left(\frac{2 \cdot \pi \cdot n}{60} \cdot t\right) \tag{9-288}$$

其中,A 是位移振幅;n 是转速,r/min;t 是时间。图 9-112 所示的两条阻尼特性曲线分别是在 $n=100$ r/min 和 $n=25$ r/min 时测量的,而位移振幅 $A=50$ mm,对应的减振器行程为 100 mm。减振器振动频率 n 是可变的,每个振动频率与一个封闭的回线相对应。从这个图上可以直接量出伸张时或压缩时的最大减振器阻力值,也可以量出一个全行程所消耗的功(封闭曲线以内的面积就是消耗的功)。因此,此图形也称为减振器的示功图。但是用这一图形还不能充分反映减振器的特性。还需要阻尼力-速度特性图,如图 9-112(b)所示。

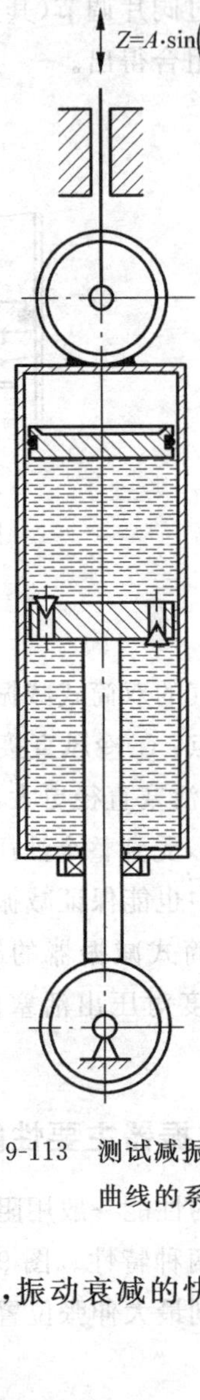

图 9-113 测试减振器阻尼特性曲线的系统示意图

减振器中阻尼力 F 和速度 V 之间的关系可用下式表示:

$$F = \delta \cdot V^i \tag{9-289}$$

其中,δ 是减振器阻尼系数;i 是个常数,常用减振器的 i 值在卸荷阀打开前等于 1。

F 与 V 呈线性关系的阻尼特性称为线性阻尼特性。在图 9-112(b)所示特性曲线中,在卸荷阀打开以前那一段特性曲线的斜率就是阻尼系数,压缩时的阻尼系数 δ 小于伸张时的阻尼系数。对于汽车减振器,在同样的速度 V 下,压缩时的阻尼力较小,这样可以增大悬架的缓冲性能。

设在由悬上质量-悬架组成的单自由度振动系统中采用了具有线性阻尼特性的减振器。则该系统作自由衰减振动时,振动衰减的快慢取决于相对阻尼系数 ψ:

$$\psi = \frac{\delta_s}{2\sqrt{C \cdot m}} \tag{9-290}$$

其中,δ_s 是悬架一侧的阻尼系数;C 是一侧悬架的刚度;m 是一侧悬架的悬上质量。ψ 值对行驶平顺性有明显的影响。

由此可见,悬架的主要阻尼性能参数有两个:一个是阻尼系数 δ_s,一个是相对阻尼系数 ψ。

1. 相对阻尼系数ψ的选择

相对阻尼系数 ψ 的值取得较大时,有利于降低共振时的振幅、使自由振动迅速衰减,但却会把较大的不平路面的冲击传给车身,降低悬架的缓冲性能。如果 ψ 值选得过小,振动衰减慢,共振幅度大。因此,相对阻尼系数 ψ 需要在一个合理的范围内,才能获得令人满意的行驶平顺性。

为了使减振器的阻尼效果好，又不传递大的冲击力，常把压缩行程的相对阻尼系数 ψ_c 选得小于伸张行程时的相对阻尼系数 ψ_o，一般取 $\psi_c=(0.25\sim0.5)\psi_o$。如果 $\psi_c=0$，即减振器压缩时无阻尼，只在伸张行程有阻尼作用，具有这种特性的减振器称为单向作用减振器。

对于不同悬架结构形式及不同的使用条件，满足平顺性要求的相对阻尼系数 ψ 的大小应该有所不同。在设计时，往往先选取压缩行程和伸张行程的相对阻尼系数的平均值 ψ。对于无内摩擦的弹性元件(如螺旋弹簧)悬架，取 $\psi=0.25\sim0.35$ 。对于有内摩擦的钢板弹簧悬架，相对阻尼系数可取小些(因为板簧本身也有阻尼，由于摩擦造成)。例如解放牌汽车前悬架的相对阻尼系数 $\psi=0.13$，其中伸张行程 $\psi_o=0.174$，压缩行程 $\psi_c=0.086$。后悬架的平均 ψ 值可以稍大些。对于越野车，应该取较大的 ψ 值，一般取 $\psi_o>0.3$。为了避免悬架碰到车架，ψ_c 也应该加大，可取 $\psi_c=0.5\psi_o$。

2. 减振器阻尼系数 δ_a 的确定

从式(9-290)可得

$$\delta_s=2\cdot\psi\cdot\sqrt{C\cdot m}=2\cdot\psi\cdot m\cdot\sqrt{\frac{C}{m}}$$
$$=2\cdot\psi\cdot m\cdot\omega \tag{9-291}$$

其中，ω 是悬上质量的偏频。

在已知悬架的阻尼系数 δ_s 的情况下，可以根据悬架的设计特点和减振器的安装情况求出减振器应该具有的阻尼系数 δ_a。将以一个双横臂式独立悬架为例，介绍根据悬架阻尼系数 δ_s 计算减振器应该具有的阻尼系数 δ_a 的方法。见图 9-114，一侧悬架的阻尼系数 δ_s 是安装在车身与车轮中心之间的一个虚拟减振器的阻尼系数。在图 9-114 所示双横臂式悬架中转向节的瞬时运动中心为 M，设转向节绕 M 有一个虚角速度位移 δ'。

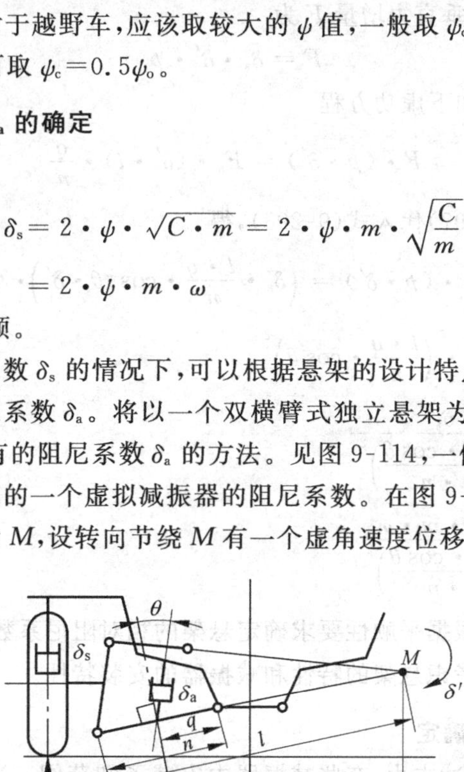

图 9-114　在双横臂式独立悬架中确定减振器阻尼系数的力学模型

设作用在车轮上的当量阻尼力为 F，车轮的跳动速度为 V。因此

$$V=\delta'\cdot p \tag{9-292}$$

其中，p 是转向节瞬时运动中心 M 与车轮接地印迹中心之间的横向距离。

从式(9-292)可得

$$\delta'=\frac{V}{p} \tag{9-293}$$

减振器的相对速度为

$$V_a=\frac{\delta'\cdot l}{n}\cdot q\cdot\cos\theta=\frac{l\cdot q}{n}\cdot\cos\theta\cdot\delta' \tag{9-294}$$

其中，l、n、q 都是杠杆长度，如图 9-114 所示；θ 是减振器中心线与下摆臂球铰和摆臂转轴的

连线 T 的垂线的夹角。

减振器的阻尼力增量 F_d 为

$$F_d = \delta_a \cdot V_a = \delta_a \cdot \frac{l \cdot q}{n} \cdot \cos\theta \cdot \delta' \tag{9-295}$$

其中，δ_a 是减振器的阻尼系数。

$$F_a = F_d \cdot \cos\theta = \delta_a \cdot \frac{l \cdot q}{n} \cdot \cos^2\theta \cdot \delta' \tag{9-296}$$

其中，F_a 与连线 T 垂直。

地面作用在车轮上的垂直力增量 F 为

$$F = \delta_s \cdot \delta' \cdot p \tag{9-297}$$

根据虚位移原理，有如下虚功方程

$$F \cdot (p \cdot \delta') = F_a \cdot (\delta' \cdot l) \cdot \frac{q}{n} \tag{9-298}$$

把式(9-296)、式(9-297)代入式(9-298)，得

$$(\delta_s \cdot \delta' \cdot p) \cdot (p \cdot \delta') = \left(\delta_a \cdot \frac{l \cdot q}{n} \cdot \cos^2\theta \cdot \delta'\right) \cdot (\delta' \cdot l) \cdot \frac{q}{n} \tag{9-299}$$

$$\delta_s \cdot p^2 = \delta_a \cdot \left(\frac{l \cdot q}{n} \cdot \cos\theta\right)^2 \tag{9-300}$$

$$\delta_a = \frac{\delta_s}{\left(\dfrac{l \cdot q \cdot \cos\theta}{p \cdot n}\right)^2} \tag{9-301}$$

$$\delta_a = \frac{2 \cdot \psi \cdot m \cdot \omega}{\left(\dfrac{l \cdot q \cdot \cos\theta}{p \cdot n}\right)^2} \tag{9-302}$$

从这里可以看出，在根据平顺性要求确定悬架的相对阻尼系数 ψ 以后，为了正确选择减振器的阻尼系数，还需要考虑悬架的特性和减振器的安装特性。

3. 最大卸荷力 F_o 的确定

为了减小传到车身的冲击力，有些减振器中安装了卸荷阀。当减振器活塞振动速度达到一定值时，卸荷阀便被打开，使减振器所提供的最大阻尼力得到限制。式(9-295)是减振器阻尼力 F_d 的表达式，即

$$F_d = \delta_a \cdot V_a = \delta_a \cdot \frac{\delta' \cdot l \cdot q}{n} \cdot \cos\theta = \delta_a \cdot \frac{V \cdot l \cdot q}{p \cdot n} \cdot \cos\theta \tag{9-303}$$

而车轮跳动速度为

$$V = (A \cdot \sin\omega t)' = A \cdot \omega \cdot \cos\omega t \tag{9-304}$$

在减振器阻尼力达到最大时的活塞速度称为卸荷速度

$$V_{ax} = \frac{V_x \cdot l \cdot q}{p \cdot n} \cdot \cos\theta \tag{9-305}$$

$$V_x = A \cdot \omega \tag{9-306}$$

其中，A 是车轮振幅，取为 40 mm；V_x 是卸荷速度，一般为 0.15～0.3 m/s；ω 是悬架偏频。如果已知伸张行程时的减振器阻尼系数 δ_{ao}，则减振器的最大卸荷力 $F_o = \delta_{ao} \cdot V_x$。

4. 减振器主要尺寸的选择

1) 筒式减振器工作缸直径 D 的确定

见图 9-115。可先根据伸张行程的最大卸荷力 F_o 和容许压力[p]来近似地求得工作缸直径 D，即

$$p=\frac{F_o}{\frac{\pi\cdot(D^2-d^2)}{4}}=\frac{4\cdot F_o}{\pi\cdot D^2\cdot\left[1-\left(\frac{d}{D}\right)^2\right]}=\frac{4\cdot F_o}{\pi\cdot D^2\cdot(1-\lambda^2)} \tag{9-307}$$

其中，$\lambda=d/D$ 是活塞杆直径与缸筒直径之比。

$$D=\sqrt{\frac{4\cdot F_o}{\pi\cdot[p]\cdot(1-\lambda^2)}} \tag{9-308}$$

其中，[p]是缸内最大容许压力，取 3～4 MPa。

求得工作缸直径 D 后，要和汽车筒式减振器的有关国标对照，就近选用一个标准尺寸。国标确定的工作缸直径系列为 20 mm、30 mm、40 mm、50 mm、65 mm。

2) 储油筒直径 D_c 的确定

储油筒在工作缸的外面，如图 9-115 所示。一般取储油筒直径 $D_c=(1.35\sim1.5)D$，壁厚取 2 mm。

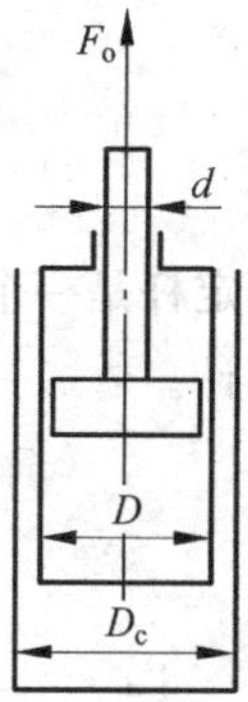

图 9-115 筒式减振器工作缸直径 D

9.17 横向稳定杆的设计

为了降低汽车的偏频，改善行驶平顺性，轿车上悬架的垂直刚度设计得比较低(静挠度比较大)，这就使汽车的侧倾角刚度也比较低。结果，在汽车转弯时会产生比较大的车身侧倾角，影响行驶稳定性。为了既获得比较大的静挠度(比较低的偏频)，又得到比较大的侧倾角刚度，在汽车中已经比较广泛地采用了横向稳定杆，如图 9-5、图 9-10、图 9-23、图 9-30 所示。同时，在前、后悬架上采用横向稳定杆，还可以调整前、后悬架的侧倾角刚度之比，获得需要的转向特性。在一些前置-前轮驱动汽车的后悬架上也采用横向稳定杆，其目的是减小转向时前轮(驱动轮)上的载荷转移，有利于其充分利用地面附着力发出驱动力。如果前轮驱动汽车采用普通锥齿轮式差速器，则在左、右轮间分配的转矩基本上相等，所以前桥上能够发出的驱动力取决于垂直负荷较小的车轮(内侧车轮)上的附着力，外侧车轮上的附着力不能得到充分利用。

横向稳定杆的采用也会带来一些不利的影响。当汽车在坑洼不平的路面上行驶时，左、右车轮的垂直位移不同，横向稳定杆被扭转，加强了左、右车轮之间的运动联系，对行驶平顺性不利。

图 9-116 示出横向稳定杆在双横臂式独立悬架上的安装方式，其中横向稳定杆 1 的杆身安装在铰支点 2 上，而铰支点 2 固定在车身或车架上。横向稳定杆的杆端通过球铰 3、连接杆 5 和球铰 4 与下摆臂相连。为了缓冲、隔振、降低噪声，横向稳定杆杆身的铰支点一般都有橡胶套。在有的悬架中，球铰 3、4 也被橡胶件代替。

由于布置上的原因，横向稳定杆往往做成比较复杂的形状。有时为了简化计算，近似认

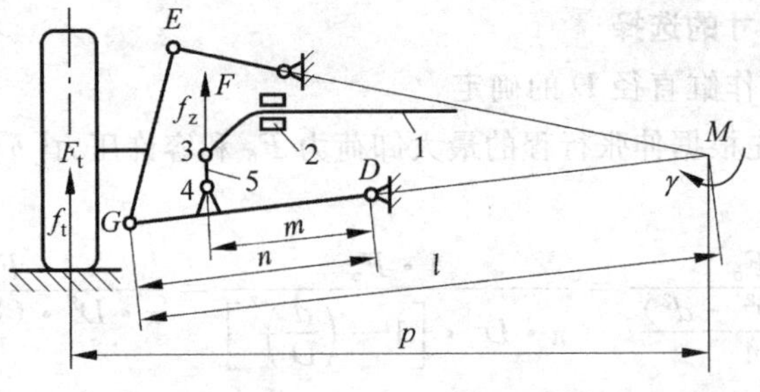

图 9-116 横向稳定杆在双横臂式独立悬架上的安装示意图

1—横向稳定杆；2—横向稳定杆杆身铰支点；3,4—连接球铰；5—连接杆

为横向稳定杆是一个等臂梯形，如图 9-117 所示。同时假定，在车身侧倾时，力臂的变化可以忽略不计。

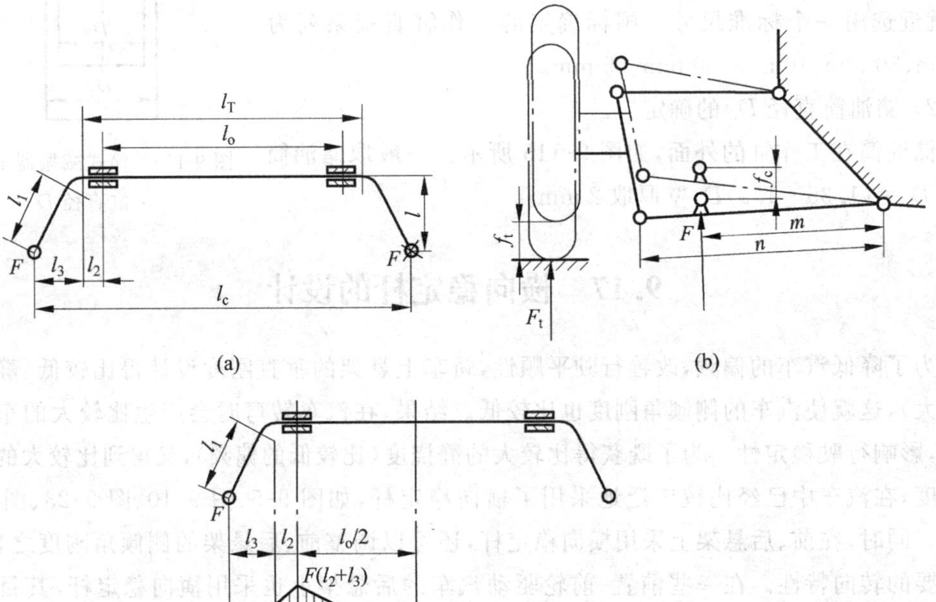

图 9-117 横向稳定杆的近似分析模型

(a) 近似认为横向稳定杆是一个等臂梯形；(b) 悬架的受力与变形；(c) 横向稳定杆半边的弯矩图

设在车身侧倾时，在横向稳定杆的一个端点作用一个力 F，在其另一个端点作用有一个大小相等、方向相反的力。下面推导在 F 作用下横向稳定杆端点的位移 f_c。参见图 9-116、图 9-117。图 9-117(c)示出横向稳定杆半边的弯矩图。在力 F 作用下横向稳定杆要发生弹性变形，F 做的功与横向稳定杆中总的变形位能相等。可以利用这种关系计算位移 f_c。横向稳定杆半边的变形位能包括：l_T 段的扭转位能 U_1；l_1 段的弯曲位能 U_2；l_o 段的弯曲位能 U_3；l_2 段的弯曲位能 U_4。

利用“材料力学”的分析结果，上述位能的计算公式如下：

(1) l_T 段的一半中的扭转位能 U_1

$$U_1 = \frac{(F \cdot l)^2 \cdot l_T}{4 \cdot G \cdot J_p} \tag{9-309}$$

其中，J_p 是横向稳定杆的截面极惯性矩；G 是材料切变模量；l 是力 F 的力臂，如图 9-117(a)所示；l_T 是发生扭转变形的杆的长度。

(2) l_1 段的弯曲位能 U_2

$$U_2 = \frac{F^2 \cdot l_1^3}{6 \cdot E \cdot J} \tag{9-310}$$

其中，J 是横向稳定杆的截面惯性矩；E 是材料弹性模量；l_1 如图 9-117(a)所示。

(3) l_o 段的一半中的弯曲位能 U_3

$$U_3 = \int_0^{\frac{l_o}{2}} \frac{M^2(x)}{2 \cdot E \cdot J} \cdot dx = \frac{1}{2 \cdot E \cdot J}\int_0^{\frac{l_o}{2}} \left[\frac{F \cdot (l_3 + l_2)x}{\frac{l_o}{2}}\right]^2 \cdot dx$$

$$= \frac{1}{2 \cdot E \cdot J} \cdot \frac{4 \cdot F^2 (l_3 + l_2)^2}{l_o^2}\int_0^{\frac{l_o}{2}} x^2 \cdot dx$$

$$= \frac{1}{2 \cdot E \cdot J} \cdot \frac{4 \cdot F^2 (l_3 + l_2)^2}{l_o^2} \cdot \frac{1}{3}\left(\frac{l_o}{2}\right)^3$$

$$= \frac{F^2}{12 \cdot E \cdot J} \cdot (l_3 + l_2)^2 \cdot l_o \tag{9-311}$$

其中，x 轴的原点在横向稳定杆的对称中心。

(4) l_2 段的弯曲位能 U_4

$$U_4 = \int_0^{l_2} \frac{M^2(x)}{2 \cdot E \cdot J} \cdot dx = \frac{1}{2 \cdot E \cdot J}\int_0^{l_2} [F \cdot (l_3 + x)]^2 \cdot dx$$

$$= \frac{F^2}{2 \cdot E \cdot J} \cdot \left[\frac{(l_3 + x)^3}{3}\right]\Bigg|_0^{l_2}$$

$$= \frac{F^2}{6 \cdot E \cdot J} \cdot [(l_3 + l_2)^3 - l_3^3] \tag{9-312}$$

在横向稳定杆端点位移从 0 变到 f_c 的过程中，力 F 也从 0 变到 F，所以在此过程中所做的功为

$$\frac{C_h \cdot f_c^2}{2} = \frac{(C_h \cdot f_c) \cdot f_c}{2} = \frac{F \cdot f_c}{2}$$

其中，C_h 是横向稳定杆的线刚度。

因为 F 做的功与横向稳定杆中总的变形位能相等，所以

$$\frac{F \cdot f_c}{2} = U_1 + U_2 + U_3 + U_4$$

$$= \frac{(F \cdot l)^2 \cdot l_T}{4 \cdot G \cdot J_p} + \frac{F^2 \cdot l_1^3}{6 \cdot E \cdot J} + \frac{F^2}{12 \cdot E \cdot J} \cdot (l_3 + l_2)^2 \cdot l_o +$$

$$\frac{F^2}{6 \cdot E \cdot J} \cdot [(l_3 + l_2)^3 - l_3^3] \tag{9-313}$$

所以

$$f_c=\frac{2}{F}\left\{\frac{(F\cdot l)^2\cdot l_T}{4\cdot G\cdot J_p}+\frac{F^2\cdot l_1^3}{6\cdot E\cdot J}+\frac{F^2}{12\cdot E\cdot J}\cdot(l_3+l_2)^2\cdot l_o+\frac{F^2}{6\cdot E\cdot J}\cdot\left[(l_3+l_2)^3-l_3^3\right]\right\} \tag{9-314}$$

由于 l_2 一般很小,忽略式中右边第四项对计算精度影响不大,因此有

$$f_c=F\cdot\left[\frac{l^2\cdot l_T}{2\cdot G\cdot J_p}+\frac{l_1^3}{3\cdot E\cdot J}+\frac{(l_3+l_2)^2\cdot l_o}{6\cdot E\cdot J}\right] \tag{9-315}$$

此外,还应该考虑橡胶支座(轴承)和连接杆上橡胶垫所产生的位移 f_d

$$f_d=\frac{F}{C_n}+\frac{F}{C'_o}=F\cdot\left(\frac{1}{C_n}+\frac{1}{C'_o}\right)=F\cdot\left(\frac{C_n+C'_o}{C_n\cdot C'_o}\right)=\frac{F}{C_z} \tag{9-316}$$

其中,C_z 是总的换算橡胶零件线刚度:

$$C_z=\frac{C_n\cdot C'_o}{C_n+C'_o} \tag{9-317}$$

C_n 是连接杆上橡胶垫的线刚度;C'_o是换算到横向稳定杆端点的橡胶支座线刚度,可以按照如下方法确定。

设 R 是橡胶支座上的力

$$R=F\cdot\frac{l_c}{l_o} \tag{9-318}$$

其中,l_c 是横向稳定杆两端之间的横向距离。

支座变形为

$$f_o=\frac{R}{C_o}=\frac{F\cdot l_c}{C_o\cdot l_o} \tag{9-319}$$

其中,C_o 是橡胶支座的径向刚度。

相应的横向稳定杆的端点位移为

$$f'_o=f_o\cdot\frac{l_c}{l_o}=\frac{F}{C_o}\cdot\left(\frac{l_c}{l_o}\right)^2=\frac{F}{C_o\cdot\left(\frac{l_o}{l_c}\right)^2} \tag{9-320}$$

所以

$$C'_o=\frac{F}{f'_o}=C_o\cdot\left(\frac{l_o}{l_c}\right)^2 \tag{9-321}$$

把式(9-321)代入式(9-317),得

$$C_z=\frac{C_n\cdot C'_o}{C_n+C'_o}=\frac{C_n\cdot C_o\cdot\left(\frac{l_o}{l_c}\right)^2}{C_n+C_o\cdot\left(\frac{l_o}{l_c}\right)^2}=\frac{C_n\cdot C_o\cdot l_o^2}{C_n\cdot l_c^2+C_o\cdot l_o^2} \tag{9-322}$$

因此,横向稳定杆的总位移 f_z 等于其端点的位移 f_c 与橡胶件变形产生的位移 f_d 之和

$$\begin{aligned}f_z&=f_c+f_d=F\cdot\left[\frac{l^2\cdot l_T}{2\cdot G\cdot J_p}+\frac{l_1^3}{3\cdot E\cdot J}+\frac{(l_3+l_2)^2\cdot l_o}{6\cdot E\cdot J}\right]+\frac{F}{C_z}\\&=F\cdot\left[\frac{l^2\cdot l_T}{2\cdot G\cdot J_p}+\frac{l_1^3}{3\cdot E\cdot J}+\frac{(l_3+l_2)^2\cdot l_o}{6\cdot E\cdot J}+\frac{1}{C_z}\right]\end{aligned} \tag{9-323}$$

设车身在侧倾时受到横向稳定杆所产生的阻力矩为 T,侧倾角为 Φ,根据虚位移原理可得

$$2 \cdot F \cdot f_z = T \cdot \Phi \tag{9-324}$$

其中，令横向稳定杆的端点位移 f_z 是虚位移。

$$F = \frac{T \cdot \Phi}{2 \cdot f_z} \tag{9-325}$$

有如下关系：

$$\frac{f_z}{m} \cdot \frac{n}{l} \cdot p = f_t \tag{9-326}$$

其中，f_t 是车轮位移；n、m、l、p 如图 9-116 所示。

$$\Phi = \frac{2 \cdot f_t}{B} \tag{9-327}$$

其中，B 是轮距。把式(9-326)代入式(9-327)，得

$$\Phi = \frac{2 \cdot \frac{f_z}{m} \cdot \frac{n}{l} \cdot p}{B} \tag{9-328}$$

$$\frac{\Phi}{f_z} = \frac{2 \cdot p \cdot n}{m \cdot l \cdot B} \tag{9-329}$$

$$f_z = \frac{m \cdot l \cdot B}{2 \cdot p \cdot n} \cdot \Phi \tag{9-330}$$

把式(9-329)代入式(9-325)，得

$$F = \frac{T \cdot p \cdot n}{m \cdot l \cdot B} \tag{9-331}$$

把式(9-330)、式(9-331)代入式(9-323)，得

$$\frac{m \cdot l \cdot B}{2 \cdot p \cdot n} \cdot \Phi = \frac{T \cdot p \cdot n}{m \cdot l \cdot B} \cdot \left[\frac{l^2 \cdot l_T}{2 \cdot G \cdot J_p} + \frac{l_1^3}{3 \cdot E \cdot J} + \frac{(l_3 + l_2)^2 \cdot l_o}{6 \cdot E \cdot J} + \frac{1}{C_z}\right] \tag{9-332}$$

$$T = \frac{1}{2} \cdot \left(\frac{m \cdot l \cdot B}{p \cdot n}\right)^2 \cdot \frac{1}{\frac{l^2 \cdot l_T}{2 \cdot G \cdot J_p} + \frac{l_1^3}{3 \cdot E \cdot J} + \frac{(l_3 + l_2)^2 \cdot l_o}{6 \cdot E \cdot J} + \frac{1}{C_z}} \cdot \Phi \tag{9-333}$$

设 C_Φ 为横向稳定杆的角刚度，则

$$C_\Phi = \frac{\mathrm{d}T}{\mathrm{d}\Phi} = \left(\frac{m \cdot l \cdot B}{p \cdot n}\right)^2 \cdot \frac{1}{\frac{l^2 \cdot l_T}{G \cdot J_p} + \frac{2 \cdot l_1^3}{3 \cdot E \cdot J} + \frac{(l_3 + l_2)^2 \cdot l_o}{3 \cdot E \cdot J} + \frac{2}{C_z}} \tag{9-334}$$

从式(9-326)可得

$$f_z = \frac{m \cdot l}{n \cdot p} \cdot f_t \tag{9-335}$$

把式(9-335)代入式(9-323)，得

$$\frac{m \cdot l}{n \cdot p} \cdot f_t = F \cdot \left[\frac{l^2 \cdot l_T}{2 \cdot G \cdot J_p} + \frac{l_1^3}{3 \cdot E \cdot J} + \frac{(l_3 + l_2)^2 \cdot l_o}{6 \cdot E \cdot J} + \frac{1}{C_z}\right] \tag{9-336}$$

根据虚位移原理有如下关系：

$$F \cdot f_z = F_t \cdot f_t \tag{9-337}$$

$$F = \frac{F_t \cdot f_t}{f_z} \tag{9-338}$$

其中,F_t 是地面对车轮接地印迹中心的垂直力;f_z 是虚位移。

把式(9-338)代入式(9-336),得

$$\frac{m \cdot l}{n \cdot p} \cdot f_t = \frac{F_t \cdot f_t}{f_z} \cdot \left[\frac{l^2 \cdot l_T}{2 \cdot G \cdot J_p} + \frac{l_1^3}{3 \cdot E \cdot J} + \frac{(l_3 + l_2)^2 \cdot l_o}{6 \cdot E \cdot J} + \frac{1}{C_z}\right] \tag{9-339}$$

$$F_t = \frac{m \cdot l}{n \cdot p} \cdot f_t \cdot \frac{f_z}{f_t} \cdot \frac{1}{\dfrac{l^2 \cdot l_T}{2 \cdot G \cdot J_p} + \dfrac{l_1^3}{3 \cdot E \cdot J} + \dfrac{(l_3 + l_2)^2 \cdot l_o}{6 \cdot E \cdot J} + \dfrac{1}{C_z}} \tag{9-340}$$

把式(9-335)代入式(9-340),得

$$F_t = \left(\frac{m \cdot l}{p \cdot n}\right)^2 \cdot \frac{1}{\dfrac{l^2 \cdot l_T}{2 \cdot G \cdot J_p} + \dfrac{l_1^3}{3 \cdot E \cdot J} + \dfrac{(l_3 + l_2)^2 \cdot l_o}{6 \cdot E \cdot J} + \dfrac{1}{C_z}} \cdot f_t \tag{9-341}$$

左、右车轮反向跳动时由于横向稳定杆引起的一侧车轮处的线刚度 C_t 为

$$C_t = \frac{dF_t}{df_t} = \left(\frac{m \cdot l}{p \cdot n}\right)^2 \cdot \frac{1}{\dfrac{l^2 \cdot l_T}{2 \cdot G \cdot J_p} + \dfrac{l_1^3}{3 \cdot E \cdot J} + \dfrac{(l_3 + l_2)^2 \cdot l_o}{6 \cdot E \cdot J} + \dfrac{1}{C_z}} \tag{9-342}$$

由于横向稳定杆主要承受扭矩作用,一般仅校核扭转剪应力:

$$\tau = \frac{T}{J_p} \cdot \frac{d}{2} = \frac{T}{\dfrac{\pi \cdot d^4}{32}} \cdot \frac{d}{2} = \frac{16 \cdot T}{\pi \cdot d^3} < [\tau]$$

其中,d 是横向稳定杆的直径;$[\tau]$是许用扭转应力。横向稳定杆采用与螺旋弹簧相同的材料制造,热处理也相同,许用应力可取$[\tau]=800\ \text{N/mm}^2$。

练 习 题

1. 拟设计一辆普通货车,其装载质量 5 t,采用平头式布置形式,采用两轴设计,发动机前置,后轴驱动,驱动形式为 4×2,后轴采用双胎。

(1) 试估计整车整备质量、总质量、轴距、轮距和轴荷分配。

(2) 其后悬架采用主、副板簧形式,试分别确定主、副板簧的刚度。

(3) 其前悬架采用多片钢板弹簧,一副板簧由十片钢板组成,其中与主片等长的重叠片数为 2,U 形螺栓刚性夹紧。①确定各片的几何尺寸,其中用作图法确定各片长度(要求利用 AutoCad 作图,并且标出尺寸);②校核比应力和最大动行程时的最大应力。

2. 图 9-118 所示为一辆正在制动的汽车。试画出作用在该车上的动态力,推导出前、后悬架的抗制动点头率。要求提出计算所需要的参数。这样设计可以减小制动点头角的机理是什么?车身前部在垂直方向的动态力是通过什么途径传到车轮上的?

3. 图 9-119 所示是一种轿车的前悬架。

(1) 推导其侧倾角刚度的表达式,要求写出需要的参数,并且把需要的参数标在图中;

(2) 前轴轴荷为 800 kg,悬下质量为 80 kg,求出前悬架的刚度和阻尼系数;

(3) 推导悬架螺旋弹簧刚度的表达式,要求写出需要的参数,并且把需要的参数标在图中;

(4) 推导悬架减振器阻尼系数的表达式,要求写出需要的参数,并且把需要的参数标在图中。

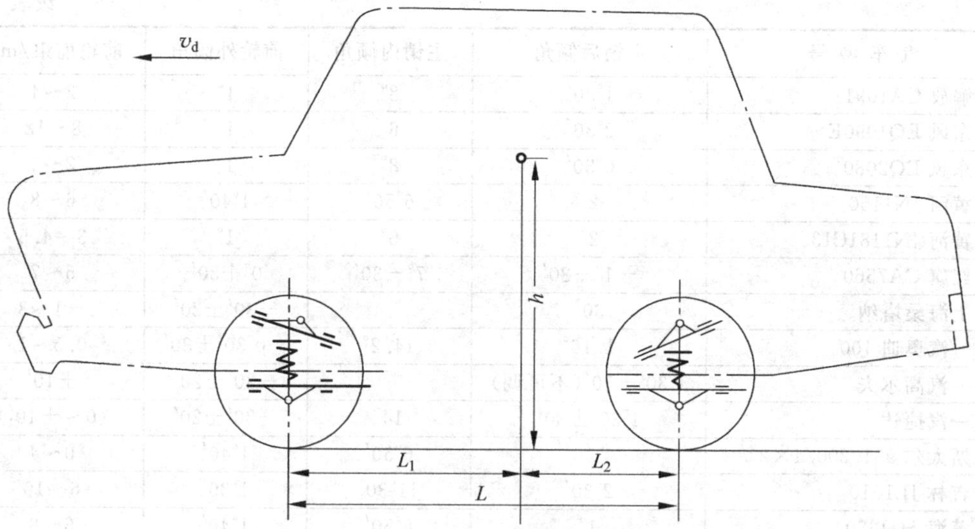

图 9-118　制动时作用在汽车上的动态力

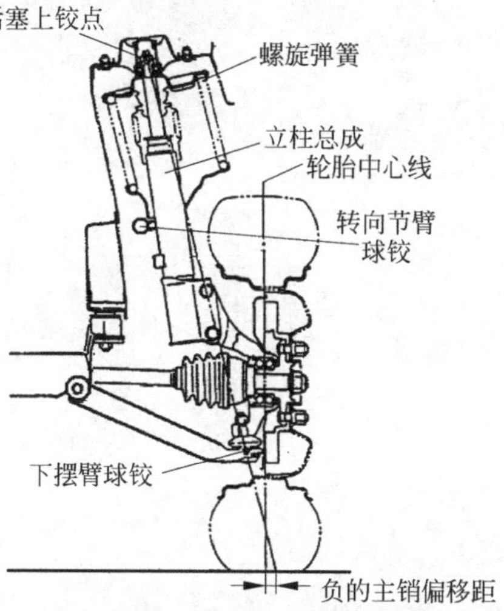

图 9-119　一种轿车的前悬架

4. 一辆汽车的前轴负荷为 20 000 N，前轴悬下质量为 250 kg，采用纵置钢板弹簧悬架。试确定一侧钢板弹簧的刚度、静挠度和减振器的阻尼系数。

5. 表 9-6 所列是一些汽车的车轮定位参数，它们应该在什么状态下检测？

表 9-6　一些汽车的车轮定位参数

汽 车 型 号	主销后倾角	主销内倾角	前轮外倾角	前轮前束/mm
北京 BJ1040	1°30′	7°30′	1°	1.5～3
北京 BJ2020	3°	5°20′	1°30′	3～5
跃进 NJ1041A	2°30′	8°	1°	1.5～3

续表

汽 车 型 号	主销后倾角	主销内倾角	前轮外倾角	前轮前束/mm
解放 CA1091	1°30′	8°	1°	2～4
东风 EQ1090E	2°30′	6°	1°	8～12
东风 EQ2080	0°30′	8°	1°	2～5
黄河 JN1150	2°	6°50′	1°40′	6～8
黄河 JN1181C13	2°	5°	1°	3～4.5
红旗 CA7560	−1°−30′	7°−30′	0°+30′	5～7
上海桑塔纳	30′		−30′±20′	−1～3
一汽奥迪 100	1.16°	14.2°	−0°30′±30′	0.5～1
一汽高尔夫	1°30′±30′(不可调)		−30′±20′	±10′
一汽捷达	1°30′±30′	14°	−30′±20′	(0～±10′)
斯太尔 991.200/4×2		6°50′	1°40′	0～4
吉林 JL1010	2°30′	11°30′	1°30′	6～10
黄海 HH680	1°	6°50′	1°40′	6～8

10 转向系统设计

10.1 概 述

图 10-1 示出一种汽车的机械转向系统(即手动转向系统),其由转向器和转向传动机构组成。采用动力转向的汽车,还有动力系统,即动力转向油泵、油管、动力转向器等,见图 10-2。上述机械转向系统和传统的液压动力转向系统都得到了广泛应用。近年来,出现了各种随着汽车行驶速度调节转向助力的电子控制液压动力转向系统,它们在比较高级的轿车中得到了应用。电动转向系统主要是为了改善汽车的燃油经济性而研制的,它们已经开始在比较小型的汽车上得到应用。

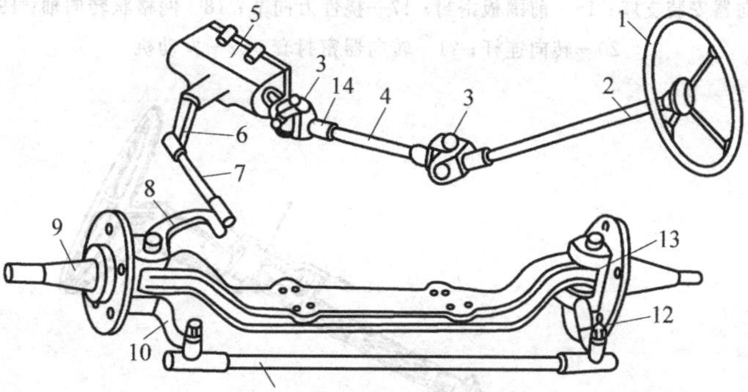

图 10-1 机械转向系统

1—转向盘；2—转向轴；3—转向万向节；4—转向传动轴；5—转向器；6—转向摇臂；7—转向直拉杆；8—转向节臂；9—左转向节；10,12—梯形臂；11—转向横拉杆；13—右转向节；14—花键

近年来,为了减轻驾驶员在撞车时受到的伤害,在许多轿车上的转向系统中装设了防伤装置。在图 10-2 所示转向系统中网格状的转向轴 18 就是一种防伤装置。在发生撞车事故时,驾驶员胸部撞上转向盘,当这种撞击力达到设定值时上述网格状转向轴就被压溃、发生塑性变形(如图 10-3 所示),同时吸收能量、限制对驾驶员的冲击力,从而减轻对驾驶员的伤害。

对转向系统有如下主要要求。

(1) 保证汽车具有足够小的最小转弯半径,以使其能够在有限的场地面积内进行转弯行驶。

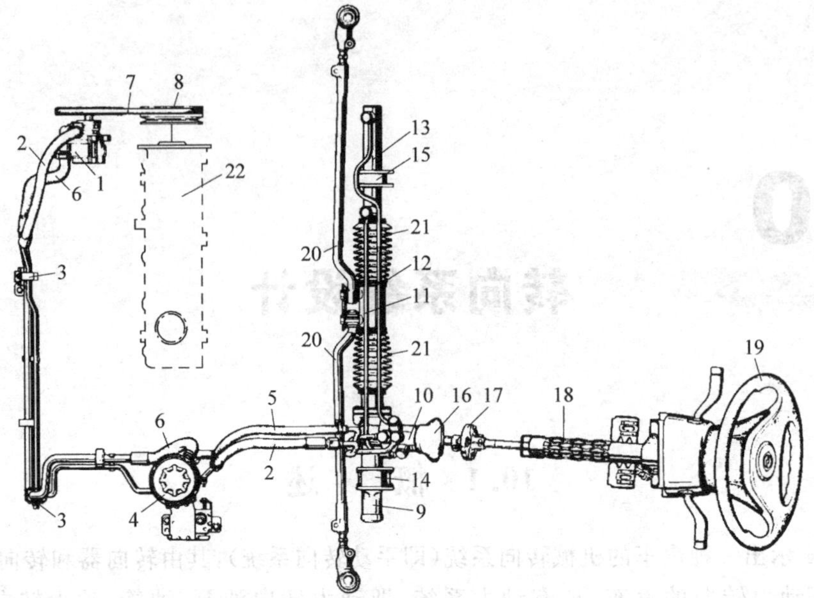

图 10-2 一种采用中央输出式齿轮齿条式转向器的动力转向系统

1—动力转向泵(叶片泵)；2—压力油管(从泵向转向器输油)；3—油管的减振支座；4—油罐；5—回油管(从转向器向油罐输油)；6—吸油管(从油罐向泵输油)；7—V 形驱动皮带；8—皮带轮(安装在发动机曲轴上)；9—转向器(中央输出式齿轮齿条转向器,安装在驾驶室前围板上)；10—转向控制阀(转阀)；11,12—左、右油缸油管(在转阀和转向器动力油缸之间输油)；13—动力油缸；14,15—转向器安装支座；16—前围板密封；17—挠性万向节；18—网格状转向轴；19—转向盘；20—转向连杆；21—转向器密封套；22—发动机

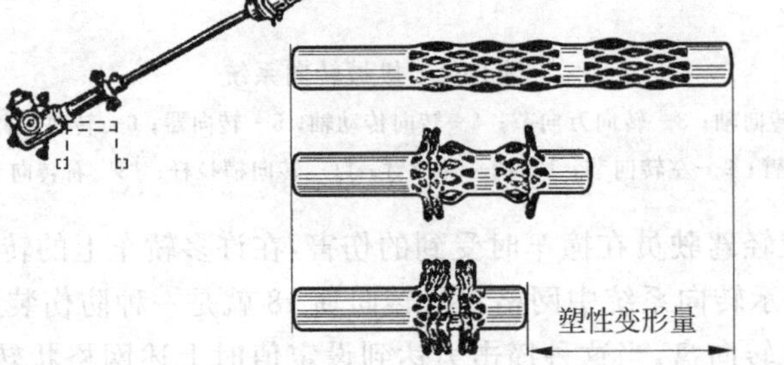

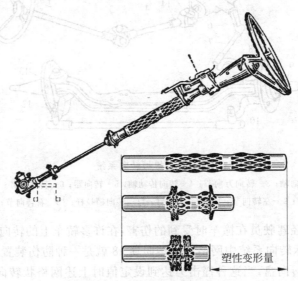

图 10-3 压溃前、后的网格状转向轴

(2) 保证汽车转弯行驶时所有的车轮都绕一个共同的瞬时转向中心进行旋转,各个车轮的侧偏角趋于一致,并且尽可能小,以延长轮胎寿命、防止轮胎噪声。

(3) 操纵轻便。汽车转向时,驾驶员施加在转向盘上的切向力(转向力),对轿车不应超过 150～200 N，对货车不应超过 500 N。在采用动力转向的情况下，一般可以保证进行停车转向，而且最大转向力一般都明显小于上述极限值。

(4) 转向后，转向盘能够自动回正，并使汽车保持在稳定的直线行驶状态。

(5) 兼顾高速行驶操纵稳定性和低速行驶转向迅速(需要驾驶员转动转向盘的圈数比较少)、轻便的要求。对于机械转向系统，就是要采用适当的转向传动比。对于动力转向系统，既需要有适当的转向传动比，还需要提供适当的动力助力。

(6) 由于地面对转向车轮的冲击而传到转向盘上的反冲要尽可能小，以减轻驾驶员的疲劳。这个性能要求对于在比较粗糙的路面上行驶的汽车意义比较大。

(7) 悬架导向机构和转向传动机构(杆系)匹配适当，使车轮上、下跳动(悬架压缩、伸张)时由上述两种机构的运动干涉所引起的车轮前束角变化尽可能小；汽车转向行驶、车身发生侧倾时，由上述两种机构运动干涉所引起的侧倾转向角(车轮前束角变化)尽可能小或有利于不足转向；由悬架中橡胶元件的受力变形所引起的车轮前、后移动要尽可能不引起前束角的变化。

(8) 汽车直线行驶时，转向系统中的间隙尽可能小。为了在使用中能够减小这种间隙的变化，在转向器和转向传动机构的球头处，有消除因磨损而产生间隙的调整机构。

(9) 在车祸中，当转向盘和转向轴由于车架或车身变形而后移时，转向系统有能使驾驶员免遭或减轻伤害的防伤装置。

10.2 机械转向器

转向器是汽车转向系统的核心部件，对转向器有如下基本要求。

(1) 提供准确而轻便的转向控制，同时转向盘的转角范围不允许过大。这要求转向器的自由行程(由传动零件之间的间隙引起)尽可能小，传动比适当，驾驶员主动转动转向盘时的机械效率(正效率)高，可能还需要动力助力。

(2) 使地面对前轮的扰动尽可能少地被传到转向盘上，同时还要让驾驶员能够感觉得到路面状况(粗糙程度、附着力的大小等)的变化。这要求在前轮因受到地面干扰而试图转动转向盘时转向器的机械效率适当地低，即逆效率适当地低。

(3) 不能妨碍汽车完成转向后、返回直线行驶状态时的前轮自动回正，这又要求转向器的逆效率适当地高。

(4) 停车(车速为零)转向时驾驶员转动转向盘的力(转向力)应该被减小到最低限度。为了使驾驶员能够比较舒服地进行停车转向，一般要求采用动力助力。停车转向时所需要的转向力一般是最大的。

(5) 使汽车具有良好的高速操纵稳定性。这一般要求转向器的自由行程、摩擦尽可能小，有适当的传动比和动力助力(在采用动力助力的情况下)。

机械转向器是指完全靠人力操纵的转向器，其通过提供一定的机械增益(传动比)来减小驾驶员转动转向盘的力(即转向力)。

10.2.1 齿轮齿条式转向器

目前,在所有前置-前轮驱动轿车上采用的都是齿轮齿条式转向器,一些前置-后轮驱动轿车也采用这种转向器。

图 10-4 示出一种两端输出式齿轮齿条式转向器,其中齿轮是输入元件,齿条是输出元件。图 10-5 示出一种采用两端输出式齿轮齿条式转向器的转向系统,其中齿条的输出由转

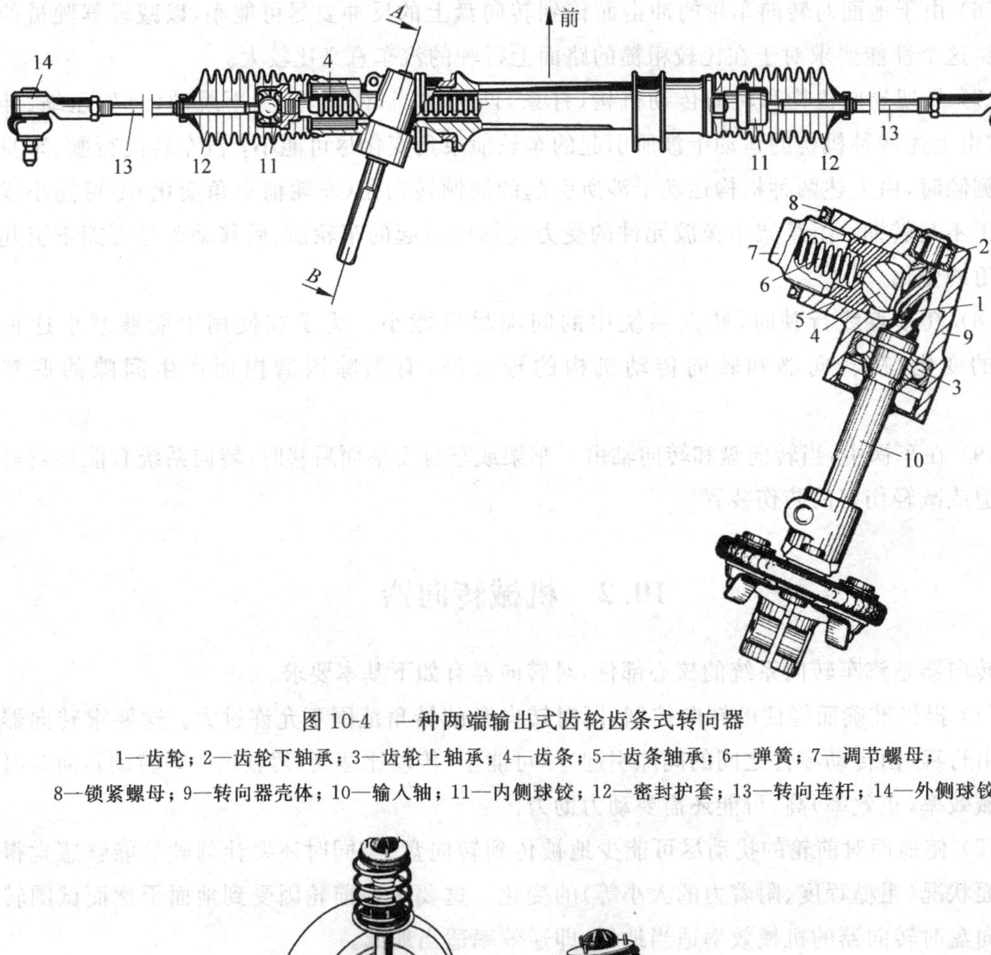

图 10-4 一种两端输出式齿轮齿条式转向器

1—齿轮;2—齿轮下轴承;3—齿轮上轴承;4—齿条;5—齿条轴承;6—弹簧;7—调节螺母;8—锁紧螺母;9—转向器壳体;10—输入轴;11—内侧球铰;12—密封护套;13—转向连杆;14—外侧球铰

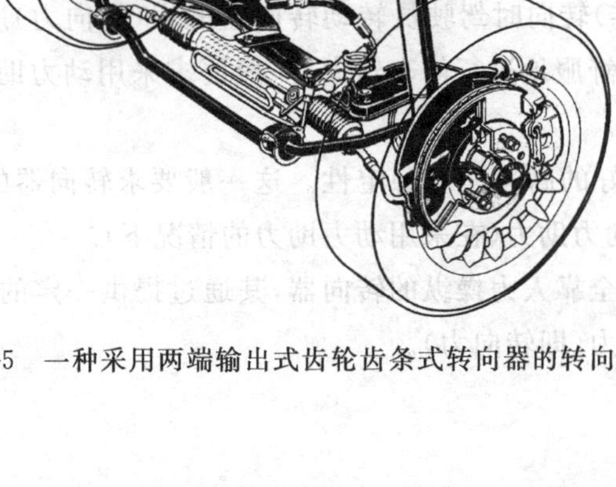

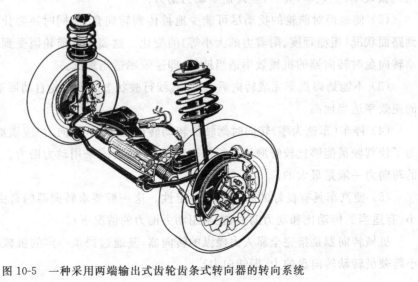

图 10-5 一种采用两端输出式齿轮齿条式转向器的转向系统

向连杆传递到转向节，而两个转向连杆通过内侧球铰 11 与齿条 4 的两端相连，通过外侧球铰 14 与转向节相连。在图 10-5 所示系统中，采用的是麦克弗森式独立悬架，齿轮齿条式转向器布置位置比较低，在这种情况下一般都采用两端输出式。在采用其他独立悬架的汽车中，如果采用齿轮齿条式转向器，一般都是两端输出式。图 10-6 示出一个与双横臂式独立悬架匹配的两端输出式齿轮齿条式转向器，这样有利于获得较小的悬架与转向杆系的干涉转向角（前束角变化）。

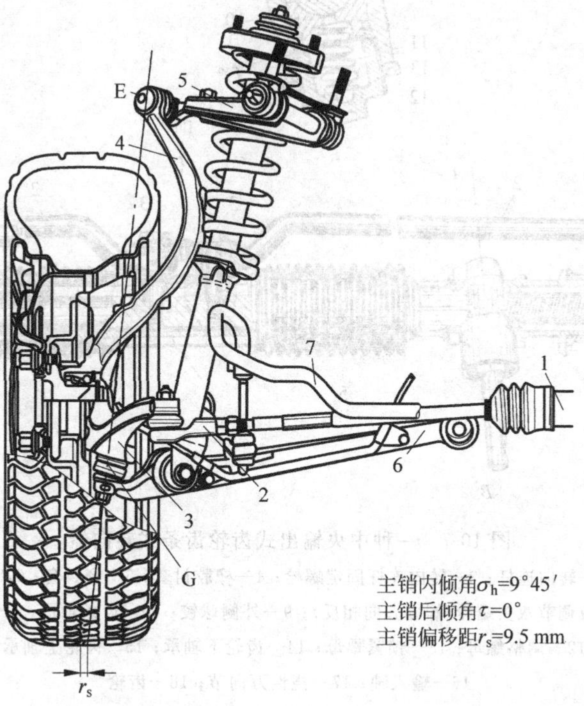

图 10-6 双横臂式独立悬架与齿轮齿条式转向器

1—转向器；2—转向横拉杆；3—转向梯形臂；4—车轮转向节；5—上横臂；
6—下横臂；7—横向稳定杆；E—上横臂球铰；G—下横臂球铰

图 10-7 示出一种中央输出式齿轮齿条式转向器，其转向连杆 2 用螺栓 3 固定在齿条 1 的中央，在螺栓 3 与连杆 2 上的孔之间安装有橡胶衬套 4，这使得该安装点相当于一个球铰，同时具有减振、降噪作用。连杆 2 通过其外侧球铰 9 与转向节相连。双头螺栓 7 用于调整前束，其两个螺栓具有相反的螺旋方向。调好前束以后，用螺栓 6、8 进行固定。图 10-8 示出一个采用中央输出式齿轮齿条式转向器的转向系统。当汽车直线行驶时，转向连杆在齿条上的安装铰点几乎就在汽车的纵向垂直对称面上。只有在采用麦克弗森式独立悬架和齿轮齿条式转向器、并且转向器布置位置比较高的情况下，才采用中央输出式齿轮齿条式转向器。在采用这种悬架、转向连杆布置方式的情况下为了获得较小的干涉转向角（前束角变化），一般要求采用较长的转向连杆。

在齿轮齿条式转向器中，当转动齿轮时，齿条进行移动，而不是转动。所以，齿轮齿条式转向器自己没有转向器角传动比，而是有齿条增益 G_R：

$$G_R = \frac{\Delta d}{\Delta n_h} \tag{10-1}$$

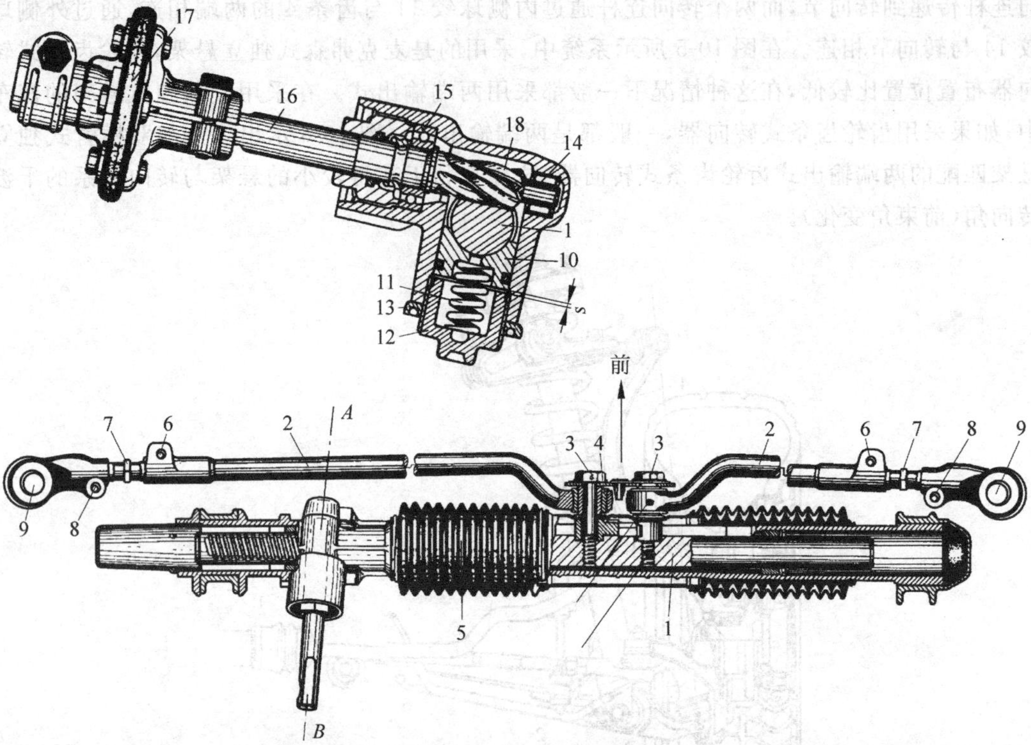

图 10-7　一种中央输出式齿轮齿条式转向器

1—齿条；2—转向连杆；3—转向连杆固定螺栓；4—橡胶衬套；5—密封套；6,8—锁紧螺栓；
7—前束调节双头螺栓(螺旋方向相反)；9—外侧球铰；10—齿条轴承；11—弹簧；
12—调整螺母；13—锁紧螺母；14—齿轮下轴承；15—齿轮上轴承；
16—输入轴；17—挠性万向节；18—齿轮

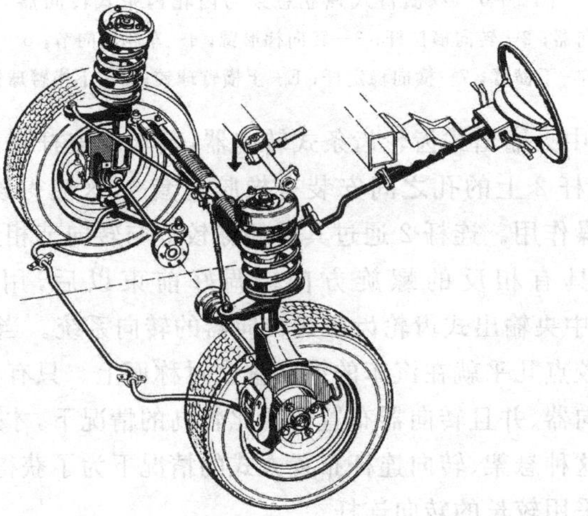

图 10-8　一种采用中央输出式齿轮齿条式转向器的转向系统

其中，G_R 是齿条增益，mm/r；Δn_h 是转向盘所转动圈数的增量，r；Δd 是齿条的位移增量，mm。齿条增益 G_R 增大，相应的转向系统角传动比就会减小。

齿轮齿条式转向器的优点包括：①构造比较简单；②成本较低；③效率高，转向轻便；④可以自动防止齿轮和齿条之间的松动，并且具有均匀的固有阻尼；⑤有利于改善转向系统刚性；⑥转向传动机构仅包括转向连杆和转向节，零件少、占用空间小(这正是所有前置-前轮驱动型汽车都采用这种转向器的原因)。

齿轮齿条式转向器的主要缺点包括：①由于仅有齿轮与齿条一对传动副，摩擦小、传动效率高，由路面不平对车轮的冲击所引起的转向盘反击较大；②转向连杆受斜向力作用，杆中应力较大；③当采用两端输出式设计时转向连杆的长度受到限制；④前轮转向角的大小取决于齿条的位移，为了获得足够大的车轮转角有时只有采用较短的转向节臂，使整个转向装置受力较大；⑤随着车轮转向角的增大，转向系统角传动比下降，使得驻车时很费力；⑥在非独立悬架中不能采用。

10.2.2 整体式转向器

整体式转向器包括蜗杆曲柄指销式(见图 10-9)、蜗杆蜗轮式(见图 10-10)、蜗杆滚轮式(见图 10-11)、循环球式转向器(见图 10-12)等。这些转向器都是以转向摇臂轴作为输出元件。在这些转向器中，目前得到最广泛应用的是循环球式转向器，这主要是因为其机械效率比较高，有利于减小转向力。

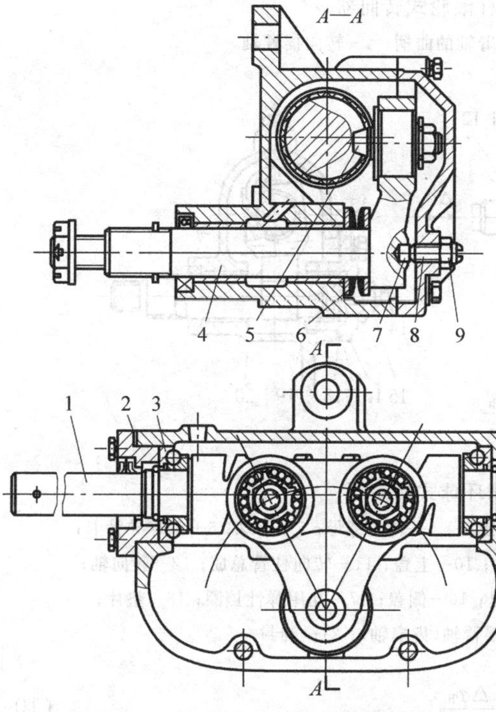

图 10-9 一种蜗杆曲柄指销式转向器

1—输入轴；2—垫片；3—轴承；4—转向摇臂轴；5—指销；6—弹簧片；7—顶销；8—调整螺钉；9—锁紧螺母

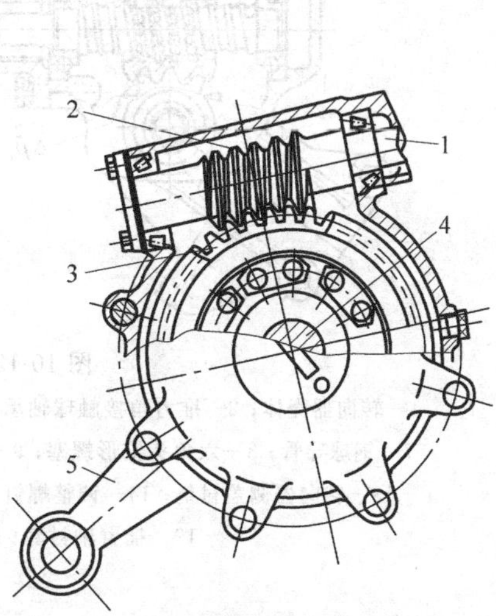

图 10-10 一种蜗杆蜗轮式转向器

1—输入轴；2—蜗杆；3—蜗轮；4—转向摇臂轴；5—转向摇臂

整体式转向器角传动比的定义：转向盘转角增量与转向摇臂轴转角的相应增量之比，即

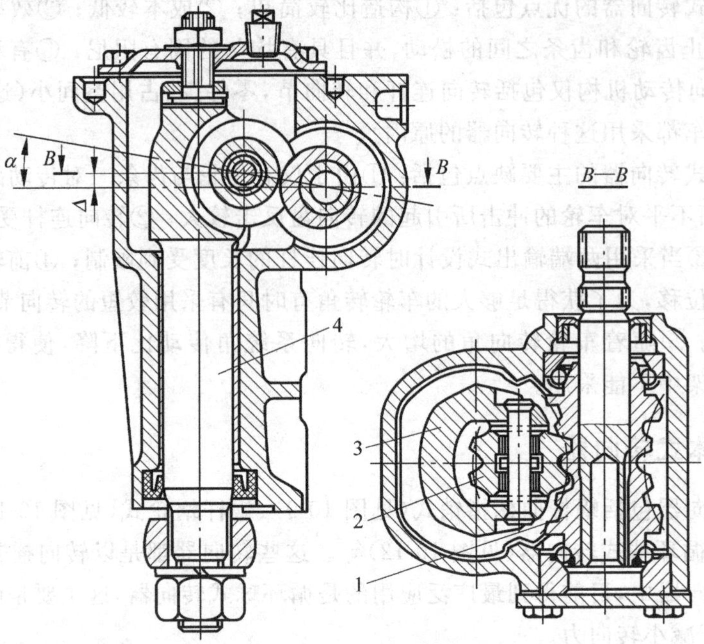

图 10-11　一种蜗杆滚轮式转向器

1—蜗杆；2—滚轮；3—转向摇臂轴的曲柄；4—转向摇臂轴

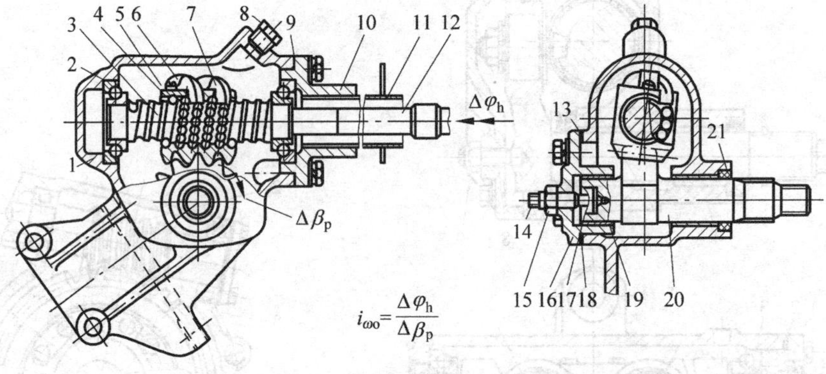

图 10-12　一种循环球式转向器

1—转向器壳体；2—推力角接触球轴承；3—转向螺杆；4—转向螺母；5—钢球；6—钢球导管卡；7—钢球导管；8—六角头锥形螺塞；9—调整垫片；10—上盖；11—转向柱管总成；12—转向轴；13—转向器侧盖衬垫；14—调整螺钉；15—螺母；16—侧盖；17—孔用弹性挡圈；18—垫片；19—摇臂轴衬套；20—转向摇臂轴(齿扇轴)；21—油封

$$i_{\omega o}=\frac{\Delta\varphi_h}{\Delta\beta_p} \tag{10-2}$$

其中，$i_{\omega o}$是转向器角传动比；$\Delta\varphi_h$ 是转向盘转角增量；$\Delta\beta_p$ 是转向摇臂轴的转角增量(见图 10-12)。

图 10-13 示出循环球式转向器的力学模型，有如下关系：

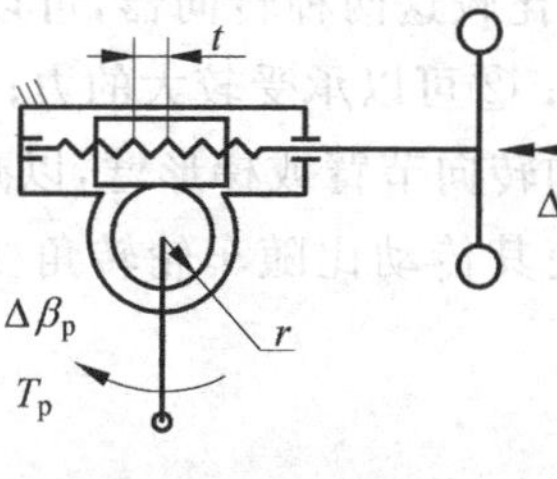

图 10-13 循环球式转向器的力学模型

t—螺杆螺距；r—齿扇节圆半径；T_h—输入轴转矩；T_p—转向摇臂轴转矩；

$\Delta\varphi_h$—转向盘转角增量；$\Delta\beta_p$—转向摇臂轴转角增量

$$\Delta\beta_p = \frac{\Delta\varphi_h}{2\cdot\pi}\cdot t\cdot\frac{1}{r} \tag{10-3}$$

其中，t 是螺杆螺距；r 是齿扇节圆半径。从式(10-3)可以得到这种转向器的角传动比 $i_{\omega o}$ 为

$$i_{\omega o} = \frac{\Delta\varphi_h}{\Delta\beta_p} = \frac{2\cdot\pi\cdot r}{t} \tag{10-4}$$

整体式转向器(输出元件是转向摇臂轴的转向器)的缺点主要是其很难在前置-前轮驱动形式的轿车上采用，因为没有布置转向连杆系统的空间。当采用独立悬架的前置-后轮驱动汽车采用这种转向器时，需要附加断开式转向梯形机构，如图 10-14 所示。这会增加重量和成本，经济性不如齿轮齿条式转向器。

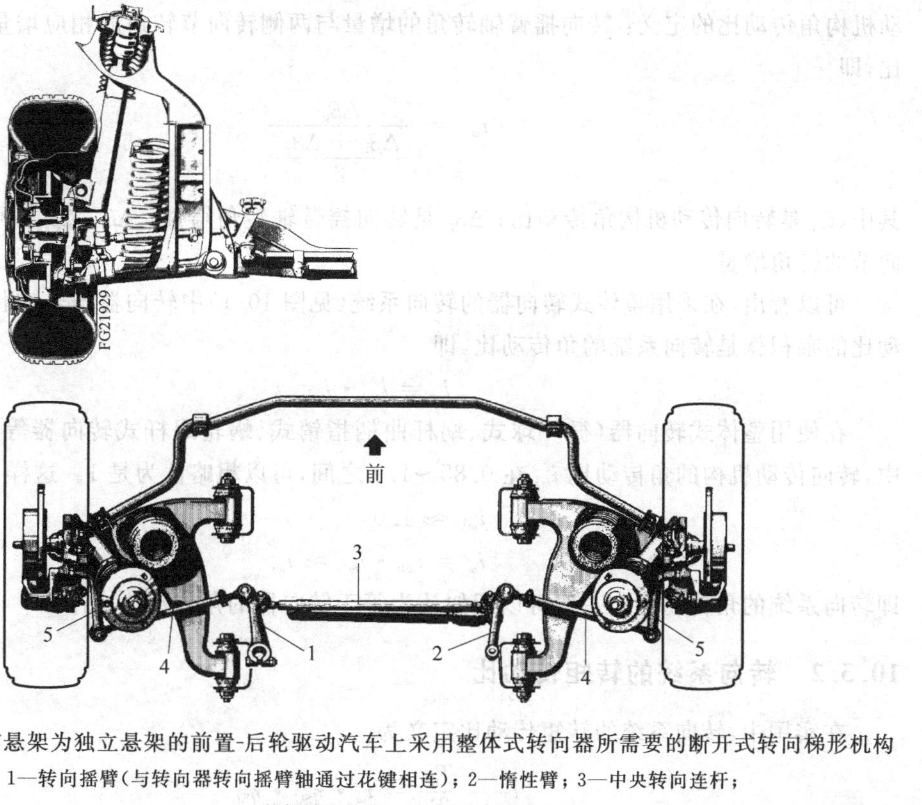

图 10-14 在前悬架为独立悬架的前置-后轮驱动汽车上采用整体式转向器所需要的断开式转向梯形机构

1—转向摇臂(与转向器转向摇臂轴通过花键相连)；2—惰性臂；3—中央转向连杆；

4—外侧转向连杆；5—转向节臂

然而在不带转向助力的前提下比较这两种转向器,可以发现整体式转向器具有如下优点:①可以与非独立悬架匹配使用;②可以承受较大的力;③具有较大的车轮转向角,转角范围可达±45°;④可以采用较长的转向节臂或梯形臂,以减小转向摇臂和中央拉杆中的载荷;⑤转向传动机构可以设计得使其传动比随车轮转角变化很小;⑥对地面冲击载荷不敏感。

10.3 转向系统的主要性能参数

10.3.1 转向系统的角传动比

转向系统角传动比的定义:转向盘转角增量与两侧转向节转角的相应增量的平均值之比。即

$$i_\omega = \frac{\Delta\varphi_h}{\dfrac{\Delta\beta_L + \Delta\beta_R}{2}} \tag{10-5}$$

其中,i_ω 是转向系统的角传动比;$\Delta\varphi_h$ 是转向盘转角增量;$\Delta\beta_L$、$\Delta\beta_R$ 分别是左、右转向节的转角增量。

如图 10-1 所示,在采用整体式转向器的情况下,转向器以下的零件组成转向传动机构,包括转向摇臂(垂臂)、转向直拉杆、转向节臂、转向节、梯形臂、转向横拉杆等。这种转向传动机构角传动比的定义:转向摇臂轴转角的增量与两侧转向节转角的相应增量的平均值之比,即

$$i_{\omega L} = \frac{\Delta\beta_p}{\dfrac{\Delta\beta_L + \Delta\beta_R}{2}} \tag{10-6}$$

其中,$i_{\omega L}$是转向传动机构角传动比;$\Delta\beta_p$ 是转向摇臂轴转角增量;$\Delta\beta_L$、$\Delta\beta_R$ 分别是左、右转向节的转角增量。

可以看出,在采用整体式转向器的转向系统(见图 10-1)中转向器与转向传动机构角传动比的乘积就是转向系统的角传动比,即

$$i_\omega = i_{\omega o} \cdot i_{\omega L} \tag{10-7}$$

在使用整体式转向器(循环球式、蜗杆曲柄指销式、蜗轮蜗杆式转向器等)的转向系统中,转向传动机构的角传动比 $i_{\omega L}$在 0.85~1.1 之间,可以粗略认为是 1。这样,有

$$i_{\omega L} \approx 1.0 \tag{10-8}$$

$$i_\omega = i_{\omega o} \cdot i_{\omega L} \approx i_{\omega o} \tag{10-9}$$

即转向系统的角传动比 i_ω一般可以近似认为等于转向器的角传动比 $i_{\omega o}$。

10.3.2 转向系统的转矩传动比

在实用中,转向系统的转矩传动比定义为

$$i_T = \frac{T_{Rt}}{T_h} = i_\omega \cdot \eta_{SG} \cdot \eta_{SL} \tag{10-10}$$

其中,i_T 是转向系统的转矩传动比;T_{Rt}是在转向节上克服的转向阻力矩,由作用在左、右转

向节上的转向阻力矩 $T_{\mathrm{Rt,L}}$和 $T_{\mathrm{Rt,R}}$组成(见图 10-1)；T_{h} 是驾驶员施加在转向盘上的转矩；i_{ω}是转向系的角传动比；η_{SG}是转向器在实际载荷下的效率；η_{SL}是转向传动机构在实际载荷下的效率。只能用实验的方法确定 η_{SG}和 η_{SL}。

在实用中,整体式转向器的转矩传动比定义为

$$i_{T\mathrm{o}} = \frac{T_{\mathrm{p}}}{T_{\mathrm{h}}} = i_{\omega\mathrm{o}} \cdot \eta_{\mathrm{SG}} \tag{10-11}$$

其中,$i_{T\mathrm{o}}$是转向器转矩传动比；T_{p} 是转向摇臂轴上的转向阻力矩；$i_{\omega\mathrm{o}}$是转向器角传动比；η_{SG}是转向器在实际载荷下的效率。

一般有如下关系：

$$i_T = i_{\omega} \cdot \eta_{\mathrm{SG}} \cdot \eta_{\mathrm{SL}} \approx i_{\omega\mathrm{o}} \cdot \eta_{\mathrm{SG}} = i_{T\mathrm{o}} \tag{10-12}$$

即可以近似认为,转向系统的转矩传动比就是转向器的转矩传动比。

10.4 转向器的效率

转向器的效率有正效率和逆效率之分。

10.4.1 转向器的正效率

只能应用试验方法才能确定在实际载荷下的转向器正效率 $\eta_{\mathrm{SG+}}$。图 10-13 示出对整体式转向器进行效率试验的示意图,其中转向器壳固定。在进行正效率试验时,主动在转向器输入轴上施加一个转矩 T_{h},测量传到转向摇臂轴上的转矩 T_{p}。有如下关系：

$$T_{\mathrm{h}} \cdot i_{\omega\mathrm{o}} \cdot \eta_{\mathrm{SG+}} = T_{\mathrm{p}} \tag{10-13}$$

$$\eta_{\mathrm{SG+}} = \frac{T_{\mathrm{p}}}{T_{\mathrm{h}} \cdot i_{\omega\mathrm{o}}} \tag{10-14}$$

其中,$i_{\omega\mathrm{o}}$是转向器角传动比；$\eta_{\mathrm{SG+}}$是转向器在实际载荷下的正效率。提高转向器正效率有助于减小驾驶员需要向转向盘上施加的转向力。

10.4.2 转向器的逆效率

只能应用试验方法确定在实际载荷下的转向器的逆效率 $\eta_{\mathrm{SG-}}$。图 10-13 示出对整体式转向器进行效率试验的示意图,其中转向器壳固定。在进行逆效率试验时,主动在转向摇臂轴上施加一个转矩 T_{p},测量传到转向器输入轴上的转矩 T_{h}。有如下关系：

$$T_{\mathrm{h}} \cdot i_{\omega\mathrm{o}} = T_{\mathrm{p}} \cdot \eta_{\mathrm{SG-}} \tag{10-15}$$

$$\eta_{\mathrm{SG-}} = \frac{T_{\mathrm{h}} \cdot i_{\omega\mathrm{o}}}{T_{\mathrm{p}}} \tag{10-16}$$

其中,T_{p} 是在转向摇臂轴上主动施加的力矩；T_{h} 是被传到转向输入轴上的转矩；$i_{\omega\mathrm{o}}$是转向器角传动比；$\eta_{\mathrm{SG-}}$是转向器在实际载荷下的逆效率。

转向器的逆效率影响汽车的使用性能。在转向器逆效率较大的情况下,路面作用在车轮上的力,经过转向系统可以大部分被传递到转向盘,这种转向器称为可逆式的。这种转向器可以保证汽车转向后转向车轮及转向盘自动回正,路感强,在好路面上行驶有利于减轻驾驶员的劳动强度,提高行驶安全性。但是,当在坏路上行驶时,车轮受到的冲击力也大部分

被传给转向盘,使驾驶员感到"打手",易使其疲劳,影响行驶安全性。所以,可逆式转向器适用于在良好路面上行驶的车辆。现代汽车上采用的转向器都是可逆式转向器。其中,齿轮齿条转向器的逆效率最高,往往需要在结构设计中采取一些措施来降低其逆效率。在图10-4所示的齿轮齿条式转向器中,齿轮的轴线与齿条的轴线不垂直,所以属于螺旋齿轮传动。采用螺旋齿轮传动,可以通过产生轴向力来降低逆效率。

不可逆式转向器,是指车轮受到的冲击力,不能传到转向盘的转向器。这种冲击力完全由转向传动机构的零件所承受,因此这些零件承受的载荷比较大。应该指出,在坏路面上行驶时,这种转向器可以保证转向盘不受地面冲击的影响,有助于减轻驾驶员的疲劳。但是,这种转向器不能保证车轮自动回正,驾驶员又缺乏路感。由于有这些缺点,在现代汽车上已经基本上不采用这种转向器。

极限可逆式转向器介于上述二者之间。当车轮受到冲击力作用时,这个力只有一小部分(逆效率小于50%)传到转向盘。它的逆效率较低,在坏路上行驶时传给转向传动机构的冲击力比不可逆式的要小,同时驾驶员也不感到很紧张。

10.4.3 影响转向器效率的因素

影响转向器效率的因素有:转向器的类型、结构特点、结构参数和制造质量等。

1. 转向器类型

汽车上常用的转向器形式有:循环球式、蜗杆滚轮式、齿轮齿条式、蜗杆曲柄指销式等几种。

齿轮齿条式转向器的效率最高,因为其只有一对传动副。

循环球式转向器以滚动摩擦代替滑动摩擦,正、负效率都较高,一般在75%~85%之间。

蜗杆滚轮式转向器的正效率 $\eta_{SG+}=54\%\sim75\%$,逆效率 $\eta_{SG-}=54\%\sim60\%$。

蜗杆指销式转向器的正效率 $\eta_{SG+}=75\%$,逆效率 $\eta_{SG-}=60\%$。

转向器的效率除了与设计有关以外,与制造质量也关系密切。

2. 转向器的结构参数与效率

对于蜗杆和螺杆类转向器,如果只考虑啮合副的摩擦损失,而忽略轴承和其他地方的摩擦损失,其正效率可表示为

$$\eta_{+}=\frac{\tan\alpha_{o}}{\tan(\alpha_{o}+\rho)} \tag{10-17}$$

式中,α_o是蜗杆(或螺杆)的螺线导程角(螺线升角);ρ是摩擦角,$\tan\rho=f$,f是摩擦系数。

其逆效率可表示为

$$\eta_{-}=\frac{\tan(\alpha_{o}-\rho)}{\tan\alpha_{o}} \tag{10-18}$$

从式(10-17)和式(10-18)可见,导程角(螺线升角)α_o增大,使正、逆效率都增大。所以,应该选一个合适值,使正、逆效率达到综合平衡。

当导程角$\alpha_o\leqslant\rho$时,逆效率$\eta_{-}\leqslant0$,表明这种转向器是不可逆式的。因此,为使转向器有适当的逆效率,导程角的最小值必须大于摩擦角。螺线的导程角α_o一般选在8°~10°之间。

10.5 动力转向系统概述

在汽车上采用动力助力转向系统的主要目的是在采用适当转向传动比的情况下减小需要驾驶员施加到转向盘上的转向力,特别是停车转向力。为了减小转向力,转向器的一个发展方向是提高其机械效率,为此发明了循环球式转向器(见图 10-12)。但是,沿着这个方向的发展是有限度的,其效率很难超过 85%。另外一个减小转向力的发展方向是增大转向器的传动比。但是,如果传动比过大,为了使汽车转向时前轮摆动一定角度而需要驾驶员转动转向盘的圈数过多(转向从容性差),这也是不能接受的。而采用动力转向是同时保证上述转向轻便性与转向从容性的有效措施。

在汽车上安装动力助力转向系统是从 20 世纪 30 年代开始的。当时,主要是在重型汽车上安装,采用的助力源包括真空、压缩空气和液压。到了第二次世界大战时,液压动力助力转向系统在美国的军用车辆上得到了广泛应用,例如重型卡车、装甲车等,为现代汽车的液压动力助力转向系统打下了基础。

到了 20 世纪 50 年代初期,轿车已经明显向着大型化和高速化发展,特别是在美国。并且,为了提高乘坐舒适性而降低了轮胎的气压。轿车大型化意味着其前桥负荷的增大,再加以轮胎气压降低,都使前轮的转向阻力增大。这些汽车设计的变化实际上意味着,为了减小转向力,或者至少把其恢复到以前的水平,动力助力转向系统已经变得必不可少了。到了 20 世纪 50 年代初期,动力助力转向系统被引入到美国轿车。它们基本上都是战时动力转向产品的改进型。自此以后,动力转向系统在轿车上的应用比例不断攀升。

自从 1973 年因第四次中东战争而爆发的石油危机以来,建造更小和重量更轻的轿车已经成为世界潮流。而这并没有减少对动力转向系统的需要。其原因在于,现在广泛爱好具有横置发动机的前轮驱动轿车,这导致高达 65%的整车重量集中在前轮,也就是转向轮上;而且广泛采用了低断面、宽胎面轮胎,如果不采用动力转向系统,就会导致不可接受的转向力水平。所以,目前大多数轿车上都采用了动力转向系统。在其他类型的汽车上也广泛采用了动力转向系统。

10.5.1 动力转向的优点与缺点

1. 采用动力转向系统的优点

(1) 明显减小了停车转向力,使驾驶员可以比较轻松地进行停车转向。汽车行驶中的转向力也得到了减小,有利于减轻驾驶员的疲劳。

(2) 减少了转向盘从一端到另一端的极限转动圈数,一般在 2.5~3 圈之间,使驾驶员的转向操纵比较从容,有利于选择最佳转向角传动比,而不必考虑转向沉重问题。例如,根据操纵稳定性要求选择最佳传动比,兼顾低速大转角转向从容性(转向盘转动圈数要少),转向系统的角传动比一般在 14~24 之间。

(3) 减小了路面对前轮的干扰对转向盘的影响。动力转向系统具有自动抵抗这种干扰的特性,有利于减轻驾驶员的疲劳,特别是在比较差的路面上行驶时。

(4) 在某个轮胎爆破的情况下,可以更好地阻止车辆的突然转向,从而改善安全性。汽车在行驶中发生爆胎时,由于发生爆破的轮胎的滚动半径减小、阻力增大使汽车迅速向爆胎的方向偏转,要阻止这种偏转需要对前轮施加很大的反向转矩,动力转向可以保证驾驶员能够以合理的转向力迅速反向转动转向盘,控制汽车行驶方向,阻止其突然转向。

(5) 在转向车轮承受较大负荷的情况下,转向力还可以保持在合理的范围以内,有利于增大汽车总体布置的自由度。

2. 采用动力转向的缺点

(1) 比机械转向系统复杂、成本高;(2)使汽车油耗有一定程度的增大;(3)有可能引起振动、噪声问题。

由于动力转向的优点是主要的,所以其应用范围在不断扩大。在现代汽车上得到最广泛应用的是液压动力助力转向系统,这是因为它具有如下一些优点:①具有固有的自润滑特性;②可以很容易地产生高压;③可以在很小的空间传递很大的力;④很大的力可以很容易地施加和解除;⑤液体的不可压缩性使得可以精确地控制运动;⑥它是一种封闭的系统,可以防止异物侵入;⑦可以容易地安装在可以获得的安装空间之内。

液压动力转向系统主要由动力转向泵、动力转向油管(包括压力油管、回油管、吸油管等)、动力转向器和动力转向油罐等组成,如图10-2、图10-15所示。

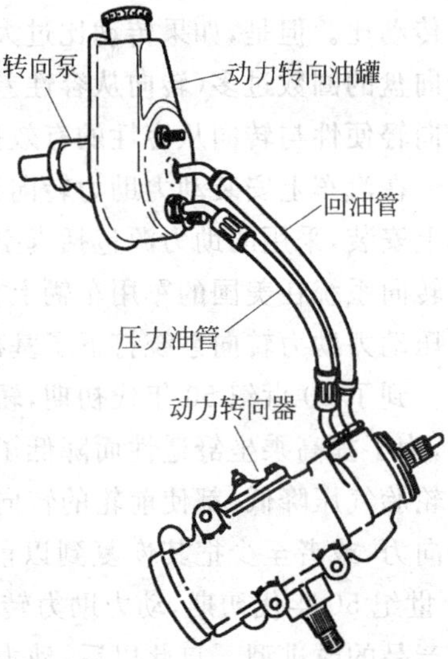

图10-15 一种整体式动力转向系统

10.5.2 对动力转向系统的主要性能要求

1. 安全性

动力转向系统应该具有失效-安全特性。由于此原因,动力助力都是与常规的机械转向机构并联工作,以保证在动力助力系统失效(例如发动机停车)的情况下,车辆仍然具有利用机械转向机构进行转向的能力。当然,在这种情况下转向力往往会大得多,而且一般只允许这种非正常工作状态持续相当短的时间,否则会引起机械转向机构的损坏。

2. 敏感性

动力转向系统除了在各种行驶情况下都能够提供足够的动力助力以外,还应该允许在转向盘上保持足够高的路感。采用机械转向系统的汽车在进行急转弯时,一开始转向力比较大、驾驶员感到转向盘比较沉,然后随着侧向加速度的增大驾驶员会感到转向盘开始逐渐变轻,这表明已经趋近了轮胎与地面之间的附着极限、由侧偏角引起的轮胎拖距正在消失(即轮胎回转力矩正在消失),车轮即将开始发生侧滑。所以,这种转向盘变轻的感觉是提醒驾驶员车轮即将开始发生侧滑的警告信号。

在采用动力转向时也要求这种预先警告信号能够传到转向盘上,使驾驶员能够及时作出正确反应来预防侧滑这种危险情况的发生。应该指出,这种要求与前述阻止路面对车轮的干扰传到转向盘的要求有矛盾,在这两者之间应该取合理的平衡。

为了在冰路面上行驶时还能在转向盘上保持一定的路感，在采用动力转向的汽车上其主销后倾角一般比采用机械转向器的大1°左右。这是因为主销后倾角引起的拖距不像轮胎拖距那样随着轮胎侧向力的增大而减小，使得侧向力总可以保持一个对主销的力矩(侧向力乘以主销后倾角拖距)，其传到转向盘上就是路感。

3. 维修保养性

对动力转向系统的一般要求如下。

(1) 对于轿车，每行驶10 000 km就应该检查各处的外泄漏情况和检查动力转向油罐的油面高度；而对于重型货车，上述检查行驶里程间隔大约需要减半。

(2) 每行驶20 000 km检查动力转向泵的驱动皮带的状况和张紧力。

(3) 在动力转向油罐中有可更换过滤器的情况下，每行驶32 000 km予以更换。

10.6 整体式动力转向器

彩图10-16和彩图10-17示出一种整体式动力转向器(循环球式动力转向器)，这种动力转向器的方向控制阀是转阀。

如图10-17所示，输入短轴和控制阀(转阀)分总成主要包括输入短轴6、转阀总成8、扭杆5。整个输入轴和转阀总成被用端面止推轴承3、9和径向滚针轴承A4支承在转向器壳体和输入短轴上，可以自由转动。这个总成还包括一个机械后备系统，当动力助力失效时，其把输入短轴6和螺杆23机械相连。见图10-18，在输入短轴6下端制有两个槽，而在螺杆23上制有舌。在转向器装配时，这两个舌分别安放在输入短轴的两个槽中。在汽车直线行驶、输入短轴6上没有转矩作用时，舌与槽之间有间隙，输入短轴6仅通过扭杆5与螺杆机械连接。当在输入短轴6上施加的转矩较大、扭杆5大约扭转7°时，槽与舌接触，输入短轴6通过上述槽与舌的接触直接与螺杆23相连。如果这时发动机运转，则液压助力已经达到最大，其中转向器中转阀的间隙已经被完全堵死，动力转向泵处于限压状态。如果发动机不运转，驾驶员在转向盘上施加的转矩仅通过上述槽与舌的接触直接传给螺杆23，这时没有动力助力。

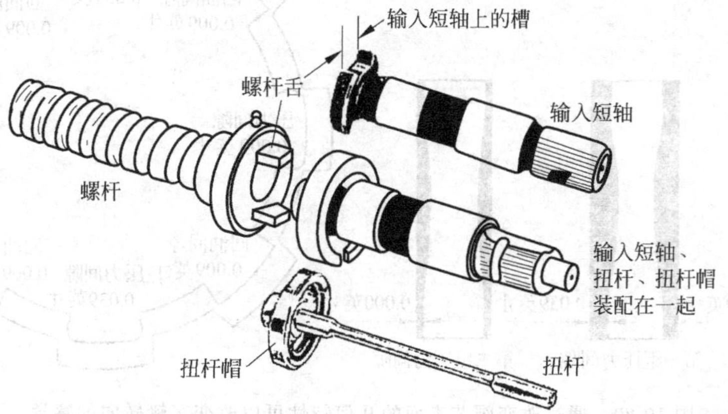

图10-18 整体式动力转向器的机械后备系统

阀体在转向器壳体和阀芯A15之间提供液压联系。在阀体外圆上开有三道周向环槽，三个转阀密封环A14把它们相互隔开，防止发生内泄漏。在上述每个阀体外圆环槽中还在阀体中制有径向油孔A6、A7、A8，其中A7用于直接与压力油管、油泵相通，A6与2号油缸油道相通，A8与1号油缸油道相通。A6、A8通过在阀芯A15外圆上制出的轴向槽、在阀体内圆上制出的轴向槽与A7相通(与动力转向泵相通)或与输入短轴中心相通(与油罐相通)。图10-19示出阀体、阀芯的横截面(示意图)。图10-19所示状态对应于汽车直线行驶，没有转矩作用在扭杆上，扭杆的扭角为零。改变阀芯表面的几何特性就可以改变车辆转向的感觉(见图10-20)。这些改变(例如槽的宽度)一般都在阀芯上进行，主要是因为这样作比在阀体上作容易得多。

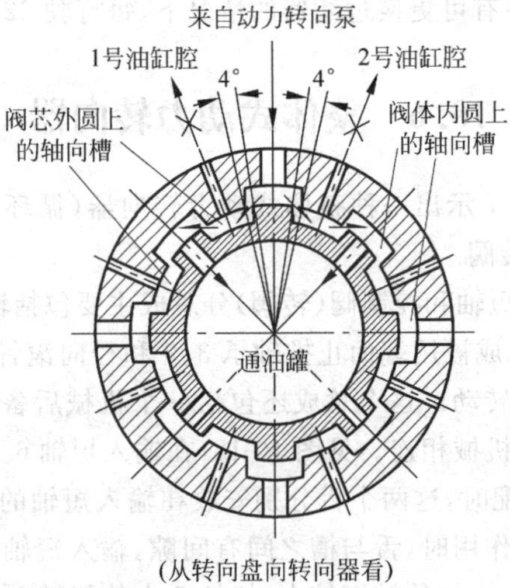

图10-19　转阀的横剖视图(没有转矩作用在扭杆上，其扭角为零)

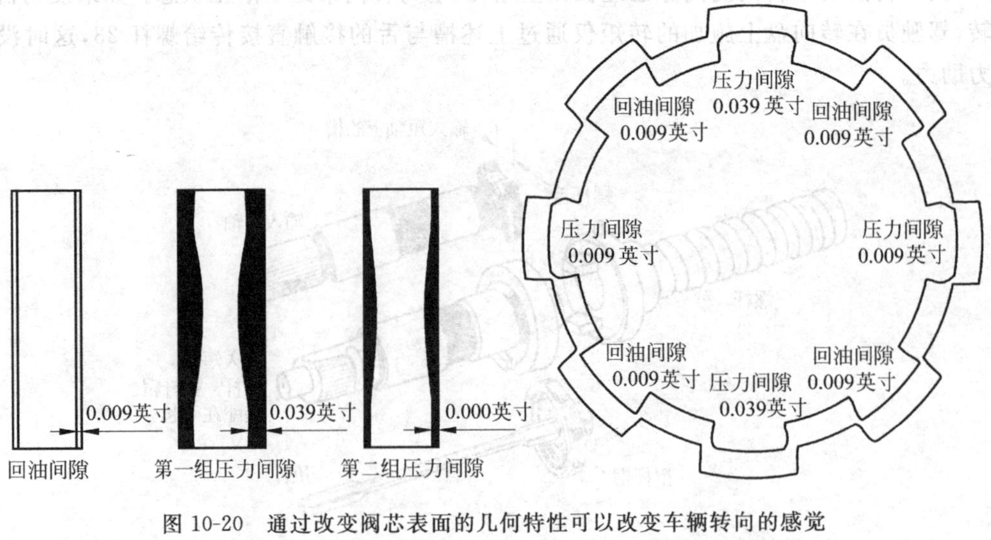

图10-20　通过改变阀芯表面的几何特性可以改变车辆转向的感觉

见图 10-17，扭杆 5 在阀体和阀芯 A15 之间起扭杆弹簧作用，它趋向于使阀芯 A15 在阀体内返回其中间位置（汽车直行位置，如图 10-19 所示）。扭杆的直径决定了其刚度，是一个影响阀力（也就是转向力）、从而影响转向感觉（路感）的因素。一般来说，增大扭杆刚度就可以增强路感，但是又会增大转向力。所以，在确定扭杆刚度时的主要考虑就是要保证路感与转向力的合理折中。扭杆 5 的一端通过花键安装在扭杆帽 A10 上，而扭杆帽通过扭杆帽销 A11 固定在阀体上，阀体又通过螺杆销 A9 固定在螺杆轴上。因此，扭杆 5 的一端固结在阀体上，而其另一端在进行转阀平衡时用扭杆固定销 A3 固定在输入短轴 6 上。

在转向器壳体上加工出一个活塞孔，同时作为球螺母的活塞在其中滑动，形成一个双作用液压缸。在壳体中制有液压油通道，连接油缸和控制阀。在壳体上装有油封防止发生油的外泄漏。另外，在壳体中还制有转阀孔，转阀装在其中。

10.6.1 整体式动力转向器的工作原理

图 10-15 示出一个典型的整体式动力转向系统。图 10-21 示出一种在轿车上采用的整体式动力转向系统。当发动机工作时，其曲轴通过皮带轮带动动力转向泵转动，向外输出液压油。液压油的流向依次是（见图 10-17、图 10-19）：①动力转向泵；②压力油管；③转向器壳体上的压力油口；④转阀阀体外圆中央环形槽；⑤阀体中的中心油孔 A7；⑥阀体内圆的四个轴向槽。然后，进一步的油流流向由转阀的工作状态控制。

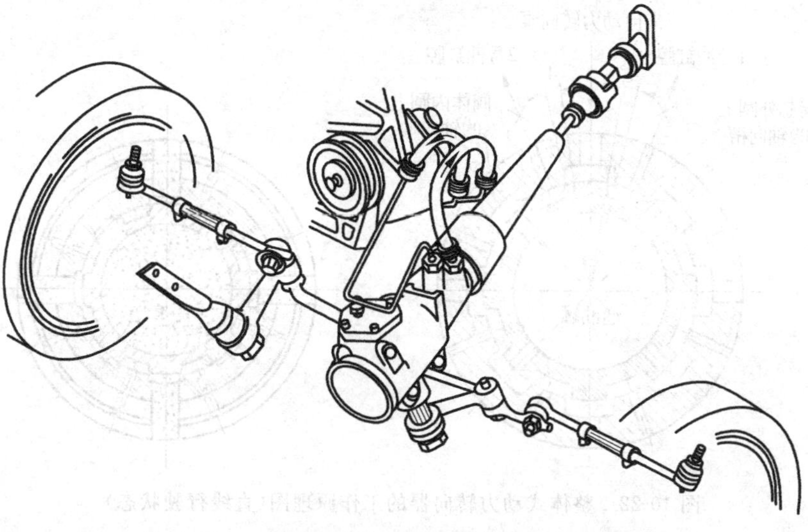

图 10-21 一种在轿车上采用的整体式动力转向系统

1. 动力转向器在汽车直线行驶时的工作状态

在汽车直线行驶时，转向盘位于中间位置，驾驶员不向转向盘施加任何转矩。这时，在扭杆弹簧的作用下，转阀中的阀芯相对于阀体处于对称位置，各个对应的阀间隙的流通面积相等，见图 10-19、图 10-20、图 10-22。油流方向如图 10-19、图 10-22 所示，即来自动力转向泵的流量首先流进阀体外圆上的中央环槽，再通过中心油孔 A7 流进阀体内圆上的轴向槽；经过压力间隙流进在阀芯外圆上的轴向槽，再经过回油间隙流进在阀体内圆上的轴向槽；再经过在阀芯上的油孔进入输入短轴的中心，流回动力转向油罐。即压力油管与回油管直接连通。由于动力转向器的活塞固定不动，没有流量进入油缸，但是转阀中的压力传入了活塞两侧的油腔。这种工作状态也叫开放中心状态。在此状态下，系统压力低(表压在0.3～0.4 MPa)，不发出液力助力，因为在活塞两边的压力相等。

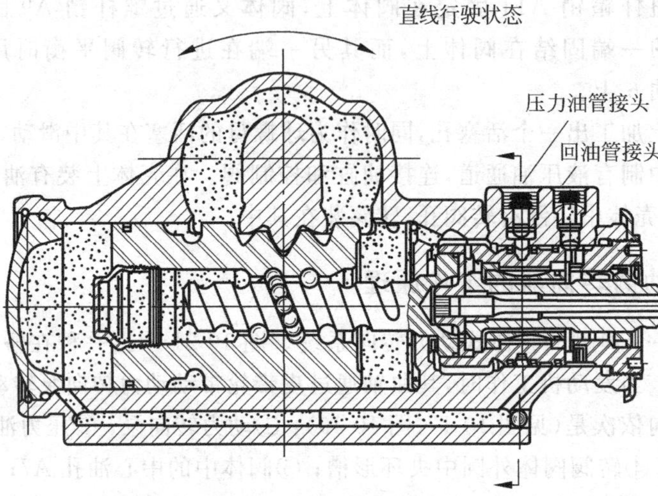

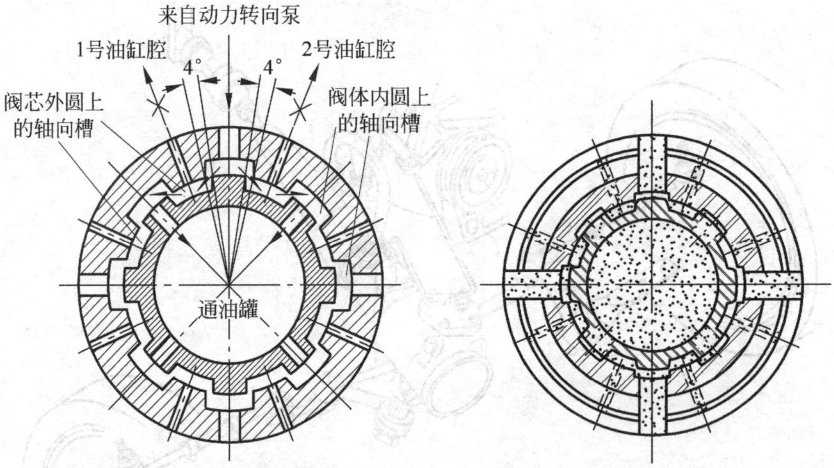

图 10-22　整体式动力转向器的工作原理图(直线行驶状态)

2. 动力转向器在汽车向右转向时的工作状态

向右转动转向盘，把一个转矩施加在输入短轴上，再通过扭杆固定销A3把其传到扭杆的上端。而扭杆的下端固结在阀体、螺杆上，由于转向车轮的阻力和转向器内部的摩擦力而把一个反转矩施加在扭杆的下端，这就引起扭杆发生扭转变形，使阀芯相对于阀体转动一个角度。假定在扭杆上施加了一个很大的转矩(相应的前轮转向阻力必须很大，否则在扭杆上也加不上这样大的转矩)，使阀芯相对于阀体转动了一个足够大的角度，使阀芯相对于阀体处于图10-23所示的状态，使压力油管与回油管完全隔绝。这时，在动力转向器中存在两条油路，即高压油路和低压油路。

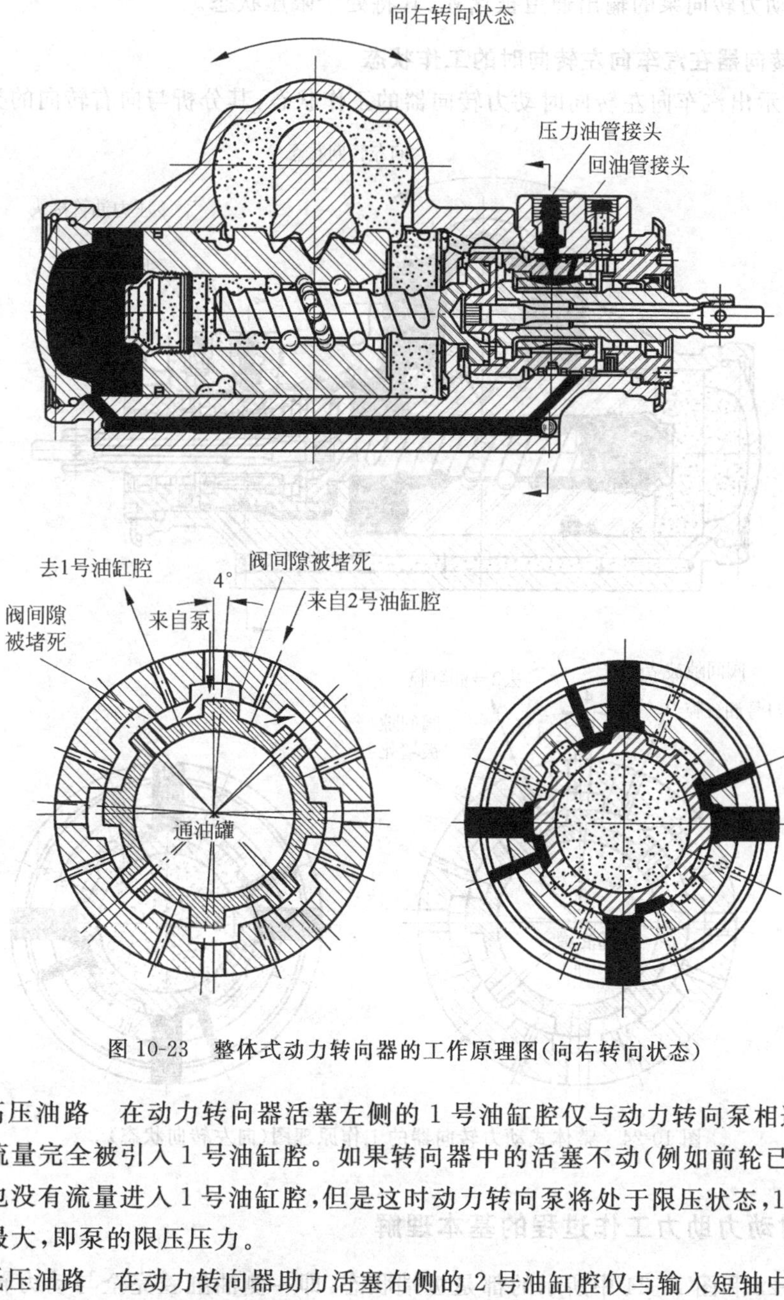

图 10-23 整体式动力转向器的工作原理图(向右转向状态)

(1) 高压油路 在动力转向器活塞左侧的1号油缸腔仅与动力转向泵相通，来自动力转向泵的流量完全被引入1号油缸腔。如果转向器中的活塞不动(例如前轮已经碰到了限位块)，则也没有流量进入1号油缸腔，但是这时动力转向泵将处于限压状态，1号油缸腔的压力达到最大，即泵的限压压力。

(2) 低压油路 在动力转向器助力活塞右侧的2号油缸腔仅与输入短轴中心的低压区域相通，来自该2号油缸腔的油被直接排入油罐。如果助力活塞不动，则没有流量进入油罐，但是2号油缸腔的压力将与油罐中的压力基本上相等，是低压。

这样，便在助力活塞左、右两侧之间产生了一个大压力差，在助力活塞上作用一个向右的合力。如果它再加上驾驶员通过扭杆、螺杆、循环球施加到球螺母(即助力活塞)上的力超过了转向车轮的阻力和转向器的内摩擦力，球螺母/活塞向右移动，来自泵的高压油继续流进1号油缸腔；在2号油缸腔内的油被活塞推出，通过转阀中的油道返回油罐。如果作用在助力活塞上的压力差和驾驶员的机械推力超不过前轮转向阻力与内摩擦之和,则助力活塞保持静止,动力转向泵的输出通道被堵死,其将处于限压状态。

3. 动力转向器在汽车向左转向时的工作状态

图 10-24 示出汽车向左转向时动力转向器的工作状态,其分析与向右转向的类似。

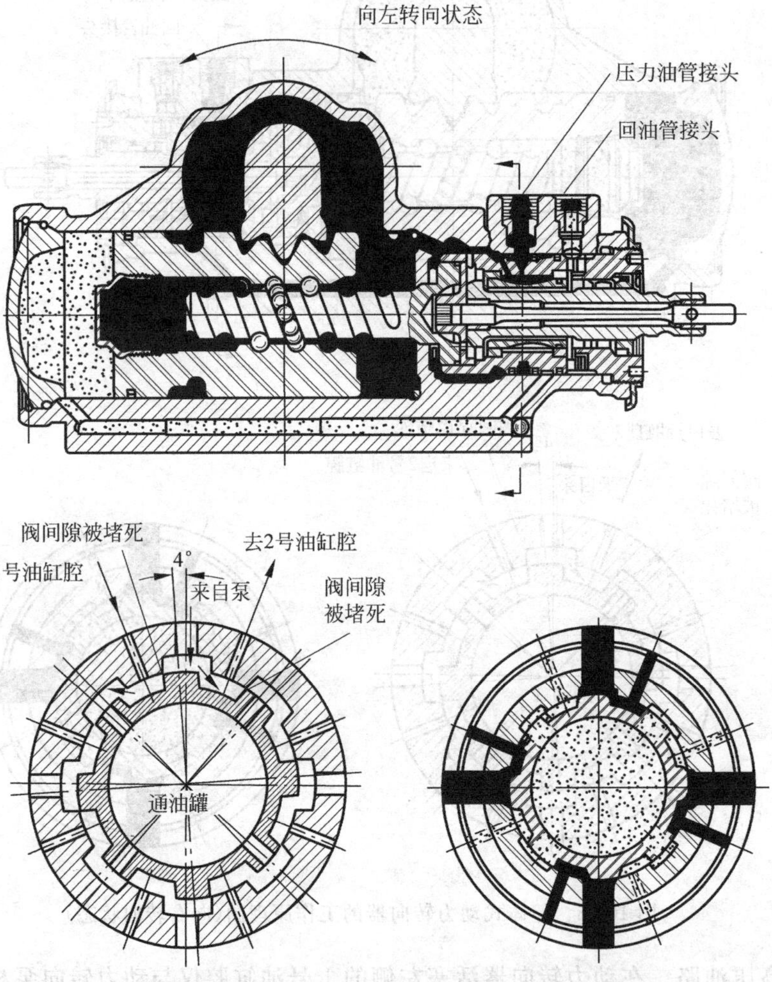

图 10-24 整体式动力转向器的工作原理图(向左转向状态)

10.6.2 对动力助力工作过程的基本理解

在图 10-23 和图 10-24 中所示的都是极端状态,即一侧油缸腔完全与动力转向泵出油口相通,另一侧油缸室完全与油罐相通,系统中油压很高(例如 10 MPa 或 14 MPa),泵处于限压状态。这种状态一般出现在转向阻力较大的情况下,例如,当转向车轮已经处于其极限转角位置、并且已经碰上限位块而驾驶员继续加大施加在转向盘上的转向力时。但是,对于大部分转向状态,施加在扭杆上的转矩比较小,扭杆的扭角不足以使阀芯相对于阀体转动到阀间隙都堵死的状态。如图 10-25 所示,来自泵的高压油的大部分进入 1 号油缸腔,另一部分直接通过阀间隙返回回油管。阀间隙的大小便决定了助力油缸两侧的压力差的大小和助力的程度。上述阀间隙的变化与扭杆的扭角成正比，即与驾驶员施加的转向力成正比。驾驶员施加的转向力越大，扭杆的扭角就越大，阀间隙的变化就越大，在助力活塞两侧产生的压力差就越大，从而助力就越大。

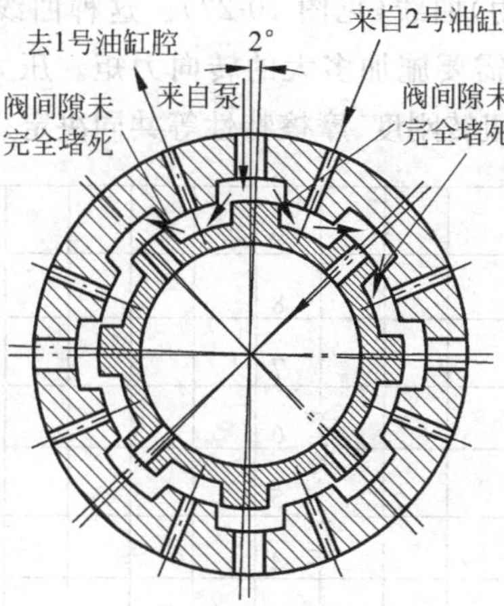

图 10-25 阀间隙未完全堵死的状态

当驾驶员释放方向盘(施加的转向力为零)时，在扭杆的作用下，阀芯在阀体内又恢复到中性位置，如图 10-22 所示，在助力活塞两侧的压力差为零。如果汽车在行驶中，则车轮上的回正力矩便会推动车轮、转向盘返回正常直行位置。如果扭杆过细、刚度过小，就有可能出现其弹性恢复力不足以克服转阀内部、转向管柱中摩擦力矩、使转阀恢复到中性位置(图 10-22)的情况。在这种情况下，在助力活塞的两侧还会残存一些压力差，阻止前轮自动回正。

10.6.3 转阀的特性曲线

转阀的功能特性用两种曲线来描述。

(1) 响应曲线，即压力差-转角(阀芯相对阀体的转角)曲线(见图 10-26)。这种曲线表

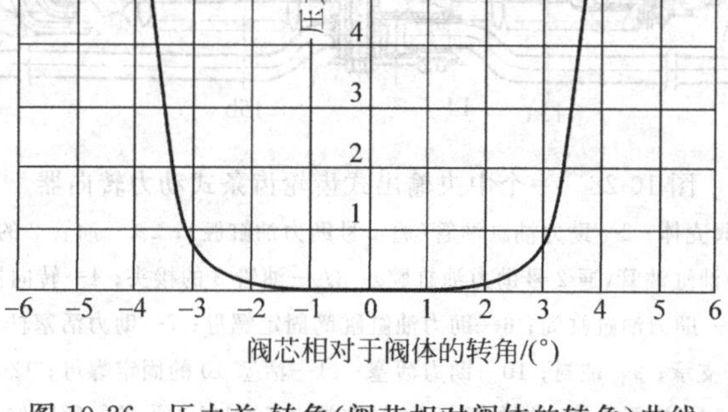

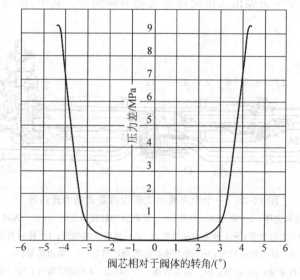

图 10-26 压力差-转角(阀芯相对阀体的转角)曲线

明,为了在助力活塞两侧建立一定的助力压力差需要有多大的相对转角。决定转阀压力差-转角特性的主要因素是: ①阀间隙随着阀芯相对于阀体的转角的变化特性(见图 10-20、图 10-22～图 10-25); ②动力转向泵的流量。

(2) 压力差-转向力矩(阀力)曲线(见图 10-27)。这种曲线表明,为了在助力活塞两侧建立一定的转向助力压力差而需要施加多大的转向力矩。压力差-转向力矩(阀力)曲线由上述压力差-转角曲线、扭杆的扭转刚度、摩擦特性等共同决定。

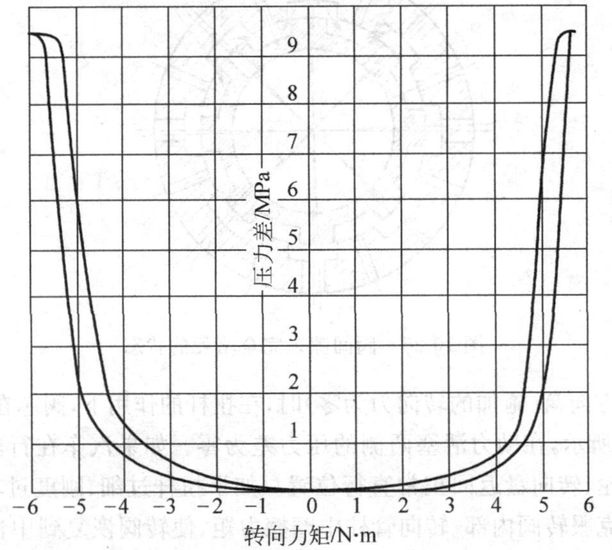

图 10-27 压力差-转向力矩曲线

10.7 齿轮齿条式动力转向器

图 10-28 示出一个中央输出式齿轮齿条式动力转向器。其中,助力油缸缸筒 5 通过螺

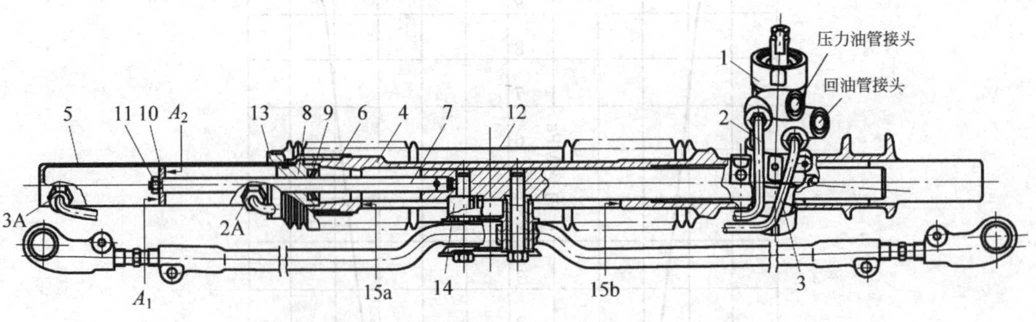

图 10-28 一个中央输出式齿轮齿条式动力转向器

1—转阀壳体; 2—助力油缸油管(通 1 号助力油缸腔); 2A—油管 2 的接头; 3—助力油缸油管(通 2 号助力油缸腔); 3A—油管 3 的接头; 4—转向器壳体; 5—助力油缸缸筒; 6—助力油缸缸筒固定螺母; 7—助力活塞杆; 8—活塞杆支承; 9—油封; 10—助力活塞; 11—活塞 10 的固定螺母; 12—密封套; 13—密封套 12 的衬套; 14—导向器; 15a,15b—齿条行程限位

纹安装在转向器壳体 4 的一端；助力活塞 10 安装在活塞杆 7 上，用螺母 11 固定；活塞杆的一端安装在齿条一端的圆柱孔中，用一个销钉固定；8 号件是活塞杆的支承，9 号件是活塞杆的油封；助力油缸的 1 号腔、2 号腔分别通过油管 2、3 与转阀 1 接通。

图 10-29 示出一个典型的用于齿轮齿条式动力转向器的转阀。其中，转阀壳体 1 通过注塑 3 固定在转向器壳体 2 上；4 号件即是输入短轴，又是阀芯，即在输入短轴外圆上制出用于助力控制的轴向槽；在阀体外圆上制有三道环槽，用四道密封环隔开；扭杆 5 的上端通过扭杆固定销钉 4A 固定在阀芯（输入短轴）的上端，扭杆 5 的下端通过花键固定在齿轮 7 上。这种转阀的工作原理与前述整体式转向器的相同，只是结构得到了简化。

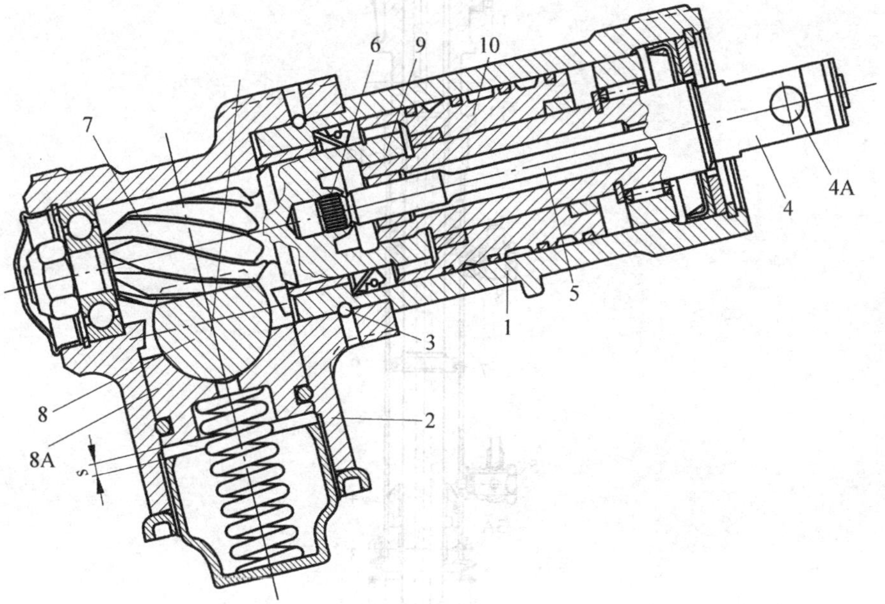

图 10-29 一个典型的用于齿轮齿条式动力转向器的转阀

1—转阀壳体；2—转向器壳体；3—注塑；4—输入短轴和阀芯；
4A—扭杆固定销钉；5—扭杆；6—扭杆固定花键；7—齿轮；
8—齿条；8A—齿条轴承；9—机械备份机构；10—转阀阀体

图 10-30 示出一种两端输出式齿轮齿条式转向器。齿条壳体 14 一般是用铝合金制造的，钢制的助力油缸缸筒 9 安装在其一端；助力活塞 6 安装在齿条 13 上，其兼起活塞杆的作用；齿条的轴承有两处，一是在齿轮处（图 10-29 中的 8A），另外一处在齿条的一端，即齿条轴承 3A；助力油缸的油封包括齿条油封 3、O 形油封 4、齿条油封 10 和 O 形油封 11，用于防止外泄漏，而助力活塞环 7 用于防止内泄漏；在齿条中央制有通气孔 12，以连通齿条两端的密封护套 1，使它们内部的气压达到平衡；助力油缸通过油管接头 5、8 与油管连接，再通过油管与转阀（如图 10-29 所示）相连。

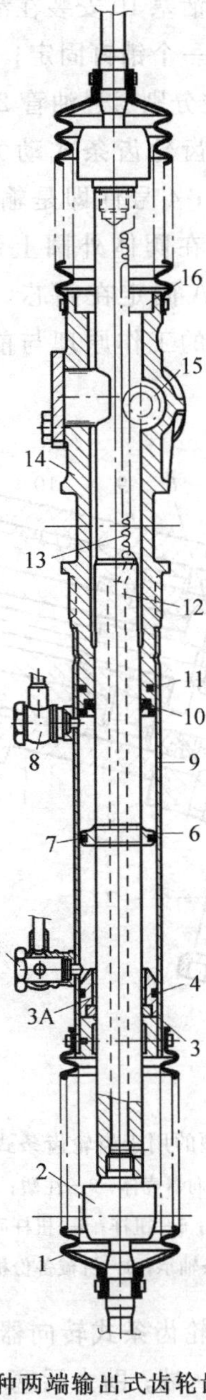

图 10-30　一种两端输出式齿轮齿条式转向器

1—密封护套；2—球铰；3—齿条油封；3A—齿条轴承；4—O形油封；5—油管接头；6—助力活塞；7—活塞环；8—油管接头；9—助力油缸缸筒；10—齿条油封；11—O形油封；12—通气孔；13—齿条；14—齿条壳体；15—齿轮；16—齿条行程限位器

10.8　转阀特性曲线的计算

图 10-31 示出转阀的分析模型。当汽车的发动机运转时，动力转向泵就向动力转向器输出流量 Q_T，其首先通过供油孔(中心油孔)E 进入在阀体内圆上制出的四条轴向油槽 F。

然后，流量 Q_T 分成了两部分，即 Q_L 和 Q_R。

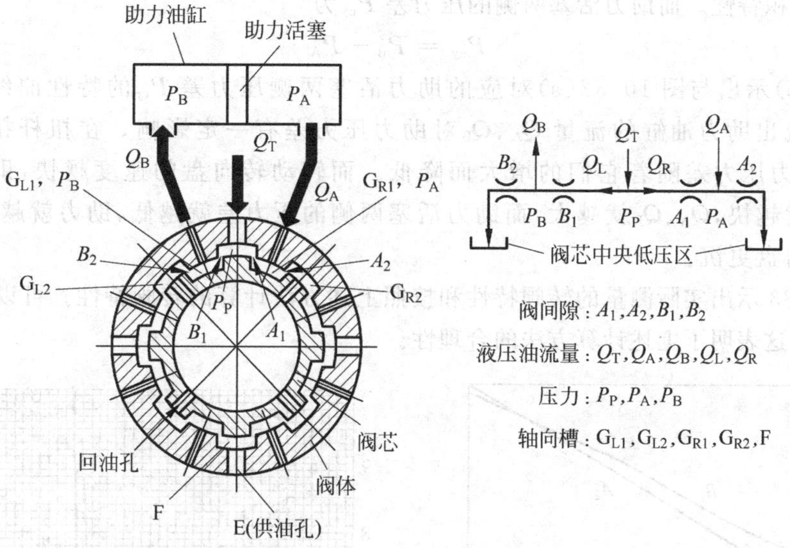

图 10-31 转阀的分析模型

(1) 流量 Q_L 流向左侧，通过阀间隙 B_1 进入在阀芯外圆上制出的四条轴向油槽 G_{L1}。这个流量又进一步分成两部分，其中 Q_B 进入动力转向油缸；(Q_L-Q_B) 通过阀间隙 B_2 进入在阀体内圆上制出的四条轴向油槽 G_{L2}，然后通过在阀芯上制出的回油孔流入阀芯的中央，该处通过回油管与油罐相通，是低压区。

(2) 流量 Q_R 流向右侧，通过阀间隙 A_1 流入在阀芯外圆上制出的四条轴向油槽 G_{R1}，与来自油缸的流量 Q_A 会合。流量 (Q_R+Q_A) 通过阀间隙 A_2 进入在阀体内圆上制出的四条油槽 G_{R2}，然后通过在阀芯上制出的回油孔流入阀芯中央低压区。

当有转矩施加在转阀总成中的扭杆上时，阀芯相对于阀体转动一个角度，引起阀间隙 A_1、A_2、B_1、B_2 发生变化。根据液压原理中的薄壁小孔理论，有如下方程：

$$Q_R = C_q \cdot A_1 \cdot \sqrt{\frac{2\cdot(P_P-P_A)}{\rho}} \tag{10-19}$$

$$Q_A + Q_R = C_q \cdot A_2 \cdot \sqrt{\frac{2\cdot P_A}{\rho}} \tag{10-20}$$

$$Q_L = C_q \cdot B_1 \cdot \sqrt{\frac{2\cdot(P_P-P_B)}{\rho}} \tag{10-21}$$

$$Q_L - Q_B = C_q \cdot B_2 \cdot \sqrt{\frac{2\cdot P_B}{\rho}} \tag{10-22}$$

$$Q_T = Q_L + Q_R \tag{10-23}$$

$$Q_A = Q_B \tag{10-24}$$

其中，假设在阀芯中央低压区的压力为零；忽略了内泄漏；P_P 是动力转向泵的输出压力；P_A、P_B 分别是在油槽 G_{R1}、G_{L1} 中的压力；C_q 是阀间隙的流量系数，$C_q=0.7$；ρ 是油的密度，$\rho=870\ \text{kg/m}^3$。

在已知阀间隙 A_1、A_2、B_1、B_2 随着阀芯相对于阀体的转角而发生变化的特性和流

量 Q_T、Q_A 时，就可以从式(10-19)～式(10-24)解出 P_P、P_A、P_B。图 10-32(a)示出一个转阀的阀间隙面积特性。而助力活塞两侧的压力差 P_{cy} 为

$$P_{cy} = P_B - P_A \tag{10-25}$$

图 10-32(b)示出与图 10-32(a)对应的助力活塞两侧压力差 P_{cy} 的特性曲线。可以看出，流进、流出助力油缸的流量 Q_A、Q_B 对助力压力差有一定影响。在扭杆扭角一定的情况下，助力压力差随着它们的增大而降低。而转动转向盘的速度越快，助力活塞的移动速度就越快，Q_A、Q_B 就越大，而助力活塞两侧的压力差就越低，助力就越小，驾驶员会感到转向盘更沉。

图 10-33 示出实际测量的转阀特性和按照上述方法计算的转阀特性。可以看出，两者相当接近。这表明了上述计算方法的合理性。

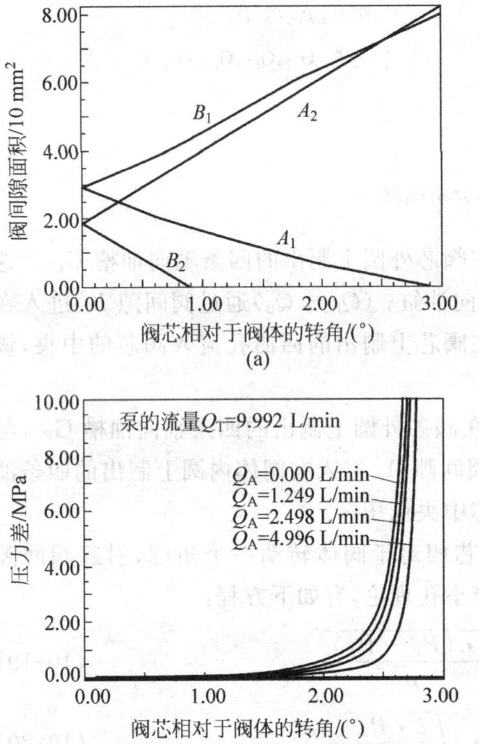

图 10-32　一个转阀的阀间隙面积特性和相应的助力压力差特性

(a) 阀间隙面积特性；(b) 阀压力差特性

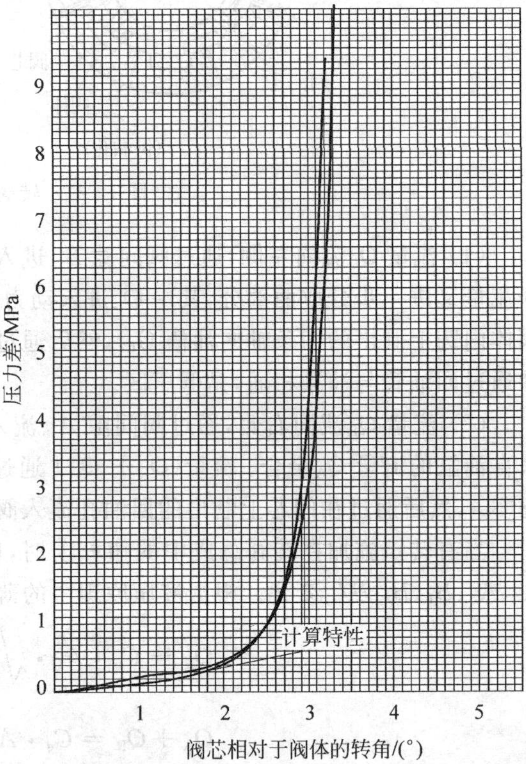

图 10-33　实际测量的转阀特性和计算的转阀特性

10.9　动力转向泵

在轿车等轻型汽车上，动力转向泵一般通过皮带轮由发动机驱动，如图 10-2 所示。在许多中、重型货车上动力转向泵由空气压缩机的曲轴驱动，动力转向泵与空气压缩机同轴，安装在其后方。动力转向泵的作用是把机械能转换成液压能，并且通过动力转向油管输送

给动力转向器，如图 10-2、图 10-15 所示。

10.9.1 对动力转向泵的要求

对动力转向泵的要求包括：①在发动机怠速时能够提供足够的液压油流量和压力，以满足停车转向的要求；②工作效率高，以减小能耗；③在转速一定时流量波动要小，以有利于降低噪声；④工作可靠、耐久性好；⑤工作温度在希望的范围之内；⑥带有限压阀，限制系统中的最高油压（起安全作用）；⑦带有流量控制阀，以限制动力转向泵向动力转向器输送的最大流量，从而降低泵的功率消耗、降低温度、减小振动和噪声、降低压力；⑧尺寸小、重量轻、成本较低。

目前，绝大部分动力转向泵是叶片泵。图 10-34 示出一个叶片式动力转向泵。图 10-35 示出叶片泵的泵油原理，其中泵油元件主要是转子、安装在转子十个径向槽中的十个叶片、定子和配流盘。定子的内轮廓由四段圆弧和四段过渡曲线组成。当转子高速转动时，叶片在离心力的作用下压靠在定子的轮廓面上。在图 10-35 所示状态中，只有两个相对的叶片进入了那一对大圆弧面，它们是仅有的工作叶片。定子、转子、配流盘和两个工作叶片把定子内的空间分成了两对高压区（与压力油管相通）和两对低压区（与动力转向油罐相通）。这样，在由工作叶片隔开的两个腔之间是不连通的。工作叶片在转子的驱动下转动时，试图压缩高压区的容积，使其中的压力升高，向压力油管泵油；同时它试图增大低压区的容积，使其中的压力降低，把油从油罐吸入。所以，在工作叶片的左、右两个面之间存在压力差，泵的输入功率主要用来推动这两个工作叶片克服上述压力差向前转动，一小部分输入功率用来克服其他的阻力（主要是摩擦阻力）。实际上，在任意时刻，这种叶片泵都只有两个工作叶片，它们相对布置，进入两对大的圆弧面。而其他叶片两侧的腔都通过配流盘相通，在其两个面之间不存在压力差，是非工作叶片。

叶片泵是一种容积泵。图 10-35 所示叶片泵的理论流量按照下式计算：

$$Q = 2 \cdot \left[\frac{\pi \cdot (D^2 - d^2)}{4} - m \cdot t \cdot \frac{D-d}{2} \right] \cdot B \cdot n \cdot 10^{-6} \tag{10-26}$$

其中，Q 是泵的流量，L/min；n 是转子的转速，r/min；D 是定子轮廓的大圆弧直径，mm；d 是转子直径（即定子轮廓的小圆弧直径），mm；B 是定子的宽度，mm；m 是叶片数；t 是叶片厚度，mm。

图 10-36 示出动力转向泵的输出流量随着发动机转速的变化特性。如果叶片泵的流量不加以控制，其将随着发动机的转速线性增大，如图 10-36 中的实线所示。由于要求动力转向泵在怠速时能够提供足够的流量来满足停车转向的要求，而在汽车高速行驶时发动机的转速可能超过其怠速转速的 10 倍，如果对流量不加以控制，泵的输出流量也可能超过其怠速流量的 10 倍。但是，汽车高速行驶时所需要的泵流量一般不超过其怠速流量的 2～3 倍。而过大的泵流量输出会引起功率消耗增大、油温过高、压力过高、零件过载、振动和噪声增大等严重问题。所以，必须对泵的输出流量加以控制。图 10-36 中的虚线代表在流量控制阀的作用下得到的实际泵输出流量特性曲线，即泵的输出流量增大到一定程度（一般不超过怠速流量的 2～3 倍）后就不再随着发动机转速继续增大，而是基本上保持不变。这是动力转向系统所希望的泵的输出流量特性。

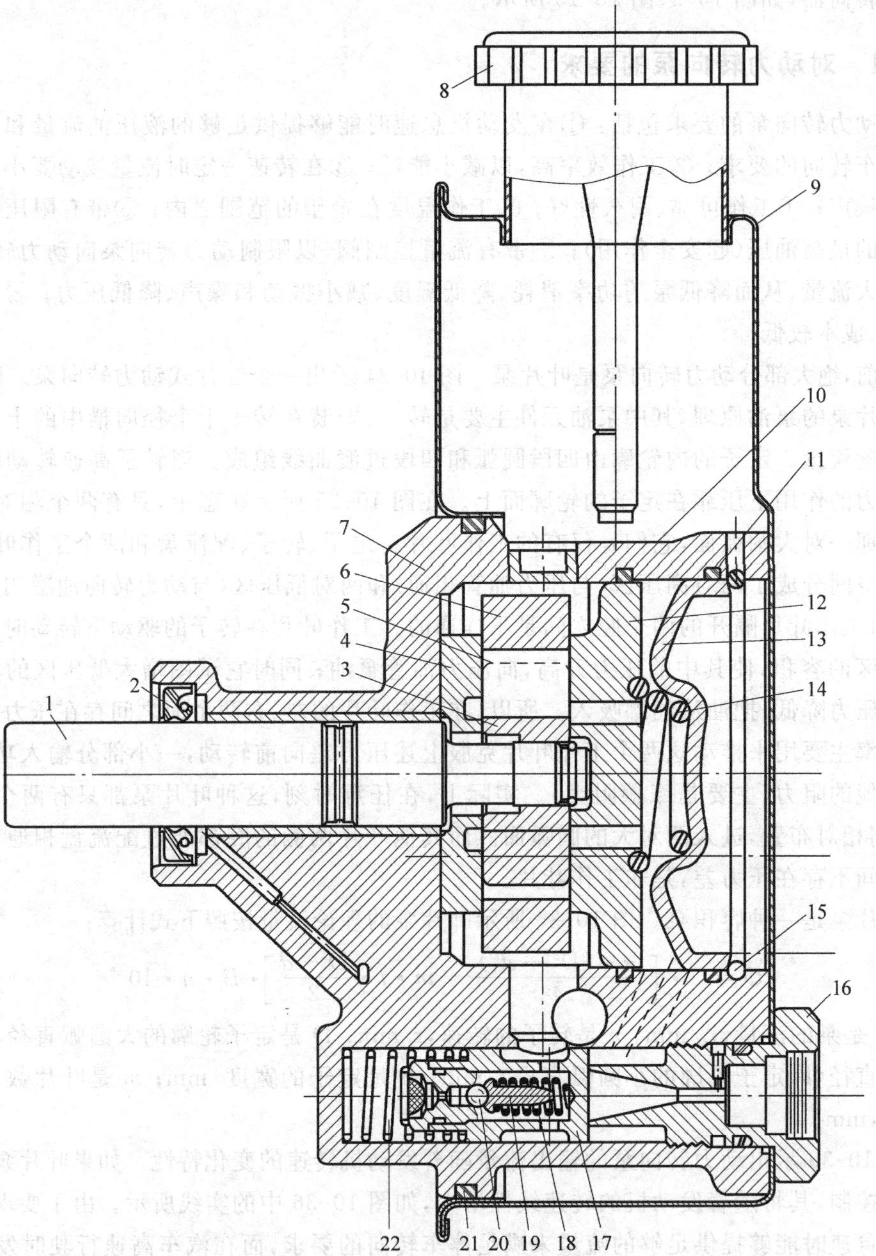

图 10-34　一种叶片式动力转向泵

1—泵轴；2—轴油封；3—转子；4—前配流盘；5—叶片；6—定子；7—泵壳体；8—油罐盖；9—油罐；10,11—油封；12—后配流盘；13—端盖；14—压紧弹簧；15—钢丝挡圈；16—出油联合接头；17—流量控制柱塞；18—限压弹簧；19—限压球阀导杆；20—限压球阀；21—油封；22—流量控制弹簧

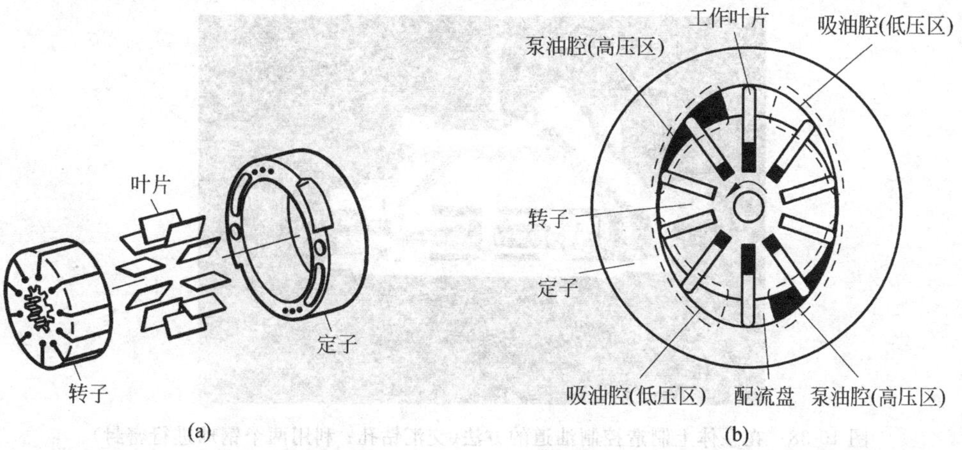

图 10-35 叶片泵的泵油原理图

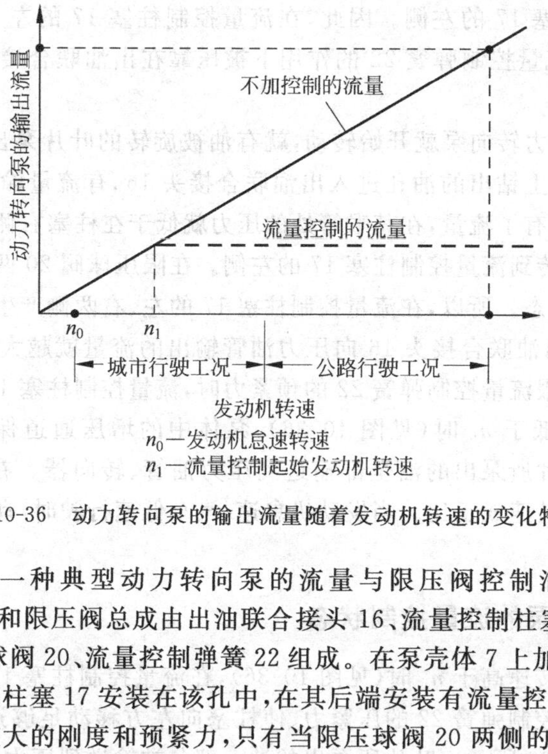

图 10-36 动力转向泵的输出流量随着发动机转速的变化特性

彩图 10-37 示出一种典型动力转向泵的流量与限压阀控制油道。见图 10-34、彩图 10-37,流量控制阀和限压阀总成由出油联合接头 16、流量控制柱塞 17、限压弹簧 18、限压球阀导杆 19、限压球阀 20、流量控制弹簧 22 组成。在泵壳体 7 上加工出一个高精度的流量控制阀孔,流量控制柱塞 17 安装在该孔中,在其后端安装有流量控制弹簧 22。在柱塞中的限压弹簧 18 具有较大的刚度和预紧力,只有当限压球阀 20 两侧的压力差达到限压设定值(例如 10 MPa)时,球阀才能被打开。出油联合接头 16 通过螺纹安装在泵壳体 7 上,在其中央有通油孔,一方面用于连接压力油管,向转向器供油;另一方面用于进行流量控制和限压控制。在出油联合接头中央的通油孔的截面面积是变化的,在截面面积最小的喉部钻出一个径向通孔,其中最细的部分是限压控制量孔。在泵体中制有控制油道,其把上述限压控制量孔与流量控制柱塞 17 左端连通。图 10-38 示出在泵体上制造控制油道的方法,即分别钻出三条相通的孔,然后利用两个钢球进行密封,从而形成上述控制油道。

10.9.2 动力转向泵的低速工作模式

参见图 10-34 和彩图 10-37,当动力转向泵的转速为零时,在出油联合接头 16 中的流

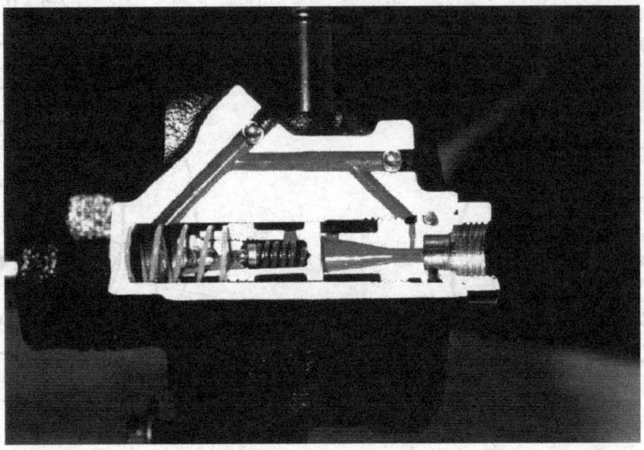

图 10-38 在泵体上制造控制油道的方法(交汇钻孔;利用两个钢球进行密封)

速也为零,所以喉管处的压力与流量控制柱塞 17 右侧的压力相同。这个压力通过控制油道被传到流量控制柱塞 17 的左侧。因此,在流量控制柱塞 17 的左、右两侧的压差为零。流量控制柱塞 17 在流量控制弹簧 22 的作用下被压靠在出油联合接头 16 的左端面上(如彩图 10-37 所示)。

一启动发动机,动力转向泵就开始转动,就有油被旋转的叶片泵出,其通过泵油道和在出油联合接头 16 侧壁上钻出的油孔进入出油联合接头 16,有流量输出到压力油管。由于在出油联合接头 16 中有了流量,在其喉管处的压力就低于在柱塞右侧的压力。而喉管处的低压力通过控制油道传到流量控制柱塞 17 的左侧。在限压球阀 20 两侧的压力差不足以使其打开,其保持关闭状态。所以,在流量控制柱塞 17 的左、右两侧产生了压力差。动力转向泵的转速越高,通过出油联合接头 16 向压力油管输出的流量就越大,上述压力差就越大。当上述压力差足以克服流量控制弹簧 22 的预紧力时,流量控制柱塞 17 就开始向左方移动。当动力转向泵的转速低于 n_1 时(见图 10-36),泵体中的增压通道保持处于关闭状态(如彩图 10-37 所示),叶片所泵出的油全部输送到压力油管、转向器。在这种状态时,动力转向泵的输出流量与其转速成正比。当发动机怠速、汽车低速行驶时,动力转向泵处于这种工作状态。

10.9.3 动力转向泵的流量控制状态

当动力转向泵的转速高于 n_1 时(见图 10-36),在流量控制柱塞 17 左、右两侧所产生的压力差足以克服流量控制弹簧 22 的压紧力、使柱塞向左方移动足够远,使泵体中的增压通道被打开(如彩图 10-39 所示),叶片所泵出的油一部分被输送到压力油管、转向器;另外一部分以高速冲入增压通道,由于增压通道的设计保证其沿着与吸油道(彩图 10-39)相切的方向冲入,起到射流泵的作用,帮助从油罐中把油吸入,同时还使泵的低压油腔中的压力有所升高(见彩图 10-39)。这些都有利于泵的高速工作。在这种状态时,动力转向泵输出到压力油管、转向器的流量基本上保持不变(见图 10-36);在限压球阀 20 两侧的压力差不足以使其打开,保持关闭状态。当汽车以中、高速行驶时,动力转向泵处于这种工作状态。

10.9.4 动力转向泵的限压状态

当前轮已经转到极限转角位置而碰到限位块时,动力转向器中的活塞已经静止,如果驾驶员还继续加大施加到转向盘上的力矩，也不能推动转向器活塞，只是使转向器中的转阀间隙被完全堵死。这时，动力转向泵没有流量输出，泵中的压力急剧上升，如图 10-23 所示。

见图 10-34、彩图 10-40，由于在出油联合接头 16 中没有流量，压力处处相等。喉管处的高压通过控制油道传到流量控制柱塞 17 的左侧。这时，在限压球阀 20 的两侧产生了一个足够大的压力差，克服限压弹簧 18 的压力使限压球阀打开。球阀一打开，控制油道中就有了流量，在限压量孔的两侧便产生了比较大的压力差，其中的低压被传到流量控制柱塞 17 的左侧，而其右侧的压力大致与限压量孔上游(即喉管中)的压力相等，所以在流量控制柱塞 17 左、右两侧之间就产生了一个足够大的压力差，克服流量控制弹簧 22 的压力使流量控制柱塞 17 向左移动足够远，使增压通道被打开，如彩图 10-41 所示。叶片所泵出的油全部以高速冲入增压通道，使泵内的压力迅速降低。这个降低了的压力被通过控制油道传到流量控制柱塞 17 左侧，使限压球阀 20 两侧之间的压力差降低。在限压弹簧 18 的作用下限压球阀 20 被重新关闭，在控制油道中的流量变为零，使得流量控制柱塞 17 左、右两侧的压力相等。在流量控制弹簧 22 的作用下，流量控制柱塞 17 又向右移动，关闭增压通道，使泵内压力又迅速上升，下一个限压循环又开始。

所以，在动力转向泵处于限压状态时，流量控制柱塞 17 始终处于快速左、右振动状态，增压通道被不断地快速打开、关闭，以此来限制整个转向系统中的最大油压(泵内、压力油管、转向器中的压力基本上相等)。但是，由于油压较高(对于轿车，一般约为 10 MPa；对重型货车，最高的约为 17 MPa)，叶片所泵出的油都在泵内循环，油温迅速上升。所以，动力转向泵的限压状态一般仅允许持续几秒钟；否则，泵便会由于过热而损坏。动力转向泵的最高允许工作温度一般不超过 135℃。

在动力转向泵处于限压状态时一般都会发出比较特殊的振动、噪声，这时应该马上减小施加在转向盘上的力矩，直至这种振动、噪声消失。

10.9.5 动力转向泵的特性曲线

图 10-42 示出一个动力转向泵在输出压力为 4.8265 MPa 时的输出流量与泵转速之间的特性曲线。压力 4.8265 MPa 大致相当于一些汽车在良好路面上进行停车转向所需要的压力。可以看出，在喉管直径不同时，开始进行流量控制的转速不同，最大输出流量也不同。随着喉管直径的增大，开始进行流量控制的转速升高，最大输出流量增大。

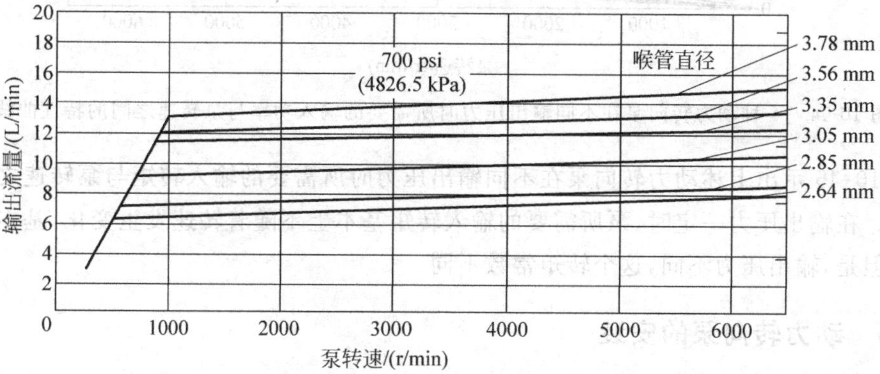

图 10-42 一个动力转向泵在输出压力为 4.8265 MPa 时的输出流量与泵转速之间的特性曲线

图10-43示出上述动力转向泵在输出压力为0.344 75 MPa时的输出流量与泵转速之间的特性曲线。压力0.344 75 MPa大致相当于汽车在公路上直线行驶(驾驶员对转向盘施加的转矩为零或接近为零)时的压力。可以看出,在喉管直径不同时,开始进行流量控制的转速不同,最大输出流量也不同。随着喉管直径的增大,开始进行流量控制的转速升高,最大输出流量增大。

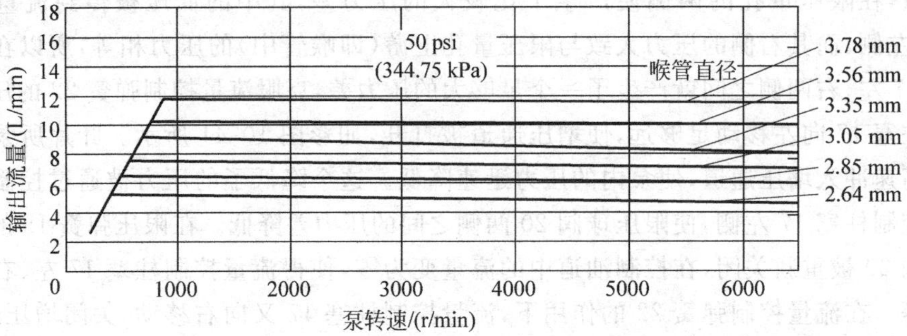

图10-43 一种动力转向泵在输出压力为0.344 75 MPa时的输出流量与泵转速之间的特性曲线

图10-44示出上述动力转向泵在不同输出压力时所需要的输入功率与泵转速之间的特性曲线。在输出压力一定时,泵所需要的输入功率随着转速线性增大。而且,输出压力越大,所需要的输入功率随着转速增大的斜率越大。

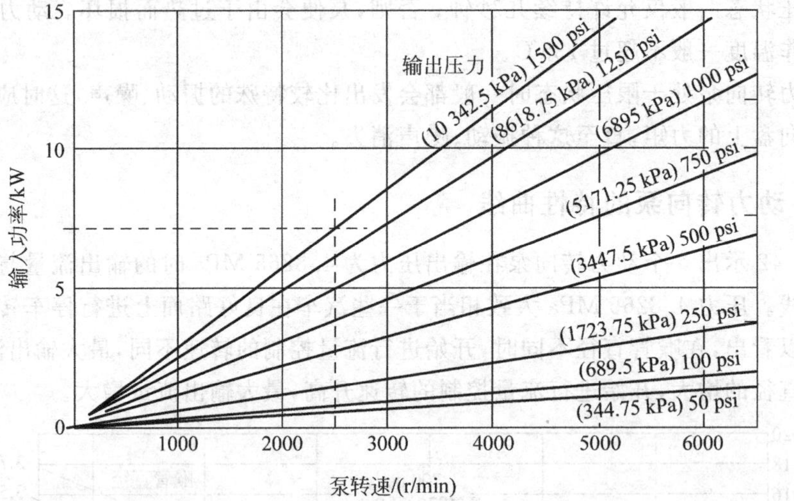

图10-44 一种动力转向泵在不同输出压力时所需要的输入功率与泵转速之间的特性曲线

图10-45示出上述动力转向泵在不同输出压力时所需要的输入转矩与泵转速之间的特性曲线。在输出压力一定时,泵所需要的输入转矩基本上不随着转速发生变化,基本上是个常数。但是,输出压力不同,这个转矩常数不同。

10.9.6 动力转向泵的安装

动力转向泵应该很刚性地安装在发动机上,如果采用安装支架,其刚度应该尽可能大。

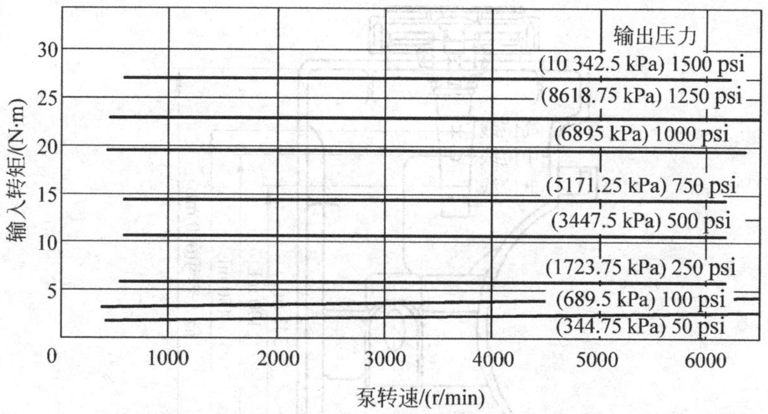

图 10-45　一种动力转向泵在不同输出压力时所需要的输入转矩与泵转速之间的特性曲线

泵安装高度一般应该高于动力转向器。发动机向各个方向转动、振动不应该引起皮带轮的前后振动，因为这会在动力转向泵的驱动轴上引起轴向力。

10.10　动力转向油罐

1. 动力转向油罐的功能

(1) 用于向动力转向系统添加液压油；

(2) 用于检查动力转向液压油的液面高度；

(3) 为动力转向液压油的热膨胀提供空间(油温范围为－40～149℃)；

(4) 当动力转向油管膨胀时(例如动力转向泵限压时)提供补偿液压油；

(5) 用于除去动力转向系统中的空气。

2. 动力转向油罐的类型

(1) 整体式油罐　直接安装在动力转向泵上的油罐称为整体式油罐，如图 10-34 所示。整体式油罐的制造成本、保修成本都比较低。在有安装空间的情况下尽可能采用整体式油罐。

(2) 远距离油罐　不直接安装在动力转向泵上的油罐称为远距离油罐。如图 10-2 所示。这种油罐主要用在安装空间紧张的场合。在布置中，这种油罐离开泵的距离应该尽可能短，建议不超过 450 mm。采用远距离油罐的转向系统的冷启动性能不如采用整体式油箱的系统好；由于有更多的潜在泄漏点，成本较高；当发动机上的垂直加速度超过 25g 时，不能装在发动机上。

3. 动力转向油罐的设计指南

(1) 油罐应该具有足够的容积，一般要求不小于 600 mL(如图 10-46 所示)。

(2) 油罐中空气体积与液压油体积的比率为 1∶2～1∶2.5(例如在总容积为 600 mL 的油罐中，空气体积为 200 mL，油的体积为 400 mL)。

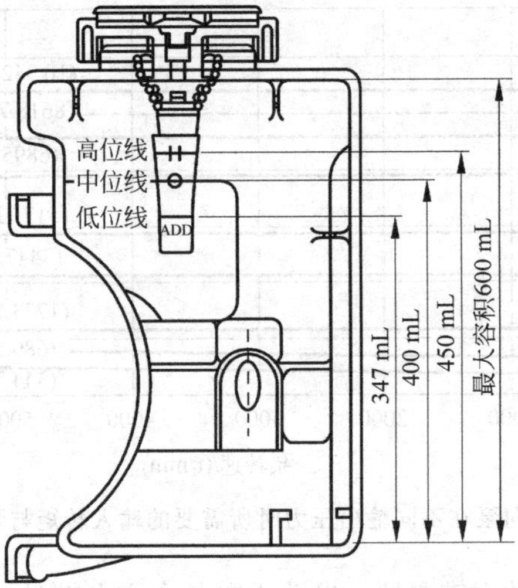

图 10-46　动力转向油罐的示意图

(3) 油罐应该带有加油颈和回油管接头；安装油罐盖,其功能包括：密封,即液压油封闭在油罐之内；提供油面高度指示器；通大气,即允许空气进入、排出油罐,保持油罐中适当的气压,有利于冷却。

(4) 回油管接头能够使油顺畅地从转向器流向油罐,并不引起涡流(它会把掺入空气的油吸入泵的进油口),为此回油管接头一般布置在油罐低部(总是在油面以下至少 50 mm),以免回油打破油面,引起空气吸入；油罐的吸油口也必须总是位于油面以下(至少 50 mm),必须使由回油引起的涡流不集中在进油口。

(5) 在油罐中适当设置阻隔板,以控制流动、减小油中的含空气量,防止引起油的泡沫化。

(6) 在任何情况下(例如急转向、爬陡坡时),与吸油管相连的吸油口都在油面以下。

(7) 能为动力转向泵提供顺畅的供油,防止由回油引起的气泡进入吸油管。

(8) 设置磁铁槽,把磁铁安放在涡流最小的位置,并适当固定,以收集外来的铁和钢粒子。

(9) 油罐中的工作油面应该高于动力转向泵,在整体式油罐中油面至少应该比泵的进油口高 30 mm。

(10) 外部颜色一般建议采用黑色。

(11) 油罐的材料应该能够满足使用温度的要求,一般的工作温度范围是 −40～+150℃。

对于远距离油罐还有如下设计要求：吸油管的直径至少为 15.88 mm,以保证把油顺畅地从远距离油罐输送到动力转向泵的吸油口；从油罐到动力转向泵的距离一般不超过 450 mm,油罐中的油面至少比泵进油口高 75 mm,如图 10-47 所示；远距离油罐的设计标准要求其最小容积是泵每分钟流量的两倍,但是动力转向油罐的容积一般都不能达到这个标准,所以加隔板减弱涡流很重要。

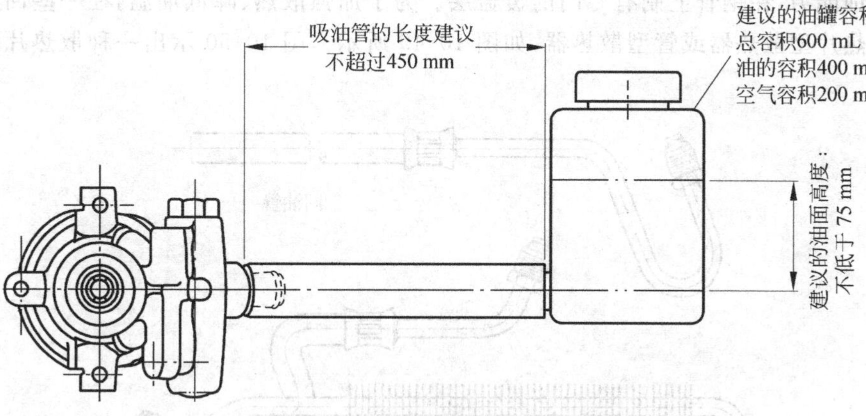

图 10-47 推荐的远距离油箱的布置

10.11 动力转向油管

动力转向油管包括压力油管和回油管，如图 10-2、图 10-15、图 10-48、图 10-49 所示。在采用远距离油罐的情况下，还有吸油管，如图 10-2、图 10-47 所示。可以看出，动力转向油管都是由硬管（钢管）和柔性油管（橡胶油管）组成的。为了保证压力油管和回油管具有足

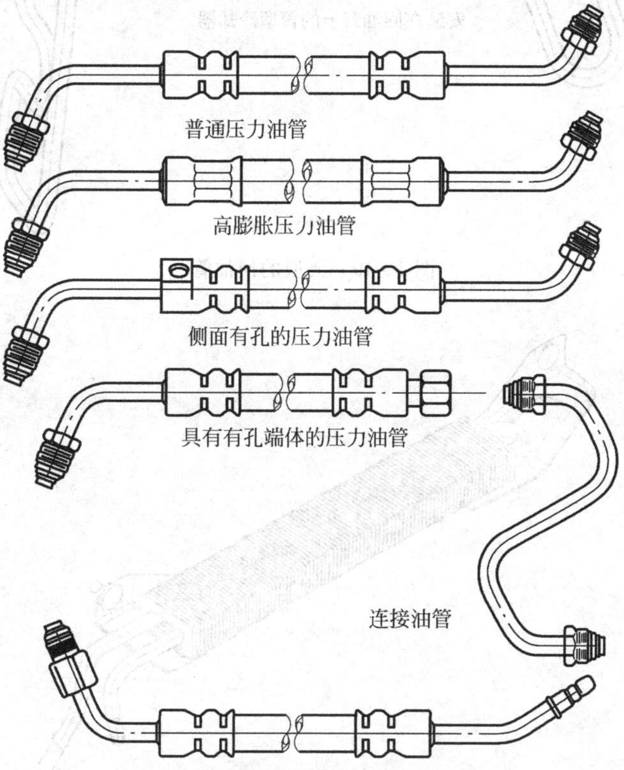

图 10-48 典型的压力油管

够的抗腐蚀能力,在钢管上制有专门的覆盖层。为了加强散热、降低油温,在一些回油管上安装了散热片型散热器或管型散热器,如图 10-49 所示。图 10-50 示出一种散热片型散热器的外形。

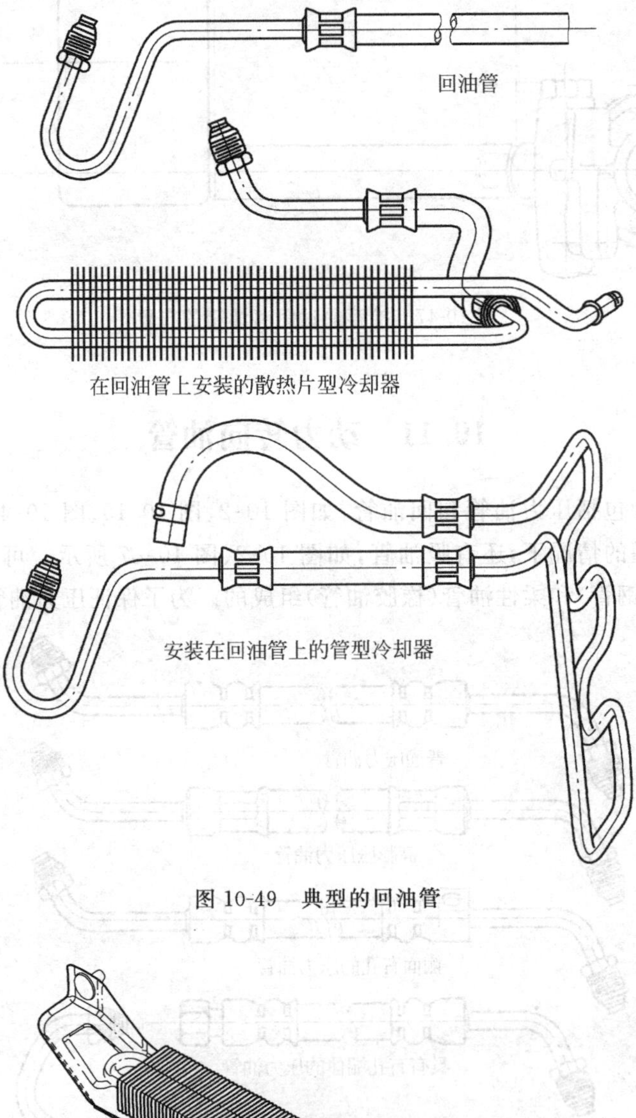

图 10-49 典型的回油管

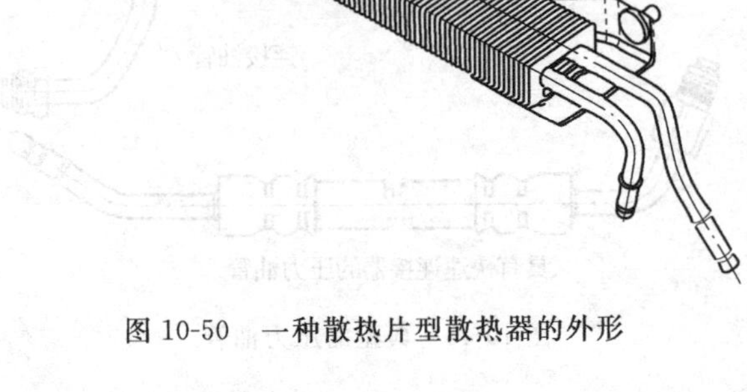

图 10-50 一种散热片型散热器的外形

10.11.1 动力转向油管的功能

1. 传输液压油

压力油管(如图 10-48 所示)用于从动力转向泵向动力转向器传输压力油。回油管(如图 10-49 所示)用于从动力转向器向动力转向油罐传输回油。

2. 降低动力转向系统的噪声

液压动力转向系统常常趋向于引起严重的噪声。主要的噪声源是动力转向泵(液压泵),动力转向器中的转阀也是一个重要的噪声源。对于液压动力转向系统,可以定义三种不同的噪声,即空气传播的噪声(ABN),其在空气中传播,人耳可以听到;结构传播的噪声(SBN),即系统组件的机械振动,往往是 ABN 的直接原因;液体传播的噪声(FBN),即液压油中的压力波动,往往是 SBN 的主要原因,而 SBN 又引起 ABN。

柔性油管对于隔振是很有效的,从而有利于减小 SBN。柔性油管也是很好的 FBN 的衰减器。通过仔细设计液压管路(例如适当选择其长度)可以避免共振发生,使 FBN 最小化。图 10-48 所示的高膨胀压力油管的径向刚度较小(橡胶油管中的帘线与油管中心线成一斜角布置),在油压作用下其直径变化较大,有利于降低系统的固有频率、增大阻尼,在一些情况下可以有效地降低噪声。

当动力转向系统发出呻吟(MOAN)噪声时,采用调谐压力油管的方法可以有效地减小这种噪声。如图 10-51 所示,把一条可弯曲的螺旋金属管(叫做调谐器管)放置在橡胶油管

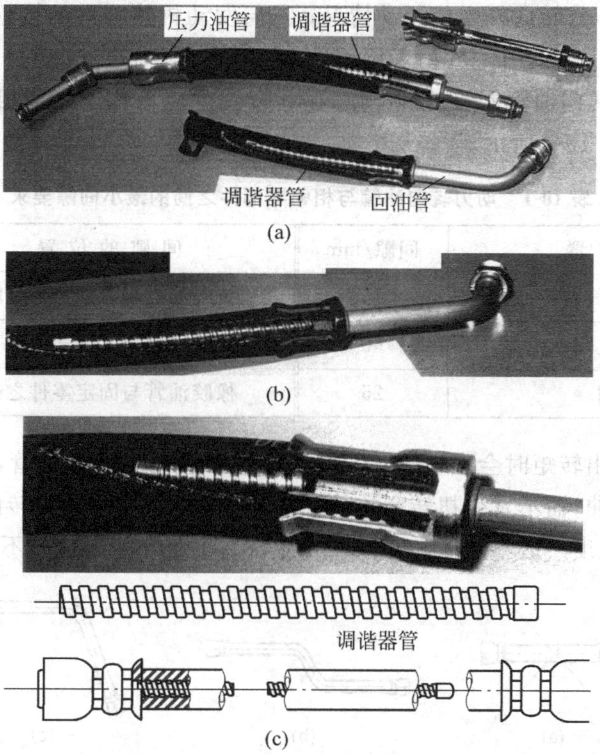

图 10-51 在压力油管和回油管中的调谐器管

(a) 各种调谐器油管;(b) 调谐器回油管;(c) 调谐器压力油管

总成之内,构成调谐器油管。调谐器油管是一种四分之一波长衰减器,即调谐器管的长度是噪声波长的四分之一。

颤抖(SHUDDER)噪声是一种在发动机低转速下进行转向时所发生的振动、噪声。在一些情况下,可以通过在动力转向系统的回油管中加装调谐器管来消除它,如图10-51所示。从图10-51(b)可以看出,回油管中的调谐器管较长;而压力油管中的调谐器管较短,如图10-51(a)所示,这意味着回油管中的颤抖(SHUDDER)噪声具有比较大的波长,即比较低的频率。

仅当绝对必要时才采用调谐器油管,因为其成本高。

3. 降低液压油温度

动力转向油管中的钢管部分散热性能较好。在出现油温过高的情况下,需要加强散热,一般在回油管上安装散热片型散热器或管型散热器,如图10-49、图10-50所示。

轿车的动力转向油管的连续工作状态一般如下:对于压力油管,在温度135℃时允许的压力为11.03 MPa;对于回油管,在温度135℃时允许的压力为0.68 MPa;对于远距离油罐的吸油管,在温度135℃时允许的压力为0.136 MPa。如果温度超过了上述推荐的水平,需要考虑采用管型冷却器或散热片型冷却器,如图10-49、图10-50所示。

10.11.2 动力转向油管在车辆上的安装

为了在发动机罩下适当布置油管,必须考虑如下因素:①发动机相对车架的运动情况;②悬架的运动情况;③转向杆系的运动情况;④与发动机热零件的接近程度;⑤是否暴露于从路面溅起的泥、水等之中;⑥由于调整皮带引起的附件位置改变。

为了保证动力转向油管能够正常工作,在其布置中应该保证其与相邻的零部件之间具有需要的间隙,如表10-1所示。

表10-1 动力转向油管与相邻零部件之间的最小间隙要求

间隙的位置	间隙/mm	间隙的位置	间隙/mm
钢管与热零件(如排气歧管)之间	15	橡胶油管与运动零件之间	30
橡胶油管与热零件之间	60	钢管与固定零件之间	10
钢管与运动零件之间	25	橡胶油管与固定零件之间	30

发动机对外输出转矩时会发生侧倾。应该这样布置动力转向油管,即当发动机侧倾时橡胶油管仅发生弯曲,而不发生扭转和拉伸。图10-52示出布置动力转向油管的一些情况。为此,油管的最小长度一般不短于300 mm,橡胶油管的最小半径应该不小于60 mm。

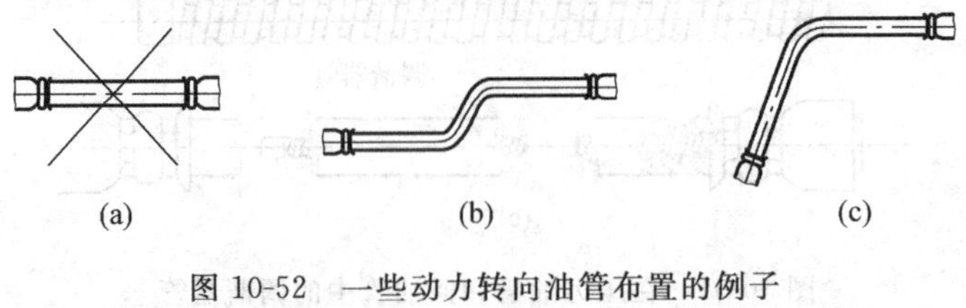

图10-52 一些动力转向油管布置的例子

(a) 不可接受;(b) 可以接受;(c) 最好

10.12 转向器角传动比的变化规律

转向系统的基本功能之一就是减小驾驶员的操纵转向盘的转向力。汽车的转向力一般是随着转向盘离开直线行驶位置的角度而增大的，这实际上是因为前轮对主销轴线的转向阻力矩随着其转角而增大。在汽车行驶时，造成这个转向阻力矩的因素主要包括：①轮胎侧偏角引起的侧向力对主销轴线的回正力矩，力臂包括轮胎拖距和主销后倾角引起的机械拖距，在前轮转角较小时这个转向阻力矩是主要的；②由主销内倾角引起的汽车前部升起而造成的转向阻力矩，在前轮转角较大时，其是主要的转向阻力矩。

在采用机械转向系统的情况下，如果其转向角传动比是恒定的，则转向力将随着前轮的转角增大而增大。为了减小前轮大转角时的转向力，采用了变速比转向器。图 10-53 示出一个机械变速比循环球式转向器。可以看出，其在直线行驶位置及其附近，即转向摇臂轴的转角在 0°～3°时，该转向器的角传动比为 24；转向摇臂轴的转角在从 3°～26°的范围内，该转向器的角传动比从 24 逐渐增大到 28，几乎是线性增大；转向摇臂轴的转角超过 26°以后，转向器的角传动比保持 28 不变。在采用机械转向系统的情况下，主要是解决转向操纵的轻便性问题。由于转向阻力矩一般随车轮转角的增大而增大，所以转向器的角传动比曲线也应该这样变化。

循环球齿条齿扇式转向器的角传动比可以由式(10-4)计算，即

$$i_{\omega o} = \frac{\Delta \varphi_{h}}{\Delta \beta_{p}} = \frac{2 \cdot \pi \cdot r}{t}$$

其中，t 是螺杆螺距；r 是齿扇的啮合半径。在变速比设计中，一般螺杆螺距 t 是恒定的，通过改变齿扇的节圆半径 r 来实现变速比。从图 10-53 可以看出，当齿条位于直线行驶位置(即转向摇臂轴转角为零)时，齿条距离齿扇中心最近，即齿扇半径最小，转向器角传动比最小；而随着齿条向两侧移动，齿条离齿扇中心逐渐变远，齿扇半径逐渐增大，转向器角传动比逐渐变大。

在采用机械转向系统的情况下，增大转向器角传动比，可以减轻驾驶员转动转向盘的力(转向力)，使操纵轻便。但是，这却会降低驾驶员操纵转向盘的从容性，即为了获得一定的前轮转角，驾驶员需要转动转向盘的角度增大，要求其进行快速操作。所以，转向操纵的轻便性和从容性是有矛盾的。为了解决这对矛盾，采用了动力转向。

在采用动力转向的情况下，驾驶员操纵转向盘的力主要用来扭转扭杆、使阀芯相对于阀体转动一个角度，从而在助力活塞上产生助力压力差，基本上靠这个压力差引起的液压助力来克服前轮的转向阻力矩。因此，驾驶员操纵转向盘基本上不存在转向沉重问题，转向系统角传动比的选择主要考虑控制前轮转向角及其转动速度、转向感觉的问题。转向系统在直线行驶位置的角传动比是由汽车高速行驶的操纵稳定性决定的，从转向从容性的角度来看，这种角传动比一般还嫌过大。为了进一步改善转向从容性，要求汽车在低速行驶、前轮大转角转向时系统的角传动比进一步减小，以减少驾驶员需要转动转向盘的圈数。这与变速比机械转向系统所要求的角传动比变化规律正好相反。

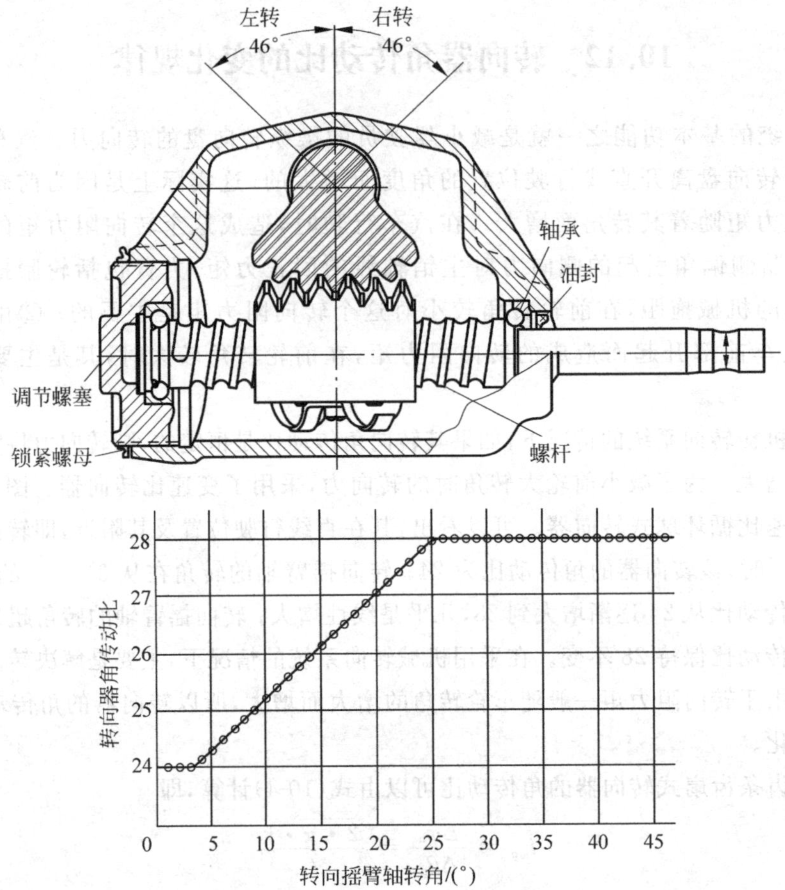

图 10-53 一个机械变速比循环球式转向器及其角传动比特性曲线

图 10-54 示出一个变速比整体式动力转向器。其中，在转向摇臂轴转角在 5°以下时，转向器角传动比为 15，这是由汽车的高速操纵稳定性决定的；从 5°～32°，转向器的角传动比逐渐减小，最后变到 13；在转向摇臂轴的转角超过 32°时，角传动比保持 13 不变。这种转向器角传动比变化特性可以兼顾高速操纵稳定性和低速转向从容性。

图 10-55 示出循环球齿扇式转向器实现变速比的原理。图 10-55(b)示出与汽车直线行驶对应的转向器状态，其中齿扇的节圆半径 $r=38.1$ mm。螺杆螺距 $t=14.9606$ mm，是个常数。转向摇臂轴转角为零时的转向器角传动比为

$$i_{\omega o}=\frac{2\cdot\pi\cdot r}{t}=\frac{2\times 3.14\times 38.1}{14.9606}=15.99$$

图 10-55(a)示出与汽车前轮大转角、低速行驶对应的转向器状态，其中齿扇的节圆半径 $r=27.3812$ mm，转向器角传动比为

$$i_{\omega o}=\frac{2\cdot\pi\cdot r}{t}=\frac{2\times 3.14\times 27.3812}{14.9606}=11.49$$

应该指出，在一些重型货车的动力转向器中也采用了与图 10-53 所示相类似的角传动比变化特性，即中间传动比小、两端传动比大，其主要目的也是减小在汽车重载时的转向力。

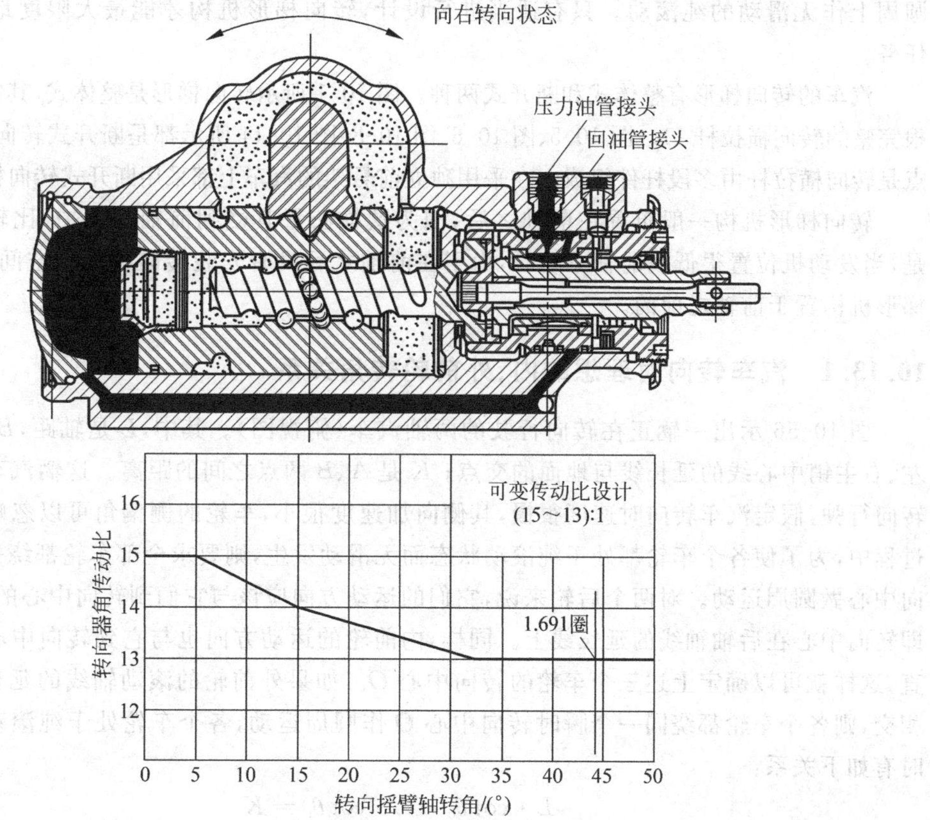

图 10-54 一种变速比整体式动力转向器及其角传动比变化特性

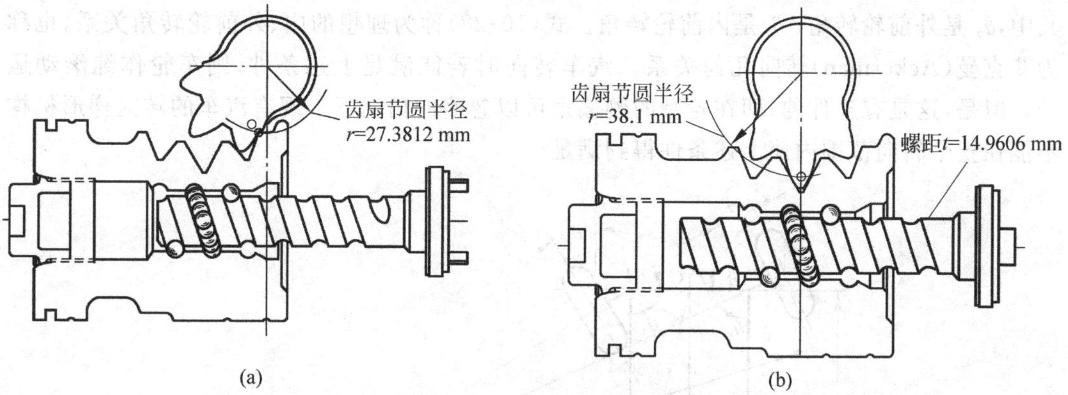

图 10-55 变速比原理——齿扇节圆半径随齿轮转角发生变化

(a) 最小角传动比状态；(b) 最大角传动比状态

10.13 转向梯形设计

在图 10-1 所示的转向系统中，转向梯形机构由左、右梯形臂 10、12 和转向横拉杆 11 组成，用来保证：在汽车转弯行驶时，所有车轮都尽可能绕一个瞬时转向中心、在不同的圆周上作无滑动的纯滚动。只有适当进行设计,转向梯形机构才能最大限度地完成这个任务。

汽车的转向梯形有整体式和断开式两种。图10-1所示转向梯形是整体式,其特点是有一根完整的转向横拉杆11。图10-5、图10-6、图10-8、图10-14所示都是断开式转向梯形,其特点是转向横拉杆由多段杆件组成。在采用独立前悬架的汽车上都采用断开式转向梯形。

转向梯形机构一般布置在前轴之后,因为这样布置其受到前轴的保护,比较安全。但是,当发动机位置很低或前轴驱动时,由于在前轴之后没有安装转向梯形的空间,有把转向梯形机构置于前轴之前的。

10.13.1 汽车转向时理想的内、外前轮转角关系

图10-56示出一辆正在转向行驶的两轴汽车(俯视图)。其中,L是轴距,B、A分别是左、右主销中心线的延长线与地面的交点;K是A、B两点之间的距离。这辆汽车正在向右转向行驶,假定汽车转向时速度很慢,其侧向加速度很小,车轮的侧偏角可以忽略。在转向过程中,为了使各个车轮都处于纯滚动状态而无滑动发生,则要求全部车轮都绕一个瞬时转向中心做圆周运动。对两个后轮来说,它们的运动方向应该与它们到转向中心的连线垂直,即转向中心在后轴轴线的延长线上。同样,内前轮的运动方向也与它到转向中心的连线垂直,这样就可以确定上述三个车轮的转向中心O。如果外前轮的滚动轴线的延长线也与O相交,则各个车轮都绕同一个瞬时转向中心O作圆周运动,各个车轮处于纯滚动状态。这时有如下关系:

$$L \cdot \cot\theta_o - L \cdot \cot\theta_i = K \tag{10-27}$$

$$\cot\theta_o - \cot\theta_i = \frac{K}{L} \tag{10-28}$$

其中,θ_o是外前轮转角;θ_i是内前轮转角。式(10-28)称为理想的内、外前轮转角关系,也称为艾克曼(Ackerman)转向几何关系。汽车转向时若能满足上述条件,则车轮作纯滚动运动。但是,这是有条件的,即在轮胎的侧偏角可以忽略的情况下。现有汽车的转向梯形机构不能在整个转向范围内使上述条件得到满足。

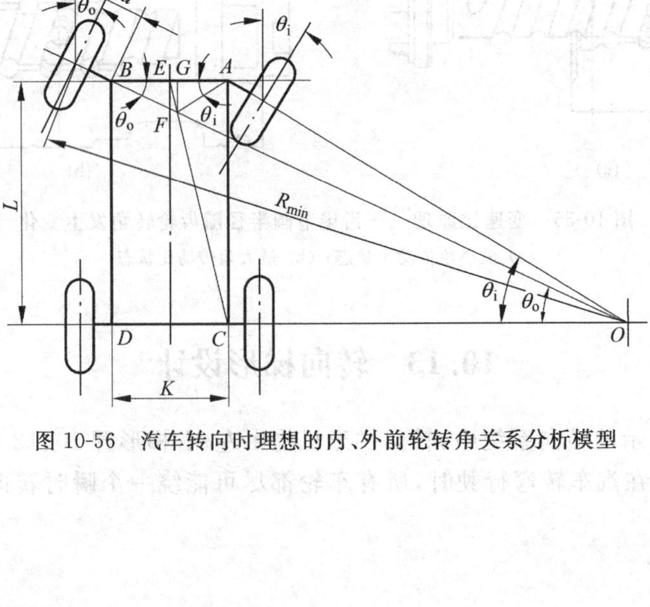

图10-56 汽车转向时理想的内、外前轮转角关系分析模型

参见图 10-56，BD 和 AC 是两条平行于汽车纵轴线的直线，分别与后轴相交于 D、C 点。E 点是纵轴线与 AB 的交点，连接 E、C 点得到 EC 线。在 EC 线上任取一点 F，它与 A、B 两点连线所组成的 $\angle FBE$ 和 $\angle FAE$，就是符合式(10-28)的理想内、外前轮转角。下面对其进行证明：

过 F 作 AB 的垂线，G 是垂足。设 $\angle FBE=\theta_o$（外轮转角）；$\angle FAE=\theta_i$（内轮转角），则

$$\cot\theta_o=\frac{BG}{FG}=\frac{BE+EG}{FG} \tag{10-29}$$

$$\cot\theta_i=\frac{AG}{FG}=\frac{AE-EG}{FG}=\frac{BE-EG}{FG} \tag{10-30}$$

$$\cot\theta_o-\cot\theta_i=\frac{2\cdot EG}{FG} \tag{10-31a}$$

由于△EGF 相似于△EAC，所以

$$\cot\theta_o-\cot\theta_i=\frac{2\cdot EG}{FG}=\frac{2\cdot\dfrac{K}{2}}{L}=\frac{K}{L} \tag{10-31b}$$

因此，直线 EC 就是保证内、外前轮转角正确关系的理想特性线。有了这条线，就可以比较方便地用图解法来校核转向梯形的设计质量。

10.13.2 整体式转向梯形机构的设计校核

图 10-57 示出确定校核用当量转向梯形的方法。在图 10-57(a)所示侧视图上，E 点是转向横拉杆与梯形臂的球铰中心。过 E 点作主销轴线的垂线，V 是垂足。E 点到 V 点的水平距离为 a。过 V 点作平行于地面的直线，并且延长到图 10-57(a)所示的后视图上。

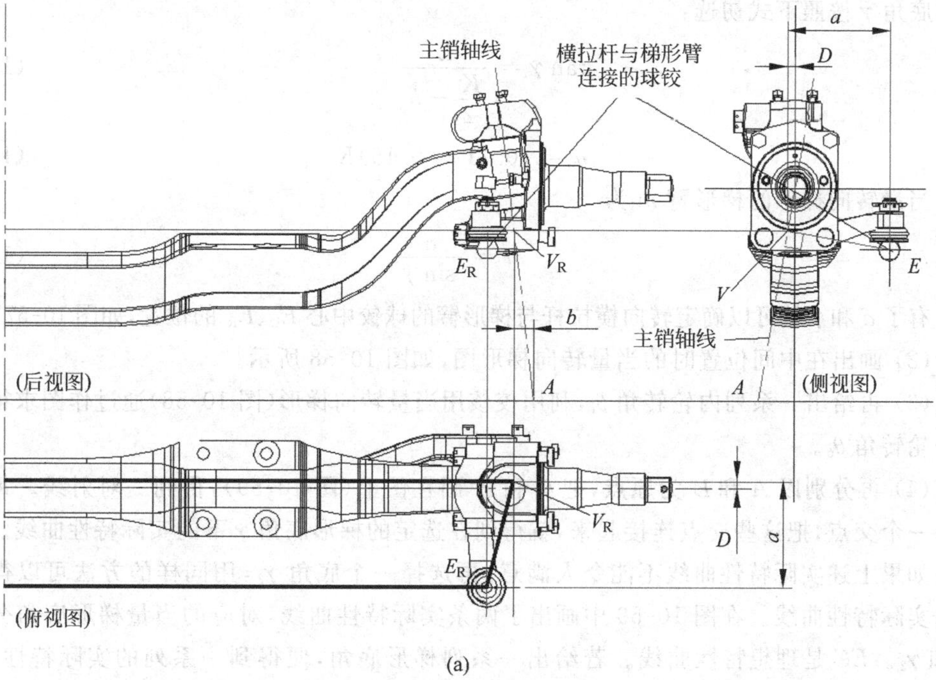

图 10-57 确定校核用当量转向梯形的方法

(a) 一半前桥；(b) 完整的前桥

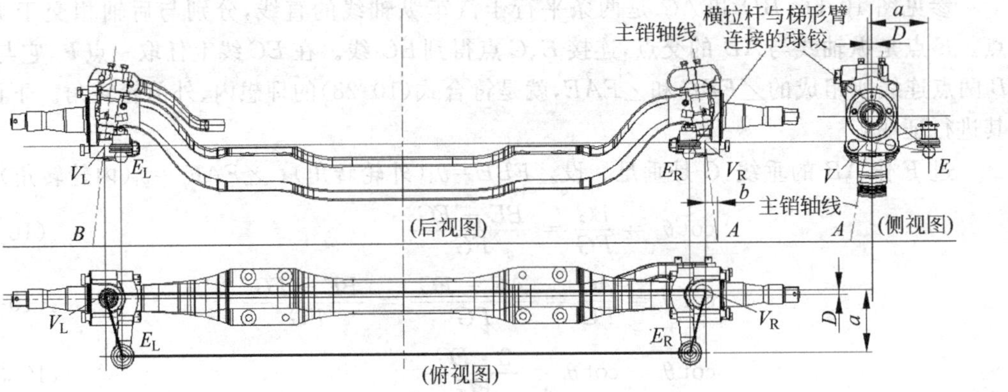

(b)

图 10-57 (续)

在图 10-57(a)所示的后视图上,上述过 V 点的水平线与右侧主销轴线相交于 V_R。V_R 与 A 之间的水平距离是 b。A 是主销轴线的延长线与地面的交点。用类似的方法可以确定 V_L,如图 10-57(b)所示。

在图 10-57(b)所示的俯视图上,E_L、E_R 分别是转向横拉杆与左、右梯形臂的球铰中心,根据尺寸 a、b 就可以确定 V_L、V_R 点的位置。校核用当量转向梯形的顶点就是 E_L、E_R、V_L、V_R。

对转向梯形机构进行设计校核的图解方法包括如下步骤。

(1) 按照图 10-57 所示方法确定校核用当量转向梯形,如图 10-58 所示。该当量转向梯形底角 γ 按照下式初选:

$$\tan\gamma = \frac{L}{\dfrac{K}{2} - b} \tag{10-32}$$

$$a = (0.11 \sim 0.15)K \tag{10-33}$$

当量转向梯形的梯形臂 m 为

$$m = \frac{a}{\sin\gamma} \tag{10-34}$$

有了 a 和 γ 就可以确定转向横拉杆与梯形臂的球铰中心 E_L、E_R 的位置,如图 10-57 所示。

(2) 画出在中间位置时的当量转向梯形图,如图 10-58 所示。

(3) 再给出一系列内轮转角 θ_i,利用校核用当量转向梯形(图 10-58)通过作图求得对应的外轮转角 θ_o。

(4) 再分别以 A 和 B 为原点,把 θ_i 和 θ_o 画在图上(图 10-59),得到一对射线。每对射线有一个交点,把这些交点连接起来,就得到在选定的梯形底角 γ 下的实际特性曲线。

如果上述实际特性曲线不能令人满意,再选择一个底角 γ_2,用同样的方法可以得到另一条实际特性曲线。在图 10-59 中画出了两条实际特性曲线,对应的当量梯形底角分别是 γ_1 和 γ_2。EC 是理想特性曲线。若给出一系列梯形底角,便得到一系列的实际特性曲线。从其中选取一条比较理想的实际特性曲线,以其底角作为最后选定的梯形底角 γ。考虑到轮胎的侧偏角,应该使实际内、外前轮转角的差值比利用式(10-28)计算的小些。通常要求

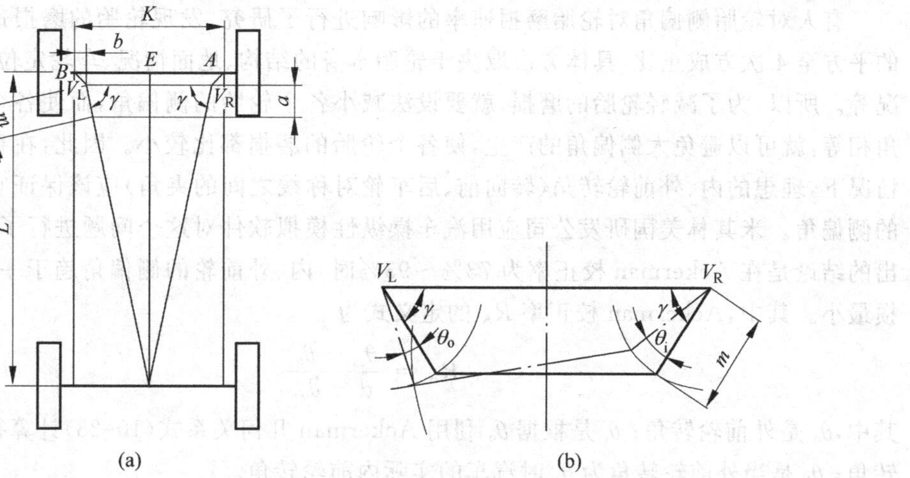

图 10-58 校核用当量转向梯形

在内轮转到最大转角时使实际特性曲线与理想特性曲线 EC 相交。

10.13.3 轮胎侧偏角对转向时内、外前轮转角之间理想关系的影响

应该指出,式(10-28)所描述的理想特性(Ackerman 转向几何关系)比较适用于低速转向行驶的场合,例如车速在 5 km/h 以下。在这种情况下,汽车的侧向加速度很小,轮胎提供的侧向力很小,从而使轮胎侧偏角很小,可以忽略不计。但是,当汽车在以中、高速行驶中进行转向时,侧向加速度可能比较大,轮胎产生较大的侧向力和侧偏角,它们对 Ackerman 转向几何关系有影响。如图 10-60 所示,在汽车转向行驶时,各个轮胎都产生了侧偏角,使得各个轮胎中心的瞬时速度方向都偏离了轮胎的对称线。这时,各个轮胎的瞬时运动中心仍然在与其行驶速度矢量相垂直的直线上。这些直线相交于 B 点,它就是汽车的瞬时转动中心。可以看出,上述轮胎侧偏角使汽车的瞬时转向中心从 A 变到了 B,即向前移了一个距离。

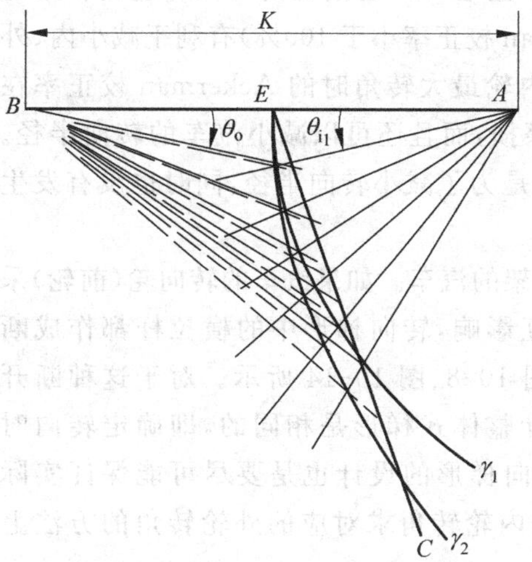

图 10-59 转向梯形与实际特性曲线

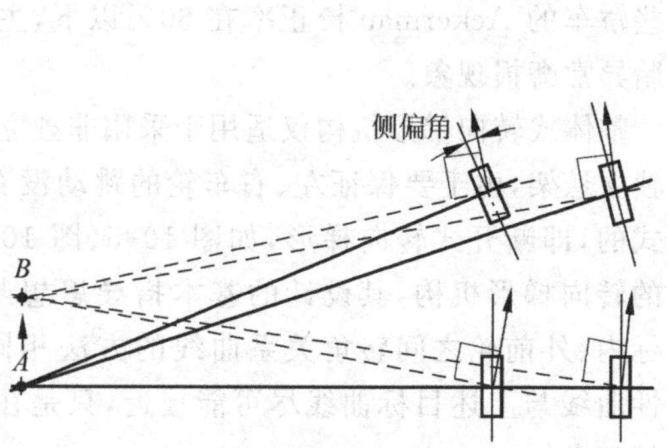

图 10-60 轮胎侧偏角对汽车瞬时转向中心位置的影响

有人对轮胎侧偏角对轮胎磨损速率的影响进行了研究,发现轮胎的磨损速率与侧偏角的平方至4次方成正比,具体方次取决于轮胎本身的结构、地面情况、车轮定位参数、使用情况等。所以,为了减轻轮胎的磨损,就要设法减小各个轮胎的侧偏角,而使各个轮胎的侧偏角相等,就可以避免大侧偏角的产生,使各个轮胎的磨损都比较小。因此,在存在侧偏角的情况下,理想的内、外前轮转角(转向前、后车轮对称线之间的夹角)应该保证它们具有相同的侧偏角。米其林美国研发公司应用汽车操纵性模拟软件对这个问题进行了研究,它们得出的结论是在Ackerman校正率为73%～93%时,内、外前轮的侧偏角趋于一致,轮胎的磨损最小。其中,Ackerman校正率R_A的定义式为

$$R_A = \frac{\theta_{ia} - \theta_o}{\theta_i - \theta_o} \tag{10-35}$$

其中,θ_o是外前轮转角;θ_i是根据θ_o利用Ackerman几何关系式(10-28)计算得到的内前轮转角;θ_{ia}是当外前轮转角为θ_o时汽车的实际内前轮转角。

作者也根据这种原理对保证内、外前轮侧偏角相等的理想内、外前轮转角关系进行了模拟研究,其中利用三自由度汽车操纵性模型根据前轮角输入计算轮胎的侧偏角。图10-61示出一些研究结果,即保证内、外前轮侧偏角相等的理想内、外前轮转角关系曲线。在图10-61中也示出了对应的不考虑侧偏角(实际上侧偏角为零)的Ackerman几何关系曲线,即式(10-28)描述的内、外前轮转角关系曲线。可以看出,在车速为5 km/h时,保证内、外前轮侧偏角相等所要求的内、外侧车轮转角差与Ackerman几何关系基本上相同,这是因为在这样低的车速转向行驶时侧向加速度很小,轮胎基本上没有侧偏角;汽车速度越高、前轮转角越小,保证内、外前轮侧偏角相等所要求的内、外前轮的转角差就越小,当达到80 km/h的车速时,基本上要求内、外前轮的转角相等,即基本上是平行转向;而车速达到100 km/h时,甚至要求内前轮的转角小于外前轮的转角。

在前面介绍整体式转向梯形设计校核时提到,通常要求在内轮转到最大转角时使实际特性曲线与理想特性曲线EC相交。这种设计符合保证侧偏角相等的原理。内轮以最大转角转向行驶时一定对应的是低车速,所以这时满足Ackerman几何关系可以保证轮胎的磨损最小。而随着内轮转角的减小,汽车转向行驶的车速也可以逐渐提高,内、外前轮转角之差小于Ackerman几何关系所规定的值(即Ackerman校正率小于100%)有利于减小内、外前轮的侧偏角,使其趋于一致。实际上,只要使在内轮最大转角时的Ackerman校正率在75%以上,效果一般都很好,即轮胎不会发生异常磨损,而且还可以减小汽车的转向半径。一些轿车的Ackerman校正率在60%以下,主要就是为了减小转向半径,同时也没有发生轮胎异常磨损现象。

整体式转向梯形机构仅适用于采用非独立前悬架的汽车。如果汽车的转向轮(前轮)采用独立悬架,由于要保证左、右车轮的跳动没有相互影响,转向梯形中的横拉杆都作成断开式的,即断开式转向梯形,如图10-5、图10-6、图10-8、图10-14所示。对于这种断开式的转向梯形机构,其设计的基本指导思想与设计整体式梯形是相同的,即确定转向时目标内、外前轮之间转角关系曲线的方法相同,转向梯形的设计也是要尽可能保证实际特性曲线与上述目标曲线尽可能接近,只是在根据内轮转角求对应的外轮转角的方法上比较复杂。

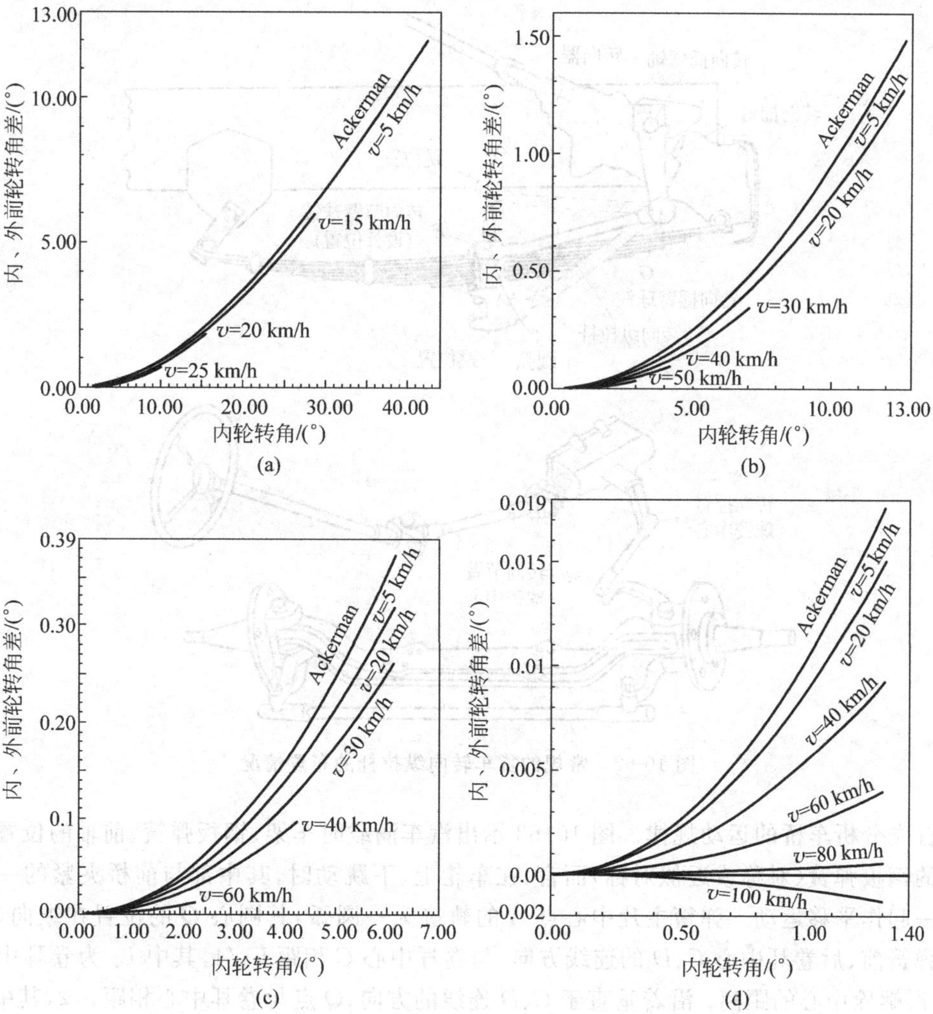

图 10-61 保证内、外前轮侧偏角相等的理想内、外前轮转角关系曲线

10.14 转向杆系与悬架的匹配设计

在汽车转向杆系与悬架的匹配设计中主要考虑如下要求：①当车轮上、下跳动(悬架压缩、伸张)时由转向杆系与悬架的运动干涉所引起的车轮前束角变化尽可能小；②汽车转向行驶、车身发生侧倾时，由上述两种机构运动干涉所引起的侧倾转向角(车轮前束角变化)尽可能小或有利于不足转向；③由悬架中橡胶元件的受力变形所引起的车轮前、后移动要尽可能不引起前束角的变化。

汽车转向杆系的布置方式与汽车采用的悬架、转向器的类型直接相关。

10.14.1 在前悬架是纵置钢板弹簧的汽车中转向纵拉杆的布置

在前悬架是纵置钢板弹簧的汽车中，转向杆系与悬架的匹配设计就是如何布置转向纵拉杆的问题。图 10-62 示出常规的货车转向纵拉杆的布置情况。如图 10-62 所示，转向纵拉杆的两端分别通过球铰 G、E 与转向摇臂、转向节臂相连。

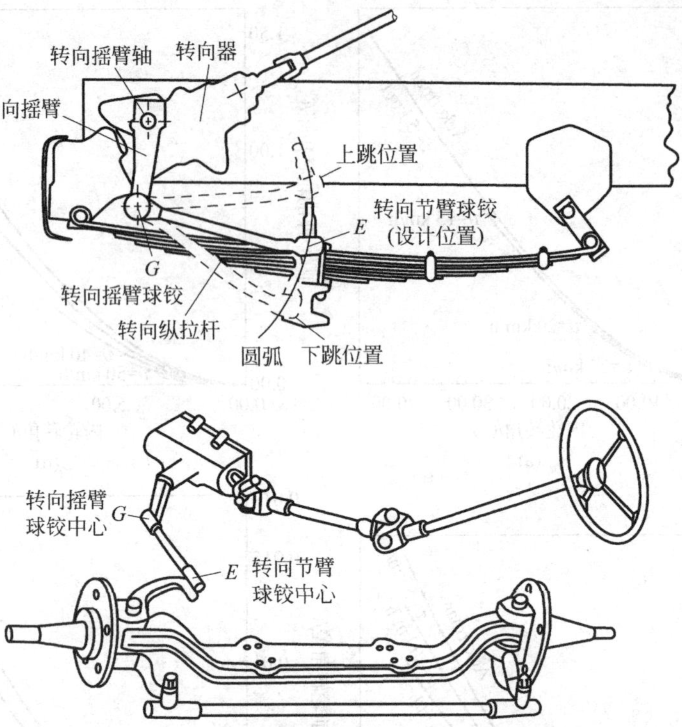

图 10-62　常规的货车转向纵拉杆的布置情况

首先分析车桥的运动规律。图 10-63 示出汽车满载时车架、钢板弹簧、前轴的位置。对一般的钢板弹簧(对称或近似对称)而言,在车轮上、下跳动时,其中部与前桥夹紧的一段与前桥一起作平移运动。弹簧主片中心点 A 的轨迹为一圆弧,其圆心 Q 的位置在纵向(沿着钢板弹簧前、后卷耳中心 C、D 的连线方向)与卷耳中心 C 相距 $L_e/4$,其中 L_e 为卷耳中心到前 U 形螺栓中心的距离；沿着垂直于 C、D 连线的方向,Q 点与卷耳中心相距 $e/2$,其中 e 是卷耳半径。由于前桥随着钢板弹簧中部被 U 形螺栓夹紧段作平移,故转向节臂与转向纵拉杆的球铰中心 E 与主片中心 A 的连线 AE 也作平移。连接 A、Q,且从 E 点开始作 AQ 的平行线 ER；再从 Q 开始作 AE 的平行线与 RE 交于 R 点,则得到一个平行四边形 $AERQ$,即 E 点的回转中心是 R。只有这样,才能保证前轴在跳动时,AE 点的连线总相互平行,即前轴作平移。以 R 为圆心、RE 为半径画圆弧,此圆弧即为悬架决定的 E 点的运动轨迹(圆弧)。

在图 10-63 中,转向纵拉杆与转向摇臂的球铰中心 G 与 R 点不重合,当车轮上、下跳动时,只要转向纵拉杆不发生变形或断裂,E 点由该转向纵拉杆决定的运动轨迹是以 G 点为圆心、GE 为半径的圆弧,即转向纵拉杆决定的圆弧。可以看出,其与由悬架决定的圆弧不重合。因此,随着车轮的上、下跳动,转向纵拉杆将迫使 E 点到 G 点的距离保持不变,即沿转向纵拉杆决定的圆弧运动,这必将迫使转向节绕主销发生转动,从而发生不希望的前轮转角。所以,当汽车处于直行位置时,应该使转向器转向摇臂与转向纵拉杆的铰点 G 与 R 点重合；否则,将随着车轮的跳动,产生不希望的转向。

另外,在制动时,在制动力 F_B 作用下,钢板弹簧会发生 S 形变形,如图 10-64 所示。钢板弹簧在发生 S 形变形时,一般近似认为其转动中心在钢板弹簧第一片的中点 A 的下方一个卷耳半径 e 处。钢板弹簧及前桥将绕该转动中心转动。在图 10-64 中,E 点布置得较高,离开

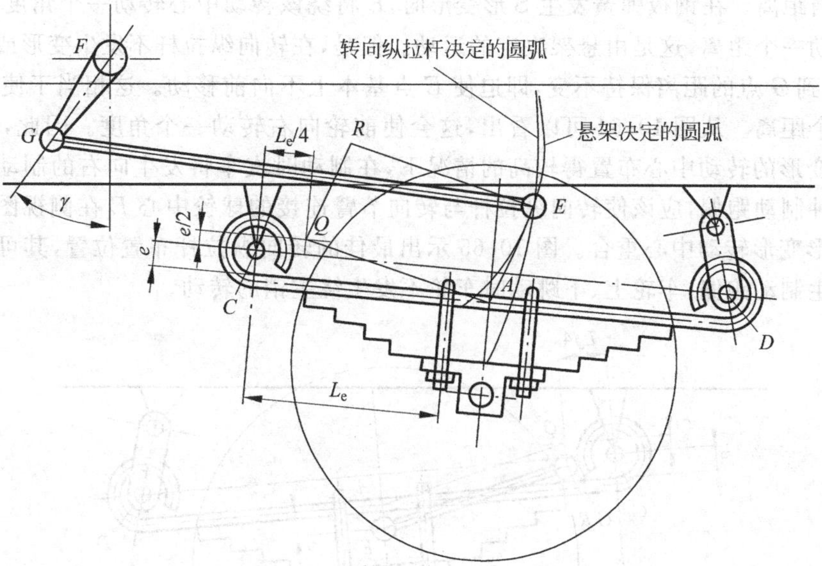

图 10-63 转向纵拉杆与钢板弹簧悬架的匹配分析图

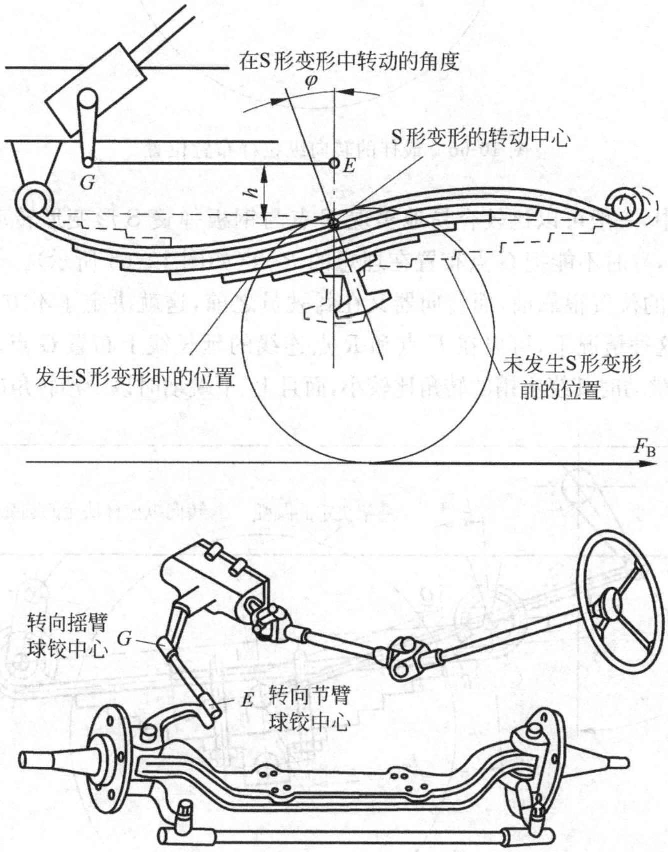

图 10-64 制动时钢板弹簧发生的 S 形变形及其对转向的影响

E 点有相当距离。在钢板弹簧发生S形变形时,E 将绕该转动中心转动一个角度 φ,从而使其向前移动一个距离,这是由悬架决定的运动。但是,在转向纵拉杆不发生变形或断裂的情况下,E 点到 G 点的距离保持不变,即迫使 E 点基本上不向前移动。这相当于使 E 点向后移动了一个距离。从图10-64可以看出,这会使前轮向右转动一个角度。因此,在 E 点相对于S形变形的转动中心布置得较高的情况下,在制动时汽车将发生向右的制动跑偏。为了避免这种制动跑偏,应该使转向纵拉杆与转向节臂连接的球铰中心 E 在侧视图上与钢板弹簧的S形变形转动中心重合。图10-65示出最佳的转向纵拉杆布置位置,其可以保证制动时不发生制动跑偏,车轮上、下跳动时车轮不发生绕主销的转动。

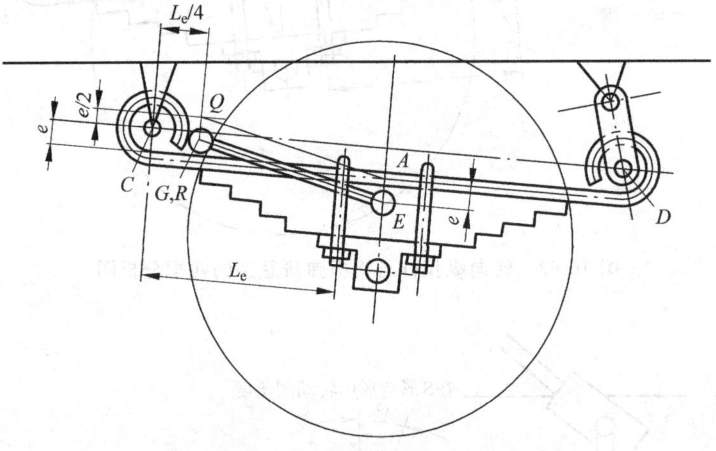

图10-65 最佳的转向纵拉杆布置位置

在汽车设计中,一般可以比较容易地实现 E 点与钢板弹簧S形变形转动中心相重合(在侧视图上)。但是,有时不能把 G 点布置在理想的 R 点(如图10-66所示)。例如,在很多平头货车上,其驾驶员的位置很靠前,而转向器又在驾驶员之前,这就决定了不方便把 G 点布置得与 R 点重合。在这种情况下,可以在 E 点和 R 点连线的延长线上布置 G 点。这样,一般也可以保证车轮上、下跳动时其绕主销的转角比较小,而且上、下跳动时该干涉转角的转动方向相同。

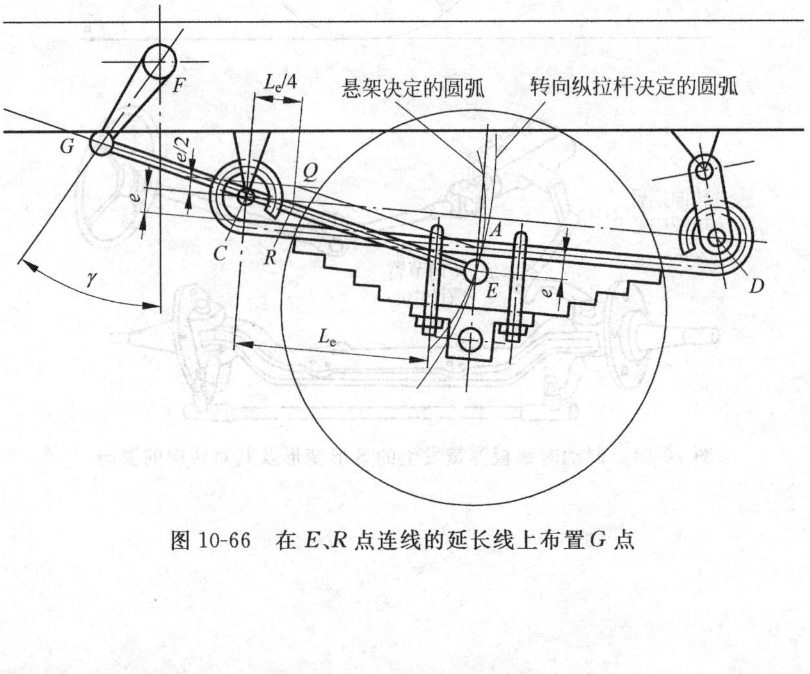

图10-66 在 E、R 点连线的延长线上布置 G 点

而为了获得侧倾不足转向性能，可以把 G 点适当地布置在 E 点、R 点连线的延长线的下方，如图 10-67 所示。假设汽车向右转向行驶，左前轮是外侧车轮，其相对于车架向上跳动。根据图 10-67 所示悬架决定的圆弧和转向纵拉杆决定的圆弧之间的相互关系，转向纵拉杆会拉动转向节臂球铰中心 E 点向前，从而使左前轮绕主销向左转动一个角度，再通过转向梯形也使右前轮向左转动一个角度。因此，这种干涉转角是有利于不足转向的。

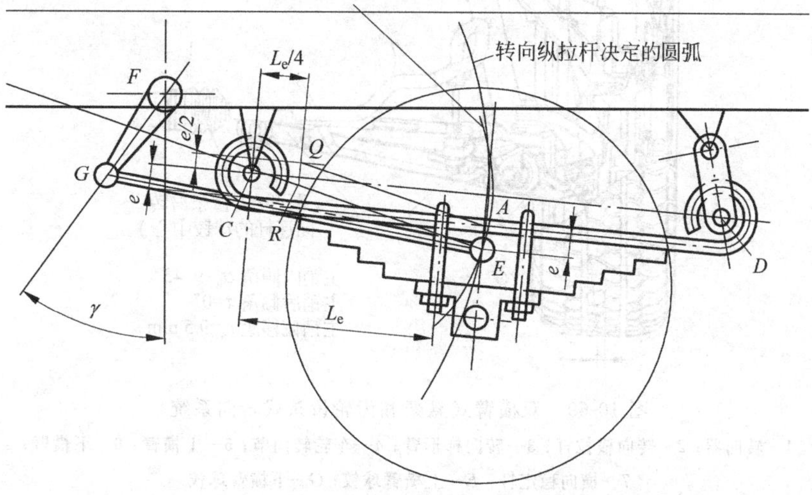

图 10-67 G 点布置在 E、R 连线的延长线的下方以获得侧倾不足转向

10.14.2 在采用双横臂式前悬架的汽车中的转向杆系布置

在采用双横臂式前悬架的汽车中布置转向杆系主要就是确定断开式梯形的断开点。在图 10-68 所示系统中采用的是整体式转向器，断开点就是外侧转向连杆与中央转向连杆连接的球铰中心。在图 10-69 所示系统中采用的是齿轮齿条式转向器，断开点就是转向连杆与齿条端部连接的球铰中心。

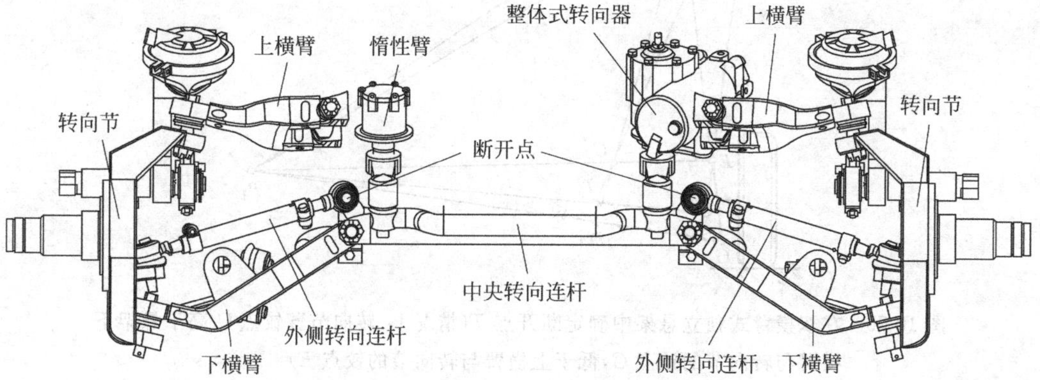

图 10-68 一个双横臂式悬架和整体式转向系统

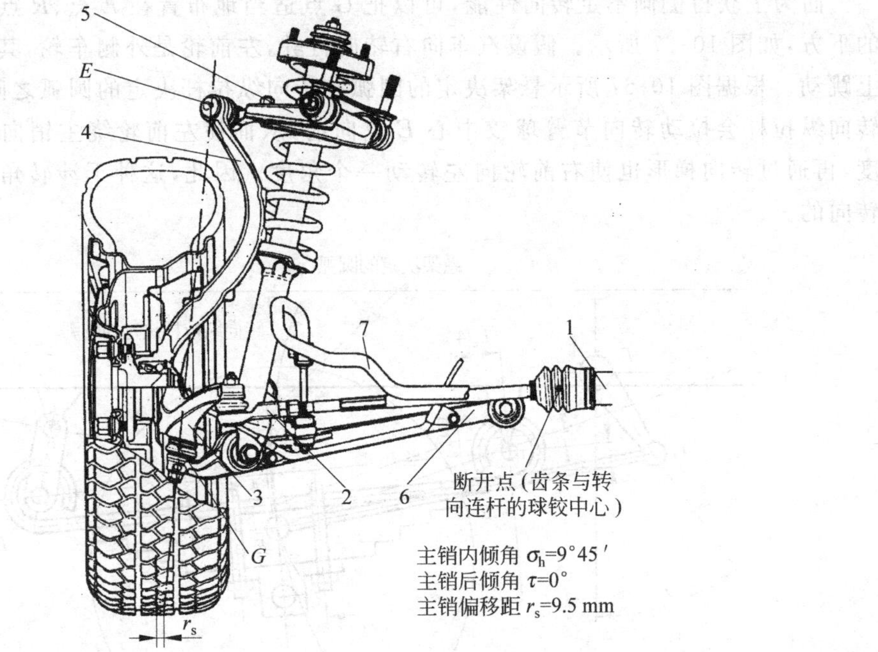

图 10-69 双横臂式悬架和齿轮齿条式转向系统

1—转向器;2—转向横拉杆;3—转向梯形臂;4—车轮转向节;5—上横臂;6—下横臂;7—横向稳定杆;E—上横臂球铰;G—下横臂球铰

在此,介绍利用图解法(基于三心定理)确定断开点的方法。见图 10-70,已知条件包括:汽车在设计状态时,上横臂的转轴 C、球铰 E;下横臂的转轴 D、球铰 G;转向节臂球铰 U。待求的是断开点 T,实际上就是确定转向连杆的方位和长度。

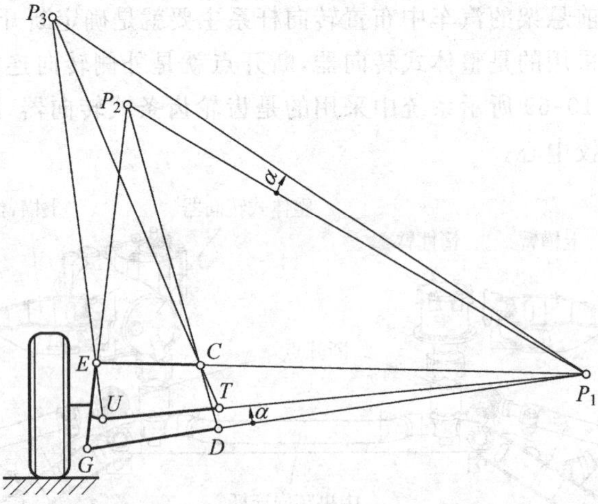

图 10-70 在双横臂式独立悬架中确定断开点 T(情况 1:转向节臂铰点 U 高于悬架下横臂与转向节的铰点 G,低于上横臂与转向节的铰点 E)

在图 10-70 所示系统中,转向节臂铰点 U 高于悬架下横臂与转向节的铰点 G,低于上横臂与转向节的铰点 E。在这个系统中确定断开点 T 的步骤如下。

(1) 确定转向节的瞬时运动中心 P_1 点。它是 E、C 连线的延长线与 G、D 连线的延长线的交点。

(2) 确定 P_2 点。它是 G、E 连线的延长线与 D、C 连线的延长线的交点。

(3) 确定角 α。它是 G、D 连线与 U、P_1 连线的夹角。其中,U、P_1 的连线就是转向连杆的方位。还需要确定转向连杆的长度。

(4) 确定 P_3 点。作直线 P_1P_3,使其与直线 P_1P_2 的夹角为 α。由于直线 P_1U 在直线 P_1G 的上方,所以直线 P_1P_3 要在直线 P_1P_2 的上方。直线 P_1P_3 与 U、E 连线的延长线的交点就是 P_3。

(5) 确定断开点 T。P_3、C 连线的延长线与直线 P_1U 的交点就是 T。

在图 10-71 所示系统中,转向节臂铰点 U 高于悬架上摆臂与转向节的铰点 E。在这个系统中确定断开点 T 的步骤如下。

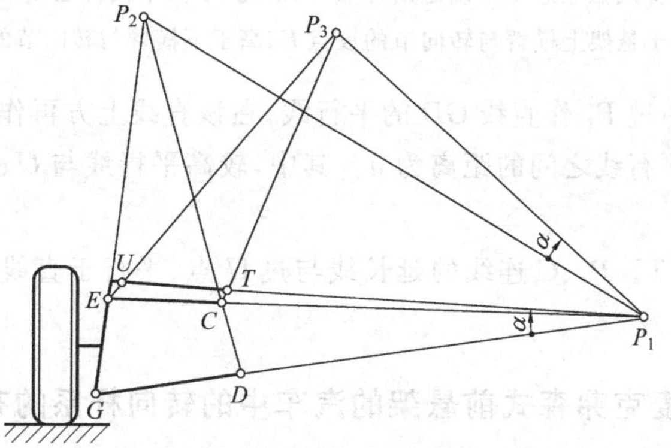

图 10-71 在双横臂式独立悬架中确定断开点 T(情况 2:转向节臂铰点 U 高于悬架上摆臂与转向节的铰点 E)

(1) 确定转向节的瞬时运动中心 P_1 点。它是 E、C 连线的延长线与 G、D 连线的延长线的交点。

(2) 确定 P_2 点。它是 G、E 连线的延长线与 D、C 连线的延长线的交点。

(3) 确定角 α。它是 G、D 连线与 U、P_1 连线的夹角。其中,U、P_1 的连线就是转向连杆的方位。还需要确定转向连杆的长度。

(4) 确定 P_3 点。作直线 P_1P_3,使其与直线 P_1P_2 的夹角为 α。由于直线 P_1U 在直线 P_1G 的上方,所以直线 P_1P_3 要在直线 P_1P_2 的上方。直线 P_1P_3 与 E、U 连线的延长线的交点就是 P_3。

(5) 确定断开点 T。P_3、C 连线与直线 P_1U 的交点就是 T。

在图 10-72 所示系统中,两个横臂互相平行,转向节臂铰点 U 低于悬架上横臂与转向节的铰点 E、高于下横臂与转向节的铰点 G。在这个系统中确定断开点 T 的步骤如下。

(1) 由于上、下横臂相互平行,转向节的瞬时运动中心 P_1 点在无穷远处。

(2) 确定转向连杆的方位。过 U 点作直线 GD 的平行线,即为转向连杆的方位。这两条平行线之间的距离为 a。

(3) 确定 P_2 点。它是 G、E 连线的延长线与 D、C 连线的延长线的交点。

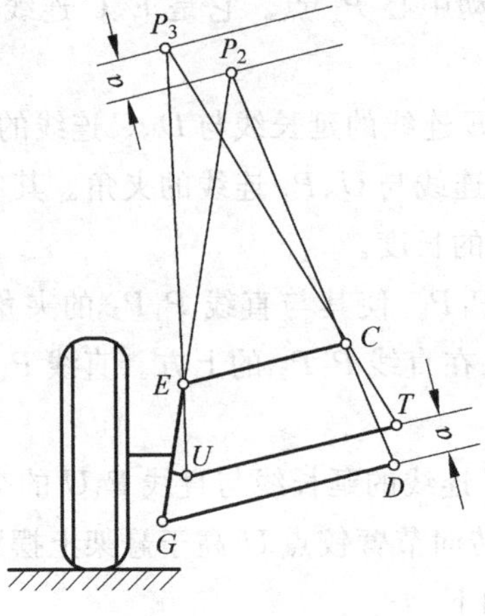

图 10-72 在双横臂式独立悬架中确定断开点 T(情况 3：两个横臂互相平行,转向节臂铰点 U 在低于悬架上横臂与转向节的铰点 E、高于下横臂与转向节的铰点 G)

(4) 确定 P_3 点。过 P_2 作直线 GD 的平行线,在该直线上方再作一条直线 GD 的平行线,使上述两条新作平行线之间的距离为 a。其中,较高平行线与 U、E 连线的延长线的交点就是 P_3。

(5) 确定断开点 T。P_3、C 连线的延长线与过 U 点、平行于直线 GD 的直线的交点就是 T。

10.14.3 在采用麦克弗森式前悬架的汽车中的转向杆系的布置

在汽车采用麦克弗森式独立悬架情况下,见图 10-73,当前轮上、下跳动时,E 和 G 点之间的距离要发生变化。因此,要采用不同的方法确定转向连杆断开点的位置。

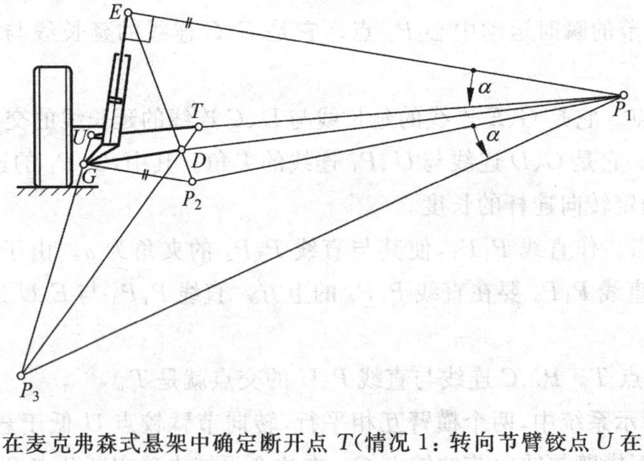

图 10-73 在麦克弗森式悬架中确定断开点 T(情况 1：转向节臂铰点 U 在主销轴线外侧；并且稍高于悬架下摆臂与转向节的铰点 G)

在图 10-73 所示系统中,转向节臂铰点 U 点在主销轴线外侧、并且稍高于悬架下摆臂与转向节的铰点 G。在这个系统中确定断开点 T 的步骤如下。

(1) 确定转向节的运动瞬时中心 P_1。转向节在 E 点的绝对速度就是沿着减振器轴线的相对速度，因为在这一点的牵连速度（由减振器轴线绕 E 点转动引起）为零，所以转向节在 E 点的瞬时运动中心位于过 E 点所做的与减振器轴线相垂直的直线 EP_1 上。悬架控制臂轴线 GD 的延长线与 EP_1 相交于 P_1 点，其就是转向节的瞬时运动中心。

(2) 确定 P_2 点。过 G 点作直线 EP_1 的平行线 GP_2，其与 E、D 连线的延长线交于 P_2 点。

(3) 确定角 α。U 点是转向节臂与转向横拉杆的铰点。转向横拉杆应该位于 U、P_1 点的连线上。直线 EP_1 与直线 UP_1 之间的夹角为 α。

(4) 确定 P_3 点。过 P_1 作一条直线 P_1P_3，使其与直线 P_1P_2 的夹角也为 α；P_1P_3 与 U、G 连线的延长线交于点 P_3。

(5) 确定断开点 T。P_3、D 点连线的延长线与直线 P_1U 交于点 T，它就是转向连杆的断开点。

在图 10-74 所示系统中，转向节臂铰点 U 点在主销轴线内侧、并且比较高。而 U 点位置越高（高过 G 点），并且其越靠内侧，则将获得越长的转向连杆 UT，这导致采用中央输出式齿轮齿条转向器（如图 10-2、图 10-8 所示）。

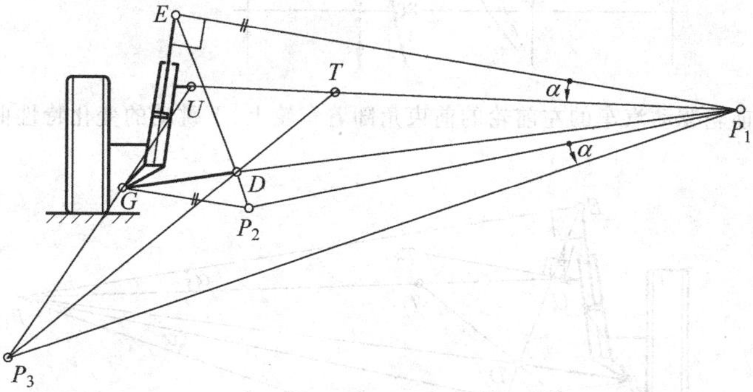

图 10-74 在麦克弗森式悬架中确定断开点 T（情况 2：转向节臂铰点 U 的位置比较高）

10.14.4 前束角随着前轮上、下跳动的变化特性曲线

图 10-75 示出三辆前轮驱动汽车的左前轮的前束角随着车轮上、下跳动的变化特性曲线（测量结果）。其中，具有特性曲线 1、2 的汽车采用的基本上是按照前述方法确定的转向连杆断开点，其特点是在设计位置附近前束角随着车轮上、下跳动而变化的斜率基本上是零，而且在整个车轮跳动范围内前束角的变化比较小（最大变化量一般不超过 1°）。特性曲线 3 不同，其在设计位置的前束角变化斜率为一个负值，即随着车轮上跳前束角减小。而在汽车向右转向行驶时，左前轮是外侧车轮，由于车身侧倾，其相对于车身向上跳动，前束角减小，有利于不足转向。如图 10-76 所示，假设转向节球铰 U 在前轮中心线以前（如图 10-8 所示），则把断开点 T_2 布置在理想断开点 T 以上就可以获得图 10-75 中曲线 3 那样的前束角变化特性，即当车轮向上跳动时，U 点就会被推向外侧，引起车轮的前束角减小。当然，如果要定量评价侧倾不足转向，一般需要对车轮的运动规律进行空间运动学分析。

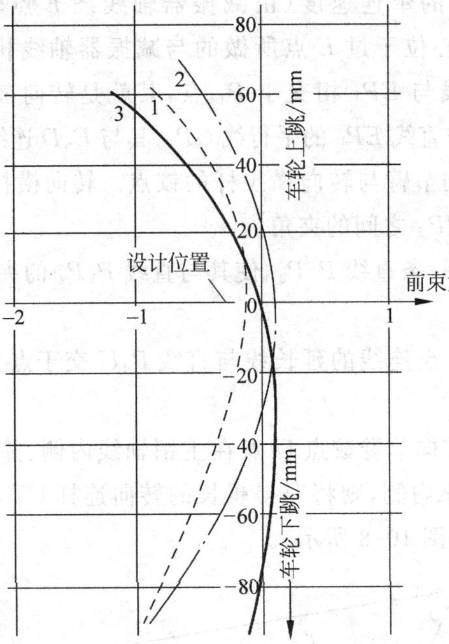

图 10-75　三辆前轮驱动汽车的左前轮的前束角随着车轮上、下跳动的变化特性曲线(测量结果)

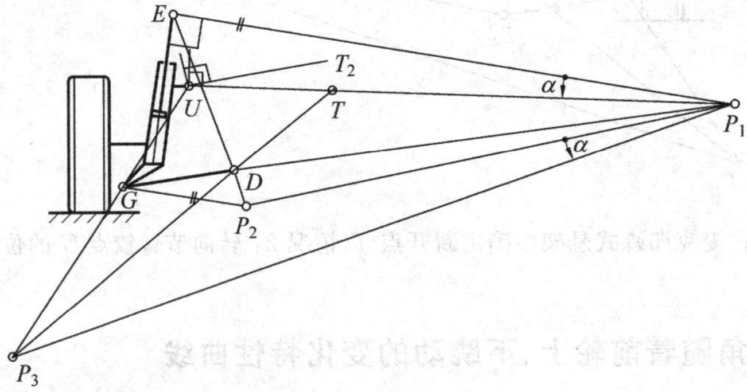

图 10-76　把断开点 T_2 布置在理想断开点 T 以上

10.14.5　车轮前、后移动时前束角的控制

在许多前置-前轮驱动轿车上采用麦克弗森式后悬架。图 10-77 示出一个这样的悬架。如图 10-77、图 10-78 所示,这种悬架的后下摆臂一般比前下摆臂长。当制动时,制动力 $F_{b,r}$ 基本上由纵臂 5 承受,但是其对主销轴线有一个力矩 $M=F_{b,r}\cdot r_s$,其会在杆系中引起弹性变形,产生负的前束角增量。而在后下摆臂比前下摆臂长的情况下,在制动力的作用下,后下摆臂与转向节的铰点 3 变到 3A,前下摆臂与转向节的铰点 4 变到 4A,使后轮产生一个正的前束角增量 Δ_t。所以,这两个前束角增量相互抵消,减小了实际产生的前束角变化。

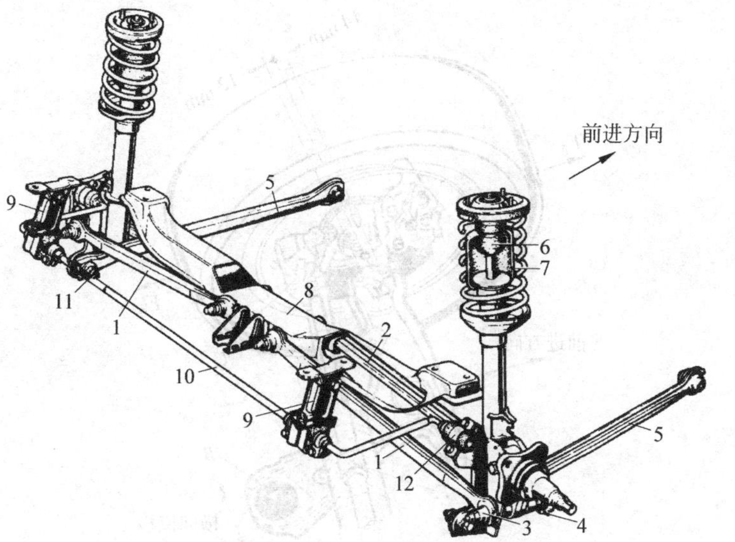

图 10-77 麦克弗森式后悬架

1—后下摆臂；2—前下摆臂；3—后下摆臂与转向节的铰点；4—前下摆臂与转向节的铰点；5—纵臂；6—副簧；7—密封套；8—后副车架；9—后横向稳定杆支架；10—后横向稳定杆；11—纵臂安装螺栓；12—后横向稳定杆与转向节的安装机构

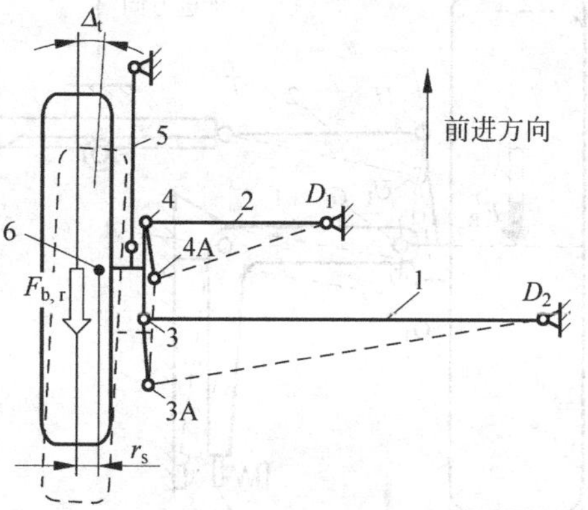

图 10-78 在制动力 $F_{b,r}$ 作用下后轮产生的前束角 Δ_t 变化(麦克弗森式后悬架)

1—后下摆臂；2—前下摆臂；3—后下摆臂与转向节的铰点；4—前下摆臂与转向节的铰点；5—纵臂；6—主销轴线与地面的交点；r_s—主销偏移距

为了降低采用子午线轮胎所引起的噪声，一般要求车轮能够相对于车身前、后移动一定距离。图 10-79 示出一个为了达到这个目的而采用的悬架和转向杆系设计，其中采用麦克弗森式悬架和齿轮齿条式转向器。在图 10-79 所示系统中，悬架下摆臂的前安装点 A 相当于一个球铰点，后安装点 B 是一个具有一定刚度的橡胶件。在驱动力 F_a、制动力 F_R 的作用下，下摆臂在 B 点处将发生一定的横向位移，使车轮能够向前移动 14 mm、向后移动12 mm，以此来降低子午线轮胎的噪声。如图 10-80 所示，转向连杆和悬架下摆臂的设计应该保证车轮在纵向力作用下只作平动，而不发生前束角的变化。

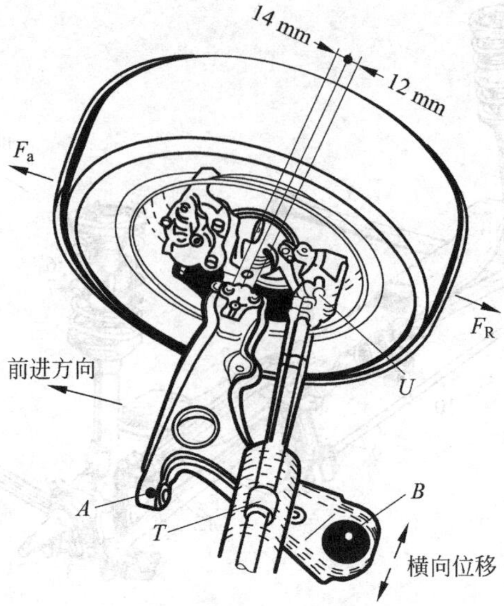

图 10-79　麦克弗森式前悬架(下摆臂)与齿轮齿条式转向器

A—下摆臂在水平面内的转动中心；B—橡胶件；U—转向节铰点；T—齿条铰点(转向连杆断开点)；F_a—驱动力；F_R—制动力

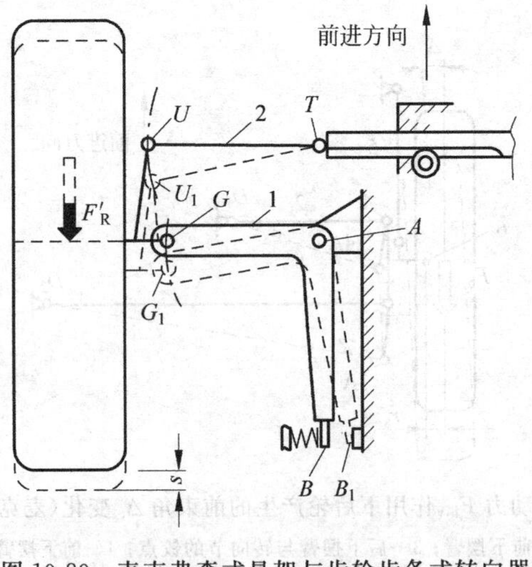

图 10-80　麦克弗森式悬架与齿轮齿条式转向器

1—下摆臂；2—转向连杆；

A—下摆臂水平摆动中心；B—下摆臂的橡胶铰点；U—转向节臂铰点；T—转向连杆断开点；s—车轮的偏移距离

10.15　动力转向系统的参数设计

动力转向系统的设计一般首先要保证能够进行停车转向。

1. 停车转向阻力矩

轮胎在停车转向时的转向阻力矩可以利用如下公式估计：

$$T_z = \frac{\mu}{3} \cdot \sqrt{\frac{G_t^3}{p}} \tag{10-36}$$

其中，T_z 是一个轮胎的停车转向阻力矩，N·m；μ 是轮胎和路面间的滑动摩擦系数，一般取 $\mu=1.0$；G_t 是作用在一个轮胎上的垂直负荷，N；p 是轮胎气压，Pa。

一个前桥上的停车转向阻力矩 T_a 为

$$T_a = 2 \cdot T_z = \frac{2}{3} \cdot \mu \cdot \sqrt{\frac{G_t^3}{p}} \tag{10-37}$$

应该指出，在良好路面上进行停车转向时一个前桥所受到的转向阻力矩一般都小于利用式(10-37)所计算的值。但是，为了满足在任何行驶情况下(例如下坡行驶中在进行制动的同时进行转向)的转向要求，应该根据上述 T_a 来设计动力转向系统。

当汽车转向行驶时所遇到的前桥最大转向阻力矩 T_x 大约是停车转向阻力矩的三分之一，即

$$T_x = 0.33 \cdot T_a \tag{10-38}$$

2. 整体式动力转向器的输出力矩要求

在停车转向时，要求整体式动力转向器输出的转矩 T_G 为

$$T_G = \frac{T_a}{i_L \cdot \eta} \tag{10-39}$$

其中，i_L 是转向传动机构的角传动比；η 是转向传动机构的机械效率。一般可以近似认为

$$T_G = T_a \tag{10-40}$$

3. 整体式动力转向器的活塞面积与对动力转向泵限压压力的要求

整体式动力转向器的输出力矩按照下式计算：

$$T_G = p_G \cdot A \cdot r_G \cdot \eta_G = p_G \cdot \frac{\pi \cdot D^2}{4} \cdot r_G \cdot \eta_G \tag{10-41}$$

其中，p_G 是转向器中的最高油压，近似为动力转向泵的限压压力，轿车的最高油压一般不超过 10 MPa，重型货车的最高油压一般为 13～17 MPa；A 是助力活塞的面积；D 是助力活塞的直径；r_G 是齿扇的节圆半径；η_G 是转向器的机械效率，一般可以取为 0.9。

4. 整体式动力转向器要求的流量和对动力转向泵的流量要求

整体式动力转向器需要的怠速流量按照下式计算：

$$Q_{do} = t \cdot n_h \cdot A \cdot 10^{-6} = t \cdot n_h \cdot \frac{\pi \cdot D^2}{4} \cdot 10^{-6} \tag{10-42}$$

其中，Q_{do}是需要的流量，L/min；t 是螺杆的螺距，mm；n_h 是停车转向时驾驶员转动转向盘的转速，r/min，一般 $n_h = 90$ r/min；A 是助力活塞面积，mm^2；D 是助力活塞的直径，mm。

再考虑到大约 10%的内泄漏(发生在转阀密封环、助力活塞环等处)，需要的怠速流量 Q_d 为

$$\begin{aligned} Q_d &= 1.1 \cdot Q_{do} = 1.1 \cdot t \cdot n_h \cdot A \cdot 10^{-6} \\ &= 1.1 \cdot t \cdot n_h \cdot \frac{\pi \cdot D^2}{4} \cdot 10^{-6} \end{aligned} \tag{10-43}$$

动力转向泵的最大流量一般为怠速流量的 1.5～2.5 倍，以满足紧急转动转向盘规避危

险的要求。

5. 动力助力失效时的转向力分析

转向器动力助力失效时完全靠驾驶员的手力进行转向。在GB17675—1999《汽车转向系基本要求》的3.9中规定：以10 km/h车速、24 m转弯直径前行转弯时，不带助力时转向力应小于245 N，带助力转向但助力转向失效时，其转向力应小于588 N。

在动力助力失效时，转向器的输出转矩 T_{Gf} 为

$$T_{Gf} = F_h \cdot r_{hw} \cdot i_{\omega o} \cdot \eta_+ = F_h \cdot r_{sw} \cdot \frac{2 \cdot \pi \cdot r_G}{t} \cdot \eta_+ \tag{10-44}$$

其中，F_h 是驾驶员的转向力；r_{sw} 是转向盘的半径；$i_{\omega o}$ 是转向器的角传动比；η_+ 是转向器的正效率，一般可以取为0.8；t 是转向器的螺杆螺距；r_G 是转向器的齿扇节圆半径。

在汽车行驶中发生动力助力失效(例如动力转向泵的驱动皮带发生断裂或发动机停转)时，一般要求驾驶员能够操纵汽车停在路边即可，转向器中球螺母传动机构一般是按照这种工况要求设计的。然后，修理动力转向系统，使其恢复正常工作以后再继续行驶。一般不允许在动力助力失效的情况下长距离地使用转向器，否则将很快造成球螺母机构的损坏。

在动力助力失效的情况下，也不允许尝试进行停车转向，因为在球螺母机构的设计中没有考虑承受这样大的载荷，也会发生损坏。而在汽车行驶中的最大转向阻力矩 T_x 大约为 $0.33 \cdot T_a$，所以在动力助力失效时应该满足如下关系式：

$$T_{Gf} = F_h \cdot r_{hw} \cdot i_{\omega o} \cdot \eta_+ = F_h \cdot r_{sw} \cdot \frac{2 \cdot \pi \cdot r_G}{t} \cdot \eta_+ \geqslant T_x = 0.33 \cdot T_a \tag{10-45}$$

$$i_{\omega o} \geqslant \frac{0.33 \cdot T_a}{F_h \cdot r_{sw} \cdot \eta_+} \tag{10-46}$$

其中，驾驶员转向力 F_h 取为588 N。重型货车的转向盘半径约为250 mm。

10.16 汽车转向传动机构元件

图10-1示出典型货车的转向杆系，主要包括转向纵拉杆和横拉杆。图10-68示出在采用独立前悬架和整体式转向器的汽车上采用的转向杆系，主要包括中央转向连杆、外侧转向连杆、惰性臂等。在采用齿轮齿条式转向器的汽车中(如图10-2、图10-8、图10-69所示)，转向连杆分别通过球铰与齿条、转向节相连。除了上述中央转向连杆，一根转向连杆主要是由球头销和杆身所组成的。

1. 球头销(球铰)

因为汽车的转向车轮有外倾角、前束角，主销有后倾角和内倾角，所以转向时及车轮上、下跳动时转向连杆一般作空间运动。为此，传动机构的关节处应用球头销(球铰)铰接。

球头销根据它的形状有整球形(图10-81)和双球形(图10-82)两种。双球形球头销由两个同心而半径不同的半球构成。半径大的半球是工作半球，半径小的是导向半球。这种结构多用于前轴负荷小的车辆上。

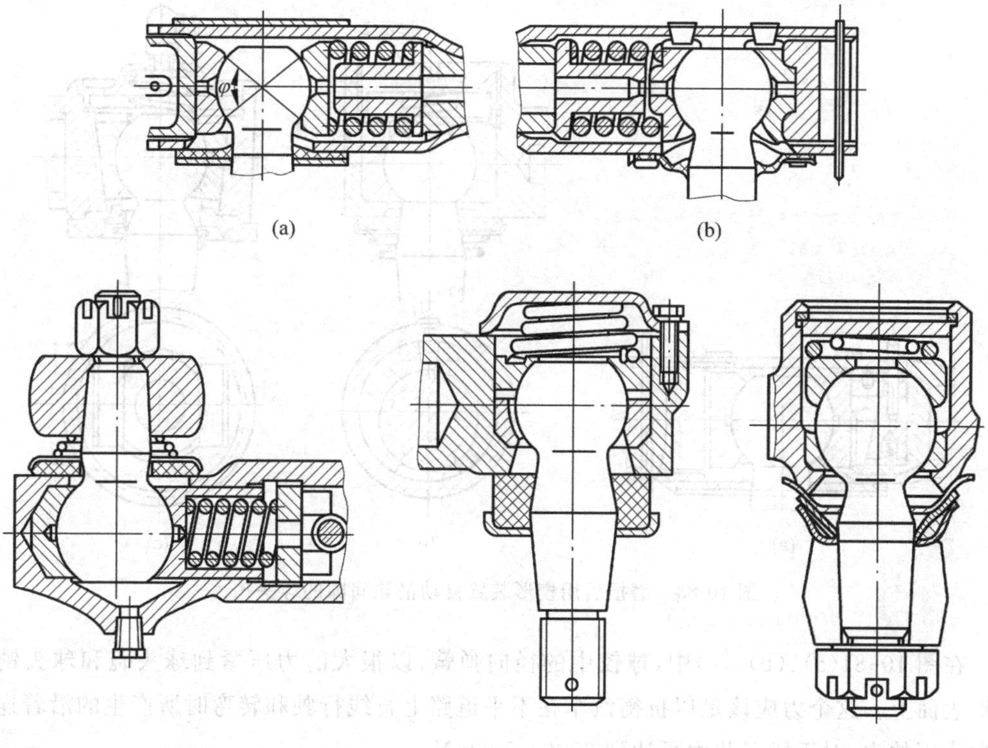

(a) (b) (c) (d) (e)

图 10-81 具有整球形的球头销

(a) (b)

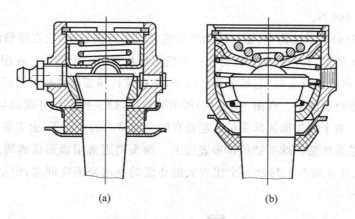

图 10-82 具有双球形的球头销

在球铰中应该有机构保证零件磨损后能够消除间隙。按照零件磨损后消除间隙的方法,有用弹簧(图 10-81、图 10-82)或楔形块(图 10-83)的两种。根据弹簧作用原理又可分为径向的和轴向的。径向的弹簧力作用在与球头销轴线相垂直并沿球面半径的方向上,如图 10-81(a)、(b)、(c)所示。轴向的弹簧力作用在球头销轴线方向,如图 10-81(d)、(e)所示。

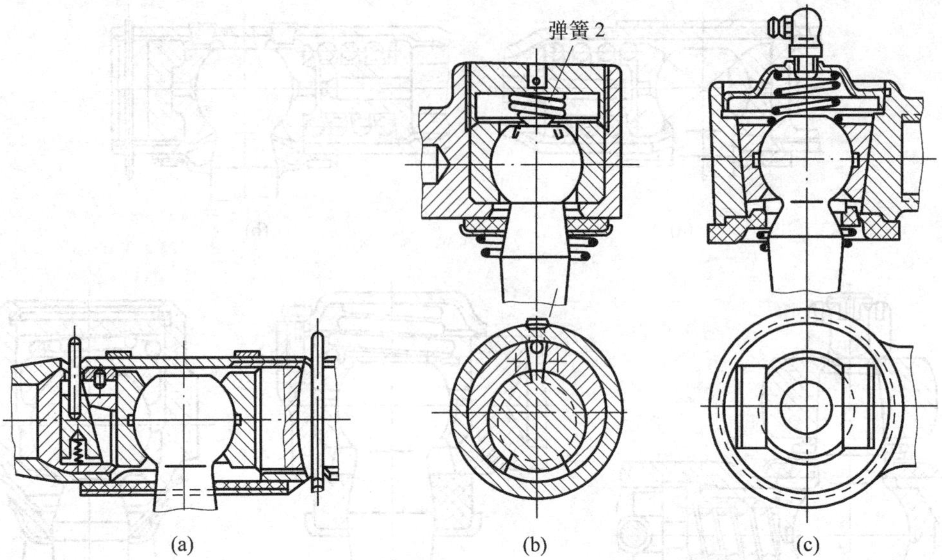

图 10-83 磨损后用楔形装置自动消除间隙的球头销

在图 10-81(a)、(b)、(c)中，球铰中的径向弹簧，以很大的力压紧到球头碗和球头销的球形表面上。这个力应该足以抗衡汽车在不平道路上直线行驶和转弯时所产生的沿着连杆方向作用的力，对于货车此力可达到 3000～3200 N。

在图 10-81(d)、(e)和图 10-82(a)、(b)中所示的球铰采用轴向弹簧消除间隙，弹簧以不大的力作用在球头销的轴线方向，并将球头碗压紧到球头销上。货车横拉杆球头销的轴向压紧力在 500～600 N。

在图 10-83(a)所示结构中，在拉杆和球头碗之间装有楔形块，它在弹簧的作用下，将球头碗挤压在球头销上，并用导向销钉防止一个楔形块相对另一个转动。在图 10-83(b)所示结构中，采用切向楔形球头碗，它被弹簧 2 推开，并在拉杆端部圆柱槽里沿弧线移动，从而压紧在球头销的球形表面上。在图 10-83(c)所示结构中，球头碗在拉杆端部与球头销轴线倾斜的槽里移动。两个球头碗同球头销一起处在轴向弹簧力的作用下，由于装在端部斜槽里，两个球头碗则总是压紧在球头销的球形表面上。球头销因磨损而形成椭圆形后，采用把楔形球头碗分开、并在球头上转动一个比较大的角度的办法来消除间隙，但是这样做比较困难，故应用较少。

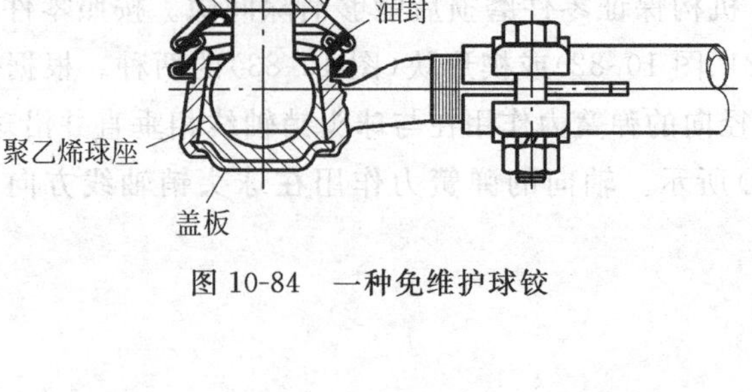

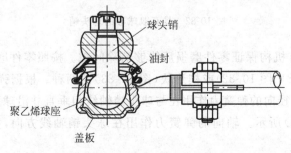

图 10-84 一种免维护球铰

球头销工作表面应该润滑良好，故在球头碗或球头销上设计有油道。为了减少保养工作，采用了不必加注润滑油的塑料球头碗。这种球头碗得到了日益广泛的应用，如图 10-84 所示。

球头销的形状虽复杂，然而其各部分尺寸和球头直径有一定比例关系。球头直径与前轮负荷有关，可以参考表 10-2 推荐的范围选用。球头销可用渗碳钢 $12CrNi_3$、15CrMo、20CrNi 或氰化钢 35Cr、35CrNi 制造。

表 10-2 推荐的球铰选用范围

球头直径/mm	20	22	25	27	30	35	40	45	50
转向轮负荷/N	到 6000	6000～9000	9000～12 500	12 500～16 000	16 000～24 000	24 000～34 000	34 000～49 000	49 000～70 000	70 000～100 000

对于球铰，一般需要校核球销最小截面（直径为 D_b）、球销安装截面（直径为 D_c）的强度和球面的单位压力（校核球面的耐磨性）。如图 10-85 所示，假定已经知道了作用在球铰中心的径向力 F_R（其与球销轴线垂直）和轴向力 F_a，则有

$$\sigma_1=\frac{F_R\cdot b}{\frac{\pi\cdot D_b^4}{64}}\cdot\frac{D_b}{2}+\frac{F_a}{\frac{\pi\cdot D_b^2}{4}}=\frac{32\cdot F_R\cdot b}{\pi\cdot D_b^3}+\frac{4\cdot F_a}{\pi\cdot D_b^2}\leqslant 300\ \mathrm{MPa} \tag{10-47}$$

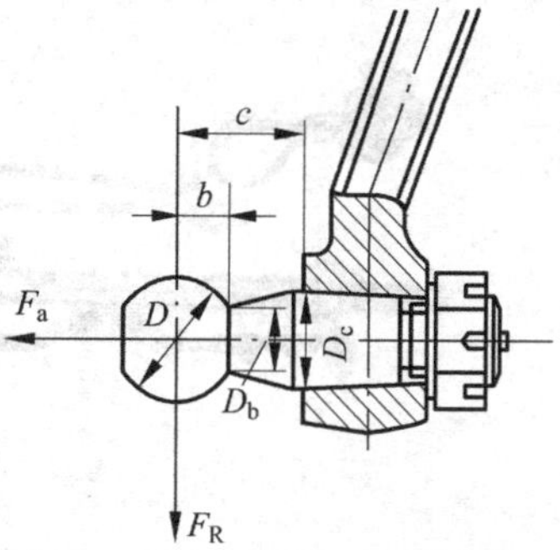

图 10-85 球铰的受力图

其中，σ_1 是球销最小截面的正应力；b 是径向力 F_R 到球销最小截面的力臂。

$$\sigma_2=\frac{F_R\cdot c}{\frac{\pi\cdot D_c^4}{64}}\cdot\frac{D_c}{2}+\frac{F_a}{\frac{\pi\cdot D_c^2}{4}}=\frac{32\cdot F_R\cdot c}{\pi\cdot D_c^3}+\frac{4\cdot F_a}{\pi\cdot D_c^2}\leqslant 300\ \mathrm{MPa} \tag{10-48}$$

其中，σ_2 是球销安装截面的正应力；c 是径向力 F_R 到球销安装截面的力臂。

$$P=\frac{F}{A}=\frac{\sqrt{F_R^2+F_a^2}}{A}\leqslant 25\sim 35\ \mathrm{MPa} \tag{10-49}$$

其中，P 是承载球面部分的单位压力；F 是作用在球心的合力；A 是球头承载面沿着合力 F 方向的投影面积。

2. 转向连杆杆身

转向纵拉杆、横拉杆通常用钢管制成。为了使发动机和转向横拉杆之间有必要的间隙，有时将横拉杆中间部分做成弯的。为了保持与相邻零部件之间的适当间隙，转向纵拉杆有时也做成弯的，这就减小了其纵向刚度。

转向连杆按受压和纵向弯曲计算。若作用在转向连杆上的力为 F，则压应力 σ_c 为

$$\sigma_c=\frac{F}{A} \tag{10-50}$$

其中，A 是转向连杆的横截面积。

转向连杆在纵向弯曲时的应力σ_{cr}由下式计算：

$$\sigma_{cr}=\frac{\pi^2\cdot E\cdot J}{L^2\cdot A} \tag{10-51}$$

其中，J是转向连杆的平均横截面的惯性矩；L是连杆的长度；A是连杆的横截面面积；E是材料的弹性模量，$E=2\times10^5\ N/mm^2$。

稳定性安全系数n_{cr}为

$$n_{cr}=\frac{\sigma_{cr}}{\sigma_c}=\frac{\pi^2\cdot E\cdot J}{L^2\cdot A}\cdot\frac{A}{F}=\frac{\pi^2\cdot E\cdot J}{F\cdot L^2} \tag{10-52}$$

转向拉杆的稳定性安全系数n_{cr}的范围一般为1.5～2.5。转向连杆常用20、30、40号钢制成。

练 习 题

1. 图10-86所示是两种齿轮齿条式转向器，它们各用在具有什么设计特征的汽车上？

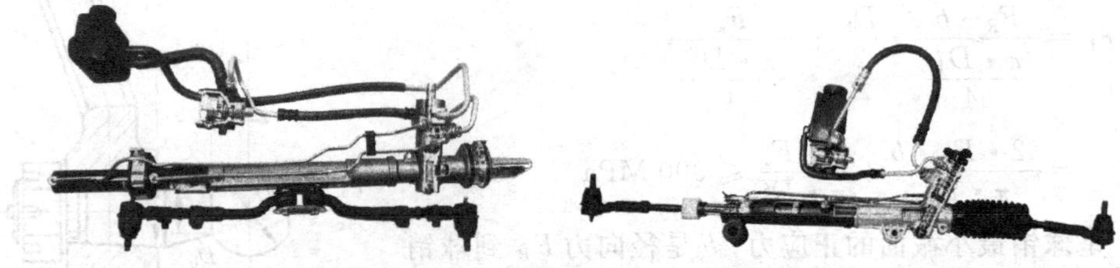

图10-86 两种齿轮齿条式转向器

2. 图10-87所示是一种循环球式转向器，其角传动比为20.5，螺杆螺距为12，试确定其齿扇节圆半径？如何确定其正效率和逆效率？转矩传动比如何确定？这种转向器能够用在前置-前轮驱动轿车上吗？

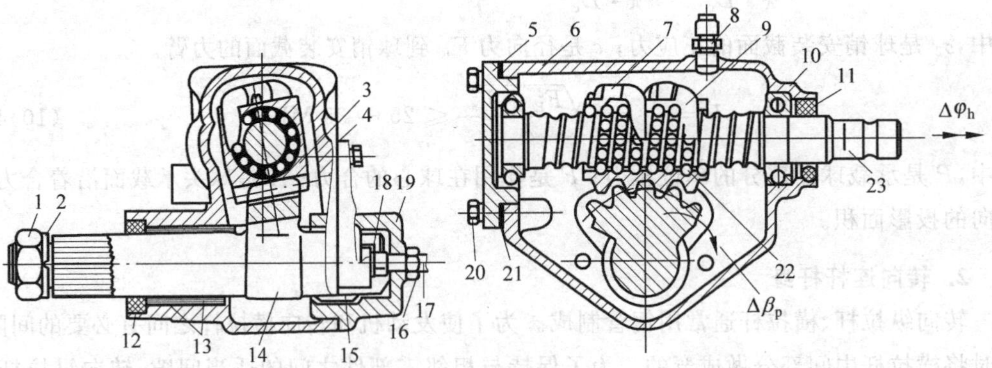

图10-87 一种循环球式转向器

1—螺母；2—弹簧垫圈；3—转向螺母；4—转向器壳体密封垫；5—转向器壳体底盖；6—转向器壳体；7—导管卡子；8—加油螺塞；9—钢球导管；10—球轴承；11,12—油封；13—滚针轴承；14—齿扇轴(摇臂轴)；15—滚针轴承；16—锁紧螺母；17—调整螺钉；18—调整垫片；19—侧盖；20—螺栓；21—调整垫片；22—钢球；23—转向螺杆

3. 图 10-88 所示是一辆货车的前悬架，请在此视图上布置转向纵拉杆，并且说明为什么。

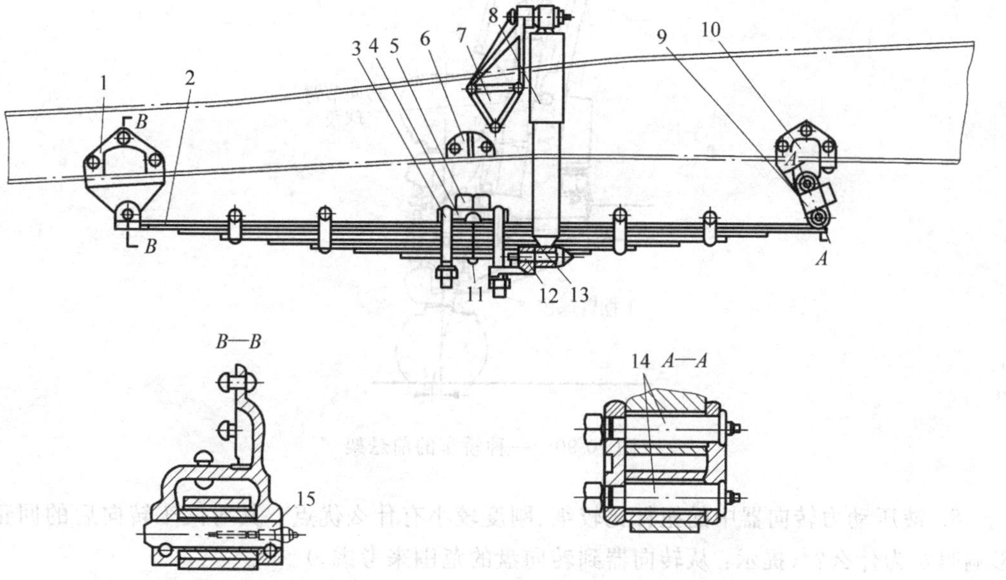

图 10-88 一辆货车的前悬架

1—钢板弹簧前支架；2—前钢板弹簧；3—U 形螺栓；4—前板簧盖板；5—缓冲块；6—限位块；7—减振器上支架；8—减振器；9—吊耳；10—吊耳支架；11—中心螺栓；12—减振器下支架；13—减振器连接销；14—前板簧吊耳销；15—钢板弹簧销

4. 图 10-89 示出一种双横臂式独立悬架的力学模型，U 为转向节臂与转向拉杆的球铰中心，试利用作图法确定转向拉杆断开点的位置。

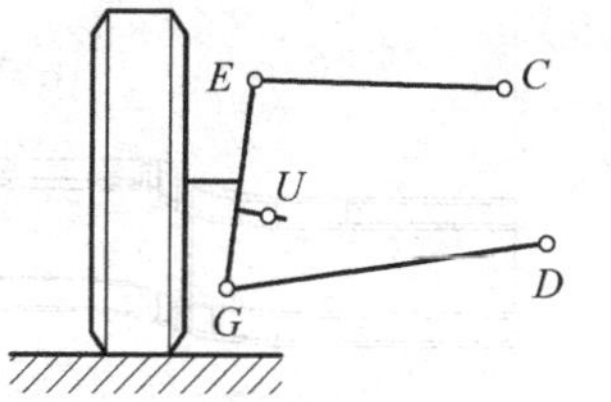

图 10-89 双横臂式独立悬架的力学模型

5. 一辆正在开发中的卡车的前轴负荷是 4 t，后轴负荷是 5 t，轮胎气压是 5 bar，发动机怠速转速为 800 r/min。要求为这种卡车配液压动力转向系统。试完成如下任务：

(1) 计算该卡车的停车转向阻力矩。

(2) 为该卡车选择一款供应商现有的、比较合适的动力转向器？建议在网上查找。

(3) 对该动力转向器进行最大输出力矩校核，其中假设转向器螺杆的螺距为 13 mm。

(4) 确定与该转向器匹配的动力转向泵的参数，即限压压力和怠速流量。

6. 图 10-90 所示为一种轿车的前悬架，准备采用齿轮齿条式转向器，试在此视图上布置转向器的转向拉杆。

7. 有一辆汽车采用的是液压动力转向系统，其主要包括哪些部件？起动发动机以后，停车转动转向盘时，动力转向泵处于什么工作状态？驾驶员转动转向盘到了极端位置，已经转不动了，其还使劲转动转向盘，这时动力转向泵处于什么状态？这种状态如果持续时间较久会出现什么问题？应该如何解除这种状态？汽车在高速公路上正常行驶时，动力转向泵处于什么工作状态？

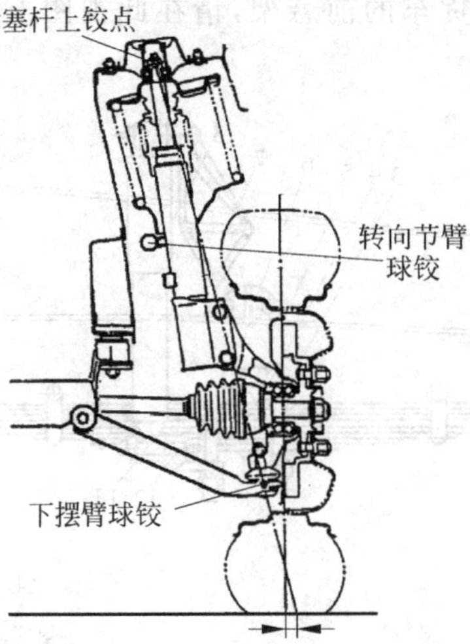

图 10-90 一种轿车的前悬架

8. 液压动力转向器中的扭杆比较细、刚度较小有什么优点？其对汽车转向后的回正有影响吗？为什么？(提示：从转向器到转向盘的范围来考虑。)

9. 图 10-91 示出一种重型卡车前桥的三视图(一半模型,结构左右对称),试在该前桥模型上画出用于校核内外轮转角关系的当量转向梯形,要求标出直角和特征尺寸。

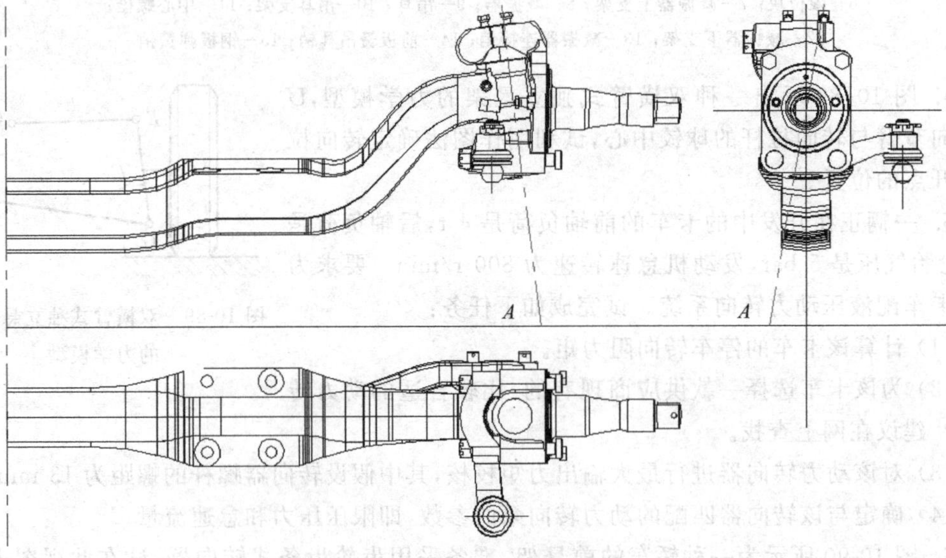

图 10-91 一种重型卡车前桥的三视图

11 制动系设计

11.1 概 述

制动系是直接影响汽车行驶安全性的系统。目前，对汽车制动性能的要求有逐步提高的趋势。汽车的制动装置可以分为行车、驻车、应急和辅助制动四种装置。

(1) 行车制动装置，在汽车正常行驶中应用，能够根据驾驶员的意愿给汽车以必要的减速度，直至停车。行车制动装置必须由驾驶员的脚操纵。

(2) 驻车制动装置，主要用来使汽车可靠地在原地停住，特别是在坡道上。为了能够长期提供稳定的驻车制动力，驻车制动装置一般采用机械驱动机构。另外，驻车制动装置还用于汽车的坡上起步。

(3) 应急制动装置，主要在行车制动装置发生故障时起作用，保证汽车还具有一定的制动能力。驻车制动装置可以兼起应急制动装置的作用。

(4) 辅助制动装置，一般用来在汽车下长坡时保持稳定车速用，以防车速过快，并可以减轻或解除行车制动装置的负荷。

上述制动装置都由制动器和制动驱动机构组成。

对制动系的主要要求包括如下几点。

(1) 足够的制动能力。制动能力包括行车制动能力和驻坡能力。行车制动能力用一定制动初速度下的制动减速度和制动距离两项指标评定。详见 QC/T 239—1997。在进行效能试验时的最低要求减速度 j，轿车多为 5.8～7 m/s²（制动初速度 v＝80 km/h)；货车多为 4.4～5.5 m/s²（制动初速度 v 按照汽车总质量不同分为 40 km/h、50 km/h、70 km/h，总质量大者取低速)。相应的最大停车距离（包括制动距离和空驶距离）的计算公式为

$$s_t = a \cdot v + \frac{v^2}{3.6^2} \cdot \frac{1}{2 \cdot j} \tag{11-1}$$

其中，s_t 是制动停车距离，m；v 是制动初速度，km/h；j 是制动加速度，m/s²。式(11-1)中的第一项 $a \cdot v$ 是空驶距离，a 为经验数值，对于轿车 $a=0.1$；对于货车 $a=0.06\sim0.15$。

驻坡能力是指汽车在良好路面上能可靠停驻的最大坡度，详见 QC/T 239—1997。

(2) 行车制动装置应该至少有两套独立的驱动制动器的管路。当其中的一套管路失效时，另一套完好管路应该保证汽车制动能力不低于没有失效时规定值的 30%。

汽车至少装有行车和驻车两套制动装置。行车制动装置都由脚操纵，其他的制动装置

(例如驻车制动装置)多用手操纵,也可以用脚操纵。

(3) 在任何路面上、以任何速度制动时,汽车都不应当丧失操纵性和方向稳定性。由汽车理论可知,前轮抱死时汽车丧失操纵性(不能通过转动转向盘改变汽车的行驶方向),后轮抱死时汽车丧失方向稳定性。只有在汽车前、后轮制动器的制动力有合理的分配比例,并且能够随各轴间载荷转移情况而变化的情况下,才有可能比较满意地解决这个问题。采用防抱死系统(ABS)可以比较好地解决这个问题。

另外,同一轴上左、右车轮制动力应该尽可能相同,它们的制动力差值最大不得超过15%,以免制动跑偏。

(4) 防止水和污泥进入制动器工作表面,以免降低制动效能。工作表面受到泥、水的污染会造成制动效能降低、磨损加剧。鼓式制动器能够较好地防止泥土进入,通常不要求采取特殊的措施。如果后轮采用盘式制动器,则在泥泞路面上行驶时其易于沾上由于前轮转动而飞溅起的泥土,对此应该有防范措施。

制动器表面浸水以后会发生水衰退现象,即由于水的润滑作用使摩擦系数下降,从而降低制动效能。出水以后,一般需要反复制动几次(5~15次)才能消除这种水衰退现象。

(5) 要求制动能力的热稳定性好。汽车频繁制动或持续制动(例如下长坡时的持续制动)可能引起制动器温度过高,从而导致摩擦系数减小和制动效能降低。这种现象称为热衰退。制动器发生热衰退以后,经过一定次数的和缓使用,由于温度下降和摩擦表面得到磨合,其制动能力可以重新恢复。这种现象称为热恢复。要求制动器的热稳定性好,也就是要求其不易发生衰退、衰退率小,且衰退后能够较快恢复。具体要求详见QC/T 239—1997和QC/T 582—1999。

(6) 操纵轻便。要求制动踏板和手柄的位置和行程,以及踏板力和手柄力能为一般体力的驾驶员所适应。

紧急制动次数一般只占制动总次数的5%~10%,所以最大制动踏板力允许比离合器踏板力大得多。各国法规规定的最大踏板力一般为500 N(轿车)~700 N(货车)。设计时,轿车的最大制动踏板力可以在200~300 N的范围内选取,货车的在350~550 N范围内选取;采用伺服制动或动力制动时应该取其中较小值。手柄拉力,在应急制动时以不大于400~500 N为宜;驻车制动时应该不大于500 N(轿车)~700 N(货车)。

踏板行程(计及摩擦衬片或衬块的容许磨损量),对轿车应该不大于100~150 mm,对货车应该不大于150~200 mm。制动踏板高度及其与加速踏板的相对位置应该便于驾驶员操纵。制动手柄行程应该不大于160~200 mm。

(7) 作用滞后性应该尽可能短,包括产生制动和解除制动的滞后时间。

(8) 一旦牵引车和挂车之间的连接制动管路损坏,牵引车应有防止压缩空气进一步漏失的装置。在行驶过程中,若牵引连接机构脱开,列车之间的制动管路应立即断气,而且挂车应能自动停驻。挂车一旦摘挂,也应使用驻车制动装置将其停住。

(9) 为了提高汽车列车的制动稳定性,列车各轴都应该有正确的制动力分配,还应使主、挂车之间各轴制动开始起作用的时间相协调。

(10) 当制动驱动装置的任何元件发生故障时,应该有报警装置(音响、闪光等信号)。

(11) 制动时产生的噪声尽可能小,同时减少制动系发出的有害物质(例如石棉纤维等)。

(12) 摩擦衬片(块)具有足够寿命。

(13) 制动器在结构上有调节摩擦衬片(块)与制动鼓或制动盘之间间隙的机构，并且操纵方便。最好设置间隙自动调整机构。

采用ABS(防抱死系统)有利于改善汽车制动时的可操纵性和方向稳定性，它们已经得到了日益广泛的应用。为了减小对环境的污染，已经采用了多种无石棉的摩擦衬片(块)。

11.2 制动器的主要性能要求

11.2.1 制动器的效能因数

制动器效能因数的含义是：制动器在单位输入力的作用下所输出的制动力。

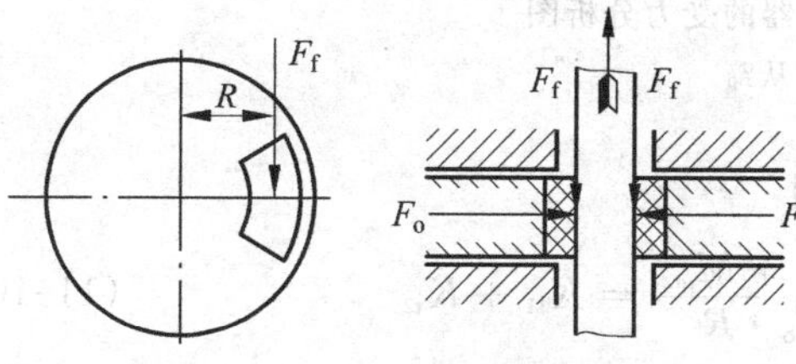

图 11-1 制动盘受力示意图

盘式制动器(见图 11-1)的制动效能因数表示为

$$K = \frac{2 \cdot F_f}{F_o} \tag{11-2}$$

其中，F_f是作用在一个制动摩擦衬块上的制动力，盘式制动器都具有两个衬块；F_o是施加在上述摩擦衬块上的压紧力。而

$$F_f = f \cdot F_o \tag{11-3}$$

其中，f 是摩擦衬块与制动盘之间的摩擦系数。

把式(11-3)代入式(11-2)，得

$$K = \frac{2 \cdot f \cdot F_o}{F_o} = 2 \cdot f \tag{11-4}$$

鼓式制动器(见图 11-2)的效能因数 K 表示为

$$K = \frac{\dfrac{M_\mu}{R}}{F_o} = \frac{M_\mu}{F_o \cdot R} \tag{11-5}$$

其中，M_μ是制动器输出的制动力矩；R 是制动鼓的作用半径；F_o是平均输入力，而

$$F_o = \frac{F_{o1} + F_{o2}}{2} \tag{11-6}$$

其中，F_{o1}和 F_{o2}分别是使两制动蹄张开的力。

鼓式制动器一般有两个制动蹄(见图 11-2)，一般先求出各蹄的效能因数，然后再计算制动器效能因数。两制动蹄的效能因数分别为

$$K_{t1} = \frac{M_{\mu t1}}{F_{o1} \cdot R} \tag{11-7}$$

$$K_{t2} = \frac{M_{\mu t2}}{F_{o2} \cdot R} \tag{11-8}$$

其中，K_{t1}、K_{t2}分别是蹄 1、蹄 2 的制动效能因数；$M_{\mu t1}$、$M_{\mu t2}$分别是蹄 1、蹄 2 加于制动鼓的摩擦力矩。整个鼓式制动器的效能因数 K 为

$$K = \frac{M_{\mu t1} + M_{\mu t2}}{\dfrac{F_{o1} + F_{o2}}{2} \cdot R} \tag{11-9}$$

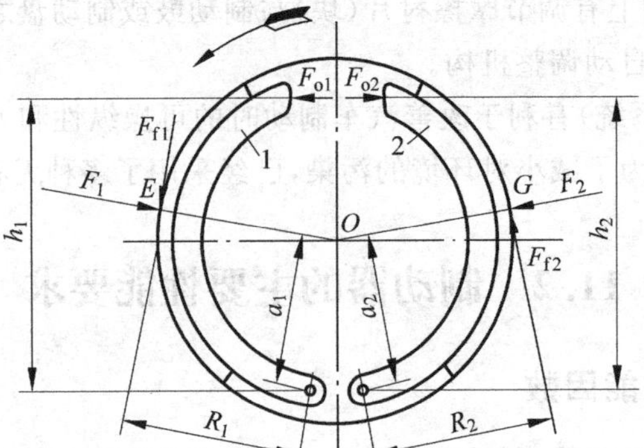

图 11-2　一种鼓式制动器的受力分析图

1—领蹄；2—从蹄

如果 $F_{o1}=F_{o2}=F_o$,例如在液压制动系中,则

$$K=\frac{M_{\mu t1}+M_{\mu t2}}{\frac{F_{o1}+F_{o2}}{2}\cdot R}=\frac{M_{\mu t1}+M_{\mu t2}}{F_o\cdot R}=K_{t1}+K_{t2} \tag{11-10}$$

鼓式制动器效能因数的计算比较复杂,我们以一个简化了的例子来近似考察一下制动蹄、效能因数与摩擦系数、蹄的类别以及几何尺寸的关系。如图 11-2 所示,蹄 1 是领蹄,其在 F_{o1} 作用下的转动方向与制动鼓转动方向相同;蹄 2 是从蹄,其在 F_{o2} 作用下的转动方向与制动鼓转动方向相反。

假定领蹄合力作用点位于 E 点,把这个力分解成一个径向力 F_1 和一个切向力 F_{f1}(也就是摩擦力)。绕领蹄铰点建立力矩平衡方程,即

$$F_{o1}\cdot h_1+F_{f1}\cdot R_1-F_1\cdot a_1=0 \tag{11-11}$$

设摩擦系数为 f,则

$$F_{f1}=f\cdot F_1 \tag{11-12}$$

$$F_1=\frac{F_{f1}}{f} \tag{11-13}$$

把式(11-13)代入式(11-11),得

$$F_{o1}\cdot h_1+F_{f1}\cdot R_1-\frac{F_{f1}}{f}\cdot a_1=0 \tag{11-14}$$

$$F_{o1}\cdot h_1+F_{f1}\cdot\left(R_1-\frac{a_1}{f}\right)=0 \tag{11-15}$$

$$F_{f1}=\frac{F_{o1}\cdot h_1}{\frac{a_1}{f}-R_1} \tag{11-16}$$

其中,a_1、R_1 取决于领蹄上力分布的规律。

领蹄的效能因数 K_{t1} 为

$$K_{t1}=\frac{M_{\mu t1}}{F_{o1}\cdot R}=\frac{F_{f1}\cdot R}{F_{o1}\cdot R}=\frac{F_{f1}}{F_{o1}} \tag{11-17}$$

把式(11-16)代入式(11-17),得

$$K_{t1}=\frac{F_{f1}}{F_{o1}}=\frac{h_1}{\dfrac{a_1}{f}-R_1}=\frac{\dfrac{h_1}{R_1}\cdot f}{\dfrac{a_1}{R_1}-f} \tag{11-18}$$

$$\frac{\mathrm{d}K_{t1}}{\mathrm{d}f}=\frac{\left(\dfrac{a_1}{R_1}-f\right)\cdot\dfrac{h_1}{R_1}+\dfrac{h_1}{R_1}\cdot f}{\left(\dfrac{a_1}{R_1}-f\right)^2} \tag{11-19}$$

下面分析从蹄的效能因数(见图 11-2)。假定从蹄合力作用点位于 G 点,把这个力分解成一个径向力 F_2 和一个切向力 F_{f2}(也就是摩擦力)。绕其铰点建立力矩平衡方程,即

$$F_{o2}\cdot h_2-F_{f2}\cdot R_2-F_2\cdot a_2=0 \tag{11-20}$$

设摩擦系数为 f,则

$$F_{f2}=f\cdot F_2 \tag{11-21}$$

$$F_2=\frac{F_{f2}}{f} \tag{11-22}$$

把式(11-22)代入式(11-20),得

$$F_{o2}\cdot h_2-F_{f2}\cdot R_2-\frac{F_{f2}}{f}\cdot a_2=0 \tag{11-23}$$

$$F_{o2}\cdot h_2-F_{f2}\cdot\left(R_2+\frac{a_2}{f}\right)=0 \tag{11-24}$$

$$F_{f2}=\frac{F_{o2}\cdot h_2}{\dfrac{a_2}{f}+R_2} \tag{11-25}$$

其中,a_2、R_2 取决于从蹄上力分布的规律。

从蹄的效能因数 K_{t2} 为

$$K_{t2}=\frac{M_{\mu t2}}{F_{o2}\cdot R}=\frac{F_{f2}\cdot R}{F_{o2}\cdot R}=\frac{F_{f2}}{F_{o2}} \tag{11-26}$$

把式(11-25)代入式(11-26),得

$$K_{t2}=\frac{F_{f2}}{F_{o2}}=\frac{h_2}{\dfrac{a_2}{f}+R_2}=\frac{\dfrac{h_2}{R_2}\cdot f}{\dfrac{a_2}{R_2}+f} \tag{11-27}$$

$$\frac{\mathrm{d}K_{t2}}{\mathrm{d}f}=\frac{\left(\dfrac{a_2}{R_2}+f\right)\cdot\dfrac{h_2}{R_2}-\dfrac{h_2}{R_2}\cdot f}{\left(\dfrac{a_2}{R_2}+f\right)^2} \tag{11-28}$$

按这些公式计算的曲线如图 11-3 所示。从图 11-3 所示的曲线的变化趋势 可以看出,领蹄的制动效能较高,K_{t1} 及 $\mathrm{d}K_{t1}/\mathrm{d}f$ 都随着 f 的增大而急剧增大,其根本原因是摩擦力趋于使蹄对鼓的压紧力增大,这种现象称为自行增势作用,因而领蹄也称为增势蹄。特别是当 $f=a_1/R_1$ 时,K_{t1} 及 $\mathrm{d}K_{t1}/\mathrm{d}f$ 都趋于无穷大。这意味着,只要施加一个极小的 F_{o1},制动力矩就会迅速增加到极大的数值。以致此后即使放开制动踏板、使 F_{o1} 降为零,领蹄也不能回位,而是与制动鼓一直保持接触,还有制动力,这种现象称为自锁。发生自锁后,只有使制动鼓倒转,才能撤出制动。

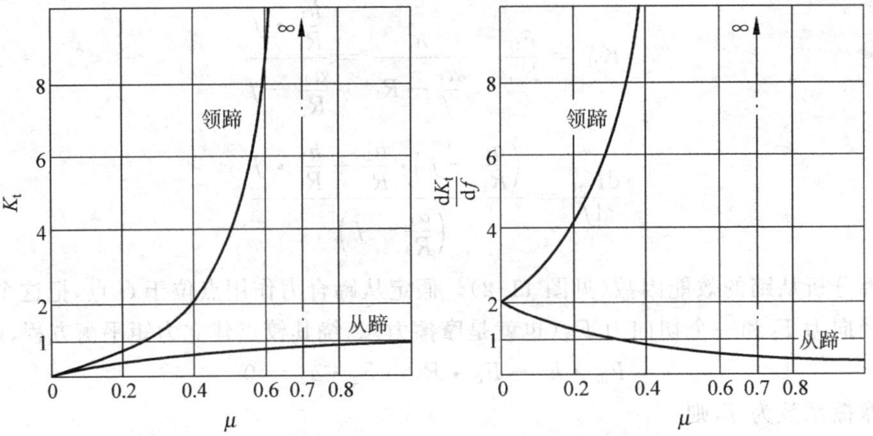

图 11-3 制动蹄效能因数及其导数与摩擦系数的关系

对于从蹄，当 f 增大时，效能因数 K_{t2} 增大得较和缓，而 dK_{t2}/df 却减小。当 f 趋于无穷大时，K_{t2} 趋于 h_2/R_2，dK_{t2}/df 趋于零。因此，从蹄具有自行减势作用，因而也称为减势蹄。从蹄具有减势作用的根本原因在于摩擦力趋于使蹄对鼓的压紧力减小。

11.2.2 制动器效能的稳定性

制动器效能的稳定性主要取决于其效能因数对摩擦系数的敏感性，即 dK_t/df。dK_t/df 大，稳定性较差，即摩擦系数 f 的改变，对效能因数 K_t 影响较大；dK_t/df 小，稳定性较好，即摩擦系数 f 的改变，对效能因数 K_t 影响较小。而摩擦系数 f 是个不稳定因素。制动器的摩擦副包括摩擦衬片(或衬块)、制动鼓(或制动盘)，它们的材料对于摩擦系数 f 的稳定性具有重要影响。另外，摩擦副表面的温度、水湿程度也有重要影响。其中，温度是经常起作用的因素，所以制动器的热稳定性更为重要。

根据前面进行的分析，鼓式制动器领蹄的效能因数较高，但是稳定性却较差；从蹄则相反。鼓式制动器的效能因数取决于其两蹄的效能因数。因此，一般都存在制动效能本身与其稳定性之间的矛盾，即效能高一般都伴随着稳定性低；而效能低也伴随着稳定性好。

应该指出，盘式制动器效能最为稳定，其 $dK/df=2$。这是其得到广泛应用的主要原因。

综上所述，如果要求制动器的热稳定性好，就应该选择其效能对摩擦系数较不敏感的结构形式，例如盘式制动器。另外，还要求摩擦材料具有较好的抗衰退性和恢复性，并且应该使制动鼓或制动盘具有足够的热容量，以减小其温升。

11.2.3 制动器间隙调整

制动器间隙调整是汽车保养作业中较为频繁的项目之一。因此，制动器的设计应该保证该调整便于进行，最好采用自动调整装置。

11.2.4 制动器的尺寸和质量

在满足性能要求的情况下，应该选择尺寸、质量较小的制动器。制动器属于悬下质量，减小制动器质量有利于汽车的平顺性和附着性能。

11.2.5 制动噪声

制动噪声问题很复杂。大致说来,制动噪声可分为低频(1 kHz 以下)和高频(1～11 kHz)两类。制动噪声主要取决于制动器的结构设计。

11.3 鼓式制动器

鼓式制动器可以分为领从蹄式、双领蹄式、双向双领蹄式、双从蹄式、单向增力式、双向增力式等形式,如图 11-4 所示。

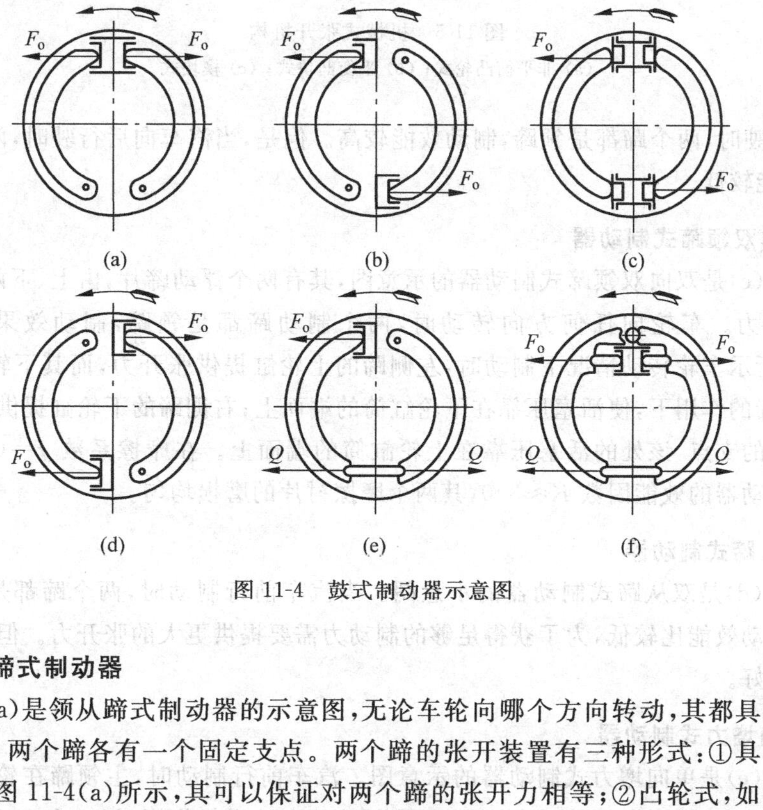

图 11-4 鼓式制动器示意图

1. 领从蹄式制动器

图 11-4(a)是领从蹄式制动器的示意图,无论车轮向哪个方向转动,其都具有一个领蹄和一个从蹄。两个蹄各有一个固定支点。两个蹄的张开装置有三种形式:①具有两个活塞的液压缸,如图 11-4(a)所示,其可以保证对两个蹄的张开力相等;②凸轮式,如图 11-5(a)、(b)所示;③楔块式张开机构,如图 11-5(c)所示。其中,图 11-5(b)所示的平衡凸轮、图 11-5(c)所示的楔块都是浮动的,可以保证对两个蹄的张开力相等。图 11-5(a)所示非平衡式凸轮的中心是固定的,施加在两个蹄上的张开力不相等,而对它们推动的距离基本上相等。在重型货车上经常采用这种由气动中心固定式凸轮驱动的领从蹄式制动器。

在摩擦系数 $f=0.38$ 时,液压驱动的领从蹄式制动器的效能因数 $K\approx 2.0$。领从蹄式制动器的缺点在于领蹄与从蹄的制动效能相差比较大,导致领蹄的磨损明显大于从蹄的。由于这个原因,从蹄的摩擦衬片通常比领蹄的薄得多。

2. 双领蹄式制动器

图 11-4(b)是双领蹄式制动器的示意图,其两个蹄都有各自的固定支点和单活塞轮缸。

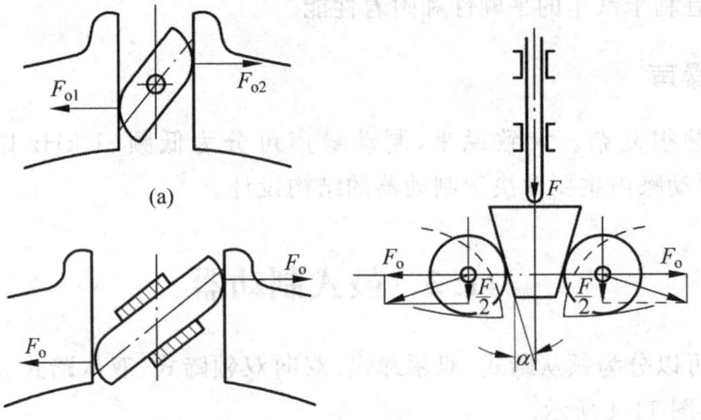

图 11-5 机械式张开机构

(a) 非平衡凸轮式；(b) 平衡凸块式；(c) 楔块式

汽车向前行驶时，两个蹄都是领蹄，制动效能较高。但是，当汽车向后行驶时，两个蹄都是从蹄，制动效能较低。

3. 双向双领蹄式制动器

图 11-4(c)是双向双领蹄式制动器的示意图，其有两个浮动蹄片，由上、下两个双活塞轮缸提供张开力。车轮向任何方向转动时，两个制动蹄都是领蹄，制动效果都不变。在图 11-4(c)所示车轮转动情况下制动时，左侧蹄的上轮缸提供张开力，而其下轮缸是该蹄的支点，在该蹄的作用下，使活塞压靠在下轮缸筒的端面上；右侧蹄的下轮缸提供张开力，其上轮缸是该蹄的支点，该处的活塞压靠在上轮缸筒的端面上。在摩擦系数 $f=0.38$ 时，双向双领蹄式制动器的效能因数 $K\approx3.0$，其两个摩擦衬片的磨损均匀。

4. 双从蹄式制动器

图 11-4(d)是双从蹄式制动器的示意图。当汽车前行制动时，两个蹄都是从蹄。这种制动器的制动效能比较低，为了获得足够的制动力需要提供更大的张开力。但是，其制动效能的稳定性好。

5. 单向增力式制动器

图 11-4(e)是单向增力式制动器的示意图。汽车前行制动时，主领蹄在轮缸张力 F_o 作用下张开，主领蹄的支点是其下支板；由于主领蹄的自动增势作用，把一个力 Q 作用在连接板(主蹄的下支板)上，从而作为张开力作用在次领蹄上。由于 $Q\gg F_o$，使次领蹄产生很大的制动力。当汽车后行制动时，没有增力作用，整个制动器的制动效能很低。

6. 双向增力式制动器

为了克服单向增力式制动器在倒车行驶制动时制动效能过低的缺点开发了双向增力式制动器，如图 11-4(f)所示。汽车向前、向后行驶制动时，该制动器都具有增力作用，制动效能很高。在摩擦系数 $f=0.38$ 时，双向增力式制动器的效能因数 $K\approx5.0$。

下面分析一下各种制动器的效能、效能稳定性和摩擦衬片磨损均匀程度。

图 11-6 示出制动器效能因数 K 与摩擦系数 f 的关系曲线，这些制动器的基本尺寸比

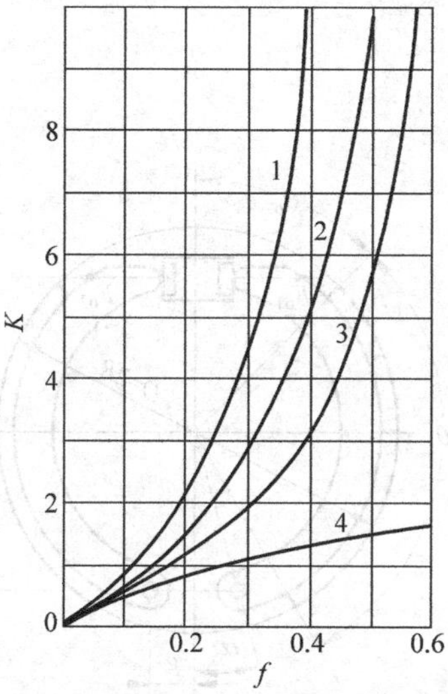

图 11-6　鼓式制动器性能因数与摩擦系数的关系
1—双向增力式；2—双领蹄式；
3—领从蹄式；4—双从蹄式

例相同。由图 11-6 可以看出，从效能曲线 4 至 1，制动器效能逐渐增大，即双向增力式制动器 1 效能最高，双领蹄式制动器 2 次之，领从蹄式制动器 3 第三，而双从蹄式制动器 4 的效能最低。

但是，摩擦系数 f 的变化会引起制动效能的变化。制动器效能的稳定性可以用 $\mathrm{d}K/\mathrm{d}f$ 来表征。从图 11-6 可以看出，从效能曲线 4 至 1，制动器效能的稳定性逐渐变差，即双向增力式制动器 1 的效能稳定性最差，而双从蹄式制动器 4 的效能稳定性最好。

因此，制动器效能与其稳定性是有矛盾的。

另外应当指出，鼓式制动器的效能除与结构形式、参数和摩擦系数有关外，还受到其他因素的影响。例如，蹄与鼓的接触情况就影响较大。而且制动器的效能因数越高，其效能受接触情况的影响也越大。因此，正确的调整对高效能制动器尤其重要。

应该指出，双领蹄式和双从蹄式制动器，由于结构的中心对称性，两蹄对制动鼓的法向压力和单位面积摩擦力的分布也是中心对称的，因而两蹄对鼓作用的合力恰好平衡，故这两种都属于平衡式制动器。其余各种鼓式制动器都不能保证这种平衡，因而是非平衡式的。非平衡式制动器将对轮毂轴承造成附加径向载荷，而且领蹄(或次领蹄)摩擦衬片表面单位压力大于从蹄(或主领蹄)，磨损较严重。为使磨损均匀，可在设计上采取一些措施，使各蹄的单位压力趋于一致，从而使磨损趋于一致。

双领蹄式和双向双领蹄式制动器中都具有两个轮缸，适用于双回路制动系统。但是，轮缸、管路、管接头等零件多、造价高，而且更易发生泄漏等故障。

领从蹄式制动器的效能及其稳定性都适中，并且在汽车前进、倒车行驶时都相同，还具有结构简单、造价较低、便于附装驻车制动驱动机构等特点，是目前仍然广泛用于重型货车的前、后轮以及一些轿车后轮的制动器。

增力式制动器次领蹄的制动力矩通常为主领蹄的 2～3 倍，整个制动器的效能因数很高。即使在制动驱动机构中不采用伺服装置，也可以通过施加较小的制动踏板力而获得很大的制动力矩。但是，其制动效能的稳定性比较差。为了改善其制动效能的稳定性，需要采用摩擦系数比较稳定的摩擦衬片。双向增力式制动器曾经在美国、澳大利亚等国的大型高速轿车中用得较多。

驻车制动要求制动器的正、反向效能都较高。驻车制动器在不用于紧急制动时不会产生高温，所以热衰退问题并不突出。因此，目前汽车的中央制动器广泛采用双向增力式制动器，这也是一些汽车采用双向增力式后制动器的原因之一。

11.3.1 鼓式制动器的主要参数

图 11-7 示出鼓式制动器的主要参数。

1. 制动鼓直径 *D*(半径 *R*)

在输入力 F_o一定时,制动鼓直径 D 越大,制动力矩也越大,而且散热能力也越强。但是,直径 D 的大小要受到轮辋内径限制。而且,制动鼓与轮辋之间应该保持相当的间隙,否则制动鼓散热不良,温度过高,使摩擦系数降低。制动鼓直径 D 与轮辋直径 D_r之比 D/D_r的一般范围为:对于轿车,$D/D_r=0.64\sim0.74$;对于货车,$D/D_r=0.70\sim0.83$。

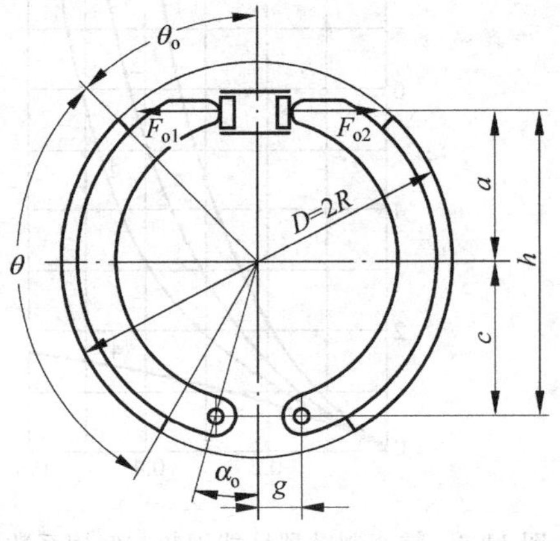

图 11-7 鼓式制动器的主要几何参数

2. 摩擦衬片宽度 *b* 和包角*θ*

制动鼓半径 R 确定以后,摩擦衬片的宽度 b 和包角 θ 便决定了衬片的摩擦面积 A_p,即

$$A_p = R\cdot\theta\cdot b \tag{11-29}$$

制动器各蹄的衬片总摩擦面积 $\sum A_p$ 越大,则制动时单位压力越小,抗磨损性就越好。单个车轮鼓式制动器的总摩擦衬片的摩擦面积一般随着汽车的总质量 m_a 而增大,如表 11-1所示。

表 11-1 鼓式制动器摩擦衬片总摩擦面积的统计数据

汽车类别	汽车总质量 m_a/t	单个制动器总的衬片摩擦面积 A_p/cm^2
轿车	0.9～1.5	100～200
	1.5～2.5	200～300
货车及客车	1.0～1.5	120～200
	1.5～2.5	150～250 (多为 150～200)
	2.5～3.5	250～400
	3.5～7.0	300～650
	7.0～12.0	550～1000
	12.0～17.0	600～1500 (多为 600～1200)

试验表明,摩擦衬片包角 $\theta=90°\sim100°$时,磨损最小,制动鼓温度最低,且制动效能最高。衬片宽度 b 较大可以减少磨损,但是过大将不宜保证与制动鼓全面接触。设计时应尽量按照国产摩擦衬片规格选择 b 值。

3. 摩擦衬片起始角θ_o

一般将衬片布置在制动蹄的中央,即令

$$\theta_o = 90° - \theta/2 \tag{11-30}$$

4. 制动器中心到张力 F_0 作用线的距离 a

在结构允许的情况下,即在保证轮缸或制动凸轮能够布置在制动鼓之内的条件下,应该使作用线距离 a 尽可能大,以提高制动效能。初步设计时,可初选 $a \approx 0.8R$。

5. 制动蹄支承点位置坐标 c 和 g

在保证两蹄支承面不致互相干涉的条件下,使 c 尽可能大,g 尽可能小。初步设计时,可初选 $c \approx 0.8R$。

11.3.2 压力沿衬片长度方向的分布规律

计算法向压力在摩擦衬片上的分布规律是比较困难的,因为它与许多因素有关,例如衬片的变形、制动鼓的变形、蹄片的变形、支承的变形等。为了抓住主要矛盾,一般只考虑衬片的径向变形影响,而忽略其他影响较小的因素。

制动蹄有一个自由度和两个自由度的。

1. 有两个自由度的紧蹄(增势蹄)的摩擦衬片的径向变形规律

如图 11-8(a)所示,将坐标原点选在制动鼓中心 O 点。y_1 坐标轴线通过蹄片的瞬时转动中心 A_1 点和 O 点;x_1 轴线垂直于 y_1 轴线。

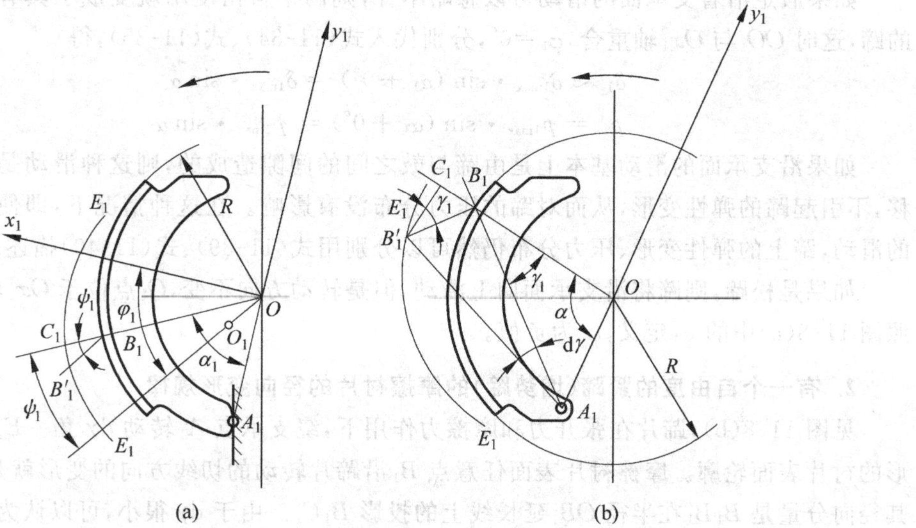

图 11-8 计算摩擦衬片径向变形的模型

(a) 具有两个自由度的紧蹄;(b) 具有一个自由度的紧蹄

制动时,由于摩擦衬片变形,蹄片一面绕瞬时转动中心 A_1 转动,同时还顺着摩擦力作用的方向沿支承面移动。如果蹄片不变形,则蹄片中心位于 O_1 点。在制动鼓的约束下,未变形的摩擦衬片的表面轮廓 E_1E_1 线就沿 OO_1 方向移动进入了制动鼓内。摩擦衬片表面上所有点在这个方向上的变形都是一样的,为 OO_1。位于任意半径 OB_1 上的点 B_1 的变形就是 B_1B_1' 线段,所以该处的径向变形 δ_1 为

$$\delta_1 = B_1C_1 \approx B_1B_1' \cdot \cos\psi_1 \tag{11-31}$$

其中,近似认为 B_1C_1 垂直于 C_1B_1'。

而且有下述关系：

$$\psi_1 = (\varphi_1 + \alpha_1) - 90° \tag{11-32}$$

$$B_1B_1' = OO_1 = \delta_{1\max} \tag{11-33}$$

把式(11-32)、式(11-33)代入式(11-31)，得

$$\delta_1 \approx \delta_{1\max} \cdot \cos\psi_1 = \delta_{1\max} \cdot \sin(\alpha_1 + \varphi_1) \tag{11-34}$$

假定摩擦衬片上各点的压力 p_1 与该点的径向变形 δ_1 成正比，k 是比例系数(蹄片刚度)，则

$$p_1 = k \cdot \delta_1 = k \cdot \delta_{1\max} \cdot \sin(\alpha_1 + \varphi_1) = p_{1\max} \cdot \sin(\alpha_1 + \varphi_1) \tag{11-35}$$

其中，α_1 是任意半径 OB_1 与 y_1 轴之间的夹角，其在分析中是自变量；ψ_1 是半径 OB_1 与最大变形线 OO_1 之间的夹角；φ_1 是 x_1 轴与最大变形线之间的夹角，其大小取决于沿着支承面的滑动距离和绕 A_1 点的转动角度；$p_{1\max}$ 是最大压力：

$$p_{1\max} = k \cdot \delta_{1\max} \tag{11-36}$$

如果假定最大变形方向沿着 y_1 轴的反方向，则 $\varphi_1 = 90°$，分别代入式(11-34)、式(11-35)，得

$$\delta_1 \approx \delta_{1\max} \cdot \sin(\alpha_1 + 90°) = \delta_{1\max} \cdot \cos\alpha_1 \tag{11-37}$$

$$p_1 = p_{1\max} \cdot \sin(\alpha_1 + 90°) = p_{1\max} \cdot \cos\alpha_1 \tag{11-38}$$

如果假定沿着支承面的滑动可以忽略不计，则两个自由度蹄就变成了具有一个自由度的蹄，这时 OO_1 与 Ox_1 轴重合，$\varphi_1 = 0°$，分别代入式(11-34)、式(11-35)，得

$$\delta_1 \approx \delta_{1\max} \cdot \sin(\alpha_1 + 0°) = \delta_{1\max} \cdot \sin\alpha_1 \tag{11-39}$$

$$p_1 = p_{1\max} \cdot \sin(\alpha_1 + 0°) = p_{1\max} \cdot \sin\alpha_1 \tag{11-40}$$

如果沿支承面的滑动基本上是由蹄与鼓之间的间隙造成的，则这种滑动是蹄的刚体位移，不引起蹄的弹性变形，从而对蹄的压力分布没有影响。在这种情况下，即使有沿支承面的滑动，蹄上的弹性变形、压力分布仍然可以分别用式(11-39)、式(11-40)描述。

如果是松蹄，则蹄将沿支承面向上滑动，但是转动方向不变，O_1 点位于 Ox_1 轴的上方，按照图 11-8(a)中的 φ_1 定义，φ_1 为负值。

2. 有一个自由度的紧蹄(增势蹄)的摩擦衬片的径向变形规律

见图 11-8(b)，蹄片在张开力和摩擦力作用下，绕支承点 A_1 转动 $d\gamma$ 角。E_1E_1 线是未变形的衬片表面轮廓。摩擦衬片表面任意点 B_1 沿蹄片转动的切线方向的变形就是线段 B_1B_1'，其径向分量是 B_1B_1' 在半径 OB_1 延长线上的投影 B_1C_1。由于 $d\gamma$ 很小，可以认为

$$B_1B_1' = A_1B_1 \cdot d\gamma \tag{11-41}$$

所以，衬片在 B_1 点的径向变形为

$$\delta_1 = B_1C_1 = B_1B_1' \cdot \sin\gamma_1 = A_1B_1 \cdot \sin\gamma_1 \cdot d\gamma \tag{11-42}$$

根据正弦定理，有如下关系

$$\frac{A_1B_1}{\sin\alpha} = \frac{OA_1}{\sin\gamma_1} \tag{11-43}$$

$$A_1B_1 \cdot \sin\gamma_1 = OA_1 \cdot \sin\alpha \tag{11-44}$$

把式(11-44)代入式(11-42)，得

$$\delta_1 = OA_1 \cdot \sin\alpha \cdot d\gamma \tag{11-45}$$

$$p_1 = k \cdot \delta_1 = k \cdot OA_1 \cdot \sin\alpha \cdot d\gamma$$

$$= (k \cdot OA_1 \cdot d\gamma) \cdot \sin\alpha = p_{1\max} \cdot \sin\alpha \tag{11-46}$$

其中,k 是蹄的径向刚度。

综上所述,紧蹄片上各点的压力沿摩擦衬片长度的分布符合正弦曲线规律。由于在以上分析中并没有用到摩擦力,所以公式(11-46)也适用于松蹄。

对比图 11-8(a)、(b)和式(11-40)、式(11-46)可以看出,如果具有两个自由度的紧蹄退化成具有一个自由度的蹄,沿蹄片的压力分布规律与仅具有一个自由度的紧蹄的完全相同,这时图 11-8(a)中的角 α_1 与图 11-8(b)中的角 α 相当。

11.3.3 计算蹄片上的制动力矩

在此推导在具有一个自由度的蹄片上的制动力矩,见图 11-9。在摩擦衬片表面取一微元面积 $b \cdot R \cdot d\alpha$(b 是衬片宽度)。在这一微元面积上的法向力为

$$dF_1 = p \cdot (b \cdot R \cdot d\alpha) = p_{\max} \cdot \sin\alpha \cdot b \cdot R \cdot d\alpha \tag{11-47}$$

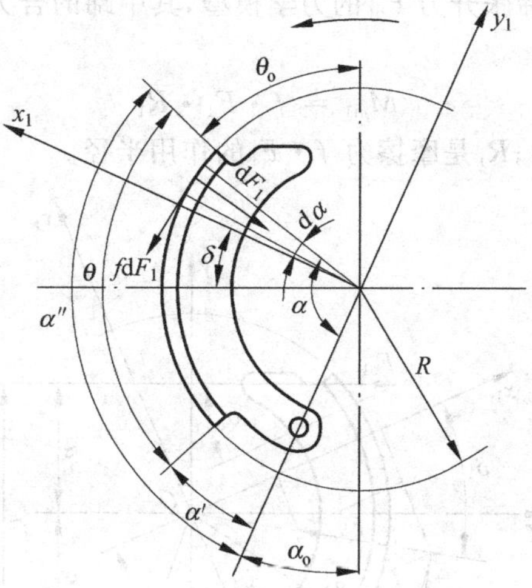

图 11-9 计算紧蹄制动力矩的力学模型

摩擦力 $dF_1 \cdot f$ 产生的制动力矩为

$$\begin{aligned} M_{\mu t1} &= \int_{\alpha'}^{\alpha''} dF_1 \cdot f \cdot R \\ &= \int_{\alpha'}^{\alpha''} p_{\max} \cdot \sin\alpha \cdot b \cdot R \cdot d\alpha \cdot f \cdot R \\ &= p_{\max} \cdot b \cdot R^2 \cdot f \cdot \int_{\alpha'}^{\alpha''} \sin\alpha \cdot d\alpha \\ &= p_{\max} \cdot b \cdot R^2 \cdot f(\cos\alpha' - \cos\alpha'') \end{aligned} \tag{11-48}$$

其中,f 是蹄与鼓之间的摩擦系数。

当法向压力分布均匀,即 $p = p_f =$ 常数时,有

$$\begin{aligned} M_{\mu t1} &= \int_{\alpha'}^{\alpha''} dF_1 \cdot f \cdot R \\ &= \int_{\alpha'}^{\alpha''} p_f \cdot b \cdot R \cdot d\alpha \cdot f \cdot R \\ &= p_f \cdot b \cdot R^2 \cdot f \cdot (\alpha'' - \alpha') \end{aligned} \tag{11-49}$$

由式(11-48)可得

$$p_{\max}=\frac{M_{\mu t1}}{b\cdot R^2\cdot f\cdot(\cos\alpha'-\cos\alpha'')}\tag{11-50}$$

由式(11-49)可得

$$p_{\mathrm{f}}=\frac{M_{\mu t1}}{b\cdot R^2\cdot f\cdot(\alpha''-\alpha')}\tag{11-51}$$

则不均匀系数Δ为

$$\Delta=\frac{p_{\max}}{p_{\mathrm{f}}}=\frac{\alpha''-\alpha'}{\cos\alpha'-\cos\alpha''}\tag{11-52}$$

由于在以上分析中都没有考虑摩擦力方向的影响，分析结果既适用于紧蹄，也适用于松蹄。

11.3.4 制动力矩与张开力之间的关系

图11-10示出计算紧蹄张开力 F_{o1} 的力学模型，其中蹄的合力作用点是 E。紧蹄制动力矩可用下式表达：

$$M_{\mu t1}=f\cdot F_1\cdot R_1\tag{11-53}$$

其中，F_1 是紧蹄的法向合力；R_1 是摩擦力 $f\cdot F_1$ 的作用半径。

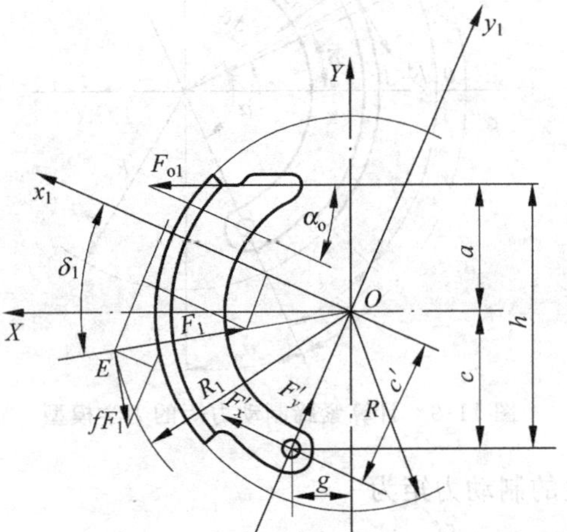

图11-10 计算紧蹄张开力的模型

分别建立沿 x_1 轴方向的力平衡方程和绕制动鼓中心 O 的力矩平衡方程：

$$F_{o1}\cdot\cos\alpha_o+F'_x-F_1\cdot\cos\delta_1-f\cdot F_1\cdot\sin\delta_1=0\tag{11-54}$$

$$F_{o1}\cdot a-F'_x\cdot c'+f\cdot F_1\cdot R_1=0\tag{11-55}$$

其中，δ_1 是 x_1 轴和 F_1 之间的夹角；F'_x 是支承反力在 x_1 轴上的投影。

由式(11-54)可得

$$F'_x=-F_{o1}\cdot\cos\alpha_o+F_1\cdot\cos\delta_1+f\cdot F_1\cdot\sin\delta_1\tag{11-56}$$

把式(11-56)代入式(11-55)，得

$$F_{o1}\cdot a-(F_1\cdot\cos\delta_1+f\cdot F_1\cdot\sin\delta_1-F_{o1}\cdot\cos\alpha_o)\cdot c'+f\cdot F_1\cdot R_1=0\tag{11-57}$$

$$F_1=\frac{F_{o1}\cdot(a+c'\cdot\cos\alpha_o)}{c'\cdot(\cos\delta_1+f\cdot\sin\delta_1)-f\cdot R_1}=\frac{F_{o1}\cdot h}{c'\cdot(\cos\delta_1+f\cdot\sin\delta_1)-f\cdot R_1} \tag{11-58}$$

在紧蹄上的制动力矩为

$$M_{\mu t1}=f\cdot F_1\cdot R_1=\frac{F_{o1}\cdot h\cdot f\cdot R_1}{c'\cdot(\cos\delta_1+f\cdot\sin\delta_1)-f\cdot R_1}=F_{o1}\cdot D_1 \tag{11-59}$$

$$D_1=\frac{h\cdot f\cdot R_1}{c'\cdot(\cos\delta_1+f\cdot\sin\delta_1)-f\cdot R_1} \tag{11-60}$$

紧蹄的效能因数 K_{t1} 为

$$K_{t1}=\frac{M_{\mu t1}}{R\cdot F_{o1}}=\frac{F_{o1}\cdot D_1}{R\cdot F_{o1}}=\frac{D_1}{R} \tag{11-61}$$

$$M_{\mu t1}=F_{o1}\cdot D_1=p_{1\max}\cdot b\cdot R^2\cdot f\cdot(\cos\alpha'-\cos\alpha'') \tag{11-62}$$

$$F_{o1}=\frac{p_{1\max}\cdot b\cdot R^2\cdot f\cdot(\cos\alpha'-\cos\alpha'')}{D_1} \tag{11-63}$$

$$p_{1\max}\cdot b\cdot R=\frac{F_{o1}\cdot D_1}{R\cdot f\cdot(\cos\alpha'-\cos\alpha'')} \tag{11-64}$$

其中，$p_{1\max}$是紧蹄上的最大压力。

图 11-11 示出计算松蹄张开力 F_{o2}的力学模型，其中蹄的合力作用点是 G，只是摩擦合力 $f\cdot F_2$的方向与紧蹄的相反。松蹄制动力矩可用下式表达：

$$M_{\mu t2}=f\cdot F_2\cdot R_2 \tag{11-65}$$

其中，F_2是松蹄的法向合力；R_2是摩擦合力 $f\cdot F_2$的作用半径。

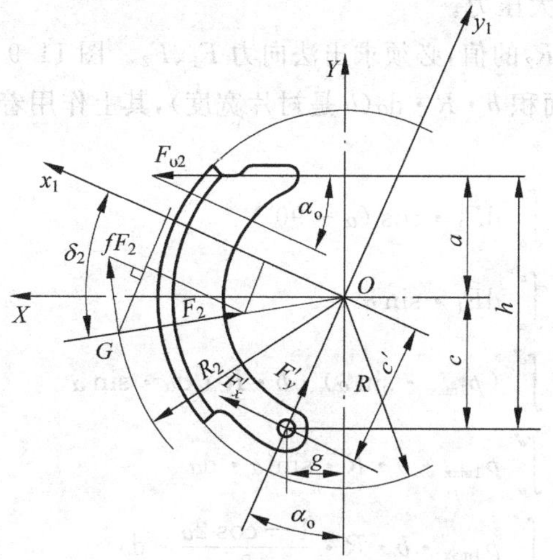

图 11-11 计算松蹄张开力的模型

分别建立松蹄沿 x_1轴方向的力平衡方程和绕制动鼓中心 O 的力矩平衡方程：

$$F_{o2}\cdot\cos\alpha_o+F'_x-F_2\cdot\cos\delta_2+f\cdot F_2\cdot\sin\delta_2=0 \tag{11-66}$$

$$F_{o2}\cdot a-F'_x\cdot c'-f\cdot F_2\cdot R_2=0 \tag{11-67}$$

其中，δ_2是 x_1轴和 F_2之间的夹角；F'_x是支承反力在 x_1轴上的投影。

从式(11-66)可得

$$F'_x = -F_{o2} \cdot \cos\alpha_o + F_2 \cdot \cos\delta_2 - f \cdot F_2 \cdot \sin\delta_2 \tag{11-68}$$

把式(11-68)代入式(11-67),得

$$F_{o2} \cdot a - (F_2 \cdot \cos\delta_2 - f \cdot F_2 \cdot \sin\delta_2 - F_{o2} \cdot \cos\alpha_o) \cdot c' - f \cdot F_2 \cdot R_2 = 0 \tag{11-69}$$

$$F_2 = \frac{F_{o2} \cdot (a + c' \cdot \cos\alpha_o)}{c' \cdot (\cos\delta_2 - f \cdot \sin\delta_2) + f \cdot R_2} = \frac{F_{o2} \cdot h}{c' \cdot (\cos\delta_2 - f \cdot \sin\delta_2) + f \cdot R_2} \tag{11-70}$$

在松蹄上的制动力矩为

$$M_{\mu t2} = f \cdot F_2 \cdot R_2 = \frac{F_{o2} \cdot h \cdot f \cdot R_2}{c' \cdot (\cos\delta_2 - f \cdot \sin\delta_2) + f \cdot R_2} = F_{o2} \cdot D_2 \tag{11-71}$$

$$D_2 = \frac{h \cdot f \cdot R_2}{c' \cdot (\cos\delta_2 - f \cdot \sin\delta_2) + f \cdot R_2} \tag{11-72}$$

松蹄的效能因数 K_{t2} 为

$$K_{t2} = \frac{M_{\mu t2}}{R \cdot F_{o2}} = \frac{F_{o2} \cdot D_2}{R \cdot F_{o2}} = \frac{D_2}{R} \tag{11-73}$$

$$M_{\mu t2} = F_{o2} \cdot D_2 = p_{2\max} \cdot b \cdot R^2 \cdot f \cdot (\cos\alpha' - \cos\alpha'') \tag{11-74}$$

$$F_{o2} = \frac{p_{2\max} \cdot b \cdot R^2 \cdot f \cdot (\cos\alpha' - \cos\alpha'')}{D_2} \tag{11-75}$$

$$p_{2\max} \cdot b \cdot R = \frac{F_{o2} \cdot D_2}{R \cdot f \cdot (\cos\alpha' - \cos\alpha'')} \tag{11-76}$$

其中,$p_{2\max}$是松蹄上的最大压力。

为了计算 δ_1、δ_2、R_1、R_2的值,必须求出法向力 F_1、F_2。图 11-9 示出紧蹄的受力情况,在摩擦衬片表面取一微元面积 $b \cdot R \cdot d\alpha$(b 是衬片宽度),其上作用着微元法向力 dF_1,它们的合成分量分别是

$$\begin{aligned} F_{x1} &= \int_{\alpha'}^{\alpha''} dF_1 \cdot \cos(\alpha - 90^\circ) \\ &= \int_{\alpha'}^{\alpha''} dF_1 \cdot \sin\alpha \\ &= \int_{\alpha'}^{\alpha''} (p_{1\max} \cdot \sin\alpha) \cdot b \cdot R \cdot d\alpha \cdot \sin\alpha \\ &= \int_{\alpha'}^{\alpha''} p_{1\max} \cdot b \cdot R \cdot \sin^2\alpha \cdot d\alpha \\ &= \int_{\alpha'}^{\alpha''} p_{1\max} \cdot b \cdot R \cdot \frac{1 - \cos 2\alpha}{2} \cdot d\alpha \\ &= \frac{p_{1\max} \cdot b \cdot R \cdot [2 \cdot (\alpha'' - \alpha') - \sin 2\alpha'' + \sin 2\alpha']}{4} \end{aligned} \tag{11-77}$$

注意,此 F_{x1}沿着 x_1轴的"-"方向(参见图 11-9)。

$$\begin{aligned} F_{y1} &= \int_{\alpha'}^{\alpha''} dF_1 \cdot \sin(\alpha - 90^\circ) \\ &= -\int_{\alpha'}^{\alpha''} dF_1 \cdot \cos\alpha \end{aligned}$$

$$=-\int_{\alpha'}^{\alpha''}(p_{1\max}\cdot\sin\alpha)\cdot b\cdot R\cdot \mathrm{d}\alpha\cdot\cos\alpha$$

$$=-\int_{\alpha'}^{\alpha''}p_{1\max}\cdot b\cdot R\cdot\sin\alpha\cdot\cos\alpha\cdot\mathrm{d}\alpha$$

$$=-\int_{\alpha'}^{\alpha''}p_{1\max}\cdot b\cdot R\cdot\frac{\sin 2\alpha}{2}\cdot\mathrm{d}\alpha$$

$$=p_{1\max}\cdot b\cdot R\cdot\frac{\cos 2\alpha''-\cos 2\alpha'}{4}\tag{11-78}$$

注意，此 F_{y1} 沿着 y_1 轴的“－”方向。

在式(11-77)、式(11-78)的推导中仅利用了径向压力分布规律。它们既适用于紧蹄，也适用于松蹄，对于松蹄只是需要把 $p_{1\max}$ 换成 $p_{2\max}$，即

$$F_{x2}=\frac{p_{2\max}\cdot b\cdot R\cdot[2\cdot(\alpha''-\alpha')-\sin 2\alpha''+\sin 2\alpha']}{4}\tag{11-79}$$

$$F_{y2}=p_{2\max}\cdot b\cdot R\cdot\frac{\cos 2\alpha''-\cos 2\alpha'}{4}\tag{11-80}$$

注意，此 F_{x2} 沿着 x_1 轴的“－”方向(参见图 11-9)；F_{y2} 沿着 y_1 轴的“－”方向。

参见图 11-10，δ_1 是法向合力 F_1 与 x_1 轴的夹角，根据其定义有如下关系：

$$\delta_1=\arctan\left(\frac{-F_{y1}}{F_{x1}}\right)=\arctan\left[-\frac{\cos 2\alpha''-\cos 2\alpha'}{2\cdot(\alpha''-\alpha')-\sin 2\alpha''+\sin 2\alpha'}\right]\tag{11-81}$$

其中，δ_1 是法向合力 F_1 与 x_1 轴的夹角，仅取决于 α' 和 α''。

对于松蹄，有

$$\delta_2=\arctan\left(\frac{-F_{y2}}{F_{x2}}\right)=\arctan\left[-\frac{\cos 2\alpha''-\cos 2\alpha'}{2\cdot(\alpha''-\alpha')-\sin 2\alpha''+\sin 2\alpha'}\right]\tag{11-82}$$

其中，δ_2 是法向合力 F_2 与 x_1 轴的夹角，仅取决于 α' 和 α''。

对紧蹄，有

$$F_1=\sqrt{F_{x1}^2+F_{y1}^2}$$

$$=\frac{p_{1\max}\cdot b\cdot R}{4}\cdot\sqrt{[2\cdot(\alpha''-\alpha')-\sin 2\alpha''+\sin 2\alpha']^2+(\cos 2\alpha'-\cos 2\alpha'')^2}\tag{11-83}$$

$$M_{\mu t1}=p_{1\max}\cdot b\cdot R^2\cdot f\cdot(\cos\alpha'-\cos\alpha'')=f\cdot F_1\cdot R_1\tag{11-84}$$

$$R_1=\frac{M_{\mu t1}}{f\cdot F_1}$$

$$=\frac{p_{1\max}\cdot b\cdot R^2\cdot f\cdot(\cos\alpha'-\cos\alpha'')}{f\cdot\frac{p_{1\max}\cdot b\cdot R}{4}\cdot\sqrt{[2\cdot(\alpha''-\alpha')-\sin 2\alpha''+\sin 2\alpha']^2+(\cos 2\alpha'-\cos 2\alpha'')^2}}$$

$$=\frac{4\cdot R\cdot(\cos\alpha'-\cos\alpha'')}{\sqrt{[2\cdot(\alpha''-\alpha')-\sin 2\alpha''+\sin 2\alpha']^2+(\cos 2\alpha'-\cos 2\alpha'')^2}}\tag{11-85}$$

即 R_1 仅取决于 α' 和 α'' 及 R。

把式(11-64)代入式(11-83)，得

$$F_1=\frac{F_{o1}\cdot D_1}{4\cdot R\cdot f\cdot(\cos\alpha'-\cos\alpha'')}\cdot$$

$$\sqrt{[2\cdot(\alpha''-\alpha')-\sin 2\alpha''+\sin 2\alpha']^2+(\cos 2\alpha'-\cos 2\alpha'')^2}\tag{11-86}$$

对松蹄，有

$$F_2 = \sqrt{F_{x2}^2 + F_{y2}^2}$$
$$= \frac{p_{2\max} \cdot b \cdot R}{4} \cdot \sqrt{[2 \cdot (\alpha'' - \alpha') - \sin 2\alpha'' + \sin 2\alpha']^2 + (\cos 2\alpha' - \cos 2\alpha'')^2} \tag{11-87}$$

$$M_{\mu t2} = p_{2\max} \cdot b \cdot R^2 \cdot f \cdot (\cos\alpha' - \cos\alpha'') = f \cdot F_2 \cdot R_2 \tag{11-88}$$

$$R_2 = \frac{M_{\mu t2}}{f \cdot F_2}$$
$$= \frac{p_{2\max} \cdot b \cdot R^2 \cdot f \cdot (\cos\alpha' - \cos\alpha'')}{f \cdot \frac{p_{2\max} \cdot b \cdot R}{4} \cdot \sqrt{[2 \cdot (\alpha'' - \alpha') - \sin 2\alpha'' + \sin 2\alpha']^2 + (\cos 2\alpha' - \cos 2\alpha'')^2}}$$
$$= \frac{4 \cdot R \cdot (\cos\alpha' - \cos\alpha'')}{\sqrt{[2 \cdot (\alpha'' - \alpha') - \sin 2\alpha'' + \sin 2\alpha']^2 + (\cos 2\alpha' - \cos 2\alpha'')^2}} \tag{11-89}$$

即 R_2 仅取决于 α' 和 α'' 及 R。

把式(11-76)代入式(11-87),得

$$F_2 = \frac{F_{o2} \cdot D_2}{4 \cdot R \cdot f \cdot (\cos\alpha' - \cos\alpha'')} \cdot \sqrt{[2 \cdot (\alpha'' - \alpha') - \sin 2\alpha'' + \sin 2\alpha']^2 + (\cos 2\alpha' - \cos 2\alpha'')^2} \tag{11-90}$$

如图 11-10 所示,有

$$\sin\alpha_o = \frac{g}{c} \tag{11-91}$$

紧蹄摩擦力 $f \cdot F_1$ 在 OXY 坐标系(参见图 11-10)中的分力分别是

$$F_{1fx} = -f \cdot F_1 \cdot \sin(\delta_1 - \alpha_o) \tag{11-92}$$
$$F_{1fy} = -f \cdot F_1 \cdot \cos(\delta_1 - \alpha_o) \tag{11-93}$$

紧蹄径向合力 F_1 在 OXY 坐标系中的分力为

$$F_{1x} = -F_1 \cdot \cos(\delta_1 - \alpha_o) \tag{11-94}$$
$$F_{1y} = F_1 \cdot \sin(\delta_1 - \alpha_o) \tag{11-95}$$

设在紧蹄支承点的水平推力为 F_{xL},见图 11-12,则紧蹄沿 OX 方向的受力平衡方程为

$$F_{o1} + F_{xL} + F_{1x} + F_{1fx} = 0 \tag{11-96}$$
$$F_{xL} = -F_{o1} - F_{1x} - F_{1fx}$$
$$= -F_{o1} + F_1 \cdot \cos(\delta_1 - \alpha_o) + f \cdot F_1 \cdot \sin(\delta_1 - \alpha_o) \tag{11-97}$$

注意,如果紧蹄和松蹄片的 α'、α'' 角度不同,则在它们的相应参量的计算公式中应该代入相应的 α'、α'' 角度数值。

11.3.5 采用液压或楔块式驱动机构的领从蹄式制动器的效能因数

领从蹄式制动器有两块蹄片,鼓上的制动力矩等于它们的摩擦力矩之和,即

$$M_\mu = M_{\mu t1} + M_{\mu t2} = F_{o1} \cdot D_1 + F_{o2} \cdot D_2 \tag{11-98}$$

其中,D_1、D_2 分别利用式(11-60)和式(11-72)计算。

在领从蹄式制动器采用液压或楔块式驱动方式时,$F_{o1} = F_{o2}$,所需要的张力为

$$F_o = F_{o1} = F_{o2} \tag{11-99}$$

把式(11-99)代入式(11-98),得

$$M_\mu = M_{\mu t1} + M_{\mu t2} = F_o \cdot (D_1 + D_2) \tag{11-100}$$

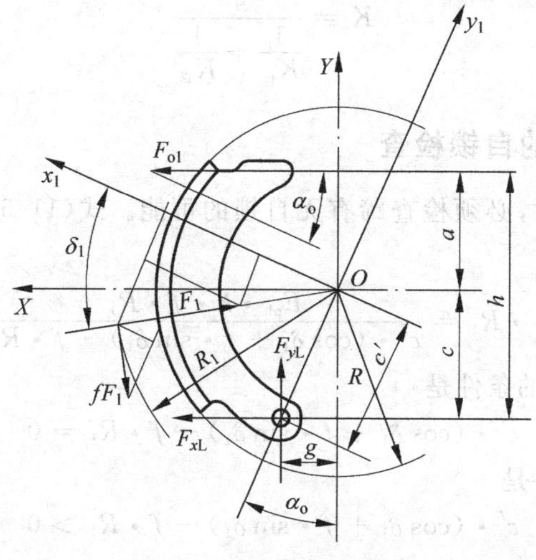

图 11-12　紧蹄的受力分析

制动器的效能因数 K 为

$$K=\frac{M_\mu}{R\cdot\dfrac{F_{o1}+F_{o2}}{2}} \tag{11-101}$$

把式(11-99)代入式(11-101)，得

$$K=\frac{F_o\cdot(D_1+D_2)}{R\cdot F_o}=\frac{D_1}{R}+\frac{D_2}{R} \tag{11-102}$$

根据式(11-61)、式(11-73)，由式(11-102)可得

$$K=K_{t1}+K_{t2} \tag{11-103}$$

11.3.6　采用非平衡式凸轮驱动机构的领从蹄式制动器的效能因数

在领从蹄式制动器采用非平衡式凸轮驱动机构时，有如下关系：

$$F_{o1}=\frac{M_\mu}{2\cdot D_1} \tag{11-104}$$

$$F_{o2}=\frac{M_\mu}{2\cdot D_2} \tag{11-105}$$

制动器的效能因数 K 为

$$K=\frac{M_\mu}{R\cdot\dfrac{F_{o1}+F_{o2}}{2}}=\frac{M_\mu}{R\cdot\dfrac{\dfrac{M_\mu}{2\cdot D_1}+\dfrac{M_\mu}{2\cdot D_2}}{2}}$$

$$=\frac{1}{R\cdot\dfrac{\dfrac{1}{D_1}+\dfrac{1}{D_2}}{4}}=\frac{4}{\dfrac{R}{D_1}+\dfrac{R}{D_2}} \tag{11-106}$$

根据式(11-61)、式(11-73)，从式(11-106)可得

$$K=\frac{4}{\frac{1}{K_{t1}}+\frac{1}{K_{t2}}} \tag{11-107}$$

11.3.7 鼓式制动器的自锁检查

在设计鼓式制动器时,必须检查蹄有无自锁的可能。式(11-59)是紧蹄的制动力矩计算公式,即

$$M_{\mu t1}=f\cdot F_1\cdot R_1=\frac{F_{o1}\cdot h\cdot f\cdot R_1}{c'\cdot(\cos\delta_1+f\cdot\sin\delta_1)-f\cdot R_1}=F_{o1}\cdot D_1$$

可以看出,紧蹄自锁的条件是

$$c'\cdot(\cos\delta_1+f\cdot\sin\delta_1)-f\cdot R_1=0 \tag{11-108}$$

而不发生自锁的条件是

$$c'\cdot(\cos\delta_1+f\cdot\sin\delta_1)-f\cdot R_1>0 \tag{11-109}$$

$$f<\frac{c'\cdot\cos\delta_1}{R_1-c'\cdot\sin\delta_1} \tag{11-110}$$

11.3.8 增力式鼓式制动器效能因数的近似计算

增力式制动器的两个蹄都是领蹄,张开力 F_{o1} 直接作用在主领蹄上,主领蹄下支承处的水平力 F_{xL} 按照式(11-97)计算;F_{xL} 就是次领蹄的张开力,而 F_{xL} 比 F_{o1} 大得多,所以次领蹄发出的制动力矩远大于主领蹄。

$$K=K_{t11}+\frac{F_{xL}\cdot K_{t12}\cdot R}{R\cdot F_{o1}}=K_{t11}+\frac{F_{xL}\cdot K_{t12}}{F_{o1}} \tag{11-111}$$

其中,K_{t11} 是主领蹄的效能因数;K_{t12} 是次领蹄的效能因数。增力式制动器的效能因数的典型数据是:在摩擦系数 $f=0.38$ 时 $K\approx5.0$。

【例 11-1】 图 11-13 是一个增力式制动器的示意图,其参数如下:制动鼓半径 $R=127\text{ mm}$;$\theta=100°$;$\theta_o=40°$;$a=0.8R$;$c=0.8R$;$\alpha_o=15°$。计算这个增力式制动器的效能因数曲线。

解:参见图 11-12,有如下关系:

$$h=a+c=1.6R \tag{11-112}$$

$$c'=\frac{c}{\cos\alpha_o} \tag{11-113}$$

$$g=c'\cdot\sin\alpha_o \tag{11-114}$$

参见图 11-9,有如下关系:

$$\alpha'=180°-\theta_o-\theta-\alpha_o \tag{11-115}$$

$$\alpha''=180°-\theta_o-\alpha_o \tag{11-116}$$

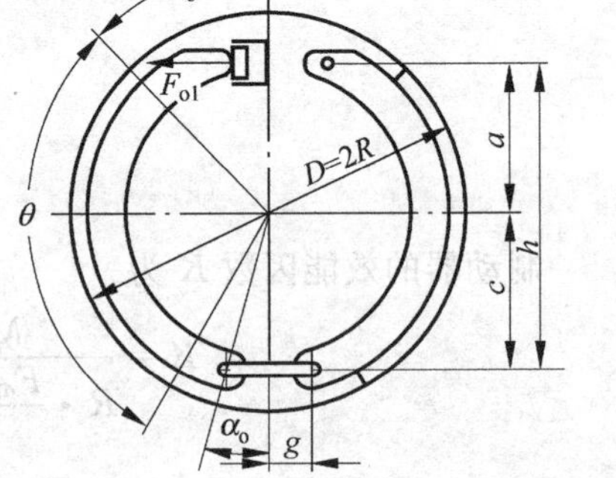

图 11-13 一个增力式制动器的示意图

增力式制动器的效能因数 K 利用式(11-111)计算,即

$$K=K_{t11}+\frac{F_{xL}\cdot K_{t12}\cdot R}{R\cdot F_{o1}}=K_{t11}+\frac{F_{xL}\cdot K_{t12}}{F_{o1}}$$

假定

$$K_{t1}=\frac{D_1}{R}=K_{t2} \tag{11-117}$$

把式(11-117)代入式(11-111),得

$$K=K_{t11}+\frac{F_{xL}\cdot K_{t12}\cdot R}{R\cdot F_{o1}}=K_{t1}+\frac{F_{xL}\cdot K_{t12}}{F_{o1}}=K_{t1}\cdot\left(1+\frac{F_{xL}}{F_{o1}}\right) \tag{11-118}$$

把式(11-117)代入式(11-118),得

$$K=\frac{D_1}{R}\cdot\left(1+\frac{F_{xL}}{F_{o1}}\right) \tag{11-119}$$

D_1的计算公式为式(11-60),即

$$D_1=\frac{h\cdot f\cdot R_1}{c'\cdot(\cos\delta_1+f\cdot\sin\delta_1)-f\cdot R_1}$$

δ_1的计算公式是式(11-81),即

$$\delta_1=\arctan\left(\frac{-F_{y1}}{F_{x1}}\right)=\arctan\left[-\frac{\cos 2\alpha''-\cos 2\alpha'}{2\cdot(\alpha''-\alpha')-\sin 2\alpha''+\sin 2\alpha'}\right]$$

R_1的计算公式是式(11-85),即

$$R_1=\frac{4\cdot R\cdot(\cos\alpha'-\cos\alpha'')}{\sqrt{[2\cdot(\alpha''-\alpha')-\sin 2\alpha''+\sin 2\alpha']^2+(\cos 2\alpha'-\cos 2\alpha'')^2}}$$

F_{xL}的计算公式是式(11-97),即

$$F_{xL}=-F_{o1}+F_1\cdot\cos(\delta_1-\alpha_0)+f\cdot F_1\cdot\sin(\delta_1-\alpha_0)$$

$$\frac{F_{xL}}{F_{o1}}=-1+\frac{F_1}{F_{o1}}\cdot[\cos(\delta_1-\alpha_0)+f\cdot\sin(\delta_1-\alpha_0)] \tag{11-120}$$

F_1的计算公式是式(11-58),即

$$F_1=\frac{F_{o1}\cdot h}{c'\cdot(\cos\delta_1+f\cdot\sin\delta_1)-f\cdot R_1}$$

$$\frac{F_1}{F_{o1}}=\frac{h}{c'\cdot(\cos\delta_1+f\cdot\sin\delta_1)-f\cdot R_1} \tag{11-121}$$

把式(11-81)、式(11-85)、式(11-120)、式(11-121)代入式(11-119),即

$$K=\frac{D_1}{R}\cdot\left(1+\frac{F_{xL}}{F_{o1}}\right)$$

就可以计算出制动器的效能因数 K 随着摩擦系数 f 的特性曲线,如图 11-14 所示。当摩擦系数 $f=0.38$ 时,这个制动器的效能因数为 5.28。根据文献介绍,当摩擦系数为 $f=0.38$ 时,增力式制动器的效能因数 $K\approx5.0$。所以,这种近似计算具有相当的准确度。

【例 11-2】 图 11-7 是一个液压驱动的领从蹄式制动器的示意图,其参数如下:制动鼓半径 $R=127$ mm;$\theta=100°$;$\theta_o=40°$;$a=0.8R$;$c=0.8R$;$\alpha_o=15°$。(1)计算这个领从蹄式制动器的效能因数曲线;(2)如果采用非平衡式凸轮驱动机构,计算这种制动器的效能因数。

解:参见图 11-7,有如下关系:

$$h=a+c=1.6R$$

$$c'=\frac{c}{\cos\alpha_o}$$

$$g=c'\cdot\sin\alpha_o$$

$$\alpha'=180°-\theta_o-\theta-\alpha_o$$

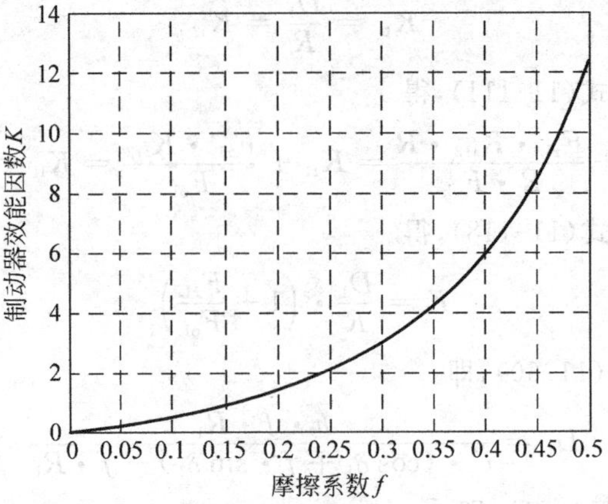

图 11-14 一种增力制动器的效能因数随着摩擦系数 f 的特性曲线(计算结果)

$$\alpha'' = 180° - \theta_o - \alpha_o$$

式(11-61)是紧蹄的效能因数 K_{t1},即

$$K_{t1} = \frac{D_1}{R}$$

式(11-60)是 D_1 的计算公式,即

$$D_1 = \frac{h \cdot f \cdot R_1}{c' \cdot (\cos \delta_1 + f \cdot \sin \delta_1) - f \cdot R_1}$$

δ_1 的计算公式是式(11-81),即

$$\delta_1 = \arctan\left(\frac{-F_{y1}}{F_{x1}}\right) = \arctan\left[-\frac{\cos 2\alpha'' - \cos 2\alpha'}{2 \cdot (\alpha'' - \alpha') - \sin 2\alpha'' + \sin 2\alpha'}\right]$$

R_1 的计算公式是式(11-85),即

$$R_1 = \frac{4 \cdot R \cdot (\cos \alpha' - \cos \alpha'')}{\sqrt{[2 \cdot (\alpha'' - \alpha') - \sin 2\alpha'' + \sin 2\alpha']^2 + (\cos 2\alpha' - \cos 2\alpha'')^2}}$$

式(11-73)是松蹄效能因数 K_{t2} 的计算公式,即

$$K_{t2} = \frac{M_{\mu t2}}{R \cdot F_{o2}} = \frac{F_{o2} \cdot D_2}{R \cdot F_{o2}} = \frac{D_2}{R}$$

式(11-72)是 D_2 的计算公式,即

$$D_2 = \frac{h \cdot f \cdot R_2}{c' \cdot (\cos \delta_2 - f \cdot \sin \delta_2) + f \cdot R_2}$$

δ_2 的计算公式是式(11-82),即

$$\delta_2 = \arctan\left(\frac{-F_{y2}}{F_{x2}}\right) = \arctan\left[-\frac{\cos 2\alpha'' - \cos 2\alpha'}{2 \cdot (\alpha'' - \alpha') - \sin 2\alpha'' + \sin 2\alpha'}\right]$$

R_2 的计算公式是式(11-89),即

$$R_2 = \frac{4 \cdot R \cdot (\cos \alpha' - \cos \alpha'')}{\sqrt{[2 \cdot (\alpha'' - \alpha') - \sin 2\alpha'' + \sin 2\alpha']^2 + (\cos 2\alpha' - \cos 2\alpha'')^2}}$$

(1) 在采用液压驱动机构时整个领从蹄式制动器的效能因数 K 为

$$K = K_{t1} + K_{t2}$$

图 11-15 示出这种领从蹄式制动器的效能因数 K 随着摩擦系数 f 的特性曲线。当摩

擦系数 $f=0.38$ 时，这个制动器的效能因数为 2.10。根据文献介绍，当摩擦系数为 $f=0.38$ 时，领从蹄式制动器的效能因数 $K\approx2.0$。所以，这种计算具有相当的准确度。

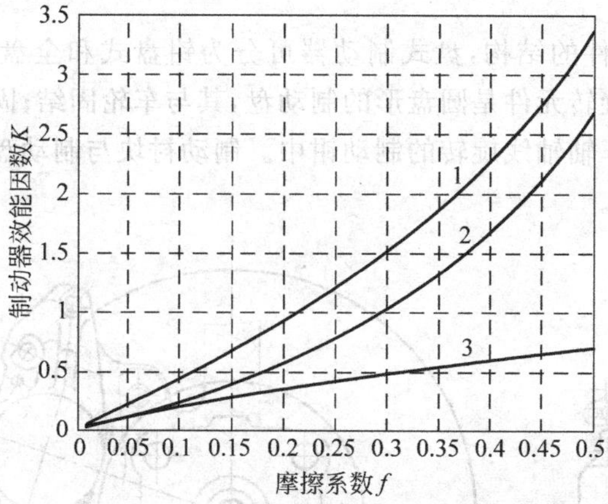

图 11-15　一种领从蹄式制动器(采用液压驱动机构)的效能因数 K 随着摩擦系数 f 的特性曲线

1—制动器的效能因数 K；2—领蹄的效能因数 K_{t1}；3—从蹄的效能因数 K_{t2}

(2) 采用非平衡式凸轮驱动机构时领从蹄式制动器的效能因数。

式(11-107)是计算这种制动器效能因数 K 的公式，即

$$K=\frac{4}{\dfrac{1}{K_{t1}}+\dfrac{1}{K_{t2}}}$$

图 11-16 示出这种领从蹄式制动器的效能因数 K 随着摩擦系数 f 的特性曲线。当摩擦系数 $f=0.38$ 时，这个制动器的效能因数为 1.67。所以，采用非平衡式凸轮驱动机构时，领从蹄式制动器的效能因数要小于采用液压驱动机构时的效能因数。但是，其制动效能的稳定性较好。

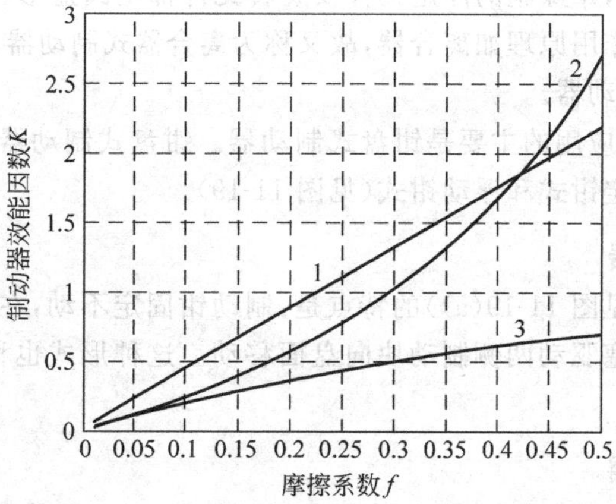

图 11-16　一种领从蹄式制动器(非平衡式凸轮驱动机构)的效能因数 K 随着摩擦系数 f 的特性曲线

1—制动器的效能因数 K；2—领蹄的效能因数 K_{t1}；3—从蹄的效能因数 K_{t2}

11.4 盘式制动器

按摩擦副中固定元件的结构,盘式制动器可分为钳盘式和全盘式两大类。如图 11-17 所示,钳盘式制动器的旋转元件是圆盘形的制动盘,其与车轮固结;固定元件是制动块,装在与车轴相连,但不能绕车轴轴线旋转的制动钳中。制动衬块与制动盘接触面很小,这种制动器也称为点盘式制动器。

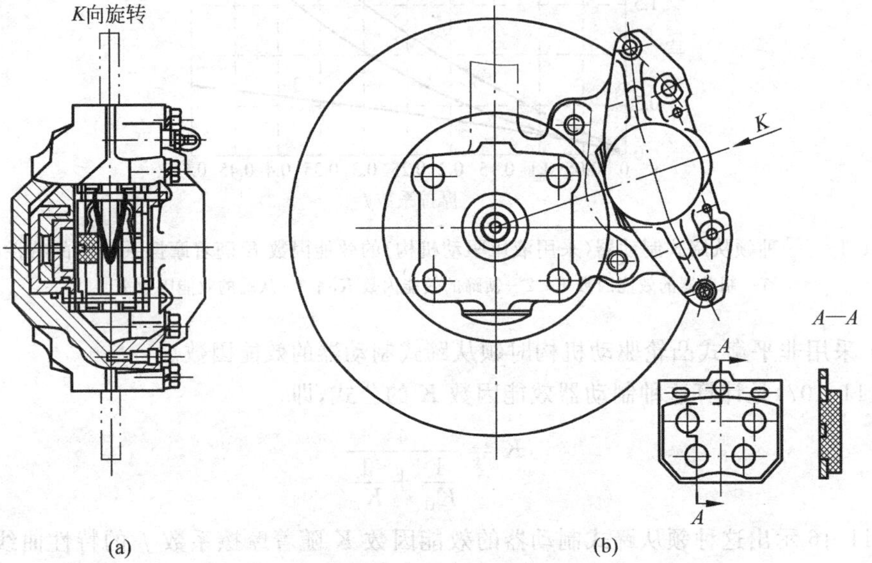

图 11-17 一种钳盘式制动器

(a) 制动钳;(b) 制动块

在全盘式制动器中,摩擦副的固定元件及旋转元件都是圆盘形(见图 11-18),制动时各盘摩擦表面全部接触,作用原理如离合器,故又称为离合器式制动器。全盘式制动器中用的较多的是多片全盘式制动器。

在汽车上得到广泛应用的主要是钳盘式制动器。钳盘式制动器按制动钳的结构划分,主要有以下两种,即固定钳式和浮动钳式(见图 11-19)。

1. 固定钳式制动器

固定钳式制动器(见图 11-19(a))的特点是:制动钳固定不动,在制动盘两侧均有油缸。制动时,两油缸中的活塞驱动两侧制动块向盘面移动。这种形式也称为对置活塞式或浮动活塞式。

2. 浮动钳式制动器

(1) 滑动钳式,如图 11-19(b)所示。其制动钳可以相对于制动盘作轴向移动,只在制动盘的内侧有油缸,而外侧的制动块固装在钳体上。制动时,活塞在液压作用下使活动制动块压靠到制动盘上,而制动盘对整个制动钳的反作用力推动钳体连同固定的制动块压向制动盘的另一侧,直到两制动块受力相等为止。

(2) 摆动钳式,如图 11-19(c)所示。其制动钳体与固定于车轴上的支座铰接,可以绕该

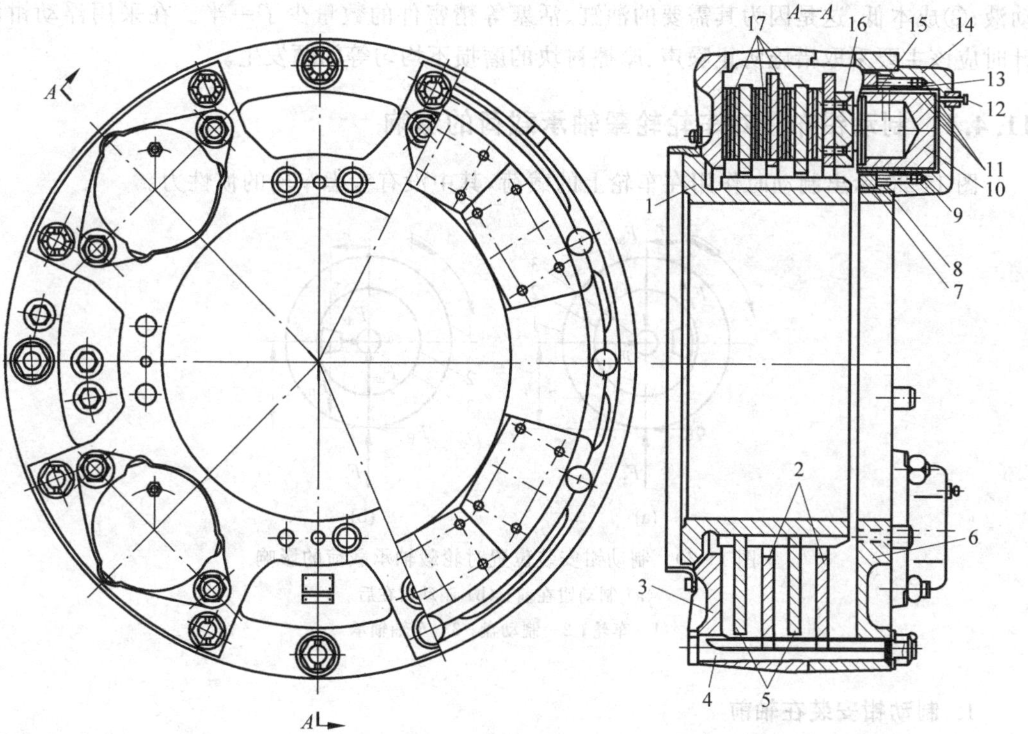

图 11-18　一种多片全盘式制动器

1—旋转花键套；2—固定制动盘；3—外盖；4—带键螺栓；5—旋转制动盘；6—内盖；7—调整螺纹挡圈；8—活塞回位弹簧；9—活塞套筒；10—活塞；11—套筒密封圈；12—放气螺钉；13—活塞密封圈；14—轮缸体；15—固定弹簧盘；16—垫块；17—摩擦衬片

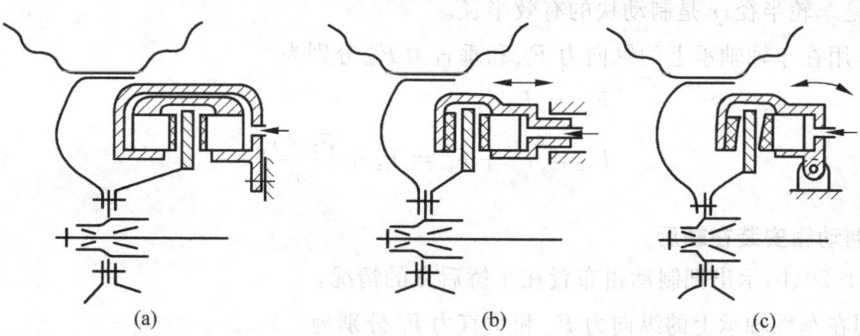

图 11-19　盘式制动器示意图

(a) 固定钳式；(b) 滑动钳式；(c) 摆动钳式

铰点摆动。它也是单油缸结构。为实现制动，钳体不是滑动，而是绕铰点摆动。显然，在制动块上压力分布不均匀，使得制动块不能全面均匀磨损。为此，需要把衬块预先作成楔形，摩擦面相对于其背面的倾斜角一般在6°左右。经过一段时间使用，衬块逐渐磨损到各处残存厚度均匀(一般为1 mm左右)，这时就该换衬块了。

与固定钳式设计相比浮动钳式设计具有如下优点：①结构紧凑，需要的安装空间小；②有利于降低制动液的热负荷、降低温度，这是因为在制动盘的正上方(最热处)没有布置制动液;③成本低,这是因为其需要的油缸、活塞等精密件的数量少了一半。在采用浮动钳设计时应该主要采取措施防止噪声、摩擦衬块的磨损不均匀等问题发生。

11.4.1 制动钳布置对车轮轮毂轴承载荷的影响

图 11-20 示出制动时作用在车轮上的载荷,其中没有考虑车轮的惯性力。

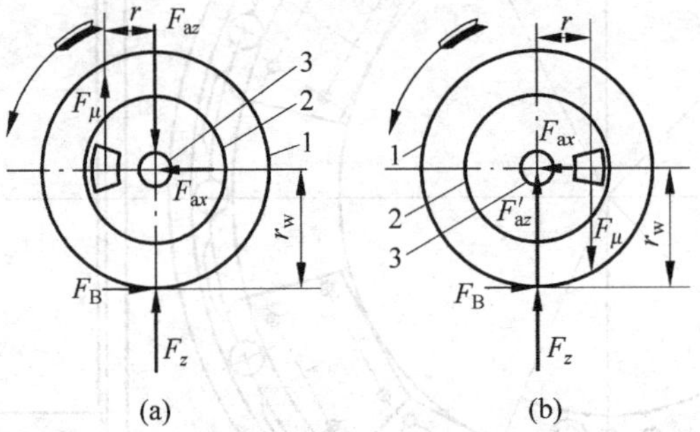

图 11-20 制动钳安装位置对轮毂轴承载荷的影响

(a) 制动钳在前;(b) 制动钳在后

1—车轮;2—制动盘;3—车轴轴承

1. 制动钳安装在轴前

图 11-20(a)示出把制动钳布置在车桥前方的情况。在制动时,地面对车轮的作用力包括垂直力 F_z和制动力 F_B。制动块对制动盘的力 F_μ为

$$F_\mu = \frac{F_B \cdot r_w}{r} \tag{11-122}$$

其中,r_w是车轮半径;r 是制动块的有效半径。

而作用在车轴轴承上的纵向力 F_{ax}和垂直力 F_{az}分别为

$$F_{ax} = F_B \tag{11-123}$$

$$F_{az} = F_z + F_\mu = F_z + \frac{F_B \cdot r_w}{r} \tag{11-124}$$

2. 制动钳安装在轴后

图 11-20(b)示出把制动钳布置在车桥后方的情况。

作用在车轴轴承上的纵向力 F_{ax}和垂直力 F'_{az}分别为

$$F_{ax} = F_B$$

$$F'_{az} = F_\mu - F_z = \frac{F_B \cdot r_w}{r} - F_z$$

可以看出

$$|F'_{az}| = \left|\frac{F_B \cdot r_w}{r} - F_z\right| < \left|\frac{F_B \cdot r_w}{r} + F_z\right| \tag{11-125}$$

所以,在把制动块布置在车轴前方的情况下,在制动时轴承所承受的垂直力比较大。而在 F_z、F_B、F_μ一定的情况下,把制动块布置在车轴之后可以减小制动时作用在轮毂轴承上的合力。但是,制动块布置在轴前也有优点,即轮胎向制动钳甩溅泥污的可能性比较小。

11.4.2 盘式制动器的优缺点

1. 盘式制动器的优点

(1) 热稳定性好。原因是其没有自行增力作用，即摩擦力不会增大摩擦面之间的压紧力；衬块表面压力分布较鼓式的衬片更均匀。而制动鼓在受热以后膨胀，工作半径增大，使其只能与蹄的中部接触，从而降低制动效能。这称为机械衰退。而制动盘在轴向的热膨胀极小(因为在这个方向尺寸小，所以热膨胀也小)，径向热膨胀对性能无影响，所以几乎没有机械衰退。

(2) 水稳定性好。制动块对盘的单位压力高，易于把水挤出，因而浸水后性能降低不多。又由于离心力的作用，出水后只需经一两次制动即能恢复正常。而鼓式制动器则需经十余次制动才能恢复正常。

(3) 制动力矩与汽车行驶方向无关。而一些鼓式制动器的制动力矩与行驶方向有关，例如双领蹄式制动器，当汽车倒行时，其两个蹄都变成了从蹄，使制动力矩减小。

(4) 易于构成双回路制动系。例如，在每个制动器中布置两对制动块，各由一套单独的制动管路驱动。

(5) 制动盘的热膨胀不会造成制动踏板的行程损失。而当制动鼓受热膨胀时，会引起制动踏板行程的损失，为补偿这种损失，需要采用比较复杂的间隙自动调整机构。

(6) 衬块比制动蹄上的摩擦衬片更容易更换，一般保养作业比较简单。

(7) 衬块与制动盘之间的间隙小(0.05～0.15 mm)，有助于缩短制动协调时间。

2. 盘式制动器的缺点

(1) 钳盘式制动器难以完全防止尘污和锈蚀。

(2) 兼作驻车制动器时，所需要的手驱动机构比较复杂(见图 11-21)。随着这个问题的解决，前、后轮制动器都采用盘式制动器的轿车已经日益增多。

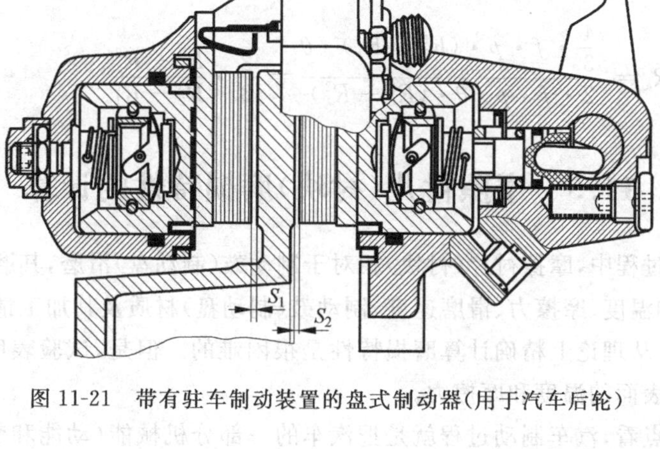

图 11-21　带有驻车制动装置的盘式制动器(用于汽车后轮)

11.4.3 盘式制动器制动力矩的计算

图11-22示出盘式制动器制动力矩的计算模型。假定衬块的摩擦表面全部与制动盘接触,并且各处单位压力 p 分布均匀,则一个制动块施加给制动盘的制动力矩为

$$\frac{M_\mu}{2}=\int_{-\theta}^{\theta}\int_{R_1}^{R_2} p\cdot R\cdot \mathrm{d}\varphi\cdot \mathrm{d}R\cdot f\cdot R$$

$$= p\cdot f\cdot\int_{-\theta}^{\theta}\int_{R_1}^{R_2} R^2\cdot \mathrm{d}R\cdot \mathrm{d}\varphi$$

$$=\frac{2}{3}\cdot f\cdot p\cdot (R_2^3-R_1^3)\cdot\theta \qquad (11\text{-}126)$$

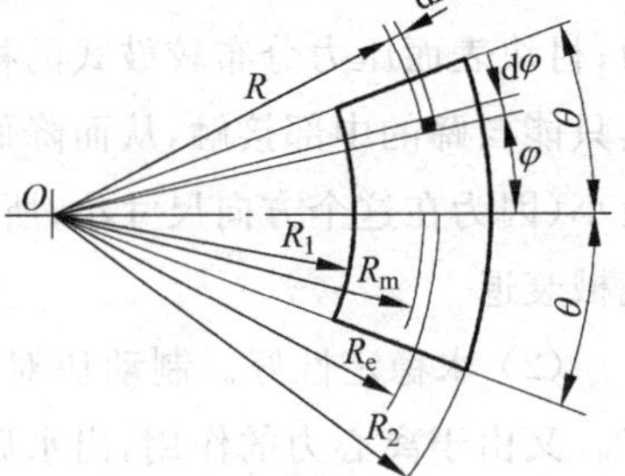

图11-22 盘式制动器制动力矩的计算模型

其中,M_μ是盘式制动器(具有两个制动块)的制动力矩;f是摩擦衬块与制动盘的摩擦系数;R_1、R_2 分别是制动块的内、外半径;θ是制动块包角的一半。

盘式制动器的制动力矩 M_μ 为

$$M_\mu=\frac{4}{3}\cdot f\cdot p\cdot (R_2^3-R_1^3)\cdot\theta \qquad (11\text{-}127)$$

盘式制动器的制动力矩可以定义为

$$M_\mu=2\cdot f\cdot F_\mathrm{o}\cdot R_\mathrm{a} \qquad (11\text{-}128)$$

其中,F_o是单侧制动块对制动盘的压紧力:

$$F_\mathrm{o}=\int_{-\theta}^{\theta}\int_{R_1}^{R_2} p\cdot R\cdot \mathrm{d}\varphi\cdot \mathrm{d}R=2\cdot p\cdot\theta\cdot\frac{R_2^2-R_1^2}{2}$$

$$= p\cdot\theta\cdot (R_2^2-R_1^2) \qquad (11\text{-}129)$$

R_a是有效作用半径。

把式(11-127)、式(11-129)代入式(11-128),得

$$\frac{4}{3}\cdot f\cdot p\cdot (R_2^3-R_1^3)\cdot\theta=2\cdot f\cdot p\cdot\theta\cdot (R_2^2-R_1^2)\cdot R_\mathrm{a} \qquad (11\text{-}130)$$

$$R_\mathrm{a}=\frac{\frac{4}{3}\cdot f\cdot p\cdot (R_2^3-R_1^3)\cdot\theta}{2\cdot f\cdot p\cdot\theta\cdot (R_2^2-R_1^2)}=\frac{2}{3}\cdot\frac{R_2^3-R_1^3}{R_2^2-R_1^2} \qquad (11\text{-}131)$$

11.5 摩擦衬片(衬块)磨损特性的计算

在汽车制动过程中,摩擦衬片(衬块)相对于制动鼓(制动盘)滑磨,其磨损程度受到许多因素的影响,例如温度、摩擦力、滑磨速度、制动鼓(制动盘)材质及其加工情况,以及衬片(衬块)本身材质等。从理论上精确计算磨损特性是很困难的。但是,试验表明,影响磨损的最重要因素是摩擦表面的温度和摩擦力。

从能量的观点看,汽车制动过程就是把汽车的一部分机械能(动能和势能)转变成热能而耗散的过程。在制动强度很大的紧急制动过程中,在很短的时间内,制动器几乎承担了汽车全部动能的耗散。此时,由于时间很短,热量来不及散到大气中去,都被制动器吸收,导致

制动器温度升高。这就是所谓的制动器能量负荷。能量负荷越大，衬片(衬块)磨损越严重。紧急制动时摩擦力最大，温度升高最多，磨损也最厉害。

目前，常用“比能量耗散率”来评价各种制动器的能量负荷。比能量耗散率定义为单位衬片(衬块)摩擦面积在单位时间耗散的能量，常用单位是 W/mm^2。比能量耗散率也简称为能量负荷。

双轴汽车的单个前轮、单个后轮制动器的比能量耗散率 e_1、e_2分别为

$$e_1 = \frac{1}{2} \cdot \frac{\delta \cdot m_a \cdot (v_1^2 - v_2^2)}{2 \cdot t \cdot A_1} \cdot \beta \tag{11-132}$$

$$e_2 = \frac{1}{2} \cdot \frac{\delta \cdot m_a \cdot (v_1^2 - v_2^2)}{2 \cdot t \cdot A_2} \cdot (1-\beta) \tag{11-133}$$

$$t = \frac{v_1 - v_2}{j} \tag{11-134}$$

其中，m_a是汽车质量；δ 是汽车旋转质量换算系数；v_1、v_2 分别是制动的初速度、末速度；j 是制动减速度；t 是制动时间；A_1、A_2 分别是前、后制动器衬片(衬块)的摩擦面积；β 是制动力分配系数。

在紧急制动停车的情况下，$v_2=0$，并且认为 $\delta=1$，则

$$e_1 = \frac{1}{2} \cdot \frac{m_a \cdot v_1^2}{2 \cdot t \cdot A_1} \cdot \beta \tag{11-135}$$

$$e_2 = \frac{1}{2} \cdot \frac{m_a \cdot v_1^2}{2 \cdot t \cdot A_2} \cdot (1-\beta) \tag{11-136}$$

$$t = \frac{v_1}{j} \tag{11-137}$$

据有关资料推荐，鼓式制动器的比能量耗散率应该不大于 1.8 W/mm^2。其中，计算 e_1、e_2的条件为：①减速度 $j=0.6g$；②$v_1=100$ km/h(轿车)；$v_1=80$ km/h($m_a \leqslant 3.5$ t 的货车)；$v_1=65$ km/h($m_a > 3.5$ t 的货车)。对于最高车速低于上述规定制动初速度 v_1 的汽车，按照上述条件计算的 e_1、e_2 允许略大于 1.8 W/mm^2。在与上述相同的 v_1、j 的条件下，轿车盘式制动器的比能量耗散率应该不大于 6.0 W/mm^2。应该指出，比能量耗散率过高不仅引起摩擦衬片(衬块)的加速磨损，而且有可能使制动鼓或制动盘更早地发生龟裂。

另外一个磨损特性指标是单位衬片(衬块)摩擦面积的制动器摩擦力，称为比摩擦力 f_o。

$$f_o = \frac{M_\mu}{R \cdot A} \tag{11-138}$$

其中，M_μ是单个制动器的制动力矩；R 是制动鼓半径(或制动盘的有效半径 R_a)；A 是单个制动器的衬片(衬块)面积。

在 $j=0.6g$ 时，鼓式制动器的比摩擦力 f_o以不大于 0.48 N/mm^2为宜。与之相应的衬片与制动鼓之间的平均单位压力 $p_m=f_o/f=1.37\sim1.60$ N/mm^2，其中摩擦系数 $f=0.3\sim0.35$。

下面推导平均单位压力。有如下关系：

$$(p_m \cdot A) \cdot f \cdot R = M_\mu = f_o \cdot R \cdot A \tag{11-139}$$

$$p_m = \frac{f_o}{f} \tag{11-140}$$

11.6 前、后轮制动力矩的确定

合理确定前、后轮制动力矩对于保证汽车具有良好的制动效能和制动时的方向稳定性具有重要意义。

11.6.1 理想的前、后桥制动力分配

图 11-23 示出一辆正在进行紧急制动的两轴汽车。其前、后桥垂直负荷分别为

$$F_{zf}=\frac{l_r}{l}\cdot F_z+\frac{h}{l}\cdot\frac{F_z}{g}\cdot a_B \quad (11\text{-}141)$$

$$F_{zr}=\frac{l_f}{l}\cdot F_z-\frac{h}{l}\cdot\frac{F_z}{g}\cdot a_B \quad (11\text{-}142)$$

其中，F_{zf}、F_{zr}分别是前后桥垂直负荷；F_z是汽车重量；l_f、l_r分别是汽车质心到前、后桥的距离；l是轴距；h是汽车质心距离地面的高度；a_B是制动减速度；g是重力减速度。

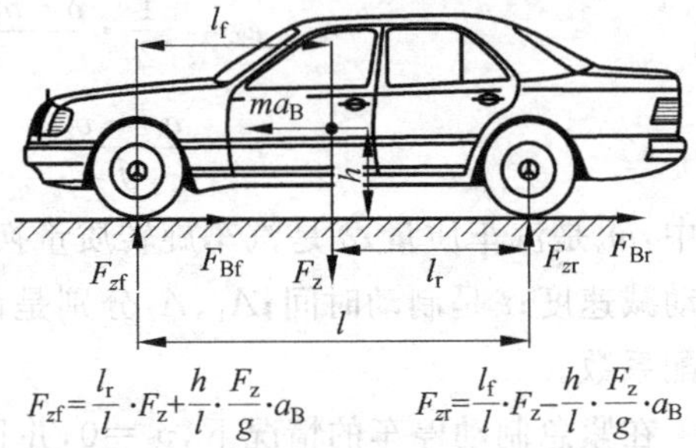

图 11-23 一辆正在进行紧急制动的两轴汽车

以g为单位的制动减速度z为

$$z=\frac{a_B}{g} \quad (11\text{-}143)$$

$$F_B=m\cdot a_B=m\cdot g\cdot\frac{a_B}{g}=F_z\cdot z=F_{Bf}+F_{Br} \quad (11\text{-}144)$$

$$z=\frac{a_B}{g}=\frac{F_B}{F_z}=\frac{F_{Bf}+F_{Br}}{F_z} \quad (11\text{-}145)$$

其中，F_B是汽车的总地面制动力；F_{Bf}、F_{Br}分别是前、后桥地面制动力。

把式(11-143)代入式(11-141)、式(11-142)，得

$$F_{zf}=\frac{l_r}{l}\cdot F_z+\frac{h}{l}\cdot F_z\cdot z=F_z\cdot\left(\frac{l_r}{l}+\frac{h}{l}\cdot z\right) \quad (11\text{-}146)$$

$$F_{zr}=\frac{l_f}{l}\cdot F_z-\frac{h}{l}\cdot F_z\cdot z=F_z\cdot\left(\frac{l_f}{l}-\frac{h}{l}\cdot z\right) \quad (11\text{-}147)$$

前、后桥的利用附着系数μ_f、μ_r分别为

$$\mu_f=\frac{F_{Bf}}{F_{zf}} \quad (11\text{-}148)$$

$$\mu_r=\frac{F_{Br}}{F_{zr}} \quad (11\text{-}149)$$

当前、后桥的利用附着系数μ_f、μ_r都等于轮胎-地面之间的摩擦系数μ时，即

$$\mu_r=\mu_f=\mu=z \quad (11\text{-}150)$$

前、后桥同时抱死。

把式(11-146)代入式(11-148)，并且考虑式(11-150)，得

$$\mu_f=\frac{F_{Bf}}{F_{zf}}=\frac{F_{Bf}}{F_z\cdot\left(\frac{l_r}{l}+\frac{h}{l}\cdot z\right)}=z \quad (11\text{-}151)$$

$$F_z \cdot \frac{h}{l} \cdot z^2 + F_z \cdot \frac{l_r}{l} \cdot z - F_{Bf} = 0 \tag{11-152}$$

$$z = -\frac{l_r}{2 \cdot h} + \sqrt{\left(\frac{l_r}{2 \cdot h}\right)^2 + \frac{F_{Bf}}{F_z} \cdot \frac{l}{h}} \tag{11-153}$$

把式(11-145)代入式(11-153),得

$$\frac{F_{Bf} + F_{Br}}{F_z} = -\frac{l_r}{2 \cdot h} + \sqrt{\left(\frac{l_r}{2 \cdot h}\right)^2 + \frac{F_{Bf}}{F_z} \cdot \frac{l}{h}} \tag{11-154}$$

$$\frac{F_{Br}}{F_z} = -\frac{l_r}{2 \cdot h} + \sqrt{\left(\frac{l_r}{2 \cdot h}\right)^2 + \frac{F_{Bf}}{F_z} \cdot \frac{l}{h}} - \frac{F_{Bf}}{F_z} \tag{11-155}$$

式(11-155)就是理想的前、后桥制动力分配特性曲线。这个理想的制动力分配关系可以保证在任何轮胎-地面附着系数的情况下都能够充分利用前、后桥上的最大附着力来使汽车减速,前、后桥同时抱死,从而可以保证制动的方向稳定性。图 11-24 示出一个这种理想制动力分配曲线。

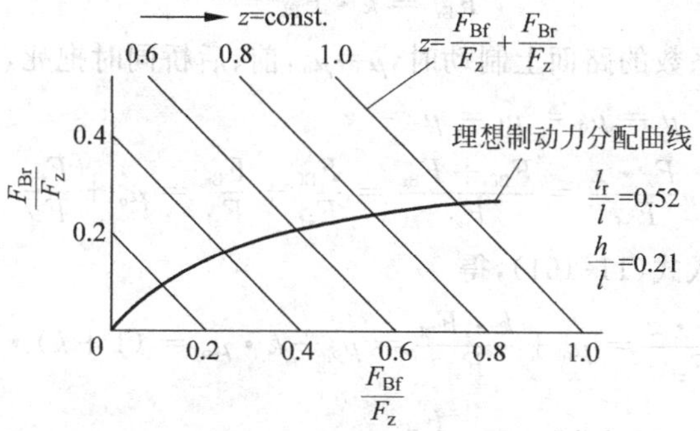

图 11-24 一个理想制动力分配曲线

11.6.2 前、后桥制动力按照固定比例分配

在前、后桥制动力按照固定比例分配时,实际的制动力分配曲线是一条直线,如图 11-25 所示。其中,固定比例分配直线与理想制动力分配特性曲线的交点所对应的附着系数称为同步附着系数 μ_o。在采用前、后桥固定比例制动力分配的制动系统的情况下,只有在具有同步附着系数的路面上制动时,其前、后桥才能够同时抱死。在附着系数低于同步附着系数的路面上制动时,前桥先抱死,使汽车丧失转向能力,即驾驶员将不能通过转动转向盘来调整汽车的行驶方向;在附着系数高于同步附着系数的路面上制动时,后桥先抱死,汽车将丧失方向稳定性。为了尽可能避免发生后桥先抱死的危险情况,一般要求同步附着系数约为 0.8。

1. 同步附着系数

下面推导同步附着系数 μ_o的表达式。设 β 是固定的制动力分配系数,则

$$\beta = \frac{F_{Bf}}{F_B} = \frac{F_{Bf}}{F_{Bf} + F_{Br}} \tag{11-156}$$

$$1 - \beta = 1 - \frac{F_{Bf}}{F_{Bf} + F_{Br}} = \frac{F_{Br}}{F_{Bf} + F_{Br}} \tag{11-157}$$

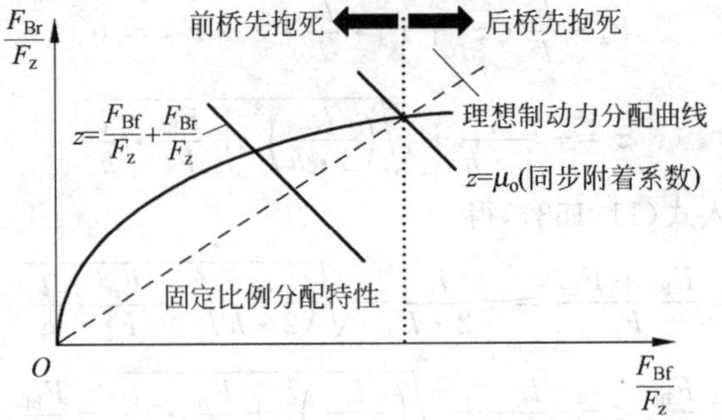

图 11-25 前、后桥制动力按照固定比例分配的实际特性曲线(一条直线)

令

$$k=\frac{F_{Br}}{F_{Bf}}=\frac{1-\beta}{\beta} \tag{11-158}$$

$$F_{Br}=k\cdot F_{Bf} \tag{11-159}$$

在具有同步附着系数的路面上制动时,$\mu=\mu_o$,前、后桥同时抱死,所以

$$\mu=\mu_o=\mu_f=\mu_r=z \tag{11-160}$$

$$\frac{F_z\cdot z}{F_{zf}}=\frac{F_{Bf}+F_{Br}}{F_{zf}}=\frac{F_{Bf}}{F_{zf}}+\frac{F_{Br}}{F_{zf}}=\mu_o+\frac{F_{Br}}{F_{zf}} \tag{11-161}$$

把式(11-159)代入式(11-161),得

$$\frac{F_z\cdot z}{F_{zf}}=\mu_o+\frac{k\cdot F_{Bf}}{F_{zf}}=\mu_o+k\cdot\mu_o=(1+k)\cdot\mu_o \tag{11-162}$$

$$z=(1+k)\cdot\mu_o\cdot\frac{F_{zf}}{F_z} \tag{11-163}$$

把式(11-141)代入式(11-163),得

$$z=(1+k)\cdot\mu_o\cdot\left(\frac{l_r}{l}+\frac{h}{l}\cdot z\right) \tag{11-164}$$

把式(11-160)代入式(11-164),得

$$\mu_o=(1+k)\cdot\mu_o\cdot\left(\frac{l_r}{l}+\frac{h}{l}\cdot\mu_o\right) \tag{11-165}$$

$$1=(1+k)\cdot\left(\frac{l_r}{l}+\frac{h}{l}\cdot\mu_o\right) \tag{11-166}$$

$$\frac{1}{1+k}=\frac{l_r}{l}+\frac{h}{l}\cdot\mu_o \tag{11-167}$$

$$\mu_o=\frac{\frac{1}{1+k}-\frac{l_r}{l}}{\frac{h}{l}}=\frac{l-l_r\cdot(1+k)}{(1+k)\cdot h}=\frac{l-l_r-l_r\cdot k}{(1+k)\cdot h}=\frac{l_f-l_r\cdot k}{(1+k)\cdot h} \tag{11-168}$$

式(11-168)就是同步附着系数的计算公式。

2. 前桥刚抱死时的汽车制动减速度

假定在附着系数μ小于同步附着系数μ_o的路面上制动,即$\mu<\mu_o$。在这种情况下,前桥抱死,而后桥不抱死,即

$$\mu_{\mathrm{f}}=\mu \tag{11-169}$$

$$\frac{F_{\mathrm{z}}\cdot z}{F_{\mathrm{zf}}}=\frac{F_{\mathrm{Bf}}+F_{\mathrm{Br}}}{F_{\mathrm{zf}}}=\frac{F_{\mathrm{Bf}}}{F_{\mathrm{zf}}}+\frac{F_{\mathrm{Br}}}{F_{\mathrm{zf}}}=\mu+\frac{F_{\mathrm{Br}}}{F_{\mathrm{zf}}} \tag{11-170}$$

把式(11-159)代入式(11-170),得

$$\frac{F_{\mathrm{z}}\cdot z}{F_{\mathrm{zf}}}=\mu+\frac{k\cdot F_{\mathrm{Bf}}}{F_{\mathrm{zf}}}=\mu+k\cdot\mu=(1+k)\cdot\mu \tag{11-171}$$

$$z=(1+k)\cdot\mu\cdot\frac{F_{\mathrm{zf}}}{F_{\mathrm{z}}} \tag{11-172}$$

把式(11-141)代入式(11-172),得

$$z=(1+k)\cdot\mu\cdot\left(\frac{l_{\mathrm{r}}}{l}+\frac{h}{l}\cdot z\right) \tag{11-173}$$

$$\left[1-\frac{h}{l}\cdot(1+k)\cdot\mu\right]\cdot z=(1+k)\cdot\mu\cdot\frac{l_{\mathrm{r}}}{l} \tag{11-174}$$

$$z=\frac{(1+k)\cdot\mu\cdot\frac{l_{\mathrm{r}}}{l}}{1-\frac{h}{l}\cdot(1+k)\cdot\mu}=\frac{(1+k)\cdot\mu\cdot l_{\mathrm{r}}}{l-h\cdot(1+k)\cdot\mu} \tag{11-175}$$

式(11-175)用于计算在前轴刚抱死时汽车达到的制动减速度。

3. 后桥刚抱死时的汽车制动减速度

假定在附着系数 μ 大于同步附着系数 μ_0 的路面上制动,即 $\mu>\mu_0$。在这种情况下,后桥抱死,而前桥不抱死,即

$$\mu_{\mathrm{r}}=\mu \tag{11-176}$$

$$\frac{F_{\mathrm{z}}\cdot z}{F_{\mathrm{zr}}}=\frac{F_{\mathrm{Bf}}+F_{\mathrm{Br}}}{F_{\mathrm{zr}}}=\frac{F_{\mathrm{Bf}}}{F_{\mathrm{zr}}}+\frac{F_{\mathrm{Br}}}{F_{\mathrm{zr}}}=\frac{F_{\mathrm{Bf}}}{F_{\mathrm{zr}}}+\mu \tag{11-177}$$

把式(11-159)代入式(11-177),得

$$\frac{F_{\mathrm{z}}\cdot z}{F_{\mathrm{zr}}}=\frac{\frac{1}{k}\cdot F_{\mathrm{Br}}}{F_{\mathrm{zr}}}+\mu=\frac{\mu}{k}+\mu=\left(1+\frac{1}{k}\right)\cdot\mu \tag{11-178}$$

$$z=\left(1+\frac{1}{k}\right)\cdot\mu\cdot\frac{F_{\mathrm{zr}}}{F_{\mathrm{z}}} \tag{11-179}$$

把式(11-142)代入式(11-179),得

$$z=\left(1+\frac{1}{k}\right)\cdot\mu\cdot\left(\frac{l_{\mathrm{f}}}{l}-\frac{h}{l}\cdot z\right) \tag{11-180}$$

$$\left[1+\frac{h}{l}\cdot\left(1+\frac{1}{k}\right)\cdot\mu\right]\cdot z=\left(1+\frac{1}{k}\right)\cdot\mu\cdot\frac{l_{\mathrm{f}}}{l} \tag{11-181}$$

$$z=\frac{\left(1+\frac{1}{k}\right)\cdot\mu\cdot\frac{l_{\mathrm{f}}}{l}}{1+\frac{h}{l}\cdot\left(1+\frac{1}{k}\right)\cdot\mu}=\frac{(1+k)\cdot\mu\cdot l_{\mathrm{f}}}{l\cdot k+h\cdot(1+k)\cdot\mu} \tag{11-182}$$

式(11-182)用于计算在后轴刚抱死时汽车达到的制动减速度。其一般就是汽车因后桥抱死而失稳前所可以达到的最大制动减速度。

4. 根据同步附着系数确定汽车的前、后桥制动力分配系数β

从式(11-168)可得

$$\mu_o \cdot (1+k) \cdot h = l_f - l_r \cdot k \tag{11-183}$$

$$(\mu_o \cdot h + l_r) \cdot k = l_f - \mu_o \cdot h \tag{11-184}$$

$$k = \frac{l_f - \mu_o \cdot h}{\mu_o \cdot h + l_r} \tag{11-185}$$

从式(11-158)可得

$$k \cdot \beta = 1 - \beta \tag{11-186}$$

$$(1+k) \cdot \beta = 1 \tag{11-187}$$

$$\beta = \frac{1}{1+k} \tag{11-188}$$

把式(11-185)代入式(11-188),得

$$\beta = \frac{1}{1+\dfrac{l_f - \mu_o \cdot h}{\mu_o \cdot h + l_r}} = \frac{\mu_o \cdot h + l_r}{l} \tag{11-189}$$

为了尽可能避免发生后桥先抱死的危险情况,一般要求同步附着系数μ_o约为0.8。

11.7 应急制动和驻车制动所需要的制动力矩

应急制动系统或驻车制动系统一般是靠驾驶员的手操纵的系统。在大部分汽车上驻车制动系统兼起应急制动系统的作用,两者实际上是一套系统。应急制动系统一般使后桥制动器(在三桥汽车上一般仅中桥制动器)或中央制动器产生制动力矩并且传到相应的车轮,从而引起地面制动力,使汽车制动。

11.7.1 应急制动所需要的制动力矩

应急制动时,后轮一般都将抱死拖滑,所以后轮制动力F_{Br}为

$$F_{Br} = \mu \cdot F_{zr} \tag{11-190}$$

其中,μ是轮胎与地面之间的附着系数;F_{zr}是制动车轮的垂直负荷。

在两轴汽车情况下,把式(11-142)代入式(11-190),得

$$F_{Br} = \mu \cdot F_z \cdot \left(\frac{l_f}{l} - \frac{h}{l} \cdot z\right) \tag{11-191}$$

其中,F_z是汽车重量;l是汽车轴距;l_f是汽车质心到前轴的距离;z是制动减速度,单位为g,

$$z = \frac{F_{Br}}{F_z} \tag{11-192}$$

把式(11-192)代入式(11-191),得

$$F_{Br} = \mu \cdot F_z \cdot \left(\frac{l_f}{l} - \frac{h}{l} \cdot \frac{F_{Br}}{F_z}\right) \tag{11-193a}$$

$$F_{Br} = \mu \cdot F_z \cdot \frac{l_f}{l} - \mu \cdot \frac{h}{l} \cdot F_{Br} \tag{11-193b}$$

$$\left(1 + \mu \cdot \frac{h}{l}\right) \cdot F_{Br} = \mu \cdot F_z \cdot \frac{l_f}{l} \tag{11-194}$$

$$(l+\mu\cdot h)\cdot F_{\mathrm{Br}}=\mu\cdot F_{\mathrm{z}}\cdot l_{\mathrm{f}} \tag{11-195}$$

$$F_{\mathrm{Br}}=\frac{\mu\cdot F_{\mathrm{z}}\cdot l_{\mathrm{f}}}{l+\mu\cdot h} \tag{11-196}$$

如果应急制动力矩由车轮制动器发出，则需要一个车轮制动器发出的制动力矩 M_μ 为

$$M_\mu=\frac{F_{\mathrm{Br}}\cdot r_{\mathrm{e}}}{2}=\frac{\mu\cdot F_{\mathrm{z}}\cdot l_{\mathrm{f}}}{l+\mu\cdot h}\cdot\frac{r_{\mathrm{e}}}{2} \tag{11-197}$$

其中，r_{e} 是车轮的有效半径。

如果应急制动力矩由中央制动器发出，则需要其发出的制动力矩 M_μ 为

$$M_\mu=\frac{F_{\mathrm{Br}}\cdot r_{\mathrm{e}}}{i_{\mathrm{o}}}=\frac{\mu\cdot F_{\mathrm{z}}\cdot l_{\mathrm{f}}}{l+\mu\cdot h}\cdot\frac{r_{\mathrm{e}}}{i_{\mathrm{o}}} \tag{11-198}$$

其中，i_{o}是主传动比。

11.7.2 驻车制动所需要的制动力矩

驻车制动需要分别考虑上坡驻车和下坡驻车两种情况。

1. 上坡驻车制动

图 11-26 示出汽车在上坡路上驻车制动时的受力情况。后轮的垂直力 F_{zr} 为

$$F_{\mathrm{zr}}=\frac{1}{l}\cdot(F_{\mathrm{z}}\cdot\cos\alpha\cdot l_{\mathrm{f}}+F_{\mathrm{z}}\cdot\sin\alpha\cdot h) \tag{11-199}$$

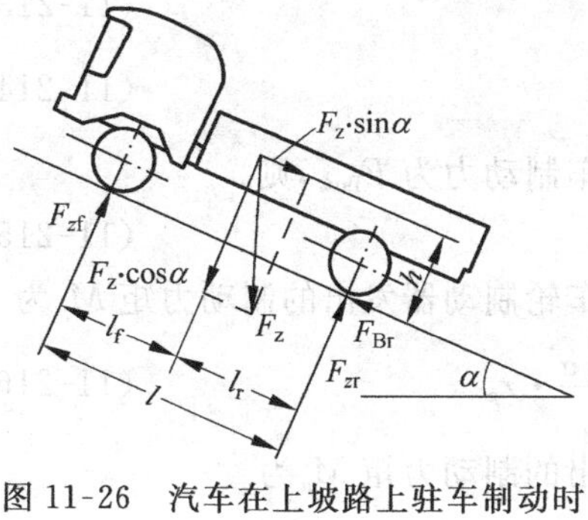

图 11-26 汽车在上坡路上驻车制动时的受力情况

其中，α 是坡度角。

在上坡路上驻车时后轮可以产生的最大制动力 F_{Br} 为

$$F_{\mathrm{Br}}=\mu\cdot F_{\mathrm{zr}}=\frac{\mu}{l}\cdot(F_{\mathrm{z}}\cdot\cos\alpha\cdot l_{\mathrm{f}}+F_{\mathrm{z}}\cdot\sin\alpha\cdot h) \tag{11-200}$$

设 α_1 是能够在上坡路上驻车的最大坡度角，则

$$F_{\mathrm{Br}}=\frac{\mu}{l}\cdot(F_{\mathrm{z}}\cdot\cos\alpha_1\cdot l_{\mathrm{f}}+F_{\mathrm{z}}\cdot\sin\alpha_1\cdot h)=F_{\mathrm{z}}\cdot\sin\alpha_1 \tag{11-201}$$

$$\frac{\mu}{l}\cdot(\cos\alpha_1\cdot l_{\mathrm{f}}+\sin\alpha_1\cdot h)=\sin\alpha_1 \tag{11-202}$$

$$\mu\cdot\cos\alpha_1\cdot l_{\mathrm{f}}=\sin\alpha_1\cdot(l-\mu\cdot h) \tag{11-203}$$

$$\alpha_1=\arctan\left(\frac{\mu\cdot l_{\mathrm{f}}}{l-\mu\cdot h}\right) \tag{11-204}$$

设 $\alpha(\alpha\leqslant\alpha_1)$是要求的上坡驻车坡度角，则要求的驻车制动力为 F_{Bro1}，则

$$F_{\mathrm{Bro1}}=F_{\mathrm{z}}\cdot\sin\alpha \tag{11-205}$$

如果驻车制动力矩由车轮制动器发出，则需要一个车轮制动器发出的制动力矩 M_μ 为

$$M_\mu=\frac{F_{\mathrm{Bro1}}\cdot r_{\mathrm{e}}}{2}=\frac{F_{\mathrm{z}}\cdot\sin\alpha}{2}\cdot r_{\mathrm{e}} \tag{11-206}$$

如果驻车制动力矩由中央制动器发出，则需要其发出的制动力矩 M_μ 为

$$M_{\mu} = \frac{F_{\mathrm{Bro1}} \cdot r_{\mathrm{e}}}{i_{\mathrm{o}}} = \frac{F_{\mathrm{z}} \cdot \sin\alpha}{i_{\mathrm{o}}} \cdot r_{\mathrm{e}} \tag{11-207}$$

其中，i_{o} 是主减速比。

2. 下坡驻车制动

下坡驻车制动时后轮的垂直力 F_{zr} 为

$$F_{\mathrm{zr}} = \frac{1}{l} \cdot [F_{\mathrm{z}} \cdot \cos(-\alpha) \cdot l_{\mathrm{f}} + F_{\mathrm{z}} \cdot \sin(-\alpha) \cdot h] \tag{11-208}$$

$$F_{\mathrm{zr}} = \frac{1}{l} \cdot [F_{\mathrm{z}} \cdot \cos\alpha \cdot l_{\mathrm{f}} - F_{\mathrm{z}} \cdot \sin\alpha \cdot h] \tag{11-209}$$

在下坡路上驻车时后轮可以产生的最大制动力 F_{Br} 为

$$F_{\mathrm{Br}} = \mu \cdot F_{\mathrm{zr}} = \frac{\mu}{l} \cdot (F_{\mathrm{z}} \cdot \cos\alpha \cdot l_{\mathrm{f}} - F_{\mathrm{z}} \cdot \sin\alpha \cdot h) \tag{11-210}$$

设 α_2 是能够在下坡路上驻车的最大坡度角，则

$$F_{\mathrm{Br}} = \frac{\mu}{l} \cdot (F_{\mathrm{z}} \cdot \cos\alpha_2 \cdot l_{\mathrm{f}} - F_{\mathrm{z}} \cdot \sin\alpha_2 \cdot h) = F_{\mathrm{z}} \cdot \sin\alpha_2 \tag{11-211}$$

$$\frac{\mu}{l} \cdot (\cos\alpha_2 \cdot l_{\mathrm{f}} - \sin\alpha_2 \cdot h) = \sin\alpha_2 \tag{11-212}$$

$$\mu \cdot \cos\alpha_2 \cdot l_{\mathrm{f}} = \sin\alpha_2 \cdot (l + \mu \cdot h) \tag{11-213}$$

$$\alpha_2 = \arctan\left(\frac{\mu \cdot l_{\mathrm{f}}}{l + \mu \cdot h}\right) \tag{11-214}$$

设 $\alpha(\alpha \leqslant \alpha_2)$ 是要求的下坡驻车坡度角，则要求的驻车制动力为 F_{Bro2}，则

$$F_{\mathrm{Bro2}} = F_{\mathrm{z}} \cdot \sin\alpha \tag{11-215}$$

如果驻车制动力矩由车轮制动器发出，则需要一个车轮制动器发出的制动力矩 M_{μ} 为

$$M_{\mu} = \frac{F_{\mathrm{Bro2}} \cdot r_{\mathrm{e}}}{2} = \frac{F_{\mathrm{z}} \cdot \sin\alpha}{2} \cdot r_{\mathrm{e}} \tag{11-216}$$

如果驻车制动力矩由中央制动器发出，则需要其发出的制动力矩 M_{μ} 为

$$M_{\mu} = \frac{F_{\mathrm{Bro2}} \cdot r_{\mathrm{e}}}{i_{\mathrm{o}}} = \frac{F_{\mathrm{z}} \cdot \sin\alpha}{i_{\mathrm{o}}} \cdot r_{\mathrm{e}} \tag{11-217}$$

其中，i_{o} 是主减速比。

11.8 制动器主要元件

11.8.1 制动鼓

制动鼓应该具有较高的刚度和较大的热容量，制动时其温升不应该超过允许值。制动鼓的材料应该与摩擦衬片的材料相匹配，以保证具有较高的摩擦系数和使工作表面磨损均匀。

中型、重型货车和中型、大型客车多采用灰铸铁 HT200 或合金铸铁制造的制动鼓，如图 11-27(a)所示；轻型货车和一些轿车则采用组合式制动鼓，其辐板由钢板冲压成形，圆柱形的鼓筒部分用铸铁铸造，在铸造时两者固结在一起，如图 11-27(b)所示；带有灰铸铁内鼓筒的铸铝合金制动鼓，如图 11-27(c)所示，这种结构在轿车上得到了日益广泛的应用。铸铁内鼓筒与铝合金制动鼓本体也是铸到一起的，这种内镶一层珠光体组织的灰铸铁作为工作表面，其耐磨性和散热性都很好。另外，这种结构还有利于减小质量。

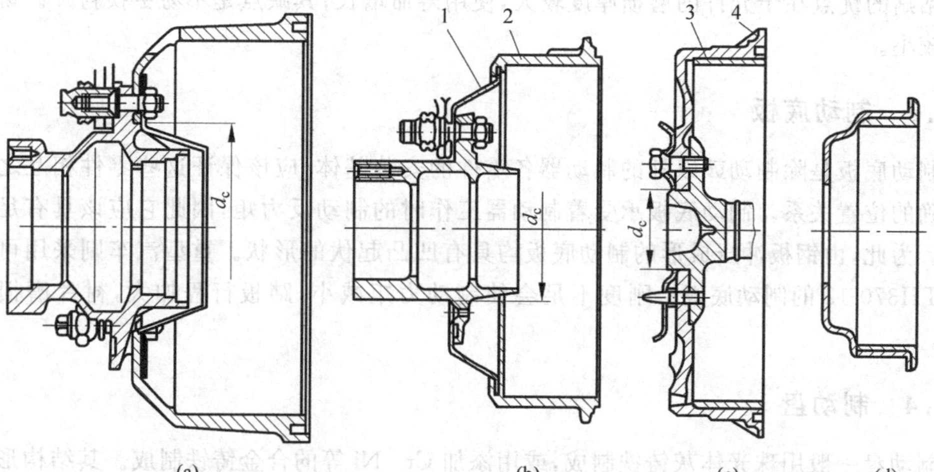

图 11-27 几种制动鼓的结构

(a) 铸造制动鼓；(b),(c),(d) 组合式制动鼓

1—冲压成形辐板；2—铸铁鼓筒；3—灰铸铁内鼓筒；4—铸铝合金制动鼓

在工作载荷作用下制动鼓会发生变形，导致蹄与鼓间的单位压力分布不均匀、损失少许踏板行程。鼓筒变形后的圆柱度过大时也易引起制动器的自锁或踏板振动。为了防止这些现象发生，应该提高制动鼓的刚度。为此，沿鼓口的外缘铸有整圈的加强肋条，也常加铸一些轴向肋条以提高其散热性能。也有在钢板冲压的制动鼓内侧离心浇铸上合金铸铁内鼓筒，组合构成制动鼓，如图 11-27(d)所示。

如图 11-27 所示，制动鼓是通过以直径为 d_c的圆柱表面进行配合来保证其相对于车轮对中的，并在两者装配紧固后精加工制动鼓内工作表面，以保证两者的轴线重合。两者装配后还需要进行动平衡。其许用不平衡度，对轿车为 15～20 N·cm；对货车为 30～40 N·cm。微型轿车要求其制动鼓工作表面的圆度和同轴度公差≤0.03 mm，径向跳动量≤0.05 mm，静不平衡度≤1.5 N·cm。

制动鼓壁厚的选取主要是从其刚度和强度方面考虑。壁厚取大些也有利于增大其热容量，但试验表明，壁厚由 11 mm 增至 20 mm 时，摩擦表面的平均最高温度变化并不大。一般铸造制动鼓的壁厚，对于轿车为 7～12 mm；对于中、重型货车为 13～18 mm。制动鼓在闭口一侧外缘可开小孔，用于检查制动器间隙。

11.8.2 制动蹄

轿车和微型、轻型货车的制动蹄广泛采用 T 形钢碾压或钢板冲压-焊接制成；大吨位货车的制动蹄则多用铸铁、铸钢或铸铝合金制成。制动蹄的结构尺寸和断面形状应该保证其刚度好，但小型车用钢板制的制动蹄腹板上有时开有一、两条径向槽，使蹄的弯曲刚度小些，以便使制动蹄摩擦衬片与制动鼓之间的接触压力均匀，因而使衬片的磨损较为均匀，并可以减少制动时的尖叫声。重型汽车制动蹄的断面有工字形、山字形和 Π 字形几种。

制动蹄腹板和翼缘的厚度，对于轿车为 3～5 mm；对于货车为 5～8 mm。摩擦衬片的厚度，对于轿车多为 4.5～5 mm；对于货车多为 8 mm 以上。衬片可以铆接或黏贴在制动蹄上。粘贴的优点在于允许的磨损厚度较大,使用寿命增长;其缺点是不易更换衬片。铆接的噪声较小。

11.8.3 制动底板

制动底板是除制动鼓以外的制动器各零件的安装基体,应该保证这些零件相互之间具有正确的位置关系。制动底板承受着制动器工作时的制动反力矩,因此它应该具有足够的刚度。为此,由钢板冲压成形的制动底板均具有凹凸起伏的形状。重型汽车则采用可锻铸铁 KTH370-12 的制动底板。刚度不足会使制动力矩减小,踏板行程加大,衬片磨损也不均匀。

11.8.4 制动盘

制动盘一般用珠光体灰铸铁制成,或用添加 Cr、Ni 等的合金铸铁制成。其结构形状有平板形(用于全盘式制动器)和礼帽形(用于钳盘式制动器)两种。后一种的圆柱部分长度取决于布置尺寸。

制动盘在工作时不仅承受着制动块作用的法向力和切向力,而且承受着热负荷。为了改善冷却效果,钳盘式制动器的制动盘有的铸成中间有径向通风槽的双层盘,这样可以明显增加散热面积,降低温升 20%~30%,但盘的整体厚度较大。

制动盘的工作表面应该光洁平整,其两侧表面的平行度不应该大于 8 μm。如果制动盘的厚度不均匀可能引起制动踏板振动。制动盘表面的摆差不应该大于 0.1 mm,这种摆差过大会引起制动踏板振动、踏板行程增大。

应该采用防护板防止泥沙溅上并嵌入衬块,以免制动盘被划出刻痕。

11.8.5 制动钳

制动钳由可锻铸铁 KTH370-12 或球墨铸铁 QT400-18 制造,也有用轻合金制造的,例如用铝合金压铸。可以做成整体的,也可以做成两半并由螺栓连接的。其外缘留有开口,以便不必拆下制动钳便可以检查或更换制动块。制动钳体应该具有较高的强度和刚度。一般多在钳体中加工出制动油缸,也有将单独制造的油缸装嵌入钳体中的。钳盘式制动器的油缸直径比鼓式制动器中的轮缸大得多,轿车钳盘式制动器油缸的直径可达 68.1 mm(单缸)或 45.4 mm(双缸),客车和货车的可达 82.5 mm(单缸)或 79.4 mm(双缸)。

活塞一般制成杯形,为了减少传给制动液的热量,多将杯形活塞的开口端顶靠在制动块的背板上。有的将活塞开口端部切成阶梯状,形成两个相对且在同一平面内的小半圆环面,以防止噪声。活塞一般由铸铝合金或钢制造。为了提高其耐磨损性能,活塞的工作表面进行镀铬处理。当制动钳体由铝合金制造时,减少传给制动液的热量则成为必须解决的问题。为此,应该减小活塞与制动块背板的接触面积,有时也可以采用非金属活塞。

制动钳可以安装在车轴的前方或后方。制动钳位于车轴之前可以避免轮胎甩出来的泥、水进入制动钳,位于车轴后则可以减小制动时轮毂轴承的合成载荷。

11.8.6 制动块

制动块由背板和摩擦衬块构成,两者直接牢固地压嵌、铆接或黏接在一起。衬块多为扇形,也有矩形、正方形或长圆形的。活塞应该能够压住尽量多的制动块面积,以免衬块发生卷角而引起尖叫声。制动块背板由钢板制成。为了避免因制动时产生的热量传给制动钳过多而引起制动液气化和减小制动噪声,可以在摩擦衬块与背板之间或在背板后黏(或喷涂)一层隔热减振垫(胶)。由于单位压力大和工作温度高等原因,摩擦衬块的磨损较快,因此其厚度较大。轿车和轻型汽车摩擦衬块的厚度一般在 7.5～16 mm 之间;中、重型汽车的摩擦衬块的厚度在 14～22 mm 之间。许多盘式制动器装有摩擦衬块磨损达到极限时的警报装置,以提醒及时更换摩擦衬块。

11.8.7 摩擦材料

对制动摩擦材料的要求如下。

(1) 具有高而稳定的摩擦系数,热衰退应该比较缓和,在温度升高到某一数值后摩擦系数不应该突然急剧下降。

(2) 耐磨性好。

(3) 吸水率、吸油率低。

(4) 压缩率低。

(5) 热传导率低。摩擦衬块在 300℃的加热板上放置 30 min 后,一般要求背板的温度不超过 190℃。

(6) 热膨胀率低。

(7) 具有较高的抗挤压、抗拉伸、抗剪切、抗弯曲性能和耐冲击性能。

(8) 制动时不产生噪声、不良气味,尽量采用污染小和对人体无害的摩擦材料。

当前,在制动器中广泛采用模压材料,它是以石棉纤维为主并与树脂黏结剂、调整摩擦性能的填充剂(由无机粉粒及橡胶、聚合树脂等配成)、噪声消除剂(主要成分为石墨)等混合后,在高温下模压成形的。模压材料的挠性较差,故应该按衬片或衬块规格模压,其优点是可以选用各种不同的聚合树脂配料,使衬片或衬块具有不同的摩擦性能及其他性能。

另一种为编织材料,它是用长纤维石棉与铜丝或锌丝的合丝编织的布,浸以树脂结合剂经干燥后辊压制成。其挠性好,剪切后可以直接铆到任何半径的制动蹄或制动带上。在 100～120℃的温度下,它具有较高的摩擦系数($f>0.4$),冲击强度比模压材料高 4～5 倍。但其耐热性差,在 200～250℃以上即不能承受较高的单位压力,磨损加快。因此,这种材料仅适用于中型以下汽车的鼓式制动器,尤其是带式中央制动器。

无石棉摩擦材料是以多种金属、有机、无机材料的纤维或粉末代替石棉作为增强材料,其他成分和制造方法与石棉模压摩擦材料大致相同。若金属纤维(多为钢纤维)和粉末的含量在 40%以上,则称为半金属摩擦材料。这种材料在美、欧各国广泛用于轿车的盘式制动器上,已经成为制动摩擦材料的主流。

粉末冶金摩擦材料是以铜粉或铁粉为主要成分(占总质量的 60%～80%),掺上石墨粉、陶瓷粉等非金属粉末作为摩擦系数调整剂,用粉末冶金方法制成。其抗热衰退和抗水衰退性能好,但造价高,适用于高性能轿车和行驶条件恶劣的货车等制动器负荷重的汽车。

各种摩擦材料的摩擦系数的稳定值为 0.3～0.5,少数可达 0.7。但是,一般来说,摩擦系数越高的材料其耐磨性就越差。所以,在制动器设计中并不是一定要选用摩擦系数高的摩擦材料。设计计算制动器时一般取摩擦系数 $f=0.3\sim0.35$。

11.8.8 制动器间隙的调整方法及相应机构

制动鼓与摩擦衬片之间或制动盘与摩擦衬块之间在未制动的状态下都应该有一定的间隙,以保证制动鼓或制动盘能够自由转动。一般来说,鼓式制动器的设定间隙为0.2～0.5 mm;盘式制动器的为0.1～0.3 mm(单侧为0.05～0.15 mm)。此间隙的存在会导致踏板或手柄的行程损失,因而间隙量应该尽量小。考虑到在制动过程中摩擦副可能产生热变形和机械变形,制动器在冷却状态下应该设置的间隙一般要通过试验来确定。

另外,制动器在工作过程中会由于摩擦衬片或摩擦衬块的磨损而使间隙加大,因此在制动器中必须设有间隙调整机构。当前,盘式制动器的间隙调整均已自动化,鼓式制动器采用间隙自动调整装置的也日益增多。

钳盘式制动器不仅制动间隙小(单侧0.05～0.15 mm),而且制动盘受热膨胀后对轴向间隙几乎没有影响,所以一般都采用一次调准式间隙自调装置。最简单且常用的结构是在缸体和活塞之间装一个兼起复位和间隙自调作用的带有斜角的橡胶密封圈(见图11-28)。制动时密封圈的刃边在活塞给予的摩擦力的作用下产生弹性变形,与极限摩擦力对应的密封圈变形量即等于设定的制动间隙。当衬块磨损而导致所需要的活塞行程增大时,在密封圈达到极限变形之后,活塞可在液压作用下克服密封圈的摩擦力,继续前移到实现完全制动为止。活塞与密封圈之间这一不可恢复的相对位移便补偿了这一过量间隙。解除制动后,活塞在弹力作用下退回,直到密封圈的变形完全消失为止,这时摩擦块与制动盘之间重新恢复到设定间隙。

重型车辆的多片全盘式制动器也有采用这种自调方式的,只是必须增加密封圈数,以保证足以保持活塞在不制动位置时的摩擦力。

如果盘式制动器的设定间隙较大,用上述密封圈方法便不可靠,而应该采用专门的间隙调整装置。图11-29所示为Porshe轿车的盘式制动器间隙自调装置,图示为非制动位置。

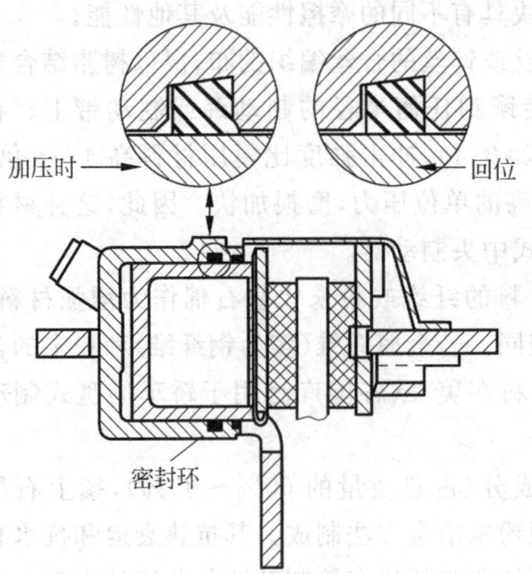

图11-28 盘式制动器间隙自动调整用的密封圈

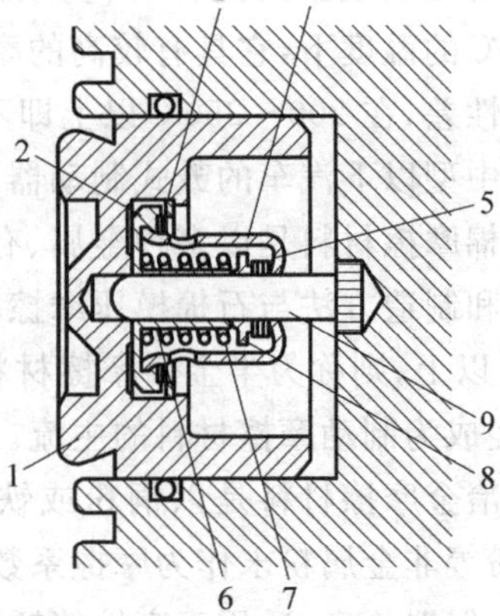

图11-29 制动盘的间隙自动调整机构

1—活塞;2—止动盘;3—挡圈;4—弹簧罩;5—摩擦环片;6—隔套;7—压缩弹簧;8—隔环;9—摩擦销

活塞 1 支靠在止动盘 2 上；止动盘 2 的位置则决定于摩擦环片 5 相对于摩擦销 9 的位置；止动盘 2 与挡圈 3 之间的间隙 Δ 就等于制动器的设定间隙。如果制动间隙超过了设定值，在制动时活塞 1 向左移动，在挡圈 3 与止动盘 2 接触以后，便带动摩擦环片 5 及止动盘 2 相对于摩擦销 9 左移到完全制动为止。解除制动时，与活塞接触的密封圈的弹力使活塞回弹 Δ，与止动盘 2 接触，停止在这个新的极限位置，从而保证间隙恢复到 Δ，使过量间隙得到补偿。有些这一类自调装置中还有专门为活塞提供回位力的弹性元件，这样对密封圈的弹性要求就可降低。

图 11-29 所示结构的另一特点是可补偿由于制动盘或制动钳变形所引起的活塞强制内移，使其不致影响设定间隙。例如，在制动盘拱曲变形或安装歪斜的情况下，有可能碰到活塞，使之与止动盘 2 及弹簧罩 4 一同内移。这时，除非推力大到足以克服摩擦环片 5 与摩擦销 9 之间的摩擦力，摩擦环片不可能移动，因而弹簧 7 便被压缩。上述推力消失后，弹簧 7 又伸张推动活塞回到正常位置。

可以采用不同的方法及其相应的机构调节制动鼓与摩擦衬片间的间隙。图 11-30(a)、(b)示出在制动轮缸上采取措施实现间隙自动调整的方法。其中借助于弹性(支承)限位摩擦环 1 限制制动完成后制动蹄的返程量。限位摩擦环 1 装在活塞 2 的沟槽中，在它们之间留有轴向间隙 δ'，此间隙等于制动器在轮缸中心位置同一水平处的间隙。而限位摩擦环与轮缸缸体之间则是过盈配合。其过盈量应该这样来选择，即限位摩擦环与缸体间的摩擦力明显地大于换算到轮缸中心处的回位弹簧的弹力，但比最大张开力要小得多。在制动时，活塞在液压作用下向右移动；当移动了 δ' 时活塞与限位摩擦环 1 接触，如果活塞继续向右移动，则限位摩擦环与活塞一起移动；完成制动后，轮缸中的液压消失，在回位弹簧作用下活塞向左移动，当移动了 δ' 时，其与限位摩擦环 1 接触，不再能够继续移动。以这种方法保证 δ' 的间隙。

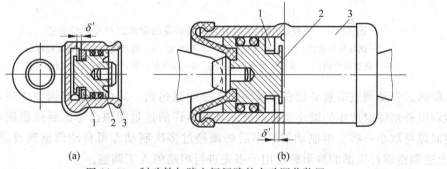

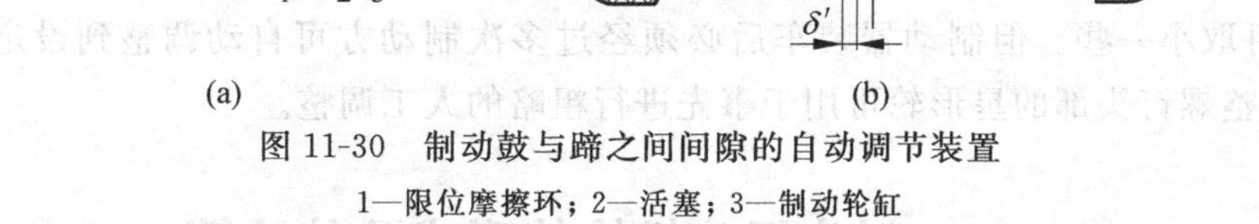

图 11-30　制动鼓与蹄之间间隙的自动调节装置

1—限位摩擦环；2—活塞；3—制动轮缸

采用这类间隙自动调整装置，无须人们去精细调整，仅需要进行一次完全制动即可自动地调整到设计间隙，且在行车过程中可随时补偿过量间隙。故这种自动调整装置亦可称为一次调准式。但过量间隙的产生并非全由衬片或衬块的磨损所致，也会由于制动器元件的变形尤其是热膨胀而造成。由于一次调准式的自动调整装置对后一部分过量间隙也随时进行补偿，因而往往导致“调整过量”而使冷却状态下的间隙过小。因鼓式制动器的热变形导致的过量间隙远较盘式的大，故在采用一次调准式的自动调整装置时只得加大设定间隙 δ' 以留出足够的热膨胀量，这就加大了踏板行程损失。因此，当前的鼓式制动器已很少采用一次调准式的而多用所谓阶跃式的自动调整装置。

图 11-31(a)所示为一种适用于双向增力式制动器的阶跃式自动调整装置，图 11-31(b)为其零件分解图。钢丝绳组件上端经连接环1固定于制动蹄支承销上，由钢丝绳操纵的调整杠杆5以其中部的弯舌(中弯舌)支承于次蹄的腹板上，其另一弯舌(下弯舌)嵌入调整螺钉7的星形轮的齿间。倒车制动时，调整杠杆5的支点随次蹄下移，而其下臂的弯舌则沿星形轮齿的齿廓上升。当过量间隙值累积到一定值时，次蹄在倒车制动时下移一个足够大的距离，使下弯舌嵌入星形轮的上一个齿间。在解除制动过程中，次蹄在其回位弹簧的作用下向上移动，使下弯舌向下转动调整螺钉7，从而恢复设定的间隙。这类结构多设计成只在倒车制动时才起调整作用，以尽量避免制动鼓热膨胀的影响。

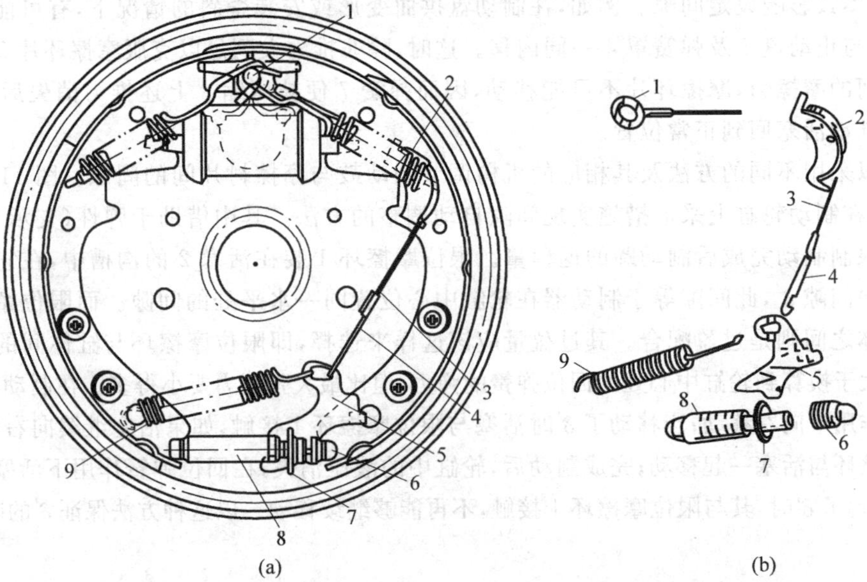

图 11-31 一种适用于双向增力式制动器的阶跃式自动调整装置

1—钢丝绳连接环；2—钢丝绳导向板；3—钢丝绳；4—钢丝绳钩；5—调整杠杆；6—调整顶杆帽；7—带星形轮的调整螺钉；8—调整顶杆体；9—调整杠杆回位弹簧

阶跃式自动调整装置必须在蹄鼓间的过量间隙达到一定值后才起调整作用，而不能随时微调以补偿随时产生的微小过量间隙。其所容许的过量间隙已考虑到热膨胀的影响，故设定间隙可取小一些。但制动器装车后必须经过多次制动方可自动调整到设定间隙。为此，上述调整螺钉头部的星形轮可用于事先进行粗略的人工调整。

11.9 制动驱动机构的形式及其计算

制动驱动机构用于将驾驶员或其他动力源的制动作用力传给制动器，使之产生制动力矩。根据制动力源的不同，制动驱动机构可以分为简单制动、动力制动以及伺服制动三大类型。而力的传递方式又有机械式、液压式、气压式和气压-液压式的区别。

11.9.1 简单制动系

简单制动系即人力制动系，是靠驾驶员作用于制动踏板上或手柄上的力作为制动力源，而力的传递方式可以是机械式，也可以是液压式。机械式是靠杆系或钢丝绳来传力，其结构简单，造价低廉，工作可靠，但是其机械效率低，目前仅用于中、小型汽车的驻车制动装置中。

液压式的简单制动系(见图 11-32)通常简称为液压制动系，用于行车制动装置。其优点是作用滞后时间短(0.1～0.3 s)，工作压力大(可达 10～12 MPa)，缸径尺寸小，可布置在制动器内部作为制动蹄的张开机构或制动块的压紧机构，使之结构简单、紧凑，质量小、造价低。但其有限的力传动比限制了其在汽车上的使用范围。另外，液压管路在过度受热时会

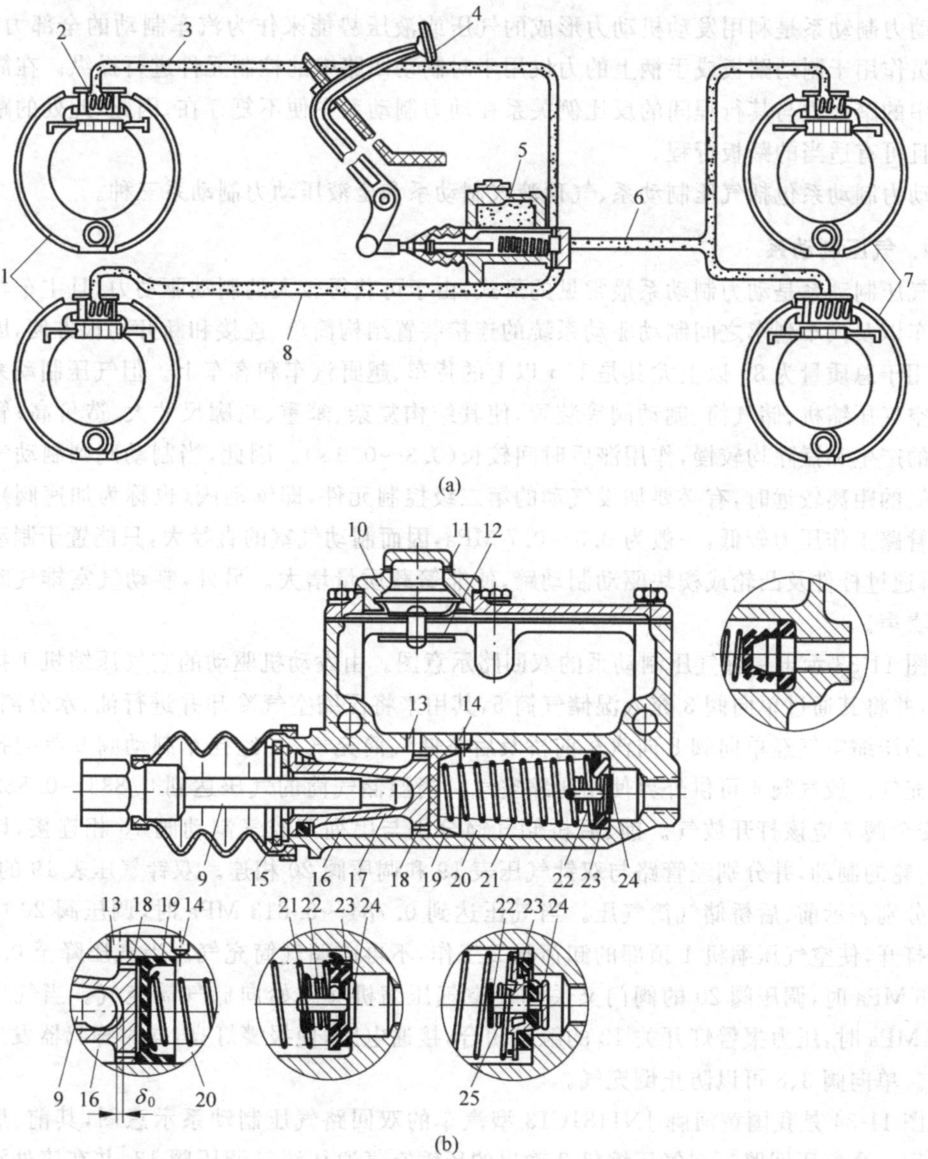

图 11-32　液压简单制动系示意图及制动主缸

1—前轮制动器；2—制动轮缸；3,6,8—油管；4—制动踏板；5—制动主缸；7—后轮制动器；9—活塞推杆；10—加油塞；11—通气孔；12—挡油盘；13,14—油孔；15—止推垫圈锁环；16,20—空腔；17—活塞；18—孔；19—橡胶皮碗；21,22—弹簧；23—回油阀；24—出油阀；25—导向座

形成气泡而影响传输,即产生所谓"汽阻",使制动效能降低甚至失效;而当气温过低时(−25℃和更低时),由于制动液的黏度增大,使工作的可靠性降低,以及当有局部损坏时,使整个系统都不能继续工作。液压式简单制动系曾广泛用于轿车、轻型及以下的货车和部分中型货车上。但由于其操纵较沉重,不能适应现代汽车提高操纵轻便性的要求,故当前仅多用于微型汽车上,在轿车和轻型汽车上已极少采用。

11.9.2 动力制动系

动力制动系是利用发动机动力形成的气压或液压势能来作为汽车制动的全部力源,而驾驶员作用于制动踏板或手柄上的力仅用于对制动回路中的控制元件进行操纵。在简单制动系中的踏板力与其行程间的反比例关系在动力制动系中便不复存在,因此,此处的踏板力较小且可有适当的踏板行程。

动力制动系包括气压制动系、气顶液式制动系和全液压动力制动系三种。

1. 气压制动系

气压制动系是动力制动系最常见的形式,由于可获得较大的制动驱动力,且主车与被拖的挂车以及汽车列车之间制动驱动系统的连接装置结构简单、连接和断开均很方便,因此被广泛用于总质量为8 t以上尤其是15 t以上的货车、越野汽车和客车上。但气压制动系必须采用空气压缩机、储气筒、制动阀等装置,使其结构复杂、笨重、轮廓尺寸大、造价高;管路中气压的产生和撤除均较慢,作用滞后时间较长(0.3～0.9 s)。因此,当制动阀到制动气室和储气筒的距离较远时,有必要加设气动的第二级控制元件,即继动阀(也称为加速阀)、快放阀。管路工作压力较低,一般为0.5～0.7 MPa,因而制动气室的直径大,只能置于制动器之外,再通过杆件及凸轮或楔块驱动制动蹄,使非簧载质量增大。另外,制动气室排气时也有较大噪声。

图11-33示出一种气压制动系的双回路示意图。由发动机驱动的空气压缩机1把空气压缩,并将其通过单向阀3充入湿储气筒5,其用来将压缩空气冷却并进行油、水分离,再将清洁的压缩空气经单向阀8向汽车前桥及后桥储气筒充气,并经挂车制动阀9等向挂车储气筒充气。放气阀4可供外界使用压缩空气。当湿储气筒的气压达到0.833～0.882 MPa时,安全阀7应该打开放气。前、后桥储气筒分别与串列双腔气制动阀16相连接,以控制前、后轮的制动,并分别经管路与双针气压表19和调压阀20相连。双针气压表19的上、下指针分别表示前、后桥储气筒气压。当气压达到0.784～0.813 MPa时,调压阀20中的阀门被打开,使空气压缩机1顶部的卸荷阀2工作,不再向储气筒充气。当气压降至0.617～0.666 MPa时,调压阀20的阀门又关闭使空气压缩机又开始向储气筒充气。当气压低于0.45 MPa时,压力报警灯开关12的触点闭合,接通电路,使报警灯亮,同时蜂鸣器发出音响信号。单向阀3、8可以防止倒充气。

图11-34是我国黄河牌JN1181C13型汽车的双回路气压制动系示意图,其前、后轮制动各用一个气压回路。空气压缩机2输出的压缩空气通往滤气调压阀13,并在该处清除所含的水分及由空气压缩机带出的润滑油粒,再经过双回路压力保护阀14对各回路储气筒充气。当储气筒的气压或供能管路的气压超过0.8 MPa时,滤气调压阀13中的调压阀就自动打开排放阀进行调压,把多余的压缩空气以及凝聚的油及水排放出去。滤气调压阀中还设有供轮胎充气用的放气阀。

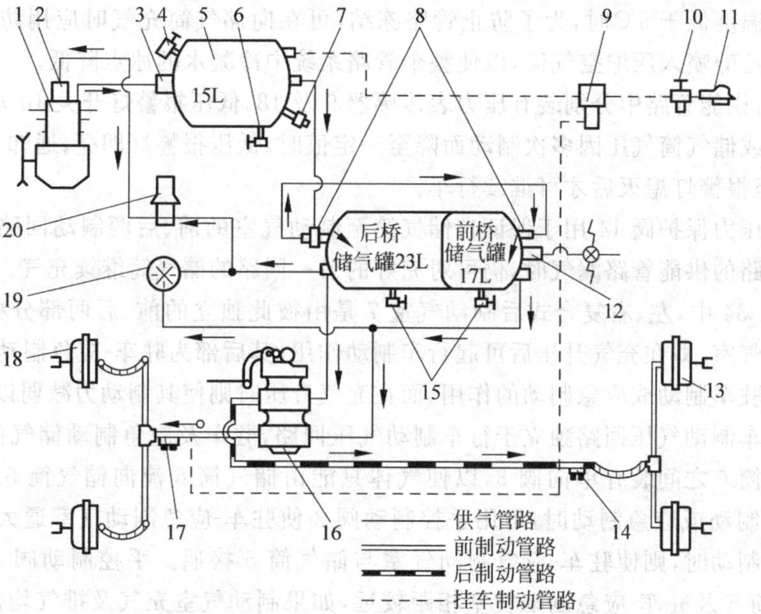

图 11-33 一种气压制动系的回路图(双回路)

1—双缸空气压缩机；2—卸荷阀；3,8—单向阀；4—放气阀；5—湿储气筒；6—油水放出阀；
7—安全阀；9—挂车制动阀；10—接通开关；11—连接器；12—压力报警灯开关；
13—后轮制动气室；14—制动灯开关；15—油水放出阀；16—串列双腔气制动阀；
17—制动灯开关；18—前轮制动气室；19—双针气压表；20—调压阀

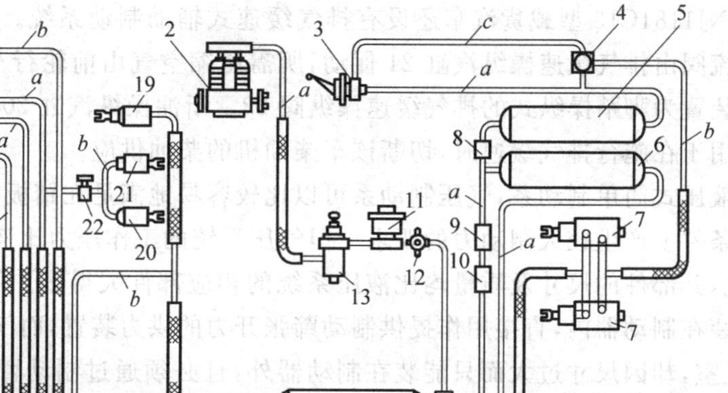

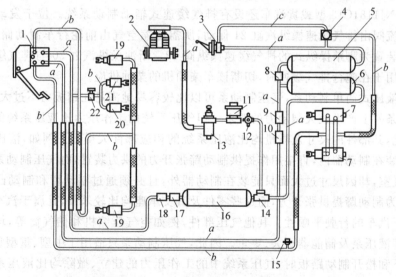

图 11-34 我国黄河牌 JN1181C13 型汽车的双回路气压制动系示意图

1—并列双腔制动阀；2—双缸空气压缩机；3—手动制动阀；4—继动快放阀；
5—驻车及应急制动储气罐；6—后轮行车制动储气罐；7—复合式后制动气室；
8—单向阀；9—后供能管路压力表传感器；10—后供能管路低压报警灯开关；
11—防冻泵；12—检测接头；13—滤气调压阀；14—双回路压力保护阀；
15—制动信号灯开关；16—前轮行车制动储气筒；17—前供能管路低压报警灯开关；
18—前供能管路压力表传感器；19—前制动气室；20—柴油机喷油泵断油操纵汽缸；
21—排气缓速操纵汽缸；22—排气缓速操纵阀；
a—供能管路；b—促动管路；c—操纵管路

当环境温度低于5℃时，为了防止管路冻结，可在向储气筒充气时应用防冻泵11把储存在泵内的乙醇喷入压缩空气流，以使整个管路系统中冷凝水的冰点降低。

在前、后供能管路中分别装有压力表传感器9及18，低压报警灯开关10及17。当供能管路的气压或储气筒气压因多次制动而降至一定值时，低压报警灯即亮，通知司机应立即停车，待充气至报警灯熄灭后才可继续行车。

双回路压力保护阀14用于保证自储气筒至制动气室的前、后两制动回路相互隔绝，以使当任一回路的供能管路漏气时，仍可对完好的另一回路的储气筒继续充气。

在图11-34中，左、右复合式后制动气室7是由彼此独立的前、后两部分构成。其前部为行车制动气室，即在充气升压后可起行车制动作用；其后部为驻车-应急制动气室，即在排气降压后起驻车制动或应急制动的作用，而在充气升压时则使其制动力减弱以至解除制动。

为使驻车制动气压回路独立于行车制动气压回路，驻车及应急制动储气筒5与后轮行车制动储气筒6之间装有单向阀8，以使气体只能由储气筒6流向储气筒5而不能倒流。当执行驻车制动或应急制动时，可用手控制动阀3使驻车-应急制动气室通大气，而当解除驻车或应急制动时，则使驻车-应急制动气室与储气筒5接通。手控制动阀3置于驾驶室内，和储气筒5及驻车-应急制动气室相距较远，如果制动气室充气及排气均需流经手控制动阀，则将使实施制动和解除制动的滞后时间过长。为此，在驻车-应急制动回路中设置了第二控制装置——继动快放阀4。当施行驻车制动或应急制动时，制动气室可就近经继动快放阀4排气(排入大气)，而在解除制动时，则使储气筒5直接经此阀与制动气室相通，从而使制动气室的排气及充气滞后时间大为缩短。

黄河牌NJ1181C13型载货汽车还设有排气缓速式辅助制动系统。位于发动机排气管中的排气节流阀由排气缓速操纵汽缸21促动，所需压缩空气由前轮行车制动储气筒16提供。其控制装置为脚踏操纵式的排气缓速操纵阀22。断油操纵汽缸20与排气缓速操纵汽缸21并联，用于在施行排气缓速时，切断该车柴油机的柴油供应。

相对于液压式简单制动系，气压制动系可以比较容易地满足在踏板力不过大、踏板行程又不过长的条件下产生较大制动力的要求。但气压系统的工作压力比液压系统的工作压力低得多，因此，其部件的尺寸及质量均比液压系统的相应部件大得多。例如，液压制动系的轮缸可以安装在制动器内，直接用作提供制动蹄张开力的供力装置，而气压制动系的相应部件，即制动气室，却因尺寸过大而只能装在制动器外，且必须通过制动臂和制动凸轮轴等一系列零件来为制动蹄提供张开力，而这些零件及其支承座均比较笨重，且属于汽车的非簧载质量，不利于汽车的行驶平顺性。其他气压部件，例如空气压缩机和储气筒等，均比相应的液压部件，即液压泵及储能器更大、更重。因此，气压制动系只适用于中型、重型货车，客车。此外，在踩下和松开制动踏板时，气压系统中的工作压力的建立、撤除均比液压系统缓慢得多(通常，气压制动系的工作滞后时间约3倍于液压制动系)。

为了兼得气压系统和液压系统二者的优点，有些重型汽车采用了气顶液式制动系。

2. 气顶液式制动系

气顶液式制动系是动力制动系的另一种形式，即利用气压系统作为普通液压制动系统主缸的驱动力源的一种制动驱动机构，它兼有液压制动和气压制动的主要优点。由于其气压系统的管路短，故作用滞后时间也较短。显然，其结构复杂、质量大、造价高，故主要用于重型汽车上，一部分总质量为9～11 t的中型汽车上也有所采用。

图 11-35 示出一种气顶液式制动系的回路图。在该图的双回路制动系统中，供能装置和控制装置均为气压式的，传动装置则是气压-液压组合式的。通过动力气室 3 及在其作用下的液压主缸 6 把气压能转换为液压能。气压系统可以布置得尽量紧凑以缩短气压管路长度和滞后时间。用液压轮缸作为制动蹄张开力的供力装置，可以大大减小汽车的非簧载质量。

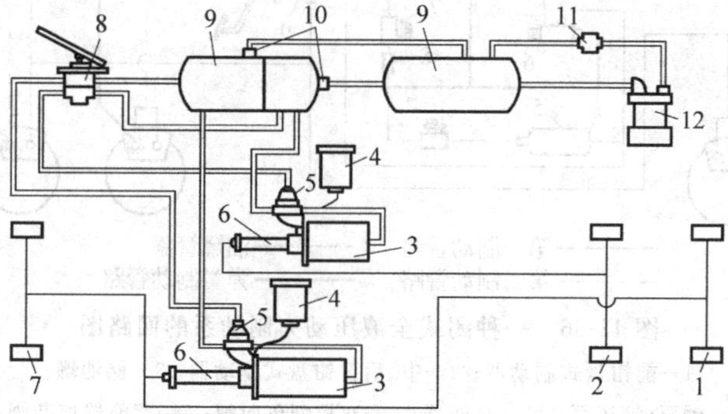

图 11-35 一种气顶液式制动系的回路图

1—后桥制动器轮缸；2—中桥制动器轮缸；3—动力气室；4—储液罐；
5—气动控制阀；6—液压主缸；7—前桥制动器轮缸；8—串列双腔气制动阀；
9—储气筒；10—单向阀；11—调压器；12—空气压缩机

采用气顶液式制动系的汽车当牵引挂车时，挂车可以采用液压制动，也可以采用气压制动。此外，这种兼有气压和液压系统的汽车的各个车桥的制动器，也有可能分别采用液压促动和气压促动制动蹄。

3. 全液压动力制动系

全液压动力制动系是用发动机驱动油泵产生的液压作为制动力源。其制动系的液压系统与动力转向的液压系统相同，也有开式(常流式)和闭式(常压式)两种。开式(常流式)系统在不制动时，制动液在无负荷状况下由油泵经制动阀到储液罐不断地循环流动，制动时则借助于阀的节流而产生所需的液压进入轮缸。闭式(常压式)回路因平时保持着高液压，故又称为常压式。它对制动操纵的反应比开式的快，但对回路的密封要求较高。当油泵出故障时，开式的将立即不起制动作用，而闭式的还有可能利用回路中的蓄能器的液压继续进行若干次制动。故目前汽车用的全液压动力制动系多用闭式(常压式)的。

全液压动力制动系除具有一般液压制动系统的优点外，还具有操纵轻便、制动反应快、制动能力强、受气阻影响较小、易于采用制动力调节装置和防滑移装置，及可与动力转向、液压悬架、举升机构及其他辅助设备共用液压泵和储油罐等优点。但其结构复杂、精密件多，对系统的密封性要求也较高，故并未得到广泛应用，目前仅用于某些高级轿车、大型客车以及极少数的重型矿用自卸汽车上。

图 11-36 示出一种闭式全液压动力制动系的回路图。由油泵 4 输出的液压先后输入以单向阀 8 相互串联的两个蓄能器 5，后者分别是分立的前、后制动管路的压力源。蓄能器中的压力约为 16 MPa。并列双腔液压制动阀 9 在工作时输出的与制动踏板位置成比例的工作液压分别输至前桥和中、后桥钳盘式制动器油缸。后制动钳中装有由液压控制的弹簧制动装置。在双控制单向阀 6 的作用下，弹簧制动装置在任一蓄能器的压力降至一定值时均

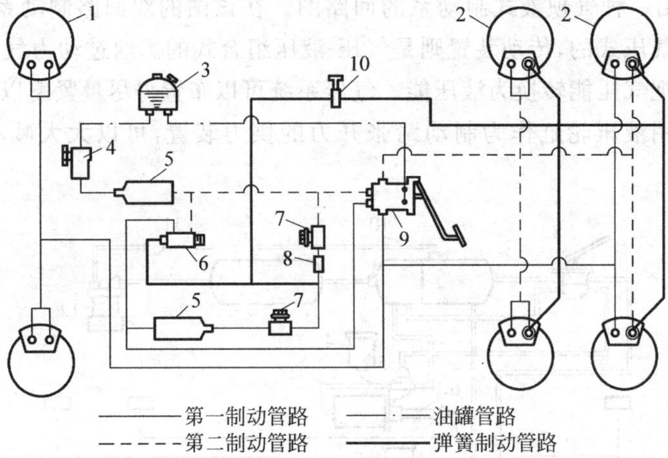

图 11-36　一种闭式全液压动力制动系的回路图

1—前钳盘式制动器；2—中、后桥钳盘式制动器；3—储油罐；
4—油泵(液压泵)；5—蓄能器；6—双控制单向阀；7—蓄能器切断阀；
8—单向阀；9—并列双腔液压制动阀；10—驻车制动控制阀

能自动进行应急制动，平时则可在驻车制动控制阀10的操纵下起驻车制动作用。

各种形式的动力制动系在其动力系统失效使回路中的气压或液压达不到正常压力时，制动作用即会全部丧失。

11.9.3　伺服制动系

伺服制动系是在人力液压制动系的基础上加设一套由其他能源提供助力的装置，是兼用人力和发动机动力作为制动能源的制动系。在正常情况下，其输出工作压力主要由动力伺服系统产生，而在动力伺服系统失效时，可全由人力驱动液压系统产生一定程度的制动力，即由伺服制动转变为人力制动。因此，在中级以上的轿车及轻、中型客、货汽车上得到了广泛的应用。

按伺服系统能源的不同，可以分为真空伺服制动系、气压伺服制动系和液压伺服制动系，其伺服能源分别为真空能(负气压能)、气压能和液压能。

真空伺服制动系是利用发动机进气管中节气门后的真空度(负压，一般可达0.05～0.07 MPa)作动力源。一般的柴油车若采用真空伺服制动系时，则需有专门的真空源，其一般由发动机驱动的真空泵等构成。

气压伺服制动系是由发动机驱动的空气压缩机提供压缩空气作为动力源，伺服气压一般可达0.6～0.7 MPa。故在输出力相等时，气压伺服气室直径比真空伺服气室直径小得多。且在双回路制动系中，如果伺服系统也是分立式的，则气压伺服比真空伺服更适宜，因为后者难于使各回路真空度均衡。但气压伺服系统的其他组成部分却比真空伺服系统复杂得多。

真空伺服制动系多用于总质量在1.1～1.35 t以上的轿车及装载质量在6 t以下的轻、中型货车上；气压伺服制动系则广泛用于装载质量为6～12 t的中、重型货车以及少数高级轿车上。

液压伺服制动系一般是由发动机驱动高压油泵产生高压油液，供伺服制动系和动力转向系共同使用。

按照助力特点，伺服制动系又可分为助力式和增压式两种。

1. 真空助力式伺服制动系

图 11-37(a)所示为一种真空助力式(直动式)伺服制动系回路图。它采用了左前轮制动油缸与右后轮制动轮缸为一液压回路、右前轮制动油缸与左后轮制动轮缸为另一液压回路的布置，即为对角线布置的双回路液压制动系统。串列双腔制动主缸 4 的前腔通往左前轮盘式制动器的油缸 10，经感载比例阀 9 通向右后轮鼓式制动器的轮缸 13；制动主缸 4 的后腔通往右前轮盘式制动器的制动油缸 11，并经感载比例阀 9 通向左后轮鼓式制动器的轮缸 12。真空伺服气室 3 与控制阀 2 组合的真空助力器在工作时产生的推力，也同踏板力一起直接作用在制动主缸 4 的活塞推杆上。

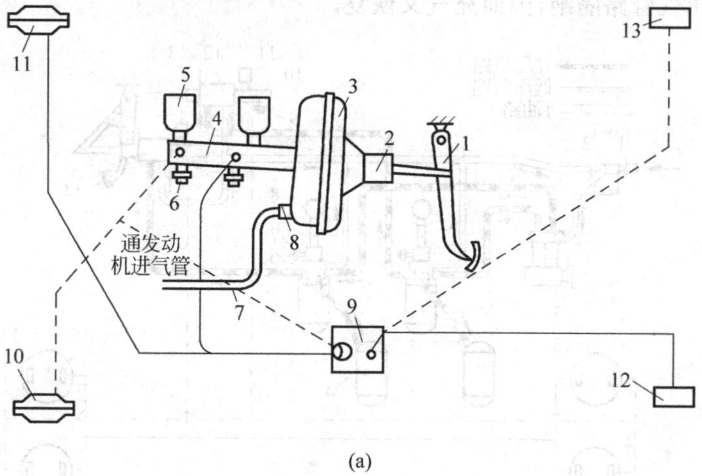

(a)

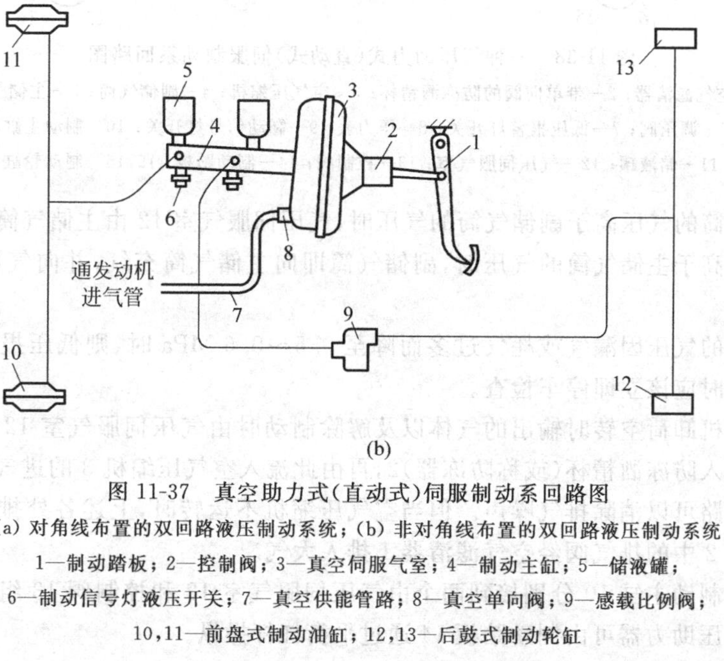

(b)

图 11-37　真空助力式(直动式)伺服制动系回路图

(a) 对角线布置的双回路液压制动系统；(b) 非对角线布置的双回路液压制动系统

1—制动踏板；2—控制阀；3—真空伺服气室；4—制动主缸；5—储液罐；

6—制动信号灯液压开关；7—真空供能管路；8—真空单向阀；9—感载比例阀；

10,11—前盘式制动油缸；12,13—后鼓式制动轮缸在图 11-37(b)所示系统中,前轮制动器都在一个制动回路中;而后轮制动器都在另外一个制动回路中。

2. 气压助力式伺服制动系

图 11-38 示出一种气压助力式(直动式)伺服制动系回路图,其中,液压和气压系统均为双回路式。外界空气经空气滤清器 1 和带单向阀的防冻酒精杯 2 被吸入空气压缩机 3。空气压缩机的两个汽缸的出气管路分别通往两个主储气筒 5 顶部的调压阀 6。压缩空气经调压阀中的单向阀进入主储气筒。当主储气筒的气压升至 0.85~0.9 MPa 时,置于调压阀内的副储气筒充气阀则开启,因而开始向副储气筒 4 充气。当主、副储气筒内的气压升至 1.0~1.2 MPa 时,调压阀开始起作用,使空气压缩机的出气管路与回气管路连通。因此,空气压缩机排出的压缩空气不再进入主、副储气筒,而是经回气管路流回空气压缩机的进气口,因而使空气压缩机卸荷空转。当储气筒压力降至 0.8 MPa 时,调压阀又将回气管路与空气压缩机的出气管路隔绝,因而充气又恢复。

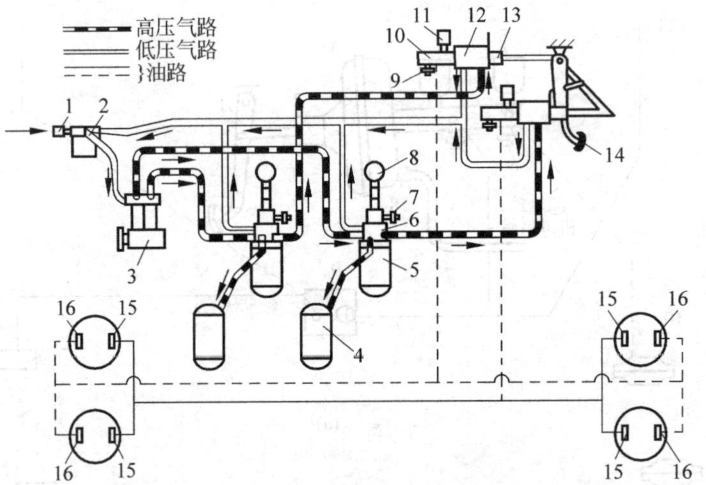

图 11-38 一种气压助力式(直动式)伺服制动系回路图

1—空气滤清器;2—带单向阀的防冻酒精杯;3—空气压缩机;4—副储气筒;5—主储气筒;6—调压阀;7—低压报警灯开关;8—压力表;9—制动信号灯开关;10—制动主缸;11—储液罐;12—气压伺服气室;13—控制阀;14—制动踏板;15,16—制动轮缸

当主储气筒的气压高于副储气筒的气压时,气压伺服气室 12 由主储气筒供气。而当副储气筒的气压高于主储气筒的气压时,副储气筒即向主储气筒充气,并向气压伺服气室 12 供气。

当储气筒的气压因漏气或耗气过多而降至 0.5~0.6 MPa 时,则低压报警灯开关 7 接通使灯亮。这时应该立即停车检查。

空气压缩机卸荷空转时输出的气体以及解除制动时由气压伺服气室 12 排出的气体均用回气管路引入防冻酒精杯(或称防冻器)2,再由此流入空气压缩机 3 的进气口。采用这种封闭式循环气路可以消除排气噪声。但当空气压缩机不运转时,上述各处排出的气体均通过防冻酒精杯 2 中的排气阀经空气滤清器 1 排入大气。

两个单腔制动主缸 10 分别接到两个由气压伺服气室 12 和控制阀 13 组成的气压助力器上。两个气压助力器可由制动踏板 14 通过平衡杠杆操纵。

图 11-38 所示汽车的前、后轮制动器均为双向双领蹄式的,由于其各个制动器的两个轮缸 15 和 16 都分属于两个液压回路,因此,当一个回路的气压系统或液压系统因发生故障而失效时,各个车轮制动器均仍然可以工作,只是由双向双领蹄式变为领从蹄式制动器而已。

3. 真空增压式和气压增压式伺服制动系

图 11-39 所示是跃进 NJ1061A 型汽车的真空增压伺服双回路制动系示意图;图 11-40 为日本日产 T80 系列汽车气压增压伺服双回路制动系示意图。如两图所示,由真空(或气压)伺服气室、辅助缸和控制阀组成的真空(或气压)伺服装置位于制动主缸与制动轮缸之间,司机通过制动踏板推动主缸活塞所产生的液压作用于辅助缸活塞上,同时也驱动控制阀使伺服气室工作,因此又称为远动式伺服制动系。伺服气室的推动力也作用于辅助缸活塞,使后者产生高于主缸压力的工作油液并输往制动轮缸,此即"增压式"名称的由来。

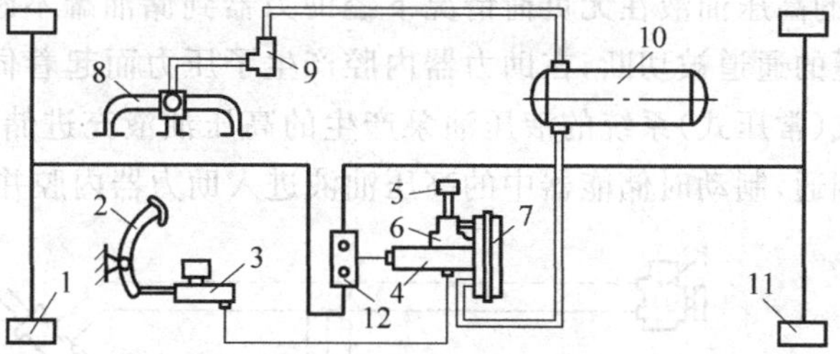

图 11-39 跃进 NJ1061A 型汽车的真空增压伺服双回路制动系示意图

1—前轮缸;2—制动踏板;3—制动主缸;4—辅助缸;

5—空气滤清器;6—控制阀;7—真空伺服气室;8—发动机进气管;

9—真空单向阀;10—真空罐;11—后轮缸;12—安全缸

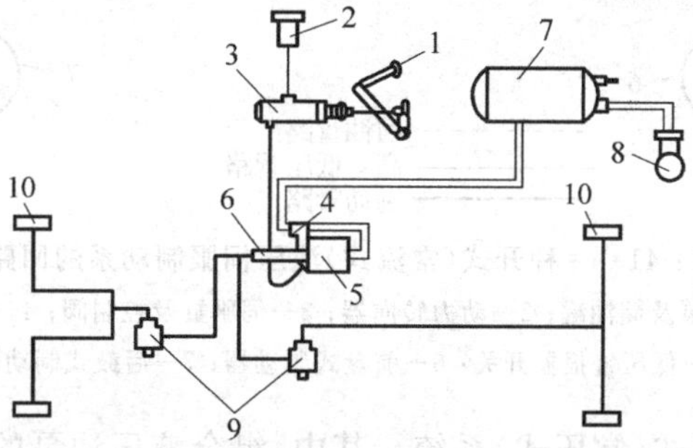

图 11-40 日产 T80 系列汽车气压增压伺服双回路制动系示意图

1—制动踏板;2—储液罐;3—制动主缸;4—控制阀;5—气压伺服气室;

6—辅助缸;7—储气罐;8—空气压缩机;9—安全缸;10—制动轮缸

而由真空(或气压)伺服气室、辅助缸和控制阀等组成的伺服装置则称为真空(或气压)增压器。回路中当通向前轮(或后轮)制动轮缸的管路发生泄漏故障时,则安全缸内的活塞将移位并堵死通往泄漏管路的通道。当主缸输出油管发生泄漏故障时,增压式回路中的增压器便无法控制,而助力式的则较为简单可靠。在采用双回路系统时,助力式的除了可采用两个独立的助力器以进一步满足其特别高的安全要求外,一般只需采用一个带双腔主缸的助力器即可;而增压式的则必须有两个增压器使回路更加复杂,或者仍采用一个增压器,但在通往前、后轮缸的支管路中各装一个安全缸,使回路局部地前、后分路,如图 11-40 所示。

欲将液压式简单制动系改造成伺服制动系,采用助力式的也比较简单,只需在踏板机构和主缸之间加进伺服气室和控制阀即可,当然还要有伺服系统的动力源。

4. 液压伺服制动系

液压伺服制动系是以发动机驱动的液压油泵产生的高压油液为伺服能源,且基本上均为助力式的。由于这种制动系的工作压力很高,因此可以大大地减小伺服机构的尺寸,且制动反应快,但对零部件的加工精度和密封性能要求很高。液压伺服制动系主要用于高级轿车。

液压伺服制动系的系统供能装置通常与动力转向系统等共用液压油泵及储油罐。传能装置与其他伺服制动系一样仍有制动主缸,但伺服机构为液压助力器,后者由伺服缸及控制阀组成。按系统的工作方式分为开式(常流式)和闭式(常压式)两种。前一种系统在不制动时,由液压油泵产生的高压油液在无负荷情况下经助力器到储油罐不断地循环流动。制动时助力器流回储油罐的通道被切断,在助力器内腔产生了压力而起着伺服作用,如图11-41所示。后一种即闭式(常压式)系统的液压油泵产生的高压油液充进储能器中,不制动时助力器内腔与储油罐相通,制动时储能器中的高压油液进入助力器内腔并在其中产生了压力。

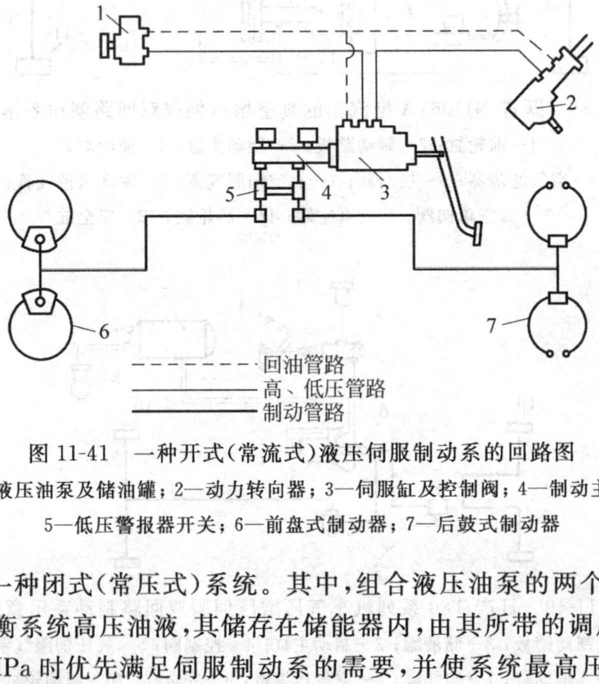

图11-41 一种开式(常流式)液压伺服制动系的回路图

1—液压油泵及储油罐;2—动力转向器;3—伺服缸及控制阀;4—制动主缸;5—低压警报器开关;6—前盘式制动器;7—后鼓式制动器

图11-42示出一种闭式(常压式)系统。其中,组合液压油泵的两个独立泵元件供给伺服制动系和自动平衡系统高压油液,其储存在储能器内,由其所带的调压阀进行调节,以保证压力低于14.4 MPa时优先满足伺服制动系的需要,并使系统最高压力不大于15 MPa。闭式(常压式)液压系统的滞后时间较短,当液压油泵不工作时储能器中储存的能量可供若干次制动之用,但结构较复杂,对密封性要求较高。

还应该指出,动力制动系统和伺服制动系统中的管路液压与踏板力之间并不存在固定的比例关系,为了使驾驶员在制动时能直接感受到踏板力与制动强度间的比例关系,需要在制动阀或控制阀的设计中予以保证。

11.9.4 制动管路的多回路系统

为了提高制动驱动机构的工作可靠性,保证行车安全,制动驱动机构至少应该有两套独

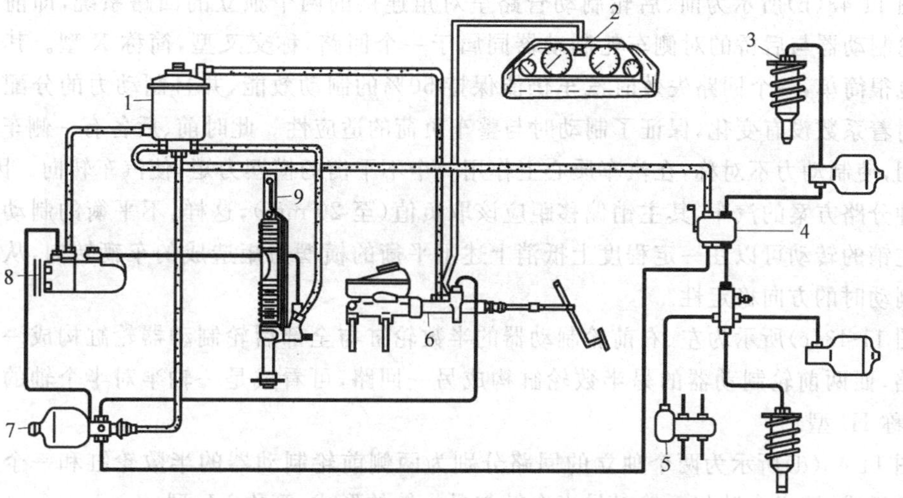

图 11-42 一种闭式(常压式)液压伺服制动系的回路图

1—储油罐；2—报警灯；3—自动平衡系统；4—调节阀；5—制动压力调节器；6—液压助力器及制动主缸；7—储能器；8—液压油泵；9—动力转向系统

立的系统，即应是双回路系统，也就是把汽车行车制动器的液压或气压管路分成两个或更多个相互独立的回路，以便当一个回路发生故障、失效时，其他完好的回路仍能可靠地工作。

图 11-43 所示为双轴汽车的液压式制动驱动机构的双回路系统的 5 种分路方案图。选择分路方案时，主要是考虑其制动效能的损失程度、制动力的不对称情况和回路系统的复杂程度等。

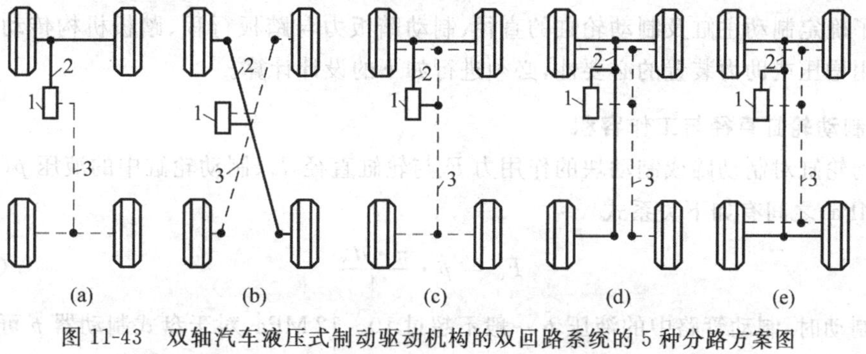

图 11-43 双轴汽车液压式制动驱动机构的双回路系统的 5 种分路方案图

1—双腔制动主缸；2—双回路系统的一个分路；3—双回路系统的另一分路

(a) II 型；(b) X 型；(c) HI 型；(d) LL 型；(e) HH 型

图 11-43(a)所示为前轮制动器在一个回路、后轮制动器在另外一个回路管路的系统，即一轴对一轴的分路形式，简称 II 型。其特点是管路布置最为简单，可与传统的单轮缸(或单制动气室)鼓式制动器相配合，成本较低。这种分路布置方案在各类汽车上均有采用，但在货车上用得最广泛。采用这种分路方案时，若后轮制动管路失效，则一旦前轮制动抱死就会失去转弯制动能力。对于前轮驱动的轿车，当前轮管路失效而仅由后轮制动时，制动效能将明显降低，并小于正常情况下的一半。另外，由于后桥负荷小于前轴，则过大的踏板力会使后轮抱死而导致汽车侧滑、甩尾。

图 11-43(b)所示为前、后轮制动管路呈对角连接的两个独立的回路系统,即前轴的一侧车轮制动器与后桥的对侧车轮制动器同属于一个回路,称交叉型,简称 X 型。其特点是结构也很简单,一个回路失效时汽车仍能保持 50%的制动效能,并且制动力的分配系数和同步附着系数没有变化,保证了制动时与整车负荷的适应性。此时前、后各有一侧车轮有制动作用,使制动力不对称,在汽车质心上作用一个不平衡的横摆力矩,使汽车转向。因此,采用这种分路方案的汽车,其主销偏移距应该取负值(至 20 mm),这样,不平衡的制动力使车轮绕主销的转动可以在一定程度上抵消上述不平衡的横摆力矩造成的车辆转向,从而改善汽车制动时的方向稳定性。

图 11-43(c)所示为左、右前轮制动器的半数轮缸与全部后轮制动器轮缸构成一个独立的回路,而两前轮制动器的另半数轮缸构成另一回路,可看成是一轴半对半个轴的分路型式,简称 HI 型。

图 11-43(d)所示为两个独立的回路分别为两侧前轮制动器的半数轮缸和一个后轮制动器所组成,即半个轴与一轮对另半个轴与另一轮的形式,简称 LL 型。

图 11-43(e)所示为两个独立的回路均由每个前、后制动器的半数缸所组成,即前、后半个轴对前、后半个轴的分路形式,简称 HH 型。这种形式的双回路系统的制动效能最好。

HI、LL、HH 型的结构均比较复杂。LL 型与 HH 型在任一回路失效时,前、后制动力的比值均与正常情况下相同,且剩余的总制动力可达到正常值的 50%左右。HI 型单用回路 3(见图 11-43(c)),即一轴半时剩余制动力较大,但此时与 LL 型一样,在紧急制动时后轮极易先抱死。

11.9.5 液压制动驱动机构的设计计算

为了确定制动主缸及制动轮缸的直径、制动踏板力与踏板行程、踏板机构传动比,以及说明采用增压或助力装置的必要性,必须进行如下的设计计算。

1. 制动轮缸直径与工作容积

制动轮缸对制动蹄或制动块的作用力 F_o 与轮缸直径 d_w、制动轮缸中的液压 p(一般 $p=8\sim12$ MPa)之间有如下关系式

$$F_o = p \cdot \frac{\pi \cdot d_w^2}{4} \tag{11-218}$$

在制动时,制动管路中的液压 p 一般不超过 10~12 MPa,对于盘式制动器 p 可再高些。压力越高则轮缸直径就越小,但是对管路尤其是制动软管及管接头则会提出更高的要求,对软管的耐压性、强度以及接头的密封性要求就更加严格。

轮缸直径 d_w 应该在 GB 7524-1987 规定的如下尺寸系列中选取：14.5、16、17.5、19、20.5、22、(22.22)、(23.81)、24、(25.40)、26、28、(28.58)、30、32、35、38、42、46、50、56,单位是 mm。

一个轮缸的工作容积 V_w 为

$$V_w = \frac{\pi}{4}\sum_{i=1}^{n} d_{w,i}^2 \cdot \delta_i \tag{11-219}$$

其中,n 是轮缸中的活塞数目;$d_{w,i}$ 是第 i 个活塞的直径;δ_i 是一个轮缸活塞在完全制动时的行程,可以表示为

$$\delta_i = \delta_1 + \delta_2 + \delta_3 + \delta_4 \tag{11-220}$$

在初步设计时，对于鼓式制动器可取 $\delta_i = 2 \sim 2.5\ \text{mm}$；$\delta_1$是消除制动蹄(制动块)与制动鼓(制动盘)之间间隙所需要的轮缸活塞行程，对于鼓式制动器 δ_1约等于相应制动蹄中部与制动鼓之间间隙的 2 倍；δ_2是由于摩擦衬片(摩擦衬块)变形而引起的轮缸活塞行程，可以根据衬片(衬块)的厚度、材料的弹性模量及单位压力值来计算；δ_3、δ_4分别是由于鼓式制动器的制动蹄、制动鼓的变形而引起的轮缸活塞行程，其值一般通过试验确定。

全部轮缸的总工作容积 V 为

$$V = \sum_{j=1}^{m} V_{w,j} \tag{11-221}$$

其中，m 是轮缸的数目；$V_{w,j}$是第 j 个轮缸的工作容积。

2. 制动主缸直径与工作容积

制动主缸的直径应该符合 GB 7524-1987 规定的如下系列尺寸：14.5、16、17.5、19、20.5、22、(22.22)、(23.81)、24、(25.40)、26、28、(28.58)、30、32、35、38、42、46、50、56，单位是 mm。

制动主缸应该具有的工作容积 V_m 为

$$V_m = V + V' \tag{11-222}$$

其中，V 是所有轮缸的总工作容积；V'是因制动软管在液压作用下发生变形而引起的容积增量。在初步设计时，考虑到软管变形，轿车制动主缸的工作容积可取为 $V_m = 1.1\ V$；货车取 $V_m = 1.3\ V$。

制动主缸的活塞直径 d_m和活塞行程 s_m可由下式确定：

$$V_m = \frac{\pi}{4} \cdot d_m^2 \cdot s_m \tag{11-223}$$

一般 $s_m = (0.8 \sim 1.2) d_m$。

3. 制动踏板力与踏板行程

制动踏板力 F_F可以表示为

$$F_F = \frac{\pi}{4} \cdot d_m^2 \cdot p \cdot \frac{1}{i_p \cdot \eta} \tag{11-224}$$

其中，d_m是制动主缸的活塞直径；p 是制动管路中的压力；η 是制动踏板机构及制动主缸的机械效率，一般可取 $\eta = 0.85 \sim 0.95$；i_p是制动踏板机构传动比，

$$i_p = \frac{r_2}{r_1} \tag{11-225}$$

其中，r_1、r_2 如图 11-44 所示。

通常，汽车液压驱动机构制动轮缸缸径与制动主缸缸径之比 $d_w/d_m = 0.9 \sim 1.2$，当 d_m较小时，其活塞行程 s_m及相应的踏板行程 x_p便要加大(见图 11-44)。

制动踏板工作行程 x_p表示为

$$x_p = i_p \cdot (s_m + \delta_{m1} + \delta_{m2}) \tag{11-226}$$

其中，δ_{m1}是主缸中推杆与活塞间的间隙，一般取为 1.5～2 mm；δ_{m2}是主缸活塞空行程，即主缸活塞由不工作的极限位置到使其皮碗完全封堵住主缸上的旁通孔所经过的行程。

在确定主缸容积时，应该考虑到制动器零件的弹性变形、热变形以及制动衬片或衬块的

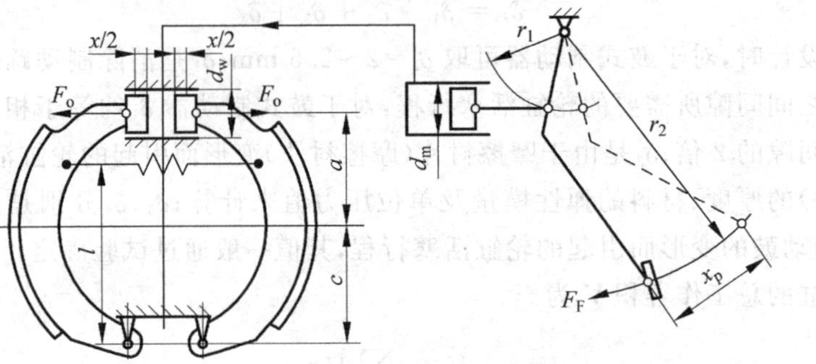

图 11-44 鼓式制动器液压驱动机构的力学模型

正常磨损量等,还应该考虑到用于制动驱动系统信号指示的制动液体积。因此,制动踏板的全行程(至与地板相碰的行程)应该大于正常工作行程。制动器调整正常时的踏板工作行程 x_p 约为踏板全行程的 40%～60%,以保证能够在制动管路中可靠地获得需要的压力。

踏板力 F_F 一般不应超过 500～700 N。踏板全行程,对于轿车不应该超过 100～150 mm;对于货车不应该超过 170～180 mm。作用在制动手柄上的力,对于轿车不应该超过 400 N;对于货车不应该超过 600 N。制动手柄行程,对于轿车不应该超过 160 mm;对于货车不应该超过 220 mm。

为了避免空气进入制动管路,在主缸活塞回位弹簧(同时亦为回油阀弹簧)的计算中,应该保证在制动踏板被放开以后,制动管路中仍能保持 0.05～0.14 MPa 的残余压力。

4. 真空助力器

真空助力器是由控制阀及带有真空单向阀的真空伺服气室组成的。它是利用负压来增加驾驶员通过制动踏板施加于制动主缸上的力的部件。它位于制动踏板与制动主缸之间,其前面与制动主缸组合成一体;其后面借控制阀推杆后的调整叉与制动踏板机构相连,并通过真空伺服气室上的两个螺栓固定在车身的前围板上。

图 11-45 示出液压制动系统中的真空助力器结构图。其伺服气室前、后外壳外缘的接合处与橡胶膜片 2 压合在一起。带有橡胶膜片 2 的活塞 1 将助力缸分为前、后两个腔。前腔 A 位于助力器与制动主缸相连接的一端,并经真空单向阀与发动机进气歧管常通(见图 11-37),使该腔可以具有一定的真空度;后腔 B 内的气压则由橡胶阀座 4、滑柱 10 及橡胶反作用盘 11 等调节。图 11-45(b)、(c)、(d)示出其工作原理。

如图 11-45(b)所示,当驾驶员放开制动踏板时,在回位弹簧 9 的作用下,控制阀推杆 6 相对于橡胶阀座 4 被推向右侧,滑柱 10 也向右移动,并且紧靠橡胶阀座 4,使大气阀处于关闭位置,使 B 腔与大气隔绝,而同时又使 B 腔与 A 腔相接的通道 C、D 连通。这时,当发动机开始工作,且真空单向阀被吸开后,伺服气室左、右两腔由于与大气隔绝,都会产生一定的真空度,但是在活塞 1 两侧没有压力差,所以没有助力。

当制动踏板被踩至某个位置时,在控制阀推杆 6 的作用下,橡胶阀座 4 向左移动,与活塞 1 的阀端面接触,使 B 腔的真空通道 D 与通道 C 隔绝,也就是使 A、B 两腔隔绝。再继续下踩制动踏板,使控制阀推杆 6 进一步向左移动,滑柱 10 被推离橡胶阀座 4,使 B 腔的空气阀打开,大气经通道 D 进入 B 腔,如图 11-45 (c)所示。这时,在活塞 1 的两侧就产生了压力差,其推动活塞 1、推杆 13 向左移动,向制动主缸活塞施加一个作用力(真空助力)。

如图 11-45(d)所示，在滑柱 10 通过橡胶反作用盘 11 施力于制动主缸活塞推杆 13 的同时，真空助力器的加力活塞 1 左移。在此过程中，橡胶阀座 4 始终与活塞 1 的阀端面保持接触、跟随活塞 1 向左移动。如果驾驶员踩制动踏板的力保持不变，则控制阀推杆 6 的位置保持不变。随着橡胶阀座 4 跟随活塞 1 向左移动，滑柱 10 离开其的距离越来越小，直至两者接触，使大气阀关闭，也就是使 B 腔与大气隔绝。这时，助力器达到新的平衡位置，助力不再增大。驾驶员施加在制动踏板上的力越大，控制阀推杆 6 的位置就越向左，助力器达到新平衡位置时的助力就越大。

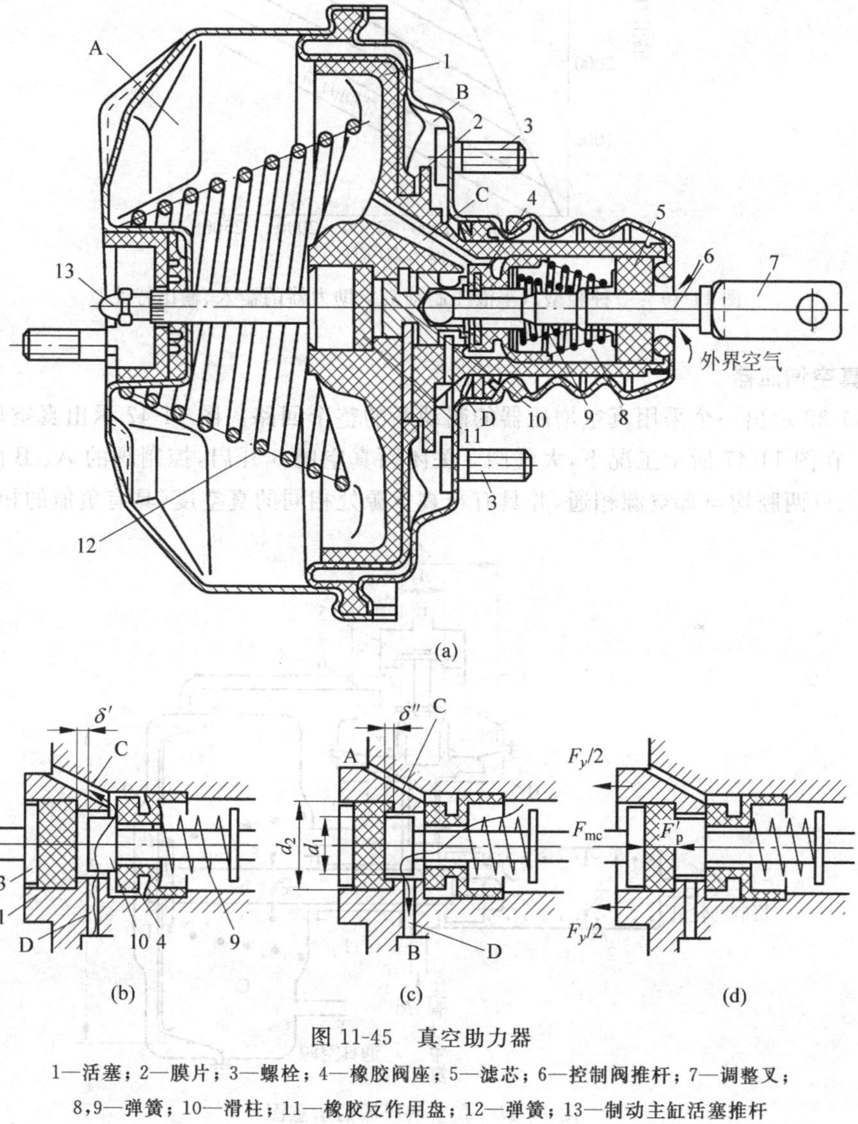

图 11-45　真空助力器

1—活塞；2—膜片；3—螺栓；4—橡胶阀座；5—滤芯；6—控制阀推杆；7—调整叉；8,9—弹簧；10—滑柱；11—橡胶反作用盘；12—弹簧；13—制动主缸活塞推杆

图 11-46 示出一种轻型汽车液压制动真空助力器的输入、输出特性。其中，对应于不同真空度的每条特性曲线均有一拐点，称为最大助力点，该点对应于助力缸膜片上的压力差达到最大时的情况，而这个最大压力差随着真空度的增大而增大。由此点开始，输出力的增大就等于输入力的增大。应该指出，图 11-46 所示特性的输入力 F_1 是经过制动踏板系统放大

了的驾驶员踩踏板的力，输出力 F_2 是真空助力器推制动主缸的力。

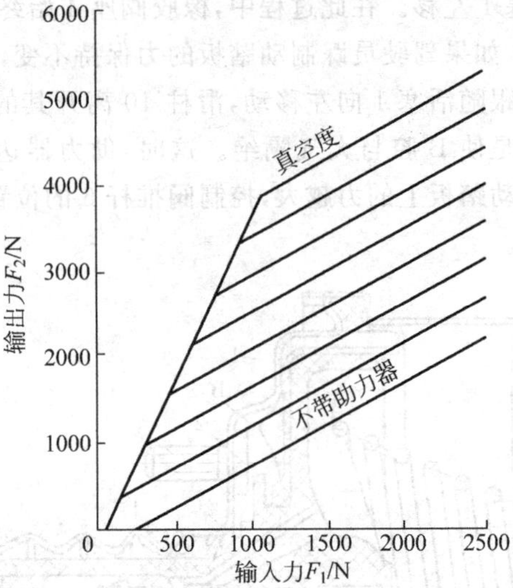

图 11-46　一种轻型汽车液压制动真空助力器的输入、输出特性

5. 真空增压器

图 11-39 示出一个采用真空增压器的制动系的整个回路。图 11-47 示出真空增压器的示意图。在图 11-47 所示工况下，大气阀 5 关闭而真空阀 6 开启，控制阀的 A、B 两腔和伺服气室 C、D 两腔均与真空源相通，并具有与真空源处相同的真空度(具有负值的相对压力)

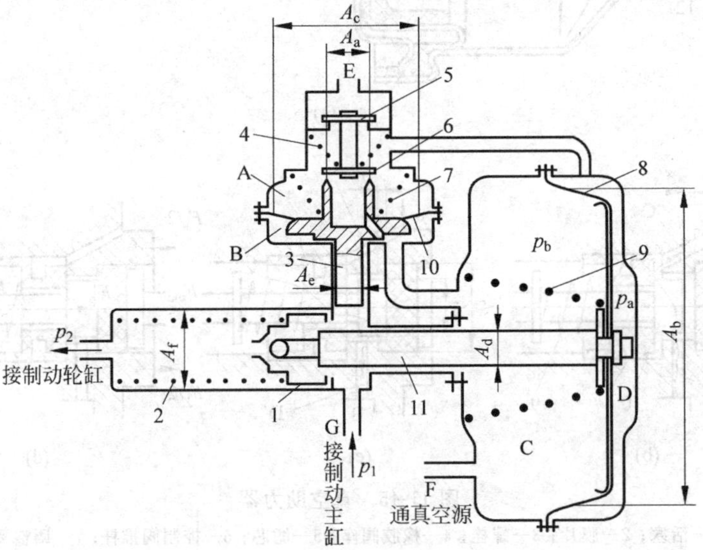

图 11-47　真空增压器的示意图

1—辅助缸活塞；2—辅助缸活塞回位弹簧；3—控制阀活塞(带真空阀座)；
4—阀门弹簧；5—大气阀；6—真空阀；7—控制阀膜片回位弹簧；
8—伺服气室膜片；9—伺服气室膜片回位弹簧；10—控制阀膜片；11—推杆；
A—控制阀高压腔；B—控制阀低压腔；C—伺服气室低压腔；D—伺服气室高压腔；
E—通大气口；F—通真空源口；G—通制动主缸口

p_b。实质上，控制阀是一个由液压控制的气继动阀。当踩下制动踏板时，由制动主缸输出的压力为 p_1 的制动液从入口 G 进入，通过辅助缸输出至轮缸，输出压力为 p_2。压力为 p_1 的制动液同时还作为控制压力作用在控制阀活塞 3 上。当控制压力 p_1 增大到一定值时，控制阀活塞 3 上升，使真空阀 6 关闭、大气阀 5 开启。大气从口 E 进入控制阀的 A 腔和伺服气室的 D 腔，使 A 腔和 D 腔的相对压力升到 p_1 相应的一个值 p_a。这时，在这个压力作用下，控制阀活塞 3 向下移动，使大气阀 5 重新关闭，系统达到一个新的平衡状态。因为 $p_b < p_a < 0$，使伺服气室 D、C 两腔的压力差形成推动推杆 11 的力，后者与由制动主缸输入的液压作用力共同作用在辅助缸活塞 1 上，从而使辅助缸的输出压力 $p_2 > p_1$。

在上述平衡状态时，根据控制阀膜片 10 的平衡可以得到如下方程式：

$$p_a \cdot (A_c - A_a) + p_b \cdot A_a - p_b \cdot (A_c - A_e) + p_1 \cdot A_e - F_2 - F_3 = 0 \quad (11\text{-}227)$$

其中，A_a 是控制阀阀门的面积；A_c 是控制阀膜片的有效面积；A_e 是控制阀活塞的面积；F_2、F_3 分别是控制阀门弹簧 4、弹簧 7 的作用力。

根据辅助缸活塞 1 的平衡可以得到如下方程式：

$$p_1 \cdot (A_f - A_d) + p_b \cdot (A_b - A_d) - p_a \cdot A_b - F_1 - F_4 - p_2 \cdot A_f = 0 \quad (11\text{-}228)$$

其中，A_b 是伺服气室膜片的有效面积；A_d 是伺服气室推杆的截面积；A_f 是辅助缸活塞的面积；F_1 是伺服气室弹簧 9 的作用力；F_4 是辅助缸活塞回位弹簧 2 的作用力。

从式(11-227)可得

$$p_a \cdot (A_c - A_a) + p_b \cdot (A_a - A_c + A_e) + p_1 \cdot A_e - F_2 - F_3 = 0 \quad (11\text{-}229)$$

$$p_a = \frac{1}{A_c - A_a} \cdot [-p_b \cdot (A_a - A_c + A_e) - p_1 \cdot A_e + F_2 + F_3] \quad (11\text{-}230)$$

把式(11-230)代入式(11-228)，得

$$p_1 \cdot (A_f - A_d) + p_b \cdot (A_b - A_d) - \frac{1}{A_c - A_a}[-p_b \cdot (A_a - A_c + A_e) - p_1 \cdot A_e + F_2 + F_3] \cdot A_b - F_1 - F_4 - p_2 \cdot A_f = 0 \quad (11\text{-}231)$$

$$p_1 \cdot \left[(A_f - A_d) + \frac{A_e \cdot A_b}{A_c - A_a}\right] + p_b \cdot \left[(A_b - A_d) + \frac{(A_a - A_c + A_e) \cdot A_b}{A_c - A_a}\right] - \frac{(F_2 + F_3)A_b}{A_c - A_a} - F_1 - F_4 - p_2 \cdot A_f = 0 \quad (11\text{-}232)$$

$$p_2 = \frac{(A_f - A_d) \cdot (A_c - A_a) + A_e \cdot A_b}{A_f \cdot (A_c - A_a)} \cdot p_1 + \frac{(A_b - A_d) \cdot (A_c - A_a) + (A_a - A_c + A_e) \cdot A_b}{A_f \cdot (A_c - A_a)} \cdot p_b - \frac{(F_2 + F_3) \cdot A_b}{A_f \cdot (A_c - A_a)} - \frac{F_1 + F_4}{A_f} \quad (11\text{-}233)$$

$$p_2 = \frac{(A_f - A_d) \cdot (A_c - A_a) + A_e \cdot A_b}{A_f \cdot (A_c - A_a)} \cdot p_1 + \frac{A_d \cdot (-A_c + A_a) + A_e \cdot A_b}{A_f \cdot (A_c - A_a)} \cdot p_b - \frac{(F_2 + F_3) \cdot A_b}{A_f \cdot (A_c - A_a)} - \frac{F_1 + F_4}{A_f} \quad (11\text{-}234)$$

图 11-48 示出 p_2 随着 p_1 的变化特性，其中直线 AB 的斜率 m 为

$$m = \frac{(A_f - A_d) \cdot (A_c - A_a) + A_e \cdot A_b}{A_f \cdot (A_c - A_a)} \quad (11\text{-}235)$$

如图 11-48 所示,OA 线的斜率为 1,其表示自踩下制动踏板使制动主缸开始建立液压 p_1 起到 $p_1=p_{1A}$ 止的区段中,辅助缸活塞的阀孔尚未被推杆 11 的端头的球阀所关闭,伺服气室的推杆力尚没有力作用于辅助缸活塞上,故不起伺服作用,使输入压力 p_1 与输出液压 p_2 相等。当 $p_1=p_{1A}$ 时,伺服气室膜片两侧气压作用力之差$(p_a-p_b)A_b$增大至超过膜片回位弹簧的预紧力,使弹簧压缩,致使推杆 11 向左移动一个距离,恰好将辅助缸活塞上的阀孔关闭,于是开始了伺服作用。A 点就是伺服作用的起始点。

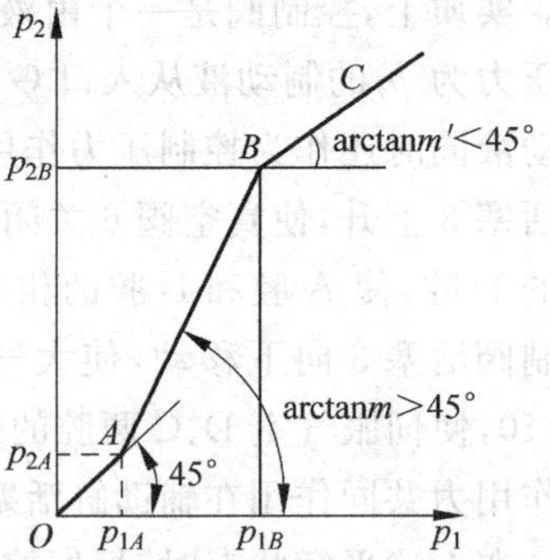

图 11-48 真空增压器的静特性
(p_2 随着 p_1 的变化特性)

令

$$p_1=p_2=p_{1A}=p_{2A} \tag{11-236}$$

把式(11-236)代入式(11-234),得

$$p_{2A}=\frac{(A_f-A_d)\cdot(A_c-A_a)+A_e\cdot A_b}{A_f\cdot(A_c-A_a)}\cdot p_{2A}+\frac{A_d\cdot(-A_c+A_a)+A_e\cdot A_b}{A_f\cdot(A_c-A_a)}\cdot p_b-\frac{(F_2+F_3)\cdot A_b}{A_f\cdot(A_c-A_a)}-\frac{F_1+F_4}{A_f} \tag{11-237}$$

$$\left[1-\frac{(A_f-A_d)\cdot(A_c-A_a)+A_e\cdot A_b}{A_f\cdot(A_c-A_a)}\right]\cdot p_{2A}=\frac{A_d\cdot(-A_c+A_a)+A_e\cdot A_b}{A_f\cdot(A_c-A_a)}\cdot p_b-\frac{(F_2+F_3)\cdot A_b}{A_f\cdot(A_c-A_a)}-\frac{F_1+F_4}{A_f} \tag{11-238}$$

$$\frac{A_d\cdot(A_c-A_a)-A_e\cdot A_b}{A_f\cdot(A_c-A_a)}\cdot p_{2A}=\frac{A_d\cdot(-A_c+A_a)+A_e\cdot A_b}{A_f\cdot(A_c-A_a)}\cdot p_b-\frac{(F_2+F_3)\cdot A_b}{A_f\cdot(A_c-A_a)}-\frac{F_1+F_4}{A_f} \tag{11-239}$$

$$p_{2A}=-p_b-\frac{(F_2+F_3)\cdot A_b+(A_c-A_a)\cdot(F_1+F)}{A_d\cdot(A_c-A_a)-A_e\cdot A_b} \tag{11-240}$$

为了在克服鼓式制动器制动蹄回位弹簧预紧力之后继续拉伸弹簧以消除蹄与鼓之间的间隙,使制动器起制动作用,制动轮缸需要有一定的液压力 p_s,设计时应该使 $p_{1A}=p_{2A}=p_s$,以便在制动开始起作用的同时使伺服也开始起作用。一般取 $p_s=0.4\sim0.6$ MPa,也有取低至 0.2 MPa 和高至 0.7 MPa 的。

盘式制动器的制动块与制动盘之间的间隙很小,轮缸活塞的回位力也很小,$p_s\approx0$,故 $p_{1A}=p_{2A}$应设计得尽可能小。

当伺服气室 D 腔的真空度降至 $p_a=0$ 时,即其绝对压力升至 1 个大气压时,真空伺服作用达到极限,其与图 11-48 所示特性曲线的转折点 B 相对应。此后输出气压 p_2 与输入压力 p_1 的关系为斜率较小的直线 BC。可以把 $p_a=0$ 代入式(11-228)求得该直线的方程:

$$p_1\cdot(A_f-A_d)+p_b\cdot(A_b-A_d)-F_1-F_4-p_2\cdot A_f=0 \tag{11-241}$$

$$p_2=p_1\cdot\frac{A_f-A_d}{A_f}+p_b\cdot\frac{A_b-A_d}{A_f}-\frac{F_1+F_4}{A_f} \tag{11-242}$$

$$p_2=\left(1-\frac{A_d}{A_f}\right)\cdot p_1+p_b\cdot\frac{A_b-A_d}{A_f}-\frac{F_1+F_4}{A_f} \tag{11-243}$$

特性的斜率 m' 为

$$m' = 1 - \frac{A_d}{A_f} \tag{11-244}$$

由于 $A_d < A_f$，所以 $m' < 1$。

把式(11-243)代入式(11-234)可以求得伺服作用极限点 B 的坐标，即

$$\frac{(A_f - A_d)\cdot(A_c - A_a) + A_e \cdot A_b}{A_f \cdot (A_c - A_a)} \cdot p_1 + \frac{A_d \cdot (-A_c + A_a) + A_e \cdot A_b}{A_f \cdot (A_c - A_a)} \cdot p_b - \frac{(F_2 + F_3)\cdot A_b}{A_f \cdot (A_c - A_a)} - \frac{F_1 + F_4}{A_f} = \left(1 - \frac{A_d}{A_f}\right)\cdot p_1 + p_b \cdot \frac{A_b - A_d}{A_f} - \frac{F_1 + F_4}{A_f} \tag{11-245}$$

$$\frac{(A_f - A_d)\cdot(A_c - A_a) + A_e \cdot A_b}{A_f \cdot (A_c - A_a)} \cdot p_1 + \frac{A_d \cdot (-A_c + A_a) + A_e \cdot A_b}{A_f \cdot (A_c - A_a)} \cdot p_b - \frac{(F_2 + F_3)\cdot A_b}{A_f \cdot (A_c - A_a)} = \frac{A_f - A_d}{A_f} \cdot p_1 + p_b \cdot \frac{A_b - A_d}{A_f} \tag{11-246}$$

$$\left[-\frac{(A_f - A_d)\cdot(A_c - A_a) + A_e \cdot A_b}{A_f \cdot (A_c - A_a)} + \frac{(A_f - A_d)\cdot(A_c - A_a)}{A_f \cdot (A_c - A_a)}\right]\cdot p_1 = \frac{A_d \cdot (-A_c + A_a) + A_e \cdot A_b}{A_f \cdot (A_c - A_a)} \cdot p_b - \frac{(F_2 + F_3)\cdot A_b}{A_f \cdot (A_c - A_a)} - p_b \cdot \frac{A_b - A_d}{A_f} \tag{11-247}$$

$$\frac{-A_e \cdot A_b}{A_f \cdot (A_c - A_a)} \cdot p_1 = \left[\frac{A_d \cdot (-A_c + A_a) + A_e \cdot A_b}{A_f \cdot (A_c - A_a)} - \frac{(A_b - A_d)\cdot(A_c - A_a)}{A_f \cdot (A_c - A_a)}\right]\cdot p_b - \frac{(F_2 + F_3)\cdot A_b}{A_f \cdot (A_c - A_a)} \tag{11-248}$$

$$\frac{-A_e \cdot A_b}{A_f \cdot (A_c - A_a)} \cdot p_1 = \frac{A_e \cdot A_b - A_b \cdot (A_c - A_a)}{A_f \cdot (A_c - A_a)} \cdot p_b - \frac{(F_2 + F_3)\cdot A_b}{A_f \cdot (A_c - A_a)} \tag{11-249}$$

$$p_1 = \frac{-A_e + A_c - A_a}{A_e} \cdot p_b + \frac{F_2 + F_3}{A_e} \tag{11-250}$$

$$p_{1B} = \frac{-A_e + A_c - A_a}{A_e} \cdot p_b + \frac{F_2 + F_3}{A_e} \tag{11-251}$$

把式(11-251)代入式(11-243)，得

$$p_{2B} = \left(1 - \frac{A_d}{A_f}\right)\cdot\left(\frac{-A_e + A_c - A_a}{A_e} \cdot p_b + \frac{F_2 + F_3}{A_e}\right) + p_b \cdot \frac{A_b - A_d}{A_f} - \frac{F_1 + F_4}{A_f} \tag{11-252}$$

控制阀的低压腔和伺服气室的低压腔中的真空度 p_b 可以假定为一常量，其通常可取为

$$p_b = k \cdot p_{bmax} \tag{11-253}$$

其中，p_{bmax} 是汽车发动机在各种工况下进气管中或真空罐中的最大真空度，一般为 0.067～0.080 MPa，用真空泵时偏近上限；k 是比例系数，可在 0.77～0.90 的范围内选取，有真空罐时偏上限。

当真空管路无真空度或真空增压器失效时，推杆 11 端头的球阀将一直开启，以保证制动主缸和各制动轮缸之间的油路畅通。这样，制动系就变成了人力制动系。当然，此时的踏板力比有真空伺服作用时要大得多。

11.9.6 气压制动驱动机构的设计计算

图 11-34 是一种重型汽车的双回路气压制动系示意图。其中，空气压缩机 2 产生压力达 1.0 MPa 的压缩空气，向储气罐 5、6、16 充气。由调压器 13 调定的储气罐压力一般为

0.67～0.73 MPa,而安全阀限定的储气罐最高压力则为0.9 MPa左右。为了在空气压缩机停止工作的时间内仍能保证制动气室、空气伺服气室、驻车制动操纵汽缸以及汽车上的其他气动装置正常工作,在设计计算时可取工作气压为0.6 MPa,储气罐也应该具有较大的容积储备。为了减小气压制动系统特别是储气罐的体积和质量,个别车型也有采用储气罐压力达1.8 MPa、工作压力达0.9 MPa的高压气制动系统的。

汽车气压制动驱动系统有单回路、双回路及混合回路之分,后者仅用于汽车列车。这种混合回路要求牵引汽车有三条连接被拖挂列车的气压管路,以便供列车中的单回路列车和双回路列车之用。双回路系统虽然结构较复杂、造价也较高,但工作安全可靠、效能高、作用迅速,因此已得到最广泛的应用。

气压系统设计首先要解决好空气压缩机、储气罐等压缩空气的供给装置与制动气室、空气伺服气室、驻车制动操纵汽缸等气压使用装置间的合理匹配。为此,就要进行适当的设计计算。

1. 制动气室

制动气室分为膜片式和活塞式两种。膜片式的结构简单,对室壁的加工精度要求不高,无摩擦副,密封性较好,但所容许的行程较小,膜片寿命也不及活塞式的。活塞式的制动气室,行程较长,推力一定,但有摩擦损失。图11-49和图11-50分别示出一种膜片式制动气室和一种活塞式制动气室的结构图。

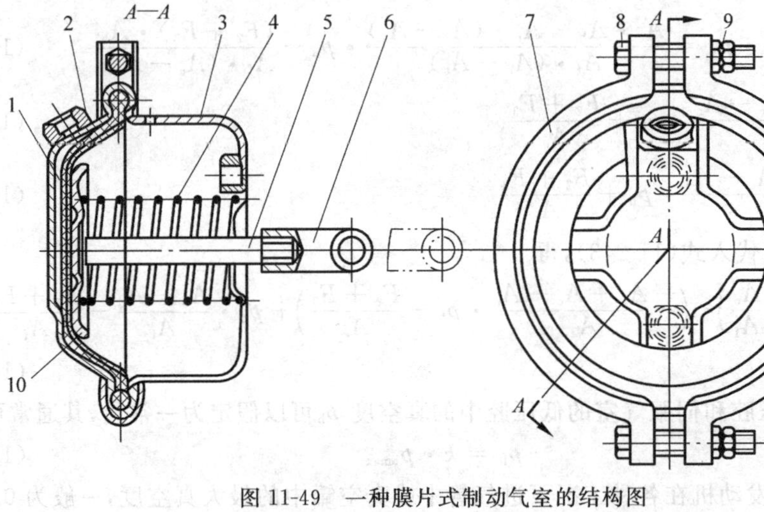

图11-49 一种膜片式制动气室的结构图

1—橡胶膜片;2—盖;3—壳体;4—弹簧;5—推杆;6—连接叉;7—卡箍;8—螺栓;9—螺母;10—支承盘

制动气室输出的推杆推力Q应该保证制动器制动蹄所需要的张开力。例如,当采用非平衡式凸轮张开装置(如图11-51所示)时,两蹄的张开力F_{o1}、F_{o2}与制动气室输出的推力Q之间的关系可由下式表示:

$$Q=\frac{a\cdot(F_{o1}+F_{o2})}{h} \tag{11-254}$$

其中,a是两蹄的张开力F_{o1}、F_{o2}到凸轮中心的距离,即它们的力臂;h是Q力对凸轮轴轴线的力臂。根据凸轮形状的不同,式(11-254)中的a和h可能会随凸轮转角而变化。

为了输出推力Q,制动气室的工作面积A应该为

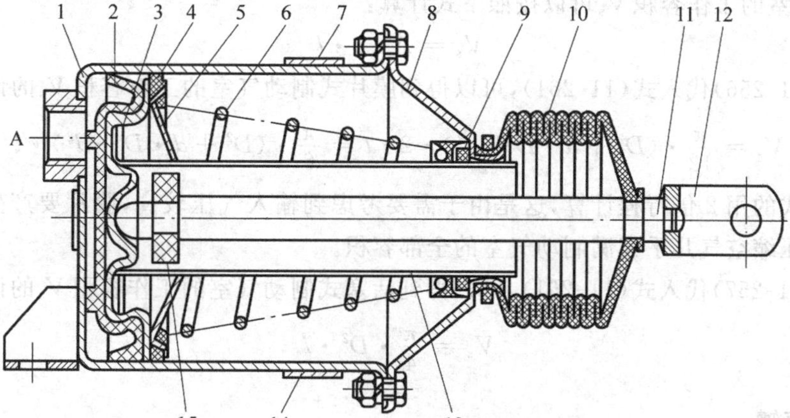

图 11-50 一种活塞式制动气室的结构图

1—壳体；2—橡胶皮碗；3—活塞体；4—密封圈；5—弹簧座；6—弹簧；7—气室固定卡箍；8—盖；9—毡垫；10—防护套；11—推杆；12—连接叉；13—导向套筒；14—气室固定板；15—密封垫；A—通气口

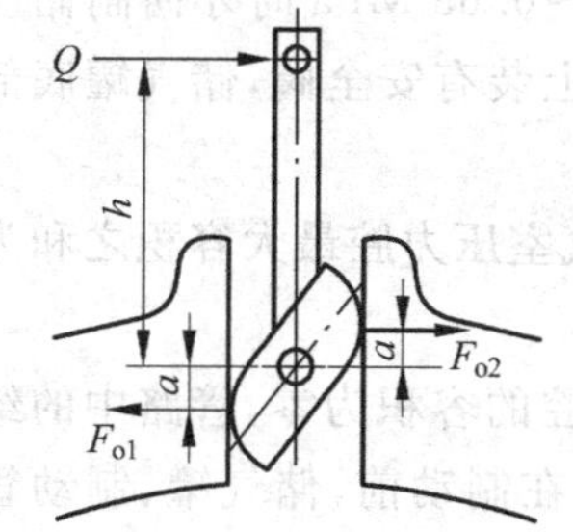

图 11-51 非平衡式凸轮张开装置的力学模型

$$A=\frac{Q}{p}=\frac{a\cdot(F_{o1}+F_{o2})}{h\cdot p} \tag{11-255}$$

其中，p 是制动气室中的工作压力。

对于膜片式制动气室，膜片的有效承压面积 A 可以按下式近似计算：

$$A=\frac{\pi}{12}\cdot(D^2+d\cdot D+d^2) \tag{11-256}$$

其中，D 是制动气室壳体在夹持膜片处的内径；d 是膜片夹盘直径。

对于活塞式制动气室，其承压面积 A 为

$$A=\frac{\pi}{4}\cdot D^2 \tag{11-257}$$

其中，D 是活塞或汽缸的直径。

把式(11-255)代入式(11-257)，得

$$\frac{a\cdot(F_{o1}+F_{o2})}{h\cdot p}=\frac{\pi}{4}\cdot D^2 \tag{11-258}$$

$$D=\sqrt{\frac{4\cdot a\cdot(F_{o1}+F_{o2})}{\pi\cdot h\cdot p}} \tag{11-259}$$

若已知制动蹄端部的行程及制动凸轮轮廓的几何参数，即可求得制动时所需要的凸轮转角，再根据尺寸 a 及 h 求出制动气室推杆的行程 l。l 一般可以表示为

$$l=\lambda\cdot\frac{h}{a} \tag{11-260}$$

其中，λ 是行程储备系数，其中还考虑到摩擦衬片容许磨损量的影响。对于在使用过程中推杆行程不变的刚性中间传动机构，取 $\lambda=1.2\sim1.4$；对于带有摩擦副的中间传动机构，则取 $\lambda=2.2\sim2.4$ 或更大些。

制动气室的工作容积 V_s 可以按照下式计算：

$$V_s = A \cdot 2 \cdot l \tag{11-261}$$

把式(11-256)代入式(11-261)，可以得到膜片式制动气室的工作容积 V_s 的计算公式：

$$V_s = \frac{\pi}{12} \cdot (D^2 + d \cdot D + d^2) \cdot 2 \cdot l = \frac{\pi}{6} \cdot (D^2 + d \cdot D + d^2) \cdot l \tag{11-262}$$

其中，膜片式的用2倍行程计算，这是由于需要考虑到输入气压较高，膜片要产生最大限度的变形，而压缩空气几乎充满制动气室的全部容积。

把式(11-257)代入式(11-261)，可以得到活塞式制动气室的工作容积 V_s 的计算公式：

$$V_s = \frac{\pi}{4} \cdot D^2 \cdot l \tag{11-263}$$

2. 储气罐

储气罐一般由钢板焊接而成，内外涂以防锈漆，也有用玻璃钢制造的，其防腐蚀性很好。储气罐的容积大小应该适当，过大将使充气时间过长；过小将使每次制动后罐内的压力下降太大，因而当空气压缩机停止工作时，可能进行的有效制动次数太少。对于具有空气悬架、气动车门开闭机构等需要大量消耗压缩空气的装备的汽车，往往加装副储气罐。主、副储气罐间应该有压力控制阀，使得只有在主储气罐的气压高于0.60～0.63 MPa时才向副储气罐充气。主储气罐的气压达到上述压力值时方可出车。储气罐上装有安全阀，储气罐底部装有放水阀。

设储气罐容积为 V_c，全部制动管路的总容积为 V_{gt}，各制动气室压力腔最大容积之和为 V_{st}。通常 V_{gt} 为 V_{st} 的25%～50%。

制动前，储气罐与制动管路、制动气室隔绝。制动气室压力腔的容积为零，管路中的绝对压力与大气压 p_0 相等。若此时储气罐中的相对压力为 p_c，则在制动前，储气罐、制动管路、制动气室中的空气绝对压力与容积的乘积之总和为

$$p_V = (p_c + p_0) \cdot V_c + p_0 \cdot V_{gt} \tag{11-264}$$

完全制动时，储气罐中的压缩空气经制动阀进入所有制动管路和各制动气室，直至管路和气室中的相对压力达到制动阀所控制的最大工作压力 p_{max} 后，再度将储气罐与制动管路及制动气室隔绝为止。此时制动气室压力腔容积达到最大值 V_{st}，同时储气罐中的相对压力降至 p'_c。此时，上述系统中的空气绝对压力与容积的乘积的总和为

$$p'_V = (p'_c + p_0) \cdot V_c + (p_{max} + p_0) \cdot (V_{gt} + V_{st}) \tag{11-265}$$

设系统中空气的膨胀过程为等温过程，则有

$$p_V = p'_V \tag{11-266}$$

即

$$(p_c + p_0) \cdot V_c + p_0 \cdot V_{gt} = (p'_c + p_0) \cdot V_c + (p_{max} + p_0) \cdot (V_{gt} + V_{st}) \tag{11-267}$$

因此，在空气压缩机不工作时，进行一次完全制动后的储气罐压力降为

$$\Delta p_c = p_c - p'_c = \frac{(p_{max} + p_0) \cdot (V_{gt} + V_{st}) - p_0 \cdot V_{gt}}{V_c} \tag{11-268}$$

在储气罐中的压力为调压器调定的气压的情况下进行制动时，压力降 Δp_c 不应该超过0.03 MPa。

在设计时一般取储气罐的总容积 V_c 为(20～40) V_{st}。另外，还应该考虑在空气压缩机停

止工作的情况下，储气罐中气压由最大压力降至最小安全压力前的连续制动次数 n 为

$$n=\frac{\lg\left(\dfrac{p_{\mathrm{cmax}}}{p_{\mathrm{cmin}}}\right)}{\lg\left(1+\dfrac{V_{\mathrm{st}}+V_{\mathrm{gt}}}{V_{\mathrm{c}}}\right)} \tag{11-269}$$

其中，p_{cmax}、p_{cmin}分别是储气罐内空气的最高、最低绝对压力。一般要求 $n=8\sim12$ 次。

储气罐为薄壁结构，应该按照对薄壁圆筒的分析方法对其壁厚进行强度计算。如图 11-52 所示，在储气罐壁上取一单元体，其左、右侧面作用着拉应力 σ_x，上、下侧面作用着环向拉应力 σ_y。单元体的外表面为自由表面，内面为圆筒内壁，作用着内压 p_{c}。

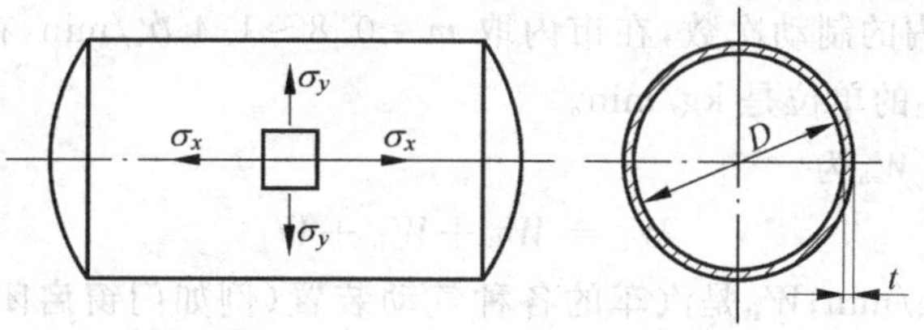

图 11-52 储气罐的强度计算模型

根据材料力学的计算公式，可以求出：

$$\sigma_x=\frac{p_{\mathrm{c}}\cdot\dfrac{\pi}{4}\cdot D^2}{\pi\cdot D\cdot t}=\frac{p_{\mathrm{c}}\cdot D}{4\cdot t} \tag{11-270}$$

$$\sigma_y=\frac{p_{\mathrm{c}}\cdot D\cdot B}{B\cdot 2\cdot t}=\frac{p_{\mathrm{c}}\cdot D}{2\cdot t} \tag{11-271}$$

其中，p_{c}是储气罐内的气压；D 是储气罐圆筒部分内径；t 是储气罐的壁厚；B 是储气罐圆柱部分的长度。

由于储气罐的壁厚相对较薄，可以认为其处于平面应力状态，即认为 σ_z 明显小于 σ_x、σ_y，可以忽略。另外，由于容器的对称性，单元体界面上也不应该有剪切应力作用。这样，单元体的 3 个主应力分别为

$$\sigma_1=\sigma_y=\frac{p_{\mathrm{c}}\cdot D}{2\cdot t} \tag{11-272}$$

$$\sigma_2=\sigma_x=\frac{p_{\mathrm{c}}\cdot D}{4\cdot t} \tag{11-273}$$

$$\sigma_3=\sigma_z=0 \tag{11-274}$$

按照第三强度理论的强度条件，有如下关系：

$$\sigma_{\mathrm{r3}}=\sigma_1-\sigma_3=\frac{p_{\mathrm{c}}\cdot D}{2\cdot t}\leqslant[\sigma] \tag{11-275}$$

其中，$[\sigma]$是许用应力。

3. 空气压缩机

空气压缩机的出气率应该根据汽车各个气动装置耗气率的总和来确定。每次制动所消耗的压缩空气的容积 V_{B}和压缩空气的质量 w_{B}分别为

$$V_{\mathrm{B}}=V_{\mathrm{st}}+V_{\mathrm{gt}} \tag{11-276}$$

$$w_B = \frac{p \cdot V_B}{R \cdot T} \cdot \frac{1}{9.8} \tag{11-277}$$

其中，V_{st}是所有制动气室的工作容积之和，m^3；V_{gt}是制动管路的总工作容积，m^3；w_B的单位是 kg；p 是制动管路压力，Pa；R 是空气的气体常数，计算时可取为 29.27；T 是绝对温度，K，

$$T = 273 + t \tag{11-278}$$

t 是周围大气的温度，℃。

单位时间内因制动所消耗的压缩空气质量(耗气率)W_B为

$$W_B = w_B \cdot m \tag{11-279}$$

其中，m 是单位时间内的制动次数，在市内取 $m=0.8\sim1.4$ 次/min，在郊区公路上取 $m=0.2\sim0.5$ 次/min；W_B的单位是 kg/min。

汽车的总耗气率 W_o为

$$W_o = W_B + W_{ft} + W_L \tag{11-280}$$

其中，W_o的单位是 kg/min；W_{ft}是汽车的各种气动装置(例如门窗启闭机构、离合器和差速锁操纵机构、气喇叭等)的耗气率的总和，kg/min；W_L是单位时间内的容许漏气量，一般取为 3×10^{-6} kg/min。

考虑到不可预计的压缩空气损失和空气压缩机停止工作的可能性，空气压缩机的出气率 W_k一般应该为

$$W_k = (5 \sim 6) W_o \tag{11-281}$$

取空气密度为 1.3 kg/m^3，则按容积计算的空气压缩机出气率 V_k应该为

$$V_k = \frac{W_k}{1.3} \tag{11-282}$$

其中，V_k的单位是 m^3/min。

空气压缩机的出气率又可用下式表达：

$$V_k = \frac{\pi \cdot D^2 \cdot s \cdot n \cdot i \cdot \eta_v}{4} \tag{11-283}$$

其中，D 是空气压缩机的汽缸直径，m；s 是空气压缩机的活塞行程，m；n 是空气压缩机的曲轴转速，r/min；i 是空气压缩机的汽缸数；η_v是容积效率，计算时可取 $\eta_v=0.5\sim0.7$，其反映由各种因素引起的出气量损失。

空气压缩机所需要的驱动功率可以表示为

$$P_c = 5.73 \times 10^{-8} \cdot \frac{p_1 \cdot \left[\left(\frac{p_2}{p_1}\right)^{0.286} - 1\right] \cdot V_k}{\eta} \tag{11-284}$$

其中，p_1是进气压力，Pa；p_2是压缩终了的压力，Pa；η 是空气压缩机的机械效率，为 $0.4\sim0.7$；V_k是空气压缩机的出气率，L/min。

图 11-53 示出一种汽车的单缸风冷式空气压缩机的结构图。

4. 制动阀与继动阀

制动阀与继动阀在汽车气压制动管路系统中均起着调压的作用，它们的基本功能是当输入气压一定时，使输出气压与其所受到的控制信号强度成一定的比例关系。两者的区别仅在于制动阀所受到的控制信号是经杠杆系统传来的踏板力和踏板位移，因而是一种直动

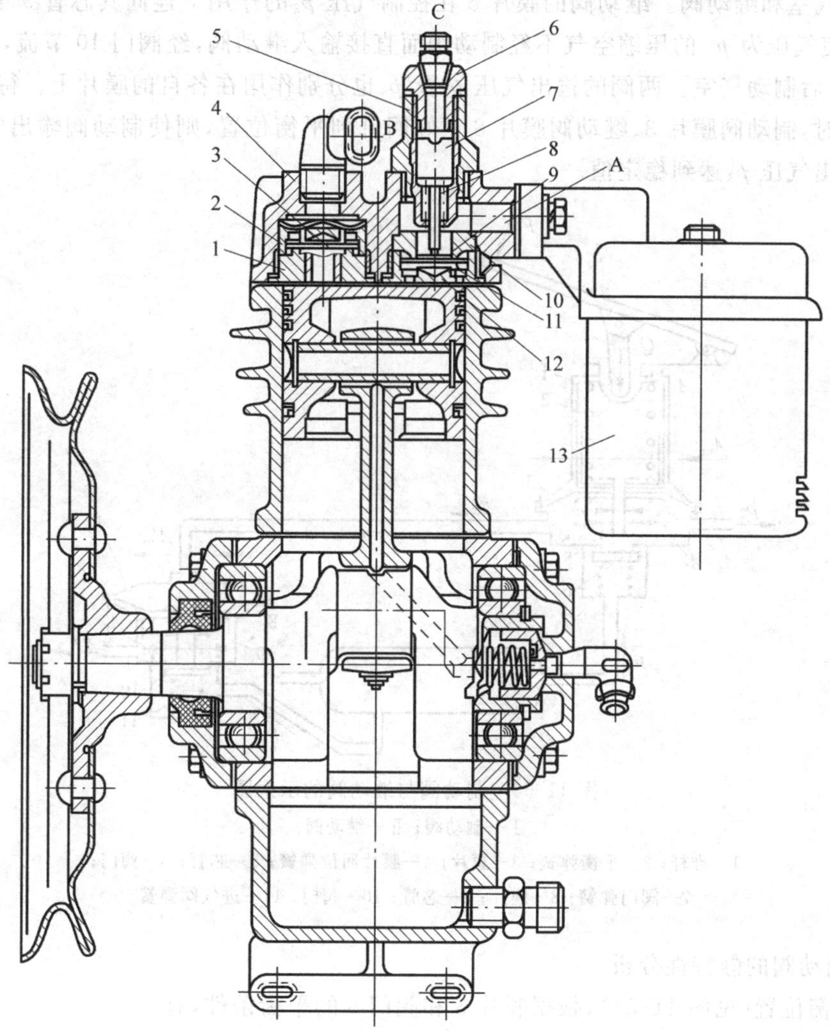

图 11-53 一种汽车的单缸风冷式空气压缩机的结构图

1—出气阀座；2—出气阀导向座；3—出气阀；4—汽缸盖；5—卸荷装置壳体；6—定位塞；7—卸荷柱塞；8—柱塞弹簧；9—进气阀；10—进气阀座；11—进气阀弹簧；12—进气阀导向座；13—进气滤清器；A—进气口；B—排气口；C—调压阀控制压力输入口

式调压阀；而继动阀的控制信号则是制动阀的输出气压，因而是一种先导式调压阀。采用继动阀后可使距制动阀或其他控制阀很远的制动气室等气动元件的工作滞后时间缩短，所以又可以称其为加速阀。

在气压制动管路中，制动阀置于储气罐与制动气室之间并靠近制动踏板处，用于控制流向车轮制动器制动气室的压缩空气流量和压力，并起随动作用，即保证制动气室的气压与制动踏板力及踏板位移间有一定的比例关系。

图 11-54 所示为制动阀与继动阀的示意图。制动时，由踏板力 F_F 产生的力 Q 通过制动阀的推杆 1 作用于平衡弹簧 2 上，使膜片 3 及芯管 5 下移。芯管 5 先接触阀门 6，使通向前制动气室的出气口和通向进气阀弹簧 11 的出气口与通大气的口 A 相隔绝；随即推动阀门 6 离座，使两个出气口与储气罐连通。气压为 p_1 的压缩空气经阀门 6 节流，压力降为 p_2，并输

往前制动气室和继动阀。继动阀的膜片8在控制气压 p_2 的作用下连同其芯管9下移，推开阀门10，使气压为 p_1 的压缩空气不经制动阀而直接输入继动阀，经阀门10节流，压力降为 p_3、输送至后制动气室。两阀的输出气压 p_2 及 p_3 也分别作用在各自的膜片上。待 p_2、p_3 升至一定值时，制动阀膜片3、继动阀膜片8正好回升到平衡位置，则使制动阀输出气压 p_2 和继动阀输出气压 p_3 达到稳定值。

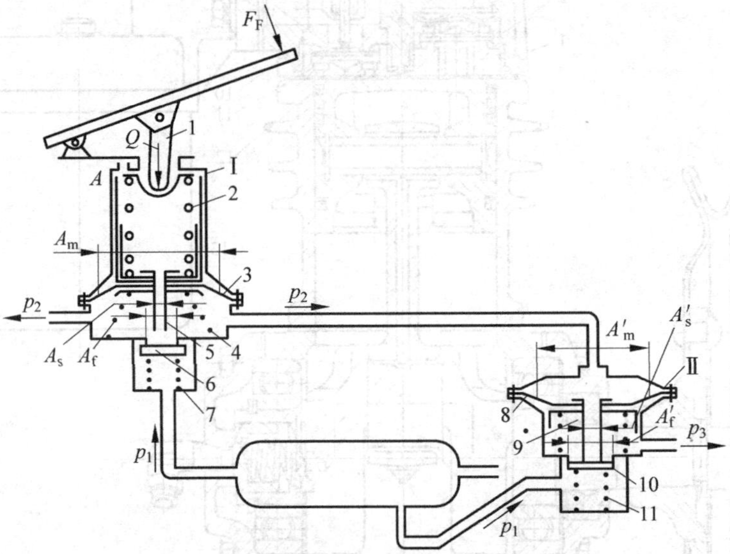

图 11-54 制动阀与继动阀的示意图

Ⅰ—制动阀；Ⅱ—继动阀

1—推杆；2—平衡弹簧；3—膜片；4—膜片回位弹簧；5—芯管；6—阀门；7—阀门弹簧；8—膜片；9—芯管；10—阀门；11—进气阀弹簧

1) 制动阀的静特性分析

在平衡位置(见图11-54)，根据膜片3和阀门6的平衡条件，有

$$p_2 \cdot (A_m - A_s) + p_1 \cdot A_f - p_2 \cdot (A_f - A_s) - Q + F_1 + F_2 = 0 \qquad (11\text{-}285)$$

其中，A_m、A_f 分别是制动阀膜片3、阀门6的有效承压面积；A_s 是芯管截面积；F_1、F_2 分别是弹簧4和弹簧7的作用力。从式(11-285)可得

$$p_2 \cdot (A_m - A_f) + p_1 \cdot A_f - Q + F_1 + F_2 = 0 \qquad (11\text{-}286)$$

$$p_2 = -\frac{p_1 \cdot A_f}{A_m - A_f} + \frac{Q}{A_m - A_f} - \frac{F_1 + F_2}{A_m - A_f} \qquad (11\text{-}287)$$

制动踏板力 F_F 造成的推杆力 Q 可表示为

$$Q = F_F \cdot i_p \qquad (11\text{-}288)$$

其中，i_p 是制动踏板机构的传动比。

把式(11-288)代入式(11-287)，得

$$p_2 = -\frac{p_1 \cdot A_f}{A_m - A_f} + \frac{F_F \cdot i_p}{A_m - A_f} - \frac{F_1 + F_2}{A_m - A_f} \qquad (11\text{-}289)$$

式(11-289)称为图11-54所示制动阀的静特性，它可以表示为一条直线，即图11-55所示的直线 AB，其斜率 m 为

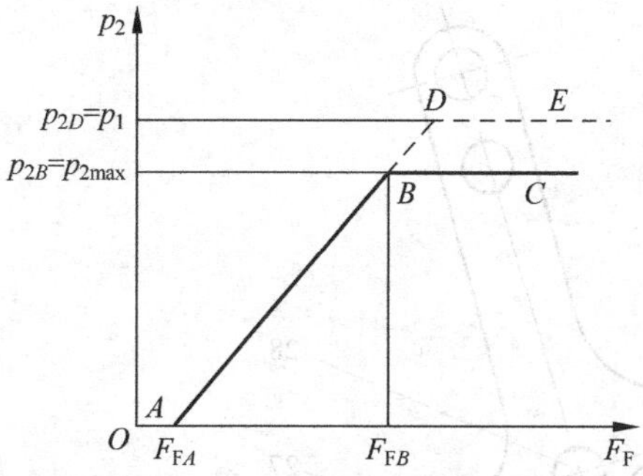

图 11-55 一种制动阀的静特性

$$m=\frac{\mathrm{d}p_2}{\mathrm{d}F_F}=\frac{i_p}{A_m-A_f} \tag{11-290}$$

制动阀作用起点 A 所对应的踏板力 F_{FA} 可以通过把 $p_2=0$ 代入式(11-289)求得，即

$$0=-\frac{p_1\cdot A_f}{A_m-A_f}+\frac{F_F\cdot i_p}{A_m-A_f}-\frac{F_1+F_2}{A_m-A_f} \tag{11-291}$$

$$F_F=\frac{p_1\cdot A_f+F_1+F_2}{i_p} \tag{11-292}$$

即

$$F_{FA}=\frac{p_1\cdot A_f+F_1+F_2}{i_p} \tag{11-293}$$

若踏板行程不加限制，则制动阀的输出气压 p_2 将随 F_F 的增大而增至 $p_2=p_1$（即图 11-55 中的 D 点）为止。此后，若 F_F 继续增大，$p_2=p_1$ 将不变(即图 11-55 中的 DE 线)。

实际上，制动管路中的气压 p_2 的最大值一般低于储气罐中的气压 p_1，所以特性线应该在低于 p_1 的 B 点转折，因而整个制动阀静特性就是折线 $OABC$。而 B 点的位置决定于 F_{FB}，此时平衡弹簧 2 所受的压力 Q_B 为

$$Q_B=F_{FB}\cdot i_p \tag{11-294}$$

可以利用制动踏板机构的可调限位装置，将平衡弹簧的最大压缩量调到相应于 Q_B 的变形值，从而即使 F_F 继续加大，推杆 1(参见图 11-54)却不再继续下移，而使 $Q=Q_B$ 保持不变。

调压作用起始点 A 处的踏板力 F_{FA} 越小，则低强度制动时的随动性能愈好。这可以通过减小 A_f、F_1、F_2 的值达到，这一点可以从式(11-293)看出。但是，这些值太小又不利于阀门的密封。

制动阀特性线 AB 的斜率 m 应取决于踏板感的要求。由式(11-290)可知，i_p 越大，A_f 与 A_m 越接近，则 m 越大、踏板感越弱。

计算时可取 $p_{2B}=0.6$ MPa，$F_{FB}=300\sim500$ N。

踏板空行程不应该超过 25 mm，总位移应该在 100 mm 以内。克服制动阀回位弹簧和踏板回位弹簧的踏板力应该不大于 43 N。当制动阀输出气压达到 0.7 MPa 或制动减速度达到 6 m/s^2 时，踏板力不宜超过 290 N。当双回路中有一个回路失效时，增加 50% 的踏板力是允许的，即达到 0.7 MPa 制动气压时的踏板力为 430 N 是可以接受的。

图 11-56 示出一种并列双腔制动阀。图 11-57 示出一种串列双腔制动阀。

2) 继动阀的静特性分析

如图 11-54 所示，建立继动阀Ⅱ的膜片及阀门的平衡方程，可得

$$p_3\cdot(A'_m-A'_s)+p_1\cdot A'_f-p_3\cdot(A'_f-A'_s)-p_2\cdot A'_m+F_3=0 \tag{11-295}$$

其中，A'_m、A'_f 分别是继动阀膜片、阀门的有效承压面积；A'_s 是芯管截面积；F_3 是阀门弹簧的作用力。从式(11-295)可得

$$p_3\cdot(A'_m-A'_f)+p_1\cdot A'_f-p_2\cdot A'_m+F_3=0 \tag{11-296}$$

$$p_3=-\frac{p_1\cdot A'_f}{A'_m-A'_f}+\frac{p_2\cdot A'_m}{A'_m-A'_f}-\frac{F_3}{A'_m-A'_f} \tag{11-297}$$

式(11-297)就是继动阀的静特性线方程，其为一直线，如图 11-58 所示。特性线的斜率 m' 为

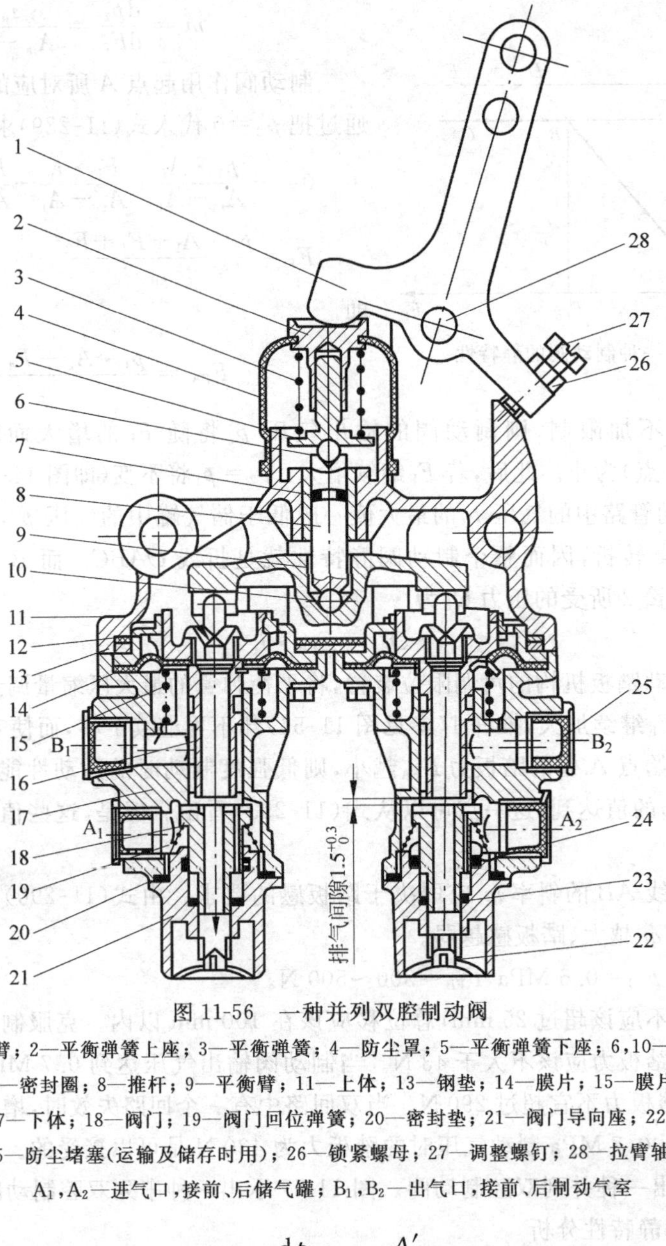

图 11-56 一种并列双腔制动阀

1—拉臂；2—平衡弹簧上座；3—平衡弹簧；4—防尘罩；5—平衡弹簧下座；6,10—钢球；7,12,23,24—密封圈；8—推杆；9—平衡臂；11—上体；13—钢垫；14—膜片；15—膜片回位弹簧；16—芯管；17—下体；18—阀门；19—阀门回位弹簧；20—密封垫；21—阀门导向座；22—防尘堵片；25—防尘堵塞(运输及储存时用)；26—锁紧螺母；27—调整螺钉；28—拉臂轴；A_1,A_2—进气口,接前、后储气罐；B_1,B_2—出气口,接前、后制动气室

$$m'=\frac{\mathrm{d}p_3}{\mathrm{d}p_2}=\frac{A'_\mathrm{m}}{A'_\mathrm{m}-A'_\mathrm{f}} \tag{11-298}$$

把 $p_3=0$ 代入式(11-297)可以求出继动阀调压作用起始点的控制压力 $p_{2A'}$,即

$$0=-\frac{p_1\cdot A'_\mathrm{f}}{A'_\mathrm{m}-A'_\mathrm{f}}+\frac{p_{2A'}\cdot A'_\mathrm{m}}{A'_\mathrm{m}-A'_\mathrm{f}}-\frac{F_3}{A'_\mathrm{m}-A'_\mathrm{f}} \tag{11-299}$$

$$p_{2A'}=\frac{p_1\cdot A'_\mathrm{f}}{A'_\mathrm{m}}+\frac{F_3}{A'_\mathrm{m}} \tag{11-300}$$

特性线终点 B'的位置决定于制动阀所限定的 p_2 的极限值 $p_{2\max}$。相应的 $p_{3B'}=p_{3\max}$。由于起始点控制压力 $p_{2A'}>0$,且 $m'>1$,因此在特性线上必有一点 F',其纵横两坐标相等,即

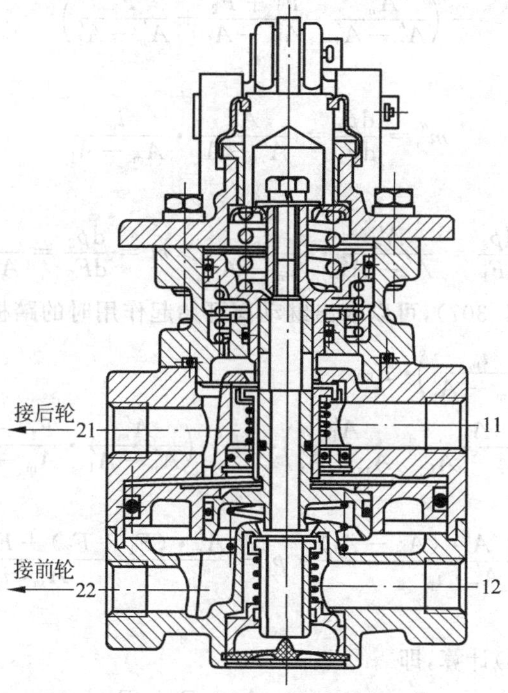

图 11-57 一种串列双腔制动阀

11—Ⅰ回路进气口；12—Ⅱ回路进气口；21—Ⅰ回路出气口；22—Ⅱ回路出气口

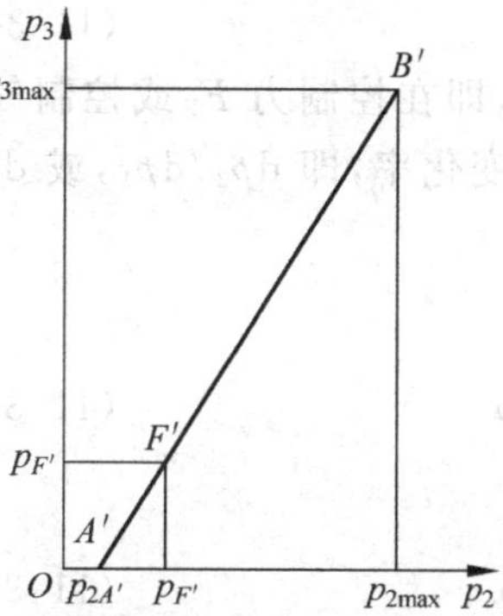

图 11-58 继动阀的静特性

$$p_{2F'}=p_{3F'}=p_{F'} \tag{11-301}$$

把式(11-301)代入式(11-297)，得

$$p_{F'}=-\frac{p_1\cdot A_f'}{A_m'-A_f'}+\frac{p_{F'}\cdot A_m'}{A_m'-A_f'}-\frac{F_3}{A_m'-A_f'} \tag{11-302}$$

$$\left(1-\frac{A_m'}{A_m'-A_f'}\right)\cdot p_{F'}=-\frac{p_1\cdot A_f'}{A_m'-A_f'}-\frac{F_3}{A_m'-A_f'} \tag{11-303}$$

$$\frac{-A_f'}{A_m'-A_f'}\cdot p_{F'}=-\frac{p_1\cdot A_f'}{A_m'-A_f'}-\frac{F_3}{A_m'-A_f'} \tag{11-304}$$

$$p_{F'}=p_1+\frac{F_3}{A_f'} \tag{11-305}$$

把式(11-289)代入式(11-297)，可以得到 p_3 与 F_F 之间的关系式：

$$p_3=-\frac{p_1\cdot A_f'}{A_m'-A_f'}-\frac{F_3}{A_m'-A_f'}+\frac{A_m'}{A_m'-A_f'}\cdot\left(\frac{F_F\cdot i_p}{A_m-A_f}-\frac{p_1\cdot A_f}{A_m-A_f}-\frac{F_1+F_2}{A_m-A_f}\right) \tag{11-306}$$

$$p_3=\left(\frac{A_m'}{A_m'-A_f'}\cdot\frac{i_p}{A_m-A_f}\right)\cdot F_F-\left(\frac{A_m'}{A_m'-A_f'}\cdot\frac{A_f}{A_m-A_f}+\frac{A_f'}{A_m'-A_f'}\right)\cdot p_1$$

$$-\left(\frac{A'_m}{A'_m-A'_f}\cdot\frac{F_1+F_2}{A_m-A_f}+\frac{F_3}{A'_m-A'_f}\right) \tag{11-307}$$

该直线的斜率 m'' 为

$$m''=\frac{\mathrm{d}p_3}{\mathrm{d}F_F}=\frac{A'_m}{A'_m-A'_f}\cdot\frac{i_p}{A_m-A_f} \tag{11-308}$$

所以

$$m''=\frac{\mathrm{d}p_3}{\mathrm{d}F_F}=\frac{A'_m}{A'_m-A'_f}\cdot\frac{i_p}{A_m-A_f}>m=\frac{\mathrm{d}p_2}{\mathrm{d}F_F}=\frac{i_p}{A_m-A_f} \tag{11-309}$$

把 $p_3=0$ 代入式(11-307),可以求出继动阀开始起作用时的踏板力 $F_{FA'}$:

$$\left(\frac{A'_m}{A'_m-A'_f}\cdot\frac{i_p}{A_m-A_f}\right)\cdot F_{FA'}$$
$$=\left(\frac{A'_m}{A'_m-A'_f}\cdot\frac{A_f}{A_m-A_f}+\frac{A'_f}{A'_m-A'_f}\right)\cdot p_1+\left(\frac{A'_m}{A'_m-A'_f}\cdot\frac{F_1+F_2}{A_m-A_f}+\frac{F_3}{A'_m-A'_f}\right) \tag{11-310}$$

$$F_{FA'}=\frac{A'_m\cdot A_f+A'_f\cdot(A_m-A_f)}{A'_m\cdot i_p}\cdot p_1+\frac{A'_m\cdot(F_1+F_2)+F_3\cdot(A_m-A_f)}{A'_m\cdot i_p} \tag{11-311}$$

而 F_{FA} 用式(11-293)计算,即

$$F_{FA}=\frac{p_1\cdot A_f+F_1+F_2}{i_p}$$

可以看出,有如下关系:

$$F_{FA'}>F_{FA} \tag{11-312}$$

制动阀与继动阀作为调压阀均应该具有较好的调压特性,即在控制力 F_F 或控制气压 p_2(对继动阀)一定的情况下,输出气压相对于输入气压 p_1 的变化率,即 $\mathrm{d}p_2/\mathrm{d}p_1$,或 $\mathrm{d}p_3/\mathrm{d}p_1$ 应该较小。

从式(11-289)、式(11-297)、式(11-307)可以分别得到

$$\frac{\mathrm{d}p_2}{\mathrm{d}p_1}=-\frac{A_f}{A_m-A_f}=-\frac{1}{\dfrac{A_m}{A_f}-1}\quad(F_F=\text{const.}) \tag{11-313}$$

$$\frac{\mathrm{d}p_3}{\mathrm{d}p_1}=-\frac{A'_f}{A'_m-A'_f}=-\frac{1}{\dfrac{A'_m}{A'_f}-1}\quad(p_2=\text{const.}) \tag{11-314}$$

$$\frac{\mathrm{d}p_3}{\mathrm{d}p_1}=-\left(\frac{A'_m}{A'_m-A'_f}\cdot\frac{A_f}{A_m-A_f}+\frac{A'_f}{A'_m-A'_f}\right)\quad(F_F=\text{const.}) \tag{11-315}$$

可以看出,A_m/A_f、A'_m/A'_f 越大,制动阀、继动阀的调压特性越好。由于 $\mathrm{d}p_2/\mathrm{d}p_1$,或 $\mathrm{d}p_3/\mathrm{d}p_1$ 都小于0,所以 p_1 降低会使 p_2、p_3 升高。

图11-59所示为一般形式的膜片式继动阀的结构图。

11.9.7 制动力分配的调节装置

制动力分配的调节装置的功用是使实际的制动力分配曲线趋近于理想的制动力分配曲线。这种装置一般应用在制动主缸与后轮制动轮缸之间。图11-60示出一种比较简单的制动力分配调节装置,即制动限压阀。制动限压阀通过限制后轮轮缸中的最高制动压力来避

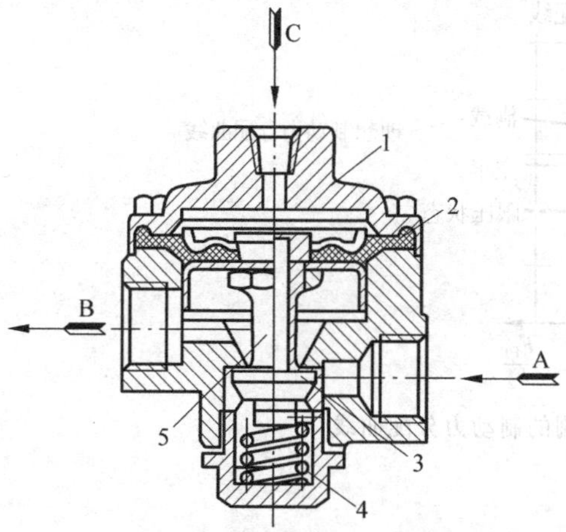

图 11-59 膜片式继动阀的结构图

1—阀体；2—膜片；3—阀门；4—弹簧；5—芯管

A—进气口；B—出气口；C—控制气压输入口

免后轮制动时发生抱死。

如图 11-60 所示，进油口 A_1 与制动主缸相通；出油口 A_2 与后轮制动轮缸相通。在进油腔 1 和出油腔 3 之间有一个阀 2。压缩弹簧 5 试图使阀 2 开启。压缩弹簧 7 把阀座 6 压靠在壳体的圆环形的表面上。当开始制动时，阀 2 处于开启状态，进油腔 1 与出油腔 3 连通，它们中的压力一起升高。出油腔 3 中的压力对阀 2 施加一个向下的力，试图压缩弹簧 5。由于弹簧 5 具有预紧力，当出油腔 3 中的压力较低时其不会发生变形，阀 2 的开启状态保持不变，使出油腔 3 中的压力与进油腔 1 中的压力保持相等。图 11-61 示出制动限压阀的特性曲线。当出油腔 3 的压力达到一定值时，作用在阀 2 上的液压力与弹簧 5 的预紧力达到平衡。再继续加大制动压力，在液压力作用下阀 2 克服弹簧 5 的力而向下移动、关闭阀 2。这时，进油腔 1 与出油腔 3 不再连通，出油腔 3 中的压力，即后轮制动轮缸中的压力不再增加。这时在进油腔 1 中的液压称为转变压力。而如果由于某种原因(例如制动鼓的热膨胀)，出油腔中的液压下降，则在弹簧 5 的作用下阀 2 被重新打开，其又与进油腔 1 连通，压力得到升高。当出油腔 3 中的压力足够高时，阀 2 又关闭。以这种方式，使后轮制动轮缸中的压力基本上保持不变。改变弹簧 5 的预紧力就可以改变上述转变压力。

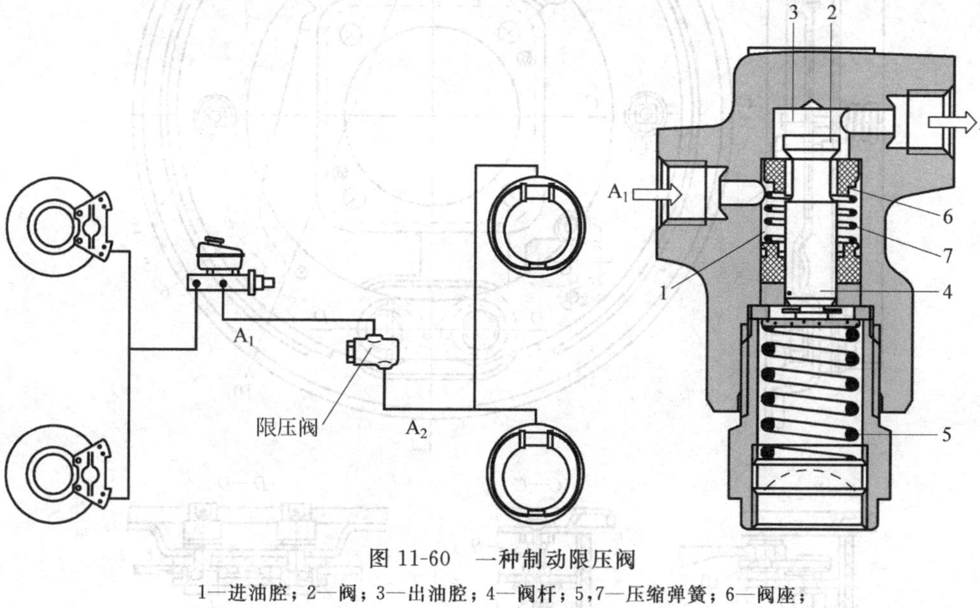

图 11-60 一种制动限压阀

1—进油腔；2—阀；3—出油腔；4—阀杆；5,7—压缩弹簧；6—阀座；

A_1—进油口；A_2—出油口

当释放制动时，进油腔 1 中的压力迅速降低，而出油腔 3 中压力尚保持，从而在阀座 6 两侧产生一个较大的压力差，在其作用下阀座 6 被向下推开、离开圆环形的表面，使后轮轮

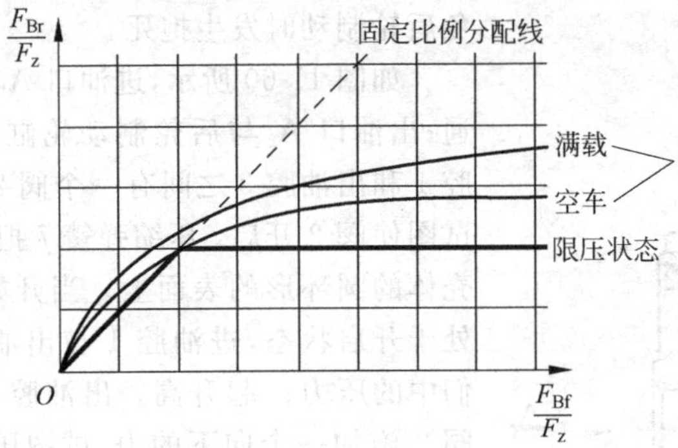

图 11-61 采用制动限压阀的制动力分配曲线

缸中的压力迅速降低、解除制动。

练 习 题

图 11-62 示出一个鼓式制动器。试确定:

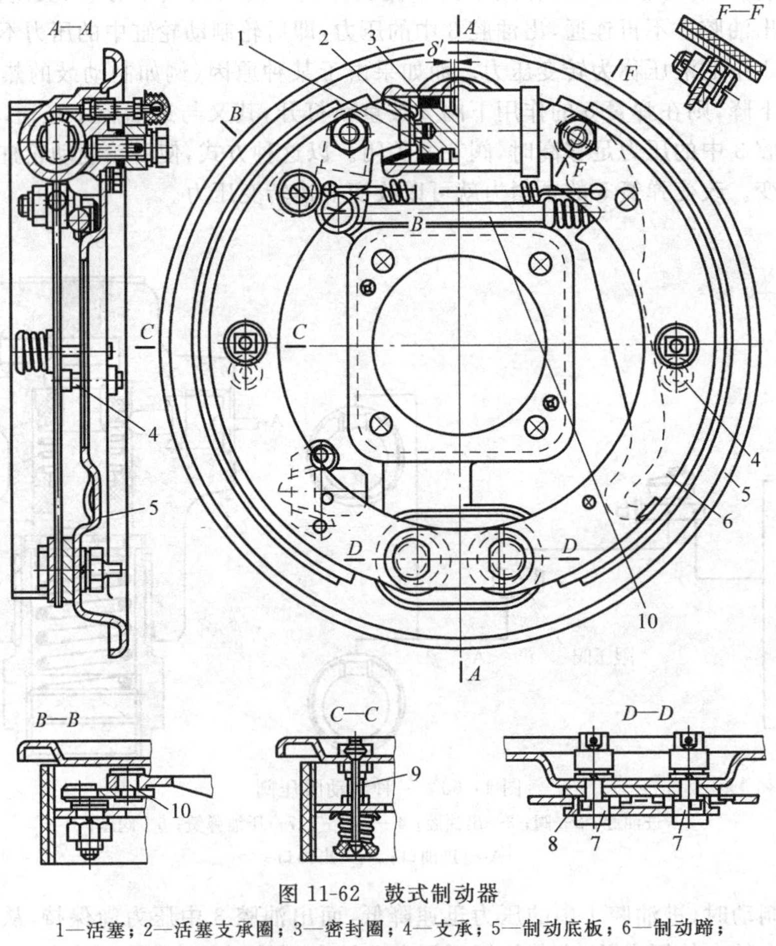

图 11-62 鼓式制动器

1—活塞;2—活塞支承圈;3—密封圈;4—支承;5—制动底板;6—制动蹄;7—支承销;8—青铜偏心轮;9—制动蹄定位销;10—驻车制动传动装置

(1) 这是哪种制动器?

(2) 其各个蹄的制动效能因数的表达式,其中假定制动蹄摩擦片的外径就是制动鼓的直径,自己在图中量出和标出需要的尺寸。

(3) 确定整个制动器的效能因数。

(4) 画出各个蹄和整个制动器的效能因数随着摩擦系数变化的特性曲线。

12 汽车稳态操纵稳定性计算

12.1 不足转向度的定义

由 Olley 提出的古典不足转向的定义是基于车辆在固定转向半径行驶中对转向角输入的响应的(见图 12-1)。为了保持转向半径不变,随着车速或侧向加速度的不同,需要改变前轮或转向盘的转角(见图 12-2)。需要改变的角度取决于车辆的特性(操纵性特性)。

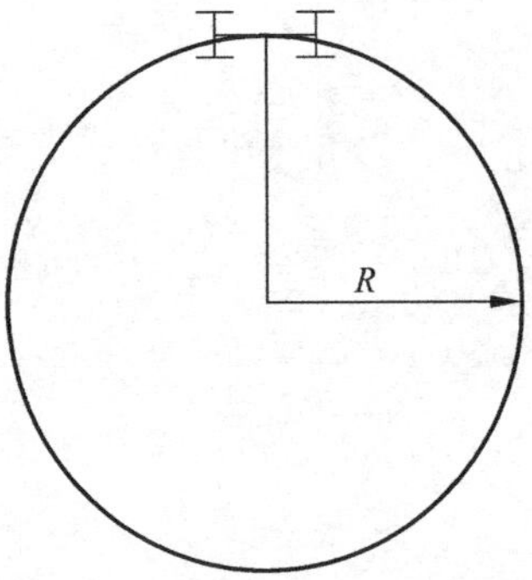

图 12-1 汽车的定半径转向试验

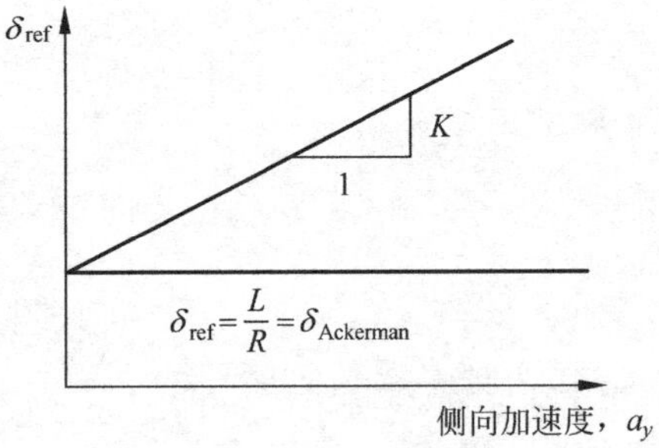

图 12-2 在汽车定半径转向中不足转向度 K 的定义

假设车辆具有线性特性(在侧向加速度不超过 0.3 g 时,这种线性假设一般比较符合实际情况),随着侧向加速度或车速的增加,所需要的前轮或转向盘转角线性变化(见图 12-2),即

$$\delta_{ref}=\frac{L}{R}+K\cdot a_y=\delta_{Ackerman}+K\cdot a_y \tag{12-1}$$

$$\delta_{ref}=\frac{\delta_{SW}}{R_{st}} \tag{12-2}$$

$$\delta_{Ackerman}=\frac{L}{R} \tag{12-3}$$

其中,L 是车辆轴距,m;R 是转向半径,m;δ_{ref}是前轮参考转角,(°);δ_{SW}是转向盘转角,(°);R_{st}是转向系统的角传动比;$\delta_{Ackerman}$是车辆以极低的车速行驶(侧向加速度趋于零)、转向半径 R 很大时所需要的前轮参考转角,(°),也称为 Ackerman(艾克曼)转角,如图 12-3 所示;a_y 是侧向加速度,m/s^2 或 g;K 是不足转向度,即为了保持等半径行驶所需要的前轮参考转

角 δ_{ref} 的变化斜率，°/(m/s²)或°/g。在确定前轮参考转角 δ_{ref} 时，假设转向系统是理想的，不考虑其中的间隙、弹性变形等影响因素。

如果斜率 $K>0$，则随着侧向加速度的增大需要增大前轮转角 δ_{ref} 才能保持转向半径 R 不变(通过转动转向盘实现)，这种车辆具有不足转向特性；如果 $K=0$，则随着侧向加速度的增大不需要增大前轮转角 δ_{ref} 也能保持转向半径 R 不变，这种车辆具有中性转向特性；如果 $K<0$，则随着侧向加速度的增大需要减小前轮转角 δ_{ref} 才能保持转向半径 R 不变，这种车辆具有过多转向特性。一般希望车辆具有适当的不足转向特性，即 $K>0$。

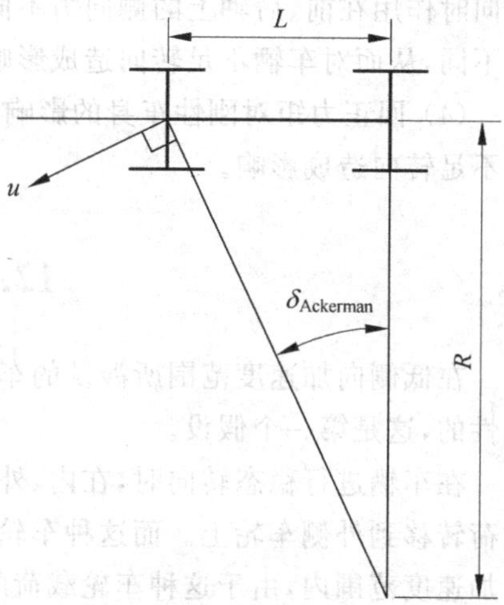

图 12-3 车辆以极低车速(侧向加速度趋于零)转向

不足转向度 K 的意义是：为了使车辆保持等半径稳态行驶，单位侧向加速度增量所需要的前轮转向角增量。由于车辆的不足转向特性一般与速度有关，这种定义有一些小的误差。但是，这种不足转向的物理意义很直观，易于理解和计算。在车辆的不足转向性能设计中，一般可以忽略上述不大的误差。应该注意，上述不足转向的定义是在稳态转向工况(车速和转向半径都保持不变的行驶工况)下作出的。

用道路试验方法测量不足转向是测量一辆车的总的不足转向。这个总的不足转向是一些不同的不足转向影响的总和，而这些不足转向影响是由车辆和轮胎的许多参数所决定的。在这里介绍计算各个主要影响因素各自对不足转向贡献的方法，可以为改进设计指出比较明确的方向。

一般认为有三种操纵性行驶工况，即低侧向加速度、中侧向加速度和高侧向加速度行驶工况。在正常行驶中遇到的情况一般属于低侧向加速度行驶工况，包括正常转弯、超车换道等。在这些行驶工况中，侧向加速度(车速 u 的平方除以转向半径 R，即 u^2/R)不超过 0.3 g。紧急规避行驶一般属于中等侧向加速度行驶工况，侧向加速度的范围在 0.3～0.5 g 之间。在高侧向加速度范围，侧向加速度在 0.5 g 以上，这时车辆轮胎即将丧失或者已经丧失驱动能力。

由于低侧向加速度范围是最经常碰到的行驶工况，在这里主要介绍计算在这个加速度范围内的不足转向度 K 的方法。

12.2 引起车辆不足转向的原因

造成车辆不足转向的原因主要有 4 个，具体如下。

(1) 车辆侧倾的影响。车身侧倾引起悬架弹性元件的变形，由于悬架导向机构和转向杆系的运动学特性引起车轮转角和外倾角的变化，从而对车辆不足转向造成影响。

(2) 轮胎力和力矩的影响。由于悬架和转向系统的弹性特性，作用在轮胎上的力和力矩引起车轮转角和外倾角变化，从而对车辆不足转向造成影响。

(3) 重量分布和轮胎侧偏刚度的影响。车辆重量在前、后轴上的分配不同，引起在稳态转向时作用在前、后轴上的侧向力不同。为了产生这两个不同的侧向力,前、后轮胎的侧偏角不同,从而对车辆不足转向造成影响。

(4) 回正力矩对刚性车身的影响。由于轮胎回正力矩试图使车辆脱离转向行驶而对车辆不足转向造成影响。

12.3 线性假设

在低侧向加速度范围所涉及的车辆和轮胎特性一般比较接近线性,在此认为它们就是线性的,这是第一个假设。

在车辆进行稳态转向时,在内、外侧车轮之间要发生载荷转移,即内侧车轮上的一部分载荷转移到外侧车轮上。而这种车轮载荷的变化会影响到车轮的侧偏特性。但是,在低侧向加速度范围内,由于这种车轮载荷的转移量比较小,可以近似认为在一个车轴的内、外侧车轮上发生的侧偏特性变化可以基本上相互抵消。所以,第二个假设是,在一个车轴上车轮总的侧偏特性不受车轮上载荷转移的影响。

应该指出,在中等和高侧向加速度范围,上述两个假设都不成立。因此,在此介绍的方法仅适用于低侧向加速度范围(侧向加速度不超过 0.3 g)。

12.4 线性三自由度车辆操纵性模型及模型参数

图 12-4 示出线性三自由度车辆操纵性模型,其中采用 SAE 操纵性坐标系统,Z 轴通过车辆总质心垂直向下,坐标原点 O 是 Z 轴与悬上质量侧倾轴线 x'-x' 的交点,X 轴水平向前,Y 轴水平向右。三个自由度分别是横摆角速度 ω、质心偏离角 β、悬上质量侧倾角 φ。该模型适用于低侧向加速度范围,涉及的模型参数为:α_f,α_r 分别是前轴、后轴侧偏角;u 是车辆前驶速度;a、b 分别是车辆质心至前轴、后轴的距离;δ_{ref} 是前轴的参考转角;δ_f、δ_r 分别是前轴、后轴的变形转向角;F_{yf}、F_{yr} 分别是前轴、后轴的侧向力;$C_{\alpha f}$、$C_{\alpha r}$ 分别是前轴、后轴一侧

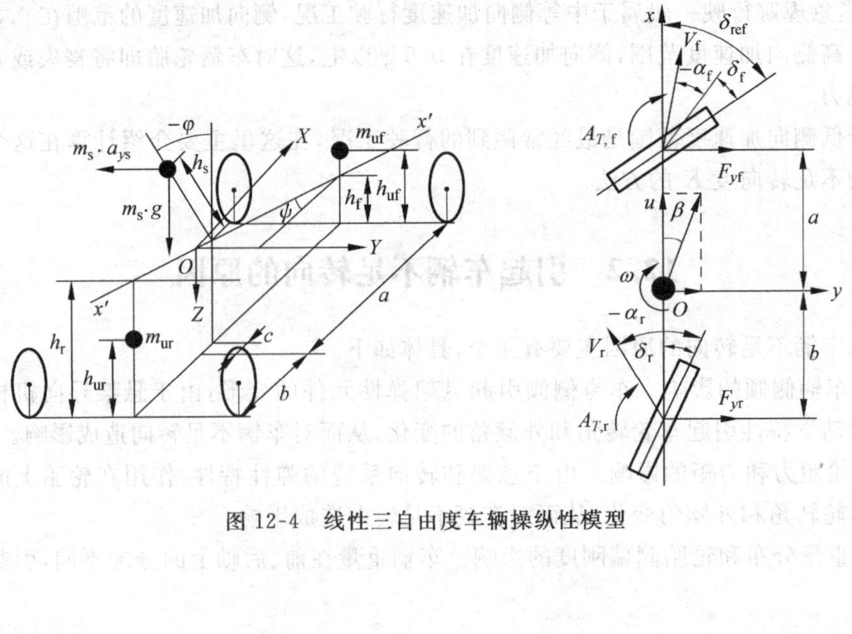

图 12-4 线性三自由度车辆操纵性模型

轮胎的侧偏刚度；γ_f、γ_r 分别是前轴、后轴车轮的外倾角；$C_{\gamma f}$、$C_{\gamma r}$ 分别是前轴、后轴一侧轮胎的外倾刚度；$E_{\varphi f}$、$E_{\varphi r}$ 分别是前轴、后轴侧倾转向系数；E_{yf}、E_{yr} 分别是前轴、后轴侧向力变形转向系数；E_{nf}、E_{nr} 分别是前轴、后轴回正力矩变形转向系数；m_{uf}、m_{ur} 分别是前轴、后轴悬下质量；m_{sf}、m_{sr} 分别是前轴、后轴悬上质量；$A_{T,f}$、$A_{T,r}$ 分别是前轴、后轴回正力矩；$N_{\alpha f}$、$N_{\alpha r}$ 分别是前轴、后轴一侧轮胎回正力矩刚度(侧偏角引起)；$N_{\gamma f}$、$N_{\gamma r}$ 分别是前轴、后轴一侧轮胎回正力矩刚度(车轮外倾引起)；$\Gamma_{\varphi f}$、$\Gamma_{\varphi r}$ 分别是前轴、后轴侧倾外倾系数；Γ_{yf}、Γ_{yr} 分别是前轴、后轴侧向力变形车轮外倾系数；Γ_{nf}、Γ_{nr} 分别是前轴、后轴回正力矩变形车轮外倾系数；h_f、h_r 分别是前轴、后轴侧倾中心高度；h_{uf}、h_{ur} 分别是前轴、后轴悬下质量质心高度；m_s 是车辆悬上质量；ψ 是侧倾轴线倾角；h_s 是悬上质量质心至侧倾轴线的距离；$C_{\varphi f}$、$C_{\varphi r}$ 分别是前轴、后轴悬架侧倾角刚度；a_{ys} 是悬上质心的侧向加速度。

有关的模型公式如下：

$$\delta_{ref} = \delta_f - \alpha_f + \frac{u\cdot\beta + a\cdot\omega}{u} \tag{12-4}$$

$$\alpha_f = \frac{u\cdot\beta + a\cdot\omega}{u} + \delta_f - \delta_{ref} \tag{12-5}$$

$$\frac{-u\cdot\beta + b\cdot\omega}{u} = -\alpha_r - \delta_r \tag{12-6}$$

$$\alpha_r = \frac{u\cdot\beta - b\cdot\omega}{u} - \delta_r \tag{12-7}$$

$$F_{yf} = -2\cdot C_{\alpha f}\cdot\alpha_f + 2\cdot C_{\gamma f}\cdot\gamma_f \tag{12-8}$$

$$F_{yr} = -2\cdot C_{\alpha r}\cdot\alpha_r + 2\cdot C_{\gamma r}\cdot\gamma_r \tag{12-9}$$

$$\delta_f = -E_{\varphi f}\cdot\varphi + E_{yf}\cdot\frac{m_{sf}\cdot(u\cdot\dot{\beta} + a\cdot\dot{\omega} + u\cdot\omega)}{2} - E_{nf}\cdot\frac{A_{T,f}}{2} \tag{12-10}$$

$$A_{T,f} = 2\cdot N_{\alpha f}\cdot\alpha_f + 2\cdot N_{\gamma f}\cdot\gamma_f \tag{12-11}$$

$$\gamma_f = \Gamma_{\varphi f}\cdot\varphi - \Gamma_{yf}\cdot\frac{m_{sf}\cdot(u\cdot\dot{\beta} + a\cdot\dot{\omega} + u\cdot\omega)}{2} + \Gamma_{nf}\cdot\frac{A_{T,f}}{2} \tag{12-12}$$

$$\delta_r = -E_{\varphi r}\cdot\varphi + E_{yr}\cdot\frac{m_{sr}\cdot(u\cdot\dot{\beta} - b\cdot\dot{\omega} + u\cdot\omega)}{2} - E_{nr}\cdot\frac{A_{T,r}}{2} \tag{12-13}$$

$$A_{T,r} = 2\cdot N_{\alpha r}\cdot\alpha_r + 2\cdot N_{\gamma r}\cdot\gamma_r \tag{12-14}$$

$$\gamma_r = -\Gamma_{\varphi r}\cdot\varphi + \Gamma_{yr}\cdot\frac{m_{sr}\cdot(u\cdot\dot{\beta} - b\cdot\dot{\omega} + u\cdot\omega)}{2} - \Gamma_{nr}\cdot\frac{A_{T,r}}{2} \tag{12-15}$$

在稳态转向情况下，

$$\dot{\beta} = 0$$

$$\dot{\omega} = 0$$

$$\delta_f = -E_{\varphi f}\cdot\varphi + E_{yf}\cdot\frac{m_{sf}\cdot(u\cdot\omega)}{2} - E_{nf}\cdot\frac{A_{T,f}}{2} \tag{12-16}$$

$$\gamma_f = \Gamma_{\varphi f}\cdot\varphi - \Gamma_{yf}\cdot\frac{m_{sf}\cdot(u\cdot\omega)}{2} + \Gamma_{nf}\cdot\frac{A_{T,f}}{2} \tag{12-17}$$

$$\delta_r = -E_{\varphi r}\cdot\varphi + E_{yr}\cdot\frac{m_{sr}\cdot(u\cdot\omega)}{2} - E_{nr}\cdot\frac{A_{T,r}}{2} \tag{12-18}$$

$$\gamma_{r}=-\Gamma_{\varphi r}\cdot\varphi+\Gamma_{yr}\cdot\frac{m_{sr}\cdot(u\cdot\omega)}{2}-\Gamma_{nr}\cdot\frac{A_{T,r}}{2} \tag{12-19}$$

12.4.1 车身侧倾的影响

当车辆向左转弯行驶时,车身向右侧倾,使右侧车轮相对于车身向上移动,左侧车轮向下移动。在SAE坐标系中,车身向右侧倾,侧倾角 φ 取正值。由于悬架导向机构和转向杆系的运动学特性,这种运动会引起车轮转角和外倾角的变化。这些变化会影响车辆的不足转向。

1. 侧倾转向(roll steer)

测量侧倾转向特性的试验原理如图12-5所示。其中,车身固定,使支承车轮的地面绕车辆纵向垂直对称平面与水平地面的交线转动,转角即为车身侧倾角。同时测量车轮转向角和车身侧倾角,得到如图12-6所示的车轮转向角-车身侧倾角特性曲线。利用这些曲线计算侧倾转向系数(roll steer coefficient)E_{φ},也就是在0侧倾角时的曲线斜率,这是因为在低侧向加速度范围内所发生的侧倾角一般比较小。E_{φ} 的计算公式为

$$E_{\varphi}=\frac{\frac{\Delta\delta_{R}+\Delta\delta_{L}}{2}}{\Delta\varphi} \tag{12-20}$$

其中,$\Delta\delta_{R}$、$\Delta\delta_{L}$ 分别是同一轴上右、左侧车轮的转向角增量;$\Delta\varphi$ 是车身侧倾角增量。注意图12-6中车轮转向角 δ 的符号,即在汽车向左转向行驶、侧倾角 φ 取正的情况下,规定向右的转向角 δ 取正。

2. 侧倾外倾(roll camber)

在车身发生侧倾时,由于悬架导向机构和转向杆系的运动学特性,车轮的外倾角一般也发生变化。车轮外倾角会引起一个侧向力(车轮外倾推力),它对车辆的不足转向有影响。在利用图12-5所示试验系统进行侧倾试验时,在测量车轮转向角和车身侧倾角的同时,还测量车轮外倾角,得到如图12-7所示的车轮外倾角-车身侧倾角特性曲线。利用这些曲线计算侧倾外倾角系数 Γ_{φ},也就是在0侧倾角时的曲线斜率,这是因为在低侧向加速度范围内所发生的侧倾角一般比较小。Γ_{φ} 的计算公式为

$$\Gamma_{\varphi}=\frac{\frac{\Delta\gamma_{R}-\Delta\gamma_{L}}{2}}{\Delta\varphi} \tag{12-21}$$

其中,$\Delta\gamma_{R}$、$\Delta\gamma_{L}$ 分别是同一轴上右、左侧车轮的外倾角增量;$\Delta\varphi$ 是车身侧倾角增量。注意图12-7中车轮外倾角 γ 的符号:车轮上端偏向车辆外侧为正;偏向内侧为负。

12.4.2 轮胎力的影响

当车辆进行转弯行驶时,在轮胎接地面上作用有侧向力。这些侧向力作用在悬架和转向系统上。由于悬架和转向系统具有一定的弹性,这些力造成车轮转向角和外倾角的变化,分别称为侧向力变形转向(lateral force compliance steer)和侧向力变形外倾(lateral force compliance camber)。

图12-8示出用于测量侧向力变形转向和侧倾的试验原理,其中在浮动轮胎托盘上施加

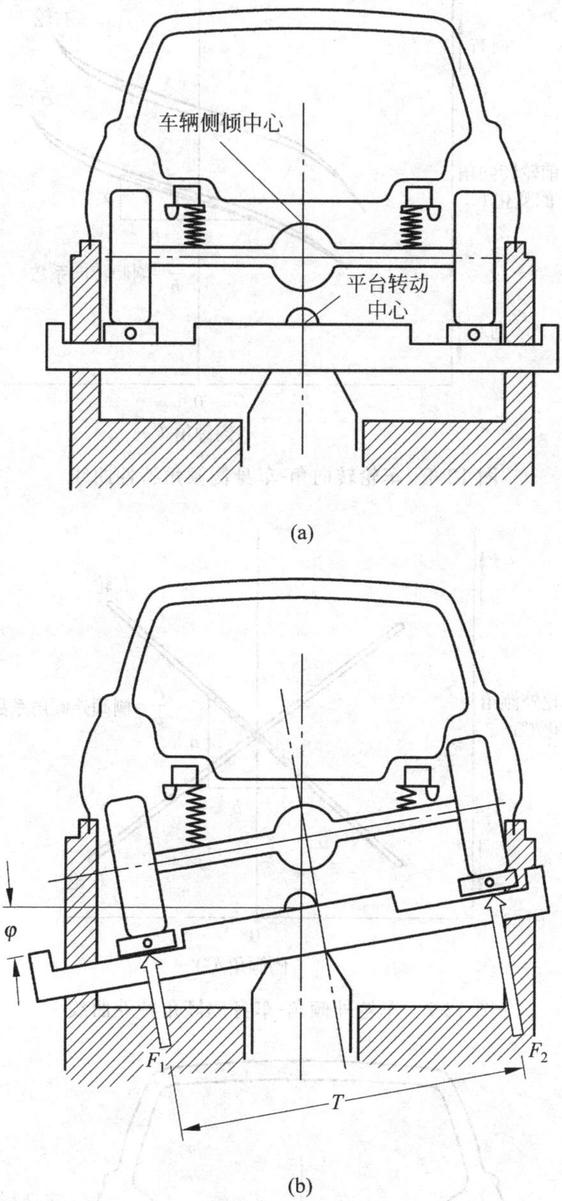

图 12-5 测量侧倾转向特性的试验原理图

(a) 可转动平台处于水平位置；(b) 可转动平台发生了转动

一个侧向力 F_y，同时测量车轮转向角 δ 和外倾角 γ，获得车轮转向角-侧向力特性曲线(见图 12-9)和车轮外倾角-侧向力特性曲线(见图 12-10)。

从图 12-9 中可以计算侧向力变形转向系数 E_y，也就是在 0 侧向力时的曲线斜率

$$E_y = \frac{\frac{\Delta\delta_R + \Delta\delta_L}{2}}{\Delta F_y} \tag{12-22}$$

其中，$\Delta\delta_R$、$\Delta\delta_L$ 分别是同一轴上右、左侧车轮的转向角增量；ΔF_y 是在每个轮胎上的侧向力

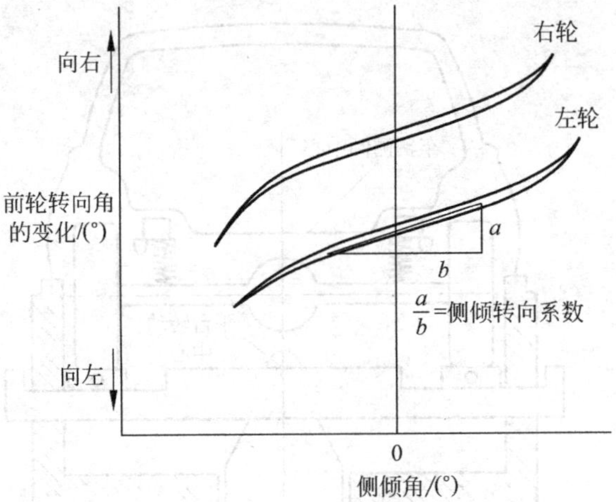

图 12-6 车轮转向角-车身侧倾角特性曲线

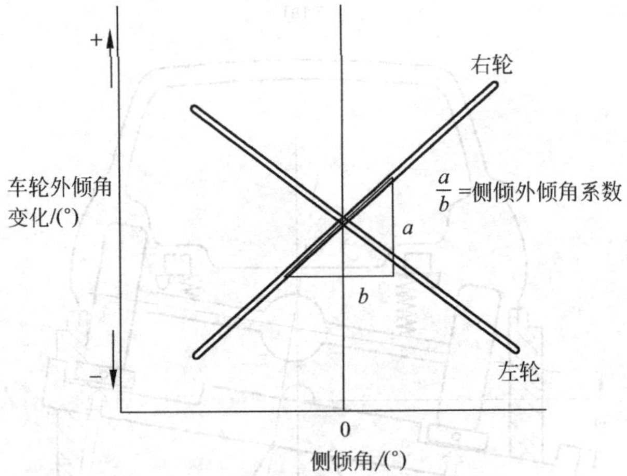

图 12-7 车轮外倾角-车身侧倾角特性曲线

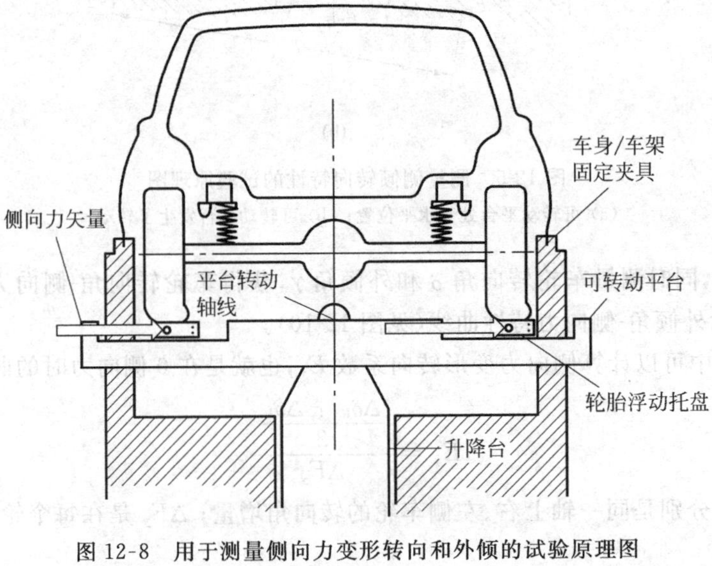

图 12-8 用于测量侧向力变形转向和外倾的试验原理图

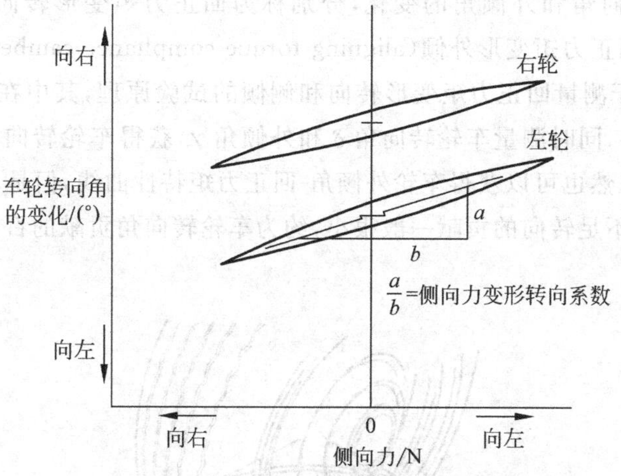

图 12-9 车轮转向角-侧向力特性曲线

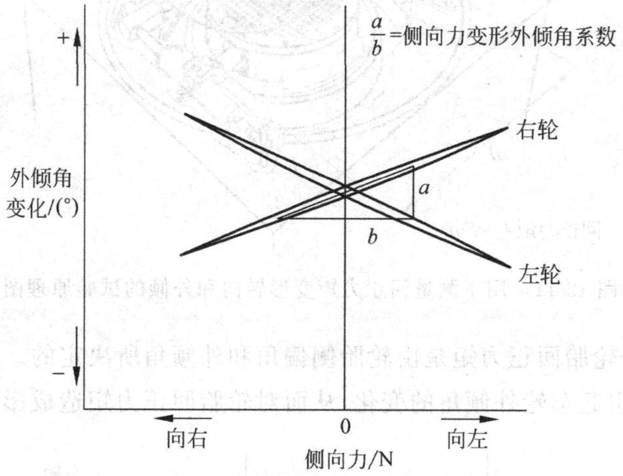

图 12-10 车轮外倾角-侧向力特性曲线

增量。注意图 12-9 中车轮转向角 δ 的符号，即在汽车向左转向行驶、侧向力指向左方的情况下，规定向右的转向角 δ 取正。

从图 12-10 中可以计算侧向力变形外倾系数 Γ_y，也就是在 0 侧向力时的曲线斜率

$$\Gamma_y = \frac{\dfrac{\Delta\gamma_R - \Delta\gamma_L}{2}}{\Delta F_y} \tag{12-23}$$

其中，$\Delta\gamma_R$、$\Delta\gamma_L$ 分别是同一轴上右、左侧车轮的外倾角增量；ΔF_y 是在每个轮胎上的侧向力增量。注意图 12-10 中车轮外倾角 γ 的符号：车轮上端偏向车辆外侧为正；偏向内侧为负。

12.4.3 轮胎回正力矩的影响

当车辆进行转弯行驶时，在轮胎接地面上还作用有回正力矩，其作用是试图减小车轮的转向角。这些回正力矩作用在悬架和转向系统上。由于悬架和转向系统具有一定的弹性，

这些力矩造成车轮转向角和外倾角的变化，分别称为回正力矩变形转向(aligning torque compliance steer)和回正力矩变形外倾(aligning torque compliance camber)。

图12-11示出用于测量回正力矩变形转向和侧倾的试验原理，其中在浮动轮胎托盘上施加一个回正力矩 A_T，同时测量车轮转向角 δ 和外倾角 γ，获得车轮转向角-回正力矩特性曲线(见图12-12)。虽然也可以获得车轮外倾角-回正力矩特性曲线，但是，由回正力矩引起的车轮外倾角对车辆不足转向的贡献一般很小，约为车轮转向角贡献的百分之一，往往可以忽略。

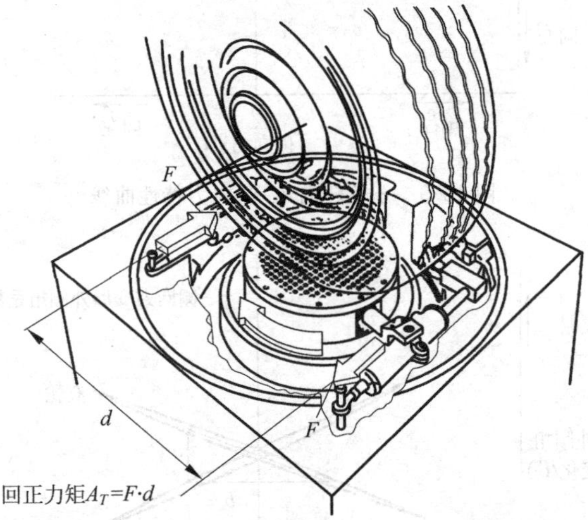

图12-11 用于测量回正力矩变形转向和外倾的试验原理图

在车辆行驶中，轮胎回正力矩是由轮胎侧偏角和外倾角所决定的。应该注意，车身侧倾和轮胎侧向力都会引起车轮外倾角的变化，从而对轮胎回正力矩造成影响。

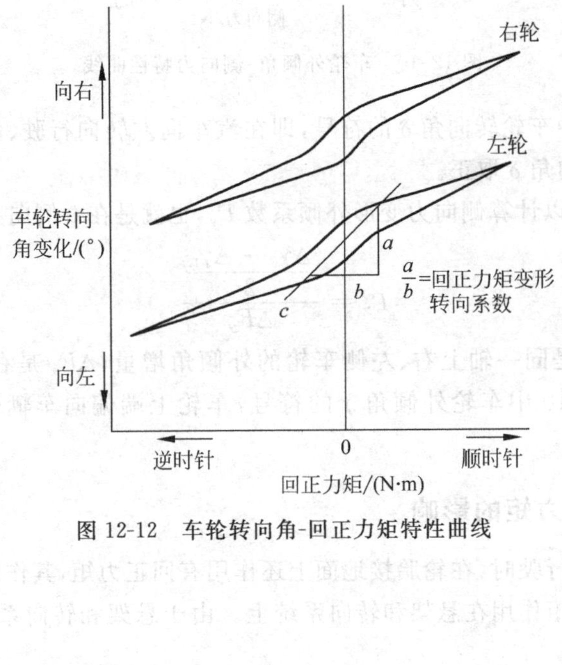

图12-12 车轮转向角-回正力矩特性曲线

从图 12-12 中可以计算回正力矩变形转向系数 E_n,也就是在 0 回正力矩时的曲线斜率

$$E_n = \frac{\frac{\Delta\delta_R + \Delta\delta_L}{2}}{\Delta A_T} \tag{12-24}$$

其中,$\Delta\delta_R$、$\Delta\delta_L$ 分别是同一轴上右、左侧车轮的转向角增量;ΔA_T 是在每个轮胎上的回正力矩增量。注意图 12-12 中车轮转向角 δ 的符号,即在回正力矩方向为顺时针的情况下,规定向右的(顺时针的)转向角 δ 取正。

12.4.4 车辆质量分布和轮胎侧偏刚度的影响

车辆质量在前、后轴上的分布直接决定车辆在转向行驶时前、后轴上需要发出的侧向力。为了产生这些侧向力,前、后轴轮胎需要产生的侧偏角对车辆的不足转向影响比较大。在前轴轮胎上产生的侧偏角试图使车辆脱离转向行驶,有利于不足转向。而在后轴轮胎上产生的侧偏角试图使车辆加剧转向,有利于过多转向。这些侧偏角的大小取决于轮胎上的垂直载荷和轮胎的侧偏刚度。垂直载荷越大、轮胎侧偏刚度越小,侧偏角就越大。

12.4.5 刚体车身回正力矩转向

这种影响是由于作用在所有轮胎上的回正力矩都试图转动这个车辆、使其脱离转向行驶而造成的。其作用总是有利于不足转向,但是数值一般比较小,对大部分车辆来说,在 0.25(°)/g 左右。即一般取刚体车身回正力矩转向 D_{bA}=0.25(°)/g。

12.4.6 侧倾刚度的测量

车辆侧倾刚度(roll stiffness)的单位是 N·m/(°)。图 12-5 示出进行侧倾刚度测量的原理图,其中车身固定。分别测量前、后悬架的侧倾刚度,然后把它们叠加起来得到车辆的侧倾刚度。在试验中旋转轮胎支承面(可转动平台),同时测量各个轮胎托盘上的正交力 F_1、F_2,把左、右轮胎上的正交力相减,得到正交力之差 $\Delta F = F_2 - F_1$,ΔF 乘以轮距 T 的一半就是侧倾力矩 M_φ:

$$M_\varphi = \Delta F \cdot \frac{T}{2} \tag{12-25}$$

图 12-13 示出获得的侧倾力矩-侧倾角特性曲线。

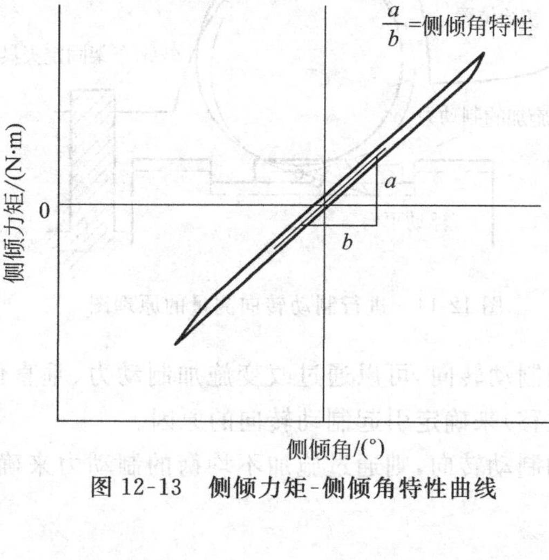

图 12-13 侧倾力矩-侧倾角特性曲线

从图12-13中可以计算侧倾刚度 K_φ,也就是在0侧倾角时的曲线斜率

$$K_\varphi = \frac{\Delta M_\varphi}{\Delta \varphi} \tag{12-26}$$

其中,ΔM_φ 为侧倾力矩增量;$\Delta\varphi$ 为车身侧倾角增量。

12.4.7 制动转向

制动转向(brake steer)会造成制动跑偏,即制动时车辆向左或右偏驶。发生制动转向的可能原因包括以下几种。

1. 悬架和转向系统的变形

车辆左、右侧悬架或转向系统的柔度可能存在差别,车辆左、右侧的主销偏移距也可能不同。在这些情况下,即使左、右侧制动力相同,也会发生左、右侧车轮前束角变化不同的情况,造成制动跑偏。

在刚性车轴的情况下,如果左、右侧悬架的刚度不同,在制动时会使车轴发生转动,引起制动转向。

2. 制动点头

制动时由于重量转移使前悬架压缩、后悬架伸张,如果左、右侧悬架和转向杆系的运动学特性有差别,就可能造成左、右侧车轮侧偏角、干涉转向角的差别,从而造成制动转向。

3. 左、右侧制动力不均衡

制动器材料摩擦系数或制动器夹紧力的差别可能是造成左、右侧制动力不均衡的原因。这种不均衡会引起车辆制动转向。

图12-14示出进行制动转向测量的原理图,其中车身固定不动。在试验中,向两侧轮胎各施加一个相同的向后的力(模拟制动力),同时在垂直方向移动车轮托盘,以模拟制动点头现象。在试验过程中,测量车轮转向角、外倾角。在车辆左、右侧测量的这些角度的差别就指明制动转向的程度。

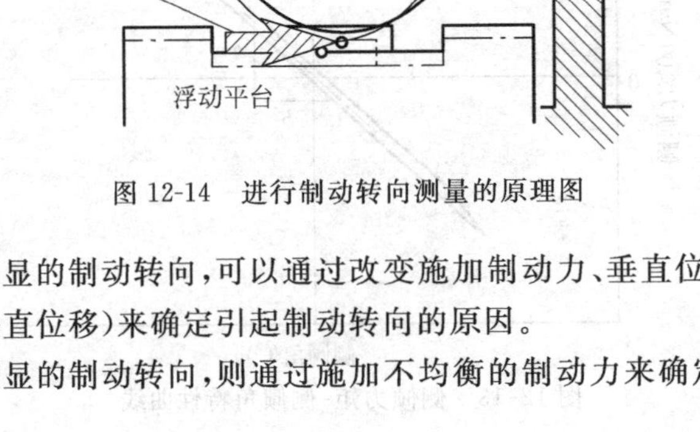

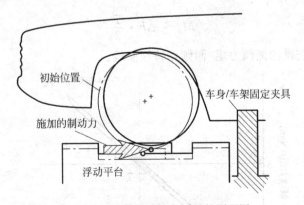

图12-14 进行制动转向测量的原理图

如果观察到有明显的制动转向,可以通过改变施加制动力、垂直位移的工况(例如仅施加制动力或仅施加垂直位移)来确定引起制动转向的原因。

如果未观察到明显的制动转向,则通过施加不均衡的制动力来确定车辆对于制动力不

均衡的敏感程度。

12.5 不足转向度 K 的计算

图 12-4、图 12-15 示出考虑车辆悬架变形、侧倾特性的车辆转向模型。设转动转向盘，转向盘的转角为 δ_{SW}，转向系统的角传动比为 R_{st}，则得到一个前轮的参考转角 δ_{ref} 为

$$\delta_{ref}=\frac{\delta_{SW}}{R_{st}}$$

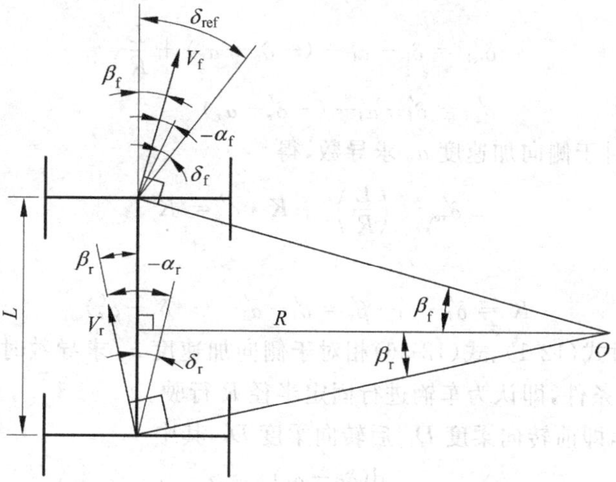

图 12-15 考虑转向柔度的车辆转向模型

在转向过程中，由于轮胎上的作用力、力矩(例如垂直力、轮胎侧偏力、回正力矩等)和悬架的运动，使车轮产生变形转角 δ_f(前轮)、δ_r(后轮)，轮胎产生侧偏角 α_f(前轮)、α_r(后轮)，如图 12-4、图 12-15 所示。

把式(12-4)和式(12-6)相加，得

$$\begin{aligned}\delta_{ref}-\delta_r-\alpha_r&=\delta_f-\alpha_f+\frac{u\cdot\beta+a\cdot\omega}{u}+\frac{-u\cdot\beta+b\cdot\omega}{u}\\&=\delta_f-\alpha_f+\frac{L\cdot\omega}{u}=\delta_f-\alpha_f+\frac{L}{R}\end{aligned}\tag{12-27}$$

$$\delta_{ref}=\delta_f-\alpha_f+\delta_r+\alpha_r+\frac{L}{R}\tag{12-28}$$

把式(12-28)与式(12-1)进行比较，可以看出

$$K\cdot a_y=\delta_f-\alpha_f+\delta_r+\alpha_r\tag{12-29}$$

$$K=\frac{\delta_f-\alpha_f+\delta_r+\alpha_r}{a_y}\tag{12-30}$$

在线性系统情况下，可以利用式(12-30)计算车辆的不足转向度。

下面介绍推导不足转向度 K 表达式的另外一种方法(见图 12-15)。前、后桥中心的速度分别为 V_f、V_r，它们的偏离角分别是 β_f、β_r，O 是瞬时转向中心，R 是转向半径。有如下关系式：

$$R \cdot \beta_f + R \cdot \beta_r = L \tag{12-31}$$

$$\beta_f + \beta_r = \frac{L}{R} \tag{12-32}$$

从图 12-15 可以看出

$$\beta_f = \delta_{ref} - \delta_f - (-\alpha_f) = \delta_{ref} - \delta_f + \alpha_f \tag{12-33}$$

$$\beta_r = (-\alpha_r) - \delta_r = -\delta_r - \alpha_r \tag{12-34}$$

把式(12-33)、式(12-34)代入式(12-32),得

$$\delta_{ref} - \delta_f + \alpha_f + (-\delta_r - \alpha_r) = \frac{L}{R} \tag{12-35}$$

$$\delta_{ref} = \delta_f - \alpha_f - (-\delta_r - \alpha_r) + \frac{L}{R} \tag{12-36}$$

$$\delta'_{ref} = \delta'_f - \alpha'_f - (-\delta'_r - \alpha'_r) \tag{12-37}$$

对式(12-1)相对于侧向加速度 a_y 求导数,得

$$\delta'_{ref} = \left(\frac{L}{R}\right)' + K \cdot a'_y = K \tag{12-38}$$

所以

$$K = \delta'_f - \alpha'_f - \beta'_r = \delta'_f - \alpha'_f - (-\delta'_r - \alpha'_r) \tag{12-39}$$

应该注意,在对式(12-1)、式(12-36)相对于侧向加速度 a_y 求导数时都利用到了转向半径 R 固定不变这个条件,即认为车辆进行固定半径 R 行驶。

定义两个参数,即前转向柔度 D_f、后转向柔度 D_r,其中

$$D_f = \frac{d(\delta_f - \alpha_f)}{da_y} = \delta'_f - \alpha'_f \tag{12-40}$$

$$D_r = \frac{d\beta_r}{da_y} = -\delta'_r - \alpha'_r \tag{12-41}$$

因此,

$$K = D_f - D_r \tag{12-42}$$

在稳态转向时,侧向加速度 a_y 为

$$a_y = \omega \cdot u \tag{12-43}$$

其中,ω 是车辆的横摆角速度;u 是汽车前进速度。它们都是常数。

12.5.1 前桥转向柔度 D_f 的分析

对式(12-11)相对于侧向加速度 a_y 求导数,得

$$A'_{T,f} = 2 \cdot N_{\alpha f} \cdot \alpha'_f + 2 \cdot N_{\gamma f} \cdot \gamma'_f \tag{12-44}$$

对式(12-17)相对于侧向加速度 a_y 求导数,得

$$\gamma'_f = \Gamma_{\varphi f} \cdot \varphi' - \Gamma_{yf} \cdot \frac{m_{sf} \cdot (u \cdot \omega)'}{2} + \Gamma_{nf} \cdot \frac{A'_{T,f}}{2} \tag{12-45}$$

把式(12-44)代入式(12-45),得

$$\begin{aligned}\gamma'_f &= \Gamma_{\varphi f} \cdot \varphi' - \Gamma_{yf} \cdot \frac{m_{sf}}{2} + \frac{\Gamma_{nf}}{2} \cdot (2 \cdot N_{\alpha f} \cdot \alpha'_f + 2 \cdot N_{\gamma f} \cdot \gamma'_f) \\ &= \Gamma_{\varphi f} \cdot \varphi' - \Gamma_{yf} \cdot \frac{m_{sf}}{2} + \Gamma_{nf} \cdot N_{\alpha f} \cdot \alpha'_f + \Gamma_{nf} \cdot N_{\gamma f} \cdot \gamma'_f\end{aligned} \tag{12-46}$$

$$(1-\Gamma_{nf}\cdot N_{\gamma f})\cdot\gamma_f'=\Gamma_{\varphi f}\cdot\varphi'-\Gamma_{yf}\cdot\frac{m_{sf}}{2}+\Gamma_{nf}\cdot N_{\alpha f}\cdot\alpha_f' \tag{12-47}$$

$$\gamma_f'=\frac{1}{1-\Gamma_{nf}\cdot N_{\gamma f}}\cdot\left[\Gamma_{\varphi f}\cdot\varphi'-\Gamma_{yf}\cdot\frac{m_{sf}}{2}+\Gamma_{nf}\cdot N_{\alpha f}\cdot\alpha_f'\right] \tag{12-48}$$

令

$$A_1=-\frac{1}{1-\Gamma_{nf}\cdot N_{\gamma f}}\cdot\Gamma_{yf}\cdot\frac{m_{sf}}{2} \tag{12-49}$$

$$A_2=\frac{1}{1-\Gamma_{nf}\cdot N_{\gamma f}}\cdot\Gamma_{\varphi f} \tag{12-50}$$

$$A_3=\frac{1}{1-\Gamma_{nf}\cdot N_{\gamma f}}\cdot\Gamma_{nf}\cdot N_{\alpha f} \tag{12-51}$$

把式(12-49)、式(12-50)、式(12-51)代入式(12-48),得

$$\gamma_f'=A_1+A_2\cdot\varphi'+A_3\cdot\alpha_f' \tag{12-52}$$

从式(12-8)可得

$$F_{yf}=(m_{sf}+m_{uf})\cdot(u\cdot\omega)=-2\cdot C_{\alpha f}\cdot\alpha_f+2\cdot C_{\gamma f}\cdot\gamma_f \tag{12-53}$$

$$(m_{sf}+m_{uf})=-2\cdot C_{\alpha f}\cdot\alpha_f'+2\cdot C_{\gamma f}\cdot\gamma_f' \tag{12-54}$$

$$\alpha_f'=-\frac{m_{sf}+m_{uf}}{2\cdot C_{\alpha f}}+\frac{C_{\gamma f}}{C_{\alpha f}}\cdot\gamma_f' \tag{12-55}$$

把式(12-55)代入式(12-52),得

$$\gamma_f'=A_1+A_2\cdot\varphi'-A_3\cdot\frac{m_{sf}+m_{uf}}{2\cdot C_{\alpha f}}+A_3\cdot\frac{C_{\gamma f}}{C_{\alpha f}}\cdot\gamma_f' \tag{12-56}$$

$$\left(1-A_3\cdot\frac{C_{\gamma f}}{C_{\alpha f}}\right)\cdot\gamma_f'=A_1+A_2\cdot\varphi'-A_3\cdot\frac{m_{sf}+m_{uf}}{2\cdot C_{\alpha f}} \tag{12-57}$$

$$\gamma_f'=\frac{1}{1-A_3\cdot\frac{C_{\gamma f}}{C_{\alpha f}}}\cdot\left(A_1+A_2\cdot\varphi'-A_3\cdot\frac{m_{sf}+m_{uf}}{2\cdot C_{\alpha f}}\right) \tag{12-58}$$

见图 12-4,有如下关系式:

$$m_s\cdot a_y\cdot h_s+m_s\cdot g\cdot h_s\cdot\frac{(-\varphi)\cdot\pi}{180}-(C_{\varphi f}+C_{\varphi r})\cdot(-\varphi)=0 \tag{12-59}$$

$$m_s\cdot a_y\cdot h_s=-\left(-m_s\cdot g\cdot\frac{\pi\cdot h_s}{180}+C_{\varphi f}+C_{\varphi r}\right)\cdot\varphi \tag{12-60}$$

$$\varphi=-\frac{m_s\cdot a_y\cdot h_s}{C_{\varphi f}+C_{\varphi r}-m_s\cdot g\cdot\frac{\pi\cdot h_s}{180}} \tag{12-61}$$

其中,侧倾角 φ 的单位是(°)。

对式(12-61)相对于侧向加速度 a_y 求导数,得

$$\varphi'=-\frac{m_s\cdot h_s}{C_{\varphi f}+C_{\varphi r}-m_s\cdot g\cdot\frac{\pi\cdot h_s}{180}} \tag{12-62}$$

φ'称为侧倾度,即单位侧向加速度所引起的车身(悬上质量)的侧倾角。

把求出的 φ'代入式(12-58)计算 γ_f',再把 γ_f'代入式(12-55)计算 α_f'。

对式(12-16)相对于侧向加速度 a_y 求导数,得

$$\delta'_{\mathrm{f}}=-E_{\varphi\mathrm{f}}\cdot\varphi'+E_{y\mathrm{f}}\cdot\frac{m_{\mathrm{sf}}\cdot(u\cdot\omega)'}{2}-E_{n\mathrm{f}}\cdot\frac{A'_{T,\mathrm{f}}}{2} \tag{12-63}$$

把式(12-44)代入式(12-63),得

$$\delta'_{\mathrm{f}}=-E_{\varphi\mathrm{f}}\cdot\varphi'+E_{y\mathrm{f}}\cdot\frac{m_{\mathrm{sf}}}{2}-\frac{E_{n\mathrm{f}}}{2}\cdot(2\cdot N_{\alpha\mathrm{f}}\cdot\alpha'_{\mathrm{f}}+2\cdot N_{\gamma\mathrm{f}}\cdot\gamma'_{\mathrm{f}}) \tag{12-64}$$

把式(12-55)、式(12-64)代入式(12-40),得

$$\begin{aligned}D_{\mathrm{f}}&=\delta'_{\mathrm{f}}-\alpha'_{\mathrm{f}}\\&=-E_{\varphi\mathrm{f}}\cdot\varphi'+E_{y\mathrm{f}}\cdot\frac{m_{\mathrm{sf}}}{2}-\frac{E_{n\mathrm{f}}}{2}\cdot(2\cdot N_{\alpha\mathrm{f}}\cdot\alpha'_{\mathrm{f}}+2\cdot N_{\gamma\mathrm{f}}\cdot\gamma'_{\mathrm{f}})+\frac{m_{\mathrm{sf}}+m_{\mathrm{uf}}}{2\cdot C_{\alpha\mathrm{f}}}-\frac{C_{\gamma\mathrm{f}}}{C_{\alpha\mathrm{f}}}\cdot\gamma'_{\mathrm{f}}\\&=-E_{\varphi\mathrm{f}}\cdot\varphi'+E_{y\mathrm{f}}\cdot\frac{m_{\mathrm{sf}}}{2}-\frac{E_{n\mathrm{f}}}{2}\cdot(2\cdot N_{\alpha\mathrm{f}}\cdot\alpha'_{\mathrm{f}}+2\cdot N'_{\gamma\mathrm{f}}\cdot\gamma'_{\mathrm{f}})+\\&\quad\frac{m_{\mathrm{sf}}+m_{\mathrm{uf}}}{2\cdot C_{\alpha\mathrm{f}}}-\frac{C_{\gamma\mathrm{f}}}{C_{\alpha\mathrm{f}}}\cdot\left(\Gamma_{\varphi\mathrm{f}}\cdot\varphi'-\Gamma_{y\mathrm{f}}\cdot\frac{m_{\mathrm{sf}}}{2}+\Gamma_{n\mathrm{f}}\cdot\frac{A'_{T,\mathrm{f}}}{2}\right)\\&=-E_{\varphi\mathrm{f}}\cdot\varphi'+E_{y\mathrm{f}}\cdot\frac{m_{\mathrm{sf}}}{2}-\frac{E_{n\mathrm{f}}}{2}\cdot(2\cdot N_{\alpha\mathrm{f}}\cdot\alpha'_{\mathrm{f}}+2\cdot N_{\gamma\mathrm{f}}\cdot\gamma'_{\mathrm{f}})+\frac{m_{\mathrm{sf}}+m_{\mathrm{uf}}}{2\cdot C_{\alpha\mathrm{f}}}-\\&\quad\frac{C_{\gamma\mathrm{f}}}{C_{\alpha\mathrm{f}}}\cdot\Gamma_{\varphi\mathrm{f}}\cdot\varphi'+\frac{C_{\gamma\mathrm{f}}}{C_{\alpha\mathrm{f}}}\cdot\Gamma_{y\mathrm{f}}\cdot\frac{m_{\mathrm{sf}}}{2}-\frac{C_{\gamma\mathrm{f}}}{C_{\alpha\mathrm{f}}}\cdot\frac{\Gamma_{n\mathrm{f}}}{2}\cdot(2\cdot N_{\alpha\mathrm{f}}\cdot\alpha'_{\mathrm{f}}+2\cdot N_{\gamma\mathrm{f}}\cdot\gamma'_{\mathrm{f}})\end{aligned} \tag{12-65}$$

转向柔度 D_{f} 的单位:前轮转角增量(°)/稳态侧向加速度增量($\mathrm{m/s^2}$ 或 g)。D_{f} 可以分解为以下几个变量。

(1) 重量分配转向 $D_{w,\mathrm{f}}$

$$D_{w,\mathrm{f}}=\frac{m_{\mathrm{sf}}+m_{\mathrm{uf}}}{2\cdot C_{\alpha\mathrm{f}}} \tag{12-66}$$

(2) 侧倾转向(roll steer) $D_{\varphi s,\mathrm{f}}$

$$D_{\varphi s,\mathrm{f}}=-E_{\varphi\mathrm{f}}\cdot\varphi' \tag{12-67}$$

(3) 侧向力转向(lateral force steer) $D_{ys,\mathrm{f}}$

$$D_{ys,\mathrm{f}}=E_{y\mathrm{f}}\cdot\frac{m_{\mathrm{sf}}}{2} \tag{12-68}$$

(4) 回正力矩转向(aligning torque steer) $D_{ns,\mathrm{f}}$

$$D_{ns,\mathrm{f}}=-\frac{E_{n\mathrm{f}}}{2}\cdot(2\cdot N_{\alpha\mathrm{f}}\cdot\alpha'_{\mathrm{f}}+2\cdot N_{\gamma\mathrm{f}}\cdot\gamma'_{\mathrm{f}}) \tag{12-69}$$

(5) 侧倾外倾转向 $D_{\varphi c,\mathrm{f}}$

$$D_{\varphi c,\mathrm{f}}=-\frac{C_{\gamma\mathrm{f}}}{C_{\alpha\mathrm{f}}}\cdot\Gamma_{\varphi\mathrm{f}}\cdot\varphi' \tag{12-70}$$

(6) 侧向力外倾转向 $D_{yc,\mathrm{f}}$

$$D_{yc,\mathrm{f}}=\frac{C_{\gamma\mathrm{f}}}{C_{\alpha\mathrm{f}}}\cdot\Gamma_{y\mathrm{f}}\cdot\frac{m_{\mathrm{sf}}}{2} \tag{12-71}$$

(7) 回正力矩外倾转向 $D_{nc,\mathrm{f}}$

$$D_{nc,\mathrm{f}}=-\frac{C_{\gamma\mathrm{f}}}{C_{\alpha\mathrm{f}}}\cdot\frac{\Gamma_{n\mathrm{f}}}{2}\cdot(2\cdot N_{\alpha\mathrm{f}}\cdot\alpha'_{\mathrm{f}}+2\cdot N_{\gamma\mathrm{f}}\cdot\gamma'_{\mathrm{f}}) \tag{12-72}$$

前悬架的总不足转向 D_{f} 为它们的代数和,即

$$D_{\mathrm{f}}=D_{\varphi s,\mathrm{f}}+D_{\varphi c,\mathrm{f}}+D_{ys,\mathrm{f}}+D_{yc,\mathrm{f}}+D_{nc,\mathrm{f}}+D_{ns,\mathrm{f}}+D_{\omega,\mathrm{f}} \tag{12-73}$$

12.5.2 后桥转向柔度 D_r 的分析

后桥转向柔度 D_r 的表达式为式(12-41)，即

$$D_r=\frac{d\beta_r}{da_y}=-\delta'_r-\alpha'_r$$

对式(12-14)相对于侧向加速度 a_y 求导数，得

$$A'_{T,r}=2\cdot N_{\alpha r}\cdot\alpha'_r+2\cdot N_{\gamma r}\cdot\gamma'_r \tag{12-74}$$

对式(12-19)相对于侧向加速度 a_y 求导数，得

$$\gamma'_r=-\Gamma_{\varphi r}\cdot\varphi'+\Gamma_{yr}\cdot\frac{m_{sr}\cdot(u\cdot\omega)'}{2}-\Gamma_{nr}\cdot\frac{A'_{T,r}}{2} \tag{12-75}$$

把式(12-74)代入式(12-75)，得

$$\gamma'_r=-\Gamma_{\varphi r}\cdot\varphi'+\Gamma_{yr}\cdot\frac{m_{sr}}{2}-\frac{\Gamma_{nr}}{2}\cdot(2\cdot N_{\alpha r}\cdot\alpha'_r+2\cdot N_{\gamma r}\cdot\gamma'_r)$$

$$=-\Gamma_{\varphi r}\cdot\varphi'+\Gamma_{yr}\cdot\frac{m_{sr}}{2}-\Gamma_{nr}\cdot N_{\alpha r}\cdot\alpha'_r-\Gamma_{nr}\cdot N_{\gamma r}\cdot\gamma'_r \tag{12-76}$$

$$(1+\Gamma_{nr}\cdot N_{\gamma r})\cdot\gamma'_r=-\Gamma_{\varphi r}\cdot\varphi'+\Gamma_{yr}\cdot\frac{m_{sr}}{2}-\Gamma_{nr}\cdot N_{\alpha r}\cdot\alpha'_r \tag{12-77}$$

$$\gamma'_r=\frac{1}{1+\Gamma_{nr}\cdot N_{\gamma r}}\cdot\left(-\Gamma_{\varphi r}\cdot\varphi'+\Gamma_{yr}\cdot\frac{m_{sr}}{2}-\Gamma_{nr}\cdot N_{\alpha r}\cdot\alpha'_r\right) \tag{12-78}$$

令

$$C_1=\frac{1}{1+\Gamma_{nr}\cdot N_{\gamma r}}\cdot\Gamma_{yr}\cdot\frac{m_{sr}}{2} \tag{12-79}$$

$$C_2=-\frac{1}{1+\Gamma_{nr}\cdot N_{\gamma r}}\cdot\Gamma_{\varphi r} \tag{12-80}$$

$$C_3=-\frac{1}{1+\Gamma_{nr}\cdot N_{\gamma r}}\cdot\Gamma_{nr}\cdot N_{\alpha r} \tag{12-81}$$

$$\gamma'_r=C_1+C_2\cdot\varphi'+C_3\cdot\alpha'_r \tag{12-82}$$

从式(12-9)可以得到

$$F_{y2}=(m_{sr}+m_{ur})\cdot(u\cdot\omega)=-2\cdot C_{\alpha r}\cdot\alpha_r+2\cdot C_{\gamma r}\cdot\gamma_r \tag{12-83}$$

对式(12-83)相对于侧向加速度 a_y 求导数，得

$$m_{sr}+m_{ur}=-2\cdot C_{\alpha r}\cdot\alpha'_r+2\cdot C_{\gamma r}\cdot\gamma'_r \tag{12-84}$$

$$\alpha'_r=-\frac{m_{sr}+m_{ur}}{2\cdot C_{\alpha r}}+\frac{C_{\gamma r}}{C_{\alpha r}}\cdot\gamma'_r \tag{12-85}$$

把式(12-85)代入式(12-82)，得

$$\gamma'_r=C_1+C_2\cdot\varphi'-C_3\cdot\frac{m_{sr}+m_{ur}}{2\cdot C_{\alpha r}}+C_3\cdot\frac{C_{\gamma r}}{C_{\alpha r}}\cdot\gamma'_r \tag{12-86}$$

$$\left(1-C_3\cdot\frac{C_{\gamma r}}{C_{\alpha r}}\right)\gamma'_r=C_1+C_2\cdot\varphi'-C_3\cdot\frac{m_{sr}+m_{ur}}{2\cdot C_{\alpha r}} \tag{12-87}$$

$$\gamma'_r=\frac{1}{1-C_3\cdot\frac{C_{\gamma r}}{C_{\alpha r}}}\left(C_1+C_2\cdot\varphi'-C_3\cdot\frac{m_{sr}+m_{ur}}{2\cdot C_{\alpha r}}\right) \tag{12-88}$$

把从式(12-62)求出的 φ' 代入式(12-88)计算 γ'_r，再把 γ'_r 代入式(12-85)计算 α'_r。

对式(12-18)相对于侧向加速度 a_y 求导数，得

$$\delta'_{\mathrm{r}}=-E_{\varphi\mathrm{r}}\cdot\varphi'+E_{y\mathrm{r}}\cdot\frac{m_{\mathrm{sr}}\cdot(u\cdot\omega)'}{2}-E_{n\mathrm{r}}\cdot\frac{A'_{\mathrm{T,r}}}{2}\tag{12-89}$$

把式(12-74)代入式(12-89)，得

$$\delta'_{\mathrm{r}}=-E_{\varphi\mathrm{r}}\cdot\varphi'+E_{y\mathrm{r}}\cdot\frac{m_{\mathrm{sr}}}{2}-\frac{E_{n\mathrm{r}}}{2}\cdot(2\cdot N_{\alpha\mathrm{r}}\cdot\alpha'_{\mathrm{r}}+2\cdot N_{\gamma\mathrm{r}}\cdot\gamma'_{\mathrm{r}})\tag{12-90}$$

$$\begin{aligned}D_{\mathrm{r}}&=-\delta'_{\mathrm{r}}-\alpha'_{\mathrm{r}}\\&=E_{\varphi\mathrm{r}}\cdot\varphi'-E_{y\mathrm{r}}\cdot\frac{m_{\mathrm{sr}}}{2}+\frac{E_{n\mathrm{r}}}{2}\cdot(2\cdot N_{\alpha\mathrm{r}}\cdot\alpha'_{\mathrm{r}}+2\cdot N_{\gamma\mathrm{r}}\cdot\gamma'_{\mathrm{r}})+\frac{m_{\mathrm{sr}}+m_{\mathrm{ur}}}{2\cdot C_{\alpha\mathrm{r}}}-\frac{C_{\gamma\mathrm{r}}}{C_{\alpha\mathrm{r}}}\cdot\gamma'_{\mathrm{r}}\\&=E_{\varphi\mathrm{r}}\cdot\varphi'-E_{y\mathrm{r}}\cdot\frac{m_{\mathrm{sr}}}{2}+\frac{E_{n\mathrm{r}}}{2}\cdot(2\cdot N_{\alpha\mathrm{r}}\cdot\alpha'_{\mathrm{r}}+2\cdot N_{\gamma\mathrm{r}}\cdot\gamma'_{\mathrm{r}})+\\&\quad\frac{m_{\mathrm{sr}}+m_{\mathrm{ur}}}{2\cdot C_{\alpha\mathrm{r}}}-\frac{C_{\gamma\mathrm{r}}}{C_{\alpha\mathrm{r}}}\cdot\left(-\Gamma_{\varphi\mathrm{r}}\cdot\varphi'+\Gamma_{y\mathrm{r}}\cdot\frac{m_{\mathrm{sr}}}{2}-\Gamma_{n\mathrm{r}}\cdot\frac{A'_{\mathrm{T,r}}}{2}\right)\\&=E_{\varphi\mathrm{r}}\cdot\varphi'-E_{y\mathrm{r}}\cdot\frac{m_{\mathrm{sr}}}{2}+\frac{E_{n\mathrm{r}}}{2}\cdot(2\cdot N_{\alpha\mathrm{r}}\cdot\alpha'_{\mathrm{r}}+2\cdot N_{\gamma\mathrm{r}}\cdot\gamma'_{\mathrm{r}})+\frac{m_{\mathrm{sr}}+m_{\mathrm{ur}}}{2\cdot C_{\alpha\mathrm{r}}}+\\&\quad\frac{C_{\gamma\mathrm{r}}}{C_{\alpha\mathrm{r}}}\cdot\Gamma_{\varphi\mathrm{r}}\cdot\varphi'-\frac{C_{\gamma\mathrm{r}}}{C_{\alpha\mathrm{r}}}\cdot\Gamma_{y\mathrm{r}}\cdot\frac{m_{\mathrm{sr}}}{2}+\frac{C_{\gamma\mathrm{r}}}{C_{\alpha\mathrm{r}}}\cdot\frac{\Gamma_{n\mathrm{r}}}{2}\cdot(2\cdot N_{\alpha\mathrm{r}}\cdot\alpha'_{\mathrm{r}}+2\cdot N_{\gamma\mathrm{r}}\cdot\gamma'_{\mathrm{r}})\end{aligned}\tag{12-91}$$

后桥转向柔度 D_{r} 的单位：后轮转角增量(°)/稳态侧向加速度增量($\mathrm{m/s^2}$)。D_{r} 可以分解为以下几个变量。

(1) 重量分配转向 $D_{w,\mathrm{r}}$

$$D_{w,\mathrm{r}}=\frac{m_{\mathrm{sr}}+m_{\mathrm{ur}}}{2\cdot C_{\alpha\mathrm{r}}}\tag{12-92}$$

(2) 侧倾转向(roll steer)$D_{\varphi\mathrm{s,r}}$

$$D_{\varphi\mathrm{s,r}}=E_{\varphi\mathrm{r}}\cdot\varphi'\tag{12-93}$$

(3) 侧向力转向(lateral force steer)$D_{y\mathrm{s,r}}$

$$D_{y\mathrm{s,r}}=-E_{y\mathrm{r}}\cdot\frac{m_{\mathrm{sr}}}{2}\tag{12-94}$$

(4) 回正力矩转向(aligning torque steer)$D_{n\mathrm{s,r}}$

$$D_{n\mathrm{s,r}}=\frac{E_{n\mathrm{r}}}{2}\cdot(2\cdot N_{\alpha\mathrm{r}}\cdot\alpha'_{\mathrm{r}}+2\cdot N_{\gamma\mathrm{r}}\cdot\gamma'_{\mathrm{r}})\tag{12-95}$$

(5) 侧倾外倾转向 $D_{\varphi\mathrm{c,r}}$

$$D_{\varphi\mathrm{c,r}}=\frac{C_{\gamma\mathrm{r}}}{C_{\alpha\mathrm{r}}}\cdot\Gamma_{\varphi\mathrm{r}}\cdot\varphi'\tag{12-96}$$

(6) 侧向力外倾转向 $D_{y\mathrm{c,r}}$

$$D_{y\mathrm{c,r}}=-\frac{C_{\gamma\mathrm{r}}}{C_{\alpha\mathrm{r}}}\cdot\Gamma_{y\mathrm{r}}\cdot\frac{m_{\mathrm{sr}}}{2}\tag{12-97}$$

(7) 回正力矩外倾转向 $D_{n\mathrm{c,r}}$

$$D_{n\mathrm{c,r}}=\frac{C_{\gamma\mathrm{r}}}{C_{\alpha\mathrm{r}}}\cdot\frac{\Gamma_{n\mathrm{r}}}{2}\cdot(2\cdot N_{\alpha\mathrm{r}}\cdot\alpha'_{\mathrm{r}}+2\cdot N_{\gamma\mathrm{r}}\cdot\gamma'_{\mathrm{r}})\tag{12-98}$$

后悬架的总不足转向 D_{r} 为它们的代数和，即

$$D_{\mathrm{r}}=D_{\varphi\mathrm{s,r}}+D_{\varphi\mathrm{c,r}}+D_{y\mathrm{s,r}}+D_{y\mathrm{c,r}}+D_{n\mathrm{c,r}}+D_{n\mathrm{s,r}}+D_{\omega,\mathrm{r}}\tag{12-99}$$

12.5.3 车辆不足转向影响的叠加

车辆总的不足转向度 D 为前、后桥转向柔度之差，即

$$K = D_f - D_r \tag{12-100}$$

在考虑刚体车身回正力矩转向 D_{bA}（在 $0.25°/g$ 附近）的情况下，车辆不足转向为

$$K = D_f - D_r + D_{bA} \tag{12-101}$$

从以上分析可以看出，车辆稳态不足转向度 K 的计算仅涉及代数运算和很简单的求导数运算。上述分析方法的难点和关键是如何合理地确定车辆的动力学参数。在 12.4 中已经介绍了确定这些参数的原理。在实际工作中，可以利用试验的方法，也可以利用分析的方法，来确定上述参数。

在保证车辆具有适当的稳态不足转向度 K 和前、后桥转向柔度 D_f、D_r 适当组合的情况下，一般可以保证车辆具有良好的稳态及动态操纵稳定性特性。所以，在此介绍的稳态不足转向度分析方法是一种既有效、又比较简单的工程分析方法。

【例】 一辆轿车的操纵性参数如表 12.1 所示。

总质量/kg	轴距/mm	车辆总质心高度/mm	总的转向角传动比	车速/(km/h)
1702.00	2568.00	477.00	13.80	100.00

项　目	前桥	后桥
车桥总质量/kg	926.000	776.000
悬下质量/kg	95.000	132.000
侧倾中心高度/mm	57.000	194.000
悬下质量质心高度/mm	305.000	310.000
总的侧倾角刚度系数/[N·m/(°)]	1303.000	730.000
侧倾外倾系数 /[(°)/(°)]	0.650	−0.100
侧倾转向系数 /[(°)/(°)]	−0.170	0.080
回正力矩变形转向系数/[(°)/(100N·m)]	1.100	−0.140
回正力矩变形车轮外倾系数/[(°)/(100N·m)]	0.070	0.01
侧向力变形转向系数/[(°)/kN]	0.280	−0.01
侧向力变形车轮外倾系数/[(°)/kN]	0.250	−0.400
一侧轮胎的侧偏刚度/[N/(°)]	1608.485	1391.366
一侧轮胎的外倾刚度/[N/(°)]	46.300	38.800
一侧轮胎回正力矩刚度(侧偏角引起)/[(N·m)/(°)]	45.004	32.597
一侧轮胎回正力矩刚度(车轮外倾引起)/[(N·m)/(°)]	0.000	0.000
刚体车身回正力矩转向/[(°)/g]	0.050	−0.060

试计算：

(1) 前、后桥转向柔度 D_f、D_r 及其分解；

(2) 该车辆的不足转向度 K；

(3) 车辆以 $0.4\,g$ 侧向加速度作定半径等速行驶时的前、后桥广义侧偏角之差；

(4) 车辆以 $0.4\,g$ 侧向加速度作定半径等速行驶时的车身侧倾角。

解:

(1) 转向柔度 D_f、D_r 的分解 (°)/g 如下:

项　目	前桥	后桥
重量分配转向	2.821	2.733
刚体车身回正力矩转向	0.050	−0.060
侧倾外倾转向	0.054	0.008
侧倾转向	−0.490	−0.230
侧向力转向	1.140	0.032
侧向力外倾转向	0.029	0.035
回正力矩转向	1.439	0.127
回正力矩外倾转向	0.003	0.000
合计	5.046	2.644

即前桥转向柔度 $D_f = 5.046(°)/g$,后桥转向柔度 $D_r = 2.644(°)/g$。

(2) 车辆的不足转向度 K 为

$$K = D_f - D_r = 2.403\ (°)/g = 0.245(°)/(m/s^2)。$$

(3) 当侧向加速度为 $0.4g$ 时,前、后桥的广义侧偏角之差为 $0.4K = 0.9612°$。

(4) 图 12-16 示出整车悬上质量 m_s 的质心到车身侧倾轴线的距离 h_s 的分析图。给定的参数包括:整车总质量 $m_a = 1702$ kg;整车总质心的高度 $H = 477$ mm;车辆轴距 $L = 2568$ mm;前桥总质量 $m_f = 926$ kg;后桥总质量 $m_r = 776$ kg;前桥悬下质量 $m_{uf} = 95$ kg;后桥悬下质量 $m_{ur} = 132$ kg;前桥悬下质量质心高度 $h_{uf} = 305$ mm;后桥悬下质量质心高度 $h_{ur} = 310$ mm;前桥侧倾中心高度 $h_f = 57$ mm;后桥侧倾中心高度 $h_r = 194$ mm。

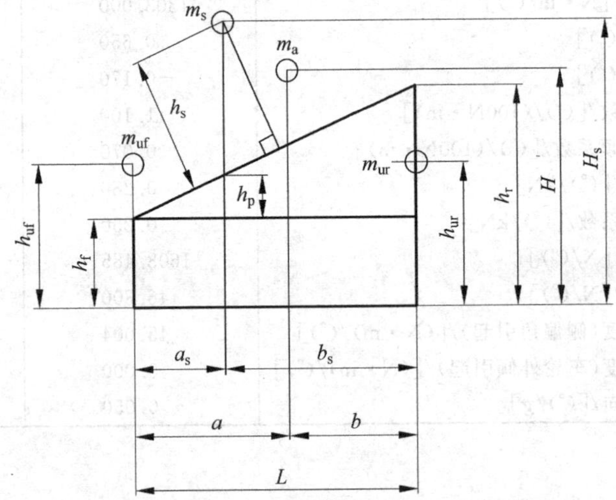

图 12-16　整车悬上质量 m_s 的质心到车身侧倾轴线的距离 h_s 的分析图

确定车辆总质心的水平位置,即确定 a、b:

$$(m_f + m_r) \cdot b = m_f \cdot L$$

$$b = \frac{m_f \cdot L}{m_f + m_r}$$

$$a = L - b$$

确定总悬上质量 m_s 的质心位置，即确定其高度 H_s、水平位置 a_s 和 b_s：

$$m_s = m_a - m_{uf} - m_{ur}$$

$$m_s \cdot (H_s - H) = m_{uf} \cdot (H - h_{uf}) + m_{ur} \cdot (H - h_{ur})$$

$$H_s = H + \frac{m_{uf} \cdot (H - h_{uf}) + m_{ur} \cdot (H - h_{ur})}{m_s}$$

$$m_{sf} = m_f - m_{uf}$$

$$m_{sr} = m_r - m_{ur}$$

$$(m_{sf} + m_{sr}) \cdot b_s = m_{sf} \cdot L$$

$$b_s = \frac{m_{sf} \cdot L}{m_{sf} + m_{sr}}$$

$$a_s = L - b_s$$

$$h_p = \frac{h_r - h_f}{L} \cdot a_s$$

$$h_s = (H_s - h_f - h_p) \cdot \frac{L}{\sqrt{L^2 + (h_r - h_f)^2}}$$

$$= 0.385\,659 \text{ m}$$

侧倾度为

$$\varphi' = -\frac{m_s \cdot h_s}{C_{\varphi f} + C_{\varphi r} - m_s \cdot g \cdot \frac{\pi \cdot h_s}{180}} = -0.2939\ (^\circ)/(\text{m/s}^2) = -2.880(^\circ)/g$$

当侧向加速度为 0.4g 时，车身侧倾角 $\varphi = 0.4\varphi' = 1.152^\circ$。

练 习 题

如下是一辆轿车的参数。

Vehicle

Total Mass (kg):	2038.0
Wheelbase (mm):	3087.0
Total C.G. Height (mm):	542.0
Overall Steer Ratio:	17.43
Accelerometer Location, X (mm):	1401.0
Z (mm):	550.0
Speed (km/h):	100.0
Izzs, Sprung Yaw Inertia (kg-m^2):	3855.0
Izzu, Unsprung Yaw Inertia (kg-m^2):	842.0
Ixzs, Sprung Roll-Yaw Product (kg-m^2):	11.5
Ixxs, Sprung Roll Inertia (kg-m^2):	780.0

Suspension	Front	Rear
Total Axle Mass (kg):	1045.0	993.0
Unsprung Mass (kg):	109.0	170.0
Roll Center Height (mm):	40.0	431.0
Unsprung C.G. Height (mm):	330.0	335.0
Total Roll Stiffness (N-m/deg):	932.0	183.0
Roll Damping (N-m-s/deg):	44.0	48.0
Roll Camber (deg/deg):	.860	-.030
Roll Steer (deg/deg):	.030	.060
Aligning Torque-Steer (deg/hN-m):	.980	-.180
Aligning Torque-Camber (deg/hN-m):	.090	.000
Lateral Force-Steer (deg/kN):	.520	-.050
Lateral Force-Camber (deg/kN):	.470	-.590

Tires			
Lateral Force-Slip (N/deg):	1578.142	1536.441	C_α
Lateral Force-Camber (N/deg):	52.250	49.650	C_γ
Aligning Torque-Slip (N-m/deg):	52.562	48.351	N_α
Aligning Torque-Camber (N-m/deg):	.000	.000	N_γ
Overturning Moment-Slip (N-m/deg):	.000	.000	
Overturning Moment-Camber (N-m/deg):	.000	.000	

(1) 计算其前后桥的转向柔度 D_f、D_r 和不足转向度 K 以及 $0.4g$ 稳态侧向加速度下的侧倾角；

(2) 推导不足转向度与汽车理论中的稳定性因数之间的关系式。

参考文献

[1] [日]小田柿浩三. 汽车设计[M]. 徐逢源,译. 北京：机械工业出版社,1990.

[2] 张洪欣. 汽车设计[M]. 2 版. 北京：机械工业出版社,1992.

[3] 吉林工业大学汽车教研室. 汽车设计[M]. 北京：机械工业出版社,1981.

[4] 王霄锋. 汽车可靠性工程基础[M]. 北京：清华大学出版社,2007.

[5] JAECKEL H R. Design validation testing. SAE paper 820690.

[6] RIESNER M. Finite element analysis and structural optimization of vehicle wheels. SAE Paper 830133.

[7] RIDHA R. Finite element stress analysis of automotive wheels. SAE paper 760085.

[8] NODA T. Development of aluminum disc wheel for truck and bus. SAE paper 820343.

[9] [美]柯林斯 J A. 机械设计中的材料失效——分析、预测、预防[M]. 谈嘉祯,关焯,廉以智,译. 北京：机械工业出版社,1987.

[10] 天津大学材料力学教研组. 电阻应变片测量技术[M]. 北京：科学出版社,1980.

[11] 王霄锋,管迪华,何泽民. 汽车零部件室内耐久性试验方法研究[J]. 汽车工程,1992,14(4)：224-231.

[12] 王霄锋,何泽民,管迪华. 极端值分析法在汽车耐久性试验中的应用[J]. 汽车工程,1993,15(2)：65-70.

[13] 王霄锋,何泽民,陈其中,等. 轮胎耦合整车模拟试验研究[J]. 汽车工程,1993,15(3)：165-172.

[14] 王霄锋,何泽民,管迪华. 对加速随机疲劳试验方法的研究[J]. 汽车工程,1994,16(3)：149-154.

[15] 何泽民,陈其中,王秋景,等. 对汽车后桥壳垂直弯曲疲劳强度评价方法的研究[J]. 汽车工程,1994,16(4)：230-236.

[16] 王霄锋,管迪华,何泽民. 汽车车轴室内耐久性试验研究[J]. 清华大学学报,1997,37(12)：85-87.

[17] 赵震伟,王波,王霄锋,等. 应用有限元软件指导车轮的结构改进[J]. 机械设计与制造,2000,5：27-28.

[18] 田应刚,王霄锋,周建明,等. 轿车前悬架的有限元分析[J]. 清华大学学报,2001,41(8)：90-93.

[19] 王霄锋,田应刚,冯正平,等. 轿车前悬架多轴向加载模拟疲劳试验系统[J]. 汽车技术,2001(7)：20-23.

[20] 王霄锋,王波,赵震伟,等. 汽车车轮结构强度分析[J]. 机械强度,2002,24(1)：66-69.

[21] 王霄锋,涂敏. 汽车钢板弹簧的应力和变形分析[J]. 机械强度,2005,27(5)：647-650.

[22] MURPHY R W. Endurance testing of heavy duty vehicles. SAE paper 820001.

[23] CONOVER J C,JAECKEL H R,KIPPOLA W J. Simulation of field loading in fatigue testing. SAE paper 660102.

[24] JAECKEL H R. Simulation,duplication,and synthesis of fatigue load histories. SAE paper 700032.

[25] 姚贵升,景立媛. 汽车用钢应用技术[M]. 北京：机械工业出版社,2008.

[26] [德]约翰·赖姆佩尔. 悬架元件及底盘力学[M]. 王瑄,译. 长春：吉林科学技术出版社,1992.

[27] 赵少汴. 抗疲劳设计[M]. 北京：机械工业出版社,1994.

[28] LUKIN P,GASPARYANTS G,RODIONOV V. Automobile chassis design and calculation[M]. Moscow：Mir Publishers Moscow,1989.

[29] 陈家瑞. 汽车构造(下册)[M]. 北京：机械工业出版社,2002.

[30] 余志生. 汽车理论[M]. 3 版. 北京：机械工业出版社,2000.

[31] 崔靖,边辉章,王学志,等. 汽车构造(下册)[M]. 西安：陕西科学技术出版社,1984.

[32] 吉林工业大学汽车教研室. 汽车构造(下册)[M]. 北京：人民交通出版社,1976.

[33] [德]耶尔森·赖姆佩尔. 汽车底盘基础[M]. 张洪欣,余卓平,译. 北京：科学普及出版社,1992.

[34] 王望予.汽车设计[M].4版.北京：机械工业出版社,2006.
[35] 刘惟信.汽车设计[M].北京：清华大学出版社,2001.
[36] REIMPELL J, STOLL H. The automotive chassis: engineering principles [M]. London: Arnold,1996.
[37] BASTOW D, HOWARD G P. Car suspension and handling [M]. London: Pentech Press Limited,1993.
[38] DURSTINE J W. The truck steering system from hand wheel to road wheel. SAE paper 730039.
[39] MILLER G R. The effect of Ackerman steering correction upon front tire wear of medium duty trucks. SAE paper 861975.
[40] MILLER G,REED R,WHEELER F. Optimum Ackerman for improved steering axle tire wear on trucks. SAE paper 912693.
[41] HORNTRICH H. Rear suspension design with front wheel drive vehicles. SAE paper 810421.
[42] GM China engineering training. Introduction to steering systems [R]. Saginaw: Delphi Saginaw Steering Systems,1995.
[43] SIDELKO W J. An objective approach to highway truck frame design. SAE paper 660162.
[44] NUNNEY M J. Light & heavy vehicle technology[M]. Boston: Newnes,1992.
[45] GILLESPIE T D. Fundamentals of vehicle dynamics [M]. Warrendale: Society of Automotive Engineers,Inc. ,1992.
[46] 刘惟信.汽车制动系的结构分析与设计计算[M].北京：清华大学出版社,2004.
[47] [德]SCHMELZ F,GRAF VON SEHERR-THOSS H C,AUCKTOR E. 万向节和传动轴[M].伍德荣,肖生发,陶健民,译.北京：北京理工大学出版社,1997.
[48] 刘惟信.汽车车桥设计[M].北京：清华大学出版社,2004.
[49] 王霄锋,胡涛.不同整体式转向梯形机构分析方法的对比研究[J].汽车技术,2005(8)：8-11.
[50] 王霄锋,胡涛.载重汽车转向杆系优化设计方法研究[J].拖拉机与农用运输车,2006(1)：34-36.
[51] 王霄锋,张小乐,胡涛.轿车转向杆系的优化设计[J].清华大学学报,2004,44(11)：1528-1531.
[52] WALLENTOWITZ H. Longitudinal dynamics of vehicles[M]. Aachen: Vervielfaltigungsstelle der Hochschule,2004.
[53] BAUER H. Automotive handbook[M]. Stuttgard: Robert Bosch GmbH,1996.
[54] SHIMIZU Y,KAWAI T. Development of electric power steering. SAE paper 910014.
[55] ADAMS F J. Power steering "road feel". SAE paper 830998.
[56] STEINKUHL A R. Load sense steering design considerations. SAE paper 831382.
[57] FORBES J E, BAIRD S M, WEISGERBER T W. Electrohydraulic power steering—an advanced system for unique applications. SAE paper 870574.
[58] UCHIDA K,MIYOSHI M. Development of variable-valve-gain rotary valve for speed proportional power steering system. SAE paper 891979.
[59] PAWLAK A M, GRABER D W, ECKHARDT D C. Magnetic power steering assist system-Magnasteer. SAE paper 940867.
[60] NISHIKAWA M,TOSHIMITSU Y,AOKI T. A speed sensitive variable assistance power steering system. SAE paper 790738.
[61] [德]阿达姆·措莫托.汽车行驶性能[M].黄锡朋,解春阳,译.北京：科学普及出版社,1992.
[62] 郭孔辉.汽车操纵动力学[M].长春：吉林科学技术出版社,1991.
[63] NEDLEY A L,WILSON W J. A new laboratory facility for measuring vehicle parameters affecting understeer and brake steer. SAE paper 720473.

[64] GM training manual. Fundamentals of vehicle directional control. 1991.
[65] BARAK P. Magic numbers in design of suspensions for passenger cars. SAE paper 911921.
[66] 王秉刚. 汽车可靠性工程方法[M]. 北京：机械工业出版社，1991.
[67] General Motors Corporation. Four wheel alignment，1991.
[68] 陈家瑞. 汽车构造(下册)[M]. 3 版. 北京：人民交通出版社，1994.
[69] [日]出射忠明. 汽车构造图解[M]. 郝长文，等，译. 长春：吉林科学技术出版社，1995.
[70] 王霄锋. 汽车底盘设计[M]. 北京：清华大学出版社，2010.